Literarische Orte in deutschsprachigen Erzählungen des Mittelalters

Literarische Orte in deutschsprachigen Erzählungen des Mittelalters

Ein Handbuch

Herausgegeben von
Tilo Renz, Monika Hanauska
und Mathias Herweg

DE GRUYTER

ISBN 978-3-11-076383-6
e-ISBN (PDF) 978-3-05-009391-8
e-ISBN (EPUB) 978-3-11-038033-0

Library of Congress Control Number: 2018951328

Bibliografische Information der Deutschen Nationalbibliothek
Die Deutsche Nationalbibliothek verzeichnet diese Publikation in der
Deutschen Nationalbibliografie; detaillierte bibliografische Daten sind im Internet
uber http://dnb.dnb.de abrufbar.

© 2021 Walter de Gruyter GmbH, Berlin/Boston
Dieser Band ist text- und seitenidentisch mit der 2018 erschienenen gebundenen Ausgabe.
Umschlagabbildung: Herzog August Bibliothek Wolfenbüttel: Cod. Guelf. 30.12 Aug. 2°, folio
102r Satz: Dörlemann Satz, Lemförde
Druck und Bindung: CPI books GmbH, Leck

www.degruyter.com

Inhalt

Liste der Lemmata, alphabetisch —— X
Liste der Lemmata, systematisch —— XI

Einleitung —— 1

Judith Klinger
Anderswelten —— 13

Tomas Tomasek
Babylon, Jerusalem —— 40

Marie Vorländer, Maximilian Wick
Bad —— 64

Franziska Hammer
Brücke —— 75

Claudia Brinker-von der Heyde
Burg, Schloss, Hof —— 100

Lorenz Becker
Dorf, Acker, Gehöft, Meierei —— 120

Tilo Renz
Ferne-Utopien —— 129

Eva Locher, Thomas Poser
Fluss, Quelle, Brunnen —— 146

Urban Küsters
Garten, Baumgarten —— 163

Silke Winst
Gebirge, Berg, Tal —— 179

Sonja Kerth
Gefängnis, Orte der Gefangenschaft —— 190

Germaine Götzelmann
Grab, Grabmal —— 199

Matthias Däumer
Gralsburg, Gralsbezirk —— 209

Silvan Wagner
Grenze —— 225

Alexander Classen
Hafen, Schiff —— 241

Friedrich Michael Dimpel
Haus, Hütte —— 250

Alexander Classen
Heide, Aue, *plaine* —— 262

Maximilian Benz
Himmel, Hölle —— 271

Andreas Hammer
Höhle, Grotte —— 286

Falk Quenstedt
Indien, Mirabilienorient —— 297

Horst Brunner
Insel —— 316

Monika Unzeitig
Irdisches Paradies —— 331

Gabriele Schichta
Kemenate, Gemach, Kammer —— 341

Britta Bußmann
Kirche, Kathedrale, Münster, Kapelle, Kloster, Tempel —— 353

Gesine Mierke
Klause, Einsiedelei, Einöde —— 369

Lina Herz
Küche —— 378

Ralf Schlechtweg-Jahn
Land —— 386

Mathias Herweg
Magnetberg, Magnetstein —— 397

Florian Schmid, Monika Hanauska
Meer, Ufer —— 412

Andreas Hammer
Minnegrotte —— 427

Monika Hanauska
Ränder der Erde —— 437

Björn Reich
Saal —— 447

Silke Winst
Schlachtfeld, Turnierplatz —— 459

Justin Vollmann
See, Teich, Pfütze —— 476

Silvan Wagner
Spur, Fährte —— 488

Nikolaus Ruge
Stadt, Markt, Platz —— 502

Pia Selmayr
Tor, Tür, Treppe, Fenster —— 519

Christian Schneider
Turm, Zinne, Mauer —— 532

Anna-Lena Liebermann
Wald, Lichtung, Rodung, Baum —— 547

Tilo Renz
Weg, Straße, Pfad —— 562

Friedrich Michael Dimpel, Saskia Gall
Wirtshaus, Herberge —— 590

Johannes Traulsen
Wüste, Wildnis, Einöde —— 599

Christoph Schanze
Zelt —— 608

Abkürzungen —— 621
Primärliteratur, zugleich Verzeichnis der Siglen —— 622
Sekundärliteratur —— 646
Register der zitierten Primärliteratur —— 698

Liste der Lemmata, alphabetisch

Anderswelten —— 13

Babylon, Jerusalem —— 40

Bad —— 64

Brücke —— 75

Burg, Schloss, Hof —— 100

Dorf, Acker, Gehöft, Meierei —— 120

Ferne-Utopien —— 129

Fluss, Quelle, Brunnen —— 146

Garten, Baumgarten —— 163

Gebirge, Berg, Tal —— 179

Gefängnis, Orte der Gefangenschaft —— 190

Grab, Grabmal —— 199

Gralsburg, Gralsbezirk —— 209

Grenze —— 225

Hafen, Schiff —— 241

Haus, Hütte —— 250

Heide, Aue, *plaine* —— 262

Himmel, Hölle —— 271

Höhle, Grotte —— 286

Indien, Mirabilienorient —— 297

Insel —— 316

Irdisches Paradies —— 331

Kemenate, Gemach, Kammer —— 341

Kirche, Kathedrale, Münster, Kapelle, Kloster, Tempel —— 353

Klause, Einsiedelei, Einöde —— 369

Küche —— 378

Land —— 386

Magnetberg, Magnetstein —— 397

Meer, Ufer —— 412

Minnegrotte —— 427

Ränder der Erde —— 437

Saal —— 447

Schlachtfeld, Turnierplatz —— 459

See, Teich, Pfütze —— 476

Spur, Fährte —— 488

Stadt, Markt, Platz —— 502

Tor, Tür, Treppe, Fenster —— 519

Turm, Zinne, Mauer —— 532

Wald, Lichtung, Rodung, Baum —— 547

Weg, Straße, Pfad —— 562

Wirtshaus, Herberge —— 590

Wüste, Wildnis, Einöde —— 599

Zelt —— 608

Liste der Lemmata, systematisch

1. Vorgefundene Orte
Fluss, Quelle, Brunnen —— 146
Gebirge, Berg, Tal —— 179
Heide, Aue, *plaine* —— 262
Höhle, Grotte —— 286
Meer, Ufer —— 412
See, Teich, Pfütze —— 476
Wald, Lichtung, Rodung, Baum —— 547
Wüste, Wildnis, Einöde —— 599

2. Geschaffene Orte
Bad —— 64
Burg, Schloss, Hof —— 100
Dorf, Acker, Gehöft, Meierei —— 120
Garten, Baumgarten —— 163
Gefängnis, Orte der Gefangenschaft —— 190
Grab, Grabmal —— 199
Hafen, Schiff —— 241
Haus, Hütte —— 250
Kemenate, Gemach, Kammer —— 341
Kirche, Kathedrale, Münster, Kapelle, Kloster, Tempel —— 353
Klause, Einsiedelei, Einöde —— 369
Küche —— 378
Land —— 386
Saal —— 447
Schlachtfeld, Turnierplatz —— 459
Stadt, Markt, Platz —— 502
Turm, Zinne, Mauer —— 532
Wirtshaus, Herberge —— 590
Zelt —— 608

3. Geographische Orte
Babylon, Jerusalem —— 40
Indien, Mirabilienorient —— 297
Irdisches Paradies —— 331
Magnetberg, Magnetstein —— 397
Ränder der Erde —— 437

4. Verortungen fremder Welten
Anderswelten —— 13
Ferne-Utopien —— 129
Gralsburg, Gralsbezirk —— 209
Himmel, Hölle —— 271
Insel —— 316
Minnegrotte —— 427

5. Orte des Übergangs
Brücke —— 75
Grenze —— 225
Spur, Fährte —— 488
Tor, Tür, Treppe, Fenster —— 519
Weg, Straße, Pfad —— 562

Einleitung

Das vorliegende Handbuch erfasst in 43 Einträgen konkrete Orte und anschaulich gestaltete räumliche Konstellationen in deutschsprachigen literarischen Erzählungen des 8. bis 15. Jh.s aus motivgeschichtlicher und aus narratologischer Perspektive. Außerdem werden zentrale Bedeutungsdimensionen und Funktionen vorgestellt, die den einzelnen Orten in den literarischen Texten zukommen. Sämtliche Beiträge präsentieren ihre Beobachtungen nah an den Primärtexten und lassen diese immer wieder selbst zu Wort kommen. Der Anlage eines Handbuchs entsprechend führen die Beiträge Forschungsergebnisse zusammen, um weiterführende Analysen literarischer Orte anzustoßen und zu erleichtern. Je nach Forschungsstand zu den einzelnen Lemmata leisten die Artikel aber auch eigenständige Beiträge zur Analyse, sei es, der literarischen Orte selbst, sei es, mancher in dieser Hinsicht bislang wenig beachteter Texte.

Im Sinne einer Motivgeschichte behandelt der Band literarische Orte zugleich als anschauliche und inhaltlich bedeutsame Elemente der erzählten Welt. Dabei verfolgt er einerseits ihre Filiationen und die historischen und kontextspezifischen Veränderungen durch die verschiedenen narrativen Gattungen. Andererseits beleuchtet er aber auch etymologische, entstehungs- und herkunftsgeschichtliche Aspekte, um die Tradierung der Orte in unterschiedlichen kulturellen Zusammenhängen sichtbar zu machen. Dies ist insbesondere bei Orten bedeutsam, die auch außerliterarisch verbürgt sind, wie bei den Erinnerungsorten ‚Babylon' und ‚Jerusalem', dem ‚Irdischen Paradies' oder dem ‚Magnetberg'. Ihre Nennung evoziert textexternes Wissen, das durch biblische und/oder enzyklopädische Texte vermittelt wird und sich in der literarischen Ausgestaltung der Orte niederschlägt. Doch auch bei stärker literaturspezifischen Orten wie den ‚Anderswelten' erhellt die motivgeschichtliche Betrachtung die jeweils textspezifische Konstituierung. In motivgeschichtlicher Perspektive wird damit sowohl den Traditionsbezügen literarischer Orte als auch den Dynamiken, die mit historischen Wandlungsprozessen zusammenhängen, und den Differenzen, die sich aus der Zugehörigkeit zu unterschiedlichen Textgruppen ergeben, besondere Aufmerksamkeit geschenkt.

Der historisch narratologische Fokus des Handbuchs zielt darauf ab, die narrative Erzeugung literarischer Orte zu erfassen. Die Beiträge rekonstruieren die historische Auffassung des jeweiligen Ortes, indem sie nach den besonderen Formen und Verfahren fragen, durch die Orte in mittelalterlichen Erzähltexten sprachlich hervorgebracht werden. Damit leistet der Band einen Beitrag zur Erforschung historischer Erzählformen des Raumes. Die Art der Erschaffung von Orten in der erzählten Welt literarischer Texte stellt – neben der Tradierung und Funktionalisierung von Orten – den zweiten Schwerpunkt der Beiträge dar. Bezüge, die über literarische Texte hinausgehen, sind damit nicht ausgeschlossen. Sie werden zum Beispiel berücksichtigt, um einen jeweiligen Ort mit anderen als literarischen Wissensbereichen zu verbinden. Ferner werden Erzählweisen sachbezogener Texte, insbesondere der Historiographie und der Reiseliteratur, einbezogen, um literarische Orte im engeren Sinne im Vergleich genauer beschreiben zu können.

Den Ortsbegriff des Handbuchs zeichnet aus, dass räumliche Konstellationen in ihrer Konkretheit, Materialität und sinnlichen Wahrnehmbarkeit betrachtet werden. In der jüngeren literaturwissenschaftlichen Forschung zu Räumen in der Literatur hat dieses Verständnis besondere Aufmerksamkeit erfahren. Das Interesse an konkreten Orten zeigt sich besonders deutlich an Katrin Dennerleins Buch *Narratologie des Raumes*, das im Jahr 2009 erschienen ist und weitere Forschungen nach sich gezogen hat.[1] Auch in der germanistischen Mediävistik sind in den vergangenen Jahren zahlreiche Forschungen zur Raumdarstellung in literarischen Texten und zur Raumgenerierung durch diese entstanden.[2] Die Schwerpunkte der Untersuchungen sind hier allerdings durchaus unterschiedlich. Von einzelnen konkreten Orten ausgehend versucht das vorliegende Handbuch nicht nur einen Überblick über die mediävistische Forschung zu literarischen Raumkonstellationen zu geben, sondern auch motivgeschichtliche Untersuchungen mit solchen, die nach der narrativen Generierung von Orten fragen, zu verbinden.[3]

Für die Analyse von Räumen in der Literatur des Mittelalters ist das aktuelle Interesse an der Erforschung konkreter Orte insofern bedeutsam, als es im mittelalterlichen Westeuropa eine Entsprechung im Wissenshorizont derjenigen findet, die des Lateinischen mächtig sind: Die mittelalterliche Rezeption des aristotelischen τόπος-Begriffs deutet darauf hin, dass ein ähnlicher Raumbegriff, wie er in den jüngeren Debatten um Räume in der Literatur hervorgetreten ist, auch hier Verbreitung gefunden hat.

Aristoteles hat in der *Physik* – und sehr knapp auch in der *Kategorien*-Schrift – den Ort, τόπος, als etwas bestimmt, das sich kontinuierlich ausdehnt und an klar festgelegten Grenzen endet. Der Begriff χώρα wird in der *Physik* dem des τόπος zugeordnet und von diesem semantisch nicht unterschieden.[4] Im zweiten Kapitel des vierten Buches der *Physik* heißt es, der Ort sei von der Implementierung einer Form

---

[1] Vgl. Dennerlein 2009. Für die Rezeption in der germanistischen Mediävistik insbes. Benz/Dennerlein 2016.
[2] Vgl. etwa folgende Monographien der germanistischen Mediävistik, Sammelbände mit mediävistischen Beiträgen und Forschungsüberblicke (in umgekehrter chronologischer Folge): Benz/Dennerlein 2016, Gerok-Reiter/Hammer 2015, Wagner 2015b, Stock/Vöhringer 2014, Mierke/Fasbender 2013, Huber et al. 2012, Glauch/Köbele/Störmer-Caysa 2011, Filatkina/Przybilski 2011, Däumer et al. 2010a, Baumgärtner et al. 2009, Berzeviczy et al. 2009, Müller/Wunderlich 2008, Hasebrink et al. 2008a, Störmer-Caysa 2007, Kundert/Elger 2007, Staubach/Johanterwage 2007, Vavra 2007, Böhme 2005, Rimpau/Ihring 2005, Vavra 2005, Glaser 2004, Aertsen/Speer 1998, Tomasch/Gilles 1998, Michel 1997, Buschinger/Spiewok 1996.
[3] Insbesondere mit diesem Bemühen verfolgt das vorliegende Handbuch einen anderen Ansatz als die oben genannten Bestandsaufnahmen der mediävistischen Erforschung literarischer Räume, wie etwa Müller/Wunderlich 2008.
[4] Vgl. etwa AristPhys IV,1,208b7, vgl. auch 209a8. In 208b32 steht der χώρα-Begriff statt des τόπος-Begriffs.

bestimmt, und dies geschehe durch eine „Begrenzung".[5] Begrenzt sei der Ort in den drei Richtungen seiner Erstreckung, in Länge, Breite und Tiefe.[6] Außerdem lasse sich der umgrenzte Stoff als Ort beschreiben.[7] Anders als bei anderen Dingen ist beim Ort die Begrenzung nicht an einen bestimmten Stoff gebunden, sondern sie kann auf unterschiedliche Weisen gefüllt sein.[8] Daher sei der Ort mit einem „Gefäß" vergleichbar.[9] Der Ort kann von seiner Begrenzung nicht getrennt werden; sie existiert weder ohne den Ort noch neben ihm.[10] Die Zentralstellung der Grenze wird schließlich (im vierten Kapitel) zugespitzt: Der Ort ist „die Grenze des umfassenden Körpers, ⟨insofern sie mit dem Umfaßten in Berührung steht⟩".[11] Aristoteles erläutert dies mit dem Beispiel der Welt: Es sei nicht einfach die Welt ein Ort, sondern „von der Welt [sei dies lediglich, Verf.] eine Art äußerster Rand, der in Berührung steht mit dem bewegbaren Körper [also mit der Welt, Verf.]".[12] Der Ort wird hier also von seiner Grenze, von der äußeren Begrenzung her gedacht.[13] Die Grenze kann von dem, was sie umschließt, unterschieden werden; sie ist aber durch Kontakt räumlich damit verbunden. Damit steht bei Aristoteles das Merkmal der distinkten Begrenzung von Orten im Mittelpunkt der Überlegungen; aber auch die stoffliche Füllung des Bereichs zwischen den Grenzen und dessen kontinuierliche Ausdehnung beschäftigen ihn.[14]

Mit seiner Konzeption des Ortes gilt Aristoteles in den aktuellen Debatten über den Raum als zentrale Referenz für die Vorstellung des Raums als Behälter oder als Container. Seine Ausführungen werden auch im Mittelalter rezipiert.[15] Boethius übersetzt den aristotelischen τόπος-Begriff in seiner frühen Übertragung der *Kategorien* (A. 6. Jh.) als *locus* ins Lateinische.[16] In dieser Fassung kursiert die *Kategorien*-Schrift

---

5 AristPhys IV,2,209b2 (πέρας).
6 Vgl. AristPhys IV,1,209a5 f.
7 Vgl. AristPhys IV,2,209b6 f.
8 Vgl. AristPhys IV,2,209b21–24: Während sich bei anderen Dingen Stoff und Form nicht voneinander ablösen lassen, sei das beim Raum sehr wohl möglich.
9 AristPhys IV,2,209b28 f. (ἀγγεῖον).
10 Vgl. AristPhys IV,1,209a7–13; vgl. auch AristPhys IV,4,211b11–14, Zekls Übs.: „die Ränder des Umfassenden und des Umfaßten fallen [...] an gleicher Stelle zusammen".
11 Zekls Übersetzung von AristPhys IV,4,212a6–6a. Der Text in spitzen Klammern ist nach den antiken Kommentatoren ergänzt.
12 Zekls Übersetzung von AristPhys IV,5,212b18 f.
13 Vgl. auch Störmer-Caysa 2007, 25.
14 Zusammenfassend zum Ortsbegriff der *Physik* vgl. Höffe 2006, 124 f.
15 Für die scholastische Philosophie hat das Aertsen (1998, XIIf.) festgehalten.
16 Vgl. AristCatBoeth 14,18–24: „Rursus locus continuorum est; locum enim quendam partes corporis retinent, quae ad quendam communem terminum coniunguntur; ergo et loci partes, quas tenent singulae partes corporis, ad eundem terminum coniunguntur ad quem et partes corporis iungebantur; quare continuum est et locus; ad unim enim communem terminum eius partes coniunguntur". Für den aristotelischen Text vgl. AristKat 5a8–14, Übs. von Rath: „Ferner ist der Ort ein Zusammenhängendes. Die Teile des Körpers, die sich an einer gemeinsamen Grenze zusammenfügen, nehmen nämlich einen Ort ein. Folglich fügen sich die Teile des Ortes, die jeder Teil des Körpers einnimmt,

im westlichen Europa bereits seit dem Frühen Mittelalter. Ausgehend von Übersetzungen aus dem Arabischen im 12. Jh. in Toledo und Venedig entstehen weitere Aristoteles-Übersetzungen im 13. Jh., darunter auch im Norden die des Robert Grosseteste.[17]

Auch wenn die feste Umgrenzung für den τόπος-Begriff nach Aristoteles zentral ist, enthält er zugleich ein dynamisches Element. Aristoteles unterscheidet in der *Physik* grundsätzlich zwischen Ort und Körper,[18] und er reflektiert die Bewegung von Körpern an ihrem jeweiligen Ort bzw. innerhalb von Orten.[19] Körper können sich im Raum bewegen und ein subjektives Verständnis ihres jeweiligen Ortes entwickeln. Im Zusammenhang mit den Lagebestimmungen – oben, unten, links, rechts – werden Unterschiede der Erfahrung eines Ortes durch das wahrnehmende Subjekt thematisiert.[20] Der beschriebene Begriff des klar umgrenzten Ortes allerdings besteht neben diesen Überlegungen fort.[21] Bewegungen von Körpern und ihre besonderen Wahrnehmungsweisen geraten nicht mit der Konstitution von Orten mittels Grenzen in Konflikt: Grenzen werden dadurch bei Aristoteles weder neu gezogen, noch werden sie zur Disposition gestellt.

Wenn Orte in der Literatur erzählt werden, ist – neben der ‚Wahrnehmung'[22] räumlicher Konstellationen – vor allem die ‚Bewegung' im Raum von besonderer Bedeutung. Das hängt zuallererst mit der grundsätzlichen Sukzessivität des Erzählvorgangs zusammen. Räumliche Konstellationen können beispielsweise in Form von *descriptiones* entworfen werden. Informationen über den Ort werden hier der Reihe

---

an derselben Grenze zusammen, an der auch die Teile des Körpers sich zusammenfügen. Damit wäre der Ort ein Zusammenhängendes. An einer gemeinsamen Grenze nämlich fügen sich seine Teile zusammen."

17 Vgl. Störmer-Caysa 2007, 28. Bereits im 12. Jh. übersetzen Jakob von Venedig (in Venedig oder Konstantinopel) und Gerald von Cremona (in Toledo) die *Physik* (vgl. Dod 1982, 46 f.). Im 13. Jh. folgen weitere Übersetzungen: Michael Scotus überträgt in den Jahren 1220 bis 1230 (in Toledo oder Italien) den gesamten arabischen Text sowie den Kommentar des Averroes (vgl. Dod 1982, 48); zwischen 1210 und 1220 verfasst Robert Grosseteste (vermutl. in Oxford) eine Zusammenfassung der *Physik* mit Anmerkungen (vgl. Dod 1982, 72). In der Mitte des 13. Jh.s wird eine Sammlung mit Übersetzungen von Werken des Aristoteles zusammengestellt, das *corpus vetustius*, zu der auch die frühe *Physik*-Übersetzung des Jakob von Venedig gehört (vgl. Dod 1982, 50). In der zweiten Hälfte des 13. Jh.s folgt eine weitere Sammlung, das *corpus recentius*, zu der eine *Physik*-Übersetzung des Wilhelm von Moerbeke (vermutlich aus den 1260er Jahren; vermutl. in Viterbo) gehört (vgl. Dod 1982, 51).
18 Vgl. AristPhys IV,1,208b27 f. u. 209a6 f.
19 Vgl. AristPhys IV,1,208b11 f.
20 Vgl. AristPhys IV,1,208b15 f., Zekl-Übs.: „Für uns sind sie [= die Lagebestimmungen, Verf.] ja nicht immer gleich, sondern ergeben sich je nach Lage, so wie wir uns wenden"; vgl. auch Störmer-Caysa 2007, 24 f.
21 Nach Aristoteles besteht die Lage (rechts, links, vorne, hinten, oben, unten) sowohl als Teil der menschlichen Wahrnehmung als auch als Element der natürlichen Ordnung (vgl. AristPhys IV,1,208b15–22).
22 Dass für die Konstruktion von Räumen in der Literatur der Wahrnehmung besondere Bedeutung zukommt, konstatiert auch Dennerlein (2009, 62, 143–163).

nach vermittelt. Man denke an die berühmte Schilderung des Inneren der Minnegrotte im *Tristan* Gottfrieds von Straßburg: Der Ort entsteht im Text, indem zunächst die Beschaffenheit der Außenwände von unten nach oben beschrieben werden und darauf der Boden und schließlich das Bett, das in der Mitte der Grotte steht (Tr_(R) 16703–16723). Mit der Deskription wird hier also sukzessive ein Innenraum entworfen. Dessen Grenzen sind Ausgangspunkt der Beschreibung. Sie scheint damit durchaus am *locus*-Begriff der aristotelischen Tradition orientiert zu sein.

Nicht nur mittels *descriptiones* werden in literarischen Texten Orte sukzessive hervorgebracht. Auch Schilderungen der Handlungen einzelner Figuren erzeugen zu diesen Handlungen räumliche Umgebungen.[23] Sowohl bei homodiegetischem Erzählen, wenn also der Erzähler mit einer Figur der erzählten Welt zusammenfällt, als auch bei heterodiegetischem Erzählen, wenn Erzähler und Figur unterschieden sind, werden gleichzeitig mit dem Handeln und Beobachten dieser Figur um sie herum mehr oder weniger detailliert gestaltete Räume evoziert.[24] Der Fokalisierung, der Wahrnehmung mit dem Erzähler oder mit einer oder verschiedenen Figuren, kommt für den Prozess der Raum-Entstehung eine besondere Bedeutung zu.[25] Räumliche Konstellationen, die in skizzierter Weise hervorgebracht werden, müssen nicht mit den Außengrenzen konkreter Orte der erzählten Welt übereinstimmen.[26] Vielmehr können Orte miteinander zu einer größeren räumlichen Einheit verknüpft werden, wenn von der Bewegung einer Figur erzählt wird. Man denke zum Beispiel an die Palastbeschreibungen der mittelhochdeutschen Literatur: etwa beim Aufenthalt von Herzog Ernst und Graf Wetzel in der Stadt Grippia (ErnstB_(BS) 2531–2698) oder bei der Führung durch die Gemächer der Candacis, die der Makedonenherrscher im *Straßburger Alexander* erhält (SAlex_(L) 5631–5667; 5787–5813). Die Zimmer werden nicht im Verhältnis zu sie umschließenden Stadt- oder Burgmauern situiert, sondern sie werden mit dem Fortschreiten der Protagonisten aufeinander bezogen. Die Bewegungsräume der Literatur unterscheiden sich von den *loci* also hinsichtlich Ausprägung und Bedeutung der Grenze für die Raumkonstitution. Wenn die Figurenbewe-

---

23 So weist Dennerlein beispielsweise darauf hin, dass Raummodelle an bestimmte Handlungsschemata gebunden sein können (Dennerlein 2009, 182).
24 Dennerlein spricht von ‚Ereignisregionen' und – für den Fall, dass Figuren einer Erzählung in Bewegung sind – von ‚Bewegungsbereichen' (vgl. Dennerlein 2009, 122–127).
25 Vgl. Genette 1998, 132–149, 235–244. Grundlegend zu den fokalisierten Passagen mhd. höfischer Romane ist die Arbeit von Hübner 2003. Die jüngere Forschung hat darauf hingewiesen, dass die narrative Raum-Generierung nicht allein mit Verfahren der Fokalisierung in Verbindung zu bringen ist. Grundsätzlich formuliert diesen Hinweis Dennerlein 2009, 143–149. Wagner kritisiert Ansätze der mediävistischen Forschung zu erzählten Räumen, welche die Raumentstehung in einer Erzählung allein an die Wahrnehmung des Protagonisten binden; stattdessen plädiert er für eine ‚multiperspektivische' Analyse räumlicher Konstellationen (Wagner 2015b, 13–15).
26 Vgl. Dennerlein 2009, 125 f.

gung nicht sprunghaft verläuft, haben diese Räume – ebenso wie die aristotelischen *loci* – eine kontinuierliche Erstreckung.[27]

Dass und auf welche Weise Räume durch Bewegung erzeugt werden, hat nicht nur mit grundlegenden Eigenschaften des Erzählens – etwa mit der Sukzessivität – zu tun, sondern auch mit den jeweiligen Erzählkonventionen eines kulturellen Zusammenhangs.[28] Ein verbreitetes – wenn auch nicht das einzige – Handlungsmuster mittelalterlichen Erzählens in der Volkssprache ist die Reise oder der Weg des Protagonisten oder einer anderen Figur der Erzählung. Die bereits angesprochene Bewegung von Figuren ist in dieser Erzähltradition also besonders prominent. Auf dem Weg und durch den Weg der Figuren werden räumliche Konstellationen geschaffen.[29] Gelegentlich werden sie im Vorgriff auf das erzählte Geschehen zunächst deskriptiv entfaltet. In der Mehrzahl der Fälle erscheinen sie gleichzeitig mit der jeweiligen narrativen Sequenz.[30] Indem eine Figur reist, werden Hinweise auf die Landschaft gegeben, die sie durchquert. Dabei kann es sich um unspezifische Merkmale der Geographie handeln, wie ‚Wald' oder ‚Wiese', oder auch um topographische Namen der erzählten Welt. Mittels dieser Namen können Bezüge zur kartographisch ‚realen' Welt hergestellt werden; insbesondere bei Formen enzyklopädischen Erzählens in spätmittelalterlichen Romanen ist das der Fall.[31] Durch die Abfolge und andere Formen der Relationierung von Raumelementen im Zuge der Reise entsteht ein räumlicher Zusammenhang. Für den Artusroman hat Uta Störmer-Caysa daher pointiert formuliert: Der Weg des Helden „formt Geographie".[32] Räume, die auf diese Weise entstehen, sind nicht vorrangig an einer Grenze orientiert, wie es beim *locus*-Begriff im Anschluss an Aristoteles der Fall ist.[33] Sie werden vielmehr von einer Figur und damit

---

[27] Vgl. Störmer-Caysa 2007, 47. Aufgrund der Abhängigkeit der Raumentstehung vom Weg einer Figur der Erzählung ist diese Kontinuität zunächst nur eine temporäre (vgl. Störmer-Caysa 2007, 70); in vielen Fällen jedoch erscheinen Orte, die am Weg liegen, als dauerhaft (vgl. Störmer-Caysa 2007, 71; zum Problem der Kontinuität vgl. 76).
[28] Allgemein zur Bindung von Raummodellen an Handlungsschemata vgl. Dennerlein 2009, 182.
[29] Zur „Figurenbezogenheit" der Raumerzeugung in mittelalterlicher Literatur vgl. Gerok-Reiter/Hammer 2015, 498.
[30] Vgl. Störmer-Caysa 2007, 75.
[31] Vgl. Herweg 2012, Herweg 2014.
[32] Störmer-Caysa (2007, 69) schließt damit an Beobachtungen von Gruenter (1962, 248), Röth (1959, 210), Hahn (1963, 45–50) und Trachsler (1979, 137–139) an.
[33] Dennerlein dagegen versteht auch „Ereignisregionen", die um Figuren in Bewegung herum entstehen, als Container-Räume. Sie bestimmt diese Räume allerdings nicht anhand einer Grenzlinie, wie es bei Aristoteles der Fall ist, sondern anhand der Möglichkeit, zwischen Innen und Außen unterscheiden zu können (Dennerlein 2009, 161). Ob die Beschreibung als Container-Raum tatsächlich zentral ist für die Definition einer ‚Ereignisregion' im Sinne Dennerleins, hat bereits Maximilian Benz in der Rezension ihres Buches in Frage gestellt (vgl. Benz 2011, 213).

von einem Zentrum her ‚aufgespannt'.³⁴ Ein weit verbreitetes Muster für Orte, die von einem Mittelpunkt aus konstituiert sind, liefert in der höfischen Kultur des Mittelalters der Hof des umherreisenden Königs.

Schon in diesen knappen Ausführungen deutet sich an, dass Räume, die in der mittelalterlichen Literatur um den sich bewegenden Helden herum erzeugt werden, neben literarische Räume treten, die der Vorstellung vom Behälter-Raum nach Aristoteles entsprechen. Damit erweist sich volkssprachliches Erzählen als nicht allein vom *locus*-Begriff der aristotelischen Tradition bestimmt. Räume können in der mittelhochdeutschen Literatur mit der Bewegung von Figuren entstehen, und sie können sich infolgedessen mit dem Fortgang einer Geschichte auch verändern. Ein berühmtes Beispiel für einen Ort, der sich wandelt – und der mit Störmer-Caysa als ‚Sprossraum' bezeichnet werden kann³⁵ – ist die Tür, die sich vor dem Protagonisten von Hartmanns *Iwein* unvermittelt auftut (Iw_(BLW) 1150 f.), nachdem er zunächst im Eingang der Burg Askalons, seines Gegners im Kampf, zwischen zwei Fallgittern gefangen scheint. Vorstellungen des klar umgrenzten Ortes verbinden sich in volkssprachlichen Erzählformen mit räumlichen Konstellationen, die aus der Bewegung der Figuren hervorgehen und dabei sowohl fest begrenzte Räume miteinander verknüpfen als auch räumliche Konstellationen mit weniger klar gezogenen Grenzlinien hervorbringen.³⁶

Im vorliegenden Handbuch wird den unterschiedlichen Verfasstheiten von Räumen in der Literatur Rechnung getragen. Der Begriff des konkreten Ortes bildet den Ausgangspunkt für die einzelnen Beiträge. Dabei dient der aristotelische Ortsbegriff als Orientierungspunkt und als Maßstab. Klar umgrenzte Orte sowie solche Orte, die der erzählten Bewegung von Figuren eine Grenze setzen, werden in der mittelalterlichen Literatur immer wieder beschrieben. Auch wenn Figuren Begrenzungen letztlich überwinden, unterscheiden diese zunächst deutlich umrissene räumliche Einheiten. So grenzen beispielsweise Flüsse Länder und Herrschaftsbereiche voneinander ab (etwa der Grenzfluss Donau, den die Burgunden im *Nibelungenlied* auf dem Weg ins Reich Etzels überschreiten; oder Euphrat und Strage, die für den Protagonisten des *Straßburger Alexander* einen Grenzraum zum Perserherrscher Darius bilden); Grenzen werden aber auch von Meeren gebildet (etwa Isenstein jenseits der ‚See') sowie von Bergen und Mauern (insbesondere die unüberwindliche Mauer, die in Reiseberichten und Alexanderromanen das Irdische Paradies umschließt und es für ‚Normalsterbliche' nicht zugänglich macht). Wie dargelegt, entwerfen literarische

---

34 Vgl. Wagner 2015a, 499 f. sowie den Artikel ‚Grenze' in diesem Band. Im oben beschriebenen Fall ist dieses Zentrum kein Gegenstand der erzählten Welt, sondern eine Figur.
35 Vgl. Störmer-Caysa 2007, 70–75. Vgl. auch die Konzeption dynamischer Räume bei Glaser 2004, 19 f. Wagner deutet die *Iwein*-Sequenz als Eröffnung eines zweiten (‚virtuellen') Raums, der vom Torverlies unterschieden ist, von diesem aber überlagert wird (vgl. Wagner 2015b, 19).
36 Vgl. auch Gerok-Reiter/Hammer 2015, 498 f.

Texte in vielen Fällen aber auch Orte, die nicht auf den aristotelischen τόπος-Begriff reduziert werden können. Inwieweit Räume in den einzelnen Texten sukzessive konstituiert werden und welche räumlichen Konstellationen im Erzählprozess sich aus der je spezifischen Verbindung der unterschiedlich generierten Räume ergeben, bilden daher weitere Fragen, mit denen der heuristische Rahmen für die Beiträge des Handbuchs umrissen ist.

Aus diesen Ausführungen zur narrativen Raum-Erschaffung wird deutlich, dass der Begriff des Ortes im Handbuch ein weites semantisches Spektrum umfasst, in dessen Zentrum das *locus*-Konzept der aristotelischen Tradition steht, das aber auch dynamisch konstituierte räumliche Einheiten einschließt. Hier – etwa im Sinne Michel de Certeaus[37] – strikt zwischen Ort und Raum zu unterscheiden erscheint angesichts der je spezifischen Konstitution eines konkreten Ortes, bei der sich Implikationen eines Gefäß-Raums und solche eines Bewegungsraums auf je eigene Weise verbinden können, für die Analyse von Erzähltexten wenig hilfreich. Das Orts-Verständnis, das der Konzeption des Handbuchs zugrunde liegt, ermöglicht es, Dynamiken zwischen unterschiedlichen räumlichen Konstellationen in den Blick zu nehmen. Damit geht einher, dass der Begriff des Raums in diesem Handbuch nur dann verwendet wird, wenn ein größerer räumlicher Zusammenhang im Verhältnis zum konkreten Ort bezeichnet wird oder wenn Topologisches auf abstrakt-konzeptioneller Ebene adressiert wird.

Mit den skizzierten Fragestellungen eröffnet sich ein Spektrum unterschiedlicher Formen und Konstitutionsweisen von Orten. Der derart weit gespannte Horizont fordert dazu auf, ihn für jeden Ort des Handbuchs nach seinen Besonderheiten je unterschiedlich zu füllen. So wird innerhalb des skizzierten Rahmens für jedes Lemma eine eigene Konfiguration des Raumes herausgearbeitet. Dass es den Herausgebern darum geht, die Vielfalt der Raumvorstellungen mittelalterlicher Erzählliteratur in deutscher Sprache vorzustellen, wird bereits an der Auswahl der Lemmata des Handbuchs deutlich. In die Liste der Lemmata wurden Orte aufgenommen, die in der Erzählliteratur besonders produktiv dargestellt worden sind (etwa ‚Gralsbezirk', ‚Magnetberg', ‚Indien'), sowie solche, denen im kulturellen Kontext besondere Bedeutung zukommt (etwa ‚Burg', ‚Heide, Aue'). Dass eine Liste nach Auswahlkriterien, die so diskussionswürdig sind wie diese, Vollständigkeit zwar anstreben, aber kaum je erreichen kann, steht außer Frage: Die Herausgeber mussten vielfach Ermessensentscheidungen treffen und sind sich der Anfechtbarkeit im Einzelfall bewusst.

Die Lemmata werden im Handbuch in alphabetischer Ordnung präsentiert. Ihrer Auswahl liegt eine planvolle Einteilung zugrunde, die analytischen Zwecken dient und die zugleich nicht frei ist von Grenzfällen und Überschneidungsbereichen (vgl. im Überblick die alphabetische und die systematische Liste der Lemmata auf S. X f.). Den Kernbestand der Einträge des Handbuchs bilden konkrete Orte im Sinne der *loci*

---

37 Vgl. de Certeau 1988, 217–220.

der aristotelischen Tradition. Sie lassen sich in ‚vorgefundene' und ‚geschaffene' Orte einteilen. Beispielhaft für erstere seien ‚Meer', ‚Heide' und ‚Gebirge', für letztere ‚Burg', ‚Kirche', ‚Stadt' und ‚Kemenate' genannt. Bei diesen wie auch bei den folgenden Gruppen von Lemmata sind Orte, die einander benachbart sind oder die in enger semantischer Beziehung zu einander stehen, in Lemmata-Clustern zusammengestellt worden (der aus Sicht der Herausgeber zentrale Ort führt jeweils die Reihe der Begriffe an). Konkrete Orte machen die große Menge der Lemmata des Handbuchs aus. Sie werden ergänzt um nicht weniger konkrete, aber erkennbar ausgedehntere Orte, die für mittelalterliche geographische Vorstellungen eine bedeutende Rolle spielen (‚geographische Orte') und sich überdies sehr oft durch die Verbindung mit theologischen Vorstellungen sowie mit Elementen des Wunderbaren auszeichnen: etwa ‚Babylon, Jerusalem', das ‚Irdische Paradies', ‚Indien, Mirabilienorient'. Außerdem haben wir Orte aufgenommen, die in sozialer und epistemischer Hinsicht Alternativen zur eingeführten erzählten Welt entwerfen (‚Verortungen fremder Welten'): zum Beispiel die Lemmata ‚Insel', ‚Anderswelten', ‚Ferne-Utopien', ‚Himmel, Hölle'. Schließlich wurden konkrete Orte aufgenommen, für die Passagen von einem Raum in einen anderen oder generell die Bewegung im Raum von zentraler Bedeutung sind (‚Orte des Übergangs'); hierzu zählen ‚Tor, Tür', ‚Brücke' und ‚Weg'.

Lemmata, die funktional bestimmte Orte erfassen, oder solche, für die der Aspekt der Bewegung zentral ist, sind nur dann aufgenommen worden, wenn sie in den literarischen Texten zugleich als konkrete Orte im ausgeführten Sinne realisiert werden und wenn auch für sie in den Texten Ausdehnung und Grenzen beschrieben werden. Ganz ohne Überschneidungsbereiche zwischen den einzelnen Lemmata-Gruppen kann diese Systematisierung freilich nicht auskommen. So stehen zum Beispiel ‚Einöde' (als Element der Einträge ‚Klause' und ‚Wüste') oder ‚Acker' (als Element des Eintrags ‚Dorf') zwischen den ‚vorgefundenen' und den ‚geschaffenen Orten'. Ähnlich liegen auch die Lemmata-Gruppen ‚geographische Orten' und ‚Verortungen fremder Welten' zum Teil nah beieinander. Die Zuordnung ist in einzelnen Fällen davon abhängig, welche Aspekte eines bestimmten Ortes betont werden (‚Ferne-Utopien' zum Beispiel lassen sich auch den ‚geographischen Orten' zurechnen). Außerdem gibt es bei einzelnen Lemmata große Nähe der Gegenstandsbereiche (etwa bei ‚Meer' und ‚Hafen, Schiff' oder bei ‚Wüste' und ‚Klause'); unterschieden sind diese Orte nach den Perspektiven, aus denen die jeweilige räumliche Konstellation betrachtet wird. Schließlich gehören zu den erfassten Orten auch solche, die vor allem der Literatur zugehören (etwa ‚Gralsburg', ‚Anderswelten'). Sie können allerdings in der Regel nicht in einem überhistorischen Sinn als fiktiv bezeichnet werden, denn sie finden zeitgenössisch auch in ‚glaubwürdigen' Gattungen wie der Historiographie Erwähnung.

Den einzelnen Beiträgen liegt eine dreigliedrige Struktur zugrunde: Sie stellen zunächst Beobachtungen zur Wort- und Begriffsgeschichte des jeweiligen Ortes vor (‚Begriffsbestimmung'); unter der Überschrift ‚Merkmale der Darstellung' beschreiben die Einträge dann die formalen Eigenheiten des jeweiligen Ortes; schließlich wird in einem Abschnitt zu den ‚narrativen Funktionen' erfasst, wie und mit welchen

Effekten die Orts-Entwürfe in narrative Zusammenhänge eingebettet sind (z. B. mit memorialer Funktion) und gegebenenfalls auch, welche symbolischen Implikationen sich mit dem jeweiligen Ort verbinden und welche metaphorische Verwendung er gefunden hat. Alle Artikel des Handbuchs behandeln diese feststehenden Elemente der Gliederung. Sie gewichten sie aber den Eigenheiten der Orte entsprechend jeweils unterschiedlich. Schwerpunkte, Perspektiven und Stile, die die Beiträger in den Band einbringen, haben die Herausgeber bei allem Bemühen um Vereinheitlichung letztlich gewahrt: Denn sie zeigen die Dynamik und Vielgestaltigkeit des allen gemeinsamen und doch weiten Forschungsfeldes.

Um die Befunde, die in den einzelnen Artikeln zusammengetragen worden sind, einigermaßen überschaubar zu halten, beschränken sich die Beiträge auf Orte in narrativen Texten des deutschsprachigen Mittelalters. Nur in Einzelfällen werden Hinweise auf jeweils vergleichbare Phänomene in anderen Gattungen, in benachbarten Literaturen, in anderen Kunstformen oder in modernen Erzählungen in die Ausführungen einbezogen. Auf nicht-deutschsprachige Texte wird rekurriert, wenn es durch den Vergleich mit ihnen möglich ist, Orte in deutschsprachiger Literatur präziser zu beschreiben.

Im ersten Abschnitt jedes Lemmas („Begriffsbestimmung') werden – in unterschiedlicher Ausführlichkeit – diejenigen literarischen Texte genannt, auf die der Beitrag Bezug nimmt. Der Erwähnung und Ausgestaltung der einzelnen Orte in deutschsprachigen Erzähltexten entsprechend – wie auch den Gewichtungen der Beiträger entsprechend – ist die Auswahl der Primärtexte jeweils unterschiedlich. Aufs Ganze des Handbuchs gesehen zeigt sich allerdings ein Schwerpunkt bei Texten der Zeit um 1200. Dieser ergibt sich zum einen daraus, dass sich grundlegende räumliche Konstellationen in Erzählungen dieser Zeit herausbilden, die später vielfach aufgegriffen und weiterentwickelt werden. Der Schwerpunkt ist zum anderen Folge des Stands der Forschung zur Analyse literarischer Orte: Zur so genannten höfischen Klassik ist die raumanalytische Forschung reichhaltiger als etwa zur spätmittelalterlichen Erzählliteratur. Weitere Untersuchungen sind daher nur zu begrüßen, und es wäre den Herausgebern eine Freude, wenn dieses Handbuch dazu beitragen würde.

Durch Verweispfeile im fortlaufenden Text werden Verbindungen zwischen den Artikeln hergestellt. Ein Verweispfeil erscheint nur bei Erstnennung des jeweiligen Ortes. Für den schnellen Überblick werden die Querverweise sowie die Siglen der zitierten Primärtexte am Ende jedes Artikels aufgelistet.

Mithilfe eines schlanken Registers am Schluss des Handbuchs kann nachvollzogen werden, auf welche Primärtexte in welchen Lemmata Bezug genommen wird. Ebenfalls am Schluss des Buches findet sich eine Gesamtbibliographie der zitierten Forschungsliteratur sowie eine Liste der Siglen, die für die Primärtexte verwendet werden, samt bibliographischer Angaben der zitierten Editionen.

Das vorliegende Buch hat, wie bei Unternehmungen dieser Art üblich, eine längere Entstehungsgeschichte. Die Herausgeber haben vielen zu danken, die von der ersten Konzeption bis zum endlichen Erscheinen mit Gespräch und Rat, Tat und Hilfe, pünktlicher Lieferung und kurzfristigem Einspringen in entstandene Lücken beteiligt waren. Drei Namen seien stellvertretend genannt, die besonders die Anfangs- und Schlussphase begleiteten: Heiko Hartmann, Uta Störmer-Caysa und Thomas Heintz. Dazwischen waren vor allem die vielen Beiträgerinnen und Beiträger aktiv, die sich stets konstruktiv, mitunter auch mit kritischen Fragen und Anregungen auf das Konzept einließen. Für unermüdliches Interesse und stets angenehme Kooperation danken wir dem Verlag de Gruyter, namentlich Jacob Klingner und Maria Zucker.

Berlin und Karlsruhe im Mai 2018

Tilo Renz, Monika Hanauska und Mathias Herweg

Judith Klinger
Anderswelten

1 Begriffsbestimmung – 2 Merkmale der Darstellung – 2.1 Vieldeutigkeit und Verrätselung – 2.2 Reisen mit und ohne Wiederkehr – 2.2.1 Inselwelten – 2.2.2 Parallelwelten – 2.3 Schnittstellen mit dem Totenreich – 2.3.1 Unterwelten – 2.3.2 Zwergenwelten – 2.4 Fragmentierung und Transformation – 2.4.1 Mahrtenehen – 2.4.2 Artusroman – 3 Narrative Funktionen

1 Begriffsbestimmung

Orte der Anderswelt haben in mittelalterlichen Literaturen einen kulturspezifisch unterschiedlichen Stellenwert und ebenso diversifizierte Gestalt. Ihre Andersartigkeit lässt sich nicht über rein topographische Kriterien erfassen: Wie im Fall der → (Ferne-)Utopien treten weitere Merkmale hinzu. Anderswelten konstituieren sich über ihre außermenschlichen Bewohner und Bewohnerinnen, die in moderner Sicht der Sphäre des ‚Übernatürlichen' zugerechnet werden. Sie verfügen über andere Zeitbezüge als die vertraute Welt, ihre Räumlichkeit erstreckt sich zwischen lokal-konkreten Zugängen und einer geläufigen Maßstäben entzogenen Ausdehnung. Bestimmungen wie Nähe und Ferne, topographische Kontinuität und Diskontinuität gestalten sich daher häufig paradox. Orte der Anderswelt sind der alltäglichen Lebenswelt gleichsam parallel gelagert und stehen mit ihr in Verbindung. Allerdings sind sie auf anderen Ebenen der Wissens- und Erfahrungsmöglichkeiten lokalisiert und nur unter besonderen Bedingungen für menschliche Besucher zugänglich.

Die Raumzeitlichkeit, in der Anderswelten verankert sind, ist durch ein magisch-religiöses Weltbild bestimmt und steht damit quer zu Wissensordnungen, die eine systematisch vereinheitlichte, überall gleichen Maßstäben unterworfene Welt voraussetzen.[1] Mittelalterliche Anderswelten gelten daher gemeinhin als Bestandteil von Mythologien und werden bis in die Populärkultur hinein als das (pagane) Andere des dominant christlichen Weltbilds wahrgenommen. Allerdings sind auch irokeltische und skandinavische Erzählungen von Anderswelten erst nach erfolgter Christianisierung Gegenstand schriftlicher Überlieferung geworden, sodass mit Überlagerungs- und Austauschprozessen zu rechnen ist. Eine spezifisch mythische Dimension kommt den autogenen Anderswelten jedoch dadurch zu, dass sie einer transzendenten Wirklichkeit angehören und das Weltverständnis strukturieren, menschlicher Erkenntnis

---

[1] Vgl. Rees/Rees 1961, 343, Eliade 1957, 13, Czerwinski 1993, 58 f., Dux 1998, 168.

aber nur begrenzt zugänglich sind.² In diesem Sinne verstandene mythische Anderswelten fehlen in der deutschsprachigen Literatur des Mittelalters weitgehend, an ihre Stelle tritt die Umfunktionalisierung andersweltlicher Motivkomplexe.

Der moderne Begriff Anderswelt ist der anglophonen Mediävistik entlehnt, wo sich die (ursprünglich keltologische³) Bezeichnung *otherworld* eingebürgert hat. Bereits im Mittelenglischen ist *tother worlde* als Bezeichnung für das postmortale Jenseits nachweislich. Im wissenschaftlichen wie im populären Sprachgebrauch fungiert ‚Anderswelt' jedoch als Sammelbegriff für eine Vielzahl von Phänomenen, die alles von der menschlich-alltäglichen Lebenswelt Unterschiedene umfassen: die Unter- oder Totenwelt, die Bezirke des christlichen Jenseits ebenso wie von außermenschlichen Wesen bevölkerte Raumsphären.⁴ Die Vielgestaltigkeit andersweltlicher Räume und der literarischen Modellierungen sowie begriffliche Unschärfen in der Forschungsdiskussion machen einige typologische Unterscheidungen nötig, die der genaueren Gegenstandsbestimmung dienen sollen. In mittelalterlichen Texten sind demgegenüber Vermischungen, Überlagerungen und verschwimmende Grenzen zu verzeichnen.

Orte der Anderswelt unterscheiden sich von Jenseitsräumen (→ Himmel, Hölle) durch eine wesentliche Zugangsmodalität. Jenseitsräume eröffnen sich generell postmortal und gelten als Wohnstätten menschlicher Verstorbener sowie nichtmenschlicher Wesen. So setzt die christliche Jenseitsliteratur stets die Präsenz von Teufeln und Dämonen in der Hölle sowie von Engeln im Paradies voraus. Der ausgezeichneten Kriegern vorbehaltene Aufenthalt in Valhalla schließt auch die Gemeinschaft mit *valkyrjur* und den Bewohnern von Asgard ein. Die Fülle der leibhaftig oder visionär erfahrenen Jenseitsreisen, von denen die mittelalterliche Literatur variationsreich berichtet, belegt allerdings eine paradoxe Durchlässigkeit jener → Grenze, die doch den Tod zur Eingangsvoraussetzung macht. Weiterhin zeigt die konkrete Lokalisierung verschiedener Zugänge zur Totenwelt an, dass Jenseitssphären meist nicht in abstrakter Ferne imaginiert werden, sondern dem Diesseits parallel gelagert und örtlich mit ihm verknüpft sind. Die drei letztgenannten Aspekte – Gemeinschaft mit übermenschlichen Wesen, Durchlässigkeit in beide Richtungen, Situierung der Zugänge in enger Nachbarschaft zur Alltagswelt – machen augenfällig, weshalb Jenseits- und Anderswelten zwar konzeptionell, in der jeweiligen Ausgestaltung bisweilen aber kaum zu unterscheiden sind.

---

2 Diese Bestimmung leitet sich zwingend aus der konstitutiven Verbindung von Raum-Zeit-Verhältnissen und außermenschlichen Bewohnern ab, die eine Eigengesetzlichkeit jenseits menschlicher Verfügung begründet, womit die Anderswelt eben nicht in Fremdheitseffekten aus exklusiv menschlicher Perspektive aufgeht. Zugrundegelegt ist hier ein an Ernst Cassirer orientierter Mythosbegriff; vgl. Friedrich/Quast 2004, Hammer 2007a, 28–44.
3 Die Keltologie übernahm den Begriff von Lukan, der *orbis alius* mit Bezug auf die druidische Seelenwanderungslehre verwendet; vgl. Sims-Williams 1990, 61.
4 Vgl. Patch 1950.

Eine aufschlussreiche Stellung besetzt in der christlichen Weltdeutung das → Irdische Paradies, das auf mittelalterlichen Weltkarten im äußersten Osten lokalisiert wird. Kartographische Fixierung wie literarische Realisierung weisen das Irdische Paradies als Schwellenort aus, der einerseits durch massive Grenzen aus dem Umgebungsraum ausgegliedert und versperrt ist, andererseits den Zugang zum postmortalen Paradies eröffnen oder mit diesem überblendet sein kann.[5] Seine raumzeitliche Situierung verschränkt also geographische Kohärenz mit Grenzen und Sprüngen. Dies entspricht der Grundstruktur mythischer Anderswelten, die in Nachbarschafts- und Ähnlichkeitsbeziehungen mit dem bekannten Raum stehen; ihre Grenzen fallen jedoch unfest und uneindeutig aus, da sie den Übergang in eine qualitativ andere Seinssphäre – „erreichbar und unerreichbar zugleich, substantiell und transzendent"[6] – vermitteln.

Im entlegenen Osten, in oder jenseits von → Indien, verorten mittelalterliche Weltkarten und Literaturen die Welt des Fremden, häufig verkörpert durch die östlichen Wundervölker. Diese Räume des Fremden sind von Orten der Anderswelt darin unterschieden, dass ihre Einwohner sich zwar durch eine besondere, ‚monströse' Körperlichkeit sowie fremdartige Sprachen und Gebräuche auszeichnen, gleichwohl gemeinsamen Gesetzen von Raum und Zeit unterliegen, mithin demselben Kontinuum angehören.[7] Die Wundervölker sind in fixierten, wenn auch fernen Raumzonen erwartbar aufzufinden; ihnen eignen keine übermenschlichen Fähigkeiten oder Qualitäten. Das Beispiel der ‚Blumenmädchen' im *Straßburger Alexander* (SAlex_(K) 5210–5358) zeigt allerdings, dass sich die Bezirke des Fremden für Erscheinungsformen des Anderen öffnen können. Die Bewohnerinnen des paradiesischen Orts unterliegen nämlich einer anderen Zeitlichkeit, die dem Wachstumszyklus des Umgebungsraums entspricht und menschliche Lebensdauer unterschreitet. Zugleich manifestiert die Episode jene existenzielle Verbundenheit der Bewohnerinnen mit ihrem Raum, die Andersweltlichkeit im Kern begründet.

Jeder Versuch einer Abgrenzung der Anderswelten von Fremd- und Jenseitsräumen sieht sich damit einem Spektrum der Überlagerungen und gleitenden Übergänge gegenübergestellt. Orte der Anderswelt sind Gegenstand mythologischer und heroischer Dichtung, ihre Spuren begegnen in der Heldenepik und im Artusroman ebenso wie in Reise- und Mahrtenehenerzählungen, doch kann das Erzählen von der Anderswelt auch eigene Genres wie die altirischen *immrama* und *echtrai* ausprägen. Nicht zufällig liefern inselkeltische Anderswelten jene Archetypen, die in der Forschung die

---

[5] Im *Tractatus de Purgatorio Sancti Patricii* besteigt der Ritter Owein einen Berg, von dem aus das himmlische Paradies erreichbar wird (PurgSP XVI–XVII,49–55); der *Straßburger Alexander* gestaltet einen auf dem Wasserweg erreichbaren *paradisus terrestris*, der sich dann aber als postmortales Paradies erweist (SAlex_(K) 6868 f.).
[6] Hammer 2007b, 160 f.
[7] Vgl. einführend Szklenar 1966, Friedman 2000, Wittkower 2002, Mittman 2006.

meiste Aufmerksamkeit gefunden haben.[8] Die außerordentliche Vielfalt der Gestaltungsmöglichkeiten macht es nötig, zunächst kulturübergreifend die poetischen Strategien der Repräsentation von Anderswelten zu beleuchten und einen Horizont zu eröffnen, vor dem Andersweltmotive in der deutschsprachigen Literatur schärfere Kontur gewinnen. Daher werden im Folgenden keltische (altirische und kymrische), altisländische, altenglische, altfranzösische und lateinische Texte ebenso behandelt wie deutschsprachige Texte unterschiedlicher Gattungszugehörigkeit: Neben der *Reise*-Fassung des Brendan-Stoffs (ab 12. Jh.) sowie der Artus- und Gralsepik (Hartmanns von Aue *Erec* [um 1180] und *Iwein* [1180–1205], Wolframs von Eschenbach *Parzival* [1200–1210], Ulrichs von Zatzikhoven *Lanzelet* [um 1200], Wirnts von Gravenberg *Wigalois* [um 1220], Heinrichs von dem Türlin *Krone* [um 1230], *Prosa-Lancelot* [ab M. 13. Jh.], Konrads von Stoffeln *Gauriel von Muntabel* [um 1250]) werden heldenepische Texte betrachtet (*Nibelungenlied* [um 1200], *Ortnit* [1. H. 13. Jh.], *Wolfdietrich B* [13. Jh.], *Laurin* [2. H. 13. Jh.]), außerdem Liebes- und Abenteuerromane (Konrads von Würzburg *Partonopier und Meliur* [um 1277], *Reinfrit von Braunschweig* [nach 1291], *Friedrich von Schwaben* [14. Jh.]), Märendichtung (*Ritter von Staufenberg* [vermutl. frühes 14. Jh.]) und Thürings von Ringoltingen Prosaroman *Melusine* (1456).

2 Merkmale der Darstellung

2.1 Vieldeutigkeit und Verrätselung

Überall außerhalb menschlicher Siedlungen können sich Zugänge zur Anderswelt finden, deren räumliche Ausdehnung sich meist dem Ermessen entzieht; fixierte Grenzen gibt es nicht. Dieser grundsätzlichen Offenheit steht eine reduzierte Zugänglichkeit entgegen,[9] die als unbestimmte Ferne codiert sein kann, aber auch zu paradoxen Überlagerungen und Umdeutungen von Raumkategorien führt und Fragen nach den Wahrnehmungsbedingungen einschließt.

Keltische Überlieferungen beschreiben elysische → Inseln unter vielfältigen Namen, von denen manche – wie *Tír na mBeó* ('Land der Lebenden') oder *Inis Subai* ('Insel der Freude') – zwar paradiesische Verhältnisse jenseits sterblicher Zeit andeuten, aber mit küstennahen Örtlichkeiten identifiziert werden können.[10] Im altirischen *Immram Brain mac Febail* (8. Jh.) sind in die Ortsbeschreibungen insgesamt zehn spre-

---

8 Keltische Anderswelten treten weitgehend an die Stelle einer Totenreichskonzeption (vgl. Birkhan 1997, 838–844). Vgl. Löffler 1983, Carey 1987, 1991. Sims-Williams 1990, 60 f. problematisiert den systematisierenden Begriff angesichts der Vielfalt andersweltlicher Orte.
9 Vgl. Lecouteux 2000, 160, Hammer 2007b, 165.
10 Vgl. Carey 1987, 40, Birkhan 1997, 557. *Emain Ablach*, eine paradiesische Insel vor der schottischen Küste, wurde bereits im 9. Jh. mit der *Isle of Man* identifiziert (MacKillop 1998, 159, zu Lokalisierungen von *Tír na nÓg*: 358).

chende Namen für die Anderswelt verwoben, die eine Fülle von Annehmlichkeiten mit einer spezifischen Lichtwirkung verbinden. Ein weiß-silbernes Leuchten geht von den benannten Orten wie auch dem Apfelbaumzweig der Anderswelthbotin aus und visualisiert zugleich die Überzeitlichkeit der seligen Insel(n) (ImBr 2; 6; 8; 22; 24).[11] Andersweltlichkeit stellt sich durch die mit der Namensfülle verbundenen Assoziationen her, die insgesamt einen geographisch unbestimmten Raum evozieren. Über die poetisch variierten Namensverkettungen kommt es weiterhin zum Verschwimmen von festem und fließendem Untergrund.[12] Der semantischen Konvergenz von → Meer (*muir*) und → Land (*tír*) in der Bezeichnung *mag* (Ebene/Feld) entspricht die Gegenüberstellung von menschlicher und außermenschlicher Raumwahrnehmung in der Rede des Meeressohns Manannán mac Lir (ImBr 33–37). Die Verfestigung des Meeres zur tragfähigen Ebene hebt den Eindruck räumlicher Trennung auf und eröffnet den Zugang zu einem vielgestaltigen Reich („Emne ildelbach", ImBr 19), das sowohl nah als auch fern liegen („bésu ocus, bésu chían", ImBr 19) und sich gleichermaßen hinter, auf und unter dem Wasser erstrecken kann (ImBr 42).

Eine vergleichbare poetische Strategie kommt im kymrischen *Preiddeu Annwn* (um 900) zum Einsatz, worin das Erzählen von der Anderswelt als besondere Kompetenz des Barden reflektiert wird.[13] Das Gedicht weist dem andersweltlichen *Annwn* (,große Tiefe', ,Unwelt') insgesamt acht Namen zu und schildert eine Fahrt, die Arthur mit seinem Gefolge in einem Schiff unternimmt.[14] Diese Namensbildungen evozieren eine verschlossene, zugleich herrliche und gefährliche Stätte. Wiederholt wird im Schlussvers jeder Strophe, dass nur sieben von dort zurückkehren. Während die Bezüge *Annwns* zu einem unterirdischen, mit Wasser verbundenen Raum uneindeutig bleiben, wird der Ort selbst schlaglichtartig eröffnet: Licht- und Klang-Fragmente dringen aus einem nicht bestimmbaren Umgebungsraum hervor. Die übergreifende Struktur des Gedichts, das anspielungsreich auf frühere Erzählungen verweist,[15] bildet sich in der Dialektik von Verborgenheit und Enthüllung, über die der Barde souverän verfügt. Mit seiner gezielten Verrätselung inszeniert *Preiddeu Annwn* die

---

11 Auf das Motiv der Ununterschiedenheit wird schon in der ersten Szene angespielt, wenn Bran einen silbernen Apfelbaumzweig mit weißen Blüten vorfindet, wobei Zweig und Blüte schwer voneinander zu unterscheiden sind (ImBr 2).
12 *Mag Findargat* (ImBr 5 [,weißsilberne Ebene']); *Mag Argatnél* (ImBr 8 [,Silberwolkenfeld']); *Mag Réin, Mag Mon* (ImBr 14 [,Meeresebene', ,Ebene der Wettkämpfe']); *Mag Mell* (ImBr 39 [,liebliche Ebene']). Vgl. Rees/Rees 1961, 322, Siewers 2012, 41.
13 Vgl. Higley 1996, 48 f., Haycock 2005, 335.
14 An den Strophenenden stehen die Namensgebungen „(Feen-)Hügel-Burg, Burg des festlichen Rausches, Burg der Härte, Burg der Hindernisse, Burg des göttlichen Gipfels, Burg der Eingeschlossenheit"; in PrAnn II,2 und PrAnn III,2 „viertürmige Burg" sowie in PrAnn IV,2 „Glas-Burg". Zum Text vgl. Loomis 1956, Haycock 1983/1984, Higley 1996.
15 Vgl. Haycock 1983/1984, 55, Green 2009.

Anderswelt als Geheimnis, das sich nur unter spezifisch poetischen Bedingungen aufschließen lässt.

In beiden Texten fungiert die Namensvielfalt als Kristallisationspunkt mehrdeutiger Raumverhältnisse, die die Sonderstellung andersweltlicher Orte umreißen. Dazu gehört die Identifikation des Orts mit seinen Bewohnern und zumeist paradiesischen Zuständen. Das altirische *síd* bezeichnet gleichermaßen hohle (Grab-)Hügel als Zugänge zu Anderswelten und deren Bewohnerinnen und Bewohner (*síde* oder *aes sídhe*), verfügt aber über weiterreichende Bezüge zur Vorstellung eines friedlich geordneten Reichs der Fülle, einem goldenen Zeitalter ähnlich, historischer Zeitfolge gleichwohl enthoben.[16]

Auch in der altisländischen Kosmologie konstituieren sich Orte und Raumverhältnisse über die jeweiligen Bewohner, während sich die Vielfalt der benannten Regionen einer systematischen Oppositionsbildung von Eigen- und Anderswelt entzieht. Sie werden in der Lieder-Edda stets als Wohnstätten gedacht – verdichtet im Bild der Halle mit glänzendem Dach – und bisweilen explizit durch ihre Einwohner identifiziert (*Grímnismál*, Grm 4; 8–16). Textabhängig variieren jedoch die Zuordnungen und Namensgebungen.[17] Als Grenzen und Verbindungslinien fungieren Flüsse (Grm 26–28; *Vafþrúðnismál*, Vm 16) in einer Raumordnung, die sich um den Weltenbaum als vertikale Matrix entfaltet (*Völuspá*, Vsp 2,5–8). Erst in einem der jüngeren Edda-Texte begegnet eine dualistische Gegenüberstellung der (von Menschen und anderen Wesen) bewohnten Welt-Regionen (*heimar*) mit dem Totenreich (*hel*) (*Baldrs Draumar*, Bdr 6,3 f.).

Umso mehr fällt die besondere Semantik des ‚Anderswo' (*ellor*) im altenglischen *Beowulf* (10. Jh.) auf. Sie umgreift zunächst die postmortale Sphäre, denn wenn der Toten gedacht wird, heißt es, dass sie ‚andernorts' sind.[18] Die Fahrt in den Jenseitsraum, der dunkel und unbekannt bleibt, heißt entsprechend *ellorsíð*, ‚Anderswohin-Reise'. Doch auch die übermenschlichen Angreifer des Grendelgeschlechts entstammen als *ellorgæstas* dem ‚Anderen' (Beo 807; 1349 u. a.). Bei der Beschreibung ihrer Region kommt es wie im *Imram Brain* zur Entdifferenzierung raummarkierender Begriffe: Der wässrige Grenzbezirk dieses *ellor* changiert zwischen Moor, Binnengewässern und offenem Meer, dem Reich von Ungeheuern. An der Oberfläche des Gewässers brennen Feuer, seine (Un-)Tiefe ist nicht abzuschätzen (Beo 1357–1376). Diese irritierende Verknüpfung bekannter Elemente verstärkt sich mit Beowulfs Abstieg in die Unterwasserhöhle, die selbst das Wasser fernhält und zuerst von Feuer, später von tageslichtartigem Glanz erhellt wird (Beo 1516 f.; 1570–1572). Weiterhin beinhaltet der Übergang in die Anderssphäre Verschiebungen der Zeitdimensionen. Anders als in den zuvor besprochenen Texten tritt der andersweltliche Ort im *Beowulf*

---

[16] Vgl. Ó Cathasaigh 1977/1978, Sims-Williams 1990, 61–63, Carey 1991, Thompson 2004, 343.
[17] Vgl. Rösli 2015.
[18] Vgl. Beo 55; 2451; 2254 sowie die unbekannte Landestätte von Scylds Totenschiff: Beo 50–52.

nicht nur über eine spezifische Begrifflichkeit,[19] sondern auch durch plastische Schilderungen detailliert hervor. Diese poetische Ausgestaltung führt zu einer Verrätselung der Raum-Zeit-Verhältnisse, die sich wie das Erscheinen von Feuer auf und unter dem Wasser keiner vertrauten Ordnung mehr fügen.

Bei allen Unterschieden lassen diese Texte einen Kernbestand poetischer Strategien erkennen. Schon die Form der Darstellung zeigt hinsichtlich Fokalisierung und Stimme an, dass Kenntnisse über die Anderswelt an besondere Vermittlungsprozesse geknüpft sind. Solches Wissen erschließen die Reden nichtmenschlicher Sprecher männlichen und weiblichen Geschlechts – der Answeltbotin und Manannáns im *Immram Brain*, Odins in den *Grímnismál* – oder einzelner Eingeweihter, die wie der Barde in *Preiddeu Annwn* oder die Seherin der *Völuspá* über Ausnahmekompetenzen verfügen. Im *Beowulf* eröffnet Hrothgars detaillierte Schilderung erste Einblicke ins Gebiet der *ellorgæstas* (Beo 1345–1382). Die erzählerische Realisierung weist neben Sprüngen in den Raumverhältnissen eine Kombinatorik bis hin zur Vermischung sonst klar geschiedener Elemente auf; darüber hinaus kommt es in den Namensgebungen und Sprachbildern zu metonymischen Verdichtungen, die an ein zusätzliches Wissen des Publikums appellieren. Answeltliche Orte konstituieren sich in einem Wechselverhältnis des Raums mit den Bewohnerinnen und Bewohnern, das keine chronologische Vereindeutigung erlaubt. Lineare wie zyklische Zeitstrukturen verlieren entsprechend ihre Bedeutung, denn Answelten können den Zugriff auf entfernte Zeitphasen ermöglichen, erscheinen selbst aber zeitenthoben. Übergänge in answeltliche Räume werden häufig mit Gewässern und unterirdischen Zugängen in Verbindung gebracht, doch verfügen die Grenzbezirke selbst über Sonderqualitäten, die sich vertrauten Unterscheidungsmerkmalen entziehen. Zwar zeichnen sich punktuell Abgrenzungen des ‚Eigenen' vom ‚Anderen' ab, doch erfolgen solche Differenzierungen angesichts einer Fülle answeltlicher Zonen nicht im Rahmen eines übergreifenden Dualismus. Sprachliche Komplexität und poetische Artistik, wie sie hier begegnen, werden in der mhd. Literatur nicht für Answeltrepräsentationen aufgewendet; sie verlagern sich vielmehr zur Einbindung von Answeltmotiven in neue Handlungszusammenhänge (s. Abschn. 2.4).

---

19 Zentrale Begriffe zur Beschreibung des answeltlichen Orts und seiner Bewohner kommen ausschließlich dafür zur Anwendung; der Text bildet zudem Begriffe, für die die ae. Überlieferung keine oder nur vereinzelt Parallelbelege bietet: z. B. *hrófsele* als Beschreibung der Unterwasserhöhle und die Komposita *fyrgenholt, -stréam, -béamas*, wobei *fyrgen* (Berg) sonst einzig im Zauberspruch *Wið færstice* belegt ist und dort wiederum answeltliche Bezüge aufweist.

2.2 Reisen mit und ohne Wiederkehr

2.2.1 Inselwelten

Das altirische *immram*-Genre figuriert andersweltliche Orte als Fülle von Inseln, die über Seereisen zu erreichen sind.[20] Erfolgt die Reise im Fall Brans und Connlas aufgrund einer Einladung, die keine Heimkehr mehr zulässt, so sind die Fahrten Máel Dúins und Brendans in der *Navigatio Sancti Brendani Abbatis* (10. Jh.) sowie den *Reise*-Fassungen (ab dem 12. Jh.) auf eine solche Rückkehr angelegt.

Grenzen, Grenzüberschreitungen und Nähe-Ferne-Verhältnisse gestalten sich komplex und sind mit Fragen der Wahrnehmung und Erkenntnis verbunden. Ein von betörender Musik ausgelöster Schlaf leitet Brans Reise ein; *Echtra Condla* (11. Jh.) erzählt von einer Andersweltbotin, die zwar von allen gehört, aber nur von Connla gesehen wird.[21] Poetische Schilderungen der andersweltlichen Inseln haben jeweils bezwingende Wirkung auf die Eingeladenen. Bildet damit eine Wahrnehmungsveränderung die Voraussetzung für die Grenzüberschreitung, so ist die erzählerische Vermittlung des Ungeahnten auslösendes Moment für die Fahrten Máel Dúins und Brendans. Barinds Bericht über die *terra repromissionis sanctorum* (‚verheißenes Land der Heiligen') motiviert in der *Navigatio* Brendans siebenjährige Suche, während die *Reise*-Fassungen die schriftliche Vermittlung durch Wunderbücher an den Ausgangspunkt setzen. Brendans Unglauben treibt ihn dann auf göttliches Gebot zur Reise.[22] In beiden Konfigurationen wird die Autopsie des Andersweltlichen durch vorgängige Angaben mit erkenntnisleitender Funktion ermöglicht. In der *Navigatio* schlägt sich dies als Führung durch Raum und Zeit nieder, denn Brendans Reise wird ihm mehrfach als siebenjähriger Prozess zyklischer Einkehr offenbart. Die *Reise*-Fassungen verknüpfen Buch- und Erfahrungswissen demgegenüber im Prozess des Wieder-Erkennens. Im *Immram curaig Máele Dúin* (11. Jh.) enthüllt sich dem Protagonisten die unbekannte Geschichte des eigenen Ursprungs, doch unternimmt er seine Ausfahrt erst, nachdem er von einem Druiden Anweisungen für den Tag des Bootsbaus und der Abfahrt sowie die Zahl seiner Begleiter erhalten hat (ImMD 104).

Das Meer fungiert dabei als vielfältiger Grenzbezirk und Medium von Andersweltserfahrungen. Máel Dúins lange Reise mündet in eine dichte Sequenz variierter

---

[20] *Immrama* rücken den Reiseprozess, *echtrai* dagegen andersweltliche Begegnungen und Abenteuer in den Vordergrund (vgl. Dumville 1976). Eine scharfe Trennung der Erzählgattungen erlaubt die historische Begrifflichkeit nicht. Zur motivischen Vernetzung der *immrama* mit der *Navigatio* vgl. Wooding 2000. Zu Parallelen zwischen Brendan und Máel Dúin vgl. Haug 1970, Haug 2005, 39–44, Strijbosch 2000, 126–131.

[21] Wenn sich Connla nach der ersten Begegnung einen Monat lang ausschließlich von einem Apfel aus der Anderswelt ernährt (ECon 3,223), wird zudem eine körperliche Vorbereitung kenntlich.

[22] Anders die anglonormannische Fassung des *Benedeit* (frühes 12. Jh.), die Brendans Fahrt dem Wunsch nach einer Paradiesschau zuschreibt und die zuletzt erreichte Insel mit dem biblischen Paradies identifiziert (BenVoy 47–52; 1673–1790).

Land-Wasser-Konfigurationen, die eine elementare Differenz umspielen und auflösen: am deutlichsten mit einer von Wasserklippen umgebenen, unter dem Meeresspiegel liegenden Insel. Doch auch die Konsistenz des Meeres selbst verändert sich in diesen Weltrandgebieten (→ Ränder der Erde), erscheint gläsern, nebel- oder wolkenförmig.[23] Erst in Brendans *Reise* begegnet das Lebermeer (→ Magnetberg), doch enthält schon die *Navigatio* (BrendNav 14,1–2) eine Andeutung dieser paradoxen Gerinnung des flüssigen Transportmediums. Als horizontal und vertikal dimensionierter Raum beherbergt das Meer zudem wunderbare und monströse Wesen. Sein Umfang bleibt unbestimmt, seine Räumlichkeit wird zwar durch eine Vielzahl von Inseln strukturiert, ermöglicht aber immer nur relative Entfernungsangaben, die sich meist aus der Reisezeit ableiten. An die Stelle topographischer Kontinuität treten sprunghafte Ortswechsel, die ihrerseits durch paradigmatische Ordnungsmuster gebündelt werden.[24]

Nähe und Ferne rücken in der *Echtra Condla* in ein paradoxes Verhältnis, wenn die Anderweltbotin über das ‚Land der Frauen' (*Tír inna mBan*) bei Sonnenuntergang angibt, „obwohl es fern liegt, werden wir es vor der Nacht erreichen" („cidh cein ricfem ria n-aighid", ECon 5,225). Deutet sich darin Anderszeitlichkeit als zentrales Differenzmerkmal an, so wird dies in den Erzählungen von Bran und Máel Dúin explizit: Beide erfahren eine gleichermaßen beglückende wie gefährliche Spannung konkurrierender Zeitdimensionen. Im Land der Frauen gabelt sich die Zeit in erlebte Aufenthaltsdauer und andernorts vergehende Geschichte. Als Brans Gemeinschaft heimkehren will, sind viele Jahre vergangen und die Reisenden längst in vage Erinnerungsferne entglitten. Die im Glückszustand angehaltene oder ins Unendliche gedehnte Zeit, die Bran, Connla und Máel Dúin ewige Jugend verspricht, entlässt die Reisenden nicht mehr – oder nur um einen hohen Preis: Einer von Máel Dúins Begleitern muss eine Hand opfern, um die Abfahrt von der elysischen Fraueninsel zu ermöglichen.[25] Raum-Zeit-Verzerrungen anderer Art eröffnet die *Navigatio*, indem sich die Reise durch einen mit der Heilsgeschichte verknüpften Zeitzyklus gleichsam in Schleifen vollzieht. Sieben Jahre lang verbringt Brendan die höchsten Feiertage auf jeweils denselben Inseln. Diese „Zirku-

---

[23] Vgl. die Episodenreihe 22–27: ImMD 144–152. Vergleichbares in BrendNav 21,1–8; BrandanReis 1470–1483 (dazu Strijbosch 2000, 103–108, 190–194). Auch die wechselnde Konsistenz des Meeres klingt noch nach: „do was daz wazzer niht zu naz / und ouch niht zu dunne" (BrandanReis 1468 f.).
[24] Der *Immram Máele Dúin* bildet sie über Sequenzen wie die oben genannte sowie Motivwiederholungen der spezifisch keltischen Erzähltradition, z. B. magische Quellen und Vogel-Erscheinungen (vgl. dazu Patch 1950, 54 f., Löffler 1983, 91 f. u. a., Green 1992, 211–216). In der *Navigatio* werden liturgische Abläufe sowie Formen asketisch-weltabgewandter Lebensführung variiert.
[25] ImMD 156–158. Die Bestimmungsmacht der Königin ist – wie bei Bran (ImBr 62) – zum Knäuel („certle") konkretisiert, das den Reisenden zugeworfen wird und nicht mehr losgelassen werden kann. Die Bildlichkeit von Knäuel, Wurf und Verbindungslinie entspricht einer Verwicklung von angehaltener, noch marginal linearer Zeit mit Momenthaftigkeit, die sich nicht in eine berechenbare Parallelität konkurrierender Zeitverläufe auflösen lässt.

larformen aus Wiederholungen und Symmetrien"[26] führen in eine Heilszeit, an der auch die gedehnten Lebensspannen der auf Inseln lebenden Gottesmänner teilhaben (BrendNav 12; 26). In der *Reise*-Fassung führt die Begegnung mit Henoch und Elias bis in biblische Zeittiefe (BrandanReis 528–545).

Derartige Zeitverschiebungen sind zum einen raumgestützt und markieren zum anderen die Andersweltlichkeit von Orten, die im Übrigen Vertrautes in besonderer Schönheit und Fülle bieten. In Brendans verheißenem Land herrscht immerwährender Tag, und die Bäume tragen dort Früchte wie zur Erntezeit (BrendNav 1,42 f.; 28,11 f.). In der *Reise* erreicht die Gemeinschaft zuletzt eine Insel ebensolcher Überfülle („multum bona terra", BrandanReis 1129), deren kristalline Burg mit wundersam schwebenden Bildnissen aufwartet (BrandanReis 1113–1244). Bewohnt wird dieses Land von einem schweinsköpfigen Wundervolk verbannter Engel. Diese Station vermengt Aspekte des Irdischen Paradieses mit Merkmalen von Fremd- und Anderswelten.[27] Unterschiedliche Deutungsordnungen bestimmen insgesamt die Darstellung des Andersweltlichen, das in der keltischen Überlieferung auch sexuelle Erfüllung beinhaltet (ImBr 41; ImMD 154). Von sinnlichen Genüssen bleibt in der *Navigatio* vor allem der süße Duft des Überirdischen (BrendNav 1,75–80). Die *Reise* beschreibt eine weniger fokussierte Suche nach „vil manige[n] gotes tougen" (BrandanReis 4), wobei die erfahrenen Wunder vom Irdisch-Monströsen bis zum Christlich-Jenseitigen reichen.[28]

Der Fülle der Inseln und Erscheinungen, die aus dem großen Meer auftauchen, entspricht insgesamt eine Vervielfältigung der Grenzen. Ist das Meer selbst Begrenzung der heimischen Sphäre, so zeigen sich seine entlegensten Regionen als Grenzgebiete, die die Unterscheidbarkeit von Elementen wie Luft und Wasser und damit die vertraute Räumlichkeit auflösen. Prägnant markiert diese Entgrenzung der Nebel, der in der *Navigatio* (BrendNav 28,5–9) die *terra repromissionis*, in der *Reise* auch höllische Gegenden umgibt (BrandanReis 432 f.; 1044–1046). Wenn unveränderliches Licht oder permanente Finsternis paradieshafte Orte auszeichnen, ist der Zeitrhythmus von Tag und Nacht außer Kraft gesetzt, doch zeigt sich darin auch ein Prinzip der Verabsolutierung.[29] Dasselbe Prinzip kann die Verfassung andersweltlicher Gemein-

---

26 Schlüter 1997, 99; vgl. Neumann 1999, 189 f., Haug 2005, 43.
27 In der *Navigatio* erscheinen gefallene Engel in Gestalt weißer Vögel (BrendNav 11,16–44). In der *Reise* weist die fremdartige Gemeinschaft Merkmale der Wundervölker auf. Die kristallene → Burg verbindet Aspekte des Himmlischen → Jerusalems mit keltischen Andersweltmotiven (dazu Patch 1918, 609 f.).
28 In die *Reise*-Fassungen sind insbesondere Elemente aus Jenseitsvisionen (vgl. Strijbosch 1999 und 2000, 109–123) sowie der Wissensliteratur eingegangen (Strijbosch 2000, 90–108).
29 Die *terra repromissionis* in der *Navigatio* wird von einem ‚gewaltigen Licht' (BrendNav 28,10: „lux ingens") erhellt. In der *Reise* gelangt Brendan an eine finstere Insel, doch sobald die Gemeinschaft die Wohnstätte Henochs und Elias' erreicht, ist sie von nachtlosem Tageslicht umgeben (BrandanReis 456–545).

schaften prägen: so etwa auf der Insel der Freude bzw. des Lachens im *Immram Brain* („Inis Subai", ImBr 61). Auf die Grenzüberschreitung folgt zwingend eine Anpassung an die anderweltlichen Ortsbedingungen bis hin zur Assimilation.[30] Die von Máel Dúin geschauten Inseln weisen zudem variable Umgrenzungen wie auch interne Grenzen auf.[31] In der *Navigatio* teilt ein → Fluss die *terra repromissionis* als letzte Demarkation, die Brendan nicht überschreitet (BrendNav 28,19 f.). Diese Konzeption einer horizontalen Wassergrenze wird in altirischen Erzählungen wiederholt um die Vertikale ergänzt: Unterwasserwelten sind durch Schwellenzonen wie → Seen oder → Quellen erreichbar,[32] die eindeutige dimensionale Zuordnungen jedoch aufheben.

2.2.2 Parallelwelten

Während die Konfiguration von Meerfahrten und Inselreichen in der Brendan-Überlieferung weite Verbreitung gefunden hat, finden sich in der deutschsprachigen Literatur auch Spuren keltischer Anderweltabenteuer, die auf Allianzbildung angelegt sind, womit sich die Anderwelt prononciert als „eine Art Parallelwelt" zeigt,[33] die sich überall eröffnen kann. Die Raumgestaltungen im irischen *echtra*-Genre, das sich häufig mit dem (Wieder-)Erwerb einer Ehefrau oder Geliebten befasst,[34] bringen bei aller Variation im Detail diese Parallelität zum Vorschein. Insbesondere zeigt dies die prächtige Ausstattung der Anderweltgemeinschaften sowie ihrer Festungen und Paläste, die aus kostbaren Materialien wie Bronze, Silber und Kristall erbaut sind. Zwar hat das ‚Land der Verheißung' (*Tír Tairngiri*) Erstaunliches wie Dächer aus Vogelschwingen zu bieten,[35] doch entspricht sein Prunk durchaus der Herrschaftsrepräsentation im vertrauten Umfeld.[36] Folgerichtig erbitten die *síde* fallweise den Beistand sterblicher Heroen in kriegerischen Konflikten (z. B. *Echtra Laegaire*, *Serglige Con Culainn*). Diese Konfiguration analoger Welten bedingt es, dass Orientie-

---

30 ImMD 128; 164–166. Vgl. Oskamp 1970, 72 f. zu diesem Prinzip, das einen Extrempunkt im Spektrum magischer Wirkungen (vgl. ImMD, Episoden 17; 20; 29; 30; BrendNav 13,7–21) darstellt.
31 Wehrhafte Befestigungen der Inseln oder ihrer Burgen (ImMD, Episoden 11; 17; 20) sowie interne Grenzen (ImMD, Episoden 12; 13; 16). Auffällig ist der rotierende Feuerwall, der die elysische Insel der 32. Episode umgibt, sodass sich ein Einblick immer nur periodisch eröffnet.
32 Vgl. Patch 1950, 43–47. Zu den ältesten Erzählungen dieser Art gehören *Echtra Laegaire Meic Crimthainn* sowie die Geschichte von König Ruad im *Tochmarc Emire*.
33 Hammer 2007b, 165.
34 Vgl. Olsen 2014. Daher bestehen Ähnlichkeiten mit dem Genre der *tochmarca* oder Brautwerbungen (vgl. Bitel 1996, 44–56, Mulligan 2013). Seltener gestalten Erzählungen wie *Echtra Nerai* oder *Echtra Airt* antagonistische Beziehungen zwischen Menschen und *síde*.
35 Vgl. ECorm 195; EAirt 156; 164. Als Vögel erscheinen Fand und Lí Ban in *Serglige Con Culainn*, im *Tochmarc Étaíne* verwandelt Midir sich selbst und Étaín in Schwäne.
36 Zu den Beschreibungen anderweltlicher Paläste (SergCon 449–452; 466–513; ECorm 195; EAirt 156; 164; 168) und prunkvoller Aufzüge (ELaeg 156 f.) vgl. etwa Emers Preis- und Mahnrede (SergCon 391–400), Crimthanns Versprechen (ELaeg 158) oder Arts Ausstattung im Kampf gegen Morgan (EAirt 170).

rungspunkte wie Seen und Inseln ohne spezifisch andersweltliche Kennzeichnung benannt werden, womit die eigentliche Grenzüberschreitung genauer Bestimmung entzogen ist. Der Nebel als Übergangszone zum Andersweltlichen markiert insofern eingeschränkte Wahrnehmungsmöglichkeiten.[37] Wenn sich der andersweltliche Ort zugleich als ‚Feenhügel' (*síd*), ‚liebliche Ebene' (*Mag Mell*) und palasttragende Insel darstellen kann,[38] ist von einer konstitutiven Unbestimmbarkeit auszugehen, die vertraute Kategorien aufgreift und überblendet und darin auch das transformative Potenzial von Anderswelterzählungen zur Anschauung bringt.

Ein maximales Spiegelungsverhältnis von Eigen- und Anderswelt prägt die Erzählung *Pwyll Pendefig Dyfed* im kymrischen *Mabinogion* (11./12. Jh.), worin Pwyll für ein Jahr die Identität des Herrschers von Annwn annimmt,[39] um dessen Konkurrenten zu besiegen. Der Übergang zur Anderswelt vollzieht sich unmerklich bei der Jagd auf einer Waldlichtung, signalisiert nur durch ein fremdartiges Hunderudel mit strahlend weißem Fell und leuchtend roten Ohren. Wie in den altirischen Erzählungen erweist sich das andersweltliche Reich dem diesseitigen in jeder Hinsicht analog. Bedingt die Jahresfrist des Identitätentauschs parallele Zeitverläufe in Dyfed und Annwn,[40] so kommt es im Anschluss zu einer Raum-Zeit-Verzerrung. Bei Gorsedd Arberth, einem Hügel nahe seinem Herrschaftssitz, erblickt Pwyll eine andersweltliche Reiterin. Je mehr der Verfolger aber sein Pferd antreibt, desto weiter entfernt sich die in gemächlichem Tempo reitende Fremde. Erst das Gespräch mit Rhiannon, Pwylls künftiger Ehefrau, stellt erneut ein kohärentes Raum-Zeit-Gefüge her (Pwyll 8–12). Topographische Orientierungspunkte wie Glyn Cuch, das Flusstal der Jagd, oder Gorsedd Arberth weisen auf Übergangsmöglichkeiten zur Anderswelt hin, die sich für Pwyll gleichsam zufällig, tatsächlich aber aufgrund andersweltlicher Eingriffe erschließen. Die hier gestalteten Austauschbeziehungen setzen eine prinzipielle Gleichartigkeit und Gleichrangigkeit voraus, die den Eintritt in und eine Rückkehr aus der Anderswelt ermöglichen. Diese Analogiekonstruktion liegt auch den Figurationen von Andersweltlichkeit im Artusroman und in Mahrtenehenerzählungen zugrunde.

---

37 Vgl. ELaeg 155; 158; ECorm 195. Die Protagonisten überlassen sich auch andernorts andersweltlicher Führung, z. B. durch ein selbstgesteuertes Boot (EAirt 156; 164).
38 SergCon 140 f.; 151–153; 319; 362; 421; 444; vgl. die Überlagerung von Insel und *síd* in der *Echtra Condla* sowie von Unterwasserreich und *síd* in der *Echtra Laegaire*.
39 Zu Annwn und Gorsedd Arberth vgl. Sims-Williams 1990, 62–67.
40 Die handlungsstrukturierenden Jahresabstände weisen auf eine zyklische Wiederkehr der Übergangsmöglichkeit hin, wie sie auch in *Serglige Con Culainn* und *Echtra Nerai* vorliegt.

2.3 Schnittstellen mit dem Totenreich

2.3.1 Unterwelten

In der Anderswelttopographie bildet der hohle Hügel eine auffällige Konstante. Das altirische *síd* bezeichnet außer ‚Feenhügeln' auch neolithische Ganggräber wie Newgrange (*Síd in Broga*); Anderswelterzählungen verweisen ihrerseits auf konkrete unterirdische Grabstätten.[41] Die Semantik dieses und ähnlicher Begriffe lässt eine Raumwahrnehmung erkennen, die zwischen natürlichen und künstlich angelegten (Grab-)Hügeln ebensowenig kategorial unterscheidet[42] wie zwischen Übergängen in postmortale oder andersweltliche Regionen jenseits der Alltagszeit. Bisweilen behausen die Wohnstätten der Toten zugleich außermenschliche Gemeinschaften und Wesen.

Als vorab unbestimmbare Schwellenzonen können sich hohle Hügel also für Begegnungen unterschiedlichster Art öffnen. Dieses Potenzial ist nicht allein der irischen Überlieferung abzulesen, sondern führt auch im angelsächsischen Raum zu literarischer Hybridisierung: etwa wenn der mittelenglische *Sir Orfeo* (14. Jh.) an die Stelle des Totenreichs ein auf unterirdischen Pfaden erreichbares Feenland setzt, das gleichermaßen von Verstorbenen wie von *fairies* bewohnt wird (Orfeo 387–404). Schon die *Guthlac*-Legende (10. Jh.) weist dem Eremitenheiligen mit einem (Grab-)Hügel an verborgenem Ort (GuthA 159; 215; 297; 351) eine umkämpfte Wohnstatt zu, die sich als einziger Rastplatz vertriebener *gæstas* erweist.[43] Derartige Schnittstellen zwischen Andersweltsphäre und Totenreich bewirken insgesamt eine Akzentuierung von Verschlossenheit sowie von Grenzen, deren Überschreitung mit schicksalhaft zugespitzter Lebensgefahr einhergeht.

Mit Beowulfs Drachenkampf wird dieses Gefahrenpotenzial als heroische Konfrontation ausgespielt. Der Drache, der als „gæst" (Beo 2312) wie Grendel der außermenschlichen Sphäre zugehört, besiedelt ein vorzeitliches Hügelgrab (→ Grab), um dort über Jahrhunderte die Schätze eines untergegangenen Volks zu hüten. In den Beschreibungen des Orts kollabieren zeitliche Distanzen ebenso wie die Unterscheidung von Berg, herrschaftlich ausgestatteter Halle und Begräbnisstätte.[44] Trotz

---

41 Vgl. Carey 1990, Thompson 2004, 346, 352–356, Gleeson 2012, 9–11, 17–20.
42 Dies gilt für den Sprachgebrauch von *beorh* und *hlæw* im Altenglischen (vgl. Semple 1998/1999, 115, Hall 2007, 216) und altisländisch *haugr* wie für kymrisch *gorsedd* (vgl. Ó Cathasaigh 1977/1978, 149 f., Sims-Williams 1990, 64).
43 Erst spät werden diese Wesen zu abtrünnigen Engeln vereindeutigt (GuthA 623–636; 663–672). Zur Raumkonfiguration vgl. Hall 2007, 216–219. In *Gawain and the Green Knight* (14. Jh.) trägt die grüne Kapelle – Herzstück der Enthauptungswette zwischen Gawain und dem Grünen Ritter – ebenfalls alle Züge eines Hügelgrabs, besetzt aber strukturell denselben Ort wie Bertilaks (Feen-)Burg (vgl. North 2014).
44 Zur Ortsbeschreibung vgl. Beo 2210–2214; 2231–2245; 2408–2411; 2542–2549; 2715–2719. Als ‚Werk von Riesen' (*enta geweorc*) haben Hügel und Halle Anteil an einer archaischen Vorzeit und daher auch transtemporalen Status als ‚ewige Erdhalle' (*éce eorðreced*).

Angaben zur Lage des Hügelgrabs geraten die Verhältnisse von Nähe und Ferne ins Schwimmen; die Zugangsmöglichkeiten liegen im Verborgenen.⁴⁵ Wenn Beowulf in der Drachenhöhle todesgewiss den eigenen Grabhügel entwirft und der Drachenhort später dort beigesetzt wird (Beo 2794–2808; 3163–3168), verdichtet sich der unterirdische Raum zur mehrdeutigen Schwellenzone, die ins unbekannte Anderswo führt.

In umgekehrter Richtung zeigen altisländische Sagas, dass sich Hügelgräber als Behausungen der Toten für andersweltliche Charakteristika öffnen können. Grabhügel (*haugar*) werden von *draugar* oder *haugbúar* bewohnt, bei denen es sich in erster Linie um Untote oder Wiedergänger handelt, doch verfügen sie über übermenschliche Stärke, magische, gestaltwandlerische Kräfte sowie über Kenntnisse der fernen Vergangenheit und der Zukunft.⁴⁶ Zur Verwandlung der Verstorbenen kann eine Transformation des Raums treten, dessen Dimensionen nicht länger einer Grabkammer entsprechen und in dem gesonderte Lichtverhältnisse herrschen. In der *Brennu-Njáls saga* brennen im *haugr* etwa Lichter, die keinen Schatten werfen.⁴⁷ Oberhalb der Grabhügel zeigt ein feuriges Leuchten verborgene Schätze an.⁴⁸

Die Verwandlung von Andersweltreisenden in Untote beschreibt Walter Map in *De nugis curialium* (1181–1193): Herla, ein britonischer König, wird zur Hochzeit des Zwergenkönigs in dessen unterirdisches Reich eingeladen und reich beschenkt. Allerdings bleibt auch ihm die Rückkehr ins eigene Zeitalter verwehrt, das nunmehr Jahrhunderte zurückliegt. Bei Betreten des Bodens zerfällt ein Begleiter zu Staub, Herlas Gefolge muss auf alle Ewigkeit rastlos die Welt durchziehen.⁴⁹ Eine Beschreibung der Wegstrecke, der Grenzüberschreitung oder des andersweltlichen Reichs bleibt aus, betont wird aber die strahlende Beleuchtung im Berg, den weder Sonne noch Mond erhellen.⁵⁰ Im *Wartburgkrieg* verfügt Laurins Bruder über ein unterweltartiges Reich, in dem Dietrich als Untoter tausend Jahre fortleben soll (Wartb_(S) 170,5–173,11).

So skizzenhaft die Topographie andersweltlicher Sphären unter der Erde, in oder unter Felsen und → Bergen vielfach bleibt, so deutlich verweisen die oft erwähnten Beleuchtungsverhältnisse auf eine von der Oberwelt geschiedene Räumlich-

---

45 Vgl. Beo 2214; 2409 f. sowie Michelet 2006, 82.
46 Vgl. Chadwick 1946, 55, 58 f., 64 f., 107 f., 123, Ellis Davidson 1968, 96, 162 f., Kanerva 2013, Christiansen 1946, 16 f. betont, dass eine Unterscheidung von Toten und Geistern anderer Art schwierig sei.
47 Njála 78,11. Nähe zu unterirdischen Andersweltreichen zeigt die Beschreibung eines Fests im Inneren des Helga Fell (Eyrb 11,4); das wiederkehrende Motiv von Musik und Gesang im Hügelgrab deutet auf eine andersweltliche Komponente hin (vgl. Chadwick 1946, 61–64).
48 Vgl. Grett 18,5; Herv 4,17 f; 22.
49 MapNug I,xi. Die Andersweltreise verbindet sich mit einer Entstehungssage über die ‚wilde Jagd' (Reinfr 479: „Wuotes her"); Ordericus Vitalis' *Historia Ecclesiastica* (OrdVit VIII,17) reiht auch Zwerge ins wilde Heer ein. Vgl. weiter Braches 1961, 13–16.
50 Die Verbindung von Zwergen- und Totenreich wird auch andernorts nahegelegt: König Sveigðir, den ein Zwerg zu Oðinn führen will, folgt ihm in den Felsen und kehrt nie zurück (Yngl 12,11).

keit. Wenn Zwerge im Fels oder Stein verschwinden,[51] markiert der Vorgang jedoch einen Un-Raum: Anstelle seiner Erschließung bleibt eine undurchdringliche Grenze. Während sich die *síde* auf Parallelwelten hin öffnen, betonen die oben referierten Beispiele Verschlossenheit; einer konfliktfreien Teilhabe am anderweltlichen Reichtum treten Auseinandersetzungen um geraubte, mitunter unheilvolle Besitztümer gegenüber. So lässt sich eine wiederkehrende narrative Konfiguration ausmachen, die unterirdische Anderweltregionen mit dem gefahrvollen Erwerb von Schätzen (oder magischen Objekten) verbindet, wobei den Räumen und Bewohnern, insbesondere aber ihren Besitztümern weiterhin transformatives Potenzial zukommt.[52] In der deutschsprachigen Literatur finden sich diese Elemente in Erzählungen über Zwergenreiche wieder.

2.3.2 Zwergenwelten

Zwerge bewohnen in mhd. Texten zumeist unterirdische Regionen in entlegenen Bergen oder Felsen. Fast durchgängig werden sie „wilde" genannt,[53] doch dieser Zuschreibung von Fremdheit und Zivilisationsferne tritt häufig der überwältigende Prunk der Zwergenwelt entgegen. Ihre Hallen (→ Saal) sind mit kostbaren Materialien kunstvoll ausgestattet, öffnen sich auf Burgen oder wundersam gestaltete → Gärten.[54] Zwergenreiche erscheinen als exterritoriale Räume mit eigenen Gesetzmäßigkeiten, in denen bei Festen und Turnieren aber auch höfische Rituale praktiziert werden. Diese Dialektik von räumlich-konzeptioneller Ferne und kultureller Nähe wird narrativ über abenteuerliche Fahrten entfaltet, die nicht nur zur Unterwerfung, sondern auch zu Allianzen mit den Zwergenfürsten führen können.[55]

Die Unzugänglichkeit von Zwergenwelten wird von ihren Bewohnern selbst betont: „mîn wesen nie beschowet wart / wan in hôhen bergen tief" (Reinfr 18388 f.). Wenn Zwergen Unsichtbarkeit zugesprochen wird, klingt eine Wahrnehmungsproble-

---

[51] Schon die Lieder-Edda bietet eine feste Verbindung von *dvergar* mit Stein und Felsen: Vsp 48,5–7; Alv 3,1 f. Weitere Beispiele aus den Sagas: Battles 2005, 44 f.

[52] Eine typische Figuration ist der Fluch, der den Horterwerb im *Beowulf* und den *Fafnismál* begleitet und dem Schatz noch im *Nibelungenlied* als todbringende Potenz anhaftet. Fluchkraft wird häufig Zwergen zugesprochen, so in den *Reginsmál* und der *Hervarar saga ok Heiðreks*. Auch *draugar* verfügen über die Gabe, geraubte Schätze zu verfluchen (vgl. Chadwick 1946, 107 f.).

[53] Vgl. z. B. NibAB_(BBW) 493,2; LaurinA 1214; OrtnAW 118,3; ÄSigen 21,9; WolfdB_(AJ) 449,1; Dietr 6487; EckenlE2 81,5; 82,5; Goldem 5,2; Reinfr 18387; SalMor 731,3; 738,3.

[54] So insbes. Laurins Rosengarten (LaurinA 101–113); vgl. WolfdB_(AJ) 806–809; Reinfr 25098 f.; EckenlE2 202 f. Erstaunliche Pracht und Reichtümer sowie Zwergenturniere beschreiben LaurinA 998 f.; 1011–1140; 1119–1134; WolfdB_(AJ) 806–811; 828–830; Virg_(Z) 642–644; 686; 695; Reinfr 18528–18535; 18576–18596; 18608–18629; FrSchw 2597–2602; 7375–7380; 7735–7739.

[55] Vgl. Zimmermann 2007, 197, 205. Verwandtschaften kommen nicht allein im *Ortnit* vor: Friedrich von Schwaben heiratet die Zwergenkönigin Jerome und zeugt mit ihr eine Tochter (FrSchw 2851–2856); Morolf ist mit einem Zwerg verwandt (SalMor 731–733).

matik an, die sich im Gebrauch magischer Besitztümer – Tarnkappen und Ringe – verdichtet.[56] Der Protagonist des *Ortnit* erhält einen Ring, der Alberich sichtbar macht, wobei dieses Geschenk des Zwergs auch seine bislang verborgene Vaterschaft belegt (OrtnAW 97,4; 159,1 f.; 161–173). Im *Nibelungenlied* verwendet Sivrit die Alberich abgewonnene Tarnhaut unter anderem dazu, unsichtbar ins Nibelungenland zu reisen (NibAB_(BBW) 482–484). Beide Texte gestalten den isolierten Übertritt ihrer Helden in einen geographisch unbestimmten Raum abseits alltäglicher Wahrnehmung. Im *Ortnit* zeigt sich Alberichs Reich mit der undurchdringlichen *steinwant* vor allem als Grenze und Un-Raum;[57] der Zwergenkönig selbst beschreibt sein Hoheitsgebiet allerdings als Lamparten parallel gelagertes Kontinuum.

Erreicht Ortnit die *steinwant* über eine vage Wegbeschreibung (OrtnAW 83 f.), die gerade keinen geographisch fixierten Ort aufschließt, so erscheint die Sphäre von Drachen und Zwergen im *Nibelungenlied* zuerst als zeit- und ortloser Raum jenseits bekannter Territorien (NibAB_(BBW) 84–100). Später erreicht ihn Sivrit unsichtbar und übermenschlich kraftvoll rudernd, sodass die immense Ferne blitzschnell zusammenschmilzt.[58] Ohne Not führt der Kampf mit dem torhütenden Riesen und Alberich Sivrit erneut in Todesnähe (NibAB_(BBW) 491,2; 495,4). Im Mittelpunkt steht insgesamt die gefahrvolle Grenzüberschreitung, die den Helden selbst der Sichtbarkeit entzieht. Die je erworbenen Besitztümer – Sivrits Tarnhaut, Ortnits Rüstung – entfalten im Handlungsverlauf zudem fatale Wirkung.

Dokumentieren diese Beispiele die tödlichen Konsequenzen der Grenzüberschreitung, so entwickeln andere Texte Strategien der sozialen und topographischen Erschließung von Zwergenwelten, die sich auch im Transfer magischer Gegenstände abbilden. *Laurin*, *Wolfdietrich B* und *Friedrich von Schwaben* eröffnen Zwergenreiche mit höfischem Gepräge. Verborgen sind sie aufgrund ihrer Abseitslage in der → Wildnis, ihre Unzugänglichkeit ist Effekt besonderer Sicherungsmechanismen, etwa durch magische Portale und Waffengewalt.[59] Ein Bruch in der geographischen Kohärenz zeigt sich im *Wolfdietrich B*, wo der Zugang zum Berginneren durch eine Quelle erfolgt (WolfdB_(AJ) 796). Im *Laurin* umgibt den Zwergenkönig und seinen

---

[56] Über „nebelkappen" verfügen auch die Zwerge in *Salman und Morolf* (SalMor 730,4), im *Laurin* wird Unsichtbarkeit durch Tarnkappen und magische Ringe bewirkt (LaurinA 481–485).
[57] Diese Örtlichkeit wird im *Ortnit* nicht allein dem Zwerg, sondern auch dem Heidenkönig und den Drachen zugeordnet; vgl. Fuchs-Jolie 2011, 47–49, 55–57.
[58] NibAB_(BBW) 482–484. Auch im *Wolfdietrich B* kann das Zwergenreich nur mittels *tarnkappen* erreicht werden (WolfdB_(AJ) 795,3 f.; 802,3; 805,3 f.).
[59] Bisweilen sind sie nur auf abseits gelegenen Pfaden oder quer durch die Wildnis zu erreichen (Goldem 3,1–3; OrtnAW 87,1–2). Im LaurinA 95–103 liegt das Bergreich auf der anderen Seite eines → Waldes (FrSchw 2421–2427). Kombinationen mit domestizierter Gartenlandschaft sowie dem topischen Inventar von Lustorten zeigen die Überblendung des Ungezähmten mit Elementen vertrauter Zivilisation an (z. B. OrtnAW 88–92; WolfdB_(AJ) 796,1–2; Virg_(Z) 87; 123; 667; dazu Zimmermann 2007, 215–218).

Garten, der Dietrichs Recken zuerst als „paradîse" erscheint (LaurinA 920), eine hybride Aura des Andersweltlichen, doch führt die Zerstörung des Gartens eben auch die Vergänglichkeit solcher Qualitäten vor Augen. Die verwirrende Unsichtbarkeit der Zwerge ist zudem Effekt magischer Ringe – und durch Ringe oder Gürtel mit entgegengesetzter Wirkung aufzuheben (LaurinA 1255–1260; 1380–1400; 1452–1458; 1521–1530; Walberan 515–526). Die Wahrnehmungsproblematik verschiebt sich so zur Sinnestäuschung, die mithilfe entzaubernder Objekte zu bewältigen ist. Im *Friedrich von Schwaben* kann die Zwergenkönigin Jerome mit einer Handbewegung den Tag in Nacht verwandeln (FrSchw 2767–2771): Die magische Geste lässt Anderszeitlichkeit anklingen, allerdings steht die Lichtwirkung im Vordergrund. Wenn sich in der folgenden Handlung ein (in vier Teile gespaltener) Schlüssel für den Berg findet, hat sich die raumgebundene Magie in ein Instrument zurückgezogen (FrSchw 3099–3126). Dem Transfer magischer Objekte lassen sich also sowohl Spuren von Andersweltlichkeit als auch literarische Strategien ihrer Depotenzierung ablesen.

Im Ergebnis unterscheiden sich diese Zwergenwelten kaum von den Regionen des Fremden, wie sie etwa *Herzog Ernst* in der Grippia-Episode schildert, denn ihre Eigengesetzlichkeit wird durch Momente des Vertrauten ausbalanciert und sukzessiv aufgehoben.[60] Zuletzt unterliegen sie den auch sonst gültigen Regeln von Raum und Zeit; übermenschliche Kräfte ihrer Bewohner werden vergegenständlicht und beherrschbar. So sind Erzählungen von Zwergenreichen fast durchgängig auf deren Eingliederung in die vertraute Welt hin angelegt, die allerdings nicht gefahrlos erfolgt und mit den zwiespältigen oder verhängnisvollen Effekten magischer Besitztümer bisweilen noch die Schwierigkeiten derartiger Kohärenzbildung anzeigt.

2.4 Fragmentierung und Transformation

Andersweltmotive gehören zum Kernbestand zweier Erzähltypen der deutschen Literatur: Geschichten von Mahrtenehen, die die Verbindung eines Sterblichen mit einem Feenwesen beschreiben, und Artusromanen, deren ritterliche Helden in andersweltartige Sphären vordringen. Gemeinsam ist diesen Textgruppen, dass sie Elemente des Anderweltlichen in ihre Weltentwürfe integrieren und umfunktionalisieren.[61] Fragmente mythischer Anderswelten werden für das literarische Spiel verfügbar, können aber auch zur Remythisierung – etwa von Herrschaft und Dynastie – genutzt werden.

---

[60] Müller 2009, 159 f. beschreibt eine ‚Depotenzierung der mythischen Welt' im *Nibelungenlied*; vgl. Zimmermann 2007, 198.
[61] Die Bezugnahme auf mythische Stoffe in den deutschsprachigen Texten und ihren (meist altfranzösischen) Vorlagen kann angesichts der Quellenlage nur anhand von Motivparallelen plausibilisiert werden. Zur Verarbeitung keltischer Stoffe im Artusroman vgl. Ó Riain-Raedel 1978, Bromwich 1983, Hammer 2007a, 55–72.

2.4.1 Mahrtenehen

Die Risiken eines Austauschs mit der Anderswelt gestalten Mahrtenehenerzählungen,[62] deren sterbliche Helden von übermenschlichen Partnerinnen mit Glücksgütern aller Art ausgestattet werden, durch ihr Gebot (z. B. Seh-Tabu oder Eheverbot) aber in Konflikt mit gesellschaftlichen Anforderungen geraten. Entsprechend prägt die Spannung zwischen Tabu und Tabubruch diesen Erzähltyp, der weniger die andersweltliche Sphäre als deren Repräsentantin ins Zentrum rückt. Im *Lai de Lanval* der Marie de France (um 1170) ist das Gebiet der Geliebten nur skizzenhaft durch einen Wasserlauf markiert (MdFLanv 44–56). Die Fülle ihrer Güter und Gaben kontrastiert mit der Ortlosigkeit der Fee, denn sie kann Lanval überall nahe sein, wird aber nur von ihm gesehen und gehört (MdFLanv 162–170). Über ebensolche Gaben und Freiheiten („fryes leben", Staufenb 500) verfügt die Partnerin des *Ritters von Staufenberg*, die er fernab jeder Gesellschaft auf einem Stein bei einem *hag* findet (Staufenb 205 f.; 222);[63] für dauerhafte Ehelosigkeit verspricht sie ihm außer Reichtum ewige Jugend (Staufenb 378–388). In der Geschichte von *Melusine* zeigt sich der Ort der Mahrte als paradoxe Verdichtung von Wildnis und Lustort.[64] In der Version von Coudrette (15. Jh.) ist die schöne Quelle, bei der man mitten im Wald Melusine antrifft, mit dem Feenreich assoziiert (CoudMel 485 f.). Bei Jean d'Arras (JdAMel 1392–1394) bleibt dieser Bezug ebenso aus wie bei Thüring von Ringoltingen: Raymond, der die Kontrolle über sich und sein Pferd verloren hat, gerät inmitten der Wildnis an den Durstbrunnen, wo ihm Melusine mit vollendet höfischer Gebärde entgegentritt (TvRMel_(S) 42,5–16).[65]

Evozieren die skizzenhaften Grenzmarkierungen einen Raumdualismus, so wird die strukturtragende „Differenz zweier Welten"[66] doch vorrangig als Regelkonflikt ausgespielt und nur in Krisenmomenten verräumlicht. Lanval entkommt durch einen Sprung von der Burgtreppe schließlich nach Avalon (MdFLanv 640–644); im altfranzösischen *Graelent* (um 1180) folgt der Held nach gleich gelagerten Verwicklungen seiner Geliebten in einen Fluss, wird von ihr gerettet und entschwindet auf immer

---

[62] Zum Erzähltyp und seinen Strukturen vgl. Panzer 1902, LXXII–LXXXIX, Simon 1990, 35–46, Wawer 2000, 11 f., 152, Mertens 1992, Schulz 2002, Huber 2004. Die Tabuproblematik fehlt in den altirischen *echtrai*.

[63] Zum Fehlen einer Anderswelt sowie von Schwellenorten und -handlungen im Text vgl. Fuchs-Jolie 2010, 106 f. Stattdessen durchbricht die namenlose Frau selbst Raumgrenzen, wenn sie beim Hochzeitsfest ihren Fuß durch die Decke stößt, ohne jedoch einen Riss zu hinterlassen (Staufenb 1054–1083).

[64] Andersweltliches tritt häufig mit den typischen Elementen des *locus amoenus* (→ Garten, → Heide, → Tal, → Wald) in Erscheinung. Inwiefern damit eine mythische Raumwahrnehmung einhergeht, ist aber am Einzelfall zu prüfen (zum *Iwein* Hammer 2007a, 227–231).

[65] Mit dem Stoffkern verwandt sind Erzählungen in *De nugis curialium* (Dist. IV,ix) sowie in Gervasius' von Tilbury *Otia imperialia* (1211–1214; GvTOt I,15,4–6). Zu mittelalterlichen Feenerzählungen vgl. Harf-Lancner 1984, Wolfzettel 2002, Wade 2011.

[66] Mertens 1992, 202. Mit dem bindungsstiftenden und -gefährdenden Tabu ist eine fundamentale Grenze gesetzt, deren Bedeutung sich ganz von der Eigenwelt her entfaltet.

in ihr Reich (Grae 676–734). Nach Jean d'Arras zieht sich Melusines Mutter Pressine mit ihren drei Töchtern nach Avalon zurück, „nommé l'Ille Perdue", weil von dort niemand wiederkehrt, außer durch besondere *aventure* (JdAMel 10 f.). In der deutschen *Melusine* zeigt sich Persines Machtbereich dagegen nur am „berge Awalon", einem „finstern und ungehiuren felsen", wo König Helmas in einer reich geschmückten Kammer begraben liegt (TvRMel_(S) 105,14–31). Sichtbar und kollektiver Erkenntnis zugänglich sind hier allein Grenzbezirke eines geheimnisvollen Anderswo, doch bewirkt die Verwandlungsmacht der Mahrte soziale Verwerfungen in der Eigenwelt.

Genauer ausgestaltet sind die verborgenen Reiche menschlicher Partnerinnen, die in Konrads von Würzburg *Partonopier und Meliur* sowie im *Friedrich von Schwaben* jeweils einem Zauber unterliegen. Meliurs Reich befindet sich auf einer Insel, die Partonopier auf einem selbsttätig fahrenden Boot erreicht. Mit allergrößter Pracht ausgestattet sind nicht allein → Stadt und Burg (KvWPart 796–884; 939–1042), auch die Umgebung fasziniert mit ihrem Reichtum, üppigem Bewuchs und einer Fülle von Jagdtieren (KvWPart 2286–2385).[67] Meliurs Gefolge bedient Partonopier ebenso unsichtbar wie es Angelburgs Hofstaat im *Friedrich von Schwaben* auf ihrer prunkvollen Burg tut (FrSchw 92–120). Der Fluch ihrer Stiefmutter hält Angelburg tagsüber in Hirschgestalt gefangen, der Friedrich nachhetzte, um sich zuletzt in ihre Burg zu verirren (FrSchw 70–84; 483–497).[68] Züge des Andersweltlichen trägt der Berg, wo die später zur Taube verwandelte Angelburg in der klarsten Quelle badet.[69] Dorthin gelangt Friedrich nur auf Weisung der (ihrerseits aus Hirschgestalt erlösten) Jungfrau Pragnet, die ihm mittels einer Wurzel zur Unsichtbarkeit verhilft (FrSchw 535–579; 4291–4329; 4390–4402).

An die Stelle einer autogenen Anderswelt tritt in beiden Texten die Rationalität einer vorübergehenden, linearer Zeitlichkeit unterworfenen Verwandlung. Auf der Grundlage von Buchwissen beherrscht Meliur die magische Technik der *nigrômancîe*, mit deren Hilfe sie Landschaften voller Tiere und Wunderwesen, aber auch ein Turnier erzeugen kann (KvWPart 8055–8171). Dieses Konzept einer bloßen Illusionskunst – wie auch Partonopiers Vermutung, es sei „allez gar ein troum und ein gespenste" (KvWPart 1154 f.) – bricht sich allerdings an der dargestellten Überfülle

---

67 In Maries *Lai de Guigemar* bringt ein kostbar ausgestattetes Boot den Helden in ein unzugängliches Reich (MdFGuig 151–208), seine Geliebte ist einer Fee allerdings nur ähnlich (MdFGuig 704: „ki de beuté resemble fee"). Ebenso wird Meliur bloß für eine „wildiu feine" gehalten, ihre Magie ist mit dem Tabubruch ein für alle Mal aufgehoben (KvWPart 7064; 7500; 17474–17476).
68 Im *Guigemar* (MdFGuig 89–122) bestimmt eine zur weißen Hirschkuh gewandelte Dame die Bedingungen für Guigemars Heilung; im *Graelent* führt eine ebenfalls weiße Hirschkuh den Ritter zur Quelle (Grae 204–226), in der seine spätere Geliebte badet (Grae 314–326). Zielloses Reiten führt Lanval (MdFLanv 41 f.) und Raymond in der *Melusine* zur Begegnung mit der Mahrte (TvRMel_(S) 32,32–36).
69 Zum Motiv der Schwanjungfrau vgl. Thompson: Motif Index D361.1. In der *Völundarkviða* (Prosa-Prolog) tragen Walküren Schwanengewänder; vgl. die von Hagen aufgestörten *merwîp* (NibAB_(BBW) 1533–1549).

einer wunderbaren, gleichwohl ambivalenten Wirklichkeit. Die hybride Konstruktion eines verborgenen magischen Bezirks, der sich wie ein „irdisch paradîs" ausnehmen kann (KvWPart 2330), bedingt bei der Begegnung mit der überirdisch schönen Geliebten nicht nur Engelsvergleiche,[70] vielmehr werden wiederholt die Gefahren teuflischen Spuks beschworen.[71] Die Maßlosigkeit der Güter wie der Schönheit irritieren Wahrnehmungs- und Deutungskonventionen ebenso wie der unbestimmte Status der Partnerin mitsamt ihrer sozialen Unsichtbarkeit und Ortlosigkeit. Rationalisierung und Dämonisierung blockieren eine immer und überall gegebene Durchlässigkeit der Eigenwelt für das Andere.[72]

Insgesamt lassen sich diesem Erzähltyp zwei Raumkonfigurationen ablesen. Zum einen erzeugen eingekapselte Andersweltmotive eine Räumlichkeit, die als strukturtragende Grenze thematische Verdichtungen produziert. Zum anderen sind sie in ephemeren Regionen angesiedelt, deren Magie auf Erschließung und Entzauberung angelegt ist. Diese Konfigurationen kehren im Artusroman wieder, der unter Zugriff auf Andersweltliches vielfältige Orte der Verwandlung sowie Szenarien der Grenzüberschreitung entwirft.

2.4.2 Artusroman

Eine derartige Grenzüberschreitung kann den Auftakt für die ritterliche Identitätsfindung bilden. So wird Lanzelet im gleichnamigen Roman Ulrichs von Zatzikhoven als Kind von einer „merfeine", die in „dunst" (UvZLanz_(H) 180 f.) gehüllt auftritt, in deren Land der Frauen entführt und dort aufgezogen. In diesem von Meer und → Mauern umschlossenen Reich herrscht immerwährende Maienblüte; auf einem Kristallberg liegt die mit kostbaren Metallen errichtete Burg, deren Edelsteine „zorn", „nît" und „riuwe" (UvZLanz_(H) 180–210) vertreiben und für ewige Freude sorgen. Beim Verlassen des Feenreichs, das damit aus der Erzählung verschwindet, spielen die zuvor betonten Grenzmarkierungen freilich keine Rolle mehr. Dieses paradoxe Nebeneinander von Verschlossenheit und Durchlässigkeit hebt die Entführungsepisode im *Prosa-Lancelot* auf. Ninienne, eher Zauberin als Fee (Lanc_I_(K) 19,22–25), residiert mit ihrem Hofstaat in einem See, der weder fixierte Grenze noch Raum, sondern magische Täuschung ist (Lanc_I_(K) 14; 19–21; 34; 110). Solcher Virtualisierung der Raumgrenze tritt ihre Sedimentierung im magischen Objekt gegen-

---

[70] Vgl. Staufenb 227–229. Von den Edelsteinen am Gewand der Namenlosen geht Heilkraft aus; der Karfunkel an ihrer Spange erhellt die Nacht (Staufenb 235–253). Vgl. KvWPart 7868–7893.

[71] Von den Gegnern der Beziehung (Staufenb 964–978; KvWPart 6822–6911; 7495–7527; 7726–7739) wie den Protagonisten selbst (Staufenb 1029–1033; FrSchw 122–130; KvWPart 888–891; 915–918; 1058 f.; 1274–1277; 2094–2104; 2260–2267; 7697–7699). Die Verdächtigen weisen sich jedoch als gläubige Christinnen aus (Staufenb 298 f.; 462–467; FrSchw 163; KvWPart 2029–2061; 8054–8063; TvRMel_(S) 43).

[72] Vgl. Huber 2004, 255 f., 263.

über, wenn sich Jorams Reich im *Wigalois* Wirnts von Gravenberg nur demjenigen erschließt, der einen Zaubergürtel trägt. Von Joram geführt erreicht Gawein dessen offen daliegendes Land herrlicher Fülle und Freude, das sich wie ein „troum" (Wig 640) ausnimmt, doch obwohl er den Weg von dort zum Artushof kennt, verschließt sich ihm eine Wiederkehr: „in daz lant mohte niemen komen / ern hêt den gürtel" (Wig 1195 f.).[73] Gaweins Sohn Wigalois lässt diese „Schwundstufe eines Feenreiches" mit dem Zaubergürtel, den er später verlieren wird, endgültig hinter sich.[74]

Neben solche Grenzreduktionen treten Formen gesteigerter Sicherung und Gefahr. Der Protagonist des *Gauriel von Muntabel* Konrads von Stoffeln, der eine „gotinne" zur Partnerin hat (Gauriel_(A) 56; 3741: „feine"), wird am Beginn seiner Geschichte aufgrund eines Tabubruchs von ihr verstoßen.[75] Ihr Reich Fluratrone ist nicht allein von einem strahlenden Marmorwall samt Drachen als Torhütern umgeben, sondern auch durch einen reißenden Fluss geschützt, dessen → Brücke Riesen hüten (Gauriel_(A) 2484–2691; 2714–2810). Nachdem sich Gauriel den Zugang erstritten hat, darf er die „gotinne" heiraten, ihr Zauberreich gliedert sich damit in die herrschaftlich geordnete Umgebungswelt ein. Die gefährliche Grenzüberschreitung ins ‚Land ohne Wiederkehr' verfestigt sich im Artusroman zum Topos, der durch magisch erzeugte und monströs-hypertrophe Schrecken Anlass zu ritterlicher Bewährung bietet. Bereits in Chrétiens *Chevalier de la Charrette* (um 1165) gibt die Schwertbrücke, die Lancelot unter entsetzlichen Schmerzen überwindet (CdTLanc 3020–3131),[76] einen Modellfall ab. Nur assoziativ mit Feenreichen verbunden[77] erweist sich das so gesicherte Land letztlich als Herrschaftsgebiet wie jedes andere. Auf der Suche nach der entführten Königin ist im *Lanzelet* gleich eine ganze Serie bedrohlicher Grenzbezirke zu überwinden (UvZLanz_(H) 7040–7078; 7135–7151; 7158–7168). In den Wunderregionen des *Wigalois* und der *Krone* Heinrichs von dem Türlin häufen sich solche Szenarien. So gelangt Wigalois durch einen Sumpf, in dem schwarzer Nebel alles zu Pechstein erstarren lässt, an ein klingenbewehrtes Rad (Wig 6725–6781). Gawein kämpft sich durch ein finsteres Tal voller Ungeheuer nach Überquerung der Schwertbrücke zu einer gläsern glänzenden, rotierenden Wasserburg vor (Krone 12776–12794; 12834–12851; 12914–12966).

---

[73] Vgl. Wig 634–679; 1060 f.; 1173–1198. Eine Raum-Zeit-Verzerrung deutet sich an, wenn Gawein für den Rückweg ein halbes Jahr anstelle von zwölf Tagen braucht (Wig 1129 f.).
[74] Seelbach/Seelbach 2005 (Nachwort zur Textausgabe), 266; vgl. weiter Dimpel 2011.
[75] Ihr *hûs* zu Muntabel verfügt über ein Wunderbett, das unsichtbar macht und heilend wirkt (Gauriel_(A) 191–196), unterscheidet sich sonst aber nicht von den übrigen Burgen.
[76] Die Löwen an der Brücke erweisen sich als bloßes Trugbild, wie Lancelot mithilfe eines Zauberrings erkennen kann (CdTLanc 3132–3143; vgl. Lanc_I_(K) 628 f.). Die Unterwasserbrücke, an der Gauvain scheitert (CdTLanc 5125–5145), erinnert an die vertikale Wassergrenze irischer Anderswelterzählungen.
[77] Vgl. Braches 1961, 184 f., Haug 1978, 5–16, 43 f.

Häufig liegen Synkretismen von Anderswelt- und Jenseitsmotiven vor, zumal Übergänge ins Totenreich implizit oder explizit nahegelegt werden.[78] Im *Schâtel le mort* des *Lanzelet* herrschen Todesfurcht und wie auf keltischen Andersweltinseln ein Assimilationszauber (UvZLanz_(H) 3536–3575). Nicht allein der Vergleich mit der Hölle drängt sich bisweilen auf (Krone 12780–12782), im *Wigalois* öffnet sich das Land Korntin auch für Übertritte aus postmortalen Regionen (Wig 3652–3669; 4297–4318; 4492–4721).

Der arthurische Topos des verschlossenen Orts ist für die Ausgestaltung mit Motiven unterschiedlichster Herkunft offen und oszilliert zwischen Zeichen des Versprechens und der Bedrohung. Im *Iwein* Hartmanns von Aue löst das Beträufeln eines Steins bei der Zauberquelle ein Unwetter aus: Aus dem Lustort unter der immergrünen Linde wird ein Schreckensort, der sich anschließend wieder in ein „ander paradîse" verwandelt (Iw_(BLW) 565–692; 989–1000).[79] Die *Joie de la curt*-Episode in Hartmanns *Erec* verbindet ebenfalls größten Schrecken mit zeitenthobener Schönheit: Unsichtbar von einer Zauberwolke umschlossen erstreckt sich ein → *boumgarten* paradiesischer Fülle, in dem Erec die auf Pfählen aufgespießten Köpfe erschlagener Ritter entdeckt (Er_(C) 8468–8485; 8703–8774).

Mehrdeutige Zeichen- und Motivkonglomerate begleiten die häufig variierte ‚Erlösungs-*âventiure*', in deren Verlauf der Ritter ein magisch versperrtes Gebiet für die Verfügungsansprüche der höfischen Welt erschließt. Das Ineinander parallel gelagerter Welten löst sich damit in ein raumzeitlich kausalisiertes Nach- und Nebeneinander auf. In Ergänzung zur arthurischen Entzauberungs-*âventiure* entwerfen die Gralsromane dagegen einen Ort der Gralsherrschaft in mythischer Raumzeitlichkeit. In Parallelführung der Handlungsstränge verflechten Chrétiens *Perceval* und Wolframs von Eschenbach *Parzival* die Geschichte um *Schastel marveil* und seine Entzauberung durch Gawan mit Parzivals Suche nach der → Gralsburg. Beide durch besondere Wehrhaftigkeit und Pracht ausgezeichneten Burgen liegen jenseits eines Gewässers, über das ein Fischer bzw. ein Fährmann wacht; die jeweiligen Gemeinschaften warten hier wie dort auf Erlösung durch einen herausragenden Helden. Gawans *âventiure* vollzieht sich jedoch als ritterliche Bewährungsprobe auf dem Wunderbett und im Kampf mit dem Löwen (Parz_(L) 566,11–572,21); Anklänge ans Totenreich[80] lösen sich bei Wolfram durch nachträgliche Rationalisierung, denn der Ursprung der Magie

---

78 Die Überquerung einer Schwert-, Probe- oder Gerichtsbrücke findet sich bspw. in christlichen Visionen von Hölle und Fegefeuer (vgl. TundM 19,15–24; Braches 1961, 39–41, Dinzelbacher 1973, 17–106). Lancelots Ritt auf dem Schandkarren ruft Assoziationen mit Hinrichtungen und Totenkarren auf (vgl. Braches 1961, 191 f.). Zur Limors-Episode im *Erec* vgl. Störmer-Caysa 2007, 219 f., 222 f.
79 Vgl. UvZLanz_(H) 3885–3906; Hammer 2007a, 227–237.
80 Deutlicher ausgeprägt im *Perceval*, wo Artus' und Gauvains Mütter bereits verstorben sind (CdTPerc 8726–8756). Vgl. Störmer-Caysa 2007, 220–222.

liegt bei Clinschor, der sie in Persida erlernt hat (Parz_(L) 657,27–658,2).[81] Ist *Schastel marveil* fest in der Textgeographie verankert, so umziehen „unkunde wege" (Parz_(L) 226,6) die Gralsburg Munsalvaesche, die sich dem suchenden Ritter entzieht: „swer die suochet vlîzeclîche, / leider der envint ir niht" (Parz_(L) 250,26 f.).[82] Nur Parzivals Erwählung zum Gral – ein Stein, auf dem der Name des berufenen Gralsherrschers erscheint[83] – erschließt ihm den nicht mehr darstellbaren Rückweg dorthin (Parz_(L) 792,14 f.). Löst sich auf *Schastel marveil* der Zauber, worauf aus der *Terre marveile* ein beherrschtes Territorium wie alle anderen wird, so bleibt dem Gralsreich ein Sonderstatus in Raum und Zeit, denn weder ist es für alle zugänglich, noch unterliegt die Gralsgemeinschaft der Sterblichkeit.[84]

Insgesamt bietet der Artusroman eine Fülle von Wunderkonstellationen auf,[85] die sich mit ihren bildmächtigen Inszenierungen des Unerwartbaren auch auf Andersweltmotive stützen und insgesamt eine genrespezifische *âventiure*-Welt entwerfen.[86] Häufig wird Andersweltlichkeit in Form vorläufiger Deutungshorizonte[87] aufgerufen, ihr Verwandlungspotenzial ist jedoch dem Prinzip ritterlicher *âventiure* unterworfen und mündet daher oft in Entzauberung – wobei Zauberkunst als zeitgebundener Effekt die ursprungslose, magische Fülle von Anderswelten ablöst. Die Insel Avalon, seit Wace (*Roman de Brut*, um 1155) im Artusstoff verankert, zeigt sich wie ein schillerndes Zeichen verbleibender Andersweltlichkeit am Horizont. In Hartmanns *Erec* gehört Avalon zu den bekannten Territorien; dort herrscht jedoch der Geliebte einer Fee (Er_(C) 1930–1934).[88] Als Wohnort der Feen und Ursprungsort von Zauberwerken

---

[81] Eine Raumverzerrung, die Ferne in unerwartete Nähe zusammendrängt, wird im *Parzival* durch Clinschors leuchtende Steinsäule bewirkt (Parz_(L) 589,5–590,16; 592,1–20) – ein technisches Wunderwerk (Parz_(L) 589,17).
[82] Nach seiner ersten Nacht auf der Gralsburg, die er am anderen Morgen menschenleer vorfindet (Parz_(L) 247,1–6), folgt Parzival einer Hufspur (→ Spur), die sich ebenso im Nichts verliert wie später Cundries Spur nach der dritten Begegnung mit Sigune (Parz_(L) 248,17 f.; 249,5–8; 442,26–30).
[83] Vgl. Parz_(L) 235,20–30; 470,21–30; 796,17–21.
[84] Der afrz. Lancelot-Graal-Prosaroman wie auch die deutsche Fassung öffnen die Zeitstrukturen auf biblische Vätergenerationen und heilsgeschichtliche Offenbarungen, der Gral hat jedoch keinen bleibenden Ort im Diesseits.
[85] Vgl. Wolfzettel 2003, Störmer-Caysa 2007, 196–230, zum *Lancelot en prose* Valette 1998.
[86] Außerhalb des Artushofs beginnt „gewissermaßen eine andere Welt, die Welt der *âventiuren*, zu der es keine Abgrenzungen und keinen Zwischenraum gibt" (Hammer 2007a, 234).
[87] Störmer-Caysa 2007, 223: „Indem der Chronotopos des Wunderbaren nicht festliegt, verschwimmt seine Grenze zur Normalität der fiktionalen Welt." Dagegen lässt sich „das religiös Wunderbare [...] genau aussagen und begrenzen" (Störmer-Caysa 2007, 226).
[88] Bei Erecs und Enites Hochzeitsfeier stellt sich auch ein „herre Maheloas von dem glesînen werde" (Er_(C) 1919 f.) ein: Ob die ‚Glasinsel', die keine Unwetter, kein Ungeziefer und weder Hitze noch Kälte kennt (Er_(C) 1921–1927), aber gelehrter Tradition entnommen ist oder avalonische Assoziationen aufruft, muss offen bleiben (vgl. Egeler 2015, 203–207).

nennt Gottfrieds von Straßburg *Tristan* „Avalûn, der feinen lant" (Tr_(R) 15808).[89] Im *Prosa-Lancelot* besteigt Artus ein von Morgane gelenktes → Schiff, als werde er nach Avalon entrückt, allerdings findet Giflet später das Grab des Königs (Lanc_III_(K) 767–769). Mit dem Versenken des Schwerts Excalibur im See, das eine körperlose Hand ergreift (Lanc_III_(K) 766), bleibt jedoch ein unaufgelöstes Moment der Durchlässigkeit zur Anderswelt.

3 Narrative Funktionen

In der literarischen Arbeit an Anderswelten und Andersweltmotiven lässt sich die Umwandlung mythischer Denkstrukturen im Zusammenspiel mit rational-kausalisierenden Deutungsmustern beobachten, die weder linear noch systematisch verläuft. Zu Grenzen und lokalen Zugängen treten Strategien religiöser Hierarchisierung und topographischer Kohärenzbildung, die zur Vereinheitlichung des geordneten Welt-Raums drängen. Die Darstellung eigengesetzlicher Anderswelten, deren Raumzeitlichkeit sich mit und durch ihre außermenschlichen Bewohner konstituiert, bedingt dagegen Vermittlungsleistungen, die intradiegetisch als Raum-Perspektivierung wie im *Imram Brain*, extradiegetisch durch poetische Techniken der Fokalisierung und allusiven Verrätselung verwirklicht werden können. Die begrenzte Zugänglichkeit von Anderswelten bedingt Brechungen und Modifikationen der vertrauten Wahrnehmung, verschränkt, verkehrt und verschmilzt deren Kategorien und evoziert zugleich die Präsenz bleibender Geheimnisse. In der altirischen Erzählung von ‚Cú Chulainns Krankenlager' (*Serglige Con Culainn*, 11. Jh.) begegnen die andersweltlichen Frauen dem Helden zuerst unerkannt in Vogelgestalt; in menschlicher Gestalt präsentieren sie sich dann visionär und sprechen eine Einladung aus, der Cú Chulainn erst später Folge leistet. An die Vision schließt noch die poetische Annäherung durch einen Andersweltboten sowie die Entsendung eines menschlichen Gefährten an, der seinerseits Bericht erstattet. Der Übertritt in die Anderswelt wird also mit einer Verkettung unterschiedlicher Wahrnehmungs- und Vermittlungsstufen vorbereitet.

Die mythische Grundstruktur ‚heiliger' Räume und die Grenzüberschreitung zum Außermenschlichen, wie sie hier gestaltet ist, bieten genau jene Anschlussstellen, die in den Prozessen literarischer Aneignung zu Amalgamierungen und Synkretismen führen: Auf dieser Grundlage sind Andersweltorte mit christlichen Jenseitskonzeptio-

---

89 Vgl. weiter HvFreibTr 4499–4503. In der *Krone* herrscht in Avalon die „göttinne" Enfeydas (Krone 18722–18726). Auf die Existenz von Feen verweisen z. B. Krone 1601; 4885; 10499–10504; Parz_(L) 56,17–19; 87,29; 96,20 f.; 400,9; Tr_(R) 17477 (Vergleich mit Feenschönheit), wobei die Figur der Fee zwischen übermenschlichem Status, Trägerin erlernter Zauberei und abstrakt gewordener Idee nicht immer eindeutig zu fixieren ist. Vgl. auch die Verbbildung *feinen*, „nach art der feen begaben od. bezaubern" (Lexer 3, 49).

nen ebenso vermittelbar wie mit vor- und außerchristlichen Auffassungen vom Totenreich. Ist insofern von literarischer Entgrenzung zu sprechen, so begegnet umgekehrt auch die Einkapselung von Answeltfragmenten in Textuniversen, die auf menschliches Maß abstellen. Daraus resultiert eine große Vielfalt narrativer Funktionen, die hier nur ausschnitthaft beleuchtet werden kann.

Jenseits mythischer Denkweisen werden Answeltorte und -wesen häufig in Dualismen eingebettet, die klare Unterscheidungen fordern. Ob der wilde Mann im *Iwein* gut oder böse (Iw_(BLW) 483), die Melusine „ein gespenst oder sust ein frowe" (TvRMel_(S) 42,16), die Geliebte des Staufenbergers von himmlischen oder dämonischen Mächten entsandt ist, wird Klärungsprozessen unterzogen, die aber selten eindeutige Antworten liefern. Vielmehr führt die Brechung eigener Deutungsmuster durch das unverfügbare oder widersetzliche Andere zur literarischen Komplexitätssteigerung. Gleichermaßen kann die räumliche Grenzüberschreitung zur Reflexion und Modifikation ritterlicher Verhaltensstandards genutzt werden, wenn beispielsweise mit Lancelots Karrenritt und Überquerung der Schwertbrücke nicht kämpferische Qualifikation, sondern Leidensbereitschaft im Zeichen passionierter *minne* ausgestellt wird. Umgekehrt kann die sukzessive Aufhebung derartiger Raumgrenzen, wie etwa im *Nibelungenlied*, einem Integrationsexperiment dienen: Mit der Überführung des zeit- und ortlosen Nibelungenlands in die allgemein zugängliche Topographie geht der (letztlich scheiternde) Versuch einher, Sivrits exorbitante Qualitäten für die höfisch modellierte Herrschaft verfügbar zu machen. Der Topos einer frühkindlichen Entführung ins Feenreich kompensiert im *Lanzelet* wie im *Prosa-Lancelot* nicht nur ein Defizit an Herrschaft und Herkunft, sondern wirkt auch an der Modifikation ritterlicher Identitätsbildung mit.

Neben den Parametern adliger Herrschaft und Identität sind es insbesondere Konzeptionen von *minne* und Ehe, die solchermaßen auf die Probe gestellt werden. Geschichten von Mahrtenehen entwerfen alternative Beziehungsmodelle, die sich in temporärer Verkehrung der geschlechtsspezifischen Machtverhältnisse entfalten können, wie etwa in der *Melusine*. Die Auslagerung radikaler Wunscherfüllung in die answeltartige Sphäre führt in *Partonopier und Meliur* zur Rekonstruktion öffentlichkeitsfähiger Geschlechterbeziehungen und zur Relativierung weiblicher Souveränität. Der Dualismus von Sichtbarkeit und Unsichtbarkeit,[90] der die komplexere Konfiguration transformierter Wahrnehmung ablöst, dient zugleich der Präzisierung dessen, was öffentlicher Reglementierung unterliegen soll.

Analog zur Eigenwelt konzipiert sind answeltartige Sphären Orte maximaler Schönheit, Reichtum und Pracht wie auch gesteigerter Gefährdung des Lebens und der Identität. Damit eignen sie sich zur Reflexion über geltende Regelsysteme. Die arthurische Erlösungs-*âventiure*, die answeltartige Räume der Entzauberung

---

[90] Vgl. dazu auch Iweins durch einen magischen Ring hervorgerufene Unsichtbarkeit zwischen den Toren von Laudines Burg (Iw_(BLW) 1201–1210; 1258–1300).

unterzieht, generiert nebenher einen Modus der Weltaneignung, der nicht in herrschaftspolitischer Rationalität aufgeht. Der Glanz des Andersweltlichen wird für die auratische Aufladung von Rittertum und Adelsherrschaft genutzt. Doch selbst auf seiner Reduktionsstufe ist das Außermenschlich-Andersweltliche nie vollständig berechenbar, in seinem Machtbereich sind die sonst gültigen Regeln des Wahrnehmens und Handelns suspendiert, Gegensätzliches kann ineins fallen. Nicht zuletzt erweitern derartige Verwandlungsmöglichkeiten auch das Spektrum der ästhetischen Strategien und literarischen Sinnbildungsprozesse.

Besonders aufschlussreich ist die Einbindung von Andersweltbeziehungen in die Strategien der Herrschaftslegitimation. Pwylls Identitätentausch mit Arawn trägt ihm dem Titel *Penn Annwuyn* (,Haupt von Annwn') ein; die geglückten Verbindungen zwischen Annwn und Dyfed stärken die Herrschaft auf beiden Seiten (Pwyll 8). Hier, wie in altirischen Erzählungen, zeigt sich ein Spiegelungsverhältnis, das menschliche Herrschaft über gelungene Austauschbeziehungen mit der Anderswelt stabilisiert und steigert.[91] Demgegenüber lagern Artus- und Gralsroman sowie Mahrtenehenerzählungen Andersweltbezüge in je unterschiedliche Deutungsmuster adliger Herrschaft ein.

Herrschaftsansprüche über ritterliche Leistung, nicht über ererbtes Recht geltend zu machen, ist zentrales Thema des Artusromans. Im *Iwein* wird dieses Programm zuerst mit der Grenzüberschreitung an der Gewitterquelle verwirklicht, worauf der Erwerb von Ehefrau und Landesherrschaft folgt. Wenn die Zeichen des Andersweltlichen, die zuerst einen Konflikt divergenter Welten suggerierten, im weiteren Handlungsverlauf zum Verschwinden gebracht werden, trägt genau diese Abblendung zur Harmonisierung der Ansprüche von Laudine- und Artusreich bei.[92] Im Gralsroman, der *âventiure*-Rittertum und dynastische Herrschaft zusammendenkt, werden gestörte Verwandtschaftsbeziehungen einerseits durch Erkenntnisprozesse, andererseits durch den Gral als Instrument der Erwählung geheilt. Zu dieser Remythisierung dynastischer Herrschaft trägt die andersweltartige Inszenierung der Gralsburg im *Parzival* erheblich bei. Ist der andersweltliche Ort der Mahrte in der *Melusine* zur geheimnisvollen Schwelle zusammengeschmolzen, so ist damit ein Auftakt für eine Erzählung über Brüche und Sprünge in der Herrschaftsfolge gesetzt. Dynastische Herrschaft etabliert sich in der *Melusine* paradox über den unerklärlichen Ur-Sprung und die Gewalt des Zufalls, wofür die andersweltliche Partnerin in ihrer Doppelgestalt als ,Schlangenfrau' einstehen muss.[93] Wenn hier Fragen der Kausalität in den Vordergrund treten und die Ambivalenz von Wunder und Schrecken körperlich fixiert wird,

---

[91] Vgl. Ó Cathasaigh 1977/1978, 140–144, Carey 1987, 5, 13 f., Gleeson 2012 stellt Verbindungen zu archäologischen Befunden und frühmittelalterlichen Herrschaftsritualen dar.
[92] Vgl. Hammer 2007a, 264–266.
[93] Vgl. Strohschneider 1997, Klinger 2003.

zeigt sich darin zugleich eine „Ablösung vom ursprünglichen mythischen Denken".[94] Das Andersweltliche wandelt sich allmählich zum Anderen einer abstrakt-rationalen Weltwahrnehmung.

Alv, ÄSigen, Bdr, BenVoy, Beo, BrandanReis, BrendNav, CdTLanc, CdTPerc, CoudMel, Dietr, EAirt, EckenlE2, ECon, ECorm, ELaeg, Er_(C), Eyrb, FrSchw, Gauriel_(A), Goldem, Grae, Grett, Grm, GuthA, GvTOt, Herv, HvFreibTr, ImBr, ImMD, Iw_(BLW), JdAMel, Krone, KvWPart, Lanc_I_(K), Lanc_III_(K), LaurinA, MapNug, MdFGuig, MdFLanv, NibAB_(BBW), Njála, OrdVit, Orfeo, OrtnAW, Parz_(L), PrAnn, PurgSP, Pwyll, Reinfr, SAlex_(K), SalMor, SergCon, Staufenb, Tr_(R), TundM, TvRMel_(S), UvZLanz_(H), Virg_(Z), Vm, Vsp, Walberan, Wartb_(S), Wig, WolfdB_(AJ), Yngl

→ Babylon, Jerusalem; → Brücke; → Burg, Schloss, Hof; → Ferne-Utopien; → Fluss, Quelle, Brunnen; → Garten, Baumgarten; → Gebirge, Berg, Tal; → Grab, Grabmal; → Gralsburg, Gralsbezirk; → Grenze; → Hafen, Schiff; → Heide, Aue, *plaine*; → Himmel, Hölle; → Indien, Mirabilienorient; → Insel; → Irdisches Paradies; → Land; → Magnetberg, Magnetstein; → Meer, Ufer; → Ränder der Erde; → Saal; → See, Teich, Pfütze; → Spur, Fährte; → Stadt, Markt, Platz; → Turm, Zinne, Mauer; → Wald, Lichtung, Rodung, Baum; → Wüste, Wildnis, Einöde

---

94 Huber 2004, 263.

Tomas Tomasek
Babylon, Jerusalem

1 Begriffsbestimmung – 1.1 Grundlagen – 1.1.1 Sachgeschichte: Babylon – 1.1.2 Sachgeschichte: Jerusalem – 1.1.3 Babylon und Jerusalem in der Bibel – 1.1.4 Die Zwei-Staaten-Lehre – 1.1.5 Semantik des Mnemotop-Paares Babylon/Jerusalem – 1.1.6 Geläufigkeit im Mittelalter – 1.2 Das Korpus narrativer Gattungen mit Babylon- und Jerusalem-Bezug – 1.2.1 Religiöse Dichtung – 1.2.2 Geschichtsdichtung – 1.2.3 Antikenromane – 1.2.4 Kompilationen – 1.2.5 Höfischer Roman – 1.2.6 *Chanson de geste*-Rezeption – 1.2.7 Sog. Spielmannsepik – 1.2.8 Liebes- und Abenteuerromane – 1.2.9 Utopie: Der Priesterkönig Johannes – 2 Merkmale der Bezugnahme auf Babylon und Jerusalem (mit Blick auf die Darstellungsform) – 2.1 Hochmittelalter (11.–13. Jh.) – 2.2 Spätmittelalter (14.–16. Jh.) – 3 Narrative Funktionen

1 Begriffsbestimmung

Die Städte Babylon und Jerusalem sind alte, zum kulturellen Gedächtnis vieler Völker gehörende Mnemotope – also kodierte semantische Räume mit identitätsstiftender Funktion für ganze Kulturgruppen (s. Abschn. 1.1.5) –, die in der mittelalterlichen Literatur oft beide im selben Text auftreten, aber auch bei Einzelnennung Zusammenhänge aufrufen können, die den anderen Begriff mit implizieren. Grund dafür ist die gegenläufige Profilierung der Städte durch die Bibel, in der Jerusalem für das Zentrum der auserwählten Gemeinschaft steht, für einen Ort göttlicher Zuwendung, Babylon aber prototypisch die Gottesferne bezeichnet. Diese schon im *Alten Testament* mit einer universalgeschichtlichen Perspektive verbundene Symbolik ist im christlichen Mittelalter sehr gebräuchlich und wird zumeist vor dem Hintergrund der augustinischen Zwei-Staaten-Lehre verstanden.

1.1 Grundlagen

1.1.1 Sachgeschichte: Babylon

Babylon besitzt bereits sehr früh den Status eines orientalischen Mnemotops. Sein Mythos unterstellt, dass das babylonische Königtum so stabil sei wie Himmel und Erde: Der Stadtgott Marduk sei der Schöpfer der Welt und Babylon deren Zentrum.[1]

---

[1] Vgl. Sals/Przybilski 2008, 75.

Als entsprechend selbstbewusst gilt Babylon in der Antike, dessen Name auch für Babylonien, das Gebiet am Unterlauf von Euphrat und Tigris, steht.²

Auf die altbabylonische Phase (ca. 2025–1595 v. Chr.), in der König Hammurapi von Babylon aus ein Weltreich begründet, und die anschließende mittelbabylonische und neuassyrische Zeit folgt ca. 620–539 v. Chr. das neubabylonische Reich, in dem unter Nebukadnezar II. (605–562 v. Chr.) die Bedeutung Babylons ihren Höhepunkt erreicht. Unter seiner Herrschaft werden die berühmten Bauwerke Babylons vollendet: die Stadtmauern mit dem Ishtar-Tor, die hängenden Gärten und der biblische → Turm.³ Als sich Jojakim von Jerusalem gegen Nebukadnezar auflehnt, erobern die Babylonier 597 v. Chr. Jerusalem, zerstören dessen → Tempel und siedeln Teile der jüdischen Bevölkerung nach Babylonien um.

Bald danach setzt der Untergang des Weltreichs ein: 539 v. Chr. wird Babylon von den Persern eingenommen, und 330 v. Chr. erobert Alexander der Große die → Stadt, in der er später verstirbt. Nach Alexanders Tod beginnt Babylon zu veröden und ist um die Zeitenwende eine Ruinenstadt.

Wie die griechischen Schriftsteller Strabon und Diodoros berichten, befindet sich am Unterlauf des Nils, im Süden des heutigen Kairo, wo Babylonier in alter Zeit Siedlungsrechte innehatten, eine Befestigung namens Babylon. Ihr Name scheint der Ursprung des im mittelalterlichen Europa gebräuchlichen Ausdrucks Babylon für Kairo, den Sitz des Sultans von Ägypten, bzw. für ganz Ägypten zu sein.⁴

1.1.2 Sachgeschichte: Jerusalem

Gemäß späterer Überlieferung wird um 1000 v. Chr. Jerusalem von König David zur Hauptstadt der Königreiche Juda und Israel erhoben und von Salomo, seinem Sohn, über dem Felsen der Jahwe-Tempel errichtet. Im sog. jüdischen Krieg verwüstet unter Kaiser Vespasian dessen Sohn Titus Stadt und Tempel (70 n. Chr.), und zu Anfang des 2. Jh.s n. Chr. wird die jüdische Einwohnerschaft nach antirömischen Aufständen ganz aus ihrer Heimat verbannt. Jerusalem gewinnt erst wieder Bedeutung, als Konstantin der Große dort die Grabeskirche errichten lässt (Weihe: 335) und eine zunehmende Zahl von Christen nach Jerusalem zu pilgern beginnt. Fortan entwickelt sich Jerusalem zur heiligsten Stadt der spätantiken Welt und zu einer der zentralen Städte des Mittelalters.⁵

Bis 638 befindet sich Jerusalem weitgehend in der Hand Ostroms. Nach der Schlacht am Jarmuk (636) gelangt es unter muslimische Herrschaft, mit der Folge,

---

2 Vgl. Rollinger 1999, 371.
3 Vgl. Sals/Przybilski 2008, 75.
4 Vgl. Becker 1918.
5 Vgl. Kaplony 1999, Grabar 1986.

dass auch die jüdische Einwohnerzahl ansteigt. In der Omayyadenzeit (685–750) entwickelt sich Jerusalem zu einer der drei wichtigsten Städte der islamischen Welt.[6]

Unter al-Hakim (996–1021) haben die christlichen Einwohner Jerusalems Repressionen zu erleiden, zudem wird die Stadt im Streit zwischen Seldschucken und Fatimiden mehrfach besetzt. Aus dieser Lage wollen die Kreuzfahrer Jerusalem befreien und ungehinderte Pilgerfahrten ermöglichen. Bei ihrer Einnahme Jerusalems im ersten Kreuzzug (1099) richten sie unter der Bevölkerung ein Blutbad an. Nun dürfen sich in Jerusalem, der Hauptstadt des gleichnamigen christlichen Königreichs, Muslime und Juden nicht mehr ansiedeln. Jerusalem soll durch die Ernennung eines Patriarchen westlich ausgerichtet werden. Auch werden im Königreich Jerusalem neue Ritterorden gegründet (Templerorden, Deutscher Orden u. a.), und die Vorstellung von Jerusalem als Zentrum der Welt setzt sich im christlichen Weltbild weiter durch.[7]

Nach der Schlacht von Hattin fällt Jerusalem 1187 an die Muslime zurück. Dies löst den dritten Kreuzzug aus, aber erst ein Abkommen zwischen Kaiser Friedrich II. und Sultan al-Kamil bringt Jerusalem 1229 kurzfristig wieder in die Hand der Kreuzfahrer. Als die Stadt 1244 schwere Zerstörung durch ein Söldnerheer des Sultans von Ägypten erleidet, reißt der römisch-katholische Kult in Jerusalem ab, und die Stadt entwickelt sich unter der Herrschaft der Mamelukken (1260–1516) zu einem Mittelpunkt islamischer Bildung.[8]

1.1.3 Babylon und Jerusalem in der Bibel

Die bedeutende Rolle Babylons in der Bibel zeigt sich bereits im *Ersten Buch Mose*, das von Babylon als einer sehr alten Stadt spricht (Gen 10,8–10), hier finden sich auch die Erzählungen vom Turmbau zu Babel und von der babylonischen Sprachverwirrung (Gen 11,1–8); entsprechend wird Babylons Name als ‚Verwirrung' gedeutet (Gen 11,9). Jerusalem erscheint in der Bibel zuerst als Sitz eines örtlichen Königs (Jos 10,1), nach der Eroberung durch David heißt es auch Zion oder Haus des Herrn (Ps 48; 122); der Name Jerusalem wird im Mittelalter als *visio pacis* (‚Schau des Friedens') erklärt.

Im Textkanon der Bibel tritt der Antagonismus von Babylon und Jerusalem am Ende des *Zweiten Buchs der Könige* (beginnend mit 2 Kön 12) mit der Erwähnung Nebukadnezars und der Babylonischen Gefangenschaft zutage (2 Kön 24). Auch im *Psalter* spielen Babylon und Jerusalem als Antipoden eine Rolle (z. B. Ps 137). Angekündigt wird die Babylonische Gefangenschaft durch den Propheten Jeremia (z. B. Jer 25), der Prophet Jesaja weist an späterer Stelle (Jes 13) auf den Untergang Babylons voraus: Es werde für immer unbewohnt, nur von wilden Tieren bevölkert bleiben (Jes 14) und die gerechte Strafe für seinen Hochmut erhalten (Jes 47,7). Von der Rück-

---

6 Vgl. Kaploney 1999, 726.
7 Vgl. Stoltmann 2008, 379.
8 Vgl. Schein/Riley-Smith 1991, 354, Grabar 1986, 61.

kehr der Juden nach Jerusalem und dem anschließenden Wiederaufbau von Tempel und Stadtbefestigung berichten die Bücher *Esra und Nehemia*.

Das *Daniel*-Buch basiert durchgängig auf dem Gegensatz von Babylon und Jerusalem. Der als verschleppter Jude in Babylon lebende Daniel legt einen Traum König Nebukadnezars auf die vier Weltreiche aus (Dan 2) und hat selbst einen Traum über Gottes Lenkung der Geschichte (Dan 7 f.). Auch die Erzählung von den drei Männern im Feuerofen ist im Buch *Daniel* enthalten (Dan 3); Daniel selbst wird von den Babyloniern in eine Löwengrube geworfen (Dan 14), überlebt aber wie die drei Männer mit Gottes Hilfe. Im Buch *Judith* ist von einer unerschrockenen Frau die Rede, der es gelingt, den babylonischen Feldherrn Holofernes auszuschalten, wofür sie den Ehrentitel „Krone Jerusalems" erhält (Jdt 15,12).

In den Evangelien spielt Babylon kaum eine Rolle (vgl. aber Mt 1,11 f.), dafür liegt ein Schwerpunkt auf dem Wirken und Leiden Jesu in Jerusalem. Im *Lukasevangelium* beweint Jesus die Stadt bei seinem Einritt auf einem Esel und sieht ihre Zerstörung voraus (Lk 19,41).

Das letzte Buch der Bibel, die *Offenbarung*, greift gezielt auf das Mnemotop-Paar zurück, indem es den Gläubigen in Aussicht stellt, eines Neuen Jerusalem teilhaftig zu werden, wenn sie das Böse überwinden (Offb 3,12). Wer aber wie die Babylonier Götzen verehre, bekomme den Zorn des Herrn zu spüren (Offb 14,1–13). Die „Hure Babylon" wird geschildert, die Gott vernichten werde (Offb 17 f.). Auf den Untergang Babylons (Offb 19) folge ein tausendjähriges Reich (Offb 20), nach dessen Ablauf der Teufel zusammen mit den Völkern Gog und Magog in den Kampf ziehen werde, aber Jesus werde sie besiegen. Die *Offenbarung* gipfelt in der Vision einer Stadt auf neuer Erde mit neuem Himmel, geschmückt als Braut (Offb 21 f.): In diesem Bild des Himmlischen Jerusalem, von dem auch in den Episteln (Gal 4,26; Hebr 12,22) die Rede ist, artikuliert sich der Traum einer zukünftigen Heimat ohne Leid und Tod (Offb 21), die den Gläubigen nach der Besiegung des Antichrists (Offb 19,20) im Anschluss an das Weltgericht zugänglich werde.

1.1.4 Die Zwei-Staaten-Lehre

Gemäß der Lehre Augustins (354–430) stellt die Weltgeschichte einen linearen Prozess dar, in dem sich die Auseinandersetzung zweier aus Menschen und Engeln bestehender *civitates* vollziehe: Die *civitas terrena* sei von Egoismus beherrscht, in der *civitas dei* regiere dagegen die Gottesliebe. Mehrfach setzt Augustin die *civitas terrena* (auch: ‚Stadt des Teufels' etc.) mit Babylon und die *civitas dei* (auch: ‚himmlische Stadt' etc.) mit Jerusalem gleich.[9] Die beiden Städte sind Kristallisationspunkte zweier überhistorischer Gemeinschaften, die sich aber im Diesseits nicht eindeutig voneinander

---

[9] Vgl. Oort 2007, 355.

trennen lassen, erst am Ende der Zeit werde sich zeigen, wohin der Einzelne nach göttlicher Bestimmung gehöre.[10]

Die Bezeichnung Babylon als Ausdruck der *civitas terrena* bleibt bei Augustin nicht auf das alte Babylon beschränkt, denn er erkennt etwa auch im Rom seiner Zeit eine *alteram in occidente Babyloniam* (AugCiv XVI,18). Dieser Gedanke einer Vervielfachung Babylons bleibt das ganze Mittelalter über lebendig, sodass während der Kreuzzüge oder der Kirchenspaltung auch Bagdad oder Avignon mit dem Prädikat belegt werden.[11] In Dichtungen des Mittelalters ist mit Babylon häufig das ägyptische Babylon, der Gegner im Kreuzzugsgeschehen, gemeint, doch bleibt sein genauer Standort oft auch offen – aus der Sicht der Zwei-Staaten-Lehre ist er von sekundärer Bedeutung.

Im Gegenzug vervielfacht sich auch Jerusalem als Bild der *civitas dei*: Jede Kirchenarchitektur versinnbildlicht das ‚Haus des Herrn',[12] mancherorts existieren Nachbauten des Heiligen → Grabes. Die mit Türmen bewehrte mittelalterliche Stadt ist ebenfalls als Jerusalem-Abbild verstehbar,[13] sodass sich der mittelalterliche Christ Jerusalem nahe fühlen kann. Wie Babylon und seine Duplikate das Augenmerk auf den bevorstehenden Endkampf lenken, verweisen Jerusalem-Repräsentationen auf das Himmlische Jerusalem.

Im Hochmittelalter greift Otto von Freising (ca. 1112–1158) in seiner *Weltchronik* (*Historia de duabus civitatibus*) Augustins Lehre auf und hat dabei die Entwicklung des Römischen Reiches im Blick. Auch er spricht von den zwei ‚Staaten' als *Babylonia* und *Hierusalem*, denkt aber die *civitas dei* als ein Zukunftsmodell, das im Laufe des Geschichtsprozesses entstehe: Bei voranschreitender Gotteserkenntnis verändere sich die Zusammensetzung der ‚Staaten' so, dass sich die *civitas mundi* immer negativer ausprägen und die Gottesgemeinschaft immer stärker vernetzen werde; denn mit dem Wirken Christi sei ein neuer Geschichtsstatus erreicht, in dem sich die Hinwendung zu Gott weltweit ausbreite. Seit Kaiser Konstantin dominiere bereits die *civitas dei*, da das *imperium* zu einem von Papst und Kaiser regierten christlichen Staat, zu einer *civitas permixta*, geworden sei, in der sich die *civitas mundi* im Niedergang befinde. Solange sich die irdische *civitas dei peregrinans* auf die *civitas dei coelestis*, den dritten Status der Geschichte, zubewege, bleibe der Geschichtsverlauf von *mutabilitas* geprägt.[14]

---

10 Vgl. Ottmann 2004.
11 Vgl. Sals/Przybilski 2008, 84 f.
12 Vgl. LCI 2, 394–399.
13 Vgl. LCI 4, 198–205
14 Vgl. Goetz 1984.

1.1.5 Semantik des Mnemotop-Paares Babylon/Jerusalem

Wenn Ortsbezeichnungen mit Informationen, Eindrücken oder Emotionen fest verbunden werden, entstehen Gedächtnisorte (Mnemotope), deren Semantiken identitätsstiftend auf den jeweiligen kulturellen Zusammenhang wirken.[15] Dies ist bei Babylon und Jerusalem bis heute der Fall. Für ihr mittelalterliches christliches Verständnis liefert die Bibel die entscheidenden Informationen in antithetischer Kodierung. Hinzu tritt die Zwei-Staaten-Lehre als aktuell verwendbare Geschichtstheorie, in der Babylon sinnbildlich für das Gefangensein im weltlichen Leben, Konfusion und Verworfensein und Jerusalem für das zukünftige Leben, die Vision des Friedens und die Gemeinschaft der Heiligen steht. Dieser Verständnisrahmen ist jederzeit ergänzbar, etwa durch die Schrift des Adso von Mentier-en-Der (10. Jh.), in der davon ausgegangen wird, dass der Antichrist in Babylon geboren werde,[16] oder durch apokryphe Stoffe wie z. B. die Adams- und Kreuzholzlegenden.

Letztlich steht das Mnemotop-Paar für den grundlegenden Dualismus des christlichen Weltbilds, für die im Hier und Jetzt fällige Entscheidung für Gott (*liberum arbitrium*), welche die Kirche als Glaubenshüter vom Menschen fordert, damit seine Seele gepflegt und das Heil erlangt werden kann. Hiermit korrespondiert die Lehre vom mehrfachen Schriftsinn, die besagt, dass Gottes Wort und die Botschaft der Schöpfung über die Realwelt (= historischer Sinn) hinaus auch den Glauben (= allegorischer Sinn i. e. S.), die Moral (= tropologischer Sinn) und den Himmel (= anagogischer Sinn) erschließen können. „Ein im Mittelalter immer wieder angeführtes Musterbeispiel ist das Wort Jerusalem: geschichtlich eine Stadt auf Erden, allegorisch die Kirche, tropologisch die Seele des Gläubigen, anagogisch die himmlische Gottesstadt".[17] Hierzu bildet die Babylon-Allegorese das Gegenstück *in malam partem*: Die Stadt der epochalen Sprachverwirrung steht allegorisch für die Häresie, tropologisch für den Sünder und anagogisch für das Verharren in vergänglicher irdischer Lust.[18]

Angesichts dieser ausgearbeiteten Antinomie kann bereits ein einzelnes Auftreten von Jerusalem oder Babylon in einem mittelalterlichen Text genügen, um den Dualismus von Gott und Teufel auf einer der Sinnebenen aufzurufen; sobald beide Städtenamen erwähnt werden, ist am heilsgeschichtlichen Dualismus kaum noch vorbeizusehen.

1.1.6 Geläufigkeit im Mittelalter

Die Mnemotope Babylon und Jerusalem gehören zum mittelalterlichen Allgemeinwissen. Auf Kirchenfenstern und -portalen, Schnitzereien, Bildzyklen usw. sind sie zahlreich vertreten – das Himmlische Jerusalem z. B. auch in Leuchterform in den Vierun-

---

15 Vgl. Pethes 2005, Assmann 1999.
16 Vgl. Sals/Przybilski 2008, 85 f.
17 Ohly 1966, 11.
18 Vgl. AlInDist 717.

gen vieler Kirchen, der babylonische Turm sogar in Lehrbüchern der Architektur.[19] Darüber hinaus bilden sie Predigtthemen,[20] Motive von Weltgerichtsspielen[21] und sind Bestandteile der Kreuzzugsideologie, die sich z. B. in propagandistischen Kreuzliedern wiederfinden.[22] Als Gegenstände enzyklopädischen Wissens werden Babylon und Jerusalem am Ende des 12. Jh.s sogar bereits in der Volkssprache behandelt.[23]

Der Status Babylons und Jerusalems als Basiswissen zeigt sich auch an den mittelalterlichen *mappae mundi*, die das universalchronistische Wissen der Zeit mittels Text und Bild prägnant zusammenfassen.[24] Diese Weltkarten machen das im Osten liegende (→ Irdische) Paradies als Ausgangspunkt der Geschichte und die Verlagerung der Weltherrschaft von Babylon bis nach Rom gemäß der Vision Daniels sinnfällig. Im Zentrum befindet sich in der Regel Jerusalem, getreu dem Gotteswort: „Das ist Jerusalem, das ich mitten unter die Heiden gesetzt habe und ringsumher Länder" (Jes 5,5), und in den Randzonen können ungewöhnliche Völkerschaften verzeichnet sein. Babylon ist oft erkennbar an seinem Turm.[25] Auf der um 1300 entstandenen *Ebstorfer Weltkarte* ist es östlich von Jerusalem eingetragen sowie ein weiteres Babylon am Nil.[26]

In Bezug auf Babylon und Jerusalem sind dem mittelalterlichen Literaturpublikum deshalb differenzierte Kenntnisse (des Kreuzzugsgeschehens, der geographischen Zusammenhänge, der einschlägigen biblischen Stoffe, der augustinischen Geschichtsperspektive, der allegorischen Deutung) zuzutrauen.

1.2 Das Korpus narrativer Gattungen mit Babylon- und Jerusalem-Bezug

Hinweise auf Babylon und Jerusalem sind in einer Fülle mittelalterlicher Texttraditionen zu finden. Sie reichen von Einzelerwähnungen – bei denen es dem Rezipienten überlassen bleibt, sie als bloße topographische Angaben bzw. schmückende Details[27] zu werten oder den heilsgeschichtlichen Dualismus mitzudenken – bis hin zu komplexen augustinisch inspirierten Entwürfen.

---

19 Vgl. LCI 1, 236–238.
20 Vgl. AP_(S) 30,42; 8,15 usw.; SAP_(S) 64,82.
21 Z. B. im *Ludus de Antichristo*.
22 Wie z. B. *Fides cum Ydolatria* aus den *Carmina Burana* (CarmBur_(HS) 46), *Vil süeze waere minne* Walthers von der Vogelweide (WvdVLLS 76,22) oder *Ein wint der waet von Babilôn* des Wilden Alexander (DLd I,1,2,5 und 6).
23 Vgl. z. B. Lucid 15,13 (I,39); 30,6 (I,58); 134,7 (III,30).
24 Vgl. Baumgärtner 2011.
25 Vgl. von den Brincken 2008.
26 Vgl. Kugler et al. 2007 2, 82.
27 Wenn etwa im *Biterolf* eine einmalig erwähnte Figur „von Babilone Mercian" heißt (BitD_(J) 307).

Am Beginn der volkssprachlichen Beschäftigung mit Babylon und Jerusalem steht in Deutschland die metatextliche Gattung der Glosse, die es ermöglicht, Text(teil)en zusätzliche semantische Ebenen zu eröffnen. So wird z. B. in den *Psalmenübersetzungen* aus der Schule Notkers III. von St. Gallen (um 950–1022) bei der Erläuterung von Ps 4,10 das Wort „babylonie" interlinear mit „scandun" glossiert (NotkPs II,11) und damit die tropologische Sinnebene ins Spiel gebracht. Im *Wiener Notker* heißt es zu Ps 38 tropologisch-anagogisch: „si chomen alle fone scantburgi, daz ist babilonia, ze fridewarti, daz ist hierusalem" (WNotkPs III,127). Diese volkssprachliche Glossierungspraxis geht, wie das lat.-ahd. Synonymen-Glossar *Abrogans* zeigt, das zum Lemma „Babbillon" den Vermerk „kikoz" (,Verwirrung') und für „Hyerusalem" den Eintrag „kasiht kasonida" (,versöhnte Vision') bietet, bis in die Mitte des 8. Jh.s zurück (Abrogans I,60; 147).

1.2.1 Religiöse Dichtung

Eine Tradition neutestamentlicher Bibelepik, in der Jerusalem in erster Linie eine Ortsangabe darstellt, existiert seit ahd. Zeit (*Heliand*, *Tatian*) und setzt sich bis ins 14. Jh. fort (vgl. z. B. die frmhd. Dichtungen der Frau Ava, die mhd. *Kindheit Jesu* Konrads von Fußesbrunnen, die mhd. *Marienleben* Priester Wernhers und Bruder Philipps).[28] Der erste ausdrücklich die allegorische Dimension des Jerusalem-Konzepts nutzende deutsche Erzähler ist Otfrid von Weißenburg (863/871) in seinem ahd. *Evangelienbuch* (Otfrid IV,4 f.).

Erst ein Jahrhundert später zeigt die frmhd. *Genesis* (1060/1080) wieder ein ähnliches Verfahren und berichtet z. B. nicht nur von der Vermessenheit der Babylonier, sondern benennt den Turm tropologisch als *schande* (AdtGen 33,5 f.). Dieser ausdeutende Umgang mit Babylon bzw. Jerusalem steht in der deutschen Bibelepik des Hochmittelalters nun nicht mehr allein: Die frmhd. *Exodus* (um 1120) versteht z. B. den Auszug der Juden aus Ägypten als anagogisches Sinnbild des → Weges der Christenheit „zuo der himelischen Jerusalem" (Exod 163,34), und Ähnliches gilt für das frmhd. *Himmlische Jerusalem* (um 1140), das eine ausführliche Beschreibung und Ausdeutung der Himmelsstadt, die auch Züge eines Himmelssaals (→ Saal) trägt, auf mehreren Sinnebenen bietet (HimmlJer 96,470).[29]

Auch an den predigt- oder traktatartigen frmhd. Werken zeigt sich eine produktive Vielfalt im allegorischen Umgang mit Jerusalem in dieser Zeit. Das frmhd. *Lob Salomons* (1. D. 12. Jh.) spricht z. B. auf der allegorischen Ebene i. e. S. von der Vermählung Gottes mit der Kirche (LobSal 53,209; 53,219 f.) im Zeichen Jerusalems (LobSal 56,115; 190,258). Brautmystische Vorstellungen werden auch in der frmhd. *Hochzeit*

---

28 Selten wird in diesen Texten die Ortsangabe Babylon genannt, vgl. aber Tatian V,3.
29 Vgl. dazu z. B. Reske 1973, Meier 1983.

(um 1160) aufgerufen, die unter Nennung Jerusalems (Hochzeit 136,902) die Gottesbraut aus der *Offenbarung* auf Maria und die menschliche Seele hin auslegt.[30]

In den mhd. *Judith*-Erzählungen – der frmhd. *Älteren Judith* (1. D. 12. Jh.), frmhd. *Jüngeren Judith* (um 1140?) und omd. *Judith* (1254) – fehlen dagegen allegorieanzeigende Termini. Auf historischer Ebene erzählt, weist das *Judith*-Geschehen aber durch die Erwähnung Babylons und/oder Jerusalems im Sinne der Zwei-Staaten-Lehre als heilsgeschichtliche Begebenheit über sich hinaus. Dieses Denken in Babylon-Jerusalem-Antagonismen findet noch in der ersten Hälfte des 14. Jh.s in der Literatur des Deutschen Ordens Anklang, wie sich an den Bibeldichtungen *Daniel* (1331), *Esra und Nehemia* (1335) und *Historien der alten e* (nach 1338) ablesen lässt.

Im Schlussteil des Anfang des 13. Jh.s entstandenen Legendenromans *Eraclius* des Otte nähert sich der Held demütig mit dem Kreuz Christi der Stadt Jerusalem, die zum letzten Schauplatz der Handlung wird (Eracl_(F) 5361–5413), anders in dem in der ersten Hälfte des 13. Jh.s verfassten höfischen Legendenroman *Barlaam und Josaphat* Rudolfs von Ems, der den heilsgeschichtlichen Dualismus durch mehrfache Babylon- und Jerusalem-Erwähnungen (z. B. RvEBarl 12739–12764; 2449 f.; 2767–2774) aufruft. Beide Werke setzen im Gegensatz zum *Judith*-Stoff bei der Propagierung christlicher Werte vornehmlich auf Gespräch und Belehrung.[31]

Um 1310 sind die Erwähnungen Babylons und Jerusalems in Heinrichs von Neustadt *Von Gottes Zukunft* und Heinrichs von Hesler *Apokalypse* auffällig endzeitlich ausgerichtet, beide Städte werden als Schauplätze des apokalyptischen Geschehens profiliert,[32] und noch in der zweiten Hälfte des 14. Jh.s finden sich im *Großen Seelentrost* einschlägige Bibelstoffe mit Babylon- und Jerusalem-Bezug in Prosaform als Exempel gesammelt (z. B. *Die drei Jünglinge im Feuerofen*, *Der Antichrist*).

1.2.2 Geschichtsdichtung

Das dem 33. Kölner Bischof gewidmete frmhd. *Annolied* (zw. 1077 u. 1081) ordnet die Stadt Köln einer stadtgeschichtlichen Entwicklungslinie zu, in die auch Babylon und sein Herrscher Nimrod gehören (Anno 154; 157). Es werden bauliche Details Babylons (Anno 154–172) und die von dort aus betriebene Zerstörung Jerusalems (Anno 178) genannt. Auch das Ende des babylonischen Reiches findet vor dem Hintergrund der Daniel-Prophetie Erwähnung (Anno 194; 205), ebenso die Missionstätigkeit St. Jacobs in Jerusalem (Anno 85). Zuletzt wird erzählt, wie Anno im Traum erfährt, dass ihm ein Platz im himmlischen Saal vorbestimmt sei (Anno 713–768). Damit ist das *Annolied* das erste deutsche Werk, welches das Mnemotop-Paar Babylon/Jerusalem in ein

---

30 Vgl. auch VSünd 659 der vor 1180 entstandenen frmhd. *Vorauer Sündenklage*.
31 Vgl. z. B. Haug 1985, 316–328.
32 Vgl. z. B. *Von Gottes Zukunft* (HvNstGZ 5092–5153); *Apokalypse* (HvHAp 1535–1554; 6220–6235; 18565–18569).

literarisches Konzept integriert. Es berichtet über historische und zeitgeschichtliche Vorgänge aus dem Blickwinkel geistlicher Stadtherrschaft.

Demselben Nährboden wie das *Annolied* entspringt in frmhd. Zeit die volkssprachliche deutsche Historiographie, deren Hauptrepräsentant die um 1140 begonnene *Kaiserchronik* ist. Dieses in Episodenform von römischen und deutschen Kaisern erzählende Werk erwähnt an mehreren Stellen Babylon und Jerusalem. Gleich zweimal berichtet es von der Einnahme Jerusalems durch Titus, womit sich die Prophezeiung Jesu (Lk 19,41) erfüllt habe, und operiert planvoll mit dem Mnemotop-Paar, wenn es behauptet, das vorrangige Ziel der Römer sei die Eroberung Babylons gewesen, wohin Titus und Vespasian von Jerusalem aus weitergezogen seien (Kchr_(S) 853–1114; 5171–5312). In episodischer Spiegelung wird gegen Ende der *Kaiserchronik* berichtet, wie Gottfried von Bouillon im ersten Kreuzzug siegreich gegen den König von Babylon kämpft und Herrscher des von ihm eroberten Jerusalem wird (Kchr_(S) 16618–16790).

Die auf die *Kaiserchronik* zurückgreifende *Weltchronik* Rudolfs von Ems (abgebr. nach 1250) berichtet ausführlich vom Frevel des Turmbaus zu Babel (RvEWchr 1216–1352) und von der welthistorischen Rolle Babylons (z. B. RvEWchr 137; 1050–1059) sowie von der Geschichte Jerusalems (z. B. RvEWchr 1938), seiner Eroberung durch David (RvEWchr 27611–27733) und seiner heilsgeschichtlichen Bedeutung (z. B. RvEWchr 14748–14791). Nicht zufällig ist dieses Werk dem staufischen König Konrad IV. gewidmet (RvEWchr 21584–16627), der den Titel König von Jerusalem trug. Weitere bis ins 15. Jh. verbreitete Chroniken wie die *Weltchronik* des Jans Enikel (nach 1277), die *Sächsische Weltchronik*, die sog. *Christherre-Chronik* und die *Weltchronik* Heinrichs von München kennen ebenfalls den weltgeschichtlichen Babylon-Jerusalem-Antagonismus.

In der *Kreuzfahrt Landgraf Ludwigs des Frommen* (1301) wird an einen thüringischen Landgrafen, der für Jerusalem gegen den König von Babylon zu kämpfen bereit war, erinnert (Kreuzf 733–780).

1.2.3 Antikenromane

Der erste deutsche Antikenroman, der frmhd. *Alexander* des Pfaffen Lambrecht (um 1150), greift bereits in der Vorauer Fassung (und ähnlich in den erweiterten Straßburger und Basler Versionen) auf das Mnemotop-Paar Babylon/Jerusalem zurück, indem er Alexander – an Judith und Holofernes erinnernd (VAlex_(L) 687) – Jerusalem niederbrennen lässt (VAlex_(L) 689; SAlex_(L) 1167) und Babylon als wichtigen Bezugspunkt des Strebens Alexanders nennt (VAlex_(L) 663; 1126; SAlex_(L) 1112). Beide Mnemotope verdeutlichen als Wegmarken des Heereszuges Alexanders, der sich auf den *mappae mundi* nachvollziehen lässt, die Rolle des griechischen Herrschers für den Verlauf der Weltgeschichte. Spätere deutsche Alexanderromane wie derjenige Rudolfs von Ems (zw. 1220 u. M. 1250er Jahre) arbeiten die historische Bedeutung Alexanders und in diesem Zusammenhang auch Babylons (z. B. RvEAlex 15661–15686) und Jerusalems (z. B. RvEAlex 8773–8810) noch stärker heraus; sie lassen aber Alexander mit Jerusalem ehrenvoll umgehen (RvEAlex 16849–16851). Das Geschehen erhält wie im *Alexander* Ulrichs von Etzenbach (um 1284) auch reichsgeschichtliche Bezüge. Im späten 14. Jh. (z. B. *Wernigeroder Alexander*) und 15. Jh. (z. B. Johannes Hartliebs *Alexander*) wird das Wirken Alexanders weiterhin nicht allein mit Babylon, sondern auch mit Jerusalem in Verbindung gebracht.

An der bis zum Irdischen Paradies vordringenden Alexanderfigur wird auch der Aspekt der Weltneugier thematisch, was, wie die Straßburger Version zeigt, die Suche nach Orten, welche die menschlichen Lebensträume erfüllen (→ Ferne-Utopien), einschließen kann. Im *Straßburger Alexander* scheint Alexanders Heer bei den Blumenmädchen (SAlex_(L) 4707–4908) für kurze Zeit eine solche Stätte gefunden zu haben.[33]

Erst um 1300 spielen Babylon und Jerusalem wieder in einem mhd. Antikenroman eine Rolle: im *Apollonius von Tyrland* Heinrichs von Neustadt. Der deutsche Dichter fügt in seine Bearbeitung des lat. Romans einen Handlungsstrang ein, in dem sich der Heide Apollonius in Kämpfen mit den Kräften des Bösen, darunter die apokalyptischen Völker Gog und Magog, auseinandersetzt: Als Gefangener von König Nimrod wird er aber auch vom Bösen instrumentalisiert, muss für Nimrod das verödete Babylon erkunden und mit den dort hausenden Drachen um sein Leben kämpfen (HvNstAp 8119–8386). Vom Joch Nimrods befreit, gerät er in den Bann der als tugendhaft gezeichneten utopischen Welt Crisa – des auch auf der *Ebstorfer Weltkarte* verzeichneten Goldlandes[34] –, wo er in die Herrscherfamilie einheiratet. Doch er verlässt Crisa wieder, reist bis zum Irdischen Paradies, wo er die Propheten Enoch und Elias vom Tode Christi, d. h. vom Anbruch der Endzeit, unterrichten kann, sodass sich das Leben des Heiden Apollonius mit der Heilsgeschichte synchronisiert. In einer 3000versigen Verlängerung der Romanhandlung steigt Apollonius sogar zum König von Jerusalem und römischen Kaiser auf (HvNstAp 20405–20557).

Der von der älteren Forschung verkannte Roman hat erst in jüngster Zeit angemessene Würdigungen gefunden.[35] Er schildert, wie das Leben eines zum Guten veranlagten Heiden zwischen Babylon und Jerusalem oszilliert und sich durch bewusste Entscheidungen des Helden mit der christlichen Heilsgeschichte verwebt, sodass am Romanende mit dem Kaisertum des Apollonius eine Vorstufe der *civitas permixta* erreicht wird.[36]

1.2.4 Kompilationen

Sämtliche in den voranstehenden Kapiteln als frmhd. bezeichnete, auf Babylon oder Jerusalem Bezug nehmende Dichtungen sind in zwei Codices der Zeit um 1200, der Millstätter und der Vorauer Handschrift, versammelt. Erstere beginnt mit der *Alt-*

---

33 Vgl. dazu Tomasek 2001a.
34 Vgl. Kugler et al. 2007 1, 38 f., 2, 82 f.
35 Vgl. Achnitz 2002, Herweg 2010.
36 Vgl. Herweg 2010, 162.

deutschen Genesis und endet mit dem *Himmlischen Jerusalem*; Ähnliches gilt für die Vorauer Handschrift, nur dass hier dem Bibelteil die *Kaiserchronik* voran- und die auf der *civitas*-Lehre beruhenden *Gesta Friderici* Ottos von Freising nachgestellt werden. Im Inneren der beiden Sammlungen sind weitere auf Babylon und/oder Jerusalem Bezug nehmende frmhd. Dichtungen in verschiedener Auswahl vertreten: Lambrechts *Alexander* z. B. nur in der Vorauer Handschrift, und zwar als Mittelachse des Textgefüges. Zwischen diesen Bestandteilen verfügen die Handschriften auch über frmhd. Dichtungen, die Babylon und Jerusalem nicht explizit erwähnen, aber vom Seelenheil handeln, Grundlagen des christlichen Glaubens thematisieren und die allegorische Ausdeutbarkeit der Welt vor Augen führen, sodass sie der Semantik des Mnemotop-Paares Babylon/Jerusalem nahestehen.

Der Umstand, dass noch nach 1170, d. h. während der klassischen mhd. Literaturphase, derartige Kompilationen frmhd. Dichtungen entstehen, spricht für das grundlegende Interesse an geistlichen und historischen Werken mit Babylon-Jerusalem-Bezug in dieser Zeit. Diese bereits vor dem ersten Kreuzzug aufgekommene Tendenz – das frmhd. *Ezzolied* wurde z. B. aus Anlass einer Pilgerfahrt ins Heilige Land 1064/1065 verfasst – lebt in der mhd. Literatur über Jahrhunderte fort und bezieht aus dem Kreuzzugsgeschehen zusätzliche Impulse.

Mittelalterliche Großkompilationen enthalten eine solche Fülle verschiedenen Materials, dass in ihnen eine angemessene Erwähnung Babylons und Jerusalems, wie etwa auch in der kompilierten *Weltchronik* Heinrichs von München, zu erwarten ist. Dies ist jedoch nicht mehr in Ulrich Füetrers *Buch der Abenteuer* der Fall, einem kompilatorischen Großwerk des 14. Jh.s, in dem Babylon und Jerusalem kaum noch anzutreffen sind.[37]

1.2.5 Höfischer Roman

In den während der mhd. Klassik (1170–1220) aus Frankreich eingeführten höfischen Gattungen spielen Babylon und Jerusalem so gut wie keine Rolle: Sowohl der klassische höfische Roman (*Artus*-, *Tristan*-Roman usw.) mit seinem neuen Formanspruch, fiktiven Geschehen und Interesse an innermenschlichen Entwicklungen als auch der introspektiv ausgerichtete Minnesang entwerfen Szenarien, in denen die Mnemotope Babylon und Jerusalem keinen angestammten Platz haben. Nur im *Parzival* Wolframs von Eschenbach (1200–1210) findet Babylon kurze Erwähnung (Parz_(L) 14,2; 101,27).

Diese Zurückhaltung wird in zwei auf Wolframs Dichtungen aufbauenden nachklassischen Gralsromanen aufgegeben. Dem Dichter Albrecht, der im *Jüngeren Titurel* (zw. 1260 u. 1273) breit ausführt, was Wolfram nur andeutete, ist daran gelegen, die heilsgeschichtliche Grundlage der *Parzival*-Vorgeschichte zu explizieren: „Jerusalem

---

[37] Im *Buch der Abenteuer* finden sich Babylon und Jerusalem noch in einem Kampftruppen-Katalog (UFTroj 218,5; 227,1).

geselle des himels ist mit schrifte / und Babilon der helle [...]" (JTit 827,1 f.) und den Gral mit der Stadt Jerusalem in ihrer heilsgeschichtlichen Bedeutung zu verknüpfen: die Geschichte der Gralskönige mit der Jerusalems (JTit 109; 151), das Drama um den Gral mit der Klage Jeremias um Jerusalem (JTit 591), den Gralstempel mit dem Tempel Salomos (JTit 366) bzw. dem Himmlischen Jerusalem (JTit 517; ML 14). Am Ende der Dichtung wird die breit ausfabulierte utopische Welt des Priesterkönigs Johannes zum neuen Standort des Gralstempels.

Der Autor des *Lohengrin* (zw. 1283 u. 1289) verdreifacht Wolframs Babylon-Verweise. Bei ihm führt der Baruc zusammen mit dem König von Babylonien einen Angriffskrieg gegen die Christen, den Kaiser Heinrich I. mit abendländischen Verbündeten zurückschlägt. Auf dem Höhepunkt des Kampfes tötet Lohengrin den wichtigsten *Babilon* (beginnend mit Loheng 5711). Dass er in der Entscheidungsschlacht Seite an Seite mit den Aposteln auftritt (Loheng 4591–4600), weist die Kämpfer als eine überhistorische Gemeinschaft im Sinne der Zwei-Staaten-Lehre aus.

1.2.6 *Chanson de geste*-Rezeption

Während der Anfangsphase der klassischen mhd. Literatur entsteht auch die erste deutsche *Chanson de geste*-Adaption, das *Rolandslied* des Pfaffen Konrad (um 1172), das – noch ganz mit den Mitteln der frmhd. Erzählkunst – den Spanienfeldzug Karls des Großen zu einem Kreuzzug gegen die Heiden stilisiert und dabei auch auf das Mnemotop-Paar Babylon/Jerusalem zurückgreift (Rol 823; 2272). Diese Konstellation bleibt in Strickers Versdichtung *Karl der Große*, einer Modernisierung des *Rolandsliedes* nach höfischen Maßstäben aus der ersten Hälfte des 13. Jh.s, erhalten (StrKarl 1427; 2372). Ein Zeugnis später *Chanson de geste*-Rezeption mit Babylon- und Jerusalem-Bezug ist der *Herpin* Elisabeths von Nassau-Saarbrücken (vor 1437), in dem Babylon und Jerusalem ebenfalls Erwähnung finden (EliHer 734; 849).

1.2.7 Sog. Spielmannsepik

Auch die sog. Spielmannsepik[38] des ausgehenden 12. Jh.s hält sich an die *mappae mundi*-Geographie und steckt den heilsgeschichtlichen Rahmen klar ab: So wirbt im *König Rother* (12. Jh.) der Titelheld um die Tochter des Königs von Konstantinopel, hat aber im König Ymelot aus Babylon einen heidnischen Konkurrenten. Dieser will sich Gott gleichsetzen (Roth_(B) 2676), wird aber sein Leben vor Jerusalem verlieren (Roth_(B) 2578). Mit 72 babylonischen Königen, die, wie er, auf der Seite des Teufels stehen (z. B. Roth_(B) 4243; 4323), unterliegt er am Ende. Im *Orendel* (um 1190) wirbt ein Königssohn aus Trier erfolgreich um die Erbin der mit *burcmûren* (z. B. Orend 833) und *porten* (z. B. Orend 1567) befestigten „guoten burg zuo Jêrusalême" (Orend 2628)

---

[38] Zur Problematik des Begriffs Spielmannsepos vgl. Behr 2003; zu den Datierungsproblemen vieler Werke Rüth 1992, 194–201.

und muss sich dabei mit einem Heidenkönig aus Babylonien auseinandersetzen. Die Hilfe des Erzengels Gabriel ist dem Brautpaar gewiss, sodass Babylon, der Sitz der 72 Könige, vernichtet wird (Orend 3750–3755), wobei Orendels Frau, wie Judith, zum Schwert greift (Orend 3711–3717).

Auch an *Salman und Morolf* (2. H. 12. Jh.), dessen Hauptfigur ein christlicher König zu Jerusalem ist, der mit den Heiden um seine unzuverlässige Ehefrau ringt, zeigt sich, dass die Protagonisten dieser sog. Spielmannsepen gegen Babylon und um ihre Partnerinnen zugleich kämpfen. Vor dem Hintergrund der im 12. Jh. geläufigen Brautmystik stehen beide Motive in einem inneren Zusammenhang und überhöhen den Literalsinn der Handlung: Tropologisch gesehen kämpfen diese Helden im Streit mit Babylon (den Sünden) um die Gottesbraut (die Seele). Die sog. Spielmannsepen bieten zwar keine hermeneutischen Hinweise auf einen möglichen Zweitsinn der Handlung wie z. B. die zeitgleiche frmhd. *Hochzeit*, doch verlieren Brautwerbungshandlungen zwischen den Eckpunkten Babylon und Jerusalem ihre Vordergründigkeit und werden als inszenierte Metaphorik[39] interpretierbar. In der mit einem deutlichen Gut-böse-Schema operierenden Textgruppe hat der *Herzog Ernst* (um 1170) einen Sonderstatus: Sein nicht auf Brautwerbung befindlicher, im Orient gegen den König von Babylon und danach für Jerusalem kämpfender Titelheld (ErnstB_(B) 5505–5666; 5667–5698) kehrt verändert in die Heimat zurück, sodass zum ersten Mal in deutscher Epik die Wandlung eines Protagonisten vor dem Hintergrund von Babylon und Jerusalem zur Darstellung kommt.

1.2.8 Liebes- und Abenteuerromane

Im Liebes- und Abenteuerroman wird der Zusammenhalt eines Paares oder einer Familie auf die Probe gestellt. Sobald dieses Gattungsmuster mit dem Motiv des Kampfes für Jerusalem bzw. gegen Babylon verbunden wird, ist, wie bei der sog. Spielmannsdichtung, die seit dem 12. Jh. in der deutschen Literatur geläufige Vorstellung von der Braut Jerusalem nach Offb 21,9 und 22,17 implizit im Spiel. Vor diesem Hintergrund sind die mhd. Liebes- und Abenteuerromane mit Babylon- und Jerusalem-Bezug zu betrachten.

Dies gilt bereits für den fragmentarisch erhaltenen *Graf Rudolf* (zw. 1170 u. 1190), in dem der fiktive Titelheld für den christlichen König von Jerusalem (z. B. GrRud D42), aber auch aufseiten eines Heidenkönigs, in dessen Tochter er sich verliebt, kämpft. Das wegen seines Fragmentstatus nicht abschließend beurteilbare Werk orientiert sich an den Maßstäben des höfischen Romans und zeigt ein Liebespaar, das sich vor dem Hintergrund des Jerusalem-Kampfes bewähren muss.

Erst ein Jahrhundert später entstehen weitere Werke dieses Romantyps. Der Held im *Wilhalm von Wenden* Ulrichs von Etzenbach (zw. 1290 u. 1297) ist ein fiktiver Kreuz-

---

39 Vgl. dazu Wessel 1984.

ritter, der als heidnischer Fürst Land, Frau und Kinder aufgibt, um für Jerusalem zu kämpfen und Christ zu werden. Dabei schlägt er vor Jerusalem den *voget von Babilo* in die Flucht (UvEtzWh 3939–3942). Bis zur letztendlichen Wiedervereinigung mit seiner Familie und zur Christianisierung seines Landes werden ihm und seiner Familie zahlreiche Prüfungen auferlegt.

Auch der Titelheld des umfangreichen Romanfragments *Reinfrit von Braunschweig* (nach 1291) ist eine fiktive Figur. Seine Frau in der Heimat zurücklassend besiegt er als Kreuzfahrer den König von Persien, der auch „vogt von Babilône" (Reinfr 17562) ist, und ringt ihm Jerusalem für die Christenheit ab. Als Freunde ziehen beide durch die Wunderwelt des Orients und besuchen auch Babylon (Reinfr 26697–26705). Dabei scheint Reinfrit seine heimatlichen Aufgaben als Landesherr und Ehemann zu vergessen. Als er heimreisen will, stellen sich ihm Probleme in den Weg, und er bleibt versehentlich auf einer einsamen → Insel allein zurück (Reinfr 27473–27627).

Der Dichter Johann von Würzburg lässt die Handlung des *Wilhelm von Österreich* (1314) bei Herzog Leopold, einem österreichischen Kreuzzugsteilnehmer, einsetzen und nähert sich am Ende mit der Nennung Herzog Friedrichs wieder der Realität. Dazwischen erzählt er das Leben von Leopolds fiktivem Sohn Wilhelm, der alles daransetzt, seine Kindheitsfreundin, eine orientalische Prinzessin, zu heiraten. Nach der Vermählung bietet der gekränkte Brautvater ein riesiges Heidenheer gegen seinen Schwiegersohn auf, darunter auch den König des ägyptischen Babylon und den heidnischen König von Jerusalem (WhvÖst 16350–16356). Von der christlichen Ritterschaft unterstützt siegt Wilhelm in einer gewaltigen Schlacht, nach der sich die Heiden taufen lassen.

Im Prosaroman *Pontus und Sidonia* (vor 1465), welcher der Herzogin Eleonore von Österreich zugeschrieben wird, kämpft der Titelheld gegen die Söhne des Sultans von Babylon, die den europäischen Kontinent bedrohen (PonSid 45 f.). Doch auch im eigenen Hofkreis hat er sich mit einem teuflischen Verräter auseinanderzusetzen und um seine Geliebte, von der er mehrfach getrennt wird, zu kämpfen. Als Herrscher gelingt es Pontus am Ende, in Europa Ordnung zu stiften.

Veit Warbecks *Magelone* (1527) zeigt, dass der eigentliche Feind im Inneren des Menschen lauert, wenn nämlich der Held seine Affekte nicht zu beherrschen vermag (Magel_(D) 61–67) und dadurch seine Geliebte verliert. Warbecks *Magelone* ist ein weitgehend unkriegerischer Roman mit heilsgeschichtlicher Symbolik. So hält sich der Held nicht zufällig während der Trennung von der Geliebten am Hof des Sultans von Babylon auf (Magel_(D) 67–69) und verliert beim Versuch, zu ihr zurückzukehren (Magel_(D) 89–92), wertvolle Zeit auf einer einsamen Insel (Magel_(D) 93–98).

Thürings von Ringoltingen *Melusine* (1456) handelt von der Geschichte des Hauses Lusignan, dessen Vertreter zeitweilig den Titel des Königs von Jerusalem trugen. Die mythische Ahnherrin der Dynastie, Melusine, vertraut sich Raymond, einem mit dem Verbrechen des Totschlags belasteten Adeligen, als Ehefrau an, um ihre Seele zu retten. Solange ihre mit einem Tabu belastete Ehe harmoniert, können Raymonds und Melusines Söhne im Heidenkampf erfolgreich sein: Zwei von ihnen besiegen den König von Babylon (TvRMel_(S) 58). Als aber Raymond die Kontrolle über seine Affekte verliert, muss ihn Melusine unter Verlust des Seelenheils verlassen (TvRMel_(S) 92–97). Raymond ist damit der einzige Held eines Romans mit Heidenkampfbezug, der an seiner partnerschaftlichen Aufgabe scheitert und sich von seiner Frau auf ewig trennen muss. So bleibt auch die nur von einem Verwandten des Hauses Lusignan zu bestehende Probe der Melusine-Schwester Palastine (TvRMel_(S) 122–124) zur Wiedererringung Jerusalems (TvRMel_(S) 107) unbestanden.

1.2.9 Utopie: Der Priesterkönig Johannes

Der lat. *Brief des Priesterkönigs Johannes* vom Ende des 12. Jh.s, der eine Indien-Utopie mit Bezügen zu Jerusalem und Babylon enthält,[40] hat in der Literatur des Mittelalters manche Spuren hinterlassen. Darin stellt ein (fingierter) christlicher Idealherrscher aus → Indien, in dessen Gebiet das zerstörte Babylon liegt, einen Zug gegen die Heiden zum Heiligen Grab in Aussicht. Albrecht, der Dichter des *Jüngeren Titurel*, hat diesen Brief in sein Werk integriert, und seit dem 14. Jh. liegen weitere deutsche Übertragungen vor.

2 Merkmale der Bezugnahme auf Babylon und Jerusalem (mit Blick auf die Darstellungsform)

In der volkssprachlichen Literatur des Frühmittelalters werden die darstellerischen Möglichkeiten der Mnemotope Babylon und Jerusalem zunächst kaum ausgeschöpft. Für aus germ. Vorzeit stammende Gattungen (z. B. Heldenepen) sind Babylon und Jerusalem nicht von Belang, und in der ahd. Bibeldichtung stellen sie vor allem Ortsangaben dar. Einzig Otfrid von Weißenburg nutzt in seinem ahd. *Evangelienbuch* ausdrücklich die Jerusalem-Exegese, in dem er den Einritt Jesu nach *Hierusalem* (Otfrid IV,4,1 f.) *spiritaliter* als eine anagogische Wegweisung ins Himmelreich auslegt (Otfrid IV,5).

2.1 Hochmittelalter (11.–13. Jh.)

Dieser Befund ändert sich ab der Mitte des 11. Jh.s, als mit der frmhd. Literatur eine Steigerung theologischer Ansprüche an die volkssprachliche Dichtung zu verzeichnen ist. Seit der zweiten Hälfte des 11. Jh.s entstehen neue deutsche Bibeldichtungen und geistliche Werke, die auf Babylon oder Jerusalem mit allegorisch-heilsgeschichtlicher Aussage Bezug nehmen. Zudem treten die Mnemotope nun auch gemeinsam in

---

[40] Vgl. BriefPJ_(Z) 910,11 f., Wagner 2000.

Erscheinung: Der Schlüsseltext hierfür ist das *Annolied*, das den Kölner Bischof Anno und seine Stadt unter Bezugnahme auf Babylon und Jerusalem in eine heilsgeschichtliche Perspektive rückt. Unter Nutzung antiker und geistlicher Quellen[41] wird über bauliche Besonderheiten Babylons (Ausmaße, Türme, Materialien) in der Erzählerperspektive berichtet und eine visionäre Wahrnehmung des himmlischen Saals aus der Perspektive der Hauptfigur geboten, die dabei erfährt, dass sie sich der Zugehörigkeit zum Himmelssaal erst würdig erweisen müsse. Der narrative Aufwand, den dieser frühe Text für Babylon und (das Himmlische) Jerusalem betreibt, ist ungewöhnlich für den Umgang der mittelalterlichen deutschen Literatur mit beiden Städten, die es zumeist bei der bloßen Nennung der Städtenamen und ggf. einiger charakteristischer Stadtmerkmale belässt.[42]

Die mit der frmhd. *Kaiserchronik* einsetzende deutschsprachige Chronistik nutzt das Mnemotop-Paar Babylon/Jerusalem narratologisch sparsam wie auch der zeitgleich entstehende *Alexander* des Pfaffen Lambrecht. Wie oben schon erwähnt, werden aus diesen und weiteren frmhd. Dichtungen in der Vorauer und der Milstätter Handschrift um 1200 Kompilationen gebildet, für deren Konzepte das Mnemotop-Paar ebenfalls bedeutend ist. Im *Rolandslied* ist Babilonie das Zentrum der heidnischen Welt, dessen Eroberung die Ungläubigen nach dem Verlust Spaniens fürchten (Rol 2272); *Iherusalem* wird darin von König Karl als die Stadt hervorgehoben, in die Jesus demütig auf einem Esel einritt, was er sich für das eigene Handeln zum Vorbild nimmt (Rol 823).

Vor diesem Hintergrund ist es auffällig, dass Babylon und Jerusalem im höfischen Roman der klassischen Zeit generell keine Rolle spielen, wie sie auch in der höfischen Gattung des Minnesangs keinen angestammten Platz haben, obwohl das minnesängerische Kreuzlied – nicht zu verwechseln mit dem propagandistischen Kreuzlied – dazu Gelegenheit geboten hätte. Wie dieser Typus des Kreuzliedes die Innenwelt eines Ichs bei der Entscheidung zwischen Frauen- und Gottesdienst fokussiert – nur einmal spricht in diesem Zusammenhang der Minnesänger Albrecht von Johansdorf von „Iersalêm, der reinen stat" (MF 89,22) –, geht es auch im klassischen höfischen Roman um die innere Bewegung eines krisengeschüttelten Helden hin zu neuer ritterlich-christlicher Lebenshaltung. Dieser Selbstfindungsprozess schlägt sich im *âventiure*-Weg des Ritters nieder, der durch eine weitgehend imaginäre Welt führt, in der Babylon und Jerusalem weder als Stationen noch als Verweis-Orte vorgesehen sind.

---

41 Vgl. dazu den Kommentar in Anno 83 f.
42 Vgl. für Jerusalem auch Rüth 1992, 160–164. Das Fehlen eingehender Beschreibungen des irdischen Jerusalem wird von Rüth mit der Dominanz des Konzepts des Himmlischen Jerusalem begründet, doch sollten die Vorkenntnisse des mittelalterlichen literarischen Publikums (wie z. B. das Wissen um in der Bibel genannte Gebäude und Plätze Jerusalems) und damit die ‚Abrufkräfte' dieses Mnemotops nicht unterschätzt werden, die von den mittelalterlichen Autoren offenbar in Rechnung gestellt werden.

Einzig die Vorgeschichte des *Parzival*, die Wolfram von Eschenbach für seine Bearbeitung des afrz. Gralsromans hinzufand, berichtet von einer Auseinandersetzung des Baruc von Bagdad mit Nachfahren Nebukadnezars aus Babilone (Parz_(L) 14,2 f.; 101,25–102,8), was auf den ersten Blick wie ein bloßes Detail anmutet, zumal Jerusalem im *Parzival* unerwähnt bleibt. Dass Wolfram aber den Kampf mit den Babyloniern in die Hände des Baruc, des geistlichen Führers der Heiden, legt, ist ein auffälliger Zug, der vor dem Hintergrund der Zwei-Staaten-Lehre nach der Weltlage im *Parzival* fragen lässt. Offenbar ereignet sich Parzivals Aufstieg zum Gralskönig zu einem Zeitpunkt, an dem sich nicht nur die Gralsgesellschaft bis nach Indien zum Priesterkönig Johannes (Parz_(L) 822,25) vernetzen, sondern auch das absolut Böse (Klingsor) in die Schranken gewiesen werden kann; klare Grenzlinien zwischen einer *civitas dei* und *civitas diaboli* sind dabei aber nicht zu ziehen. Die Welt des *Parzival* mutet wie eine auf dem Weg zum Heil befindliche, schwer durchschaubare und der *mutatio rerum* unterworfene *civitas permixta* an, in der sich selbst die Gralsregeln überraschend ändern können.

Neben einem Ort des Bösen (*schastel marveile*) existiert im *Parzival* ein (allerdings gefährdeter) Heilsort: die → Gralsburg. Sie ist als eine Jerusalem-Repräsentation auffassbar, denn ihre Ritter heißen ,Tempelritter' („templeise", Parz_(L) 468,28 u. a.).[43] Die → Burg wird aus der Sicht der Parzival-Figur als wahrnehmender Instanz geschildert, der es zunächst noch am Verständnis für das Gesehene fehlt. Auch waltet im Geschehen eine Heilszeit,[44] aus der sich der Held für mehrere Jahre herausbegibt (Parz_(L) 460,22 f.; 646,14–18), bevor er als Gewandelter seinen Platz in Zeit und Raum wiederfindet. Während ein solcher sich wandelnder Held zum Personal des klassischen höfischen Romans passt, stellt Wolframs Verknüpfung der *Parzival*-Handlung mit Parametern von Babylon und Jerusalem für den höfischen Roman etwas Neues dar. Dies geschieht aber eher verdeckt und ohne pauschale Diffamierungen ,der anderen'.[45]

Zeitgleich mit der klassischen, höfischen Literatur und dem *Rolandslied* entstehen die sog. Spielmannsepen, welche ungeachtet der Ansprüche der höfischen Dichtung die Ästhetik der vorklassischen Zeit und den frmhd. Umgang mit Babylon und Jerusalem fortschreiben, indem sie das (heldenepische) Brautwerbungsmotiv mit dem Ringen um Jerusalem verknüpfen und so eine ,brautmystische' Metapher inszenieren.

In dieser Textgruppe nimmt der *Herzog Ernst* eine besondere Stellung ein: Sein vom Kaiser aus dem Reich verbannter Titelheld kämpft über ein Jahr lang für die Stadt Jerusalem (ErnstB_(B) 5687), wobei der Orient zu seinem Bewährungsraum wird. Von

---

43 Vgl. Rüth 1992, 57–65.
44 Vgl. Weigand 1938, Deinert 1960, Störmer-Caysa 2007.
45 Auch im *Prosa-Lancelot* finden sich – sehr dezent – Hinweise auf Babylon (einmal) und Jerusalem (fünfmal) nur im Gralsteil; s. besonders Lanc_III_(K) 383,9; 388,2.

dort kehrt er gereift mit einem legendären Edelstein, dem Waisen der Reichskrone, zurück und söhnt sich mit dem Kaiser aus. Der Reifeprozess des Helden wird im szenischen Gefüge des Textes von der Babylon-Thematik umrahmt, da es Ernst nämlich zunächst nicht, wie gewünscht (ErnstB_(B) 1925 f.), vergönnt ist, Jerusalem zu erreichen. Stattdessen landet er vor der Hauptstadt des Kranichmenschen-Reiches Grippia (ErnstB_(B) 2206), einer stolzen Stadt mit farbigen, unüberwindbaren → Mauern, → Toren und Türmen, einem → Lustgarten, der ein Schlangengehege ist (ErnstB_(B) 2204–2480), und anderen baulichen Besonderheiten (ErnstB_(B) 2510–2758), die aus der Wahrnehmung Ernsts und seiner Schiffsmannschaft geschildert werden. Dass hier eine Babylon-Analogie vorliegt,[46] zeigt sich auch daran, dass der hochmütige Herrscher der Kranichmenschen eine christliche Prinzessin als Gefangene heimführt. Während Ernsts Befreiungsversuch an dieser Stelle noch misslingt, überwältigt er später keinen Geringeren als den König von Babylon und schafft es, Frieden mit ihm zu stiften (ErnstB_(B) 5504–5666).

Die Bezugnahme auf Babylon und Jerusalem hat sich damit bis ins frühe 13. Jh., ausgehend von der ahd. Bibelepik, in zahlreichen Erzähltraditionen eingebürgert: in der Chronistik, die ab dem 13. Jh. nach höfischen Standards weitergepflegt wird; im historischen Antikenroman (*Alexander*), der ebenfalls auf höfischem Niveau bis ins Spätmittelalter weiterbearbeitet wird; im aus der frz. *Chanson de geste*-Tradition stammenden *Rolandslied*, das um 1220/1230 von dem Stricker höfisch umgeschrieben wird und in neuer Gestalt weiterwirkt; in der sog. Spielmannsepik, die ihre heldisch-archaische Form bis ins Spätmittelalter beibehält und in einem Liebes- und Abenteuerromanfragment (*Graf Rudolf*). Dieser Entwicklung steht seit etwa 1170 der klassische höfische Roman gegenüber, in dem Babylon und Jerusalem kaum eine Rolle spielen (Ausnahme: Wolframs *Parzival*). Babylon und Jerusalem werden in der Regel nur durch einfache Nennung als vorstellungswirksame Mnemotope aufgerufen, narratologisch anspruchsvoller sind die Darstellungen Grippias im *Herzog Ernst* und der Gralsburg im *Parzival* als Babylon- bzw. Jerusalem-Dubletten.

Im weiteren Verlauf des 13. Jh.s bleibt es nicht aus, dass in zwei auf Wolframs Dichtung aufbauenden Gralsromanen die Hinweise auf Babylon oder Jerusalem zunehmen: in Albrechts *Jüngerem Titurel*, in dem das Mnemotop-Paar eine wichtige Rolle spielt, und z. B. auch die Pracht babylonischer Bauten hervorgehoben wird (JTit 3378–3384), sowie im *Lohengrin*, der Wolframs Umgang mit dem Babylon-Thema ausbaut, aber auch vereindeutigt.

---

46 Für Rüth (1992, 158) vermischen sich hier „eindeutig die Vorstellungen einer orientalischen Stadt mit [denen] der Himmelstadt". Vgl. auch Kugler 1986, 133. Doch geht von dieser Stadt eine Verführungskraft auf Ernst aus (ErnstB_(B) 2485; 2704), der sich dadurch zu einem zweiten Besuch Grippias verleiten lässt (ErnstB_(B) 2481–3882) und sich den dortigen Lustbarkeiten hingibt (ErnstB_(B) 2704–2753), was ihn in größte Gefahr bringt.

Unter den im 13. Jh. nach den Regeln klassischer Formkunst auf Babylon und Jerusalem Bezug nehmenden Autoren ist vor allem Rudolf von Ems hervorzuheben, in dessen Werken (*Weltchronik*, *Alexander*, *Barlaam und Josaphat*) beide Mnemotope mehrfach eine wichtige Rolle spielen. Selbst sein Minneroman *Willehalm von Orlens* endet mit einer Jerusalem-Erwähnung (RvEWh 15590).

2.2 Spätmittelalter (14.–16. Jh.)

Mit dem *Wilhalm von Wenden* Ulrichs von Etzenbach steuert um 1290 der böhmische Hof in einem Liebes- und Abenteuerroman mit Kreuzzugsszenarium den Gedanken eines christlich-slawischen Herrschertums bei. Auch anderen deutschen Adelshäusern wird in dieser Zeit per Liebes- und Abenteuerroman (*Reinfrit von Braunschweig*, Johann von Würzburg: *Wilhelm von Österreich*) oder per Geschichtsdichtung (*Die Kreuzfahrt Landgraf Ludwigs des Frommen*) das Kreuzzugsengagement früherer Generationen vor Augen geführt bzw. ihnen ein solches angedichtet. Diese Fokussierung auf Kreuzzugsabenteuer von Mitgliedern realer Adelsfamilien ist eine Neuerung, die in der Zeit um 1300 trotz – oder wegen – des gleichzeitigen Niedergangs des Kreuzfahrerstaates in der deutschen Literatur Schule macht. Der im *Reinfrit von Braunschweig* (Reinfr 17890) ausdrücklich erwähnte Verlust der letzten Kreuzfahrerfestung Akkon (1291) kann das auffallende Endzeitbewusstsein erklären helfen, das um 1300 aus den Werken Heinrichs von Neustadt (*Von Gottes Zukunft*, *Apollonius von Tyrland*) und Heinrichs von Hesler (*Apokalypse*) spricht.

Insgesamt zeugen die auf Babylon und Jerusalem zurückgreifenden mhd. Erzähltraditionen am Beginn des 14. Jh.s immer noch von Vitalität, zumal in ihnen auch neue Darstellungsmittel erprobt werden: So bleiben Reinfrit von Braunschweig und Apollonius von Tyrus als zwischen Babylon und Jerusalem verunsicherte Helden zeitweilig allein auf einsamen Inseln zurück – es sind die ersten Robinsonaden der deutschen Literatur.[47] Apollonius wird außerdem zum Mitbewohner einer utopischen Welt, die ihm Wohlstand und ewige Jugend bietet, was anzeigen soll, dass er sich aus der Welt der Heilsgeschichte herausbewegt hat. Doch vermag er sich aus dieser Raum-Zeit-Schleife auch wieder zu befreien und in die lineare Zeit zurückfinden, um am Ende Jerusalem zu erobern.

Auch bei der Beschreibung Babylons und Jerusalems gehen der *Reinfrit von Braunschweig* und der *Apollonius von Tyrland* neue Wege. Der *Reinfrit*-Dichter belässt es für Jerusalem nicht mehr bei wenigen Attributen, sondern nennt zahlreiche Pilgerstationen in der Stadt, die vom Titelhelden besucht werden (Reinfr 18151–18181).[48] Für Babylon weigert sich der Erzähler dagegen, eine ähnliche „Stadtführung" zu

---

47 Vgl. auch Magel_(D) 93–98.
48 Vgl. Rüth 1992, 176.

geben („daz ich niht davon sagen wil", Reinfr 26932), was deshalb auffällig ist, weil der Erzähler an dieser Stelle stattdessen einen längeren Exkurs über die Geschichte Babylons und das Problem der Teilung von Herrschaftsgebieten einfügt (Reinfr 26712–26931). Heinrich von Neustadt schildert dagegen das verlassene Babylon ausführlich aus der Sicht seines Helden als eine beunruhigend-faszinierende, gefährliche Welt (HvNstAp 8119–8386), während er über die Stadt Jerusalem keine weiteren Ausführungen macht (HvNstAp 20536 f.).

Autoren des Deutschen Ordens steuern noch am Beginn des 14. Jh.s Bibeldichtungen mit eher konventionellen Babylon- und Jerusalem-Bezügen bei: *Daniel*, *Esra und Nehemia* und die *Historien der alten e*. Im Deutschen Orden, der nach dem Rückzug aus dem Heiligen Land seine Aufgabe in der Ostkolonisation gefunden hat, bleibt das alttestamentliche Babylon-Jerusalem-Denken weiterhin von Interesse.

In der Mitte des 14. Jh.s verringert sich dann aber die Zahl der Dichtungen mit Babylon- und Jerusalem-Bezügen drastisch. Es handelt sich um eine Umbruchphase der deutschen Literatur, in der sich u. a. die Gattung der Bibeldichtung angesichts neuartiger Prosaübersetzungen der Heiligen Schrift zu überleben beginnt.[49] Damit bricht ein Fundament fort, welches das Mnemotop-Paar Babylon/Jerusalem vom Beginn der deutschen Literatur an mitgetragen hat. Zur selben Zeit wird außerdem das Ende des deutschen Versromans eingeläutet, der die Babylon-Jerusalem-Thematik zuletzt in Gestalt des Liebes- und Abenteuerromans bzw. Antikenromans produktiv weiterentwickelt hat. Für diese Phase gilt in jedem Falle Kuglers Einschätzung, dass Jerusalem in der deutschen Literatur seltener erwähnt wird, als eigentlich anzunehmen wäre.[50]

Dieser literarische Umbruch, gepaart mit einem zunehmenden Pragmatismus im Orientbild,[51] wie er etwa aus dem Reiseschrifttum spricht,[52] lässt die augustinische Babylon-Jerusalem-Perspektive in der deutschen Literatur allmählich versiegen. Selbst in Großkompilationen wie Ulrich Füetrers *Buch der Abenteuer* spielt sie nun kaum mehr eine Rolle. Allerdings geht sie nicht völlig verloren, sondern zeigt sich in der zweiten Hälfte des 14. Jh.s noch vereinzelt, so etwa in den Exempeln von den *Drei Jünglingen im Feuerofen* und von dem *Antichrist* in der Prosa-Sammlung des *Großen Seelentrosts*.

Um 1400 finden sich Babylon und Jerusalem dann aber doch noch einmal in einer innovativen Konstellation: im *Brief des Priesterkönigs Johannes*, der, nachdem er bereits in Albrechts *Jüngeren Titurel* eingearbeitet worden war, in der Münchner

---

[49] Vgl. de Boor 1997, 488.
[50] Vgl. Kugler 2001.
[51] Im 14. Jh. bietet das ägyptische Babylon aus deutscher Perspektive kein aktuelles Feindbild mehr, und es beginnt sich im Sprachgebrauch statt Babylon der Name Alkair für Kairo einzubürgern, wie etwa um 1400 Johannes Schiltbergers Reisebericht (JSchiltbReis 75) oder um 1500 der *Fortunatus*-Roman zeigen.
[52] Vgl. z. B. Huschenbett 1998.

Reimpaarfassung in einer neuen deutschen Bearbeitung vorliegt. Darin stellt der Priesterkönig regelmäßige Züge zum Heiligen Grab gegen die Heiden in Aussicht. Außerdem bekämpfe er, wie er betont, alljährlich zum Schutz der Welt die Drachen in der → Wüste Babylon (beginnend mit BriefPJ_(Z) 997,187 sowie mit 1000,550). Damit wird eine idealtypische Schutzmacht für Jerusalem und zugleich Kontrollmacht gegen die babylonische Gefahr als utopische Instanz imaginiert. Eine weitere deutsche Version des *Priesterkönig-Briefes* hat zu Beginn des 16. Jh.s der dem Kreuzzugsgedanken gegenüber aufgeschlossene Kaiser Maximilian als Schlusstext in seine Sammlung höfischer und heldenepischer Dichtungen im *Ambraser Heldenbuch* (1504–1517) einfügen lassen.

So hätte die Priesterkönig-Utopie gewissermaßen zum ‚Epilog' der Gesamtgeschichte des volkssprachlichen literarischen Umgangs mit Babylon und Jerusalem im deutschen Mittelalter werden können, wenn nicht die Wende von der Versdichtung zur Prosa im 15. Jh. dem Mnemotop-Paar noch einmal eine literarische Nachblüte verschafft hätte. Denn im Zuge der Prosaauflösung gelangen im 15. Jh. französische Stoffe nach Deutschland,[53] in denen Babylon und Jerusalem ihre angestammte Rolle weiterspielen. Dabei handelt es sich ausschließlich um Texte, die das Motiv der Prüfung eines Paares oder einer Familie mit dem des Heidenkampfs verbinden: die späte *Chanson de geste Herpin* Elisabeths von Nassau-Saarbrücken, die Eleonore von Österreich zugeschriebene *Pontus und Sidonia*-Erzählung, Veit Warbecks *Magelone* und Thürings von Ringoltingen *Melusine*. So erobert z. B. im *Herpin* der idealtypisch gezeichnete Enkel des Titelhelden namens Oleybaum die Stadt Jerusalem und kämpft danach, unterstützt vom Geist eines verstorbenen Weißen Ritters, vor Akkon mit dem Teufel, der die Gestalt eines Fisches angenommen hat (EliHer 734–739): Auch hier stellt sich eine überhistorische Gemeinschaft im Sinne der Zwei-Staaten-Lehre zum Kampf gegen das Böse. Im abschließenden Gefecht belagern die Christen den Heidenkönig Synagon in Affelern (Palermo), dessen Stadtturm mit dem Turm von Babel verglichen wird (EliHer 849).

Dass die zuletzt genannten Werke als sog. Volksbücher in der frühen Neuzeit manche Druckauflagen erfahren, ändert wenig an der Tatsache, dass dem Mnemotop-Paar Babylon/Jerusalem seit der zweiten Hälfte des 14. Jh.s in der deutschen Literatur die literarische Kraft abhandengekommen ist. Während die Begriffe Babylon und Jerusalem wirkungsvolle Schlagworte z. B. im Konfessionsstreit[54] bleiben, haben sie sich aus der innovativen Erzählliteratur, für die im 16. Jh. etwa der *Fortunatus* oder Jörg Wickrams Romane stehen, verabschiedet. Ein Werk wie *Das befreite Jerusalem* Torquato Tassos (1575) fehlt in Deutschland.

---

53 In Frankreich ist die Kreuzzugsidee unter Ludwig IX. und Karl von Anjou länger und intensiver verfolgt worden als in Deutschland.
54 Vgl. Martin Luthers *De captivitate Babylonica ecclesie* (1520).

3 Narrative Funktionen

Babylon und Jerusalem sind deiktische Markierungen räumlicher Zusammenhänge (1.). Zusätzlich rufen sie, wenn sie in einem mittelalterlichen Text gemeinsam auftreten, den Diskurs-Raum der Zwei-Staaten-Lehre auf (2.), der um die Frage nach der bestmöglichen irdischen Welt (Utopie) erweiterbar ist. Außerdem können sie allegorische Lesarten anregen (3.) und das in vielen Texten enthaltene Liebes- bzw. Ehemotiv in einen übergreifenden Sinnhorizont integrieren (4.). All dies setzt ein Publikum voraus, das ein Basiswissen über Babylon und Jerusalem besitzt, wovon im Regelfall auszugehen ist:

1. Wenn etwa Gottfried von Straßburg in seinem *Tristan* „von der alten Bâbilône" (Tr_(R) 3617) als der Heimat von Pyramus und Thispe spricht, gibt er seinem Publikum einen klaren räumlichen (und zeitlichen) Hinweis. Der Rezipient wird wissen, dass es mehrere Städte dieses Namens gab, und erkennen, dass hier das antike Babylon vor seinem Niedergang gemeint ist, von dem er nicht zuletzt aus der Bibel Kenntnisse hat.

2. Wenn wie im *Annolied* auf die Nennung Babylons auch eine Erwähnung Jerusalems folgt, öffnet sich ein bipolarer heilsgeschichtlicher Bedeutungsraum, in dem das Textgeschehen sogleich exemplarische Bedeutung annimmt. Anders als im ersten Beispiel sind die Ortsnamen nun von engmaschigen semantischen Kodierungen umgeben, die ein Wertesystem, eine Zeitauffassung, Verhaltensnormen u. a. umfassen und auch den Rezipienten darin einbinden. Von der Zwei-Staaten-Lehre hat ein literarisch interessierter Rezipient im Mittelalter in der Regel Kenntnis und weiß, dass Babylon und Jerusalem auch ihre Duplikate besitzen. So könnte er sich z. B. fragen, welchen Status das im Zentrum des *Annolieds* stehende Köln hat und wo die Grenze zwischen Gut und Böse in diesem Text verläuft. Da nach Augustin allein Gott dies entscheidet, nehmen Bibeldichtungen, Geschichtsdichtungen und die sog. Spielmannsepik in dieser Frage den allwissenden, göttlichen Standpunkt ein und führen ihre Rezipienten durch die Heilswelten; Romanautoren wie Wolfram von Eschenbach werfen dagegen mithilfe ihrer Erzählerfiguren einen weltinternen Blick in das Handlungsgeschehen, bei dem vieles offenbleibt und der Rezipient verunsichert werden kann.

Babylon und Jerusalem stellen jeweils auf ihre Weise idealtypische Städte dar: die Stadt des Teufels mit ihren Verlockungen und die Stadt Gottes mit ihren ethischen Anforderungen.[55] Damit liefern Werke, die das Mnemotop-Paar Babylon/Jerusalem nutzen, auch einen Rahmen für mittelalterlich-christliche Utopie-Diskurse, wenn in

---

[55] So lassen sich die o. g. Merkmale Babylons nach den Kriterien Wehrhaftigkeit (z. B. *Kaiserchronik, Annolied*, Grippia im *Herzog Ernst*), bauliche Pracht (z. B. *Annolied, Jüngerer Titurel*), Luxus (z. B. *Apollonius von Tyrland*, Grippia), Gefährlichkeit (z. B. *Apollonius von Tyrland*), die Merkmale des irdischen Jerusalem nach Verteidigungsbereitschaft (z. B. *Orendel*), Pilgerschaft (z. B. *Reinfrit von Braunschweig*) und demütige Annäherungsnotwendigkeit (z. B. *Eraclius, Rolandslied, Barlaam und Josaphat*) gruppieren. Seit der zweiten Hälfte des 13. Jh.s ist eine Zunahme der zuvor nur spärlich verwendeten Merkmale in den jeweiligen Werken zu verzeichnen.

ihnen neben Babylon und Jerusalem auch eine irdische Wunschwelt entworfen wird. Im *Straßburger Alexander* (Blumenmädchenepisode) und im *Apollonius*-Roman Heinrichs von Neustadt (Crisa) sind diese Welten Babylon zugeneigt; die Indien-Utopie im *Brief des Priesterkönigs Johannes* und in Albrechts *Jüngerem Titurel* ist dagegen Jerusalem beigeordnet.

3. Hinzu kommt, dass mit Babylon und Jerusalem befasste Dichtungen Lektüren nach dem mehrfachen Schriftsinn nahegelegen (oder zumindest nicht ausschließen), da Jerusalem im Mittelalter einen vielbesprochenen hermeneutischen Musterfall darstellt, worüber ein literarisch interessierter Rezipient des Mittelalters Kenntnisse haben dürfte: Wenn etwa im *Herpin* Elisabeths von Nassau-Saarbrücken von einem dem babylonischen ähnlichen Turm des Heidenkönigs Synagon die Rede ist, ergibt sich nach dem mehrfachen Schriftsinn die Option, in Synagon einen Häretiker, Sünder und im Diesseits Befangenen zu erblicken. Es warten dann weitere Bilder desselben Textes (Löwe, Fisch usw.) auf ihre Deutung.

4. Angesichts des prominenten Schlussbildes im biblischen *Buch der Offenbarung*, in dem von Jerusalem als Braut Gottes (Offb 21,9; 22,17) die Rede ist, und der Tradition volkssprachlicher brautmystischer Dichtung in Deutschland seit dem 12. Jh. (vgl. z. B. das *St. Trudperter Hohelied*) ist es für literarisch interessierte mittelalterliche Rezipienten kaum zu übersehen, dass in Liebes- und Abenteuerromanen wie dem *Reinfrit von Braunschweig* und in sog. Spielmannsdichtungen wie dem *Orendel* die Werbung des Helden um die geliebte Partnerin (die im *Reinfrit von Braunschweig* den ganzen ersten Teil der Dichtung einnimmt) und der Kampf um Jerusalem auf dieselbe Grundaussage hinauslaufen: Der Weg nach Jerusalem und die Suche nach der Braut haben ein gemeinsames *tertium comparationis*. Da Jerusalem für die Braut steht und umgekehrt, kann eines das andere metaphorisieren. Der Weg zur Braut nach einem Aufbruch aus Babylon wie z. B. in *Pontus und Sidonia* stellt eine in Szene gesetzte Metapher im Sinne von Wessel dar.[56] Babylon und Jerusalem bilden dadurch in diesen aus Reise- bzw. Kampfhandlungen und Liebeshandlungen bestehenden Dichtungen entscheidende Kohärenzfaktoren.

Abrogans, AdtGen, AlInDist, Anno, AP_(S), AugCiv, BitD_(J), BriefPJ_(Z), CarmBur_(HS), DLd, EliHer, Eracl_(F), ErnstB_(B), Exod, GrRud, HimmlJer, Hochzeit, HvHAp, HvNstAp, HvNstGZ, JSchiltbReis, JTit, Kchr_(S), Kreuzf, Lanc_III_(K), LobSal, Loheng, Lucid, Magel_(D), MF, ML, NotkPs, Orend, Otfrid, Parz_(L), PonSid, Reinfr, Rol, Roth_(B), RvEAlex, RvEBarl, RvEWchr, RvEWh, SAlex_(L), SAP_(S), StrKarl, Tatian, Tr_(R), TvRMel_(S), UFTroj, UvEtzWh, VAlex_(L), VSünd, WhvÖst, WNotkPs, WvdVLLS

→ Burg, Schloss, Hof; → Ferne-Utopien; → Garten, Baumgarten; → Grab, Grabmal; → Gralsburg, Gralsbezirk; → Indien, Mirabilienorient; → Insel; → Irdisches Paradies; → Kirche, Kathedrale, Münster, Kapelle, Kloster, Tempel; → Saal; → Stadt, Markt, Platz; → Tor, Tür, Treppe, Fenster; → Turm, Zinne, Mauer; → Weg, Straße, Pfad; → Wüste, Wildnis, Einöde

---

56 Vgl. Wessel 1984.

Marie Vorländer, Maximilian Wick
Bad

1 Begriffsbestimmung – 2 Merkmale der Darstellung – 3 Narrative Funktionen – 3.1 Baden als Teil höfischer *rites de passage* – 3.2 Badeorte als Gefahrenbereich und Schutzzone – 3.3 Schwänkische Spielarten und Pervertierungen des Badens

1 Begriffsbestimmung

In der mittelalterlichen deutschsprachigen Erzählliteratur werden Badeorte unabhängig von ihrer Beschaffenheit überwiegend als *bat* (n.) bezeichnet, wohingegen die Komposita *badestube*[1] (f.) und *badehûs* (n.) in diesen Texten kaum Verwendung finden. Seit dem 12. Jh. etablieren sich in europäischen → Städten öffentliche Badeeinrichtungen, die von nahezu allen Stadtbewohnern oftmals in wöchentlichem Turnus aufgesucht werden und neben hygienischen Bedürfnissen auch der Geselligkeit dienen. Zumeist erfolgt das öffentliche Bad ständeübergreifend, zuweilen auch ohne Geschlechtertrennung. Das häusliche Bad, für dessen Lokalisierung der schlichte Hinweis auf einen *zûber* (m.) gebräuchlich ist, beschränkt sich zunächst auf → Klöster und Adelsburgen (→ Burg), ehe im 15. Jh. auch vermehrt private Bäder reicher Städter hinzukommen. Während öffentliche Badehäuser zumeist Dampf- und Wasserbäder anbieten (*sweiz-* und *wazzerbat*), ist diese Unterscheidung beim häuslichen Bad kaum möglich, da der Begriff *bat* (germ. *baþa-* n., as. *bath*, ahd. *bad*)[2] etymologisch zweideutig ist.

Das zur exemplarischen Analyse herangezogene Korpus lässt sich vornehmlich in drei Textgruppen gliedern: Unter der bewusst breit gefassten Gruppe der Helden- und höfischen Epik werden Texte des Artusromans subsumiert (u. a. Hartmanns von Aue *Erec* [um 1180] und *Iwein* [1180–1205], Strickers *Daniel von dem Blühenden Tal* [1220–1250], *Wigamur* [um 1250], *Prosa-Lancelot* [ab M. 13. Jh.] und des Pleiers *Meleranz* [1240–1270]) sowie der Heldenepik (*Kudrun* [M. 13. Jh.] sowie *Biterolf und Dietleib* [um 1260]), des Antikenromans (Konrads von Würzburg *Trojanerkrieg* [1280er Jahre] und Heinrich Steinhöwels Übersetzung des *Apollonius von Tyrus* [1461]) sowie weitere epische Verserzählungen (Gottfrieds von Straßburg *Tristan* [um 1210], Wolframs von Eschenbach *Willehalm* [1210–1220], Konrads von Würzburg *Heinrich von Kempten* [zw. 1261 u. 1277] und Thürings von Ringoltingen *Melusine* [1456]). Die Zusammenstellung der zweiten Gruppe ist ebenfalls weniger der strikten Gattungsdistinktion als

---

[1] Zum Begriff der Stube vgl. ausführlich Hähnel 1975, 356–417.
[2] Vgl. Kluge/Seebold 2011, 81.

einer funktionalen Ordnung geschuldet. Sie umfasst Texte der Minne- und Aventiureepik wie *Herzog Ernst B* (A. 13. Jh.), Ulrichs von Liechtenstein *Frauendienst* (um 1255), des Pleiers *Tandareis und Flordibel* (1240–1270), *Mai und Beaflor* (zw. 1270 u. 1280) und *Friedrich von Schwaben* (14. Jh.). Die dritte Gruppe bilden schwankhafte Texte (u. a. *Pfaffe Amis* und *Der Nackte Bote* des Stricker [1220–1250], Herrands von Wildonie *Der nackte Kaiser* [um 1260], Heinrich Kaufringers *Bürgermeister und Königssohn* sowie *Chorherr und Schusterin* [beide 1. H. 15. Jh.] sowie die Schwänke *Das Höllenbad* [1540], *Der Badeknecht* [1541], *Das schöne Bad* [1545] und *Der Buhler im Bad* [1548] von Hans Sachs). Ergänzt wird die Auswahl durch didaktische Literatur (Thomasins von Zerklaere *Der welsche Gast* [1215] und Seifried Helblings *Kleiner Lucidarius* [zw. 1283 u. 1299]) sowie chronikale (Rudolfs von Ems *Weltchronik* [um 1250]) und legendenhafte Dichtung (Konrads von Würzburg *Silvester* [zw. 1260 u. 1277]).

2 Merkmale der Darstellung

Prinzipiell lassen sich in der mittelalterlichen Erzählliteratur drei Orte des Badens bestimmen: private Badestuben im → Haus oder am → Hof, öffentliche Badehäuser in der Stadt sowie Wild- oder Heilbäder.³ Der Umfang ihrer *descriptio* ist in der Regel gattungsabhängig und reicht von ausführlicher Beschreibung und Allegorisierung in Schwänken, Minne- und Aventiureromanen sowie der didaktischen Literatur bis zu bloß formelhaften Verweisen in der Helden- und höfischen Epik. Bedingt dadurch kann in letzteren Texten oft nicht eindeutig zwischen *swaisspad* und *wasserpad* (Ring_(WB) 4267) unterschieden werden, allerdings ist beim Baden im höfischen Milieu gewöhnlich von einem Wannenbad auszugehen, in dem der Badende sich von *râm* und *sweiz* (BitD_(Sch) 12407; Er_(C) 3657; Krone 912) befreien kann.⁴ Eindeutig um ein Wannenbad handelt es sich hingegen beim Maibad, einem rituellen Frühjahrsbad im Freien, das nach mittelalterlicher Vorstellung der Gesundheit dient, aber durch seine Verbindung zur Maiallegorese auch erotisch konnotiert ist.⁵

Die Ausführungen zur Architektur derartiger Privatbäder beschränken sich meist auf die Erwähnung des *zubers* (KaufBürg 261; KaufChor 15; KvWHvK 534) bzw. der

---

3 Vgl. Loleit 2008, 11.
4 Mit einiger Vorsicht ließe sich die Unterscheidung von Schweiß- und Wannenbad auch als Hinweis auf das jeweilige Milieu lesen, wenn man davon ausgeht, dass „[m]it dem Auftreten des Dampfb[ad]es als Reinigungsb[ad]" das (warme) Wannenbad zum „B[ad] der Vornehmen, der Besitzenden, das B[ad] zum Vergnügen und zu Heilzwecken" (Martin 1987, 797) avancierte. Jedoch ist neben einigen Gegenbeispielen zu bemerken, dass der „öffentliche (städtische und dörfliche) Badebetrieb umfangreicher und somit zuverlässiger dokumentiert" ist „als etwa die Badebräuche des weltlichen Adels" (Loleit 2008, 23 f.). Zum Hof als tendenziell „unspezifiziert[em]" Raum vgl. Kellermann 2005, 332.
5 Vgl. Martin 1906, 13–20. Prominente Darstellungen des Maibades finden sich unter anderem bei Oswald (OvWLied_(K) 75) und in der Miniatur Jacobs von Warte im *Codex Manesse*.

kuofen (Parz_(L) 166,30) oder eines vergleichbaren Beckens (RvEWchr 2991; StrDan 4423). Das öffentliche Schwitzbad hingegen ist nach erbrachter Dienstleistung[6] in Stationen unterteilt, wobei das Hauptaugenmerk auf den *pencken* (Helbl III,29; SachsHöll 66; 237; SachsLör 7; 15; SachsStrat 135; 149; Wildon III,167) liegt. Hinzu können eine *scherstat* (SachsHöll 263; SachsLör 47; SachsStrat 155), *abziech stueben* (SachsStrat 159) sowie eine *wanne* (SachsLör 25; SachsHöll 136) kommen. Deutlich komplexere Beschreibung erfahren solche Bäder, die als ‚*âventiure*-Bäder' den Protagonisten vor eine Herausforderung stellen und als wundersamer *locus amoenus* (→ Garten; → Heide; → Tal; → Wald) auf einem geblümten Anger bzw. einer Wiese (PleierMel 429–485; 565–606), inmitten eines → Baumgartens (Wigam_(B) 1100–1221) oder als faszinierender Gefahrenherd (ErnstB_(B) 2747–2749) ausgestaltet sind. Die Semantik von Badeorten als beheizbare Innenräume (StrNB 44–54) mit *ofen* (SachsHöll 80; SachsSchöB 7), Schweißbäder (Helbl III,38 f.; SachsStrat 136; HStAp_(T) 539–541; Wildon III,163–168; WelGa 6674–6680) mit *offen stain* (SachsStrat 142) oder temperierte (SachsLör 31; RvEWchr 2991; StrAmis 2350 f.; Ring_(WB) 4272–4284) bzw. temperierbare (ErnstB_(B) 2741–2743; PleierMel 448–450; 465–468; Wigam_(B) 1151–1155) Wannenbäder ist außerdem stark mit der jeweils herrschenden Temperatur verknüpft. Exemplarisch ließe sich etwa Kälte als defizitäres Merkmal schwänkischer Verkehrung (SachsLör 21 f.; SachsStrat 132–136; 142–145) anführen oder die häufige Assoziation der im Schweißbad durchaus notwendigen Hitze mit der Hölle (KvWKD_32 260 f.; WelGa 6669–6692).

Ein deutliches Augenmerk bei der Beschreibung zahlreicher Privatbäder liegt auf ihrer durch einen Raum mit → Tür (ATF 97b; StrNB 65, TvRMel_(M) 96,30–97,1) oder temporär mit Vorhängen hergestellten (KaufChor 19; PleierMel 565 f.) Geschlossenheit, die das Eindringen von außen verwehrt. Einsicht oder gar Zugang kann jedoch mehr (ATF 97b; StrNB 74–77; TvRMel_(M) 97,7–11) oder weniger (PleierMel 763) gewaltsam erreicht werden. Diese Möglichkeit lässt sich jedoch auch wieder entziehen (KaufChor 66–69; TvRMel_(M) 98,8–10). Umgekehrt variieren einige Texte das Motiv als Sicht aus dem Bade heraus (KaufChor 39; KvWHvK 540).

Das Bad am Hof wird gewöhnlich von Damen anberaumt und bereitet (Er_(C) 1532–1536; Gauriel_(A) 3038; Iw_(BLW) 3648 f.; MaiBea_(KMF) 2392 f.; Lanc_I_(KS) 1258,12–14; PleierMel 8742 f.), wobei mitunter *juncvrouwen* den Badenden waschen und bedienen (Gauriel_(A) 3039; MaiBea_(KMF) 2396 f.; Parz_(L) 167,2–13; PleierTand 13399–13405; Wigam_(B) 1227–1236). Demgegenüber stehen im städtisch-dörflichen Raum professionelle *bader* (Helbl III,8; SachsLör 55; SachsStrat 137; UvLFrd 728,2; Wildon III,251), weiteres sowohl männliches (SachsBk 23; SachsHöll 78; SachsLör 13; SachsStrat 127; Wildon III,158; III,190) wie weibliches (Helbl III,30; SachsLör 5; SachsStrat 126; 132; Wildon III,159) Personal sowie nicht näher spezifiziertes

---

6 Zum Betrieb eines mittelalterlichen Badehauses vgl. Tuchen 2003, 29–35. Ferner vgl. Fürbeth 2004, 38–40.

(pad-)gesind (SachsLör 33; SachsStrat 138). Häufig im Badehaus anzutreffen sind ebenfalls *scherær* (Helbl III,77; SachsLör 48; SachsStrat 128), *lasser* (SachsLör 16) und *schöpfer* (SachsLör 39). Auch das Fehlen von Personal kann markiert sein (ErnstB_(B) 2738 f.; HStAp_(T) 540 f.). Signifikant für die öffentliche Badestube ist zudem die werbende Ankündigung des Bades (Helbl III,8; HStAp_(T) 527–536; Ring_(WB) 1394) auf der → Straße.

Die Schilderung zum Bad gehörender Utensilien und Textilien lässt eine Differenz zwischen höfischem und städtischem Bad beobachten. Da das Erstere in der Erzählliteratur tendenziell nicht bewusst aufgesucht wird, fehlt dem Badenden – in Kontrast zum als Dienstleistung in Anspruch genommenen städtischen Bad – die Möglichkeit, sein *badhemd* (Helbl III,14; Wildon III,175) mitzubringen. Stattdessen wird ihm, wenn er nicht ohnehin zu Hause badet und daher seine Sachen zur Hand hat (KvWTroj_(K) 49533; PleierMel 824; UvLFrd 736,3), nach dem Bad ein *badlachen* (BitD_(Sch) 12433; MaiBea_(KMF) 2411; Parz_(L) 167,21; PleierTand 13435; Wigam_(B) 1235) gereicht, wenn er nicht gar die passenden Textilien als Geschenk erhält (Gauriel_(A) 3051; 3053). Aus der Dominanz des Wannenbades im höfischen Bereich lässt sich der nur dort zu beobachtende Einsatz von Rosenblättern zur Veredelung des Badewassers (Parz_(L) 166,26; UvLFrd 734,3–7) erklären, während bei Schweißbädern die Erwähnung eines *wadels (queste)*, eines Reisigbündels zum Schlagen und Bedecken des Körpers, (Helbl III,20; Wildon III,269; Parz_(L) 116,4; StrNB 67; WelGa 6686; Wh_(S) 436,10) typisch ist. Bedingt durch die weitreichende Palette angebotener Dienste im öffentlichen Bad findet dort auch eine entsprechende Vielzahl insignienhafter Utensilien wie das Aderlasseisen, die sogenannte *vlieme* (SachsLör 19; SachsStrat 151; StrAmis 2345), das Schermesser, das *scharsahs* (Helbl III,78; SachsLör 50), und die Seifen-*louge* (Helbl III,64; SachsHöll 89; SachsLör 5) Eingang in die Erzählung.[7]

3 Narrative Funktionen

Der Akt und zugleich auch der Ort des Badens sind wohl „durch das ganze Mittelalter hindurch" vor allem „moralisch fragwürdig" konnotiert.[8] Entsprechend verwundert es wenig, dass die Badestube auch aufgrund ihrer Hitze oftmals mit der → Hölle in Verbindung gebracht (SachsHöll 66–68; WelGa 6669–6796) und *baden* (im noch heutigen Sinne von ,baden gehen') als euphemistische Umschreibung für ,sterben' gebraucht wird (Wh_(S) 436,8). Auch Poggios berühmte Beschreibung des Badebe-

---

[7] Ein weitgehend vollständiger (und zur Übersicht in der Merkmalbeschreibung nicht berücksichtigter) Katalog dieser Badeutensilien liegt dem *Badertier* von Hans Sachs zu Grunde, wo ihre Aufzählung nicht die Funktion hat, „zu zeigen, wie eine wohleingerichtete Badestube auszusehen oder welchen Nutzen jedes Gerät hat, sondern [...] als Material für eine Maskerade" (Loleit 2008, 117) dient.
[8] Coxon 2008, 190.

triebs im schweizerischen Aargau, die nur unter Missachtung der „durch den literarischen Kontext konstituierte[n] Sinnperspektive [...] als realistische Schilderung der Badesitten oder aber als humanistische Inszenierung einer naturhaften Aussetzung der Alltagswelt verstanden werden" kann,[9] steht dem nicht entgegen. Polyvalenzen gewinnt der Assoziationsraum des Badens vielmehr durch „die Tradition der Wasserallegorese auf die Sünde (durch den Bezug auf die Sintflut) wie auch auf die Sündenbefreiung hin (durch den Bezug auf Taufe und rituelle Reinigung)"[10] sowie den sich in der Mitte des 15. Jh.s im deutschsprachigen Raum etablierenden balneologischen Diskurs,[11] dessen wachsender Einfluss vor allem in schwankhaften Badeszenen signifikant wird. Das öffentliche Badehaus als konkreter Ort ist zudem spätestens im 14. Jh. zum „Kristallisationspunkt des gesellschaftlichen Lebens" avanciert,[12] an dem erzählt[13] (WickRoll A1a) oder diskutiert (Helbl III,90–404) wird.

3.1 Baden als Teil höfischer *rites de passage*

Höfische Badeszenen lassen sich nahezu ausnahmslos an solchen Momenten der Handlung verorten, die eine strukturelle Scharnierfunktion einnehmen: Gebadet wird vor allem bei der Ankunft eines Helden oder einer Dame am Hof nach (Turnier-)Kämpfen (BitD_(Sch) 12380–12490; Gauriel_(A) 3038–3080; Krone 910–915; PleierMel 8661–8780; PleierTand 13323–13470; Wig 5974–5979), Gefangenschaft (Kudr_(BS) 1304–1307; UvZLanz_(H) 1849–1859) oder weiter Reise (Er_(C) 1534–1538; 3654–3662; MaiBea_(KMF) 2383–2426; Parz_(L) 165,13–168,19; PleierMel 8661–8780; Wig 693–717; 2739–2748; Wigam_(B) 1221a–1248). Der Ankömmling ist im Normalfall schmutzig, hungrig, verwundet, erschöpft sowie unangemessen gekleidet. Diesen „unhovebære[n]" (Er_(C) 3636) gilt es zunächst in einen adäquaten Zustand zu versetzen, ehe er (wieder) am höfischen Leben partizipieren kann. Ähnlich verhält es sich mit den Protagonisten aus Hartmanns *Iwein* und dem *Prosa-Lancelot*, deren Wahnsinn sie in

---

9 Fürbeth 1999, 278.
10 Fürbeth 2004, 39.
11 Vgl. Fürbeth 2004, 145. Zeugnis dafür liefert ebenfalls der um 1450 verfasste *Tractatus de balneis naturalibus sive termalibus* des Theologen Felix Hemmerli, der seine Schrift mit dem „Versäumnis der Mediziner zur Übernahme der eigentlich diesen zustehenden Aufgabe" (Fürbeth 2004, 127) legitimiert und den Missbrauch des Bades, das von Gott zur Heilung und nicht zum „falschen Genuss" (Fürbeth 2004, 141) sexueller Vereinigung geschaffen sei, kritisiert. Mit weniger theologischem, aber moralisch vergleichbarem Tenor zitiert Studt einen Traktat des Colmarer Stadtarztes Lorenz Fries von 1519 (vgl. Studt 2001, 33) – eine Beobachtung, die sich auf ironische Weise sehr gut mit Hans Sachs' *Bürgerin im Wildbad* deckt.
12 Studt 2001, 33. Vgl. dazu auch Fürbeth 1999, 267 f. und Loleit 2008, 11.
13 Poetologisch relevant wird das Erzählen im Bad in der Badefiktion Wolframs im *Parzival* (vgl. Tomasek 2001b) und im Venusbad Ulrichs von Liechtenstein (vgl. Liebertz-Grün 2010, 149 f.).

einen mit dem Höfischen inkompatiblen Zustand versetzt und die zu ihrer Heilung gebadet werden (Iw_(BLW) 3648–3651; Lanc_I_(KS) 1258,12–14). In beiden Texten dient das Bad als Schritt aus der „Liminalität des Akteurs, d[em] Durchlaufen der Bewältigungsphase",[14] zur Reintegration des Helden am Hof. Doch auch die primäre Integration des Helden vermittels Tugendprobe kann wie im *Wigamur* als Bad inszeniert sein: Hier fungiert die magische Badewanne, der Fels Aptor, zugleich als Tugendstein (Wigam_(B) 1135–1141), dessen entblößende Wirkung[15] sich in der Nacktheit des Badens potenziert.

Die meist nur formelhaft erzählten Schritte der Einkehr markieren als *rites de passage*[16] die Schwelle[17] vom Außenbereich (Wald, → Turnierplatz, → Schlachtfeld, Straße, → Gefängnis, etc.) zum Hof. Der *locus* des Badens als liminale Zone weist gleich einer → Grenze „selbst sensu strictu keinerlei Ausdehnung" auf,[18] hat aber doch Teil an beiden Räumen, die er erst definiert. Dies zeichnet sich vor allem am Spannungsverhältnis zwischen der Spärlichkeit narrativer Ausgestaltung höfischer Badeszenen und ihrer konzeptionellen Notwendigkeit an diesen Scharnierstellen ab. Gerade weil der Raum des höfischen Badens als Schwellenraum keine Ausdehnung aufweist, wird er für die Erzählung, in der er deskriptiv wenig ausgearbeitet ist, funktional.

3.2 Badeorte als Schutzzone und Gefahrenbereich

Mit dem Akt des Badens geht eine „unvermeidliche Nacktheit und Körperbezogenheit" einher,[19] die einen Raum bedingt, in dem Körper auf eine für mittelalterliche Erzählliteratur einzigartige Weise visibilisiert werden können. Diese „räumliche Intimität schlechthin" birgt jedoch Gefahren,[20] denen innerhalb der Handlung begegnet wird: In Thürings von Ringoltingen *Melusine* lässt Reymund seiner Gattin „zuo irer heymlikeyt" (TvRMel_(M) 96,31) eine Badestube erbauen. Diese Schutzzone befördert

---

14 Quast 2001, 118.
15 Vgl. Kellermann 2003.
16 Diese lassen sich nach van Gennep als „zeremonielle Sequenzen [...], die den Übergang von einer kosmischen bzw. sozialen Welt in eine andere begleiteten" (van Gennep 2005, 21), definieren. In der von ihm vorgenommenen Dreiteilung in *rites de séparation*, *rites de marge* und *rites d'aggrégation* ließe sich das Baden auf der ersten Stufe verorten. Schließlich wird der Badende in der Regel zunächst entwappnet, d. h. von Waffen und Rüstung als Kennzeichen des Außenbereichs separiert. Das auf das Bad folgende Einkleiden könnte man den *rites de marge* und das oft anschließende Mahl mit dem Herrscher den *rites d'aggrégation* zuordnen.
17 Schwelle sei im benjaminschen Sinne verstanden als „Zeichen für räumlich-topographische Zonen der Unentschiedenheit, bzw. des Übergangs jeglicher Art" (Parr 2008, 17).
18 Parr 2008, 12.
19 Coxon 2008, 190.
20 Coxon 2008, 190.

jedoch zugleich den voyeuristischen Anschlag ihres Gatten,[21] denn indem er ihren Rückzugsort kennt, weiß er, wo er sie beobachten kann. Außerdem kehrt Reymund die Funktion der Schutzvorrichtung um, indem er ein Loch in die „eysene tuer" (TvRMel_(M) 97,1) bohrt, durch welches er unbeobachtet in die Stube blicken kann. Die Sicherheit, in der Melusine sich wiegt und daher ihre wahre Gestalt offenbart, wird zur Gefahr für sie und führt später zum Unheil für das Herrscherpaar. Analog dazu ist auch die Verwandlung Angelburgs und ihrer Gefährtinnen im *Friedrich von Schwaben* an Ort und Zeit gebunden. Im „liehtesten brunnen" (FrSchw 545) verwandeln die drei Tauben sich täglich ab „mitter tag" (FrSchw 549) in Jungfrauen zurück und müssen dort nackt baden. Der Fluch ihrer Stiefmutter zwingt Angelburg darüber hinaus, den ersten, der sie nackt im Bade sieht, zu ehelichen. Dem entgegen steht die schwierige Zugänglichkeit des Wildbads und die Möglichkeit der Damen, rasch ihre Kleidung anzulegen, die explizit erwähnt wird („[u]nd kann euch verholen niemen ewer gewandt", FrSchw 575). Der *liehteste brunnen* stellt aus Friedrichs Perspektive die vorläufige Schluss-*âventiure* dar, einen Raum, den es zunächst zu erreichen gilt und an dem er daraufhin listig – unsichtbar durch das Zauberkraut – die Kleidung der Damen stehlen muss, um Angelburg zur Frau zu gewinnen.

Keinesfalls listig, dafür aber bedacht nähert sich der Protagonist in des Pleiers *Meleranz* dem Bad seiner späteren Geliebten Tydomie. Verdeckt durch ein „samîtes dach" (PleierMel 566) badet die Königin von Kamerie, während die „Anwesenheit der nicht sichtbaren und offensichtlich komplett entkleideten Frau durch die Sichtbarkeit ihrer abgelegten Kleidungsstücke geradezu spürbar gemacht" wird.[22] Meleranz reflektiert in einem Monolog die Konsequenzen gewaltsamen Eindringens: „diu würd vor scham nimmer frî [...] ouch wær mîn laster worden grôz" (PleierMel 734–737). Damit veranlasst er Tydomie, die Schutzzone aufzuheben, indem sie den Vorhang lüftet und ihn als Diener in ihr Bad integriert. Dass das Eindringen in die Schutzzone tatsächlich gravierende Folgen nach sich ziehen kann, zeigen Erzählungen wie die *32. Fazetie* Augustin Tüngers. Hier gerät der Protagonist, wenn auch unabsichtlich, in die Situation, ein Frauenbad zu stören und wird dafür bestraft. Nahezu diametral steht dem das Eindringen in die Badestube in des Strickers *Der nackte Bote* gegenüber, die sich als zum „wercgaden" (StrNB 63) umfunktionierter Raum herausstellt, in dem seine Nacktheit fehl am Platze ist.

Weniger die Nacktheit als vielmehr das damit einhergehende Ablegen der Waffen und Rüstung macht das Bad des Helden zum Gefahrenbereich. Am Beispiel des *Herzog Ernst* wird deutlich, dass auch in solchen Fällen ein bedachter Umgang mit dem Bad

---

21 Die Darstellung solcher Voyeurszenen im Bad ist legitimiert durch biblische Vorbilder „of Susanna and the Elders, of David and Bathsheba, both of which have the sanction of Scriptural authority to make them respectable subjects for depiction" (Scott 1980, 41). Die Szene zwischen David und Bathseba wird auch in der *Weltchronik* Rudolfs von Ems erzählerisch umgesetzt (RvEWchr 28631–28640).
22 Wandhoff 2003, 239.

vor Konsequenzen schützen kann. So bemerkt Ernsts Begleiter Wetzel, er „vürhte den tôt / hie âne wer enphâhen" (ErnstB_(B) 2732 f.), woraufhin die beiden unmittelbar nach dem Bad in die → Kemenate eilen. Erst das dortige Verweilen führt dazu, dass die beiden der Kranichmenschen gewahr werden, deren Bekämpfung schwere Verluste mit sich bringen wird. Das wohl prominenteste Beispiel einer unmittelbaren Gefährdung im Bad liefert Gottfried von Straßburg im *Tristan*. Der Schutzraum, den Isolde durchbricht, um Tristan zu erschlagen, konstituiert sich hier nicht durch die Architektur der Badestube, sondern vor allem *qua* „fride" (Tr_(R) 10220), den Isoldes Mutter dem vermeintlichen Spielmann gewährt hat, sowie durch dessen falsche Identität als Tantris. Dass letztere gerade in dem Moment durchschaut wird, als Tristan entblößt „in einem bade saz" (Tr_(R) 10149), ist sicher kein Zufall. Im *Heinrich von Kempten* Konrads von Würzburg betrifft die Gefahr des Badens nicht den Badeort selbst, sondern wird mit dem Helden gemeinsam auf einen anderen Ort, den Eingang einer Stadt, transferiert. Selbst geschützt badet der bei Kaiser Otto in Ungnade gefallene Heinrich „wol bedâht" (KvWHvK 538) in einem Zuber, von wo aus er einen Überfall der Bürger auf den Kaiser beobachten kann. Heinrich, der in Verkehrung der üblichen Visibilisierungsfunktion des Bades zum Voyeur aus dem Bad heraus geworden ist, muss Otto „nacket" (KvWHvK 585) zu Hilfe eilen. Durch diese Übertragung der Gefährdung, die von der Nacktheit des Badenden ausgeht, auf den Kampf gegen die Bürger kann Heinrich seinen Ruhm für die Rettungstat so weit steigern, dass er am Ende rehabilitiert wird. Tatsächlich tödlichen Ausgang nimmt das Bad Agamemnons im *Trojanerkrieg*. Die mit jedem Baden einhergehende Wehrlosigkeit wird hier noch durch ein präpariertes Badehemd „âne houbetloch" (KvWTroj_(K) 49534) gesteigert, das Klytaimnestra ihrem Gatten reichen lässt. Den darin blinden König zu erschlagen, der dagegen „keine were mohte gehân" (KvWTroj_(K) 49621), gelingt ihrem Geliebten Aigisthos schließlich ohne Probleme.

Doch nicht nur Leib und Leben, sondern auch der soziale Rang kann wie im Schwank *Der nackte Kaiser* Herrands von Wildonie im Bad auf dem Spiel stehen. Während Kaiser Gorneus, der vom rechten Weg abgekommen ist, nackt im Bad sitzt, kommt es zur Verwechslung, indem einem ihm an „lîp" und „stimme" (Wildon III,172) gleichenden Mann – einem Engel, wie sich am Ende herausstellen wird – beim Verlassen des Bades des Kaisers Kleider gereicht werden. Als dieser nun sein Bad beendet, ist der Hofstaat bereits mit dem Doppelgänger abgezogen und Gorneus, der sich nicht mehr als Kaiser ausweisen kann, muss vorerst nur mit dem *wadel* (Wildon III,269) bekleidet als Bettler sein Dasein fristen. Erst als er sein Verfehlen als Kaiser einsieht, erhält er von dem Engel seine Identität zurück und herrscht fortan wie ein Heiliger.[23] Die riskante Nacktheit im Bade kann jedoch auch als Chance genutzt werden, wenn die Standesinsignien nicht abgelegt werden, sondern gänzlich fehlen. So beginnt

---

23 Die zentrale Funktion der Badestube lässt sich in der „arithmetische[n] Struktur" (Wagner 2009, 224) dieses Märe besonders deutlich zeigen.

der Wiederaufstieg des nach einem Schiffsunglück mittellosen Königs Apollonius in Heinrich Steinhöwels *Apollonius* im Badehaus von Pentapolim, wo er die Gunst des Königs Archistrates, des Vaters seiner späteren Frau, zunächst durch sein Ballspiel und später als geschickter Badeknecht gewinnt. Die Betonung seiner unangemessenen Bekleidung für das daraufhin angesetzte gemeinsame Mahl mit dem König zeigt, dass ihm der Kontakt nur deswegen möglich war, da er seinen zerschlissenen Rock, gewissermaßen die Insignie seiner Armut, beim Betreten der Badestube abgelegt hatte. Das Motiv des Aufstiegs eines Badeknechts zu dem ihm aufgrund seines Äußeren zustehenden hohen Rang begegnet auch in Hans Sachs' *Der padknecht*, wo ein Kaufmann in der Badestube auf einen „purgers sun" (SachsBk 1) aufmerksam wird und ihm rät, sich eine bürgerliche Geliebte zu suchen und von ihr aushalten zu lassen („[d]ie geb dir gelt und huelff dir aus", SachsBk 7). Diese „puebisch ler" (SachsBk 58) des Kaufmanns führt jedoch nur dazu, dass der Badeknecht mit dessen Frau eine Liaison eingeht, woraufhin der Kaufmann sein eigenes Haus samt „hueren und pueben" (SachsBk 54) in Brand setzt. „Die identitätsstiftende Kraft des Leibes", die Winst für den höfischen Roman skizziert, resultiert in diesen drei Texten weniger aus dem „identitären Defekt"[24] der Figuren, sondern ist *qua* legitimer Nacktheit in der Badestube produktiv – im *Apollonius* nahezu strategisch – inszeniert.

3.3 Schwänkische Spielarten und Pervertierungen des Badens

Beinahe jeder Aspekt der Badestube kann Gegenstand einer Verkehrung werden, die in Schwänken ganze Textstrukturen zu definieren vermag. Beispiele solcher Lörleinsbäder[25] liefert vor allem Hans Sachs mit dem *Lörles-Bad*, dem dritten der *Drei Schwänke des Harfenschlägers Stratonicus* und dem *Höllenbad*. Letzteres kombiniert das Muster mit einer ausufernden Moraldidaktik, indem jeder Station der Hölle, die wie pervertierte Stationen eines Badehauses aufgebaut sind, ein Katalog der dort bestraften Sünder beigestellt ist. Ähnlich funktioniert auch im *Welschen Gast* die Schilderung der Strafe, welche „tœrsche herre[n]" (WelGa 6657) und ihr Gefolge zu erwarten haben, denen ihre Sündhaftigkeit in einem höllischen Schwitzbad vom Leib gepeitscht wird. Gemeinsam ist diesen Texten die Freude am Detail, mit welcher der in seiner Alltäglichkeit als bekannt vorauszusetzende Badebetrieb parodiert wird. Auch balneologisches Wissen ist vor dieser Verkehrung nicht gefeit: So sucht der Pfaffe Amis einen Arzt auf, dem er von der „tobesuht" (StrAmis 2232) seines Kontra-

---

24 Winst 2008, 339.
25 Der Begriff hat „ein relativ weites Bedeutungsspektrum: ‚Lörleinsbad' wird z. B. im 62. Kapitel von Murners *Narrenbeschwörung* als Bezeichnung für die Hölle verwendet, was der Ineinssetzung von Narrheit und Sünde entspricht; das ‚Lörleinsbad' ist jedoch auch ein Bad, in dem es närrisch zugeht, ein Bad, wie es nicht sein soll" (Loleit 2008, 111).

henten, eines Kaufmanns, erzählt, welche der Arzt behandeln solle. Der Kaufmann wird daraufhin geschoren und so lange zu heiß gebadet, bis er alle Lügen des Pfaffen, inklusive derjenigen über seine angebliche Krankheit, bestätigt. Auch Baden in Menschenblut[26] verspricht auf fragliche Weise Heilung. Während solches im *Silvester* Konrads von Würzburg nur von „meister[n]" (KvWSilv 1035) angeraten und vorbereitet wird, der Protagonist sich im letzten Moment jedoch aus Mitleid gegenüber den dafür zu opfernden Kindern zur „milte" (KvWSilv 1051) entscheidet und dafür himmlische Heilung erfährt, badet der *sieche* Sirenenmann im *Daniel von dem Blühenden Tal* tatsächlich ein Jahr lang wöchentlich im Blut der Bewohner der Grünen Aue. Diese werden vom Siechen entgegen der Motivtradition[27] zum Blutopfer gezwungen, weswegen Daniel ihm gemäß der *âventiure* Einhalt gebieten muss.

Gerade in Schwänken ermöglicht die häufig zu beobachtende (In-)Visibilisierungsfunktion des Bades zahlreiche Spielarten. In der Voyeurszene *Das schöne Bad* tritt an die Stelle der erwarteten *descriptio pulchritudinis* einer der schönen Badenden die Beschreibung einer besonders hässlichen Frau, die deren Konventionen gerade durch strikte Einhaltung parodiert. In Heinrich Kaufringers Schwank *Chorherr und Schusterin* hingegen ist es die Badende selbst, die ihren Gatten aus dem verdeckten Zuber, in dem sie sich mit ihrem Buhlen vergnügt, zum Beobachten des Ehebruchs einlädt. Dieser bleibt jedoch gerade durch die geforderte Aufdeckung verborgen, da sie dem nahenden Schuster, der das Manöver für einen „spot[]" (KaufChor 50) seiner Gattin hält, Seifenwasser in die Augen spritzt, worauf dieser sich in seiner Annahme bestätigt fühlt und die beiden unbehelligt fortfahren lässt. Auch in Hans Sachs' *Der Buhler im Bad* führt die vermeintliche Offenbarung des Ehebruchs dazu, dass dieser im Bestreben ihn zu vereiteln, erst ermöglicht wird. Um die treue Ehefrau Katerina zum Ehebruch zu bewegen, ersinnt Richardus eine List: Er gibt vor, seine eigene Ehefrau habe ein Verhältnis mit Katerinas Gatten und die beiden seien „umb nonzeit" (SachsBiB 15) zum gemeinsamen Bad in einem „finstren kemerlein" (SachsBiB 17) verabredet, wo Katerina ihren Platz einnehmen könne, um ihren angeblich untreuen Ehemann zu stellen. Statt seiner nimmt Richardus den Platz in der Wanne ein und Katerina vollzieht mit ihm im Glauben, es handle sich um ihren Gatten, den Ehebruch. Beide Schwänke spielen auf unterschiedliche Arten mit der sprichwörtlichen Funktion des Bades, *locus* der Buhlschaft zu sein.[28]

---

26 Vgl. Martin 1987, 834 f.
27 Zum Blutopfer vgl. Mertens 2007, 211.
28 Vgl. Loleit 2008, 82.

ATF, BitD_(Sch), Er_(C), ErnstB_(B), FrSchw, Gauriel_(A), Helbl, HStAp_(T), Iw_(BLW), KaufBürg, KaufChor, Krone, Kudr_(BS), KvWHvK, KvWKD_32, KvWSilv, KvWTroj_(K), Lanc_I_(KS), OvWLied_(K), MaiBea_(KMF), Parz_(L), PleierMel, PleierTand, Ring_(WB), RvEWchr, SachsBiB, SachsBk, SachsHöll, SachsLör, SachsSchöB, SachsStrat, StrAmis, StrDan, StrNB, Tr_(R), TvRMel_(M), UvLFrd, UvZLanz_(H), WelGa, Wh_(S), WickRoll, Wig, Wigam_(B), Wildon

→ Burg, Schloss, Hof; → Garten, Baumgarten; → Gefängnis, Orte der Gefangenschaft; → Grenze; → Haus, Hütte; → Heide, Aue, *plaine*; → Himmel, Hölle; → Kemenate, Gemach, Kammer; → Kirche, Kathedrale, Münster, Kapelle, Kloster, Tempel; → Schlachtfeld, Turnierplatz; → Stadt, Markt, Platz; → Tor, Tür, Treppe, Fenster; → Wald, Lichtung, Rodung, Baum; → Weg, Straße, Pfad

Franziska Hammer
Brücke

1 Begriffsbestimmung – 2 Merkmale der Darstellung – 2.1 Materialität und technische Konstruktion – 2.2 Beständigkeit – 2.3 Lokalisierung – 2.4 Formen der narrativen Erzeugung – 3 Narrative Funktionen – 3.1 Brücke als Ort der Begegnung – 3.2 Brücke als Ort der Initiation – 3.3 Brücke als Ort der *âventiure* – 3.4 Brücke als Ort des Übergangs in eine Anderswelt/Jenseitsbrücken – 3.5 Resümee zur narrativen Funktionalisierung

1 Begriffsbestimmung

Die Brücke ist ein Bauwerk, das der Überwindung von Hindernissen, insbesondere naturgegebenen wie → Flüssen oder → Tälern, dient.[1] Unter den in diesem Band vorgestellten Örtlichkeiten tritt sie einerseits in ihrer Spezifik als Artefakt im Sinne einer handwerklichen Konstruktion, andererseits als eigentümliches Amalgam von aristotelisch begriffener Örtlichkeit und dynamisch konstituierter Passage hervor. So verstanden ist die Brücke ein geschaffener Ort, für den das Moment der transgressiven Bewegung – im Sinne der Überschreitung räumlicher → Grenzen – konstitutiv ist.

Als lexikalische Ausdrücke für Brücke finden sich in der mhd. Erzählliteratur die Wörter *brücke*, *brucke* und *brügge* (alle f.).[2] Etymologisch wird *brücke* zumeist zurückgeführt auf germ. **brugjo*, welches wiederum im Zusammenhang gesehen wird mit idg. **bhru*, was soviel wie ‚Balken' oder ‚Prügel' bedeutet. Gestützt wird diese etymologische Herleitung durch die im Germ. zuerst nachweisbare Verwendung im Sinne von ‚Knüppeldamm als Uferbefestigung'. *Brücke* bezeichnet damit dem ursprünglichen Wortsinn nach ein ‚Balkenwerk' bzw. eine ‚Plattform aus Holz'.[3] Tatsächlich sind die ersten Brücken vermutlich über einen Wasserlauf gelegte Baumstämme, Bretter oder Bohlen, auf welchen man das Wasser übersteigen kann.[4]

Um das semantische Feld abzustecken, wird Brücke zunächst als historisches Phänomen in den Blick genommen: Bis zur Spätantike lassen sich sowohl Holz- wie auch Steinbrücken nachweisen, die sich einfügen in das umfassende System des römischen Straßennetzes, welches vor allem im Dienst der Nachrichtenübermittlung und des raschen Personentransports steht, wohingegen der Gütertransport hauptsächlich über die Binnenschifffahrt abgewickelt wird. Dies ändert sich grundlegend im späten 11. und frühen 12. Jh., als Verbesserungen am Pferdegeschirr und im Wagenbau neue

---

[1] Vgl. Maschke 1999, 724.
[2] Vgl. BMZ 1, 266.
[3] Vgl. Pfeifer 1993 1, 174.
[4] Vgl. DWB 2, 414.

Möglichkeiten des Transports eröffnen und die Flussübergänge damit einen höheren wirtschaftlichen und politischen Stellenwert bekommen.[5] Vorherrschend sind zu dieser Zeit Holzkonstruktionen;[6] die älteste erhaltene deutsche Steinbrücke ist die Steinerne Brücke in Regensburg, die von 1135 bis 1146 erbaut wird.[7] Ausgehend von ihrer Funktionalität in historischen Alltagspraktiken lässt sich die Brücke im europäischen Mittelalter drei zentralen (Lebens-)Bereichen zuordnen, die sich in dieser Verknüpfung auch in Erzähltexten wiederfinden:

1. Brücke und Herrschaft: Brücken markieren häufig eine territoriale Abgrenzung, indem an ihnen das Geleitrecht endet. Dabei haben Brücken über Grenzflüsse häufig neutralen Charakter, sodass auf ihrer Mitte diplomatische Verhandlungen geführt werden können. Zugleich spielen Brückenbau und Brückenabriss als Mittel der Absicherung herrschaftlicher Ansprüche im Kontext der Territorienbildung und -verteidigung (→ Land) eine zentrale Rolle. Rechtliche Funktion hat die Brücke als Ort der Rechtsprechung (Brückengericht) wie auch als Richtstätte für den Strafvollzug (Henkersbrücke).[8]

2. Brücke und Handel: Brücken haben nicht nur für den Fernhandel, dessen Förderung und Lenkung große Bedeutung. Die Brücke kann in enger topographischer Verbindung zum kommerziellen Zentrum der → Stadt, dem Marktplatz, stehen, indem sie die Käufer den Verkäufern zuleitet, oder sie kann selbst zum → Markt werden (Krämerbrücke).

3. Brücke und Kirche/christlicher Glaube: Brückenbau gilt als allgemeiner Akt christlicher Nächstenliebe und kann unter der Losung ‚einer trage des anderen Last' in das Ablasswesen integriert und darüber finanziert werden. Zudem fördert der Brückenbau das Pilgerwesen. Nicht selten werden auf Brücken → Kapellen errichtet, die zumeist dem heiligen Nikolaus, dem Patron der Schiffer und Kaufleute, geweiht sind. So kann die Brücke zum Wallfahrtsort werden.[9]

Aus diesen historischen Funktionszusammenhängen, in denen die Brücke zur Entstehungszeit der volkssprachigen mhd. Erzählliteratur steht, ergibt sich ihr weit-

---

5 Vgl. Ellmers 1995, 286.
6 Brückenformen sind Balken-, Bogen- und Zugbrücken (vgl. Maschke 1999, 724). Neben den technischen Herausforderungen – Brückenbauer, welche die Bautechnik beherrschen, sind durchaus rar – ist vor allem die Finanzierung von Brückenbau und Brückenreparaturen ein problematischer Faktor. Immer wieder berichten Chroniken von gebrochenen oder eingestürzten Brücken, deren Reparaturen oder Neubau immense Kosten verursachen. Getragen werden diese Kosten sowohl von weltlich-kommerziellen Interessengemeinschaften als auch kirchlicher Seite im Rahmen von Stiftungen und des Ablass-Systems (vgl. Maschke 1999, 728).
7 Vgl. Sachwörterbuch der Deutschkunde 1, 191.
8 Vgl. Maschke 1977, 291. Literarische Bezüge zur Verknüpfung von Brücke und Herrschaft finden sich besonders ausgeprägt im Antikenroman – prominentestes Beispiel ist die Brücke über den Euphrat, die Alexander bauen und nach dem Übergang einreißen lässt.
9 Die Verbindung von Brücke und Religion bzw. christlichem Glauben ist vor allem für die Visionsliteratur, aber auch für die Artusepik wesentlich.

reichendes, semiotisches Potenzial. Der Blick auf die deutschsprachige Erzählliteratur von ihren Anfängen bis ins 16. Jh. zeigt, dass die Brücke als literarisches Motiv in allen Gattungen vertreten ist.[10] Ausgehend vom abnehmenden Grad externer, historischer Referentialität lassen sich folgende grobe Schneisen hinsichtlich der Verteilung in den erzählenden Gattungen schlagen:

Die deutschsprachige Chronistik des Mittelalters weist eine beachtliche Anzahl von Brückendarstellungen auf (*Kaiserchronik* [M. 12. Jh.], die *Weltchronik* des Jans Enikel [2. H. 13. Jh.], *Pulkava Chronik* [A. 14. Jh.], *Steirische Reimchronik* [A. 14. Jh.], *Di tutsch kronik von Behem lant* [1330–1346]).

Eine zentrale Rolle spielt das Brückenmotiv in den Antikenromanen und dabei insbesondere in der Alexanderdichtung (*Vorauer Alexander* des Paffen Lambrecht [letztes V. 12. Jh.], Heinrichs von Veldeke *Eneasroman* [1170–1180], *Straßburger Alexander* [A. 13. Jh.], Rudolfs von Ems *Alexander* [zw. 1220 u. M. 1250er Jahre], Konrads von Würzburg *Trojanerkrieg* [1280er Jahre], Ulrichs von Etzenbach *Alexander* [letztes D. 13. Jh.], *Wernigeroder Alexander* [vor 1397]).

Hingegen findet das Brückenmotiv in der Helden- und Brautwerbungsepik eine in seiner semantischen Vielfalt vergleichsweise eher schmale und sparsame Verwendung (*König Rother* [12. Jh.], *Rolandslied* [um 1172], *Die Klage* [1200–1210], *Dietrich und Wenezlan* [1. H. 13. Jh.], *Ortnit* [1. H. 13. Jh.], *Wolfdietrich A* [um 1230], *Wolfdietrich B* [1. H. 13. Jh.], *Wolfdietrich D* [2. H. 13. Jh.], *Biterolf und Dietleib* [um 1260], *Dietrichs Flucht* [13. Jh.], *Alpharts Tod* [1250–1280], *Virginal* [M. 13. Jh.], *Der Wunderer* [13. Jh.]).

Ebenfalls vergleichsweise selten ist das Brückenmotiv in der Fürsten- und Herrschaftsepik (*Herzog Ernst B* [A. 13. Jh.], *Reinfrit von Braunschweig* [nach 1291], Johanns von Würzburg *Wilhelm von Österreich* [1314]) sowie im Liebes- und Abenteuerroman (Konrads von Würzburg *Partonopier und Meliur* [1277]) anzutreffen.

Ein schillerndes Panorama unterschiedlichster, teilweise textspezifischer narrativer Funktionalisierungen des Brückenmotivs bietet hingegen die Artus- und Gralsepik (Hartmanns von Aue *Der arme Heinrich* [1180–1205] und *Iwein* [1180–1205], Ulrichs von Zatzikhoven *Lanzelet* [um 1200], Wolframs von Eschenbach *Parzival* [1200–1210] und *Willehalm* [1210–1220], Gottfrieds von Straßburg *Tristan* [um 1210], Wirnts von Gravenberg *Wigalois* [um 1220], Heinrichs von dem Türlin *Die Krone* [zw. 1215 u. 1230], *Wigamur* [um 1250], *Prosa-Lancelot* [ab M. 13. Jh.], *Lohengrin* [1283–1289], Albrechts *Jüngerer Titurel* [zw. 1260 u. 1273], Ulrichs von Türheim *Rennewart* [nach 1243] sowie die sogenannten nachklassischen Artusromane des Pleiers *Garel von dem blühenden Tal*, *Tandareis und Flordibel* [beide 1240–1270] und *Gauriel von Muntabel* [um 1250]).

In didaktischen Texten wie Thomasins von Zerklaere *Der welsche Gast* [um 1215] oder Visionsliteratur wie Mechthilds von Magdeburg *Das fließende Licht der Gottheit*

---

10 Neben den literarischen Gattungen werden in diesem Beitrag auch chronikale Texte und Visionsliteratur berücksichtigt, die gleichsam an den Rändern eines engen Literaturbegriffs stehen.

[um 1250] wie auch in Heinrich Seuses *Briefbüchlein* [um 1362/1363] findet das Brückenmotiv hingegen ausschließlich in übertragener Bedeutung und jeweils in ganz eigenen Semantisierungen Verwendung, die weit über allgemeine Redensarten hinausgehen. Eine Ausnahme bildet dabei das Motiv der Jenseitsbrücke im Zuge der Jenseitsreisen (*Visio Tnugdali* [um 1250]). Hinsichtlich der textexternen Referentialität ihrer Brückendarstellungen lassen sich diese Texte gleichsam am anderen Ende des Spektrums verorten und bilden damit den Gegenpol zur Verwendung des Motivs in der Chronistik.[11]

2 Merkmale der Darstellung

Brücken in der mittelalterlichen, volkssprachlichen Literatur lassen sich hinsichtlich ihrer Darstellung nach drei Gesichtspunkten klassifizieren: 1. Materialität bzw. technische Konstruktion, 2. Beständigkeit, 3. Verortung.

2.1 Materialität und technische Konstruktion

Was die Materialität betrifft, lassen sich in erster Linie Holz- und Steinbrücke voneinander unterscheiden. Insbesondere für die Holzbrücke gilt dabei, dass die verwendeten Ausdrücke für das Material sehr variantenreich sind. Während es in Konrads von Würzburg *Trojanischem Krieg* schlicht heißt: „von holze wart ein strâze wît / gemachet über an daz stat" (KvWTroj_(K) 25464 f.), verwenden andere Texte verschiedenste Bezeichnungen der hölzernen Bauteile wie z. B. *holzwerk*, *boume*, *hurden*, *trâme* oder *dielen* (Ottok 1086; Virg_(Z) 188,8; PulkChr 107,3; Lanc_I_(K) 6,3; 502,12). In Pleiers *Tandareis und Flordibel* wird die Holzbrücke in ihrer Gebrechlichkeit gezeigt, wenn von einer Brückenüberquerung Tandareis' berichtet wird, während derer „under im ein dil zerbrach" (PleierTand 10223). Dabei steht die relative Flexibilität der hölzernen Brückenkonstruktion nicht *per se* für eine Gefährdung, sondern sie kann auch strategisch zu Verteidigungszwecken genutzt werden wie bspw. in Konrads von Würzburg *Partonopier und Meliur*, wo es heißt: „der küene und der genaeme / kêrte dô ze sînen sünen. / die heten breter unde bünen / ab der brücken dô genomen, / durch daz kein heiden möhte komen / dar über mit gewalte" (KvWPart 20500–20505). Insbesondere die Chroniken berichten vergleichsweise häufig von Holzbrücken. Die einzelnen hölzernen Bestandteile geraten auch hier vor allem dann in den Blick, wenn die Holzbrücke in ihrer Gefährdung bzw. Rekonstruktion gezeigt wird: Die *Pulkava Chronik*

---

11 Dabei ist zu beobachten, dass die Visionsliteratur nahezu ausschließlich das Lexem *steg* anstelle von *brücke* verwendet und damit nicht nur das Moment des Übergangs, sondern zudem eine besondere Wegform (→ Weg) fokussiert.

beschreibt, wie das Hochwasser der Moldau bis „an dy obersten tram der prucken rurt" (PulkChr 107,3). Auch der Bericht vom Wiederaufbau einer zerstörten Brücke erwähnt die benötigten Holzbalken. Werden dabei nicht „nutze tram" (PulkChr 118,26 f.) verwendet, dann ist die Brücke „gemacht von schlechten holtzern" (PulkChr 145,4) und droht bei hoher Belastung nachzugeben.

Seltener als die Holzbrücke trifft man auf die Steinbrücke. Auch hier steht die bloße Bezeichnung, wie bspw. „eine brükke steinîn grôz" (Parz_(L) 354,6) oder eine „staynene prucken" (PulkChr 127,20), der Beschreibung ihrer Bestandteile gegenüber, die vor allem dort begegnet, wo der Brückenbau thematisiert wird. Dabei sind die Ausdrücke für die Bestandteile wesentlich weniger variantenreich als bei Holzbrücken; in der Regel ist nur die Rede von *steinen* (En_(EK) 4099; Rennew 35561 f.).

Der Blick auf die Brückendarstellungen der mhd. Erzählliteratur zeigt, dass die Beschreibungen die Materialität vergleichsweise selten explizieren. Sie rückt für gewöhnlich dann in den Fokus, wenn die Brücke als Artefakt in ihrer Konstruktion bzw. Dekonstruktion thematisch wird. Eine markante Ausnahme bilden Brücken aus besonderen, wertvollen Materialien. Hier hat das Material selbst einen spezifischen Aussagewert. Als Beispiel ist die Marmorbrücke zu nennen, die sich Partonopiers Anblick im Rahmen der Turmschau bietet (KvWPart 2358 f.). Eindrücklich ist auch die gläserne Brücke im *Wolfdietrich B* (WolfdB_(AJ) 643,2) – noch kunstvoller ausgeformt findet sich diese im *Wolfdietrich D*, wo die gläserne Brücke von Marmorsäulen getragen wird (WolfdD_(AJ) VI,14). In ihrer Materialität ein Unikum ist die Schwertbrücke, die motivgeschichtlich unauflöslich mit der *Lancelot*-Tradition verbunden ist. Sie gilt als eine Schöpfung Chrétiens de Troyes und bezeichnet als *pont de l'espee* einen Steg, der aus einem einzigen riesigen, sehr scharfen Schwert besteht. Die „brucke [...] von dem Swerte" (Lanc_I_(K) 624,16 f.), wie sie im *Prosa-Lancelot* heißt, lässt sich in ihrer Materialität als Superlativ einer gefährlichen Brücke lesen, wobei sich die Gefährlichkeit gerade nicht aus der Gebrechlichkeit des Materials, sondern vielmehr aus ihrer unnachgiebigen Stabilität und Schärfe ergibt. Ein weiteres Spezifikum der *Lancelot*-Tradition ist die einzige Alternative zur Schwertbrücke: die Unterwasserbrücke, die sich gleichsam durch die Abwesenheit von Materialität auszeichnet und folgerichtig auch als „Verlorne Brucke[n]" (Lanc_I_(K) 609,15) bezeichnet wird.[12]

Abgesehen von ihrer Materialität kann der Konstruktionscharakter einer Brücke jedoch auch durch andere Darstellungsmittel expliziert werden. Dabei lassen sich wiederum verschiedene Konstruktionstypen differenzieren: die statische Brücke und

---

12 Eine detaillierte Beschreibung der ‚Verlorenen Brücke' gibt der *Prosa-Lancelot* nicht – die Brücke bleibt vielmehr auch im nachträglichen Bericht zu Gawans Überquerung ausgespart und damit auch für den Rezipienten gleichermaßen unsichtbar wie für Gawan. Das Motiv der Unterwasserbrücke ist nicht auf die *Lancelot*-Tradition beschränkt, sondern greift über diese hinaus und scheint sich dabei an die Gawan/Gawein-Figur anzulagern, so finden sich in der *Krone* zwei Brückenepisoden, in denen Gawan droht zu ertrinken (Krone 21319–21342; 27495–27677).

die Zug- oder Fallbrücke. Die statische Brücke wird dabei meist nicht näher charakterisiert, sondern lediglich passiert. Im Gegensatz dazu ist die Zug- oder Fallbrücke eine bewegliche Konstruktion, die mithilfe einer mechanischen Vorrichtung hoch- und runtergeklappt wird.[13] Dieser Brückentypus kann entweder direkt benannt werden als „zogebrucke" (UvEtzAlex 15428), als „valbruggen" (En_(EK) 7125) sowie als „slagpruck" (WndD 109,3) oder aber über die Handlung als solche spezifiziert werden, indem der Öffnungs- und Schließprozess erzählt wird (Virg_(Z) 685,10; 697,1). Eine detaillierte Beschreibung einer Zugbrücken-Konstruktion gibt die *Krone* Heinrichs von dem Türlin (Krone 14583–14597). Die Zugbrücke ermöglicht die Kontrolle über den Zugang – meist zu einer Burganlage. Eine hochgezogene Zugbrücke erfordert die Bitte um Einlass (Parz_(L) 225,29; 226,30); nur rohe, übermenschliche Gewalt kann den Zugang über die Zugbrücke ohne Einwilligung von außen erzwingen, wie sich im *Rennewart* Ulrichs von Türheim zeigt: „so zorn daz den risen wart / daz sie gein der porten giengen / und beide die ketenen viengen, / und zucten sie so vaste / daz diu brugge nider blaste" (Rennew 30610–30614; vgl. auch Reinfr 25588 f.). Beantwortet wird ein solcher Angriff auf die Zugbrücke im *Reinfrit* durch das gewaltsame Herunterlassen eines Falltors, sodass die Brücke unter den Angreifern zusammenbricht: „daz valletor was sô geriht / daz ez ûf die bruggen sluoc, / und von der swaere sô ez truoc / diu brugge alle gar zerbrast" (Reinfr 25617–25620). Ähnlich wirkungsvoll ist ein unerwartet plötzliches Hochziehen der Zugbrücke, über das in Wolframs *Parzival* das Scheitern des Protagonisten auf der → Gralsburg noch einmal abschließend vor Augen geführt wird: „niht langer er dô habte, / vast ûf die brükke er drabte. / ein verborgen knappe'z seil / zôch, daz der slagebrükken teil / hetz ors vil nâch gevellet nidr" (Parz_(L) 247,19–23).[14] Einen Sonderfall in diesem Spektrum statischer und dynamischer Brückenkonstruktionen bildet die Hängebrücke, die sich gleichsam als verunsicherte Variante der statischen Brücke zeigt: Im *Parzival* wagt sich der Protagonist über eine schwingende „brücke âne seil: / diun was vor jugende niht sô geil" (Parz_(L) 181,9 f.).

Während alle bisher aufgeführten Beispiele eine relativ homogene Materialität und in den meisten Fällen textextern referentialisierbare Konstruktionen aufweisen, begegnen insbesondere in der Alexanderdichtung außergewöhnliche Brückenkonstruktionen, die verschiedene Materialien und Konstruktionstypen amalgamieren. Diese Brücken werden immer im Prozess ihrer Entstehung und damit als spontane Innovation gezeigt: So wird im *Alexander* Rudolfs von Ems geschildert, wie man

---

[13] Als ein Sondertypus der Zug- oder Fallbrücke kann die Schiffsbrücke betrachtet werden, die ebenfalls eine dynamische Holzkonstruktion ist, jedoch nicht den Zugang zu einer Burganlage o. Ä. regelt, sondern das Besteigen bzw. Verlassen eines Schiffes ermöglicht (KvWPart 632–635; Tr_(R) 13365–13371).

[14] Eine auffallend ähnliche Szene findet sich in der *Krone*, als Gawein die menschenleere → Burg ebenfalls unverrichteter Dinge verlässt (Krone 28926–28934).

Baumstämme und große Steine im → Fluss versenkt, um auf dieser Grundlage „starce vlôzbrücken" (RvEAlex 9011) zu errichten, die man miteinander vertäut.[15] Häufig spielen bei diesen amalgamierten Konstruktionen → Schiffe im wörtlichen Sinne eine tragende Rolle: „mit kreften sie bunden / ie zwei schif an ein ander / der herzog Clêander / ûf diu schif wol brücken hiez, / ein tülle man darumbe stiez, / von dicken taveln hülzîn" (RvEAlex 9186–9191).[16] Die mit Abstand prominenteste dieser komplexen Konstruktionen ist die Hängebrücke, die Alexander über den Euphrat errichten lässt (RvEAlex 10882–10895).

2.2 Beständigkeit

Ein weiteres Klassifikationskriterium von literarischen Brückendarstellungen ist die Beständigkeit der Brücke im Handlungsverlauf, die sich auf der Basis der Unterscheidung Uta Störmer-Caysas zwischen Ortsfestigkeit und Sprossräumlichkeit bestimmen lässt. Als Gegensatz zur Ortsfestigkeit lässt sich Sprossräumlichkeit fassen als ein Charakteristikum der Raumdarstellung volkssprachlicher Erzählliteratur des Mittelalters, wobei Raumelemente „bei Bedarf plötzlich aus dem Text [schnellen]" können.[17] Sprossräumlichkeit kann dabei entweder als raumschaffende Potenz des Protagonisten gezeigt werden oder aber als Ausweis einer andersweltlichen Umgebung (→ Anderswelten) sein.

Für die Ortsfestigkeit einer Brücke spricht, wenn sie mehrmals im Handlungsverlauf aufgesucht werden kann, entweder von ein und derselben Figur oder von unterschiedlichen Figuren. Ein Beispiel für eine solche ortsfeste Brücke findet sich im *Prosa-Lancelot*: Gawan erkämpft sich den Zugang zur „bruck von Yrlant" (Lanc_I_(K) 443,4). Nach gewonnenem Kampf erhält er die Schlüssel zum Wachturm der Brücke und sein Sieg wird auf einer Steintafel verewigt, auf der jene Ritter aufgezählt sind, die den Zugang ebenfalls erfolgreich erzwungen haben.[18] Auch Hector will darauf-

---

[15] Das mhd. Lexem *vlôzbrücke* ist nur in diesem Text belegt.
[16] Diese Brückenkonstruktion erinnert an eine Szene im *Nibelungenlied*, in welcher Etzel, als er seine Braut Kriemhild in sein Land führt, mehrere Schiffe vertäuen lässt, um die Donau zu überqueren (NibAB_(BBW) 1378). Diese Technik nennt sich Schwabeln (vgl. Panzer 1951, 107) und ist auch in der *Pulkava Chronik* belegt (PulkChr 117,24–26).
[17] Störmer-Caysa 2007, 71. Im Blick auf Raum und Landschaft beobachtet Störmer-Caysa, „dass Raumkontinuität nur temporär entsteht, im Moment der erzählten Bewegung". Sie fasst diese Eigenart der Raumdarstellung auch im Terminus der ‚biegsamen Landschaft' (vgl. Störmer-Caysa 2007, 70): „Der Raum breitet sich wie ein Teppich unter der Aventiure aus und rollt sich mit ihr wieder ein" (Störmer-Caysa 2007, 75).
[18] Gawans Brückenkampf reiht sich ein in einen größeren ‚historischen' Zusammenhang, der in einer Aufzählung derjenigen, die den Zugang zur Brücke von Norgales ebenfalls im Kampf errungen haben, skizziert wird (Lanc_I_(K) 445,14–18).

hin den Kampf um die Brücke antreten; rechtzeitig erkennt Gawan den Herausforderer, ergibt sich und lässt Hectors Namen ebenfalls auf der Steintafel aufschreiben (Lanc_I_(K) 442,24–447,28).[19]

Ein Beispiel für eine Anderswelt-markierende Sprossräumlichkeit von Brückendarstellungen bietet der *Wolfdietrich B*, wenn der Held sich anstelle einer rosenbedeckten Heide am darauffolgenden Tag plötzlich einem → See gegenübersieht, über den eine gläserne Brücke führt, die, als er sie mit seinem Pferd überqueren will, vor und hinter ihm plötzlich zusammenbricht (WolfdB_(AJ) 641–643). Die Biegsamkeit der Landschaft kann dabei hinsichtlich der Brückendarstellungen durchaus wörtlich genommen werden, da sich die Instabilität nicht nur auf die Tragfähigkeit, sondern ebenso auf die Form einer Brücke beziehen kann. So ist die Andersweltlichkeit der Brückenkonstruktion im *Wolfdietrich D* insbesondere dadurch markiert, dass die Brücke während des Übergangs schmaler wird: „Dô er kam ûf daz wazzer, diu brück wart im ze smal: / dô moht Wolfdietrîch niergen komen über al" (WolfdD_(AJ) VI,207,1 f.). Dieses in der mhd. Erzählliteratur relativ seltene Motiv der veränderlichen Brücke ist vorgeprägt in der Visionsliteratur, wo die Brücke ins Jenseits (→ Himmel, Hölle) je nachdem, wer sie überschreitet, ihre Form verändern kann. Grundsätzlich empfiehlt sich für die Betrachtung der Brückenkonstruktionen in mittelalterlicher Erzählliteratur die Differenzierung zwischen ortsfesten Brücken, die als wiederholte Wegstationen verlässlicher Bestandteil der erzählten Welt sind, und kontingenten Brücken, die gleichsam Unstetigkeitsstellen im Raumkontinuum der erzählten Welt markieren und häufig den Übergang in eine Anderswelt bilden.

2.3 Lokalisierung

Als drittes Kriterium zur Klassifikation literarischer Brückendarstellungen kann die Lokalisierung der jeweiligen Brücke dienen. Je nachdem, wo die Brücke sich befindet, lässt sich zwischen Außenbrücken und Binnenbrücken differenzieren. Im historischen Kontext sind Außenbrücken in Randlage lokalisiert und markieren als Übergang die Grenze zwischen verschiedenen Territorien; Binnenbrücken hingegen verbinden einzelne Stadtteile oder Einzelgebiete eines Territoriums miteinander.[20] Übertragen auf die (höfische) Erzählliteratur sind Außenbrücken am Rande der höfischen bzw.

---

19 Eine regelrechte ortsfeste Brücken-‚Minimallandschaft' ist im *Prosa-Lancelot* der Schauplatz zur Befreiung Iweins und Segremors durch Hector (Lanc_I_(K) 378,26–391,28). Neben diesem Beispiel finden sich weitere Belege für eine ausgeprägte ‚landschaftliche Einbettung' von Brückenszenen. Mit diesen ‚Brückenlandschaften' stößt man auf eine Ausnahmeerscheinung im Hinblick auf die Raumdarstellung in mittelalterlicher Literatur, die im allgemeinen keine ‚Landschaften' im Sinne einer panoramischen Fokussierung des Raumes zeigt (vgl. dazu Gruenter 1962).
20 Vgl. Maschke 1999, 724 f. Die Brücke als Teil der Burganlage bildet dabei einen Grenzfall; je nach Perspektivierung kann sie als Binnen- oder Außenbrücke gefasst werden.

in der nicht-höfischen Welt angesiedelt, wohingegen Binnenbrücken Bestandteil der höfischen Architektur sind. Während Außenbrücken häufig ein lebensgefährliches Hindernis, in der Regel einen reißenden Fluss, überbrücken und damit das Moment der Grenzüberschreitung deutlich akzentuieren (Virg_(Z) 188,1–9),[21] wird das Überbrückte im Fall der Binnenbrücken häufig nicht weiter spezifiziert, sodass hier das verbindende Moment überwiegt (Krone 14583–14594).

2.4 Formen der narrativen Erzeugung

Häufig werden Brücken durch bloße Nennung und ggf. eine knappe, skizzierende Erwähnung markanter Eigenschaften narrativ erzeugt, die dem Rezipienten aus der Alltagswelt bekannt waren. Bezeichnungen wie z. B. *slaeprukke* oder *schifbrucke* funktionieren dann als „raumgesättigte Wörter",[22] mit deren Aufrufen sich gleichsam das Brückenmotiv entfaltet, ohne dass es eigens einer genauen Schilderung bedarf. So heißt es bspw. in Rudolfs von Ems *Alexander*: „ein brücke wît hôch und grôz / gienc übr daz selbe wazzer dâ" (RvEAlex 12790 f.). Alternativ kann eine Brücke gleichsam als Bewegungsraum in der erzählten Figurenbewegung generiert werden, wenn sie von einer Figur oder mehreren Figuren überquert wird, wie z. B. im *Lanzelet* Ulrichs von Zatzikhoven: „si kêrten gein dem bürgetor / ûf die brücke, diu dervor / über ein draetez wazzer gie" (UvZLanz_(H) 3607–3609).

Eine detailliertere Ausgestaltung ist insbesondere dann zu beobachten, wenn die Brücke in ihrer Konstruktion kaum oder keine außertextuelle Referentialität aufweist wie bspw. jene Brücke, die Alexander in Ulrichs von Etzenbach Alexanderroman bauen lässt (UvEtzAlex 18710–18720). Diese Brücke lässt sich aufgrund ihrer eigenwilligen Konstruktion nicht mit einem Wort beschreiben – dies unterstreichen die Reaktionen von Alexanders Volk: „daz volc gemeine begunde jehen, / sie heten ir deheine nie gesehen" (UvEtzAlex 18721 f.) –, vielmehr muss diese Brücke gleichsam in ihrem Aufbau vor Augen geführt werden. So fallen hier der sukzessive Prozess des Brückenbaus auf der Handlungsebene und der Prozess der narrativen Erzeugung auf der Darstellungsebene in eins.

Hinsichtlich der oben aufgeführten, verschiedenen Klassifikationsmerkmale literarischer Brückendarstellungen (1. Materialität/Konstruktion, 2. Beständigkeit, 3. Lokalisierung) fällt ins Auge, dass diese auf spezifische Weise miteinander verzahnt

---

[21] Nicht selten markiert die Außenbrücke die Grenze zwischen zwei Herrschaftsbereichen – in diesem Kontext kann der Bau einer Außenbrücke gleichbedeutend sein mit dem Angriff auf das Territorium jenseits des Flusses wie in den Alexanderromanen oder auch in *Dietrich und Wenezlan*, wo es heißt: „si quâmen an die Salzâ dan: / über brucken man began / zuo den vînden an ir lant" (Wenzl 183–185).
[22] Gruenter 1962, 249.

erscheinen. Während Binnenbrücken oft dynamische Konstruktionen wie Zug- oder Fallbrücken und damit hölzern sind, sind Außenbrücken überwiegend statisch, was durch steinerne Materialität akzentuiert werden kann. Besonders eklatant aber ist der Zusammenhang von außergewöhnlicher Materialität, Instabilität und andersweltlicher Lokalisierung. So verweisen Materialien wie Glas oder Elfenbein bereits auf einen außergewöhnlichen ontologischen Status einer solchen Brücke, die sich dann im Handlungsverlauf zumeist als kontingent oder zumindest veränderlich zeigt und als solche immer den Übergang in eine (Anders-)Welt markiert, in der andere Gesetze herrschen. Somit lassen sich im Hinblick auf die Merkmale der Darstellung von Brücken in mittelalterlicher Erzählliteratur konstante Kombinationsmuster beobachten, die eine eigene Semiotik erzeugen, welche in ihrer text- und gattungsübergreifenden Verbindlichkeit durchaus als topisch bezeichnet werden kann, und die für die narrative Funktionalisierung des Brückenmotivs im konkreten Text von grundlegender Bedeutung sind.

3 Narrative Funktionalisierung

Das vergleichsweise breite Spektrum narrativer Funktionalisierungen ergibt sich aus zwei zentralen Bezugspunkten des Brückenmotivs:

1. Brücke und Raum: Die räumliche Einbettung des Brückenmotivs ist wesentlich für dessen narrative Funktionalisierung und kann in zwei Richtungen variieren. So können Brücken, indem sie konkrete Orte miteinander verbinden, auch unterschiedliche semantische Räume verknüpfen oder innerhalb eines semantischen Raumes situiert sein.[23] Als Außenbrücken, die zwischen eigenem und fremdem Herrschaftsbereich oder diesseitig-höfisch geprägtem Raum und jenseitig-andersweltlich geprägtem Raum angelegt sind, können Brücken zu einem zentralen Darstellungsmittel der Gliederung der erzählten Welt werden. Hier tritt die Brücke sowohl in ihrer trennenden als auch in ihrer verbindenden Funktion in Erscheinung. Ist die Brücke hingegen als Binnenbrücke innerhalb eines semantischen Raumes verortet, tritt der Öffnungs- und Schließmechanismus in den Vordergrund und damit die Schutz- und Kontrollfunktion der Brücke.

2. Brücke und Figur: Brückendarstellungen weisen in der Regel einen engen Bezug zu Figuren auf, denn sie sind fast ausschließlich als Bewegungsraum konstituiert. Es gibt äußerst wenige Brücken, die nur dargestellt, nicht aber überschritten werden (KvWPart 2352–2363). Als extreme Ausprägung dieses engen Bezugs lassen

---

23 Zum Konzept des semantischen bzw. des semantisierten Raumes siehe Lotman 1993, 313.

sich Figuren fassen, die auf der Brücke angesiedelt und gleichsam als mit ihr amalgamiert erscheinen (Brückenwächter, Brückenzöllner, Brückenungeheuer).[24]

Raum und Figur überkreuzen sich im Akt der Überschreitung der Brücke, der – je nach Ausprägung des Raum-Figur-Bezugsrahmens – wiederum unterschiedlich narrativ funktionalisiert sein kann (kämpferischer Angriff oder freundschaftliche Begegnung, Prozess der Initiation oder Bestätigung des Status usw.). Die Brücke markiert damit als literarischer Ort nicht nur eine Grenze bzw. einen Übergang, sondern wird im Akt ihrer Überschreitung zum Handlungsraum. Grundsätzlich lassen sich vier wesentliche narrative Funktionalisierungen des Brückenmotivs unterscheiden; die Brücke kann fungieren als: 1. Ort der Begegnung; 2. Ort der Initiation; 3. Ort der *âventiure*; 4. Ort des Übergangs in eine Anderswelt bzw. Jenseitsbrücke.

3.1 Brücke als Ort der Begegnung

Im Zentrum steht hier das Aufeinandertreffen von zwei Parteien. Die narrative Funktionalisierung des Brückenmotivs erfolgt dabei wesentlich über das Verhältnis der aufeinandertreffenden Figuren und weniger über die räumliche Einbettung der Brücke. Das Verhältnis der Figuren zueinander bestimmt sich jedoch wiederum über semantische Zuordnungen wie vertraut vs. fremd oder freundschaftlich vs. feindlich. Je nachdem wird die Brücke zum Ort höfischer Willkommens- und Abschiedsrituale oder aber zum Ort eines aggressiven Aufeinandertreffens und kämpferischer Auseinandersetzungen.

Willkommens- und Abschiedsritual erscheinen als komplementäre Formen zeremonieller Begegnung; beide folgen einer festen, vorgeprägten Choreographie: So lässt sich die Begrüßung auf der Brücke als eine Art ‚Mini-*adventus*' fassen, bei dem der Gastgeber dem Gast vor der → Burg auf der Brücke entgegen geht. Beobachten lässt sich dies am Beispiel von *Garel von dem blühenden Tal* des Pleiers, als man Garel in die Burg einlässt: Zunächst werden die Burgbewohner auf den Gast vor dem Brückentor (→ Tor) aufmerksam, dann veranlasst man, die Brücke herunterzulassen, und eilt ihm entgegen auf die Brücke, um ihn in die Burg zu geleiten (PleierGar 7420–7444).[25] Gerade in seinen Wiederholungen erschließen sich die Gesetzmäßigkeiten dieses ‚Mini-*adventus*' (z. B. PleierGar 8501–8546). Eine besonders aufwändige Cho-

---

[24] Brückenzöllner: Flore_(G) 3628–3659; Wig 4524–4527; Brückenwächter: Krone 6828–6838; 7449; Lanc_I_(K) 220,28–37; 443,13–32; ungeheuerliche Brückenwächter: Virg_(Z) 188,7–13; 201,1–202,13; 247,7 f.; 685,1 f.; Wig 6546–6614; Gauriel_(A) 2544–2550; Tr_(R) 15963–15977; PleierGar 5349–5363; 5990–6003.
[25] Einige weitere Belege: BitD_(J) 5949–5977; Iw_(BLW) 4370–4385; Wig 8638–8648; Krone 6897–6907; 27716–27723; 13690–13706; 7673–7682; 27229–27244; Lanc_II_(K) 101,18–23. Eine detaillierte Beschreibung der Choreographie des *adventus* geben Brüggen/Holznagel 2011.

reographie zeigt das prunkvoll inszenierte Aufeinandertreffen der Artusgesellschaft mit der Gesellschaft des Köngis von Marroch im *Jüngeren Titurel*. Nachdem dazu eigens eine Holzbrücke errichtet wurde, ziehen die nach Ständen angeordneten heidnischen Gäste in einer an Pracht kaum zu überbietenden Prozession über den Fluss, angeführt von Hunderten der schönsten Damen. Unterdessen reitet Artus „hin uz an di brucke" (JTit 2360,4), um den König von Marroch nun seinerseits „mit den besten" (JTit 2360,3) zu begrüßen: „nie wart erboten so groze wirde gesten" (JTit 2360,4). Finden sich gegenüber den Willkommensszenen allgemein vergleichsweise wenig Abschiedsszenen, so gilt dies insbesondere für Abschiede auf der Brücke, in denen sich die Choreographie des Begrüßungsrituals gleichsam umkehrt (WolfdA_(AJ) 445,2–446,2).

Der Brücke als Repräsentationsraum höfischer Gastgeberkultur steht die Brücke als Ort kämpferischer Auseinandersetzungen (→ Schlachtfeld) gegenüber. Die Brücke ist hier nun nicht verbindendes Raumelement, sondern wird als Demarkationslinie zwischen den feindlichen Lagern inszeniert. Hier ist zu unterscheiden zwischen der Situation des Ansturms auf eine Burg und dem feindlichen Aufeinandertreffen im freien Gelände. Im Zuge eines Ansturms auf die Burg wird die Brücke als Öffnungs- und Schließmechanismus zum Zwecke der Verbarrikadierung der Burganlage hochgezogen oder anderweitig blockiert,[26] sodass sie den Raum in ein *dar innen* und ein *dâ vor* gliedert.[27] In ihrer erweiterten Funktion als Burgeingang ist die Brücke hart umkämpft, wobei ihre exponierte Position besondere Gefahren birgt, wie sich im *Wigamur* zeigt: „die geste oft entwichen / wider von der brucken, / wan ez viel ûf iren rucken / manec herter stein" (Wigam_(B) 471–474).[28] Ist die Brücke von den feindlichen Angreifern gewonnen, steht einem Zusammenstoß der gegnerischen Parteien nichts mehr im Wege.[29] Zu Verteidigungszwecken kann die Brücke jedoch

---

[26] In *Partonopier und Meliur* Konrads von Würzburg werden die Bretter von der Brücke genommen, sodass kein Heide über die Brücke in die Burg gelangen kann (KvWPart 20502–20505). Im *Prosa-Lancelot* versperrt eine Barbakane den Angreifern den Weg über die Brücke, von der aus der Burgherr und Hector die Burg verteidigen (Lanc_I_(K) 380,19–25). Im *Reinfrit von Braunschweig* lassen die Burgbewohner das Falltor auf die Brücke schlagen, sodass diese unter dem feindlichen Ansturm zerbricht (Reinfr 25617–25628).

[27] Die dichotome Raumordnung von Außen und Innen ist für den Zustand der Belagerung zentral (ErnstB_(B) 2344; 2346; En_(EK) 6340; 6341). Besonders detaillierte Darstellungen der Verbarrikadierung einer Burg finden sich im *Wunderer* (WndD 34,1–4). Wird es versäumt, die Brücke hochzuziehen, dann erscheint diese als defekte Stelle der Verbarrikadierung (WndD 108,1–110,2). Ähnlich verhält es sich im *Garel von dem blühenden Tal* des Pleiers, wo man sich vor dem *merwunder* verbarrikadiert (PleierGar 7389–7403).

[28] Auch im *Reinfrit von Braunschweig* wehren sich die Burgbewohner, indem sie Steine von den → Zinnen auf die Angreifer werfen, nachdem diese die Zugbrücke heruntergezerrt und in Beschlag genommen haben (Reinfr 25689–25968).

[29] Einige Darstellungen dieses Aufeinandertreffens lassen sich geradezu als blutige Verkehrung des Begrüßungsrituals lesen, wenn es z. B. im *Rolandslied* des Pfaffen Konrad heißt, dass die Burgbewohner „gewunnen leide geste" (Rol 875). Grundlage dieser Lesart sind nicht nur die Bezeichnungen *gast*

auch absichtlich von den Burgbewohnern zugänglich gemacht werden, die sich dem Kampf auf der Brücke stellen (WolfdA_(AJ) 399; KvWPart 20478–20481).

Besonders detaillierte Darstellungen der Situation des Brückenkampfs im Rahmen des Ansturms auf eine Burg gibt der *Eneasroman* Heinrichs von Veldeke, für dessen Handlungsverlauf die Situation der Belagerung gerade im zweiten Teil dominant ist.[30] Auch im *Prosa-Lancelot* findet sich eine ausgedehnte Brückenkampfszene, wenn Hector Iwein und Segremors aus den Fängen Margenors befreit, der mit seinem Heer die Burg von der Engen Marck belagert. Da es sich in diesem Fall anders als im *Eneasroman* nicht um eine Zugbrücke, sondern um eine befestigte Brücke handelt, steht sie hier nicht in der Funktion als Öffnungs- und Schließmechanismus, sondern markiert die verletzliche Grenzlinie zwischen beiden Kampfparteien, die nun zum Gegenstand eines langwierigen und erbitterten Territorialkampfes wird (Lanc_I_(K) 380,18–389,31).

Dem Kampf auf Brücken als Bestandteil einer Burganlage stehen Begegnungen feindlicher Parteien auf Brücken im freien Gelände gegenüber, deren Lokalisierung vergleichsweise detailliert ausgeführt wird, wie z. B. im *Willehalm* Wolframs von Eschenbach: „gegen der brücke gienc ein tal / mit velsen hoch ze beder sit [...] / ietwederhalp der brücken ein muor" (Wh_(S) 327,16–20). Die Brücke erscheint hier als räumliche Repräsentation der Unausweichlichkeit des Kampfes: „ir deheiner mohte von dem strit / niht enpfaren, noch entvuor" (Wh_(S) 327,18 f.).[31] Brückenbau und Brückenabriss können in diesem Kontext zum Mittel der Kriegsführung werden, um die kriegerische Auseinandersetzung entweder zu erzwingen oder zu verhindern, wie vor allem die Alexanderdichtung, aber auch zahlreiche Beispiele aus Chroniken belegen.[32] Dabei kann der Bau einer Brücke, um in fremdes Herrschaftsgebiet zu gelangen, narrativ als Angriff funktionalisiert werden, wohingegen der Brücken-

---

und *wirt*, die den Angreifern und den Burgherren zugeordnet werden, sondern neben anderen Referenzen auf das Begrüßungsritual vor allem auch der Ort des Aufeinandertreffens – die Brücke, die als Ort der ritualisierten Begrüßung von Gästen in der Kampfsituation Interferenzen erzeugt. Als weitere Beispiele für die Darstellung eines Angriffs auf eine Burg als Verkehrung des Begrüßungsrituals lassen sich anführen: OrtnAW 206,3; WolfdA_(AJ) 401,1; StrKarl 1498–1503; Rol 872–878; ErnstB_(B) 2340–2351.
30 Die von Eneas errichtete Festung Montalbane wird bereits in ihrer Erbauung als für den Belagerungszustand konzipiert gezeigt, wobei die Brücke als ein wesentlicher Bestandteil der Wehranlage dargestellt wird. So scheitert dann auch der Belagerer Turnus zunächst am tiefen Graben vor der durch die hochgezogene Brücke verbarrikadierten Burg. Auch Versuche, den Graben zuzuschütten und damit gleichsam selbst zu überbrücken, sind nicht erfolgreich. Nachdem der Brückenturm im Ansturm gefallen ist, öffnen die Trojaner das Tor und lassen die Brücke herab, um den Angriff zurückzuschlagen (En_(EK) 7123–7131).
31 Zudem korreliert die räumliche Konzentration des Heers mit der nachdrücklichen Vereinigung im Kampf gegen das heidnische Heer infolge einer Ansprache Rennewarts unmittelbar vor bzw. auf der Brücke: „die eide waren schiere ergangen; / si zogeten wider al geliche" (Wh_(S) 327,28 f.).
32 Vgl. RvEAlex 9013–9018; 9184–9194; 21011–21016; UvEtzAlex 14159–14166; Ottok 11046–11056; 11081–11088.

abriss komplementär dazu eine Strategie der Verteidigung darstellt. Von Brücken als Ort der aggressiven Begegnung abzugrenzen sind *âventiure*-Brücken, bei denen das Augenmerk nicht auf dem Konflikt zweier feindlicher Parteien und der Aushandlung von Herrschaftsbereichen, Glaubensfragen usw. liegt, sondern deren narrative Funktion vielmehr in der Erprobung und Bestätigung des herausragenden Status' eines einzelnen Artusritters bzw. Protagonisten liegt (s. Abschn. 3.3).

Schließlich kann die Brücke im Kontext kämpferischer Auseinandersetzungen auch zum Ort der Verhandlung werden. In diesem Fall faltet sie sich als Demarkationslinie zwischen den feindlichen Parteien auf zu einer liminalen, neutralen Raumzone, in der die Kampfhandlungen vorübergehend ausgesetzt sind, und wo entweder über Bedingungen eines Friedensschlusses oder weiterer Kampfhandlungen verhandelt wird (Lanc_I_(K) 383,14–18).

3.2 Brücke als Ort der Initiation

In einer weiteren narrativen Funktionalisierung können Brücken in ihrer Überquerung durch eine einzelne Figur die Überschreitung einer initiatorischen Schwelle und mithin den Übergang in eine neue Phase bzw. einen neuen Status markieren.[33] Die Darstellungen solcher Brücken fokussieren dabei als zumeist instabile Konstruktionen die Gefährlichkeit des entsprechend aufwändig auserzählten, mühevollen Übergangs und inszenieren damit die für das Initiationsschema zentrale Schwellenphase von Tod und Wiedergeburt.[34]

Ein Beispiel für einen solchen prekären Übergang bietet Wolframs *Parzival*, wenn Parzival die Brücke nach Pelrapeire überquert. Beschrieben wird ein reißender, tosender Fluss, der Parzival den Weg versperrt (Parz_(L) 180,21–181,6). Einzig eine schwankende Hängebrücke – eine „brücke âne seil" (Parz_(L) 181,9) – ermöglicht den Übergang. Vergeblich versucht Parzival, sein scheuendes Pferd über die Brücke zu treiben; dabei unterstreicht die Angst des Pferdes die Unerschrockenheit seines Reiters (Parz_(L) 181,23–29). Die Überquerung des Flusses grenzt in diesem Fall nicht nur einzelne Episoden der Handlung, die Ausbildungssequenz bei Gurnemanz und die Rettung Pelrapeires, voneinander ab, sondern lässt sich in zweifacher Hinsicht als eine Initiationsschwelle Parzivals lesen: Zum einen hinsichtlich Parzivals Status als Artusritter, der sich diesseits des Flusses in Ausbildung befand und in der Errettung

---

33 Unter dem Begriff Initiation wird hier im Wesentlichen der Initiand fokussiert und weniger die Gemeinschaft, in welche der Initiand eingegliedert wird. Auch stellt die Überquerung einer Brücke keine rituelle Handlung dar, wie z. B. Taufe oder Schwertleite, sondern markiert vielmehr einen ‚informellen' Statuswechsel, der sich nicht vor den Augen einer gesellschaftlichen Instanz vollzieht, sondern wesentlich auf die Zeugenschaft des Rezipienten bezogen ist. Der räumlich abgebildete Akt der Transgression ersetzt hier gleichsam das Ritual.
34 Zur Initiation als symbolischem Tod und darauffolgender Neugeburt vgl. Eliade 1988, 198.

Pelrapeires nun gleichsam zum ersten Mal als solcher agiert, zum anderen hinsichtlich Parzivals Altersphasen, denn am anderen Ufer erwartet ihn mit Condwiramurs seine zukünftige Frau, womit die Überschreitung des Flusses das Ende seiner Jugend markiert. Dabei steht diese Flussüberquerung Parzivals in einer regelrechten Kette von initiatorisch semantisierten Grenzüberschreitungen, an deren Anfang die berühmte Überschreitung des lächerlich kleinen Wasserlaufs steht, die dunkle Furt, die den ihm so vertrauten → Wald seiner Kindheit von der arthurischen Welt trennt und die Parzival eingedenk der Warnungen seiner Mutter so lange meidet, bis er sie schließlich doch überschreitet, um sich auf den Weg zum Artushof zu machen (Parz_(L) 129,5–17).[35]

Durch Brückenüberquerungen repräsentierte Initiationen müssen sich nicht allein auf Lebensphasen beziehen, sondern können auch allgemeiner den Status einer Figur neu definieren bzw. konturieren. Ausgehend von diesem erweiterten Initiationsbegriff ließen sich auch die prekären Brückenkonstruktionen in den Alexanderromanen als Orte der Initiation Alexanders als Heerführer und vorbildlicher Herrscher lesen. Dabei fällt ins Auge, dass auch hier die instabile Brückenkonstruktion Ausdruck existentieller Gefährdung ist und dass gerade der Kontrast zum ängstlichen Heer, gleich dem scheuenden Pferd, die Unerschrockenheit des mutig voranschreitenden Alexanders vor Augen führt.[36]

3.3 Brücke als Ort der *âventiure*

Am häufigsten belegt ist das Brückenmotiv in seiner narrativen Funktionalisierung als Ort der *âventiure* (→ Weg). Die Brücke als Ort der (ritterlichen) Bewährung lässt sich gleichsam als ein Ort perpetuierter Initiation lesen, indem sie nicht einen Statuswechsel markiert, sondern den erlangten Status (immer wieder) aufs Neue auf die Probe stellt. Dabei besteht die Probe selten allein in der Überquerung, wie bei der Initiation, sondern ist fast immer mit einem Kampf auf der Brücke verbunden. Wesentliches Unterscheidungskriterium der *âventiure*-Brücke gegenüber anderen Kampfdarstellungen auf der Brücke ist die Vereinzelung der gegnerischen Parteien im Kampf Mann gegen Mann. Für den Fall, dass der Protagonist in Begleitung ist, ist zu beobachten, dass die für die *âventiure* charakteristische Vereinzelung der Kampfgegner häufig über eine sukzessive Einengung der Wegform inszeniert wird.[37] Dabei kann dem rit-

---

35 Die in der räumlichen Bewegung Parzivals markierten Initiationen konturieren die erzählte Welt im *Parzival* als System eines primären Herkunftsraums (Artuswelt/Gralswelt als Fluchtpunkte der Bestimmung Parzivals zum Artusritter und Gralskönig) und eines sekundären Herkunftsraums (Wald als Ort seiner Kindheit). Siehe dazu Hammer 2016.
36 Vgl. RvEAlex 10873–10904; UvEtzAlex 18711–18746; SAlex_(L) 2628–2641.
37 Dies lässt sich bspw. in der *Krone* Heinrichs von dem Türlin beobachten, wenn ein schmaler Steg Gawein und seine Gefährten in einen ‚Gänsemarsch' zwingt, dem Gawein voranschreitet (Krone 27497–27513).

terlichen Helden entweder ein ebenfalls ritterlicher Brückenwächter oder aber ein ungeheuerlicher, andersweltlicher Brückenbewohner entgegentreten. Neben dieser *âventiure*-spezifischen Figurenkonstellation fällt die aufwändige räumliche Einbettung dieses Brückentypus ins Auge. Sowohl eine beschwerliche Wegbarkeit als auch topische Versatzstücke einer die Brücke umgebenden *wilde* (→ Wildnis) akzentuieren die *âventiure*-Brücke entweder als Bestandteil der *âventiure*-Welt oder aber als Übergang in eine Anderswelt. In dieser topischen Verschränkung von Raum, Figur und Handlung – einer Brücke, die in einer aventiurehaft oder andersweltlich semantisierten Wildnis lokalisiert ist, auf der sich der ritterliche Held einem Einzelkampf gegen einen ritterlichen oder anderweltlichen Brückenwächter stellen muss – erscheint die *âventiure*-Brücke nicht nur als *Ort* der *âventiure*, sondern auch als besondere *Art* der *âventiure* im Sinne einer in sich abgeschlossenen Brücken-*âventiure*.

Ein prägnantes Beispiel für solch eine Brücken-*âventiure* bietet der *Prosa-Lancelot*: Noch bevor Gawan auf der Suche nach Galahot und Lancelot den Steindamm vor Sorelois überhaupt erreicht, wird er (gemäß dem ‚Prologschema' einer *âventiure*) vom Einsiedler vom Roten Gebirge in die *âventiure* eingewiesen, die sich mit dem Übergang verbindet (Lanc_I_(K) 442,24–33). Als Gawan am nächsten Morgen den Steindamm erreicht, entfaltet der Text den Ort der *âventiure* in einer gleichsam panoramischen Fokalisierung Gawans: Der Steindamm – diesseits verbunden durch die Brücke von Norgales, jenseits durch die Brücke von Irland – ist hoch aufgeschüttet und zu beiden Seiten umgeben von einem dichten, undurchdringlichen Wald. Gawans Eintreten in die *âventiure* wird nun über den Wechsel der Fokalisierungsinstanz inszeniert: Von einem Hügel aus beobachtet der Knappe Gawans das Geschehen. Nachdem Gawan die erste Brücke überquert hat, stellt sich ihm „ein gewapent ritter" (Lanc_I_(K) 443,13 f.) in den Weg und fordert ihn zum Kampf heraus. Nachdem die Bedingungen für den Kampf ausgehandelt sind, überwindet Gawan den Ritter in der Tjost und wird daraufhin von dessen Knappen angegriffen – der Knappe auf dem Hügel eilt Gawan zu Hilfe. Indem er Gawan als berühmtesten Ritter des Artushofs identifiziert, beendet er den Kampf und damit auch die *âventiure*. Die Besonderheit bei dieser Brücken-*âventiure* ist, dass Gawan als Sieger über den ritterlichen Brückenwächter nicht nur der Übergang gewährt wird, sondern der Sieg ihn zugleich verpflichtet, nun seinerseits das Amt des Brückenwächters zu übernehmen. Gawan besteht mithin nicht nur die Brücken-*âventiure*, sondern wird gleichsam ein integraler Bestandteil von ihr und wird ihr im wörtlichen Sinne eingeschrieben. Die Abgeschlossenheit der Brücken-*âventiure* des Steindamms vor Sorelois wird im Text über eine komplexe Regie der Fokalisierung inszeniert und darüber hinaus im Folgenden durch ihre Wiederholbarkeit ausgestellt, wenn Hector wiederum auf der Suche nach Gawan kurz darauf beim Einsiedler vom Roten Gebirge einkehrt und, ausgestattet mit den notwendigen Informationen, zum Kampf gegen den Brückenwächter auf dem Steindamm aufbricht. Nur gegenseitiges Erkennen in letzter Sekunde verhindert einen tödlichen Ausgang des Kampfes beider Artusritter gegeneinander (Lanc_I_(K) 445,22–447,28).

Von dieser ritterlich besetzten *âventiure*-Brücke unterscheidet sich die mit andersweltlichem Personal besetzte *âventiure*-Brücke in wesentlichen Merkmalen: Als Gegner treten hier nun Riesen, Zwerge oder andere Ungeheuer auf, was wiederum die Brücken-*âventiure* als Mininarrativ deutlich umakzentuiert. Die andersweltlichen Brückenbewohner kämpfen mit den ihnen jeweils topisch zugeordneten, unritterlichen Waffen wie Keulen, Stangen usw. und folgen dabei keinem höfisch-ritterlichen Reglement, wie es im oben genannten Beispiel anhand der Verhandlungen aufwändig expliziert wird. Auch sind die andersweltlich besetzten *âventiure*-Brücken wesentlich prägnanter an der Peripherie oder gar in einer kontrastiven Umgebung zur höfischen Welt lokalisiert. So wird in Gottfrieds von Straßburg *Tristan* der Kampf des Protagonisten gegen den Riesen Urgan auf einer Brücke in einem „harte[n] wilden walt" (Tr_(R) 15965) inszeniert. Dabei markiert die Brücke die Grenze des Machtbereichs von „dem ungehiuren man" (Tr_(R) 16133), der sogleich „mit einer harte langen / stehelinen stangen" (Tr_(R) 15975 f.) auf Tristan losgeht.

Eine besonders ausgefeilte Darstellung einer solchen andersweltlich besetzten *âventiure*-Brücke findet sich in der *Krone* Heinrichs von dem Türlin: Im Zuge der letzten Wunderkette auf dem Weg nach Sardin, das Reich des Fimbeus und seiner Freundin Gyramphiel, reiten Gawein und seine Gefährten, begleitet von Gansguoter, durch ein von einem finsteren Wald umschlossenes → Gebirge (Krone 27490–27494). Der Weg führt sie zu „einem gar smalen stege, / Daruf ein rosz kaum geging" (Krone 27499 f.), der wiederum an eine hohe Brücke grenzt, „die mit groszer freise hing" (Krone 27502). Mit Blick auf die detailliert ausgefaltete Lokalisierung der Brücke fällt auf, dass die Semantik des Waldes als Raum der *âventiure* mit dem rauhen Gebirge, in dem sich die Gangbarkeit des Weges bis auf einen äußerst schmalen Steg einschränkt, ins Lebensbedrohliche gesteigert erscheint. In dieser potenzierten Wildnis überrascht die verhältnismäßig komplexe technische Konstruktion der Brücke, welche durch ein „schosztor" (Krone 27515) versperrt ist, wobei die Konstruktion nicht eingehender beschrieben wird; vielmehr bleiben wilde Gebirgsumgebung und stabile Torkonstruktion bzw. Fallgatter im harten Kontrast zueinander stehen, was einen andersweltlichen Charakter der Brücke indiziert. Tatsächlich erweist sich die Brücke als andersweltlicher, zweifach gesicherter Schließmechanismus, denn als Gawein als Erster die Brücke betritt, erscheint ein exorbitanter Brückenwächter: „ein more zwölf elen lang, / Der vber sinen ruck swang / Einen sweren slegel von ysin" (Krone 27517–27519). Der zu erwartende Zweikampf bleibt jedoch aus, denn der *more* schwingt sich samt seiner Eisenstange unvermittelt in den Fluss, der daraufhin die Brücke und auch den schmalen Steg gänzlich überflutet. Nur Gansguoter kann Gawein, der sich sogleich in die Fluten stürzen will, um seinen Weg unbeirrt fortzusetzen, abhalten und damit vor dem sicheren Ertrinken im Fluss bewahren: Er übernimmt Gaweins Position, durchschwimmt den über die Ufer getretenen Fluss und öffnet schließlich mit zauberischen Kräften das verschlossene Tor (Krone 27571–27584). Mit dem Öffnen des Tors verliert die Brücke nicht nur ihre Schutzfunktion, sondern auch ihre konkrete Beschaffenheit und versinkt im tosenden Fluss (Krone 27585–27588). Nachdem Gawein und seine Gefährten das rettende Ufer schwimmend erreicht haben, bittet er Gansguoter umgehend um Aufklärung der soeben bestandenen „auenture" (Krone 27612). Gansguoter eröffnet ihm daraufhin, dass nur Gawein die Überquerung der ungeheuerlichen Brücke, die das Land Sardin mit zauberischen Kräften beschützte, bestimmt war (Krone 27613–27623).[38]

Der Vergleich dieser Darstellung mit denen anderer *âventiure*-Brücken offenbart markante Verschiebungen: Die Überquerung ist nicht bedingt durch einen Sieg im Einzelkampf, sondern vielmehr durch die Passivität des Protagonisten, der sich einer Helferfigur anvertrauen muss; weiterhin korrespondiert mit dieser Passivität die Umkehrung des ‚Prologschemas' einer *âventiure*, indem diese erst im Nachgang aufgeklärt wird. Diese Verschiebungen verweisen auf die spezifische Funktion dieser Brücken-*âventiure* für die Konturierung der Gawein-Figur, indem sie Gaweins grundsätzliche Auserwähltheit und Vorbestimmtheit, vor allem aber auch seinen „list" (Krone 27648) und seine „manheit" (Krone 27650) offenbart.[39]

Auch in der Schwertradbrücken-Episode des *Wigalois* Wirnts von Gravenberg erscheinen die Grundkonstituenten der Brücken-*âventiure* zugunsten einer textspezifischen narrativen Funktionalisierung eklatant verschoben. Die Schwertradbrücke ist lokalisiert in einem Moor, welches von einem tödlichen Pechnebel überzogen ist. Ähnlich wie in der *Krone* steht die wilde Umgebung im harten Gegensatz zu einer „meisterlîche[n]" (Wig 6772) Brückenkonstruktion zauberischen Ursprungs: Der Zugang über die Brücke ist versperrt durch ein marmornes Tor, vor dem ein Rad aus Erz zwischen eisernen Säulen läuft, bestückt mit scharfen Schwertern, angetrieben von einem kräftigen Bach, der durch das Moor fließt (Wig 6770–6784). Wie in der *Krone* so ist auch diese Brücken-*âventiure*, obschon eingeleitet durch den Kampf gegen einen Zwerg, jedoch nicht auf eine kämpferische Auseinandersetzung hin angelegt; vielmehr muss auch Wigalois letztlich in der Passivität seine Bestimmtheit und in diesem Fall sein tiefes Gottvertrauen beweisen. Gegenüber der Unterwasserbrücke in der *Krone* markiert die Schwertradbrücke in Lokalisierung, Konstruktion und Beschaffenheit dabei nicht nur einen andersweltlichen Übergang; mit dem Pechnebel, der teuflischen Konstruktion des Schwertrads, aber auch in der durch Gebet und Schlaf deutlich potenzierten Passivität der Wigaloisfigur nimmt die Darstellung darüber hinaus signifikante Anleihen bei der Tradition mittelalterlicher Höllendar-

---

38 Die Brücken-*âventiure* wird beschlossen durch Gansguoters Bericht über den aufwändigen Bau der Brücke zum Schutz des Landes Sardin, der nun durch Gawein außer Kraft gesetzt ist (Krone 27630–27646). Derart detaillierte Ausführungen zum Brückenbau sind in der Artusepik selten anzutreffen; geradezu typisch hingegen sind sie für den Antikenroman.

39 Von Beginn an durchziehen die gesamte Episode immer wieder Verweise auf die Todesangst, der Gawein und seine Gefährten ausgesetzt sind (Krone 27529 f.; 27575 f.; 27580–27584; 27600–27603), wobei Gawein sich dadurch vor allen anderen auszeichnet, dass er diese Angst vor seinen Gefährten nicht nur zu verbergen versteht, sondern auch entgegen dieser im Sinne seines Auftrags zu handeln bereit ist (Krone 27541–27543).

stellungen bzw. dem Motiv der Jenseitsbrücke.[40] Die außergewöhnliche Inszenierung der Schwertradbrücken-*âventiure* lässt sich damit als konsequente Umbesetzung bzw. „theologische Aufladung" eines arthurischen Topos lesen,[41] denn diese Brücken-*âventiure* erzählt nicht von einer mehr oder weniger kämpferischen Konfrontation konkreter Figuren; vielmehr verschiebt sich die Auseinandersetzung auf transzendente Instanzen – den Teufel einerseits, Gott andererseits –, die gleichsam über den verlängerten Arm von technischer Konstruktion und Naturgewalten konkret in das Geschehen eingreifen. Wenngleich die Überquerung der Schwertradbrücke Wigalois' Vorbestimmung und Gottvertrauen erweist und ihn mithin als Erlöserfigur und Heilsbringer konturiert, so zeigt sie doch zugleich, dass das göttliche Heilshandeln die einzelne Figur übersteigt.

Die Analogien der zauberischen *âventiure*-Brücken in der *Krone* und im *Wigalois* verweisen auf die Darstellungstradition der Jenseitsbrücke und korrelieren mit einer spezifischen Umakzentuierung der narrativen Funktionalisierung: In beiden Fällen verschiebt sich die Auseinandersetzung von einem konkreten ritterlichen oder andersweltlichen Gegner auf eine technische Konstruktion, die sich im Kampf nicht überwinden lässt. Erprobt wird hier nicht die ritterliche Kampfkraft, sondern vielmehr Tugendhaftigkeit, Auserwähltheit und Gottvertrauen.

3.4 Brücke als Ort des Übergangs in eine Anderswelt/Jenseitsbrücken

Die narrative Funktionalisierung des Brückenmotivs als Ort des Übergangs in eine Anderswelt hat in dieser etwas allgemeinen Formulierung einen den bisher vorgestellten Funktionalisierungen übergeordneten Stellenwert, setzt damit also gleichsam auf einer höheren Ebene an. So weisen einige der genannten Beispiele für Initiations- oder *âventiure*-Brücken bereits deutliche Merkmale von Andersweltlichkeit auf und können von hier aus als Orte des Übergangs in eine Anderswelt gelesen werden. Die augenfälligen Analogien der Darstellungsmerkmale solcher Brücken erklären sich dabei durch ein komplexes, intertextuelles Bezugsnetz der Motivverwendung, in deren Zentrum das Motiv der Jenseitsbrücke steht, welches seinen Ursprung in der Visionsliteratur hat.[42]

Im Motiv der Jenseitsbrücke verflechten sich zwei motivgeschichtliche Stränge: ein kontinentaler und ein irischer. Der kontinentale Strang hat seinen Ausgangspunkt in den *Dialogi de vita et miraculis patrum Italicorum* von Gregor dem Großen, deren viertes Buch sich mit dem Weiterleben nach dem Tod befasst und dabei im

---

40 Einen Überblick über die vor allem technisch innovativen Gewaltphantasien mittelalterlicher Höllendarstellungen geben Grübel/Moser 1990.
41 Röcke 2007, 240.
42 Vgl. Dinzelbacher 1973, 14.

Rahmen einer ausgefeilten Höllentopographie das Motiv einer Jenseitsbrücke einführt. Das charakteristische Merkmal dieser Brücke, die in der Heiligen Schrift kein Vorbild hat, ist ihre Funktionalisierung als Trennfaktor zwischen Gut und Böse im Sinne einer Probebrücke, die über einen lebensbedrohlichen Höllenstrom führt.[43] Ab dem 12. Jh. lässt sich ein zweiter, irischer Traditionsstrang feststellen, der die Motivverwendung nun seinerseits prägt. Markante Züge dieser Brücke irischer Provenienz sind ihre Veränderlichkeit bzw. Beweglichkeit und ihre schneidende Schärfe. Ursprünglich evtl. ein Märchenmotiv nimmt das Motiv der gefährlichen Brücke im religiösen Schrifttum einen eschatologischen Zug an mit der Funktionalisierung als Strafmittel.[44]

In der Visionsliteratur des Hochmittelalters wird das Motiv „praktisch zum Gemeingut".[45] Die Jenseits-, Toten- oder Seelenbrücke kann verschiedene Bereiche verbinden: 1. einen nicht näher definierten Raum mit dem Paradies, 2. Erde und Himmel, 3. Erde und Unterwelt, 4. Hölle und Paradies, 5. verschiedene Höllenregionen. Ihrer Funktion nach kann sie 1. bloße Verbindung sein, 2. eine Aussonderungsfunktion haben, 3. als höllisches Folterinstrument dienen.[46] Ein Beispiel für die Verwendung der Jenseitsbrücken-Motivik in der Visionsliteratur bietet die *Visio Tnugdali*: Der vor 1153 von einem Bruder Marcus aufgezeichnete Bericht erzählt von einer in Ekstase erlebten Jenseitsreise, im Zuge derer die Seele des scheintoten Ritters Tnugdal die einzelnen Straforte der Hölle durchwandert, mit anschließender *conversio*.[47] Gleich zwei markante Brücken geraten hier in den Blick: Eine erste Brücke verbindet zwei hohe → Berge, die ein „tal vil vreissam" (TundA 632) trennt, durch welches ein Schwefelwasser fließt (TundA 630–643). Die Brücke wird beschrieben als „ein angestlîch stec" (TundA 644), der „eines fuozes smal" (TundA 646) und „lenger danne ein mîle" (TundA 648) erscheint. Die Seelen versuchen, die schmale, lange

---

43 In der Antike ist das Brückenmotiv als Jenseits- oder Totenbrücke nicht bekannt. Als mögliche Quelle zieht Dinzelbacher die Bibelstelle Matth 7,14 („quam arcta via est, quae ducit ad vitam") in Betracht, hält allerdings das apokryphe Buch *Esdra* 4 für wahrscheinlicher, wo ein enger Weg geschildert wird, der durch die Gefährdungen dieser Welt zum Himmlischen → Jerusalem führt (vgl. Dinzelbacher 1973, 15). Auch die Brückendarstellung der *Visio Pauli*, die zu den am meisten rezipierten Visionen des Mittelalters zählt, ordnet Dinzelbacher dem kontinentalen Traditionsstrang zu, wobei die volkssprachlichen Versionen das Brückenmotiv nicht schlichtweg übernehmen, sondern die Gefährlichkeit des Übergangs ins Jenseits mithilfe von Anleihen aus anderen Visionen phantasiereich ausmalen (vgl. Dinzelbacher 1973, 48–50).
44 Mit Blick auf die Verflechtung beider Traditionsstränge resümiert Dinzelbacher (1973, 163): „Jedenfalls tritt das von Irland kommende Motiv der beweglichen bzw. schneidenden Brücke auf dem Kontinent im zwölften Jahrhundert in aller Stärke neben den ‚einheimischen' Überlieferungsstrom."
45 Dinzelbacher 1973, 61.
46 Vgl. Dinzelbacher 1973, 165 f.
47 Im Folgenden wird auf die niederbairische, versifizierte Fassung des Priesters Alber Bezug genommen.

Brücke zu überqueren, wobei jene in den Abgrund stürzen, denen „unrehte hôhvart" (TundA 664) zur Last gelegt wird. In ihrer Funktion als Ort der Sonderung der Hoffärtigen von den Bescheidenen tritt deutlich der kontinentale Traditionsstrang der Jenseitsbrückenmotivik hervor. Eine zweite Brücke spannt sich über einen „kreftegen sê" (TundA 738); sie ist „smal unde lanc" (TundA 748) und „hinden unde vornen / mit îsnînen dornen" (TundA 751 f.) beschlagen. An dieser Brücke müssen Diebe und Räuber für ihre Taten büßen, indem sie die Brücke mitsamt ihrem Diebesgut überqueren; gelingt der dornige Übergang nicht, stürzen die geschundenen Seelen in den See, wo sie von Höllenwürmern erwartet werden. Anders als bei der ersten Brücke scheint in der mit eisernen Dornen beschlagenen Brücke und ihrer Funktionalisierung als Instrument der Buße nun deutlich der Traditionsstrang irischer Provenienz auf. Die *Visio Tnugdali* zeigt mithin jene Amalgamierung kontinentaler und irischer Jenseitsbrücken-Topik, die für die mittelalterlichen Darstellungen als charakteristisch aufgefasst werden kann.

Der Blick auf die zeitgenössischen Darstellungen weltlicher Erzählliteratur zeigt, dass die Brücken, auch wenn sie nicht in einer jenseitigen Welt lokalisiert sind, in ihrer motivischen Ausprägung einen engen Konnex zu den in der Visionsliteratur überlieferten Jenseitsbrücken aufweisen.[48] Das wohl prominenteste Beispiel einer solchen säkularen Variante der Jenseitsbrücke ist das Motiv der Schwertbrücke, das erstmals in der *Lancelot*-Tradition begegnet und von hier aus literaturgeschichtlich großen Nachhall findet.

In Chrétiens de Troyes *Chevalier de la Charette* muss Lancelot, um die Gemahlin von Artus und von ihm geliebte Guenievre aus der Gefangenschaft im Land Gorre zu befreien, die Schwertbrücke – den *Pont de l'Espee* – überqueren, die über einen reißenden Fluss hinüber zur Burg des Meleagant führt. Am anderen Ende der Brücke erwarten den bei der Überquerung durch die scharfe Klinge schwer verwundeten Lancelot zwei Löwen, die jedoch verschwinden, als dieser das Ufer erreicht. Neben den augenfälligen Parallelen dieser Brückendarstellung zur Darstellungstradition der Jenseitsbrücke[49] weist auch die Lokalisierung im Land Gorre Merkmale eines Jenseits bzw. Totenreichs auf[50] – explizit benennt der Text Gorre als das „Land, von welchem niemand wiederkehrt".[51] Zwar lässt sich damit festhalten, dass die Schwertbrücke als

---

48 Es sei, so Dinzelbacher (1973, 109), „nicht schwer, nachzuweisen, daß der gefährliche Übergang in den Abenteuerromanen phänomenologisch ganz der Seelenbrücke in den Jenseitsvisionen gleicht".
49 Dinzelbacher (1973, 111) bemerkt dazu: „Die Schmalheit der Brücke bis zur Schärfe eines Schwertes oder Messers zu reduzieren, ist ja ein beliebtes Bild in den Visionen (englisches [sic] und französische Bearbeitung des Purgatorium, französische Fassung der *Visio Pauli*...)".
50 Wie bspw. die *Visio Tnugdali* zeigt, wird in den Höllenvisionen das Jenseits häufig als von einem Strom umgeben bzw. von Strömen durchzogen gedacht, in dem oder an dessen Ufer die Seelen von wilden Tieren bedroht bzw. angegriffen werden.
51 Bei Chrétien heißt es: „‚Donc le vos dirai je', fet ele; / Lors lor conte la dameisele. / ‚Par foi, seignor, Meleaganz, / Uns chevaliers corfuz et granz, / Fiz le roi de Gorre, l'a prise, / Et si l'a el reaume mise, /

„säkularisierte Variante der Jenseitsbrücke"[52] gelesen werden kann, gleichwohl gilt zu beachten, dass Chrétiens Darstellung gegenüber der so gestalteten Höllenbrücke zeitliche Priorität zukommt und diese Säkularisierung oder Profanisierung mithin nicht als ein teleologischer Prozess zu denken ist. Über Quellen und Vorbilder für die Schwertbrücke chrétienscher Prägung kann also nur spekuliert werden.[53]

Das Motiv der Schwertbrücke löst eine Fülle von Nachahmungen aus;[54] so finden sich auch in der deutschsprachigen Artusepik entsprechende Reflexe. Die detaillierteste Ausführung des Schwertbrückenmotivs weist der *Prosa-Lancelot* auf. Der anderweltliche Charakter der Schwertbrücke drückt sich hier wider Erwarten weniger in ihrer Materialität oder Lokalisierung, sondern wesentlich darin aus, dass das Gelingen der Passage nicht nur von der materiellen Ausrüstung Lancelots abhängt, dessen Begleiter seine Halsberge sorgfältig mit dicken Eisendrähten vernähen und ihm Handflächen und Schenkel mit heißem Pech verpichten, sondern vor allem auch in Lancelots Bitten um göttlichen Beistand (Lanc_I_(K) 629,1–4; 628,33), wobei dieser transzendenten Macht mit der wiederholten Hinwendung zur Königin gleichsam eine zweite gegenübergestellt ist (Lanc_I_(K) 628,30 f.; 629,7 f.), die im weiteren Verlauf bei Weitem die wirkmächtigere zu sein scheint (Lanc_I_(K) 629,18–21).[55] Anstelle des festen Glaubens, der nur kurz anzitiert wird, erprobt die Schwertbrücke Lancelots Status als auserwählter Artusritter, vor allem aber seine Liebe zu Ginover.[56] Wenn in Ulrichs von Zatzikhoven *Lanzelet* das Motiv der Schwertbrücke gänzlich fehlt, wird einmal mehr deutlich, dass dieses ein integraler Bestandteil der Minnehandlung Lancelots und Ginovers und damit wesentliches Mittel der Inszenierung ihrer Exzeptionalität ist.[57]

Don nus estranges ne retorne; / Mes par force el päis sejorne / An servitume et an essil.'" (CdTLanc 639–647).

52 Dinzelbacher 1973, 119.

53 Dinzelbacher (1973, 112) vermutet Vorgänger in der irischen Tradition, die Chrétien bekannt waren, schließt aber auch Bezüge auf „andere Geschichten aus diesem Bereich [...], die man im Frankreich des zwölften Jahrhunderts, anders als heute, wohl gekannt haben mag" nicht aus.

54 Vgl. Dinzelbacher 1973, 114.

55 In der Szene der Überquerung der Schwertbrücke spannt sich über eine wechselseitige Blickachse zwischen Lancelot und der Königin im → Turm gleichsam ein intimer Raum auf, der den *âventiure*-Raum zu überlagern scheint. In dieser Doppelbödigkeit scheint neben der vordergründigen narrativen Funktionalisierung der Schwertbrücke als *âventiure*-Brücke zur Erprobung des arturischen Ritters eine tieferliegende Funktionalisierung der Schwertbrücke als Probe des wahrhaft Liebenden auf, die keinen gesellschaftlichen Referenzpunkt hat, sondern allein auf die Königin bezogen ist.

56 Zu überlegen wäre, ob nicht evtl. auch der in der Motivgeschichte verankerte Aspekt der Buße zum Tragen kommt, wenn die durch die Schwertbrücke verursachten Verwundungen Lancelots geschildert werden (Lanc_I_(K) 629,25; 630,30). Mit Blick auf entsprechende blutige Parallelen in Gottfrieds von Straßburg *Tristan* ließen sich die Wunden interpretieren als körperliche Einschreibungen einer illegitimen Liebe.

57 Zwar gibt es auch bei Ulrich eine Entführungsepisode und auch in diesem Fall trägt der Ort, an dem die Königin festgehalten wird, deutlich anderweltliche Züge, wobei der Eintritt in diese Anders-

Abseits der *Lancelot*-Tradition findet sich das Schwertbrückenmotiv in zwei Ausprägungen: entweder als aus der *Lancelot*-Tradition importiertes oder als eigenständiges Motiv. So dient es in Wolframs *Parzival* bspw. als intertextueller Maßstab für die Beschwerlichkeit der *âventiure* – in diesem Fall der *âventiure* des Schastel Merveille: „swaz der werde Lanzilôt / ûf der swertbrücke erleit / und sît mit Meljacanze streit, / daz was gein dirre nôt ein niht" (Parz_(L) 583,8–11).[58]

Gänzlich losgelöst von der Lancelot-Figur erscheint das Motiv in der *Krone* Heinrichs von dem Türlin im Rahmen einer eigenständigen Schwertbrückenepisode, die Bestandteil der *âventiure* zur Rückeroberung des Maultierzaums ist: Während die Darstellung der Schwertbrücke selbst, ähnlich wie im *Prosa-Lancelot*, eher knapp ausfällt (Krone 12847–12851), wird deren ‚jenseitiger' Charakter wesentlich über die Lokalisierung sowie die Reaktion Keies indiziert (Krone 12765; 12778–12782). Explizit vergleicht der Text die detailliert ausgestaltete Umgebung mit der Hölle, durch welche der passive, in Todesangst erstarrte Keie vom Maultier, gleich einem Jenseitsführer, getragen wird. Nachdem Keie an der *âventiure* gescheitert ist, durchreitet Gawein die zuvor ausgefaltete, höllische Topographie und überschreitet die Schwertbrücke nicht nur ohne zu zögern, sondern mit einer vom Text ausgestellten Entschlossenheit (Krone 12932–12940). Dass Keie hier als Kontrastfigur Gaweins dient, stellt der Text einmal mehr im „swang" (Krone 12932) aus, den Gawein dem Maultier versetzt, womit er die Schwertbrücke nicht wie von der *âventiure* vorgesehen passiv, sondern letzlich doch aktiv überschreitet.[59] Wenngleich sich in der Jenseitsmotivik eine transzendentale Dimension andeutet, die mit Gaweins Status als auserwählte Erlöserfigur korrespondiert, bleibt die narrative Funktionalisierung dieser Jenseitsbrücke – anders als in der *Lancelot*-Tradition – doch allein auf die *âventiure* bezogen und damit auf die Erprobung der ritterlichen Tugenden und des herausragenden Status' Gaweins als Artusritter.

Während beim Schwertbrückenmotiv vorrangig die Darstellungstradition der Jenseitsbrücke irischer Provenienz im Vordergrund zu stehen scheint, weist die volkssprachliche Epik jedoch durchaus auch Brückendarstellungen auf, die einen deutlichen Bezug zur kontinentalen Darstellungstradition der Jenseitsbrücke zeigen. Als prominentes Beispiel soll abschließend die sogenannte Tugendbrücke im *Jüngeren*

---

welt über Brücken inszeniert wird, jedoch sind diese Brücken der eigentlichen Befreiungsepisode weit vorgelagert und zeigen keine Parallelen zur Schwertbrücke.

[58] Bereits zuvor in der Schilderung des Kampfes zwischen Gawan und Meljacanz findet sich ein entsprechender Verweis auf die Schwertbrückenepisode; auch hier dient der Kampf zwischen Lancelot und Meleagant als Vergleichsgröße (Parz_(L) 387,1–5).

[59] Gleichsam als eine intertextuelle Kontrastfigur ließe sich die Gawan-Figur der *Lancelot*-Tradition lesen, wo Gawan auf dem Weg zur Befreiung Ginovers nicht die Schwertbrücke, sondern die Unterwasserbrücke zu überqueren versucht. Indem Heinrich seine Gawein-Figur die Schwertbrücke souverän passieren lässt (und im weiteren Textverlauf auch die zauberische Unterwasserbrücken-*âventiure* besteht), akzentuiert er sie als Protagonisten seiner Geschichte (vgl. Felder 2006, 652, Fn. 58).

Titurel in den Blick genommen werden: Weder in ihrer Lokalisierung noch in Materialität oder Konstruktion wird die Brücke näher beschrieben, sondern allein in ihrer zauberischen Wirkmacht erläutert: „Nu was also gefuege di brucke wol bescheiden: / der spot und falscheit truege, daz si den warf mit ros und ouch mit kleiden / in daz wazzer. het er wandel grozen, / ie dar nach viel er tiefer. so riten sunder val di valscheit blozen" (JTit 2391). Welches jeweilige Vergehen die Untugendhaften zu Fall bringt, ist öffentlich in einem schriftlichen Anschlag an der Brücke, einem „prief" (JTit 2392,1), zu lesen. Sukzessive versuchen sich daraufhin prominente Figuren der Artusepik an der Überquerung der Brücke; abschließend stellen sich auch die Damen der Brückenprobe, wobei diese im Falle eines Makels allenfalls vom Pferd, nicht aber von der Brücke ins Wasser fallen (JTit 2418). Von den einundzwanzig genannten scheitern insgesamt acht Mitglieder der Artusgesellschaft. Die Episode wird beschlossen von einem prächtigen Fest, welches diejenigen, welche die Tugendprobe bestehen, am anderen Ufer des Flusses erwartet. Wenngleich die konkrete Darstellung der Brücke keine Hinweise auf einen Bezug zum Motiv der Jenseitsbrücke gibt, zeigt sich doch in ihrer zauberischen Wirkmacht der Selektion eine Analogie zur Jenseitsbrücke, wie sie in der kontinentalen Darstellungstradition begegnet.[60] Der vergleichsweise lose Zusammenhang, in dem diese Episode mit dem übrigen Handlungsgeschehen des *Jüngeren Titurel* steht, lässt als narrative Funktionalisierung einen allgemeineren Diskurs über die Idealität der Artusgesellschaft vermuten, wobei sich die Forschung uneins ist, ob es sich hierbei um einen satirischen Seitenhieb oder um eine nostalgische Restitution Albrechts handelt. Bezogen auf die Handlung, dient die Tugendbrücke der Hervorhebung der Protagonisten, die einmal mehr in tugendhafter Makellosigkeit erstrahlen und einander zugeordnet werden (JTit 2427,2–4).

3.5 Resümee zur narrativen Funktionalisierung

Zusammenfassend lassen sich im Rückblick auf die Motivverwendung in den einzelnen Gattungen folgende Beobachtungen zur narrativen Funktionalisierung formulieren:[61] Die Darstellungen der Chroniken zeigen die Brücke vielfach als Binnenbrücke in der Funktion eines zentralen, aber dieser Zeiten immer auch durch Witterung und Überlastung gefährdeten Verkehrsweges. Auch in ihrer Funktion als Gerichtsort werden die Brücken in der Chronistik erwähnt. Im Antikenroman hinge-

---

60 Dinzelbacher (1973, 121) vermutet ein spätes Stadium der Entwicklung des Brückenmotivs: „Hier verliert die Brücke ihr lebensgefährliches Aussehen und begnügt sich relativ harmlos, die ‚valschen' ins Wasser zu werfen."
61 Im Folgenden wird die Verwendung des Brückenmotivs in der jeweiligen Gattung vor allem hinsichtlich auffälliger Spezifika im Vergleich zu den anderen Gattungen skizziert – ein detaillierteres, vollumfängliches Gattungsprofil hinsichtlich der Verwendung des Brückenmotivs kann in diesem Rahmen nicht gegeben werden.

gen steht zum einen das liminale Moment der Brücke im Fokus im Sinne der Begrenzung eines Herrschaftsbereichs im Kontext der Kampfhandlungen, zum anderen das konstruktive Moment, der Brückenbau bzw. -abriss, der insbesondere in den Alexanderdichtungen in einer so eklatanten Weise mit dem Protagonisten verknüpft ist, dass diese Korrelation als gattungsspezifisch betrachtet werden kann. Wenn das Brückenmotiv in der Helden- und Brautwerbungsepik Verwendung findet, dann fast ausschließlich im Kontext eines Kampfes auf der Brücke. Dabei ist die Position des Brückenwächters häufig übernatürlich bzw. ungeheuerlich mit Riesen besetzt. In der Fürsten- und Herrschaftsepik dominiert die Verwendung des Brückenmotivs vor allem in seiner Funktion als Öffnungs- und Schließmechanismus im Kontext von Eroberungs- bzw. Verteidigungskämpfen. Wenngleich das Brückenmotiv im Liebes- und Abenteuerroman vergleichsweise selten anzutreffen ist, so fällt doch ins Auge, dass es zumeist an Schlüsselstellen auftritt und als Markierung der Überschreitung von Initiationsschwellen dienen kann. Das mit Abstand breiteste Spektrum narrativer Funktionalisierungen des Brückenmotivs entfaltet die Artusepik. Als fester Bestandteil der *âventiure* oder oft auch als *âventiure* selbst finden sich hier die komplexesten Brückenkonstruktionen, wobei die Überschreitung meist mit einem Kampf mit einem mal ritterlichen, mal ungeheuerlichen Brückenwächter verbunden ist, welcher den jeweiligen Artusritter auf die Probe stellt. Dabei weisen die Brückendarstellungen gerade dort, wo sie als anderweltlicher Übergang gestaltet sind, mitunter enge Parallelen zum Motiv der Jenseitsbrücke aus der Visionsliteratur auf und können entsprechende Semantiken transportieren.

Abschließend lässt sich konstatieren, dass die Brücke, wenngleich sie, historisch betrachtet, den sicheren, reibungslosen Übergang garantieren soll, sich in ihrer Verwendung als literarisches Motiv doch zumeist als prekäre Wegform und damit gleichsam als Peripetie im Handlungsablauf zeigt, wo Wesentliches inszeniert wird.

BitD_(J), CdTLanc, En_(EK), ErnstB_(B), Flore_(G), Gauriel_(A), Iw_(BLW), JTit, Krone, KvWPart, KvWTroj_(K), Lanc_I_(K), Lanc_II_(K), NibAB_(BBW), OrtnAW, Ottok, Parz_(L), PleierGar, PleierTand, PulkChr, Reinfr, Rennew, Rol, RvEAlex, SAlex_(L), StrKarl, Tr_(R), TundA, UvEtzAlex, UvZLanz_(H), Virg_(Z), Wenzl, Wh_(S), Wig, Wigam_(B), WndD, WolfdA_(AJ), WolfdB_(AJ), WolfdD_(AJ)

→ Anderswelten; → Babylon, Jerusalem; → Burg, Schloss, Hof; → Fluss, Quelle, Brunnen; → Gebirge, Berg, Tal; → Gralsburg, Gralsbezirk; → Grenze; → Hafen, Schiff; → Himmel, Hölle; → Kirche, Kathedrale, Münster, Kapelle, Kloster, Tempel; → Land; → Schlachtfeld, Turnierplatz; → See, Teich, Pfütze; → Stadt, Markt, Platz; → Tor, Tür, Treppe, Fenster; → Turm, Zinne, Mauer; → Wald, Lichtung, Rodung, Baum; → Weg, Straße, Pfad; → Wüste, Wildnis, Einöde

Claudia Brinker-von der Heyde
Burg, Schloss, Hof

1 Begriffsbestimmung – 2 Merkmale der Darstellung – 2.1 Modi des Beschreibens – 2.2 Gattungsspezifik der Beschreibungen – 2.3 Architekturelemente, Ausstattung und Detailrealismen – 2.3.1 Topographie – 2.3.2 Bauwerke und Materialien – 2.3.3 Detailrealismen – 3 Narrative Funktionen – 3.1 Burg als Ort der Herrschaft und Repräsentation – 3.2 Burg als Ort des Friedens und der Zuflucht – 3.3 Burg als Ort der Verbannung, der Gesellschaftsferne und/oder der Bewährung – 3.4 Burg als Ort von Kampf und Gewalt – 3.5 Burg als Ort der Frauen – 3.6 Burg als Symbol, Metapher und Allegorie – 4 Resümee

1 Begriffsbestimmung

Burgen, Höfe und Schlösser finden sich in allen Erzählgattungen. Deren Benennung, Darstellung und Beschreibung ist dabei vielfältig und kann je nach Gattung, Stoff, Autor und/oder zugewiesener Funktion variieren.

Der Wortstamm germ. *burgs geht zurück auf germ.*berg und meint eine befestigte Anhöhe, später ganz allgemein einen befestigten Ort.[1] Bis zum 12. Jh. war Burg vornehmlich die Bezeichnung für → Stadt (*urbs, civitas*) oder stand synonym für Stadt und *castrum* (so z. B. im *Straßburger Alexander*[2]). Mit dem Bau zahlreicher wehrhafter Burganlagen seit dem 12. Jh., die den Adligen als neue Wohnsitze dienten,[3] findet sich zwar nicht durchgängig, aber doch vermehrt in der Literatur eine begriffliche Differenzierung. In Komposita bleibt die ursprüngliche Bedeutung aber erhalten: Der Stadtverwalter bleibt ein *burcgrave* (m.), auch Städte haben *burcmûren* (f.) und *burctore* (n.); *burgære* (m., vgl. *burgeois*) bewohnen Städte wie Burgen.

Synonym zu *burc* (f.) finden sich als ursprüngliches „Hauptwort für Burg"[4] *hûs* (n., → Haus), häufig auch *veste* (f.) und das Lehnwort *kastel* (n.).[5] Ihre Verwendung ist weitgehend austauschbar und beliebig. Dominiert etwa in Wolframs von Eschenbach *Parzival*, in Hartmanns von Aue *Iwein* und in der *Kudrun* der Begriff *burc*, so ist es in Hartmanns *Erec*, in Wirnts von Gravenberg *Wigalois* und – besonders auffällig – in

---

1 Vgl. Schlesinger 1969, 95.
2 Aufgrund der Vielzahl der Burgen ist es nicht möglich, alle Belege aufzulisten. Daher wird jeweils eine exemplarische Auswahl getroffen. Jeder benutzte Text wird dabei mindestens einmal zitiert.
3 Vgl. Bumke 1986, 137.
4 Bumke 1986, 144.
5 Nur im Alexanderroman bezeichnen diese Begriffe zusammen mit dem Bergfried spezifische Belagerungsbauten.

Konrads von Stoffeln *Gauriel* das *hûs*, in der *Krone* Heinrichs von dem Türlin dagegen sind es *veste* und *castel*.

slôz (n.) wird anstelle von Burg vor allem im Tiroler Raum verwendet – Oswald von Wolkenstein etwa spricht in seinen Erzählliedern ausschließlich von *slôz*, *veste* und *hûs* und nie von Burg.[6] Seit dem 14. Jh. verbreitet sich der Begriff *slôz* vornehmlich in historiographischen Texten.

Wenn *hof* (m.) nicht unmittelbar auf den Innenhof einer Burg verweist (z. B. Wig 1475; Krone 7083 u. a.; Kudr_(BS) 25; Roth_(B) 270; 2094 u. a.), meint er in der Regel nicht einen erbauten Ort, sondern ein geschaffenes Sozialgebilde, in dem ideale Werte eine bedeutende Rolle spielen und Raum über Bewegung von Menschen[7] oder auch Sinneseindrücke (s. Abschn. 2.1) entsteht. Vor allem in Verbindung mit Artus ist meist die Rede von *hôf* oder *hûs*. Der Hof ist an den Körper des Herrschers gebunden, d. h. er konstituiert sich als ein nicht örtlich gebundener Gesellschafts*raum*.[8] *ze hove komen* meint daher weniger ein Bauwerk zu betreten als vielmehr Aufnahme in die höfische Gesellschaft zu finden (Er_(C) 1840; Helmbr 916 u. a.). Ein Hof erschließt sich jedem nur über das Erlernen von Verhaltensregeln und -normen, eine Burg dagegen ist ein für alle sichtbares, feststehendes, unveränderbares Gebäude.

Berücksichtigt werden in den folgenden Ausführungen insbesondere die Artus-, Tristan- und Gralsepik (Hartmanns von Aue *Erec* [um 1180] und *Iwein* [zw. 1180 u. 1205], Ulrichs von Zatzikhoven *Lanzelet* [um 1200], Wolframs von Eschenbach *Parzival* [um 1200/1210], Heinrichs von dem Türlin *Die Krone* [zw. 1215 u. 1230], Wirnts von Gravenberg *Wigalois* [um 1220], Strickers *Daniel von dem Blühenden Tal* [zw. 1220 u. 1250], Pleiers *Meleranz* und *Tandareis und Flordibel* [beide zw. 1240 u. 1270], die Heldenepik (*Nibelungenlied* [um 1200], *Ortnit* [1. H. 13. Jh.], *Virginal* [zw. 1225 u. 1250], *Wolfdietrich* [um 1230], *Kudrun* [M. 13. Jh.]) und der Antikenroman (Heinrichs von Veldeke *Eneasroman* [1170–1180], Lamprechts *Alexander* in der Straßburger Fassung [A. 13. Jh.], Ulrichs von Etzenbach *Alexander* [letztes D. 13. Jh.], Konrads von Würzburg *Trojanerkrieg* [1280er Jahre], Johann Hartliebs *Alexander* [um 1450]). Daneben spielen Burg, Schloss und Hof auch eine Rolle im Minne- und Aventiureroman (*Herzog Ernst* [1170–1180], *Reinfrit von Braunschweig* [um 1291], Heinrichs von Neustadt *Apollonius von Tyrland* [um 1300]), in der Brautwerbungsepik (*König Rother* [12. Jh.]), in legendarischen Erzählungen (*Brandan* [md. um 1300]) und in geistlicher Dichtung (*Der Saelden Hort* [um 1300]). Schließlich werden diese Orte in kürzeren Verserzählungen (*Moriz von Craun* [A. 13. Jh.]), im Schwankroman (Strickers *Pfaffe Amis* [zw. 1220 u. 1250]) und in der historiographischen Literatur (*Sächsische Weltchronik* [13. Jh.], *Weltchronik* des Jans Enikel [2. H. 13. Jh.]) greifbar.

---

6 Vgl. Robertshaw 2006.
7 Vgl. Lechtermann/Morsch 2004.
8 *hof* kann auch ein Hoffest oder einen Hoftag bezeichnen: z. B. Roth_(B) 134; Wig 8683.

2 Merkmale der Darstellung

Mit der Ausbildung der Landesherrschaft und höfischen Kultur seit dem 11. Jh. beginnen adelige Familien vermehrt, sich Burgen zu bauen, die nicht nur Wohn- und Verteidigungszwecken, sondern auch repräsentativen Ansprüchen genügen.[9] Ohne Burgen ist seither die höfische Gesellschaft undenkbar. Beschreibungen historisch fassbarer Burgen aber fehlen nahezu vollständig.[10] Die literarisch-fiktionale Landkarte dagegen verzeichnet mithilfe aller Formen narrativer Raumerzeugung – Eigennamen, Gattungsbezeichnungen, Deiktika und Konkreta[11] – eine Vielzahl von Burgen. Eine erste detailreiche Architekturbeschreibung findet sich in Lamprechts Alexanderroman (Straßburger Fassung), seit Heinrich von Veldeke wird sie ein eigener Motivbereich der höfischen Literatur. Zwei Haupttypen lassen sich dabei unterscheiden: Der realitätsnah beschriebene ‚Wehr- und Verteidigungsbau' (z. B. Montalbane in Heinrichs von Veldeke *Eneasroman* [En_(E) 118,6–119,31]; Brandigan in Hartmanns von Aue *Erec* [Er_(C) 7833–7893];[12] Magdalun im *Saelden Hort* [SHort 6231–6815]) und die mit phantastischen Elementen ausgestatteten ‚(Zauber)Burgen' (u. a. Palast des Gansguoter und der Saelde in Heinrichs von dem Türlin *Krone* [Krone 14576–14654; 15664–15822]; Schastel merveille in Wolframs von Eschenbach *Parzival* [Parz_(L) 564,27–566,30]; Schatel-le-mort in Ulrichs von Zatzikhoven *Lanzelet* [UvZLanz_(H) 3536–3550; 3601–3619]; Glois im *Wigalois* Wirnts von Gravenberg [Wig 7059–7089] u. a.). Eine Besonderheit sind ‚Elefantenburgen' (StrDan 585–634; Wig 10345–10401) bzw. auf Räder gestellte und von Elefanten gezogene Paläste (SAlex_(L) 5660–5665).

2.1 Modi des Beschreibens

Die häufigste Form des Beschreibens erfolgt über Protagonisten und über deren ‚Sehen'. Sie reiten auf eine Burg zu, erblicken sie von Weitem, wenden sich ihr zu, erkennen beim Näherkommen die äußere Architektur (z. B. Parz_(L) 161,23–25), werden eingelassen und betrachten dann beim Durchschreiten oder Durchreiten die Ausstattung der Innenräume. So erblickt Pleiers Melranz von Weitem die

---

9 Vgl. Bumke 1986, 137.
10 Ermoldus Nigellus beschreibt zwar bereits im 9. Jh. die Pfalz von Ingelheim, geht aber schon hier nicht auf reale Besonderheiten ein – etwa die Wasserleitung oder den halbrunden Grundriss –, sondern entwirft mit seinen 100 Säulen, 1000 teilweise bronzenen Türen, 1000 Räumen, viel Gold sowie Gemälden, die einen Abriss der Weltgeschichte bis zu Ludwig geben, einen weitgehend fiktiven Bau mit gigantischen Ausmaßen (ErmNig 505 f.).
11 Vgl. Dennerlein 2009, 77. Vgl. auch Beck 1994. Wiesinger 1976 spricht in Anlehnung an Lichtenberg 1931 von vier Darstellungstypen. Deren Grenzen sind aber keineswegs eindeutig, weshalb sie hier nicht weiter berücksichtigt werden.
12 Vgl. Wiesinger 1976, 222–226, Lichtenberg 1931, 78–80.

schönste und beste Burg, die er je gesehen hat (PleierMel 7386 f.), reitet zum Burgberg (PleierMel 7398) hinauf, dann vom *palas* über den Hof wieder zum Kampf hinunter auf eine grüne Ebene (PleierMel 8088–8101) und schließlich erneut zurück (PleierMel 8637). Ganz ähnlich sieht Gawein im *Iwein* schon von Weitem eine Burg vor sich liegen, reitet über eine → Zugbrücke, durch ein → Tor in sie hinein, erkennt einzelne Bauten, allen voran als Zentrum des ganzen Bauwerks den *palas*, aber auch andere handlungsrelevante Räume wie → Kemenaten, den → „boumgarten" (Iw_(BLW) 6491), den → Turnierplatz, den Innenhof usw. (Parz_(L) 534,20; 553,4–11; 565,8–16; Minneb 90–125; Virg_(Z) 187,1–190,6). Als „ougenweide" (Krone 15760) präsentieren sich der Palast der Frau Saelde und Roaz' Burg Glois (Wig 7281). Generell blendet den Betrachter der Glanz des Bauwerks; (Erzähl-)Bilder, Automaten und Ausstattungsstücke werden genau betrachtet, selbst dort, wo sie – wie in Strickers *Pfaffen Amis* – nur vorgegaukelt werden (StrAmis 648–682). Raum entsteht also für den Leser durch die Augen des Protagonisten[13] und über dessen oder anderer in der Burg agierender Personen Bewegung (SAlex_(L) 5585–5621; Parz_(L) 229,23–230,30; Wig 150–159; 188–194; Krone 620–658).

Auch weitere Sinneseindrücke – Geruch, blendender Glanz, Musik/Lärm – und Emotionen – Angst/Grauen, Freude, Liebe, Trauer usw. – konstituieren den Burgraum: Goldene Schellen (SAlex_(L) 5518), Hornstöße (SAlex_(L) 5574) und verschiedene Musikinstrumente (SAlex_(L) 5607; Wig 8649–8655) erklingen, künstliche Vögel singen (SAlex_(L) 5572; ähnlich Orend 1240–1242), Hunde bellen (SAlex_(L) 5575; Wig 239), wie ein Panther brüllt ein künstliches Tier und verströmt wunderbaren Geruch (SAlex_(L) 5576–5581), aus dem „slafgadem" strömt der „beste rouc" (SAlex_(L) 5787–5794). Lärm (PleierMel 5831; Kudr_(BS) 53 u. a.) oder Gesang dringen durch → Fenster und auf → Zinnen (Kudr_(BS) 373). Der Blick aus der schwindelerregenden Höhe der Zinnen nach unten löst Angst und Grauen aus (Er_(C) 7877–7883).

All dieses vom Protagonisten Geschaute und/oder Erlebte, Gehörte, Gerochene, Gefühlte kann um – häufig bildhafte – Informationen durch den Autor/Erzähler ergänzt werden (Parz_(L) 232,5–233,13 u. a.). Der unbekannte Autor des *Saelden Hort* geriert sich explizit als eigentlicher ‚Erbauer' der Burg, um die Beschreibung selbst dann einer im Text agierenden Figur zu übertragen: „Hie kund ich wol von grunde / Mit henden, hertze, munde / Die burch hin uf ze tache / Nach wunsch und nach gemache / Als si was, des ich truwen / Entwerfen, werlich und guot / Des het ich willenclîchen muot, / sit daz dú liep frow min / sol nach der burg gehaissen sin. / Seht das bevilch ich Lazaro" (SHort 6429–6439). In Heinrichs von Veldeke *Eneasroman* wird die Burg unmittelbar vor den Augen der Leser erbaut. Eneas wählt dazu einen strategisch günstigen Ort (→ Meer auf der einen Seite, → Quelle oben am → Berg) und richtet alles (vom Ausheben des Grabens bis zum Erbauen von → Türmen, Erkern und Brücken [En_(E) 118,4–119,35]) überlegt und planvoll auf die Wehrhaftigkeit des Baus

---

[13] Vgl. Lechtermann/Morsch 2004, Beck 1994, 163 f.

aus, sodass Turnus beim Heranreiten diese *sehen* und die Aussichtslosigkeit einer Belagerung erkennen kann (En_(E) 156,2–8).

2.2 Gattungsspezifik der Beschreibungen

Gattungsspezifische Unterschiede sind in Art und Umfang der Beschreibungen zu beobachten. Helden- und sog. Spielmannsepik begnügen sich mehrheitlich mit der (Namens-)Nennung und/oder Hinweisen auf den Besitzer der Burg, ergänzt höchstens um unmittelbar handlungsrelevante Bauteile und Details. Im höfischen Roman und in geistlicher Dichtung findet sich dagegen das ganze Spektrum von bloßer Nennung über realitätsnahe Bauten bis hin zu (Zauber-)Burgen, die sich des gesamten Repertoires an Materialien, Außen- und Innenräumen, Möblierung sowie magischen Objekten bedienen (s. Abschn. 2.3). Auf der Zeitachse sind kaum relevante Veränderungen der Beschreibungsmuster zu beobachten. Gegenüber dem *Straßburger Alexander* ändert sich aber etwa bei Johann Hartlieb der Fokus und damit auch die narrative Funktion (s. Abschn. 3). Unabhängig von der literarischen Gattung bedienen sich aber alle Autoren desselben stereotypen, beliebig kombinierbaren Arsenals an Architektur- und Ausstattungselementen.

2.3 Architekturelemente, Ausstattung und Detailrealismen

2.3.1 Topographie

Reale Burgen werden meist an schwer zugänglichen Orten, auf Anhöhen oder von Wasser umschlossen, errichtet. Literarische Burgen potenzieren diese realen Topographien, indem sie auf extrem hohen, steil abfallenden, kreisrunden, glatten und/oder bewaldeten (u. a. Er_(C) 7837–7840; Krone 8027; 15947 u. a.; Tr_(R) 16105; En_(E) 118,8 f.; BrandanReis 1148; Parz_(L) 658 f.; PleierMel 7398; UvZLanz_(H) 4100; GTroj 6339) bzw. sogar kristallenen (UvZLanz_(H) 209) Felsen stehen, direkt am Meer (ErnstB_(B) 2552 f.; BrandanReis 1153; Parz_(L) 399,21; MOsw_(B) 1635 u. a.), einem → Fluss (SAlex_(L) 5465; ErnstB_(B) 2230 f.), auf einer von reißendem Wasser umgebenen → Insel (u. a. Er_(C) 7124) oder an einem stehenden Gewässer liegen (u. a. Krone 5588 f.; 5721; 12944; Parz_(L) 535,7; UvZLanz_(H) 119; Wig 187), an dem die Wellen sogar bis an die Türen der Frauenkemenate schlagen können (Wig 5280) oder ein Sumpf dem → See vorgelagert ist (Wig 4323 f.). Unterhalb der Burgen erstreckt sich meist ein *plan* (→ Heide), eine (sandige) Ebene, die es erlaubt, schon von weitem die Schönheit und Befestigung der Burg zu erkennen (Krone 15336; 17471; 18061; 20099; Wig 177; 444; PleierMel 5811 u. a.). Äußerst selten steht eine Burg ohne Erhebung ungeschützt auf einer Blumenwiese (EckenlE2 229 f.). Eng, steil und beschwerlich ist der Zugangsweg (Iw_(BLW) 1075–1079; 3772 u. a.), führt durch dichten → Wald, über blanke Felsen (Parz_(L) 226,11 f.; 426,4–6; Wig 4329; Wigam_(B) 1091; Virg_(Z)

186,1–9; SHort 6517–6524 u. a.), durch eine tiefe, von reißendem Wasser durchflossene Schlucht (Er_(C) 7874–7876) oder ist gar nur mit einem Boot zu bewältigen (Parz_(L) 535,2 f.).

2.3.2 Einzelne Bauwerke und Materialien

Zur ‚Grundausstattung' literarischer Burgen gehören generell wie bei ihren realen Vorbildern eine → „burcmûre hôch und dic" (Er_(C) 7846), selten ergänzt bzw. ersetzt durch einen undurchdringlichen, von Schlangen und Drachen (UvZLanz_(H) 5041–5049; BrandanReis 1157; Virg_(Z) 187,2 f.) bewachten Zaun. Zinnen, Tore, (Zug-)Brücken, Türme oder Bergfriede sowie Burggräben betonen die Wehrhaftigkeit. Kemenaten, der Palast und der → Festsaal stehen *pars pro toto* für die Innenräume, Fenster bilden das Scharnier zwischen innen und außen (s. Abschn. 3.5).[14] Diese Basiselemente können um weitere Bauten oder Außenanlagen ergänzt werden: die Vorburg (Iw_(BLW) 4368 f.; UvZLanz_(H) 123; SHort 6565), den Baum- oder Obstgarten (Iw_(BLW) 6436; Tr_(R) 14431; Parz_(L) 553,6 f.; Er_(C) 8009 f.; HvNstAp 12927–12942; Craun 1092), Jagdreviere (Er_(C) 7130–7154), (*werck-*)*gaden* (Krone 7080; Gauriel_(A) 178 f.), ein *wîchûs*, Erker (Parz_(L) 183,25), → Treppen (Parz_(L) 186,15 f., 794,8 f.; Kudr_(BS) 26), einen *anger* (Parz_(L) 162,8 f.), ein *phiesel* (Kudr_(BS) 996), Ställe (Roth_(B) 1092) oder gar einen Geheimgang, durch den man von außen in die Burg gelangt (UvEtzAlex 14947 f.).

Alle diese Bauteile finden sich durchaus in realen Burgen.[15] Man kann vermuten, dass die literarischen Burgen die Realität hinsichtlich der kostbaren Baumaterialien, der die Vorstellungskraft übersteigenden Größenverhältnisse und der prunkvollen Ausstattung sowie der technisch-magischen Objekte (Automaten, Spiegel) bzw. illusionistischen Zaubereien überhöhen. Als stereotyp wiederkehrende Attribute finden sich: glatt, *sinewel*, glänzend/blendend, *lûter*, hoch, schön, kostbar, reich, uneinnehmbar (ErnstB_(B) 2229–2250 u. a.). Mauern, Türme, Zinnen und *palas* sind aus kostbarem Marmor (Wig 7063–7068; MOsw_(B) 1647; NibAB_(BBW) 388 f.; GTroj 2489), Glas (Krone 12947), Kristall (BrandanReis 1165), Alabaster (HvNstAp 13351) u. ä. erbaut und mit Gold, Edelsteinen, Perlen oder Elfenbein verziert (ErnstB_(B) 2537; 2543 f.; 2564–2567 u. a.). Die Dächer sind bunt wie Pfauengefieder (Parz_(L) 565,9 f.), aus roten Ziegeln (SHort 6797) oder aus glänzendem Gold (GTroj 6329–6331; HvNstAp 13360). Turmknäufe aus Gold oder Rubin leuchten schon von Weitem. Es finden sich aus Kupfer und Erz in die Kristallmauer eingegossene Tiere, Jäger, *ritter*, *pfaffen* und *vrouwen*, die so lebendig wirken, als wollten sie gleich aus der Mauer herausspringen (BrandanReis 1167–1186; JohHartA 221 f.; Reinfr 18615–18625). → Straßen sind (mit Marmor) gepflastert (ErnstB_(B) 2684–2687), Innenhöfe mit einer Linde

---

14 Vgl. Jackson 2008, 48.
15 Vgl. Strickhausen 1998, 47–68.

(Wig 1477) oder Zedern (ErnstB_(B) 2652; BrandanReis 1206) bepflanzt. Treppen aus Edelsteinen (SAlex_(L) 4979–4983) führen zum Palast, frisches Wasser fließt hindurch (SAlex_(L) 4970; JohHartA 221), auch luxuriöse Warmwasserleitungen und → Bäder werden genannt (ErnstB_(B) 2670–2693; PleierMel 7895 f.). Die Innenräume sind überaus geräumig und steigern in ihrer Ausstattung in der Regel den Prunk der Außenmauern: Große Kamine schenken behagliche Wärme (Krone 3336 f.; 8048; Parz_(L) 230,8–14 u. a.), die Decken leuchten von Gold und Edelsteinen oder bilden gar das Himmelsgewölbe ab (Reinfr 18620–18633), an den Wänden hängen gewirkte und gestickte Bildteppiche (SAlex_(L) 5501–5520) bzw. Wandreliefs (JohHartA 221 f.), Wandvertäfelungen sind aus nicht brennbarem Holz (SAlex_(L) 5646–5651). Kerzen, Karfunkel und Edelsteine überstrahlen das Tageslicht, kostbarste Spannbetten laden zu amourösen Nächten ein (Craun 1110 f.; ErnstB_(B) 2577–2597; SAlex_(L) 5445–5450 u. a.). Beliebt sind mit Wasserkraft, Wind oder auch durch Zauberei angetriebene Automaten (SAlex_(L) 5554–5581; Wig 1040–1049; Orend 1222–1260; WolfdD_(AJ) VI,48–50; HvNstAp 13093–13118.; Virg_(Z) 347 u. a.),[16] magische Objekte – etwa der Gesundbrunnen (SHort 6760–6768) – sowie Wunderwerke der Technik wie etwa die Welt oder die Umgebung spiegelnde (Wig 7074–7089; Parz_(L) 590,7–14; Minneb 146–221) und/oder Gedanken sichtbar machende (HvNstAp 12871–12917) Säulen und Selbstschussanlagen (Krone 20137–20143). Illusionistische Zaubereien sorgen dafür, dass die Bewohner alterslos und frei von Leid bleiben (UvZLanz_(H) 226–240), den Eintretenden zum Feigling werden lassen (UvZLanz_(H) 3540–3547) oder den Besitzer in seinen Burgmauern unbesiegbar machen (Krone 15300–15312).

Konkrete Maße oder Zahlen finden sich selten, sprengen dann aber meist alle vorstellbaren Dimensionen. Ergänzt werden sie um indirekte Angaben. Zwölf Hufe[17] breit ist der Felsen, auf dem Brandigan steht (Er_(C) 7837), und so hoch, dass keine Steinschleuder die Burg trifft (Er_(C) 7843 f.). 200 Klafter hoch ist der Fels und das *gemiure* der Burg Helferichs (Virg_(Z) 187,7 f.). Der *anger* in Schastel merveille ist fast so groß wie das Lechfeld (Parz_(L) 565,3 f.). Aus einer Entfernung von 40 Meilen kann man Magdalun leuchten sehen (SHort 6802), 1000 Äcker groß ist das Plateau (SHort 6566) und die Verteidigung so gut, dass niemand so nahe kommt wie der Wurf einer *blîde* (SHort 6535). 30 Türme erheben sich hinter den Mauerzinnen (Er_(C) 7863; HvNstAp 13361), je drei stehen beieinander (Er_(C) 7855). 300 Türme sieht Hagen auf seines Vaters Burg (Kudr_(BS) 138), und Gurnemanz' Burg verfügt über so viele, dass es dem *tumben* vorkommt, als habe Artus sie gesät (Parz_(L) 161,23–28). Über 60 Säle und drei Paläste verfügt Kassian (Kudr_(BS) 1542), 500 Fenster schmücken Burg Salye (Krone 20133). Raumgreifende Ausstattungsgegenstände und Menschenmassen, die sich in den Räumen bewegen, erzeugen den Eindruck unvorstellbarer Größe: Das aus

---

16 Vgl. dazu Hammerstein 1986.
17 Eine Hufe misst zwischen ca. 12 ha und 24 ha. Die auf dem Felsen bebaute Fläche umfasste dann zwischen 1,2 km^2 und 2,6 km^2.

rotem Gold gewirkte *scone tier* in Candacis' Palast ist zwar einem Hirsch ähnlich, hat aber 1000 Hörner, auf jedem von ihnen sitzt ein Vogel. Ein Mann mit zwei Hunden reitet das Tier und trägt ein Jagdhorn. 24 Blasbälge werden von zwölf Männern gleichmäßig getreten, um den Automaten zum Leben zu erwecken (SAlex_(L) 5568–5570). Und nicht weniger als 1000 junge Männer unterhalten die höfische Gesellschaft, 500 *junchêren* bedienen die Gäste, 500 *juncvrouwen* verschönern das Ambiente und singen und tanzen zum Harfenklang.

Eine beliebte Sonderform sind Elefantenburgen. Sie unterscheiden sich nicht in ihrer prachtvollen Ausstattung und Architektur, ihre ‚Fundamente' aber sind ein oder mehrere Elefanten (StrDan 605–608; Wig 10345–19348) bzw. Räder, sodass die Burg von 36 Elefanten gezogen werden kann (SAlex_(L) 5660–5665). Ähnlich heutigen Wohnmobilen erlauben sie den beliebigen Ortswechsel.

Die Detailliertheit der einzelnen Beschreibungen variiert je nach Burgtyp – ein Wehrbau setzt andere Schwerpunkte als eine Zauberburg, ein allegorisches Bauwerk andere als ein idealer Hof –, Bautechnik und Ausstattungsmaterialien aber bedienen sich doch immer desselben Arsenals.

2.3.3 Detailrealismen

Bei aller Übersteigerung der Literaturburgen hat die differenzierte Burgenterminologie dennoch einen gewissen realen Erkenntniswert.[18] So spricht der Erzähler im *Erec* von Quadersteinen, die nicht mit *sandic phlaster*, sondern mit *îsen* und *blî* verbunden sind (Er_(C) 7852–7856; ähnlich: SAlex_(L) 696–700; auch Kchr_(S) 11540–11542; SächsWchr 140; Virg_(Z) 189,6). Tatsächlich scheint es sich dabei um eine besondere, mit hohem Aufwand verbundene, erstmals 1160 nachweisbare Bautechnik zu handeln, bei der Steinquader mit „bleivergossenen Eisenklammern untereinander verbunden" werden.[19]

Den ökonomischen Aspekt betont im *Saelden Hort* Lazarus in der ihm in den Mund gelegten Beschreibung der Burg Magdalun, die „alle Burgbeschreibungen der höfischen Epik in den Schatten" stellt.[20] Abgesehen von den üblichen Elementen für höchste Wehrhaftigkeit – Vorburg, (Zug-)Brücken, Türme, Höhe, aber auch dem Hinweis auf die geringe Zahl der für die Verteidigung benötigten „knehte" (SHort 6539) –, ist der Rundbau nicht nur Zeichen für vollkommene Proportionen, sondern ganz pragmatisch dazu da, dass „rutten, sneggen, tumbeller / man niendert kan gerihten" (SHort 6526 f.). Auch liegt die Burg im Fadenkreuz von vier Straßen, an einem schiffreichen Fluss und einem „richen hab" (SHort 6544), für den die Burgherrin das Zollrecht besitzt (SHort 6486–6493). Steuern zahlen alle Bewohner im Umkreis von

---

18 Vgl. Schulz-Grobert 2000, Bumke 1986, 145.
19 Strickhausen 1998, 292. Dazu ausführlich Schulz-Grobert 2000.
20 Bumke 1990, 390.

zehn Meilen. Dank einem gemäßigten Klima – es gibt weder Regen, Hagel, Frost noch Nebel – ist das Land zwischen Vorburg und Hauptburg überaus fruchtbar: Frisches Wasser, Wein, Öl, (Feld-)Früchte, Kräuter, Honig und Wachs, aber auch Holz gibt es im Überfluss, dazu alles Getier auf Erden, in der Luft und im Wasser. Flachs, Hanf, Wolle, Leinen, sogar Seide gedeihen in Hülle und Fülle. Salz, Gold, Eisen, Kupfer und Stahl werden gewonnen. Von höfischem Leben ist die Burg erfüllt. Unzählige Details werden genannt, dennoch entsteht kein kohärenter Raum. Aufgezählt werden ohne Systematik sämtliche Besitztümer und Annehmlichkeiten, die sich ein mittelalterlicher Burgbewohner vielleicht wünschen, aber nie erreichen konnte.

Eine in ihrem Grundriss und Bauplan wirklich rekonstruierbare Burg findet sich ungeachtet der z. T. ausführlich genannten Details nie. Die zahlreichen vollständig mit Edelsteinen bestückten, endogen strahlenden Burgen scheinen sich mehr an der Kleinarchitektur von Reliquiaren, Reliquienschreinen und christlichen Ritualgefäßen zu orientieren,[21] steigern allerdings die Größenverhältnisse ins andere Extrem. Dies spricht dafür, dass literarische Burgen – ob zufällig oder bewusst angesteuert, ob ausführlich beschrieben oder nur kurz genannt – nie „bloß Repräsentationen und Entwürfe von Raumordnungen, sondern [...] Präfigurationen von Aktionen"[22] bzw. von allegorischer Ausdeutung sind, und damit vielfältige narrative Funktionen haben.

3 Narrative Funktionen

3.1 Burg als Ort der Herrschaft und Repräsentation

Der Besitz von Burgen ist in der Literatur wie in historischer Realität steinernes Zeichen von Herrschaftsfähigkeit, Macht und höfischer Repräsentationskultur (NibC_(H) 110; 146; 391 f. u. a.; NibAB_(BBW) 110; Wig 210–221 u. a.). Kombinationen von *bürge* mit *stete*, *lant*, *liut* sind epische Formeln zur Kennzeichnung eines gesamten Herrschaftsraums.[23] Sie finden sich nicht ausschließlich, aber auffallend häufig in der Heldenepik. Die Belehnung mit Burgen gehört zur Schwertleite des jungen Mannes (NibC_(H) 38; NibAB_(BBW) 39), zieht einen Prestigegewinn des Lehensempfängers nach sich, ist gleichzeitig aber auch Gestus der ständischen und ökonomischen Überlegenheit des Belehnenden (Kudr_(BS) 189; 610 u. a.). Burgen zu bauen und damit das Land zu sichern, ist Königspflicht (Kudr_(BS) 569). Sie werden als Belohnung verschenkt (Kudr_(BS) 1333; Roth_(B) 192 f.; PleierMel 12289–12295; NibC_(H) 2217), an den Erretter übertragen (Parz_(L) 202,26 f.), vererbt (WolfdB_(AJ) 260–262; Parz_(L) 746,4 f.) oder bis zur Rückkehr von einer *âventiure* bzw. einer Heerfahrt einem Ver-

---

21 Vgl. Brinker-von der Heyde 1996, 111.
22 Böhme 2005b, IX–XXII, XIX. Vgl. auch Hallet/Neumann 2009b, 24.
23 Vgl. DWB 2, 535 f.

trauten übergeben (WolfdB_(AJ) 6; NibC_(H) 531; 1553; NibAB_(BBW) 523 u. a.). Das Brechen von *bürge und(e) lant* bzw. deren Verlust markiert den Machtverlust und/ oder höchste Bedrängnis (Krone 5712f.; Parz_(L) 5,23f.; 194,14–17; Kudr_(BS) 678; 1546f.), ihre Übergabe ist Eingeständnis der Niederlage (EckenlE2 206,4f.; En_(E) 348,38–349,3), ihr Gewinn umgekehrt sichtbar materieller Beweis des Sieges (BAlex 1738; 2179).

Die kostbaren Bauelemente und prunkvolle Ausstattung sowie in ihnen stattfindenden Feste (Wigam_(B) 33–95; Helmbr 925–954; Parz_(L) 627,19–29 u. a.) machen Burgen zu Orten von höchster höfischer Kultur, höfischer Repräsentation und höfischer Sozialisation schlechthin.

3.2 Burg als Ort des Friedens und der Zuflucht

Als steinerner Raum gesellschaftlicher Stabilität[24] erweisen sich so manche Burgen. Wie Kalogrenant und Iwein, die bei derselben namenlosen Burg freundliche Aufnahme und Bewirtung vom Burgherrn und einer schönen Tochter erwarten, bevor sie zum Brunnenabenteuer aufbrechen (Iw_(BLW) 279–296; 976f.), ergeht es vielen Helden. Auf Burgen finden sie Schutz, Ruhe und Pflege nach bestandenen Heldentaten (Er_(C) 7116–7120; Wig 5960–5962 u. a.) oder entziehen sich weiterer Verfolgung bzw. Kämpfen (JansWchr 27291). Sie sind das Ziel der Freude (Wig 11614) oder der gesamten *âventiure*, wie z. B. die → Gralsburg für Parzival. Sie sind Orte einer ausgeprägten Festkultur (PleierMel 12302f. u. a.) und des Friedens, was das Tragen von Waffen verbietet (NibAB_(BBW) 1745). Die Rückkehr zur eigenen Burg beendet (Kudr_(BS) 138; Er_(C) 9971–9979; UvZLanz_(H) 9305–9308) bzw. unterbricht die *âventiure* (UvLFrd 1088). Eine besondere Rolle spielt der Artushof. Er ist das Zentrum höfischer Kultur und ritterlicher Idealität sowie Ausgangs- bzw. Endpunkt der *âventiuren*, die meist aufgrund einer Störung des Burgfriedens von außen initiiert werden. Er dient der Bestätigung der heldenhaften Tat und der Urteilsfindung in Streitsachen (Iw_(BLW) 6895–6899 u. a.). Räume oder Raumelemente finden sich aber nur dann, wenn Karidol oder Tintagel explizit genannte Orte des Hofes sind. Deren detaillierte Beschreibung, wie man sie angesichts der Bedeutung von Artus' Hof erwarten könnte, fehlt. Meist sind es nur einzelne, für die Handlung relevante Elemente, die als spatiale Marker dienen: Artus sitzt frierend vor dem Kamin (Krone 3334–3365) und wird deshalb von Ginover gescholten, Keie schläft mitten im *sal* (Iw_(BLW) 74f.), das Königspaar in einer Kemenate (Iw_(BLW) 81), Wigalois setzt sich im Hof auf den Tugendstein (Wig 1475–1491), Daniel verlässt Artus' *hûs* heimlich durch das *bürgetôr* (StrDan 999) usw. Nur im *Wigalois* finden sich etwas mehr Details. Karidol steht dort

---

24 Vgl. Klingner/Lieb 2006, 141.

in einer lieblichen Landschaft, der Bau ist von „grôzer rîcheit" (Wig 196), der Palast der Königin aus Marmor, rund, bunt und glänzend (Wig 176–244).

3.3 Burg als Ort der Verbannung, der Gesellschaftsferne und/oder der Bewährung

Die *slozz* in den Erzählliedern Oswalds von Wolkenstein sind anders als in der Epik historisch verifizierbare Bauten, werden aber in seinen Liedern zu Chiffren für gesellschaftlichen Ausschluss, für Gefangenschaft und an ihm begangenes Unrecht. Einsam und verlassen sitzt Oswald im Winter auf einem „kofel rund und smal" (OvWLied_(MK) 44,I,27) im Schatten des Schlern, trostlos ist der Blick aus dem Fenster von Hauenstein, nichts ist zu hören außer dem Tosen des Baches, dem Geschrei von Pfauen und Kindern sowie dem Schelten seiner Frau, wenn er in seiner Verzweiflung Letztere schlägt (OvWLied_(MK) 44), Kälte, Reif, Schnee setzen ihm zu (OvWLied_(MK) 104,I). Reale Gegebenheiten – hohe Berge, dichte Wälder, keine Sonne im Winter, Wasserfall – werden zum metaphorischen Wintereingang und Ausdruck seiner politischen Isolation, die in deutlichem Kontrast steht zur bisherigen Weltläufigkeit. Und wenn er den „winterklaub" (OvWLied_(MK) 103,I,2) für seine Unbill verantwortlich macht, dann versteckt sich dahinter ganz unauffällig eine Spitze gegen seinen Nachbarn, der diesen Namen trägt und ihm angeblich das Leben schwer macht.[25] Gefangen und gefesselt liegt er schließlich in Burg Fellenberg (OvWLied_(MK) 26,IV–XII), erinnert sich an die Gefangenschaft bei einer Frau, der Hausmännin, die ihn statt wie früher in *minne*-Bande in Eisenbande gelegt hat (OvWLied_(MK) 26,XII), und versteht die Burg als Bußort seiner Sünden, in deren vier Wänden er gebunden ist (OvWLied_(MK) 7,III). In Ketten gefangen liegt auch Ulrich von Liechtenstein in seiner eigenen Frauenburg (UvLFrd 1696–1711) und singt in seiner Not ein Minnelied (UvLFrd Lied 47), in dem er die „wîbes güete" um Hilfe bittet (UvLFrd 47,5 f.). Die realen Ketten, der Kerker (→ Gefängnis) werden zu Chiffren für den lebenslang geleisteten Minnedienst, der gleichzeitig trotz aller Unbill *hohen muot* gibt (s. Abschn. 3.6).[26] Gefangengehalten und von der Gesellschaft verborgen werden in der Burg zum schlimmen Abenteuer 300 *vrouwen*, deren Männer beim Versuch, den Fluch von der Burg zu lösen, ums Leben gekommen sind, und die nun zu textiler Schwerarbeit verdammt wurden (Iw_(BLW) 6186–6219). Ähnlich ergeht es den *vrouwen* auf *Schastel merveille* (Parz_(L) 558,18–24). Ob dort oder in anderen Burgen, überall wartet eine nicht leicht zu erfüllende Aufgabe auf den Protagonisten, mit der er sich zu bewähren hat. Oft unterliegen die Burgen einem Zauber oder einem Fluch (z. B. UvZLanz_(H) 3542–3550; Wig 7312–7319 u. a.). Gegner sind monströse Figuren oder magische Objekte – das Zauberbett (Parz_(L) 566,11–569,17; Krone 20704–20720),

---

25 Vgl. Robertshaw 2006, 105.
26 Vgl. dazu Volfing 2006.

ein Ritter aus Erz (Virg_(Z) 188,10–12), Gansguoter, der sein Aussehen verwandeln kann (Krone 13007–13029), Riesen (Reinfr 18856) u. v. m. Mit ihrer Überwindung verschwinden Zauber, magische Gegenstände, Lärm, Dunkelheit usw. Die Burg und/oder die darin lebenden oder gefangengehaltenen Menschen sind erlöst, der Held hat eine weitere Station auf seinem *âventiure*-Weg (→ Weg) erfolgreich bewältigt und kann weiterziehen.

3.4 Burg als Ort von Kampf und Gewalt

Abwehr von Angreifern und Belagerern ist die ureigenste Aufgabe von Burgen. Kriege wurden „fast ausschließlich um Burgen oder Städte geführt".[27] Und meist siegten die Angreifer. So erstaunt es nicht, dass höchste Wehrhaftigkeit Kennzeichen vieler literarischer Burgen ist. Mit „kainen dingen" ist Magdalun zu bezwingen (SHort 6451). Türme, Wege, Brücken, Mauern, alles ist so „werlich und guot" (SHort 6463), dass gerade mal zehn Mann für die Abwehr genügen (SHort 6539). Hier wird anders als bei den Raumdimensionen gerade die geringe Anzahl Menschen zum Marker für Uneinnehmbarkeit. Aber auch unüberwindliche Torwächter – Riesen, Zwerge, Löwen oder Hunde – versperren den Weg (Minneb 115 f.). Ebenso verdeutlichen Zeitangaben für erfolglos versuchte oder auch nur imaginierte Belagerungen – z. B. drei Jahre (Orend 2383 f.), ein 30 Jahre währender Sturmangriff (Parz_(L) 564,27–565,2) – die Unbezwingbarkeit.

Ausgefeilte Techniken sowohl der Verteidigung wie der Eroberung finden sich häufig: Die Tore werden geschlossen gehalten (Kudr_(BS) 779 u. a.), die Zugbrücke aufgezogen (En_(E) 136,38; Reinfr 25512 f.). Man harrt dank guter Vorräte aus (Kudr_(BS) 1383; En_(E) 156,40 f.), *antwerke*, Steine (Kudr_(BS) 1454,4; En_(E) 136,36; 190,26 f.; Wigam_(B) 473–478 u. a.) bzw. „blîde stain" (SHort 6543), Armbrüste, Bogen, Pfeile, Schwerter, Speere (En_(E) 155,36 f.; 190,35) dienen als Verteidigungs- wie Angriffswaffen. Strategisch geschickt werden die Kämpfer auf Zinnen, Türme und Tore verteilt (En_(E) 156,20–25). Um Wehrhaftigkeit vorzutäuschen, lässt Gyburc in Wolframs von Eschenbach *Willehalm* die Gefallenen gewappnet und für die Belagerer sichtbar auf den Zinnen aufstellen (Wh_(S) 230,6–8). Als weibisch weist Hartmut in der *Kudrun* den Rat seiner Mutter zurück, sich in der Burg zu verschanzen (Kudr_(BS) 779; 1378 f.; 1384 f.) und besiegelt damit sein Schicksal. Denn sobald man aus der Burg heraus dem Feind entgegengeht (Krone 9706; Kudr_(BS) 1390–1399) oder von den Angreifern/dem Angreifer herausgelockt (Krone 15454–15459) und in Kämpfe verwickelt wird, kann der Feind die Tore besetzen, sodass kein Rückzug mehr möglich ist (Kudr_(BS) 1447–1454 u. a.). Gelingt schließlich das Aufbrechen der Tore, verlagert sich der Kampf in die Burg, meist ohne Schonung der Bewohner (Kudr_(BS) 150 u. a.). Die geschilderten

---

27 Bumke 1986, 162.

Raumverhältnisse bleiben auch hier in aller Regel unklar. In der *Kudrun* z. B. sind die Kemenaten austauschbar, sogar zum Schlafgemach der Königin hat Kudrun Zutritt. Sie sind damit eine „unterschiedslose abgegrenzte Agglomeration von Orten des Schreckens, sie werden zu Unorten, die jeder Spezifizierung entbehren" und damit zum Abbild eines von Gewalt geprägten, „defizitären Hofes".[28] Erst nach Wiederherstellung der Ordnung erfüllen auch die Räume wieder ihre Funktion des Schutzes, der *heimlichkeit*, der Repräsentation und der Inszenierung von Macht.[29] Gerechte Strafen für schändliches Verhalten (UvZLanz_(H) 148) bzw. *übermuot* (UvZLanz_(H) 7395) sind dementsprechend im *Gauriel* die Verheerungen von Pants und Valerins Burgen sowie die Entsetzung Pronias' von den Heiden (Gauriel_(A) 3489–3607). Gänzlich korrumpiert wird die eigentliche Funktion der Burg als Schutzraum, wenn im *Nibelungenlied* Etzels *sal* (NibC_(H) 2025,3), *palas* (NibC_(H) 2029,2) und Treppen (NibC_(H) 2026,1) zu Orten des gegenseitigen Gemetzels werden, Hagen sich angesichts der Blutströme der Terminologie des Frieden signalisierenden *minne*-Trinkens (NibAB_(BBW) 1960,3; NibC_(H) 2013,3) bzw. Weinausschenkens bedient und damit alle Regeln einer friedlichen Konfliktlösung außer Kraft gesetzt sind.

Die meist nur beiläufig genannten Burgeinnahmen und -verheerungen[30] durch Lamprechts Alexander (SAlex_(L) 1458–1460; 1724 f.; 1747 f.; 2369 f.; vgl. auch Tr_(R) 345–350 u. a.) dagegen sind sichtbare Markierungen für seine Überlegenheit und die Legitimität seines Weltherrschaftsanspruchs. Ausführlicher wird der Erzähler nur bei Tyrus und Theben. Neben 72 *mangen* (SAlex_(L) 902), *antwerken*, die auf Rädern laufen (SAlex_(L) 755 f.), und griechischem Feuer (SAlex_(L) 910) kommen sogar aus Holz gebaute Bergfriede zum Einsatz (SAlex_(L) 747–750) sowie Armbrüste, Pfeile, Steinschleudern (SAlex_(L) 1810–1815) und Eisenstangen zum Aufbrechen der Torriegel (SAlex_(L) 1823). Und genauso ruft im *Eneasroman* die ausführliche Schilderung der trotz großer Verluste erfolgreichen Abwehr der Belagerer von Montalbane die dafür notwendigen Bauteile auf: hochgezogene Brücke, Türme, Zinnen (En_(E) 175,32–36), Gräben (En_(E) 177,3–17), Burgtor (En_(E) 180,26). Deutlich wird damit die Überlegenheit von Eneas und seinem Gefolge markiert und die Rechtmäßigkeit seiner Ansprüche betont.

3.5 Die Burg als Ort der Frauen

In der mittelalterlich-literarischen Raumordnung wird die Außenwelt dem Mann, die befestigte Burg der Frau zugewiesen. Während der Held seine Bewährung auf *âventiuren* sucht, bleiben die *vrouwen* wartend zurück (*Parzival*, *Wigalois* u. v. a.). Abweichun-

---

[28] Seeber 2008, 144.
[29] Vgl. Seeber 2008, 144 f.
[30] Wobei begrifflich kein Unterschied zwischen Stadt und Burg gemacht wird, s. Abschn. 1.

gen davon werden ausdrücklich kommentiert (Wig 2351–2369) oder markieren eine Störung der Ordnung.[31] Eine Burg ohne Frauen ist daher kaum denkbar. Erec erkennt allein aufgrund der prachtvoll vor ihm stehenden Burg Brandigan, dass Frauen darin leben (Er_(C) 7918–7925). Die Verbindung von (bedrohter) Frau und (belagerter) Burg ist häufig, Burgeroberung bzw. -befreiung und (gewaltsamer) Frauengewinn stehen in engem Zusammenhang (Parz_(L) 204,6–12; SAlex_(L) 2360–2370; UvZLanz_(H) 184–188 u. a.). Findet der müde oder verletzte Held gastliche Aufnahme in einer Burg, so ist es in der Regel eine schöne Frau, die sich seiner annimmt (Parz_(L) 167,2–20 u. a.). Geschlechtsspezifische Orte innerhalb der Burg sind vornehmlich Kemenate, Fenster und Zinne.[32] Fenster markieren die → Grenze zwischen Nähe und Distanz resp. Öffentlichkeit und Heimlichkeit, gestatten sie doch Blicke nach oder von außen, nicht aber eine räumliche Annäherung an das Gesehene. So erblicken *vrouwen* die heranreitenden Helden (Parz_(L) 16,22–24; 37,10 f.; 182,15–18; PleierTand 13651–13656; Kudr_(BS) 1358–1361 u. a.), beobachten das Kampf- bzw. Turniergeschehen vor der Burg (Craun 873–908; UvZLanz_(H) 1440 f.; PleierMel 12010–12017 u. a.) oder tauschen heimliche Blicke mit dem Geliebten (En_(E) 290,6 f.). Im *Nibelungenlied* stellen sich die „minneklichen meide" Brünhildes trotz deren Verbots an den Fenstern den männlichen Blicken zur Schau (NibC_(H) 398; 403 f.) oder werden zur „ougenweide" der Helden bewusst dort platziert (Kudr_(BS) 1670). Der Anblick Eneas' aus dem Fenster heraus lässt Lavinia umgehend in Liebe entbrennen (En_(E) 267,8–31; ähnlich Iw_(BLW) 1332–1339). „Beiden Geschlechtern gemeinsam ist die – zunächst visuell zu stillende – Lust auf das andere Geschlecht."[33]

Die Zinne erfüllt dieselben Funktionen wie das Fenster,[34] erlaubt aber den Blick in eine noch größere Weite.[35] Und beide, Fenster wie Zinne, sind dezidierter Ort weiblicher Sehnsucht (Craun 1703–1708; En_(E) 287,13–17 u. a.).[36] Die räumliche Zuordnung von untenstehendem Mann und auf den Zinnen resp. an Fenstern stehender *vrouwe* ruft die Position der Minneherrin auf (En_(E) 290,6–10; Kudr_(BS) 1440; PleierMel 11794–11796 u. a.), der der Mann bereit ist zu dienen.

Die Innenräume der Burg, allen voran die (verschlossene) Kemenate, sind Orte heimlicher Botschaften (En_(E) 286,15–287,1) vertraulicher (Lehr-)Gespräche (En_(E) 260,12–266,11), vor allem aber Schutzort (heimlich) Liebender[37] (Tr_(R) 13489–13514; Wh_(S) 99,15–100,19; Parz_(L) 44,17–29 u. a.). Wenn im *Straßburger Alexander* Canda-

---

31 Vgl. Brinker-von der Heyde 2001, 27 f.
32 Vgl. Kellermann 2005, 326 f.
33 Kellermann 2005, 334 f.
34 Vgl. die Miniaturen der Manessischen Liederhandschrift, u. a. Heinrich von Breslau (11ʳ), Johann von Anhalt (17ʳ), Graf Kraft von Toggenburg (22ᵛ), Walter von Klingen (52ʳ), Johann von Ringgenberg (190ᵛ). http://digi.ub.uni-heidelberg.de/diglit/cpg848 (15.12.2017).
35 Vgl. Kellermann 2005, 334.
36 Vgl. die ganz analoge Raumgestaltung im Minnesang, z. B. Kürenberger, Heinrich von Morungen.
37 Vgl. Bauschke 2006b, 21.

cis den Titelhelden durch sechs kostbar ausgestattete Räume führt, um sich schließlich in einem „slâfgaden" (SAlex_(L) 5788) mit ihm zu vereinigen, dann entsteht der Eindruck eines geradezu labyrinthisch verborgenen Raums (s. Abschn. 3.6). Das von der Außenwelt verborgene Innen des Burgzimmers korrespondiert mit der verborgenen Innerlichkeit der Gedanken.

Häufig ist der Zugang für den Mann zu den Frauengemächern nur über List möglich, sei es durch *cross-dressing* (KvWTroj_(K) 14896–14959; WolfdB_(AJ) 22–28), Unsichtbarkeit (OrtnAW V), betörenden Gesang (Kudr_(BS) 379–381; 391–393) oder Ablenkungsmanöver (Roth_(B) 2155–2159). Umgekehrt kann die Burg aber auch zum Gefängnis für die Helden werden (s. Abschn. 3.2), wobei häufig die Gefangenschaft eine doppelte ist: gefangen in der Burg und gefangen von der Liebe zu einer Frau (Iw_(BLW) 1537–1556; s. Abschn. 3.3).

3.6 Die Burg als Symbol, Metapher und Allegorie

Über ihre Funktion als Handlungsort hinaus dient die Burg der Verbildlichung bzw. Materialisierung abstrakter Phänomene und/oder der Vermittlung einer Lehre und wird so ein „allegorisches Requisit".[38] Die genannten kostbaren Baumaterialien sind keineswegs allein Zeichen von Prunk, Reichtum und Repräsentationswillen des Besitzers bzw. der Bewohner, sondern machen in ihrer, dem mittelalterlichen Leser geläufigen Symbolik[39] aus dem Bauwerk häufig einen „säkularisierten Sakralraum",[40] dessen bloßer Anblick bereits von Krankheiten heilt (Krone 15754–15761). Die Rundheit vieler Burgen steht für vollkommene Proportionen, beim Palast der Frau Saelde korrespondiert sie mit dem in ihr befindlichen Rad der Fortuna als Symbol für die beständige Wiederkehr von Aufstieg und Fall des Menschen (Krone 15823–15848).

Elefantenburgen erinnern wohl weniger an den „nachweisbaren beräderten Götterpalast der Inder" oder an historisch verbürgte Kriegselefanten mit Turmaufbauten,[41] sondern verweisen vielmehr auf die Reinheit und Keuschheit wie gleichzeitig auf den erotischen Reiz der sie bewohnenden Damen. Denn der Elefant gilt als überaus keusches, treu lebendes Tier, weil Naturkunden von ihm wissen, dass er nur durch den Genuss der Mandragora-Wurzel brünstig wird und sich ohne Begierde im Paradies begattet.[42] Gleichzeitig verweist aber das Essen der Mandragora-Wurzel, die dem männlichen Elefanten vom weiblichen gereicht wird, auch auf den Sündenfall des

---

[38] Klein 2006, 113.
[39] Vgl. Engelen 1978, 40–46, Stock 2002, 203 f.
[40] Engelen 1978, 192.
[41] Haupt 1995, 133.
[42] Vgl. Phys 43,80; AdtPhys 57.

ersten Menschenpaars[43] und damit auf die – allerdings reine – weltliche Liebe (zum ‚Paradiestier': BrandanReis 1136–1140). Nicht umsonst würde daher auch Alexander die von Elefanten gezogene Kemenate in Candacis' Palast gerne seiner Mutter schicken (SAlex_(L) 5671–5676).

Als „cerebrale Räume"[44] stellen sich die Zimmerfluchten von Candacis' Palast dar. Denn jeder Raum mit seiner besonderen Ausstattung – (1) schwarz, mit Goldstrom erleuchtet, (2) mit rot leuchtenden Edelsteinen, einem Automaten und wertvollen Bildteppichen, (3) mit Asbest ausgelegt, (4) auf Rädern von Elefanten gezogen, (5) mit Porträt Alexanders, (6) mit prachtvollem Bett und Tapisserien – ist lesbar als eine Allegorisierung der Ventrikelstruktur des Gehirns, die sich aufteilt in *imaginatio* (1+2), *memoria* (3–5) und *ratio* (6). Die Königin regiert über diese „Innenräume des Imaginären",[45] weil sie mit der „Fähigkeit zur Verfertigung von Repräsentationen der realen Welt" auch die „Fähigkeit zur tiefen gedanklich-intellektuellen Durchdringung der Welt" besitzt.[46] Bei Hartliebs *Alexander* findet sich diese symbolische Bedeutung nicht mehr. Er übernimmt zwar die meisten Elemente – Edelsteine, Gold, Wandreliefs, Glanz, unbrennbares Holz usw. –, aber er durchschreitet diese Räume nicht, differenziert auch nicht in deren Ausstattung, sondern ‚sieht' sie lediglich auf seinem Weg zum „haymlichen gemach" (JohHartA 221 f.) als Verweis auf Reichtum, Macht und Repräsentationswillen. ‚Herr über die Bilder'[47] ist dagegen Strickers Pfaffe Amis, weil er die Abfolge von Weltreichen und exemplarischen Herrschergestalten sprachlich so visualisiert, dass die Zuhörer an die Existenz der Bilder glauben (StrAmis 648–678).

Aufgrund ihrer Funktion als Schutz- und Aufenthaltsraum von Frauen repräsentieren Burgen häufig metonymisch die Dame selbst.[48] Im *Willehalm* weist Gyburc bereits mit ihrem Namen auf diese Verbindung hin und mit ihrer männlichen Wehrhaftigkeit verteidigt sie keineswegs nur Orange, sondern vor allem ihren Glauben, ihre Liebe und ihre körperliche Integrität (Wh_(S) 215,1–216,3). In mittelalterlicher Hermeneutik wird die Burg „zur Chiffre für den weiblichen Körper" bzw. für „den Schoß der Frau"[49] und „Bild für die Unberührtheit Mariens"[50] (Lk 10,38). Daher sind zwei Ausformungen der Burgallegorie bzw. Burgsymbolik zu unterscheiden: Die Burg als Sinnbild weltlicher *minne* auf der einen und geistlich-mariologischer auf der anderen Seite.[51] Gerade diese Symbolik erlaubt es, technische Begriffe der Burgbe-

---

43 Vgl. Phys 43,82; AdtPhys 60.
44 Scheuer 2005, 24.
45 Scheuer/Reich 2008, 114.
46 Stock 2002, 122.
47 In Anlehnung an Stock 2002, 122, der Candacis als „Herrin der Bilder" bezeichnet.
48 Vgl. Volfing 2006, 68.
49 Klein 2006, 120.
50 Klein 2006, 121 mit zahlreichen Beispielen aus lateinischer Exegese.
51 Vgl. Klein 2006, 123.

lagerung bzw. eroberung zur euphemistischen Umschreibung sexuellen Begehrens bzw. sexuell (gewalttätiger) Erfüllung zu benutzen.

Ulrich von Liechtenstein wird einen Tag in einer *kemenâte* (UvLFrd Lied XL,19) eingeschlossen, um dann erneut sexuell tätig zu werden.[52] Das Herz der Dame ist ihm ein (Burg-)Tor, das er nicht öffnen kann (UvLFrd 2. Büchlein 308–317).[53] Das *slapstick*-artige[54] Hochziehen an zusammengeknoteten Bettlaken endet nicht in der Gewährung des erwarteten Minnelohns, sondern in einer Verhöhnung durch die Dame und dem blitzartigen Wiederherunterlassen (UvLFrd 1269). Mit Herwigs Eroberung von Hetels Burg erweist Herwig sich als der Stärkste, der damit auch Anrecht auf die Schönste, auf Kudrun, die Tochter Hetels hat (Kudr_(BS) 636–665). Demgegenüber schändet Hartmut Burg wie Frau, weil er beides nicht im Kampf gegen einen gleichwertigen Gegner gewinnt, sondern durch List (Kudr_(BS) 780 f.; 788–798). In Heinrichs von dem Türlin *Krone* verliert Gawein nach der Hochzeit mit Amurfina aufgrund eines Zaubertranks seine Identität als Artusritter, umso besser vermag er nun aber „vnder der minnen zelt" (Krone 8807) seine (sexuellen) Ritter- und Kampfspiele betreiben. Und das vom Erzähler konstatierte Unvermögen Ginovers, zu erkennen, dass eine Burg dann verloren ist, wenn die darin Belagerten dem Feind auf Treu und Glauben Einlass in den *hamit*, den befriedeten Bereich gewähren, umschreibt die verhängnisvollen Folgen, dem Entführer den Griff unter ihr Gewand zu erlauben (Krone 11682–11694). Denn konsequent erobert der die ‚Frauenburg'[55] weiter: „untz er chom vür daz palas, / Des vrowe Minne ein phliget / Vnd da ir geberc tougen liget: / da began er suochen daz sloz. / Jn ir brüel zefuort er daz broz, / Daz mit blüete was entsprungen, / Wan er chom zuo gedrungen / Mit so grozzem gewalte, / Daz er sein vil valte, / Als es div glust reizet. / Vor dem tor er erbeizet / Vnd wolt si han ervohten. / Gotes gnaden! don mohten / So snelle von seinem ygel / Von dem antwerch di rigel / iht werden wol zebrochen, / damit si was belochen" (Krone 11722–11738). Eine derart ausführliche Parallelisierung von Sexualakt und Burgeroberung ist in deutschsprachiger Literatur einmalig.[56] In der „erotisch-politische[n] Paarformel"[57] *wîp unde lant/burc* ist die Analogie aber durchaus präsent. Frau und Land/Burg unterwerfen sich öffentlich der

---

52 Vgl. Volfing 2006, 66 f.
53 Vgl. Heinrich von Morungen: Er imaginiert eine Mauer, die von einer Frau durchschritten werden könnte, wenn sie es wollte. Bauschke sieht darin ein Symbol für „die unio der Liebenden" (Bauschke 2006b, 38).
54 Vgl. McLelland 2008, 95.
55 Bei Ulrich von Liechtenstein trägt nicht von ungefähr die Burg seiner Gefangenschaft genau diesen Namen.
56 Vgl. dagegen den *Roman de la Rose*, in dem alle Elemente der Burg „zweifellos als allegorische Mittel zur Darstellung des weiblichen Körpers" (Klein 2006, 129) dienen. Statt von „kaschierte[r] Pornographie" (Klein 2006, 129) würde ich aber eher von sexuellem Euphemismus sprechen. Verkürzt findet sie sich in den CarmBur_(FKB) 185,9: „er rante mir in daz purgelin / cuspide erecta".
57 Krause 1996, 72.

männlichen Überlegenheit (Parz_(L) 97,12; Iw_(BLW) 2420; Wig 9433–9442 u. a.) bzw. die Frau versucht den Angriff auf beides, die Burg und ihren Körper, verzweifelt abzuwehren (Parz_(L) 194,14–195,1 u. a.). Beides sind Räume männlichen Begehrens, die auf analoge Art und Weise, nämlich im Kampf, zu erobern sind.[58]

Mit der Parallelität von Frauenkörper und Burg arbeitet auch die *Minneburg*, die bekannteste Burgallegorie der volkssprachigen Literatur. Jedes einzelne Bauteil erfährt eine auf die Frau bezogene Auslegung. Der Wassergraben ist ein „reines wyp" (Minneb 549), die Wachtiere bedeuten ihre „huot" (Minneb 552), die fünf Fenster ihre fünf Sinne (Minneb 585), der „berillen man" (Minneb 588) ist ihre Vernunft, das aus Stahl und Diamant geschmiedete Frauenbildnis ihr freier Wille (Minneb 596–598) usw. Bedroht wird diese Frau/Burg von der *minne*, die sie unbedingt im Sturm erobern will (Minneb 2676–2684). Aber alle eingesetzten Kriegswerkzeuge scheitern. Erst wenn reine Begierde ersetzt wird durch Tugenden, öffnen sich die Burgtore. So wird die Burg einerseits zum Sinnbild einer reinen Frau, die weiß, wie sie ihre körperliche Integrität bewahren kann, andererseits aber auch zum Symbolort von Liebe und Gegenliebe.[59]

Die Herrin von Magdalun im *Saelden Hort* ist ein solch *reines wîp*, allerdings nicht im weltlichen als vielmehr im geistlichen Sinn. Denn die zunächst so real scheinende Burg (s. Abschn. 2.3.3) trägt durch das Fehlen von Klimaschwankungen, die friedliche Harmonie aller Tiere, den Überfluss an Nahrung, Wein, Bodenschätzen oder die Heilkraft einer Quelle paradiesische Züge (SHort 6682),[60] ähnlich der hoch in den Lüften liegenden, mit einer „mure [...] cristellingevar" (BrandanReis 1164 f;. ähnlich SAlex_(L), 6406–6408) umgebenen Burg Munda Syon im *Brandan*, die, aus Apc 14,1 bekannt, in geistlicher Dichtung gedeutet wird auf das Himmlische → Jerusalem.[61] Die Topographie weist dabei alle Elemente auf, die das → Irdische Paradies kennzeichnen – umgeben von hohen, unüberwindlichen Mauern und tiefen Gewässern, Wohlgeruch usw. –, gleichzeitig aber auch säkulare literarische Burgen auszeichnen (s. Abschn. 2.1), wie etwa in der Grippia-Episode des *Herzog Ernst* (ErnstB_(B) 2212–2250).[62] Menschenleer ist diese *burc*, nur vom Meer her zu erreichen, kunstvoll sind die Paläste, erbaut mit kostbarsten Materialien, leuchtend dank Edelsteinen, Gold und Farben, bei denen vor allem Grün hervorsticht, das in der Farbensymbolik auf Dauer und Beständigkeit verweist, die Tore stehen offen, Tische sind gedeckt und mit Speisen beladen.[63] Dank einem ausgeklügelten Straßenreinigungssystem (ErnstB_(B) 2687–2695), gespeist von „zwêne brunnen" (ErnstB_(B) 2655), die auch

---

58 Vgl. dazu Matt 1991, 67: „Die feudale Ehe wird [...] mit der gleichen Umsicht, strategischen Planung und gegebenenfalls todesmutigen Tapferkeit vorbereitet, geschlossen und vollzogen wie eine militärische Kampagne."
59 Vgl. Klein 2006, 131.
60 Vgl. Abbildungen des Himmlischen Jerusalems oder des Paradieses in Burgform.
61 Etwa SpecEccl 133,15–17.
62 BrandanReis 2002, Kommentar zu 1141 ff.
63 Vgl. Stock 2002, 202–204.

die Wannen des → Badehauses füllen (ErnstB_(B) 2662), ist die Stadt von höchster Reinheit. Was sich zunächst als Beschreibung einer märchenhaft-paradiesischen Sachkultur liest, wird symbolisch aufgeladen, wenn Ernst und Wetzel sich im „luter waszer" (ErnstB_(B) 2741) reinigen, um sich im grünen Smaragdpalast dann zur Ruhe zu legen. „Ernst könnte hier symbolisch die Katastrophe der unterbundenen Dauer der idealen Herrschaft im *rîche* und des dadurch unterbundenen Verweilens im *rîche* abwaschen und sich gleichsam in symbolischer Umhüllung der Dauerhaftigkeit und Stetigkeit erneuern".[64] Allerdings wird dieser symbolische Versuch in den folgenden Handlungssequenzen abgewiesen, stattdessen wiederholt sich „ins Groteske gesteigert[]"[65] die Tat, die Ernst zu seiner Reise gezwungen hatte. Gleichwohl markiert Grippia einen Wendepunkt der Reise, begegnet Ernst doch ab jetzt den Wundervölkern, die zwar mehrheitlich auf Burgen leben und über höfische Lebensformen verfügen, in ihrer Körperlichkeit aber deutliche Abweichungen von der höfischen Norm zeigen (ErnstB_(B) 4514–4521).

4 Resümee

Burgen sind für mittelalterliche Literatur konstitutiv. Sie reihen sich seriell aneinander,[66] tauchen unvermittelt und einzeln auf, erfahren ausführliche Beschreibungen oder nur lapidare Erwähnung, entstehen in ihrer Räumlichkeit über Sinneseindrücke wie über Bewegung und erfüllen verschiedenste narrative Funktionen, die sich verschränken und überlappen, können sie doch gleichzeitig Orte der Repräsentation, des Kriegs bzw. Friedens, der Frauen und der Symbolik und Allegorie sein. Dies gelingt einerseits deshalb, weil die materiellen ‚Bausteine' aller Burgen aus demselben Fundus schöpfen und im Baukastenprinzip je einzelne Bauteile ausgewählt und zusammengefügt werden, ohne dass dies aber zu erkennbaren Grundrissen oder einem kohärenten Raum*gefüge* führte, und andererseits, weil all die besonderen Materialien, Raumanordnungen je nach Kontext unterschiedliche Auslegungen und Deutungen erfahren. Raum*imaginationen* werden über den Blickwinkel der Figur, durch Bewegung oder Handlungen von Menschen, Tieren oder Objekten, aber auch durch Sinneseindrücke erzeugt und machen damit in aller Regel aus einer Burg einen sozialen Raum unterschiedlicher Interaktionen.

---

64 Stock 2002, 205.
65 Stock 2002, 207.
66 Vgl. Giloy-Hirtz 1986, 268.

AdtPhys, BAlex, BrandanReis, CarmBur_(FKB), Craun, EckenlE2, En_(E), Er_(C), ErmNig, ErnstB_(B), Gauriel_(A), GTroj, Helmbr, HvNstAp, Iw_(BLW), JansWchr, JohHartA, Kchr_(S), Krone, Kudr_(BS), KvWTroj_(K), Minneb, MOsw_(B), NibAB_(BBW), NibC_(H), Orend, OrtnAW, OvWLied_(MK), Parz_(L), Phys, PleierMel, PleierTand, Reinfr, Roth_(B), SächsWchr, SAlex_(L), SHort, SpecEccl, StrAmis, StrDan, Tr_(R), UvEtzAlex, UvLFrd, UvZLanz_(H), Virg_(Z), Wh_(S), Wig, Wigam_(B), WolfdB_(AJ), WolfdD_(AJ)

→ Babylon, Jerusalem; → Bad; → Brücke; → Fluss, Quelle, Brunnen; → Garten, Baumgarten; → Gebirge, Berg, Tal; → Gefängnis, Orte der Gefangenschaft; → Gralsburg, Gralsbezirk; → Grenze; → Haus, Hütte; → Heide, Aue, *plaine*; → Insel; → Irdisches Paradies; → Kemenate, Gemach, Kammer; → Meer, Ufer; → Saal; → Schlachtfeld, Turnierplatz; → See, Teich, Pfütze; → Tor, Tür, Treppe, Fenster; → Turm, Zinne, Mauer; → Wald, Lichtung, Rodung, Baum; → Weg, Straße, Pfad

Lorenz Becker
Dorf, Acker, Gehöft, Meierei

1 Begriffsbestimmung – 2 Merkmale der Darstellung – 3 Narrative Funktionen – 3.1 Dorf als nicht-höfischer Ort – 3.2 Dorf als geographisches ‚Überall' – 3.3 Dorf als Opfer von Kriegshandlungen – 3.4 Dorf als Teil von Grundherrschaft und Herrschaftsgründung – 3.5 Die ganze Welt ein Dorf: Heinrich Wittenwilers *Ring* – 4 Resümee

1 Begriffsbestimmung

Ein Dorf im Sinne eines nicht höfischen, ländlichen Lebensraumes wird in der erzählenden Literatur des Mittelalters mit dem graphematisch ähnlichen *dorf* (n.) bezeichnet. In seinen verschiedenen Formen wird der Begriff (as. *tharp, thorp* n., ahd. *thorph, thorf, dorf, durf* n., mhd. *dorf* n., mnd. *dorp* n., fnhd. *torf, dorff, dorf* n.)[1] ab dem 8. Jh. zum Standardwortschatz gezählt, zur jüngeren Zeit, besonders zum Neuhochdeutschen hin liegt eine Bedeutungsverengung vor. Während in der Moderne Dorf in eindeutiger Abgrenzung zur größeren Stadt und zum kleineren Einzelhof oder zum Weiler (Ansammlung weniger Einzelhöfe) verwendet wird, sind die Wortbedeutungen im Mittelalter nicht klar gegeneinander abgegrenzt.[2] Hier gestaltet sich die Verwendung ähnlich der breiten Semantik von lat. *vicus* (m.) und *villa* (f.), was ein einzelnes ländliches Gehöft aber auch ein Dorf meinen kann, und von germ. **þurba-* (n.) sowie got. *þaurb* (n.), die neben Dorf und Hof auch noch auf kultiviertes (Acker-)Land verweisen können. Eine von Stadt und Kleinstsiedlungen klar unterschiedene Semantik lässt sich erst in der Frühen Neuzeit ablesen. *dorf* meint hier „eine ständig bewohnte, bäuerliche Siedlung mit zugehöriger Nutzfläche, besonderer Sozialstruktur sowie eigener Verwaltung und Rechtsprechung" und verweist metonymisch auch auf die „Gemeinschaft der Dorfbewohner" und auf die „rechtlich-politische als auch kirchliche Landgemeinde".[3]

Aufgrund der Bedeutungsbreite von *dorf* im Mittelalter ist es sinnvoll, auch die anderen durch diesen Begriff abgedeckten Orte mit zu bedenken, zumal die räumliche Gestaltung dieses Ortes den Einschluss der dazugehörigen Felder und Höfe notwendig macht. Hierfür werden auch Nennungen des Ortes Acker (as. *ackar* m., ahd. *ackar* m., mhd. *acker* m., fnhd. *acker* m.) miteinbezogen,[4] sofern sie in unmittelbarer Beziehung zum genannten Dorf stehen. Nicht berücksichtigt werden jedoch solche, die sich in ihrer Bedeutung auf → Turnierplätze oder → Schlachtfelder beziehen. Ebenso wurden

---
1 Vgl. Kluge/Seebold 2011, 212, Schildt 2008, 1121, Schützeichel 1989, 92.
2 Vgl. Rösener et al. 1989, 1266, DWB 2, 1277.
3 Goebel et al. 2014, 972–973.
4 Vgl. Kluge/Seebold 2011, 14.

hier Texte ausgeschlossen, die Acker als Metaphern gebrauchen, welche das Bild des Sämanns sowie des guten und schlechten Samens aufgreifen. Zu Dorf und Acker treten noch die mittelalterlichen Bezeichnungen für Gehöft (as. *hof* m., ahd. *hof* m., mhd. *hof* m., fnhd. *hof* m.)[5] bzw. Weiler (von mlat. *villare*, mhd. *wîler* m./n., ahd. *wīlāri*, *wīlar* m./n, fnhd. *weyler*, *weiler* m.)[6] sowie für Meier (mhd. *mei[g]er* m., ahd. *meior*, *meiur*, *meiger* m., as. *meier* m.)[7] und Meierei (mhd. *mei[g]erîe* f., *meierhof* m.),[8] was den Verwalter einer adligen Gutsherrschaft, dessen Amt und Gehöft beschreibt.

Im Folgenden wird anhand einer Auswahl von Texten aus der Zeitspanne vom Ende des 9. Jh.s bis zum 15. Jh. die Verwendung des Ortes Dorf in der Literatur des Mittelalters gezeigt. Eine zentrale Rolle nimmt das Dorf in einer Vielzahl kürzerer Reimpaardichtungen ein (u. a. in Texten des Strickers [1. H. 13. Jh.], Konrads von Würzburg [M. 13. Jh.], Heinrich Kaufringers [14. Jh.], Hans Rosenplüts [15. Jh.] sowie einigen weiteren teilweise anonym überlieferten Kurzdichtungen aus der Zeit vom 13. bis zum 15. Jh.), außerdem in dem umfangreichen Schwankroman *Der Ring* von Heinrich Wittenwiler (um 1400). Zudem liefern auch einige Antikenromane (Heinrichs von Veldeke *Eneasroman* [1170–1180] und Herborts von Fritzlar *Liet von Troye* [1190–1217], Konrads von Würzburg *Trojanerkrieg* [1280er Jahre] und Ulrichs von Etzenbach *Alexanderroman* [letztes D. 13. Jh.]) Belegstellen zu Dorf ebenso wie die Heldenepik und *Chansons de geste* (das *Nibelungenlied* [um 1200] und das *Rolandslied* des Pfaffen Konrad [um 1172], Ulrichs von Türheim *Rennewart* [nach 1243], die *Virginal* und *Wolfdietrich* [13. Jh.]). Weitere Belege finden sich in Artusromanen (Heinrichs von dem Türlin *Die Krone* [zw. 1215 u. 1230] und Ulrichs von Zatzikhoven *Lanzelet* [um 1200]), in Liebes- und Abenteuerromanen (Konrads von Würzburg *Partonopier und Meliur* [1277] und Johanns von Würzburg *Wilhelm von Österreich* [1314]), in Otfrids von Weißenburg *Evangelienbuch* (um 868), in Heinrichs Tierepos *Reinhart Fuchs* (E. 12. Jh.), im *Herzog Ernst B* (A. 13. Jh.) und in Ulrichs von Liechtenstein *Frauendienst* (1255).

2 Merkmale der Darstellung

Grundsätzlich ist festzuhalten, dass Nennungen, die sich auf ein Dorf beziehen, sehr zahlreich sind, dabei aber nur in wenigen Fällen über eine Nennung pro Werk hinausgehen und noch seltener eine umfangreiche Ausgestaltung des Dorfes als räumliche Einheit mit klar gezogenen Außengrenzen und im Inneren ausdifferenzierter Gestalt stattfindet. Einen Verweis auf ein vermeintlich real existierendes Dorf bietet ledig-

---

5 Vgl. Kluge/Seebold 2011, 420.
6 Vgl. Kluge/Seebold 2011, 979.
7 Vgl. Kluge/Seebold 2011, 612.
8 Vgl. Lexer 1, 2075.

lich die Handschrift C des *Nibelungenlieds*, wo es heißt, dass „vor dem Otenwalde ein dorf lît Otenhein". In diesem Dorf befinde sich die Quelle, an der Siegfried von Hagen ermordet wird (NibC_(H) 1013,3).

Das Märe *Der fünfmal getötete Pfarrer* von Hans Rosenplüt ist einer der wenigen Texte, in denen ein Dorf als Handlungsraum ausgestaltet wird. Dort wird die Leiche eines Dorfpfaffen immer wieder von einem Ort an einen anderen gebracht, da keiner der Dorfbewohner mit dem Mord in Verbindung gebracht werden will. Hierzu werden verschiedene, zum Dorf gehörige Orte wie der „laden" eines Schusters (RosPfarr 27), ein „haberacker" (RosPfarr 56), eine „kirchen" (RosPfarr 266) und verschiedene Wohnhäuser (→ Haus) genannt, an denen die Leiche abgelegt wird. Indirekt wird auch die Außengrenze des Dorfes dabei thematisiert, da sich die Figuren zu dem außerhalb des Dorfes liegenden Acker begeben. Auf diese Weise wird der Dorfraum über die Bewegung der Figuren konstituiert. Eine zusammenhängende Topographie des Dorfes entsteht hierdurch nicht, vielmehr wird eine Reihe von Handlungsinseln kreiert, deren räumliche Positionierung zueinander offenbleibt (RosPfarr 56; 122).

In den im ersten Abschnitt genannten Texten ist das Dorf Haupt- oder Nebenschauplatz der Handlung; der Ort erfährt jedoch keine genauere Beschreibung. Hinsichtlich der geographischen oder architektonischen Ordnungen werden nur selten genaue Angaben gemacht; in wenigen Fällen ist von einer → Kirche die Rede, die sich im selben Ort befindet (KaufDrei 382). In Heinrichs *Reinhart Fuchs* wird allein deshalb ein Dorf aufgerufen, um eine Kirche als Ort der Handlung verorten zu können (ReinFu 1569–1574); diesen Zusammenhang nutzt auch Egenolfs von Staufenberg Verserzählung *Der Ritter von Staufenberg* (Staufenb 515). Einige weitere Aspekte dörflicher Ortsbeschreibung finden sich in Heinrich Wittenwilers *Ring*. Hier werden dörfliche Architektur und Tätigkeiten der bäuerlichen Lebenswelt gleichzeitig verknüpft und kontrastiert mit pseudo-höfischen Verhaltensnormen sowie Gattungskonventionen, wodurch beide Erzählwelten parodiert und reflektiert werden. Unter 3.5 wird ausführlich auf diesen Schwankroman eingegangen.

3 Narrative Funktionen

Während architektonische Darstellungsmerkmale für den Ort Dorf nur sehr sporadisch zu finden sind, erfüllt er dagegen in einer Reihe von Texten narrative Funktionen unterschiedlichster Art. Im Folgenden werden die entsprechenden Texte nach dem Zweck gruppiert, den die Nennung eines Dorfes in den jeweiligen Texten erfüllt.

3.1 Dorf als nicht-höfischer Ort

Die häufigste Form, in der ein Dorf in erzählenden Texten des Mittelalters zu finden ist, ist die eines nicht-höfischen Handlungsraumes. Bemerkenswert ist hierbei, dass es sich bei diesen Texten beinahe ausschließlich um (schwankhafte) Kurzerzählungen oder Mären handelt. Den Texten scheint es ein Anliegen zu sein, die Handlung dezidiert nicht im höfischen oder später auch städtischen Milieu stattfinden zu lassen. Um also die oft transgressiven und subversiven Erzählmuster der Schwankmären außerhalb der von höfischen Tugenden und Normen durchzogenen Sphäre zu verorten, wird – meist nur durch eine einzige Nennung – ein Dorf aufgerufen. So beginnt beispielsweise die *Böse Adelheid* mit dem Vers „[i]n einem dorf was gesezzen ein man" (BösAd 1). Der ländliche Charakter des Handlungsortes wird in diesem Märe nur noch dadurch unterstrichen, dass der Protagonist von einer verkauften Kuh spricht und mit seiner Frau über den Gang zum Markt in die nahe gelegene Stadt Augsburg diskutiert. Die eigentliche Problematik der Erzählung, die hier in der Bösartigkeit der Gattin und im Ausloten der ehelichen Machtverhältnisse besteht, wird vor dem Hintergrund des Dorfes als einer Markierung des Standes entfaltet; sie wird jedoch nicht als räumliches Ensemble gestaltet, das in die weitere Entwicklung der Handlung einbezogen ist. Die Protagonisten, neben Studenten und Pfaffen, werden oft lediglich als Bauern (RosSch 5; KaufDrei 164) oder Meier (KaufDrei 55) bezeichnet, was den im Dorf lebenden Stand markiert. Ganz ähnlich funktionieren einige weitere Mären, so zum Beispiel Heinrich Kaufringers *Drei listige Frauen* (KaufDrei 224), Hans Rosenplüts *Fahrender Schüler* (RosSch 10) und *Der fünfmal getötete Pfarrer* (RosPfarr 3), *Des Mönches Not* vom Zwickauer (ZwiMö 293) sowie das anonym überlieferte Märe *Schrätel und Wasserbär* (Schrätel 41; 43).

Soll die Abwesenheit einer Figur oder ihre Bewegung in der erzählten Welt genauer beschrieben werden, so wird meist auf einen Acker zurückgegriffen, auf dem sich die Figur befindet, von dem sie nach Hause kommt oder in dessen Richtung sie von zu Hause aufbricht. Im *Begrabenen Ehemann* des Strickers beispielsweise teilt die Frau ihrem Mann mit, als er „eines tages [...] von acker gie" (StrEhe 172), dass er aussähe als sei er tot. In einigen Mären sind das Dorf und die dazugehörigen Orte wie Acker oder Feld stärker mit der Narration verknüpft. Dieser räumliche Wechsel kann zudem konstitutiv mit einer die Erzählung bestimmenden List zusammenhängen. So erwartet in den *Drei listigen Frauen* die Ehefrau von Meier Berthold ihren Gatten mit einer List, als er „komen was / von acker und ze tische sas" (KaufDrei 50), und wenig später tritt der helfende Knecht hinzu, der ebenfalls „von acker" kommt (KaufDrei 114). Im *Klugen Knecht* des Strickers ist der Acker der notwendige Raum, der den Ehebruch ermöglicht. Dort nämlich befindet sich der Ehemann immer, wenn seine Frau sich mit dem Pfaffen zum Geschlechtsverkehr trifft: „Der wirt vuor ze acker und ze holz. [...] sô si dem pfaffen danne enbôt, / daz der wirt was entwichen, / sô quam er dar geslichen" (StrKn 13; 20–22).

Das Märe vom *Häslein* nennt zwar auch nur einmal explizit das Dorf (Häslein 57), allerdings wird hier der Kontrast zum Höfischen bedeutend stärker ausgestaltet. Der männliche Protagonist nämlich wird beschrieben als „[e]in Ritter, wol gebârende, / der welte gunst vârende / mit milte und ouch mit vrümekeit" (Häslein 21–23). Dieser Ritter gelangt beim Reiten „ze velde ûf sînen acker" (Häslein 25) in den Besitz eines kleinen Hasen. Diesen möchte er einer jungen „maget" (Häslein 45), also einer Frau niederen

Standes schenken, die daraufhin ‚unwissentlich' Geschlechtsverkehr mit ihm hat. Später wird der Ritter dann mit „einer juncvrouwen" (Häslein 323) verlobt. Während der Hochzeit, zu der auch das Mädchen aus dem Dorf eingeladen ist, stellt sich heraus, dass seine Verlobte ihn zuvor mehrmals wissentlich mit dem Kaplan betrogen hat, woraufhin der Ritter die Verlobung annulliert und das Mädchen mit dem Hasen zur Frau nimmt. Im *Häslein* wird durch den Ort Dorf also nicht nur wie in anderen Mären ein Kontrastpunkt zu anderen Texten oder Gattungen gesetzt, sondern auch und vor allem innerhalb der Erzählung zum höfischen Raum. Dieser Gegensatz wird durch die Räume grundlegend hergestellt, zieht sich dann als Konflikt durch die ganze Erzählung und manifestiert sich sowohl in der Handlungsstruktur wie auch in der Figurengestaltung.

Außer in der Märendichtung lässt sich das Dorf als Schauplatz auch in anderen Texten des Strickers finden. So zum Beispiel in den Fabeln *Der Wolf und die Gänse* (StrWoG 87) und in *Der Wolf und das Weib* (StrWuW 2) sowie in der Reimpaarerzählung *Der Weidemann* (StrWeid 28). Hier ist der Handlungsraum durch die Nähe der Tiere in den Fabeln bzw. des Jägers im *Weidemann* zum ländlichen Umfeld begründet, jedoch auch nie ausführlicher ausgestaltet, als dass von Bewohnern eines einzelnen Bauernhofes oder des Dorfes und ihren Tieren berichtet wird. Ebenso verhält es sich mit Heinrichs Tierepos *Reinhart Fuchs*, das zum größten Teil im bäuerlichen Milieu angesiedelt ist. Hier lebt der Bauer, dessen Hof den Ausgangspunkt der ersten Episode darstellt, „bei einem dorfe vber eim velt" (ReinFu 15).

3.2 Dorf als geographisches ‚Überall'

In einer Reihe von Nennungen findet sich Dorf immer wieder in Aufzählungen zusammen mit → Städten, → Burgen oder → Ländern, um eine geographische Allumfasstheit anzuzeigen. Häufig steht dies im Zusammenhang mit dem Lob einer bedeutsamen Figur. So heißt es beispielsweise in Otfrids von Weißenburg *Evangelienbuch* über Christus: „Er deta io gúat wergin in thórfon joh in búrgin / gómmane joh wíbe, unz ér was híar in libe!" (Otfrid IV,31,15 f.; Übers. L. B.: Er vollbrachte stets gute Taten in Dörfern und an Höfen, an Männern und an Frauen, solange er lebte). Auch in der *Virginal* sagt Rentwin über Dietrich von Bern: „ûf burgn, in steten, in dorfen / hôrt ich im ie daz beste jehen" (Virg_(Z) 162,9 f.). Der stark rhetorische Duktus dieser Verwendung von Dorf tritt besonders in Herborts von Fritzlar *Liet von Troye* hervor. Dort nämlich wird erzählt, dass Hectors Tod überall beklagt wird: „Dorf burg vn stat / Siner sele gutes bat" (Herb 10451 f.).

Im Sinne eines generellen ‚Überall' bzw. ‚Egal wo' findet man das Dorf in der Kurzerzählung *Der Wucherer* des Strickers: „Ez si dorf, stat oder lant / ez wirt unselic zehant / kumt ein wucherere dar" (StrWuch 1–3).

In der *Krone* Heinrichs von dem Türlin dient die Erwähnung des Dorfes der Abgrenzung: Um die Abgeschiedenheit von Blandocors' Burg darzustellen, erklärt der Erzähler: „von steten und von dorfen / waz ez gesundert verre" (Krone 6826 f.).

Die Kombinationsmöglichkeiten von Dorf, Stadt, Burg und Land sind also völlig unregelmäßig, wenn es darum geht, ein ‚Überall' anzuzeigen. Dabei wird aber niemals ein Ort der Natur, wie bspw. ein → Wald, herangezogen; immer sind es Kulturräume.

3.3 Dorf als Opfer von Kriegshandlungen

Eine besondere Funktion des Dorfes in der mittelalterlichen Literatur ist die als Opfer von Feldzügen oder Kriegen. Auffällig häufig finden sich ähnliche Formulierungen in unterschiedlichen Texten, die allerdings immer durch Ritter- oder Heldentum geprägten Gattungen entstammen und erzählen, wie Dörfer und Burgen, Städte oder Häuser im Zuge kriegerischer Auseinandersetzungen vernichtet werden. So heißt es beispielsweise im *Rolandslied* des Pfaffen Konrad, dass Kaiser Karl der Große mit unerbittlicher Härte gegen die Heiden in Spanien vorgeht, indem er „dorf und burige" (Rol 365) vollständig zerstört. Auch Turnus im *Eneasroman* Heinrichs von Veldeke verkündet während des Krieges um Italien, dass er – „heten si [= die gegnerischen Troer, L. B.] dorf oder hûs" (En_(EK) 6484) – diese in Flammen aufgehen lassen wolle. Zu Beginn des *Lanzelet* Ulrichs von Zatzikhoven lehnen sich die Herzöge und Untertanen gegen ihren König Pant, Lanzelets Vater, auf. Hier heißt es: „ze schaden und ze schanden / herten si und branden / dem künige manic dorf guot" (UvZLanz_(K) 115–117). Eine ähnliche Formulierung findet sich später im Roman, wenn Iweret Mabuz angreift (UvZLanz_(K) 3706). Bemerkenswert ist, dass diese Verwendung von Dorf ausschließlich in Texten auftritt, deren eigentliche Handlung gerade nicht im ländlichen Raum angesiedelt ist. Die Dörfer werden hier immer erst dann wichtig, wenn sie zerstört werden oder ihre Zerstörung unmittelbar bevorsteht. Doch auch dann werden sie nicht weiter auserzählt. Die Bezugnahme auf diesen Ort scheint also dadurch begründet zu sein, dass die Erzähler jeweils das immense Ausmaß an kriegerischer Zerstörung illustrieren wollen, die sich nicht allein auf den jeweiligen Einzelherrscher und seinen ihn unmittelbar umgebenden → Hof richtet, sondern auf sein gesamtes Volk und Land.

Weitere Verwendungen dieser oder vergleichbarer Art finden sich im *Herzog Ernst B* (ErnstB_(B) 909), im *Alexanderroman* Ulrichs von Etzenbach (UvEtzAlex 12856–12859), im *Wilhelm von Österreich* Johanns von Würzburg (WhvÖst 2964), in Ulrichs von Türheim *Rennewart* (Rennew 11856) und in Ulrichs von Liechtenstein *Frauendienst* (UvLFrd 1677,8). Besonders stark vertreten innerhalb eines Autorenœuvres ist dieses Motiv bei Konrad von Würzburg; hier in *Partonopier und Meliur* (KvWPart 3400), im *Schwanritter* (KvWSchwan 176) sowie im *Trojanerkrieg* (KvWTroj_(K) 11756; 11763; 11812; 11896).

3.4 Dorf als Teil von Grundherrschaft und Herrschaftsgründung

Einige wenige Nennungen des Begriffes Dorf situieren keinen Handlungsort, sondern markieren Grundbesitz oder den Prozess einer Herrschaftsgründung. Im *Alexanderroman* Ulrichs von Etzenbach wird berichtet, dass nach der Gründung Alexandrias das die neue Stadt umgebende Land sehr schnell von den Menschen dort kultiviert wird. Es heißt: „in dem lande niuwen / sach man nû vaste biuwen / von manger hande liuten, / dörfer stiften, acker riuten" (UvEtzAlex 26121–26124). Dieselbe Stelle beinhaltet auch den Begriff Acker, hier im Sinne von bebaubarem Land. Acker und auch Hof als Teile von Grundbesitz finden sich in Konrads von Würzburg *Heinrich von Kempten* (KvWHvK 386) und in Heinrich Wittenwilers *Ring* (Ring_(R) 18vb,11 f; 19ra,28).

In Konrads von Würzburg *Partonopier und Meliur* sowie im *Wolfdietrich* gehören Dörfer zu Schenkungen, die Figuren von Herrscherpersonen erhalten. Bei Konrad ist es der König von Kärlingen, der im Auftrag der Mutter Partonopiers ihm seine Tochter zur Frau geben soll, damit dieser sich von Meliur abwende. Um das Angebot für Partonopier noch attraktiver zu gestalten, bietet der König ihm zusätzlich „bürge, dörfer unde lant" (KvWPart 7044) aus seinem Grundbesitz an. Ähnlich verhält es sich im *Wolfdietrich*. Nachdem der Herzog Berchtung den kleinen Wolfdietrich eine Nacht lang den Wölfen überlassen hat, bringt er ihn zu einem Wildhüter. Ihn bittet er, Wolfdietrich unter Geheimhaltung seiner wirklichen Herkunft großzuziehen. Als Gegenleistung hierfür erhält der Mann seinen Hof als dauerhaftes Lehen, sowie „das dorf daz hie zuo gehöret" (WolfdA_(FJMP) 118,3).

3.5 Die ganze Welt ein Dorf: Heinrich Wittenwilers *Ring*

Während in allen anderen bisher besprochenen Texten das Dorf nur eine marginale Rolle spielt, ist es in dem um 1400 verfassten Schwankroman *Der Ring* von Heinrich Wittenwiler zentraler Handlungsraum. Die in drei große Teile gegliederte Handlung (Brautwerbung – Hochzeit – Krieg) um die Protagonisten Bertschi Triefnas und Mätzli Rüerenzumph ist zusätzlich nicht bloß in dem einen Dorf namens Lappenhausen angesiedelt, sondern in einem ganzen dörflichen Kosmos, zu dem eine Reihe weiterer kleiner Orte gehört, u. a. „Niſſingen", „Seurrenſtorff" oder „Rùczingen" (Ring_(R) 33ra,40 f.). Anhand dieses dörflichen Kosmos' – so der Erzähler – soll „[d]er welte lawff" (Ring_(R) 1va,11), genauer: höfische Eleganz, gutes Benehmen und Verhalten in Not- und Kriegszeiten exemplifiziert werden. Obwohl sich der Roman also um Themen von globaler Tragweite und um adlige Belange drehen soll, wählt Wittenwiler für dieses Vorhaben gerade die kleine dörfliche Sphäre aus. Die Begründung für dieses Vorgehen liefert er gleich zu Beginn seines Werkes: Da der Mensch nicht in der Lage sei, ausschließlich ernsthafte Belehrungen zu ertragen, habe er „der gpawren geſchråy" (Ring_(R) 1va,36) einfließen lassen. In diesem Text werden der Schauplatz des Dorfes und die dort stattfindenden Ereignisse somit u. a. als Garant für Unterhaltung funktionalisiert.

Der Lebensraum der Bauern, das Dorf, ist im *Ring* – verglichen mit den anderen hier aufgeführten Werken – um einiges stärker expliziert. Lappenhausen, der Heimatort der Protagonisten, ist zum einen topographisch fassbar gestaltet. Es ist von verschiedenen einzelnen Wohnhäusern sowie von einer Kirche (Ring_(R) 33va,42) und einem Dorfplatz („plan", Ring_(R) 48ra,19) die Rede, die über → Wege und Gassen (Ring_(R) 12rb,17; 56vb,23) erreicht werden. Durch Lappenhausen fließt ein Mühlbach („mùlipàch", Ring_(R) 40ra,26) und außerhalb des Dorfes befindet sich ein Feld mit einer Linde (Ring_(R) 51va,38), auf dem der große Krieg ausgetragen werden soll. Zudem werden auch landwirtschaftliche Gebäude wie ein Kuhstall (Ring_(R) 10rb,26) und bäuerliche Tätigkeiten wie das Melken (Ring_(R) 10rb,29) benannt. Auch die dörfliche Gesellschaft wird sehr explizit als solche beschrieben. Neben Bertschi und Mätzli tritt eine ganze Reihe weiterer Figuren auf, die jeweils charakterisiert und mit gewissen Rollen und/oder Aufgaben ausgestattet werden. Auch sind beinahe alle männlichen und weiblichen Dorfbewohner, die zur Sprache kommen, mit einem Namen versehen. Zudem werden einzelne Dorfämter wie bspw. der Dorfvorsteher (Ring_(R) 2va,25) oder Dorfschreiber (Ring_(R) 11va,34) hervorgehoben. Die Nissinger haben sogar einen „purgermayſter" (Ring_(R) 41ra,4) und ein Rathaus, das jedoch – ganz dem dörflichen Bild angemessen – „ein ſcheur mit ſtro" (Ring_(R) 41ra,22) ist. Eine Beschreibung der Lappenhausener Dorfanlage im Gesamten wird von einer Figur geliefert: „Dar zů wir haben auch ein gſåſſ / Allen dörffern mit vbermåſſ / Mit einem zaun gemauret wol, / Dar vmb ein pach rint waſſers vol. / Zwåy tor vñ hütten vier / Mit einem teuffen graben zier / Hat daz dorff zů ſeiner maur, / Allen veinten gar ze ſaur" (Ring_(R) 44rb,2–44rb,9). Lappenhausen wird hier mit Schutzanlagen ausgestattet beschrieben, wie man sie sonst nur aus Erzählungen über wehrhafte Burgen kennt. Diese Darstellung trägt das Grundkonzept des gesamten Romans in sich. Zwar wird hier ein Dorf und eine bäuerliche Lebenswelt entfaltet, die daran geknüpften Funktionsweisen und Motive sind jedoch der klassisch-höfischen Literatur entlehnt. Hierzu gehört unter anderem auch, dass Bertschi – einem Ritter gleich – ein eigenes Wappen besitzt, auf dem aber zwei Gabeln in einem Misthaufen (Ring_(R) 2rb,23 f.) abgebildet sind.

Die wohl stärkste Kontrastierung zwischen kleinem Dorf und großer Welt ergibt sich aus einer Szene, in der die Lappenhausener einige Boten mit einem Hilfegesuch zur Unterstützung im bevorstehenden Krieg entsenden. Diese Boten werden nicht etwa, wie vielleicht zu erwarten wäre, in benachbarte Dörfer der erzählten Welt geschickt, sondern „[j]n die peſte ſtete ſo, / Die man vinden mocht aldo" (Ring_(R) 46rb,2 f.). Und tatsächlich folgt anschließend eine sich über rund 80 Verse erstreckende Liste 72 bedeutender Städte des Spätmittelalters, unter ihnen Rom, Konstantinopel, Worms und Prag (Ring_(R) 46rb,1–46va,39). In den Städten sind die Dörfer Lappenhausen und Nissingen nicht nur bekannt, es wird auch ausdrücklich gesagt, dass sie befreundet sind (Ring_(R) 46vb,23 f.). Damit werden die bedeutenden Städte und die kleinen Dörfer einander angenähert und der dezidierte Dorfcharakter wird immer unschärfer.

Das Dorf als Handlungsraum und die Bauern als seine Bewohner dienen im *Ring* also – ähnlich wie in den oben aufgeführten Mären – als Legitimation für ein Erzählen und Figurenhandeln, das dem der Literatur über das Höfische in gewisser Weise nahesteht und doch gleichzeitig klar von ihm abgegrenzt ist. Das Dorf schafft eine räumliche Ausgangssituation der Erzählung, die den in diesem Roman immer wieder aufs Neue aktualisierten Bruch mit literarischen Konventionen und Normen erst ermöglicht.

4 Resümee

Die bedeutendste und auch am breitesten vertretene Verarbeitung von Dorf und dazugehörigen ländlichen Räumen als literarischem Ort ist also die, einen Handlungsort unter veränderten Vorzeichen zu eröffnen, d. h. Figurenhandeln und Erzählweisen zu ermöglichen, die beispielsweise unter klassisch-höfischen Rahmenbedingungen undenkbar wären. Vor allem in der Schwankliteratur wird so ein Raum geschaffen, in dem andere Ordnungen gelten und in welchem Transgression in dem für die Gattung typischen hohen Maße überhaupt erst möglich wird.[9] Durch ein Dorf werden direkt oder indirekt auch Figuren erzeugt, die von einem anderen Schlag sind als Ritter und Damen. Es sind die Bauern und Mägde, Knechte und lüsternen Pfaffen, für die mit dem Dorf ein Ort geschaffen wird, an dem sie vollwertige Handlungsträger sein können.

Die anderen narrativen Funktionen des Dorfes stammen allesamt eher aus dem Bereich sprachlicher Verdeutlichung. Es geht in diesen Fällen nicht darum, ländliche Orte als primäre Handlungsräume zu inszenieren, sondern sie als Teil einer Herrschaft oder als Schauplätze machtbezogener Handlungen zu benennen. Dementsprechend anders gelagert ist hier auch der Gattungsschwerpunkt: Die Texte, in denen das Dorf auf diese Weise Verwendung findet, sind mehrheitlich höfischen sowie heldenepischen Gattungen zuzuordnen.

> BösAd, En_(EK), ErnstB_(B), Häslein, Herb, KaufDrei, Krone, KvWHvK, KvWPart, KvWSchwanr, KvWTroj_(K), NibC_(H), Otfrid, ReinFu, Rennew, Ring_(R), Rol, RosPfarr, RosSch, Schrätel, Staufenb, StrEhe, StrKn, StrWeid, StrWoG, StrWuch, StrWuW, UvEtzAlex, UvLFrd, UvZLanz_(K), Virg_(Z), WhvÖst, WolfdA_(FJMP), ZwiMö
>
> → Burg, Schloss, Hof; → Haus, Hütte; → Kirche, Kathedrale, Münster, Kapelle, Kloster, Tempel; → Land; → Schlachtfeld, Turnierplatz; → Stadt, Markt, Platz; → Wald, Lichtung, Rodung, Baum; → Weg, Straße, Pfad

---

9 Zum Zusammenhang von Raum und Ordnung vgl. auch Schulz 2012, 293 f.

Tilo Renz
Ferne-Utopien

1 Begriffsbestimmung – 2 Merkmale der Darstellung – 2.1 Weg und Grenze – 2.2 Geographische Situierung – 2.2.1 Legendarisches Erzählen – 2.2.2 Antiken- sowie Liebes- und Abenteuerromane – 2.2.3 Reiseliteratur – 2.2.4 Frühneuzeitliche Utopien – 2.3 Innere räumliche Struktur – 3 Narrative und weitere Funktionen

1 Begriffsbestimmung

Der Artikel erfasst die räumliche Situierung und Gestaltung von Gemeinschaften in Texten des Mittelalters und der Frühen Neuzeit, die im Diesseits verortet sind, die in sozialer Hinsicht von der intradiegetisch als vertraut markierten Ordnung abweichen, die zumindest in Teilaspekten idealisiert werden und die in großer geographischer Distanz zu denjenigen Orten lokalisiert sind, welche die Texte als Teil der bekannten Welt kennzeichnen. Im Anschluss an einen Utopie-Begriff, der sich an den frühneuzeitlichen, so genannten klassischen Utopien orientiert, werden Utopien hier im engeren Sinne als Sozialutopien verstanden.[1] Die besonderen gesellschaftlichen Verhältnisse manifestieren sich insbesondere in der Zugänglichkeit von Gütern, den Besitzverhältnissen, der sozialen Schichtung und in den Machtverhältnissen.

Der Begriff Utopie entwickelt sich aus dem Neologismus, welcher der erstmals 1516 erschienenen Schrift *Utopia* des Thomas Morus den Namen gab.[2] Das Wort bezeichnet einen Ort, der nicht existiert oder nicht lokalisierbar ist (οὐ-τόπος m.); englisch ausgesprochen – also in der Muttersprache des Autors – kann es auch einen idealen Ort (εὐ-τόπος) meinen.[3] Eine historisch-zeitgenössische Sammelbezeichnung und eine Konzeption mittelalterlicher Sozialutopien fehlen. Gleichwohl hat die mediävistische Forschung seit den 1960er Jahren herausgearbeitet, dass Gemeinschaften, die Ähn-

---

[1] Vgl. Saage 1991, 2 f. Für die Beschreibung Utopie-ähnlicher Phänomene in mittelalterlichen Texten anhand der besonderen sozialen Ordnung vgl. Seibt 1969, 573–582, Oexle 1977, 317–320, Hartmann 2010, 1400, Renz 2013b, 132 f. Indem die Utopien der Frühen Neuzeit als Orientierungspunkt der Analyse gewählt werden, wird die historische Perspektive auf mittelalterliche Erscheinungsformen des Phänomenkomplexes explizit. ‚Utopien' des Mittelalters weisen Merkmale der frühneuzeitlichen auf, sind aber doch in morphologischer Hinsicht von ihnen unterschieden. Bei der Frage nach Vorformen frühneuzeitlicher Utopien geht es weder um die Bewertung einer als unabgeschlossen verstandenen mittelalterlichen Entwicklungsstufe, noch soll ein kontinuierlicher oder notwendiger Prozess von mittelalterlichen utopischen Formen zu den frühneuzeitlichen Utopien unterstellt werden.
[2] Vgl. Hölscher 1990, 734–739.
[3] Vgl. Kuon 1986, 121–125.

lichkeiten mit frühneuzeitlichen Utopien aufweisen, nicht nur in der Antike, sondern auch im Mittelalter verbreitet sind.[4]

Neben der besonderen sozialen Ordnung kennzeichnet frühneuzeitliche Utopien die räumliche Distanz zum Ausgangspunkt eines → Weges, den der Protagonist zurücklegen muss, um einen utopischen Ort zu erreichen.[5] Entgegen der Benennung als Nicht-Ort scheinen idealisierte Orte in klassischen Utopien auf einer langen Reise erreichbar zu sein. Diesem Darstellungsmuster folgen die Texte auch dann, wenn sie darauf hindeuten, dass das Ziel der Reise fingiert ist (s. Abschn. 2.2.4).[6] Klassische Utopien präsentieren utopische Orte damit zuallererst als konkrete Orte im Sinne dieses Handbuchs. Das Lemma erfasst frühneuzeitliche Utopien und diejenigen ihrer mittelalterlichen Vorläufer, denen neben einer andersartigen Gesellschaftsordnung auch das raumspezifische Charakteristikum der Lokalisierung in der Ferne eigen ist. Anhand dieser zwei grundlegenden Merkmale sind Ferne-Utopien von zahlreichen weiteren Orten, an denen andere soziale und epistemische Ordnungen in der mittelalterlichen Literatur realisiert werden, unterschieden, wie etwa der → Gralsburg, der → Minnegrotte oder den vielgestaltigen Orten der → Anderswelt. Utopische Orte weisen aber durchaus Elemente eines oder mehrerer dieser benachbarten Lemmata auf.

Darstellungen von alternativen sozialen Gemeinschaften, die in der Ferne liegen, sind erst von der Forschung der vergangenen Dekaden als mittelalterliche Vorformen von Utopien herausgestellt worden.[7] Alfred Doren hatte in seinem richtungweisenden Aufsatz aus dem Jahr 1927 noch die These vertreten, dass es sie im utopischen Denken des Mittelalters nicht gebe.[8] Im Anschluss an einen prominenten Begriff der jüngeren Raum-Forschung können alternative Gemeinschaften, die als konkrete Orte gestaltet sind, auch als Heterotopien bezeichnet werden.[9] Auf diesen Begriff Michel Foucaults wird im Folgenden jedoch verzichtet, denn auch frühneuzeitliche Utopien zeigen entgegen Foucaults stark generalisierender Einschätzung[10] in der Regel Ansätze zu einer konkret räumlichen Situierung. Hinzu kommt, dass das Merkmal der

---

4 Vgl. insbes. Hartmann 2010, Oexle 1977, 1994, 1997, Seibt 1969, 1972, Tomasek 1985, 2001/2002.
5 Zur Aufnahme des narrativen Musters der Reise in frühneuzeitliche Utopien vgl. Hugues 2005, 378.
6 Bei Marin heißt es zur Funktion des Reiseschemas in frühneuzeitlichen Utopien: „Le récit de voyage nous fait cheminer de l'histoire vers l'utopie. Il nous montre comment un récit peut [...] se donner comme l'équivalent du monde" (Marin 1973, 68).
7 Vgl. Oexle 1977, 304, Tomasek 2001/2002, passim.
8 Vgl. Doren 1927, 182 f.
9 Vgl. Foucault 2006.
10 Mit Blick auf die literarische Raumgestaltung greift Foucaults knappe Formel von Utopien als „Orte[n] ohne realen Ort", denen er Heterotopien als „tatsächlich verwirklichte Utopien" gegenüberstellt, zu kurz (vgl. Foucault 2006, 320).

räumlichen Distanz für Heterotopien im Sinne Foucaults eine untergeordnete Rolle spielt.[11]

Im Folgenden wird auf eine Auswahl historisch und gattungsspezifisch gezielt unterschiedlicher Texte rekurriert: Legendarisches Erzählen (*Brandans Reise* [md. Fassung um 1300, vermutl. nach Vorlage des 12. Jh.s]) wird ebenso berücksichtigt wie Antikenromane (*Straßburger Alexander* [A. 13. Jh.], Johann Hartliebs *Alexander* [um 1450]), Liebes- und Abenteuerromane (*Herzog Ernst B* [A. 13. Jh.], *Reinfrit von Braunschweig* [nach 1291], Heinrichs von Neustadt *Apollonius von Tyrland* [frühes 14. Jh.] und erneut Hartliebs *Alexander*) sowie Reiseberichte (Marco Polo [md. Übs. des 14. Jh.s], Odorico da Pordenone [dt. Übs. durch Konrad Steckel, M. 14. Jh.] und Jean de Mandeville [Übs. von Michel Velser, um 1390]) und frühneuzeitliche so genannte klassische Utopien (Thomas Morus' *Utopia* [1516/1518], Johann Valentin Andreaes *Christianopolis* [1619], Tommaso Campanellas *Città del Sole* [1602/1623], Francis Bacons *Nova Atlantis* [1627]). In Schlaglichtern wird auf diese Weise der Zeitraum von der vorhöfischen Literatur bis in die Zeit um 1600 erfasst. Mittelalterliche Ferne-Utopien in Erzähltexten, die in deutscher Sprache verfasst oder ins Deutsche übersetzt worden sind, stehen dabei im Zentrum; um sie mit Blick auf frühneuzeitliche Utopien betrachten zu können, werden auch lateinische Texte in die Ausführungen einbezogen. Weil Forschungen zur räumlichen Verortung mittelalterlicher utopischer Gemeinschaften rar sind, werden Thesen vor allem im Rekurs auf die Primärtexte entwickelt.

2 Merkmale der Darstellung

2.1 Weg und Grenze

Mittelalterliche und frühneuzeitliche utopische Orte werden auf einer Reise in die Ferne erreicht. Ihre Schilderung ist in der Regel am Muster des Itinerars orientiert, welches insbesondere durch Pilgerberichte formiert wurde (→ Weg).[12] Ferne-Utopien sind von der vertrauten Welt stets räumlich geschieden. Die Außengrenze (→ Grenze) von Ferne-Utopien zeigt sich innerhalb der Erzählung als ein mehr oder weniger schwer, aber letztlich doch überwindbares Hindernis. Dagegen ist das → Irdische Paradies Reisenden in der Regel nicht zugänglich (SAlex_(K) 6614–7020; BrandanReis

---

11 Das Merkmal der Ferne ist allenfalls implizit Teil des Konzepts der Heterotopie: Foucault nennt als Beispiele Hochzeitsreisen, Feriendörfer und Kolonien (vgl. Foucault 2006, 322, 325, 326 f.).
12 Vgl. Richard 1985, 49, Campbell 1988, 27–29. Neben dem Itinerar steht der mittelalterlichen Reiseliteratur die Kosmographie zur Verfügung, um Reiseerfahrungen zu erzählen (vgl. Richard 1985, 46–50).

517–556) und zählt daher nicht zu den Ferne-Utopien.¹³ Diese liegen jedoch häufig in der Nachbarschaft des Irdischen Paradieses und übernehmen Elemente der Paradiesikonographie (s. Abschn. 2.3).

Sozial anders geordnete Orte werden bereits durch die entfernte Lage räumlich charakterisiert: Das → Land des Priesterkönigs Johannes, das sich durch einen allgemeinen Frieden und durch großen Reichtum auszeichnet (JMandRV 154,8 f.),¹⁴ erreichen laut Jean de Mandeville nur wenige Reisende, denn der Weg dorthin ist sehr weit (JMandRV 154,10–13; 154,23); auch die Wegstrecke, die Alexander der Große und sein Gefolge gemäß der Schilderung des Briefs an Alexanders Mutter Olympias im *Straßburger Alexander* zu den so genannten Blumenmädchen zurücklegen, wird von ihnen als weit erfahren (SAlex_(K) 5206 f.) – deren Gemeinschaft erweist sich als Stätte des Reichtums, des sinnlichen Genusses und der Muße, in der selbst der nach der Eroberung der Welt strebende Alexander und seine Männer die vorangegangenen Mühen vergessen (SAlex_(K) 5225–5229);¹⁵ Johann Hartliebs Alexanderroman thematisiert die Strapazen des Reisens durch das ferne → Indien (JohHartA 5352–5358; auch SAlex_(K) 4065–4072), wo der Protagonist unter anderem ins Land der tugendhaften Brahmanen kommt, denen die Natur zum Leben genug Güter zur Verfügung stellt (JohHartA 4517–4519; 4552 f.). Der Herr von Ejulat besucht im *Reinfrit von Braunschweig* auf seiner weiten Reise durch alle ihm bekannten Länder ein namenloses Reich, in dem allgemeiner Wohlstand, Freude und Bedürfnislosigkeit herrschen (Reinfr 21844 f.; 21940–21965). Wie in diesen mittelalterlichen Texten wird auch in Morus' *Utopia* die Gegend, in der sich das ferne Eiland befindet, auf der Weiterreise von einem südamerikanischen Stützpunkt nach Indien erst nach einiger Zeit („post multorum itinera dierum" [MorusU 50,35]) erreicht. Ferne zeigt sich in den Texten als unterscheidende Zone des Übergangs zu utopischen Orten. Sie ist eine Möglichkeit der Abgrenzung vom Vertrauten.

Weitere Arten und Weisen der konkreten räumlichen Differenzierung von Ferne-Utopien kommen hinzu. Sie können in den einzelnen Texten sehr unterschiedlich gestaltet sein. Im *Straßburger Alexander* treffen der Herrscher und sein Gefolge die Blumenmädchen in einem → Wald an (SAlex_(K) 5157–5358), der sich in vertikaler und – durch das Blätterdach der Bäume – auch in horizontaler Dimension gegen die Umgebung abschließt (SAlex_(K) 5196–5201);¹⁶ die Reisenden können diesen Bereich problemlos betreten.¹⁷ Bei Mandeville ist das Reich der Brahmanen ledig-

---

13 Der augustinischen Genesisauslegung folgend (vgl. Grimm 1977, 55–71) wird das Irdische Paradies im Mittelalter in der Regel historisch verstanden und im Osten verortet. Zur Grenze des Irdischen Paradieses in Literatur und Kartographie vgl. Unzeitig 2011b.
14 Der Reichtum hat Auswirkungen auf das Verhalten: Er macht tugendhaft (JMandRV 157,7–10).
15 Vgl. Stock 2002, 118.
16 Vgl. Szklenar 1966, 86 f.
17 Mit Ausnahme des Paradieses sind dem Helden im *Straßburger Alexander* sämtliche fernen Orte zugänglich (vgl. Kugler 2000, 103 f.). In diesem Sinne überspielt der Text auch den Fluss Euphrat

lich durch den Hinweis auf seine Inselgestalt von der Umwelt geschieden (JMandRV 174,24). In Hartliebs *Alexander* erreicht der Protagonist die Brahmanen, nachdem er ein → Gebirge überquert hat (JohHartA 4505–4508). In Heinrichs von Neustadt *Apollonius von Tyrland* werden räumliche Grenzen und Prüfungen des Helden akkumuliert: Um das goldene → Tal Crisa zu betreten, in dem großer Reichtum und für jedermann erlesene Nahrungsmittel zur Verfügung stehen (HvNstAp 8847; 8895–8904; 8870–8890),[18] muss der Protagonist ein Sumpfgebiet durchqueren und zwei monströse Wesen bezwingen (HvNstAp 8842–8844; 8914–8929; 9008–9160; 10672–10863) sowie am → Tor eine Probe seiner Tugendhaftigkeit absolvieren (HvNstAp 8866f.; 8900–8907; 11205–11405).

Auch die → Stadt Grippia im *Herzog Ernst B* ist vom Raum, der sie umgibt, durch Graben und Stadtmauer abgegrenzt (ErnstB_(BS) 2230–2232; 2214f.). Diese zu überwinden erweist sich für den Herzog und sein Gefolge unerwarteterweise als unproblematisch, denn die Bewohner haben die Reichtümer der Stadt bei unverschlossenen Toren und ohne Bewachung zurückgelassen (ErnstB_(BS) 2311–2314; 2956–2959). Dass die Grippianer über so viel Reichtum verfügen, wie ihnen lieb ist (ErnstB_(BS) 2886–2888),[19] führt offenbar zu diesem sorglosen Umgang mit dem eigenen Besitz und macht die utopische Dimension ihres Reiches aus.[20] Indem die Grenze des utopischen Ortes etabliert (Stadtbefestigung) und zugleich ihre Überwindbarkeit dargestellt wird (unverschlossene und unbewachte Tore), thematisiert dieser Text in beispielhafter Weise ihre Bedeutung für die räumliche Konstitution derartiger Orte bis in die Frühe Neuzeit. In Morus' *Utopia* ist die utopische → Insel durch gefährliche Riffe, die nicht sichtbar unter dem Wasserspiegel liegen, sowie durch ein militärisches Bauwerk, das auf einem Felsen errichtet worden ist, geschützt (MorusU 110,17–24) und für Angreifer ebenso wie für Reisende schwer zu erreichen. Ferne-Utopien des Mittelalters und der Frühen Neuzeit sind vom vertrauten Raum des ‚Eigenen' sowie von ihrer unmittelbaren Umwelt getrennt und zum Teil auch in der Lage, sich dagegen abzuschließen. Ihre Grenzen sind aber grundsätzlich überschreitbar.

2.2 Geographische Situierung

Die Lage ferner utopischer Orte im größeren geographischen Zusammenhang wird in mittelalterlichen ebenso wie in frühneuzeitlichen Schilderungen unpräzise ange-

---

als Grenzlinie und etabliert stattdessen Mesopotamien als Übergangszone (vgl. Strohschneider/Vögel 1989, 107 f.).

[18] Der dort verbreitete Kannibalismus schränkt die Idealität Crisas ein (HvNstAp 10935; 10995); zur Funktion der Station für den Weg des Protagonisten vgl. Herweg 2010, 170.
[19] Trotz des großen Reichtums ist ihre Gemeinschaft sozial differenziert (ErnstB_(BS) 3229).
[20] Die Idealisierung wird eingeschränkt durch das gewaltsame Verhalten der Grippianer in Indien, der indischen Prinzessin sowie Herzog Ernst und seinem Gefolge gegenüber.

geben. Vor dem Hintergrund des verbreiteten und zunächst invariant erscheinenden Charakteristikums lassen sich bei genauer Betrachtung jedoch Unterschiede bei der Detailliertheit der Situierung von Ferne-Utopien ausmachen. Das Maß an Präzision im Zuge der Verortung entlang einer Reiseroute ist gattungsspezifisch verteilt – stärker sachbezogene Reiseberichte verorten detaillierter (s. Abschn. 2.2.3) als deutlicher literarisch gestaltete Texte (s. Abschn. 2.2.1 u. 2.2.2) – und folgt einer historischen Entwicklung hin zu zunehmendem Detailreichtum. Beide Tendenzen gelten aber nicht durchweg: So lokalisiert die Reiseliteratur manche utopischen Reiche kaum präziser als Erzählformen, die dichterisch stärker ausgearbeitet sind. Zudem verortet beispielsweise Hartliebs *Alexander*, obwohl er historisch später entstanden ist, kaum exakter als der *Straßburger Alexander*. Auch frühneuzeitliche Utopien werden nicht genauer situiert als mittelalterliche Ferne-Utopien (s. Abschn. 2.2.4). Hier erhält die unpräzise Situierung aber eine zentrale konzeptionelle Bedeutung: Sie wird eingesetzt, um das Oszillieren der geschilderten Gemeinschaften zwischen Irrealität und der Möglichkeit ihrer Realisierung anzuzeigen. Dagegen werden mittelalterliche Utopien in der Regel ebenso dem gesicherten Wissen zugerechnet wie andere ferne Länder.

2.2.1 Legendarisches Erzählen

In der legendarischen Schilderung der *Reisen* des Abtes Brandan ist von mehreren Inseln die Rede, die Züge des Paradieses tragen. Als Ferne-Utopie ist hier insbesondere das Land namens *multum bona terra* dargestellt (BrandanReis 1113–1417): Ohne dass die Erde bebaut werden muss, stellt die Natur dort Nahrungsmittel zur Verfügung, die den Bedürfnissen aller genügen (BrandanReis 1117–1124). Zudem scheint unter den Bewohnern, die sich als neutrale Engel einführen, keine Hierarchie zu bestehen (BrandanReis 1281; 1368–1370). Von einer anderen Paradies-ähnlichen Insel kommend treffen die Reisenden nach einiger Zeit auf dieses Land (BrandanReis 1111–1114). *Multum bona terra* wird wie andere Räume, die Brandan bereist, lediglich an zuvor besuchte Orte angefügt, ohne die Beziehung durch Entfernungs- oder Richtungsangaben genauer zu spezifizieren; für mehrere Orte bleibt zudem unklar, ob es sich um diesseitige oder jenseitige handelt.[21] Mit dieser Akkumulation von Orten entwirft der Text einen „Möglichkeitsraum eschatologischen Wirkens" im Grenzbereich der Immanenz.[22]

2.2.2 Antiken- sowie Liebes- und Abenteuerromane

Im *Straßburger Alexander* werden nur zwei geographische Orientierungspunkte auf dem Weg zu den Blumenmädchen benannt: die Kaspischen Pforten als Ausgangs-

---

21 Vgl. Weitbrecht 2011, 195–200.
22 Weitbrecht 2011, 198.

punkt der Reisebewegung (SAlex_(K) 4934)²³ sowie das nicht identifizierbare Gebiet Accia (SAlex_(K) 5057).²⁴ Die Stationen werden lediglich dadurch miteinander in Beziehung gesetzt, dass Alexander sie passiert. Hinzu kommen wenig spezifische Angaben zum durchreisten Naturraum: Ein → Fluss sowie Ebenen, Wälder und das → Ufer eines Meeres liegen am Weg (SAlex_(K) 4937; 5057; 5066; 5087; 5100; 5157). Trotz der wenigen Details und der geringen Relationierung von Orten ist die Geographie des zweiten Teils des *Straßburger Alexander* als historischer Raum charakterisiert worden, denn die erzählten Elemente des Wunderbaren können sich auf Autoritäten stützen, etwa auf Isidor von Sevilla.²⁵ In anderen romanhaften Texten werden utopische Orte nicht grundlegend anders verortet als im *Straßburger Alexander*. Hinzu kommt allerdings häufig die Lokalisierung mithilfe von benachbarten Orten, die aus der antiken und biblischen Geographie bekannt sind: Im *Reinfrit von Braunschweig*, in dem das Itinerar des Herrn von Ejulat lediglich in einer Reduktionsform erscheint (Reinfr 21942), ist das Land des allgemeinen Reichtums durch die Nähe zum Paradies gekennzeichnet, dessen Geruch dort wahrzunehmen ist (Reinfr 21946–21951). Im Vergleich ist das Land Crisa in Heinrichs *Apollonius*-Roman durch unterschiedliche Arten der Verortung präzise lokalisiert: Es liegt drei Tagesreisen vom zuvor erwähnten Ort Gabilot entfernt (HvNstAp 8803; 8836f.), außerdem berührt es Indien, liegt unweit des seit der Antike tradierten so genannten Lebermeers (→ Magnetberg),²⁶ wird an einer Seite von → Bergen begrenzt und vom Paradiesfluss Tigris durchflossen (HvNstAp 10940f.; 10950f.; 8892f.). Hartliebs *Alexander* situiert das Reich der Brahmanen ebenfalls zunächst durch die Folge von Stationen entlang des Weges (hier ohne Entfernungs- und Richtungsangaben): Von den Amazonen kommend erreicht Alexander das Brahmanenland, nachdem er ein Gebirge überquert (JohHartA 4505f.); außerdem wird die Lage des Brahmanenreiches durch den Fluss Ganges und damit durch die Nähe zum Irdischen Paradies bestimmt (JohHartA 4507f.). Wie im *Reinfrit* und im *Apollonius* geht die Verortung über die Itinerar-Struktur hinaus, indem der Ort in einen Naturraum eingebettet wird, der auf eine tradierte antike und vor allem auf die biblische Geographie verweist.

Als Überhöhung der unpräzisen Situierung von Ferne-Utopien durch mittelalterliche romanhafte Texte erscheint der Sturm, der die Reisenden im *Herzog Ernst B* von ihrer ursprünglichen Route abbringt und ihren Aufenthaltsort räumlich nicht mehr klar bestimmbar macht – das Motiv findet sich noch in der utopischen Literatur der

---

23 Die Angabe folgt eher dichterischen Kriterien als den geographischen Gegebenheiten, denn den Gebirgspass südlich des Kaspischen Meeres müsste Alexander nach der Eroberung Indiens bereits passiert haben (vgl. Lienert 2007, 621).
24 Vgl. Szklenar 1966, 65.
25 Vgl. Stock 2002, 86.
26 Vgl. Blamires 1979, 41.

Frühen Neuzeit, z. B. in Bacons *Nova Atlantis* (BaconNA 355; 359).²⁷ Ziel des Herzogs ist das Heilige Land (ErnstB_(BS) 1812–1815): Von Konstantinopel kommend sind die Reisenden „gên Sûrîe" unterwegs (ErnstB_(BS) 2128), als sie auf dem → Meer ein Unwetter erfasst, das Todesopfer fordert, die Flotte auseinander reißt und das Schiff des Herzogs an einen Ort treibt, welcher von Menschen normalerweise nicht erreicht werden kann (ErnstB_(BS) 2136–2167).²⁸ Der Sturm steigert den Wechsel der Verortung von einem Raum- zu einem Zeitbezug, der sich üblicherweise in der Angabe von Tagesreisen zeigt: Erst nach mehr als drei Monaten kommen die Reisenden nach Grippia (ErnstB_(BS) 2179; 2190–2194; 2206). Außerdem wird die Reiserichtung nicht angegeben, weil sie sich selbst der Kenntnis und der Kontrolle der Reisenden entzieht (ErnstB_(BS) 2136–2138; vgl. auch 2145; 2152 f.; 2164 f.). Grippia ist so als Ort ausgewiesen, der in der Regel unerreichbar ist. Eine Ausnahme stellt der erzählte Fall dar. Mit der gattungsspezifischen Form des Zufalls,²⁹ die sich im Seesturm konkretisiert, wird das Geschehen nicht nur durch den Rekurs auf die Tradition beglaubigt (für Grippia: ErnstB_(BS) 2244 f.), sondern im Zuge der Verortung einer mittelalterlichen Gemeinschaft mit Merkmalen einer Utopie eröffnet sich zugleich eine fiktionale Dimension.

2.2.3 Reiseliteratur

Die Angaben zur Situierung von Ferne-Utopien sind in mittelalterlichen Reiseberichten in der Regel detaillierter als in legendarischen und romanhaften Erzähltexten. Allerdings zeigt sich die Differenz der Textsorten nicht ohne Einschränkungen.³⁰ Parallelen der Darstellung in unterschiedlichen Textgruppen lassen Spezifika der Situierung mittelalterlicher utopischer Gemeinschaften hervortreten.

Die mitteldeutsche Übersetzung von Marco Polos Bericht erwähnt zwei Orte mit Merkmalen einer Utopie, die im Rahmen des Itinerars auf ihre je eigene Weise situiert werden: das künstliche Paradies des Alten vom Berge im Land Mulete (MarcoPolo 10,15–11,14)³¹ und ein Königreich in der Provinz Mangi³² (MarcoPolo 39,25–41,2). In Mulete herrscht Überfluss an Reichtum, Nahrungsmitteln und sinnlichen Genüssen (MarcoPolo 10,16–20); die Idealität des Landes ist durch Gewalttaten, für die der Schöpfer des künstlichen Paradieses dessen Bewohner einsetzt, deutlich einge-

---

27 Das Motiv des Seesturms mit Irrfahrt weist Verbindungen zu orientalischen und zu antiken Traditionen des Erzählens auf (vgl. Fern 2012, 126–129).
28 Im Erzählzusammenhang hat dieser Abschnitt des Reisewegs die Funktion einer Gelenkstelle (vgl. Kühnel 1979, 256).
29 Zur spezifischen Konzeption von Zufall im Liebes- und Abenteuerroman vgl. Schulz 2010.
30 Das hat bereits Neubers Arbeit über die grundsätzliche Rhetorizität von Reiseberichten am Beispiel frühneuzeitlicher Texte deutlich gemacht (Neuber 1989, insbes. 51 f.).
31 Zum Namen Mulete für die Ismailiten vgl. Pelliot 1963, 785–787. Zu Marco Polos Darstellung des Alten vom Berge vgl. Daftary 2011, 109–117.
32 Das Wort bezeichnet den südlichen Teil Chinas (vgl. Reichert 1992, 96 f.).

schränkt (MarcoPolo 10,29–11,13).³³ Lokalisiert wird der Ort am Weg zwischen dem Reich Canocain³⁴ und einer namenlosen Ebene (MarcoPolo 10,7; 11,15–17); Reiserichtung und Entfernungen sind nicht angegeben. Das Königreich in Mangi kann als utopisch gelten, weil dort ein allgemeiner Rechts- und Friedenszustand herrscht (MarcoPolo 40,2–4) und weil sich seine Bewohner dank der generellen Macht und Wehrhaftigkeit ihres Landes dem Müßiggang hingeben (MarcoPolo 39,31–40,2). Das Land liegt im Herrschaftsbereich des Khans von Cathay in der Nähe des Flusses Cakomoya (MarcoPolo 39,19),³⁵ zweier unbenannter Städte sowie des Ozeans (MarcoPolo 39,23–26). Die Ortsangaben zu Mangi sind im Rahmen dieses Textes und im Vergleich mit anderen Bestimmungen der Lage von Ferne-Utopien in Reiseberichten detailreich: Lokalisiert wird nicht nur durch die Sequenz der Reisestationen,³⁶ sondern auch mithilfe vorgefundener Orte (Fluss und Meer), die weder zuvor am Weg lagen noch auf die antike oder biblische Geographie verweisen.

Die Situierungen utopischer Orte im Bericht über die Reise des Odoricus von Pordenone nach Indien und China, hier zitiert nach der Übersetzung des Konrad Steckel, folgen ebenfalls dem Muster des Itinerars und zeigen in diesem Rahmen unterschiedliche Grade der Genauigkeit. Im Land Lamorj herrscht Gemeinbesitz an Grund und Boden sowie an Frauen und Kindern (OdorPSteck 12,2,226–230), und es mangelt weder an Nahrungsmitteln noch an Gold (OdorPSteck 12,3,232–234); dennoch wird das Land nicht ohne Einschränkungen idealisiert, denn Kannibalismus ist dort weit verbreitet (OdorPSteck 12,3,231). Vom vorhergehenden Land Mobar (OdorPSteck 10,6,174–176)³⁷ wird Lamorj auf dem Seeweg in südlicher Richtung binnen 50 Tagen erreicht (OdorPSteck 12,1,220–222);³⁸ Entfernung, Himmelsrichtung und durchquerter Naturraum werden angegeben. Deutlich weniger detailliert werden sowohl das Reich des Priesterkönigs Johannes verortet (OdorPSteck 32,1,865–867) – es kann bei Odorico kaum als utopischer Ort gelten, denn er berichtet lediglich, dass kaum etwas von dem wahr sei, was man sich darüber erzähle³⁹ – als auch das künstliche Paradies des Alten vom Berge (OdorPSteck 35,1–4,929–956).

---

33 Das Reich des Alten vom Berge ist unter den hier vorgestellten Ferne-Utopien ein Sonderfall: Es dient nicht in erster Linie dem besseren Leben seiner Bewohner, sondern vor allem dem Machtstreben seines menschlichen Schöpfers; es bietet den Bewohnern eine Scheinrealität dar und gehört einer anderen Zeit an als die meisten hier besprochenen utopischen Reiche: Als darüber berichtet wird, ist es bereits zerstört (vgl. Schnyder 2010, 74).
34 Der Ort liegt in Persien und wird auch als Tunocain bezeichnet (vgl. Pelliot 1963, 863, 631).
35 Gemeint ist der chinesische Strom Caramoran oder Huang-ho (vgl. Pelliot 1959, 182 f.).
36 Allerdings fehlt hier die Angabe von Entfernungen in Tagesreisen, die im md. *Marco Polo* sehr häufig vorkommt (MarcoPolo 9,5–7; 9,14; 11,19 f.; 12,25; 13,19 f.; 19,12 f.; 21,1; 36,18; 37,22; 42,20; 48,8 f.). Selten werden Entfernungen auch in Meilen angegeben (MarcoPolo 54,11; 68,28).
37 Gemeint ist offenbar ein Land in der Nähe des Thomasgrabs in Mylapore (vgl. Reichert 1987, 136).
38 Pelliot macht es im Nordwesten der Insel Sumatra aus (vgl. Pelliot 1963, 761 f.).
39 Vgl. die lateinische Fassung (OdorP 32,1); in Steckels Übersetzung wird der Priesterkönig nicht einmal namentlich erwähnt.

Auch die aus verschiedenen Quellen (u. a. aus Odorico) kompilierte Reiseschilderung des Jean de Mandeville situiert die beschriebenen Orte entlang einer Reiseroute. Eingangs reflektiert der Text die Präzision der Ortsangaben: „von allen den stetten, dörffern und bergen da man durch faren můß", würden nicht alle erwähnt, „wann es wurde ze lang ze sagende" (JMandRV 4,16 f.). Der Bericht orientiert sich am Ideal präziser Beschreibung, schließt aber aufgrund einer zwingenden Ökonomie des Erzählens aus, es erreichen zu können.[40] Im zweiten Teil von Mandevilles Text, in dem von Ferne-Utopien der Brahmanen (JMandRV 174,22–176,20), des Alten vom Berge (JMandRV 158,1–159,18) und des Priesterkönigs Johannes (JMandRV 153,21–157,24; 170,10–26) die Rede ist, sind räumliche Details nicht so zahlreich wie im ersten. Orte, die aus heutiger Perspektive als faktisch gegeben einzuschätzen sind – etwa das Land Cathay[41] –, werden hier in räumlicher Hinsicht kaum anders geschildert als utopische Orte. Der Text setzt die Lokalisierungen des Reiches des Priesterkönigs und des Khans von Cathay zueinander in Beziehung: Das Land des Presbyters liegt etliche Tagesreisen (JMandRV 154,3) entfernt vom Reich des „Chams von Thartarya" oder von Cathay.[42] Während man von Genua oder Venedig ungefähr ein Jahr nach Cathay reise, sei es von dort nach Indien erheblich weiter (JMandRV 154,23). Weil die Entfernung so groß („zeverre", JMandRV 154,11) und die Reise so gefährlich ist, bleiben Kaufleute in der Regel beim Khan von Cathay und reisen nicht zum Priesterkönig weiter (JMandRV 154,13–15). Diese Reiseroute wird durch eine weitere ergänzt und das Priesterkönigreich somit doppelt verortet: Man erreiche Indien, indem man Persien durchquere, bis zu einer Stadt namens Hermospole[43] gelange und von da übers Meer bis zur Stadt Cabat[44] reise; dort angekommen, könne man dann noch weiter reisen – in welcher Richtung und wie lange, bleibt offen (JMandRV 154,23–28). Das Priesterkönigreich liegt somit in einem Bereich, der über das Bekannte hinausgeht und der in ungefährer Weise eine Reiseroute fortsetzt, die an bereits aufgesuchten Punkten entlang führt. Mit diesem räumlich nur gering bestimmten Voranschreiten ins Unbekannte stellt der Text einen Darstellungsmodus heraus, der jedem Itinerar zugrunde liegt.[45] Deluz hat

---

[40] Dem Anspruch nach gilt somit auch für Mandevilles Ortsbeschreibungen die besondere Detailliertheit, die die Forschung generell für seine *descriptiones* herausgestellt hat (vgl. Campbell 1988, 158 f.).

[41] Die Lage Cathays wird durch den Fluss Caramoram oder Huang-ho bestimmt (vgl. Pelliot 1959, 182 f.), an dem auch die zuvor erwähnte Stadt Latitorin (vermutlich Lintsching; vgl. Pelliot 1963, 764) liege (JMandRV 129,10). Entfernungs- und Richtungsangaben fehlen.

[42] Zeitgenössischen Reiseberichten gemäß liegt die Tartarei im Norden Cathays (vgl. Reichert 1992, 205). Bei Mandeville bezeichnen beide Begriffe den Herrschaftsraum des Khans (vgl. JMandRV 128,22 f.; 129,22).

[43] Gemeint ist die ehemalige Hafenstadt Hormus nordöstlich der noch heute so genannten Insel am Ausgang des Persischen Golfs (vgl. Pelliot 1959, 576–582).

[44] Auch Cambaet oder Cambay genannte Stadt in der indischen Provinz Gujarat (vgl. Pelliot 1959, 140).

[45] Zu diesem phorischen Modus von Itineraren vgl. Stockhammer 2007, 75 f.

die unpräzise inselhafte Verortung von Ländern, die im zweiten Teil von Mandevilles Text häufig vorkommt⁴⁶ und die sich auch in der Situierung der Utopie-ähnlichen Reiche der Brahmanen sowie des Alten vom Berge zeigt (JMandRV 174,24; 158,3), als Schema des „par deçà" und „par delà", also des Hinausgehens über einen gegebenen Punkt, bezeichnet.⁴⁷

Die drei Reiseberichte zeigen das Spektrum des Detailreichtums von Ortsangaben bei der Situierung von Ferne-Utopien in diesem Genre: Marco Polo und Odoricus von Pordenone verorten einzelne Länder im Rahmen eines Itinerars recht genau, verfahren so aber nicht mit jedem der von ihnen erwähnten utopischen Orte; bei Mandeville fällt dagegen die unpräzise Fortsetzung einer eingeschlagenen Route als dominantes Muster der Situierung auf. Die Texte deuten zudem darauf hin, dass Orte, die heute als gegeben gelten, und solche, die als fiktiv zu klassifizieren sind, hinsichtlich der Detailliertheit von Angaben zur geographischen Lage kaum unterschieden werden und dass Ferne-Utopien in der mittelalterlichen Reiseliteratur somit nicht anhand geringer Genauigkeit der geographischen Verortung als fingiert markiert werden.⁴⁸ Im Sinne der formalen Darstellung in der spätmittelalterlichen Reiseliteratur können sämtliche Orte, von denen die Rede ist, auch aufgesucht werden.

2.2.4 Frühneuzeitliche Utopien

Die Lokalisierung der idealisierten Insel in Thomas Morus' *Utopia* greift das Muster der ungenauen Verortung entlang eines Itinerars auf und scheint zugleich auf den spielerischen Umgang mit diesem Schema hinzuweisen. Der Reiseweg, auf dem Raphael Hythlodaeus das Eiland erreicht, wird zweimal geschildert: von Petrus Aegidius, einem Freund des Reisenden, in einer auf Ausgangs- und Zielpunkt der Reise beschränkten Reduktionsform (MorusU 50,15–19) sowie ausführlicher von Hythlodaeus selbst (MorusU 50,25–52,24). Bereits die Wiederholung verleiht der Darstellung ein gewisses Maß an Komplexität – die Darstellungsweise erinnert an die doppelte Verortung des Priesterkönigreichs des Johannes bei Mandeville. Die Reise, die Hythlodaeus auch zur Insel Utopia führt, beginnt in einem Kastell, in dem er auf der vierten Reise des Amerigo Vespucci mit 24 Männern zurückgelassen wird (MorusU 50,3–9). Durch den Verweis auf den Reisebericht Vespuccis wird das Geschehen zugleich beglaubigt und an der brasilianischen Ostküste lokalisiert. Von dort durchfährt der Reisende viele Länder, kommt schließlich nach Taprobane (Ceylon) und Kalikut an

---

46 Aufgrund des vielen Wassers von den Paradiesflüssen bestehe das Reich des Priesterkönigs aus 6000 Inseln (JMandRV 154,5 f.; 157,23 f.). Die räumliche Beziehung der Inseln ergibt sich lediglich aus der Folge entlang der Reisebewegung (JMandRV 165,3; 168,16; 169,11; 171,14); allenfalls wird darauf hingewiesen, dass eine Insel sich in der Nähe einer zuvor beschriebenen befindet (JMandRV 164,21; 167,23; 169,19).
47 Deluz 1988, 175, 186 sowie Deluz 2000, 24–27.
48 Vgl. Kugler 1990, 146.

der indischen Südwestküste und wird von portugiesischen Schiffen wieder mit nach Hause genommen (MorusU 50,15–19). Wo die Insel Utopia auf dieser weiten Strecke zwischen Brasilien und Indien liegt, bleibt offen: Die Reiserichtung (ost- oder westwärts) wird nicht erwähnt, und die Entfernungsangabe in Tagesreisen bleibt vage (MorusU 50,35). Durch mehrere Besonderheiten der Darstellung entsteht der Eindruck, dass die Ortsangaben in exakter Weise unpräzise gehalten sind: Der Hinweis, nur ein wunderbares Glück habe die Reisenden nach Indien und dann zurück nach Europa geführt („mirabili [...] fortuna", MorusU 50,16), kann als Markierung der Fiktionalität der Schilderung verstanden werden, denn an anderer Stelle werden Elemente des Wunderbaren aus dem um streng rationale Darstellung bemühten Text ausgeschlossen (MorusU 52,29–54,1). Außerdem behauptet der Erzähler, er habe den Namen des Herrschers und des Landes vergessen, bei dem die Teilnehmer an Vespuccis vierter Expedition zurückgelassen worden sind („principi cuidam (cuius & patria mihi, & nomen excidit)", MorusU 50,30; „einem Fürsten, dessen Land und Name mir entfallen ist", MorusUdt 19). Damit provoziert er den Gedanken, dass die Informationen gezielt unterdrückt wurden, um die Lage der utopischen Insel zu verschleiern.

Die unpräzise Situierung der Insel Utopia ist nicht nur Reminiszenz an mittelalterliche Darstellungsweisen von Ferne-Utopien. Die beschriebenen Merkmale des Textes deuten darauf hin, dass die Tradition hier nicht einfach fortgeführt, sondern gezielt aufgegriffen und zugespitzt wird: Die ideale Gemeinschaft wird in *Utopia* zum einen als tatsächlich existierender und erreichbarer Ort charakterisiert; diese Darstellungsstrategie wird zum anderen durch Ungenauigkeiten sowie durch Textelemente, die als Fiktionssignale verstanden werden können, unterminiert. Damit trägt die Schilderung der räumlichen Gegebenheiten in Morus' Text entscheidend zum Spannungsverhältnis zwischen Potenzialität und Irrealität bei,[49] welches frühneuzeitliche Utopien in epistemischer Hinsicht grundsätzlich auszeichnet. In den utopischen Texten, die auf Morus' *Utopia* folgen, zeigt sich dieses Spannungsverhältnis besonders deutlich erneut in Bacons *Nova Atlantis*.[50] In Campanellas *Città del Sole* dominiert die ‚real' anmutende Umgebung auf der Insel Taprobane (CampCS 2,1–10), und Andreae verweist die Reise, von der in *Christianopolis* die Rede ist, ins Reich der Phantasie.[51] Die Generierung eines idealisierten Ortes in den frühneuzeitlichen Utopien, der mit planvoller Unschärfe in einem größeren räumlichen Zusammenhang situiert wird, lässt

---

49 Vgl. Nipperdey 1962, 360.
50 Die Situierung der fremden Gemeinschaft erfolgt entlang einer Reise über den Pazifik zur Insel Bensalem (BaconNA 355). Bereits die Vorrede des William Rawley ruft Dichtung als eine Dimension des Textes auf („pro more Poetices", BaconNA 353).
51 Der Text wird als „Lustspiel" („ludicrum") bezeichnet (AndrC 35 [32]); zu erreichen sei die idealisierte Gemeinschaft auf dem „academicum mare" mit der „phantasiae nave" (AndrC 36; vgl. auch Braungart 1989, 39). Am Schluss des Textes steht die Aufforderung, das Geschilderte in die Welt hinaus zu tragen („abi tamen, mi hospes [...]", AndrC 226–228). Die Wirkmacht, die der Erzählung damit unterstellt wird, unterminiert die Charakterisierung als Phantasie-Reise; vgl. Braungart 1989, 40–43.

sich vielleicht mit der Herausbildung der Möglichkeit zu trennscharfer Unterscheidung zwischen fingierten Reiseschilderungen und solchen erklären, die sich durch detaillierte Beschreibungen auszeichnen und im Zuge eines schnell wachsenden geographischen Wissens aufkommen, welches maßgeblich auf der Beobachtung vor Ort beruht.[52] Als Rahmenbedingung des Wandels der Situierung von Ferne-Utopien ist daher nicht nur die Zunahme geographischen Wissens zu berücksichtigen, sondern auch die damit einhergehenden Veränderungen des Verhältnisses von Faktualem und Fiktionalem. Dieses Verhältnis aber lässt sich kaum einer generellen historischen Tendenz subsumieren, sondern es scheint für jeden einzelnen Text behutsam bestimmt werden zu müssen.

2.3 Innere räumliche Struktur

Wie beschrieben werden utopische Gemeinschaften in der Regel an Orte gebunden, die nach außen klar abgegrenzt sind. In den vier klassischen frühneuzeitlichen Utopien ist diese räumliche Struktur als Insel realisiert, auf der die Stadt als dominante räumliche Konfiguration hervortritt. In mittelalterlichen Vorläufern bilden → Gärten (MarcoPolo 10,17; JMandRV 158,7–11), Waldstücke (SAlex_(K) 5157–5358; JohHartA 5006–5014[53]) oder → Täler (HvNstAp 8846; 10935; OdorPSteck 35,1,930–932), → Burgen und Paläste (ErnstB_(BS) 2212–2250; BrandanReis 1144–1154; JMandRV 158,11–15) oder ebenfalls Städte (MarcoPolo 40,1; HvNstAp 8908; 11010; 11075–11101; JMandRV 156,17 f.) den entsprechenden Ort. Verschiedentlich sind utopische soziale Ordnungen auch in einer größeren räumlichen Einheit, nämlich in einem Land, situiert (Reinfr 21942; HvNstAp 8827–8846; MarcoPolo 39,24–40,10; OdorPSteck 12,1–3,220–237; 32,1,867).[54] Die räumlichen Ensembles, die den mittelalterlichen besonders geordneten sozialen Gemeinschaften Platz bieten, sind vielfältig. Sie können sowohl vorgefundene als auch bearbeitete oder künstlich hergestellte Orte sowie schließlich – wie in den frühneuzeitlichen Utopien – Kombinationen beider Ortstypen sein.

---

52 Diese Entwicklung manifestiert sich u. a. in Veränderungen der zeitgenössischen Reiseliteratur: Ab der zweiten Hälfte des 16. Jh.s werden imaginäre Elemente der tradierten Geographie sukzessive aus Reiseberichten ausgeschlossen. Noch zu Beginn des Jh.s scheint mit den ersten Entdeckungsreisen dagegen der Eindruck entstanden zu sein, ehemals für unmöglich Gehaltenes (insbes. die Entdeckung eines neuen Kontinents auf der Südseite der Erde) erweise sich nun als tatsächlich existent (vgl. Appelbaum 1998, Abschn. 4–8).
53 Die Brahmanen in Hartliebs *Alexander* stellen einen Sonderfall dar, denn ihr König residiert nicht in einem klar umgrenzten Palast, sondern unter einem Baum (JohHartA 5011); der utopische Ort wird also sowohl durch ein Merkmal des Naturraums markiert als auch durch den Herrscher selbst konstituiert.
54 Als besondere Ausprägung Utopie-ähnlicher Reiche, die auf Länder bezogen sind, wird bei Mandeville die insulare Beschaffenheit frühneuzeitlicher Utopien vorweggenommen (s. Abschn. 2.2.3).

Auch die innere räumliche Beschaffenheit utopischer Gemeinschaften ist häufig Teil der Darstellung. In einer Vielzahl der Fälle zeigt sie Elemente der Paradiesikonographie (Gen 2,8–3,24). In den bereits erwähnten Naturräumen finden sich Anklänge an den Paradiesgarten; verbreitet sind darüber hinaus → Brunnen und vor allem Flüsse (ErnstB_(BS) 2231; 2655–2657; BrandanReis 1122; HvNstAp 8882–8899; 11095–11101; MarcoPolo 10,26–29; 40,1; OdorPSteck 35,1,933; JMandRV 158,21–25; 175,8 f.; MorusU 118,1–24; AndrC 38; BaconNA 377[55]). Ob die konkrete Gestaltung eines jeweiligen Ortes zu seiner allegorischen Deutbarkeit in ein Spannungsverhältnis tritt, muss im Einzelfall untersucht werden.[56]

Architekturen charakterisieren den Raum und werden häufig in ihrem besonderen Schmuck ausführlich beschrieben (ErnstB_(BS) 2212–2245; 2456–2462; 2531–2551; 2562–2698; BrandanReis 1141–1236; MarcoPolo 10,17–19; JMandRV 156,18–157,7; 158,11–15; MorusU 112,15–22; 118,28–122,7; 136,26–138,26; CampCS 4,3–10,17; AndrC 44–46). Weiterhin finden sich künstlich hergestellte und mechanische Gegenstände: Eine → Mauer in Brandans *multum bona terra* zeigt lebensecht wirkende Tierdarstellungen (BrandanReis 1164–1197); der Alte vom Berge hat in den unterschiedlichen Schilderungen sein Reich stets kunstvoll so einrichten lassen, „das man geloubete das do were das paradys" (MarcoPolo 10,27 f.; ähnlich OdorPSteck 35,2,935 f.; JMandRV 158,21–159,6); im Forschungsinstitut in Bacons *Nova Atlantis* gibt es verschiedene künstlich angelegte Räume – → Höhlen, → Türme, Brunnen, pharmazeutische Laboratorien –, in denen Versuche durchgeführt werden (BaconNA 375–383), die natürliche Vorgänge nicht nur nachahmen, sondern häufig auch dazu dienen, neue biologische Arten und neue Materialien herzustellen (BaconNA 375; 377 f.; 380 f.). Die zwei Brunnen der Grippia-Episode des *Herzog Ernst* können in diesem Zusammenhang als Bestandteile der Paradiesikonographie verstanden werden, die der Text in technisch-wunderbare Elemente transformiert, denn sie fungieren als heiße und kalte Wasserleitungen zu einem Badehaus (ErnstB_(BS) 2655–2677, → Bad). Die bauliche oder technische Ausgestaltung und die Detailliertheit, mit der diese inneren Elemente von Ferne-Utopien beschrieben werden, nehmen vom Mittelalter zur Frühen Neuzeit tendenziell zu.

Die Orte utopischer Gemeinschaften schrumpfen im Vergleich zum sie umgebenden Raum im Laufe der Zeit: Während im Mittelalter ganze Länder Utopie-ähnlich organisiert sein können, werden die klassischen frühneuzeitlichen Utopien räumlich auf Inseln eingeschränkt. Zu beobachten ist außerdem, dass von Menschen gemachte

---

[55] *Nova Atlantis* transformiert die Paradiesikonographie, denn Brunnen und → Quellen sind hier Teil der Forschungseinrichtungen, in denen das gesundheitsfördernde so genannte Paradieswasser hergestellt wird.

[56] Für sachbezogene Texte hat Meier 1978 die Spannung zwischen konkreten Informationen und ihrer Einbindung in tradierte Muster der Allegorisierung beschrieben. Dieses Spannungsverhältnis betrifft nicht notwendig die utopischen Merkmale eines Textes, denn auch der Allegorie kann – wie Tomasek für Gottfrieds *Tristan* gezeigt hat – eine utopische Funktion zukommen (vgl. Tomasek 1985, 167–180).

Raumelemente neben den Anleihen bei der Paradiesikonographie immer deutlicher hervortreten. Darüber hinaus zeigen die Beispiele eine weitgehende Konstanz der Ingredienzien utopischer Orte im Übergang vom Mittelalter zur Frühen Neuzeit.

3 Narrative und weitere Funktionen

Ferne utopische Gemeinschaften der mhd. Literatur verfügen über ein breites Spektrum an Funktionen. Sie sind mit Elementen des Wunderbaren eng verknüpft und gehen daher intradiegetisch mit den für staunenswerte Phänomene typischen unterschiedlichen Wahrnehmungsformen einher, die von emotionalen Regungen im engeren Sinne, wie etwa Angst, bis hin zu „kognitive[n] Leidenschaften", wie Neugier, reichen.[57] Entgegen der Abwertung jeglicher *curiositas* um ihrer selbst willen in zeitgenössischen theologischen und philosophischen Schriften geht Verwunderung in Episoden volkssprachlicher Erzähltexte über utopische Orte häufig mit dem Wunsch einher, mehr über die jeweilige unbekannte Lokalität zu erfahren, ohne dass dieser Impuls deutlich bewertet oder sanktioniert wird.[58] Der Protagonist des *Herzog Ernst B* beispielsweise wird, nachdem die Reisenden in Grippia ihren drängenden Hunger gestillt haben, von dem neugierigen Wunsch ergriffen, die fremde Stadt noch einmal zu betreten.[59] Der ungewöhnliche Reichtum wird darauf ausführlich geschildert und vom Protagonisten nicht nur kognitiv erfasst, sondern auch visuell und – im luxuriösen Bad – mit dem ganzen Körper erfahren.[60] Als die Bewohner Grippias zurückkehren, endet für Herzog Ernst und seine Begleiter die genussvolle Wahrnehmung der Stadt (ErnstB_(BS) 2817–2844).[61]

---

[57] Daston/Park 2002, 15.
[58] Zur Ablehnung der *curiositas* durch Augustinus vgl. Müller 1984, 732 f.; zur Ablehnung des Staunens in der Scholastik des 12. bis 14. Jh.s vgl. Daston/Park 2002, 129–140. Aristoteles' *Metaphysik*, aus der die berühmte Auffassung stammt, Verwunderung sei von alters her der Auslöser des Philosophierens gewesen (AristMet I,2,982b10–18), wird erst im 13. Jh. ins Lateinische übersetzt (vgl. Van Steenberghen 1980). Damit gehen Veränderungen des Begriffsfeldes der Neugier im theologischen und philosophischen Diskurs einher, etwa bei Albertus Magnus und Thomas von Aquin (vgl. Bös 1995, 168–225).
[59] Ihn „lustet vil sêre" (ErnstB_(BS) 2485); vgl. Eming 2010, 112–122.
[60] Zur visuellen Wahrnehmung des Reichtums in Grippia vgl. ErnstB_(BS) 2212–2239; 2370–2395; 2531–2597; zur Erfahrung des Badens vgl. ErnstB_(BS) 2699–2749. Der Drang des Protagonisten zu baden wird ebenso wie die Neugier vor dem zweiten Gang in die Stadt mit der Formulierung ihn „lustet vil sêre" (ErnstB_(BS) 2704) gefasst; kognitive und andere Leidenschaften liegen hier dicht beieinander.
[61] Mit den folgenden Gewalthandlungen, die in der Tötung des Herrschers der Grippianer durch den Herzog gipfeln, schließt die Episode an das vorhergehende Geschehen in der Heimat des Protagonisten an und spiegelt dieses in wenig verzerrter Form (vgl. Stock 2002, 207–209).

Auch die Blumenmädchen-Episode des *Straßburger Alexander* schildert die visuelle und akustische Wahrnehmung unvergleichlicher Schönheit: Alexander und sein Gefolge werden durch „wunniclîchen sanc" angezogen (SAlex_(K) 5205). Als die Reisenden die Blumenmädchen erreichen, vergessen sie angesichts von „frowede unde rîcheit" all ihr „angist unde leit", „herzeleit" und „ungemah" (SAlex_(K) 5229 f.; 5221; 5223). Das Wohlempfinden („wunnen", SAlex_(K) 5323), welches die schönen und sexuell verfügbaren weiblichen Wesen in menschlicher Gestalt und mit menschlichem Verstand den Reisenden bereiten, übersteigt alles, was sie bis dahin erlebt haben (SAlex_(K) 5323–5325). Die Erfahrung ist allerdings zeitlich begrenzt (SAlex_(K) 5326–5358). Der Wald der Blumenmädchen unterscheidet sich von allen fremden Herrschaftsbereichen, auf die Alexander bis zu diesem Punkt der Narration getroffen ist, denn er lässt sich nicht militärisch erobern. Da die jungen Frauen mühelos „ze wîben" genommen werden können (SAlex_(K) 5322), wird selbst die Vorstellung einer amourösen Eroberung unterminiert. Noch dazu ist die Verfügbarkeit nicht von Dauer. Damit geht die Blumenmädchen-Episode über die Funktion des Staunen-Machens hinaus und erweist sich als Gegenentwurf zu Alexanders Eroberungs- und Objektgier.[62] Das distanzierende Potenzial, das diesem utopischen Ort eignet, zeigt Parallelen zur satirisch-kritischen Auseinandersetzung mit den Verhältnissen im zeitgenössischen England im ersten Buch der *Utopia* (MorusU 56,18–109,26); die Blumenmädchen-Episode unterscheidet sich von dieser jedoch sowohl im Grad der Explizitheit der Kritik als auch in der Relation zu den bestehenden gesellschaftlichen Verhältnissen, auf die jeweils verwiesen wird. Die Blumenmädchen-Episode weist außerdem rhetorische und motivische Parallelen zur Schlusspassage des *Straßburger Alexander* auf. Sie kann als Vorausdeutung auf diese ideale Herrschaftsphase Alexanders verstanden werden, die durch „mâze[]" und „zuht[]" bestimmt ist und in der „urlôge und giricheit" fehlen (SAlex_(K) 7263–7269).[63] Damit ist die Reise in eine Ferne-Utopie funktional für den spezifisch mittelalterlich gedachten Entwicklungsprozess des Helden;[64] darüber hinaus verweist sie textimmanent auf einen Zustand zukünftiger Idealität.

Die Beispiele zeigen, dass mittelalterlichen Schilderungen von Reisen an utopische Orte unterschiedliche Funktionen zukommen: Insbesondere bilden sie den Ausgangspunkt für die Darstellung kognitiver und emotionaler Prozesse; zudem können sie der textuell imaginierten (und womöglich auch in ähnlicher Form lebensweltlich realisierten) eigenen Gemeinschaft eine anders und zum Teil besser gestaltete gegenüberstellen sowie in einzelnen Fällen die Möglichkeit zukünftig verbesserter Lebensbedingungen andeuten. In dieser Hinsicht korrespondieren die hier zur Erläuterung

---

62 Vgl. Stock 2002, 117–120.
63 Vgl. Tomasek 2001a, 53 f.
64 Zur Funktion des Orientteils im *Herzog Ernst B*, dem Protagonisten Möglichkeiten zur Entfaltung zu geben, vgl. etwa Stock 2002, 189–191.

der Funktionen von Ferne-Utopien herangezogenen hochmittelalterlichen Erzähltexte mit den behandelten Liebes- und Abenteuerromanen des Spätmittelalters[65] – dem *Reinfrit von Braunschweig*, Heinrichs *Apollonius* und Hartliebs *Alexander* – und auch mit stärker sachbezogenen spätmittelalterlichen Texten wie den vorgestellten Reiseberichten.

In frühneuzeitlichen Utopien werden anders geordnete Gemeinschaften nicht primär mit dem Ziel geschildert, Verwunderung zu erzeugen, sondern vor allem mit dem Ziel, den bestehenden gesellschaftlichen Verhältnissen durch plausible Schilderung einer fremden Gemeinschaft eine denkbare Alternative an die Seite zu stellen. Dazu bringen die Darstellungen Orte hervor, welche in der historischen Gegenwart irgendwo auf der Welt zu bestehen scheinen und die durch ihre schiere Existenz dem eigenen Gemeinwesen gegenüber kritische Distanz erzeugen oder eine Vorbildfunktion für dieses einnehmen können. So heißt es am Schluss von Morus' Text, dass es wünschenswert wäre, wenn sich einige der sozialen Institutionen der Insel Utopia auch in den europäischen Staaten realisieren ließen: „ita facile confiteor permulta esse in Vtopiensium republica, quae in nostris ciuitatibus optarim uerius, quam sperarim" (MorusU 246,1 f.; „jedoch gestehe ich, daß es im Staate der Utopier vieles gibt, was ich unseren Staaten eher wünschen möchte als erhoffen kann", MorusUdt 110). Die unterschiedlichen Funktionen, die mittelalterlichen Ferne-Utopien zukommen können, werden in frühneuzeitlichen Utopien damit auf eine zentrale Funktion zugespitzt.

AndrC, AristMet, BaconNA, BrandanReis, CampCS, ErnstB_(BS), HvNstAp, JMandRV, JohHartA, MarcoPolo, MorusU, MorusUdt, OdorP, OdorPSteck, Reinfr, SAlex_(K)

→ Anderswelten; → Bad; → Burg, Schloss, Hof; → Fluss, Quelle, Brunnen; → Garten, Baumgarten; → Gebirge, Berg, Tal; → Gralsburg; Gralsbezirk; → Grenze; → Höhle, Grotte; → Indien, Mirabilienorient; → Insel; → Irdisches Paradies; → Land; → Magnetberg, Magnetstein; → Meer, Ufer; → Minnegrotte; → Stadt, Markt, Platz; → Tor, Tür, Treppe, Fenster; → Turm, Zinne, Mauer; → Wald, Lichtung, Rodung, Baum; → Weg, Straße, Pfad

---

65 Für sie ist anstatt eines spezifisch mittelalterlichen Konzepts der Entwicklung des Protagonisten eher der Begriff der entwicklungslosen Abenteuerzeit geltend zu machen (vgl. im Anschluss an Bachtin: Bachorski 1993, 64–66).

Eva Locher, Thomas Poser
Fluss, Quelle, Brunnen

1 Begriffsbestimmung – 2 Merkmale der Darstellung – 3 Narrative Funktionen – 3.1 Nicht unmittelbar handlungsrelevante Funktionen – 3.1.1 Das Gewässer als geographischer Orientierungspunkt – 3.1.2 Das Gewässer als szenischer Bestandteil eines umfassenderen Raumensembles – 3.2 Das Gewässer als Verbindungslinie – 3.3 Das Gewässer als Grenze – 3.4 Das Gewässer als Handlungsraum

1 Begriffsbestimmung

Das Lemma umfasst Fließgewässer aller Art wie Bäche, Flüsse und Ströme samt der damit verbundenen Infrastrukturen (z. B. Schiffswege; vgl. auch → Brücke) sowie alle Formen von natürlichen oder künstlichen Brunnen und Frischwasserquellen. Die gängigsten Bezeichnungen für Fließgewässer sind – neben heute (im Deutschen) weitgehend außer Gebrauch geratenen Bezeichnungen wie *ahe* (f.), *phlûme* (m./f., lat. *flumen*), *riviere* (f./n., frz. *rivière*), *runs* (m./f.), *vliez* (m./n.) oder *wâc* (m.) sowie bedeutungsverschobenen bzw. -verengten Begriffen wie *vluot* (f./m.) – die auch im Nhd. noch geläufigen Formen *bach* (m./f.), *brunne* (m.), *vluz* (m.) und *strâm* (m., auch *stroum*, *strôm*), wobei es sich größtenteils um Derivate von Verbformen handelt, die die fließende Bewegung des Gewässers zum Ausdruck bringen. Daneben findet sich immer wieder auch der weiter gefasste Oberbegriff *wazzer* (n.) als Umschreibung für Fließgewässer („dô kom er dâ ein wazzer vlôz", UvZLanz_(H) 455). Hier ist es erforderlich, vom Kontext her eine Entscheidung über die Art des Gewässers zu treffen, was nicht immer zweifelsfrei möglich ist: Oft genug bleiben die Texte semantisch in der Schwebe („in schiet ein wazzer wol getân", UvZLanz_(H) 3999). Schließlich treten Gewässerbezeichnungen nicht nur in Form von Appellativa, sondern auch als geographische Eigennamen in Erscheinung, insbesondere bei großen Flüssen und Strömen. Die häufigsten Hydronyme entstammen dabei entweder der außerliterarischen Erfahrungswelt der Autoren und ihrer Rezipienten (so etwa im Falle der europäischen Hauptflüsse *Rîn* und *Tuonouwe*) oder sind durch die biblische bzw. lateinisch-gelehrte Tradition vermittelt (*Iordan*, *Strage*, *Eufrat*).

Der mhd. Begriff *brunne* leitet sich ab von „brinnen nach der vorstellung eines warmen sprudels[, der] aus der erde schosz"; in dieser ursprünglichen Bedeutung ist *brunne* als „das aus dem erdboden quellende, vordringende, sprudelnde wasser [...] von dem fortrinnenden bach und flusz [zu unterscheiden], die sich immer weiter von ihrem ursprung entfernen".[1] Zu beachten ist jedoch, dass der Begriff „bis zum 16. Jh.

---

1 DWB 2, 433.

sowohl die fließende Quelle als auch den gefaßten Brunnen" bezeichnen kann; „[e]rst gegen Ende des Mittelalters erfolgt dann die Einführung des Wortes *quelle* für die frei fließende und die Beschränkung des Wortes *brunne* auf die gefaßte Quelle".² Weitgehend synonym mit *brunne* sind die Begriffe *sprinc* (n./m.), *ursprinc* (m./n.) oder *ursprunc* (m./n.)³ sowie das – vor allem in der hochhöfischen Literatur verbreitete – Lehnwort *fontâne* (f., frz. *fontaine*, mlat. *fontana*). Während Erstere sich semantisch näher an der ursprünglichen Bedeutung von *brunne* als einer natürlichen Wasserquelle bewegen, kann *fontâne*, je nach Kontext, beide Bedeutungen annehmen.⁴ Insofern im mittelalterlichen Sprachgebrauch „[z]wischen ‚Quelle' und ‚Brunnen' [...] bedeutungsmäßig nicht unterschieden" wird,⁵ lässt sich dieser Ort sowohl den vorgefundenen als auch den geschaffenen Orten zurechnen. Der vorliegende Artikel trägt dem Rechnung, indem er auch künstliche oder doch zumindest kulturell überformte Brunnen und Quellen in sein Korpus aufnimmt; andererseits bleibt er der onomasiologischen Anlage des Handbuchs insofern verpflichtet, als er sämtliche Bedeutungsaspekte des Begriffes, die nicht auch eine räumliche Qualität implizieren, im Folgenden unberücksichtigt lässt.⁶

Gattungstypologisch sind (Fließ-)Gewässer erwartungsgemäß weit verbreitet, jedoch jeweils in unterschiedlicher Funktion und Ausgestaltung. In der Heldenepik kommen neben Flüssen (*Nibelungenlied* [um 1200], *Klage* [1200–1210], *Biterolf und Dietleib* [um 1260]) auch Quellen vor (*Virginal* [M. bis 2. H. 13. Jh.], *Ortnit* [1. H. 13. Jh.]). Zentral sind Gewässer auch für die höfische Epik, in der *Matière de Rome* vor allem als Flüsse (*Vorauer Alexander* des Pfaffen Lamprecht [letztes V. 12. Jh.], *Straßburger Alexander* [A. 13. Jh.], Ulrichs von Etzenbach *Alexander* [letztes D. 13. Jh.], Ottes *Eraclius* [A. 13. Jh.]; als Ausnahme die Brunnenschilderung in Konrads von Würzburg *Trojanerkrieg* [1280er Jahre]), in den Texten der *Matière de Bretagne* dagegen eher (wenn auch nicht ausschließlich, vgl. Gottfrieds von Straßburg *Tristan* [um 1210], Hartmanns von Aue *Erec* [um 1180], Wirnts von Gravenberg *Wigalois* [um 1220]) in Form von Quellen (Wolframs von Eschenbach *Parzival* [1200–1210], Hartmanns von Aue *Iwein* [1180–1205], *Wigamur* [um 1250]) und Brunnen (Heinrichs von Freiberg *Tristan* [1285–1290], *Prosa-Lancelot* [ab M. 13. Jh.], Ulrichs von Zatzikhoven *Lanzelet*

---

2 Patrzek 1956, VIf.
3 Vgl. Patrzek 1956, VII.
4 Ausschlaggebend für den Gebrauch des Lexems dürften deshalb auch weniger sein semantisches Differenzierungspotenzial als seine ideologischen Konnotationen (Orientierung an der ‚kurtoisen' Leitkultur des französischen Sprachraumes) sein.
5 Hinz et al. 1983, 777.
6 Smits 1996, 27 weist etwa darauf hin, dass *brunnen* neben „Quelle, Teich oder Weiher (*Lac*), Bach, Wasserguß oder Brunnen im heutigen Sinne [...] auch den Wasserstrahl schlechthin bezeichnen" könne, was auch den Harnstrahl miteinschließe (vgl. die zahlreichen, teils auch rezenten Belege v. a. aus dem alemannischen Sprachraum, Smits 1996, 30–35). Auf Bedeutungsfacetten wie diese werden wir im Folgenden allerdings nicht weiter eingehen.

[um 1200], Heinrichs von dem Türlin *Die Krone* [zw. 1215 u. 1230]). Für das Lemma von Belang sind weiterhin Fürsten- und Herrschaftsdichtungen (*Herzog Ernst B* [A. 13. Jh.], Johanns von Würzburg *Wilhelm von Österreich* [1314]), Mären (Strickers *Der arme und der reiche König* [1. H. 13. Jh.], Kaufringers *Die unschuldige Mörderin* [um 1400]), (Welt-)Chroniken (Rudolfs von Ems *Weltchronik* [zw. 1220 u. M. 1250er Jahre], *Karl der Große und die schottischen Heiligen* [1300–1350]) sowie didaktische (Hugos von Trimberg *Der Renner* [um 1300], *Der Ring* des Heinrich Wittenwiler [um 1400]) und geistliche Dichtungen (*Der Saelden Hort* [um 1300]).

2 Merkmale der Darstellung

Wasser ist ebenso „lebens- und heilspendende *materia prima*" wie „angstbesetzte unbeherrschbare Naturgewalt, die tödlich wirken kann".[7] Die reinigende und erquickende Kraft des Wassers macht es in zahlreichen Kulturen zum Symbol von Schöpfung und Geburt, von Vitalität und körperlicher wie geistiger Läuterung. Flüsse, Bäche und Quellen erscheinen als symbolisch aufgeladene Orte der „Initiation, der Wiedergeburt und des Statuswechsels".[8] Daneben begegnen Gewässer aber auch als Figurationen des Todes oder als Inbegriff von nicht- oder übermenschlichen Mächten, die sich jedem beherrschenden und formenden Zugriff entziehen. Oft stehen Flüsse und Quellen im Zusammenhang mit Jenseitsvorstellungen (→ Anderswelten, → Himmel, Hölle), doch prägen sie auch die Struktur des diesseitigen Raumes in hohem Maße: Fließgewässer können als schiffbare Reiserouten ebenso Verbindungen schaffen, wie sie als „natürliche [→] Grenzen innerhalb der realen Welt" Orte und Menschen voneinander trennen.[9] „In Grenzbeschreibungen und Weistümern erscheinen B[runnen] als Grenzzeichen".[10] Gewässer setzen demnach räumliche Einheiten zueinander in Beziehung und stiften Orientierung, in der „erfahrbaren Lebenswirklichkeit des Mittelalters" ebenso wie im gelehrten Diskurs,[11] der die großen Weltflüsse in den Zusammenhang christlicher Welt- und Geschichtsmodelle stellt (vgl. die vier Paradiesflüsse Phison/Ganges, Geon/Nil, Euphrat und Tigris [→ Irdisches Paradies] sowie die Weltflüsse Don und Nil, denen in den T-O-Weltkarten basale raumstrukturierende Funktion zukommt).[12] Flüsse sind Prosperität sichernde Lebensadern und Kristallisationsachsen menschlicher Interaktion, sei es als wichtige Handels- und Kommunikationswege oder als Schauplätze kriegerischer Auseinandersetzungen.

---

7 Lundt 2012, 519.
8 Johns 2012, 502.
9 Johns 2012, 502.
10 Hinz et al. 1983, 776.
11 Vgl. Englisch 2008, 990–993, hier 991.
12 Vgl. Englisch 2008, 982–985.

Sämtliche dieser religiösen und mythischen, symbolischen und lebenspraktischen Aspekte von Quellen und Fließgewässern wirken auf die literarische Imagination ein. Die konkrete Art der Inszenierung hängt davon ab, in welcher Funktionalisierung das Motiv im jeweiligen Erzählzusammenhang erscheint (s. Abschn. 3). Grundsätzlich reicht das Spektrum der narrativen Darstellungsmöglichkeiten von einer einfachen Erwähnung bis hin zu elaborierten *descriptiones*. Die einzelnen Beschreibungselemente sind dabei oft topisch vorgeprägt. Die Quelle im Kontext der Lustorttopik wird beispielsweise mit mehr oder weniger formelhaften Attributen versehen, welche die Reinheit oder die erfrischende Kühle des Wassers zum Ausdruck bringen oder beide Aspekte miteinander kombinieren („Der brunne, der was küele, lûter und guot", NibAB_(BBW) 976,1; → Garten, → Heide, → Tal, → Wald).[13] Dort, wo das destruktive Potenzial des Fließgewässers im Vordergrund steht, sind die Ausdrucksformen vielfältiger. Zum Beschreibungsinventar gehören hier die Schilderung der räumlichen Ausdehnung („daz wazzer was tief unde breit", ErnstB_(B) 4393) sowie der Fließkraft des Wassers („mit grôzem gedrenge / ez durch den berc ran", ErnstB_(B) 4398 f.; „daz wazzer starke flôz", SAlex_(L) 6302). Charakteristisch ist die Betonung der Mühsal, die die Protagonisten bei der Fahrt auf dem Gewässer oder bei dessen Überquerung zu erdulden haben („michil arbeit", SAlex_(L) 6311; vgl. auch 6328; 6336; 6340 sowie ErnstB_(B) 4394).

Ein wiederkehrendes Merkmal der Beschreibung von Fließgewässern ist die Schilderung des akustischen Eindrucks, den diese hervorrufen. Die Bandbreite erstreckt sich dabei von „suoze[m] clingen" (UvEtzAlex 6931), das mit dem Gesang der Vögel am Lustort korrespondieren kann,[14] bis zu tosendem Schall („michelen doz", Er_(S) 7875), wie er z. B. den Sturzbach am Fuße der Burg Brandigan in Hartmanns von Aue *Erec* kennzeichnet (s. Abschn. 3.1.2). Eher seltene Beschreibungselemente sind dagegen Viskosität und Farbe des Wassers („das das waßer alles dick wart vor blut", Lanc_I_(K) 460,4 f.; vgl. auch Lanc_I_(K) 475,13) sowie dessen Geschmack: Während etwa aus dem Waldbrunnen in Heinrichs von Freiberg *Tristan* „der allerbeste welsche wîn" (HvFreibTr 3363) zu fließen scheint, schmeckt das Wasser vor den Kaspischen Toren, an dem die Männer Alexanders ihren Durst zu stillen suchen, „bitter als ein galle" (SAlex_(L) 4492).

---

[13] Zu den Attributen des Brunnens in der *locus amoenus*-Topik vgl. Patrzek 1956, 60–69.
[14] Vgl. Patrzek 1956, 66–68.

3 Narrative Funktionen

Grundsätzlich sind folgende Funktionen von Flüssen, Quellen und Brunnen im narrativen Bedeutungsaufbau zu beobachten:[15] Das Gewässer kann dazu dienen, die erzählte Welt näher zu beschreiben (s. Abschn. 3.1), sei es, indem es Orientierungspunkte auf einer imaginären Landkarte setzt (s. Abschn. 3.1.1), sei es durch konnotative Anreicherung einzelner Weltausschnitte (s. Abschn. 3.1.2); das Gewässer kann räumliche Relationen stiften, indem es Handlungsorte miteinander verbindet (s. Abschn. 3.2) oder voneinander abgrenzt (s. Abschn. 3.3); und schließlich kann das Gewässer selbst zur Raumkulisse einzelner Handlungseinheiten werden (s. Abschn. 3.4).

3.1 Nicht unmittelbar handlungsrelevante Funktionen

3.1.1 Das Gewässer als geographischer Orientierungspunkt

Die Nennung real existierender Gewässer als prägnante Landmarken steckt den topographischen Rahmen ab, innerhalb dessen das erzählte Geschehen stattfindet. So wird gleich zu Beginn des *Nibelungenlieds* das Zentrum der Epenhandlung (zumindest für den ersten Teil) „[z]e Wormez bî dem Rîne" (NibAB_(BBW) 6,1) lokalisiert;[16] im *Helmbrecht* Wernhers des Gartenaere ist die Rede vom „brunnen [...] ze Wanchûsen" (Helmbr 896 f.), was zusammen mit einer Reihe weiterer Ortsangaben in den oberösterreichischen Raum verweist, während Fausts Weg unter anderem durch Mainz führt, „da der Mayn in Rhein fleußt" (Faust_(M) 902).

Einen Sonderfall der Erwähnung von Gewässernamen stellen sog. Flussformeln dar, wie sie etwa bei Walther von der Vogelweide vorgeprägt sind („[v]on der Elbe unz an den Rîn / und her wider unz an Ungerlant", WvdVLLS 56,38 f.). Im *Renner* Hugos von Trimberg dient eine solche formelhafte Wendung dazu, die ‚Landläufigkeit' des Textes, d. h. seinen (behaupteten) ubiquitären Geltungsanspruch, hervorzuheben.[17] Während der *Renner* dabei an das bereits vorhandene Weltwissen der Rezipienten

---

[15] Die folgende Systematik versteht sich als nur vorläufige Annäherung und erhebt insofern keinen Anspruch auf Vollständigkeit. Die Grenzen zwischen einzelnen Funktionen von Fließgewässern als literarisches Motiv sind oft durchlässig, und nicht selten kommen dem Motiv an ein und derselben Stelle ganz unterschiedliche narrative Funktionen zu; im Folgenden wird versucht, dies durch entsprechende Querverweise transparent zu machen.

[16] Auch in Heinrich Wittenwilers *Ring*, dessen Handlung ansonsten im Bodenseeraum bzw. in der heutigen Ostschweiz spielt, suchen die verfeindeten Parteien der Nissinger und Lappenhauser jeweils Unterstützung bei → Dörfern und → Städten, die am Rhein gelegen sind (Ring_(B) 6966–6968; 7650–7653).

[17] „Alsô hân ich übel unde guot [...] vür mich genumen / Und var mit disem büechelîn / Von dem Meine biz an den Rin, / Von der Elbe biz an die Tuonouwe" (Renner 9392–9398).

anschließt, kann die Erwähnung real existierender Gewässer auch dazu dienen, Wissen in didaktischer Absicht allererst zu vermitteln oder zu tradieren. Rudolf von Ems etwa bündelt in seiner *Weltchronik* den zeitgenössischen Kenntnisstand zur Geographie der großen Ströme Europas und geht so über die bloße Nennung von Hydronymen deutlich hinaus (RvEWchr 2220–2248).

3.1.2 Das Gewässer als szenischer Bestandteil eines umfassenderen Raumensembles

Das Gewässer ist selbst nicht notwendig handlungsrelevant, dient aber – zusammen mit weiteren Beschreibungselementen – dazu, einen Handlungsort in spezifischer Weise zu semantisieren. Das wohl bekannteste Beispiel hierfür ist der seit der Antike verbreitete Topos des *locus amoenus* (→ Garten, → Heide, → Tal, → Wald), wie er einschlägig von Ernst Robert Curtius beschrieben wurde: „Sein Minimum an Ausstattung besteht aus einem [→] Baum (oder mehreren Bäumen), einer Wiese und einem Quell oder Bach. Hinzutreten können Vogelsang und Blumen. Die reichste Ausführung fügt noch Windhauch hinzu."[18] Ein Beispiel aus der mittelhochdeutschen Literatur, das sämtliche der genannten Beschreibungselemente aufweist, bietet Gottfrieds von Straßburg *Tristan* (Tr_(R) 16737–16760; vgl. auch das heimliche Stelldichein Tristans und Isoldes in Markes Garten, „da boum unde brunnen was", Tr_(R) 14682). Als naturnaher Außenraum steht der Lustort in einem Spannungsverhältnis zur gesellschaftlichen Sphäre des Hofes und fungiert so traditionell als Raum der selbstgenügsamen Zweisamkeit und der glücklichen Liebeserfüllung. Die Heldenepik dagegen kennt den *locus amoenus* samt Wasserquelle vor allem als Ort der heroischen Bewährung und des Abenteuers (etwa Virg_(Z) 908; OrtnAW 88–92). Als „Kontrastmotiv", bei dem „Brunnen und Quelle mit ihrer idyllischen Umgebung" zum Schauplatz tödlichen Gewalthandelns werden,[19] begegnet der *locus amoenus* im *Nibelungenlied*, wo er Ort der Ermordung Siegfrieds ist (NibAB_(BBW) 969–998; vgl. auch Wh 60,14–17). Ähnlich, doch weniger drastisch kann für den *Prosa-Lancelot* festgestellt werden, „daß gerade ausdrücklich als schön gekennzeichnete Brunnenlandschaften gern entworfen werden, um überraschend in der gleichzeitigen Handlung neue Widrigkeiten des Geschicks dagegen abzusetzen" (z. B. Lanc_II_(K) 154,5–155,8 und Lanc_II_(K) 237,16–239,8).[20]

Auch militärische und alltagspraktische Funktionen von Flüssen werden in der volkssprachlichen Literatur zitiert: Die religiöse Dichtung *Der Saelden Hort* zeichnet mit der → Burg Magdelun eine allegorische „Idealkonstruktion, die aber in vielen Details auf die Erfordernisse des Wirtschaftslebens Bezug" nimmt:[21] Angesprochen ist

---

18 Curtius 1993, 202.
19 Patrzek 1956, 57; dort auch weitere Textbeispiele.
20 Ruberg 1965, 48. Vgl. allgemein zur Funktion von Gewässern im *Prosa-Lancelot* Ruberg 1965, 52–57.
21 Bumke 1986, 165.

sowohl die Funktion des Flusses als eine Wohlstand gewährende Verkehrsader (SHort 6486–6494; 6505–6508) als auch seine Schutzfunktion im Verteidigungsfalle (SHort 6450–6463; 6512 f.). Außerdem weiß der Erzähler von einem fischreichen Bach oben auf dem Burgberg zu berichten (SHort 6597–6599), der, wie hier wohl mitgemeint ist, nicht nur zur autarken Selbstversorgung der Burg beiträgt, sondern es auch erlaubt, „daz man da weschet, bachet, malt" (SHort 6601).[22]

Die *descriptio* der Burg Brandigan im *Erec* Hartmanns von Aue ruft die strategische Bedeutung von Fließgewässern auf, jedoch so, dass die eigentlich Schutz und Geborgenheit versprechende Beschaffenheit des Sturzbaches am Fuße der Burg ins Bedrohliche kippt, sobald die Beobachterperspektive wechselt: Während die heranreitende Gruppe um den Helden in erster Linie eine ideale Festungsanlage wahrnimmt (Er_(S) 7831–7873), vermeint ein imaginärer Beobachter auf den Zinnen der Burg, der von oben in die Tiefe blickt, die → Hölle selbst zu erkennen, so dass er umgehend wieder Zuflucht im Inneren der Anlage sucht (Er_(S) 7877–7883). Die Erwähnung des Gewässers ist weder für den Handlungsverlauf erforderlich noch ist der Vergleich mit Höllenschluchten in Hartmanns französischer Vorlage vorgebildet; der scheinbar entbehrliche Perspektivenwechsel erzeugt jedoch eine raumsemantische Ambivalenz, die für den Rezipienten Signalwirkung hat und die erzähltechnisch auf die bevorstehende Gefahr vorausdeutet.[23]

Im Gegensatz dazu sind im *Herzog Ernst B* die „zwêne brunnen" der Stadt Grippia (ErnstB_(B) 2655) durchaus handlungsrelevant, gibt doch das daran angeschlossene → Bad nach den bisherigen Strapazen der Orientfahrt Anlass zu „gemach" (ErnstB_(B) 2719) und lässt die Helden so den Aufbruch versäumen, bis schließlich die böswilligen Stadtbewohner von ihrem Raubzug zurückkehren (ErnstB_(B) 2845–2851). Neben dieser handlungslogischen Funktion dient die Brunnenanlage jedoch auch hier dazu, den Schauplatz Grippia raumsemantisch näher zu charakterisieren: Das Bad verfügt nicht nur über fließendes Wasser in separaten Warm- und Kaltwasserleitungen (ErnstB_(B) 2657; 2674–2677), sondern verbindet auch das Abwassersystem mit einer Art städtischer Selbstreinigungsanlage (ErnstB_(B) 2681–2698). Die literarische Imagination lässt damit den technischen Stand um 1200 weit hinter sich und entwirft

---

[22] Mit „êren" versorgt man in Ulrichs von Zatzikhoven *Lanzelet* auch König Iweret mit „allerhande vischen" aus einem Gewässer, das im Wald Behforet nahe seiner Burg Dodone gelegen ist (UvZLanz_(H) 4008–4011). Auffällig ist die strikte Raumordnung, die durch das Wasser konstituiert wird: „des waldes art was sô gewant: / in schiet ein wazzer wol getân, / unde muosten einhalp gân / diu tier; daz was ir urganc. / anderhalp was vogelsanc / und gefügel allerhande, / [...] her über noch hin widere / kom ir etwederez ûz ir zuht" (UvZLanz_(H) 3998–4007). Das Gewässer als Grenze, die niemand überschreitet (vgl. auch die Beispiele in Abschn. 3.3), bringt einen Zustand (scheinbar) vollkommener höfischer Ordnung zur Anschauung (vgl. die höfischen Signalwörter *zuht* und *êre*). Ob es sich bei dem erwähnten *wazzer* aber tatsächlich um einen Fluss und nicht eher um eine Art länglichen → See handelt, bleibt freilich der Imagination des Rezipienten überlassen.

[23] Vgl. Glaser 2004, 55 f.

stattdessen ein geradezu utopisches Idealbild einer kulturell höherstehenden Zivilisation („aller bürge ein krône", ErnstB_(B) 2790; → Ferne-Utopien), das allerdings mit der körperlichen und ethischen Defizienz ihrer tiermenschlichen Bewohner kontrastiert (ErnstB_(B) 2858–3576).[24]

Zwiespältig erscheint auch die „szenische Konfiguration von Fels und Quelle" bei Wolfram von Eschenbach:[25] „Im *Parzival* wird der Ort, wo eine Quelle aus dem Felsen stürzt [z. B. Parz_(L) 435,6–9; 458,27–30; 508,17–19; 804,9–11] zum Ort der Begegnung mit einer für den Helden schicksalhaften Gestalt" wie etwa Sigune oder Trevrizent.[26] Diese *Ad hoc*-Semantisierung ist weder durch eine topische Tradition vorgegeben noch erschließt sie sich durch das rezipientenseitige Weltwissen, sondern allein dadurch, dass vergleichbare Handlungseinheiten und ähnliche szenische Beschreibungsmerkmale immer wieder in entsprechenden Zuordnungen im Text rekurrieren, d. h. durch textinterne Paradigmatisierung.

3.2 Das Gewässer als Verbindungslinie

„[D]ie geformte, gerichtete und bewegte Kraft des Wassers und die damit verbundene Funktion der F[lüsse] als Schifffahrtswege [→ Weg] [...] bzw. all[gemein] als Wegweiser" kommt in den Texten zum Tragen,[27] wenn das Gewässer dazu dient, das Handlungszentrum von einem zu einem anderen Punkt der erzählten Welt zu verschieben. Eine Möglichkeit der räumlichen Verortung liegt dabei in der Bestimmung des Anfangs- und/oder Endpunktes der Bewegung oder der Zwischenstationen auf der Reise. Im *Nibelungenlied* kommt den Strömen nicht nur als Wegrouten der Protagonisten eine „strukturbildende Funktion" zu,[28] sondern sie dienen auch dazu, „weitentfernte Stoffkreise" und „fremd wirkende Überlieferungslinie[n]"[29] – den Siegfriedstoff einerseits und andererseits die Sage vom Burgundenuntergang, deren geographische Verbreitung sich entlang der auch textintern nachgezeichneten Flussläufe erstreckt – miteinander zu verbinden. Der erste Teil des *Nibelungenlieds* ist geprägt von Bewegungen entlang der Nord-Süd-Achse des Rheins (vgl. NibAB_(BBW) 71,1; 378,1–3), bis diese Bewegungen mit der Rheinüberquerung Siegfrieds, die für den Helden einen *point of no return* im Handlungsverlauf markiert (s. Abschn. 3.3), zu einem vorläufigen Stillstand kommen. Nach Siegfrieds Tod überqueren die Burgunden zwar ebenfalls den Rhein, in den Mittelpunkt rücken nun aber die Donau und damit die Ost-West-Achse.

---

[24] Vgl. Stock 2002, 189–217.
[25] Dick 1980, 169.
[26] Dick 1980, 171.
[27] von Berstorff 2012, 128.
[28] Honold 2009, 120.
[29] Honold 2009, 127.

Die Reise zwischen Etzelreich und Worms wird fünfmal geschildert: Relativ knapp wird Rüdigers Reise als Brautwerber für Etzel (NibAB_(BBW) 1174 f.) abgehandelt, viel ausführlicher dagegen Rüdigers Rückkehr mit Kriemhild.[30] Wenn diese „dem Donaustrom folgende Handlung des zweiten Teiles [sich] in einer unumkehrbaren Fatalität auf die eine, stets gleichbleibende Richtung des Untergangs zu [bewegt]",[31] dann steht dem nicht entgegen, dass zuletzt in der *Klage* die Boten mit der Todesnachricht vom Hunnenhof aus donauaufwärts reiten werden (KlageB 2807–2809). In der *Klage* zeigt sich ebenso wie in *Biterolf und Dietleib*, dass der „Reckenweg" entlang der Donau in der späteren heldenepischen Tradition offenbar „zum unverzichtbaren Versatzstück [...] geworden" ist:[32] Sowohl Dietleib (BitD_(Sch) 3179) als auch dessen Vater Biterolf (BitD_(Sch) 13357) wählen jeweils den Nibelungenweg ins Hunnenland.

Eine weitere Möglichkeit zur räumlichen Verortung stellt neben der Aufzählung von Zwischenstationen einer Flussreise die reine Nennung des Flusses als Orientierungspunkt dar (s. Abschn. 3.1.1). Im *Straßburger Alexander* kann der Titelheld das Paradies nur erreichen, indem er flussaufwärts dem Strom Euphrat folgt (SAlex_(L) 6283–6403).[33] Nur den Endpunkt der Flussreise, die → Insel Galicia, erfährt man in *Aristoteles und Phyllis* (AristPhyll 531), während die Donau in Johanns von Würzburg *Wilhelm von Österreich* gewissermaßen zur „Startrampe" für die *minne*-Fahrt des Herzogssohns Wildhelm wird (WhvÖst 932–941).[34]

Die Beschwerlichkeit und Abenteuerlichkeit von Flussfahrten wird zudem in der Beschreibung der Flucht Ernsts und Wetzels nach der Greifenepisode im *Herzog Ernst B* hervorgehoben. Nachdem beide Protagonisten erfolglos versucht haben, den Fluss zu durchqueren (ErnstB_(B) 4358–4395), entdecken sie schließlich ein Gewässer, das „durch den berc schôz / zeim loche, daz was enge" (ErnstB_(B) 4396 f.). Auf der Fahrt erleben die beiden zugleich „wunder" (ErnstB_(B) 4433) und „ungemach" (ErnstB_(B) 4434): Die Beschwernisse der Reise werden dadurch konterkariert, dass die Helden im Innern des → Berges denjenigen Stein finden, der später als der Waise die Reichskrone zieren wird (ErnstB_(B) 4462–4465; s. auch Abschn. 3.4). Ähnlich zeigt sich

---

[30] Die geschilderte Route verläuft ab „Vergen" die Donau entlang nach „Pazzouwe", „Everdingen", „Ense", „Bechelâren", „Medelicke", durch das „Ôsterlant" nach „Mûtâren" und von da über den Nebenfluss der Donau, die „Treisem", hin zur „burc Zeizenmûre", wo Etzel die Burgunden in Empfang nimmt (NibAB_(BBW) 1291–1332).
[31] Honold 2009, 131.
[32] Ebenbauer 2006, 26.
[33] Wobei es sich bei dem zu erobernden Paradies nach mittelalterlicher Vorstellung durchaus um einen geographisch lokalisierbaren Ort handelt (vgl. die mittelalterlichen *mappae mundi* sowie Kugler 2007, 189). Dass der Euphrat im *Straßburger Alexander* an die Stelle des Ganges tritt (vgl. die Vorlage der Paradiesepisode, den lateinischen *Iter ad Paradisum*), ist vor allem vor dem Hintergrund der Rolle des Euphrat als Grenzfluss zu sehen. Durch die ‚Umbesetzung' des Stroms „wandelt sich funktional der Grenzfluss Euphrat von einer geographischen Markierung der Machtbereiche zum Paradiesfluss-Eroberungsweg ‚im' Machtbereich Alexanders" (Unzeitig 2011a, 152).
[34] Ebenbauer 2006, 30.

das Zusammenfallen von *wunder* und *ungemach* in der bereits erwähnten Paradiesfahrt im *Straßburger Alexander*, auf der Alexander und die übrigen „helede gemeit" (SAlex_(L) 6327) zwar „obiz unde loub, / daz vil sûzlîchen rouch" (SAlex_(L) 6315 f.) finden, jedoch auch „manige grôze nôt" (SAlex_(L) 6371) erleiden, da sie gegen Strömung, Gewitter, Regen, Hagel und Schnee ankämpfen müssen.

Im weiteren Sinne als Bewegung auf einem Gewässer – zwar nicht als Figurenbewegung, sondern als Bewegung von Gegenständen, die gleichwohl der Überbrückung von räumlicher Distanz dient – kann die listenreiche Kommunikation zwischen Tristan und Isolde gesehen werden, welche die Baumgartenszene einleitet. Die Möglichkeit heimlicher Treffen, wie sie in den folgenden acht Tagen (Tr_(R) 14505) stattfinden, wird jeweils dadurch kommuniziert, dass Tristan aus den Zweigen eines Ölbaums Späne schnitzt, die er mit einer Markierung versehen bei der Quelle in ein „bechelin" (Tr_(R) 14432) wirft, welches an Isoldes Gemächern vorbeifließt. In Eilharts von Oberg *Tristrant* differiert die Nachricht auf dem Span zwar – die Anfangsbuchstaben T und I sind kreuzförmig[35] angeordnet –, die Übermittlung geschieht aber auf dem gleichen Weg. Somit wird mithilfe des Gewässers nicht nur die räumliche Trennung der Liebenden überwunden, die sich in Gottfrieds *Tristan* auch auf der materiellen Ebene der Nachricht manifestiert – die Buchstaben T und I liegen auf den gegenüberliegenden Seiten des Spans –, der Fluss wird zudem selbst zum Medium der Kommunikation.[36]

3.3 Das Gewässer als Grenze

Die Bewegung *über* ein Gewässer kann gleichsam als Musterfall eines Ereignisses im Sinne der semiotischen Erzähltheorie gelten, nämlich als „Übergang[ ] über eine semantische Grenzlinie" hinweg.[37] Dementsprechend ist die Funktion von Gewässern als topographische und/oder symbolische Grenze zwischen zwei getrennten Handlungsorten für die mittelalterliche Erzählliteratur ebenso von Bedeutung wie ihre Funktion als Verbindungslinie. In geringerem Maße als → Meere erweisen sich Flüsse dabei als natürliche Barrieren, durch die der Kontakt zwischen verschiedenen Räumen zwar erschwert, aber nicht gänzlich ausgeschlossen wird, bleibt doch das jeweilige ‚Andere' auf der durch den Fluss abgegrenzten Seite stets präsent: So ist etwa die schöne Stadt Barbaras im *Straßburger Alexander* für den Protagonisten zwar

---

35 Vgl. Klingenberg 1974, 145–161.
36 Vgl. ähnlich Velten 2014, 35: „Der Bach wird hier zum Kommunikationsweg, der die Liebenden auf doppelte Weise verbindet: als Träger des geheimen Zeichens und als Verbindungsweg zwischen Quelle und Kemenate."
37 Lotman 1993, 339.

faktisch unerreichbar, dabei aber doch immerhin auch über den Fluss hinweg visuell wahrnehmbar (SAlex_(L) 4495).

Gleichwohl können auch Flüsse dazu dienen, die Entfernung zwischen zwei Räumen zu unterstreichen, und zwar sowohl im Sinne topographischer (StrKö_(G) 47f.) wie auch ‚kultureller' Distanz: So dienen etwa Wendungen wie „als man jensit Rines tuot" (AppRi 143; vgl. auch HeidinB 360) als „Anspielung auf die ‚sprichwörtliche' Frivolität der Franzosen".[38] Die Funktion der Bewegung über den Fluss hinweg als Möglichkeit, eine nicht nur geographische, sondern auch religiöse Grenze (Christentum – Heidentum) zu markieren, zeigt sich u. a. in den Brückenkampfszenen diverser Texte der *Eraclius*-Tradition.[39]

Für den Kriegszug gegen Darius im *Straßburger Alexander* konstituieren nicht nur die durch Flussüberschreitungen geschaffenen Erzählabschnitte einen „narrativen Diskurs [...] über die Unumkehrbarkeit von Alexanders Bewegung im Raum";[40] durch die beiden Ströme Euphrat und Strage wird zudem eine Art „‚Zwischenreich' als Kampfplatz für den Krieg der Könige – die drei Schlachten und die Eroberung der Burgen Sardis und Batra [SAlex_(L) 1239–1242; 2259–2278; 2880–2893; sowie 1458–1460; 2353–2360] – erzählerisch vergegenwärtigt".[41] Im Unterschied dazu wird die erzählte Welt des *Vorauer Alexander* durch den Euphrat nur in zwei Teile gegliedert (VAlex_(L) 1203f.). Die kriegerische Auseinandersetzung zwischen Darius und Alexander im *Straßburger Alexander* ist geprägt von einem steten Überschreiten und Rücküberschreiten der beiden Ströme,[42] wobei die einzelnen Übergänge unterschiedlich breit oder teils gar nicht explizit geschildert werden; so fehlt beispielsweise eine Beschreibung von Alexanders Rückkehr nach der ersten Euphratüberquerung (SAlex_(L) 1234). Bemerkenswert ist Alexanders Ritt über den Strage-Strom, welcher die Eigenheit hat, nur nachts überquert werden zu können, da der Fluss zu dieser Zeit auf wundersame Weise gefriert (SAlex_(L) 2576–2578). Die seltsame Beschaffenheit des Strage[43] wird für Alexanders Flucht aus Darius' Herrschaftsbereich zurück in das ‚Zwischenreich' der kämpfenden Könige zur Bedrohung: Nachdem Alexander

---

38 Grubmüller 1996, 1209.
39 Vgl. Ebenbauer 2006, 28.
40 Strohschneider/Vögel 1989, 101.
41 Strohschneider/Vögel 1989, 93.
42 Nach der ersten Euphratüberquerung, der Schlacht und der Eroberung der Burg Sardis zieht sich Alexander wieder in sein Reich zurück. Für die zweite Euphratüberquerung verunmöglicht er allerdings selbst die Rückkehr und zerstört die eigens gebaute Brücke (SAlex_(L) 2175–2193). Auch den Strage überschreitet Alexander zweimal (SAlex_(L) 2576–2578; 3308–3310), wobei die zweite Überquerung den endgültigen Aufbruch zur Indienfahrt (→ Indien) markiert.
43 Vergleichbar ist allenfalls das nur bei Nacht betretbare Moor im *Wigalois* Wirnts von Gravenberg: „ditz was ein harte vremdez dinc / daz nieman her ûz noch drin, / als ichs bewîset bin, / weder reit noch engie / unz daz diu sunne ir schîn verlie, / sô daz si entweich der naht; / sô was niwan daz mos bedaht; / dar ûf legt sich der nebel nider; / mit der naht steic er ie wider" (Wig 6735–6743).

Darius' Männer überwunden und den Strage erreicht hat, ereilt ihn „michil arbeit" (SAlex_(L) 2724), da „[d]az îs undir ime spleiz, / daz ime sîn ros da entflôz" (SAlex_(L) 2725 f.). Während im Kampf gegen Darius Flüsse zwar erzählstrukturell bedeutsam, aber als geographische Hindernisse auf der Handlungsebene eher unproblematisch sind, bleiben bestimmte Gebiete dennoch „durch physikalische Grenzen" in Form von Fließgewässern gänzlich unzugänglich.[44] So scheitert Alexanders Versuch die „scône stat" (SAlex_(L) 4496) Barbaras, die sich über eine Meile entfernt auf der anderen Seite des Flusses befindet, zu erreichen, nicht nur daran, dass das Flusswasser nach Galle schmeckt und zur Weiterreise stromaufwärts zwingt, wo das Wasser „sûze unde gût" (SAlex_(L) 4514) ist, sondern auch daran, dass sich im Fluss Krokodile befinden, denen siebenundzwanzig von Alexanders Gefährten zum Opfer fallen (SAlex_(L) 4502–4509).

Der symbolische Gehalt von Flussüberquerungen zeigt sich im *Nibelungenlied* in der Weise, dass „[e]ine Flussüberquerung" im Text nahezu „immer gleichbedeutend mit dem Verlassen der sicheren höfischen Welt" ist.[45] So setzt der Sachsenkrieg mit dem Passieren des Rheins (NibAB_(BBW) 172,3) ein, welches damit den Wechsel vom Friedens- in den Kriegszustand markiert. Eine weitere symbolische Flussüberquerung, die einen Umbruch in der Erzählung anzeigt, ist die Rheinüberquerung der Jagdgesellschaft in der 16. Aventiure (NibAB_(BBW) 927,1).[46] Für Siegfried ist der Weg in den Waskenwald eine Reise ohne Wiederkehr: Nur seine Leiche wird von Hagen und den übrigen Mitgliedern der Jagdgesellschaft über den Rhein zurück und in Kriemhilds → Kemenate gebracht (NibAB_(BBW) 1004,1–4), so dass die beiden Rheinüberquerungen einen narrativen Rahmen um die Episode bilden.

Beim Zug der Burgunden ins Etzelreich ist, neben der bereits erwähnten Rheinüberquerung und dem Übersetzen über einen weiteren Fluss bei Passau – vermutlich den Inn[47] – (NibAB_(BBW) 1629,3), vor allem die Donauüberquerung für den weiteren Verlauf der Erzählung zentral. Während die Rheinüberquerungen der Burgunden im ersten Teil des *Nibelungenlieds* als problemlos geschildert wurden, ist die Donau

---

44 Schlechtweg-Jahn 2002, 278.
45 Form 2010, 177.
46 Die Erwähnung der Flussüberquerung ist auffällig, zumal Worms und Waskenwald (Vogesen) *de facto* auf derselben Seite des Rheines liegen (spätere Handschriften setzen an diese Stelle auch den – geographisch passenderen – Odenwald), weshalb Müller 1998, 334, Fn. 74, erwägt, dass „die Überfahrt […] doch symbolische Bedeutung haben" könnte. Mit Markus Stock könnte man sagen, dass Flüsse im *Nibelungenlied* nicht nur ‚semantisiert', d. h. mit über die Denotation (der Fluss als geographische Einheit) hinausgehender Bedeutung angereichert sind (Konnotation des Flusses als ‚letzte Grenze'), sondern auch ‚semiotisiert', insofern als die einzelnen Flussübergänge „[a]ufgrund der Äquivalenzrelation […] das Augenmerk zusätzlich auf die (strukturelle) Machart des Textes" (Stock 2002, 26) lenken: die Fahrt der Burgunden ins Etzel-Reich etwa (s. Abschn. 3.4) als struktur- und handlungslogische ‚Antwort' auf die Ermordung Siegfrieds.
47 Vgl. Müller 1996, 334.

deutlich als handlungslogisch ‚letzte Grenze' für die Burgunden – so wie der Rhein zuvor für Siegfried – gekennzeichnet (s. Abschn. 3.4).[48]

In Wirnts von Gravenberg *Wigalois* findet sich eine Szene, die die technischen Schwierigkeiten der Flussüberquerung mit Pferd vor Augen führt (Wig 6529–6538). In Wolframs von Eschenbach *Parzival* verzögert sich die erste Flussüberquerung des Helden nach seinem Aufbruch aus Soltane, weil er der Anweisung der Mutter Folge leistet, „tunkel fürte" (Parz_(L) 127,15) zu meiden. Die Episode bringt einerseits – insofern sie verdeutlicht, wie der Jüngling die Ratschläge der Mutter ‚falsch' umsetzt – das für Wolframs Helden so charakteristische *tumpheits*-Motiv in den Text ein,[49] andererseits bereitet sie in ihrer eigenwilligen Aufschubstruktur – die Überquerung wird im weiteren Textverlauf dann doch an einer „furte lûter" (Parz_(L) 129,17) nachgeholt – den Übertritt „von der Gesellschaftsentrücktheit Soltanes in den höfisch bestimmten Aventiureraum" vor.[50]

Als Grenzüberschreitung – wenn auch eher als symbolische denn als räumlich konkrete – kann zuletzt auch der Übergriff auf die Gewitterquelle und damit auf den Machtbereich des Quellenherren in Hartmanns von Aue *Iwein* angesehen werden (s. Abschn. 3.4).

3.4 Das Gewässer als Handlungsort

Das Gewässer setzt nicht nur verschiedene Handlungsorte – sei es verbindend, sei es trennend – zueinander in Beziehung, sondern ist seinerseits Schauplatz, d. h. es finden Ereignisse statt, die nicht notwendig auch Bewegung auf dem/entlang des bzw. über das Gewässer sind, oder aber diese Bewegung nimmt in der narrativen Darstellung so breiten Raum ein, dass sie als eigenständige Episode im Handlungsgerüst gelten kann.

Letzteres trifft auf die Donauüberquerung der Burgunden im *Nibelungenlied* zu, die gegenüber den vorangegangenen Flussübergängen im Text (s. Abschn. 3.3) deutlich an Komplexität gewinnt: Vorgeschaltet ist der eigentlichen Überquerung die Unterredung Hagens mit weissagenden Wasserfrauen, die er „in einem schœnen brunnen" (NibAB_(BBW) 1533,3) nahe dem Fluss findet und die ihm prophezeien, dass niemand außer dem Kaplan den Zug ins Hunnenreich überleben wird (NibAB_(BBW) 1542,1–4). Vorgeschaltet ist ihr auch die Ermordung des Fährmannes, der sich

---

[48] Beide Flussüberquerungen sind auch durch das rekurrente Traummotiv miteinander verklammert: Wie Siegfrieds Fahrt über den Rhein von schlechten Vorzeichen – Kriemhilds Falkentraum – begleitet ist, so deutet auch Uotes unheilvoller Traum (NibAB_(BBW) 1509,3–4) auf das Schicksal der Burgunden voraus.
[49] Vgl. Bumke 2004, 56.
[50] Stock 2008, 72.

weigert, die Burgunden überzusetzen (NibAB_(BBW) 1562,1–3). Auf der Überfahrt folgt schließlich die versuchte Tötung des Kaplans, deren Fehlschlag die Prophezeiung der Nixen bestätigt (NibAB_(BBW) 1575–1580). „Die Unmöglichkeit der Rückkehr besiegelt" schließlich „Hagen selbst, indem er das Fährschiff und damit die einzige Möglichkeit, zurück über die Donau zu gelangen, zerstört" (NibAB_(BBW) 1581,1–3).[51] Die Episode aktualisiert vor allem die mythische Dimension des Gewässers in Bezug auf die Motivik (vgl. die Wasserfrauen, die Donau als „Totenfluss"[52]) ebenso wie in Bezug auf die Erzählstruktur, wird doch durch die Art der narrativen Inszenierung die Unumkehrbarkeit des Flussübergangs und damit die Finalität der Erzählung überdeutlich markiert.[53]

Wohl nicht zufällig erscheint auch die Meerfee, die den jungen Lanzelet bei Ulrich von Zatzikhoven vor den Untertanen seines Vaters rettet, in der Nähe eines Brunnens (UvZLanz_(H) 168–181).[54] Dieser Handlungsort bildet zusammen mit dem angestammten Wirkungsraum der Fee, dem Meer, über das semantische Merkmal ‚Wasser' eine Isotopie und steckt so einen Bereich der erzählten Welt ab, innerhalb dessen die Fee immer wieder handlungslenkend in das Geschehen eingreifen kann.[55] Auch im Falle der *Melusine* Thürings von Ringoltingen wird die Nähe der Titelfigur zum aquatischen Element – Melusine ist eine Wasserfee, die sich jeden Samstag beim Baden in eine Schlangenfrau verwandelt (TvRMel_(M) 97,14–22) – dadurch bereits angedeutet, dass die erste Begegnung mit dem Protagonisten, wie schon im *Lanzelet*, bei einem Brunnen stattfindet (TvRMel_(M) 22,4–8).

Nicht allein auf mythische,[56] sondern auch auf rechtliche Aspekte von Brunnen verweist die Gewitterquelle in Hartmanns *Iwein*. Diese kann metonymisch für das gesamte → Land einstehen, weil Quellen und Brunnen als zentrale Einrichtungen

---

51 Form 2010, 179.
52 Ebenbauer 2006, 21.
53 Lugowski 1994, 67 (passim) zufolge ist „Motivation von hinten" genuines Kennzeichen mythischen Erzählens.
54 Zwar kommt die Meerfee „hier durch die Luft" herangefahren, doch ist es wahrscheinlich, „daß ursprünglich ein Zusammenhang zwischen dem Meerweib und dem dabei liegenden Brunnen gegeben war" (Patrzek 1956, 29). Womöglich stellt das Brunnenmotiv einen Reflex auf die tradierte Funktion von Gewässern als Zugangsmarkierungen zu unterirdischen oder jenseitigen Reichen dar (vgl. Patrzek 1956, 30 f.).
55 Das Merkmal ‚mit dem Wasser assoziiert' teilt später auch das rätselhafte „wîze[] vischus hâr[]" (UvZLanz_(H) 4838), aus dem die vierte Seite des Feenzeltes (→ Zelt) gefertigt ist. Das Beschreibungselement verweist mithin in das selbe semantische Feld wie Brunnen und Meer, und auch hier tritt die Fee als numinose Macht auf, die souverän über die Geschicke des Helden bestimmt (erst durch die Botin der Fee erfährt Lanzelet seine Identität und erst mit der Übergabe des Zeltes wird die Lanzelet-Iblis-Bindung als dauerhaft besiegelt [vgl. die ‚Spiegelprobe' UvZLanz_(H) 4913–4926]). Als eine Art *dea ex machina* trägt die Figur der Fee entscheidend dazu bei, dass auch die Motivationsstruktur des *Lanzelet* – ähnlich wie die des *Nibelungenliedes* – im Wesentlichen final ausgerichtet ist.
56 Vgl. hierzu ausführlich Hoffmann 2012, 250–255.

zur Versorgung der Bevölkerung im Mittelalter besonderen Rechtsschutz genossen.[57] Der doppelte Übergriff auf Quelle und Land durch Kalogrenant und Iwein muss dabei aus Sicht des Landesherrn als fehderechtlich nicht gedeckter Willkürakt erscheinen (Iw_(BLW) 712–730; vgl. auch Wigam_(K) 1635–1642).[58]

Die Tiefe von Gewässern spielt eine Rolle, wenn es darum geht, etwas dem Blick oder dem Zugriff anderer zu entziehen. Hagen versenkt den Nibelungenschatz „ze loche [...] in den Rîn" (NibAB_(BBW) 1137,3). Insbesondere in der derb-schwankhaften Märendichtung dienen Gewässer oftmals dazu, sich sterblicher Überreste zu entledigen (KaufMörd_(G) 817; Niemand 891).[59]

Eng mit ihrer Funktion als wichtige Grenzmarkierungen (s. Abschn. 3.3) hängt die strategische Bedeutung von Flüssen im militärischen Kontext zusammen. So werden Fließgewässer sowie die an sie gebundene Infrastruktur bisweilen selbst zum Schauplatz von Gefechten, beispielsweise bei der „Schlacht auf und um die Brücke"[60] über die Donau in Ottes *Eraclius* (Eracl_(F) 4851–4954; s. Abschn. 3.2). Wie bei Tristans Kampf gegen Urgan (Tr_(R) 16137–16174) wird der Konflikt zuletzt in einem Zweikampf auf der Brücke zwischen den beiden Heerführern persönlich ausgetragen (Eracl_(F) 5155–5305).

Die „Ubiquität der Bedeutung von fließendem Wasser als tatsächl[iche] oder symbol[ische] Reinigungsmacht" findet auch in der mittelhochdeutschen Erzählliteratur ihre Verarbeitung.[61] Das Bad im Brunnenhaus von Grippia im *Herzog Ernst B* (s. Abschn. 3.1.2) kann als eine versuchte symbolische Reinigung des Protagonisten gedeutet werden.[62] In einem christlichen Diskursrahmen begegnet das Gewässer als Ort der symbolischen Läuterung und der Wiedergeburt, wenn es sich dabei um die Taufe handelt (Ring_(WB) 240–275; SHort 2453–2525). Das Taufritual ist hier Reflex nicht nur auf die reinigende, sondern auch auf die „lebensspendende und lebenserhaltende Funktion" des Wassers,[63] die auch im verbreiteten Motiv des Lebens- und

---

57 Vgl. Hinz et al. 1983, 776 f.
58 Vgl. Cramer 1966, 35.
59 Handlungsfunktional ist – unabhängig von ihrer Einbindung in die *locus amoenus*-Topik (s. Abschn. 3.1.2) – auch die Quelle im *Nibelungenlied*: Siegfried kann von hinten erstochen werden, weil er sich beim Trinken über die Quelle beugen muss (NibAB_(BBW) 981,1). Beim Gottesurteil in Gottfrieds *Tristan* bedarf es des Gewässers, damit der verkleidete Tristan Isolde von der Schiffsbrücke „hin wider lant" (Tr_(R) 15585) tragen kann: Indem sich das Paar bei dieser Gelegenheit absichtlich zu Boden fallen lässt, kann sich Isolde ohne Ehrverlust der Aussage verweigern, dass nie ein anderer Mann als ihr Ehemann in ihren Armen gelegen habe (Tr_(R) 15586–15629).
60 Ebenbauer 2006, 27.
61 Hinz et al. 1983, 779.
62 Diese Reinigung muss allerdings in Anbetracht der darauffolgenden krisenhaften Konfrontation mit den Kranichmenschen als gescheitert gelten, wie Stock 2002, 203–208 darstellt. Auch die Durchfahrt durch den → Magnetberg (s. Abschn. 3.2) ist, wenn nicht als ‚Reinigung', so doch als symbolische *rite de passage* des Protagonisten zu werten (vgl. Stock 2002, 198).
63 Gretz 2012, 425.

Jungbrunnens literarisch produktiv wird (KvWTroj_(K) 10784–10787; Krone 9034–9036).[64]

In einigen Fällen wird eine transfiktionale Überschreitung der Erzählwelt nicht über die Erwähnung von historisch-realen Hydronymen angestrebt, sondern über bestimmte mit Gewässern in Zusammenhang stehende Ereignisse, die auf die außerliterarische Lebenswirklichkeit der Rezipienten zielen. Herzog Ernst findet bei der Fahrt auf dem unterirdischen Strom den Waisen (s. Abschn. 3.2), den Leitstern der Reichskrone (WvdVLLS 19,4), der „noch hiute wol bekant" sei, da man ihn „ins rîches krône" sehen könne (ErnstB_(B) 4464 f.). Die lateinische Version der *Regensburger Schottenlegende* knüpft die Herleitung des Städtenamens Ratisbona nicht an die Fahrt auf einem Gewässer, sondern an dessen Überquerung: Karl der Große benennt die bis anhin heidnische *Civitas Quadratorum Lapidum* in einem feierlichen Akt um, nachdem man die Donau bei der zweiten Eroberung der Stadt auf einer improvisierten Brücke aus zusammengebundenen Flößen („per rates bonas", Lib 195,2–5) überschritten hat. In der deutschen Bearbeitung der Legende geht das Wortspiel, das dieser ätiologischen Erzählung zugrunde liegt, freilich zwangsläufig verloren (KGSH 3103–3107).

Ein Spezialfall von Gewässern als Handlungsorten liegt vor, wenn es sich dabei um sogenannte „episch realisierte Metapher[n]" handelt.[65] Flüsse und Brunnen werden immer wieder herangezogen, um abstrakte Sachverhalte in metaphorischer Rede sinnlich konkret anschaubar zu machen.[66] Für die Frage nach literarischen Raumimaginationen ist dies dann von besonderem Interesse, wenn die Metapher nicht nur auf der Ebene des *discours*, d. h. vor allem als Phänomen der rhetorischen Verfasstheit des Textes in Erscheinung tritt, sondern auch *realiter* in Handlung umgesetzt ist. Vor seiner Flucht aus dem Reich bezeichnet der in Ungnade gefallene Herzog Ernst mit einer „wohl habitualisierte[n] Metapher" seine Situation als Schwimmen gegen den Strom („wider wazzers stram", ErnstB_(B) 1782);[67] der soziale Wiederaufstieg des Helden im Orientteil wird dann bezeichnender Weise durch ein – diesmal wörtlich verstandenes – Schwimmen mit dem Strom eingeleitet: durch die Reise des Helden auf dem unterirdischen Fluss (s. Abschn. 3.2). „Die auffällige Bildlichkeit der Abschiedsrede wird also am Ende quasi naturalisiert und gleichzeitig, wie um die [...] Wandlung des Herzogs zu präsentieren, positiv umbewertet."[68] Auf diese Weise wird

---

64 Zum Motiv des Lebensbrunnens (mit weiteren Textbeispielen) vgl. auch Patrzek 1956, 1–13.
65 Ruberg 1976, 206.
66 Vgl. Isolde Weißhands Metapherngebrauch, die „den Rhein, seine Nebenarme und die Kanalisation des Flusses" benutzt, „um ein Sinnbild für Tristans erotische Verwirrung und seine bewusste Irreführung durch diese dritte Isolde [...] zu entwerfen" (Classen 2008b, 714; zu Tr_(R) 19433–19442).
67 Stock 2002, 185.
68 Stock 2002, 198 f.

der Orientteil des *Herzog Ernst B* als „metaphorische Aufarbeitung" des Reichsteils korrelativ auf diesen bezogen.[69]

Im Tierepos wird das wörtlich verstandene Eintauchen in illusorische Scheinwelten zur Reflexionsfigur von immersiven Effekten: Immer wieder verkennen die tierischen Figuren ihr eigenes Spiegelbild im Brunnen und zerstören dieses bei dem Versuch, es zu erhaschen (etwa ReinFu 831–850) – eine „beredte Metapher" dafür, dass auch das Genre der Tierfabel „nicht affektiv, sondern intellektuell verstanden werden will [...]: in kritisch-reflektierender Distanz".[70]

Auffällig ist, dass auch bei Wolfram, kurz vor der verhinderten Flussüberquerung Parzivals nach dem Aufbruch von Soltane, eben jenes Ereignis in metaphorischer Rede bereits vorweggenommen ist, vor dem sich der Held am Ufer des Baches gerade fürchtet: dort zu ertrinken, wo ein Passieren an sich problemlos möglich sein sollte (s. Abschn. 3.3). Denn nach dem Tod Gahmurets umschreibt der Erzähler die Gefühlslage Herzeloydes mit einem Bild, das eben dies impliziert – „ir shimpf ertranc in riwen furt" (Parz_(L) 114,4) –, sind doch Furten für gewöhnlich Orte, an denen „man sicher über einen Fluss setzen kann".[71] Auch hier taucht also auf der Ebene der *histoire* noch einmal auf, was zuvor schon als sprachliches Bild in Erscheinung getreten war.

AppRi, AristPhyll, BitD_(Sch), Er_(S), Eracl_(F), ErnstB_(B), Faust_(M), HeidinB, Helmbr, HvFreibTr, Iw_(BLW), KaufMörd_(G), KGSH, KlageB, Krone, KvWTroj_(K), Lanc_I_(K), Lanc_II_(K), Lib, NibAB_(BBW), Niemand, OrtnAW, Parz_(L), ReinFu, Renner, Ring_(WB), RvEWchr, SAlex_(L), SHort, StrKö_(G), Tr_(R), TvRMel_(M), UvEtzAlex, UvZLanz_(H), VAlex_(L), Virg_(Z), WhvÖst, Wig, Wigam_(K), WvdVLLS

→ Anderswelten; → Bad; → Brücke; → Burg, Schloss, Hof; → Dorf, Acker, Gehöft, Meierei; → Ferne-Utopien; → Garten, Baumgarten; → Gebirge, Berg, Tal; → Grenze; → Heide, Aue, *plaine*; → Indien, Mirabilienorient; → Insel; → Himmel, Hölle; → Irdisches Paradies; → Kemenate, Gemach, Kammer; → Land; → Magnetberg, Magnetstein; → Meer, Ufer; → See, Teich, Pfütze; → Stadt, Markt, Platz; → Wald, Lichtung, Rodung, Baum; → Weg, Straße, Pfad; → Zelt

---

69 Stock 2002, 190.
70 Witthöft 2012, 145.
71 Kragl 2008, 297.

Urban Küsters
Garten, Baumgarten

1 Begriffsbestimmung – 2 Merkmale der Darstellung – 3 Narrative Funktionen – 3.1 Mediationsmodelle in geistlicher Literatur – 3.2 Herrschaftsräume in frühhöfischer Epik – 3.3 Idyllen und *minne*-Gefängnis in höfischen Romanen – 3.4 Gartengrenzen und Gewaltrituale in der Dietrichepik – 3.5 Gerichtsorte und Wahrnehmungsräume in Tristan- und Minneromanen – 3.6 Augenlust und schöner Schein in der Novellistik – 4 Resümee: Zwischen Ideallandschaft und Entzauberung

1 Begriffsbestimmung

Der Garten liegt an der Demarkationslinie von Natur und Kultur. Anders als → Wald, → Wüste oder Wildnis ist er ein geschlossenes Draußen, ein eingezäuntes Stück Landschaft, das vom Menschen bereits eingerichtet und kultiviert ist. Seit der Antike ist er ein Hort der Zivilisation, wie die babylonischen Gärten, die römischen Villen, die muslimischen Gartenanlagen oder die Gartenkunst in Renaissance, Barock und Aufklärung bezeugen. Gartentheorien reichen von der geometrischen Beherrschung bis hin zur mimetischen Aneignung der Natur.[1] In den seltenen mittelalterlichen Konzepten ist eine enge zivilisatorische Beziehung zu den Kulturinstitutionen Hof und Kloster erkennbar, etwa im *St. Galler Klosterplan* (um 825).[2] Dies bestätigt die Etymologie.[3] Man vermutet eine Ableitung des Wortes Garten, mhd. *garte(n)* (m.), ahd. *gart*, *garto* (m.), lat. *hortus* von einem idg. Stammwort *gortho, das ‚Flechtwerk, Zaun, Umzäunung, Gehege' bedeutet. Nordische Sprachformen wie got. *garda* für ‚Hürde', got. *gards* (engl. *yard*) für ‚Haus, Hof, Familie', anord. *gardr* für ‚Zaun, Gehege, Hof' verweisen auf einen umzäunten Bezirk, der Wohnstätte, Haus und Hof umfasst. Entsprechend wird das frz. *cort*, *cortois* ‚Hof, höfisch' vom lat. *(co)hortus* abgeleitet. Die Umzäunung ist rechtsbedeutsam als → Grenze, da sie einen befriedeten Rechts- und Besitzraum kennzeichnet und den potenziellen Eindringling als Frevler und Friedensbrecher ausweist.[4]

In der mittelalterlichen Erzählliteratur geht es um poetische Imaginationen, die mit realen Gartenanlagen nicht abzugleichen sind, was ohnehin aufgrund spärlicher

---
1 Vgl. Kluckert 2000, Vercelloni 2010, Schweizer 2013, 107–142.
2 Vgl. Wimmer 1989, 10–15, Kluckert 2000, 20–31, Vercelloni 2010, 21–35, Campitelli/Cremona 2012, 11–15.
3 Vgl. Kluge/Seebold 2011, 333, DWB 4, bes. 1391–1394.
4 Vgl. Bühler 2008, 1934 f.

archäologischer Quellen schwerfallen würde.[5] Sie haben eine eigene Poetik, die bestimmten Erzählmustern folgt und in symbolische Raumordnungen literarischer Gattungen eingebunden ist. Der vorliegende Artikel sucht nach Gestaltungsmerkmalen und einer funktionalen Typologie des Gartenmotivs. Ein breites Spektrum narrativer Funktionen berührt Themenfelder wie Kontemplation und Askese, Herrschaft und Recht, Gericht und Gewalt, Liebe und Kampf, Intrige und Erkenntnis. Einen Schwerpunkt bildet die geistliche Literatur mit Bibelepen wie *Wiener Genesis* (um 1060) und *Buch Daniel* (um 1250), Allegoresen wie *St. Trudperter Hohelied* (um 1160), *Baumgarten geistlicher Herzen* (E. 13. Jh.), legendarischen Texten wie Konrads von Heimesfurt *Urstende* (um 1230), *Saelden Hort* (um 1300) und Heinrichs von Neustadt *Gottes Zukunft* (um 1300) sowie Texten der Mystik wie Mechthild von Magdeburg (um 1270). Aus der frühhöfischen Epik werden *Rolandslied* (um 1172) und *Herzog Ernst B* (A. 13. Jh.) relevant. Reiches Material bieten höfische Artusromane wie Hartmanns *Erec* (um 1180) und *Iwein* (1180–1205), Wolframs von Eschenbach *Parzival* (1200–1210), Wirnts von Gravenberg *Wigalois* (um 1220), Strickers *Daniel* (1220–1250), Pleiers *Garel* (1240–1270) sowie Minneromane wie Gottfrieds von Straßburg *Tristan* (um 1210), Konrads von Würzburg *Engelhard* (vor 1260) und *Partonopier* (1277), Konrad Flecks *Flore und Blanscheflur* (um 1220), *Mai und Beaflor* (13. Jh.) und *Moriz von Craun* (1200–1235). Eine eigene Motivgestaltung erscheint in den Dietrichepen *Laurin A* und *Wormser Rosengarten A* (beide späteres 13. Jh.). Die Novellistik des Spätmittelalters ist vertreten mit Mären wie *Aristoteles und Phyllis* (um 1250),[6] *Nachtigall A* (frühes 15. Jh.), Rosenplüts *Der Knecht im Garten* (um 1450) bis hin zu humanistischen Erzählungen der Renaissance wie Georg Wickrams *Der irr reitende Pilger* (1555). Exemplarisch verglichen werden benachbarte lat., frz. und ital. Texte wie *Speculum virginum* (um 1240), Herrads von Hohenburg *Hortus deliciarum* (um 1170), die Comedia *Lidia* (E. 12. Jh.), Guillaumes de Lorris *Rosenroman* (um 1230), Boccaccios *Decameron* (um 1348) und Francesco Colonnas *Hypnerotomachia Poliphili* (1499).

Referenzpunkte des Motivs gehen bis auf die Anfänge von Großepik und Schriftüberlieferung (*Gilgamesch*-Epos, Altes Testament) zurück. In babylonischen Schöpfungsmythen und *Genesis* (Gen 2,8) steht der Paradiesgarten oder Garten Eden (→ Irdisches Paradies) am Ursprung der Menschheitsgeschichte, er stellt eine rückwärtsgewandte Projektion von gezähmter Natur, Unschuld und idealem Leben dar, die im Mittelalter auch eine eschatologische Dimension erhält (nach Offb 22,1–2).

---

5 In der neueren Diskussion wird der Begriff der Virtualität verwendet, vgl. Ernst 2007, 155–158. Inwieweit man den Begriff der virtuellen Realität, der im Bereich der modernen Computersimulation entwickelt und vor allem mit dem Begriff der Immersion verbunden wird (vgl. Grau 2003), auf literarische Texte, zumal aus dem Mittelalter, übertragen sollte, ist weiter zu diskutieren. Hier wird der Begriff des Imaginären verwendet, der die Literaturgeschichte des Mittelalters als Teil der Vorstellungsgeschichte begreift. Zur Differenz der literarischen Entwürfe zur historischen Realität vgl. Ott u. a. 1989, 1121–1126, bes. 1121 f.
6 Vgl. Pastré 1990.

Das griech. Wort παράδεισος leitet sich ab vom umzäunten Garten; es konnotiert ein Glücksversprechen, zugleich mit dem Baum der Erkenntnis die Ambivalenz von Verbot und Übertretung, Sündenfall und Strafe. In der *Wiener Genesis* ist das Paradies demnach ein von Gott gepflanzter „boumgarten" (WGen 232).[7] Daneben wird unter den biblischen Gartenmotiven für die mittelalterliche Rezeption der „hortus conclusus" (Hld 4,12) bedeutsam. Die althebräische Liebeslyrik verwendete den Garten im Sinne eines szenischen Liebesortes und als ornamentale Metapher für die Leiblichkeit der Braut. Wichtige nt. Stellen sind der Garten Getsemane, in dem Jesus vor der Passion betet und verraten wird (Mt 16,36–56; Mk 14,32–52; Joh 18,1), und die bukolische Auferstehungserzählung um Maria Magdalena, der Jesus als Gärtner (*hortulanus*) erscheint (Joh 20,11–18). Sie wird in mhd. Legendentexten um 1300 im Blick auf das Verkennen Magdalenas bearbeitet, etwa im *Saelden Hort* (SHort 9676–9878) und in Heinrichs von Neustadt *Gottes Zukunft* (HvNstGZ 3687–4210).[8]

2 Merkmale der Darstellung

Zentrale Gestaltungsmerkmale in der deutschsprachigen Erzähldichtung sind beschauliche Anlage, Hofnähe und Umfriedung. In seiner Gartentheorie erwähnt Albertus Magnus (um 1260) „grüne Lustgärten" (*viridaria*), „die nicht großen Nutzens oder Ertrages wegen, sondern zum Vergnügen eingerichtet sind" – „sunt autem quidam utilitatis non magnae aut fructus loca, sed ob delectationem parata" (AlbVeg I,14[9]). Auch die literarischen Baum- und Rosengärten sind Ideallandschaften (*loci amoeni*; → Heide, → Tal, → Wald) mit herrlichen Bäumen, Pflanzen, zuweilen mit einer → Quelle (Tr_(R) 14433; Flore_(S) 4442; AristPhyll 167). Exemplarisch zeigt Hartmanns *Iwein* eine weitläufige Gartenanlage, in der die reine Natur mit Blüten und Gras Muße („gemach") und Sinnenfreude („vil süezen smac") in Fülle spendet (Iw_(BLW) 6435–6451; auch Er_(L) 7890). Interne Architekturelemente nach antiken oder orientalischen Mustern (quadratische Formen, Marmorbrunnen, künstliche Kanäle), wie sie der *Rosenroman* (GuilRos 1323–1438)[10] und Boccaccio (BoccDec 203–209) bieten, sind in der deutschen Epik selten. Als Artefakte zu nennen sind Badehaus (→ Bad) und Wasserleitungen im orientalischen Garten des *Herzog Ernst* (ErnstB_(B) 2645–2685), höfische *minne*-Requisiten wie das → Zelt samt Bett in Hartmanns *Erec* (Er_(L) 8901–8925) bzw. Isoldes Bett in Gottfrieds *Tristan* (Tr_(R) 18145–18152), schließlich

---

[7] Zu den Paradiesvorstellungen vgl. Frühe 2002, 68–73, Brunner 2000, Ernst 2007, 163–174.
[8] Zur lat. und mhd. Rezeption in Hymnik und Traktaten wie der sog. Bairischen Magdalenenklage vgl. Küsters 1995, 175–180.
[9] Übersetzung nach Wimmer 1989, 21.
[10] Zu gartentheoretischen Elementen vgl. Wimmer 1989, 15–20.

ausgemalte Gartenhäuser in Wickrams städtisch-humanistisch geprägter Erzählung *Der irr reitende Pilger* von 1555 (WickP 431–1041).

Die Baumgärten liegen meist „umbe daz hus" (Wig 668), in unmittelbarer Nähe von → Haus, → Burg oder Palast.[11] Dies gilt bereits für den „grozen hof wol getan" im *Herzog Ernst* (ErnstB_(B) 2650) und für zahlreiche Beispiele im höfischen Roman: in Hartmanns *Iwein* (Iw_(BLW) 6436), Wirnts *Wigalois* (Wig 668), Strickers *Daniel* (StrDan 4650 f.), *Mai und Beaflor* (MaiBea_(VP) 87,23–25), Konrad Flecks *Flore* (Flore_(S) 4403). Im *Moriz von Craun* (Craun 1093) grenzt der Garten an die → Kemenate, in Konrads von Würzburg *Engelhard* ist er nur durch eine Durchgangstür vom Palast aus zu betreten (KvWEngelh_(G) 2934–2937). Auch in Mären (AristPhyll 161; NachA 138) sind Gärten integrale Teile von Haus und Hof. Dies erlaubt eine Unterscheidung von ‚wilden' Naturorten des *locus amoenus*, die zwar auch die Sinne befriedigen, aber erst in einer gesellschaftsfernen Landschaft entdeckt werden, wie im *Straßburger Alexander* in der Blumenmädchen-Episode (SAlex_(K) 5157–5410) oder in der Dietrichepik des 13. Jh. (WolfdA_(AJ) 466–470; OrtnAW 88–91).[12] Bezeichnend ist die topographische Differenz von → Minnegrotte und Baumgarten in Gottfrieds *Tristan*. Um Minnegrotte und amönes Wunschleben zu erreichen, müssen die Liebenden zwei Tagesreisen „allez gegen der wilde hin / über walt und über heide" (Tr_(R) 16680 f.) wandern. Es wird nicht nur eine Raumdistanz überwunden, sondern auch die erzählte Realitätsebene in Richtung einer Allegorie überschritten, wie am Speisewunder deutlich wird. Dagegen ist der Baumgarten räumlich unmittelbar am Marke-Hof angelagert (Tr_(R) 14431) und befördert wiederholt die Auseinandersetzung mit den höfischen *minne*-Feinden.

Prägnantes Kennzeichen ist die Umgrenzung, die nicht zuletzt auf die Rechtsbedeutung des befriedeten Besitzraums verweist. Im *Rosenroman* (GuilRos 128–131) umgibt eine hohe → Mauer den allegorischen Garten. Mauern als Umfriedung erscheinen auch in Texten Konrads (KvWEngelh_(G) 2934; KvW Part 2326), in Konrad Flecks *Flore und Blanscheflur* (Flore_(S) 4440), in Pleiers *Garel* als Rundmauer mit bunten Marmorsteinen (PleierGar 2721–2724; 3188). Im *Wigalois* Wirnts von Gravenberg gibt es eine Dornenhecke: „den bevridet ein vestez hac" (Wig 669). In den Rosengarten-Dichtungen der Dietrichepik wird die Mauer durch einen Seidenfaden ersetzt: „daz die mure solde sin / daz ist ein vadem sidin" (LaurinA 69 f.). Dennoch behält diese symbolische Grenze Rechtsbedeutung, da sie Grenzverletzung und Kampf provoziert. Im *Erec* ist Mabonagrins Baumgarten von der Burg Brandigan getrennt, nicht durch Mauer, Graben, Zaun oder Hecke, wohl aber durch eine undurchdringliche Wolke (Er_(L) 8704–8751). Wolken stehen für Verhüllung und Entrückung und heben den Garten auf die Ebene einer märchenhaften → Anderswelt. Auch diese andere Art der Grenze wird mit aller Gewalt verteidigt.

---

11 Zahlreiche Belege bei Hennebo 1987, 88–90, Krohn 2008, 95–97.
12 Vgl. Billen 1965, 34, vgl. *Nibelungenlied* (NibAB_(BBW) 979–988,1); weitere Belege Thoss 1972.

3 Narrative Funktionen

3.1 Meditationsmodelle in geistlicher Literatur

Im „Garten der Hl. Schrift" (HugoMi I,174) findet die mittelalterliche Klosterliteratur strukturgebende Meditationsmodelle. Über die Hohelied-Exegese im 12. Jh. werden die biblischen Vorwürfe allegorisch ausgedeutet und spielen eine wichtige Rolle bei der bildsprachlichen Entdeckung religiöser Innerlichkeit – als spirituelle, innerseelische Binnenräume des asketischen Tugendkampfes und der kontemplativen und affektiven Gotteserfahrung. Mariologische, lebenspraktisch-moralische und mystische Auslegungsmuster sind dabei erkennbar.[13] So bezieht das *St. Trudperter Hohelied* den *hortus conclusus* auf Maria, aber auch im Blick auf die aktuelle Einwohnung des Gärtners, des Heiligen Geistes, auf Klosterleben und Geistliche: „noch sint ouch garten, da wonet got inne, daz ist geistlich leben unde ioch ieclich geistlich mennesche" (TrudHL 26,22–24). Viele Garten- und Pflanzenallegoresen aus dem Milieu der Frauenklöster verstärken diese funktionalen Linien. Der verschlossene Garten (Rosenhag etc.) bestimmt als Epitheton die Ikonographie der Madonna, wobei das Motiv der Neuen Eva bedeutsam wird.[14] Bezüge zur Askese und zum Kampf von Tugenden und Lastern schaffen lat. Texte des 12. Jh.s wie das *Speculum Virginum* (SpecVir I,16–35; II,198–202) oder der *Hortus deliciarum* Herrads von Hohenburg. Deutsche Predigten und Traktate des Spätmittelalters deuten den Aspekt der Verschlossenheit sowohl auf die Virginität als auch auf die klösterliche Klausur.[15] Auch wird der spirituelle Garten in den Innenraum des Herzens verlegt. Der aus franziskanischem Umkreis stammende Traktat *Baumgarten geistlicher Herzen* entwirft ein Modell beschaulicher Versenkung.[16] Passionsmeditationen sind der mndl. *Rosengarten vom Leiden Jesu* und das *Berliner Rosengärtlein* (beide 15. Jh.).[17]

In der Visionsliteratur begegnen zahlreiche liebliche Gärten und Landschaften.[18] Die Brautmystik erhebt den Herzensgarten sogar zum Ort der mystischen Einung. Hervorgehoben sei Mechthilds von Magdeburg poetische Gestaltung des Baumgartens. In einem Minnedialog lädt Christus die Seele ein: „ich warten din in deme boungarten der minne / und briche dir die bluomen der suessen einunge" (Mechth II,XXV,132,27 f.). Deutlich verknüpft Mechthild komplexe theologische Denkformen mit erotischen Motiven der höfischen Lyrik (Blumenbrechen). Der Apfelbaum in der Gartenmitte (Hld 2,3; 8,5) wird als Antitypus des verhängnisvollen Paradiesbaumes

---

13 Vgl. Küsters 1985, 208, 225, 275, Cescutti 2002, zur Auslegungsgeschichte vgl. Kommentar Ohly 1998, 855–870.
14 Vgl. Haag, 237–241, Kluckert 2000, 21 f., Fisher 2011, 10–25, 36–41.
15 Vgl. Schmidtke 1982, bes. 474–477, Ohly 1998, 856–859, 897–899.
16 Vgl. Unger 1969.
17 Vgl. Ruh 1992, Schmidtke 1978, auch Schmidtke 1992.
18 Vgl. Winston-Allen 1992.

interpretiert: Er lockt nicht mit verbotener Frucht, sondern ist Zeichen der dreifaltigen Gottesliebe, die sich zur Seele herab neigt, den Schatten des Geistes spendet und heilbringende Äpfel des Erlösers darreicht. Die kurzfristige Gottesnähe übersteigt menschliche Ausdrucksfähigkeit und kann immer nur Vorgeschmack des ewigen Paradieses sein (Mechth VII,LVII). In Mechthilds kühner Topographie des Herzensraumes verschafft sich eine religiöse Subjektivität Stimme und Sprache.

3.2 Herrschaftsräume in frühhöfischer Epik

In den Kontext von Fürstenherrschaft, Sozialität und Zivilisation weisen die weltlichen Anfänge des Gartenmotivs in der frühhöfischen Epik. *Herzog Ernst B* und *Rolandslied* stellen es ins Spannungsfeld des west-östlichen Kulturaustausches. Herzog Ernst trifft auf seiner Orientreise in der Stadt Grippia auf einen hochkultivierten Palastgarten mit Wasserleitungen (ErnstB_(B) 2645–2683). In dem Wunderwerk des Ostens verdichtet sich das Erstaunen über die überlegene arabische Gartenarchitektur, die das Abendland in Spanien und auf den Kreuzzügen kennenlernte.[19]

In die umgekehrte Richtung christlicher Fürstenherrschaft weist das *Rolandslied* (Rol 641–708). Als heidnische Boten an Karls Hof kommen, gelangen sie „zu einem bougarten / der was gecieret harte" (Rol 643 f.), in dem Tierspiele, Ritterkämpfe, höfisch-galantes Treiben mit Musik und Dichtung, aber auch Unterricht stattfinden. Indem der Rezipient den erzählten Raum mit den Augen der Boten durchstreift, wird sein Blick von außen ins Zentrum des Areals gelenkt, wo Karl beim Schachspiel sitzt. Allein von seinen Augen, die wie der Morgenstern leuchten, geht ein gewaltiges Charisma aus. Der Kaiser ist viel stärker präsent als König Artus in vergleichbaren Geselligkeitsszenarien des Artushofes, etwa am Beginn des *Iwein* (Iw_(BLW) 59–85). Herrscherperson und Herrscherraum bilden eine Einheit, die personale Aura wird durch emblematische Würdezeichen des Ortes unterstützt, da die genannten Löwen, Bären und Adler aus der Heraldik bekannt sind. Statt einer streng zeremoniellen Ordnung herrscht eine Atmosphäre zwanglos-spielerischer Geselligkeit, die aber Formen der Bildung einschließt, was an antike philosophische Traditionen des Gartens als Lernort anknüpfen mag. Wichtig sind die Rechtsaspekte: Junge Adlige werden im schriftlichen Gesetzeswerk („phaht", Rol 661) unterrichtet, und der Herrscher wird als dessen Urheber und Wahrer vorgestellt. Aus der Mitte des Gartens strömt die gelassene Kraft des Herrschers, der sich auf personales Charisma, aber auch auf Gesetz und göttliche Legitimität stützt. Der Baumgarten ist als Gerichtsort bekannt und markiert hier einen Rechts- und Friedensraum idealer Herrschaft (Rol 672 f.). Dessen Kohärenz, die die Heiden respektieren, findet möglichweise Gegenbilder, wenn sich der Verräter

---

[19] Vgl. Leisten 1989, 1125 f., Kluckert 2000, 32–39.

Genelun zu seinen Ränkespielen unter einem Ölbaum trifft (Rol 2771–2774), was an den Garten des Judas-Verrats erinnert.

3.3 Idyllen und *minne*-Gefängnis in höfischen Romanen

Idyllische Gartenmotive im höfischen Roman knüpfen an Muster des *locus amoenus* an, der in der Antike als projektiver Sehnsuchtsort Freude, Liebe und das Goldene Zeitalter evoziert.[20] Die Mythologie kennt heilige Haine und elysische Felder, die Gärten der Hesperiden, der Phäaken und der Pomona (OvidM 14,609–771).[21] Während die antike Philosophie den Ort des Lernens betrachtet, platziert die Bukolik den Lustgarten ins Spannungsfeld von arkadischem Landleben und politisch geschäftigem Stadtleben. Der Garten Amors wird insbesondere in der mlat. und afrz. Liebeslyrik rezipiert.[22]

Der *Rosenroman* des Guillaume de Lorris überführt die mythologischen Motive in ein geschlossenes Allegorie-Konzept im Zeichen höfischer Liebe und Glückseligkeit (GuilRos 1323–1438). Auf seinem Traumspaziergang trifft der Held Amant auf einen ummauerten Garten (GuilRos 128–131), den eine vornehme Gesellschaft („compaignie", GuilRos 629) von höfischen Personifikationen mit Tanz, Musik und Spiel bevölkert. Es regieren Jugend und Vergnügen, ausgesperrt bleiben Alter und Leid. Wenngleich einige Minnereden Gartenmotive als Spiegelungen innerer Gefühle kennen, haben die deutschen Minneallegorien den kohärenten Vorwurf des *Rosenromans* nicht rezipiert.[23] Sie übernehmen zwar Traum und Spaziergang als typische Eingangsmotive, doch führen diese in Wald und Wildnis, nicht in umfriedete Gärten.

In den deutschen Artus- und Minneromanen des 12. und 13. Jh.s sind die an Burg und Palast gelegenen Baumgärten oft keine privaten Enklaven abseits der Hofgesellschaft, vielmehr soziale Orte, an denen höfische Tänze, Gesänge und Spiele stattfinden, wie im *Parzival* (Parz_(L) 512,28–30), bzw. in geselliger Runde die Frühlingsnatur genossen wird, wie in *Flore und Blanscheflur* (Flore_(S) 165–171). Im *Iwein* (Iw_(BLW) 6455–6470) liest ein junges Burgfräulein ihren Eltern aus einem französischen Roman vor. Die Garten-Idyllen sind halböffentliche Zwischenräume der Hofkultur, welche gesellige Freude ohne steifes Zeremoniell ermöglichen und den Ritterhelden Gelegenheit zur Atempause und Zwischeneinkehr geben. In Minneromanen dienen Baumgärten freilich auch als Nischen für ein Stelldichein der heimlichen, illegitimen Liebe.

---

20 Vgl. Lichtblau 2008, 497–499.
21 Zu antiken Gartenmotiven Cremona 2012, 27–29.
22 Den mythischen Lustgarten Amors schildern etwa *Carmina Burana* (CarmBur_(B) 92 f.), Andreas Capellanus (ACapAmor VII,5) und der Trobador Marcabru (Trob IX,36); vgl. Krohn 2008, 98 f., Zeranska-Kominek 2011, 178 f.
23 Vgl. Glier 1984, 214, 223, Egidi 2008.

Um die *huote* zu umgehen, verabreden sich die Liebenden zunächst im Baumgarten, wie im *Moriz von Craun* (Craun 1093), in Gottfrieds *Tristan* und in Konrads von Würzburg *Engelhard* (s. Abschn. 3.5). Auch hier bleiben es keine ungestörten Refugien, denn die enge Hofnähe macht sie anfällig für Nachstellungen höfischer Drittfiguren.

Als separater Gegenraum zum Hof ist ein Baumgarten allerdings im ersten deutschen Artusroman, Hartmanns *Erec*, dargestellt. Am Rand der Burg Brandigan gelegen, hat Mabonagrins Park eine Bannwirkung auf König, → Hof und → Land. Wie die Forschung schon lange erkannt hat, spielt die *Joie de la curt*-Episode eine strukturelle Schlüsselfunktion für den Gesamtroman, als Schlussstück von *âventiuren*-Kette und *minne*-Handlung zugleich.[24] Der durch Wolken entrückte Baumgarten führt den Helden Erec in eine Anderswelt, in der man Ansätze einer eigenständigen Allegorie erkannt hat.[25] Das Motiv des wunderschönen, aber gefährlichen Zaubergartens, den Zauberwesen (Riese, Zwerg, Fee) bewachen bzw. beherrschen, hat Vorbilder in Mythen und Märchen, so in keltischen Feengeschichten.[26] Eine Entsprechung findet sich in Hartmanns *Iwein*, in der einleitenden Quellenlandschaft, die Laudines Reich markiert und die im Kampf verteidigt wird (Iw_(BLW) 565–597). Eine antike Parallele könnte der von einem Drachen bewachte Garten der Hesperiden darstellen, aus dem Herakles die goldenen Äpfel erringen muss, nach einem Ringkampf mit dem Riesen Antaios, dessen Kräfte durch die Erde erneuert werden. Auf Herakles verweist im *Erec* auch das einleitende Motiv des Scheidewegs (Er_(L) 7813). Trotz aller Warnungen im Vorfeld durch Freunde und Hof sowie die 80 Witwen lässt Erec sich bewusst auf die *âventiure* ein. Sie erhält die Züge einer Initiation, eines rituellen Durchgangs zum Erwachsenwerden; das bestätigen narrative Elemente wie die sorgfältige Vorbereitung, der Ritt mit Begleitern ans Eingangstor, die Überwindung der Angst vor den 80 Toten, schließlich der Kampf mit dem Gartenherrn. Der Baumgarten selbst ist ein chimärenhafter Ort, der Register des *locus amoenus* mit einer grausigen Schreckensseite verbindet. Das überquellende Obst verweist auf Fülle und Ambivalenz des Paradiesgartens. Die von Hartmann exponierten Artefakte Zelt und Bett[27] konnotieren den *minne*-Kontext. Den Kontrast bilden die auf Pfählen aufgesteckten Häupter der erschlagenen Ritter; nach außen haben sie abschreckende Wirkung, nach innen grenzen sie – ähnlich wie archaische Opfer- und Begräbnisstätten – eine Tabuzone makabren Gedenkens ab.

Die dominierende *minne*-Thematik setzt sich in der Schilderung des Zweikampfes fort, den der Erzähler in ironischer Weise mit einem Liebesspiel vergleicht. *Minne* ist die Ursache für die ständige Erneuerung der Kräfte und schließlich für den Sieg Erecs. Der Verlierer Mabonagrin hatte sich dem Diktat seiner Minnedame unterworfen, die

---

24 Bereits bei Kuhn 1959, zur Gartenbeschreibung vgl. Krohn 2008, 105, Ernst 2007, 174–177.
25 Vgl. Glier 1984, 211 f.
26 Ausführlich vgl. Höhler 1974, zu Märchenmotiven vgl. Meinel 1987.
27 Vgl. Höhler 1974, 403–411.

ihr „ander paradise" (Er_(L) 9542) mit niemandem teilen wollte. Das Paradies war ihm aber nach zwölf Jahren Kampf längst zum → Gefängnis geworden, in dem er sich angesichts der toten Ritter lebendig begraben fühlte. Nun ist er wie Hof und Land erleichtert, kann er doch wieder „bî den liuten" (Er_(L) 9438) sein. Das aus Feengeschichten bekannte Tabu wird hier auf das Regime einer Minnedame bezogen. Hartmann überführt die mythische Ambivalenz von Liebe und Tod in einen kritischen *minne*-Diskurs über die Abgründe bedingungsloser Liebe und die Separation eines Paares, das sein exklusives Scheinglück mit zahlreichen Opfern bezahlt. Auch über die Verwandtschaft Enites mit der Minnedame wird eine Querverbindung zum Heldenpaar Erec und Enite selbst gezogen, die sich in ihrer Liebe von der Hofgesellschaft in Karnant separiert hatten. Im Zerrspiegel werden noch einmal die gesellschaftsfeindlichen Folgen eines Absolutismus der Liebe verdeutlicht. Die Helden müssen wie in einer rituellen Prüfung durch diese Sphäre hindurchgehen, um als Erwachsene die Balance zwischen Liebe und Gesellschaft zu finden.

Hartmanns Baumgarten zeigt Elemente einer Heterotopie im Sinne Foucaults, wofür etwa die Randlage, die Kombination des Unvereinbaren, die strenge Kontrolle im System von Öffnung und Schließung, die separierte Lebensform, auch die merkwürdig stillstehende Zeit sprechen.[28] Sofort nach Erecs Sieg ist der Bann des Zaubergartens gebrochen, die verlorene Freude restituiert. Es findet eine allgemeine Erlösung ohne Rechenschaft oder wirkliche Reue der Verursacher statt. Wenn es eine nachbereitende Trauerarbeit gibt, dann auf Seiten des Heldenpaares, wenn Enite sich im Gespräch um die Dame kümmert und Erec Empathie mit den 80 Witwen zeigt und sie zurück in die Freude des Artushofes führt: „im erbarmte diu ellende schar" (Er_(L) 8798). Der verfluchte Zaubergarten bleibt wie eine leere Hülle zurück; immerhin werden die toten Ritter begraben.

Reflexe auf den *Erec* finden sich wohl in Wolframs *Parzival*, insbesondere in der Gawan-Orgeluse-Handlung des X.–XIV. Buches. Im Baumgarten, in dem sich Gawan und seine Minnedame Orgeluse zum ersten Mal verabreden (Parz_(L) 511,23–513,19), werden unter der Oberfläche höfischer Geselligkeit Stimmen laut, die den Ritter vor Betrug und leidvollen Folgen des Minnedienstes warnen: „miner vrowen trügeheit / will disen man verleiten" (Parz_(L) 513,12 f.). Wenn sich Gawan trotzdem auf den Minnedienst einlässt, indem er unter einem Ölbaum das bereitstehende Pferd annimmt, mag (wie schon im *Rolandslied*) das Motiv des Judas-Gartens anklingen. Schließlich verlangt die Dame als Schlussprobe, einen Kranz vom Baum des verhassten Gramoflanz zu rauben (Parz_(L) 600,20–30), eine Grenzverletzung, die unweigerlich den Zweikampf provoziert.[29] Wie im *Erec* konturiert sich ein Funktionswandel des Gartenmotivs vom beschaulichen Idyll zum Menetekel eines kritischen *minne*-Diskurses über die Zwänge absoluter Liebe.

---

28 Vgl. Foucault 1998, 41–46.
29 Vgl. Wolf 2007.

3.4 Gartengrenzen und Gewaltrituale in der Dietrichepik

In der Dietrichepik, namentlich in den in vielen Fassungen vorliegenden *Rosengarten*-Dichtungen *Laurin* und *Rosengarten zu Worms*,[30] geraten Gartengrenzen in Form von Seidenfäden zu Schlüsselmotiven. Die ältere Vulgatversion *Laurin A* verklammert heldenepische, märchenhafte und höfische Elemente. Laurins Rosengarten in Tirol gibt Anreiz zu Ritterkämpfen mit den Helden um Dietrich, die den Seidenfaden zerreißen, die Rosen zertrampeln und den Zwergenkönig bestreiten müssen (→ Schlachtfeld). Obwohl Laurin wie der heilige Michael sein Paradies mit einem magischen Gürtel verteidigt, muss er sich Dietrich formal „für eigen" (LaurinA 564) erklären und endet als landloser Gaukler. Im *Wormser Rosengarten* (in Version A (1) überliefert seit E. 13. Jh.), einer Stoffverknüpfung von *Nibelungenlied* und Dietrichepik, kämpfen die Burgunder Helden um Siegfried mit den Goten um Dietrich. Anlass ist der ebenfalls mit einem Faden umgrenzte und von zwölf Recken bewachte Rosengarten, der in der Version A (1) Kriemhild, in der Fassung DF (2) ihrem Vater Gibich gehört. Die Provokation in Form eines Trutzbriefes geht hier von Kriemhild selbst aus: „trutz in allen vürsten daz keiner kome darin" (RosengA_(H) 5,4). In einer Serie von Zweikämpfen unterliegen Verwandte und Genossen Kriemhilds, zuletzt Siegfried dem Dietrich. Obwohl sie ihren Kämpfern ständig neue Kraft verleiht, muss Kriemhild die Niederlagen akzeptieren und mit ausgelobten Küssen besiegeln. Dabei wird sie vom groben Mönch Ilsan so blutig gekratzt, dass ihr alle Lust auf die Gartenpflege vergeht: „keinen garten hegete me Kriemhilt die schoene meit" (RosengA_(H) 380,4).

Im *Wormser Rosengarten* werden höfische *minne*-Rituale durch grobianische Elemente konterkariert, möglicherweise auch geistliche Rosengarten-Allegorien mit ihrer Passionsmotivik parodiert. Über den *âventiure*-Begriff scheinen im *Laurin* Bezüge zum Artusroman auf, doch geht es nicht um ethische Bewährung, sondern um Kämpfe zwischen Gruppen von Verwandten und Freunden, geprägt von Adelsstolz, Gewaltbereitschaft und feudalen Machtritualen. Typisch für die Heldenepik sind Dingsymbole, voran der seidene Faden. Als scheinbar leicht überwindbares Hindernis setzt er ein machtvolles rechtssymbolisches Zeichen der Demonstration von Grenze und Besitz. Er steht in der germanischen Mythologie für Leben und Schicksal (auch für das Erzählen selbst), das Zerreißen des Lebensfadens kündigt Verderben und Tod an. Hinter den märchenhaften Gestaltungen lassen sich strukturelle Bezüge zum adligen Parteienrecht und Fehde-Ritual erkennen. Der Garten steht für einen öffentlich umzäunten und damit befriedeten Rechts- und Besitzraum. Es gab im Gartenrecht eine Zaunpflicht, welche den Garten als geschützten Sonderbereich kundbar machen musste.[31] Wer in den Garten eindrang und den Frieden brach, war ein Frevler. In den Texten muss die Verletzung der landeskundigen Grenze feudale

---

30 Zu den Textfassungen Heinzle 1985 bzw. Heinzle 1992, zu Rosengartenspielen Simon 1989.
31 Vgl. Bühler 2008, 1935.

Konflikte hervorrufen. Provokation, Grenzverletzung und Landverwüstung sind typische Mechanismen der Fehde, zum älteren Rechtssystem gehören zudem Duelle als Beweismittel, ebenso die im *Laurin* genannten Bußtarife. Am Ende stehen feudale Unterwerfungsrituale bzw. Besitznahme.

3.5 Gerichtsorte und Wahrnehmungsräume in Tristan- und Minneromanen

In Gottfrieds *Tristan* und nachfolgenden Minneromanen des 13. Jh. wird der Baumgarten verstärkt mit Intrige und Erkenntnis assoziiert. Zunächst als Treffpunkt der heimlichen Liebe von Tristan und Isolde ausgesucht (Tr_(R) 14421–14520), gerät er, nachdem sich Marke als Hausherr mit dem Zwerg Melot auf die nächtliche Lauer gelegt hat, zum Gerichtsort und semiotisch aufgeladenen Wahrnehmungsraum (Tr_(R) 14583–14941).[32] Diese Funktionen haben ein biblisches Vorbild in der Erzählung von Susanna im Bade und Daniels anschließender Richtertätigkeit (Dan 13). Baumgarten und Gericht verknüpfen auch die mhd. *Poetische Bearbeitung des Buches Daniel* (Daniel 7427–7810) sowie nt. apokryphe Legenden wie Konrads von Heimesfurt *Diu urstende* (KvHeimUrst 1232).[33] Die Wahrnehmungsmotivik ist auch in lat. *Comediae* des 12. Jh.s vorbereitet. Wenn Marke auf einen Ölbaum steigt, um die Liebenden zu überraschen, lassen sich Parallelen zur Szenographie der im Hofmilieu spielenden Comedia *Lidia* (Lid 205–237) ausmachen. Dort wird der Ehemann durch geschickte Rhetorik, nicht durch die vermeintliche Zauberkraft eines Birnbaumes von seiner Wahrnehmung fehlgeleitet. Der Erzähltypus um den liebesblinden Ehemann findet viele Nachfolger in der Schwankdichtung, u. a. bei Chaucer und Boccaccio und im deutschen Schwank *Die Buhlschaft auf dem Baume* (Buhl 75–133).[34]

Gottfried elaboriert weit über Eilhart (Eilh_(L) 2895 f.) hinaus das Thema von gelingender und fehlgeleiteter Urteilsbildung. Im Mondlicht kann Tristan Marke und Melot an ihren Schatten bemerken und Isolde mit Winken warnen, sodass sie die Falle erkennt: „nu gesach si mannes schate dri / und wiste niuwan einen da" (Tr_(R) 14693 f.). Reaktionsschnell überlistet sie die Lauscher mit einem doppeldeutigen Gelöbnis, das mit verstecken Referenzen spielt (Tr_(R) 14760–14766). Für die Raumdarstellung wichtig sind die Kontraste zur hoffernen Minnegrotte. Geht es dort um die kristalline Klarheit der Liebe, präpariert hier ein Zwielicht Schatten und Ambiguität heraus. Anstelle des ungestörten Sattsehens des Paares regieren diskrete, beobachtende Blicke auch von Drittfiguren, statt harmonischer Synästhesie treten Gesicht und Gehör in Konkurrenz. Als überlegen über Formen reiner Wortgläubigkeit erweist

---

[32] Ausführlich vgl. Küsters 2012, 657–674 mit Verweisen auf lat. Comediae; zum *Tristan* vgl. Krohn 2008, 101–104, der den Aspekt des Lustortes betont.
[33] Vgl. Küsters 2012, 424, 430–433.
[34] Zur Schwankdichtung vgl. Dicke 2002, 204–206, Grubmüller 1996, 1115–1118.

sich eine semiotische Kompetenz, die sich auf die differenzierte visuelle Wahrnehmung von Zeichen verlässt. Vorbereitet ist sie durch den Gebrauch von kodierten Schriftzeichen, indem die Liebenden Initialen auf Spänen aus Markes Ölbaum zur heimlichen Kommunikation verwenden (Tr_(R) 14421–14445). Wenn Tristan die Späne eigenhändig signiert, hat dies eine rechtssymbolische Bedeutung, weil er damit mitten im Baumgarten des Hausherrn und Gatten Marke einen Rechtsanspruch auf die Liebe bekräftigt, die sich hier gerade in der Situation äußerer Gefährdung nach innen als stabiles Bündnis erweist. Ein zweites Mal erscheint der Baumgarten an einer Gelenkstelle, als die Liebenden auf einem schattigen Bett von Marke *in flagranti* ertappt werden (Tr_(R) 18139–18214). Schon bei der Schilderung des Treffens bringt der Erzähler den Sündenfall von Adam und Eva ins Spiel (Tr_(R) 18162–18164), deutet damit Paradiesverlust und kommenden Abschied der Geliebten voraus. Wieder wird das Gartenrecht virulent, wenn Marke Zeugen zum Augenscheinbeweis herbeiholen will, was aber misslingt.

Nach Gottfrieds Vorbild hat Konrad von Würzburg in seinen Minneromanen das Gartenmotiv mit Ambivalenz und visueller Erkenntnis instrumentiert. Im *Engelhard* ist der Baumgarten am Palast zunächst der heimliche Treffpunkt, an dem das namensähnliche Paar Engelhard und Engeltrud nach vielen Missverständnissen zueinander findet (KvWEngelh_(G) 2927–3465). Diese Einung ist als gegenseitiger Blickaustausch gestaltet (KvWEngelh_(G) 3133–3135). Jedoch wird das visuelle Kraftfeld bald um einen gefährlichen Dritten erweitert, als der *minne*-Feind Ritschier die beiden durch ein offenes Türchen beobachtet und am Hof verleumdet. Im *Partonopier* wird der Held vom schattenhaften Feenwesen Meliur an einen weitläufigen Garten an der Burg Schiefdeire geführt. In der Mitte sieht er einen Apfelbaum („den apfel schoen von Punic / der wilde ist und fremde gnuoc"), der dieses „irdisch paradis" ziert (KvWPart 2326–2332). Der Garten steht im Kontrast zu den vorherigen wilden Initiationsorten von → Meer und Vogesenwald, die Partonopier nach dem Plan der Dame durchmessen musste. Er gehört zum Feenreich Meliurs, die dem Helden als Tabu ein Sehverbot auferlegt hat. Der kuriose Paradiesbaum kündigt aber bereits an, dass der Held aus Neugier das Verbot überschreiten wird, ähnlich wie der Name der Burg die Schieflage der Liebe signalisiert.

Eine Art poetische Kontrafaktur zum *Tristan* bietet hingegen der orientalische Baumgarten des Amiral in *Flore und Blanscheflur* des Konrad Fleck, einem Roman hellenistischen Zuschnitts um das Thema der Kinderliebe. Blanscheflur wird in den Palast des Amiral nach Babylon verschlagen, wohin ihr der Held Flore folgt. Der Palastgarten grenzt an einen → Turm voller Wundertechniken, in dem sie in strenger *huote* festgehalten wird. Der paradieshaft schöne, stets belaubte Baumgarten hat landesöffentliche Rechtsbedeutung als Gerichts- und Versammlungsort, in dem sich die adligen Landesherren alljährlich zum Hoftag und einem heidnisch-magischen Eheritual treffen (Flore_(S) 4390–4510). An einem rotblühenden Zauberbaum mit einer Quelle hält man ein Ordal zur Jungfrauenprobe ab, um eine Kandidatin für den Blaubart Amiral zu suchen. In jedem Fall, auch wenn rote Blüten als gutes Zeichen herabregnen, ist das Mädchen dem Unglück geweiht. Als Flore gefangen wird, tritt die Landgemeinde im Baumgarten zum Gerichtskreis (*rinc*) zusammen (Flore_(S) 6465–7555). Nach traditionellem Recht gibt man dem Paar die Gelegenheit zur Verteidigung. Sie gestehen ihre Liebe und übernehmen jeweils die Schuld für den anderen. Durch ihre Ehrlichkeit erweichen sie das Gericht und sogar den zornigen Amiral, sodass dieser Gnade walten lässt und sie freigibt. Wichtig sind die Unterschiede zum *Tristan*: Ist der Baumgarten dort Schauplatz von Intrigen und Schattenspielen, ist er hier lichter Ort von Recht und Wahrheit. Die Liebenden offenbaren allen Umstehenden in der Symmetrie von Erscheinung und Gesinnung die Reinheit ihrer Kinderliebe. Wenn Blanscheflur dem Amiral ihren Eid anbietet, um ihren Freund zu verteidigen, kommt kein vergifteter Eid zum Zug, sondern eine echte Wahrheitsbeteuerung. Der Konflikt wird nicht durch Strategeme endlos weitergetrieben, sondern findet durch Offenheit und Milde ein versöhnliches, legendenhaftes Ende. Indem die Kinderliebe durch allgemeinen Konsens legitimiert wird, verwandeln sich auch Besitzer und Garten selbst: Der Despot wird zum gnädigen Sympathisanten, der Baumgarten verliert seinen todbringenden heidnischen Zauber und transformiert sich durch die höhere Macht der Liebe in einen höfischen Friedensraum.

3.6 Augenlust und schöner Schein in der Novellistik

In Novellen und Mären des späteren Mittelalters ist der Garten wichtiger Schauplatz im Kontext von Liebesintrige, Verstellung und Verführung.[35] Dabei werden höfische Erzählmuster aufgenommen, allerdings ins Komisch-Groteske verzerrt. Boccaccios *Decameron* verwendet den Garten sowohl auf der Handlungsebene zahlreicher Novellen als auch auf der Metaebene der Rahmenerzählung, wenn sich eine höfische Gesellschaft im ländlichen Garten Geschichten erzählt (BoccDec 203–209). Über Parallelen und Bearbeitungen finden Gartenmotive im 14./15. Jh. auch im deutschen Raum Verbreitung. Genannt seien Rosenplüts Ehebruchsmäre *Der Knecht im Garten* (RosKne 129–132; auch BoccDec VII,7) und die Erzählung *Die Nachtigall A* (auch BoccDec V,4). Dort trifft sich die Tochter eines Adelsherrn mit einem Ritter zum heimlichen Stelldichein in der Laube eines Baumgartens (NachA 138–141). Wenn sich der Ritter mit einem Stab über die Gartenhecke schwingt, hat diese Aktion erotische Konnotationen, aber auch Rechtsbedeutung, da der Eindringling das Haus- und Gartenrecht verletzt. Folgerichtig zwingt der Hausherr, der die Liebenden durchs Fenster erspäht, den Ritter zur Heirat. Eine groteske Sexualparodie auf religiöse Gartenallegorien bietet wohl *Der Rosendorn*.

In *Aristoteles und Phyllis* (um 1250) spielt der höfische Baumgarten eine Hauptrolle bei der Betörung des alten Gelehrten. Dort lustwandelt die junge Phyllis barfuß

---

35 Vgl. Pastré 1990.

im taufrischen Gras zu einer Quelle, lässt stolz wie ein Sperber und gespreizt wie ein Papagei ihre Blicke wie ein Falke umherfliegen und stellt ihre körperlichen Reize zur Schau (AristPhyll 261–299). Aristoteles beobachtet sie durchs → Fenster: „diz ersach durch ein vensterlin / der alte meister und blickte dar / und nam ir gebaerden war" (AristPhyll 340–342). Gefangen von dem Anblick, lässt er sich darauf ein, Phyllis wie ein Reittier quer durch den Garten zu tragen. Bei diesem ‚Turnier' wird er, wie von Phyllis erwartet, von Königin und Hof beobachtet und verspottet. Der tief gedemütigte Aristoteles flieht auf eine → Insel, wo er ein Buch über Frauenlist schreibt. Das Negativexempel eines *minne*-Toren spielt in komischer Verkehrung mit Polaritäten und geläufigen Hierarchien. Ausgerechnet der Weiseste aller Männer ‚unterliegt' buchstäblich einem jungen Mädchen. In Bezug auf den Handlungsraum Garten gibt es eine Parallele zur biblischen Erzählung von Susanna im Bade (Dan 13), auch zur David-Batseba-Episode (2 Sam 11,2).[36] Ähnlich erscheint der begehrliche Blick auf eine junge Frau, die dort allerdings ahnungslos ist, während sie hier ihre Reize einsetzt. Er gibt dem Mann nur scheinbar eine überlegene Position, tatsächlich verführt ihn die Augenlust (*concupiscentia oculorum*), die schon Augustinus (AugConf X,34; nach 1 Joh 2,16) tadelt. Die Lustbarkeit des Gartens unterstreicht nur die erotische Wirkungskraft der Szene. Freilich ist es eine fein choreographierte Inszenierung des Mädchens, die auf einen weiteren Beobachterblick, nämlich den des Hofes, abgestimmt ist. Der Garten ist eben nicht, wie von Phyllis suggeriert, ein gesellschaftsferner Naturort mit eigenen Gesetzen, vielmehr gehört er integral zur Hofsphäre und deren Anstandsregeln. Der Voyeur gerät selbst zum Blickobjekt, der Lustgarten zur Falle, die sozialen Tod zur Folge hat. Damit wird der Garten als Liebesort, ähnlich wie im *Tristan*, zugunsten einer intrigant eingesetzten Rationalität ein Stück weit entzaubert.

Schließen diese Mären an höfische Erzählmuster an, beleben Erzählungen in Renaissance und Humanismus antike Traditionen. Gelehrte wie Pietro de' Crescenzi, Leon Battista Alberti und Erasmus entdecken den kunstvoll gestalteten, idyllischen Lustgarten als erholsamen Ort des Geistes, des Lernens und der kontemplativen Weltflucht.[37] Interferenzen mit humanistischen Gartendiskursen zeigt das ital. Erzählwerk *Hypnerotomachia Poliphili* des Francesco Colonna.[38] Im Rahmen eines Liebes- und Reiseromans werden bühnenhafte Gartenmodelle vorgeführt, die mythische Motive mit gartentheoretischen Mustern der *ars topiaria* (Schnittkunst) durchwirken (ColHyp 88–92; 207f.; 346–357). In der deutschen Literatur hat Georg Wickram das Gartenmotiv strukturbildend eingesetzt in seiner lehrhaften Erzählung *Der irr reitende Pilger* von 1555 (WickP 434–1041; 3916–4246). Gleich zwei Gärten, zu Beginn der Lustgar-

---

36 Vgl. Camille 2000, 30, Küsters 2012, 99–102, 430–432.
37 Zu den Gartentheorien dieser Autoren vgl. Wimmer 1989, 24–50, Schenk 2003, zum humanistischen Gartenkonzept vgl. Cremona 2012, 27–29.
38 Vgl. Wimmer 1989, 34–46, Cremona 2012, 28–33.

ten eines Bürgers und am Ende der Klostergarten eines Abtes, bilden die Rahmenstationen für einen nach Lebensglück suchenden Pilger. In den Gärten gibt es Lusthäuser mit Fresken, die beinah wie Museen antike Stoffe illustrieren. Poetologisch wichtig auch im Sinne der Ekphrasis-Tradition ist das Verhältnis von Bildillustration und erzählerischer Visualisierung.[39] Hier interessiert die Funktionsveränderung des Gartenraums hin zu einem Ort, an dem eine philosophische Lebensform und frühbürgerliche Privatheit am Beginn der Frühen Neuzeit gepflegt werden können. Wie der Bürger verrät, kann er in seinem „lustgarten" ein „rhuowigs wesen" (WickP 446 f.) annehmen, eine naturnahe Oase abseits des hektischen Stadtlebens finden, um im Sinne des humanistischen Bildungsideals philosophische Lehrgespräche zu führen. Visualität und ästhetischer Schein, in den Mären meist kritisch befragt, werden hier im Sinne gelehrter Orientierung positiv bewertet. Freilich zeigen sich Elemente künstlicher Inszenierung der Natur, zumal in den Wandbildern und Gesprächen teilweise literarische Gärten (Paradiesgarten, Pomonas Garten) reflektiert werden. Solche selbstreferentiellen Ansätze erinnern an Boccaccio, der den Garten zum Ort und Thema des Erzählens stilisiert.

4 Resümee: Zwischen Ideallandschaft und Entzauberung

Von den biblischen und antiken Ursprüngen her verbildlicht das Gartenmotiv im Sinne einer rückwärtsgewandten Projektion den Menschheitstraum von gezähmter Natur, Unschuld und besserem Leben. Die religiöse Literatur spiritualisiert die biblischen Modelle im Kontext des Klosterlebens und wendet sie nach innen, der frz. *Rosenroman* überführt die antik-mythischen Traditionen in ein geschlossenes Allegorie-Konzept höfischen Glücks, der Humanismus sucht sie im Sinne philosophischer Lebensführung zu rekonstruieren. Die deutsche Erzähldichtung des Mittelalters bewahrt zwar Bausteine der Ideallandschaft, doch ist der Garten nur selten ungestörter, privater Gegenraum zu Hof und Gesellschaft, vielmehr meist eng mit der Hofsphäre verbunden. Idealisierende Beschreibungen wie im *Rolandslied* stilisieren den Garten geradezu zum sozialen Ort gelassener Herrschaftsrepräsentation und höfischer Geselligkeit. Auch ist die grundlegende Rechtsbedeutung des umzäunten, befriedeten Gartens zu beachten, der im *Rolandslied* den Rechtsfrieden garantiert, in der Dietrichepik aber über die Mechanismen von Grenzverletzung und Provokation feudale Rechtskonflikte fast zwangsläufig generiert.

Als gemeinsame gattungsübergreifende Merkmale konturieren sich eher Ambivalenzen und agonale Elemente. Bereits im Paradiesgarten ist das Böse präsent, und selbst die spirituellen Gärten der religiösen Literatur kennen neben den Rosen der Kontemplation auch die Dornen von Tugendkampf und Passion. In der Dietrichepik

---

[39] Vgl. Kästner 2007.

fordern umgrenzte Rosengärten die Ritter zu Kampf und Gewalt heraus, sodass die Rosen zertrampelt und die Idyllen in blutige Schlachtfelder verwandelt werden. Wenn im Baumgarten von Hartmanns *Erec* das separierte Paar eine Heterotopie der absoluten Liebe zu errichten versucht, gerät ihr Paradies zum totstarrenden Gefängnis, in dem man sich lebendig begraben fühlt. Im Garten des Amiral in *Flore und Blanscheflur* des Konrad Fleck finden todbringende Hochzeitsrituale statt. Die Baumgärten in Gottfrieds *Tristan*, in den Minneromanen Konrads von Würzburg und in der Märendichtung sind keine ungestörten Refugien der Liebe, vielmehr dominieren agonale Strukturen in Gestalt intellektueller List- und Betrugswettkämpfe.

Mit den Ambivalenzen einher geht eine Tendenz zur Entzauberung der ursprünglichen Magie der Gärten im Zeichen von Ansätzen höfischer Rationalität. Hinter den märchenhaften Tabus der Feengärten in Hartmanns *Erec*, Wolframs *Parzival* oder Konrads von Würzburg *Partonopier* stehen höfische *minne*-Diskurse mit ihren problematischen Konzepten, Regeln und Zwängen, deren Überwindung weniger magische Handlungen als vielmehr psychologische Entwicklungen von Helden und Paarbeziehungen verlangt. Der Märchengarten des Zwergenkönigs im *Laurin* verliert seine Zauberkraft durch schlichte feudale Gewalt. In *Flore und Blanscheflur* wandelt sich der heidnische Zaubergarten in einen Friedens- und Rechtsort, in dem höfische Klärung und ein allgemeiner Konsens über die Legitimität der Kinderliebe zustande kommen. Im *Tristan* und in den nachfolgenden Romanen und Mären verfliegt jeder Zauber der Liebe zugunsten einer instrumentellen Vernunft, die Sinne, Worte und Körperzeichen wie Werkzeuge einzusetzen weiß. Der Humanismus versucht im Gartenmotiv den mythischen Naturzauber antiker Gärten mit wiederentdeckter Gelehrsamkeit zu versöhnen; dabei zeigen sich freilich Züge künstlicher Inszenierung mit musealen und selbstreferentiellen Tendenzen. Sie implizieren, dass der Lesekundige die wahren Gärten des Geistes nur in der Literatur auffinden kann.

ACapAmor, AlbVeg, AristPhyll, AugConf, BoccDec, Buhl, CarmBur_(B), ColHyp, Craun, Daniel, Eilh_(L), Er_(L), ErnstB_(B), Flore_(S), GuilRos, HugoMi, HvNstGZ, Iw_(BLW), KvHeimUrst, KvWEngelh_(G), KvWPart, LaurinA, Lid, MaiBea_(VP), Mechth, NachA, NibAB_(BBW), OrtnAW, OvidM, Parz_(L), PleierGar, Rol, Rosend, RosengA_(H), RosKne, SAlex_(K), SHort, SpecVir, StrDan, Tr_(R), Trob, TrudHL, WGen, WickP, Wig, WolfdA_(AJ)

→ Anderswelten; → Bad; → Burg, Schloss, Hof; → Fluss, Quelle, Brunnen; → Gebirge, Berg, Tal; → Gefängnis, Orte der Gefangenschaft; → Grenze; → Haus, Hütte; → Heide, Aue, *plaine*; → Insel; → Irdisches Paradies; → Kemenate, Gemach, Kammer; → Land; → Meer, Ufer; → Minnegrotte; → Tor, Tür, Treppe, Fenster; → Turm, Zinne, Mauer; → Turnierplatz, Schlachtfeld; → Wald, Lichtung, Rodung, Baum; → Wüste, Wildnis, Einöde; → Zelt

Silke Winst
Gebirge, Berg, Tal

1 Begriffsbestimmung – 2 Merkmale der Darstellung – 2.1 Topos und Topographie – 2.2 ‚Wunderbare' Berge und Täler – 3 Narrative Funktionen – 3.1 Nutzung topographischer Strukturen – 3.2 Das schöne Tal als *locus amoenus* – 3.3 Berge als Aufenthaltsorte andersweltlicher Wesen – 3.4 Berge als Grenzen – 3.5 Berge als Gefängnis, Straf- oder Bußorte – 3.6 Imaginationen jenseitiger Raum- und Seinsordnungen in der *Nibelungenklage*

1 Begriffsbestimmung

Mittelalterliche Texte erzählen von Gebirgen – mhd. *gebirge*, auch *geberge*, *geperge* oder *gepirge* (n.) – sowie von (einzelnen) Bergen – mhd. *berc*, auch *perk* (m.). Mit Bergen und Gebirgslandschaften zusammenhängende Termini sind etwa *vels(e)* (m.), *stein* (m., ‚Felsen'), *leie* oder *lei* (f.) und *roch* (n., beides: ‚Fels', ‚Stein') sowie *steinwant* (f., ‚Felswand'), *lîte* (f., ‚Bergabhang') und *gevelle* (n., ‚Schlucht'). Neben Bergen erscheinen in den Texten auch Hügel (*hubel*, *hübel* m.) oder Anhöhen (*hœhe* f.). Das Tal erscheint in der Formel *berc unde tal* zuweilen als Pendant zum Berg, steht jedoch auch ohne Berg und konstituiert einen eigenen Raum. Neben dem Begriff *tal* gibt es den Terminus *val* (m.).

Einige Berge haben für die mittelalterliche Kultur – und weit darüber hinaus – eine große Bedeutung, wie etwa der Mont Saint-Michel mit seinem einzigartigen und schwer zugänglichen Kloster, der ein wichtiges Pilgerziel ist.[1] Der Untersberg in der Nähe von Salzburg dagegen bezieht seine historisch-mythische Signifikanz aus seiner Verbindung zu mehreren Herrschern, die sich angeblich in seinem Inneren aufhalten und auf ihre Wiederkehr warten: Sowohl Karl der Große als auch Barbarossa oder einer der Kaiser namens Friedrich werden im Untersberg verortet.[2] Ähnliche Bedeutung kommt dem Kyffhäuser zu, der allerdings erst lange nach dem Mittelalter seine volle Symbolkraft – und zwar in Zusammenhang mit „nationalstaatlicher Einheitssehnsucht" – entfaltet.[3] In diesem Fall wird der vorgebliche Aufenthalts- und Ruheort zunächst Friedrich II., dann Barbarossa zugeschrieben, die im Berg ihrer Wiederkunft harren.[4] In diese Reihe gehört auch der Hohenstaufen, der als Herrschaftssitz der

---

1 Vgl. Dietl 2008.
2 Vgl. Dorninger 2008b.
3 Hubrath 2008, 451.
4 Vgl. grundsätzlich Hubrath 2008.

Staufer im Mittelalter politisch zwar kaum eine Rolle spielt, dafür aber umso mehr in der neuzeitlichen Literatur und Mythenbildung um die Staufer.[5]

Auf mittelalterlichen Weltkarten sind neben realgeographischen Bergen und Gebirgen – etwa den Bergen Sinai und Ararat – auch imaginäre Formationen – wie der → Magnetberg – eingezeichnet. Im äußersten Norden finden sich die Ripheischen Berge an der Grenze zu Asien. Die Karten sind nicht an topographischen Details oder Distanzen interessiert, sondern geben die Ordnung der Welt wieder und präsentieren Orte mit historischer Signifikanz.[6] In der Wissensliteratur – wie dem deutschen *Lucidarius* – werden ebenfalls Berge und Gebirge erwähnt, wie der Berg „olimpus" (Lucid I,59) und der höchste Berg der Welt, der „atlaz" (Lucid I,60). Das → Irdische Paradies ist nicht erreichbar, weil sich „groz gebirge vnde geuuelde da uor" (Lucid I,33) befinden. Zudem werden Gebirgszüge und → Flüsse „als Grenzbarrieren aufgefaßt, die Konfusionen auf der Welt verhindern sollen":[7] „sie [= manigerhande lúte, S. W.] sint vnderscheiden mit wasser vnde mit gebirge, daz sie nith zů ein ander komen mugen" (Lucid I,54).

Spätmittelalterliche Reiseliteratur erzählt sowohl von real existierenden als auch symbolhaften Bergen und Tälern: So berichtet Petrarca von seinem Aufstieg auf den Mont Ventoux in Südfrankreich; weiter gibt es verschiedene Berichte von Reisen zum und auf den Berg Sinai, etwa vom Dominikanermönch Felix Fabri, der 1483/84 auf den Sinai reiste. Die Tradition dieser Berichte geht zurück auf die Pilgerin Egeria, die bereits Ende des 4. Jh.s diese Reise bestritt.[8] Das schreckliche Tal dagegen entzieht sich einer genauen Lokalisierung. Es taucht ebenfalls in mehreren Reiseberichten auf, z. B. in dem des Franziskaners Odorico de Pordenone (14. Jh.) und in der deutschen Übersetzung von Konrad Steckel.[9] Stets handelt es sich um „den Weg durch ein grauenvolles Tal in der [→] Wüste",[10] in dem Leichen liegen, ungeheurer Lärm herrscht und der Tod droht. Angelagert an die Naturbeschreibung wird der hegemoniale Anspruch der christlichen Religion: Die Schrecken des Tals können nur mit ihrer Hilfe überstanden werden.[11] In den Bearbeitungen der Reise von *St. Brandan* figurieren ebenfalls Berge und Felsen: So erreicht Brandan in der *Reise*-Fassung sowohl ein Kloster auf einer „steinwant" (BrandanReis 312) als auch Judas, der „uf einem gluenden steine" (BrandanReis 940) Gottes Zorn erträgt. Die → Hölle selbst wird als Berg entworfen: So fahren etwa brennende Seelen „uz einer steinwende" (BrandanReis 1096). Berge und Felsen werden hier mit christlicher Lebensführung ebenso in Verbindung gebracht wie mit Jenseitskonzeptionen.

---

5 Vgl. Müller 2008c.
6 Vgl. grundsätzlich Simek 1992, insbes. 56–73, sowie Kugler 1999.
7 Kugler 1999, 89.
8 Dazu Ertzdorff 2000.
9 Dazu grundsätzlich Neumann 1996.
10 Neumann 1996, 38.
11 Vgl. Neumann 1996.

Im Folgenden werden Berge und Gebirge in höfischen Romanen des 12. und 13. Jh.s (Hartmanns von Aue *Erec* [um 1180] und *Iwein* [1180–1205], *Prosa-Lancelot* [ab M. 13. Jh.]), insbesondere Gralsromanen (Wolframs von Eschenbach *Parzival* [1200–1210], Heinrichs von dem Türlin *Die Krone* [zw. 1215 u. 1230]), in der Heldenepik ab dem 12. Jh. (*Rolandslied* [um 1172], aventiurehafte Dietrichepik), in Antikenromanen des 12. und 13. Jh.s (Heinrichs von Veldeke *Eneasroman* [1170–1180], Alexanderromane), in der *Nibelungenklage* (1200–1210) und in Texten, die nach dem Erzählschema der gestörten Mahrtenehe organisiert sind, vorgestellt. Von einem besonderen Tal – dem *wunneclîchen tal* – erzählt Gottfrieds *Tristan* (um 1210).

2 Merkmale der Darstellung

Oft herrscht die bloße Erwähnung oder eine auf wenige grundlegende Elemente reduzierte Darstellung von Bergen und Tälern vor. Die räumlichen Gegebenheiten werden nur skizziert oder angedeutet (s. Abschn. 2.1). Zu besonderen, ‚wunderbaren' Bergen und Tälern treffen die Texte dagegen spezifischere Aussagen (s. Abschn. 2.2).

2.1 Topos und Topographie

Berge und Täler werden meist topisch dargestellt, ihre Beschreibung ist „kaum differenziert" und besteht oft aus nur wenigen Elementen.[12] Berge sind häufig durch ihre generelle Höhe charakterisiert: Im *Eneasroman* ist der Berg, auf dem Eneas eine → Burg errichten lässt, „stechel [...] unde hô" (En_(E) 118,9). Ebenso ist der Berg an der Grenze zu Cluse in Strickers *Daniel von dem Blühenden Tal* „stechel unde hôch" (StrDan 1033). Im *Herzog Ernst* sitzen die Protagonisten zwischen „steinwenden" (ErnstB_(B) 4380) und einem „gebirge hôch / daz sich ûf gên den wolken zôch" (ErnstB_(B) 4381 f.) fest. Ein Felsen (*roch*) im *Prosa-Lancelot* ist „hoch und breit und groß und schön" (Lanc_I_(K) 155,4). Im *Friedrich von Schwaben* wird der Berg, auf dem Friedrich Angelburg findet, als „hoch" (FrSchw 4313) bezeichnet, auf ihm befindet sich ein Felsen („stain", FrSchw 4318) neben einer → Quelle. Im *Seifrid de Ardemont* erblickt der Protagonist einen „perg an massen hoch" (SeiArd 295,2), der von unwegsamem Dornengestrüpp umschlossen ist. In der *Krone* kommt Gawein an „ain gepirge, daz was groz" (Krone 7898). Der Handlungsraum des *Eckenliedes* befindet sich „in den gebirgen witen" (z. B. EckenlE2 27,6; 239,10).

Berge oder Gebirge werden oft mit dem Adjektiv *wilde, wilt* verbunden: So reitet Parzival in Wolframs Gralsroman „durch wilde gebirge hôch" (Parz_(L) 180,19). In der *Krone* Heinrichs von dem Türlin reitet Gawein einen Abhang hinab: „ein gevelle /

---

12 Ruberg 1965, 47.

Eins gebirges, daz was wilde" (Krone 7965 f.). Heruntergefallene Felsen, die auf dem → Weg liegen, kennzeichnen die Beschaffenheit des Weges.[13] Im *Guoten Gêrhart* des Rudolf vom Ems gelangen die Reisenden an „ein gebirge, daz was hôch" (RvEGer 1233). Das Gebirge selbst wird hier nicht als wild bezeichnet, befindet sich aber in der „wilde" (RvEGer 1240, → Wüste). In Gottfrieds *Tristan* haben die Riesen der Vorzeit „in den wilden berc" (Tr_(R) 16697) die → Höhle geschlagen, die den Liebenden zur → Minnegrotte wird.

Insbesondere, wenn auf Bewohner der Berge oder Vorgänge, die innerhalb der Berge ablaufen, Bezug genommen wird, tritt die ‚Hohlheit' der Berge in den Vordergrund, also Höhlen, die sich in ihnen befinden. So wird im *Eckenlied* von schmiedenden Zwergen „in einem holen berge" (EckenlE2 79,6) erzählt. Im *Jüngeren Sigenot* leben Zwerge und der Riese Sigenot im „holen berc" (JSigen 46,2). Die Zwergenkönigin Jerome im *Friedrich von Schwaben* herrscht in dem „holen berg" (FrSchw 2509).

Täler erfahren etwa in Gottfrieds *Tristan* oder in Walthers *Lindenlied* eine genauere Ausgestaltung: So stehen im „wunneclîche[n] tal" (Tr_(R) 17357) Linden und andere → Bäume; es gibt eine Quelle; Blumen, Gras und Vogelgesang treten zu einem Topos zusammen.[14] Im Minnesang erscheint das Tal zuweilen im Natureingang. In Walthers *Lindenlied* liegt der Ort, an dem die Liebenden sich trafen und an dem die Nachtigall zu diesem Zeitpunkt sang, „[v]or dem walde in einem tal" (WvdVLLS 39,17). Die Schönheit des Tals und der Minnebegegnung wird über die topische Zusammenstellung der Elemente Linde, → Heide, Blumen, Gras und Nachtigall konstituiert.[15] Kein schönes, sondern ein finsteres Tal wird im *Rolandslied* erwähnt: In dieses wird das gegnerische Heer getrieben („in ainem uinsteren ualle", Rol 7042). In der *Königin Sibille* deutet die Durchquerung von Bergen und Tälern die Länge des Reisewegs an: „Gerhart mit syner geselschafft / die ridden berge vnd dale / so lange / das sye miteinander jn Frankerich qwamen" (Sibille 119,10–12). Wenn Figuren Berge und Täler durchmessen, entsteht ein Bewegungsraum.[16]

2.2 ‚Wunderbare' Berge und Täler

In einigen Texten wird erzählt, dass Berge aus kostbaren Materialien bestehen. Berge als Lagerstätten von Edelmetallen verweisen auf realgeographische Hintergründe, werden in den Texten indes als Ausweis des Wunderbaren gedeutet. So bezeichnet

---

[13] Vgl. Dick 1980. Zum Verhältnis von Held und Raum, auch im *Parzival* und in der *Krone*, Glaser 2004.
[14] Vgl. zur ersten der vier Beschreibungen des *wunneclîchen tals* Tr_(R) 16734–16770. Grundsätzlich dazu Gruenter 1961.
[15] Dazu Eder 2016, 118. Zum amoenen Ort im *Lindenlied* auch Klein 2011, 76–79.
[16] Vgl. Ruberg 1965, 96. Zum Bewegungsraum auch Glaser 2004, 19 und 129–269.

der *Reinfrit von Braunschweig* den Kaukasus als „wunderlîchez wunder" (Reinfr 18229): Das Gebirge glänzt, „wan ez von golde / ist îtel dur gewahsen" (Reinfr 18226 f.). Im *Ortnit* stammt das Gold für die Herstellung von Ornits Rüstung und Schwert vom Berg Kaukasas (OrtnAW 114,4). Andere Berge bestehen aus Edelsteinen oder Kristall (oder sind damit gefüllt): Der Berg, auf dem Titurel in Albrechts *Jüngerem Titurel* den Gralstempel errichten lässt, ist aus Onyx und glänzt wie der Mond (JTit 337 f.). Die Spitze des Berges, der das Reich des Priesterkönigs Johannes vom Paradies trennt, leuchtet wie Feuer. Der Fluss Ydon, der sich aus dem Berg ergießt, führt Edelsteine wie Saphire, Smaragde, Karfunkelsteine und Topase mit sich (JTit 6153 f.). In der gleichen Passage werden auch Berge aus Feuer erwähnt, in denen die kostbaren Salamander leben (JTit 6179). In Ulrichs von Zatzikhoven *Lanzelet* steht die Burg der Fee auf einem Kristallberg (UvZLanz_(H) 209–211). Im *Jüngeren Sigenot* ist das Innere des Berges, in dem der Riese Sigenot wohnt, voller leuchtender Edelsteine: „Dar an lac manec edel gestein / Des berges ûf allen enden / Daz alsô krefticlich erschein / Dort in der steineswende, / Reht als ob ez wære tac" (JSigen 162,6–10). Im *Nibelungenlied* lässt Siegfried den Hort „ûz einem holen berge" (NibAB_(BBW) 89,2) heraustragen. Herzog Ernst nimmt im Inneren eines von Edelsteinen funkelnden Berges den besonderen Stein an sich, der später in die Kaiserkrone eingearbeitet wird und der deshalb auch die Wahrheit des Textes verbürgt (ErnstB_(B) 4445–4476). Zu den wunderbaren Bergen gehört der Magnetberg, von dem im *Jüngeren Titurel*, im *Reinfrit von Braunschweig* und in anderen Texten erzählt wird, dass er mit Eisen versehene → Schiffe durch seinen Magnetismus derart anzieht, dass sie nie wieder von ihm loskommen (JTit 6094–6096; Reinfr 20748–21131).

Der Protagonist des *Apollonius von Tyrland* Heinrichs von Neustadt herrscht eine gewisse Zeit über das *guldene tal*: „Gulden perg und di tal / Ist das lant uberal" (HvNstAp 10938 f.). Die goldene Farbe verbürgt nicht nur Schönheit und Reichtum, sondern kennzeichnet auch eine darüber hinausgehende besondere Qualität des Tals: Es ist „das ander paradeyß" (HvNstAp 8848), denn dort gibt es Essen im Überfluss, Menschen sterben dort nicht (nur wenn sie es wollen), es gibt weder Gewalt noch Betrug (→ Ferne-Utopien). Allerdings ist der Zugang schwierig, denn die Kreaturen Serpanta und Idrogant lagern vor dem goldenen Tal.

3 Narrative Funktionen

Verschiedene Texte führen topographische Strukturen und ihre Nutzung vor (s. Abschn. 3.1), kennzeichnen Berge als Aufenthaltsorte andersweltlicher Wesen (s. Abschn. 3.3), entwerfen Berge als → Grenzen (s. Abschn. 3.4) sowie Berge als → Gefängnis, Straf- oder Bußorte (s. Abschn. 3.5). In einigen Texten erscheint das schöne Tal als *locus amoenus* (s. Abschn. 3.2). Das Beispiel der *Nibelungenklage* schließlich zeigt, wie jenseitige Seinsordnungen räumlich codiert werden; innerhalb dieser Codierung spielt die *steinwant* eine Rolle (s. Abschn. 3.6).

3.1 Nutzung topographischer Strukturen

Oft stehen Burgen auf Bergen und sind deshalb schwer einnehmbar. Im *Iwein* gibt es eine stark befestigte Burg, die gegen Belagerung und Bestürmung gut geschützt ist, da die Burgmauer um den Berg, auf dem sie steht, herumführt (Iw_(BLW) 4361–4365). Im *Erec* wird Ähnliches erwähnt: „den berc hete in gevangen / ein burc mûre hôch und dic" (Er_(S) 7845 f.). Im *Eneasroman* lässt der Titelheld die Burg Montalbane „ûf dem berge obene" (En_(E) 118,22) errichten. Galahots Burg im *Prosa-Lancelot* liegt auf einem Fels: „Die stat und die burg warn hoch gelegen off einer selbwahsen leyen" (Lanc_I_(K) 486,10 f.). Von der Dolorosen Garde heißt es, dass Lancelot „nye keyn so schöne [burg, S. W.] hett gesehen noch so hochferticlich gelegen off einem roch, das was hoch und breit und groß und schön, so das man die burg mit eim armbrust nicht beschießen mocht innerthalb der mure" (Lanc_I_(K) 155,3–5).[17]

Weiter dienen Berge als Aussichtspunkte, etwa in Konrads von Würzburg *Partonopier und Meliur*: Nachdem er sich im → Wald verirrt hat, erklimmt der Protagonist einen „berc" (KvWPart 564), um sich zu orientieren. In Rudolfs von Ems *Der guote Gerhart* steigt einer der Seeleute nach einem Unwetter auf ein Gebirge, um von dort aus Zeichen der Zivilisation auszumachen – mit Erfolg (RvEGer 1250–1313). Im *Rolandslied* beobachtet Roland „uf ainer hohe" (Rol 3962) die Angriffsformation der andersgläubigen Gegner und organisiert dann die Verteidigung. Anhöhen dienen zudem als Punkte, um sich für Umstehende sichtbar und hörbar zu machen: So begibt sich Karl „uf eine hohe" (Rol 180), bevor er eine Ansprache an sein Heer hält. Im *Rolandslied* wird zudem die Ausdehnung der Heere und der Schlacht mit „baidiu berc unt tal" (Rol 3347) in Verbindung gebracht. So füllt das ‚heidnische' Heer „berge unt tal / unt al daz geuilde" (Rol 3534 f.).

Im *Rolandslied* wird auch eine strategische Nutzung der topographischen Landschaftsstrukturen angedeutet: Berge dienen als wichtige Punkte, die besetzt werden müssen: „uah uns die perge, / [...] daz wir die hohe begrifen, / ê uns di haiden unter slichen" (Rol 3375–3378). Davon, dass Loher vor der Schlacht eine vorteilhafte Position einnimmt, wird in *Loher und Maller* berichtet: „Lloher zog vber das wasser an eynen berg vnd nam das fordel in" (LuM 238,24 f.). Die andersgläubigen Belagerer errichten einen Galgen auf einem Berg, wohl damit die geplante Hinrichtung weithin sichtbar ist (LuM 45,21 f.). Parallel dazu wird in den Gebeten der Protagonisten der Berg „Caluarie" (LuM 48,11) erwähnt, auf den sich Jesus zu seiner Kreuzigung begeben muss.

---

[17] Vgl. zur Raumgestaltung im *Prosa-Lancelot* Ruberg 1965, zu Bergen und Hügeln 66 f. Im *Iwein* gibt es allerdings auch eine Burg am Ende eines Tals: „hin wîste sî ein tal / des endes dâ diu burc lac" (Iw_(BLW) 5802 f.).

3.2 Das schöne Tal als *locus amoenus*

Das „wunneclîche tal" in Gottfrieds *Tristan* (Tr_(R) 17357) liegt vor der Minnegrotte und ist damit Bestandteil des wunderbaren *wunschlebens* Tristans und Isoldes fern der höfischen Gesellschaft.[18] Linden, Quelle, Pflanzen und Vogelgezwitscher treten zu einem *locus amoenus* zusammen und werden zusätzlich mit einem „Schema erdachter Bedeutungen unterlegt",[19] denn Baum, Blumen und Vögel erscheinen als Hofgesinde der Liebenden. Die topischen Bestandteile des Tals sind zeichenhaft, da das *wunneclîche tal* in Verbindung mit der Minnegrotte ein Analogon der *minne* zwischen Tristan und Isolde bildet, in dem sich Idealität und Paradoxien verräumlichen.

In Strickers *Daniel von dem Blühenden Tal* evoziert die Herkunftsbezeichnung des Protagonisten ebenfalls einen *locus amoenus*. Doch das blühende Tal bleibt eine Leerstelle: Daniels Stammland findet keine nähere Erläuterung. Das blühende Tal erscheint hier als Chiffre für Ritterglück und Wagemut. Das Gegenstück bildet der „Trüebe Berg" (StrDan 1225), wo „ungemach" (StrDan 1259) und „leit" (StrDan 1262) herrschen.

3.3 Berge als Aufenthaltsorte andersweltlicher Wesen

Eine ganz zentrale Funktion von Bergen und Gebirgen ist ihre Verbindung mit dem Andersweltlichen (→ Anderswelten): Zwerge und Riesen, Drachen und wilde Frauen gelten vielen Texten als genuine Bewohner von Bergen.[20] Im *Nibelungenlied* trifft Siegfried „vor eime berge" (NibAB_(BBW) 88,2; 485; 493) auf die Nibelungen und auf Alberich. In Wirnts von Gravenberg *Wigalois* und in der *Krone* Heinrichs von dem Türlin sind es wilde Frauen, denen die Protagonisten in unwegsamer Gegend begegnen. Sowohl Wigalois als auch Gawein werden von ihnen zu einer „steinwant" (Wig 6431; Krone 9434) verschleppt. Im *Ortnit* begegnet der Protagonist seinem Vater, dem Zwerg Alberich, ebenfalls an (bzw. unter) einer „steinwant" (OrntAW 90,1). Die *steinwant* ist hier „weder ausgedehnter Ort noch Handlungsraum, sondern reine Begrenzung: Es geht an ihr ‚entlang', ‚vor' ihr trifft man das Unglaubliche, Unerwartete".[21] Die Drachen, die Ortnit später zum Verhängnis werden, ‚brüten' ihrerseits „in einer steinwant" (OrntAW 494,2). Die *steinwant* kristallisiert sich als ‚Un-Ort' heraus, als nur „scheinbar solide Struktur", die „auch undeutlich und verschwommen [ist]".[22]

---

18 Vgl. Tr_(R) 16734–16770; 16883–16905; 17143–17185; 17351–17397.
19 Gruenter 1961, 347.
20 Zum Märchenmotiv der sieben Zwerge hinter den sieben Bergen Keckeis 2008. Zum Raum des Zwerges in der mittelhochdeutschen Heldenepik Zimmermann 2008.
21 Fuchs-Jolie 2011, 49.
22 Fuchs-Jolie 2011, 57.

Die aventiurehafte Dietrichepik situiert ihre Geschichten in alpinen Gebirgslandschaften, die freilich nicht ausführlich beschrieben werden, sondern ebenso topisch bleiben wie Berge und Täler andernorts in der mittelalterlichen Literatur.[23] Im *Laurin* ist der Berg Wohnort der Zwerge (LaurinA z. B. 753; 882; 891–893); im *Jüngeren Sigenot* leben sowohl Zwerge als auch der Riese Sigenot im „holen berc" (JSigen 46,2). Im *Eckenlied* halten sich Riesen, Dietrich von Bern und ein „wilde[z] vrovwelin" (EckenlE2 172,7) im Gebirge auf; Berge und Gebirge gelten zudem als Aufenthaltsort von Drachen (EckenlE2 21,11) und Zwergen (EckenlE2 79,6). In der *Wiener Virginal* wohnen die Zwerge ebenfalls in einem Berg (Virg_(St) z. B. 631), zudem treffen Dietrichs Kämpen vor „des steines wende" (Virg_(St) 630) auf Drachen.

Im *Friedrich von Schwaben* fungiert der Berg bzw. ein Gebirge als Wohnort der Zwerge, der durch Zugangsbeschränkungen und Austrittsregulierung gekennzeichnet ist. Neben dieser klaren Zuordnung von Wesen der Anderswelt zum Gebirge gibt es auch weniger eindeutige Markierungen: Der Berg, auf dem die zur Taube verwandelte Angelburg mit ihren Gefährtinnen in der klarsten Quelle badet, trägt ebenfalls Züge des Andersweltlichen.[24] Die Beschaffenheit des Berges ist unspezifisch (s. Abschn. 2.1); das Besondere an ihm ist, dass er in den Fluchmechanismus der Stiefmutter eingebunden und mit magischen Handlungen der Protagonisten verknüpft ist. Berge erscheinen mithin als Orte, die anderen Wirkmechanismen und Bedeutungssystemen verpflichtet sind als gewöhnliche Räume.

Im *Seifrid de Ardemont* halten sich „bey mannger staines wennde" (SeiArd 298,3) Drachen und Löwen auf. Nach dem mühsamen Aufstieg auf den Berg sieht Seifrid auf der Heide die prachtvolle Hofgesellschaft der Dame Mundirosa. Hier ist der Berg nicht der Aufenthaltsort der Fee,[25] sondern Indikator für eine Änderung der Raumordnung und der Wahrnehmung: Erst nach dem Aufstieg erscheinen Mundirosa und ihr Gefolge auf der Heide.

3.4 Berge als Grenzen

In der *Krone* fungieren Gebirge als Grenze zwischen Ländern: „Über daz gebirg reit er hin, / [...] Da kam er in ein ander lant" (Krone 14267; 14269). In Strickers *Daniel von dem Blühenden Tal* dient der oben (s. Abschn. 2.1.) bereits erwähnte Berg als natürliche Grenze zum Land Cluse, zusätzlich riegelt ein Riese als Grenzposten den Zugang

---

23 Vgl. Dorninger 2007.
24 Vgl. den Artikel → Anderswelten sowie Lecouteux 2008, 114.
25 Dem *Seifrid* liegt das Erzählschema der gestörten Mahrtenehe zugrunde: Dies impliziert einen feenhaften oder sonst andersweltlichen Status der Geliebten, obgleich der Text Mundirosa nicht als Fee, sondern als Fürstin darstellt (vgl. die Einleitung von Panzers Textausgabe, lxxv und xcii). Auch Angelburg in *Friedrich von Schwaben* ist keine Fee, sie ist eine verzauberte Königstochter.

ab.²⁶ Gawein kommt „in ein wilde lant" (Wig 601) und überquert „daz gevelle / und die steinwende" (Wig 606 f.), als er im *Wigalois* in Jorams Reich reist. Der Berg, den er hinaufreitet, führt ihn in ein wunderschönes Land, in dem alles blüht und die Vögel singen. Es ist ihm möglich, die Reise in nur zwölf Tagen zu absolvieren, weil er den Zaubergürtel trägt. Auf dem Rückweg ins Artusreich benötigt Gawein dagegen ein halbes Jahr (Wig 1129 f.), um denselben Gebirgszug zu überqueren. Die gebirgige Landschaft dient als natürliche Grenze zwischen zwei Herrschaftsbereichen. Die Zutritts- und Ausgangsbeschränkung, die mit einem magischen Objekt verknüpft ist, sowie die Paradieshaftigkeit des Ortes hinter der Grenze erzeugen zusätzlich eine Verbindung von Jorams Reich mit dem Andersweltlichen, sodass die natürliche Grenze mit einer Grenze zwischen Welten verschiedener Ordnungen überblendet wird.²⁷

3.5 Berge als Gefängnis, Straf- oder Bußorte

In der *Krone* können Gawein und seine Gefährten einen Berg aufgrund seiner außerordentlichen Höhe nicht überqueren. Sie reiten in eine Höhle, die sich in diesem Berg befindet, hinein, als hinter ihnen „der berg nydder schosz / Vnd beslosz sie mit al" (Krone 26245 f.). Erst nach mehreren Tagen findet Gawein einen Schlüssel in der „steinwant" (Krone 26674), mit dem er den Berg aufschließen kann.

Im *Friedrich von Schwaben* wird Friedrich von der Zwergenkönigin Jerome im Berg festgehalten, da sie ihn liebt und nicht mehr hergeben will. Erst als Friedrich einen der vier Schlüssel erhält, die aus einem Edelstein angefertigt wurden, kann er aus dem Berg fliehen (FrSchw 3099–3126). Im *Laurin* werden Dietrich von Bern und seine Gefährten nicht nur in Laurins Berg eingeschlossen (LaurinA 964), er wirft sie zusätzlich „tiefe in einen karkære" (LaurinA 1197). Im *Jüngeren Sigenot* wird Dietrich von Bern vom Riesen Sigenot in eine Schlangengrube „in ein steine tief" (JSigen 112,1) geworfen. Ebenfalls als Gefängnis dient ein Berg in Thürings von Ringoltingen *Melusine*: Seine drei Töchter schließen König Helmas von Albanie im Berg Awelon ein, weil er das Gelübde, das er ihrer Mutter gab, nicht gehalten hatte. Ihre Mutter Persina verflucht nun ihrerseits ihre Töchter dafür mit „drey Gabe" (TvRMel_(R) 106), von denen zwei mit einem Berg zu tun haben: Melusine wird sonnabends vom Nabel abwärts zu einer „Schlang oder Wurm" (TvRMel_(R) 107), Meliora muss auf einem hohen Berg in Armenien das Sperberabenteuer aushalten und Palentina hütet im Königreich

---

26 Vgl. Störmer-Caysa 2007, 74, zur „biegsamen Geographie" (ebd.), die sich in diesem Gebirge manifestiert. Störmer-Caysa beschreibt, wie der Roman mehrfach auf dieses räumliche Arrangement zurückkommt (das unüberwindbare Gebirge, der Tunnel durch den Berg, der von einem Stein verschlossen ist), dass am Ende des Romans aber entweder das Gebirge verschwunden oder der Tunnel so breit geworden ist, dass man problemlos hindurchschreiten kann.
27 Zu Schwellenräumen und Grenzüberschreitung vgl. Glaser 2004, 19 und 49–127, dazu auch Schulz 2012, 301.

Arragon auf dem hohen Berg Rottnische den Schatz ihres Vaters. Gregorius harrt in Hartmanns legendenhafter Erzählung siebzehn Jahre ohne Speise auf einem „wilden steine" (Greg 3103) in einem → See aus, um seine Sünden zu büßen, bis er schließlich zum Papst erwählt wird.

In verschiedenen Texten wird erwähnt, dass die gefährlichen Völker Gog und Magog im Gebirge bzw. zwischen Gebirgen eingeschlossen sind (z. B. HvNstAp 10950–10955; Lucid I,53; RvEWchr 1473–1490).[28] In einigen Alexanderromanen wird genauer davon berichtet, etwa in Rudolfs von Ems *Alexander*: Dort ist von den Gebirgen „Ubera Aquilônis" (RvEAlex 17305) und „Prômontôrjum Bôrêum" (RvEAlex 17311) die Rede, zwischen denen die Völker gefangen sind. Im *Basler Alexander* errichtet Alexander eine berghohe → Mauer, um die Völker gefangen zu setzen: „da vermuret er daz selb her: / [...] ein mur von einem berge uncz an den andren zoch / gelich den bergen hoch / und besaczt mit gůtter wer" (BAlex 4125–4130). In Ulrichs von Etzenbach *Alexander* bewirkt „der süeze got" (UvEtzAlex 20927), dass die Berge zusammenrücken und die Völker einschließen.

3.6 Imaginationen jenseitiger Raum- und Seinsordnungen in der *Nibelungenklage*

Das Ende der *Nibelungenklage* thematisiert Etzels unklaren Verbleib. In der Aufreihung verschiedener Möglichkeiten findet sich auch die *steinwant*: „des wunders wird ich nimmer vrî, / weder er sich vergienge, / oder in der luft enpfienge, / oder lebende würde begraben, / oder ze himele ûf erhaben, / oder ob er ûz der hiute trüffe, / oder sich verslüffe / in löcher der steinwende, / oder mit welhem ende / er von dem lîbe quæme, / oder waz in zu zim genæme, / ob er vüere in daz apgründe, / oder ob in der tiuvel verslünde, / oder ob er sus sî verswunden, / daz enhât niemen noh ervunden" (KlageB 4374–4388). Eine der zahlreichen Alternativen, wie sich Etzels Dahinschwinden oder Verscheiden gestalten könnte, ist die, dass er sich in die Öffnungen einer Felswand verkriecht. Dies ist nicht als gewöhnliches Verstecken zu werten: In der Zusammenschau mit den anderen Elementen der Aufzählung – lebendig begraben werden, aus der Haut tropfen, vom Teufel verschlungen werden – kristallisiert sich das Verbergen in der *steinwant* als eine Form des Übergangs in eine andere, jenseitige Welt heraus. Die Passage entwirft eine Gegenüberstellung von Oben und Unten: Während auf der einen Seite *luft* und *himel* stehen, in die Etzel sich emporgehoben haben könnte, befinden sich auf der anderen der *apgrunt* und – indirekt – die Erde, in der der Herrscher lebendig begraben sein könnte. Diese Opposition flankiert die Arten, wie körperliche Zustände sich verändern können: aus der Haut tropfen und in die Felswand gleiten. Insofern erscheint die *steinwant* hier als Ort des Verschwindens und des Übertritts, der neben der vertikalen Achse der Raumordnung existiert. Die

---

28 Vgl. zu Gog und Magog Koch 2017 und Brall-Tuchel 2001.

steinwant bildet damit einen Raum, der der alltäglichen Erfahrung enthoben ist und auf andere Ordnungen – hier des Leibes und des Seins – verweist.

BAlex, BrandanReis, EckenlE2, En_(E), Er_(S), ErnstB_(B), FrSchw, Greg, HvNstAp, Iw_(BLW), JSigen, JTit, KlageB, Krone, KvWPart, Lanc_I_(K), LaurinA, Lucid, LuM, NibAB_(BBW), OrtnAW, Parz_(L), Reinfr, Rol, RvEAlex, RvEGer, RvEWchr, SeiArd, Sibille, StrDan, Tr_(R), TvRMel_(R), UvEtzAlex, UvZLanz_(H), Virg_(St), Wig, WvdVLLS

→ Anderswelten; → Burg, Schloss, Hof; → Ferne-Utopien; → Fluss, Quelle, Brunnen; → Gefängnis, Orte der Gefangenschaft; → Grenze; → Hafen, Schiff; → Heide, Aue, *plaine*; → Himmel, Hölle; → Höhle, Grotte; → Irdisches Paradies; → Magnetberg, Magnetstein; → Minnegrotte; → See, Teich, Pfütze; → Turm, Zinne, Mauer; → Wald, Lichtung, Rodung, Baum; → Weg, Straße, Pfad; → Wüste, Wildnis, Einöde

Sonja Kerth
Gefängnis, Orte der Gefangenschaft

1 Begriffsbestimmung – 2 Merkmale der Darstellung – 2.1 Allgemeines – 2.2 Gefängnis als geschaffener Ort – 2.3 Gefängnis als vorgefundener Ort – 3 Narrative Funktionen

1 Begriffsbestimmung

Das mittelhochdeutsche *(ge)vancnisse, (ge)vencnisse* (n., älter auch f.) stellt ein Verbalabstraktum von (ge)fangen dar und bedeutet ursprünglich ‚Gefangenschaft, Gefangennahme'. Erst im 15. Jh. setzt sich langsam die Bedeutungsverschiebung zur Bezeichnung des Ortes der Gefangenschaft durch. Daneben verwenden mhd. Quellen *kerkaere, karkaere, kerker* (aus lat. *carcer*) sowie vereinzelt mhd. *pris(a)un(e), pres(a)un* (f./n., aus mlat. *prisuna*, vom lat. *prehensio, prensio* ‚Ergreifung'). Es finden sich aber auch Bezeichnungen spezieller Orte der Gefangenschaft wie Karzer (‚Universitätsgefängnis') oder Eigennamen wie das Nürnberger *Loch*. Der Begriff Verlies wurde erst im 18. Jh. als anachronistische Bezeichnung für Burgverliese des Mittelalters gebildet.[1]

In der modernen Raumforschung hat das Gefängnis als Ort der Gefangenschaft und Unfreiheit viel Aufmerksamkeit erfahren. Michel Foucault widmet ihm eine eigene Studie (*Überwachen und Strafen*, dt. zuerst 1977), in der er auf die Disziplinierung des Körpers mittels Zuweisung eines festen Platzes und auf das Zwangsmittel der Klausur zur Verhinderung von gemeinsamem Widerstand hinweist.[2] Gefängnisarchitektur gilt als ein Paradebeispiel für eine Technik der Macht, mit der sich Körper anordnen und beherrschen lassen; somit sei der konkrete Ort des Gefängnisses in hohem Maße durch kulturelle Zuschreibungen bestimmt.[3] Diese Charakterisierung moderner Gefängnisse lässt sich jedoch nur bedingt auf die entsprechenden mittelalterlichen Orte übertragen. In Erzählliteratur des Mittelalters spielen Gefängnisse insbesondere in der Heldenepik (*Nibelungenlied* [um 1200], *Dietrichs Flucht* [13. Jh.], *Heidelberger Virginal* [2. V. 13. Jh.], *Kudrun* [M. 13. Jh.], *Wolfdietrich D* [2. H. 13. Jh.], *Rosengarten A* [vor 1300?], *Älterer Sigenot* [vor 1300], *Jüngerer Sigenot* [vor 1300], *Laurin, Ältere Vulgatversion* [vor 1300], *Lied vom Hürnen Seyfried* [um 1400]), in der Brautwerbungsepik (*Orendel* [um 1190], *König Rother* [12. Jh.], *Salman und Morolf* [12. Jh.], *Münchner Oswald* [zw. 1220 u. 1240]), in der *Chanson de geste* (Wolframs von Eschenbach *Willehalm* [1210–1220], Ulrichs von dem Türlin *Arabel* [um 1270]) eine Rolle. Aber auch im Artus- und Grals-

---

1 Vgl. Kluge/Seebold 2011, 339 (Gefängnis), 487 (Kerker), Lieberwirth 2008, 1987 (Gefängnis), DWB 13, 2133–2136 (Prisaun), Lawn 1977, 38 (Karzer), 131 (Loch), Schwob 2008, 227 (Verlies).
2 Vgl. Foucault 1994, bes. 181–191. Vgl. auch Sasse 2010, 302, Hallet/Neumann 2009b, 13.
3 Vgl. Wagner 2010, 100, 102.

roman (Hartmanns von Aue *Erec* [um 1180] und *Iwein* [1180–1205], Ulrichs von Zatzikhoven *Lanzelet* [um 1200], Wolframs von Eschenbach *Parzival* [1200–1210], Gottfrieds von Straßburg *Tristan* [um 1210], Heinrichs von dem Türlin *Die Krone* [zw. 1215 u. 1230], Strickers *Daniel von dem Blühenden Tal* [um 1220], *Wigamur* [um 1250], *Prosa-Lancelot* [ab M. 13. Jh.]), im Antikenroman (Heinrichs von Veldeke *Eneasroman* [1170–1180], Rudolfs von Ems *Alexander* [zw. 1220 u. 1250er Jahre], Konrads von Würzburg *Trojanerkrieg* [1280er Jahre]), im Liebes- und Abenteuerroman (Konrad Flecks *Flore und Blanscheflur* [um 1220]) und in der Fürsten- und Herrschaftsepik (*Herzog Ernst B* [A. 13. Jh.], Heinrichs von Neustadt *Apollonius von Tyrland* [um 1300]) ist von Gefängnissen die Rede. Schließlich finden sie sich auch in legendenhaften Erzählungen (Hartmanns von Aue *Gregorius* [1180–1205], Rudolfs von Ems *Der guote Gerhart* sowie *Barlaam und Josaphat* [zw. 1220 und 1250er Jahre], *Georgslegende* des Reinbot von Durne [um 1240], Elsässische *Legenda Aurea* [um 1350]), in chronikalischen Texten (*Kaiserchronik* [M. 12. Jh.], *Fürstenbuch* des Jans Enikel [nach 1277], Ottokars *Österreichische Reimchronik* [1301–1319]), im Märe (Strickers *Die eingemauerte Frau* [13. Jh.]) oder im Tierepos (*Reinhart Fuchs* [E. 12. Jh.]), in Heinrichs von Liechtenstein fiktiver Autobiographie *Frauendienst* (M. 13. Jh.) sowie im Prosaroman (*Paris und Vienna*, Erstdruck 1488).

2 Merkmale der Darstellung

2.1 Allgemeines

Gefangenschaftssituationen werden in erster Linie mittels literarischer Motive und Erzählschemata dargestellt (z. B. *minne*-Haft eines Ritters bei einer Dame im höfischen Roman; Botenhaft und Einsperren einer Tochter, um sie vor Werbern zu schützen im Rahmen der Brautwerbungsdichtung; okkasionelle Sonderorte wie Drachennester oder -mäuler in der Heldenepik) sowie vom Stoff bestimmt (z. B. Gefangenschaft im Orient, in der märchenhaften Welt des Artusreichs bzw. in der nachnibelungischen Heldendichtung). Dabei kommt der konkreten Beschreibung des Ortes meist nur eine untergeordnete Rolle zu.

In der mittelalterlichen deutschen Erzählliteratur stehen, der Semantik des Begriffs entsprechend, Gefangennahme und Gefangenschaft im Vordergrund, dazu kommen oft auch Befreiung oder Flucht. Häufig finden sich nur Schilderungen, dass Ritter oder Damen nach einer Niederlage gefangengenommen und vom Sieger mitgeführt werden (z. B. Harpins Gefangene im *Iwein* Hartmanns von Aue [Iw_(BLW) 4477–4489]; Lischoys Gweljus im *Parzival* Wolframs von Eschenbach [Parz_(L) 546,5–29; 548,16–20]).[4]

---

[4] Darin mag sich ein Reflex der Realität verbergen, war doch Kriegsgefangenschaft von fehdeführenden Rittern bis ins Spätmittelalter hinein ein Hauptgrund für Gefangenschaft. Vgl. Schwob/Schwob 2006, 589, Herzog 1998, 521.

Dies gilt für den höfischen Roman, die Heldenepik (etwa Dietr 3822; 3528–3533) und historiographische Quellen (z. B. JansFb 3803 f.; Ottok 68421–68497).[5] Wenig oder keine spezifischen Angaben bezüglich eines konkreten Gefängnisraumes machen die Texte meist auch nach Raub bzw. Entführung (z. B. Rennewarts Aufenthalt am Hof König Lois', v. a. in der → Küche, im 4. Buch von Wolframs *Willehalm*; *Kudrun*: → Burg und Strand (→ Ufer) in Ormanie, v. a. 20. und 21. Aventiure; Hesione in Konrads von Würzburg *Trojanerkrieg* [KvWTroj_(K) 18060–18063; 18165–18277]) und bei Vergeiselungen (etwa in der *Kaiserchronik*: Dietrich bei Zenon in Griechenland [Kchr_(S) 13921–13940], in Hartmanns *Iwein*: Arbeitshaus in der Burg zum Schlimmen Abenteuer [Iw_(BLW) 6186–6189] oder im *Rosengarten zu Worms*: vergeiselte burgundische Dame in Bern [RosengA_(LKN) 33]).

Bei der Aussparung der Gefängnisorte geht es nicht um die Darstellung einer *libera custodia* („ritterlichen, freien Haft"[6]) als Reflex außerliterarischer Realität, sondern dem Erzähler scheint es primär wichtig, seine Figur mit geringem narrativen Aufwand aus der Handlung zu entfernen, sie gegen ihren Willen zu fixieren bzw. den Verlust von Selbstbestimmtheit und die Hilfsbedürftigkeit zu markieren – Letzteres wird oft zum Auslöser einer Befreiungsaktion oder Flucht. Auch im *Nibelungenlied* wird über Gunthers und Hagens Kerker am Etzelhof nur ausgesagt, dass sie in getrennten Räumen „ligen sunder" (NibAB_(BBW) 2366,1) – dies ist die für die Handlung minimale notwendige Voraussetzung für das Finale zwischen Kriemhild und Hagen.

Wenn die Orte der Gefangenschaft und die Gefängnisarchitektur beschrieben werden, sind sie meist knapp und stereotypisch als dunkle, erschreckende Orte mit Ketten und Wachpersonal sowie ohne ausreichende Nahrungsversorgung dargestellt. Detailliertere ‚realistische' und märchenhafte Schilderungen sind seltener zu finden; sie stehen oft im Kontext von Orientabenteuern oder *âventiuren* der nachnibelungischen Heldenepik und sollen die Verbindung von Macht, Pracht, Reichtum und Gefahr verdeutlichen (Roth_(B) 342–351; 2443–2451; MOsw_(C) 975–994; Flore_(S) 1690–1699; TürlArabel 57–62;[7] LaurinÄV_(L) 785–792; 938–997; HürnSey 19–21; 31; 59; 99–101; 128; 131–140). Die wohl ausführlichste Schilderung eines Gefängnisses, das zu einem zentralen Handlungsschauplatz wird, besitzt der *Prosa-Lancelot* (Lanc_II_(K) 475–484).[8]

2.2 Gefängnis als geschaffener Ort

Gattungsübergreifend sind Gefängnisse meist geschaffene Orte und Teil von Burganlagen. Sie werden häufig dargestellt als → Türme mit Kerker oder Kammern, die

---

5 Vgl. zusammenfassend Schwob 2008, 238–243.
6 Lawn 1977, 58.
7 Hier und im Folgenden nach Fassung A zitiert.
8 Vgl. Lawn 1977, 226–249, Ruberg 1998, Wandhoff 2003, 289–291, U. Müller 2007, 214 f.

mit Ketten und Block (mhd. *boie/poye*) zum Fixieren ausgestattet sind (z. B. UvLFrd 1726,1–3; Virg_(Z) 332; 372; RvDGeorg 1761; 1775–1781; RvEGer 1555; 1575; 1588 f.). Hierbei handelt es sich um weitgehend realistisch anmutende Szenarien,[9] ohne dass architektonische Details geschildert werden. Im Vordergrund steht oft eine funktionale Bestimmung der Gefängnissituation: Persönliche Feinde, Kriegsgegner und Andersgläubige werden gefangengesetzt, um sie aus dem Verkehr zu ziehen oder zum Einlenken zu bewegen; für Ulrich im *Frauendienst* (UvLFrd 1724 f.) und für Dietrich in der *Virginal* (Virg_(Z) 333) soll zudem Lösegeld erpresst werden. Ein märchenhaftes Raumszenario besitzt dagegen der *Lanzelet* Ulrichs von Zatzikhoven: Das Gefängnis der bunt bemalten Burg von Mabuz dem *bloeden* bietet für nicht weniger als 1000 Ritter Platz; außerdem bewirkt hier Zauber, dass sich Mut und Tapferkeit in Feigheit (und umgekehrt) verkehren (UvZLanz_(H) 3542–3549). Dieses Gefängnis ist ein Ort besonderen Grauens, weil der Burgherr öfters zum Zeitvertreib Ritter erschlagen lässt (UvZLanz_(H) 3560–3562).

Als angenehm und bestens ausgestattet werden einige → Kemenaten dargestellt, in denen Töchter und potenzielle Ehepartnerinnen eingesperrt sind, um Werber abzuhalten (z. B. WolfdD_(K) 24,88; in Konrad Flecks *Flore und Blanscheflur* liegt Blancheflur in einem Haremsturm[10] [Flore_(S) 1690–1699]). Dem jungen Josaphat in Rudolfs von Ems *Barlaam und Josaphat* wird der prächtige väterliche Palast zum Gefängnis: Er darf ihn auf väterliches Gebot hin nicht verlassen, damit er nicht in Berührung mit dem Christentum und den Schattenseiten des Lebens kommt (RvEBarl 867–886; 933–1134). Vergleichsweise komfortabel ist auch Lancelots Turmkammer in Morganes Burg im *Prosa-Lancelot*: Sie besitzt → Fenster (wenn auch mit Eisengittern) und ein Bett „als schön und kostlich als ob konig Artus daran solt gelegen seyn" (Lanc_II_(K) 475,10 f.). Als angenehme Orte erzwungener Aufenthalte, die die Entstehung von *minne* begünstigen sollen, erscheinen Kemenaten und Burgen auch in der *Krone* Heinrichs von dem Türlin (Amurfina-Episode, Krone 8642–8733) und im *Lanzelet* (Burg der Dame von Pluris, UvZLanz_(H) 5560–5573).[11]

Die prächtige Burg Schastel Marveile in Wolframs von Eschenbach *Parzival*, auf der Hunderte von Damen und Rittern vom Zauberer Clinschor getrennt gefangen gehalten werden, soll dagegen umgekehrt jede Annäherung der Geschlechter verhindern (Parz_(L) 637,20–23). Sie wurde eigens zu diesem Zweck gebaut, genauso wie die sehr funktionale Kammer, in der die renitente Ehefrau in *Die eingemauerte Frau* des Strickers eingesperrt wird: Die Kammer hat keine → Tür zum Herausgehen, aber ein Fenster, durch das die Frau sehen kann, was ihr zum guten Leben fehlt (StrEF_(J) 36–39). Da sie in der Kammer in ihrer Isolation und bei schlechtem Essen zur Vernunft

---

9 Vgl. Schwob/Schwob 2006, Schwob 2008.
10 Vgl. Meckseper 1988.
11 *gevancnusse* bezeichnet hier entsprechend *minne*-Haft, nicht aber persönlich, politisch, rechtlich oder religiös motivierten Zwang.

kommt, tritt der Aspekt der Strafe letztlich hinter den der Besserung und Heilung zurück – dies ist selten in literarischen Darstellungen von Gefängnissituationen. Auch in *Paris und Vienna* lässt der Dauphin eigens ein Gefängnis bauen, als seine Tochter gegen ihn aufbegehrt und auf ihrer Liebe zu Paris beharrt: „To-hant [...] leet de Dolfin tho sik vor-baden enen buwemester vnde beuol eme, dat he bijnnen des pallace eine kleene, dustere vangene-stede maken scholde. Doe de rede was, doe leet he dar yn-setten Viennen vnde Ysabel vnde beuol, dat men em nicht anders wen water vnde broet spisen scholde to der notroft" (PuV 95,16–22).

Wo Flucht- und Befreiungsgeschehen im Vordergrund stehen, wird die Gefängnisarchitektur oft auf unklare Weise durchlässig: Im *Wolfdietrich* können die im Kerker gefangenen Berchtungsöhne auf der Burgmauer kommunizieren (WolfdD_(K) 1965–1970), in der *Arabel* Ulrichs von dem Türlin wird dem acht Jahre lang gefangenen Willehalm ein wenig Tageslicht gegönnt (TürlArabel 62,6–9). Im *Prosa-Lancelot* zerbricht der Held nach dem Erwachen aus seinem Liebeswahn plötzlich mit bloßen Händen die Eisengitter (Lanc_II_(K) 484). Insbesondere in Heiligen- und Märtyrerlegenden gehen Engel, Heilige und Christus in den Kerkern ein und aus, trösten, speisen und heilen (z. B. St. Vincentius, ElsLA 141,31–142,3; St. Juliana, ElsLA 207,24–208,12; St. Petri Ketten, ElsLA 490,4–25; Theodor von Euchaita, ElsLA 720,15–20; St. Katharina von Alexandrien, ElsLA 758,6–8).

2.3 Vorgefundene Orte der Gefangenschaft

Als Gefängnisse werden aber auch vorgefundene Orte benutzt: So sperrt Alexander der Große in Rudolfs von Ems *Alexander* die Völker Gog und Magog sowie jüdische Stämme mit Gottes Hilfe im → Gebirge ein (RvEAlex 17225–17318). Eine → Höhle benutzen Rual im *Wigalois* Wirnts von Gravenberg (Wig 6430–6433) und Bayngranz von Aynsgalt in der *Krone* (Krone 26242–26250) als Gefängnis; einige Heilige werden in Erdlöcher gesperrt (z. B. Petrus und Marcellinus; ElsLA 370,16 f.; PuV 102,19–103,14). Im *Daniel von dem Blühenden Tal* des Strickers (StrDan 7016–7018; 7030–7035) und im *Lied vom Hürnen Seyfrid* stellen unzugängliche Felsen Orte der Gefangenschaft dar, die die Hilfsbedürftigkeit der dorthin Verschleppten (König Artus und Parzival bzw. Kriemhild) verdeutlichen; insbesondere der Drachenstein im *Lied vom Hürnen Seyfrid* wird detailliert beschrieben als riesiger, einsam gelegener Fels mit Höhlensystem, das durch einen zu erkämpfenden Schlüssel aufgeschlossen werden muss (HürnSey 19–21; 31; 37; 59; 99–101; 128–140).

Paradiesische Züge (→ Irdisches Paradies) und ‚realistische' Szenarien, Elemente des Vorgefundenen wie des Geschaffenen verbinden sich mehrfach in der späten Heldendichtung, besonders im Zauberberg des Zwergenkönigs Laurin: Der Berg wird selbst zum märchenhaft schönen, höfisch ausgestatteten und von Edelsteinen beleuchteten Gefängnis für die Helden um Dietrich von Bern (LaurinÄV_(L) 785–796; 945–987; ähnlich *Jüngerer Sigenot*, JSigen 162–166), besitzt aber auch dunkle, unzugängliche und absperrbare Kerker (LaurinÄV_(L) 1138–1140; 1180–1183; 1239–1241; ähnlich JSigen 107; 112).[12] Paradiesische und andersweltliche Züge (→ Anderswelten) mischt der → Baumgarten, der in Hartmanns von Aue *Erec* Mabonagrin und seiner Dame als zunächst freiwillig aufgesuchter Minneort dient, sich dann aber als Gefängnisort erweist (beginnend mit Er_(C) 8468). Der Baumgarten wird vor allem durch seine (freilich unklare und nicht definierbare) → Grenze bestimmt und von Mabonagrin als *bande* empfunden: Die gewaltsame Vertreibung aus dem Garten wird so zur Befreiung und Erlösung aus einem Gefängnis (Er_(C) 9585 f.).[13]

3 Narrative Funktionen

Für die Frage nach narrativen Funktionen erscheinen zwei Aspekte der räumlichen Darstellung von Gefängnissen zentral:[14] erstens die bedeutungstragenden historischen Raumanordnungen ‚unten', also weit weg von Luft und Licht (z. B. *Sigenot*: „Er warf in in einen holen stein / dâ kein lieht noch în geschein", ÄSigen 10,1 f.), sowie ‚drinnen', d. h. beengt, eingesperrt, immobil, isoliert, ggf. aber auch geschützt (z. B. *Die eingemauerte Frau*: „dâ wart si inne vermûret", StrEF_(J) 39). Diese Bestimmungen stehen im Kontext der Handlung und dienen primär der Spannungssteigerung. Dazu kommt zweitens eine potenzielle Spiegelfunktion von affektiven und/oder mentalen Befindlichkeiten der gefangenen Figuren, manchmal auch der Befreier. Beide Aspekte gelten gattungsübergreifend, und es lässt sich kein signifikanter Wandel im Laufe des Mittelalters feststellen.

Überlegenswert für die Frage nach narrativen Funktionen sind die „Komplexe" (d. h. Strukturelemente des Gefängnismotivs),[15] die Christa Karpenstein-Eßbach der modernen literarischen Darstellung der Gefängnissituation zuweist. Diese bedinge eine besondere narrative Gestaltung der architektonischen Organisation und der speziellen Situierung im sozialen Feld: Neben der Darstellung des Gefängnisraumes selbst seien auch die Komplexe Flucht und Erinnerung, Schuldreflexion, Desorganisation von Ich und Realität sowie Identitätsproduktion zu beachten.[16] Das Gefängnismotiv erweise sich dabei als hochgradig fiktiv und sei als „Bauplan literarischer Imaginati-

---

[12] Vgl. auch die Höhle im Berg Awelon, in der Melusines Vater Helmas bis zu seinem Tod gefangen war: Seine Witwe Presine hat sie zu einem prächtig ausgestatteten Grabraum (→ Grab) gestaltet, der nur Familienmitgliedern zugänglich ist (TvRMel_(SR) 2509–2558; 2587–2590).
[13] Vgl. Glaser 2004, 68 f., Lawn 1977, 249–256.
[14] Vgl. Anz 2008, http://www.literaturkritik.de/public/rezension.php?rez_id=11620 (09.12.2017), vgl. auch Daemmrich/Daemmrich 1995, 68 f., Coxon 2008, 180; zu den damit verbundenen semantischen Oppositionen vgl. grundsätzlich Nünning 2009, 46.
[15] Karpenstein-Eßbach 1985, 24 u. a.
[16] Vgl. Karpenstein-Eßbach 1985, 24.

onen des Einschlusses" zu verstehen.[17] Dieser eröffne einen Raum zum Träumen und Reflektieren, könne aber auch ausliefern an Realitätsverlust und Wahnsinn einerseits, an Überwachung und Kontrolle andererseits.[18] Diese Aspekte sind aber nur teilweise mit vormodernem Erzählen zu vereinbaren und bleiben diskussionsbedürftig: Für das Handlungselement ‚Flucht' tritt die konkrete narrative Ausgestaltung des Gefängnisortes in seiner Bedeutung meist zurück; Schilderungen von Erinnerung und Schuldreflexion finden sich kaum im Kontext der Gefängnisdarstellungen;[19] Desorganisation und Identität sind für vormoderne Literatur generell problematische Begriffe. Auch die Frage, wie fiktiv das Gefängnismotiv im Einzelfall ist, ist für vormoderne Literatur nicht ohne Weiteres zu beantworten: Die häufigen Erwähnungen von Requisiten wie Ketten und Block, von Dunkelheit, Mangel und Furcht lassen sich durchaus als Referenzen auf die Realität verstehen; das gilt auch für durchschimmernde Motivierungen der Gefangenschaft, die unterschiedlich deutlich auf die Lebenswirklichkeit verweisen (v. a. Rache-, Erpressungs- und Isolierungshaft, Kriegsgefangenschaft zwecks Lösegelds, Untersuchungs- und Sicherungshaft z. B. im Kontext der Christenverfolgung).[20] Es dominieren jedoch narrative Funktionen des Gefängnismotivs im Kontext der Handlung bzw. Figurendarstellung.

Der Spannungssteigerung und Fokussierung des Geschehens dienen besonders die Darstellungen von Gefängnissen als Orte der temporären Handlungsunfähigkeit, die durch den Gefangenen selbst oder einen Befreier überwunden werden. Relevant sind damit vor allem das Ergebnis der Gefangennahme und deren Folgen: Eine Figur verschwindet (z. B. Iw_(BLW) 4477–4489; Parz_(L) 546,5–29; 548,16–20; Dietr 3528–3533); sie verliert Kontrolle und ist auf Hilfe angewiesen (z. B. Muter-Episode beginnend mit Virg_(Z) 327; Dietrich im Drachenloch: ÄSigen 10–39); ihr wird vorübergehend das weitere Handeln erschwert durch Immobilität und Isolierung (z. B. der bei Fore gefangene Morolf, SalMor 276–278; 307–317). An diesen Mangel und Stillstand knüpft die Handlung an, um neue Impulse zu setzen, wie z. B. die Inhaftierungen Dietrichs von Bern in verschiedenen Versionen der *Virginal* zeigen: Hier lähmt Dietrichs hilfloses Verharren im Kerker des Herzog Nitger die Dietrich-Handlung und verdeutlicht darüber hinaus die Dimension der Gefahr: Letztlich handelt

---

[17] Karpenstein-Eßbach 1985, 24.
[18] Vgl. Karpenstein-Eßbach 1985, 26; zur Frage der Fiktionalisierung des Raumes (und der Zeit) im modernen Roman vgl. auch Nünning 2009, 41, 43.
[19] Zu Ansätzen von Erinnerung und Schuldreflexion bei Figuren siehe unten, besonders zu *Prosa-Lancelot* und *Wolfdietrich D*. Dass ein mittelhochdeutscher Epiker eine eigene Gefangenschaft zur Grundlage einer Gefängnisdarstellung macht, ist m. W. nicht belegt (anders ist dies in Oswalds von Wolkenstein Lieddichtung; zum spätantiken Dichter Boethius siehe unten).
[20] Vgl. zusammenfassend z. B. Lawn-Thum 1992, 282, Herzog 1998, 521, Schwob 2008, 227; zur Gefangenschaft im Kontext der Christenverfolgung vgl. Brednich 1987, 838. Keine nennenswerte Rolle spielen Schuldhaft, Besserungshaft (vgl. aber Stricker, *Die eingemauerte Frau*) und Haft als Ersatzstrafe (vgl. aber Urjans im *Parzival*, Parz_(L) 528,27–29).

es sich um nicht weniger als um eine Gefährdung der Welt durch die als Mächte des Bösen dargestellten Riesen, die nur durch die Kampfgemeinschaft der Helden überwunden werden können.[21] Deren Eingreifen bringt die Handlung wieder in Gang. Zur Spannungssteigerung tritt die ebenfalls primär im Kontext der Handlung zu sehende Fokussierung auf den außergewöhnlichen, sich auch in schwierigen und ungewöhnlichen Situationen bewährenden Helden, z. B. in Strickers *Daniel*, im *Lied vom Hürnen Seyfrid* und in *Salman und Morolf*, wo es mehrere listige Gefangenenbefreiungen aus Gefängnisräumen des Heidenkönigs Fore gibt (SalMor 276–278; 307–317; 451 f.; ähnlich Orend 790–813; 2353–2487). Auch die Gefangennahmen bzw. Selbstbefreiungen Lanzelets aus der *minne*-Haft bei der Dame von Pluris und Wigalois' aus der Höhle der wilden Rual dienen primär der Spannungssteigerung und Profilierung des nur momentan gefährdeten Protagonisten; beim Haremsturm in *Flore und Blanscheflur* und beim Bordell („sunthauß", HvNstAp 15597), in dem Tarsia im *Apollonius* Heinrichs von Neustadt gefangen ist, mischt sich die Motivierung, die Befreiungsbedürftigkeit schöner adliger Mädchen angesichts sexueller Gefährdung zu unterstreichen, mit der Lust an der Darstellung exotischer Orte (ähnlich bei der Gefangenschaft der Helden im (K)Lebermeer [→ Magnetberg] im *Herzog Ernst B* [ErnstB_(B) 3935] und im *Orendel*).

Dagegen weist die Turmkammer, in der Lunete Iwein nach der Tötung Askalons einsperrt (Iw_(BLW) 1212–1215; 1704–1722), auch Eigenschaften eines Schutz- und Rückzugsraumes auf und erweitert damit das narrative Spektrum: Die Kammer wird zum Ort der Kommunikation mit Lunete sowie der Beobachtung und des Begehrens von Askalons Witwe, somit zur Keimzelle für die spannungsreiche Minnehandlung zwischen Iwein und Laudine. Die Schutzfunktion wird allerdings durch den Zauberring vervollständigt, der Iwein unsichtbar macht, als die Gefolgsleute Askalons eindringen.[22] Eine gänzlich positive Bewertung erfahren einige Gefängnisse in Heiligenlegenden: Sie werden zum Ort des Heilsgeschehens und der Gottesannäherung bzw. -begegnung (z. B. in der *Elsässischen Legenda Aurea*: St. Vincentius, St. Paulus der Apostel, St. Theodor von Enchiata u. a.; vgl. auch die *Consolatio philosophiae* des Boethius).

Boethius' im lateinischen Mittelalter weit verbreitete rhetorisch-philosophische Auseinandersetzung mit realer Gefangenschaft und drohender Hinrichtung stellt gleichzeitig das Paradebeispiel für eine narrative Spiegelung gedanklich-emotionaler

---

21 Ähnlich ist die narrative Funktion der Gefangenschaft im Drachenloch im *Sigenot* und im Berg des Zwergenkönigs Laurin in den verschiedenen Versionen des *Laurin*.

22 Hierbei handelt es sich nicht nur um Fiktion: Schutz, Rückzugsmöglichkeit und Verwahrung mischen sich mitunter auch in der Realität, wie Familienaufzeichnungen des 15. und 16. Jh.s zeigen: So wird die Kartäuserklause in Nürnberg für Söhne wohlhabender Nürnberger Familien zum Pflege- und Verwahrungsort, wenn diese aufgrund von geistigen Krankheiten bzw. Behinderungen eine Gefahr für sich und andere Mitglieder des Haushalts wurden. Vgl. Frohne 2014, 212–222, 224–240. Real war auch Martin Luthers Schutzhaft auf der Wartburg 1521/1522.

Prozesse in Gefängnissituationen dar. Aber auch fiktionale Erzähltexte nutzen Gefängnissituationen, um Vorgänge im Inneren der Figuren und affektive Zuschreibungen daran festzumachen. Dabei handelt es sich primär um Angst und Verzweiflung (z. B. UvLFrd 1710–1731[23]), aber auch Trauer und Schuldgefühle werden mit der Gefängnissituation verbunden, im *Wolfdietrich D* bezeichnenderweise beim Retter: Erst nach vielen Versuchen vermag Wolfdietrich seine in Konstantinopel gefangenen Dienstmannen zu befreien. Diese Affekte kennzeichnen die Figur Wolfdietrich als getreuen Herrn (und dienen gleichzeitig als ‚roter Faden' im Episodengewimmel). An Lanzelet wird in Ulrichs von Zatzikhoven gleichnamigen Roman vorgeführt, dass in der durch Zauber verschärften Gefangenschaft auf der Burg von Mabuz dem *bloeden* sich alle Affekte verkehren: Der Feige wird mutig, der besonders tapfere Ritter Lanzelet zum größten Feigling in der Burg (UvZLanz_(H) 3964 f.). Aber auch komplexere mentale bzw. emotionale Vorgänge werden vorgeführt, etwa Wahnsinn im *Prosa-Lancelot* bei der Haft Lancelots in Morganes Turm (Lanc_II_(K) 475–484) oder völliger Selbstverlust und Liebestrance bei Gawein in der *Krone* (*minne*-Gefangenschaft bei Amurfina, Krone 8642–8733).

Teil der Figurendarstellung sind auch Zuschreibungen von Ehrverlust, die Gefangene betreffen und die z. T. in Zusammenhang mit aggressiver Komik stehen. Besonders in einigen ‚Sonderorten' der Gefangenschaft lässt sich dies erkennen: z. B. am Netz, in dem Venus und Mars im *Eneasroman* Heinrichs von Veldeke gefangen und ausgestellt werden (En_(EK) 158); am Hundezwinger im *Parzival*, in dem Urjans nach der Begnadigung eingesperrt wird (Parz_(L) 528,27–29); am Baum, in dem Bär Brun in Heinrichs *Reinhart Fuchs* gefangen ist (ReinFu 1549–1553); am Drachenmaul, in dem Rentwin in der *Virginal* feststeckt (Virg_(Z) 147).[24]

> ÄSigen, Dietr, ElsLA, En_(EK), Er_(C), ErnstB_(B), Flore_(S), HürnSey, HvNstAp, Iw_(BLW), JansFb, JSigen, Kchr_(S), Krone, KvWTroj_(K), Lanc_II_(K), LaurinÄV_(L), MOsw_(C), NibAB_(BBW), Orend, Ottok, Parz_(L), PuV, ReinFu, RosengA_(LKN), Roth_(B), RvDGeorg, RvEAlex, RvEBarl, RvEGer, SalMor, StrDan, StrEF_(J), TürlArabel, TvRMel_(SR), UvLFrd, UvZLanz_(H), Virg_(Z), Wig, WolfdD_(K)
>
> → Anderswelten; → Burg, Schloss, Hof; → Garten, Baumgarten; → Gebirge, Berg, Tal; → Grab, Grabmal; → Grenze; → Höhle, Grotte; → Irdisches Paradies; → Kemenate, Gemach, Kammer; → Küche; → Magnetberg, Magnetstein; → Meer, Ufer; → Minnegrotte; → Tür, Tor, Fenster, Treppe; → Turm, Zinne, Mauer

---

23 Um eine reale Gefängnissituation handelt es sich hierbei nicht, obwohl der Protagonist denselben Namen wie der Autor trägt und der Roman einen Ich-Erzähler hat: Vgl. Schwob/Schwob 2006, 595.
24 Inwieweit die Jugendorte bei Feen und Meerfrauen in *Lanzelet*, *Wigalois* und *Wigamur*, die → Minnegrotte in Gottfrieds *Tristan* und der Fels in Hartmanns von Aue *Gregorius* Orte der Gefangenschaft darstellen, müsste eingehend untersucht werden; es finden sich jeweils ambivalente narrative Signale und Funktionen.

Germaine Götzelmann
Grab, Grabmal

1 Begriffsbestimmung – 2 Merkmale der Darstellung – 2.1 Grab und Architektur: Ekphrasis – 2.2 Grab und Schrift: Epitaph – 3 Narrative Funktionen – 3.1 Christliche Gemeinschaft und Alterität – 3.2 Kommentar und *memoria* – 3.3 Genealogie und Identität

1 Begriffsbestimmung

Grab wird in den mittelalterlichen Texten mit folgenden Begriffen verbunden: mhd. *grap* (n.) für jede Art von Grab, ob Bodengrab (auch *gruobe* f.), Grablege oder Grabraum, *sarc(h)* (m./f.)/(*sarc-*)*stein* (n.) für das Behältnis; der *tote lîp* (m.), *lîcham/lîchenâme* (m.), das *gebein* (n.) für den Körper des Bestatteten. Der Vorgang des Begrabens wird mit *begraben*, *bestaten* und *sarken* ausgedrückt. Abzugrenzen ist die Aufbahrung (*bâre* f.) im Trauerritual oder zur Überführung, bei der im Gegensatz zur Grablege kein dauerhafter Ort entsteht.

Der Ort Grab ist in den Ablauf mittelalterlicher Sterberituale eingebettet. Er ist Kern eines *rite de passage* und Raum einer zeremoniellen Handlung, die eine „Doppelgesichtigkeit" besitzt:[1] Vorbereitung auf die Reise ins Jenseits für den Verstorbenen und zugleich Abschied und Gemeinschaftskonstitution für die Hinterbliebenen. In mittelalterlicher Vorstellung ist der Tod ein bewusster Vorgang, bei dem rituelle Elemente die Voraussetzung für erfolgreichen Übergang ins Jenseits darstellen.[2] Der christlichen Anschauung nach ist der Tod dann kein Ende, sondern hoffnungsvoller Wechsel in eine bessere Welt. Damit wird das Grab zu einem Ort zwischen Finalität des irdischen Lebens und Vermittlung der jenseitigen Welt. Dabei kommt dem Körper eine Schlüsselrolle als Medium zwischen Diesseits und Jenseits zu. Der Tote tritt in seiner körperlichen Gestalt ins Jenseits über, der unversehrte Körper (je nach eschatologischer Ausprägung die sterblichen Überreste selbst oder ein aus der menschlichen Seele wiederhergestellter Körper) gilt als ideale Voraussetzung für eine Wiedererweckung im jüngsten Gericht.[3] Überdies endet mit dem Tod nach mittelalterlichem Verständnis auch rechtlich die Bindung zwischen Lebenden und Toten nicht.[4] Sie

---

[1] Wandhoff 2006, 55.
[2] Vgl. Fischer 2011, 140.
[3] Vgl. Bynum 1996, 18–23. Dem Ideal der Unversehrtheit steht die Praxis der Einbalsamierung und Bestattung einzelner Körperteile des Herrschers entgegen; zur theologischen Debatte vgl. Brown 1981.
[4] Rechtlich ist die Unterscheidung zwischen Heiligem und „jedem beliebigen Toten" (Oexle 1983, 30) fließend. Insofern wird im Folgenden auch nicht zwischen Heiligen-, Helden- und Herrschergrab unterschieden. Das einzige Grab mit Sonderstatus ist das Grab Christi (→ Jerusalem). Da es nur selten

entspringt antiker Vorstellung von der Gegenwart der Toten, die sich in mittelalterlicher Mentalität fortsetzt.[5] Diskontinuität gegenüber antikem Ritus stellen der Wandel von Einäscherung zu Bestattung und insbesondere die Verschiebung aus dem Privaten hin zu öffentlicher Bedeutung dar. Das christliche Begräbnis betrifft die ganze Gemeinde und übertragen auf Literatur den gesamten Kreis textinterner und textexterner Rezipienten.

Während einzelne Grabdarstellungen in Erzähltexten seit den 1960er Jahren untersucht wurden – insbesondere die Grabarchitektur in Heinrichs von Veldeke *Eneasroman*,[6] Gahmurets Grab in Wolframs von Eschenbach *Parzival*[7] und neuerdings die Gräber im *Prosa-Lancelot*[8] –, fehlt eine grundlegende Darstellung zu Gräbern in erzählender Literatur.

Toposbildend gestalten die Antikenromane Beschreibungen von Gräbern (Heinrichs von Veldeke *Eneasroman* [1170–1180], *Straßburger Alexander* [A. 13. Jh.], Herborts von Fritzlar *Liet von Troye* [1190–1217], Rudolfs von Ems *Alexander* [zw. 1220 u. M. 1250er Jahre], Konrads von Würzburg *Trojanerkrieg* [1280er Jahre], Ulrichs von Etzenbach *Alexander* [letztes D. 13. Jh.], Seifrits *Alexander* [1352]). Kanonische Darstellungen finden sich auch in der Artusepik (Wolframs von Eschenbach *Parzival* [1200–1210], Wirnts von Gravenberg *Wigalois* [1220], Ulrichs von Türheim *Tristan* [vor 1243], *Prosa-Lancelot* [ab M. 13. Jh.]) und in der Heldenepik (*Nibelungenlied*, *Nibelungenklage* [um 1200], Wolframs von Eschenbach *Willehalm* [1210–1220]). Handlungstreibend werden sie in Liebes- und Abenteuerromanen (Konrad Flecks *Flore und Blanscheflur* [um 1220], *Reinfrit von Braunschweig* [nach 1291], Heinrichs von Neustadt *Apollonius von Tyrland* [um 1300]). Stärker auf den heiligen Körper als auf den Raum fokussiert ist hingegen die legendarische Dichtung (hier deshalb nur kursorisch Rudolfs von Ems *Barlaam und Josaphat* [zw. 1220 u. M. 1250er Jahre], Reinbots von Durne *Georg* [um 1240]). Die genealogischen Denkmuster fortgeschrieben werden in frühneuhochdeutschen Prosaromanen (*Melusine* [1456] und *Fortunatus* [1509]).

2 Merkmale der Darstellung

Möglicherweise aufgrund von Wandel im Adelsbrauchtum (u. a. Durchsetzung von kirchlichen Hoch- und Freigräbern, Bedeutungsgewinn des Grabbildes) setzt ein literarisches Interesse an Grabmonumenten um 1200 ein.[9] Für die Darstellung

---

räumliche Ausgestaltung in (lat.) Pilgerberichten findet (vgl. Locher et al. 2008), wird es im Weiteren ausgespart.
5 Vgl. Oexle 1983.
6 Vgl. Schieb 1965, Hamm 2004.
7 Vgl. Ohly 1984, Haubrichs 1996, Hartmann 2000, Hartmann 2006, Wandhoff 2006.
8 Vgl. insb. Waltenberger 1999, Klinger 2001, Merveldt 2004, Witthöft 2014.
9 Vgl. Haubrichs 1996, 137.

spielen vier Komponenten eine Rolle: 1. der tote Körper, 2. das repräsentative Abbild des Toten, 3. die Grabarchitektur und 4. die Inschrift. Dabei unterliegt die Präsenz des Toten sachgeschichtlich einem Wandel. Während bis zum 12. Jh. der Körper direkt im Sarkophag beerdigt wird, entziehen danach ein Leichentuch oder Einbettung in einen Sarg und ggf. eine Totenmaske den Leichnam dem Blick. An seine Stelle tritt ein „Zeremonialbild" des Toten; das „Schreckbild" des Todes wird durch ein idealisierendes (oft verjüngtes), lebendiges Bild des Toten ersetzt.[10] Gemeinsam mit der Einbalsamierung handelt es sich um ein „Bemühen, der unsichtbaren und ungewissen Welt des Todes ein sichtbares *Bild* des Lebens entgegenzuhalten [Herv. im Orig.]".[11]

Einen transluzenten Blick auf den toten Körper gewähren z. B. in der Alexanderdichtung eine durchsichtige Amethystplatte auf dem Grab des Ninus (UvEtzAlex 21176 f., RvEAlex 13184–13206), der Edelsteinsarg des Porrus (SeifAlex 5869), der grüne Sarg des Evilmerodach (SAlex_(K) 3553–3567) sowie im *Parzival* Wolframs von Eschenbach der rote Rubin, der Gahmurets einbalsamierten, jungen Körper hindurchscheinen lässt (Parz_(L) 107,5).[12] Durch ein Bildnis wird in Ulrichs von Etzenbach *Alexander* der Anblick ersetzt am Grab des Darius (UvEtzAlex 17019–17024) und auf dem der Blanscheflur in Konrad Flecks *Flore und Blanscheflur* (Flore_(S) 1947–2117); bei Letzterem stellt dies die Scheinhaftigkeit des Monuments heraus, denn das Grab ist leer, der Tod Blanscheflurs nur vorgetäuscht.

In der *Nibelungenklage* macht die große Zahl getöteter Krieger die Bestattung in einem Massengrab unausweichlich, auch wegen des Geruchs (KlageC 2486 f.).[13] Bestattungen wie diese, aus der Not geboren, stehen diametral der Idee des *corpus incorruptum* als ‚Zeichen der Heiligkeit' gegenüber. Märtyrer und Heilige bleiben in ihrem Grab intakt bis zum Tag des Jüngsten Gerichts, „most conductive to an unproblematic resurrection".[14] Unversehrtheit, erleuchtete Gräber und süße Gerüche als Demonstration von Gottes Heilsversprechen werden für Tote künstlich nachgeahmt, durch Einbalsamierung, Grablampen und Duftgefäße.[15] All dies zielt darauf ab, die Grabräume mit einer „Aura der Unvergänglichkeit" zu umgeben.[16]

Literarische Umsetzung findet das Ideal des unversehrten Körpers insbesondere dann, wenn die Gräber zu einem späteren Zeitpunkt erneut geöffnet werden. Unversehrt vorgefunden werden etwa in Wolframs *Parzival* Schionatulander (Parz_(L) 804,28), Barlaam und Josaphat im gleichnamigen Werk Rudolfs von Ems (RvEBarl

---

10 Vgl. Haas 1989, 70.
11 Wandhoff 2006, 55.
12 Im *Nibelungenlied* lässt Kriemhild den Sarg Siegfrieds vor dem Begräbnis öffnen, um noch einmal einen Blick auf den Geliebten zu erhalten (NibAB_(BBW) 1068).
13 Vgl. Lienert 2001a.
14 Jones 2003, 87.
15 Vgl. Wandhoff 2006, 62.
16 Hartmann 2000, 315.

400,7–14), die Märtyrerkörper im *Willehalm* (Wh_(L) 357,27) und der auch nach 300 Jahren noch unversehrte Johel in Reinbots von Durne *Georg* (RvDGeorg 5093– 5235).

2.1 Grab und Architektur: Ekphrasis

Die Gegenstandsbeschreibung „mit mimetischer Funktion" wandert in die (frz.) Erzählliteratur des Mittelalters durch den Antikenroman ein.[17] Antike Epik liefert die Vorbilder solcher Ekphrasen, jedoch sind *descriptiones* von Grabmälern etwas Neues in den mittelalterlichen Texten. Die Stillstellung der erzählten Zeit zugunsten von Beschreibung entstammt der Rhetorik, wo ihr die Funktion der *evidentia* zukommt. Dem Zuhörer wird durch Bildkraft ein Sachverhalt plastisch ‚vor Augen gestellt', er wird gleichsam Augenzeuge.[18] In der Erzählliteratur kann die Ekphrase die „Vorstellung eines Bildes [evozieren], das real nicht existiert, sondern erst durch die sprachliche Beschreibung entsteht",[19] als Kern künstlerischer Ausgestaltung.

Die *descriptiones* der Gräber enthalten wiederkehrende Elemente: Silber, Gold und Marmor als kostbare Materialien, tragende Säulen, Figuren (En_(E) 224,21; UvEtzAlex 16930–16937; Flore_(S) 1955–1998.), Reliefs und Friese mit ornamentalem Schmuck (Tiere, Blumen) oder Bildzyklen (UvEtzAlex 11130–11820), klares Glas und Edelsteine,[20] Balsam und wohlriechende Essenzen, Waffenbeigaben sowie ewige Lampen. Räumliche Signifikanz erhalten die Gräber gelegentlich, indem sie hoch oben errichtet werden und Wirk- und Herrschaftsgebiet des Verstorbenen überblicken, etwa in Herborts von Fritzlar *Liet von Troye* Hectors Grab auf dem Pallastempel in Troja (Herb 14130), das Dianagrab in Tarsus in Heinrichs von Neustadt *Apollonius von Tyrland* (HvNstAp 1094) und in Heinrichs von Veldeke *Eneasroman* das Camillagrab mit einem Spiegel, der vor Feinden warnt (En_(E) 255,37–256,10). Für die exakte Architektonik der Grabmäler zeigen die Texte selten Interesse. Zwar wird das Grab oftmals im Innenraum verortet (unter Gewölbe: En_(E) 223,31; Wig 8302; 8305; 8317; Herb 10746; umgeben von → Mauern: UvEtzAlex 9177; im/am Sakralraum: UvTürhTr 3679; Wig 11235; Herb 6124; 14192; in Gebäuden: „eine clûs / (sie wær hie rîches mannes hûs)", UvEtzAlex 17053; 11113 oder → Klause: Parz_(L) 804,10; UvEtzAlex 27100), die konkrete bauliche Anordnung ist jedoch meist nicht dargestellt. Eine Ausnahme bilden die Grabmäler des *Roman d'Eneas*/des *Eneasromans* (s. u.). Dennoch ist die Kunstfertigkeit der Ausgestaltung stets mitgedacht, die Erschaffer werden teils

---

17 Grosse 2006, 104.
18 Vgl. Wandhoff 2003, 24 f.
19 Wunderlich 1996, 260.
20 Zur religiösen Konnotation vgl. Brinkmann 1980, 93–101. Insb. zu dem Bezug der Steine der *Eneasroman*-Gräber zum Himmlischen Jerusalem Brinkmann 1980, 140–142.

namentlich genannt und in der Sphäre des Magischen angesiedelt, so z. B. Vulcan und Orpheus bei dem Grabautomaten in *Flore und Blanscheflur* (Flore_(S) 2020– 2029), Savillon und Vergil bei Zauberkammer und Grab am → Magnetberg im *Reinfrit von Braunschweig* (Reinfr 21440–21699) und der bei Heinrich von Veldeke im *Eneasroman* genuine antike Baumeister Geometras (En_(E) 252,40) sowie der Künstler Apelles *von hêbrêischer art*, der in Ulrichs von Etzenbach *Alexander* das Grabmal der Carafilie (UvEtzAlex 11105–11823) ausschmückt. Im *Willehalm* bezeichnet der Heidenkönig Terramer den „zouberære Jêsus" als Urheber der Märtyrergräber in Alischanz (Wh_(L) 357,23). Der Text expliziert, dass die Sarkophage mit unversehrten Körpern der Gefallenen von himmlischen Mächten erschaffen wurden. Die Attribuierung als Magie bezeugt Terramers Unverständnis des christlichen Wunders.

Mit den *descriptiones* von Gräbern schiebt sich ein „dritter Ort [...] zwischen Diesseits und Jenseits", der einen faszinierenden „Schauraum für Hörer und Leser" eröffnet.[21] Die Antikenromane tun sich mit Beschreibungen besonders hervor. So nimmt die Beschreibung des Ninusgrabs bei Rudolf von Ems 20 Verse ein, bei Ulrich von Etzenbach neun. Dort kommt die Beschreibung des Dariusgrabes auf 55 Verse (ohne Epitaph), die des Grabes der Carafilie – wenn man die biblischen Szenen auf dem Sarg mitzählt, die sich narrativ verselbständigen – sogar auf über 700 (UvEtzAlex 17015– 17066; 11105–11820). Die bekanntesten und prächtigsten Grabarchitekturen gestalten der *Roman d'Eneas* und der *Eneasroman*. Drei Gräber werden hier zu Stationen auf dem Weg des Eneas: Didos, Pallas' und das der Camilla. Insbesondere letzteren beiden ist breiter Raum für Beschreibung gewidmet, die fantastisch anmutende Architektur mithilfe präziser Maß- und Materialangaben vor Augen stellt (En_(E) 223,26–226,17; 251,21–256,10). Gegenläufig in der Raumdarstellung ist das Gahmuretgrab im *Parzival* (Parz_(L) 106–108): Auch Wolfram widmet der Ausstaffierung seines Heldengrabes breite Aufmerksamkeit, konkrete räumliche Anordnungen bleiben jedoch der Vorstellungskraft des Rezipienten überlassen. An die Stelle hyperrealistischer Präzision von Wunderarchitektur tritt ein Freiraum für Fantasie.[22]

2.2 Grab und Schrift: Epitaph

Im 12. Jh. nehmen die realgeschichtlichen Epitaphien an Verbreitung zu.[23] Gleichzeitig finden sie auch in den *descriptiones* der Erzählliteratur ihren Platz; das „Schweigen der Toten wird in Rede übersetzt".[24] In der semioralen Kultur des Mittelalters kommt schriftlicher Fixierung besonderes Gewicht zu, die Inschriften sind unauslöschlich

---

21 Wandhoff 2006, 53.
22 Vgl. Hartmann 2000, 314.
23 Vgl. Haubrichs 1996, 134.
24 Baisch/Meyer 2007, 383.

für die Nachwelt fixiert. Als Schriftträger dienen meist die Särge oder Grabplatten selbst, die Buchstaben sind *ergraben* (Parz_(L) 107,30 auf dem Diamanthelm; En_(E) 80,5 f.; SAlex_(K) 3565), *gehouwen* (Flore_(S) 2108), *gesmelzet* (Wig 8255) oder *versigelt* (UvEtzAlex 27884). Die Schrift selbst besteht aus Gold (Herb 6110; En_(E) 80,5 f.; Wig 8254) oder ist gar „gescreben mit gesmelze sardône an deme steine schône" (En_(E) 254,10–12). Die Materialität ist damit untrennbar verbunden mit der des Grabes, die Schrift ist eingraviert in Marmor oder gar in Edelstein. Die Epitaphe werden meist im Wortlaut zitiert (im *Liet von Troye* und bei dem Pallasgrab im *Eneasroman* nur indirekt, Herb 6110–6116; 12046–12052; En_(E) 225,17–23), ihre Länge variiert zwischen vier Verszeilen für Blanscheflur und 25 für Gahmuret (Parz_(L) 103,3–28). Inwieweit die Schriftzeugnisse textintern rezipiert werden können, differiert. Die meisten Epitaphe sind – ohne spezifischen Leser im Text – einem allgemeinen *man* zum Lesen zugedacht (z. B. UvEtzAlex 17031; Herb 12049; En_(E) 225,16).[25] Die Gräber der Antikenromane liefern historisches und moralisches Zeugnis, indem ihre Epitaphien später gefunden (und teils explizit gelesen) werden; so etwa beklagt Ulrichs von Etzenbach Alexander die Gräber bei Troja (UvEtzAlex 4922–4979) und liest die Namen der persischen Könige an ihren Gräbern (UvEtzAlex 21147–21151), Barbarossa entdeckt im *Eneasroman* das Pallasgrab (En_(E) 226,18–28); die Scheingräber im *Apollonius* und in *Flore und Blanscheflur* sind für konkrete Personen aufgestellt und beschriftet.

Bei Epitaphen, deren Sprache genannt ist, wird der Blick auf den textinternen Rezipienten gelenkt. So ist die Grabplatte der Tarsia *haydenischen geschriben* (HvNstAp 15516), das Epitaph der Japhite ist zweisprachig, heidnisch und französisch (Wig 8258). Es schließt in doppelter Adressierung mit einem Aufruf an Betrachter (und Zuhörer), für die Seele der Ungetauften zu beten.

3 Narrative Funktionen

3.1 Christliche Gemeinschaft und Alterität

Das Neuartige des christlichen Heilsversprechens, die Transformation eines endgültigen Todes in Hoffnung auf ewiges Leben bei Gott, begleitet die Totenrituale und Grabdarstellungen der mittelalterlichen Literatur. In gemeinschaftsstiftender Öffentlichkeit stellen die Gräber immer aufs Neue die tröstliche Gegenwart des Jenseits vor Augen. Diese Heilsgewissheit wird dabei gerade in der Alterität andersgläubiger *pietas*

---

[25] Zahlreiche Epitaphe listet Henkel 1992. An deutschsprachigen Erzähltexten sei noch ergänzt: *Prosa-Lancelot*: Lancelot (Lanc_I_(K) 165), Galahot (Lanc_II_(K) 87), Artus (Lanc_V_(KS) 1008) und viele mehr (für Details Waltenberger 1999, 144–152, Klinger 2001, 476–490, Witthöft 2014); Achill, Carafilie, Darius (UvEtzAlex 17015–17066); Palamedes (Herb 12047–12052); Heidenkönige (Wh_(L) 464,27–30; Minneb 2637–2641 und MaiBea_(KMF) 6960–6964); Alexanders Sarg (StrGeist 856–867).

literarisch gestaltet – das christliche Ritual wird reflektiert „im Durchgang durch das Andere",[26] als kontrastive Behandlung von Christen- und Heidentod. Am stärksten wird die Alterität markiert im Vergleich mit Völkern des fernen Orients (→ Indien). So befragt Alexander, dessen Reise im *Straßburger Alexander* insgesamt von einem wiederkehrenden Interesse am Tod (insbesondere seinem eigenen) bestimmt ist,[27] in Briefen die Occidraten neben ihren Lebensgewohnheiten auch nach ihren Begräbnisritualen. Sie antworten unbekümmert: „Swenne wir irsterben, / al ein wir nit ne werden / begraben in neheinem grabe, / einen trôst habe wir doh dar abe, / daz uns bedecke der himel" (SAlex_(K) 4838–4842). Es wird die Diskrepanz zwischen ihrer Vorstellungswelt und dem christlichen Jenseitsglauben deutlich.

In der Kaiserchronik ist der Tod der Christen stets ein bewusster, würdiger Tod; Erfüllung der Bestattungspflicht wird in ihren Reihen immer wieder betont, während Andersgläubigen ein Begräbnis verwehrt bleibt.[28] Für die ungetauft bestattete Japhite im *Wigalois* (Wig 8230–8318) stellt die Grabbeschreibung zum einen das höchste Lob dar und legt zum anderen notgedrungen ihr Schicksal hinsichtlich des jenseitigen Nachlebens in Gottes Hände. Der Botenbericht im *Parzival* betont, dass es Gahmuret vor seinem Tod gelungen sei, die Beichte abzulegen, sein Seelenheil ist gesichert (Parz_(L) 106,22–26). Durch seinen Tod im Orient wird jedoch das Begräbnis in ungeweihter Erde zum Problem. Mit Unterstützung des Heidenkönigs Baruc errichtet sein Gefolge ein Smaragdkreuz, Gahmuret „ze trôste, ze scherm der sêle" (Parz_(L) 107,12f.). Sein Grab verbindet christliche und heidnische Elemente[29] und damit konträre, sich überlagernde Symboliken. Die Heiden beten Gahmuret fortan als Gott an. Die Bestattung Gahmurets und insbesondere das Handeln des Baruc im Sinne christlicher Frömmigkeit wird zum Subtext für andere Begräbnisse im Grenzbereich des Glaubens: Für Japhites Grab wird es dem Erzähler im *Wigalois* zum Maß guter Bestattung (Wig 8244–8247). Im *Willehalm* kontrastiert es Vivianz als Unbestatteten auf christlichem Boden mit Gahmuret, dem Bestatteten in unheiligem Land (Wh_(L) 73). Willehalm wird zur Parallelfigur des Baruc, indem er eine „Glaubensgrenzen überschreitende[] Gemeinschaft" durch Bestattung von Christen und Heiden ermöglicht.[30] Diese entspringt dabei nicht einer Anerkennung des nichtchristlichen Glaubens, sondern einem die Frömmigkeit übersteigenden *memoria*-Gedanken.[31]

---

26 Wandhoff 2006, 54.
27 Vgl. Haas 1989, 127.
28 Vgl. Haas 1989, 132.
29 Vgl. Wandhoff 2006, 63–65.
30 Fischer 2011, 138.
31 Vgl. Fischer 2011, 138f.

3.2 Kommentar und *memoria*

Innerhalb der Memorialfunktion mittelalterlicher Literatur nehmen Gräber eine zentrale Rolle ein. Sie setzen den Figuren weitererzählte, ewige Denkmäler. Dies zeigt sich gerade in den kostbaren Materialien, den unverwüstlichen Edelsteinen und den eingravierten Epitaphen. Letztere erhalten als Kommentierung der bestatteten Figur besonderes Gewicht und unumstößliche Gültigkeit. Zugleich steht die schriftliche Fixierung im funktionalen Kontrast zum Abbild. Wo dieses sich um Vergegenwärtigung des Toten im Zustand des Lebens bemüht und so den Schrecken des Todes abmildert, verstärkt jene die Endgültigkeit des Todes. Besonders kunstreich ausgestaltet ist dieser Kontrast im Grabmal der Blancheflur (Flore_(S) 1946–2117). Das Grab ist ein überaus schönes Gebilde und in einem *locus amoenus* (→ Garten, → Heide, → Tal, → Wald) platziert;[32] die beweglichen Figuren zeigen Blancheflur und Flore in kindlichem Spiel, mimetisch vollkommen, lebendig und unbeschwert. Der Wind lässt sie in endloser Wiederholung eine Kussbewegung ausführen und bringt sie zum Sprechen („daz schœne gesmîde sprach / in lebender liute wîse", Flore_(S) 2026 f.). Das Epitaph steht dieser Verlebendigung entgegen, indem es mit den typischen Worten „hie lît [...]" an die Funktion des Grabes erinnert. So ist es folgerichtig, dass Flore, für den das Grab inszeniert wurde, sich zuerst an der Kunstfertigkeit des Abbilds erfreut, nach dem Lesen der Inschrift des Memorialcharakters abrupt gewahr wird und in Trauer ohnmächtig niedersinkt.[33] Vergleichbar reagieren Apollonius am Grab seiner Tochter Tarsia (HvNstAp 16110–16136)[34] und Lancelot im *Prosa-Lancelot* an Galahots Sarg, nachdem er explizit aufgefordert wurde, die Inschrift „selbst zu lesen" (Lanc_II_(K) 87). Während die Grabinschrift „konzeptionell der Vergänglichkeit entgehen, sich über die Zeitlichkeit stellen will",[35] macht sie zugleich gerade die Vergänglichkeit des menschlichen Lebens explizit.

Memoria sorgt im Nichtvergessen des Toten für den Fortbestand seiner Gegenwart in der Welt und ist damit soziales Handeln für den Toten.[36] Für die Lebenden ist die wichtigste Funktion der *memoria* nicht private Trauer, sondern gemeinschaftsstiftendes Erinnern. „Denn was [Gräber] nun vermitteln, ist Gemeinschaft. Diejenigen, die sich an die von Vorfahren gemeinsam geschlagenen Schlachten und Kriege erinnern [...] oder sich an Gräbern versammeln und dort der gemeinsamen Ahnen gedenken, glauben sich zusammengehörig".[37] Den Gräbern kommt damit auch mythopoetische Relevanz zu. Sie zeigen nicht nur Vergangenes, sondern insbesondere auch

---

32 Das Grab steht zugleich explizit *öffentlich* vor der Tür eines → Münsters (Flore_(S) 2049–2055).
33 Vgl. Wandhoff 2003, 301–304.
34 Apollonius deutet es überdies als eigenen Makel, nicht zu Tränen gerührt zu sein. Der Grund liegt jedoch darin, dass auch das Grab der Tarsia ein leeres Scheingrab ist.
35 Henkel 1992, 161.
36 Vgl. Oexle 1983, 29 f.
37 Rader 2003, 35.

dessen Nachwirken auf den weiteren Verlauf der Geschichte. Welche Dimension die Wertschätzung des Memorialmonuments erhalten kann, zeigt Ulrichs von Etzenbach *Alexander*. Der Protagonist betrauert das Grab von Achill und kommt zu dem Schluss, dass er das mit Epitaph und *historia* verbundene Heldenlob nach dem Tod höher als das Paradies schätzt (UvEtzAlex 5009–5031) – eine Aussage, die die narrative Funktion der literarischen Grabmonumente faszinierend reflektiert auf den Punkt bringt. Wolframs Willehalm sorgt penibel dafür, dass die gefallenen Heidenkönige Grabinschriften erhalten, welche Name, Reich, Herkunft und Todesart benennen (Wh_(L) 464,27–30). Er sichert so ihren memorialen Fortbestand. Wem die *memoria* verwehrt bleibt, wie Hercules, der aus Sorge vor Grabschändung durch seine Feinde um ein anonymes Grab bittet (KvWTroj_(K) 38446–38489), verschwindet ohne Spur aus der Geschichte.[38]

Der Evidenzeffekt der ekphrastisch vor Augen gestellten Gräber kann in vielfacher Hinsicht funktionalisiert und instrumentalisiert werden. Figuren wie Heinrichs von Veldeke Camilla im *Eneasroman* planen ihre prächtigen Grabbauten bereits zu Lebzeiten, um ihr Nachleben in der Welt aktiv zu gestalten. Sie sorgt mit ihrem babylonisch anmutenden Grab- und Wachturm einerseits als ideale Herrscherin auch nach dem Tod für ihr Volk, zeigt andererseits aber auch ihre Hybris. Gerade im *Eneasroman*, der mit den Gräbern auch eine *translatio imperii* inszeniert, ist die memoriale Situation zu Ende gedacht; die Gräber von Pallas und Camilla werden zugemauert (En_(E) 227,14 f.; 255,36 f.). Ihre Lampen werden derart eingerichtet, dass sie unangetastet ewig brennen, bei Eindringen in den Grabraum jedoch ver- und damit das Gesamtkunstwerk auslöschen. Im Falle Pallas' geschieht dies, als Barbarossa das Grab findet. Die konkrete Historisierung des Ortes fällt damit mit der Zerstörung des antiken Grabmals zusammen. Barbarossa überführt symbolträchtig den Leichnam „in die neue, christliche Zeit des Heils".[39]

3.3 Genealogie und Identität

Heinrich von Veldeke gestaltet im *Eneasroman* besonders eindrücklich literarisch aus, was nach Oexle jede Toten-*memoria* grundlegend charakterisiert. So „ist für adlige oder königliche Geschlechter Memoria ein konstitutives Moment. Der Begriff des ‚Geschlechts' ist geradezu so definiert, daß es durch das Wissen der Bindungen zwischen Lebenden und Toten entsteht".[40] Dynastische Verbindung wird zum kontinuitätsstiftenden Element. Im *Parzival* wird dies gleich doppelt deutlich: Für Gahmuret ist nicht nur das Grab sein memoriales Denkmal, sondern auch Parzival, der die

---

[38] Vgl. Worstbrock 1996, 275.
[39] Wandhoff 2003, 95.
[40] Oexle 1983, 34.

art des idealen Ritters in sich weiterträgt.[41] Gräber werden aber auch gerade dort installiert, wo eine solche Kontinuität bedroht oder verloren ist. Klug genutzt wird diese Funktion im *Fortunatus*. Der Titelheld lässt, durch sein Glückssäckchen zu Reichtum gekommen, nach Rückkehr in seine Heimat eine → Kirche bauen und seinen Eltern, sich und seinen Nachkommen darin eine prunkvolle Grablege errichten (Fort_(R) 82 f.). Dadurch setzt er eine dynastische Herkunft ins Bild, die es ihm erleichtert, mit dem Erbadel in Konkurrenz zu treten. In der *Melusine* ist das Grab der Ahnen als → Höhle gestaltet, die in Form einer „mise en abyme"[42] Geoffrey über die eigene, tabuisierte Familiengeschichte und damit über den Kern der gesamten Erzählung aufklärt (TvRMel_(R) 104–108). Das komplexeste Spiel mit Genealogie und Identität betreibt der *Prosa-Lancelot*. In den Epitaphien in *Lancelot propre* und *Mort Artu* „akzentuiert die schriftliche Vermittlung [...] historische Distanz. Vorgeführt wird hier nicht ungebrochene Partizipation an der Sippenidentität, sondern durch Lektüre erst erworbene Kenntnis, die dann immer wieder die Entdeckung von Diskontinuität nach sich zieht".[43] Insbesondere im letzten Teil gewinnen Gräber und Inschriften individuellen Charakter. An die Stelle genealogischer *memoria* tritt die einzelne Biographie.[44] Lancelot, der in der → Burg Dolorose Garde sein eigenes Grab findet und sowohl Rückschau auf seine Vorfahren als auch Vorschau auf seinen Tod erhält, wird am Ende der Erzählung dort bestattet. Mit der Erlösungs-*âventiure* auf der Burg sowie der Überführung von Galahots Leichnam dorthin hat Lancelot Dolorose/Joyeuse Garde erfolgreich in seinen persönlichen Memorialort, fernab der Artuswelt, verwandelt.[45]

En_(E), Flore_(S), Fort_(R), Herb, HvNstAp, KlageC, KvWTroj_(K), Lanc_I_(K), Lanc_II_(K), Lanc_V_(KS), MaiBea_(KMF), Minneb, NibAB_(BBW), Parz_(L), Reinfr, RvDGeorg, RvEAlex, RvEBarl, SAlex_(K), SeifAlex, StrGeist, TvRMel_(R), UvEtzAlex, UvTürhTr, Wh_(L), Wig

→ Babylon, Jerusalem; → Burg, Schloss, Hof; → Höhle, Grotte; → Kirche, Kathedrale, Münster, Kapelle, Kloster, Tempel; → Magnetberg, Magnetstein; → Klause, Einsiedelei, Einöde; → Indien, Mirabilienorient; → Turm, Zinne, Mauer

---

41 Vgl. Haubrichs 1996, 149.
42 Kiening 2005.
43 Klinger 2001, 479.
44 Vgl. Klinger 2001, 479–481.
45 Vgl. Merveldt 2004, 86.

Matthias Däumer
Gralsburg, Gralsbezirk

1 Begriffsbestimmung – 2 ‚Einführung': die keltischen Vorstufen und Chrétien de Troyes – 2.1 Merkmale der Darstellung – 2.2 Narrative Funktionen – 3 ‚Entrückung': die mhd. Rezeption des Chrétien-Fragments durch Wolfram von Eschenbach und dessen Fortsetzer (*Jüngerer Titurel, Lohengrin*) – 3.1 Merkmale der Darstellung – 3.2 Narrative Funktionen – 4 ‚Erlösung': die afrz. Chrétien-Fortsetzungen und deren mhd. Rezeption – 4.1 Merkmale der Darstellung – 4.2 Narrative Funktionen – 5 ‚Entgrenzung': Robert de Boron, der afrz. *Vulgata-Zyklus* und dessen mhd. Übertragung (*Prosa-Lancelot*) – 5.1 Merkmale der Darstellung – 5.2 Narrative Funktionen

1 Begriffsbestimmung

Der afrz. und mhd. Begriff *gra(a)l* (m.) kennt mehrere etymologische Bestimmungen. Matthias Lexer leitet ihn über afrz. *gréal* oder aprov. *grazal* von lat. *gradalis* her, das von *cratalis* oder mlat. *cratus* herkomme, und somit ein Behältnis für Flüssigkeiten oder eine „breite, etwas tiefe schüssel, in der mehrere speisen reihenweise lagen" meint.[1] Im *Mittelhochdeutschen Wörterbuch* von Georg F. Benecke, Wilhelm Müller und Friedrich Zarncke wird neben dieser Herkunft auch ein Zusammenhang mit *sang real* (*sanguis regalis*), also dem ‚königlichen Blut' verzeichnet, was den Begriff Gral von vornherein mit der christlichen Mythologie verwebt, nach der das Gefäß bezeichnet ist, in dem das Blut beim Kreuzestod Jesu aufgefangen wurde.[2] Eine kulturell weitreichende Herkunft bieten Hans Rheinfelder und Felix Karlinger an, die *gra(a)l* auf גּוֹרָל (*gochl*) zurückführen, den hebräischen Begriff für ‚Losstein' und die damit verbundenen arabischen und teils ins Hebräische übersetzten Losbücher. Auch sei eine Herkunft von pers. *Ghr-āl*, dem ‚farbenschimmernden Stein' möglich.[3] Die beiden letzten Herleitungen zielen weniger auf Chrétiens de Troyes Gralsschüssel ab, als auf die Darstellung im *Parzival* Wolframs von Eschenbach, der in Abweichung von Chrétiens Text dem Gral den Namen „lapsit exillis" gibt (Parz_(L) 469,7), was u. a. ‚Stein des Herrn', ‚der Weisen', ‚der Verbannten', oder ‚Stein aus dem Himmel' heißen könnte.[4] Insgesamt führen die differierenden Etymologien also wieder zusammen: Während Gral in der französischsprachigen Literatur ein heiliges Gefäß meint, kombiniert Wolfram diesen Begriff mit Wissensbeständen aus dem arabischen Kultur-

---

1 Lexer 1, 1066.
2 Vgl. BMZ 1, 563.
3 Vgl. Rheinfelder/Karlinger 1960, 1160.
4 Für eine Auflistung aller bisherigen Lesarten vgl. Bumke 2004, 139 f.

raum. Zusätzlich dichtet er ihm eine himmlische Herkunft oder aber zumindest eine himmlische Wächterschaft an: Die Neutralen Engel brachten oder aber fanden ihn auf Erden (Parz_(L) 454,21–27). Ob der Gral also irdischen oder himmlischen Ursprungs ist, bleibt im Unklaren und verleiht der Gralsvergangenheit bewusst eine unklare Verortung bzw. einen utopischen Charakter.[5] Sicher ist lediglich, dass die Neutralen Engel seine ersten Hüter waren. Diese himmlische Hüterschaft führt schon kurz nach Wolfram dazu, dass die komplizierte Herkunft des Begriffs durch seine Überhöhung ausgeblendet wird: Im *Jüngeren Titurel* wird der Gral zur „schuzzel [...], benennet ‚gral' in engelischem done" (JTit 6296,3f.); der Begriff stammt also von keiner menschlichen, sondern der himmlischen Sprache ab, was sich mit Wolframs Aussage deckt, dass vom Gral in den Sternen gelesen worden sei („ez hiez ein dinc der grâl / des namen las er [= der arabische Gelehrte Flegetanis, M. D.] sunder twâl / inme gestirne", Parz_(L) 454,21–23).

In der Literatur prägen sich mehrere Orte, zumeist eine → Burg und ein begrenztes Gebiet, um diesen heiligen Gegenstand herum aus. Bei seiner Einführung in den kontinentaleuropäischen Artusroman in Chrétiens *Conte du Graal* ist das eventuell aus dem keltischen Kulturkreis übernommene Grals-Motiv zwar christlich konnotiert, aber noch nicht heilsgeschichtlich definiert; Burg und Bezirk tragen hier keine Namen. In der Folge von Roberts de Boron *Roman de L'Estoire dou Graal* wird der Gral zunehmend zum Inbegriff des Heiligen (*sacrum*), jedoch prägt sich kein fester Ort aus. Ausgehend von der Semantik von lat. *sacer* bzw. frz. *sacré*[6] ist sein Bezirk vielmehr auf unbestimmte Weise ‚abgetrennt', ‚abgesondert'. Entsprechend nehmen die Abschließungsmechanismen zu (→ Grenze), welche neben der Fähigkeit der Gralssphäre, Transzendentes in ein irdisches Setting zu spiegeln, die Gralsburg und die sie umgebenden Orte (→ Anderswelten) zusehends in die Bahn der foucaultschen Heterotopie leiten.[7] Diese Tendenz wird in der französischsprachigen Literatur v. a. durch die Chrétien-Fortsetzungen und den *Vulgata-Zyklus* vorangetrieben. Im Mittelhochdeutschen werden die entrückten Orte in Wolframs *Parzival* neu benannt. Er nennt die Gralsburg Munsalvaesche, was entweder über einen Zusammenhang von *salvæsche* mit lat. *salvatio* einen unspezifischen ‚Heils-(→)Berg' bezeichnet[8] oder vom lateinischen *mons silvaticus* (‚wilder/bewaldeter → Berg') stammt.[9] Heute wird der Name zumeist als radebrechende Version des französischen *mont sauvage* (‚wilder Berg'), als ‚Wildenberg' verstanden.[10] Dieser Name führte zu vielen Bemühungen, Wolframs Gralsburg als von realen Orten inspiriert zu betrachten. Am aufwendigsten waren

---

[5] Diese Unklarheit ist eine bewusst konstruierte Paradoxie, die mit der nicht zu klärenden Frage der Erlösbarkeit der Neutralen Engel einhergeht; vgl. Däumer 2013a, 230f., Fn. 19.
[6] Vgl. Nancy 2006, 9–29.
[7] Vgl. Foucault 2006.
[8] Erstmals bei San Marte 1836, 392; vgl. Ebersold 1988, 20–24.
[9] Erstmals bei Bartsch 1875, 139f.
[10] Erstmals bei Martin 1903a.

dabei die Bemühungen nationalsozialistischer Mediävisten und Regionalhistoriker, die Burg Wildenberg im Odenwald zur Wolfram von Eschenbach-Gedenkstätte zu ernennen.[11] Weitere Realverortungen – wie die des SS-Mediävisten und Okkultisten Otto Rahn – sehen die vermeintliche Katharer-Burg Montségur in Südfrankreich als Gralsburg[12] oder setzten Chrétiens und/oder Wolframs Konstruktion aufgrund von Anspielungen auf reale Herrschaftsverhältnisse und andere ‚Detailrealismen' entlang des Jakobswegs in die katalanischen Pyrenäen.[13] Der *Lohengrin* schließt sich Wolframs Benennung des Gralsbezirks an; auch (mit Varianten und Erweiterungen) der *Jüngere Titurel*. Ein abweichender Name der Gralsburg ist im *Prosa-Lancelot* als Übersetzung aus dem afrz. *Vulgata-Zyklus* zu finden (Corbernic); ebenso für das Gralsland (Logrien) in der *Elucidation*, dem Pseudo-Prolog zu den französischsprachigen Chrétien-Fortsetzungen. Auch wartet die *Krone* Heinrichs von dem Türlin mit einer eigenen Benennung des Gralsbezirks auf (Illes).

Im Verlauf der Ausgestaltungen von Gralsbezirk und -burg zeichnen sich in heuristisch abgrenzbaren Textgruppen drei einander durchdringende Narrative ab (‚Entrückung', ‚Erlösung' und ‚Entgrenzung'), die im Folgenden in analytischer Perspektive separiert präsentiert werden.

2 ‚Einführung': die keltischen Vorstufen und Chrétien de Troyes

2.1 Merkmale der Darstellung

Geht man von einer Herkunft des Gralsmotivs aus inselkeltischen Erzählungen aus, ist dort die erste räumliche Ausprägung bei den nahrungsspendenden Gefäßen (*cups of plenty*) festzustellen, die bei diversen Fahrten in das Feenreich errungen werden. Die Feenbecher sind meist quadratisch und verweisen metonymisch auf ebenfalls quadratische Feenburgen, die auf einer → Insel liegend von den Helden meist per → Schiff oder über eine → Brücke erreicht werden.[14] Die feeischen Vorformen der Gralsburgen sind anderweltlich; Grenzüberschreitungen sind für ihr Erreichen unumgänglich, jedoch werden die Überschreitungen nicht auffällig inszeniert. In anderen (möglichen) Vorformen der Gralserzählung (*Peredur fab Efrawg* als Grundlage der *Parzival*-Sage, der riesenhafte König Bran aus *Branwen ferch Llŷr* als Präfiguration des Fischerkönigs) werden keine spezifischen Bezirke ausgebildet.[15]

---

11 Vgl. Däumer 2010a.
12 Vgl. Wiedenmann 2008.
13 Vgl. Horchler 2004.
14 Vgl. Brown 1943/1966, 25 u. 366–369.
15 Vgl. BMZ 1, 564.

Neben der christlichen Konnotation, die der keltische nahrungs- und lebensspendende Becher bei Chrétien im *Conte du Graal* (1181–1188) zugesprochen bekommt (sein Gral enthält eine lebenserhaltende Hostie, CdTPerc 6422 f.), ist eine Etablierung von Gralsburg und -bezirk festzustellen sowie eine Ausgestaltung der zugehörigen Abschlussmechanismen. Diese weisen, obzwar nicht durch den Seeweg abgetrennt, doch anderweltliche Züge auf: Der *Roi Peschor* (CdTPerc 3495) lebt zusammen mit einer Hofgesellschaft in einer namenlosen, prächtigen Niederungsburg von – wie bei den Feenburgen – betont quadratischer Architektur.[16] An dieser vorbei führt ein → Fluss, an dem Perceval nach ziellosem Herumirren entlang reitet, bis ihm der Fischerkönig von seinem Schiff[17] aus den Weg weist (CdTPerc 2976–3064). Die Gralsburg liegt in einer Landschaft mit wildreichen → Wäldern. Auf einem Berg stehend kann Perceval die Burg auf Anhieb nicht sehen; erst nachdem er an den Worten des Fischerkönigs zweifelt, wird sie sichtbar. Als Perceval von der Gralsgesellschaft willkommen geheißen wird, erfährt er, dass er eine Strecke zurückgelegt habe, die in den wenigen Stunden, die er geritten ist, nicht zu meistern gewesen wäre (CdTPerc 3119–3129). Nach der Gralsprozession im Palas-(→)Saal, bei der er keine Erlösungsfrage stellt und sich so in Gralsschuld stürzt, geht er zu Bett und findet die Burg am nächsten Morgen menschenleer. Die Zugbrücke, die bei seiner Ankunft geöffnet war, schließt sich, während er noch über sie reitet, sodass er sich mit einem Sprung seines Pferdes vor die Mauern retten muss.

Chrétien umgibt die Gralsburg mit einer Vielzahl von Öffnungs- und Schließmechanismen (Wegweisung, Unsichtbarkeit/Sichtbarkeit, Zeitverschiebung, Zugbrücke), teilweise auch in Verkehrung der herkömmlichen Muster: Der Fluss, auf dessen anderer Seite für Perceval das ersehnte Gebiet des Mütterlichen liegt (CdTPerc 2990–2997), ist nicht Grenz-, sondern Leitlinie zum Gral. Mit der Gralsprozession etabliert Chrétien erste Ansätze einer Innenraum-Struktur der Gralsburg; so gibt es das ‚Allerheiligste' (*templum*), aus dem heraus der Gral durch den Palas getragen wird. Generell ist das Innere der Burg im Vergleich zu späteren Beschreibungen realistisch gestaltet; auffallend ist der zentral stehende Kamin.[18]

---

[16] Dabei muss es sich jedoch nicht zwingend um einen interkulturellen oder intertextuellen Verweis handeln, war die quadratische Baustruktur neben der ringförmigen im Hochmittelalter doch eine gängige; vgl. Müller 2008a, 147.

[17] An dieser Stelle wird der Zusammenhang von Gralsbezirk und Schiffen etabliert, dem v. a. bei der Raumkonstituierung im afrz. *Vulgata-Zyklus* bzw. im *Prosa-Lancelot* eine große Bedeutung zukommt; s. Abschn. 4.

[18] Vgl. Müller 2008b, 300.

2.2 Narrative Funktionen

Beim Übergang des Gralsmotivs von den inselkeltischen Sagen zum französischsprachigen Roman gewinnt der heilige, zuvor oftmals unörtliche Gegenstand die Fähigkeit, einen eigenen Bezirk (inkl. Burg) auszugestalten. Damit wird er Teil einer sinngenerierenden Topographie der fiktionalen Welt und kann gleichzeitig eine ‚Innenarchitektur' entwickeln, die sowohl handlungsleitende wie auch performative Folgen hat: Die Betonung der Feuerstelle bei Chrétien beispielsweise (und später dann, wenn auch mit anderen Mitteln, bei Wolfram) kann als eine ‚Verschaltungsstelle' der Fiktion mit der realen Vortragssituation gesehen werden, die ebenfalls um eine Feuerstelle zentriert war.[19]

3 ‚Entrückung': die mhd. Rezeption des Chrétien-Fragments durch Wolfram von Eschenbach und dessen Fortsetzer (*Jüngerer Titurel*, *Lohengrin*)

3.1 Merkmale der Darstellung

Bei Wolfram von Eschenbach erreicht Parzival den Gralsbezirk, weil er die Zügel seines Rosses fallen lässt (Parz_(L) 224,21) und so seinen → Weg in die Hände Gottes legt. Er reitet in dieser Weise so weit, dass „ein vogel hetes arbeit, / solt erz alles hân erflogen" (Parz_(L) 224,24 f.). Der chrétiensche Fluss wird zum → See (Parz_(L) 225,1–11). Bei Wolfram handelt es sich nicht um eine Niederungsburg: Der Weg, den ihn der Fischerkönig Anfortas weist, führt bergauf (Parz_(L) 225,25–30). An der uneinnehmbar erscheinenden Rundburg, die wirkt, als sei sie *gedræt* (‚gedrechselt'), wird für ihn die Zugbrücke heruntergelassen. Dem inneren Hof sieht Parzival an, dass dort schon lange keine Ritterspiele mehr stattgefunden haben (Parz_(L) 227,7–16; → Turnierplatz) und Munsalvaesche ohne Freude ist. Groß inszeniert[20] wird Parzivals Betreten des reich geschmückten Palas (Parz_(L) 229,23–230,20): hundert Kronleuchter, hundert gepolsterte Ruhebetten, drei marmorne Feuerstellen, in denen das kostbare *lignum aloê* brennt. In dieser prächtigen Szenerie findet die nicht minder prächtige Festmahl- und Gralsprozession statt. Nachdem Parzival den richtigen Zeitpunkt zur Erlösungsfrage verpasst hat, wagt er noch einen Blick in das ‚Allerheiligste' (Parz_(L) 240,23–30), aus dem der Gral gebracht wurde: eine → Kemenate, in der er den uralten, doch wunderschönen Titurel erblickt.

---

19 Vgl. Däumer 2010a, 235 f.
20 Für die Tragweite dieser theatralen Metapher vgl. Schirok 2005; stärker bezogen auf die Erzählergestalt: Maczewski 1984.

Wolfram weist Figuren feste Plätze zu, die dem Durchwandern des Gralsbezirks einen rituellen Charakter verleihen. Vor allem die Begegnungen mit Sigune bieten dadurch Bilder einer eigenen räumlichen Entwicklung: Beim ersten Treffen mit Parzival (Parz_(L) 138,9–142,4) befindet sie sich unterhalb einer *halden* (,Senke') jenseits des Gralsbezirks; die zweite Begegnung erfolgt in dessen Nähe in einer *wasten* (,wüstes Land'; → Wüste), mit ihrem einbalsamierten Geliebten auf einer (umgestürzten?) Linde sitzend (Parz_(L) 248,17–255,30); das dritte Treffen (Parz_(L) 435,2–436,25) zeigt sie nahe Munsalvaesche in einer über einer → Quelle gebauten, bis auf ein → Fenster zugemauerten → Klause innerhalb des wild bewaldeten Gralsbezirks; nach Parzivals Krönung zum Gralskönig (Parz_(L) 804,4–805,13) findet er sie ebenda als Verstorbene. Bei einer Verbindung dieser örtlichen ‚Einzelaufnahmen' bildet sich eine kontinuierliche Erhöhung und Entweltlichung bis in den Tod ab,[21] die mit einer zunehmenden Nähe zur Gralsburg überkreuzt wird. Diese Entweltlichung steht im Kontrast zum Status des Gralsbezirks in der Erzählung, da Munsalvaesche mit Parzivals zweiter Einladung handlungslogisch viel an utopischer (unörtlicher) Ferne einbüßt.

In Wolframs ‚Prequels' zum *Parzival*, den *Titurel*-Fragmenten (nach 1217), wird kein Gralsbezirk ausgeprägt; umso stärker jedoch in deren umfangreicher Fortsetzung: in Albrechts *Jüngerem Titurel* (zw. 1260 u. 1273). Hier wird die Grals-Topographie ganz in die Hand des Göttlichen gelegt: Gott belohnt Titurel für seine Keuschheit mit dem Gral und lässt ihn von Engeln in den „Foreist Salvasch", einen wundersamen Wald voller Tiere, Pflanzen und Edelsteine bringen. Der Bezirk misst sechzig Meilen im Durchmesser und in seiner Mitte steht der „Munt Salvasch", den nur der finden kann, der von Engeln geleitet wird (JTit 297,1–302,1). Auf diesem Berg wird die Burg erbaut – welche die ist, die später Parzival erblicken wird (JTit 318,2; 328,1–4).[22] Die Gralsgesellschaft, die Gott nun ebenfalls in das Gebiet von Salvaterre beruft, zeichnet sich durch absolute Tugendhaftigkeit aus. Die heterotopischen Abschließungsmechanismen, die zuvor primär topographischer oder temporaler Natur waren, werden auf ein moralisches Auswahlkriterium zugespitzt. Zusätzlich wird Salvaterre aber auch von einer Mauer umgeben und gegen Heiden verteidigt (u. a. JTit 309,4–310,4; 321,1–322,4). Des Weiteren erfährt der Gralsbezirk eine realtopographische Verortung in Galicien (JTit 324,4). Der Erzähler schließt nicht aus, dass der Berg im Nordwesten Spaniens schon entdeckt wurde, doch kündigt er schon hier an, dass der Gral dort nicht mehr zu finden sei, da er nach → Indien entrückt wurde (JTit 325,1–4).

Der Grals-(→)Tempel wird aus vom Gral bereitgestellten Materialen erbaut und vom schwebenden Kelch selbsttätig bezogen. Das nun Folgende bildet die wohl kom-

---

21 Braunagel 1999, 27.
22 Es gibt im Gralsbezirk sowohl eine Burg als auch einen Tempel; diese sind nicht identisch – wie bspw. von Müller behauptet wird; vgl. Müller 2008b, 297 f. ‚Munsalvasch' bezeichnet im *Jüngeren Titurel* auch nicht die Burg, sondern den (Heils-)Berg, dessen Name mit „der behalten berc" (JTit 523,2) übertragen wird.

plexeste Architekturbeschreibung des Mittelalters (JTit 327,1–439,3 und die 42 Strophen des sog. Marienlobs), in der das *sacrum* zwar der Vagheit beraubt, jedoch die Zeichenhaftigkeit der Konkretisierung betont wird („zu got [...] ans tempels zeichenunge [...] schouwen", JTit 516,4). U. a. äußert sich dieser transzendierende Zeichencharakter in Natur/Kultur-Überkreuzungen:²³ ein Rundbau (JTit 341,1) mit 22 (oder 72)²⁴ Chören, einer künstlichen Himmelskuppel, Edelsteinen, die Wärme und Kälte erzeugen, kunstvollen Fenstern, Statuen, einer Orgel und mechanischen Wundergeräten. Die Verschränkung von Architektur-Symbolik und Allegorese – die in Teilen von Titurel selbst vorgenommen wird (JTit 500,1–580,4) – überbietet an Komplexität²⁵ die des zweiten *locus classicus* für den allegorischen Raum, die → Minnegrotte aus Gottfrieds *Tristan* (um 1210),²⁶ und lässt sich u. a. als „heilsgeschichtliches Eingangsportal des Artusromans" lesen.²⁷

Aufgrund seiner allegorischen Statik spielt der Gralsbezirk in der eigentlichen Kernhandlung des *Jüngeren Titurel* keine große Rolle mehr. Erst nach Tschinotulanders Tod erfährt der Bezirk eine narrative Erweiterung, da die trauernde Sigune – äquivalent zum Plot des *Parzival* – „[z]er wilden Laborie" (JTit 5159,1) am inneren Rande von Salvaterre gebracht wird, wo sie ebenfalls erst auf einer Linde – hier nun ausdrücklich in deren Krone (JTit 5164,1–5169,4) –, später dann in einer bebilderten Klause (JTit 5379,1–5473,4; 5522,1–5570,4) ihren Geliebten betrauert und nach wolframschem Muster Parzival als ‚aufklärerische Kontaktstelle' zum Gral dient. Sigunes Entweltlichung, die im *Parzival* anhand von ‚örtlichen' Momentaufnahmen erzählt wurde, wird dabei handlungstechnisch motiviert und so zum kohärenten ‚Raum'.²⁸

Wichtig werden am Ende der Exodus der Gralsgesellschaft und das Erreichen des neuen Bezirks. Im Gegensatz zur Stadt Saras des *Vulgata-Zyklus* (bzw. des *Prosa-Lancelot*; s. Abschn. 4) wird das Reich des Priesterkönigs Johannes durch eine figurale Binnenerzählung detailliert dargestellt (JTit 6139,1–6278,4): Es umfasst drei Viertel der bekannten Welt, Johannes' Herrschaftssitz ist in „inner Indyane" (JTit 6186,1), sein größter Palast in Babylonien (→ Babylon), von wo aus er durch einen ‚Weltspiegel' die moralische Entwicklung all seiner Untergebenen beobachten kann. Sein Herrschaftsgebiet grenzt an das → Irdische Paradies, dessen wunderbare Topographie zusammen mit den angrenzenden Ländern („daz lant [...], da der pfeffer wehst", JTit 6161,2; Agremont, das Feuerland der Salamander, JTit 6179,1–6185,4) entfaltet wird.

---

23 Vgl. Schmid 2010.
24 Vgl. Müller 2008b, 298.
25 Die Bedeutungsdichte der Gralstempel-Beschreibung lässt sich in diesem Artikel noch nicht einmal annähernd wiedergeben; vgl. Zatloukal 1978, Brockmann 1999, Barber 2003.
26 Für einen Vergleich der allegorischen Strategien von Gralstempel- und Minnegrottenbeschreibung vgl. Bußmann 2010.
27 Wandhoff 2003, 259–270.
28 Für diese Unterscheidung von Ort (*lieu*) und Raum (*espace*) vgl. de Certeau 1988, 218; s. Abschn. 5.2 dieses Artikels; vgl. dazu auch Däumer et al. 2010b, 9–11.

Die Gralsgesellschaft wandert in diese → Ferne-Utopie aus; der Gralstempel und die Burg werden durch ein Gotteswunder in die neue Heimat versetzt (JTit 6279,1–6285,4). Damit fällt der Gralsbezirk mit der wunderbaren Topographie des Johannes-Reichs zusammen und wird dem arthurischen Erzählen entzogen.

Wolfram beendete seinen *Parzival* mit einem Abriss der Geschichte des Parzivalsohns Loherangrin (Parz_(L) 823,27–826,30), der von Gott der Fürstin von Brabant in einem Schwanenboot zur Ehe geschickt wird. In seiner Person verbindet Loherangrin den sakralen (,entrückten') Gralsbezirk mit einem real-historischen (und real-topographischen) Fürstengeschlecht – jedoch unter der Bedingung, dass die Fürstin ihn nie nach seiner Herkunft frage respektive die Verschränkung der Welten nie explizit werde.

Eine eigenständige Umsetzung der Fabel wird im Rahmen des Wartburg-Sängerkriegs von einem gewissen Nouhuwius (oder Nouhusius)[29] in Wolframs Mund gelegt. Um eine Verbindung der Grals- mit der historischen Welt zu gewährleisten, arbeitet der *Lohengrin* (ausgehendes 13. Jh.) mit einer gezielten räumlichen Irreleitung. Als Elsam von Prabant ein magisches Glöckchen läutet, das ihr einen helfenden Ritter bringen soll, erschallt dieses so laut, dass „[d]er galm gein Frankriche gienc" (Loheng 38,4). Direkt darauf wird beschrieben, wie Artus von Elsams Notlage hört. Lohengrin wird von Artus und dem Gral erwählt. Der junge Ritter will zunächst mit seinem Pferd nach Antwerpen aufbrechen. Doch Gott sendet ihm das Schwanenboot (Loheng 63,1–10). Bis zu diesem Zeitpunkt wurde nicht bestimmt, wo sich der Grals- und Artusbezirk befindet; aufgrund der Reichweite des magischen Glockengeläuts könnte man ihn jedoch in Kontinentaleuropa vermuten.

Mit dem Schwanenboot wird die Reise zu Elsam nicht weltlich (oder ,aventiurlich') angetreten, sondern mittels eines ,Seelentiers',[30] Symbol der ekstatischen Entrückung[31] oder aber – konkret keltisch – eines ,Seelenführers',[32] was der Reise den Charakter einer nicht nur andersweltlichen, sondern sogar transzendenten Grenzüberschreitung verleiht. Die Überfahrt wird dann auch mit mehreren Mitteln (wundersame Speisung, engelsgleicher Schwanengesang, Schlaf) entsprechend inszeniert (Loheng 64,1–68,4).

Nachdem die Ehe mit Elsam gescheitert ist, enthüllt Lohengrin dem gesamten kaiserlichen Hof seine Herkunft (Loheng 708,1–719,1). Hier erwartet nicht nur die Figuren, sondern auch die Rezipienten eine Überraschung: Die Lage des Grals- und Artusbezirks, die zuvor in der Schwebe gehalten wurde, wird analog zur Entrückung im *Jüngeren Titurel* nach Indien verlegt. Gewann man anfangs also noch den Eindruck, dass der *Lohengrin* das ältere Entrückungs-Narrativ ignoriere, wird nun klar, dass er es lediglich vorübergehend verschleiert, um den Grals- und Artusbezirk als anderswelt-

---

29 Genannt im Stollenakrostichon der Schlussstrophen; vgl. Cramer 1985, 899.
30 Vgl. Bies 2007, 294
31 Vgl. Bies 2007, 292.
32 Vgl. Ehrismann 2007, 303.

liche Gegenwelt narrativ verfügbar zu halten. Dies geschieht jedoch mit der gestörten Mahrtenehe (bzw. mit Bezug auf ältere Schwanenrittererzählungen)[33] im Rahmen eines Erzählmusters, das am Ende eine Verhärtung der Entrückung garantiert.[34]

3.2 Narrative Funktionen

Im Verlauf von Wolframs *Parzival* über den *Jüngeren Titurel* bis hin zum *Lohengrin* ist ein kontinuierlich zunehmender Hang zur Entrückung des Bezirks festzustellen. Angelegt ist dieser in der fortschreitenden Entweltlichung der im Bezirk gelagerten Sigune-Figur. Ebenso werden weltliche Belange zunehmend durch höhere Zielsetzungen motiviert, beispielsweise bei der militärischen Verteidigung des Bezirks, der mit der moralischen Verteidigung der Herzens gleichgesetzt wird (JTit 310,3 f.). Letztlich läuft dies auf eine poetologische Bedeutung des Bezirks hinaus, beispielsweise wenn die Bauarbeiten mit der Dichtkunst verglichen werden (JTit 319,1–4). Dieser Zusammenhang kulminiert in der Beschreibung des Gralstempels im *Jüngeren Titurel*. Funktional stellt der Gralstempel eine enorme Erweiterung dessen dar, was bei Chrétien und Wolfram als das ‚Allerheiligste', eben als *templum*, angelegt und durch erzählerische Vagheit ‚abgesondert' respektive sakralisiert wurde. Das heißt, dass mit der Abrückung des Bezirks auch die Dichtung selbst für sich den Charakter quasi-sakraler Unzugänglichkeit behaupten darf. Dies ist auch handlungslogisch umsetzbar; so im *Lohengrin*, in dem die Entrückung des Gralsbezirks Grundlage für seine Andersweltlichkeit ist, welcher es für einen Plot nach dem Muster der gestörten Mahrtenehe bedarf.

4 ‚Erlösung': die afrz. Chrétien-Fortsetzungen und deren mhd. Rezeption

4.1 Merkmale der Darstellung

Schon in Chrétiens Fragment wird der Gralsbezirk nach außen projiziert und für den zweiten Protagonisten Gauvain das Schloss der Königinnen als profane Variante des Gralsbezirks angelegt (ein Konzept, das Wolfram zu einer Parallelisierung der Burgen zuspitzt).[35] In den afrz. Chrétien-Fortsetzungen (erste und zweite: zw. 1191 u. 1200;

---

33 Vgl. Ehrismann 2007.
34 Albrecht erzählt im *Jüngeren Titurel* von einer zweiten Ehe Lohengrins, die aufgrund der Eifersucht seiner folgenden Ehefrau Pelaie mit seinem Tod endet (JTit 5997,1–6045,4) und so den Versuch der Weltenverschränkung vollends in die Katastrophe leitet.
35 Vgl. Müller 2008b, 299 f.

Manessier-Fortsetzung: ca. 1214–1227) wird die Projektionstechnik auf weitere ‚Außenstellen' angewendet. Sie tragen zur ‚Aventiurisierung' des Gralsbezirks bei, wie die vorgelagerte → Kapelle, deren Gefahren es ab der *Première Continuation* (PercConte 19915–19994) ouvertürenhaft vor Eintritt in den inneren Bezirk zu bewältigen gilt. Dieser neue Gralsort kann im Sinne einer Reintegration ursprünglich keltischer Raumkonzepte verstanden werden.[36]

Im Verbund mit den Fortsetzungen wird ein Pseudo-Prolog, die sog. *Elucidation* (A. 13. Jh.) tradiert. Dort wird das Motiv der *terre gaste* erstmals voll ausgestaltet (Eluc 29–115), welches erst in der modernen Rezeption der Gralstopographie prägend wird.[37] In der *Elucidation* spiegelt das öde Land Logrien mit seiner Unfruchtbarkeit das Schwinden des Mythischen, der → Brunnen- oder Hügel-Nymphen[38] (Eluc 63–89). Diese Spiegelfiguren der keltischen Feen mit ihren *cups of plenty* verschwinden aufgrund einer sexuellen Gewalttat gegen eine aus ihrer Gruppe und bedingen so die Öde des Landes wie das Leiden des Fischerkönigs.

Die Umgestaltungen des chrétienschen Raumkonzepts durch die Fortsetzungen und den Pseudo-Prolog erhalten durch ihre Teilrezeption in Heinrichs von dem Türlin *Krone* (zw. 1215 u. 1230) Einzug in die deutschsprachige Literatur. Jedoch überträgt Heinrich die afrz. Texte nicht (wie später Philipp Colin, Claus Wisse und Samson Pine, die Autoren des *Rappoltsteiner Parzival*), sondern konstruiert über die dort vorgefundenen Motive eine andersartige Räumlichkeit des Gralsbezirks. Konzeptionell sind dabei die sog. Wunderketten (Krone 13925–14926; 15932–17499; 28608–28990) besonders auffällig, in denen der Protagonist Gawein durch ein wüstes Land (erste und zweite Wunderkette) und einen Wald (zweite Wunderkette) reitet, vorbei an enigmatischen Bildern, in die er nicht eingreifen kann oder darf. Diese Raumkonstellation steht im Zusammenhang mit dem bretonischen Märchen *Peronnik*, das, obzwar erst im 19. Jh. überliefert, von der älteren Forschung als Ur-Gralsmärchen angesehen wurde.[39]

---

36 Vgl. Loomis 1963, 153, Däumer 2011, 100, Fn. 115.
37 T. S. Eliot bezieht sich mit seinem Gedichtzyklus *Wasteland* (1922) auf Jessie L. Westons *From Ritual to Romance* (1920), eine Studie, in der die *Elucidation* als echter, vorchrétienscher Ursprung des Gralsmotivs aufgefasst und in weite natur-mythische Zusammenhänge gesetzt wird. Es ist also einer Fehldatierung des frühen 20. Jh.s geschuldet, dass ein Raumelement, das weder Chrétien noch Wolfram kennt, unter der Annahme seiner Originalität zum dominierenden Bild der (modernen) Gralslandschaft werden konnte; vgl. Eliot 1988 [1922] und vgl. Weston 1920, Chapter II, 10–16.
38 Störmer-Caysa zeigt, dass es sich bei den „Nymphen in *puis*" sowohl um Brunnen- wie Hügel-Wesen handeln kann, je nachdem, ob man den afrz. Begriff von lat. *puteus* oder lat. *podium* herleitet. Der *Rappoltsteiner Parzival* geht in seiner Übertragung bspw. von Hügeln aus (vgl. Störmer-Caysa 2011, 411).
39 Für die eher gewagte Einschätzung vgl. Junk 1911, 15–19. Es ist Justin Vollmann zu verdanken, dass dieser (mögliche) Prätext auch hinsichtlich der raumkonstitutionellen Zusammenhänge der Wunderketten neu erschlossen wurde; vgl. Vollmann 2008, 135–140.

Bei Gaweins erstem Gralsbesuch (Krone 14560–14926) wird er direkt in die Gralsburg eingelassen und trifft in einem rosenbestreuten prächtigen Palas den greisen Gralsherren. Nach einer Begrüßung erkundet Gawein das Burginnere. Hier zitiert Heinrich die *Première Continuation*, indem er ein Kapellen-Abenteuer einbaut, dieses jedoch nicht vor die Gralsburg setzt: Die ‚Außenstelle' des Grals wird re-integriert und erscheint so nicht als Ouvertüre, sondern als Teil des Gralsgeheimnisses. Bei der anschließenden Prozession stellt Gawein zwar ebenfalls keine Frage, findet des Nachts den Gralsherren tot und am folgenden Morgen sich selbst auf freier Flur – eine Fehlerzuweisung wie bei Parzival findet jedoch nicht statt.

Gawein tritt seine finale Gralssuche zusammen mit Keie, Lanzelet und Kolocreant an. Das Gralsgebiet wird mehrmals als „habe wild" (‚wilde/wüste Gegend'; Krone 28284; 28367) beschrieben, schließt also an die Tradition der *terre gaste* aus der *Elucidation* an. Diese Wüste wird von einem See umschlossen, den die Gralssucher unter Todesgefahr durchschwimmen, um am anderen Ufer getrennte Wege zu gehen. Gawein treibt ein ihn umschließendes Feuer in die Burg einer Göttin (Krone 28362–28607; früher als Manbur identifiziert). Sie instruiert Gawein; dann entlässt sie ihn in die ‚Schleuse' der dritten Wunderkette.

Heinrichs Gralsland-Passage animiert und motiviert die Elemente der Vorlagen und gibt im Modus des Surrealen den Blick auf Texttraditionen frei: Das lebende Feuer schlägt den Helden leitend aus dem Boden, die vergewaltigte Brunnen-/Hügel-Nymphe der *Elucidation* sichert als göttliche Helfergestalt das Gelingen der anstehenden Erlösung und der wolframsche Gralssee wird gefährliches Hindernis, womit sich seine Funktion wieder der Abschließung der keltischen Feenburgen annähert.

Für den zweiten Gralsbesuch (Krone 28991–29660) wird die Kapelle der *Première Continuation* wieder exkludiert und dient nun Keie als separierter *âventiure*-Ort, an dem er scheitern darf. Die drei anderen Gralssucher werden in den Illes geheißenen inneren Bezirk zum augenscheinlich fröhlichen Treiben der Gralsgesellschaft geladen. Sie betreten den abermals mit Rosenblättern gezierten Palas. Bei der Prozession schlafen die beiden Begleiter ein, doch der instruierte Gawein stellt die Erlösungsfrage. In der nun folgenden Erläuterung des Gralsherren entpuppt sich der Prunk der Gralsburg als doppelbödig: So überdecken die Rosenblätter mit ihrem Wohlgeruch den eigentlichen Umstand, dass es sich bei der Gralsgesellschaft um Untote handelt. Diese lösen sich auf; ob auch der Gral damit entrückt wird, bleibt textuell unklar.[40] Das Gebäude jedoch bleibt bestehen und mit ihm die Göttin, die sich als neue Herrin der Burg zu erkennen gibt und stellvertretend für die Brunnen-/Hügel-Nymphe der *Elucidation* ihr angestammtes Reich wieder in Besitz nimmt.

---

40 Vgl. Felder 2006, 710, Kommentar zu Krone 29607.

4.2 Narrative Funktionen

In den Texten, die den Erlösungsnarrativen zuzuordnen sind, wird der Gralsbezirk zum symbolischen Raum eines Verlusts, der den Körper der Herrscherin oder des Herrschers und ihr/sein Territorium in ein metonymisches Verweisverhältnis zueinander setzt. Die *Elucidation* erzählt diesen Zusammenhang als bereits überwundenen, schildert also auch die Üppigkeit Logriens nach dessen Erlösung (Eluc 383–400) und markiert die *terre gaste* so als Übergangsraum zwischen ‚Sündenfall' und Erlösung.

Für das Erlösungsnarrativ wird es bedeutend, dass in der Nachfolge von Chrétien zunehmend symbolische ‚Außenstellen' des Grals die Handlung bestimmen. Bei Heinrich von dem Türlin sind diese in Form der Wunderketten als ‚Transiträume'[41] angelegt, in denen der Protagonist weder identitär noch topographisch ein Verweilen hat. Diese Raumkonzeption hat den Effekt, dass funktional ein Sprung aus dem vertrauten ‚Handlungsraum' in einen dreiteiligen ‚Schauraum' stattfindet[42] respektive „eine Überleitung Gaweins ins Reich der Uneigentlichkeit und der Allegorie".[43] Die Ketten fungieren also einerseits als traumhafte,[44] surreale oder aber allegorische ‚Schleusen', durch die der Protagonist den Gralsbezirk erreicht, andererseits aber auch (im Sinne der Heterotopie) als Abschließungsmechanismen, deren ‚Uneigentlichkeit' es für das Erreichen und Erlösen des ‚Eigentlichen' zu überwinden gilt. Aufgrund einer auffälligen *descensus*-Bildlichkeit der Wunderketten wird das transitäre Durchqueren (funktional vergleichbar dem Übersetzen Lohengrins im Schwanenboot; s. Abschn. 2) nicht nur als uneigentlicher und andersweltlicher, sondern konkreter als jenseitiger Weg im Sinne einer Jenseitsreise (→ Himmel, Hölle) gekennzeichnet.[45]

Im Gegensatz zu den Grals-Entrückungen wird in den Erlösungsnarrativen am Ende das Verbleiben der Gralsburg als konkreter und nicht in die Ferne entrückter Ort betont. Damit wird der Transit-Charakter der ‚Außenstellen' als das raumkonzeptuelle Übel ausgewiesen, wovon der Protagonist eine ‚realistische' arthurische Topographie zu erlösen hat. Diese Tendenz der Unterordnung des Grals unter ein weltlich gesinntes Artusrittertum (oder anders: zur Erlösung der fiktionalen Realität *vom* Gral) lässt auch den *Rappoltsteiner Parzival* (1331–1336) in diese Kategorie fallen, dessen frei gestaltetes Ende „auch Artus und die Tafelrunde in den Genuß der Gralswirkung kommen" lässt und den Gral „trotz seiner vielen in den Quellen angelegten Wirkungsmöglichkeiten vor allem als nützliches Zaubergerät in Erinnerung" hält.[46] Gralsburg und -bezirk bleiben als artefaktische Erinnerungszeichen an eine Erlöser-

---

41 Vgl. Augé 1994, 121 (passim).
42 Zur Unterscheidung von Schauraum und Handlungsraum vgl. Wyss 1981, Bleumer 1997, 238–255.
43 Störmer-Caysa 2005, 540.
44 Vgl. Meyer 1994, 120–124.
45 Vgl. J. Keller 1997, 327–335, Däumer 2013b, 241–294.
46 Wittmann-Klemm 1989, 996.

tat bestehen, die den sakralen (,abgesonderten') Status als endgültig überwunden ausweisen.

5 ,Entgrenzung': Robert de Boron, der afrz. *Vulgata-Zyklus* und dessen mhd. Übertragung (*Prosa-Lancelot*)

5.1 Merkmale der Darstellung

Eine ungefähr zeitgleich zu Chrétien vollzogene Prägung des Gralsbezirks findet in Roberts de Boron *Roman de L'Estoire dou Graal* (E. 12. Jh.) statt. Dieser folgt dem Muster der Objektlegende, hält den Gral also (im Besitz Josephs von Arimathia) auf Wanderschaft. Nur an einer Station dieses Wegs ergibt sich die Ausprägung eines mobilen Bezirks in Form der Gralstafel, des verbindenden Versammlungszentrums zwischen Abendmahltisch und arthurischer Tafelrunde. Der afrz. Text lässt es im Unklaren, wo diese Tafel aufgestellt wird (RobGraal 2362–2367). Nach dem Auszug von der Zweiten Tafel geht die nächste Generation der Gralshüter gen Westen in die „vaus d'Avaron" (RobGraal 3132), was mit Avalon und im Zuge einer (unsicheren) Realtopographisierung mit Glastonbury (Somerset) gleichgesetzt wurde.[47] Aufgrund der Unschärfe des afrz. Texts fanden später verschiedene real- oder literar-topographische Verortungen der Zweiten Tafel statt: Der altprovençalische *Roman d'Arles* verortet sie eben in Arles;[48] im Zuge des afrz. *Vulgata-Zyklus* und seiner Rezeption setzt sich jedoch die Stadt Sarras als ihre Heimstätte durch.

Der auf Roberts christlicher Mythisierung aufbauende *Vulgata-Zyklus* entwirft (dem Prinzip des – in der Textvergangenheit – wandernden Kultobjekts entsprechend) eine von Gralsorten durchzogene Artuswelt, welche den eigentlichen Kernbezirk entgrenzen. Die beiden von der Gralsqueste handelnden Teile (*Lancelot propre*, *Le Queste del Saint Graal* [beide zw. 1215 und 1230]) wurden zusammen mit einem abschließenden dritten Teil als sog. *Prosa-Lancelot* ins Mhd. übertragen (erste Übersetzungsphase um 1250, zweite zw. 1350 und 1390). Sie entwickeln differierende Konzeptionen des Gralsbezirks. Im *Lancelot-propre*-Teil des *Prosa-Lancelot* begegnen die Ritter mehreren Orten, an denen sich die Vorgeschichte des Grals bzw. die Legende des Joseph von Arimathia manifestiert: Gräber (→ Grab) an einem Gehöft (Lanc_I_(K) 151), an einem → Kloster (Lanc_I_(K) 614–617), der Friedhof einer verfallenen Burg mit *âventiuren*-Kapelle (Lanc_III_(KS) 144–152) oder eine Abtei (Lanc_II_(K) 499–505).

---

47 Vgl. Sandkühler 1957, 104. Für die (wahrscheinlich) fingierten Urkunden, die auf der Basis von Roberts Epos eine Kirchengründung in Glastonbury durch Joseph von Arimathia (bzw. durch seine Nachfolger) behaupten vgl. Flood 2008, 261; für den Zusammenhang von Avalon und Glastonbury vgl. Flood 2008, 262–264.
48 Vgl. Sandkühler 1957, 89.

Für den Artushof ist die wichtigste dieser Grals-Außenstellen der Gefährliche Sitz, der von Merlin als Prüfungsort eingerichtet wurde und der heterochronisch die Tafelrunde mit dem Tisch des Letzten Abendmahls und der Tafel Josephs von Arimathia verbindet (Lanc_III_(K) 97–103).

Ausgerichtet sind diese ‚Außenstellen' auf den zentralen Gralsbezirk um die Burg Corbenic, abermals ein wüstes Land (oft nicht thematisiert, in der *Queste* dann aber aus der Gralsvergangenheit heraus erklärt, Lanc_III_(K) 280). Im *Lancelot propre* wird Corbenic von Gawan (Lanc_III_(KS) 152–180), Lancelot (Lanc_II_(K) 284–299 und Lanc_II_(K) 810–820) und Bohort (Lanc_II_(K) 341–349 und Lanc_II_(K) 618–638) besucht. Die Gralsburg entfaltet sich dabei einerseits als *âventiure*-Ort und prägt eine rituelle Substruktur aus (der Badesaal der Fräuleins in der Wanne (→ Bad), der Palas als Ort der Gralsprozession und der Saal der *âventiuren*, in dem der jeweilige Suchende verworrene Visionen durchlebt, die von der Kammer des Grals, dem ‚Allerheiligsten' ausgehen). Dafür werden bestimmte Elemente des bei Chrétien noch ausschließlich Gauvain zugedachten ‚Schlosses der Wunder' in die Gralsburg verlegt. Andererseits ist Corbernic und dessen Umland vor allem in Bezug auf Lancelot ‚biographischer' Handlungsort: In der zum Bezirk gehörenden Burg Kaße zeugt Lancelot wider Willen mit der Gralsprinzessin den Erlöser Galaad (Lanc_II_(K) 293–299). Auf der ebenfalls zugehörigen Freudeninsel lebt er nach der Heilung vom Wahnsinn mit der Mutter seines Sohnes zusammen (Lanc_II_(K) 818–822). Als ihn Hector und Parzival dort antreffen und an den Artushof zurückholen (Lanc_II_(K) 822–827), erhält die Insel eine Schleusen-Funktion. Nicht zuletzt aufgrund des Plots um Lancelot und die Gralsprinzessin scheint der Bezirk weniger entrückt als in anderen Texten. So herrscht ebenfalls ein reger Austausch von Nachrichten zwischen Grals- und Artusgesellschaft (u. a. Lanc_II_(K) 540; 778).

Im *Queste*-Teil des *Prosa-Lancelots* wird der Einfluss des Grals auf die Artuswelt verabsolutiert und nicht mehr an konkrete Außenstellen gebunden; damit einhergehend wird der innere Gralsbezirk wieder entrückt. Schon bei der Einführung Parzivals im *Lancelot propre* wird dies deutlich, da der Gral nicht mehr an einem spezifischen Ort zu sehen ist, sondern sich dem Suchenden als ortsunabhängige Erscheinung zeigt (Lanc_II_(K) 800–802); das Gleiche geschieht bei der Gralserscheinung am Artushof zu Beginn des *Queste*-Teils (Lanc_III_(K) 18–20). Im Folgenden gewinnen vornehmlich Schiffe als mobile Gralsorte an Bedeutung. Bereits im *Lancelot propre* eingeführt (Lanc_II_(K) 504) sammelt in der *Queste* ein Schiff Parzival (Lanc_III_(K) 132–155), Bohort (Lanc_III_(K) 265 f.) und den in Begleitung von Parzivals Schwester befindlichen Galaad ein (Lanc_III_(K) 272 f.). Der Gruppe wird die Geschichte dieses Schiffs (und zwei weiterer) enthüllt (Lanc_III_(K) 273–291).

Der innere Gralsbezirk wird (mit Ausnahme des finalen Besuchs) nur über diese von Gott gelenkten Schiffe erreicht. Corbernic heißt Lancelot (Lanc_III_(K) 346–357) separiert vom Erlösertrio Galaad/Parzival/Bohort (Lanc_III_(K) 364–374) willkommen. Letztere bewirken die Entrückung des Grals (Lanc_III_(K) 374–384). Dabei ist der Transport in die Stadt Saras im Heiligen Land als Etablierung eines neuen Gralsbezirks zu verstehen, der sich anfangs als Handlungsraum zu entfalten scheint, dann jedoch endgültig entortet wird: Eine körperlose Hand hebt den Gral nach Galaads Tod ins Himmelreich.

5.2 Narrative Funktionen

Michel de Certeau schreibt: „Ein *Ort* [im Original: *lieu*, M. D.] ist also eine momentane Konstellation von festen Punkten. Ein *Raum* [*espace*] entsteht, wenn man Richtungsvektoren, Geschwindigkeitsgrößen und die Variabilität der Zeit in Verbindung bringt. [...] Insgesamt *ist der Raum ein Ort*, mit dem man etwas macht."[49] In diesem Sinn sorgt der wandernde Gral bei Robert de Boron dafür, dass sich der Gralsbezirk nicht als Ort, sondern als Raum ausbildet.[50] Es sind die (ehemaligen und gegenwärtigen) raumkonstituierenden Handlungen, die vom heiligen Gegenstand ausgehen, nicht dessen wirkliche physische Lagerung, die den Bezirk als ‚Unort' konstituieren.[51] Diese Form der Entgrenzung wird im afrz. *Vulgata-Zyklus* und im deutschsprachigen Raum durch den *Prosa-Lancelot* verstärkt, indem die gesamte fiktive Topographie von Gralsorten durchzogen ist. Diese fungieren (ähnlich wie die verstreuten Gegenstände) einerseits als Artefakte der Gralsvergangenheit, als Erinnerungsorte, die in ihren *âventiure*-Mechanismen den Suchenden einen Anschluss des eigenen Handelns an die mythische Vergangenheit ermöglichen. Andererseits sind sie im Sinne der Heterochronie[52] auch auf die Zukunft ausgerichtet und prophezeien, meist durch das Scheitern des jeweiligen *âventiure*-Aspiranten, das Kommen des Gralserlösers Galaad. In besonderen Fällen werden diese Heterochronien gar bis in die Gegenwart der Rezeption und damit bis in die reale Topographie hinein verlängert (Lanc_II_(K) 103). Durch die Konzeption dieser Außenstellen steigern sich die Möglichkeiten virtueller Raumüberlagerungen, die Verschaltungen des Raums der Handlungsgegenwart, der zukünftigen Erlösung und der Realität der Rezipienten.[53]

Auffälliges Symbol der ‚Virtualisierung' und ‚Verunortung' sind die Schiffe. Sie sind gleichzeitig symbolisch verankerter Ort (des Grals) wie beweglicher ‚Unort' (bezüglich der Artuswelt), welche die Suchenden mitunter (aufgrund von raumspezifischen Zeitgesetzen) für mehrere Jahre der Welt entziehen.

---

49 De Certeau 1988, 218; vgl. dazu auch Däumer et al. 2010b, 9–11.
50 Vgl. de Certeau 1988, v. a. 218.
51 Vgl. Däumer et al. 2010b, 9–15.
52 Vgl. Foucault 2006, 324: „Heterotopien stehen meist in Verbindung mit zeitlichen Brüchen, das heißt, sie haben Bezug zu Heterochronien [...]. Eine Heterotopie beginnt erst dann voll zu funktionieren, wenn die Menschen einen absoluten Bruch mit der traditionellen Zeit vollzogen haben."
53 Zur Definition des ‚virtuellen Raums' vgl. Wagner 2015b, 25–63; zum *Prosa-Lancelot* und im Speziellen der Ausprägung von ‚metaleptisch' erhöhten Orten vgl. Wagner 2015b, 291–339.

Die Verunortung kulminiert in der Entgrenzung des Wirkungsbereichs des Grals, indem sein Bezirks erst nach Indien versetzt und sodann vollends in die himmlische Sphäre entrafft wird. Damit werden – motivisch in Überkreuzung mit dem, funktional jedoch im Gegensatz zum Entrückungs-Narrativ – die Grenzen nicht in der Ferne neu gezogen, sondern die Entgrenzung des Grals-(Macht-)Bezirks verabsolutiert.

CdTPerc, Eluc, JTit, Krone, Lanc_I_(K), Lanc_II_(K), Lanc_III_(K), Lanc_III_(KS), Loheng, Parz_(L), PercConte, RobGraal

→ Anderswelten; → Bad; → Babylon, Jerusalem; → Brücke; → Burg, Schloss, Hof; → Ferne-Utopien; → Fluss, Quelle, Brunnen; → Gebirge, Berg, Tal; → Grab, Grabmal; → Grenze; → Hafen, Schiff; → Himmel, Hölle; → Indien, Mirabilienorient; → Insel; → Irdisches Paradies; → Kemenate, Gemach, Kammer; → Kirche, Kathedrale, Münster, Kapelle, Kloster, Tempel; → Klause, Einsiedelei, Einöde; → Minnegrotte; → Saal; → Schlachtfeld, Turnierplatz; → See, Teich, Pfütze; → Tor, Tür, Treppe, Fenster; → Wald, Lichtung, Rodung, Baum; → Weg, Straße, Pfad; → Wüste, Wildnis, Einöde

Silvan Wagner
Grenze

1 Begriffsbestimmung – 2 Merkmale der Darstellung – 3 Narrative und symbolische Funktionen – 3.1 Die Engführung physischer und metaphysischer Grenzdimensionen – 3.2 Spezifische Funktionen der Grenze – 3.2.1 Grenze als Ort eines unüberschreitbaren Hindernisses – 3.2.2 Grenze als Ort der endgültigen Exklusion – 3.2.3 Grenze als Ort des liminalen Daseins – 3.2.4 Grenze als Ort der List und Weisheit – 3.2.5 Grenze als Ort der Herrschafts- und Machtauseinandersetzung – 4 Resümee

1 Begriffsbestimmung

Das Mittelhochdeutsche besitzt über weite Strecken keinen abstrakten Begriff für das Phänomen der Grenze. Ein solcher wird mit mhd. *greniz* (f., auch *graniza, graenizen*) erst im 13. Jh. als Lehnwort aus dem Slawischen (poln. *granica*, tschech. *hranice*) bezeichnenderweise im Deutschordensland übernommen:[1] Der Deutsche Orden expandiert im 13. Jh. rasch und gezielt, um das Heilige Land zu erobern und für die Christenheit zu sichern; entsprechend verschieben sich ständig die konkreten äußeren Grenzen, die zugleich aber als Abstraktum stets im Fokus des Herrschaftsinteresses stehen, zumal die bleibende Herrschaft über bereits eroberte Gebiete durch kaiserliche Verträge zugesichert ist und kein besonderes Augenmerk verlangt.[2] Diese Fokussierung auf eine abstrakte Form der äußeren, militärischen Grenzlinie schlägt sich vor allem in Glossierungen lateinischer Urkunden mit dem mhd. Wort *greniz* nieder und wird erst im 14. und 15. Jh. auch im nd. und hd. Sprachraum übernommen.[3]

Nichtsdestoweniger ist Grenze als konkretes Phänomen für das Raumdenken des gesamten Mittelalters sehr präsent, da die Grenze in Nachfolge Aristoteles' als notwendigerweise zum Raum zugehörig erachtet wird.[4] Entsprechend ist Grenze zunächst kein bestimmter Ort, sondern eine Perspektivierung von Raum an sich: Wenn Raum für das Mittelalter durch In- und Exklusion über seinen Inhalt bestimmt werden kann,[5] kann Grenze definiert werden als Ort, an dem diese raumbildende In- und Exklusion stattfindet. Dadurch kann so gut wie jeder konkrete Ort Grenze werden.

---

1 Vgl. DWB 9, 124 f.
2 Vgl. Stürner 2007, 51–59.
3 Vgl. Pfeifer 1993 1, 474.
4 Vgl. Störmer-Caysa 2007, 25 sowie die Einleitung dieses Handbuchs.
5 Vgl. dazu Störmer-Caysa 2007, 23–26: Ein inhaltloser Raum ist im Neuplatonismus des Mittelalters zwar diskutierbar, wird aber als sinnlich nicht wahrnehmbarer, lediglich denkbarer Raum erachtet.

Die mhd. Begriffe, die das Phänomen Grenze bezeichnen können, semantisieren durchweg spezifische und zum Teil sehr konkrete Grenzformen: Der älteste Grenzbegriff *marke* (f., auch *merke* und mit Präfix *ge-*, ahd. *marcha* f., as. *marka*, ags. *mearc*)[6] bezeichnet ursprünglich allgemein → Wald[7] und erlangt im Mhd. die Bedeutungen ‚Grenze‘, ‚Grenzland‘, ‚umgrenztes Gebiet‘. Damit umfasst *marke* idealtypisch die drei grundsätzlichen Bedeutungsdimensionen des mittelalterlichen Grenzbegriffs: ‚Umriss‘, ‚Saumbereich‘ und ‚kompletter Inhalt eines Raumes‘. Der Begriff *rein* (m., auch *reinunge* f., ahd. *rein[a]* f.)[8] bezeichnet zunächst konkret die wild bewachsene Bodenerhöhung, die das beackerte Feld umgrenzt, in Ableitung auch den Damm, der das Meer ausgrenzt.[9] Die Begriffe *scheide* (f., auch mit Präfix *ge-* und als Komposita *lant-* und *under-*, ahd. *skeida* f.)[10] und *wande* (f., auch *wende* und mit Präfix *an-* und *en-*, ahd. *wenten*)[11] bezeichnen als Verbalsubstantive die Trennung bzw. die Umkehr und davon abstrahiert auch die Grenze. Das aus dem frz. entlehnte *tërme* (f., auch *tirme*) meint zunächst die konkrete Grenzsäule, davon abgeleitet auch die Grenze und das umgrenzte Gebiet.[12] Der Begriff *soum* (m., ahd. *siuwan*)[13] abstrahiert seine Grenzbedeutung von der ursprünglichen Bedeutung ‚Naht‘ bzw. ‚Rand eines Gewandes‘.

Obwohl grundsätzlich alle Orte die Funktion der Grenze annehmen können, sind einige Orte durch ihre realhistorische Verwendung als Grenzen für diese Semantisierung prädestiniert: → Fluss, → Meer, Wald, → Berg, Fels und → Baum sind in der Rechtspraxis des Mittelalters regelmäßige Grenzzeichen und finden sich analog auch in der Literatur.[14] Der narrative Gebrauch des abstrakten Ortes Grenze differenziert sich entsprechend aus in die konkreten Orte, die die Grenzfunktion annehmen; gattungsspezifische Verwendungsweisen sind den entsprechenden Artikeln zu entnehmen. Die Ausführungen im Folgenden beziehen sich vor allem auf den höfischen Roman (Heinrichs von Veldeke *Eneasroman* [1170–1180], Hartmanns von Aue *Erec* [um 1180] und *Iwein* [1180–1205], Gottfrieds von Straßburg *Tristan* [1210–1220]), die Heldenepik (*Nibelungenlied* [um 1200], *Rosengarten zu Worms* [vor 1300]), den Prosaroman (*Prosa-Lancelot* [ab M. 13. Jh.], *Melusine* des Thüring von Ringoltingen [1456]) und die Kleinepik (*Der arme und der reiche König* des Strickers [13. Jh.]).

---

6 Vgl. Grimm 1865, 32.
7 Vgl. Grimm 1865, 32 f.
8 Vgl. Pfeifer 1993 2, 1077.
9 Vgl. Grimm 1865, 34 f. Der Begriff *bivanc* trägt die gleichen Bedeutungen.
10 Vgl. Pfeifer 1993 2, 1188.
11 Vgl. Pfeifer 1993 2, 1555.
12 Vgl. DWB 21, 259.
13 Vgl. DWB 14, 1905.
14 Vgl. Köhler 1999, Müller-Bergström 2000, Simmerding 1997, 52–110.

2 Merkmale der Darstellung

Die Merkmale der Darstellung konkreter Grenzen sind identisch mit den Merkmalen der Darstellung ihrer Orte (vgl. die entsprechenden Artikel). Dennoch lassen sich auch Tendenzen der Darstellung von Grenzen auf abstrakter Ebene erkennen: Während Orte, die der menschlichen Bewegung einen natürlichen Widerstand bieten (Fluss, Meer, Wald, Berg), in der erzählenden Literatur des Mittelalters regelmäßig als Grenze in Erscheinung treten,[15] sind die Erzählungen auffällig sparsam in der Verwendung der (realhistorisch sehr bedeutsamen) Grenzmarkierungen Baum, Fels und Pfahl, die stark magisch aufgeladen sind.[16] Sicherlich ist dies ein Niederschlag der allgemeinen Tendenz der mhd. Dichtung, mythische Elemente zurückzudrängen, die auch die französischen Vorlagen oftmals prägen.[17] Spezifischer aber lässt sich daran auch erkennen, dass die mhd. Dichtung weniger an einem Erzählen im vorgeordneten und vergleichsweise statischen Raum des Mythos interessiert ist als vielmehr an einer dynamischen Verhandlung von (Herrschafts-)Raum (→ Land) und entsprechend auch Grenzen durch Erzählen.[18]

Exemplarisch zeigt sich dies in der Erzählung von der Gründung Karthagos, wie sie in Heinrichs von Veldeke *Eneasroman* in signifikanter Änderung der antiken, mythischen Tradition erzählt wird: „[Dido] quam ze Libîâ in daz lant / zû dem hêren den si dâ vant, / der des landes dâ gewielt / unde die hêrschaft hielt. / listichlîchen sie in bat, / daz er ir verkoufte an einer stat / eine wênege rîcheit: / sînes landes alsô breit, / dâ ez ir ze nemenne tohte, / als vil sô si belegen mohte / mit einer wênegen rindes hût. [...] Dô hiez si einen ir trût / nemen eine rindes hût, / sine woldez niht vermiden, si hiez die hût snîden / zeinem smalen riemen / und nam dô einen priemen / und hiezen stechen in daz lant. / den riemen si dar ane bant, / si nam in an dem ende / selbe mit ir hende, / dâ mite sie dô umbe gienk; / mit deme riemen sie bevienk / einen kreiz wîten. / in den selben zîten / stihte frouwe Dîdô / veste torne unde hô, / eine schône mure. [...] und warb dô listichlîche, / unz sie sô verre vore quam, / daz ir wart gehôrsam / Libîâ daz lant al / uber berch und uber tal" (En_(E) 25,9–26,8).

---

[15] Stellvertretend mögen folgende Beispiele genügen: Gawan muss in Wolframs von Eschenbach *Parzival* über eine tiefe Schlucht springen, die der Fluss Sabbins gegraben hat, um im Land Gramoflanz' gegen diesen kämpfen zu können (Parz_(L) 601,20–604,6); Gregorius gelangt bei Hartmann von Aue über das Meer zunächst aus dem Land seiner inzestuösen Herkunft und später wieder in das Land seiner Mutter (Greg 699–718; 1809–1850); die Gesandten des Heidenkönig Marsilias müssen im *Rolandslied* über die Berge, um in das Heerlager Karls zu gelangen (Rol 625–629); Iwein entflieht in Hartmanns von Aue gleichnamigem Artusroman dem Artushof in den diesen umgebenden Wald (Iw_(BLW) 3248).
[16] Vgl. Köhler 1999, Müller-Bergström 2000.
[17] Vgl. dazu exemplarisch und mit Diskussion klassischer Forschungspositionen Wolf 2007.
[18] Vgl. dazu Wagner 2015b.

Heinrich von Veldeke schildert das Geschehen der listigen Landnahme Didos signifikant anders als seine Prätexte: Bei Junianus Justinus schneidet Elissa (die phönizische Version Didos) Streifen aus der Kuhhaut und umlegt damit den zu begrenzenden Raum,[19] ebenso wie Dido im *Roman d'Eneas* (RdEn 399 f.), der unmittelbaren Vorlage Heinrichs. Die Dido des deutschen *Eneasromans* dagegen fabriziert aus der Kuhhaut ein zusammenhängendes Band, bindet dieses an einem Ende an einen in das Land eingeschlagenen Pfahl und zirkelt mittels des anderen Endes ihren Herrschaftsbereich in Form der künftigen Hauptstadt ab.[20] Ihr Umgang mit dem Phänomen der Grenze ist dabei noch weitaus dynamischer als in den Prätexten: Der Ausgangspunkt ist (wie schon in den Prätexten) ein Grenzbegriff, der mit dem umgrenzten Gebiet zusammenfällt – das Land, das von der abgrenzenden Kuhhaut bedeckt wird, soll Dido gehören. Im Unterschied zu den Prätexten nutzt Dido die zerschnittene Kuhhaut nicht als Demarkationslinie einer Außengrenze, sondern benutzt das Grenzzeichen gleichsam berührungsmagisch: Das Land, das von der als Zirkelschnur genutzten Kuhhaut berührt wird, geht in ihre Herrschaft über. Erst mit der hohen Stadtmauer, die Dido auf dem erzeugten Radius bauen lässt, entsteht eine Demarkationslinie, die als Außengrenze fungiert; doch auch diese Grenze stellt noch nicht den Abschluss des Abgrenzungsprozesses Didos dar: Ausgehend von der befestigten Stadt unterwirft Dido das angrenzende Umland und erzeugt so einen breiten Grenzsaum, der an der Stadtmauer beginnt und schließlich ganz Libyen umfasst. Gezielt oszilliert der Grenzbegriff bei Heinrichs von Veldeke Schilderung der Gründung Karthagos zwischen den Bedeutungen ‚Demarkationslinie', ‚Grenzsaum' und ‚umgrenztes Gebiet', um nicht einfach eine eindeutige Abgrenzung zu erzählen, sondern die Erzeugung eines dynamisch wachsenden Herrschaftsraumes. Ausgehend von der heuristischen Begriffsbestimmung der Grenze als Ort, an dem In- und Exklusion stattfindet, lassen sich auch äußere von inneren Grenzen unterscheiden: „Die Idee von [...] äußeren, linearen Grenzen existiert zwar *mutatis mutandis* im Mittelalter auch, [...] doch vorherrschend ist zumindest noch im Hochmittelalter eine ganz andere, komplementäre Grenzvorstellung von [...] inneren Grenzen. Räume können im Mittelalter als von ihrem Zentrum her begrenzt verstanden werden, im einfachsten Modell von einem Mittelpunkt, dessen In- und Exklusionswirkung nach außen hin immer schwächer wird; damit produzieren innere Grenzen einen mehr oder weniger breiten Grenzsaum, der exakte In- und Exklusion jenseits des Zentrums erschwert – wobei aber In- und Exklusion im Zentrum selbst idealtypisch und absolut erfolgen kann".[21]

Diese Differenzierung trifft auch auf die Schilderung der Stadtgründung Karthagos zu: Die Stadtmauer (→ Mauer) ist sicherlich zunächst eine äußere Grenze,

---

19 Vgl. Huss 1985, 41.
20 Heinrich von Veldeke greift bei dieser Schilderung auf die realhistorische Abgrenzungsmethode der Hegung zurück, vgl. ausführlich Schieb 1955, 177–180.
21 Wagner 2015a, 499.

doch mit dem zentralen Pflock setzt Dido eine innere Grenze, um die herum In- und Exklusion des Herrschaftsraumes → Stadt organisiert wird; die daraus resultierende Stadt wird wiederum eine innere Grenze, um die herum der weitere Herrschaftsraum Libyen aufgebaut wird. Diese Fixierung des Abgrenzungsprozesses auf diese innere Grenze macht der mhd. Text sehr deutlich: „Ir diende lût unde lant, / daz si dâ nieman ne vant / der ir getorste widerstân, / wan diu borch was sô getân, / daz siz allez mite betwank" (En_(E) 26,9–13). Zugleich bestätigt sich an diesem die Raumbildungsschilderung abschließenden Zitat, dass der Herrschaftskörper Didos der – allerdings bewegliche – Ort ist, der durchweg als (innere) Grenze des Herrschaftsraumes funktionalisiert wird.

Mit dem Oszillieren zwischen den Grenzsemantiken ‚Linie', ‚Saum' und ‚Bereich', mit dem dynamischen Spiel zwischen äußeren und inneren Grenzen und nicht zuletzt mit der Fixierung auf den beweglichen, handelnden Herrschaftskörper als Grenze und Begrenzendes ist die Gründungsgeschichte Karthagos im *Eneasroman* eine Engführung der mhd. Verwendungsweisen des Ortes Grenze.[22]

3 Narrative und symbolische Funktionen

3.1 Die Engführung physischer und metaphysischer Grenzdimensionen

Für die literarische Darstellung der Grenze ist symptomatisch, dass ihre physische Dimension mit ihrer metaphysischen Dimension engeführt wird. Die Überquerung der Grenze bzw. der Aufenthalt im Grenzbereich korrespondiert auffällig häufig mit einem Wechsel der Identität des sich bewegenden Subjekts bzw. mit einer Fragwürdigkeit von dessen Identität und *conditio*.[23] Plakativ schlägt sich dies schon im mythi-

---

[22] Das Motiv der Umhegung eines Herrschaftsbezirks mittels einer Tierhaut wird etwa noch von dem frühneuzeitlichen Prosaroman *Melusine* aufgegriffen. Hier bittet Reymund um so viel Land, wie er „in ein hirsch haut müge beschliessen oder damit vmbfahen" (TvRMel_(M) 30,14 f.). Auch hier wird die Haut zerschnitten (TvRMel_(M) 31,25), zu einem langen Band verarbeitet und anhand eines Pfahls zum Abzirkeln des Bereichs verwendet: „[Sie] steckten einen pfal auff ein ort in die erden / vnd bunden das ein ortt des langen hirß riemen an den pfal vnd vmbzugen da den velß vnd den vorgenanten turst brunnen / vnd gar ein michel weyte des tals darunder auff den bach hin der da floß" (TvRMel_(M) 32,3–7). Auch diese Grenze ist von einer Mischung unterschiedlicher Grenzarten gekennzeichnet: Im Motiv der zerschnittenen Tierhaut und im zentralen Pfahl klingt der magische Charakter der willkürlichen Grenzziehung nach, wird aber gekoppelt an die vorgefundene Grenze Fluss.
[23] Unter dem Stichwort der Liminalität hat dieses Phänomen eine theoretische Fundierung durch Victor Turner erfahren, die freilich zunächst eng auf Übergangsriten archaischer Gesellschaften fokussiert war (vgl. Turner 1974). Inzwischen ist Liminalität ein fester Baustein im kulturwissenschaftlichen methodischen Inventar der Geisteswissenschaften und wird weitaus breiter angewandt (vgl. Wiest-Kellner 2008). Die Liminalitätsdiskussion hat jedoch mitunter das Problem, Grenzphänomene als existenziell-kritische Ausnahmesituationen erfassen zu müssen, die das Alltägliche in die Krise

schen Motiv des Grenzfrevlers nieder, der dazu verdammt wird, nach seinem Tod als Wiedergänger am Ort der verletzten Grenze zu erscheinen.[24] Die mhd. Literatur kennt diese Koppelung von immanenter Grenze und transzendenter Grenze zwar auch noch (s. Abschn. 3.2.1, das Ende des *Alexander* des Pfaffen Lamprecht), ersetzt aber im Zuge einer Marginalisierung der mythischen Aspekte des Fiktionalen (s. Abschn. 2) oftmals den Aspekt des Sterbens (metaphysischer Grenzwechsel von Immanenz zu Transzendenz) durch den Aspekt der Krise (metaphysischer Grenzwechsel von einem immanenten Zustand zu einem anderen). In Gottfrieds von Straßburg *Tristan* etwa fungiert das Meer einerseits als physische Grenze zwischen Cornwall und Irland, ist andererseits aber auch der Ort einer metaphysischen Grenzkreuzung in Form einer radikalen Identitätsveränderung: Bei der ersten Irlandfahrt wechselt der Held Tristan seine Identität und wird der Spielmann Tantris (Tr_(R) 7231–8225); und bei der zweiten Irlandfahrt wird durch den Minnetrank (der am Grenzort → Hafen eingenommen wird, Tr_(R) 11657) für Isolde aus Tristan, dem Brudermörder, Tristan, der Geliebte. Parallel dazu wird aus Tristan, dem treuen Vasallen Markes, Tristan, der Verräter und Betrüger (Tr_(R) 11367–11874). Auch die anderen Identitätswechsel Tristans zum Jäger,[25] erneut zum Spielmann[26] und zum Mönch[27] sind stets unmittelbar mit dem Grenz-

---

führen; dies trifft sicherlich auf viele, nicht aber auf alle Verwendungen der Grenze in mittelalterlicher Literatur zu. Hier scheint die Koppelung von physischen und metaphysischen Grenzsemantisierungen der Normalfall zu sein, ohne den Umweg über den Ritualbegriff zu benötigen.

24 Vgl. Köhler 1999, 136.

25 Dies betrifft bereits den ersten Identitätswechsel Tristans, die Trennung von seinen Zieheltern und seinem Erzieher Kurvenal durch die Entführung der Kaufleute: Rual und Florete performieren ihre Trauer um Tristan, den sie wie einen Verstorbenen vermissen (vgl. Tr_(R) 2378 f.), am Meeresstrand, also an dem Ort der physischen Grenzüberschreitung Tristans, der dort auf das → Schiff der Kaufleute gestiegen war: „sus giengen sî dô beide / in ir gemeinem leide / und al ir ingesinde / nâch ir verlornem kinde / weinen ûf des meres stat" (Tr_(R) 2381–2385). Nach der Überquerung des Meeres schlüpft Tristan listig in die Identität eines Jägers Markes (Tr_(R) 2690–2730).

26 Vgl. Tr_(R) 13275–13450. Eingebettet ist die Verwandlung Tristans in den Spielmann diesmal in die Gandin-Episode: Der Spielmann Gandin entführt Isolde, und Tristan verkleidet sich als Spielmann, um seinerseits Isolde wieder rückzuentführen. Dies gelingt an einem intensiv als Übergangsraum inszenierten Grenzsaum: Gandin muss mit Isolde in seinem Schiff am Ufer auf die Flut warten, um ablegen zu können (Tr_(R) 13269–13274). Tristan hält mit seinem Spiel Gandin so lange auf, bis die Flut die Landungsbrücke überspült hat, die zum Schiff führt (Tr_(R) 13326–13370). Tristan bietet an, Isolde auf seinem Pferd zum Schiff zu tragen, und die Rückentführung gelingt. Damit schafft der Text eine Gemengelage der Grenzen Land/Meer, Ebbe/Flut, Tristan als Ritter/als Spielmann, Isolde als Besitz Gandins/Markes.

27 Vgl. Tr_(R) 15560–15633. Die Verwandlung Tristans ist eingebettet in das Gottesurteil: Isolde soll anhand einer Feuerprobe ihre Treue gegenüber Marke beweisen. Sie lässt sich von dem als Mönch verkleideten Tristan vom Schiff, mit dem sie am Gerichtsort angereist ist, an Land geleiten und fällt ihm genau im Übergang zwischen Wasser und Land in die Arme: „dô'r an den stat / und ûz hin an daz lant getrat, / der wallaere nider zer erden sanc / und viel als âne sînen danc, / daz sich der val alsô gewac, / daz er der küneg în gelac / an ir arme und an ir sîten" (Tr_(R) 15591–15597). Isolde kann nun schwören, in keines Fremden Armen je gelegen zu haben mit Ausnahme des Pilgers und besteht

raum Meer bzw. den konkreten Grenzorten → Ufer, Hafen und → (Landungs-)Brücke verbunden. In Hartmanns von Aue *Iwein* fungiert der Wald einerseits als Grenze des (nicht durch eine → Burg und entsprechende Mauern begrenzten) Artushofs, andererseits aber auch als Grenzraum des Identitätsverlustes Iweins, in den dieser nach seiner Schmähung am Artushof flüchtet und dort glaubt, ein Bauer zu sein.[28] In Hartmanns *Gregorius* dient zunächst ebenfalls das Meer einerseits als physische Grenze, andererseits als Identitätsgrenze: Gregorius tauscht bei seiner ersten, unfreiwilligen Überquerung als Säugling seine Identität als inzestuöses Herrscherkind mit einer Identität als armer Fischersohn (Greg 923–1136); bei seiner zweiten Überfahrt tauscht er ein Leben als Mönch mit einem Leben als Ritter (Greg 1432–1876). Noch intensiver aber fungiert ein anderer Grenzort als physische und metaphysische Grenze zugleich: Nach dem Inzest mit seiner Mutter lässt sich Gregorius von einem Fischer auf einen Felsen inmitten eines → Sees übersetzen (Greg 3083–3100). Er wechselt seine Identität beim Übertritt zum Grenzort Felsen und wird zum Büßer, der er 17 Jahre lang bleibt; beim Verlassen des Grenzortes und beim erneuten Übersetzen über den See wird Gregorius vom büßenden Sünder zum von Gott gerechtfertigten Papst (Greg 3585–3740).[29]

Diese Engführung von physischen und metaphysischen Dimensionen der Grenze bestimmt die narrative Funktion des Ortes Grenze grundsätzlich und zeigt auch, dass die Abkehr der höfischen Literatur von einem mythischen Grenzbegriff (s. Abschn. 2) keine Hinwendung zu einem ‚realistischen' Raum- bzw. Grenzkonzept impliziert: Die Grenze dient in der mhd. Literatur in erster Linie nicht mehr zum mythischen Ab- und Ausgrenzen der → Anderswelt, sondern als Ort des Durchdringens der aktuellen Realität mit alternativen Dimensionen.

3.2 Spezifische Funktionen der Grenze

Jenseits ihrer Funktion als Engführung physischer und metaphysischer Veränderung lassen sich für die literarische Verwendung der Grenze idealtypisch weitere Funktionen unterscheiden, die in der Regel aber gemischt aktualisiert werden. Der hier vorgeschlagenen Systematik, die sich an der narrativen Funktion orientiert, wären weitere an die Seite zu stellen (etwa orientiert an der Materialität der Grenze, die physisch,

---

die Treueprobe. Der Text schafft hier eine Gemengelage der Grenzen Land/Meer, Tristan als Ritter/als Mönch, Isolde als treu/untreu und nicht zuletzt göttliches Recht/Unrecht.
28 Vgl. Iw_(BLW) 3227–3260; 3557.
29 Den Grenzort des vom Wasser umschlossenen Felsen als Ort der Buße und des Wechsels von einer sündhaften zu einer gerechtfertigten Identität greift auch das Märe *Adam und Eva* auf. Dort befiehlt Adam Eva als Buße für die eben erfolgte Gesetzesübertretung, im Paradiesfluss Tigris auf einem Stein stehend bis zum Hals im Wasser 40 Tage auszuharren; er selbst leistet analoge Buße im Jordan (AdamA 73–90). Auch in der Legende *Von sente Brandan* büßt Judas auf einem Stein im Meer und kann an diesem Grenzort für kurze Zeit der Hölle entkommen (Brandan_(Z) 936–1092).

magisch, menschlich etc. sein kann, oder orientiert an der bereits ausdifferenzierten Natur der Grenze als Demarkationslinie, Saum oder umgrenzter Bereich).

3.2.1 Grenze als Ort eines unüberschreitbaren Hindernisses

Sehr selten wird die Grenze als Ort eines unüberschreitbaren Hindernisses inszeniert – die mhd. Literatur ist eher an Verhandlung denn an absoluter Setzung von Grenzen interessiert. Eine prominente Ausnahme stellt das Ende des Alexanderromans in der Fassung des Pfaffen Lamprecht dar, der grundsätzlich von einer Inszenierung unüberschreitbarer Grenzen gekennzeichnet ist.[30] Alexander, der bislang alle irdischen Grenzen überwinden und seinen Herrschaftsbereich ultimativ ausdehnen konnte, kommt schließlich ans Ende der Welt (SAlex_(L) 4895–4898; → Ränder der Erde). Hier unterbricht die Handlung und Alexander schreibt einen Brief an seine Mutter, in dem er seinen Weg durch die Welt beschreibt; darin wird das Ende der Welt erneut geschildert, was Alexanders Scheitern an der ersten unüberwindbaren Grenze auffällig verdoppelt: „Dannen hûb ih mih sân / mit mînem ingesinde / der werlt an daz ende, / dâ der werlt nabe stât / und der himel umbe gât / alse umbe die ahsen daz rat. / Dô hôrtih, wâ man sprah / (ouh hôrtiz mîn here) / kriechische sprâche in dem mere. / Mîne man sih des vermâzen, / si wolden swemmen in daz mere [...] / Daz wart in starke bewert / von den tieren in dem mere. / Daz wunder scowete mîn here, / wâ di zwêncich an der stunt / sunken an des meres grunt" (SAlex_(L) 5489–5510).

Das Ende der Welt ist geschildert als eine Mischung von innerer und äußerer Grenze: Das Bild der Nabe und der Radachse evoziert eine innere Grenze[31] (die dann auch im physischen Sinne überhaupt nicht überschritten werden kann), der umgrenzende Himmel, der mit dem Rad verglichen wird, evoziert eine äußere Demarkationslinie. Schließlich bietet die Schilderung noch mit dem Meer einen klassischen Grenzort, der potenziell überwunden werden kann – doch sterben alle bei dem Versuch. Alexander operiert nun nicht weiter an dieser Grenze, sondern im Umland und flicht in seinen Brief die Episoden der Königin Candacis und der Amazonen ein. Das Thema der unüberschreitbaren bzw. unüberschrittenen Grenze bleibt aber, und dies sowohl in physischer (SAlex_(L) 5513–5516; 5795–5802; 6465 f.) als auch in metaphysischer Hinsicht.[32] Schließlich will Alexander als letzte, wieder aktuell erlebte Episode das

---

[30] Vgl. dazu ausführlich Schlechtweg-Jahn 2006, 77–84, Schlechtweg-Jahn 2002.
[31] Hinzu kommt, dass Alexander im Grenzmeer seine Heimatsprache Griechisch hört, wodurch das Ende der Welt mit dem Anfang der Alexandererzählung in Griechenland enggeführt wird. Das Ende der Welt ist nicht schlicht ein äußeres Ultimum, sondern ein Ort des Eigenen, an dem freilich eine umfassende Exklusion erfolgt.
[32] Alexander wird von Candacis ohne Kampf bezwungen (SAlex_(L) 6162–6173), der Gott verweigert Alexander die Auskunft über den Zeitpunkt seines Todes (SAlex_(L) 6425–6446), der Brief der Amazonen berichtet von dem Kriegszug Cyrus', der die *marke* der Amazonen nicht überwinden konnte (SAlex_(L) 6543–6558), und Alexander verspricht, das Land der Amazonen nicht einzunehmen (SAlex_(L) 6564–6581).

→ Irdische Paradies erobern, was erneut mit einer Häufung von Grenzsemantisierungen eingeleitet wird. Alexander muss zunächst einen äußerst beschwerlichen Grenzsaum aus Bergen, einem Tal, schmalen Steigen und Drachen durchdringen (SAlex_(L) 6689–6693), muss dann den breiten und reißenden Fluss Euphrat überqueren (SAlex_(L) 6728–6747) und sich gegen Wind, Donner, Blitz, Regen, Hagel und Schnee behaupten (SAlex_(L) 6751–6755), bis er schließlich an die Paradiesmauer stößt, „eine hêrlîche mûre[], / di was lanc unde breit. [...] Lange si dô fûren / bî der hôhen mûren / und ne mohten nehein ende / an der steinwende / nêren gevinden" (SAlex_(L) 6850–6861). Alexander kann die Mauer nicht überwinden (bekommt aber zumindest einen Paradiesstein geschenkt, SAlex_(L) 6932, was selbst hier die Unüberwindbarkeit der Grenze minimal relativiert) und reist wieder heim, wo er stirbt. Der Roman endet mit einer grundsätzlichen Relativierung des Herrschaftsraumes Alexanders, der physisch und metaphysisch an seine Grenzen gestoßen ist: „Niwit mêr er behîlt / allis, des er ie beranc, / wene erden siben vôze lanc, / alse der armiste man, / der in die werlt ie bequam" (SAlex_(L) 7274–7278). Den physischen Grenzen seines Körpers (der durch die Körperlänge sieben Fuß umgrenzte Raum seines Grabes) entspricht sein letztendlicher Herrschaftsraum, der ihn dem Ärmsten gleichstellt, der über sich selbst hinaus nichts besitzt.

3.2.2 Grenze als Ort der endgültigen Exklusion

Selten wird die Grenze als Ort der endgültigen Exklusion inszeniert, wofür sie zunächst gekreuzt werden muss, ohne aber erneut überschritten werden zu können. Prädestiniert für diese Grenzart ist eigentlich die Grenze zwischen Leben und Tod, doch signifikanterweise für den mhd. Grenzbegriff wird eben diese Grenze häufig nicht als Ort der wirklich endgültigen Exklusion inszeniert: Die mhd. Literatur ist voller Jenseitsreisen von Lebenden und Diesseitsbesuchen von Toten und von transzendenten Personen (→ Himmel, Hölle).[33] Die Unterweltsfahrt des Eneas in Heinrichs von Veldeke *Eneasroman* stellt eine Mischung zweier Perspektiven dar: Für Eneas und seine Führerin Sibylle ist die Grenze (bzw. sind die Grenzen) zur Unterwelt ein Ort der zwischenzeitigen Exklusion, für die dort vorgefundenen Toten aber Ort der endgültigen Exklusion.[34] Hinter den Grenzen von zwei Flüssen (En_(E) 92,10 f.; 96,3–20) kommt erst die eigentliche Unterwelt in Form der Hölle. Sie ist begrenzt von einer brennenden Mauer aus Eisen und einem ebenfalls brennenden Fluss (En_(E) 101,12 f.). In sie kann Eneas keinen Einblick nehmen (und entsprechend auch nicht

---

33 Vgl. Lecouteux 1987, Dinzelbacher 1984, Slenczka 2004. Die Grenze zwischen Leben und Tod entpuppt sich damit eher als Ort des liminalen Daseins (s. Abschn. 3.2.3.).
34 Die mhd. Version übernimmt diese doppelte Perspektive nicht aus der Antike. Während in Vergils *Aeneis* Sibylle vor der Reise die prinzipielle Unmöglichkeit einer Rückkehr aus der Unterwelt betont (Aeneis_(B) 6,127–132), beschwichtigt sie bei Heinrich und nimmt die erfolgreiche Rückkehr vorweg (En_(E) 86,21–27).

wieder herauskommen), lediglich die Sibylle berichtet von den dort inkludierten Seelen: „si vallent ze allen zîten nider / in daz abgrunde" (En_(E) 102,30 f.). Dieses faszinierende Bild eines ewigen Fallens impliziert die Unmöglichkeit der Rückkehr für die Verstorbenen, die die Grenze zur Hölle überschreiten: Wer niemals am Grund eines Abgrunds ankommt, kann den Rückweg überhaupt nicht beginnen.

Das *Nibelungenlied* bietet mit dem Fluss Donau eine Grenze als Ort der endgültigen Exklusion: Beim Zug zum → Hof von König Etzel müssen die Burgunden die Donau überqueren. Hagen erhält auf dieser Grenze von drei Meerfrauen die Vorhersage, dass kein Burgunder – mit Ausnahme des Priesters – lebend in die Heimat zurückkehren wird (NibAB_(BBW) 1539–1542). Zunächst aber gibt es enorme Schwierigkeiten, die Grenze zu überqueren: Die Donau ist über die Ufer getreten und ein reißender Strom (NibAB_(BBW) 1527), der Fährmann muss erst von Hagen getötet werden (NibAB_(BBW) 1560–1562), sodass Hagen selbst alle Burgunden übersetzen muss (NibAB_(BBW) 1573). Dabei stößt er den Priester in die Fluten, der aber überlebt – die Vorhersage der Meerfrauen ist erwiesen. Schließlich zerschlägt Hagen das Schiff nach dem Übersetzen, sodass die eben überquerte Grenze nicht noch einmal gekreuzt werden kann (NibAB_(BBW) 1581): Der Untergang der Burgunden im Hunnenland ist mit der Grenzüberquerung unabänderlich besiegelt, und dies wieder sowohl in physischer (Zerstörung des Schiffs) als auch in metaphysischer Hinsicht (Weissagung und deren Verifikation).

3.2.3 Grenze als Ort des liminalen Daseins

Häufig wird die Grenze als Ort des liminalen Daseins inszeniert: Jenseits der Grenze bzw. innerhalb des Grenzbereichs kann die Figurenidentität fragwürdig und brüchig, jedoch auch wiederhergestellt bzw. neu gebildet werden (s. Abschn. 3.1). Im Unterschied zur Grenze als Ort der endgültigen Exklusion (s. Abschn. 3.2.2) ist die Grenze hier zwischenzeitig Aufenthalts- und Handlungsraum und kann erneut überschritten bzw. als Grenzbereich wieder verlassen werden; sie ist jedoch wie dort oft geprägt von akuter Lebensgefahr.

Eine idealtypische Grenze als Ort des liminalen Daseins ist das sog. Torverlies im *Iwein* Hartmanns von Aue: Iwein wird, indem er den flüchtenden Askalon erschlägt, zwischen den Fallgittern von dessen Burg gefangen und verbringt eine geraume Zeit in dem merkwürdigen Grenzraum der Burgmauer (Iw_(BLW) 1119–2178). An diesem buchstäblich liminalen Ort ist Iwein durchweg in größter Lebensgefahr und droht, die Grenze zwischen Leben und Tod zu überschreiten – wie zuvor Askalon, dessen Übertritt in den Tod mit dem Überschreiten eben dieser Grenze einherging (Iw_(BLW) 1075–1118). Stattdessen aber überquert Iwein mit dem vollständigen Kreuzen der Burgmauer[35] eine andere metaphysische Grenze: Schließlich nach der listigen Vermittlung

---

35 Zu diesem raumtheoretisch äußerst komplexen Vorgang vgl. Wagner 2015b, 207–218.

durch Lunete in der Burg angekommen ist Iwein nicht mehr der von allen gehasste Mörder des Herrschers, sondern selbst Ehemann der Witwe und ein von allen geliebter Herrscher (Iw_(BLW) 2371–2445); und wieder diesseits der Grenze kann Iwein sich als Brunnenritter vor Artus beweisen und Keie besiegen, der ihn zuvor geschmäht hatte (Iw_(BLW) 2446–2652).

Das Torverlies fungiert als Grenzraum, in dem Aufenthalt möglich ist und Handlung stattfindet; aus diesem Grund kann Iwein bei seiner Grenzkreuzung nach innen und nach außen jeweils eine Statusveränderung im Sinne einer Krisenbewältigung erlangen. Viele andere Grenzen als Orte liminalen Daseins fallen mit ihrem umgrenzten Raum zusammen, sodass die Krisenbewältigung erst beim erneuten Austritt aus diesem Raum erfolgen kann. Der wasserumschlossene Felsen in Hartmanns von Aue *Gregorius* (s. Abschn. 3.1) ist hierfür ein Beispiel, ebenso wie die → Minnegrotte in Gottfrieds von Straßburg *Tristan* oder die → Insel, auf der Tristan gegen Morolt kämpft (Tr_(R) 6721–7142).

Mitunter wird die Grenze im Sinne der Demarkationslinie mit ihrem (Rück-)Kreuzen aufgelöst, was die Auflösung des umgrenzten Raumes zur Folge hat. Der *minne*-Garten *Joie de la curt* im *Erec* Hartmanns von Aue ist dafür paradigmatisch: Der → Garten, auf den Erec stößt, ist zunächst von einer nur numinos beschriebenen magischen Grenze umgeben (Er_(C) 8703–8753), die den Zugang grundsätzlich versperrt und lediglich für den *âventiure*-Ritter ermöglicht, der gegen Mabonagrin auf Leben und Tod kämpfen muss. Zusätzlich ist der Garten umstellt von einer Grenze aus Eichenpfählen, rechtshistorisch topische Grenzzeichen, die aber zudem mit den abgeschlagenen Köpfen erschlagener Ritter versehen sind: „hie was gestalt ein wîter rinc / von eichînen stecken. / des wunderte Êrecken. / ir jegelîch was sus bedaht, / eines mannes houbet drûf gestaht, / wan einer der was lære" (Er_(C) 8769–8774).

Diese Grenze repräsentiert eigentlich den Ort der endgültigen Exklusion und erinnert damit an die im liminalen Dasein meist präsente letzte Konsequenz. Zudem werden die bislang endgültig exkludierten Ritter selbst zu Grenzzeichen, ein Schicksal, das mit dem leeren Pfahl auch für Erec angelegt ist. Freilich gewinnt Erec aber den Kampf gegen Mabonagrin und kann damit nicht nur die Krise des in *Joie de la curt* vollständig isoliert lebenden *minne*-Paares lösen, sondern auch die eigene Krise aufarbeiten:[36] Die für beide Kampfpartner hochrelevante Erkenntnis „wan bî den liuten ist sô guot" (Er_(C) 9438) ist erst nach der Auflösung der Grenze als Ort des liminalen Daseins möglich. Bezeichnenderweise wird die plakative Außengrenze der Schädelpfähle beim Verlassen des Gartens nach dem Zweikampf aufgelöst und Erec versendet die Köpfe der *âventiure*-Ritter in deren Heimat (Er_(C) 9746–9752).

In ähnlicher Art und Weise inszeniert auch der *Rosengarten zu Worms* die Grenze um Kriemhilds Garten und bindet den umgrenzten Inhalt an deren Existenz: „Si hête

---

36 Vgl. dazu Haug 1985, 96. Zum hochkomplexen räumlichen Geschehen ausführlich vgl. Wagner 2015b, 218–239.

einen anger mit rôsen wol gekleit, / der was einer mîlen lanc und einer halben breit. / darumbe gienc ein mûre von eim vadem sîdin. / si sprach: ,trutz sî allen vürsten, daz keiner kome darîn. / Die mir des gartens hüetent, daz sint zwelf küene man, / sô ich's in mîme rîche iender vinden kan'" (RosengA_(H) 5,1–6,2). Es folgt eine Liste von zwölf Helden, die den Rosengarten Kriemhilds beschützen. Auch hier wird eine numinose und magische Grenze (der Seidenfaden) kombiniert mit einer Grenze, die aus Körpern von Rittern gebildet ist, die jedoch in diesem Fall die konkreten Gegner für diejenigen darstellen, die die Grenze überwinden wollen. Die Interaktion mit dieser Grenze ist damit selbstverständlich lebensgefährlich, und in den folgenden Kämpfen sterben auch Ritter – allerdings auf Seiten der Verteidiger des Gartens. Die menschliche Grenze wird damit sukzessive aufgelöst, und auch hier bedeutet die letztendliche Zerstörung der Grenze[37] die Auflösung des damit umgrenzten Bereichs: „keinen garten hegete mê Kriemhilt diu schœne meit" (RosengA_(H) 380,4).[38]

3.2.4 Grenze als Ort der List und Weisheit

Auffällig häufig ist die Grenze auch Ort der List und Weisheit. Dies trifft schon auf die Landnahme Didos zu (s. Abschn. 2.), die listigerweise den ihr zugesprochenen Bereich enorm ausdehnen kann; im *Nibelungenlied* ist die Flussgrenze (s. Abschn. 3.2.2) mit Weisheit verknüpft: Hagen erhält die Weissagung der Meerfrauen am Fluss Donau, der zum Ort der endgültigen Exklusion wird. Negativ zitiert der *Parzival* Wolframs von Eschenbach diesen Zusammenhang: Gemäß der Belehrung durch seine Mutter – „ich wil dich list ê lêren. / an ungebanten strâzen / soltu tunkel vürte lâzen" (Parz_(L) 127,14–16) – wird für den *tumben* Parzival ein harmloses Flüsschen zwischenzeitig zur unüberquerbaren Grenze (Parz_(L) 129,7–13). Parzival kann die *liste* seiner Mutter nicht verstehen und wendet ihre Belehrung unweise an, wodurch erst eine hinderliche Grenze entsteht, die eigentlich gar nicht vorhanden ist.

---

[37] Die Zerstörung der Grenze in Form der Tötung der zwölf Helden erfolgt zwar in der Regel nicht direkt (sie entkommen knapp dem Tod bis auf die Riesen Pusolt, Ortwin, Schrutan, Asprian), doch in den abschließenden, zusätzlichen 52 Kämpfen des Recken Ilsan sterben zwölf Kämpfer auf Seiten der Verteidiger Kriemhilds (RosengA_(H) 373,2) – eine symbolische Zerstörung der zwölf menschlichen Grenzzeichen vom Beginn der Dichtung.

[38] Zusätzlich wird regelmäßig berichtet, dass der Kampf mit einem der Grenzwächter den Rosengarten zerstört (RosengA_(H) 226,4; 250,1; 255,4; 290,1; 291,2; 298,3), und mit den 52 Rosenkränzen für Ilsan am Ende ist die Auflösung des Rauminhaltes zusätzlich nachvollziehbar. Zugleich wird hier auch wieder die Engführung von physischer und metaphysischer Bestimmung des Raums deutlich: Freilich steht der von Rittern (darunter dem Vater und dem Verlobten) bewachte Rosengarten auch für den Besitz der Dame Kriemhild, was sich auch im Siegespreis zeigt, der einerseits aus einem Rosenkranz, andererseits aus Kuss und Umarmung Kriemhilds besteht. Im Ausgang zeigt sich, dass diese Parallele konsequent durchgeführt wird: Wie der Rosengarten, so ist auch Kriemhild selbst schließlich arg in Mitleidenschaft gezogen, da ihr durch die 52 Küsse für den bärtigen Ilsan das Gesicht derartig zerkratzt wird, dass ihr das Blut herunterrinnt (RosengA_(H) 375 f.).

Ganz von einer Grenze als Ort der Herrschaftsauseinandersetzung bestimmt ist das Märe *Der arme und der reiche König* des Strickers: Um sich das Land seines Nachbarn einzuverleiben, will ein reicher König gegen einen armen König in den Krieg ziehen; in Ermangelung eines tatsächlichen Fehdegrundes ist seine Begründung, dass er böse von ihm geträumt habe. Beide Machtbereiche sind getrennt von einem Fluss „sô grôz, daz ez grôziu schif truoc" (StrKö_(E) 47). Der arme König bietet an, den Streit zu einem festgesetzten Zeitpunkt an ebendiesem Fluss zu klären. Beide rücken mit einem großen Heer an, treffen sich aber mit jeweils lediglich zwölf Rittern in der Mitte auf einer Insel zur Unterhandlung (StrKö_(E) 77–85). Der reiche König wiederholt seinen Vorwurf, dass der arme König ihn durch einen bösen Traum beleidigt habe, woraufhin der Arme listig erbietet, ihm passende Genugtuung zu verschaffen: „dâ sach man in dem wazzer wol / der ritter schat begarwe / und ouch der rosse varwe. / des nam der ermer künec wâr / und zeigte im mit der hant dâr / in daz wazzer an den schat; / er sprach: ‚ich hân des guote stat, / daz iu hie reht von mir geschiht. / mich ensûmet ouch der wille niht, / sît ir sô grôzes leides jehet. / swaz ir der ritter iender sehet / in dem wazzer über al, / hin ûf unde her zetal, / die sint mir alle undertân, / daz sint die besten, die ich hân. / die vüeret gevangen von hinnen [...]. dâ mit wil ich hin legen / daz leit, daz iu von mir geschach'" (StrKö_(E) 110–129).

Der reiche König muss sich schließlich dieser Logik beugen und unverrichteter Dinge abziehen. Die List des armen Königs macht sich die physische Grenze Fluss zunutze, indem er sie mit der metaphysischen Grenze zwischen Traum und Wirklichkeit und mit der optischen Grenze zwischen Körper und Spiegelbild engführt: Als Entschädigung für die geträumte Beleidigung bietet er die Spiegelungen seiner Ritter, die sich auf der Grenze Fluss abbilden. Es ist diese List des armen Königs, die die Grenze Fluss letztendlich bestimmt und als Herrschaftsgrenze aufrechterhält, obwohl der reiche König böswillig und militärisch überlegen ist: „dô muose der künic erwinden. / daz wazzer was sô werhaft, / hæte er dannoch grœzer kraft, / ez hæte der ander wol erwert" (StrKö_(E) 168–171).

Auch im *Ulenspiegel* Herrmann Botes findet sich in zwei aufeinanderfolgenden Geschichten die erfolgreiche Erschaffung einer Grenze, deren Wirkmächtigkeit auf List gründet: Ulenspiegel, der von dem Herzog von Lüneburg des Landes verwiesen wurde, wird daraufhin noch zweimal von diesem aufgegriffen und muss wegen seines unerlaubten Aufenthaltes in Lüneburg um sein Leben fürchten. Bei der ersten Begegnung tötet Ulenspiegel sein Pferd, entfernt dessen Eingeweide, stellt sich in die Karkasse, wobei deren vier Beine um ihn herum in die Höhe stehen, und spricht zum Herzog: „Gnädiger und hochgeborner Fürst! Ich besorg mich Euwer Ungnad und förcht mich gantz ubel. So hon ich all mein Lebtag gehört, das ein jetlicher sol Frid haben in seinen vier Pfälen" (Ul 25,74).

Der Herzog muss daraufhin lachen und lässt Ulenspiegel unangetastet. Vor der nächsten Begegnung kauft Ulenspiegel einen Schubkarren voll Erde und setzt sich hinein, wobei er bis an die Schultern mit Erde bedeckt ist. Er antwortet auf den Vorwurf der Grenzverletzung hin: „Genädiger Her, ich bin nit in Euwern Land, ich setz in meinem Land, das ich gekaufft hab für einen Schilling Pfenning. Unnd koufft das umb einen Buren, der sagt mir, es wär sein Erbteil" (Ul 26,76).

Der Herzog lässt ihn wieder ziehen, droht aber, einen weiteren Grenzverstoß auch bei erneuter List Ulenspiegels mit dem Tode zu bestrafen. Ulenspiegel schafft mit seinen Listen eine Grenze, die mit dem umgrenzten Bereich zusammenfällt und die ihn aus dem Zugriffsbereich des Herzogs exkludiert; er nutzt dabei Rechtsbrauch, Grenzzeichen (die Pferdebeine als Pfähle), mythisches Grenzmittel (der Herzog sieht zunächst nur, dass Ulenspiegel in der Pferdehaut steht, wodurch auf die Tierhaut als Bereichsbegrenzung angespielt wird; Ulenspiegel bedeckt sich fast vollständig mit der eigenen Erde), verwendet aber alles in einer unangebrachten Art und Weise. Seine selbsterzeugten Grenzen sind wirkmächtig allein aufgrund seiner List, die er dem Herzog kommuniziert. Dessen abschließende Drohung beweist, dass die Grenzen nur im Rahmen der (unterhaltsamen) List existieren, nicht aber erneut beansprucht werden können.

3.2.5 Grenze als Ort der Herrschafts- und Machtauseinandersetzung

Jede der bislang dargestellten Grenzarten kann darüber hinaus auch als Ort der Herrschafts- bzw. Machtauseinandersetzung inszeniert sein. Vor allem die Narrative *âventiure*, Schlacht und Krieg gehen mit dieser Grenzart einher. Beispielsweise resultiert im *Rosengarten zu Worms* aus der Überschreitung und Zerstörung der Grenze im Rahmen einer *âventiuren*-Reihe auch eine Herrschaftsübernahme (RosengA_(H) 377). Idealtypisch für das Narrativ Krieg inszeniert das *Nibelungenlied* in der Auseinandersetzung zwischen Burgunden und Sachsen die konkreten Grenzörtlichkeiten: Die Heere treffen sich nach der Kampfansage im Grenzraum *marke* (NibAB_(BBW) 177,1) und kämpfen am Grenzort *velt* (NibAB_(BBW) 181,1) miteinander, der erst durch die Beobachtungs- und Planungsaktionen der *warte* erzeugt wird (NibAB_(BBW) 183,1).

Einen stark ausdifferenzierten Raum der Herrschaftsauseinandersetzung bildet eine Landes- und Herrschaftsgrenze aus, mit der der *Prosa-Lancelot* beginnt und die für lange Zeit den Handlungsraum stellt: „In der marcken von Galla und von der Mynnren Brytanien warn zwen konig by alten zyten, die waren gebrudere von vatter und von mutter, und sie hatten zwo schwester zu wybe. Der eyn von den zweyn konigen hieß Ban, und der ander konig was geheißen Bohort von Gaules" (Lanc_I_(KS) 10,1–6). Ban und Bohort sind Gefolgsleute König Aramunts. Dessen abtrünniger Vasall Claudas verbindet sich mit Bohort gegen Ban und Aramunt. Zugleich erhalten diese Unterstützung durch Uterpendragun, jene durch Rom. Uterpendragun kann das Land Claudas' verwüsten, Aramunt stirbt. Dies ist die Vorgeschichte, nach der die Handlung des *Prosa-Lancelots* einsetzt – mit der Wiederaufnahme der kriegerischen Auseinandersetzungen zwischen Ban und Claudas.[39] Der Handlungsraum des ersten

---

[39] Vgl. Ruhberg 1965, 27 f.

Teils des *Lancelot propre* entpuppt sich als äußerst groß angelegter und umkämpfter Grenzsaum des riesigen Reichs von König Artus.

Eine ähnliche Grenze als Ort der Herrschaftsauseinandersetzung, die sich schließlich von einem geographischen Verständnis der Grenze entfernt, präsentiert das *Nibelungenlied* mit Rüdeger, dem Markgrafen von Bechelaren: Rüdeger, der für seinen Lehnsherrn, König Etzel, um die Hand Kriemhilds wirbt, beherbergt später die Burgunden auf ihrem Zug ins Hunnenland. Der Eintritt der Burgunden in sein Grenzland der Hunnenherrschaft gestaltet sich merkwürdig unbestimmt zwischen feindlicher Invasion und freundlicher Interaktion: „Dô die wegemüeden ruowe genâmen / unde si dem lande nâher quâmen, / dô fundens ûf der marke slâfende einen man, / dem von Tronege Hagene ein starkez wâfen an gewan. / Jâ was geheizen Eckewart der selbe ritter guot. / er gewan dar umbe einen trûrigen muot, / daz er verlôs daz wâfen von der helde vart. / die marke Rüedegêres di fundens übele bewart. / ‚Owê mir dirre schande', sprach dô Eckewart. / ‚jâ riuwet mich vil sêre der Burgonden vart. / sît ich verlôs Sîfrîde, sît was mîn freude zergân. ouwê, / herre Rüedegêr, wie hân ich wider dich getân!' / Dô hôrt vil wol Hagene des edelen recken nôt. / er gab im wider sîn wâfen und sehs bouge rôt. / ‚die habe dir, helt, ze minnen, daz du mîn friunt sîst. / du bist ein degen küene, swie eine du ûf der marke lîst'" (NibAB_(BBW) 1631–1634).

In Eckewart, der „ûf der marke slâfende" vorgefunden wird, verbindet sich der geographische Grenzort mit einer konkreten Person, mit der Verhandlungen über In- und Exklusion dieser Grenze geführt werden können; damit erlangt die Person selbst Grenzcharakter. Auf der (geographischen) Grenze wird von Eckewart als Grenz-Person zunächst thematisiert, was Burgunden und Hunnen trennt – der Mord an Siegfried –, danach wird über die Geschenke eine Verbindung hergestellt. In diesem Sinne geht es auch zunächst in Rüdegers Herrschaftssitz weiter: Wieder forciert Hagen eine positive Verbindung durch die Hochzeit des Burgundenkönigs Giselher mit der Tochter Rüdegers, was diesen den Burgunden gegenüber zu Treue verpflichtet (NibAB_(BBW) 1677–1679). Solchermaßen in doppelter Treueverpflichtung gegenüber den Hunnen und den Burgunden wird Rüdeger, der mit den Burgunden an den Hunnenhof zieht, selbst zu einer beweglichen Grenze (ähnlich wie zuvor Eckewart) zwischen den beiden Machtbereichen: Rüdeger ist in seiner Person und durch seine vielfältigen Verpflichtungen die Trennung und zugleich die Verbindung zwischen Hagen und Kriemhild bzw. Gunter und Etzel;[40] buchstäblich sein Leib, der in der Schlacht zunächst für die Burgunden votiert, später gegen sie kämpft und schließlich stirbt, fungiert als Grenze der Machtauseinandersetzung, und als diese verbindende und zugleich trennende Grenze fällt – die gegenseitige Tötung von Gernot und Rüdeger (NibAB_(BBW) 2216–2221) –, wird auch die Auseinandersetzung buchstäblich grenzenlos: Der Tod Rüdegers zwingt letztlich Dietrich von Bern und die Amelungen in die Schlacht, wodurch schließlich das gesamte Personal in den tödlichen Kampf ver-

---

[40] Vgl. Müller 2005, 100 f.

wickelt ist. An der personalen Grenzinszenierung Rüdegers wird nicht die physische Natur der Grenze handlungsrelevant (das Land der *marke*), sondern die metaphysische (die doppelte Treueverpflichtung des Herrn der *marke*).

4 Resümee

Irritierend für einen modernen Grenzbegriff wird Grenze in der Literatur des Mittelalters vor allem als Ort der Bewegung und Verhandlung inszeniert und nicht als Ort der Festschreibung von Unterschieden. Entsprechend wird auch die Grenze als Ort eines unüberschreitbaren Hindernisses oder der endgültigen Exklusion selten verwendet und die in der Rechtsgeschichte hochrelevanten selbstgesetzten Grenzzeichen spielen eine untergeordnete Rolle. Differenzen der Verwendung von Grenze zwischen den erzählenden Genres sind beim derzeitigen Stand der Forschung kaum auszumachen, ebenso wenig wie signifikante diachrone Veränderungen innerhalb des Mittelalters.[41]

> AdamA, Aeneis_(B), Brandan_(Z), En_(E), Er_(C), Greg, Iw_(BLW), Lanc_I_(KS), NibAB_(BBW), Parz_(L), RdEn, Rol, RosengA_(H), SAlex_(L), StrKö_(E), Tr_(R), TvRMel_(M), Ul

> → Anderswelten; → Brücke; → Burg, Schloss, Hof; → Fluss, Quelle, Brunnen; → Garten, Baumgarten; → Gebirge, Berg, Tal; → Hafen, Schiff; → Himmel, Hölle; → Insel; → Irdisches Paradies; → Land; → Meer, Ufer; → Minnegrotte; → Ränder der Erde; → See, Teich, Pfütze; → Stadt, Platz, Marktplatz; → Turm, Zinne, Mauer; → Wald, Lichtung, Rodung, Baum

---

[41] Dies betrifft lediglich die ausgeführten Grundtendenzen der Verwendung der Grenze. Spezifischere Ausdifferenzierungen sind dabei keineswegs ausgeschlossen, sind derzeit aber noch Desiderat.

Alexander Classen
Hafen, Schiff

1 Begriffsbestimmung – 2 Merkmale der Darstellung – 3 Narrative Funktionen – 3.1 (Un)kontrollierbare Orte – 3.2 Grenz- und Übergangsräume

1 Begriffsbestimmung

Zur Bezeichnung des Hafens als Ankerplatz für Schiffe an → Meer und → Fluss verwendet das Mhd. die Begriffe *port* (m., aus afrz. *port*, lat. *portus*) sowie *habe* (f.) und *habene* (f.), den „ort wo die schiffe halten u. geborgen werden, hafen".[1] Bei diesem Begriff, vermutlich dem anord. *hǫfn* (f.) entlehnt,[2] setzt sich in der Frühen Neuzeit die nd. Form *Hafen* durch.

Schiffe beschreibt das Mhd. wie das Nhd. mit dem Oberbegriff *schif* (n.); oft wird synonym der Begriff *kiel* (m.), „ein grösseres schiff",[3] verwendet.[4] Einfache Unterscheidungen werden in Form von Komposita (*koufschif* ‚Handelsschiff', *roupschif* ‚Raubschiff', *strîtschif* ‚Kriegsschiff') oder des Diminutivs (*schiffelîn* ‚kleines Schiff', neben *nache* n.) getroffen. Insbesondere im Bereich der maritimen Kriegsführung gibt es dazu eine komplexe Differenzierung von Schiffstypen („daz brahte der künic Terramer / Uf dem mer zeinen stunden / in kielen und in treimunden, / in urssieren und in kocken", Wh_(S) 8,30–9,3;[5] ähnlich Rennew 680–682 und 13162–13165; UvEtzAlex 15371; UvEtzAlexAnh 608 f.)

Ob bei den oft süddeutschen Autoren (und ihrem Publikum) eine genaue Kenntnis der verschiedenen Schiffstypen bestanden hat, darf jedoch angezweifelt werden, wie etwa Okken in Bezug auf Gottfrieds *Tristan* feststellt, in dem „die Schiffe und Häfen der fernen nordwestlichen Gewässer am inneren Rand des mittelalterlichen Ozeanrings keine Umrisse und Farben anzunehmen scheinen".[6]

Schiffe und Häfen spielen eine besondere Rolle v. a. in der Heldenepik (*Nibelungenlied* [um 1200], *Ortnit* [1. H. 13. Jh.], *Kudrun* [M. 13. Jh.]), dem Antikenroman (*Straßburger Alexander* [A. 13. Jh.], Herborts von Fritzlar *Liet von Troye* [1190–1217], Ulrichs von Etzenbach *Alexander* [letztes D. 13. Jh.] und dem zugehörigen *Alexander-Anhang*

---

[1] Lexer 1, 1129; zu realhistorischen Aspekten des Hafens vgl. Okken 1983, 434 f., Schnall et al. 1989.
[2] Vgl. Kluge/Seebold 2011, 384.
[3] Lexer 1, 1567.
[4] Für detaillierte Beschreibungen von Schiffstypen im Mittelalter vgl. Okken 1983, 430–434, Okken 1984, 142–144, Schnall/Makris 1995.
[5] Vgl. Heinzle 1991, 834.
[6] Okken 1983, 429; zu unterschiedlicher Vertrautheit der *Tristan*-Dichter mit dem Segelhandwerk vgl. Hahn 1963, 16 f.

[um 1300]) und dem höfischen Roman (Wolframs von Eschenbach *Parzival* [1200–1210] und *Willehalm* [1210–1220], der dazugehörigen Fortsetzung durch Ulrich von Türheim, im *Rennewart* [nach 1243], Eilharts von Oberge *Tristrant* [um 1180], Gottfrieds von Straßburg *Tristan* [um 1210] sowie dessen Vervollständigung durch Ulrich von Türheim [vor 1243]). Aus der heterogenen Gattung der höfischen Erzählungen hebt sich der anonyme *Moriz von Craun* hervor,[7] in dem die Titelfigur mit einem landgängigen Schiff auf *minne*-Fahrt geht, wobei das Fortbewegungsmittel bzw. der Handlungsort mit wundersamen Elementen angereichert und damit in seiner Repräsentationswirkung potenziert wird. Daneben finden sich signifikante Belege im Liebes- und Abenteuerroman (Konrad Flecks *Flore und Blanscheflur* [um 1220], *Herzog Ernst D* [2. H. 13. Jh.], Konrads von Würzburg *Partonopier und Meliur* [1277], *Reinfrit von Braunschweig* [nach 1291], Heinrichs von Neustadt *Apollonius von Tyrland* [um 1300]) und in der Chronistik (*Kaiserchronik* [M. 12. Jh.]). Vereinzelt tritt das Schiff bzw. Boot auch im legendarischen Bereich (Hartmanns von Aue *Gregorius* [1180–1205], *Elsässische Legenda Aurea* [1362]) in Erscheinung. Es fällt auf, dass in der Gattung des Artusromans (mit Ausnahme von Wolframs *Parzival*) die Orte Schiff und Hafen selten verwendet werden.

2 Merkmale der Darstellung

In der mhd. Erzähldichtung ist das Schiff das geläufige Fortbewegungsmittel über Gewässer.[8] Allgemein folgt die Darstellung des Transportmittels Schiff primär funktionalen Aspekten; aber auch aus der o. g. beschränkten Kenntnis der Dichter heraus dürften Hafen und Schiff zu den Räumen gehören, die in der mittelalterlichen Erzähldichtung eher selten im Detail beschrieben werden. Ausnahmen bestehen v. a. da, wo das Schiff funktional feiner unterteilt wird, z. B. wenn Gottfried die „kielkemenate" (Tr_(M) 11542) an Bord räumlich vom Rest des Schiffes abgrenzt: Dabei wird dieser „höfische Binnenraum der Kemenate", der neben dem „bukolischen Naturort" als einer der beiden Typen von „Räumlichkeiten von Intimität"[9] in Gottfrieds *Tristan* gelten kann, in das Schiff integriert und als → Kemenate gleichermaßen ständisch und (nicht zuletzt durch Minnetrank und Liebesvereinigung) erotisch konnotiert.[10]

---

[7] Die Datierung der Erzählung ist von jeher umstritten, vgl. Dorninger 2014, 84, Fischer 2006, 9; ähnlich kontrovers ist die Deutung des Textes, vgl. Dorninger 2014, 85, Reinitzer 1999, 80–85.
[8] Ausnahmen sind i. d. R. phantastischer Natur, etwa der Greifenflug: „Der Greif kann die Strecke im Flug in drei Tagen bewältigen – der Rückweg per Schiff dauert entsprechend fast sechsmal so lange" (Seeber 2008, 139). Vgl. Kudr_(BS) 80,3; 137,3.
[9] Baier 2005, 193.
[10] U. a. deshalb versteht Schmitz das Schiff als den Ort, an dem es zur zentralen „Zusammenführung von Tristans Rollen-Identitäten" (Schmitz 1988, 224) kommt.

Bei Ausstattung und Details von Schiffen bleiben die Dichter darüber hinaus oft vage. Augenscheinliche Elemente wie *segel*, *anker* und *masboum* werden gelegentlich erwähnt, häufiger beziehen sich Darstellungen aber mehr auf die Qualitäten eines Schiffes als auf haptische Details (vgl. „ein starkes schiffelîn", NibAB_(BBW) 367,2; „daz schif gienc ûzer mâzen snell", ErnstD 14,2). Zur konventionellen Beschreibung von Schiffen gehört außerdem das Inventar, v. a. die Nahrungsmittel, die sich an Bord befinden (vgl. Flore_(S) 364 f.; 3256–3259). Seltener werden funktionale oder ornamentale Details genauer beschrieben („[o]uch hîz Alexander / di schif mit hûten bezîhen, / daz di unden dar în nit ne gîen", SAlex_(K) 1194–1196; „daz selbe schif mit starken / listen was gezieret, / und allenthalp gewieret / mit golde und mit gesteine", KvWPart 636–639). Dabei dient die Schiffsbeschreibung gelegentlich der Darstellung von Wohlstand (HvNstAp 775–790); in der *Kudrun* beispielsweise weist Frute darauf hin, dass ein prächtiges Schiff ihnen Vorteile bei der Brautwerbung verschaffen könne (Kudr_(BS) 248–250).

Einen signifikanten Sonderfall stellt die Erzählung *Moriz von Craun* dar, in der der Protagonist zwecks Brautwerbung ein Schiff konstruieren lässt, welches „über velt als ûf einem mere" (Craun 630) fährt. Als Bestandteile werden dabei u. a. Bug und Heck („grans" und „zagel", Craun 670), „mast" (Craun 672), „daz mers ruoder"[11] (Craun 674), allerhand „gereitschafte" (Craun 676), der „anker" (Craun 680) samt seinem „seil von sîden" (Craun 681), die einheitliche Ausstattung der Besatzung (Craun 701–704) sowie etliche Bestandteile der Fracht (v. a. Craun 705–722) genannt. Dass die Erzählung hier in ihrer ausführlichen Beschreibung bestehende Darstellungskonventionen weit übertrifft, dürfte am Kuriosum des landgängigen Schiffes liegen.

Bei der Darstellung von Häfen verfahren die Dichter ähnlich vage wie bei Schiffen, zumal jene oft noch mit der → Stadt verknüpft werden und beide selten trennscharf unterschieden werden können („wan habe und stat beide / wârn des amerals eigen", Flore_(S) 3390 f.; „Des küniges marschalc von Îrlant, / in des gewalt und in des hant / ez allez stuont, stat unde habe, / der kam gerüeret dort her abe", Tr_(M) 8733–8736). Der mittelalterliche Hafen kennt i. d. R. keine Kaianlagen, an denen die Schiffe anlegen; stattdessen landen Schiffe am seichten → Ufer und werden dort gelöscht bzw. beladen („Si giengen ûz den schiffen und truogen ûf den sant, / swes sô man bedorfte", Kudr_(BS) 291,1 f.).[12] Bevölkert werden die Hafenstädte meist von Figuren des Handels, oft werden die Einwohner jedoch auch allgemein als *burgære* (Kudr_(BS) 293,3; Tr_(M) 8739) bezeichnet. Entsprechend geben sich reisende Helden oft als Kaufleute aus, um ihre wahre Identität zu verbergen (Kudr_(BS) 294; OrtnAW 251–254; Flore_(S) 2702–2706; Tr_(M) 8800–8808). Als Raumelement dieser kultivierten menschlichen Sphäre wird der Hafen primär als sicherer Ort beschrieben, der z. B. vor Unwettern schützt (Herb 16391–16400), was jedoch je nach Ziel der Reise auch zu

---

11 Vgl. Reinitzer 1999, 91 f.
12 Vgl. Okken 1983, 434.

einer ungewollten Verzögerung führen kann (Flore_(S) 3221–3234). Der Begriff *habe* wird zuweilen jedoch auch zur Beschreibung eines unkontrollierbaren Naturraums verwendet, z. B. als „kranke habe" in der Beschreibung des → Magnetberges (Reinfr 21074) oder als „wilde habe" (Kudr_(BS) 851,1; Parz_(L) 736,26; 821,13) zur Bezeichnung eines Naturhafens oder allgemeiner einer Ankerstelle in unkultivierter Umgebung. Entsprechend konzentrieren sich die Darstellungen auf die Beschreibung der Beschaffenheit der Orte und ihrer Umgebung („dô hiez ich balde lenden / in eine habe, diu sich zôch / nâhen an diu gebirge hôch", RvEGer 2642–2644; vgl. auch die Schiffswracks am Magnetberg in Reinfr 21067–21091). Der außerzivilisatorische Aspekt dieser Orte zeigt sich jedoch auch durch die dort handelnden Figuren, etwa wenn die „wilde habe" als Landeplatz des Heiden Feirefîz beschrieben wird (Parz_(L) 736,25–737,6), oder wenn in der *Kudrun* die vermeintliche Sicherheit am „wilden sant" (Kudr_(BS) 849,2), dem „Wülpensant" (Kudr_(BS) 848,1) durch einen rasch eintretenden und bitteren Kampf konterkariert wird.

Beide Orte, Schiff wie Hafen, setzen nur ein diffuses Vorwissen des Publikums voraus. Gleichermaßen allgemein wird der gekonnte Umgang mit Schiffen beschrieben. Obgleich dieser gelernt sein muss und oft von Komparsen übernommen wird, kann die Beherrschung der notwendigen Techniken zum Repertoire des Helden gehören (NibAB_(BBW) 377–382; Tr_(M) 8765–8776).

3 Narrative Funktionen

Schiffe und Häfen werden der mhd. Epik meist nur in Zusammenhang mit einer spezifischen Funktion für die Handlung eingeführt und näher charakterisiert. Bei Bedarf werden sie weiter ausgestaltet, z. B. bei Gottfried die *kielkemenâte* oder das Schiff der norwegischen Kaufleute; hier dienen das Interesse an „valken unde smirlîn" (Tr_(M) 2209) und am Schachspiel (Tr_(M) 2214–2222) dazu, Ausbildung und Talent der Titelfigur zu spiegeln.

Als ‚Ort im Raum' nimmt das Schiff eine besondere narrative Funktion ein, handelt es sich doch um ein klar definiertes Objekt, das – der Kontrolle der Figuren unterworfen – in enger Wechselwirkung mit dem Meer, seltener auch dem Fluss steht.[13] Dabei ist es gerade der volatile Status des Schiffes, welcher einerseits die Abgrenzung gegenüber dem Meer ermöglicht, andererseits jedoch nicht absolut vor dessen potenziellen Gefahren schützt: Der vermeintlichen Sicherheit des Schiffs stehen Schiff-

---

13 Foucault dagegen nennt das Schiff ein „schaukelndes Stück Raum […], einen Ort ohne Ort, der aus sich selber lebt, der in sich geschlossen ist und gleichzeitig dem Unendlichen des Meeres ausgeliefert ist" (Foucault 1998, 46). Zur Verwendung auf verschiedenen Wässern vgl. das *Nibelungenlied*, in dem die Gewässer Fluss (per Boot der Rhein, per Fähre die Donau) und Meer (auf der Überfahrt nach Isenstein) befahren werden.

bruch, Seeschlacht und Irrfahrt gegenüber. Der Hafen hingegen bietet zwar Schutz vor Gezeiten und Unwettern, kann jedoch gleichermaßen einen Ort der Gefährdung darstellen, insbesondere wo sich die Seefahrer in feindlichem Terrain befinden, zu welchem der Hafen den Kontaktpunkt darstellt. Schiffe und Häfen sind räumlich verknüpft mit dem Meer, welches „als naturgegebene Grenze des Raumes menschlicher Unternehmungen und [...] als Sphäre der Unberechenbarkeit, Gesetzlosigkeit, Orientierungswidrigkeit" literarisch funktionalisiert wird.[14] Einen prominenten Sonderfall stellt Sebastian Brants *Narrenschiff* (1494) dar, in dem das Schiff nicht als Fortbewegungsmittel für eine Reise im wörtlichen Sinne dient, sondern den Handlungsort für Satire und Persiflage darstellt.

3.1 (Un-)Kontrollierbare Orte

Dass das Schiff als vom Meer abgegrenzter Ort nicht nur Mittel ist, um den Naturraum befahrbar zu machen, sondern auch, um sich dem Zugriff der feindlichen Kräfte der Natur zu entziehen, zeigt sich deutlich am Erzählschema der Brautwerbung, wie es bspw. im *Nibelungenlied* (modifizierte) Anwendung findet. Im heroischen Verbund fahren Siegfried und Gunther nach Isenstein, um Brünhild für Letzteren zu freien. Die Anfahrt auf Isenstein nutzt Siegfried, um seine Begleiter in seine List einzuweihen, die er bei der Landung schon in der bedeutungstragenden Geste des Stratordienstes vollführt. Das wertvollste Werkzeug seiner List, die Tarnkappe, bewahrt Siegfried ebenfalls an Bord des Schiffes auf, von wo er sie vor dem Dreikampf holt. Signifikant ist auch, dass Siegfried, um seine Abwesenheit zu erklären, behauptet, er habe Arbeiten am Schiff verrichtet. Dieses ist hier ein invasiver, aus Worms ‚importierter' Raum, da die Helden in ihm nicht nur nach Isenstein reisen, sondern ihn auch als Ausgangspunkt ihrer List verwenden und darin nach erfolgter (und militärisch durchgesetzter) Brautwerbung Brünhild nach Worms führen (vgl. die Brautwerbung in Gottfrieds *Tristan*). Sie ist somit in den Kontrollbereich von Worms übergegangen; Medium dieses erzwungenen Übergangs ist das Schiff, das hier als ‚Satellit' des burgundischen Machtbereichs fungiert. Dort entwickelt sich zudem bei der Rückfahrt bereits der nächste Konflikt zwischen Gunther und Brünhild, indem sie ihm den Beischlaf verwehrt.[15]

Konterkariert wird dieser Topos der gefährlichen Brautwerbung im *Moriz von Craun*: Auch dort nimmt das Schiff seine vermeintliche Funktion als Verbindung zwischen zwei Orten ein, jedoch wird diese Funktion konzeptionell unterminiert. Zum einen scheitert die Brautwerbung daran, dass der Brautwerber einschläft, bevor ihn seine Dame empfängt, weshalb sie ihn abweist; zum anderen war aber auch die Rück-

---

[14] Blumenberg 1997, 10.
[15] Vgl. allgemeiner zum Brautwerbungsmotiv und dem Brautwerbungsepos Hannick et al. 1983, v. a. 592 f.

führung per Schiff schon dadurch unmöglich gemacht, dass Moriz sein Schiff an die „garsûne" (Craun 1041) verschenkt hat, welche es dann in ihrer dörperhaften Gier zerstört haben (Craun 1040–1060). Das Schiff wird hier also seiner topischen Funktion bereits früh entkleidet und für die (oberflächliche) Repräsentation von höfischer Pracht refunktionalisiert. Durch die Verbindung des konventionellen Fortbewegungsmittels Schiff mit dem wunderbaren Aspekt der Fahrt über Land führt der Text eine Steigerung des mobilen Handlungsortes durch: Das Schiff ist seinem Zielort nicht nur ebenbürtig, sondern übertrifft diesen sogar. Gleichzeitig ist es auch Teil der gescheiterten Brautwerbung.

Unter umgekehrten Vorzeichen zum Brautwerbungsschiff fungiert im späteren Handlungsverlauf des *Nibelungenliedes* die Fähre bei der Donauquerung als ‚Ort im Raum'; dort erschlägt Hagen zuerst den Fährmann, um die Burgunden in das feindliche Gebiet der Bayern überzusetzen (NibAB_(BBW) 1550–1562). Wo in der Brautwerbung das Schiff als Instrument des Eindringens und Rückführens verwendet wird, zeichnet die Tötung des Fährmanns an der Donau die feindlichen Auseinandersetzungen in Bayern vor; zum bewaffneten Konflikt mit den Bayern kommt es jedoch erst an späterer Stelle (NibAB_(BBW) 1596–1620). Verstärkt wird dieser ‚narrative Fatalismus' durch die Episode, in der Hagen den mitreisenden Priester von Bord wirft und gerade erst dadurch die vorher gestellte Untergangsprophezeiung möglich macht, nämlich dass nur der Priester lebend nach Worms zurückkehren werde; dazu gehört auch die anschließende Zerschlagung der Fähre durch Hagen (NibAB_(BBW) 1575–1583), wodurch er selbst die Unwahrscheinlichkeit einer Rückfahrt untermauert.[16]

In beiden Fällen im *Nibelungenlied* dienen die Schiffe als Medium des kontrollierten Einzugs in feindlich konnotierte Räume. Dass dies jedoch nicht nur bei invasiven Bewegungen vorkommen kann, zeigt z. B. der Moroltkampf in Gottfrieds *Tristan*, bei dem die Titelfigur und ihr Widersacher auf zwei Booten zu dem Duellplatz (→ Schlachtfeld) auf einer → Insel übersetzen; Tristan lässt daraufhin sein eigenes Boot forttreiben, mit dem Hinweis, dass nur einer der beiden Kontrahenten die Insel lebendig verlassen werde (Tr_(M) 6795–6810).

Trotz der vermeintlichen Kontrolle durch die Figuren stellen Schiffe einen potenziellen Gefahrenraum dar, was sich bereits in metaphorischen Verwendungen von Seefahrtsmotivik zeigt: „sus swebeten sîne sinne / in einer ungewissen habe: / trôst truog in an und zwîvel abe" (Tr_(M) 888–890). Der Schiffbruch als schlechtmöglichster Fall kann dabei Festsetzung auf fremdem Land bedeuten oder gar den Tod bringen („alle di an dem sceffe wâren / di retrunken unt ertwâlen", Kchr_(S) 2909 f.), also die eigentliche Funktion des Schiffes umkehren.

---

16 „Anhand der Donauüberquerung verdeutlicht der Dichter wie in keiner anderen Szene seines Werkes, dass der Untergang der Helden im Land der Hunnen unausweichlich ist" (Form 2010, 177). Für das Motiv des heroischen Fatalismus vgl. die Zerstörung der überquerten → Brücke im *Straßburger Alexander* (SAlex_(K) 2642–2699).

Angesichts der potenziellen Gefahren auf dem Meer sind Schiffe (und zu einem geringeren Grad auch Häfen) nur bedingt der menschlichen Kontrolle unterworfen und können durch Stürme, feindliche Angriffe oder wunderbare Objekte wie den Magnetberg dieser entzogen werden.[17] Menschlicher Einfluss kann sich dabei auch in Form von Magie zeigen, wie in Ulrichs von Etzenbach *Alexander-Anhang*. Dort belagert der griechische Eroberer die Stadt Tritonia, bleibt jedoch erfolglos gegen deren in Nekromantie geschulte Bevölkerung. Diese sorgt über Nacht dafür, dass ihre Stadt von Wasser umgeben ist, was Alexander dazu führt, Kriegsschiffe für die Eroberung über den Seeweg bauen zu lassen. Just als diese fertiggestellt sind, lassen die Bürger Tritonias das Wasser jedoch wieder verschwinden – Alexanders volltüchtige Kriegsmaschinerie liegt auf dem Trockenen, und jede Kontrolle über Wasser und Schiff erweist sich als wirkungslos. Ähnlich kann das Schiff aber auch Werkzeug von Anmaßung und Selbstüberschätzung sein, z. B. bei Gunthers Brautwerbung und in Alexanders Paradiesfahrt, dem sog. *Iter ad paradisum* (SAlex_(K) 6614–6621; SAlex_(K) 6728–7012).

Auf narrativer Ebene versinnbildlicht das Schiff die Kontrolle, die der Held über seinen eigenen Reiseweg hat. Häfen fungieren dabei oft als komplementäre Orte, in denen die Figuren rasten können, zuweilen auch eingeschlossen sind, wo sie aber auch Informationen für das weitere Vorankommen erhalten können. Gerade bei Letzterem sind – im Gegensatz zum richtigen Umgang mit dem Schiff – primär soziale Fähigkeiten (teils auch Listen) im Umgang mit der Bevölkerung notwendig, sodass die Orte Schiff und Hafen den Helden unterschiedliche Fertigkeiten abfordern.

3.2 Grenz- und Übergangsräume

Die Überfahrt per Schiff ist ein beliebtes strukturbildendes Element mittelalterlichen Erzählens; dies gilt insbesondere dort, wo realgeographische Daten aufgerufen werden, z. B. im *Nibelungenlied*,[18] dem *Tristan*-Roman[19] oder dem *Apollonius-*

---

[17] Vgl. zur *Kudrun*: „Allem voran ist das Meer der Raum, in bzw. auf dem man in Gottes Hand ist, zumal das Personal der *Kudrun* durchgängig aus Nichtschwimmern besteht" (Seeber 2008, 130 f.). Das Schiff oder Boot als Medium des Schicksals, welches den Seefahrer an fremde Ufer trägt, folgt einer langen literarischen Tradition, die sich ähnlich bereits in den paulinischen Missionsreisen findet (Apg 27,13–28,10), später dann v. a. im legendarischen Bereich, z. B. in den Gregorius- und Judas-Legenden; etwa Greg 699–788; 953–964; ElsLA 216,1–20; vgl. Orlandi 1993, Rollason 1986.
[18] Vgl. Krüger 2001, 136 f.
[19] „Im *Tristan* verbildlichen die Seefahrten die Übergangssituationen des Helden, der sich auf das Meer begeben muß, weil ihm die Eindeutigkeit und Endgültigkeit seines Status fehlt. [...] [D]ie Seefahrten skandieren den Takt seiner Identitätssuche" (Wenzel 1988a, 258). Hahn sieht in der Entführung Tristans durch die norwegischen Kaufleute sogar das Initialmoment von Tristans Biographie der Heimat- und Identitätslosigkeit (vgl. Hahn 1968, 90).

Roman,[20] wo die Schifffahrt nicht nur den Übergang zwischen verschiedenen Ländern markiert, sondern auch die Handlung strukturiert;[21] oft sind sie darüber hinaus mit der Heldenbiographie verbunden. In Eilharts von Oberge *Tristrant* sowie den Fortsetzungen zu Gottfrieds *Tristan* bleibt diese Gliederung sogar bis zum Ende der Handlung bestehen, wo Isoldes letzte Überfahrt zu Tristan mit seinem Tod zusammenfällt (Eilh_(B) 9364–9390; UvTürhTr 3383–3395). Allgemein kommt dem Einsatz des Schiffes durchweg eine signifikante Rolle in der mhd. Erzählliteratur zu.[22]

Die Überlieferung des Tristanstoffes erlaubt besondere Beobachtungen zur Semantisierung des Ortes Schiff, v. a. bei der ersten Irlandfahrt des Helden. Bei Eilhart findet die Überfahrt als Irrfahrt in der vagen Hoffnung auf Rettung statt. Tristrant wird dabei „âne stûre" (Eilh_(B) 1153) nach Irland geweht, wo er gefunden und von Isolde geheilt wird. Gottfried dagegen unterstellt das Schiff Tristans Kontrolle: Da er bereits vor Abfahrt weiß, dass die irische Königin Isolde ihn als einzige heilen kann (so hatte es Morolt vor seinem Tod bereits verkündet), lässt sich Tristan mit dem Schiff vor die irische Küste fahren und dort in einem Beiboot aussetzen. Als er so von Einheimischen gefunden wird, inszeniert er sich als Schiffbrüchiger, der nach einem Überfall durch Seeräuber in dem Beiboot ausgesetzt vor die irische Küste getrieben wurde. Eine ziellose Irrfahrt, wie sie bei Eilhart elementar ist, kommt bei Gottfried nur noch als innerliterarische Fiktion vor.[23]

Das Schiff als Medium der Reise und der Hafen als Ort der Ankunft sind immer auch Räume retardierender Momente, etwa bei den o. g. Listen, die vor bzw. bei der Ankunft an Land ausgemacht werden (*Nibelungenlied*, *Tristan*). Gleichzeitig kann im Liebes- und Abenteuerroman die Landung am Hafen den Eintritt in das Gebiet der Geliebten bedeuten. In Konrad Flecks *Flore und Blanscheflur* wird dies gleich dreifach gestaffelt, indem Flore auf seiner Reise nach → Babylon, wohin Blanscheflur verkauft worden war, der Reihe nach drei Häfen anlaufen muss, ehe er am Ziel ankommt. Gegenüber dem unkontrollierbaren Naturraum Meer (das für den Protagonisten, von zeitlicher Verzögerung wegen ungünstiger Winde abgesehen, jedoch kein außergewöhnliches Hindernis darstellt) dienen die Hafenstädte zwar einerseits als Orte der Verzögerung, jedoch auch als Orte der Information, denn dort wird er jeweils von Hafenbewohnern in die richtige Richtung weitergeleitet. Die Hafenstädte stellen dabei wesentliche Übergangsorte für die Handlung dar, die sich dadurch auszeichnen, dass sie nicht mehr in Flores spanischer Heimat, aber graduell zunehmend in der Nähe des babylonischen Einflussbereiches liegen.

---

20 Vgl. Classen 2012, 18.
21 Vgl. dagegen zum Mangel an Strukturierung Störmer-Caysa 2010, 96.
22 „[W]henever medieval narratives contain references to a ship, we can be certain that major changes are about to occur [...]. Ships or boats prove to be so significant in medieval literature because they signal the exceptionality of a specific situation" (Classen 2012, 33).
23 „Dem alten *er enwiste selbe war* steht hier die bewußt eingehaltene Richtung kontrastierend gegenüber" (Hahn 1968, 101).

Als ‚Ort im Raum' ist das Schiff dabei in vielen Fällen eine liminale räumliche Einheit in Bewegung. Schiff und Hafen sind so organisiert, dass sie v. a. in Wechselwirkung mit anderen Orten funktionieren: entweder als Schiff und Hafen miteinander, häufiger jedoch als Schiff und Meer bzw. Hafen und Stadt.

Craun, Eilh_(B), ElsLA, ErnstD, Flore_(S), Greg, Herb, HvNstAp, Kchr_(S), Kudr_(BS), KvWPart, NibAB_(BBW), OrtnAW, Parz_(L), Reinfr, Rennew, RvEGer, SAlex_(K), Tr_(M), UvEtzAlex, UvEtzAlexAnh, UvTürhTr, Wh_(S)

→ Babylon, Jerusalem; → Brücke; → Fluss, Quelle, Brunnen; → Insel; → Kemenate, Gemach, Kammer; → Magnetberg, Magnetstein; → Meer, Ufer; → Schlachtfeld, Turnierplatz; → Stadt, Markt, Platz

Friedrich Michael Dimpel
Haus, Hütte

1 Begriffsbestimmung – 2 Merkmale der Darstellung – 3 Narrative Funktionen und Semantisierbarkeit – 3.1 Vielfältige Semantisierungen – 3.2 Zur Interaktion von Haus- und Figurendarstellung – 3.3 Innen-Außen-Differenzen – 3.4 *Patria potestas* – 3.5 Gefahren

1 Begriffsbestimmung

Auf das Haus wird mhd. meist mit dem Wort *hûs* (n., germ. *husam*, ahd. *hus*[1]) referiert, auf Hütte mit *glêt* (m.) oder *hütte* (f., ahd. *hutta*). Daneben finden sich *bûr* (m.), *gadem* (n.), *heim* (n.), *kâse* (f.) und *kote* (m./n.). *hûs*/Haus kann bis ins 17. Jh. hinein auch ein → Schloss oder eine → Burg bezeichnen.[2] Zudem kann *hûs* in metonymischer Verwendung auf das Geschlecht und die Familie verweisen, die in dem Haus ansässig ist. Häufig ist die simultane Referenz auf Wohnobjekt und Familie; die Geschichte eines Hauses zu erzählen, geht meist mit einem Erzählen von Familie und Ort im Zeitverlauf einher.[3] Der Ort kann auch umschrieben werden („ich bin wol ze fiure komen", WvdVLLS 19,29). Zur Referenz auf den mobilen Ort („gezelt unde hütten spien man an daz gras anderthalp des Rînes", NibAB_(BBW) 1515,1) vgl. den Artikel → Zelt. Im religiösen Kontext meist mit übertragener Bedeutung: „sô wirt uns ein hûs benant, / daz gar âne mannes hant / ze himele hât gebuwen Krist" (RvEBarl 6313–6315); oder auch „in disem heiligen gotes huese" (PKaP 97,26–32).[4]

Da das Haus ein universaler menschlicher Erfahrungsraum ist, in dem einerseits das tägliche Leben (häufig thematisiert: Kochen, Speisen, Schlafen) und andererseits

---

1 Nach Köbler 2009 existiert im Idg. keine einheitliche Bezeichnung, sondern ein Nebeneinander von *dem-, *domos, *domus, *gherdh, *ghordos, *sel, *stegos, ueik- und *uoiko-. Zum Bedeutungsspektrum von Haus im Mittelalter vgl. das Deutsche Rechtswörterbuch: http://www.deutsches-rechtswoerterbuch.de (15.12.2017).
2 Vgl. DWB 10, 640–652.
3 Vgl. M. Müller 2004, 64–78 sowie 52: „Das Haus bietet einen polyvalenten Imaginationsraum, in dem sich die statische Architektur von Gründungsmythen mit einer in Herrschaft, Besitz und Erbfolge materialisierten Verwandtschaftsdynamik verbinden kann, in dem aber poetisch-zeichenhafte Verknüpfungen nicht nur positiver, sondern auch negativer familiärer Privilegierungen darstellbar sind, die epochen- und stände/schichtenspezifisch variieren."
4 Vgl. auch die Engführung von immanenter und jenseitiger Referenz am Schluss von Oswalds von Wolkenstein Lied 11: „Wir pauen hoch auf ainen tant / an heusern, vesten zier, / und tät doch gar ain slechte wand, / die lenger werdt dann wir. / volg, brüder, swester, arm und reich, / pau dort ain floss, / das dich werdt ewikleich" (OvWLied_(MWW) 11,7). Zur räumlichen Metaphorik in geistlicher Literatur vgl. H. Keller 1997.

zentrale Ereignisse wie Geburt, Hochzeit und Tod statthaben,[5] wird das Haus in allen Gattungen erwähnt. Dieser Artikel nimmt vorwiegend literarische Häuser in den Blick, die nicht Teil einer Burg sind.[6] Solche Häuser sind jedoch nicht auf Gattungen beschränkt, in denen nicht-adeliges Personal zentrale Rollen spielt wie Schwank, Märendichtung, Bauernroman, spätmittelalterlicher Roman und ‚Volksbuch'. Vielmehr dient das gewöhnliche Haus auch in höfischer Epik oder in der Heldenepik als alternativer Ort etwa für die Einkehr des Helden. Die Beispiele in diesem Artikel sind daher breit gestreut – behandelt werden vorwiegend das Haus von Koralus im *Erec* Hartmanns von Aue (um 1180), Plippalinots Haus in Wolframs von Eschenbach *Parzival* (ca. 1210), Wimars Haus in Wolframs *Willehalm* (ca. 1215), die Fischerhütte im *Wigalois* Wirnts von Gravenberg (ca. 1225), *Drei Mönche von Kolmar* des Niemand (14./15. Jh.), Heinrich Kaufringers *Der feige Ehemann* (spätes 14. Jh.) und Jeronimo Robertis Haus im *Fortunatus* (1509).

2 Merkmale der Darstellung

Zentral für das Haus und für die einfacher gebaute Hütte ist der Aspekt der Abgeschlossenheit: Wände und Dach grenzen das Haus von der Außenwelt ab und generieren damit einen Innenbereich; es kann gleichsam als Urbild der Außen-Innen-Unterscheidung gelten. Die Abgrenzung ist dank → Türen und → Fenstern potenziell permeabel. Die primäre Funktion der Abgrenzung liegt im Schutz gegen Naturkräfte, jedoch auch gegen Tiere und andere Menschen. Die Türschwelle lädt zu einer Grenzüberschreitung ein, die jedoch zu den alltagsbezogenen Basisfunktionen des Hauses gehört und daher nicht stets als sujethaltiges Ereignis zu betrachten ist.[7]

Im *Erec* Hartmanns von Aue wird bei der Ankunft des Protagonisten in Tulmein eine dreifache Abstufung etabliert: Die eigentlich standesgemäße Einkehr in der „burc meit er" (Er_(C) 225), die nächstadäquaten Häuser sind belegt (Er_(C) 233 f.), sodass dem Fremden und Mittellosen als letzte Option („wan er enmöhte anderswâ", Er_(C) 259) „ein altez gemiure" (ER_(C) 251) bleibt. Der Ort wird durch Erec als intern fokalisierte Instanz generiert: „daz hûs er schouwen begunde" (Er_(C) 260); er stuft es als mutmaßlich verlassen ein und geht mitsamt Pferd (Er_(C) 296) hinein und inspiziert die „winkel" (Er_(C) 271) der Stube. Die Notwendigkeit, an einem solchen Ort ohne die Möglichkeit, eine Gegengabe anbieten zu können, um Unterkunft bitten zu müssen,

---

5 Zum Haus als Raum für intime Interaktion vgl. Baier 2005 sowie den Artikel → Kemenate.
6 Die Differenz zwischen Haus und Burg wird auch juristisch festgezurrt: Bumke 1986, 143 stellt Vorschriften für den Hausbau aus dem *Sachsenspiegel* vor, die darauf zielen, dass konventionelle Häuser nicht in ähnlicher Weise wie Burgen errichtet und befestigt werden dürfen. Beispiele für Häuser als Teil einer Burganlage finden sich im Artikel → Wirtshaus, Herberge.
7 Vgl. Lotman 1981, 175–204, Lotman 1973, 347–358.

machen ihn nach dem grußlosen Eindringen „schamerôt" (Er_(C) 303). Der ärmliche Ort wird in Kontrast zur Gesinnung des Hausherren (Er_(C) 314 f.) und zur Schönheit Enites gebracht. Dass in der mittelalterlichen Literatur Häuser als Schauplätze[8] oft nicht näher ausgestaltet, sondern einfach ‚da sind', wird an der berühmten *Descriptio ex negativo* greifbar: Das Haus verfügt weder über Teppiche noch über eine vornehme Decke; vorhanden sind ein Feuer, „reine strô" (Er_(C) 382) und einfache Betttücher. Das Haus realisiert Kontraste – nicht nur zu Erecs Status als Königssohn, sondern auch zu Koralus selbst: Als Graf müsste er in einer Burg wohnen, doch Fehde hat ihm alles genommen.

In Wolframs von Eschenbach *Parzival* wird Plippalinots Haus mit einem Vergleich gepriesen: Es „stuont alsô daz Artûs ze Nantes [...] niht dorfte hân gebûwet baz" (Parz_(L) 548,25–27). Anders als Koralus' arme Herberge entspricht das Haus einem Typus, in dem Ritter auf *âventiure*-Fahrt dann einkehren würden, wenn eine Einkehr in einer Burg nicht vorzuziehen wäre. Gawan geht mit der Tochter „ûf eine kemenâten" (Parz_(L) 549,11), die immerhin knapp beschrieben wird: „den estrîch al übervienc / niwer binz und bluomen wol gevar / wâren drûf gesniten dar" (Parz_(L) 549,12–14); es verfügt über Glasfenster (Parz_(L) 553,5). Ausführlicher ist die Beschreibung des Hausrats, der zum Speisen und Schlafen dient. Die Darstellung der Handlung (Abnehmen der Rüstung, Bedienung, Essen, Bereitung des Bettes) ist parallelisiert zum Geschehen, das sonst in Burgen quasi als raumgebundenes Skript anzutreffen ist; Gawan erhält trotz Standesdifferenz eine adäquate Herberge und wichtige Auskünfte zu den weiteren *âventiuren*. Als Irrtum der Figur wird im Sinne einer abgewiesenen Alternative eingespielt, dass Gawan mit der Tochter des Hauses geschlafen haben könnte.[9]

In Wolframs *Willehalm* wird über das Haus des Kaufmanns Wimar eine Kontrastrelation zum Königssitz etabliert – dort will die Königin, die zugleich Willehalms Schwester ist, dem Titelhelden militärische Unterstützung und sogar den Einlass in die Burg versagen. Höfische Prachtentfaltung und Kleiderschmuck koppelt Wolfram an den → Hof in Laon, der zugleich wegen der unterbliebenen Unterstützung des Heidenkämpfers und wegen der mangelnden Verwandtentreue negativ perspektiviert wird; später wollen Teile des Reichsheers die Bequemlichkeit am Hof dem Heidenkampf vorziehen – eine Diskrepanz zwischen Handlungsdispositionen und Äußerem, die auch am Gegensatz der Burg zum Haus des Kaufmanns visualisiert wird. Bei Wimar, der Willehalm als Einziger sein Haus als Herberge anbietet, gehen innere Ein-

---

[8] Terminologie hier und im Folgenden nach Dennerlein 2009.
[9] Dallapiazza 2009, 66 sieht hier eine angelsächsisch-keltische Tradition (*sexual hospitality*), nach der dem hohen Gast Ehefrau oder Tochter als Bettgesellin angeboten würde; dies bleibt jedoch spekulativ. Die Aufforderung des Hausherrn an seine Tochter „leist al sîne ger" (Parz_(L) 550,21) ist zunächst auf die Gesellschaft am Tisch bezogen, darüber hinaus kann sie auch als Variation des *rash boon*-Motivs gesehen werden.

stellung und sein Tun Hand in Hand; für das Mahl scheut er keine Kosten: „soltz im loesen sînen lîp, / sone möht er selbe und ouch sîn wîp / des nimmer baz genemen war" (Wh_(S) 133,17–19). Das Haus ist wesentlicher Schauplatz für die Dialoge zwischen Willehalm und Wimar. Details zum Haus jenseits des Hausrates, der zum Schlafen oder Speisen dient, werden nicht beschrieben. Die Szene fokussiert darauf, dass Willehalm jeglichen adelsgleichen Luxus, den Wimar anbietet, zurückweist – etwa bei Tisch. Willehalm besteht auf Wasser und Brot und auf grünem Gras als Ruhestätte (Wh_(S) 136,1–14). Das offerierte Bett („pflumîte und kulter rîche / ûf einen teppich", Wh_(S) 132,16 f.) und das verschmähte kostspielige Mahl deuten auf Wohlstand hin. Dennoch bleibt die Unterkunftnahme in Wimars Haus statt in der Burg seiner Schwester zugleich eine Defizitmarkierung.

Spartanisch ist die aus Rohren und Zweigen gebaute Hütte der Fischer in Wirnts von Gravenberg *Wigalois*: Der Fischer bringt den Harnisch des bewusstlosen Ritters „in sînen glêt, / den er dâ geziunet hêt / mit rôre und mit rîse" (Wig 5484–5486). Die Hütte dient als Signum der Armut: „dô vunden si den armen man / sitzen bî sînem viure. / gnade was im tiure, / dar zuo sælde unde guot; / ez hêt diu grôze armuot / zuo im gehûset in den glêt, / dâ selten vreude bî bestêt" (Wig 5687–5693); immerhin lässt sich die Tür fest verschließen (Wig 5703 f.). Wirnt unterscheidet begrifflich zwischen Hütte (*glêt*) und dem Haus, das das Fischerpaar als Belohnung erhält: Die Gräfin „hiez im ûz zeigen / daz beste hûs, als er si bat, / daz inder stuont in der stat" (Wig 5748–5750). Ohne weitere Konturen jenseits der Existenz einer wenig robusten Tür bleibt das „hiuselîn" (Iw_(BLW) 3291) des Einsiedlers in Hartmanns von Aue *Iwein*.

Der *Fortunatus* kann als die Geschichte eines Hauses (im Sinn von Haus und Geschlecht) gelesen werden, in dem Fortunatus' Vater sein Haus durch Verschwendung verliert; die Hauptfigur lässt es prachtvoll wiederaufbauen.[10] Betrachtet sei hier das vergleichsweise detailreich beschriebene Haus des Kaufmanns Jeronimus Roberti. Roberti nimmt Fortunatus in sein Haus auf, er darf dort zunächst bei Tisch dienen (Fort_(M) 408,29) und sodann im Handel, er hat ein gutes Auskommen. Allerdings lockt ein Gauner namens Andrean einen Edelmann in das Haus von Roberti. Als Roberti sich nach dem gemeinsamen Essen in „sein schreibstuben" (Fort_(M) 413,27) zurückzieht, geht Andrean mit dem Edelmann „hynauf in [s]ein kamern" (Fort_(M) 413,28), wo Andrean den Edelmann ermordet, um mit dessen Schlüssel dessen Kleinode zu stehlen. Die Kammer befindet sich offenbar über dem *eßsal*: Das Blut des Ermordeten war „durch die rüllen in den eßsal gerunnen" (Fort_(M) 414,16). Andrean behauptet gegenüber Roberti, der Ermordete hätte seinerseits ihn ermorden wollen, man wirft den „leichnam in die prifet" (Fort_(M) 415,13 f.). Der König lässt Roberti und die Hausangehörigen gefangen nehmen: „zwen herren / zwen schreiber / ainen koch / ainen stall knecht / zwů mågt und Fortunatus" (Fort_(M) 418,10 f.). Bei der weiteren Beschreibung der Hausdurchsuchung werden weitere Hausteile benannt: „und

---

10 Vgl. M. Müller 2004, 64–72.

sůchten in ställen / in kellern vnd in iren gewelben" (Fort_(M) 418,18 f.). Schließlich durchsucht einer der Fahnder mit einer Kerze „alle finsteren winckel" (Fort_(M) 419,5); zunächst erfolglos. „Allso zewcht er auß ayner betstatt ain grosse handvol thürr stro und zündet das an / vnnd warff das in dass prifet vnd lůget allso hynnach / so sicht er dem mann die schenckel enpor ragen" (Fort_(M) 419,6–9). Unter Folter berichten Roberti und seine Bediensteten von Andreans Mord; sie werden jedoch hingerichtet, da auf das Verschweigen eines Mordes die gleiche Strafe steht wie auf Mord selbst. Fortunatus bleibt am Leben, weil er zur Tatzeit nicht im Haus war.

Andernorts erfolgt die Referenz auf Häuser überwiegend nur recht knapp und detailarm; sie gehören als Selbstverständlichkeit zum Ortsbild und bedürfen offensichtlich nur selten einer weiteren Erläuterung oder Ausgestaltung. Die meist spartanische Beschreibung lässt darauf schließen, dass die Erwähnung eines Hauses in der Regel ein mentales Raummodell evoziert,[11] das – als Basismodell – mindestens die Elemente Boden, Wände, Dach, Tür, Kochgelegenheit (→ Küche), Speise- und Schlafgelegenheit umfasst, auch ohne dass auf diese Entitäten referiert wird. Weitere Ausstattungsmerkmale können je nach dem Wohlstand, der dem Inhaber zugeschrieben wird, dazu imaginiert werden. Die Erwähnung von Bestandteilen oder Hausrat sowie Charakterisierungen erfolgt meist dann, wenn sie auch eine Funktion für die Figurenebene realisieren – etwa in Hinblick auf die Figurencharakterisierung durch Prachtentfaltung bzw. Armut oder weil diese Entitäten für die weitere Handlung benötigt werden. „Die Autoren klären uns nur selten ausdrücklich darüber auf, in welchem Zimmer die Personen sich befinden, geschweige denn wie dieses Zimmer aussieht. Beschreibung tritt hinter Dialog und Erzählung zurück".[12] Eine elaborierte Darstellung von Häusern wie etwa von Gurnemanz' Burg in Parzivals Figurenwahrnehmung findet man kaum: „hin gein dem âbent er dersach / eins turnes gupfen unt des dach. / den tumben dûhte sêre, / wie der türne wüehse mêre: / der stuont dâ vil ûf eime hûs. / dô wânder si sæt Artûs: / des jaher im für heilikeit, / unt daz sîn sælde wære breit. / Alsô sprach der tumbe man. / ‚mîner muoter volc niht pûwen kan. / jane wehset niht sô lanc ir sât, / swaz sir in dem walde hât: / grôz regen si selten dâ verbirt'" (Parz_(L) 161,23–162,5). Während in der *Melusine* Thürings von Ringoltingen handwerkliche Aspekte des Bauvorgangs bei der Errichtung der Burg breiten Raum erhalten (TvRMel_(M) 45–47), fördert eine Suche in der Mittelhochdeutschen Begriffsdatenbank nach *hûs+bûwen* (Kontext=5 Zeilen) zwar 140 Treffer zutage, die jedoch *en gros* auf die bloße Absicht, ein Haus zu bauen, referieren, oder bei denen es sich um formelhafte Erwähnungen von Bauten handelt wie „reht ûf dem dritteile ie stât / ein hûs wol erbowen" (PleierTand 5350 f.).

---

11 In Anlehnung an Dennerlein 2009, 178–182.
12 Andersen 2004, 112.

3 Narrative Funktionen und Semantisierbarkeit

3.1 Vielfältige Semantisierbarkeit

Dass die Hausbeschreibungen meist recht knapp gehalten sind, darf nicht zu dem Fehlschluss verleiten, Häuser wären nur peripheres Beiwerk in mittelalterlicher Literatur. Indem Hausdarstellungen beim Rezipienten Modelle von einfachen oder auch reicher ausgestatteten Häusern abrufen, wird bei einer Referenz auf Häuser die visuelle Imagination beim Rezipienten stimuliert. Da das Haus ein sehr grundlegendes Objekt der menschlichen Wahrnehmungswelt darstellt, das mit dem täglichen Leben wie auch mit axiologisch oder emotional besonderen Situationen wie Geburt oder Tod in Verbindung steht, ist es ein Objekt, das es in besonderer Weise möglich macht, literarisch mit axiologisch oder emotional relevanten Ereignissen oder Konzepten besetzt zu werden. So symbolisiert etwa nach dem Tod des Fortunatus-Sohns Andolosia schließlich der Fall des Familiensitzes an die Krone das Ende von Haus und Geschlecht in eindringlicher Weise.

Während man in Anschluss an Lotman annehmen könnte,[13] dass die Basisunterscheidung von Innen und Außen dem Haus einen sicheren, vertrauten Innenbereich zuordnen könnte,[14] zeigt ein Blick auf die im vorausgehenden Abschnitt skizzierten Beispiele, dass eine solche Zuordnung nicht verallgemeinerbar ist, auch wenn Häuser zunächst mit Blick auf ihre Schutzfunktion errichtet werden. Dennerlein weist in Anschluss an Horn darauf hin, dass es aufgrund der semantischen Vielfalt nicht möglich ist, bei „basalen räumlichen Gegebenheiten [...] typische Semantiken ausfindig zu machen".[15]

Für einen Artusritter wäre ein sicherer Innenraum meist sein *hûs*: also die heimische Burg. Das Haus als Herberge ist für ihn allerdings meist Teil der *âventiuren*-Fahrt, das erst nach der initialen Grenzüberschreitung des Helden als Teil der Außenwelt aufgesucht wird. Deutlich wird in der Regel die Alterität zwischen Haus und Hof und ihre hierarchische Abstufung[16] – wie sie etwa am Beispiel von Wimars Haus im *Willehalm* greifbar wird.

---

13 Vgl. Lotman 1981, 175–204, Lotman 1973, 347–358.
14 Nach Propp 1982, 31 besteht die erste Funktion im Zaubermärchen darin, dass ein Familienmitglied „das Haus für eine Zeit" verlässt; in Funktion XI verlässt der Held das Haus (43).
15 Dennerlein 2009, 179. Horn 1997, 347 zeigt, dass es „kaum eindeutig bestimmte Raumgestalten" im Märchen gibt (zum Schauplatz Haus vgl. Horn 1997, 340–342). Allerdings ist die Materialbasis von Horns Studie relativ schmal. Womöglich kann es mehr oder weniger naheliegende semantische Zuordnungen geben; beim Hausbau steht etwa zunächst die Schutzfunktion im Zentrum. Alternative Semantisierungen treten in der Regel dann auf, wenn es zu weiteren Störungen in der erzählten Welt kommt.
16 Vgl. hierzu etwa Wenzel 1988b, 106 f.

Jenseits der Differenz Burg vs. Haus als Innenraum für Ritter wäre die relative Sicherheit in der heimischen Behausung mit einem statischen Figurenkonzept verbunden; anders bei dynamischen Figuren: Eine permanente Existenz im Innenraum wäre für Artusritter defizitär – man denke an Gaweins Rat im *Iwein*. Dass von Unternehmungen reizvoller zu erzählen ist als vom Verbleib zu Hause, zeigt der *Fortunatus*: Während Andolosia erstaunliche Abenteuer erlebt, erfährt man recht wenig vom zweiten Fortunatus-Sohn Ampedo, der dem Verlassen des Hauses abhold ist. Als sein Bruder Andolosia schließlich in Gefangenschaft gerät, verzichtet Ampedo auf jeden Versuch, ihm Hilfe zukommen zu lassen, obwohl er mit dem Zauberhut optimale Voraussetzungen hätte.[17] Stattdessen verbrennt er das Zaubermittel und stirbt anschließend aus Gram – zu Hause.[18]

Mitunter wird die Schutzfunktion des Hauses als vertrauter Innenraum geradezu negiert: In Konrads von Würzburg *Alexius* wird die → Grenze zwischen Innenraum und Außenraum wesentlich als Exklusion visualisiert. Alexius kehrt in sein Elternhaus zurück, vegetiert dort jedoch unter der → Treppe und lässt sich verspotten und mit Abwasser begießen.[19] Das Haus von Jeronimus Roberti im *Fortunatus* wird zum Ort des Broterwerbs und so zunächst zu einem positiven Ort für den Protagonisten, der nach einer Phase der Geldverschwendung nun wieder eine geregelte Stellung, das Vertrauen des Hausherrn und Sicherheit erlangt hat. Doch im Kontext von Störungen der erzählten Welt erweist sich später gerade das Haus als gänzlich kontingente Gefahrenquelle, da die Bewohner für den Mord eines anderen hingerichtet werden. Fortunatus reflektiert später den Konnex von Hauszugehörigkeit und Rechtsfolge;[20] er erinnert sich: „do der edelman in ainem hauß ermort ward / dabey er nit gewesen was / kain schuld daran hett / vnd ym gantz vnwissent was" (Fort_(M) 459,19–21).

In *Drei Mönche von Kolmar* wird das Haus eines Ehepaars – wie häufig in der Märendichtung – zum wichtigsten Handlungsort, die Bewohner können in ihrem Innenbereich ihre Suprematie ausspielen. Bereits als der erste Mönch die beichtwillige Ehefrau zum Beilager nötigen will, wird in täuschender Intention (Niemand 67 f.) das Haus als Ort der Reflexion vorgegeben: „ich wil heim versuochen dâ / und wil herwider iu sagen sâ, / wie ez dâ heime vüege sich" (Niemand 61–63). Das Haus ist sodann Ort der Beratungsszene und Ort der Ausführung der Rache: Zeitversetzt bestellt man die Mönche zum angeblichen Beilager ein, allerdings macht sich das Ehepaar die Kenntnis und die Gestaltbarkeit des eigenen Machtbereichs zunutze, indem ein Kessel mit kochendem Wasser an der Wand platziert wird. Ein zweites

---

[17] Vgl. Mühlherr 1993, 66.
[18] Vgl. Dimpel 2016, 247 f.
[19] Vgl. zum *Alexius* Strohschneider 2014, 132–155.
[20] Eine Haftung des Hauses ist im *Sachsenspiegel* und im *Schwabenspiegel* etwa auch bei Vergewaltigung vorgesehen: Das Haus soll zerstört werden, alle Personen, die während der Tat in dem Haus anwesend waren, werden mit der Todesstrafe bedacht. Vgl. Spiewok 1994, 198–201.

Mal spielt eine Hauswand eine Rolle: Der Mann verbirgt sich mit einem Kolben hinter der Tür. Nachdem der Mönch das versprochene Silber ausgehändigt hat, jagt der Ehemann ihm einen Schrecken ein, indem er „mit dem kolben in der hant / [...] biuschlet umb die want" (Niemand 233f.; ähnlich 270; 283). Die Frau schickt den Mönch in den Zuber als vermeintliches Versteck, damit er dort zu Tode kommt. Das Paar fischt den toten Mönch aus dem Zuber, „und [sie] leiten in zuo einer want" (Niemand 250; ähnlich 274); ebenso mit dem zweiten und dritten Mönch. Rache und Bereicherung werden nicht nur aufgrund des Heimvorteils möglich. Die Wand als Grenze wird mehrfach erwähnt: Die Grenze lässt den Raum zur Mönchsfalle werden, die Wände schützen einerseits vor Zeugen und hindern andererseits die Mönche an einer Flucht zu einem anderen Ort als zum Zuber, da die Tür vom lärmenden Ehemann blockiert ist.

Komplementär zu den *Drei Mönchen* ist die Raumlogik in Heinrich Kaufringers *Der feige Ehemann*. Hier will ein nicht-adeliger Ehemann seine Frau vor den Avancen eines Ritters schützen. Er schlägt vor, seine Frau solle den Ritter in ihre „kamer guot" (KaufFeig 75) einladen; dort will der Ehemann „im lonen seiner minn, / das er fürbas ewiclich / mit guotem frid muoß lassen" (KaufFeig 78–80). Das Haus charakterisiert die Ehefrau dem Ritter gegenüber als einen Bereich der privaten Abgeschlossenheit: „ir sült zuo mir kommen hain / nach essens in das hause mein; / darin will ich allaine sein" (KaufFeig 98–100). Den Heimvorteil will der Ehemann nutzen, indem er sich hinter eine Truhe („vas", KaufFeig 124) setzt; er trägt einen „panzer stark" (KaufFeig 126). Von den Vorbereitungen erfährt man anders als in den *Drei Mönchen* erst nach der Ankunft des Ritters. Der Ritter penetriert eine im Raum befindliche Panzerplatte aus sechs Schichten mit seinem hochwertigen Dolch, um der Frau zu demonstrieren, dass er keine weitere Bewaffnung nötig habe. Deshalb wagt sich der Ehemann nicht hinter der Truhe hervor, als der Ritter die Ehefrau im eigenen Bett vergewaltigt.

Während das Haus in den *Drei Mönchen* mit der Suprematie der Bewohner assoziiert wurde, wird im *Feigen Ehemann* das Gegenteil ins Bild gesetzt: Der vermeintliche Heimvorteil lässt sich nicht nutzen. Der Ehemann glaubt, gegen einen adeligen Gegner mit dessen Waffen bestehen zu können: ein kardinaler Irrtum bezüglich der göttlichen Weltordnung und seiner Position darin. Verallgemeinern lässt sich, dass das Haus für verschiedenartige Besetzungen ein in besonderer Weise geeigneter Ort ist.

3.2 Zur Interaktion von Haus- und Figurendarstellung

Raumdarstellung kann semantische, emotionale und axiologische Energien auf Figuren, Ereignisse oder Handlungen übertragen – und umgekehrt. In aller Regel werden die Verbindungen von semantischen, emotionalen und axiologischen Konzepten zwischen Räumen und beispielsweise Figuren nicht explizit hergestellt – die Rezipienten werden diese Inferenzen je nach individueller Disposition selbst mehr oder weniger bilden.[21] Die Übertragung von semantischen Konzepten der Figuren auf Räume oder die Übertragung von semantischen Konzepten der Räume auf Figuren basiert meist auf Kontiguität.[22] Beschreiben lassen sich solche Übertragungsoperationen als korrelative Sinnstiftung oder als Wertungsübertragung.[23] Wenn Erec nach der Entehrung durch den Zwerg am Romanbeginn nicht in der Burg oder in einem gutsituierten Haus Unterkunft findet, korrespondiert die Armut von Koralus' Haus mit seinem Abstieg in Sachen Ehre, sein Status wird an seiner Umgebung visuell ablesbar. An der Armut des Hauses wird zugleich die Störung der Verwandtschaftsbindung zwischen Herzog und Graf sichtbar: Obwohl Koralus mit der Schwester des Herzogs verheiratet ist, hat Herzog Imain es zugelassen, dass in seinem „market" (Er_(C) 223) Schwager, Schwester und Nichte in unstandesgemäßer Armut vegetieren. Nachdem Erec im Sperberkampf gesiegt hat, lehnt er das Angebot, in der Burg von Herzog Imain Herberge zu nehmen, ab (Er_(C) 1339): Der Königssohn ehrt Koralus' Haus mit seiner Gegenwart. Die einsame Ereignisregion ums Haus wird nun in einen Raum der Festfreude („grôzer schal", Er_(C) 1388) transformiert.

Sowohl an Wimars als auch an Koralus' Haus lässt sich zeigen, dass im höfischen Roman und in der Heldenepik eine zunächst vorstellbare Hierarchie Hof > Haus nicht stets der axiologischen Struktur entsprechen muss. Im Fall des *Erec* ist auch die oben-unten-Hierarchie[24] offen für alternative Funktionalisierungen: Bei der Feier von Erecs Sieg im Sperberkampf werden Speisen des Herzogs von der Burg hinab zu Koralus' Haus geschafft. Die vertikale Bewegung der Speisen visualisiert die unangemessene große Differenz der Lebensumstände von Graf und Herzog erneut und verweist ihrerseits auf den Kontrast zwischen standesgemäßer Burg und dem ungemäßen *gemiure*, in dem der Herzog seine Schwester und deren Familie hausen lässt. Es bleibt ebenfalls ohne explizite Verbindung zu diesem Treueverstoß, wenn Erec die Neueinkleidung Enites durch den Herzog ablehnt. Auch hier werden semantische Konzepte an ‚Dinge' gekoppelt.[25] Indem Erec sagt, nicht um Kleidungsschmuck, sondern um eigentliche Schönheit gehe es ihm, wird die Einkleidungsfrage mit der armen Herberge assoziiert, in der die eigentliche Bonität des Hauses mit seiner Ausstattung kontrastiert; der erzählte Gegensatz lässt die Bonität bzw. Schönheit als besonders markant erscheinen.

---

[21] Zu Inferenzen und abduktiven Schlüssen vgl. Jannidis 2004, 76–81.
[22] Vgl. hierzu Haferland/Schulz 2010 sowie Haferland 2009.
[23] Vgl. Stock 2002, Dimpel 2014. Zu unterscheiden sind Übertragungsoperationen, die ein konkreter Text selbst herstellt, von Konnotationen, die von literarischen Texten generell mitgeführt werden können: Nach Titzmann 1977, 84 f. ist für literarische Texte das sekundäre semiotische System kennzeichnend, sodass Haus für ‚Geborgenheit' stehen kann.
[24] Vgl. hierzu Dennerlein 2009, 176–178.
[25] Vgl. zur Ding-Semantisierung exemplarisch Mühlherr 2009.

3.3 Innen-Außen-Differenzen

Ein weiteres Beispiel für die Verkopplung von Orten, Figuren und semantischen Konzepten bieten die *Parzival*-Bücher VII, VIII und X: Als Musterritter des Artushofes findet Gawan auf seinen Stationen jeweils angemessene Unterkunft und sozialen Anschluss (Parz_(L) 362; 422; 547). Gawan ist als Neffe von Artus bestens in den Hof und in die Gesellschaft integriert. Anders Parzival: In exzeptioneller Situation aufgewachsen, reitet Parzival nach der Verfluchung durch Cundrie einsam durch die Romanwelt. Vor seiner Einkehr bei Trevrizent – nicht in ein Haus, sondern in eine → Höhle in einer Bergwand – wird nichts davon erzählt, dass Parzival je in einem Haus oder in einer Burg eingekehrt wäre; seine Distanznahme vom Haus Gottes (Parz_(L) 332,1–16) wird zumindest bezüglich der tatsächlich erzählten Zeit von einem räumlichen Unbehaustsein begleitet. Damit sei nicht behauptet, dass Parzival in diesen viereinhalb Jahren niemals in einem Haus ‚war'; jede Einkehr kann in eine Ellipse fallen. Wichtig ist jedoch, dass Wolframs Perspektivenführung Gawan regelmäßig in Behausungen und in Gesellschaft zeigt, während Parzival zumindest bis Buch IX isoliert und nicht in Wohnräumen verortet wird.

Eine ähnliche Innen-Außen-Differenz im Verbund mit möglichen Ellipsen findet sich in der *Kudrun*: Hagen ist selbst als Kind bei nachlässiger Aufsicht vom Greifen geraubt worden; seine Tochter will er nie unter freiem Himmel sehen: „Dô hiez der wilde Hagene ziehen sô daz kint, / ez beschein diu sunne selten noch daz ez der wint / vil lützel an geruorte" (Kudr_(BS) 198,1–3). Als das erste Mal tatsächlich davon erzählt wird, dass Hilde sich außerhalb von Gebäuden befindet, wird sie von den Brautwerbern Hetels entführt.

3.4 *Patria potestas*

Mit dem Haus eng verbunden ist das Konzept der Herrschaftsgewalt des Hausherrn über das Haus und seine Bewohner.[26] Selbst der verarmte Koralus insistiert Erec gegenüber darauf, dass seine Tochter den Pferdedienst versieht: „man sol dem wirte lân / sînen willen" (Er_(C) 348 f.). Der *patria potestas* entspricht die inferiore Stellung der Frau. Teilweise ist der Frau räumliche Mobilität verwehrt, sie ist teilweise auf den Bereich des Hauses restringiert.[27] Während Männer etwa Feldarbeit verrichten, obliegt den Frauen das Hauswesen – eine geschlechtsspezifische Differenz von Innen

---

26 Zur *patria potestas* vgl. Klein 2002.
27 Vgl. Brinker-von der Heyde 2001, insbes. 25 f. Zur Isolation exemplarisch Lienert 2003, 17 f.

und Außen.[28] Beim Eintritt in ein Haus durch Heirat nimmt die Frau in der Regel einen Ortswechsel vor und wird aus ihrem bisherigen Sozialgeflecht entwurzelt.[29]

3.5 Gefahren

Ein weiteres Beispiel für die ambivalente Semantisierbarkeit des Hauses ist der Umstand, dass die Herrschaftsgewalt des Hausherrn mitsamt Wohnrecht rasch außer Kraft gesetzt werden kann. Als in der *Kudrun* die Brautwerber Hetels mit einer Unterkunft versorgt werden sollen, veranlasst Hagen mit seiner Bitte einen Exodus: „hûs diu aller besten – mit willen man daz tete – / vierzic oder mêre wurden in dâ lære, / <den> ûz Tenelande. dar ûz zugen sich die bürgære" (Kudr_(BS) 320,2–4). Maria E. Müller zeigt, wie der unbehauste Held des *Ulenspiegel* allerorten die hausväterliche Autorität destruiert, da mit der Störung der Ordnung des Hauses jede gesellschaftliche Ordnung gestört wird: „Symptomatisch aber ist, wie häufig die Zerstörung des Hausfriedens in Bildlichkeit umgesetzt wird. Der Held demoliert Dächer, zertrümmert Fenster, zersägt Pfosten, Stiegen und Mobiliar oder räumt den Hausrat auf die Gasse, defäkiert in Betten, Tische und Stuben".[30]

Im Krieg ist das Haus ein besonders gefährdetes Objekt: Wenn etwa im *Herzog Ernst* Nürnberg nicht eingenommen werden kann, wird das Umland „mit roube und mit brande" (ErnstB_(B) 876) verheert. Während des späteren Krieges wird von einer großen Schlacht der beiden Heere nichts berichtet, es bleibt auf beiden Seiten beim Brandschatzen – fünf Jahre lang (ErnstB_(B) 1675–1729). Bemerkenswert ist auch die Rache am Ende der *Kudrun*: Nach dem Sieg und nach der Befreiung Kudruns veranlassen Wate und Fruote, dass 30.000 Mann zum Brandschatzen durchs Land ziehen. Dabei werden 26 Burgen zerstört, die niedergebrannten Häuser sind dem Erzähler keine Erwähnung wert; nur zu Beginn des Rachefeldzugs heißt es: „daz fiur allenthalben hiez man werfen an" (Kudr_(BS) 1545,2).

Das Haus steht einer Vielzahl an heterogenen Funktionalisierungen offen – es kann ebenso gut mit Sicherheit wie mit Gefahr in Verbindung gebracht werden. Es kann als schützender Innenraum konstitutiv dafür sein, dass die Hausbewohner wie in *Drei Mönche von Kolmar* ihren Heimvorteil nutzen können; das Vertrauen auf eine heimische Überlegenheit kann jedoch wie im *Feigen Ehemann* auch ins Fiasko führen. Im *Fortunatus* wird das Haus von Jeronimus Roberti selbst zur Gefahr für den Protago-

---

28 Vgl. Brinker-von der Heyde 2001, 31; vgl. auch Brinker-von der Heyde 2001, 27: „Bergen, aufnehmen, wärmen, schützen sind stereotyp mit Weiblichkeit konnotiert und gleichzeitig Grundfunktionen jeder Behausung. Aggressives Eindringen, Überwältigen, In-Besitz-Nehmen von Frauen wie von Burgen ist dagegen ebenso stereotyp als männliches Verhalten ausgewiesen."
29 Vgl. Brinker-von der Heyde 2001, insbes. 28–32, Lienert 1997, 113.
30 M. Müller 2004, 63.

nisten. Semantische Kontexte, die dem Haus zugeschrieben werden, können mitunter auf Figuren übertragen werden, wie auch Figureneigenschaften auf Häuser übertragen werden können.

Er_(C), ErnstB_(B), Fort_(M), Iw_(BLW), KaufFeig Kudr_(BS), NibAB_(BBW), Niemand, OvWLied_(MWW), Parz_(L), PKaP, PleierTand, RvEBarl, TvRMel_(M), Wh_(S), Wig, WvdVLLS

→ Burg, Schloss, Hof; → Grenze; → Höhle, Grotte; → Kemenate, Gemach, Kammer; → Küche; → Tor, Tür, Treppe, Fenster; → Wirtshaus, Herberge; → Zelt

Alexander Classen
Heide, Aue, *plaine*

1 Begriffsbestimmung – 2 Merkmale der Darstellung – 3 Narrative Funktionen – 3.1 Der liebliche Ort/*locus amoenus* – 3.2 Die Kampfesstätte – 4 Resümee

1 Begriffsbestimmung

Die *ouwe* (f., vgl. ahd. *ouwa*, nhd. *Au[e]*) beschreibt eine Flusslandschaft bzw. eine Fluss-(→)Insel (aus germ. **agwijō* „die zum Wasser gehörige",[1] vgl. auch anord. *ey* bzw. ae. *īg*, ‚Insel', idg. **akʷā* ‚Wasser'). Zum Nhd. hin stellt sich eine Bedeutungsverschiebung ein, wonach der Begriff nicht mehr – wie im Mhd. – „die von Wasser oder Feuchtgebieten umgebene Insel" beschreibt,[2] sondern eine „feuchte Niederung".[3] In seiner alten Bedeutung findet sich der Begriff auch noch häufig in Orts- und Flurnamen wie *Reichenau, Rheinau, Passau*.[4]

Die *heide* (f., aus ahd. *heida* f., germ. **haiþ[æ]i-* ‚Wildland') stellt ein Stück „nutzbares Wildland"[5] dar bzw. ein „ebenes, unbebautes, wildbewachsenes land".[6] Ein Plan, eine *plaine* (vgl. mhd. *plân[e]* [m.] aus lat. *planus* bzw. mhd. *plânîe, plânje, plâniure* [alle f.] aus afrz. *plaine*) bezeichnet eine freie Fläche oder Ebene,[7] kann aber auch die gleiche Bedeutung wie *aue* annehmen.[8] Daneben kann das Wort auch für den Platz stehen, an dem „turnierübungen angestellt" werden (→ Turnierplatz) und für die Fläche, „auf der die [→] zelte stehen".[9] Aue, Heide und *plaine* spielen als Handlungsorte auf verschiedene Arten eine Rolle in nahezu allen Großgattungen des Hochmittelalters, v. a. im höfischen Roman (Gottfrieds von Straßburg *Tristan* [um 1210] und dazugehörige Vervollständigung durch Heinrich von Freiberg [ca. 1285/1290], Konrads von Würzburg *Partonopier und Meliur* [2. H. 13. Jh.], Ulrichs von Etzenbach *Wilhalm von Wenden* [zw. 1290 u. 1297], *Reinfrit von Braunschweig* [nach 1291]), im Artusroman (Hartmanns von Aue *Erec* [um 1180], Wolframs von Eschenbach *Parzival* [1200–1210], Heinrichs von dem Türlin *Die Krone* [zw. 1215 u. 1230], *Daniel*

---

1 Kluge/Seebold 2011, 70.
2 Küster 2010, 98.
3 Küster 2010, 98; vgl. auch die Definition in Lexer 2, 192: „von wasser umflossenes land, insel od. halbinsel". Daneben findet sich aber auch schon die Bedeutung „wasserreiches wiesenland" (Küster 2010, 193).
4 Vgl. Küster 2010, 98, Kluge/Seebold 2011, 70.
5 Kluge/Seebold 2011, 404.
6 Lexer 1, 1207.
7 Vgl. Lexer 2, 276, Kluge/Seebold 2011, 709.
8 Vgl. Lexer 2, 276.
9 BMZ 2,1, 521.

von dem Blühenden Tal des Strickers [1220–1250], und die Romane des Pleier, *Garel von dem blühenden Tal, Meleranz* und *Tandareis und Flordibel* [Schaffensphase 1240–1270/1250–1280]) und im Antikenroman (Konrads von Würzburg *Trojanerkrieg* [1280er Jahre], Ulrichs von Etzenbach *Alexander* [ca. 1270–1285] und sein *Alexander-Anhang* [letztes Jahrzehnt des 13. Jh.s], Seifrits *Alexander* [1352 vollendet]). Daneben finden sich auch Belege in der historischen Dietrichepik (*Dietrichs Flucht, Rabenschlacht* [beide wohl M. 13. Jh.], *Alpharts Tod* [1250–1280]), in der Chronistik (*Weltchronik* des Jans Enikel [2. H. 13. Jh.], Ottokars von Steiermark *Steirische Weltchronik* [um 1300]) sowie in Hugos von Trimberg Wissenskompendium *Der Renner* [um 1300]. Keine Relevanz scheint der Handlungsort im legendarischen Bereich zu haben.

2 Merkmale der Darstellung

Bei der Darstellung der *loci* Aue, Heide und *plaine* gibt es in der mittelalterlichen Literatur Überschneidungen und begriffliche Unschärfen. Wo die Orte differenziert werden, dient dies oft der Beschreibung der Gesamtheit der Natur durch additive Auflistung: „heide, ouwe, anger noch der walt / brâht nie varwe sô manicvalt" (UvEtzAlex 12331 f.); „sî wânden bî den zîten / daz diu welte über al, / anger heide berg und tal / mit rittern wær durchwahsen" (Reinfr 9530–9533).

Oftmals ist jedoch nicht genauer festzustellen, ob die Begriffe *ouwe, heide* und *plân* differenziert oder als Synonyme verwendet werden; als rhetorische Variation scheint gerade Letzteres verbreitet zu sein, was sich am bekanntesten wohl im Minnesang zeigt („[u]nder der linden / an der heide", WvdVLLS 39,11 f. vs. „[i]ch kam gegangen / zuo der ouwe", WvdVLLS 39,20 f.), aber auch im epischen Kontext vorkommt („dô lâgen diu her beide, / ieslîchez ûf der heide. / zwischen in ein wazzer ran. / diu her lâgen ûf dem plân", JansWchr 9501–9504; „diu heide lac geströuwet vol / von tôten und von âsen, / diu fuortens' unde lâsen / ab der plânîe grüene", KvWTroj_(K) 37814–37817). Die oft idealtypische Beschreibung folgt dabei häufig einem konventionalisierten Vokabular. Dominant sind dabei bei allen drei Begriffen Aspekte der Beschaffenheit und der Ausdehnung. Ersteres äußert sich zumeist durch die Farbe („von der heide grüene", Alph_(M) 23,4 u. a.; ähnlich auch JansWchr 5168; KvWTroj_(K) 605 u. a.; PleierGar 1610 u. a.; PleierMel 2755; „ûf den grüenen plân", KvWTroj_(K) 949 u. a.; ähnlich auch KvWPart 627 u. a.; Parz_(L) 504,8; PleierGar 119 u. a.; PleierMel 526 u. a.; PleierTand 2689 u. a.). Daneben finden sich andere Beschreibungen aus dem Bereich der Sinneseindrücke und Wertungen („auf ein herlichen plan", Dietr 687; „ûf einer schœnen heide", Er_(S) 7812; „ûf den vil wünneclîchen plân", KvWPart 13781; „ûf eine liehte heide", Parz_(L) 516,22; „ein ouwe wunnesam", UvEtzAlex 23208). Beschreibungen der Ausdehnung überwiegen quantitativ jedoch deutlich, v. a. bei *heide* und *plân* (*heide*: „wît" z. B. Dietr 6444; KvWPart 5598; 19735; PleierMel 5067; „breit", z. B. Krone 7897; PleierGar 66 u. a.; Rab 355,5 u. a.; *plân*: „wît", z. B. Reinfr

6603; UvEtzAlex 22756; UvEtzAlexAnh 151; „breit", z. B. Dietr 3548; Parz_(L) 399,25; Rab 848,2).

Während die Schilderung von Sinneseindrücken oft positive Konnotationen enthält, wird seltener jedoch auch eine widrige Natur beschrieben, etwa wenn eine Aue als *wilde* (PleierTand 8581) oder *wüeste* (UvEtzAlex 22138), eine Heide ebenfalls als *wilde* (KvWEngelh_(G) 488; SeifAlex 7650) oder *wüeste* („wuegste[] haidt", SeifAlex 4402; auch 7610) beschrieben wird, oder wenn schlechterzogene Kinder mit wilden Tieren auf der Heide („An zühten wilde als ûf der heide / wildiu tier", Renner 12624 f.) verglichen werden.

Je nach geographischer Lage können auch Relationen zu anderen Orten eine Rolle spielen. Selten ist dies z. B. bei → Bergen der Fall (Reinfr 8074 f.; UvEtzAlex 6913; 22108–22110), dafür fungieren → Wälder häufig als Begrenzungen („nû riten si beide / âne holz niuwan heide, / unz daz si der tac verlie. / [...] nû wîste si der wec / in einen kreftigen walt.", Er_(S) 3106–3114; „breit einer halben mîle / gienc umb die burc ein schœner tan, / manch bluomen bernder grüener plân / gar wunneclîch dar inne lac: / hiu, waz man ritterschefte pflac / in dem tan und vor dem tan!", HvFreibTr 1600–1605; auch Krone 9485; 9553; PleierGar 3141; PleierMel 602; 2046; 2094; 4996; Reinfr 8074). Gelegentlich dient auch das → Meer als → Grenze: die → Stadt Tritonia „lac einsît ûf dem mer, / andersît wîten plân / sie het von der stat hin dan / wol ein mîle", UvEtzAlexAnh 150–153; auch Parz_(L) 681,6). Der Kontrast zwischen Natur und Kultur wird am deutlichsten über Städte und → Burgen markiert (Dietr 3011; JansWchr 4157; Parz_(L) 156,22; PleierMel 12350; Reinfr 589; SeifAlex 7656 f.; UvEtzWh 2171; 7333 f.; ironisiert in Wittenwilers *Ring*: „An einem suntag daz geschach, / Daz man do Bertschin chomen sach / Mit zwelf gsellen wol getan / Ze Lappenhausen auf den plan. / Die ritten also unverdrossen, / Sam si der regen hiet begossen", Ring_(R) 105–110).

Als idyllischer Naturort dargestellt werden v. a. Aue und Heide durch die Erwähnung von Blumen (KvWTroj_(K) 1143 f. u. a.; PleierMel 3171; Tr_(M) 17356; UvEtzAlex 3339–3344; 13196; UvEtzWh 1437; detailliertere Flora in Ottok 17934–17936; Parz_(L) 516,21–24) und Vogelgesang (z. B. KvWTroj_(K) 15806; PleierGar 3144–3151). Diese Ästhetik wird gebrochen, wo die Heide als Kampfstätte fungiert: „diu heide wart von bluote rôt / und der grasegrüene klê" (KvWPart 20644 f.); „diu heide muoz von bluote rôt / erfiuhten und betouwen" (KvWTroj_(K) 12164 f.).

Ulrich von Etzenbach gibt Auen und Ebenen als einziger Dichter Eigennamen (bei UvEtzAlex: „Erbelâ", 9908; „Leucadê" 14667; „Zârâî" 17073; „Hacteâ", 22549). In uneigentlicher Verwendung tut sich v. a. Gottfried von Straßburg hervor, der in seinem Literaturexkurs mit dem Begriff *wortheide* (Tr_(M) 4637) eine Metapher für das Feld literarischer Betätigung schafft.

3 Narrative Funktionen

Von der Frühen Neuzeit bis ins 19. Jh. hinein stand die Heide für „[p]flanzliche Kargheit und geringe Fruchtbarkeit".[10] Sie diente als „Symbol der Unwirtlichkeit, (geistigen) Unfruchtbarkeit und Todesnähe, der Einsamkeit und Zivilisationsferne, der Heimat und des einfachen, bäuerlichen Lebens".[11] Diese Beschreibung deckt sich auffallend wenig mit der Verwendung in mittelalterlicher Literatur, welche oft ein weit positiveres Bild aufweist. Zwar schreibt bereits die Bibel der Heide Eigenschaften der Unwirtlichkeit zu, welche sich in ähnlicher Weise auch in Belegen aus der Goethe-Zeit zeigen,[12] jedoch verwendet v. a. die höfische Literatur Aue, Heide und *plaine* mit positiver Aufladung, gerade wenn sie durch die Perspektive adliger Figuren erschlossen werden. Bäuerliches Leben findet dort i. d. R. keinen Platz; vielmehr dienen die Naturorte oft der höfischen Selbstinszenierung. Dabei spielt v. a. der idyllische Naturort, der *locus amoenus* (→ Garten, → Tal, → Wald), eine zentrale Rolle: „Der locus amoenus (Lustort) [...] bildet [...] von der [römischen] Kaiserzeit bis zum 16. Jh. das Hauptmotiv aller Naturschilderung. Er ist [...] ein schöner, beschatteter Naturausschnitt. Sein Minimum an Ausstattung besteht aus einem [→] Baum (oder mehreren Bäumen), einer Wiese und einem [→] Quell oder Bach. Hinzutreten können Vogelgesang und Blumen. Die reichste Ausführung fügt noch Windhauch hinzu".[13] Ursprünglich als eine von „„typischen Szenen' bei Homer" verwendet,[14] entwickelt sich der Topos des lieblichen Ortes zu einem festen Bestandteil im Motivinventar antiker und mittelalterlicher Literatur.[15] Markant ist dabei jedoch, dass der *locus amoenus* zwar als lieblich, aber nicht als fruchtbar geschildert wird in dem Sinne, dass er einen landwirtschaftlichen Ertrag hervorbringen könnte.[16]

Parallelen bestehen dazu zwischen der Heide als Naturort und dem → (Baum-)Garten als menschengemachtem Ort, der jedoch – wie z. B. in Gottfrieds *Tristan* – ebenfalls nach der Topik des *locus amoenus* gestaltet sein kann.[17] Auf einer Skala der Zivilisiertheit befindet dieser sich zwischen dem → Hof und der Heide, ist jedoch bereits Übergangsraum (ebenso wie die Heide Übergangsraum zur → Wildnis ist), ist

---

10 Gröning/Schneider 1999, 96.
11 Sieg 2012, 177.
12 Vgl. Sieg 2012, 178.
13 Curtius 1993, 202; für umfangreichere Definitionen vgl. auch Haß 1998, 4 f., Schönbeck 1962, 18–60.
14 Haß 1998, 1.
15 „Der Topos *locus amoenus* gehört zum kollektiven gelehrten Wissen der Vormoderne" (Klein 2011, 64); zum antiken Erbe des Topos vgl. Lichtblau 2008, 498-500, Thoss 1972, 52–73.
16 Zur Tradition seit Isidor von Sevilla und Hrabanus Maurus vgl. Billen 1965, 40 f., Curtius 1993, 199, Thoss 1972, 34–52.
17 Vgl. Baier 2005, 196 f.; der gartenähnliche Charakter ist dem Topos bereits in der Antike eigen, vgl. Haß 1998, 4 f.

„Teil einer Übergangssphäre, die vom höfischen Kulturbereich in den Wald hinausweist".[18]

Der liebliche Ort wird narrativ auf unterschiedliche Art funktionalisiert: als sozialer Ort höfischer Geselligkeit, als Ort intimer Zweisamkeit, jedoch auch als Ort des Kampfes, sei es in der ritterlichen Tjost, sei es in der Schlacht. Religiöse Kontexte sind dagegen eher selten, kommen aber in einzelnen Texten vor (z. B. in der *Weltchronik* des Jans Enikel: Adams und Evas Arbeit auf dem Feld [JansWchr 1222–1224]; Kain erschlägt Abel auf einer „schœne[n] heide" [JansWchr 1344] und wird dort von Gott verdammt [JansWchr 1374]; Moses führt die Juden durch das Rote Meer auf einen „plân" [JansWchr 8418] etc.).

3.1 Der liebliche Ort/*locus amoenus*

Die Reinform höfischer Aneignung des Naturortes ist das höfische Fest, das meist im Frühling stattfindet (z. B. KvWTroj_(K) 16216–16241; PleierMel 2752–2755) und mit der natürlichen Pracht der Jahreszeit einhergeht (eine besondere rhetorische Überhöhung kennt hier Ulrichs von Etzenbach *Wilhalm von Wenden*, wo die Aue nicht eigens für das Fest geschmückt werden muss, weil die höfische Festgesellschaft selbst schon für Pracht und Schönheit sorgt und damit gewissermaßen die Naturidylle noch einmal überstrahlt, UvEtzWh 202–212). Angereichert wird der Ort dabei mit höfischer Kultur, z. B. mit Musizieren und Turnierkämpfen (Dietr 680–771). Oft wird die Heide als Ort nahe an der höfischen Zivilisation imaginiert: In Hartmanns *Erec* ist die Heide gleich zweimal der erste Ort, an den Erec und Enite kommen, wenn sie die heimische Burg verlassen (Er_(S) 1481–1486; 3093–3112).

Eine besonders signifikante Darstellung des Naturortes als Kulisse für höfische Freude enthält Gottfrieds *Tristan*: In der Elternvorgeschichte reist Tristans Vater Riwalin nach Cornwall zu König Marke, der ein Maifest ausrichtet, welches die idealtypische Fusion von schöner Natur und edler Kultur zeigt: Zuerst werden die klassischen Konstituenten des *locus amoenus* aufgelistet (Tr_(M) 534–584), dann das gesellige Beisammensein in Form verschiedener Spiele und Annehmlichkeiten ergänzt (Tr_(M) 585–638). Kernstück des Abschnittes ist jedoch die Beschreibung der aufkeimenden Liebe zwischen Riwalin und Blanscheflur, Markes Schwester (Tr_(M) 679–1116).[19] Damit wird der Ort zugleich doppelt markiert, als Stätte der *vröude* und der *minne*.[20]

---

[18] Baier 2005, 197.
[19] Zur Dreiteilung des Abschnittes vgl. Klein 2011, 67 f.
[20] „Diese Schilderung [des Lustortes] findet ihren Sinn nicht in sich selbst, sondern bietet Voraussetzung und Rahmen für die Begegnung von Riwalin und Blanscheflur, den Eltern Tristans", Düwel 1994, 147; ähnlich Klein 2011, 65.

Letzteren Aspekt greift Gottfried später beim zweiten *locus amoenus* des Romans, der → Minnegrotte, wieder auf. Zwar ist der Hauptort der Handlung hier die Grotte selbst, jedoch ist diese in einen weiteren Naturraum eingebettet. Der Weg führt „gegen der wilde hin / über walt und über heide" (Tr_(M) 16684 f.), und der Grotte vorgelagert ist wiederum ein klassischer *locus amoenus* mit Linden, Schatten, einer Ebene, einem → Brunnen, Blumen etc. (Tr_(M) 16737–16764). Der Ort bringt toposgemäß auch keine Nahrung hervor; Tristan und Isolde leben rein von ihrer Zweisamkeit: „si enâzen niht dar inne / wan muot unde minne" (Tr_(M) 16823 f.; im weiteren Kontext 16811–16850). Die Minnegrotte und die vorgelagerte Heide sind zwar Teil der erzählten Welt – sie sind auch für andere Figuren, nämlich Kurwenal und Marke, begehbar –, doch wird dieser ontologische Status von Gottfrieds Erzähler zugleich unterlaufen, wenn er behauptet, die Grotte zu kennen, obwohl er selbst nie dagewesen sei (Tr_(M) 17104–17142). Gerade hierin zeigt sich Gottfrieds Überhöhung des Ortes als *minne*-Utopie.[21] Gottfrieds dichterischer Umgang mit dem Topos geht dabei weit über ein bloßes Abrufen konventioneller Elemente hinaus.[22]

Indem er ihn mit andersweltlichen Aspekten (→ Anderswelten) anreichert, spielt auch der Pleier mit den narrativen Konventionen rund um den *locus amoenus*. So gestaltet er z. B. einen solchen Ort, an dem sich immer frische Nahrung findet, welche Zwerge dorthin bringen (PleierTand 9690–9730, auch UvEtzAlex 18969–19080). Im *Meleranz* wiederum findet der Held einen idyllischen Ort von ungewöhnlicher Ausstattung: Neben den üblichen Konstituenten findet sich dort ein Brunnensystem mit silbernen Röhren, über die warmes und kaltes Wasser angeliefert wird, und unter der Linde befindet sich ein Zuber, in dem eine Dame ein Bad nimmt (PleierMel 419–522).[23]

Der Topos des lieblichen Ortes kann jedoch auch pervertiert werden: In der *Krone* entführt der Ritter Gasoein König Artus' Frau Ginover. Gemeinsam kommen sie auf eine Heide, die von Bäumen gesäumt wird, und die durch eine schattenspendende Linde als klassischer *locus amoenus* ausgewiesen wird (Krone 11617–11635). Da das Verhältnis zwischen Gasoein und Ginover hier antagonistisch vorgeprägt ist, kommt es jedoch nicht zum topischen Liebesglück; vielmehr nötigt der Ritter die Königin dazu, seinem sexuellen Verlangen nachzugeben, denn „er bran / Sam ein gar gelustic man" (Krone 11666 f.). Ginover wehrt sich anfangs verbal und physisch, gibt ihm jedoch letztendlich nach.

---

21 „Utopien sind Orte ohne realen Ort. Es sind Orte, die in einem allgemeinen, direkten oder entgegengesetzten Analogieverhältnis zum realen Raum der Gesellschaft stehen. Sie sind entweder das vervollkommnete Bild oder das Gegenbild der Gesellschaft, aber in jedem Fall sind Utopien ihren Wesen nach zutiefst irreale Räume" (Foucault 2005, 935).
22 Vgl. Klein 2011, 83.
23 Vgl. Wandhoff 2003, 238–244.

Markant ist hierbei, dass der ‚Kampf' um Ginovers Zustimmung in der Sprache der feudalen Kriegsführung umschrieben wird: „Einen chriec sein muot gevienc" (Krone 11640) beschreibt Gasoeins aufkommendes sexuelles Verlangen. Dasselbe Bild wird zur Beschreibung des Konflikts zwischen Ritter und Königin wieder aufgenommen: „Kriec was ir muot beider" (Krone 11665). Den letztendlich erfolgreichen Überzeugungsakt vergleicht der Erzähler mit der listigen Einnahme einer Burg (Krone 11683–11692); die aufdringliche Annäherung geschieht trotzdem „ane vride" (Krone 11709). Die sexuell konnotierten Berührungen Gasoeins führen ihn „vür daz palas, / Des vrowe Minne ein phliget, / Vnd da ir geberc tougen liget: / Da began er suochen daz sloz" (Krone 11722–11725). Lediglich sein kurzes Einhalten vor dem eigentlichen Geschlechtsakt (bzw. „[v]or dem tor", Krone 11732) verschafft Ginover genug Aufschub, um durch Gawein gerettet zu werden. Damit invertiert die Stelle die Heide als *locus amoenus* nicht nur in das genaue Gegenteil, sondern bedient sich einer Bildsprache, die an ganz anderer Stelle mit der Heide verknüpft ist, nämlich dort, wo sie als Kampfesstätte und Schlachtfeld dient (s. Abschn. 3.2).

Dabei zitiert Heinrich von dem Türlin ein Motiv der Vagantendichtung, bei welchem ein Mann eine junge Frau zum Liebesspiel verführt oder auch gewaltsam drängt.[24] Am berühmtesten findet sich dies im Lied *Ich was ein chint so wolgetan* eines anonymen Dichters (CarmBur_(FKB) 185). Dort geht ein junges Mädchen („chint", CarmBur_(FKB) 185,1,1) zum Blumenpflücken auf die Wiese, wo sie von einem grobschlächtigen Mann („ein ungetan", CarmBur_(FKB) 185,2,3) angesprochen wird, der sie „ibi deflorare" (CarmBur_(FKB) 185,2,4) will. Trotz ihres Widerstandes setzen sich die beiden unter eine Linde; „div minne twanch sêre den man" (CarmBur_(FKB) 185,7,3), und so vollzieht er gewaltsam den Beischlaf, chiffriert – ähnlich wie in der *Krone* – mit martialischen Bildern: „er rante mir in daz purgelin / cuspide erecta" (CarmBur_(FKB) 185,9,3 f.). Der *locus amoenus* ist als Handlungsort also nicht nur einseitig positiv besetzt, wenn auch das antike Bild des lieblichen Ortes als Kontrastfolie fungiert, vor der die narrative Konvention umgekehrt wird.

3.2 Die Kampfesstätte

Während Aue und Heide v. a. im höfischen Kontext – bei Fest und *minne* – positiv konnotiert sind, finden sie in militärischen Kontexten eine fundamental andere Verwendung. Dabei deckt der Ort ein breites Spektrum an (ritterlichen) Kämpfen ab, vom Duell und dem Buhurt auf höfischen Festen bis hin zum Kriegszug mit der Heide als Schlachtfeld. Im Duell dient die *plaine* v. a. als Ort, an dem man durch ritterliche Tugend Ehre erwerben kann (KvWPart 15074–15076; PleierPar 2767–2771); aber auch

---

24 „Der *locus amoenus* gehörte […] auch zur Szenerie der Schäfer- und damit der Liebespoesie. Daher wird er auch von den sog. ‚Vaganten' übernommen" (Curtius 1993, 206).

strategische Vorteile können am Rande von militärischen Konflikten in Form eines Duells erstritten werden (UvEtzAlexAnh 791–809). Beim Turnier dagegen steht die höfische Repräsentation stark im Vordergrund, wodurch sich wiederum Berührungspunkte zur Heide als Stätte höfischer Feste ergeben: „Nu huop sich ûf des plânes kreiz / von hurte manic puneiz, / nu dort, nu hier, nu hin, nu har. / rotte in rotte, schar in schar / sich ritterlîchen flâhten" (Reinfr 11265–11269). Ähnlich verhält es sich mit Zelten, die auf dem Feld aufgeschlagen werden und die Reichtum und Macht verdeutlichen sollen; auch diese findet man sowohl beim Hoffest als auch bei der Schlacht (KvWPart 13442–13447; Parz_(L) 129,18–26; 273,1–3; UvEtzAlex 12318–12322; 19131–19136).

Bei Schlachten dagegen sind Heide und Plan (seltener die Aue) nicht nur Ort des Geschehens, sondern auch gleichermaßen Resonanzkörper der teils plastisch geschilderten Brutalität. Zu den martialischeren Bestandteilen der Beschreibungen zählt dabei die Auswirkung des Kämpfens auf die Umgebung: „uneben machten sie den plân / mit hûfen von den tôten. / den grüenen anger sach man rôten / von irm bluote, daz sie verguzzen, / dar inne die tôten fluzzen" (UvEtzAlex 8074–8078; auch Dietr 6591–6594; KvWPart 6146–6149; 20644f.; 21742f.; Ottok 16201f.; Rab 817,1f.), oder in Verknüpfung der Begriffe *plaine* und Schlachtfeld: „Daz wal und der breite plan / mit blût uber al beran" (Dietr 3548f.). Ähnlich wie die Heide höfische Freude spiegeln kann, dient sie auch der Spiegelung militärischer Gewalt, etwa wenn ein Ritter vom Pferd gestoßen wird und der Lärm des Falles mit dem Ausreißen starker Bäume verglichen wird (UvEtzAlex 13308–13315). Signifikant ist der Umgang mit literarischen Topoi dort, wo die Beschreibung diese explizit unterläuft, z. B. wenn die Schlachtvorbereitungen die amoene Umgebung kontaminieren: „heide und velt alle / mit gegendône erclungen. / die vogellîn, die ê sungen, / muosten lâzen süezen sanc, / des sie der rotten dôn twanc / und manger hande seitenspil" (UvEtzAlex 6056–6061). Der *locus amoenus* zeigt also auch in fremden Kontexten seine implizite Präsenz, spielt dabei aber mit dem Kontrast zur konventionellen Verwendung des Topos. Ähnlich wird der vermeintliche Ort der Freude in *Alpharts Tod* als Ort des Trauerns verwendet: „ûf der heide grüne, hœre wir noch sagen, / dâ huop sich von den vrouwen weinen unde clagen" (Alph_(M) 461,3f.).

Zugleich kann die Heide aber auch Schauplatz des Friedensschlusses sein, wenn z. B. der Ritter Guivreiz le pitîz Erec zuerst auf offener Fläche angreift, sich die beiden jedoch nach entschiedenem Kampf miteinander aussöhnen und anfreunden (Er_(S) 4277–4613) – der wilde, unzivilisierte Ort wird hier wiederum durch höfische Zivilisiertheit überdeckt (ähnlich PleierGar 2148–2773). Auch der Titelheld in *Daniel von dem Blühenden Tal* hat seinen Erstkontakt mit der Artuswelt auf einer Heide, auf der er sich durch Zweikämpfe bewährt, bevor er in die Artusgesellschaft aufgenommen wird (StrDan 240–368).

4 Resümee

Aue, Heide und *plaine* sind Orte an der höfisch-zivilisatorischen Peripherie, die selektiv angeeignet werden: für die *minne*, für die festliche Freude, für den Kampf. Damit stehen sie in spannungsreicher Wechselbeziehung zur höfischen Gesellschaft selbst, deren Regeln dort stellenweise außer Kraft gesetzt werden (v. a. bei den Themen *minne* und Krieg). Die Orte bleiben dabei jedoch oft Gegenstand konkurrierender narrativer Definitionen und stehen im Spannungsverhältnis von höfischen, militärischen und erotischen Aspekten. Als Grundfolie dient dabei das antike Erbe des *locus amoenus*, welches mit anderen Gesellschaftsfiktionen angereichert werden kann. Dabei können Aue, Heide und *plaine* je nach narrativem Kontext höfisch, militärisch oder erotisch appropriiert werden und somit auch Kontrastfolien zu anderen Orten der Narration werden.

Alph_(M), CarmBur_(FKB), Dietr, Er_(S), HvFreibTr, JansWchr, Krone, KvWEngelh_(G), KvWPart, KvWTroj_(K), Ottok, Parz_(L), PleierGar, PleierMel, PleierTand, Rab, Reinfr, Renner, Ring_(R), SeifAlex, StrDan, Tr_(M), UvEtzAlex, UvEtzAlexAnh, UvEtzWh, WvdVLLS

→ Anderswelten; → Burg, Schloss, Hof; → Fluss, Quelle, Brunnen; → Garten, Baumgarten; → Gebirge, Berg, Tal; → Grenze; → Insel; → Meer, Ufer; → Minnegrotte; → Schlachtfeld, Turnierplatz; → Stadt, Markt, Platz; → Wald, Lichtung, Rodung, Baum; → Wüste, Wildnis, Einöde; → Zelt

Maximilian Benz
Himmel, Hölle

1 Begriffsbestimmung – 2 Merkmale der Darstellung – 2.1 Jenseitsreisen – 2.1.1 Visionsliteratur – 2.1.2 Legendarisches Erzählen – 2.2 *Descensus Christi* – 2.3 Christliche Transformationen paganer Räume – 2.4 Jenseitsaffine Räume im höfischen Roman – 2.5 Ekphrasen in geistlicher und Wissensliteratur – 2.6 Mystische Texte – 3 Narrative Funktionen

1 Begriffsbestimmung

Weder in der christlichen (Spät-)Antike noch im Mittelalter gibt es eine auch nur einigermaßen einheitliche Jenseitstopographie. Als *himel* (m., germ. **himena-* m., got. *himins* m., ahd. *himil* m.) und *helle* (f., germ. **haljō* f., got. *halja* f., ahd. *hella* f.) werden die zwei polaren Räume des Heils und der Verdammnis bezeichnet, wobei es entsprechend der schon uneindeutigen biblischen und apokryphen Angaben nicht festgelegt ist, wie viele Himmel es gibt. Neben der Vorstellung eines einzigen Himmels – gerade in Komposita wie dem des *himelrîche* (n.) – findet sich auch die sich unter anderem auf die berühmte Entrückung des Paulus (2 Kor 12,2–4) stützende Annahme von drei Himmeln (BrandanReis 34; Lucid I,26); es können aber auch noch mehr Himmel, etwa neun (RvDGeorg 3397), sein. Eine klare Abgrenzung vom Paradies und von konkreteren Ausformungen, wie der des Himmlischen → Jerusalem (Offb 21), ist nicht möglich. Ähnlich vielfältig sind die Höllenvorstellungen, denn neben einer Differenzierung in obere (*infernus superior*) und untere (*infernus inferior*, Lucid III,11) Hölle gibt es häufig reinigende Zwischenorte, zu denen auch die obere Hölle zählen kann und in denen postmortale Buße möglich ist. Erst in Folge von Dante Alighieris *Divina Commedia* verdichten sie sich definitiv zu einem distinkten dritten Ort des Purgatorium[1] (*vegeviur* n., als Entsprechung zu lat. *ignis purgatorius* m. ,reinigendes Feuer'; zum ersten Mal belegt im *Oberdeutschen Servatius*,[2] um 1190).

Nicht in jedem Fall ist es gewiss, ob überhaupt von Orten im Sinne dieses Handbuches gesprochen werden kann, da die Jenseitsräume weder immer konkret vorzustellen noch klar begrenzt sind noch sich kontinuierlich erstrecken (s. v. a. Abschn. 2.1.2). Ihr genuin räumlicher Charakter kann gerade dann, wenn es sich bei Hölle, Fegefeuer und Himmel um Hypostasierungen von Heilsstatus handelt, weitestgehend zurücktreten. Allerdings implizieren literarische, narrativ organisierte Texte – anders

---

[1] Für eine mögliche historische Begründung der Dreigliedrigkeit des Jenseits durch Bonvesins da la Riva *Libro delle Tre Scritture* vgl. Gragnolati 2005.
[2] Der heilige Servatius verhindert, dass ein sündiger Mensch in die Hölle kommt (Serv 3362–3376).

als theologisch-diskursive Schriften – notwendig neben den Kategorien der Figur, der Zeit und der Handlung immer auch die des Raumes.

Die je konkreten Orte können (allerdings auch nicht immer konsequent) gemäß ihrer Position zwischen Heil und Verdammnis und ihrer heilsgeschichtlichen Verortung im *Interim* (zwischen individuellem Tod und Endzeit) oder beim Endgericht differenziert werden. Wo der Straf- oder Lohncharakter des Raumes betont wird – was sich unter anderem in metonymischen Bezeichnungen wie *pütze* (f., von lat. *puteus* m. ‚Strafort/Verlies'), *wîze* (n.) oder → *wüeste* (f.)³ zeigt –, kann sich der Jenseitsort auch in *dieser* Welt befinden, wie generell die Grenze zwischen Diesseits und Jenseits graduell konzipiert sein kann. Einigermaßen verbindlich ist die topologische Ordnung einer vertikalen Schichtung: Je höher der Ort lokalisiert wird, desto eher handelt es sich um einen Lohnort; dabei kann das Fegefeuer durchaus auch oberirdisch oder in einer himmlischen Region verortet sein.

In der Volkssprache finden sich Beschreibungen vor allem des Himmels, z. T. auch der Hölle, d. h. des Lohns der Gerechten und der Strafen der Verdammten, zunächst in geistlichen Dichtungen (*Himmel und Hölle*, letztes D. 11. Jh.; *Das himmlische Jerusalem*, um 1140; *Daz himelrîche*, 12. Jh.). Von zentraler Bedeutung für die Imagination des Jenseits sind die visionsliterarischen Texte, in denen von einer Jenseitsreise erzählt wird.⁴ Sie gehen auf drei äußerst wichtige lateinische Texte zurück: die *Paulus-Apokalypse* (4. Jh., handschriftliche Überlieferung ab dem 9. Jh. greifbar) resp. ihre spezifisch mittelalterlichen Bearbeitungen (*Visio Pauli*, ab dem 12. Jh. ungeheuer breite Überlieferung, wobei die Texte häufig gebrauchsbedingt transformiert, d. h. in Predigten integriert oder als *miraculum* und *exemplum*, weniger jedoch als genuiner Visionsbericht erzählt werden),⁵ die *Visio Tnugdali* eines Frater Marcus (um 1150; v. a. Alber von Windberg, *Tnugdalus*, um 1190; breit überlieferte Prosaübersetzungen des späten 14. und des 15. Jh.s⁶) und den *Tractatus de Purgatorio S. Patricii* (zw. 1180 u. 1184; Michel Beheim, *Von Sant Patericÿ fegfeur*, 15. Jh., sowie Prosafassungen überwiegend des 15. Jh.s⁷); über die *Legenda Aurea* findet das Erzählen vom Patrickspurgatorium den Weg ins *Passional* (um 1300; *Von sante Patricio einem bischowe*), wobei legendarische Erzählungen immer schon auch von Jenseitsorten handeln. Am bedeutendsten sind neben der *conversio* eines Ritters auf der Jenseitsreise, von der die Servatiuslegende erzählt, die beiden Traumvisionen in den *Barlaam und Josaphat*-Legenden (v. a. Rudolfs von Ems, um 1230).

---

3 Vgl. Rathjen 1956, 8, 20.
4 Vgl. Benz 2013a. Eine Übersicht über volkssprachliche Jenseitserzählungen bietet Palmer 1982, 401–420.
5 Vgl. Jiroušková 2006, 371–402.
6 Vgl. für eine Übersicht Palmer 1995.
7 Vgl. Palmer 1982, 410 f.

Neben der Visionsliteratur und dem legendarischen Erzählen sind auch Texte über das Leben Jesu und im Besonderen über den *descensus Christi* von großer Bedeutung für die Imagination v. a. der Hölle (Frau Ava, *Das Leben Jesu*, frühes 12. Jh.; Konrad von Heimesfurt, *Diu urstende*, 1. H. 13. Jh.; Gundacker von Judenburg, *Christi Hort*, um 1300; Heinrich von Hesler, *Evangelium Nicodemi*, um 1300/05; *Die Erlösung*, A. 14. Jh.). In der Unterweltsfahrt des Eneas hingegen liegt eine auch in der Wissensliteratur (wie dem *Lucidarius*[8]) zu beobachtende christliche Transformation paganer Jenseitsorte vor (Heinrichs von Veldeke *Eneasroman*, um 1170–1185).

Obwohl auch in der höfischen Literatur Himmel und Hölle als Raumkonzepte gerade in ihrer axiologischen Funktion eine zentrale Rolle spielen,[9] werden keine Handlungen in genuinen Himmels- oder Höllenräumen verortet; dort, wo tatsächlich vom → Irdischen Paradies die Rede ist, wie etwa in den Alexanderromanen, handelt es sich um einen unzugänglichen Ort. Demgegenüber fungieren irdisch-paradiesische Räume[10] – wie Mabonagrins → *boumgarte* in Hartmanns von Aue *Erec*, der als „ander paradîse" (Er_(S) 9542) bezeichnet wird, – durchaus als Orte der Handlung, es sind aber dezidiert diesseitige Orte mit allenfalls jenseitssemantischer Aufladung. Nur in Wirnts von Gravenberg *Wigalois* (um 1220) wird mit Korntin ein als spezifisch jenseitig konfigurierter Handlungsraum entworfen.

In einigen Texten wird das Jenseits nicht Schauplatz der Handlung, sondern Gegenstand von z. T. recht ausführlichen Ekphrasen: Die frühen geistlichen Dichtungen zeigen dabei häufig auch ein Interesse an der Allegorese. Zwischen situationsbezogener Jenseitserzählung (also dem Jenseits als *Schauplatz* der Handlung) und Raumbeschreibung changieren mystische Texte, besonders die Himmels- und Höllenvisionen aus Mechthilds von Magdeburg *Fließendem Licht der Gottheit* (2. H. 13. Jh.).

2 Merkmale der Darstellung

Für die Erzählung der Jenseitsräume sind, abgesehen von Texten, die den Jenseitsraum beschreiben (s. Abschn. 2.5), erzählte Bewegung und Wahrnehmung der Figuren ausschlaggebend.[11] Nur wenn der Grenzübertritt erzählt wird, erfährt der Jenseitsort präzise Konturen, und nur wenn die Bewegung durch das Jenseits einiger-

---

[8] Beispiele bringt Rathjen 1956, 2 f. u. a. Zur Höllenbeschreibung des *Elucidarium* und der volkssprachlichen Rezeption vgl. Gottschall 1992, 66–82.
[9] Vgl. exemplarisch Gerok-Reiter 2000, bes. 188 f.
[10] Vgl. Schnyder 2010.
[11] Man hat immer wieder versucht, die Jenseitsreisen mit dem höfischen Roman in Verbindung zu bringen (vgl. etwa am Beispiel von Maries de France *Espurgatoire Seint Patriz* Bloch 2003, 206–240). Gegenüber den bisherigen, eher holzschnittartigen Versuchen hat Hamm 2014 mit Blick auf den *discours* und insbesondere die Fokalisierung weiterführende Beobachtungen zum Verhältnis von höfischer Literatur und Jenseitsreiseerzählungen angestellt.

maßen vollständig wiedergegeben wird, ergibt sich der Eindruck eines kontinuierlichen Ortes. Ist beides vorhanden, kann die Darstellung der einzelnen Orte auch in ein umfassenderes Kosmosmodell eingeordnet werden, sei dies nun explizit (wie im Fall der *Paulus-Apokalypse*, s. Abschn. 2.1.1) oder eher implizit (wie im Fall von Mechthilds von Magdeburg *Fließendem Licht der Gottheit*, s. Abschn. 2.6). Selbst wenn beides nicht gegeben ist (was häufig zu beobachten ist), sind für die Räume des Heils und der Verdammnis in jedem Fall topographische Elemente – wie → Städte (→ Burgen), (Feuer-)→ Flüsse, Felder – und „Objektregionen"[12] – wie etwa ein → Tor bzw. eine Pforte, ein → Brunnen bzw. ein Loch, ein (feuriges) Rad – charakteristisch, um die herum sich der Ort aufspannt. Je nach Text kann die narrative Erzeugung des jeweiligen Objekts mittels erzählter Wahrnehmung oder Erzählerbericht zu einer ausführlicheren Ekphrasis führen.

2.1 Jenseitsreisen

2.1.1 Visionsliteratur

Weder im *Alten* noch im *Neuen Testament* finden sich differenzierte Aussagen zur Jenseitstopographie, die erst im Rahmen apokrypher apokalyptischer Texte sowohl des Frühjudentums wie des Frühchristentums[13] imaginiert wurde. Wesentlicher Ausgangspunkt ist die Ende des 4. nachchristlichen Jh.s entstandene, ursprünglich griechisch verfasste *Paulus-Apokalypse*, die im späten 5. oder frühen 6. Jh. ins Lateinische übersetzt wurde. Das grundlegende Erzählverfahren, das gerade auch den Ort anschaulich werden lässt, besteht aus der Kombination von erzählter Bewegung und ‚demonstrativem Dialog' zwischen Jenseitsreisendem und Deuteengel.[14] Während die *Paulus-Apokalypse* (‚Himmel-Hölle-Fassungen'[15]) von einem umfassenden Jenseitsraum (Himmel – Straforte – paradiesische Regionen einschließlich der Stadt Christi) erzählt, konzentrieren sich die genuin mittelalterlichen Fassungen, die man als *Visio Pauli* (‚Hölle-Fassungen') bezeichnen sollte, auf die Hölle und liefern dabei ein Aggregat von Strafstätten, ohne dass der Raum(zusammenhang) durch die erzählte Bewegung o. ä. anschaulich erzeugt würde.[16] „Die *Visio Pauli* stilisiert die Sünderklassen und die den Vergehen entsprechenden Strafen zu einer Höllenbeschreibung bzw. zu einer *Materia* über die Hölle, die beliebig variiert und auf unterschiedliche Weise funktionalisiert werden kann. Zu charakterisieren ist diese *Materia* als eine Reihe von Szenen, in denen meist in Dialogen zwischen dem Apostel Paulus und dem

---

[12] Dennerlein 2009, 124.
[13] Zum Traditionszusammenhang vgl. Himmelfarb 1983, Bauckham 1988.
[14] Hierzu ausführlich Benz 2013a, 35–58.
[15] Jiroušková 2006, 26, Fn. 6.
[16] Für eine systematische Erfassung der reichen Visionsliteratur vgl. Dinzelbacher 1981.

Erzengel Michael die einzelnen Straforte, die dort leidenden Seelen und ihre Verstöße beschrieben werden; allein diese szenische Abfolge suggeriert eine Reise durch die Hölle".[17]

Der Jenseitsraum besteht gerade dann, wenn die einzelnen Strafstätten nicht in ein umfassenderes Kosmosmodell integriert sind, aus einer Ansammlung unverbundener jenseitstopographischer Elemente, etwa von → Seen, Flüssen, → Bergen, aber auch von → Bäumen oder Öfen, die durch ihre spezifische Verfasstheit (Feuer, Schärfe, ...) oder die herrschenden Bedingungen (Gestank, Wetter, Tiere, ...) der Strafe dienen: „Da sach sand paulus vor dem tor der hell sten feẅrein paŵm / Vnd daran die sundigen sele marteren vnd peinigen vnd hangen aine mit den füessen. aine mit den achselenn / Vnd darnach sach er ainen ofen prinnen mit feẁr von flammen mit manigerlaÿ gestalt vnd varbe. vnd die armen Sele dar ein leÿden. vnd sach siben frayzlich pein vmb den ofen. / Das erst ist gewesen sne. / Daz ander eÿz. / Das drit fewr. / Das vierd plüt. / Das fünft ain nater. / Das sechst schaŵr vnd dornen. / das sibent gestankh" (VisioPauli 981).

Ähnliche Verschiebungen, aber entlang anderer Grenzverläufe, zeigen sich auch mit Blick auf die *Visio Tnugdali* des Frater Marcus. Während der breit überlieferte und bis ins Spätmittelalter beliebte lateinische Text den Jenseitsraum besonders anschaulich darzustellen versucht (bis hin zur narrativ forcierten Immersion des Rezipienten),[18] wird in der mittelhochdeutschen Transformation durch Alber von Windberg die *origo* ins Diesseits der klösterlichen Rezeptionsgemeinschaft verlegt.[19] In doppelter Hinsicht wird der ‚Bewegungsraumcharakter' des Jenseits zurückgenommen: Nicht nur spielt die Bewegung Tnugdalus' durch den Jenseitsraum nicht mehr dieselbe Rolle,[20] auch die Seelen selbst können nicht mehr von den Straf- zu den Lohnorten übergehen.[21] Evoziert werden vielmehr eindrückliche Schreckensbilder, die zur Umkehr im Diesseits auffordern sollen. Dabei handelt es sich, wie auch im Fall der *Visio Pauli*, um jenseitstopographische Elemente, die nicht in einen größeren Zusammenhang eingeordnet sind. Sie werden verbunden mit Teufeln oder Bestien, die zusammen mit dem jeweiligen Ort die Seelen strafen: „dar nâch vile schier / funden sî aber ein tier, / daz was harte eislîch. [...], es folgt eine *descriptio* der Bestie,

---

17 Jiroušková 2006, 493 f.
18 Vgl. Benz 2013a, 151–165.
19 Vgl. Pfeil 1999, 152.
20 Vgl. die lateinische Vorlage Albers („Precedente autem angelo profecti sunt per longam ac tortuosam et valde difficilem viam. Cumque multum laborarent. et tenebrosum iter agerent. non longe ab eis vidit bestiam magnitudine incredibilem. et horrore intolerabilem", zit. nach Pfeil 1999, *15; Übers. M. B.: „Sie setzten ihren langen, qualvollen und sehr schweren Weg fort, wobei der Engel vorausging. Sie erlitten auf dem dunklen Weg viel Mühsal; da sah er nicht weit von ihnen ein unglaublich großes und unerträglich schreckliches Ungeheuer") mit TundA 667–670: „Si begunden danne gâhen. / vernemet waz sî sâhen / dar nâch vil schier: / ein vreislîchez tier."
21 Pfeil 1999, 179.

M. B.] / ez saz ûf eime gefrorne sê / sîn vuore was klegelîch, / und vil unvertregelîch. / nû muget ir hœren wunder grôz: / die sêle ez swalh unde nôz, / in sînem bûche ez sî behielt, / unz sich ir deheiniu niht verwielt. / ez gebar sî ûf dem îse, / und begunden sich zer wîse / ze allen ir riuwen / ze den nœten itniuwen" (TundA 995–997; 1016–1026). Der Ort spannt sich um die auf einem Eissee sitzende Vogelbestie auf; trotz der Wahrnehmung des Geschehens durch Tnugdalus und seinen Deuteengel vom → Ufer aus scheint das zyklisch ablaufende Strafgeschehen auf dem See gleichsam in einer (wie ich tentativ formulieren würde) ‚Raumblase' stattzufinden.

Die seit dem 12. Jh. die Jenseitsvorstellungen maßgeblich prägenden Erzählungen vom Purgatorium des heiligen Patrick[22] binden den Jenseitsraum zwar an einen konkreten Ort in Irland an (das Jenseits wird in Übereinstimmung hiermit vom Jenseitsreisenden *in corpore* durchgangen) und suggerieren durch den Einstieg in einer Grube, dass dieser Ort unterirdisch zu lokalisieren sei; die Konzeption und auch die Erzählung der Jenseitsräume selbst geben dann aber keinerlei Anhaltspunkt dafür, dass es sich um unterirdisch gelegene Orte handelt. So trifft der Jenseitsreisende Nicolaus im *Passional*, nachdem er durch eine im Winkel einer Grube befindliche Tür getreten ist, im Purgatorium des heiligen Patrick auf eine → Kirche: „hie mite er in die gruben quam / und liez sin got walden. / besit in einer valden / wart er gewar einer tur, / die tet er uf und gie hin vur. / seht, wie er do alzuhant / eine schone kirche vant" (PassIII_(K) 235,84–90). Wie sich die Jenseitsräume (einschließlich der Lohnorte) zu dem Eingang in der Grube verhalten, durch die Nicolaus das Jenseits auch wieder verlässt, wird nicht expliziert.

Sofern die Texte eine in sich differenzierte Jenseitstopographie aufweisen (und nicht nur Höllenorte aggregieren), handelt es sich meist um recht komplexe, häufig vier- oder fünfteilige Jenseitsraumkonzeptionen. Eine einigermaßen feste Dreiteilung lässt sich innerhalb der lateinischen Visionsliteratur erst ab dem 14. Jh. in den ebenfalls auf den *Tractatus* zurückgehenden *Visiones Georgii* feststellen (1354–1358 verfasst, zahlreiche deutsche Übersetzungen und Redaktionen ab dem späten 14. Jh.[23]): Von der Hölle wird ein (in sich noch weiter differenziertes) Purgatorium unterschieden, dem schließlich das Paradies gegenübersteht. Letzteres ist aber dezidiert kein ‚realer' Ort, sondern eine für den Jenseitsreisenden von Gott erzeugte Raumrepräsentation, damit Georg mit seinen leiblichen Augen die transzendente *chlarhait* wahrnehmen kann.[24]

---

[22] Im *Tractatus de Purgatorio S. Patricii* wird im Anschluss an den Viktorinischen Symbolismus (Marc-Aeilko Aris entfaltet diesen in seiner 1996 in Frankfurt a. M. erschienenen Studie *Contemplatio*) ein hermeneutisches Modell entwickelt, das fordert, dass die konkret anschaulich erzählten Orte (auf je differenzierte Weise) in Hinblick auf ihre nichtsichtbare Wirklichkeit transzendiert werden müssen; vgl. ausführlich Benz 2013a, 173–234, bes. 207–227.

[23] Vgl. Weitemeier 2006.

[24] Zur vollkommen allegorischen Jenseitsreise *Pilgerfahrt des träumenden Mönchs* (15. Jh.), in der „das ganze menschliche Leben als eine Pilgerfahrt zum himmlischen Jerusalem verstanden [wird]

2.1.2 Legendarisches Erzählen

Neben dem heiligen Patrick werden auch andere Heilige mit der Offenbarung von Jenseitsräumen in Verbindung gebracht – so vor allem der heiligen Brandan, der am Ende von Albers *Tnugdalus* (TundA 2035) zusammen mit Patrick (TundA 2050) im Jenseits gesehen wird. Was die mittelhochdeutsche Literatur betrifft, ist die ins 12. Jh. zurückreichende deutsche *Reise*-Fassung bedeutender als die aus dem 9./10. Jh. stammende lat. *Navigatio S. Brendani*, von der zwei hochdeutsche und eine niederdeutsche Bearbeitung aus der 2. Hälfte des 15. Jh.s vorliegen. Auch wenn Brandan auf seiner Seefahrt zur paradiesischen „multum bona terra" (BrandanReis 1129) den kategorialen Rahmen dieser Welt nicht verlässt (es gibt keine deutlich markierten Grenzen oder Übergangszonen), stößt er auf eindeutig ‚jenseitige' Räume der Strafe oder Belohnung: „da liefen selen uf eime se, / den da leider was vil we / von dorste und von hitze not" (BrandanReis 251–253). Es handelt sich, wie expliziert wird, um eine Strafe zwischen Tod und Jüngstem Gericht für diejenigen, die sich nicht der Armen erbarmten. Straf- und Lohnraum können auch direkt aufeinanderfolgen (BrandanReis 430–572), wobei zusätzlich zwei Paradiese unkoordiniert nebeneinanderstehen: Das zweite wird explizit (BrandanReis 517–519) sowie implizit durch Schriftbezüge (Himmlisches Jerusalem[25]) und Figuren (Henoch, Elias) hervorgehoben.[26] Bemerkenswert ist darüber hinaus, dass sich für Judas im → Meer ein glühender Stein als *refrigerium*, als im Sinne der Sonntagsruhe abgemilderter Strafort, befindet – er wird der „grundelose[n] helle, / da ich in dem peche welle" (BrandanReis 987 f.) kontrastiv gegenübergestellt.

In die von Heinrich von Veldeke erzählte *Servatiuslegende* ist die Jenseitsreise eines unbußfertigen Ritters integriert; der Jenseitsraum wird nur vage durch die üblichen Strafqualitäten (Hitze, Kälte, Rauch, Gestank, „afgrunde" [HvVServ 5665]) charakterisiert. Der Schwerpunkt liegt auf der Gerichtserzählung, die die „vroude in hemelrike" (HvHServ 5707) mehr erahnen lässt, als dass sie anschaulich würde. Hauptanliegen des Textes ist die Rettung durch die Fürsprache des heiligen Servatius. Ohne räumliche Ordnung sind auch die Ausführungen über die Hölle in Hugos von Langenstein *Martina* (1293 fertiggestellt), in der – dem Duktus des Textes entsprechend – die multisensorische, an Verfehlungen im Diesseits gebundene Qual der Hölle intensiv beschworen wird (Martina 60,43–73,3; 275,99–276,54). Bei der Aufnahme Martinas in den Himmel (mit der *Avreola* gekrönt) stehen ebenfalls räumliche Ordnungsmuster im Hintergrund, eher wird – etwa über die breit erzählten 15 himmlischen

---

und die einzelnen Lebensstationen als eine allegorische Landschaft dargestellt" werden, vgl. Speckenbach 1991, hier 131 und Mertens Fleury 2014, 281–325.

25 BrandanReis 523 f.: „daz lant hatte allez liecht, / da enhatte die nacht der stet nicht", mit Offb 21,25.

26 Strijbosch 1999 versucht, für den gesamten Text ein einheitliches Jenseitsraumkonzept (drei Himmel, zwei Paradiese, zwei Höllen) zu rekonstruieren. Zur Raum- und Zeitstruktur der Paradieserzählung (vor dem Hintergrund christlicher und keltischer Traditionen) vgl. Hammer 2007b.

Speisen – das sinnliche Erleben transzendenter Vollkommenheit in den Vordergrund gerückt: Analog zu den fehlenden Raumgrenzen werden auch zeitliche Strukturen aufgehoben. Das (von der Anordnung der Engelschöre abgesehen) ‚Unräumliche' des Himmels zeigt sich auch in weiteren Texten, etwa in der Himmelsbeschreibung in Heinrichs von Neustadt Schrift *Von gotes zuokunft* (um 1300), in der der Himmel bei der Auffahrt Christi ein Klangraum ist (HvNstGZ 4647–4680; 4745–4778).

Demgegenüber findet sich eine außerhalb der Visionsliteratur selten so eindrücklich gestaltete Jenseitsraumerzählung in Rudolfs von Ems Legendenroman *Barlaam und Josaphat*. Der Stofftradition entsprechend (Barl 280–282) erfährt Josaphat, geführt von jenseitigen Wesen („geiste"), in zwei Traumvisionen Orte des Heils und der Verdammnis. Sein „phat" führt zunächst durch eine multisensorisch überwältigende Paradieslandschaft („gesiht" – „smac" – „klanc", RvEBarl 310,7–311,10) zum Himmlischen Jerusalem, dessen Eigenschaften räumlich kohärent entwickelt und superlativisch, aber ohne scharfen *Transzendenzmarker* beschrieben werden: So wird etwa die topische Helligkeit nicht auf die Herrlichkeit Gottes (Offb 21,23), sondern auf den Glanz der konkret zu imaginierenden Steine zurückgeführt (RvEBarl 311,30–35).[27] In der zweiten Vision wird das Innere des Himmlischen Jerusalem durch den „rîche[n] palas" (RvEBarl 395,30, anders Barl 360 f. und LBarl 16364–16366) des verstorbenen seligen Barlaam ergänzt. In der ersten Vision wird Josaphat schließlich noch durch einen Strafraum geführt, wobei aber jede räumliche Differenziertheit fehlt: „in disem viure sêre beiz / allerhande slangen vruht / die armen sêle sunder zuht. / hagel, bech unde swebel, / ein viur regender nebel / ûf die vil armen sêlen gôz / wallende hitze grôz" (RvEBarl 313,14–20).

2.2 *Descensus Christi*

Anschaulich wird vom konkreten Ort der Hölle in den Berichten vom *descensus Christi* erzählt, die angesichts der heilsgeschichtlichen Bedeutung des Ereignisses weitverbreitet waren.[28] Sie gehen auf den zweiten Teil des apokryphen *Evangelium Nicodemi* zurück. Bereits in der frühmittelhochdeutschen Literatur steht der Erzählung vom Abstieg in die Hölle mit dem wichtigen Motiv des Zerbrechens der Höllentore eine allegorische Variante gegenüber, in der Christus als Köder am Angelhaken vom Teufel, der personifizierten Hölle, verschluckt wird.[29] Die beiden Varianten lassen sich aber nicht trennen, häufig changiert die Konzeption der Hölle zwischen

---

27 Vgl. Traulsen 2015, bes. 45–50. Die rudolfsche Pointe zeigt sich gerade im Vergleich mit dem *Laubacher Barlaam* (LBarl 12886–12888: „Darin schein an der mâze / lieht, daz al die strâze / erliuhtet wâren klâre").
28 Zu den Prosaversionen vgl. Masser/Siller 1987.
29 Vgl. Jacobs 1987.

einem Ort, der durch ein „tor" (Aneg 3188) verschlossen ist, und einer (tierischen oder menschlichen) Figur. Eine besonders idiosynkratische Fassung findet man in Frau Avas *Leben Jesu*,[30] in dem Christus nicht nur die Riegel („grintel", AvaLJ 160,3) der Hölle, sondern zugleich die „chiwen" (AvaLJ 161,2) des Höllenhundes bricht. In der *Urstende* Konrads von Heimesfurt, in der die Höllenfahrt in einer Binnenerzählung dargestellt wird,[31] findet sich zwar auch noch im Gespräch der Schergen mit dem Teufel das Angelbild (KvHeimUrst 1788–1793: „nû sich daz er dir iht tuo / als der den angel wâget, / dem grôzen vische lâget; / ob dir der wân geliuget, / sîn chôrder dich betriuget / daz dû den angel slickest"), ansonsten handelt es sich bei der Hölle aber um einen konkreten, in sich differenzierten[32] Ort, der nach außen durch „rigel und sloz und porte" (KvHeimUrst 2039) geschützt ist.

Eine recht ausführliche und einflussreiche Darstellung findet man in dem sicher Heinrich von Hesler zuzuschreibenden *Evangelium Nicodemi*. Hier sind alle Elemente der *descensus*-Erzählung anschaulich umgesetzt: Der Raum besteht im Kern aus der „Objektregion"[33] der Höllenpforte; das Nahen Christi wird dargestellt durch das Anbrechen des Lichts in der Dunkelheit und durch engelhaften Klang; Wendepunkt des durch zahlreiche Figurenreden (sowohl von höllischem Personal und dem Teufel als auch von biblischen Figuren, vor allem den Propheten) kommentierten Geschehens ist das Aufbrechen der Tore (HvHNic 3288–3309) und die Überwindung des Teufels, der ins Feuer geworfen wird (HvHNic 3506–3513). Demgegenüber wird das Heilsgeschehen in der *Erlösung* nicht konkret imaginiert, sondern nur in den Figurenreden gespiegelt (Erl 5423–5586): Die Hölle hat ihren räumlichen Charakter hier fast vollständig zugunsten einer typologischen Darstellung verloren.[34]

---

30 Vgl. Quast 2005, 95–107.
31 Vgl. Strohschneider 2005, 332: „Es handelt sich bei ihr also um einen Text zweiter Stufe, der zugleich metakommunikativ als solcher ausgestellt wird."
32 Die Propheten hören das Gespräch zwischen dem Teufel und seinen Schergen „her für / der innern helle tür" (KvHeimUrst 1809 f.).
33 Dennerlein 2009, 124. Eine ausschließliche Konzentration auf das Aufbrechen der Tür findet man bei Gundacker von Judenburg (GvJudenb 2247–2264).
34 Vgl. Haustein 1994, 87: „Kaum ein Autor, der vergleichbar ausführlich die Höllenfahrt schildert, hat sich die Dramatik und das Pathos der Szene entgehen lassen: die Vorahnung des Teufels, seine Verzweiflung, das machtvoll-laute Zerstören der Höllentore, die endgültige Gefangennahme des Teufels, den freudigen Jubel der Erlösten. Der Autor der ‚Erlösung' hat von all dem fast nichts aufgenommen. [...] Das Geschehen selbst ist hier eigentlich nur in seiner Prophezeiung präsent, eines kann für das andere stehen."

2.3 Christliche Transformationen paganer Räume

Im *Lucidarius* werden pagane Strafräume im Sinne der christlichen Hölle (und nicht des Fegefeuers, das in der *oberen Hölle* zu verorten ist[35]) gedeutet. Ein anschauliches Beispiel hierfür liefert der Ätna: „Die smide heizent ciclopes. In der selben insulen waz wulcanus, der der helle porten phliget. Vnser bûch wellent, daz ez tieuele sin und die selen wisegen" (Lucid I,61; dies ist eine Erweiterung der Vorlage).[36]

Obwohl Heinrich von Veldeke im *Eneasroman* mit der Betonung von Finsternis, schrecklichem Gestank und Feuer deutlich an christliche Höllenvorstellungen anschließt, unterscheidet er sich gerade in der Raumstruktur – nicht aber in den Darstellungstechniken und der Funktion der *passage* – von den genuin christlichen Texten der Visionsliteratur. Veldeke folgt deutlich den vergilischen Vorgaben, auch wenn er sich weniger an sie hält als der *Roman d'Eneas*. An jenseitstopographischen Elementen gibt es neben dem Eingang in einer „grûben" (En_(EK) 2888) zwei Flüsse (Flegeton, Oblivio), eine „porte[]" (En_(EK) 3196) und schließlich „eine grôze borch" (En_(EK) 3355), die die eigentliche, für Eneas unzugängliche Hölle ist.

Die in der Visionsliteratur übliche Abfolge distinkter Straforte gibt es nicht. Denn bei den Kindern, die im Mutterleib gestorben sind, denjenigen, die sich aus Liebe umgebracht haben, und den im Kampf gefallenen Kriegern handelt es sich um Seelenansammlungen (En_(EK) 3273–3353), die zwar z. T. erheblich leiden, ohne aber dass ihr Leiden aus dem Charakter des Ortes hervorginge. Dies mag damit zusammenhängen, dass durchweg die Todesumstände, nicht aber die Sünden für die Ordnung ausschlaggebend sind.[37] Die Selbstmörder, bei denen Todesart und Sünde zusammenfallen, werden durch einen Feuerfluss, Kälte und wilde Tiere gestraft, ohne dass allerdings die Strafen konkret anschaulich im Raum verortet würden. Ihre Überfahrt über den Flegetôn wird mit einer erbrachten Bußleistung verbunden (En_(EK) 3048) – Element einer genuin christlichen Transformation. Die „Elysîî gevilde" (En_(EK) 3585) werden, abgesehen vom Fluss mit Edelsteinen auf seinem Grund und dem pauschalen Hinweis auf „zierheit maneger slahte" (En_(EK) 3587), kaum als paradiesischer Ort erzählt.[38]

Die Höllenburg und das Elysium werden allerdings (wie bei Vergil) in ein Verhältnis zueinander gesetzt: Von einer Weggabelung aus geht es zu ersterer nach links (En_(EK) 3354 f.), zu letzterem nach rechts (En_(EK) 3567). Generell lässt sich hier ein

---

35 Vgl. Hamm 2002, 160 f.
36 Vgl. Rathjen 1956, 2 f.
37 Ich sehe hier gerade kein Bemühen um das „ethische[] Prinzip der gerecht zugewiesenen Strafe" (Kern 2011, 127).
38 Fromm 1987, 81, meint, dass dies daran liege, dass das Irdische Paradies nicht unterirdisch imaginiert werden könne (so auch Kern 2011, 128); doch haben visionsliterarische Texte kein Problem damit, einen Besuch paradiesischer Regionen im Rahmen einer dezidiert unterirdischen Jenseitsreise stattfinden zu lassen.

wichtiger Unterschied zwischen dem lateinischen, dem französischen und dem deutschen Text ausmachen. Viel konsequenter als dies Heinrichs Vorlagen tun, erzählt er den → Weg aus Eneas' Perspektive.[39] In der Wegstruktur und in der Fokalisierung zeigt sich sein besonderes, den Jenseitsreiseerzählungen entsprechendes Anliegen, „die Unterwelt als einen heterotopen Durchgangs- und Erfahrungsraum zu gestalten und in ihm räumliche, zeitliche und individuelle Transgressionsprozesse darzustellen, die für den gesamten Roman sinnstiftend sind".[40]

2.4 Jenseitsaffine Räume im höfischen Roman

Trotz aller auch heilsgeschichtlichen Aufladung gewisser Räume im höfischen Roman (→ Anderswelten) gibt es nur in Wirnts von Gravenberg *Wigalois* mit Korntin einen in sich gegliederten explizit jenseitsaffinen Ort: Charakteristisch ist die Unzugänglichkeit; die Raumgrenze wird im Bild einer über Schluchten führenden → Zugbrücke anschaulich dargestellt (Wig 4510–4523). Dahinter zeigt sich eine idiosynkratische Ordnung: Zunächst trifft Wigalois auf einen nicht als Fegefeuer bezeichneten Ort, der später „der helle viure" (Wig 4715) genannt wird, doch Rittern „ze buoze" (Wig 4588) gegeben ist, die sich dem Heiden Roaz nicht zur Wehr gesetzt haben; der als Tier erscheinende Jenseitsführer ist eine sich ebenfalls noch in den *wîzen* befindende Seele, deren für Wigalois unzugängliches (Wig 4644: „âne want / beslozzen mit gotes tougen") *refrigerium* (Wig 4668: „mîn ruowe") als paradiesische Wiese imaginiert wird (Wig 4673: „zeinem paradîse"). Bei aller Abweichung gibt es eine auffällige Nähe zu den Jenseitsreiseerzählungen, insbesondere zum *Tractatus de Purgatorio S. Patricii*.[41] Der finale Kampf mit dem Teufelsbündler Roaz von Glois wird allerdings explizit mit dem *descensus Christi* analogisiert (Wig 3990–4004).[42]

2.5 Ekphrasen in geistlicher und Wissensliteratur

In den Texten, die von Räumen des Heils und der Verdammnis nicht im Kontext von Ereignissen erzählen, sondern diese beschreiben, können konkret räumliche Aspekte (wie Topographisches, Topologisches, Architektonisches etc.) zugunsten anderer, vor allem sinnlicher Qualitäten zurücktreten. Während etwa in der rhythmisierten Kunstprosa *Himmel und Hölle* für den Himmel immer noch die (wenn auch auf das Nötigste reduzierte) Vorstellung des durch Offb 21 geprägten, allegorisch gedeuteten

---

39 Vgl. Hamm 2014, 115–118.
40 Hamm 2014, 122.
41 Vgl. Brinker 1995, 93.
42 Vgl. Brinker 1995, 89.

Himmlischen Jerusalem bleibt (Himmel 7–9: „der burge fundamenta. diê portę ióh diê mure daz sint diê tiûren steîna der gotes fursthelido. undaz eingehellist aller heiligone here"), kann das Räumliche der Hölle ganz verschwinden (Himmel 46–48: „In dero hello da ist dot ane tod. karot unde iamer. al unfrouwida. mandunge bresto. beches geroûche. der sterkiste sveuelstank"). *Das himmlische Jerusalem* wiederum beschreibt zunächst auch den Raum, fokussiert dann aber eine ausführliche Edelsteinallegorese (HimmlJer 128–428). Den Übergang von einer Raumbeschreibung zu Handlungsminiaturen findet man im *Himelrîche*: Mehrfach wird das Himmlische Jerusalem beschrieben (Himmelr 3,13–4,11; 8,1–11), wobei im Gesang der Engel der Raum so modelliert wird, „daß die Trennung von Vortragenden und Rezipienten zugunsten einer konzeptionellen *unitas* aufgehoben ist: Die *muoden* an den *linebergen* mutieren förmlich zu *lebentigen steinen*, so daß selbst die Grenze zwischen Raum und Rezipienten verschwimmt"[43] und die Engel schließlich mit den Erlösten einen „phatischen Körper"[44] bilden.

Nur beschrieben werden Himmel und Hölle auch im *Lucidarius*, wobei auffällig ist, dass der Himmel, dessen Charakterisierung direkt auf die Hölle folgt, aber mit einem Vorlagenwechsel vom *Elucidarium* hin wohl zur *Imago mundi* einhergeht, zunächst naturkundlich als „firmamentum" (Lucid I,21), d. h. „äußerste[] Sphärenschale" beschrieben wird.[45] Der Himmel bewegt sich von Ost nach West, wobei „die sunne vnde der Mane vnde allez daz gestirne" (Lucid I,21) gegenläufig rotieren. Dass der dritte Himmel der Aufenthaltsort Gottes ist, wird erst im Anschluss gesagt.

2.6 Mystische Texte

Auch in mystischen Texten wird das Jenseits beschrieben, wobei an wenigen Stellen bei Mechthild tatsächlich der Übergang einer Raumbeschreibung über erzählte Raumwahrnehmung hin zum Schauplatz[46] nachvollzogen und sogar die Figur eines *angelus interpres* ausgemacht werden kann (Mechth VII,2,4–16). Sonst wird die *origo* aber im Diesseits verortet (Mechth III,21,46 f.: „Die hie zesamen sint unkúsche gewesen, die mŭssent vor Lutzifer in solicher ahte gebunden ligen"). Die häufig isoliert stehenden Fegefeuerstrafen können sowohl einen ausgeprägten Raumcharakter aufweisen (Mechth V,14 – diese Vision ist durch das Motivarsenal der *Visio Tnugdali*

---

[43] Müller 2001, 68.
[44] Stridde 2009, 86.
[45] Hamm 2002, 93.
[46] Dennerlein 2009, 119–163. Bochsler 1997, 111 hebt hervor, dass der Jenseitsraum nicht plastisch erzählt werde: „Auch bei Mechthild steht das Interesse an der Begegnung mit den Gestalten im Jenseits – mit Jesus, Maria und den Heiligen – sowie das Mitleid mit den Verdammten in der Hölle und den Gequälten im Fegefeuer im Vordergrund."

angeregt) als auch eher metaphorisch durch eine Aufstiegsbewegung codiert sein (Mechth V,15).

Himmels- wie Höllenbilder sind *cum grano salis* in ein umfassendes Modell eingeordnet, das auch die endzeitlichen Ereignisse einschließt. „Das Himmelreich besteht [...] in seinem halbkreisförmigen Innersten aus den ersten neun Chören. Über diesen Chören liegt schalenförmig das – aus dem zehnten Chor und dem Zwischenraum zwischen den ersten neun Chören und dem Himmel bestehende – *ellende*, das wiederum von einer Schale, dem Himmel, überdeckt wird".[47] Davon unterschieden sind als Räume des *Interim* ein irdisches und ein himmlisches Paradies, wobei ersteres als konkreter Ort (Mechth VII,57,4–7: „da sach ich bŏme, lŏp und cleinlich gras und niht uncrutes. Etteliche bŏme trůgen ŏpffel und dú meiste menigi nit wan lŏp mit edelme gesmake"), letzteres eher als Aufenthaltsort der Seelen erscheint. Die Hölle selbst, deren Strafen ohne Lageangabe aneinandergereiht werden, wird in Verkehrung von Bildern des Himmlischen Jerusalem als allegorisch zu verstehende Burg beschrieben (Mechth III,21,3–5: „Ich habe gesehen ein stat, ir namme ist der ewige has; si ist gebuwen in dem nidersten abgründe von manigerleie steinen der grossen hŏbtsúnden. Dú hoffart was der erste stein, als es an Lucifer wol schein"), wobei auch hier figürliche und räumliche Jenseitscodierung ineinander übergehen. Dies zeigt die Lokalisierung des Fegefeuers, das mit dem *limbus patrum* identifiziert wird: „Die helle hat ein hŏbet oben, das ist also ungefůge und hat an im vil manig grúwelich ŏge, da die flammen us schlahent und die armen selen alumbe vahent, die da in der vorburg wonent, dar got Adam und ander únser vetter us hat genomen. Das ist nu das grŏssost vegfúr" (Mechth III,21,93–96).

Heinrich Seuses *Büchlein der Ewigen Weisheit* (zwischen 1328 und 1330 entstanden) enthält im Kapitel „Von iemer werendem we der helle" (SBdEW 237,21) gerade keine raumspezifischen Angaben, sondern eher eine Klage über die Schrecklichkeit des Ortes, wohingegen das über dem neunten Himmel lokalisierte Himmelreich räumlich anschaulich beschrieben wird, auch wenn es sich nur um einen „verren anblik [...] nach einer groben glichnússe" (SBdEW 241,24) handelt:[48] „Sihe, dú wúnklich stat glenzet hin von durchschlagem golde, si lúhtet hin von edlen margariten, durleit mit edlem gesteine, durkleret als ein kristalle, widerschinent von rŏten rŏsen, wissen lylien und allerley lebenden blůmen" (SBdEW 242,7–10). Wesentlich für das Himmelreich sind aber die Personen (Maria, die Engelschöre, die Jünger, die Märtyrer, die Jungfrauen), die wie auch die Raumrequisiten von der Wahrnehmungsinstanz „mit den ŏgen der lutren verstentnússe" (SBdEW 243,11) gesehen werden sollen.[49]

---

[47] Bochsler 1997, 59.
[48] Zur Lokalisierung des Himmelreichs in der Seele vgl. SBdEW 235,18–23: „Waz sůchet dú sel in keiner usserkeit, dú daz himelrich so tŏgenlich in ire treit? *Der diener*: Herre, waz ist daz himelrich, daz in der sele ist? *Entwúrt der Ewigen Wisheit*: Daz ist gerehtikeit und vrid und vrŏd in dem heiligen geiste."
[49] Vgl. Rozenski 2007, bes. 115.

3 Narrative Funktionen

Die Thematisierung von Himmel und Hölle (oder entsprechender Zwischenorte) dient in allererster Linie dazu, im kategorialen Rahmen dieser Welt einen Jenseitsort verfügbar zu machen, d. h. zu repräsentieren, der weltimmanentem Wahrnehmen entzogen ist. Dabei werden gerade in den Erzählungen von Jenseitsreisen z. T. sprachlich-suggestive Verfahren angewandt, die so weit gehen können, dass der Jenseitsort nicht nur repräsentiert wird, sondern der Rezipient, im Sinne eines Präsenz- bzw. Berührungseffekts, in den Text immergiert;[50] in den mediävalen Transformationen der einflussreichen *Visio Pauli* zeigt sich demgegenüber eine Verschiebung in Richtung Paränese und Didaxe, der auch die Überlieferung im Kontext von Predigten oder Mirakeln entspricht: Es kommt nicht mehr so sehr auf die sprachliche Erzeugung eines Jenseitsortes an, sondern vielmehr auf die Artikulation der Lehren, die aus dem Vorhandensein unterschiedlicher postmortaler Orte des Heils und der Verdammnis resultieren. Auch die legendarischen Erzählungen, die frühen geistlichen Dichtungen oder die mystischen Texte wollen Jenseitsorte darstellen, allerdings meist nicht bei der Offenbarung eines Ortes stehenbleiben; sie zielen vielmehr auf die narrative Entfaltung von Heiligkeit, auf Allegoresen oder auf die Vermittlung der Gottesbegegnung ab.

Die Erzählung der Jenseitsorte ist meist funktional in einen größeren erzählerischen Zusammenhang eingebettet. So begründet, besonders prägnant im Fall der *Visio Tnugdali*, die in der Binnenhandlung erzählte Jenseitsreise die in der Rahmenhandlung pointiert dargestellte *conversio* des Protagonisten, indem sie sie in Gestalt der Bewegung durch den Jenseitsort prozessualisiert.[51] Die christliche Anverwandlung des paganen Jenseitsorts in Heinrichs von Veldeke *Eneasroman* ist als wichtiger Abschnitt des Wegs des Helden in die Erzählung integriert,[52] wobei die Ahnenschau mit der sie bedingenden Seelenwanderungslehre einen erheblichen Transformationsdruck auch auf die Raumdarstellung ausübt. Gerade die Erzählungen vom *descensus Christi* und dem Jüngsten Gericht, aber auch legendarische Texte erzählen dagegen von Räumen des Heils oder der Verdammnis, um allgemein eschatologische oder spezifisch soteriologische Themen zu verhandeln. Der Ort tritt dabei nicht notwendig in den Hintergrund, sondern kann die Dramatik der Umbruchssituation herausstellen. In diesem Sinne sind einige der *descensus*-Erzählungen in dem Maße, in dem sie das Geschehen nur in der Objektregion der Höllenpforte spielen lassen, um eine Narrativierung gerade des entscheidenden (heilswirksamen) Grenzübertritts bemüht.

Räume des Heils und der Verdammnis sind in allen Fällen nicht von einer Wertungsebene zu trennen. Mitunter aufschlussreiche Spannungsverhältnisse entstehen

---

50 Vgl. Benz 2013a, 165.
51 Vgl. Weitbrecht 2011, 155–169.
52 Vgl. Hamm 2014.

dort, wo sich verschiedene Wertmaßstäbe überlagern. So lässt sich für Rudolfs von Ems *Barlaam und Josaphat* eine Entdifferenzierung der Gegenüberstellung weltlicher und geistlicher Güter gerade auch durch die Paradiesvisionen beobachten;[53] in Wirnts von Gravenberg *Wigalois* wird die Differenz höfisch/unhöfisch nicht zur Deckung gebracht mit den Differenzen christlich/heidnisch und gut/böse – mit weitreichenden Folgen: „Verfehlungen sind dort, wo das Unhöfische zur Teufelspakterei wird, nicht mehr reversibel, und damit geht die axiologische Gleichgültigkeit gegenüber Gut und Böse verloren, die den Artusroman ursprünglich prägte".[54] Die Struktur der christlichen Jenseitsreise mit ihrem Ziel der ‚Disambiguierung' von Welt verträgt sich letztlich nicht mit dem *âventiure*-Schema, das die heterogenen Ansprüche einer adligen Kultur in ihrer gesamten Widersprüchlichkeit verhandelt.

Aneg, AvaLJ, Barl, BrandanReis, En_(EK), Er_(S), Erl, GvJudenb, Himmel, Himmelr, HimmlJer, HvHNic, HvNstGZ, HvVServ, KvHeimUrst, LBarl, Lucid, Martina, Mechth, PassIII_(K), RvDGeorg, RvEBarl, SBdEW, Serv, TundA, VisioPauli, Wig

→ Anderswelten; → Babylon, Jerusalem; → Brücke; → Burg, Schloss, Hof; → Fluss, Quelle, Brunnen; → Garten, Baumgarten; → Gebirge, Berg, Tal; → Irdisches Paradies; → Kirche, Kathedrale, Münster, Kapelle, Kloster, Tempel; → Meer, Ufer; → See, Teich, Pfütze; → Stadt, Markt, Platz; → Tor, Tür, Treppe, Fenster; → Wald, Lichtung, Rodung, Baum; → Weg, Straße, Pfad; → Wüste, Wildnis, Einöde

---

53 Vgl. Traulsen 2015.
54 Armin Schulz 2011, 407.

Andreas Hammer
Höhle, Grotte

1 Begriffsbestimmung – 2 Merkmale der Darstellung – 3 Narrative Funktionen – 3.1 Die Höhle als zivilisationsferner Ort in der Wildnis – 3.1.1 Aufenthaltsort wilder Wesen und Ungeheuer – 3.1.2 Rückzugsort und Einsiedelei – 3.2 Die Höhle als Zufluchtsstätte der Liebenden – 3.3 Die Höhle als Zugang zum Jenseits

1 Begriffsbestimmung

Unter dem Begriff Höhle wird neben einer Vertiefung und oberflächlichen Aushöhlung im Allgemeinen ein Hohlraum im Innern der Erde oder im Gestein verstanden, in der Regel ein natürliches oder künstlich geschaffenes System von unterirdischen, dem Tageslicht entzogenen Gängen, die sich größeren Kammern oder Hohlräumen öffnen können, welche Höhlen i. e. S. bezeichnen. Vor dem 17. Jh. ist nur der Begriff Höhle, ahd. *holî*, mhd. *hüle* (f. ‚Höhle', ‚Schlupfwinkel'), daneben auch mhd. *hol* (n. ‚Loch', ‚Höhle', ‚Vertiefung'; auch: ‚Öffnung') geläufig. Beide Begriffe sind gleichbedeutend verwendet worden (z. B. Virg_(Z) 505,3: „die [Riesen, A. H.] lâgen in der hüle / und wâren alle zornes vol / unt îlten balde vür das hol").[1] Im Mhd. wird *hol/hüle* allerdings synonym und bisweilen auf engstem Raum alternierend mit *loch* (n.) gleichgesetzt, so etwa WolfdB_(AJ) 663,2–664,1: „der degen ruofte lûte, als eim helde wol gezam / ‚hêr wurm, sît ir hie heime? ir sult von iuwerm hol gân. / Iuch suochet vor dem loche ein werder schiltman.'" Die synonyme Bedeutung hält sich bis ins 16. Jh.: „ALS ein Fuchß sein jungen erzoch / Vor jenem Berg / in einem loch / Ein kleynes Fůchßlin wolt gehn spielen / Hinaus ins Veldt / vor jener hůlen" (Waldis I,59,1–4).[2] Erst um 1600 wird im dt. Sprachraum das vom ital. *grotta* entlehnte Wort Grotte gebräuchlich und teils synonym mit Höhle verwendet, mehrheitlich aber für künstlich angelegte, oberflächennahe und z. T. noch vom Tageslicht erreichte (Felsen-)Höhlen (vgl. insbesondere die Anlage solcher Grotten in Barockgärten).

Höhlen spielen in zahlreichen Erzählungen verschiedenster Textsorten eine konstitutive Rolle: Als Behausung von Tieren, vor allem aber Ungeheuern und ‚Fabelwesen', als Zugang zum Jenseits bzw. einer Anderen Welt (→ Himmel, Hölle; → Anderswelten) ebenso wie als Zufluchtsort für Liebende (→ Minnegrotte) oder für Eremiten (→ Klause). Zu nennen wären insbesondere im Bereich der Heldenepik der ae. *Beowulf* (8./9. Jh.) und das *Nibelungenlied* (um 1200) sowie *Laurin*, *Sigenot*, *Virginal* und die

---

1 Vgl. Fasbender 2008, 338 f., der sämtliche Nachweise für *hüle* im alemannisch-elsässischen Raum verortet und diese erst im 14. Jh. anzusetzen wagt.
2 Vgl. zu den Beispielen DWB 12, 1093 u. 10, 1716.

einzelnen Fassungen von *Otnit* und *Wolfdietrich*, *Der hürnen Seyfried* und *Kudrun* (die meisten der genannten Texte im 13.–14. Jh. aufgeschrieben, aber mit z. T. deutlich älteren Traditionen). Außerdem wird die hagiographische Literatur berücksichtigt, zum einen Legendensammlungen wie das *Väterbuch* (um 1280) und das *Passional* (um 1300), *Märterbuch* (zw. 1300 u. 1320), *Alemann. Vitaspatrum* (1. D. 14. Jh.) und *Der Heiligen Leben* (E. 15. Jh.), zum anderen das *Purgatorium S. Patricii* (1180/1184) in seiner mhd. Adaption des Michel Beheim (zw. 1449 u. 1466) und die *Visiones Georgii* (1354/1358). Auch in der höfischen Literatur mit Heinrichs von Veldeke *Eneasroman* (1170–1180) und Wolframs von Eschenbach *Parzival* (1200–1210), Wirnts von Gravenberg *Wigalois* (vor 1230) oder Heinrichs von dem Türlin *Die Krone* (zw. 1215 u. 1230) begegnen Höhlen in unterschiedlichen Kontexten; die Minnegrotte in Gottfrieds von Straßburg *Tristan* (um 1210) stellt eine Sonderform dar. Zuletzt sind die frühneuzeitlichen Prosaromane *Melusine* Thürings von Ringoltingen (1456) und *Fortunatus* (1509) zu nennen; in Fabelsammlungen und Tier-*bîspeln* (*Fuchs und Löwe* [um 1260]) sind Höhlen nur selten genannt. Die narrativen Funktionen der Höhle sind nicht genrespezifisch, sieht man einmal von den heldenepischen Texten ab, in denen sie zumeist als Wohn- oder Aufenthaltsort übernatürlicher Wesen und Ungeheuer dient.

2 Merkmale der Darstellung

In der Regel ist die Darstellung und narrative Ausgestaltung dann relativ knapp gehalten, wenn die Höhle vor allem die Funktion hat, die Gesellschafts- und Zivilisationsferne ihrer Bewohner aufzuzeigen; die Charakterisierung des Raumes erfolgt in diesen Fällen eher über dessen Bewohner (Drachen, Riesen etc.). Die Bezeichnung Höhle spricht offenbar für sich und bedarf ansonsten kaum einer näheren Beschreibung. Betont wird neben der Tiefe v. a. der Kontrast Licht – Dunkelheit (OrtnitA 517; 518; Virg_(Z) 470; JSigen 112,1–3), der die Trennung und Abgeschiedenheit des unterirdischen Höhlenbezirks zur oberirdischen Welt herausstellt. In manchen Fällen kann die Bezeichnung „holer berc" die Spezifikation für eine Berghöhle im Gegensatz zu Höhlen unter der Erde darstellen (z. B. JSigen 46; 194; 201; auch „holer stein", JSigen 170; 174; 186; 198; 204). Die Höhle, in der der Riese Sigenot Dietrich von Bern einkerkert, befindet sich im tiefsten Inneren eines → Berges – Dietrich ruft bei seiner Befreiung durch Hildebrand diesen „[û]z dem holen stein sô tief" (JSigen 174,2) –, wird aber auch wiederholt als „turn" bezeichnet (JSigen 56,1; 115,1 u. a.), analog der Anlage von Verliesen in den Kellergeschossen mittelalterlicher Wehrtürme, sodass der ganze Berg den Eindruck einer Art von Schlangen bewohnten Riesenburg erweckt: „Er [Sigenot, A. H.] liez in in ein steine tief, / Dâ manec wilder wurn in lief, / Die tageliecht nie gesâhen. / Und dô er an den boden kan, / Daz gewürme flôch von im hin dan: / Ez getorst im nie genâhen. / Daz gewürm sich allenthalp verbarc / Dort in des steines wende" (JSigen 112,1–8).

Dunkelheit, Tiefe, Ausweglosigkeit und die Gefahr durch wilde Tiere: Damit fasst diese Darstellung sämtliche negativen Requisiten der Höhle zusammen; selbst ein Held wie Dietrich ist hier vor den Schlangen nur wegen eines Edelsteines geschützt, und es bedarf Hildebrands Hilfe, ihn wieder aus den Tiefen der Riesenhöhle zu befreien. Die Behausungen von Riesen sind zwar wild und primitiv, aber stellen zumindest Wohnstätten dar, während die Drachenhöhlen im Ganzen viel größere Ähnlichkeit mit den Wohnorten von Tieren aufweisen (vgl. das Ausbrüten von Dracheneiern und die wiederholte Bezeichnung *neste* in *Otnit* und *Wolfdietrich A*). Genauere topographische Angaben liegen mit Ausnahme der konkret verorteten Unterweltseingänge kaum vor, allenfalls die Region, in der die Höhle sich befindet, wird genannt, z. B. die Dolomiten im *Laurin*, die Steinwand in der Lombardei im *Otnit*, Armenien in der *Melusine* etc.; oft befindet sich die Höhle aber einfach in einem nicht näher erläuterten → Gebirge.

Eine sehr ausführliche Darstellung des Höhleninneren findet sich vor allem dann, wenn ein Teil der Handlung dorthin verlegt ist. Bestes Beispiel ist der *Laurin*, dessen zweiter Teil fast ausschließlich im Inneren des Berges spielt, in dem der Zwergenkönig Dietrich und seine Männer festhält. Hier wird ein komplexes Höhlensystem dargestellt, in dem sich ein ganzer Zwergenstaat aufhält und das mit seiner Vielzahl an Türen und abgeschlossenen Räumen (mehrfach als → „kemenate" bezeichnet, LaurinA 1185, ebenso als „gewelbe", LaurinA 1429 u. a., oder als → „sal", LaurinJV_(L) 1564) eher an eine unterirdische Schlossanlage erinnert. Die Ambiguität der Höhlenbewohner spiegelt sich in der Beschreibung der Höhle selbst wider, die als Kontaktzone zwischen Kultur und Natur gelten kann. Vor allem der Eingang in Laurins Reich hat beinahe andersweltlichen Charakter: Der Anger vor dem Eingang zeichnet sich durch Blütenpracht, süßen Duft, Vogelgesang usw. aus, bei seinem Anblick vergisst man alles Leid und Dietrich fühlt sich, als ob „wir sîn in dem paradîse hinne" (LaurinA 920): All dies sind Merkmale, die auch für die Anderswelt konstitutiv sind. Der Eintritt in Laurins Berghöhle gewinnt damit zumindest auf der Beschreibungsebene die liminale Qualität eines Übertritts in die Andere Welt, ist oberflächlich idyllisch, die Höhle selbst aber dunkel und gefährlich.

Eine konträre, sehr ausführliche Beschreibung mit Allegorese liegt dagegen bei der Minnegrotte im *Tristan* vor. Auch bei den Jenseitsreisen, bei denen die Höhle als Schwellenraum fungiert, sind die Darstellungen ausführlicher (En_(EK) 2881–3729; Beheim 131–159). Heinrich von Veldeke verbindet die antike Tradition des Unterwelteingangs in seinem *Eneasroman* mit Darstellungselementen der christlichen Hölle: „freislîche si stank, / sie was vinster unde tief. / ein brinnende wazzer drin lief, / ez viel tiefe in den grunt" (En_(EK) 2890–2893). Die Jenseitsreisen kennzeichnen den Höhleneingang als Schwellenraum, der im mhd. *Eneasroman* mit Elementen der christlichen Hölle angereichert ist. Hier wie auch im *Purgatorium S. Patricii* (wo sich der Höhlengang zunächst in einen prächtigen, säulengesäumten Saal erweitert) und den *Visiones Georgii* bleibt der Eindruck einer Höhle nur in der anfänglichen Beschreibung, im Anschluss eröffnet sich dann eine regelrechte Jenseitstopographie, sodass die Höhle bzw. der Höhleneingang den Übergang zum transzendenten Raum bildet, von dem aus die christlichen Jenseitsreisenden sogar bis zum Paradies gelangen können.

3 Narrative Funktionen

Seit jeher kommt Höhlen ein ausgesprochen ambiger Status zu. Schon in der griech. und ägypt. Mythologie stellen sie die Geburtsorte von Göttern dar (Zeus, Dionysos, Aion), aber auch die Wohnsitze gottesfeindlicher Kräfte (Kyklopen und Titanen, die teilweise einfach im Inneren der Erde angesiedelt sind).[3] Auch die Vorstellung, Höhlen markierten den Zugang zu einem als Unterwelt aufgefassten Jenseitsreich, dürfte mit ihrer Zuschreibung als „Stätten der Epiphanie" zusammenhängen,[4] spiegelt sich doch in den mit der Höhle verbundenen Konnotationen die ganze Ambiguität eines heiligen Ortes wider: geheimnisvoll und gefahrvoll, heilbringend und bedrohlich zugleich. Anzumerken ist, dass auch in den iro-keltischen Texten des Mittelalters der Zugang zur Anderswelt, die im keltischen Erzählgut aber weder als Unterwelt noch als Totenreich begriffen werden darf, u. a. im Inneren von Grabhügeln zu finden ist. In der antiken Philosophie bildet die Höhle einen Ort der Erkenntnisferne (Platon, *Staat* VII), was von der christlichen Philosophie (Gregor d. Gr., *Dialogi* IV [593/594]; Hugo von Trimberg, *Der Renner* [um 1300]) aufgenommen ist, wobei jedoch die Höhle in den christlichen Gleichnissen durch das Bild des Kerkers (→ Gefängnis) ersetzt wird.[5]

Entsprechend ambig zeigen sich die narrativen Funktionen, die der Höhle in der mhd. Literatur zukommen. Höhlen zeichnen sich einerseits durch Geborgenheit, andererseits durch Bedrohung und Dunkelheit aus, sie können Zufluchtsort für Eremiten und Rückzugsort für Liebende sein, aber ebenso Wohnstätten übernatürlicher, gefährlicher Wesen, und sie bilden den Zugang zum Jenseits und Kontaktzone zur Anderen Welt. Höhlen sind Orte der Wildnis; als solche sind sie von wilden Wesen bewohnt; sie können aber ebenso heilige Orte sein: Orte der Transzendenz wie das Höhlenheiligtum des Michael auf dem Gargano, Orte des Übergangs wie der Eingang zum Fegefeuer.

Die folgende Gliederung sucht die Höhle zum einen in ihrer literarischen Funktion als bloßen Aufenthaltsort und als Handlungsraum zu beschreiben, berücksichtigt zum anderen aber die je unterschiedliche Semantisierung, die mit ihr einhergeht. Die Höhle wird daher erstens als Raum jenseits der Zivilisation erfasst, als archaischer, kulturferner Außenraum, der mit dem Raum der → Wildnis korrespondiert, in

---

[3] Vgl. Blumenberg 1989, 48–52.
[4] Blumenberg 1989, 45.
[5] Vgl. Schumacher 1990.

dem er verortet ist (s. Abschn. 3.1). Diese Verknüpfung ist in den meisten Fällen die einzige Charakterisierung und zentrale narrative Funktion der Höhle, die zugleich die bedrohliche Seite des Ortes aufzeigt: die Höhle als Wohnstätte zivilisationsferner Wesen bzw. aus der Gesellschaft exkludierter Menschen. Ebenfalls in den Außenraum der Wildnis verlegt, kann die Höhle zweitens Zufluchtsstätte für Liebende sein, was sie zum Handlungsraum macht und spezifischere Ausgestaltung und Symbolisierungen nach sich zieht (s. Abschn. 3.2). Drittens fungiert die Höhle als Übergangsraum ins Jenseits; sie ist damit nicht nur Handlungsraum, sondern ein Raum der Bewegung (s. Abschn. 3.3).

3.1 Die Höhle als zivilisationsferner Ort in der Wildnis

3.1.1 Aufenthaltsort wilder Wesen und Ungeheuer

Vor allem in der Heldenepik, aber auch in Hagiographie und höfischem Roman sind Ungeheuer und übernatürliche Wesen, mit denen sich die Protagonisten auseinandersetzen müssen, vielfach in Höhlen verortet. Die Wildheit und Zivilisationsferne dieser Wesen spiegelt sich in ihren Behausungen wider, ohne dass diese genauer beschrieben würden. So wohnt das Waldweib Ruel im *Wigalois* ebenso in einer Höhle (Wig 6285 f.; 6430) wie das Waldweib, mit dem sich Gawein in der *Krone* auseinandersetzen muss.

Auch andere Wesen wie die Waldungeheuer (Krone 9230–9313) oder der Drache bei der Klause zu Anfrat (Krone 15144) sind Höhlenbewohner, reihen sich aber weitgehend funktionslos in die endlosen *âventiure*-Ketten des Helden Gawein ein. Insbesondere Drachen als ‚prototypische' Monstren sind ausschließlich in Höhlen oder im Inneren von Bergen zu finden (vgl. schon den Drachen im ae. *Beowulf*). Auch in den Legenden befinden sich die Drachen, die Heilige bekämpfen, bisweilen in Höhlen (Apollonius im *Väterbuch*, einzelne Versionen der Georgslegende).[6] Gleiches gilt für die Heldenepik: Auch die Drachen, die in *Otnit* und *Wolfdietrich* eine entscheidende Rolle spielen, befinden sich in einer nicht näher charakterisierten Höhle; gerade bei ihnen ist der ausgesprochen zivilisationsferne, unkultivierte Aufenthaltsort in der Wildnis explizit hervorgehoben, was insbesondere in *Otnit* und *Wolfdietrich A* durch das schwer zu greifende Wort *steinwant* verdeutlicht wird: Mitten in der Wildnis, in einer *stainwant* (OrtnA 513,1) werden die Dracheneier ausgebrütet, von wo aus die ausgeschlüpften Drachen später das Königreich verwüsten; der Drache bringt den schlafenden Otnit „gen der stainwende" (OrtnA 573,1) zu seinen Kindern „in einen

---

6 In der Silvesterlegende befindet sich der Drache, der mit seinem Pestatem Rom bedroht, im Inneren des Palatin; Silvesters Abstieg über 99 Stufen ins Berginnere erscheint in mancherlei Hinsicht wie ein *descensus ad infernos* und rückt die Drachenhöhle in die Nähe eines Eingangs zur Unterwelt bzw. die Hölle, wie sie bei den Jenseitsreisen konstitutiv ist (s. Abschn. 3.3).

holn berg" (OrtnA 574,1).⁷ Der Zusammenhang von Steinwand und Drachenhöhle findet sich ebenso im *Wolfdietrich A* (WolfdA_(FJMP) 596,2; 597,3), der schildert, wie Wolfdietrich eben jene Drachen, die Otnit förmlich aus seiner Rüstung gesaugt haben, tötet; die Steinwand mit der Drachenhöhle markiert hier offensichtlich den äußersten Rand unkultivierter Wildnis.

Aus der Dietrichepik sind insbesondere *Virginal* und *Sigenot* zu nennen, in denen die Riesen als Höhlenbewohner dargestellt werden. Beide Texte handeln von der Gefangenschaft Dietrichs bei den Riesen; im *Jüngeren Sigenot* wird der Held vom titelgebenden Riesen gefangen und in eine Schlangenhöhle geworfen. Damit spiegeln die Eigenschaften der riesenhaften Bewohner Darstellungsweise und Funktion der Höhle wider, denn Dietrich gerät gefangen in der Riesenhöhle wie auch im Kampf gegen die Riesen immer wieder an die Grenzen seiner heroischen Potenz.

Besonders auffällig ist die Opposition von Natur und Kultur in der Anlage von Zwergenhöhlen: Während auch diese in den meisten Erzählungen kaum näher beschrieben werden (vgl. *Sigenot, Wolfdietrich A* und *D, Der hürnen Seyfried*), sind sie doch mit sagenhaften Schätzen gefüllt (der Nibelungenhort befindet sich in einem „holen berge", NibAB_(BBW) 89,2; auch im *Hürnen Seyfried* ist der Schatz in einer Höhle unter dem Drachenstein, HürnSey 135,1–3). Doch bilden Zwerge im Inneren der von ihnen ausgehöhlten Berge komplexe Gesellschaftsformen. Die ausführlichste Beschreibung eines solchen Zwergenstaates liefert der *Laurin*: Wiewohl Laurin und die anderen Zwerge in ihrem Äußeren höfisch erscheinen, wird ihre Gefährlichkeit nicht zuletzt darin deutlich, dass Laurin Frauen raubt und die Helden absichtlich in den Berg lockt, um sie heimtückisch festsetzen zu können. Die Abgeschlossenheit und Ausweglosigkeit des Höhleninneren wird auch darin ersichtlich, dass die Helden Zauberringe benötigen, um beim Kampf die Zwerge sehen zu können, auch wenn deren Unsichtbarkeit nicht explizit mit der Dunkelheit der Höhle in Verbindung steht.⁸ Gerade Laurin und seiner Höhle ist jedoch eine ausgesprochene Ambiguität eigen (s. Abschn. 2): Der beinahe paradiesische Eingangsbereich weckt zusätzlich Assoziationen zur Anderswelt, das Innere ist mit höfischer Pracht ausgestattet, erweist sich dann aber zugleich als Falle und dunkle Bedrohung.

Der Höhle als Bau wilder Tiere kommt in der Literatur des Mittelalters dagegen in der Regel keine narrative Funktion zu. Eine Ausnahme bilden die Fabeln und Tier*bîspel*, in denen anthropomorphisierte Tiere als Handlungsträger auftreten. So ist die

---

7 Vgl. Fuchs-Jolie 2011.
8 Ein ähnliches Höhlenabenteuer hat auch Gawein in der *Krone*, der sich aber durch ein belauschtes Gespräch eines Liebespaares, das in einem Schwanennachen einen unterirdischen → Fluss entlangfährt, befreien kann (Krone 26206–26702); sämtliche zuvor aufgerufenen Konnotationen der Höhle (Gefahr, Dunkelheit, Ausweglosigkeit usw.) verschwinden und bleiben seltsam funktionslos. Vgl. Kragl 2013, 171–173.

sprichwörtliche ‚Höhle des Löwen'⁹ der äsopischen Fabel auch in den mittelalterlichen Fabelsammlungen (mhd. in *Fuchs und Löwe*) bekannt: Der kranke Löwe lockt die Tiere in seine Höhle, um sie dann zu fressen, nur der Fuchs bemerkt die Gefahr und bleibt am Eingang stehen – auch hier lauert die Gefahr im Höhleninneren.

3.1.2 Rückzugsort und Einsiedelei

In der *Kudrun* konvergieren Wildheit und Gesellschaftsferne der Höhle mit ihrer Funktion als Zufluchtsort. Einerseits wird Hagen in der zweiten *âventiure* von einem Greifen in die Wildnis verschleppt, andererseits ist es gerade der Raum der Höhle, in der drei Königstöchter Schutz gefunden haben und in der er sich mit ihnen versteckt hält, bis er alle Greifen getötet hat. Die Höhle ist hier zwar ebenso Teil der sie umgebenden Wildnis, wird aber gewissermaßen eine vorkulturelle Wohnstätte, als primitive Behausung immerhin geeignet, die Gefahren der zivilisationsfernen Umwelt abzuwehren.[10]

Ein ähnlicher Zusammenhang zeigt sich besonders in Eremitenlegenden, für die es konstitutiv ist, dass ihre Protagonisten freiwillig aus der Welt fliehen, um sich in der Wildnis ganz einem Leben im Gebet zu widmen. Die Wohnstätte der Eremiten ist vielfach nur eine einfache Höhle, die, als Teil der Wildnis, den Aspekt der Askese nur umso mehr unterstreicht (→ Klause). Beispiele gibt es unzählige: So hält sich z. B. Paulus der Einsiedler 60 Jahre lang in einer Höhle in der → Wüste auf (Vät 1874 f.), ebenso ziehen sich Onuphrius, Hieronymus, Benedikt oder Magdalena zeitweise in eine Höhle in der Wüste, Aegidius oder Blasius in die Wildnis des → Waldes zurück; auch Trevrizent im *Parzival* ist von der → Gralsburg in eine Höhle gegangen: Der Eremit wird als Höhlenbewohner Teil der Wildnis, um sich so von der übrigen Gesellschaft zu exkludieren.[11] Zugleich aber wird der Raum der Höhle durch den Kontakt des Heiligen mit Gott transzendiert; vor allem in der Magdalenen- und der Aegidiuslegende (PassIII_(K) 455,64–66) ist die Höhle mit dem sie umgebenden Raum für andere unzugänglich: Die Heiligkeit der Protagonisten bewirkt einen Einbruch der Transzendenz, macht den Raum der Höhle zu einem ‚heiligen Ort'.[12] Der Höhle kommt auf

---

9 Als mittelalterliche Redewendung allerdings nur im Lateinischen nachzuweisen, vgl. Dicke/Grubmüller 1987, 230.
10 Zu den mythischen Implikationen des Hagen-Teils in der *Kudrun* vgl. J.-D. Müller 2004, der die Höhle als „archaische[n] Schutzraum gegen die Schrecken der Wildnis" bezeichnet (J.-D. Müller 2004, 207).
11 Die Angleichung der Anachoreten an die Wildnis nimmt bisweilen auch körperliche Züge einer regelrechten ‚Verwilderung' an, wie Friedrich 2009, 130–138 herausgearbeitet hat.
12 Zur Transzendierung des Raumes bei Aegidius im *Passional* vgl. Hammer 2015, 236–242. Ähnlich gelagert ist die Siebenschläferlegende: Die sieben Männer flüchten in eine Höhle, um sich vor der Christenverfolgung zu verbergen; Kaiser Decius lässt sie einmauern, sie aber schlafen 372 Jahre, bis sie wieder aufgefunden werden (Vät 38119–39034); die Höhle, in der sich dieses Wunder ereignet hat und in der sie auch begraben sein sollen, wurde im Mittelalter als christl. Kultstätte verehrt.

diese Weise eine heterotope Funktion zu: Sie ist durch die Heiligkeit ihres Bewohners von der übrigen Wildnis abgeschlossen, nicht mehr irgendeine Wohnstätte, sondern Wirkungsstätte des oder der Heiligen.

Eine derartige Transzendenz des Höhlenraumes zeigt sich am auffälligsten in der Legende des Erzengels Michael: Der im ganzen Mittelalter weit verbreiteten Erzählung nach (*Legenda Aurea, Passional, Märterbuch, Heiligen Leben*) hat Michael sich eine Höhle am Berg Gargano selbst als Heiligtum gewählt und diese durch seine bloße Anwesenheit bereits geweiht („ir durfet wihen niht die stat. / ich bin der, der dar in trat / und si mir gewihet habe", PassI/II_(HSW), 36727–36729). Dieses Grottenheiligtum, eines der bedeutendsten Sanktuarien des mittelalterlichen Europa, wird im *Passional* als „gewelbe" (PassI/II_(HSW) 36757) beschrieben, das „als ein schone gemach / in den berc gehouwen" (PassI/II_(HSW) 36758 f.) ist. Die Höhle als heiliger, transzendenter Raum wird zudem mit der Geburt und dem Grab Christi verbunden, wobei die Darstellung einer Höhlengeburt Christi nur in der Ostkirche verbreitet ist, während im Westen äußerst selten vom Stall als Geburtsort abgewichen wird.[13] Beim Felsengrab Jesu tritt der Aspekt der Höhle dagegen völlig in den Hintergrund.

3.2 Die Höhle als Zufluchtsstätte der Liebenden

Die Höhle als Zufluchtsstätte eines Liebespaares unterliegt zunächst den gleichen Bedingungen wie die unter 3.1.2 beschriebenen Höhlen: Mitten in der Wildnis gelegen erlauben sie nicht zuletzt aufgrund ihrer Zivilisationsferne dem Paar, ihre Liebe dort ungestört von äußeren Einflüssen auszuleben. Im Unterschied zu den Höhlen der Eremiten, die erklärtermaßen Teil der sie umgebenden Wildnis sind, hebt sich zumindest die Minnegrotte in Gottfrieds *Tristan* deutlich davon ab: Inmitten einer *locus amoenus*-artigen Landschaft (→ Garten; → Heide; → Tal; → Wald) befindet sich eine architektonisch vollendete, mit Marmor, Edelsteinen und einem Kristallbett ausgestattete Höhle, die als allegorisches Tugendgebäude ausgedeutet wird. Die überaus kunstvolle Ausgestaltung der Minnegrotte steht im scharfen Kontrast zur umgebenden Wildnis und kehrt die Opposition Kultur – Natur geradezu um. Gerade die Zivilisationsferne jedoch konstituiert „die Höhle als Ort einer illegitimen Absonderung von der Gesellschaft" (→ Minnegrotte).[14]

---

13 Vgl. Blumenberg 1989, 43 f., Fasbender 2008, 335–338 führt als einzigen Text die *Driu liet von der maget* des Priester Wernher (Wernh 3333–3336) an, der von einem „vinstern hol" (Wernh 3335) spricht; jedoch ist auch in Konrads von Fußesbrunnen *Kindheit Jesu* von einer Höhle die Rede: „dâ bî einem berge ein hol / vinster unt niht ze vollen wît" (KvFuss 758 f.).
14 Fasbender 2008, 342. Im *Eneasroman* Heinrichs von Veledeke findet die Liebesvereinigung von Dido und Eneas, anders als in der lat. (Vergil) und der afrz. (*Roman d'Eneas*) Vorlage, nicht in einer Höhle, sondern unter einem Baum statt, vgl. auch Fasbender 2008, 341 f.

3.3 Die Höhle als Zugang zum Jenseits

Die Vorstellung vom Eingang der Unterwelt als einer Höhle begegnet bereits in der Antike, am prominentesten ausgestaltet in Vergils *Aeneis*, aufgenommen im afrz. *Roman d'Eneas* und in Heinrichs von Veldeke *Eneasroman*. Die bisher aufgeführten Semantiken und Konnotationen der Höhle decken sich dabei in vielerlei Hinsicht mit den Vorstellungen der Unterwelt selbst: Dunkelheit, Gefahr, Gesellschaftsferne und Ungewissheit prägen beide Orte gleichermaßen, die somit nicht nur auf der räumlichen Ebene konvergieren. Der Eintritt in die Höhle bildet damit zugleich die Grenzüberschreitung, den liminalen Akt des Übertritts vom Diesseits ins Jenseits.[15] Dieser liminale Akt bedarf aber bei Vergil wie bei seinen mittelalterlichen Adaptionen ausführlicher (ritueller) Vorbereitungen, die ihn als solchen zusätzlich markieren (Opfer, Goldener Zweig, Zauberkraut u. a.). Die Höhle als Schwellenraum kennzeichnen bei Vergil außerdem noch verschiedene Ungeheuer und personifizierte Plagen (Gram, Hunger, Krankheiten etc.), die den Eingang vor und jenseits der Schwelle („adverso in limine", Aeneis_(F) VI,279) bevölkern; ähnlich auch im *Roman d'Eneas*. Heinrich von Veldeke streicht diese Schwellenfiguren und verstärkt vielmehr die Konnotationen zur christlichen Hölle (s. Abschn. 2). Noch ausgeprägter ist die Schwellenmetaphorik in der Erzählung vom Purgatorium des hl. Patrick.[16] Der Eingang zum Fegefeuer ist ebenfalls als dunkle Höhle (Beheim 85) dargestellt und durch mehrere Schwellen gekennzeichnet: Ein 15-tägiges Fast- und Bußritual bereitet den Eintritt des Ritters Owein vor, der in feierlicher Prozession zum Höhleneingang geleitet wird. Dieser ist durch eine Pforte zusätzlich versperrt, zu der nur der Prior den Schlüssel hat. Nach einem finsteren Gang (Beheim 137; 141) öffnet sich zunächst ein palastähnlicher Saal, in dem Owein letzte Anweisungen bekommt, bevor er von Teufeln durchs Fegefeuer gezerrt wird.[17]

Der Jenseitsreise des Aeneas/Eneas und der des Owein ist (in ihren jeweiligen lateinischen Vorlagen wie ihren volkssprachlichen Adaptionen) gemeinsam, dass der

---

15 In der Darstellung der Höhle sind die Begrifflichkeiten bei den jeweiligen Texten schwankend: Alle drei berichten von einem Eintritt ins Erdinnere, bei Vergil fällt der Terminus „spelunca" (Aeneis_(F) VI,237), im *Roman d'Eneas* ist es eher ein Schacht („une fosse parfonde", RdEn 2351), bei Heinrich von Veldeke ist mal von einer „grûben" (En_(EK) 2888) die Rede, mal von einem „loch" (En_(EK) 2916; 2925).

16 Der reich überlieferte lat. Text ist um 1150 entstanden, eine über die *Legenda aurea* vermittelte mhd. Legendarversion bietet das *Passional* (um 1300), eine auf Marie de France fußende direkte Übertragung durch Michel Beheim erst im 15. Jh. Auch die *Visiones Georgii* (1354/1358) beruhen auf dem lateinischen Text.

17 Vgl. Benz 2013a, 227 f. Benz spricht mehrfach von der Eingangshöhle als einem „Initiationsraum" und einer „kultisch-liturgische[n] Provozierbarkeit der Transzendenzerfahrung" (Benz 2013a, 177). In den *Visiones Georgii* ist der Höhlencharakter zurückgenommen, aber die Liminalität noch verstärkt, indem unmittelbar vor dem Eintritt sogar eine Totenmesse gehalten wird.

höhlenartige Eingang ins Jenseits konkret lokalisierbar ist (Cumae bzw. Station Island in Irland), es sich dabei um einen liminalen Schwellenraum handelt, der erst durch spezifische rituelle Vorbereitungen betreten werden kann, von einer ausgeprägten Lichtregie (hell – dunkel) gekennzeichnet ist und eine Jenseitstopographie erst nach der Überwindung der Schwelle des Höhlenraumes zu erkennen gibt. Im Unterschied zu den vorherigen Beispielen wird der Raum der Höhle ebenso wie der sich daran anschließende Jenseitsraum durch die Bewegung erfahrbar.[18] In beiden Fällen ist das Jenseits aber nicht einfach eine unterirdische Fortsetzung des Höhlenraumes vom Eingang (so etwa könnte man dagegen den Zwergenstaat in Laurins Berg auffassen, s. Abschn. 3.1.1), sondern eröffnet eine eigenständige Geographie, die sich Aeneas erst nach der Überquerung des Styx (bei Heinrich von Veldeke: Phlegethon) als weitere Schwelle eröffnet, dann aber einen real beschreibbaren Raum bildet. Anders dagegen das Fegefeuer des hl. Patrick: Nach dem Durchwandern des (wohl auch unterirdisch gedachten) Fegefeuers kann Owein über eine → Brücke ins → Irdische Paradies vordringen: Geographische und topographische Vorstellungen kollabieren zugunsten einer mythischen Raumauffassung.[19] Das ändert sich an der Schwelle zur Frühen Neuzeit: Wenn im *Fortunatus* der Titelheld ins Purgatorium hinabsteigt, sind sämtliche metaphysischen Konnotationen aufgegeben. Fortunatus findet nichts als Dunkelheit, in der er sich verirrt, und muss schließlich mithilfe geometrischer Vermessungstechnik wieder ans Tageslicht gebracht werden (Fort_(R) 61–63).

Einen Sonderfall stellt abschließend die *Melusine* Thürings von Ringoltingen dar. Das „vinster loch" (TvRMel_(M) 137), in das Melusines Sohn Geoffroy einen Riesen verfolgt, ist zunächst nichts weiter als eine Riesenhöhle, doch statt einer finsteren und unzivilisierten Riesenwohnstätte findet Geoffroy ein „schône kamer [...]. dieselb in den velsen gehawen was vnd nit mer dann ein thůr hette" (TvRMel_(M) 137). Darin befindet sich das → Grab seines Großvaters, dessen Epitaph ihn über die Geschichte seiner Mutter und damit über seine eigene Genealogie, seine Vergangenheit und Zukunftsperspektive aufklärt. Die Höhle ist hier einerseits wie so oft ein Ort des Geheimnisses und des Todes, andererseits aber auch ein Erinnerungsraum, ein heterotopischer „Zeitenraum", der dazu dient, das Paradoxon des Ursprungs „zugleich räumlich und zeitlich zu entfalten",[20] und der dadurch „eine Engführung von Gleichzeitigkeit und Ungleichzeitigkeit, von Ausschließung und Einschließung [vollzieht, A. H.], die wiederum am Zeitenraum der Höhle ihre *mise en abyme* findet".[21] Wird der Höhlenraum für die Jenseitsreisenden zum Offenbarungsraum (oder eröffnet zumindest den Weg dorthin), so ist er in der *Melusine* ein Raum der Erkenntnis, der chronotopische und heterotopische Eigenheiten miteinander verbindet. Auf diese

---

18 Vgl. Benz 2013a, 228.
19 Vgl. dazu Cassirer 1977, 104–128, Cassirer 1975.
20 Kiening 2005, 23.
21 Kiening 2005, 25.

Weise kann einerseits die Familiengeschichte in diesen heterotopischen Zeitenraum ausgelagert, ja regelrecht verschlossen werden, andererseits sorgt der Chronotopos der Höhle dafür, diese Familiengeschichte zugleich wieder präsentisch zu machen.

Aeneis_(F), Beheim, En_(EK), Fort_(R), FuL, HürnSey, JSigen, Krone, KvFuss, LaurinA, LaurinJV_(L), NibAB_(BBW), OrtnA, PassI/II_(HSW), Pass_III_(K), RdEn, TvRMel_(M), Vät, Virg_(Z), Waldis, Wernh, Wig, WolfdA_(FJMP), WolfdB_(AJ)

→ Anderswelten; → Brücke; → Fluss, Quelle, Brunnen; → Gebirge, Berg, Tal; → Gefängnis, Orte der Gefangenschaft; → Grab, Grabmal; → Gralsburg, Gralsbezirk; → Heide, Aue, *plaine*; → Himmel, Hölle; → Irdisches Paradies; → Kemenate, Gemach, Kammer; → Klause, Einsiedelei, Einöde; → Minnegrotte; → Saal; → Wald, Lichtung, Rodung, Baum; → Wüste, Wildnis, Einöde

Falk Quenstedt
Indien, Mirabilienorient

1 Begriffsbestimmung – 1.1 Sachgeschichte – 1.2 Gattungen – 2 Merkmale der Darstellung – 2.1 Ort der Ferne und äußere Grenzen – 2.2 Innere Grenzen – 2.3 Höhe – 3 Funktionen – 3.1 Narrative Spiegelungen – 3.2 Historisierung, ‚Globalisierung' und Wissenstransfer – 3.3 Ästhetische Erfahrung und Neugier – 3.4 Idealität und Utopie – 3.5 Alterität, Identität und Dritter Raum

1 Begriffsbestimmung

Dieser Artikel erfasst literarische Orte, die im fernen Osten der Erzählwelt lokalisiert werden und Merkmale aufweisen, die wissensvermittelnde Texte des Mittelalters einer als *India* bezeichneten Erdregion zuschreiben. Diese mittelalterlichen Informationen über Indien weichen von heutigem Wissen über den asiatischen Subkontinent vielfach ab. Die ergänzende Bezeichnung als ‚Mirabilienorient'[1] resultiert daraus, dass der Ort 1. als Erfahrungsraum des Wunderbaren fungiert, d. h. als Ort, an dem *mirabilia* begegnen (lat. Pluralform des substantivierten Adjektivs lat. *mirabile* für ‚wunderbar', ‚erstaunlich'; mhd. *wunder* n.), 2. von einem anderen literarischen ‚Orient' zu unterscheiden ist, in dem vor allem der Gegensatz zwischen Christen und Muslimen (mhd. *heiden* m., lat. *saraceni*) virulent ist[2] („Kreuzzugsorient"[3], „nahe Heidenwelt"[4]), und dass der Ort – oder ihm zuzurechnende Lokalitäten – 3. auch mit anderen Namen als mit *India* bezeichnet sein können, etwa mit „Arimaspî" (ErnstB_(B) 5115) oder „Crisa" (HvNstAp 13480).

Der Begriff Indien gelangte aus dem Lateinischen in die deutsche Sprache und geht zurück auf griech. Ἰνδία, das Herodot (5. Jh. v. Chr.) als Bezeichnung für die Region hinter dem Fluss Indus[5] verwendet (JMandRV 103: „daz land haisset Yndia von des wassers wegen daz durch daz land rint: daz haisset Yndus"; auch UvEtzAlex 19304 f.). Seit der Antike ist Indien aus der Sicht des europäisch-mediterranen Raums zwar das „gesuchte Wunderland",[6] weist dabei aber Ambivalenzen auf. Einerseits sind außerordentliche Fruchtbarkeit und überbordender Reichtum an kostbaren,

---

1 Vgl. Herweg 2010, 262–267.
2 Vgl. Prager 2014, 55.
3 Szklenar 1966, 177.
4 Herweg 2011, 87.
5 Die Benennung des Flusses lässt sich ihrerseits herleiten aus altpers. *hindu* von sanskr. *sindhu*, was ‚Fluss' oder auch ‚Grenze' bedeutet, vgl. Kiehnle et al. 2000, 89.
6 Kulke 2010, 5; die Kennzeichnung geht zurück auf Hegel 1986, 178. Vgl. auch Gregor 1964, 5: „Wunderland schlechthin".

zugleich heilsamen Naturressourcen (Edelsteine, Gold, Kräuter, Pfeffer) und luxuriösen Kulturgütern (Seide) charakteristisch für den Ort, auch begegnen dort Reiche (→ Land), → Städte und Paläste, die kunstvolle Objekte, Automaten und technische Vorrichtungen beherbergen. Andererseits erscheint Indien als ein Schreckensort wilder, zum Teil unheilbringender Natur (→ Magnetberg), in dem → Wüsten, riesige Gebirgszüge (→ Gebirge, Berg) und reißende → Flüsse zu überwinden sind und bedrohliche, fremde Tiere wie Krokodile (SAlex_(K) 4952; JTit 6112), Elefanten (SAlex_(K) 4327–4443; Reinfr 26208–26374; JTit 6112), Drachen (JTit 6112), *wurme* und *slangen* (SAlex_(K) 7016–7020) oder riesige Aale und Krebse (HvNstAp 9977–10000; 10013–10085) begegnen. Besonders bedeutsam ist Indien als Herkunftsgebiet der ‚monströsen Völker' (s. Abschn. 1.1).

In mhd. Erzähltexten – auch solchen, die den Ort nicht darstellen – fungiert der Begriff häufig als Chiffre, um die exotisch-orientalische Herkunft von Stoffen oder Edelsteinen und den damit verbundenen Luxus hervorzuheben („allez sîn zimierde / wêre brâcht ûz Indîâ", Tr_(R) 1696 f.; „Von Indîâ dem lande man sah si steine tragen", NibAB_(BBW) 403,1).[7] Der Ausweis Indiens als Herkunftsort begründet und beglaubigt zudem besondere Qualitäten von Objekten (Wig 4748–4758; 7380–7383) sowie das (Geheim-)Wissen und die monströse Körperlichkeit von Figuren (Parz_(L) 312; 517).

Gemeinsam mit dem Begriff treten bestimmte Epitheta auf, die auf gängige Vorstellungen über Indien schließen lassen und die enorme Ferne des Ortes („India vil verre und uber verre", JTit 325), seine Größe („India die witen", JTit 6143), sein warmes Klima („daz lant is von den sunnen warm", SAlex_(K) 4766), seine Fruchtbarkeit (JTit 4818) sowie seinen Reichtum und seine Exotik unterstreichen („golt gimme und elephant / bringet Indîâ das lant", UvEtzAlex 4543 f.; „Indie, [...] di richiste [Provinz, F. Q.] der werlde", MarcoPolo 59,21 f.). Auch die Alterität Indiens, mit ihren positiven und negativen Komponenten, wird akzentuiert („Daz erdtreich india ist so gar wunderleich [...], es gepiertt in im souil fromder sach. Ettleich die sindt gar poss, ettleich die sindt gar guett", JohHartA 266).

1.1 Sachgeschichte

Mittelalterlichen Vorstellungen über Indien ist aus moderner Sicht abgesprochen worden, Wissen zu sein.[8] Damit wird nicht nur der Geltungsstatus ignoriert, den mittelalterliche Texte diesem Wissen zuschreiben, sondern es wird auch unterschlagen, dass das mittelalterliche Wissen über Indien die europäischen ‚Entdeckungen' des späten 15. und des 16. Jh.s vorbereitet, wie Kolumbus' Orientierung an mittelalterli-

---

7 Vgl. Goller/Link 2008, 51.
8 „The medieval West knew nothing of the real Indian Ocean", Le Goff 1980, 189.

cher Geographie⁹ oder auch die Suche portugiesischer Seefahrer nach dem Reich des Priesters Johannes¹⁰ oder den Brandan-Inseln zeigen.¹¹ Dabei ist das Indienwissen vor 1500 keineswegs statisch.¹² Im Zuge historischer Entwicklungen wie der Kreuzzüge oder der Etablierung der Herrschaft der Mongolen über große Teile Asiens¹³ entstehen Texte, die Veränderungen bewirken: etwa die an den byzantinischen Kaiser Manuel I. Komnenos adressierte *Epistola presbiteri Johannis* (2. H. 12. Jh.),¹⁴ mit der sich die bis in die Frühe Neuzeit fortbestehende und auch rasch und nachhaltig literarisch wirksame Vorstellung eines christlichen Großreichs jenseits des muslimischen Einflussbereichs verbreitet (Parz_(L) 822,23–823,1; JTit 6142; Reinfr 21932; JMandRV 154–157; Fort_(R) 98; 106),¹⁵ oder die Asien-Reiseberichte von Missionaren, Diplomaten und Kaufleuten des 13. und 14. Jh.s (Piano Carpini [1245], Wilhelm von Rubruk [1255], Marco Polo [1298] u. a.)¹⁶ und schließlich Texte, welche neue Informationen über den Seeweg nach Indien (ab 1498) und den zuvor in Europa unbekannten Kontinent Amerika (ab 1492) publik machen und damit eine andere Phase europäischer Indienbilder einleiten.¹⁷

Trotz Momenten des Wandels sind mittelalterliche Indienvorstellungen allerdings durch ein theologisch-kosmologisch eingebundenes, auf antike Wissenstraditionen zurückgehendes, geographisches ‚Toposwissen' geprägt.¹⁸ Erste ausführliche Berichte über Indien finden sich bereits im 5. Jh. v. Chr. bei Herodot (HerHist III,98).¹⁹ Durch intensivere Kontakte zwischen Europa und Asien im 5. und 4. Jh. v. Chr. –

---

9 Vgl. Borowka-Clausberg 1999, 129, Todorov 1985, 25.
10 Vgl. Knefelkamp 1986, 107–120.
11 Vgl. Hassauer 1987, 264. Zu Kolumbus' Rezeption der Reiseberichte von Marco Polo und Jean de Mandeville vgl. Gewecke 2006, 303, Röhl 2004, 178.
12 Gegenüber einer häufig implizit oder explizit konstatierten Invarianz des geographischen Wissens im Mittelalter leitet Gioia Zaganelli den Blick auf eine „sehr besondere Form der Kreativität" („una particolarissima forma di creatività", Zaganelli 1997, 11), die gelehrten Praktiken der Tradierung selbst inhärent ist, „eine Kreativität, die sich in den Nahtstellen, der Art und Weise des Auswählens, Kontaminierens, Verschiebens verbirgt, in jedem Fall aber in der Lage ist, Neues zu produzieren – und die zuzeiten auch neue Perspektiven auf die Welt und neue Weltbilder hervorbringt" („Una creatività nascosta nelle suture, nel modo di selezionare, contaminare, dislocare, ma capace comunque di produrre, e che a volte produce, nuovi punti di vista sul mondo e nuove immagini del mondo", Zaganelli 1997, 12).
13 Vgl. Schmieder 1994, Münkler 2000.
14 Vgl. BriefPJ_(Z) 909–984, Wagner 2000, dt. Übers.: von den Brincken 1985, 87–90.
15 Vgl. Knefelkamp 1986, 55–86, Renz 2013a; zur Rezeption im *Jüngeren Titurel* vgl. Schmid 1983, Wagner 2000, 549–581, Zimmermann 2009.
16 Vgl. Baum 2000, 429–433.
17 Wie die *Mundus Novus*-Briefe Amerigo Vespuccis (1502), die rasch auf Deutsch gedruckt wurden (1508) oder die *Merfart* Balthasar Sprengers (1509), vgl. Borowka-Clausberg 1999, 7; einen Überblick zu deutschsprachigen Reiseberichten ab 1500 gibt Dharampal-Frick 1991.
18 Vgl. Hassauer 1986, 269–271.
19 Vgl. Knefelkamp 1991, 404.

bewirkt auch durch den Feldzug Alexanders des Großen (326 v. Chr.) – entstehen ausführliche Darstellungen (Ktesias, Megasthenes),[20] die Autoren des 1. und 2. Jh.s in Auszügen überliefern (Diodorus, Strabo, Arrian und Plinius d. Ä.). Im Mittelalter stark rezipiert wurden Plinius' *Naturalis historia* (um 77 n. Chr.) und Solinus' *Collectanea rerum memorabilium* (3./4. Jh. n. Chr.). Die wirkungsreichen *Etymologiae* (um 630) des Isidor von Sevilla stellen ein wichtiges Bindeglied zwischen Antike und Mittelalter dar, indem sie antikes Wissen über Indien versammeln und in einen christlichen Deutungshorizont einordnen.[21] Enzyklopädische und historiographische Texte wie z. B. Honorius Augustodunensis: *Elucidarium* (um 1100), *Imago mundi* (um 1120), Thomas von Cantimpré: *Liber de natura rerum* (1241) oder Petrus Comestor: *Historia scholastica* (1173) vermitteln dieses Wissen weiter[22] und werden auch in der Volkssprache adaptiert (zu Indien: Lucid 18–29 [I,48–I,56] [um 1190]; RvEWchr 1417–1848 [1250er Jahre]; BdN 522–528 [ca. 1350]). Kaum zu überschätzen ist der Einfluss des Alexanderromans, dessen griechische Urfassung wahrscheinlich im 3. Jh. in Alexandria entstand.[23] Seine sehr zahlreichen volkssprachlichen Versionen basieren zumeist auf der lateinischen Übersetzung Leos von Neapel (E. 10. Jh.) und ihren interpolierten Fassungen (*Historia de preliis J¹, J², J³*).

Alle diese Texte verbinden antike Wissensbestände mit dem christlichen Weltbild. Fruchtbarkeit und der Reichtum Indiens etwa werden mit seiner Nähe zum → Irdischen Paradies erklärt („Daz wetter, daz sich hebet uon dem paradiso, daz machit daz lant [= Indien, F. Q.] so creftic, daz ez ist ebin grůne", Lucid 20 f. [I,53]). Ein anderer mit Indien verbundener heilsgeschichtlicher Ort ist das Tal, das die von Alexander eingeschlossenen Völker Gog und Magog beherbergt (RvEAlex 16965–17576, UvEtzAlex 30859–20958, Reinfr 19546–19563), und nicht wie das Irdische Paradies auf den Ursprung, sondern auf die Endzeit verweist. Damit bildet der Ort im Mittelalter nicht nur eine räumliche, sondern auch eine zeitliche Ferne.[24] Weiterhin erscheinen Orte und Figuren, die auf das ‚globale' Wirken der christlichen Botschaft verweisen, wie das Grab des Apostels Thomas, das von indischen Christen (Thomaschristen, Nestorianer) als Heiligtum verehrt wird (AvHarff_(G) 141) oder die Asketen *Barlaam und Josaphat*, deren breite mittelalterliche Erzähltradition auf die indische Buddha-Legende zurückgeht.[25] Kartographische Darstellungen der bewohnten Teile der Erde (lat. *mappae mundi*) integrieren diese heterogenen Wissensbestände in

---

[20] Ktesias von Knidos (5./4. Jh. v. Chr.) hielt sich wahrscheinlich am persischen Hof Atarxerxes II. auf, vgl. Nichols 2011, 13–15); Megasthenes (um 350–290 v. Chr.) war Gesandter am Hof von Chandragupta Maurya in Pataliputra (heute Patna), vgl. Steinicke 2005, 15 f.
[21] Zur Geographie Asiens: IsidEtym_(L) XIV,II,2–3. Die monströsen Völker werden jedoch (hier noch) an anderer Stelle behandelt: IsidEtym_(L) XI,III,3; vgl. Zaganelli 1997, 12, Münkler 2010, 34–36.
[22] Zum gelehrten mittelalterlichen Indienbild: Gregor 1964, Zaganelli 1997, Classen 2008a, 359–365.
[23] Zur mittelalterlichen Alexandertradition: Cary 1956; zu deutschsprachigen Texten: Lienert 1989.
[24] Vgl. Herweg 2010, 243.
[25] Vgl. Lopez/McCracken 2014, Cordoni de Gmeinbauer 2014, Classen 2000.

einem gemeinsamen Schaubild. Sie erscheinen zunächst im Rahmen enzyklopädischer Texte und illustrieren skizzenhaft die Anordnung der drei Kontinente (nach dem sog. T-O-Schema). Ab dem 11. Jh. werden sie großformatiger und detaillierter (*Isidor-Karte*) und lösen sich um 1300 völlig vom Rahmen des Buchformats (*Hereford Map*, *Ebstorfer Weltkarte* [3,58×3,56 Meter]),[26] was eine extensive Darstellung indischer Topoi ermöglicht. Die *Ebstorfer Weltkarte* gibt Abbildungen der sog. monströsen Völker (lat. *monstra*, „wunderlîch volc", ErnstB_(B) 4816; „wunderleich lâvt", BdN 525 [VIII,3]) dabei besonders viel Raum. Es handelt sich um eine für das mittelalterliche Indienbild zentrale und auch literarisch sehr produktive Vorstellung. Essenziell für den Transfer dieser antiken, paradoxographischen[27] Tradition war neben Auflistungen in enzyklopädischen Texten, die Diskussion der *monstra* in Augustinus' *De Civitate Dei* (426), der sie in die Schöpfung integriert.[28] Die verschiedenen monströsen Völker zeichnen sich durch körperliche und soziale Alterität aus.[29] Sie haben etwa riesige Ohren, mit denen sie sich zudecken können (*Panotii*; „Ôren", ErnstB_(B) 4853; Reinfr 19404–19413), nur einen Fuß, der ihnen aufgrund seiner Größe Schatten spendet (*Skiapodes*, „Plathüeve", ErnstB_(B) 4671), oder es handelt sich um einäugige Riesen[30] (*Arimaspi*, ErnstB_(B) 4505–4521), ‚Hundsköpfige' (*Kynokephaloi*, UvEtzAlex 25091–25162; WhvÖst 7773) oder ‚Kranichschnäbler'[31] (ErnstB_(B) 2845–3882; UvEtzAlex 25163–25175; WhvÖst 7779). Durch soziale Alterität gekennzeichnete Völker sind etwa die Amazonen (SAlex_(K) 6465–6581; Reinfr 19414–19629; JMandRV 99 f.; AvHarff_(G) 136) oder die selbstgenügsam lebenden Gymnosophisten (SAlex_(K) 6762–6890; JohHartA 237–265), deren Gemeinwesen utopische Züge tragen kann (→ Ferne-Utopien).

Diese verschiedenen Traditionen und Darstellungsweisen des Indienwissens sind nicht scharf voneinander zu trennen. Die *Ebstorfer Weltkarte* etwa zitiert in ihrer Legende Isidors *Etymologiae* und bildet zugleich Schauplätze des Alexanderromans ab.[32] Verbindungen zu erzählenden Texten in der Volkssprache zeigen einschlägige Topoi, Analogien der Lokalisierung sowie explizite Verweise an. So werden etwa Rezipienten, die die Existenz der „manigen wunderlich man" (WhvÖst 16324) bezwei-

---

26 Vgl. Kugler et al. 2007 2, 13.
27 Mit dem (unhistorischen) Begriff Paradoxographie wird eine antike Textsorte bezeichnet, die – oft listenartig – Mirabilien versammelt; vgl. Wenskus/Daston 2000, 310.
28 Vgl. Münkler/Röcke 1998, 730–735. Zur Tradition der *monstra* vgl. Friedman 2000, Wittkower 2002.
29 Vgl. Münkler 2010, 36–40.
30 In historiographischen Texten erscheinen die Arimaspen (oder auch „ciclôpin" [Anno 22,21]) oft als Wesen der Vorzeit, die in Europa beheimatet waren, aber nach Indien verbannt wurden, vgl. Anno 22,25 f.; Kchr_(S) 359 f.; RvEWchr 1617 f.
31 Die Kranichmenschen erscheinen erst um 1200 in literarischen Texten und werden dann den *monstra*-Listen hinzugefügt, vgl. Brunner 2008, 30.
32 Vgl. Kugler 2000.

feln, ausdrücklich ermahnt: „swer des nicht geglaubt, der lese Mappam Mundi!" (WhvÖst 16328 f.).[33]

1.2 Gattungen

Konkret dargestellt wird Indien im Antikenroman, vor allem in den Alexanderromanen (hier berücksichtigt: *Straßburger Alexander* [A. 13. Jh.], Ulrichs von Etzenbach *Alexander* [letztes D. 13. Jh.], Johann Hartliebs *Alexander* [um 1450]), im Minne- und Aventiureroman bzw. ,Fürsten- und Herrschaftsroman'[34] (*Herzog Ernst B* [A. 13. Jh.], *Reinfrit von Braunschweig* [nach 1291], Heinrichs von Neustadt *Apollonius von Tyrland* [um 1300], Johanns von Würzburg *Wilhelm von Österreich* [1314]), im Gralsroman[35] (*Parzival* [1200–1210], *Jüngerer Titurel* [zw. 1260 u. 1273]), im Legendenroman (Rudolf von Ems: *Barlaam und Josaphat* [zw. 1220 u. M. 1250er Jahre]), in Reiseberichten (Marco Polos *Divisament dou monde/Il Milione* [1298/1299], dt. Übers.: *Mitteldeutscher Marco Polo/Heydnische Chronik* [M. 14. Jh.], Oberdeutsche Inkunabelfassung [1477/1481]; Jean de Mandeville [1356], dt. Übersetzungen: Michel Velser [1393–1398], Otto von Diemeringen [1390er]; Arnolds von Harff *Pilgerfahrt* [um 1500], Balthasar Sprengers *Merfart* [1509]) und im frühneuhochdeutschen Prosaroman (*Fortunatus* [1509]). In einigen Gattungen erscheint Indien im Kontext der Erzählung, wird aber nicht als Schauplatz gestaltet, so etwa in der Historiendichtung (*Annolied* [um 1080], *Kaiserchronik* [M. 12. Jh.]), in der Heldenepik (*Nibelungenlied* [um 1200], *Kudrun* [M. 13. Jh.]) und in der *Chanson de geste* (*Rolandslied* [um 1172], *Willehalm* [1210–1220]).

2 Merkmale der Darstellung

Darstellungen Indiens kommen in Texten vor, die von Reisen erzählen. In der Regel steht der Ort dabei als ein Abschnitt der Gesamterzählung neben anderen Orten – nur in Bearbeitungen der *Barlaam und Josaphat*-Legende ist Indien singulärer Schauplatz. Grundsätzlich ist der Mirabilienorient sehr schwer erreichbar. Die Reise dorthin geht in der Darstellung meist damit einher, dass eine → Grenze überschritten wird,[36] die den Ort von anderen abtrennt. Diesseitig wird diese Differenzierung durch die Evokation großer Distanz zur europäischen Eigenwelt der Texte geleistet sowie durch die Darstellung verschiedener Hindernisse, die den Weg nach Indien erschweren oder gar blockieren. Jenseitig ist Indien durch das den *orbis terrarum* umgebende

---

[33] Vgl. Huschenbett 1993, 419, Dietl 1999, 6 f.
[34] Herweg 2010, 38–53.
[35] Vgl. Schotte 2009, 36–39.
[36] Vgl. Herweg 2010, 262.

„wendelmer" (Lucid 20 [I,52]; „man mag durch Yndia ziehen durch manig wunderlich land byß an daz mer Occean", JMandRV 104), die Erhebung des Irdischen Paradieses und diesem vorgelagerte Wüsten (Lucid 20 [I,52]; RvEWchr 1406–1416; JTit 6152–6161; UvEtzAlex 25376–25405; JMandRV 167) sowie überhaupt das Weltende begrenzt (SAlex_(K) 5490–5495; → Ränder der Erde).

2.1 Ort der Ferne und äußere Grenzen

Große Distanz kann durch Angaben über die lange Dauer einer Reise nach Indien evoziert werden. So irrt Herzog Ernst nach einem Seesturm vor Syrien „drî mânet unde mêre" (ErnstB_(B) 2179) auf dem „wilden sê" (ErnstB_(B) 2165 u. a.) umher, bevor er mit der Stadt Grippia (ErnstB_(B) 2204–3882) die erste Station auf seinem weiteren Weg über den Magnetberg (ErnstB_(B) 3883) in das indische Land Arimaspi[37] (ErnstB_(B) 4477–5440) erreicht. Dieser Reiseweg (→ Weg) wirkt zunächst irreal, ist aber mit geographischen Vorstellungen vereinbar, die das Mittelmeer mit dem „wendelmer" (Lucid 17 [I,44]; → Meer; → Ränder der Erde) verknüpfen.[38]

Die spätmittelalterlichen Reiseberichte, in denen Indien allgemein leichter zugänglich ist, machen genauere Angaben über die Reisedauer. Arnold von Harff etwa berechnet für seine Reise nach Indien ein halbes Jahr (AvHarff_(G) 142). Präzise Datierungen finden sich in Balthasar Sprengers *Merfart*, der für seine Reise von Lissabon nach Cananor (heute: Kannur in Kerala) ein halbes Jahr benötigt (Merfart 2,7) und für den Rückweg gar elf Monate (Merfart 9,13).

Die Überwindung von Hindernissen wird häufig und ausführlich in den romanhaften Texten dargestellt, wobei Topoi zum Einsatz kommen, die auch in Wissenstexten erscheinen. So gelangen die Reisenden an den Magnetberg und in das Lebermeer (ErnstB_(B) 3883–4321; JTit 6094–6107; HvNstAp 6831; AvHarff_(G) 135; 140; nicht als Hindernis, sondern als Reiseziel: Reinfr 21010–21299) und ihnen begegnen bedrohliche Greifen (ErnstB_(B) 4124–4321; Reinfr 18245; JTit 6096). Weiterhin versperren landschaftliche Formationen den Weg, vor allem Gebirge („gebirge hôch, daz sich ûf gên den wolken zôch", ErnstB_(B) 4380 f.) und Wüsten (SAlex_(K) 4069; UvEtzAlex 22138). Besonders prägnant als Grenze gestaltet ist der „Kaukasas" (Reinfr 18224; auch RvEWchr 1422) im *Reinfrit*, wenn der Protagonist angesichts der bis in die Mondsphäre hinaufragenden Berge voller Neugierde fragt: „wist ich waz gensît

---

[37] Das Land Arimaspi weist viele Merkmale Indiens auf: monströse Völker, Reichtum, Begrenzung durch Magnetberg und Gebirge, auch die Nähe zu *môrlant*, das durch seine Nachbarschaft zu Ägypten (im Text: „Babylon") mit Äthiopien identifiziert werden kann. Goller/Link 2008, 54 charakterisieren hingegen allein Grippia als Indien, das jedoch eher eine liminale Stellung zwischen ‚Kreuzzugsorient' und fernem Orient einnimmt.
[38] Vgl. Lecouteux 1981, 217; vgl. auch den Reiseweg der Gralsgesellschaft im *Jüngeren Titurel* (JTit 6066–6113).

wære / dem gebirge [...] / sô müest ich hôhes muotes pflegen" (Reinfr 18324–18326). Grenzen werden auch durch Flüsse gebildet, häufig durch die dem Irdischen Paradies entspringenden Paradiesflüsse (Phison/Ganges, Geon/Nil, Tigris und Euphrat, Lucid 19 (I,49); Reinfr 21918–21929; JMandRV 165–167; BdN 527). So gerät Alexander an einen Fluss, in dem wilde Tiere leben, die seine Gefolgsleute attackieren und die Überquerung verhindern (SAlex_(K) 4948–4959). Im *Apollonius von Tyrland* hingegen schützt der Euphrat vor gefährlichen Monstren aus dem verfluchten Umland → Babylons (HvNstAp 8519–8521) und der Ganges, zunächst als unpassierbar eingeführt (HvNstAp 9920–9935), kann vom Protagonisten dann doch überquert werden – auf dem Rücken eines Panthers (HvNstAp 10270–10284).

Oft führt die Reise über das Meer, welches in den Reiseberichten mehr Aufmerksamkeit erhält als in den romanhaften Texten. Bei Arnold von Harff scheinen sogar klimatische Besonderheiten des Indischen Ozeans angesprochen zu werden (Monsun), denn in „Thor" (heute arab. aṭ-Ṭūr) am Roten Meer, das als Arm des „yndiaenischen mer" erkannt wird, kommen zweimal im Jahr, im März und September, Händler aus Indien an (AvHarff_(G) 133). Besonders detailliert kommt das Meer in Balthasar Sprengers *merfart* zur Darstellung.[39] Zum ersten Mal wird die Umsegelung des „Kaben de Sperantzen" (Merfart 4 f.; 10 f.) beschrieben, ein neues Hindernis auf dem Weg nach Indien. Sprenger vergleicht die Umfahrung mit einer Wüstendurchquerung (Merfart 4). Auf der Rückreise kann das Kap erst nach monatelangen vergeblichen Versuchen passiert werden (Merfart 10–13), die Überquerung des Indischen Ozeans („Golfen von Mengen [= Mekka, F. Q.]", Merfart 7) gelingt hingegen mühelos.

Auch feindliche Machtbereiche blockieren den Weg nach Indien. In den Alexanderromanen wird der Indienzug erst nach der Eroberung des Perserreichs (SAlex_(K) 2700–3890; UvEtzAlex 12093–17366) und dem Sieg über Darius thematisiert (SAlex_(K) 4066–4069/4188; UvEtzAlex 19280). In anderen Texten erschweren Länder meist muslimischer Herrschaft den Zugang. Dieses Hindernis wird beseitigt, indem der Protagonist Herrscherfiguren, die im Orient beheimatet sind, im (Zwei-)Kampf bezwingt – dabei können sie den Tod finden (Porus im SAlex_(K) 4682) oder auch verschont werden (Porus in UvEtzAlex 20221) und anschließend als Vertraute der Protagonisten (Porus im UvEtzAlex 24650–24654 u. a.), mitunter gar als deren Reisebegleiter und -führer agieren (wie der „werde Persân" im Reinfr 18188). In einigen Texten werden muslimische Regionen in einem Bogen umfahren: Am Ende des *Jüngeren Titurel* etwa emigriert die Gralsgesellschaft per → Schiff mithilfe des Grals unter ausdrücklicher Vermeidung der „heidenische terre" (JTit 6092) über das Randmeer nach Indien.[40] Auch der Seeweg um Afrika dient der Umgehung muslimischer Gebiete.[41] In den Reiseberichten hingegen werden solche Regionen durchaus durchquert

---

39 Vgl. Borowka-Clausberg 1999, 57–82.
40 Zum Thema der Migration in diesem Text vgl. Poser et al. 2012.
41 Vgl. Kästner 1990, 90–93, der diesen Zusammenhang mit Blick auf den *Fortunatus* diskutiert.

(Marco Polo, Jean de Mandeville, Arnold von Harff). Eine Besonderheit des fernen Ostens ist in vielen Texten das Ausblenden des Gegensatzes von Heiden und Christen, womit Indien als eine Region jenseits des Religionskonflikts erscheint.⁴² Das ist z. B. in der Arimaspi-Episode im *Herzog Ernst B* der Fall, in der die Protagonisten nicht mehr als Kreuzfahrer adressiert werden,⁴³ oder auch im *Reinfrit*, wo die Religion des Persers nicht als Problem angesprochen wird (vielmehr ist vom „werden heiden" die Rede, Reinfr 18198); im *Wilhelm von Österreich* ist das Land Belgalgan zwar ‚heidnisch', steht im Weltkrieg am Ende des Textes aber auf Seiten der Christen.⁴⁴

In den Reiseberichten bewegen sich die Erzähler innerhalb eines ‚globalen' Verkehrsnetzes, das indische und mediterrane Handelsorte verbindet („da [= in Indien, F. Q.] ist ain ynsel [...], da kument vil koufflût hin von Venedig und ouch Genue", JMandRV 104; auch AvHarff_(G) 133). Indien ist hier nicht singulärer Ort im fernen Orient, sondern andere Regionen treten hinzu, vor allem China bzw. das Reich des Khans (Cathay). Indien wird dadurch tendenziell marginalisiert: Marco Polo durchreist es erst auf dem Rückweg. Das Reich des Priesters Johannes hingegen, das mit Indien identifiziert werden kann oder auch als Land innerhalb des indischen Großraums erscheint, bleibt schwer erreichbar. Laut Mandeville braucht es schon nach Cathay eine Jahresreise und „dennoch ist Yndia vil verrer" (JMandRV 154) – überdies wird der Weg von Magnetbergen und wilden Tieren versperrt.

2.2 Innere Grenzen

Der Ort Indien besteht aus mehreren Teilregionen, ist also nicht nur nach außen begrenzt, sondern auch in sich differenziert. Oft begegnet eine an der Geographie orientierte, übergeordnete Dreiteilung („dri India", JTit 6143; Reinfr 21930; „[n]un ist yndia getailt in try tail, ains haisset man daz Hoch Yndia, daz ander Mittel Yndia, das tritt ist [...] Gros Yndia", JMandRV 101,14–16; „do sint dry Indie, dy groste, dy kleinste, dy mittilste", MarcoPolo 59,15 f.; Fort_(R) 98).⁴⁵ Die drei Abschnitte werden unterschiedlich konzipiert und bleiben teilweise vage, Groß- oder Vorderindien (*India major*) entspricht meist dem indischen Subkontinent; Klein- oder Hinterindien (*India minor*) den dahinterliegenden südostasiatischen → Inseln („India die dritte, ein ende gar der welde", JTit 4818); Mittelindien (*India meridionalis*) umfasst die Inseln des Indischen Ozeans mitsamt der afrikanischen Ostküste.⁴⁶ Die Eingliederung Äthiopiens/Abessiniens („Ethyopia daz ist der Moren land", JMandRV 100; „Abasyam",

---

42 Vgl. Goerlitz 2009, Herweg 2010, 262.
43 Vgl. Goerlitz 2009, 80 f.
44 Vgl. Schindler 2011, 101–104.
45 Vgl. dazu Gregor 1964, 15 f.
46 Vgl. Le Goff 1980, 195 f.

MarcoPolo 70; auch ErnstB_(B) 5339–5472; Reinfr 21924) beruht auf einer Annahme mittelalterlicher Geographie, der zufolge der Indische Ozean ein Binnenmeer bilde, da die Kontinente Asien und Afrika durch eine südliche Landzunge miteinander verbunden seien.[47] Auch Ceylon („Taprobane") wird oft gesondert Aufmerksamkeit geschenkt (JMandRV 122 f.; AvHarff_(G) 139).

Neben dieser globalen dreiteiligen Gliederung zerfällt Indien in eine Vielzahl kleinerer Parzellen („lande", UvEtzAlex 19285; „gegene", Lucid 21 [I,53]; „Proventz", JTit 6149; „ynselen", JMandRV 103,22). Auf den *mappae mundi* sind diese Herrschafts- oder Siedlungsgebiete der verschiedenen monströsen Völker durch Flüsse oder Gebirgsketten voneinander abgegrenzt. Im *Lucidarius* sind die verschiedenen Spezies der *monstra* vollkommen isoliert voneinander („sie sint vnderscheiden mit wasser vnd mit gebirge, daz sie nith zů ein ander komen muggen", Lucid 24 [I,54]). In erzählenden Texten bewegen sich die Figuren jedoch durchaus von Parzelle zu Parzelle, indem sie räumliche Barrieren überwinden („durch maniges wildes gepirg", JohHartA 237; „dur manic wüeste wilde / berc tal grôz gevilde", Reinfr 13349 f.). Im *Herzog Ernst* führen Vertreter der Wundervölker gar Krieg gegeneinander (ErnstB_(B) 4667–5296). Im *Reinfrit von Braunschweig* nimmt das die Form einer Weltschlacht an, deren Darstellung es erlaubt, eine Vielzahl monströser Völker versammelt auftreten zu lassen und zugleich die Weitläufigkeit und Diversität Asiens zu evozieren (Reinfr 19280–20630).[48] Oft versperren Gegenspieler den Zugang zu einzelnen indischen Parzellen (etwa Merlin im WhvÖst 11250). Auch Objekte dienen als Hürden: Um in das Land Crisa zu gelangen, muss ein „geluckes rad" (HvNstAp 11335) überwunden werden, das nur Untadelige (im Sinne höfisch-ritterlicher Wertmaßstäbe) passieren lässt – das ähnelt Grenzdarstellungen in Jenseitsreisen (→ Himmel, Hölle).[49]

Die verschiedenen indischen Parzellen können auf unterschiedliche Weise miteinander in Beziehung gesetzt werden. Tentativ lassen sich vier Verknüpfungsweisen unterscheiden, die innerhalb eines Textes auch gemeinsam auftreten können:

1. Die Parzellen erscheinen als weitgehend voneinander isolierte Stationen eines Itinerars, wobei einzelne Schauplätze narrativ ausgestaltet werden. Je nachdem, wie intensiv Grenzüberschreitungen zwischen diesen Stationen und diese selbst in Szene gesetzt werden, wird der Ort Indien entweder deutlich als Einheit erkennbar (*Straßburger Alexander*) oder zerfällt in einzelne Bestandteile (*Herzog Ernst B*, *Reinfrit von Braunschweig*).

2. In der Nachfolge der *Epistola presbiteri Johannis* erscheint Indien im *Jüngeren Titurel* als ein einheitliches Reich, das aus 72 Provinzen besteht und in einem

---

[47] Vgl. Renz 2013a, 241; Arnold von Harff kritisiert diese Vorstellung mit Verweis auf die Nilquellen, die er besucht haben will (AvHarff_(G) 148 f.).
[48] Durch die weitgehenden Lehnsverbindungen der Kampfparteien tritt eine Vielzahl der Völker Indiens auf den Plan, vgl. Vögel 1990, 70–90, Ridder 1998, 316–319.
[49] Achnitz 2012, 313 weist auf die Nähe zu Grenzen in Jenseitsräumen hin.

Figurenexkurs ausführlich beschrieben wird (JTit 6139–6278). Die einzelnen Regionen werden durch ihren gemeinsamen Bezug auf ein Herrschaftszentrum (Palast: JTit 6220–6231; 6256–6278) einander zugeordnet. Besonders anschaulich wird diese imperiale Ordnung in der Darstellung eines (schon in der *Epistola* auftretenden) Überwachungsspiegels im herrscherlichen Palast, der „Valsch und al untriuwe" (JTit 6246) im Reich anzeigt (JTit 6237–6247).[50]

3. Die Narration fokussiert ein einzelnes Land, das über Exkurse und entsprechende Topoi in einem kulissenhaft bleibenden Indien verortet wird. Das Land *Crisa* (HvNstAp 10934–10998) etwa liegt in der Nachbarschaft Indiens („Es [= Crisa, F. Q.] stosset vor an India. / Das Cleber mer ist pey im da", HvNstAp 10940 f.) und teilt mit ihm viele Eigenschaften (Goldreichtum [HvNstAp 10938], „greyffen und tracken" [HvNstAp 10949], monströse Völker [HvNstAp 10950–11000]). Das Land Belgalgan im *Wilhelm von Österreich* (WhvÖst 11246–13480) wird etwa durch die Präsenz von Greifen mit Indien assoziiert, auch erhält der Held dort ein Seidengewand, das von einem nahe dem Paradies beheimateten, wundersamen Tier hergestellt wurde (WhvÖst 12593–12660).[51]

4. Während die romanhaften Texte eher einen kontinentalen Ort (Gebirge, Wüsten, Flüsse) suggerieren, erscheinen die indischen Parzellen in einigen spätmittelalterlichen Reiseberichten vornehmlich als Inseln („allin insuln Indie", MarcoPolo 70; „in dem land [Yndia] sind wol sechs tusent gütter ynselen", JMandRV 103,22 f.), wodurch der Ort wie ein Archipel wirkt. Dessen einzelne Stationen, vor allem Handelsstädte, sind über große Distanzen hinweg vernetzt. Die verschiedenen Parzellen, hier nicht durch Barrieren getrennt, werden nur selten räumlich konkret beschrieben – Gegenstand des Interesses sind vielmehr körperliche Eigenschaften und Lebensweisen der Bevölkerung, mirabile Naturerscheinungen, Verfahrensweisen bei der Gewinnung exotischer Ressourcen (wie Pfeffer oder Diamanten) sowie Angaben, die den Handel betreffen. Auch das Reich des Priesters Johannes erhebt sich bei Mandeville als Inselreich, hier aus den Fluten der Paradiesflüsse (JMandRV 154).

2.3 Höhe

Neben Merkmalen, die den Ort extern und intern in der Fläche differenzieren, sind auch solche der Vertikale hervorzuheben, denn bei der Darstellung Indiens erscheinen Erhöhungen nicht nur als Grenzen, sondern formen auch den Ort selbst. Das zeigt etwa die Beschreibung Indiens im *Jüngeren Titurel*, die vor allem deshalb gegen-

---

[50] Zum Topos des Überwachungsspiegels vgl. Ernst 2003, 56–59.
[51] „Daz tier in indyscher sprach / haizzt altizar, daz man nach / tütet tütsch besunder: ‚des höhsten wunder wunder'" (WhvÖst 12657–12660).

über ihrer Vorlage, der *Epistola presbiteri Johannis*, „an Anschaulichkeit gewinnt",[52] weil das Paradies konkret und mithilfe relativer Ortsangaben („oben", JTit 6153; „da neben", JTit 6153; „zer andern siten", JTit 6156) als Berg beschrieben wird, von dem sich zu zwei Seiten Flüsse in das weite indische Land ergießen (JTit 6153), auch wurde ein zweiter Berg hinzugefügt („Olimpius", JTit 6161). Der *Straßburger Alexander* exponiert im Land *Meroves* hohe Berge, die eine riesenhafte Vegetation aufweisen (SAlex_(K) 5795–5832) und der *Lucidarius* beschreibt indische Berge mit Bäumen, „die werdent so hoch, daz sie der lufth obin besenget" (Lucid 21 [I,53]). Auch bei Mandeville sind Höhenrelationen von Bedeutung, scheinen aber disparat: Er begreift die Erde zwar als Kugel („die erd und daz mer sind sinwel", JMandRV 115), gibt aber zugleich an, dass → Jerusalem im Mittel- und zugleich höchsten Punkt der Ökumene liege, den es bei einer vollen Kugelform nicht geben kann.[53] Ausgehend von Jerusalem in Richtung Ost und West gehe es immer bergab: „Priester Johans von Yndia land daz ist in dem nidrosten tail, da die sunn uff gatt. Also ist Engelland in dem nidrosten tail, da die sunn zerast gatt" (JMandRV 115). Gleichwohl befinde sich aber im äußersten Osten das Irdische Paradies und „da ist das erterich hôcher wan es in der welt ienen ist" (JMandRV 165 f.).

Schließlich ist auch das mit Indien verbundene Motiv von Alexanders Greifenflug (BAlex 4281–4313; UvEtzAlex 24681–24766) durch Vertikalität geprägt: Der Blick aus der Höhe zeigt die Erde umgeben von Wasser, die darin „swebt als ein cleiner huot" (UvEtzAlex 24721). Im Anschluss an dieses Motiv erscheinen weitere Darstellungen von Flügen in Indien. Sie bieten eine Möglichkeit, die schwere Erreichbarkeit des Ortes hervorzuheben, denn eine derartige Bewältigung von großen Distanzen und Hindernissen in der Imagination unterstreicht wiederum ihre eigentliche Unüberwindbarkeit. Einige Beispiele: Herzog Ernst und seine Gefolgsleute legen einen Abschnitt ihrer Wegstrecke im Flug zurück – nach ihrem Schiffbruch am Magnetberg gelangen sie in den Fängen von Greifen über das Lebermeer ans Festland (ErnstB_(B) 4165–4334). Im *Jüngeren Titurel* trifft der Protagonist Tschinotulander in der Nähe des Artushofs auf zwei Riesen, deren Schlachtruf „Paradies" (JTit 4749) lautet und die – als Abkömmlinge Alexanders – aus Indien mithilfe eines „Greifenflugzeug[s]" angereist sind:[54] Mehrere Greifen ziehen eine Art Gondel und werden während des Flugs mit Elefanten ernährt (JTit 4801–4823). Im *Wilhelm von Österreich* ist der Ort „Belgalgan" – wie es heißt – „ungevlogen" (WhvÖst 10885) nicht zu erreichen, denn

---

52 Wagner 2000, 566.
53 Vgl. dazu Higgins 1997, 132–139, der in dieser Konzeption den Versuch sieht – „at once conservative and innovative" (133) – ein Sphärenmodell der Erde mit dem heilsgeschichtlichen Weltbild der *mappae mundi* zu vereinbaren, was jedoch Paradoxien mit sich bringt: „The Book's [= *Mandeville's' Travels*, F. Q.] symmetrically spherical earth [...] has a fundamental asymmetry in the form of both a center [= Jerusalem, F. Q.] and a beginning [= das Irdische Paradies, F. Q.], the privileged places of the earth's Christian topography" (139); vgl. dazu auch Neuber 2006, 141.
54 Kugler 1990, 129.

er ist von einem Gebirge umgeben (WhvÖst 11449–11451) und der einzige Pass vom Gegenspieler Merlin versperrt (WhvÖst 11250–11253). Die im Dienst der Königin von Belgalgan stehende „nigromancie" (WhvÖst 10907) Parklise kann das Reich aber auf dem Rücken eines von ihr aufgezogenen und vom Teufel navigierten Greifen verlassen (WhvÖst 10872–10875; 11256–11259).

3 Funktionen

Ausgehend von der Annahme, dass sich in kulturellen Raumkonstruktionen „konkret anschaulich [...] vorherrschende Normen, Werthierarchien, kursierende Kollektivvorstellungen von Zentralität und Marginalität, von Eigenem und Fremdem"[55] niederschlagen und dass diese durch narrative Darstellungen bestätigt und veranschaulicht, aber auch modifiziert und verhandelt werden können, kommt Orten der Fremde ein breites Bedeutungs- und Funktionsspektrum zu. Für den Mirabilienorient (der in den Texten z. B. als „fremdiu lant" [ErnstB_(B) 81; SAlex_(K) 4904] oder „ellende" [ErnstB_(B) 3279; SAlex_(K) 4899] bezeichnet wird) gilt das aufgrund seiner Parzellenstruktur in besonderem Maße. Denn die Vielzahl etwaiger Stationen eines Itinerars durch die indische Fremde ermöglicht es, ganz unterschiedliche Aspekte kultureller Identität und Alterität in der Darstellung zu verhandeln und auch aufeinander zu beziehen.

3.1 Narrative Spiegelungen

Daneben sind dem Mirabilienorient im engeren Sinne die Narration betreffende, strukturbildende Funktionen zuzuordnen; sie ergeben sich durch Relationierungen zu anderen Orten und Erzähleinheiten im Text, z. B. zur Eigenwelt der Protagonisten (wie das Reich im ErnstB_(B) 57–1998; 5826–6022) und zu weiteren Stationen eines Reisewegs (wie zur ‚nahen Heidenwelt' oder etwa im *Wilhelm von Österreich* zu den Feuerbergen des Joraffin [WhvÖst 3520–4469])[56] sowie durch die Art der Verbindung der verschiedenen indischen Parzellen untereinander. Auch Bezugnahmen auf geographische Ordnungen können textuelle Beziehungen markieren: Die Lokalisierung indischer Orte am östlichen Rand der Welt etwa assoziiert sie mit Orten in westlicher Weltrandlage, im *Apollonius von Tyrland* die Länder Crisa und Galacides,[57] bei Man-

---

55 Hallet/Neumann 2009b, 11.
56 Vgl. Dietl 1993, 179, Schneider 2004, 99, Egidi 2004, 101.
57 Vgl. Tomasek 1993, 265.

deville das Priester Johann-Reich und England (JMandRV 115)[58] oder im *Fortunatus* Indien (Fort_(R) 105–110) und Irland.[59] Schließlich werden ‚Textgrenzen' durch Darstellungen von geographischen Hindernissen markiert.[60]

Mit Blick auf den *Straßburger Alexander* und *Herzog Ernst B* etwa geht die Forschung meist von einer strukturellen Zweiteilung der Texte aus,[61] wobei beide Teile „durch eine Reihe signalhafter Äquivalenzrelationen aufeinander bezogen [sind]".[62] Während der erste Teil des *Straßburger Alexanders* von den Eroberungen des „wunderlîche[n] Alexander" (SAlex_(K) 47) handelt, problematisiert der in Indien lokalisierte zweite Teil dann dessen „Weltgier" („giricheit", SAlex_(K) 6683; 7163; 7265; 7285).[63] An den unterschiedlichen Stationen in Indien erfährt Alexander verschiedenartig Grenzen seiner Handlungsmacht,[64] wobei zugleich „[...] Formen des feudal-höfischen Kulturmusters durchgespielt" werden.[65] Auch in Hinsicht auf den *Herzog Ernst B* diskutiert die Forschung den funktionalen Zusammenhang zweier Teile der Erzählung und bestimmt sie etwa so, dass ein phantastisch-fabulös akzentuierter Orient als subsidiärer „Reflexionsraum" fungiert,[66] dessen Durchquerung die Funktion einer „Revision und Reversion" der krisenhaften Ereignisse im ersten Teil der Erzählung (‚Reichsteil') erfülle.[67]

3.2 Historisierung, ‚Globalisierung' und Wissenstransfer

Im Rahmen der Rückbindung des Erzählens an die Realhistoriographie und -geographie, wie sie für die Romane um 1300 geltend gemacht wurde,[68] wird der Ort Indien nicht nur als besonders signifikanter Teil der ‚globalen' Anlage der Erzählwelt funktional, sondern ihm kommt auch eine wissensvermittelnde Funktion zu, da er reichlich Gelegenheit bietet, naturkundliche Wissensbestände anzuführen, in der Darstellung zu veranschaulichen, sie zu erläutern, zu diskutieren, narrativ zu verhandeln,

---

58 Vgl. zur These einer Spiegelfunktion räumlicher Symmetrien bei Mandeville, die von Velser auch beibehalten wurde: Higgins 1997, 137 f., vgl. auch Fn. 53.
59 Vgl. Kästner 1990, 52, Neuber 2006, 143 f.
60 Vgl. Strohschneider/Vögel 1989.
61 Vgl. Sowinski 1970, 416–420.
62 Stock 2002, 143, 226.
63 Stock 2002, 100.
64 Das Kohärenzprinzip dieses Stationenweges ist unterschiedlich bestimmt worden: Schröder 1961/1962 (*vanitas*), Haupt 1991 („Lernprozeß" [292] hin zum Friedensherrscher), Friedrich 1997 („Polylog über verschiedene Bezugsformen von Natur und Kultur" [120]), Stock 2002 („Folge von Versuchen, eine Defizienz der Hauptfigur zu korrigieren" [227]).
65 Friedrich 1997, 124.
66 Stock 2002, 217.
67 Stock 2002, 227.
68 Vgl. Herweg 2010, 243–246.

letztlich sie erfahrbar zu machen. Auch ist Indien durch dieses gelehrte Wissen als ‚realer' Ort hinreichend abgesichert, zugleich aber aufgrund der relativen Vagheit der gelehrten Geographie und der peripheren Lage des Ortes sowie seiner mirabilen Signatur auch offen und attraktiv für Imaginationen. Indien weist damit eine spezifische epistemische Disposition auf und erscheint strukturell im „Zwielicht von Fiktion und Wirklichkeit".[69] Der selbstleuchtende Edelstein (der ‚Waise') etwa, den Herzog Ernst auf einer unterirdischen Floßfahrt im fernen Osten von einer Höhlendecke pflückt, kann nach Ausweis des Erzählers auf der tatsächlichen Reichskrone begutachtet werden; auch belege eine lateinische Quelle die Wahrheit der Erzählung (ErnstB_(B) 4456–4476). Ob solche gehäuften Wahrheitsbeteuerungen und Quellenberufungen als Fiktionssignale gelesen werden können[70] oder tatsächlich der Geltungsbehauptung und Historisierung dienen, ist – auch aufgrund fehlender Rezeptionszeugnisse – kaum zu entscheiden.[71]

Eine ‚Globalisierung' der Diegese erscheint bereits im *Parzival*, in dem der Handlungsraum „durch eine Fülle realer Orts- und Ländernamen so strukturiert [ist], daß er die ganze Welt umfasst".[72] Auch wird angelegentlich der Erläuterung der monströsen Gestalt indischer Figuren[73] Wissen ausgebreitet (Parz_(L) 517,11–519,9). Im *Jüngeren Titurel* dann wird diese nicht durch Raumkoordinaten ausgestaltete, „nicht-kartographische Räumlichkeit"[74] des *Parzival* an Geographie und Heilsgeschichte rückgebunden und auch topologisch konkreter dargestellt.[75] Im *Reinfrit von Braunschweig* versammelt die Figur des Herrn von Ejulat (ein aus Indien stammender Reisender, der am Magnetberg Schiffbruch erleidet) in seinem Reisebericht Wissensbestände über die Randregionen der Erde,[76] die durch die Erzählung eines Augenzeugen beglaubigt werden (Reinfr 21828–21965).[77] Auch diskutiert der Text die ‚Wahrheit der Wunder' explizit, wenn verschiedene, miteinander konkurrierende Erzählungen zur Genese der monströsen Völker angeführt werden (Reinfr 19648–19932).[78]

---

69 Zimmermann 2009.
70 Vgl. Neudeck 2003, 173 f., Ridder 1998, 314.
71 Vgl. Glauch 2014, 405 f.
72 Bumke 2004, 201; vgl. auch Kugler 1990, 120.
73 Cundrie und Malcreature stammen aus „Tribalibot", das am Ganges lokalisiert (Parz_(L) 517,28) und mit Indien identifiziert (Parz_(L) 823,18) wird.
74 Kugler 1990, 127.
75 Vgl. Kugler 1990, 128–131; vgl. zu „geographischen Strukturen" auch Herweg 2010, 246–250.
76 Vgl. Röcke 1996b, 289–291.
77 Auch im *Jüngeren Titurel* wird einer Figur, Feirefiz, gelehrtes Wissen über Indien in den Mund gelegt (JTit 6139).
78 Vgl. Röcke 1996b, 291–297, Vögel 1990, 90; zum Verhältnis zu enzyklopädischen Ordnungen vgl. Herweg 2012, 78, Fn. 13.

3.3 Ästhetische Erfahrung und Neugier

Indien ist ein Ort der *liste*. An vielen indischen Stationen begegnen Objekte und Gebäude, die aufgrund ihrer ästhetisch-technisch kunstvollen Verfasstheit[79] die Neugier und Erfahrungs-*lust* (ErnstB_(B) 2485; 2704) von Figuren wecken[80] und ihr Staunen erregen.[81] Teilweise münden solche Inszenierungen ästhetischer Erfahrungen in narrative Reflexionen von Kunst.[82] Diese Wirkung orientalischer *mirabilia* auf Figuren wird häufig im Sinne von *curiositas*-Kritik als „Krise"[83] oder „Irrweg"[84] interpretiert – die Forschung ist sich in dieser Frage allerdings nicht einig.[85] Indien fungiert in dieser Perspektive als Ort der Verlockung und Irritation, dem die *„erfarung* zum Selbstzweck und zur Selbstsucht" werden kann.[86] So wecken einzelne Stationen das sinnliche und zum Teil dezidiert erotische Begehren der männlichen Protagonisten (Blumenmädchen im SAlex_(K) 5157–5358; Sirene im Reinfr 22010–22649). Die Durchquerung des Mirabilienorients zieht die Helden zunehmend in seinen Bann und lässt sie ihre eigentlichen Ziele aus den Augen verlieren – die Reise wird zum „Weg des Vergessens".[87] Allerdings markieren die Texte solche Sinnangebote nicht eindeutig.[88]

Die *wunder* Indiens können auch als nobilitierendes *decorum* dienen. Der *Wilhelm von Österreich* etwa begründet ihr Erscheinen damit, dass die Erzählung auf diese Weise ‚vornehm' (*besunder*) gemacht werde: „die aventur trûten / man mûz durch vremdiu wunder, / der aventûr besunder / vremdiu wunder machen", (WhvÖst 12634–12637; auch WhvÖst 3596 f.).

3.4 Idealität und Utopie

Indien kann weiterhin die Funktion zukommen, Idealvorstellungen konkret anschaulich und erfahrbar zu machen, wodurch sie in einem utopischen Sinne funktional werden. Der → Wald der Blumenmädchen im *Straßburger Alexander* wurde als „erotische literarische Utopie" beschrieben:[89] Alexander und seine Männer vergessen in

---

[79] Zur Verbindung von Technik und Kunst vgl. Eming 2015a.
[80] Vgl. Eming 2010, 118.
[81] Vgl. Schnyder 2013.
[82] Vgl. Laude 2009, Eming 2015a, 68.
[83] Ohlenrot 1991, 82.
[84] Achnitz 2002, 190.
[85] Vgl. Herweg 2010, 272 f., Fn. 948.
[86] Herweg 2010, 272.
[87] Schneider 2004, 222 f.
[88] Vgl. Röcke 1996b, 288.
[89] Tomasek 2001a, 45.

diesem „irdischen Paradies von zauberhafter Schönheit",[90] das eine „Atmosphäre höfischer Festlichkeit" evoziert,[91] vorhergehendes Leid und Todesfurcht, werden durch das Verblühen und Sterben der Mädchen aber jäh ernüchtert (SAlex_(K) 5157–5378). In Darstellungen Indiens erscheint eine Vielzahl solcher künstlicher, ‚anderer' Paradiese, die große Faszination auf die Figuren ausüben, letztlich aber immer verlassen werden.[92] Mit Blick auf Rudolfs von Ems *Barlaam und Josaphat* ist die Funktion des Schauplatzes Indien darin gesehen worden, durch „orientalisches Kolorit" der vom Text intendierten christlichen Lehre mehr „Anziehungskraft" für ein Adelspublikum zu verleihen,[93] auch begünstigt er die narrative Verbindung „asketische[r] Ideale und höfische[r] Repräsentation".[94] Auffällig ist hier im Vergleich mit anderen Indien-Darstellungen allerdings, dass die monströsen Völker gerade nicht erscheinen.[95] Auch der *Jüngere Titurel* erwähnt die „kunder" (JTit 6113) nur nebenbei und lässt sie ebenso in seiner Adaption des Presbyterbriefes außen vor.[96] Es wird erkennbar, dass abhängig von der Funktion bestimmte Aspekte des Ortes hervorgehoben, andere marginalisiert werden. Während sich etwa im *Straßburger Alexander* oder *Reinfrit von Braunschweig* ein besonderes Interesse an der Darstellung monströser *mirabilia* und damit verbunden von Neugier bekundet, scheinen Texte, die Indien als Idealreich stilisieren, diese Elemente des Ortes an den Rand zu drängen (*Jüngerer Titurel*) oder ganz zu verschweigen (Rudolfs von Ems *Barlaam und Josaphat*).

Im *Jüngeren Titurel* wird mit dem christlich-utopischen Heilsreich des Priesters Johannes ein Gegenbild zur politischen und sakralen Situation in ‚Deutschland' entworfen,[97] wobei „die innere Struktur Indiens eine Idealform des Lehnswesens darstellt, dem eine starke Zentralgewalt in Form eines papstähnlichen Herrschers als Sinnbild des wahren aus dem Priesteramt strömenden monarchischen Herrschertums vorsteht".[98] Andere Texte formulieren Kritik an eigenen Verhältnissen, indem sie an einzelnen Stationen die Idealität des Ortes mit der Lebensweise und Tugendhaftigkeit seiner Bewohner in Zusammenhang bringen. Bei den Brahmanen Hartliebs etwa ist das Fehlen von Recht, Handel und Medizin kein Ausweis niederer Kultur, sondern einer auf „guett gewonhaitt" (JohHartA 243) beruhenden, idealen Daseinsform, die auch die Natur in einem unbeschädigten, paradiesähnlichen Zustand bewahrt (JohHartA 238–265),[99] und bei Mandeville erscheint ein ‚nudistisches' Volk, das

---

[90] Haupt 1993, 17.
[91] Friedrich 1997, 130.
[92] Vgl. Renz 2013b, Schnyder 2010.
[93] Wehrli 1980, 486.
[94] Traulsen 2015, 45.
[95] Vgl. Classen 2000, 225.
[96] Vgl. Zimmermann 2009, 555; vgl. zu weiteren Auslassungen und Hinzufügungen: 555–566.
[97] Vgl. Zatloukal 1974, 431 f.
[98] Goller/Link 2008, 68.
[99] Vgl. Röcke 1996a, Quenstedt 2018.

Menschen, die Kleidung tragen, verspottet „wann unser herre geschůff Adam und Eva nackent" (JMandRV 113).[100]

3.5 Alterität, Identität und Dritter Raum

Konkrete Ko-Relationierungen Indiens zur Eigenwelt stiftet die in verschiedenen Texten gestellte Frage, warum eigentlich Personen indischer Herkunft in Europa nicht anzutreffen sind (JMandRV 104; Fort_(R) 107).[101] Mandeville beantwortet sie mithilfe eines astrologisch-klimatischen Erklärungsmusters, demzufolge indische Menschen nicht reisen würden, da sie in ihrem „climat" unter dem Einfluss Saturns stünden und darum „tråg" seien. Demgegenüber seien ‚wir' „widerwertig wider dem selben volck" (ein kollektives ‚Wir', dem sich Mandeville und auch sein Übersetzer Velser zuzählen, das in seiner geographisch-kulturellen Zuordnung aber nicht bestimmt wird). Denn ‚wir' befänden uns in einer Region, deren planetarische Konstellation bewirkt, dass das darin lebende Volk „verre wandlet und fremde land sůcht, als wit die welt ist" (JMandRV 104). Die konstatierte Bewegungslosigkeit und Passivität indischer Menschen wird so zur Negativfolie, vor der das Eigene, das sich durch Dynamik und Aktivität auszeichnet, erst Gestalt gewinnt – analoge Denkmuster kennzeichnen auch den späteren Orientalismus.[102] Ganz im Gegenteil können auf die Frage nach den fernbleibenden Bewohnern Indiens aber auch Antworten gegeben werden, die das Eigene nicht kontrastiv bestätigen, sondern gerade relativieren. Im *Fortunatus* erklärt der Erzähler, indem er hypothetisch eine indische Perspektive übernimmt,[103] dass indische Menschen deshalb nicht nach Europa führen, weil sie dort den Tod fürchten müssten, da die Menschen „unärtig" und das Land kalt und unfruchtbar sei – und weil sie sich lächerlich machen würden, aus „guten landen in böse zu ziehen" (Fort_(R) 107).[104] Relativierungen des Eigenen begegnen auch schon früher, wenngleich hier im Rahmen von Inszenierungen des Wunderbaren,[105] etwa im *Herzog Ernst D*, wenn die einäugigen Arimaspen über die andersartigen Europäer staunen (ErnstB_(B) 3724–3734).[106]

---

[100] Vgl. Neuber 2006, 142.
[101] Vgl. Prager 2014, 97–101.
[102] Vgl. Said 1978. Zur Kritik an Said aus mediävistischer Perspektive und einem spezifischen ‚Orientalismus' des Mittelalters vgl. Akbari 2009, 1–66, 280–288, Volfing 2010a, Plotke 2011, Khanmohamadi 2014, Phillips 2014.
[103] Vgl. Prager 2014, 97.
[104] Vgl. Neuber 2006, 144.
[105] Vgl. Daston/Park 1998, 34.
[106] Vgl. Vögel 1990, 85.

Indien kann mit Bezug auf verschiedene Aspekte als ‚dritter Raum'[107] aufgefasst werden: Wie deutlich wurde, weist Indien im Rahmen der Verhandlung kultureller Identität und Alterität heterogene, teilweise widersprüchliche Funktionalisierungspotenziale auf, die sich auch innerhalb eines Textes mischen können; er entzieht sich damit weitgehend eindeutigen dichotomen Zuordnungen und kann ‚produktive Desorientierung' bewirken.[108] Die Vielzahl von Grenzen (bzw. Grenzzonen), von deren Passage die Texte erzählen, macht Indien zum Ort des Liminalen.[109] Auch liegt Indien aus der Eigenwelt-Perspektive der Texte *hinter* dem Orient der ‚nahen Heidenwelt',[110] der insbesondere durch die Dramatisierung religiöser Gegensätze geprägt ist, während im ‚ferneren' Osten diese Gegensätze ausgeblendet (*Herzog Ernst B*), nicht als Problem thematisiert (*Reinfrit von Braunschweig*) oder in Widersprüche geführt (*Wilhelm von Österreich*) werden. Darüber hinaus mischen sich in Darstellungen des Mirabilienorients literarische und epistemische Traditionen unterschiedlicher epochaler und kultureller Provenienz, was Transfers im Sinne kultureller Übersetzungen erfordert, Hybridisierungen, die Ambivalenzen produzieren. Folgt man Homi K. Bhabha darin, dass solche dynamischen Bereiche des ‚Dazwischen', der Übersetzung und Hybridität mit besonderer kultureller Innovativität einhergehen, so kommt die literarische Ferne Indiens in den Blick als ein Ort *par excellence*, an dem „das Neue in die Welt kommt".[111]

> Anno, AvHarff_(G), BAlex, BdN, BriefPJ_(Z), ErnstB_(B), Fort_(R), HerHist, HvNstAp, IsidEtym_(L), JMandRV, JohHartA, JTit, Kchr_(S), Lucid, MarcoPolo, Merfart, NibAB_(BBW), Parz_(L), Reinfr, RvEAlex, RvEWchr, SAlex_(K), Tr_(R), UvEtzAlex, WhvÖst, Wig

> → Babylon, Jerusalem; → Ferne-Utopien; → Fluss, Quelle, Brunnen; → Gebirge, Berg, Tal; → Grenze; → Hafen, Schiff; → Himmel, Hölle; → Irdisches Paradies; → Land; → Magnetberg, Magnetstein; → Meer, Ufer; → Ränder der Erde; → Stadt, Markt, Platz; → Weg, Straße, Pfad; → Wüste, Wildnis, Einöde

---

107 Vgl. Bhabha 2000, 325. Zur Begriffsverwendung bei Homi K. Bhabha und seiner Rezeption: Struve 2011, 121–128, 171–173; in der germanistischen Mediävistik wurde der Begriff bei Lazda-Cazers 2004, 87 f. und Herweg 2010, 263 auf den fernen Orient bezogen.
108 Schausten 2006, 110–115.
109 Lazda-Cazers 2004 macht die Liminalität und (kulturelle) Hybriditiät des Ortes zur Grundlage ihrer Analyse des *Herzog Ernst B*.
110 Vgl. Herweg 2010, 262, Herweg 2011.
111 Bhabha 2000, 317–352.

Horst Brunner
Insel

1 Begriffsbestimmung – 1.1 Gebrauch in der Literatur – 1.2 Inseln in der deutschen Literatur des Mittelalters (Übersicht) – 2 Merkmale der Darstellung – 3 Narrative Funktionen – 3.1 Inseln in der geographischen Literatur – 3.2 Inseln in der Legendenliteratur – 3.3 Inseln in höfischen Romanen – 3.4 Inseln in der Heldenepik – 3.5 Resümee zu den narrativen Funktionen

1 Begriffsbestimmung

Die deutsche Sprache des Mittelalters verfügt über mehrere Bezeichnungen für von Wasser – dem → Meer, einem → See, einem → Fluss – umgebenes Land.[1] Die ursprüngliche Bezeichnung war ahd. *auwia*, *ouwa* (f.) ‚Land am Wasser', ‚nasse Wiese', mhd. *ouwe* (f.), nhd. *Aue* (germ. *áhwō, idg. *əkwa ‚Wasser'), entsprechend anord. *ey*, schwed. *ö* ‚Insel', mnd. *ō(ge)*, *ōch*, *ou(we)*, vgl. Langeoog, Norderney, Reichenau, Mainau (→ Aue). Eine Verdeutlichung ist mhd. *einlant*, *eilant* (n.), das früh ungebräuchlich wurde, doch im 16. Jh. aus dem Niederdeutschen erneut aufgenommen wurde. Da *ouwe* in der Bedeutung ‚Insel' früh außer Gebrauch kam, wurde auf lat. *insula* zurückgegriffen, das zunächst auf romanischer Grundlage (ital. *isola*) als ahd. *īsila* (zuerst im frühen 11. Jh. in Notkers Psalmen 96,1), frühmhd. *īsela* entlehnt wurde, dann in Anlehnung an die lat. Form als mhd. *insele*, *insule* (f.) begegnet. Das im 12./13. Jh. am häufigsten gebrauchte Wort für Insel ist ahd. *werid*, mhd. *wert*, *werder* (m.), das, heute ausgestorben, sich in Ortsnamen wie Wörth, Donauwörth erhalten hat. Manchmal erscheint auch mhd. *stein* (m.), das nicht nur eine kleine Felseninsel bezeichnet (→ Berg), sondern – mindestens in der *Kudrun* (M. 13. Jh.) – durchaus auch für eine größere Insel gebraucht wird. Selten – in den hier besprochenen Texten gar nicht – belegt ist schließlich mhd. *schüt*, *schütte* (f.) ‚(aufgeschüttete) kleine Flussinsel', das heute noch in der zwischen zwei Pegnitzarmen liegenden Insel Schütt in Nürnberg vorkommt.

---

[1] Vgl. Koller et al. 1990, 225; siehe auch den Eintrag ‚Insel' in Kluge/Seebold 2011, 446 und vgl. die einschlägigen Artikel im DWB.

1.1 Gebrauch in der Literatur

Inseln werden als literarische Orte erzählender Texte seit Homers *Odyssee* und bis zur Gegenwart verwendet.[2] Sie begegnen – dies ist der Fall in allen einschlägigen mittelalterlichen Dichtungen – als Schauplätze einzelner Episoden, können aber auch überwiegender oder ausschließlicher Handlungsort eines erzählenden Textes sein. Für die europäische Literatur gilt dies freilich erst in der Neuzeit: Für zahlreiche Vertreter der durch die *Utopia* (1516) des Thomas Morus begründeten Gattung der Staats- oder Sozialutopien; für die nach Daniel Defoes Roman *Robinson Crusoe* (1719) benannten Robinsonaden (Leben eines einzelnen oder mehrerer Menschen auf einer als Exil eingeschätzten Insel); für Texte, in denen Menschen auf einer positiv empfundenen und dargestellten Insel Zuflucht vor den Widrigkeiten des gesellschaftlichen Lebens *draußen* finden, vgl. etwa Johann Gottfried Schnabels *Insel Felsenburg* (1731–1745) oder – um Beispiele aus der Gegenwartsliteratur zu nennen – *Pfaueninsel* (2014) von Thomas Hettche oder *Kruso* (2014) von Lutz Seiler (‚fluchtutopische Insel').

Literarische Inseln – ob es sich um Orte mit paradiesischer Natur oder nur um nackte Felsen im Meer oder in einem See handelt – sind stets sinnerfüllte Räume, sie haben eine Bedeutung. Diese kann innerhalb der Geschehnisse von Erzählungen freilich völlig unterschiedlich sein. Inseln stehen als begrenzte, durch das umgebende Wasser abgeschlossene, überschaubare, exklusive Orte in ausgeprägtem Gegensatz zum ausgedehnten Festland und dessen gewöhnlicher (positiv oder negativ gesehener) ‚Normalität'. Man gelangt nicht ohne Weiteres auf sie und kann sie meist auch nicht ohne Weiteres wieder verlassen. Landet man an, können sie sich als menschenleer oder doch nur von wenigen Menschen bewohnt erweisen – ganz im Gegensatz zur Fülle des Lebens ‚draußen'. Sie können unangenehme Exilorte, ja Schreckensorte, geradezu eine → Hölle sein, ausgestattet lediglich mit dürftigsten Lebensgrundlagen. Oft bieten sie aber auch ein mehr oder weniger angenehmes, zeit- und geschichtsenthobenes Asyl, stellen sie sich als Paradies mit üppiger Natur dar. Immer wieder sind sie Orte der Bewährung, der Prüfung, der Strafe, der Todesdrohung, überhaupt eines exzeptionellen Daseins. Sie können auch Wendepunkte, Durchgangsstationen auf einem Lebensweg markieren.

1.2 Inseln in der deutschen Literatur des Mittelalters (Übersicht)

In der geographischen Literatur des Mittelalters werden zahlreiche Inseln genannt; beispielhaft steht hier die älteste deutsche Erdbeschreibung im *Lucidarius* (letztes D. 12. Jh.). In der erzählenden Literatur finden sich Inseln als Schauplätze in der Crescentia-Legende der *Kaiserchronik* (M. 12. Jh.); weitere legendarische Texte mit Insel-

---

[2] Vgl. Brunner 1967, Reichert 2008, Billig 2010, Wilkens et al. 2011.

schauplätzen sind die *Königstochter von Frankreich* (1401) des Hans von Bühel, die *Brandanslegende* (älteste erhaltene deutsche Fassung um 1300), Hartmanns von Aue *Gregorius* (1180–1205), eine Episode in der Legende der Maria Magdalena im *Passional* (um 1280/1300). In höfischen Romanen begegnen Inseln in Hartmanns von Aue *Erec* (um 1180) und *Iwein* (1180–1205), im *Lanzelet* (um 1200) Ulrichs von Zatzikhoven, im anonym überlieferten Artusroman *Wigamur* (um 1250), im nur fragmentarisch erhaltenen Artusroman *Segremors* (nach 1220), im *Tristan* (um 1210) Gottfrieds von Straßburg, in Konrad Flecks *Flore und Blanscheflur* (um 1220), in Konrads von Würzburg Romanen *Engelhart* (vor 1260), *Partonopier und Meliur* (1277?) sowie *Trojanerkrieg* (1287 abgebrochen), im *Reinfrit von Braunschweig* (nach 1291), im *Apollonius von Tyrland* (um 1300) Heinrichs von Neustadt. Heldenepische Texte mit Inselschauplätzen sind das *Nibelungenlied* (um 1200) und die *Kudrun* (M. 13. Jh.).

2 Merkmale der Darstellung

Die Darstellung von Inseln in der mittelalterlichen Literatur erscheint vielfach lediglich skizzenhaft, beschränkt sich oft auf die nötigsten Angaben, der Inselcharakter bleibt bisweilen unklar. Einen „Raum-Reiz"[3] spüren zu lassen, war von den Autoren vielfach nicht intendiert. Ausnahmen stellen die Inseln im *Brandan* (*Reise*-Fassung), in Konrads von Würzburg *Engelhart* und *Partonopier und Meliur* dar. Im Einzelnen dazu siehe unten.

3 Narrative Funktionen

3.1 Inseln in der geographischen Literatur

Die älteste umfangreiche, in deutscher Sprache abgefasste Erdbeschreibung findet sich im 1. Buch des *Lucidarius*, der hier stellvertretend für alle jüngeren Beschreibungen dieser Art steht.[4] Die bewohnte Erde zerfällt in die drei Teile Asien, Europa und Afrika. Im Osten, nahe bei → Indien, liegt das Paradies (→ Irdisches Paradies). Dorthin kann man nicht kommen. Hohe → Gebirge, große → Wälder, Nebel, eine bis zum Himmel reichende feurige → Mauer und eine große → Wüste voller Untiere versperren den Weg. Von Inseln (hier *insula, -e*) im Meer wird Wundersames berichtet (Lucid I,61). In dem auf Sizilien liegenden Ätna werden die Seelen gepeinigt, dort finden sich auch die Wirbel Skylla und Charybdis. Auf einer benachbarten Insel hausen die

---

[3] Gruenter 1962, 253.
[4] Die ausführlichste Darstellung der Geographie in der mittelalterlichen deutschen Erzählliteratur bietet Augustin 2014. Zum *Lucidarius* unentbehrlich ist Hamm 2002.

Schmiede, die Zyklopen genannt werden; sie stehen mitten im Feuer und schmieden die Donnerkeile; hier wohnt auch der Höllenpförtner Vulcanus. In der benachbarten Insel Sardinien wächst unter anderem ein Kraut, das bewirkt, dass man sich nach seinem Genuss totlacht, dort findet sich auch ein Gesundbrunnen – wenn allerdings ein Dieb daraus trinkt, dann erblindet er. Unweit der Balearen lag eine Insel – gemeint ist das sagenhafte Atlantis –, die mit allen Menschen darauf versunken ist. Dort befindet sich jetzt das Lebermeer (→ Magnetberg). Im Wendelmeer, das die bewohnte Erde umgibt, liegt die Insel Perdita, die ebenso schön, ebenso grün und ebenso süß ist wie das Paradies. Dorthin kamen einst durch Zufall heilige Leute, deren Gewänder den Geruch danach fünfzehn Jahre lang behielten. Seitdem konnte kein Mensch jemals wieder dorthin gelangen, ausgenommen der von Gott gesandte heilige Brendanus.

3.2 Inseln in der legendarischen Literatur

In der deutschen Erzählliteratur begegnet eine Insel als Schauplatz erstmals in der Crescentia-Legende der *Kaiserchronik*. Die römische Kaiserin Crescentia wird von ihrem Gemahl, dem hässlichen Dietrich, wegen angeblicher ehelicher Untreue verstoßen, sie soll im Tiber ertränkt werden. Ein Fischer rettet sie. Sie kommt an einen Herzogshof und gelangt zu neuem Ansehen. Vom Hofmeister, der vergeblich versucht, sie zu verführen, wird sie eines Mordes beschuldigt, den er selbst begangen hat. Sie wird schrecklich misshandelt und in den Burggraben geworfen. Nach zwei Tagen im Wasser strandet sie am dritten Tag auf einer Insel: „in einem werde sie gelach" (Kchr_(S) 12367). St. Peter kommt in Gestalt eines alten Mannes über den Fluss zu ihr, er geleitet sie trockenen Fußes über das Wasser. Nun wendet sich ihr Schicksal. Der Verbrecher am Herzogshof wird bestraft, schließlich wird sie mit ihrem Gemahl wieder vereint. Nach ihrem Tod wird sie Heilige. Die nur benannte, weiter nicht beschriebene Flussinsel erscheint als Wendepunkt in der Erzählung von der unschuldig verfolgten Frau.

Eine ganz andere Rolle spielt der Aufenthalt in der Wildnis, vielleicht auf einer Insel, in einer jüngeren Fassung dieses Stoffes, der *Königstochter von Frankreich* des am erzbischöflichen Hof zu Köln tätigen Hans von Bühel. Aufgrund einer Intrige soll die Königin getötet werden, der treue Marschall ermöglicht ihr die Flucht. Sie flieht aufs Meer und treibt nach zehn Tagen mit ihrem Söhnlein an einem unfruchtbaren, unbewohnten Landstrich an (HvBKön 4269–4332). Dieser wird als „gebyrg grüsselich wilde" (HvBKön 4287) bezeichnet, ob es sich wirklich um eine Insel handelt, bleibt offen (vgl. dazu Abschn. 3.3 zum *Apollonius* Heinrichs von Neustadt). Die Königin bittet Gott, sie und ihr Kind zu bewahren, „Daz vns kein gryff noch wurm verschlind, / Wan der walt war ir so vol" (HvBKön 4294 f.). Sechs Jahre verbringen beide in Krankheit und Not an dem Schreckensort. Sie nähren sich kümmerlich von „wurtzeln, loub vnd krut" (HvBKön 4307) und von geretteten Vorräten. Als sie glauben, verhungern zu müssen, wagen sie sich endlich wieder aufs Meer hinaus und gelangen nach sechsmonatiger Irrfahrt schließlich nach Rom. Erst hier wendet sich ihr Schicksal zum Guten. Der Aufenthalt auf der Insel, eine frühe Robinsonade, stellt die härteste Prüfung des Gottvertrauens der Königin dar.

Die Robinsonade eines Einsiedlers auf einem ‚wilden Stein' im Meer oder in einem See bedeutet in erster Linie Strafe und Buße für Inzest. St. Brandan (Brendan) trifft auf seiner Schiffsreise zum Irdischen Paradies auf einen solchen Eremiten. Auf einem „wizen stein" (BrandanReis 362) im Meer sieht er einen Menschen, „ruch als ein ber der was" (BrandanReis 361). Der „clusenere" (BrandanReis 363) sitzt hier in völliger Einsamkeit seit zehn Jahren, mit nichts als seinem Haar bekleidet, ernährt von „himelbrot" (BrandanReis 372), d. h. Manna.[5] In seinem früheren Leben war er König von Pamphilien und Kappadokien, im Inzest mit seiner Schwester zeugte er zwei Kinder. Eines der Kinder erschlug er, das andere und die Frau nahm ihm ein Unwetter. Auf der Reise zum Papst, bei dem er hoffte, Vergebung zu finden, verschlug es ihn auf den Stein. Vor schlechtem Wetter kann er sich dort in einer kleinen → Höhle verbergen. Seine Gebeine sollen „uf disem durren steine" (BrandanReis 422) den Jüngsten Tag erwarten.

In komplexerer Form findet sich das Motiv im *Gregorius* Hartmanns von Aue. Auch hier ist der „wilde stein" (Greg 3087) in einem See, auf dem Gregorius sich festketten lässt, bitterster Straf- und Bußort – doch wird er nach siebzehn qualvollen Jahren zum Wendepunkt seines Lebensweges. Gregorius trägt zunächst nichts auf dem Leib als ein Leinenhemd, später ist er nackt, bedeckt von verfilztem Haar, er nährt sich von ein wenig Wasser aus einer spärlichen → Quelle. Als er gefunden wird, ist er hässlich und abgemagert „unz an daz gebeine" (Greg 3445). Er nimmt das Lebendigbegrabensein als Buße für den Inzest, in dem er gezeugt wurde, und für den eigenen Inzest mit der Mutter auf sich, um Gottes Gnade erneut zu erlangen. Gregorius verlässt den Schreckensort schließlich als Papst.

In durchaus vergleichbarer Funktion erscheint ein nackter Fels im Meer in einer robinsonadenhaften Episode der Legende der Maria Magdalena im *Passional* (PassI/II_(H) 378–384). Die Episode soll beweisen, dass durch Gottes Gnade und das Wirken der Heiligen auch unvorstellbare Wunder möglich sind. Maria Magdalena verschlägt es nach Christi Passion nach Marsilie. Auf ihr Gebet hin wird die Gemahlin des dortigen Fürsten schwanger. Daraufhin will der Fürst ins Heilige Land reisen, um die „warheit" (PassI/II_(H) 378,57) über Christus zu sehen. Die Frau setzt ihren Willen durch, ihn zu begleiten. Maria Magdalena gibt beiden ihren Segen und macht über ihnen ein „heilich cruce" (PassI/II_(H) 379,6). Das → Schiff gerät in einen Sturm, die Frau kommt mit einem Sohn nieder, liegt aber tot da. Als der Sturm noch zunimmt, wollen die Schiffsleute, dass der Leichnam über Bord geworfen wird. Der Fürst weigert sich. Er sieht „ein inselin, ein landelin [= ein kleines Land, H. B.]" (PassI/II_(H) 379,86). Der „vlinz" (PassI/II_(H) 380,20), ‚Fels', ist freilich so hart, dass es

---

5 „Manna haiszt ze däutsch himelprot und vellt auch oben her ab von den lüften" (BdN 90).

unmöglich ist, ein Grab auszuschachten. Er legt das schreiende Kind an die Mutterbrust, breitet den Mantel über beide und hofft auf Gottes Hilfe. Als der Fürst zwei Jahre später, nach seiner Pilgerreise, wieder zur Insel kommt, findet er am → Ufer ein Kind, das Steinchen ins Wasser wirft. Es flieht zu seiner Mutter, versteckt sich unter dem Mantel und wird gesäugt. Der Fürst dankt Maria Magdalena, die Frau wird wieder lebendig. Auch hier ist die Felsinsel eine Durchgangsstation wie im *Gregorius*.

In der im 9. Jh. entstandenen Legende von der Schiffsreise des irischen Abtes Brandan zu fernen und jenseitigen Orten finden sich neben der oben erwähnten Insel mit dem büßenden Einsiedler weitere Inseln. Erwähnt seien aus der wohl um 1150 in deutscher Sprache verfassten, erst in Textzeugen des 14. Jh.s erhaltenen sog. *Reise*-Fassung zwei Eilande, die in Größe, Pracht und Bedeutung Gegenbeispiele zu den bisher besprochenen Inseln darstellen – Paradiesinseln, Weltwunder, Zeugen der Wundertaten Gottes. Zunächst die Insel mit dem prachtvoll ausgestatteten menschenleeren Haus (BrandanReis 456–498).[6] Die „insele" (BrandanReis 457) liegt in völliger Dunkelheit. Der Untergrund ist golden, statt Sand finden sich leuchtende Edelsteine. Nach fünfzehn Tagen im Dunkeln fahren die Reisenden auf einem Fluss zu einem wunderschönen goldenen → Saal. Die Säulen sind aus Karfunkel, aus einem → Brunnen vor dem Saal fließen Milch, Wein, Öl, Honig, die die Pflanzen gedeihen lassen. Im Saal stehen fünfhundert Sessel. Das Dach ist aus Pfauenfedern. Später gelangen sie zur „multum bona terra" (BrandanReis 1129), die als irdisches Paradies dargestellt wird (BrandanReis 1113–1417) – hier ist in der mitteldeutschen *Reise*-Fassung zwar nicht ausdrücklich von einer Insel, sondern von einem „lant" (BrandanReis 114) die Rede, doch handelt es sich bei der in der lateinischen Fassung der Legende diesem Land entsprechenden „Terra Repromissionis Sanctorum" explizit um eine Insel;[7] es ist dieselbe Gegend, die im *Lucidarius* als Insel Perdita bezeichnet wird.[8] Hier wachsen Weizen und Wein von selbst, es gibt allen Überfluss an süßem Wasser, Fischen, Vögeln – ausschließlich zahme Tiere, auch Kamele und Elefanten. Am Meeresufer liegt eine strahlende → Burg „munda Syon" (BrandanReis 1152), die bis zum Himmel aufragt. Lindwürmer und Drachen behüten die Pforte. Nachdem Brandan sie gebannt hat, können die Reisenden die Burg betreten. Die Mauern sind aus hell leuchtendem Kristall, sie sind mit jagdbarem Wild, Fischen und Vögeln und mit Abbildungen von Jägern, Geistlichen und Damen aus Kupfer und Erz verziert. Das Innere der Burg strotzt vor Reichtum, der Anger ist herrlich und grün, es ist dort edle Speise zu sehen. Der Palas besteht aus Gold und Edelsteinen. Erst als die Reisenden wieder auf ihrem Schiff sind, kommen die Bewohner des Landes von einem Kriegszug zurück – sie haben Schweineköpfe, Bärenhände, Hundefüße, Kranichhälse, doch eine menschliche Brust, und sie sind in Seide gekleidet. Sie sind wütend, weil

---

6 Bei der Bezeichnung der Inseln folge ich Haug 1970, 269.
7 Vgl. Brunner 1967, 37.
8 Der Zusammenhang mit der Grippia-Episode des *Herzog Ernst* ist unübersehbar.

ihnen die Fremden entkommen sind und bedrohen sie mit ihren Hornbögen. Brandan spricht mit ihnen: Es handelt sich um die neutralen Engel, d. h. Engel, die bei Luzifers Erhebung gegen Gott nicht Partei ergriffen hatten.[9]

3.3 Inseln in höfischen Romanen

Als bloße geographische Angabe begegnet eine Insel in Hartmanns von Aue *Iwein*. In einem seiner Befreiungsabenteuer gelingt es Iwein, durch den siegreichen Kampf mit zwei Riesen 300 edle Frauen zu erlösen, die unter elenden Bedingungen in einem Arbeitshaus auf einer Burg kaserniert sind und dort Textilarbeiten verrichten müssen (Iw_(BLW) 6187–6233). Sie stammen alle aus dem weit entfernten „Juncvrouwen wert" (Iw_(BLW) 6326; in Chrétiens de Troyes *Yvain*: „l'Isle as Puceles", CdTYv_(NH) 6257). Vor längerer Zeit hatte sich ihr Landesherr den Riesen ergeben müssen, seither war er gezwungen, alljährlich 30 Jungfrauen zu schicken (Iw_(BLW) 6366–6368). Eine nähere Erklärung zur Jungfraueninsel wird nicht gegeben. Stofflicher Hintergrund ist die keltische Mythologie, in der Inseln eine bedeutende Rolle spielen.[10]

Durch ihre Bewohnerinnen nahe steht der Insel im *Iwein* diejenige im *Lanzelet* Ulrichs von Zatzikhoven. Dorthin wird der einjährige Lanzelet nach dem gewaltsamen Tod seines Vaters von einer Meerfee in Sicherheit gebracht und erzogen. Die Meerfee ist Königin über eine zusätzlich mit einer Mauer befestigte, große und schöne Insel („umb daz lant gie daz mer", UvZLanz_(H) 214), auf der 10000 höfische Damen leben (UvZLanz_(H) 189–240), „dern keiniu bekande / man noh mannes gezoc [Ausrüstung]" (UvZLanz_(H) 198f.). Auf einem Berg aus Kristall, rund wie ein Ball (UvZLanz_(H) 210), steht eine feste, goldglänzende Burg, deren Zugang unüberwindlich ist. Die Bewohnerinnen sind fröhlich und friedlich durch die Kraft der Edelsteine. Die Frauen unterrichten das Kind, doch werden auch „merwunder" (UvZLanz_(H) 278) herangeholt, die ihm ritterliche Fähigkeiten beibringen. Mit fünfzehn Jahren nimmt er Abschied. Der ungewöhnliche Ort seiner Erziehung steht für seine Fähigkeiten zu außerordentlichen Taten (vgl. unten die ‚Erziehung' Hagens in der *Kudrun*), aber wohl auch für seinen eher libertären Umgang mit Frauen.

Vermutlich angeregt durch den *Lanzelet* ist die Kindheitsgeschichte des Helden im *Wigamur*. Wigamur wird als Kind von einem „wilden wîp" (Wigam_(B) 112), der Meerfrau Lespia, entführt und zu einem „holen stein in dem mer" (Wigam_(B) 144f.), zu einer weiter nicht beschriebenen, offenbar aber kargen Insel mit einer Höhle, gebracht, wo er zusammen mit den beiden Töchtern der Meerfrau durchaus liebevoll erzogen wird; später wird er von einem „merwunder" (Wigam_(B) 170), einem Meeresungeheuer, geraubt, auf den Meeresboden gebracht, dort höfisch erzogen und

---

[9] Vgl. Brunner 2008.
[10] Vgl. Brunner 1967, 265f.

schließlich in die Welt entlassen. Zu Beginn seiner Laufbahn als Ritter erweist er sich, dem jungen Parzival vergleichbar (dem er in dieser Phase auch nachgebildet ist), verständlicherweise als völlig weltfremd.

Nicht aus keltischer, sondern aus griechischer Tradition stammt die Amazoneninsel in der *Fortsetzung* (um 1300) eines Unbekannten zu Konrads von Würzburg *Trojanerkrieg*:[11] „In Asia, dâ lît ein lant, / ein insel michel unde wît. / mit dem mer beslozzen lît / daz selbe künecrîche / einsît, vil festeclîche / besliuzet anderhalp daz lant / ein hôch gebirge feste erkant [...]" (KvWTroj_(T) 42244–42250). Hier wohnen nur Frauen, die Männer leben anderswo, einmal im Jahr kommen beide Geschlechter für 30 Tage zusammen.

Schon vor dem *Lanzelet* findet sich eine Insel als Schauplatz in einem höfischen Roman in Hartmanns von Aue *Erec*. Nach dem Ende der zweiten Abenteuerreihe, der Versöhnung mit Enite und der Erholung im Wasserschloss Penefrec des Königs Guivreiz begegnet Erec das größte und gefährlichste seiner Abenteuer: *Joie de la curt* (,Freude des Hofes'). In ihm spiegelt sich abschließend nochmals sein eigener, nun überwundener Irrweg, die alles andere und alle anderen ausschließende Liebesgemeinschaft mit Enite (das *verligen*). *Joie de la curt* ist ein wunderschöner, paradiesischer → Baumgarten, gelegen unterhalb der prächtigen Burg Brandigan, deren → Türme weit ins Land glänzen. → Stadt und Burg Brandigan liegen auf einem runden, ganz glatten Felsen. Eine hohe Mauer und ein tosender Fluss in einer tiefen Schlucht, deren Tiefe wie die Hölle erscheint (Er_(L) 7834–7883), umgeben Stadt und Burg. Ob Hartmanns Brandigan auf einer Insel oder einer Halbinsel liegt, ist nicht ganz klar – in seiner Vorlage, Chrétiens de Troyes *Erec et Enide*, befindet sich der Ort ausdrücklich auf einer großen Insel mit Weinbergen, Flüssen, Feldern und Wäldern (CdTEr_(G) 5367–5410). Die Freude in Brandigan ist freilich getrübt, denn der Inbegriff höfischer Freude, der Baumgarten *Joie de la curt*, ist seit längerer Zeit ein grausiger Ort des Todes. Hier lebt der gewaltige Ritter Mabonagrin mit seiner schönen Dame in ausschließlicher Liebesgemeinschaft. Der Garten ist auf wundersame Weise unzugänglich (Er_(L) 8703–8714), nur durch einen verborgenen Eingang kann man hineinkommen. Dringt ein Ritter ein, so muss er gegen Mabonagrin kämpfen. Vom Ausgang der Kämpfe zeugen die auf Pfähle gesteckten Köpfe der 80 getöteten Ritter, deren trauernde Witwen auf der Burg leben. Erec dringt, allen Warnungen zum Trotz, ebenfalls in den Garten ein, besiegt nach hartem Kampf den Gegner und öffnet nun den Garten für alle. Im ganzen Land verbreitet sich die Botschaft: „daz des hofes vreude waere / widere gewunnen" (Er_(L) 9759 f.). Mabonagrin selbst fühlt sich befreit. Er hatte seiner Dame einst leichtsinnig das Versprechen gegeben, er werde mit ihr allein in dem in den prächtigsten Farben als *locus amoenus* (→ Garten, → Heide, → Tal, → Wald) geschilderten Paradies der Liebe leben, bis er von einem anderen Ritter besiegt werde. Freilich hatte er sich trotz aller Annehmlichkeiten als lebendig begraben gefühlt. Nun ist er frei: „wan bî

---

[11] Vgl. jetzt die Neuausgabe Thoelen 2015.

den liuten ist sô guot" (Er_(L) 9438). Leben bedeutet in mittelalterlicher Sicht Dasein in der menschlichen Gemeinschaft, Aufgabe des Menschen ist es, seinen gottgegebenen *ordo* durch Taten auszufüllen. Die fluchtutopische Quasi-Insel des abgeschlossenen Baumgartens auf einer Insel erlaubte Mabonagrin kein lebenswertes Leben. – Vergleichen kann man das Leben Mabonagrins und seiner Dame mit dem Tristans und Isoldes in der Quasi-Insel der → Minnegrotte in Gottfrieds von Straßburg *Tristan* (Tr_(R) 16679–16772.). Auch diese Liebenden verlassen ihren ausschließlich der Liebe gewidmeten Lustort wieder: „durch got und durch ir êre" (Tr_(R) 17698).

Verwandt mit der Quasi-Insel *Joie de la curt* ist eine Liebesinsel in dem nur fragmentarisch erhaltenen Artusroman *Segremors*.[12] Der Held hört auf der Abenteuerreise, die er zusammen mit seiner Geliebten Niobe unternimmt, von der Liebesinsel der Fee Karmente in einem See. Die Insel („wirder", Segremors_(MB) 146) ist schön und freudenreich, es herrscht ewiger Mai, Karmente, die zehn Jahre zuvor auf die Insel kam, bewirkte, dass sie stets in voller Blüte steht, die Vögel singen um die Wette, es gibt Luft, Schatten und angenehmen Geruch. Die Fee ließ einen → Turm aus Marmorsteinen erbauen, die Edelsteine an seiner Spitze leuchten weit in das Land. Als der Turm vollendet war, ließ die Fee Ritter auf Tod oder Leben um ihre Liebe kämpfen. Der Sieger musste so lange bei ihr bleiben, bis ein anderer ihn erschlug. Der ruhmreiche Fürst Grymoalt erfreute sich lange ihrer Liebe, wurde aber „in diesem Jahr" (Segremors_(MB) 256) getötet. Nun ist der Sieger als neuer Liebhaber der Fee auf der Insel zum Ausharren genötigt (anscheinend handelt es sich – der französischen Teilquelle nach – um Gawan). Segremors und seine Geliebte sind über den offenbar unausweichlichen Kampf und den möglicherweise drohenden Zwangsaufenthalt sehr bestürzt (an dieser Stelle bricht das Fragment ab).

In Gottfrieds *Tristan* findet ein Kampf auf Leben und Tod zwischen dem Iren Morolt und dem jungen Tristan auf einer kleinen Meeresinsel statt, nicht weit vom Ufer, sodass gut verfolgt werden kann, „swaz in der insele geschach" (Tr_(R) 6726), jedoch Eingreifen durch Dritte völlig ausgeschlossen ist. Dabei wird jener Kampfbrauch aufgegriffen, der in altnordischen Quellen als Holmgang bezeichnet wird. Im *Tristan* initiiert dieser Zweikampf alles weitere Geschehen.

Eine wunderschöne Insel als äußerst zweifelhaftes Liebesparadies gibt es in Konrad Flecks nach einer altfranzösischen Vorlage verfasstem Roman *Flore und Blanscheflur*. Hier unterhält der in Babilonje (→ Babylon) residierende orientalische Großkönig, der Amiral, Herr über 70 Königreiche, inmitten des breiten und tiefen Euphrat einen herrlichen Baumgarten: „Der boumgarte der ist wît / und stât geloubet ze aller zît, / den sumer und den winter lanc. / dar inne ist der vogele sanc / sô süeze unde sô clâr / ze glîcher wîse über jâr / von der vogele stimme, / daz nie man wart so grimme, / noch sô junc, noch sô grîs, / noch sô tump, noch sô wîs, / er enwurde wol gemuot, / stolz, geil unde fruot / als in dem pardîse [...]" (Flore_(G) 4403–4415). Alljährlich

---

[12] Vgl. dazu Beyer 1909, ferner Achnitz 2012, 247-252.

erwählt der Amiral hier im Beisein seiner Fürsten aus der Schar der schönen Jungfrauen in seinem Harem, der sich in einem höchst luxuriösen, unbezwinglichen Turm auf dem Festland befindet, eine als seine Gemahlin aus. Ihr werden alle gebührenden Ehren erwiesen – doch nach einem Freudenjahr verfällt sie dem Henker. Ähnlich *Joie de la curt* vor der Erlösung durch Erec ist auch diese paradiesische, jedoch letztlich todbringende Insel ein entschieden schlechterer Ort als die Welt ‚draußen'.

In allen drei Romanen Konrads von Würzburg spielen Szenen auf Inseln. Im *Engelhart* erkrankt Dietrich von Brabant, der Freund des Helden, mitten im Glück plötzlich am Aussatz (KvWEngelh_(H) 5136–5308). Er kann nicht länger über sein Land herrschen. Man baut ihm ein Häuschen mitten in einer schönen Flussinsel,[13] die freilich in diesem Fall ein Ort des Leides und der Todessehnsucht ist: „nû flôz ein wazzer reine / vil nâhe bî der bürge sîn. / dâ was ein wert gewahsen în / der michel unde schoene was. / dâ sprungen bluomen unde gras / vil wünneclîchen inne, / und wuohsen nâch gewinne / dâ vîgen unde mandelrîs. / alsam ein irdesch paradîs / beschoenet stuont diz einlant. / swem ie gezierde wart bekant, / der möhte ez balde gesten [= mit Lob schmücken,[14] H. B.]. / von nüzzen und von kesten / wuohs dar inne manic soum: / ouch stuont der berende ölboum / vil gar nâch vollem wunsche dâ. / man schouwet hie noch anderswâ / deheinen wert sô frühtigen" (KvWEngelh_(H) 5226–5243). Dietrich lebt dort viele Tage. Trotz der Schönheit des Ortes ist er tieftraurig, hat er doch alles verloren, „wîp und guot, liute und lant" (KvWEngelh_(H) 5281), er fühlt sich lebendig begraben (wie Mabonagrin im *Erec*) und sehnt den Tod herbei. Als man anfängt, den Kranken zu vernachlässigen und zu meiden, bricht er zu Schiff nach Dänemark zu seinem Herzensfreund Engelhart auf. Dort wird er schließlich durch ein Wunder geheilt.

Eine weitere eng mit dem Tod verbundene Insel ist Schauplatz einer Szene von Konrads *Trojanerkrieg*. In Konrads Erzählung der Argonautensage haust der Widder mit dem goldenen Vlies auf einer Kolchis benachbarten Insel. Als Jason von Kolchis aus dorthin fahren will, sucht ihn der Kolcherkönig zurückzuhalten, und die Freunde des Helden, darunter Herkules, wissen sich vor Tränen und Jammer kaum zu fassen. Die Insel selbst ist wiederum ein irdisches Paradies: „dar nâch begund er kêren / in den wert lanc und breit, / der wol mit boumen stuont bekleit / alsam ein irdisch paradîs. / dar inne bluote manic rîs, / daz kesten unde fîgen truoc, / der süezen mandelkerne gnuoc / wuohs ûf des werdes anger, / der frühte wart er swanger, / die beidiu nütze und edel was. / ouch stuont dar inne grüenez gras / und ûzerwelte bluomen" (KvWTroj_(T) 9598–9609). Jason besteht ruhmreich alle Gefahren und wird mit größter Freude wieder in Kolchis empfangen: „er wart gehandelt als ein man, / der von dem tôde erstanden ist" (KvWTroj_(T) 10098 f.).

---

[13] Schmitz 1988/1989, 314–316, weist auf eine Insel in der Stadt Löwen hin, die als Vorbild gedient haben könnte.
[14] Zum Verständnis der Stelle: KvWEngelh_(H) 301.

In Konrads Roman *Partonopier und Meliur* begegnen mehrere Inseln – der Roman spielt in der insularen Welt der byzantinischen Reichserbin Meliur. Zunächst wird der junge Partonopier, Sohn des Grafen von Blois, von der samt ihrem Hof zunächst unsichtbaren Meliur auf die Insel Schiefdeire entführt und zu ihrem Geliebten gemacht; erst nach zweieinhalb Jahren, wenn er Ritter geworden sei, wolle sie ihn heiraten, erst dann dürfe er sie auch sehen. Schiefdeire ist von großer Schönheit: „von edelen wurzegarten, / von boumen und von wînreben / wart sînen ougen dâ gegeben / rîlichiu weide mit genuht. / er kôs dâ maneger hande fruht, / die man noch schwouwet gerne, / kesten, mandelkerne. / vîgen, zukker, lôrber, / swelch obez guot ist bî dem mer, / des hienc dâ vol vil manic zwîc. / den aphel schoene von Punîc, / den sach der junge fürste kluoc / zieren dâ der boume rîs. / wart ie kein irdisch paradîs / in den rîchen anderswâ, / sô wart von im ouch einez dâ / beschouwet, als ich hoere jehen" (KvWPart 2316–2333).

Später kommt es zum Tabubruch: Aus Furcht vor möglicher Gaukelei des Teufels auf der zwar schönen, doch merkwürdigen Insel betrachtet Partonopier nachts die Geliebte mit einer Zauberlaterne. Meliur verstößt ihn. Nach einjähriger Verzweiflung wird er von ihrer Schwester Irekel zu deren Insel Salenze gebracht („daz mer / gienc allenthalben umb daz lant", KvWPart 11091 f.) und – ähnlich wie das bei Erec im Wasserschloss Penefrec des Guivreiz der Fall war (siehe oben) – wieder aufgebaut. Auch Salenze ist ein irdisches Paradies, viele der von Konrad benutzten Formulierungen kennen wir bereits: „ez [= Salenze, H. B.] was gelegen in dem mer / und wuohs dar inne grôz genuht / von korne und obez, unde fruht, / diu beste, der ie mensche enbeiz. / der selbe wünneclîche kreiz / stuont als ein irdisch paradîs: / kesten, vîgen, mandelrîs / zucker und lôrber / dar inne wuohsen, und daz mer / gienc allenthalben umb daz lant" (KvWPart 11084–11093).

Bevor Partonopier am großen Turnier auf Schiefdeire teilnehmen kann, durch das er Meliurs Hand endgültig gewinnt, wird sein Schiff – ein retardierendes Moment – an den „wert" Thenadon, gespült, „der in des meres flüete lac. / dâ gie von boumen umbe ein hac, / die frühte und obez bâren" (KvWPart 12743–12745). Die Insel wird nur sehr reduziert beschrieben. Hier wird der Held erst einmal von dem bösen Raubritter Herman festgesetzt. Nachdem Herman zum Turnier abgereist ist, ermöglicht seine edle Frau dem Gefangenen dann die Teilnahme.

In zwei Romanen aus der Zeit um 1300, im anonym und fragmentarisch überlieferten *Reinfrit von Braunschweig* und in Heinrichs von Neustadt *Apollonius von Tyrland*, werden weitere frühe Robinsonaden beschrieben, die erste freilich nur ansatzweise. Zwar ist nur im *Reinfrit* von einem „einlant" (Reinfr 27406) die Rede, im *Apollonius* von einem „perg [...] weit und hoch" (HvNstAp 6450 f.), angesichts der menschenleeren Gegend, in der an Land gegangen wird, liegt der Gedanke an eine Insel jedoch auch hier mindestens nahe.[15]

---

15 Vgl. zu beiden Inseln Augustin 2014, 1120–1125.

Reinfrit von Braunschweig befindet sich auf der Heimreise aus dem Orient. Nach dem Ende eines Sturms landen die Reisenden an einem „hôhgebirge" (Reinfr 27476). Sie wollen von den Bewohnern des Landes erfahren, wo sie sich überhaupt befinden. Sie sehen eine wunderschöne Natur im Übergang vom April zum Mai, der Winter ist vorüber, die Vögel singen: „swaz ougen ôren sanfte tuot, / des sach und hôrte man hier kraft" (Reinfr 27546 f.). Die Herren besichtigen die Wildnis, die Schiffsleute und Knechte suchen nach einer Straße, die zu Menschen führt. Reinfrit geht allein in die Blumenaue, er hat nur seinen Rock, einen Bogen und ein Feuerzeug dabei, aber kein Schwert. Er verliert sich im Schauen, dann legt er sich zum Schlafen nieder. Niemand weiß, wo er ist. Die Schiffsleute hatten keinen Menschen gefunden „wan wüesten hac und wilden walt" (Reinfr 27625). Sie fahren ohne Reinfrit los. An dieser Stelle bricht der Roman ab. Wir erfahren nichts weiter über die Geschicke Reinfrits und über die Dauer und das Ende seiner Robinsonade, über mögliche Prüfungen.[16]

Im *Apollonius* findet sich eine vollständige, freilich einigermaßen mirakulöse Robinsonade. Nach vierzehn Tagen Schiffsreise ankern die Reisenden vor einem hohen → Berg. Vor dem Berg finden sie eine Ebene und eine große Heide – eine wahre Augenweide. Es gibt reichlich Wasser und einen herrlichen Wald mit vielerlei Bäumen und Blumen. Man ergeht sich ohne auf die anderen zu achten. Apollonius verfolgt einen wunderschönen, vielfarbigen Vogel, groß wie ein Hahn, verliert ihn aber wieder. Indes hat er sich im Wald verirrt. Ein Unwetter kommt auf, der Kapitän fährt los, um Schiff und Mannschaft zu retten. Der König bleibt zurück. Apollonius hat Angst vor Hunger und wilden Tieren, alle Freude ist ihm geschwunden. Er erklimmt einen hohen Berg. In einem Bach findet er Edelsteine, die ihm Kraft geben. Er sieht ein wundervolles Tier, offenbar ein Reptil, mit einer Krone. Später erfahren wir dessen Namen: Milgot (HvNstAp 6955). Apollonius hat nur ein Messer, um sich zu verteidigen, doch das Tier ist freundlich. Aus seinem guten Geruch schöpft der König erneut Kraft. Das Tier gibt ihm mit dem Kopf das Zeichen, ihm zu folgen. Sie gelangen auf einen „schonen plan" (HvNstAp 6677). Das Tier schreit dreimal. Viele gefährliche Tiere versammeln sich, Leoparden, Löwen, Panther, Einhörner, Wisente, Bären, Eber, Elefanten, Kamele. Wieder hat Apollonius Angst, doch die Tiere verneigen sich vor ihm – es ist Gottes Wille. Sie scharren ihm einen Brunnen und graben eine Höhle. Dann verschwinden sie. Das schöne Tier bringt eine köstliche Wurzel, die Apollonius verspeist. Mit dem Messer schneidet er sich einen Bogen. Glücklicherweise hat er auch sein Feuerzeug dabei, das hilft ihm im kalten Winter, denn seine Bekleidung ist unzureichend. Er schießt Vögel und brät sie und fängt Fische. Das schöne Tier bringt ihm Hasen, Hinden und Rehe. Was an Speisen übrig bleibt, bekommen Füchse, Wölfe, Luchse. Das Bett des Apollonius besteht aus Laub, Klee, Blumen, Gras. Die Robinsonade, die durch die Hilfe Milgots und anderer Tiere einigermaßen glimpflich verläuft,

---

[16] Zum Schluss des *Reinfrit* vgl. Herweg 2010, 426-431.

dauert ein Jahr und vier Wochen. Dann wird er von seinem Schiff, das vorübergehend im Lebermeer stecken geblieben war, wieder abgeholt.

3.4 Inseln in der Heldenepik

Zum ersten Mal auf Deutsch wird die ferne, am Rande der bewohnten Welt (→ Ränder der Erde) gelegene nordische Insel Island im *Merigarto* beschrieben, einer wohl um 1070 verfassten Erd- oder Gewässerbeschreibung: „er [= der Gewährsmann Reginpreht, H. B.] uuâre uuîle givarn in Îslant, dâ'r michiln rîhtuom vant, / mit meluue iouh mit uuîne, mit holze erlîne. / daz choufent si zi fiure. dâ ist uuito tiure. / dâ ist alles des fili des zi râta triffit unt zi spili / niuuana daz dâ ni skînit sunna: si darbint dero wunna, / fon diu uuirt daz îs dâ zi christallan sô herta, / sô man daz fiur dâr ubera machot, unzi diu christalla irgluot. / dâ mite machint si iro ezzan unte heizzint iro gadam." (Merig._(BH) 63–80; Übers. H. B.: „Er war vor einiger Zeit nach Island gefahren, wo er großen Reichtum erwarb mit Mehl und Wein, mit Erlenholz. Das kaufen sie zum Verfeuern, dort ist Holz selten. Da gibt es von all dem viel, was zum Vorrat und zum Vergnügen gebraucht wird. Aber die Sonne scheint dort nicht: Diese Freude entbehren sie. Dadurch wird dort das Eis so kristallhart, dass man darauf Feuer macht bis der Kristall glüht. Damit machen sie ihr Essen und heizen ihre Stuben.")

Im *Nibelungenlied* herrscht Brünhild über das ferne Island. Ihre Residenz ist die am Meer gelegene prächtige Burg Isenstein. Die Reisenden – Siegfried, Gunther, Hagen und Dankwart – sehen sechsundachtzig Türme, drei große Paläste und einen schönen Saal aus edlem grünem Marmor (NibAB_(BBW) 404). Der Zweikampf zwischen Gunther und Brünhild findet auf einem abgesteckten Kampfplatz statt (NibAB_(BBW) 433), der dem Holmgang, dem Kampf zwischen Morolt und Tristan, im *Tristan* Gottfrieds von Straßburg (s. Abschn. 3.3) entspricht. Brünhilds außergewöhnliche Herkunft charakterisiert die Königin als gefährliche, andersweltliche, auch unhöfische Figur.[17]

In der im Nord- und Ostseeraum angesiedelten *Kudrun* finden zwei entscheidende Schlachten an Küsten, auf dem „sant" (Kudr_(BS) 495,1 u. a.) bzw. auf dem Wülpensant statt. Im ersten Fall möchte König Hagen von Irlant seine von den Hegelingen entführte Tochter Hilde zurückholen, im anderen König Hetel von Hegelingen seine Tochter Kudrun, die Hartmut von Ormanîe geraubt hat. Dass es sich in beiden Fällen um den Sandstrand von Inseln handelt, wird im ersten Fall eher beiläufig deutlich. In der ersten Schlacht kämpft der wütende Wate, „daz im erwaget der wert" (Kudr_(BS) 515,1), „dass die Insel erbebte", der Kampfort der zweiten Schlacht wird

---

[17] Vgl. Schulze 1997, 184–188: „Brünhild – eine amazonenhafte Königin im Norden", Brunner 1967, 53, Plasa 2008a.

allerdings eingeführt mit „[e]z was ein wert vil breiter und hiez der Wülpensant" (Kudr_(BS) 848,1).

Eine Insel – hier als „stein" (Kudr_(BS) 78) in wilder See bezeichnet – ist der Ort, an dem König Hagen von Irland aufwächst.[18] Dreijährig wird er von einem Greif seiner höfischen Umgebung entrissen und auf eine wüste Insel verschleppt. Er kann den jungen Greifen, denen er zum Futter dienen soll, entkommen. In einem „holn steine" (Kudr_(BS) 74,4) findet er drei ebenfalls geraubte Prinzessinnen, die ihn aufnehmen. Er wächst heran, wird riesenstark und erschlägt die Greife. Schließlich bringt ein Schiff ihn und die drei Frauen zurück in die Zivilisation. Hagen ist bei seiner Robinsonade, ähnlich wie Robinson Crusoe, ganz auf sich allein gestellt. Er muss sich behaupten und sich nach und nach allerlei unverzichtbare Tätigkeiten selbst beibringen. Nähren die Prinzessinnen ihn und sich selbst zunächst nur von mühsam gesuchten Wurzeln und Kräutern (Kudr_(BS) 82), so lernt Hagen später – nachdem er durch ein gescheitertes Schiff Rüstung und Waffen erlangt und die Bedrohung durch die Greife beendet hat – Vögel zu schießen, und er lernt überhaupt alles, was er will (Kudr_(BS) 97). Er fängt Fische (Kudr_(BS) 99), tötet Waldtiere, erschlägt einen Gabilun, wohl ein drachenartiges Tier, dessen Blut, das er trinkt, ihn gewaltige Stärke gewinnen lässt, und in dessen Haut er sich kleidet (Kudr_(BS) 102), schließlich kann er auch Feuer machen (Kudr_(BS) 104).

Freilich wird diese Geschichte, anders als dies bei Defoe der Fall ist, nicht erzählt, um zu zeigen, wie der Mensch sich in schwieriger Lage behaupten kann. Vielmehr soll sie als biographisches Detail Hagens fortan ungeschlachte, ungeheure Gewalt erklären, verdeutlichen weshalb er, den nicht die feine Luft des → Hofes erzog, der „wilde Hagen" (Kudr_(BS) 106,1) heißt. Durch das Bild des Daseins auf dem *stein* gewinnt die Dämonie Hagens gewissermaßen räumlichen Ausdruck. Als seine Erziehung – „jâ zôch er sich selbe: er was aller sîner mâge eine" (Kudr_(BS) 98,4) – beendet ist, gelingt es sogleich, die „wüeste" (Kudr_(BS) 106,4), den „wilden sand" (Kudr_(BS) 111,3), zu verlassen und in die Hofgesellschaft zurückzukehren.

3.5 Resümee zu den narrativen Funktionen

Inseln stehen als Schauplätze in der Literatur für ganz unterschiedliche – positive wie negative – Bedeutungen. Das gilt auch für die mittelalterliche Literatur. Im Legendenbereich begegnen karge, fast durchweg felsige Eilande als Buß- und Straforte für Inzest (*Brandan*, *Gregorius*), in der *Königin von Frankreich* als Ort härtester Prüfung des Gottvertrauens einer unschuldigen Frau, ferner als Orte, in denen trotz dürftiger Umgebung das wunderbare Wirken Heiliger zutage tritt (*Crescentia*-Legende, *Legende der Maria Magdalena*). Paradiesische Inseln bezeugen im *Brandan* Gottes Wunder-

---

18 Vgl. Brunner 1967, 53 f.

wirken. Eine solche Insel kann aber auch als Asyl für einen aus der Gesellschaft aufgrund von Krankheit ausgeschlossenen Menschen dienen (*Engelhart*). Als Liebesorte können ‚irdische Paradiese' eng mit Todesgefahr verbunden sein (*Erec*; *Segremors*; *Flore und Blanscheflur*; Schiefdeire im *Partonopier*), ferner können sie den schönen Hintergrund für entscheidende, lebensgefährliche Taten bieten (ebenfalls *Erec*; *Trojanerkrieg-Fortsetzung*) oder sie können, als bloßer Durchgangsort, der Erholung des Helden vor einer entscheidenden Tat dienen (das Wasserschloss Penefrec im *Erec*, Salenze im *Partonopier*). Inseln unterschiedlicher Art bilden ferner den Schauplatz für Robinsonaden. Im *Reinfrit* und in der mirakulösen Robinsonade im *Apollonius* sind die Schauplätze relativ reich ausgestattet, die Gefahren im *Apollonius* werden mithilfe eines Wundertieres von Anfang an bewältigt. In der *Kudrun* handelt es sich um einen gefährlichen Ort mit dürftiger Natur, in dem Hagen von Irland sich selbst erziehen muss; ebenfalls als Erziehungsorte dienen die nur von Frauen bewohnte, allerdings prächtige Insel im *Lanzelet* und die Insel mit der Höhle im *Wigamur*. Wie bei Hagen erklärt sich die Wesensart der Helden aus dieser abgesonderten Erziehung.

BdN, BrandanReis, CdTEr_(G), CdTYv_(NH), Er_(L), Flore_(G), Greg, HvBKön, HvNstAp, Iw_(BLW), Kchr_(S), Kudr_(BS), KvWEngelh_(H), KvWPart, KvWTroj_(T), Lucid, Merig_(BH), NibAB_(BBW), PassI/II_(H), Reinfr, Segremors_(MB), Tr_(R), UvZLanz_(H), Wigam_(B)

→ Babylon, Jerusalem; → Burg, Schloss, Hof; → Fluss, Quelle, Brunnen; → Garten, Baumgarten; → Gebirge, Berg, Tal; → Hafen, Schiff; → Heide, Aue, *plaine*; → Höhle, Grotte; → Indien, Mirabilienorient; → Irdisches Paradies; → Magnetberg, Magnetstein; → Meer, Ufer; → Minnegrotte; → Ränder der Erde; → Saal; → See, Teich, Pfütze; → Stadt, Markt, Platz; → Turm, Zinne, Mauer; → Wald, Lichtung, Rodung, Baum; → Wüste, Wildnis, Einöde

Monika Unzeitig
Irdisches Paradies

1 Begriffsbestimmung – 2 Merkmale der Darstellung: Deskription und Narration – 2.1 Exegetische Tradition – 2.2 Enzyklopädische Wissenstexte: christliche Geographie – 2.3 Kartographische Darstellung: Verortung und Begrenzung – 2.4 Alexanderromane: vor dem Paradies – 2.5 Visionsliteratur: Blick ins Paradies – 2.6 Reiseliteratur: Kunstparadiese – 3 Narrative Funktionen: irdisches und himmlisches Paradies

1 Begriffsbestimmung

Mhd. *paradîse* (n.), ahd. *paradīs* (n.), ist entlehnt aus lat. *paradīsus*, das wiederum auf griech. παράδεισος als Übersetzung für den → Garten Eden der griechischen Bibel (Septuaginta) zurückgeht.[1] In der christlichen Vorstellung des europäischen Mittelalters ist das Paradies als Garten Eden ein geographisch existenter, wenn auch nicht mehr zugänglicher, und ein historisch bedeutsamer Ort, denn mit Adam und Eva beginnt dort die Menschheitsgeschichte. Beide Aspekte des Paradieses, nämlich das Paradies als verlorener Garten der natürlichen Fülle im Osten und das Paradies als Ort der ersten Menschen, also der *räumliche* wie der *zeitliche* Aspekt prägen in der Folge die Paradiesvorstellungen in der mittelalterlichen Exegese, Enzyklopädik, Kartographie, in der Alexanderdichtung sowie in der Reise- und Visionsliteratur. Alle genannten Gattungen werden im Folgenden berücksichtigt. Unter ihnen weisen die literarischen Texte (ebenso in ihrer Überlieferung in Handschrift und Druck mit ihren Illustrationen) wie auch die Ikonographie der Karten die Besonderheit auf, dass sich die Vorstellung von dem in der Vergangenheit verlorenen Garten Eden auch mit Vorstellungen von einem künftigen paradiesischen Ort verbindet, sodass irdisches und himmlisches Paradies in immer wieder neuen Symbiosen miteinander verknüpft werden.

2 Merkmale der Darstellung: Deskription und Narration

Kennzeichen des Paradieses im Schöpfungsbericht der Heiligen Schrift sind seine Lage im Osten,[2] der Garten mit dem → Baum des Lebens und dem der Erkenntnis

---

[1] Vgl. Kluge/Seebold 2011, 682.
[2] Die lateinischen Bibelübersetzungen, die für die mittelalterliche Bibellektüre und Bibelexegese grundlegend sind, unterscheiden sich in der Übersetzung für das Paradies. Die altlat. Übersetzung, *Vetus latina*, übersetzt *ad orientem* (im Osten), während die ab dem 5. Jh. sich allmählich durch-

(Gen 2,8–2,9). Ergänzt wird die Paradiesikonographie durch die vier Paradiesflüsse (→ Fluss): Pischon, Gihon, Tigris und Euphrat. Auf die Beschreibung des paradiesischen Raums folgt die Erzählung vom Verlust des Paradieses: Adam und Eva (verführt durch die Schlange) übertreten das Verbot, die Früchte vom Baum der Erkenntnis zu essen. Gott vertreibt Adam und Eva aus dem Paradies und lässt vor dem Garten Eden die Cherubim mit dem flammenden Schwert den Weg zum Baum des Lebens bewachen (Gen 3,22–3,24). Damit sind dem Menschen der Aufenthalt und auch der Zugang zum Paradies verwehrt. Gegenüber dem Text der *Genesis* kommen in mittelalterlichen Paradiesdarstellungen vielfältige weitere Einzelheiten hinzu.[3] Sie beziehen sich auf die Lage, auf die Begrenzung sowie die Vorstellung eines Wonnegartens mit Überfluss an Fauna, Flora und Nahrung, mit klimatischer Wohltemperiertheit und paradiesischen Düften sowie auf das Bild einer himmlischen Wohnstatt. Die literarische Ausgestaltung des Paradieses als *locus amoenus* korrespondiert mit der Thematisierung seiner Unzugänglichkeit wie der Suche und den möglichen Zugangswegen zu ihm.

2.1 Exegetische Tradition

Die im christlichen Weltbild des Mittelalters angenommene geographische Existenz des Irdischen Paradieses wird erst durch die Autorität des Kirchenvaters Aurelius Augustinus (354–430) begründet. Die Anfänge der altkirchlichen Genesisexegese sind von der Auseinandersetzung zwischen der literalen und allegorischen Auslegung der Paradieserzählung bestimmt.[4] Mit Augustinus' Festlegung, Paradies, Paradiesflüsse, Baum des Lebens und Baum der Erkenntnis ebenso historisch wie allegorisch zu verstehen, ist der Streit in der westlichen Kirche entschieden, die Vorstellung vom Irdischen Paradies als existentem Ort seither durch die Patristik autorisiert und traditionsbildend.[5]

2.2 Enzyklopädische Wissenstexte: christliche Geographie

Die Lage des Paradieses im Osten wird in den *imago mundi*-Texten, enzyklopädischen Wissenstexten des Mittelalters, fester Bestandteil der Weltbeschreibung. Verortet und dargestellt ist das Irdische Paradies dort, wo die Erde in ihrer geographischen Auf-

---

setzende Übersetzung des Hieronymus, bezeichnet als *Vulgata*, *a principio* (am Anfang) übersetzt: „plantaverat autem Dominus Deus paradisum voluptatis a principio in quo posuit hominem quem formaverat" (BibliaSacr Gen 2,8).
3 Vgl. dazu Grimm 1995, 82–85.
4 Vgl. Grimm 1977, 16, Grimm 1995, 82–83.
5 Vgl. z. B. grundlegend ThvASumma 102,1; dort zum Paradies als *locus corporeus* mit Bezug auf die gelehrten Meinungen.

gliederung vorgestellt wird. Entsprechend der räumlichen Dreiteilung der Erde in die Kontinente Asien, Europa und Afrika und der Ausrichtung nach Osten beginnt die Einzeldarstellung mit Asien, einsetzend mit der Platzierung und Beschreibung des Paradieses.

Grundlegend und traditionsbildend für die mittelalterlichen Wissenstexte sind die um 600 n. Chr. verfassten *Etymologien* des Isidor von Sevilla, eine strukturierte und systematisierende Darstellung antiker Wissenstraditionen und christlicher Lehre. Nach Isidors Text liegt das Paradies im Osten: „Paradisus est locus in orientis partibus constitutus" (IsidEtym_(L) XIV,III,2). In der anschließenden Worterklärung übersetzt der Autor *Paradies* mit *Garten*, *Eden* mit *Freuden*: „cuius vocabulum ex Graeco in Latinum vertitur hortus: porro Hebraice Eden dicitur, quod in nostra lingua deliciae interpretatur. Quod utrumque iunctum facit hortum deliciarum" (IsidEtym_(L) XIV,III,2; Übers. M. U.: „dessen griechischer Name ins Lateinische übersetzt *hortus* [Garten] heißt. Hebräisch wird es Eden genannt, was in unserer Sprache als *deliciae* [Wonne] gedeutet wird. Weil es beides verbindet, ist es der *hortus deliciarum* [Garten der Wonnen]"). Als wesentliche Merkmale sind der Baum des Lebens, das gemäßigte Klima und die → Quelle mit den vier Paradiesflüssen angeführt. Seit dem Sündenfall sei der Zugang durch ein Flammenschwert und von allen Seiten außerdem durch eine Feuerwand versperrt, die bis zum Himmel reiche. So sei es für teuflische Geister und menschliche Wesen nicht zugänglich. Paradieslokalisierung im Osten und -begrenzung durch die Feuermauer (→ Mauer) setzen sich als feste topische Elemente in den enzyklopädischen Texten fort, exemplarisch sei verwiesen auf Honorius Augustodunensis mit seiner *Imago mundi*, einem der wichtigsten Wissenstexte im 12. Jh.: „Asia [...]. Huius prima regio in oriente est paradysus, [...], inadibilis hominibus quia igneo muro usque ad celum est cinctus" (HonAugImag I,8; Übers. M. U.: „Asien [...]. Dessen erste Region im Osten ist das Paradies, unzugänglich für die Menschen, da es von einer Feuermauer bis zum Himmel umschlossen ist").

Die lateinische Tradition der *imago mundi*-Texte findet im 12. und 13. Jh. den Weg in die europäischen Volkssprachen, in die mhd. Sprache durch den *Lucidarius* (um 1190). In der dialogisch gestalteten Wissensvermittlung durch ein Lehrgespräch zwischen *meister* und *junger* intendiert der Text eine klerikale wie auch laikale Rezeption. In den Antworten des Magisters auf die Fragen des Schülers finden sich die bekannten Paradiesangaben (Lage im Osten Asiens, Paradiesflüsse, Feuerwand; Lucid I,49–52), aber auch erweiternde Angaben zur Lage (Höhe) und Begrenzung des paradiesischen Raumes (→ Berge, → Wälder, → Wüste, Untiere).[6] Die Unzugänglichkeit des Paradieses wird mehrfach um die Vorstellung ergänzt, durch gute Werke könne man in das Paradies gelangen, und verbunden mit der (wenngleich nicht genau erklärten) Option auf ein *geistiges Paradies*, das als Aufenthaltsort für die Auserwählten bis zum Jüngsten Gericht beschrieben ist (Lucid III,1–2).

---

[6] Zu den lateinischen und volkssprachlichen Quellen siehe ausführlich Hamm 2002, 109 f.

2.3 Kartographische Darstellung: Verortung und Begrenzung

Die Präsenz des Paradieses in der Welt ist kartographisch visualisiert. Die mittelalterlichen Weltkarten lokalisieren das Paradies im Osten, am äußersten Rand von Asien (→ Ränder der Erde) gelegen. So eindeutig die räumlich geographische Zuordnung des Irdischen Paradieses ist, so unterschiedlich ist die jeweilige bildliche Konkretion je nach Kartentyp und -funktion.[7] Bis zum 15. Jh. sind kartographische Darstellungen von Erde und Kosmos überwiegend in lateinischen Handschriften enthalten, die Kommentar- und Wissenstexte sowie Weltchroniken tradieren und dem klerikal und monastisch geprägten Raum zuzuordnen sind. Erkennbar ist das Paradies durch die namentliche Bezeichnung oder durch seine ikonographische Ausgestaltung, zu der im gängigen christlich ikonographischen Bildrepertoire die Markierung der Unzugänglichkeit (Feuermauer, Begrenzung durch Kreis oder Rechteck, insulare Lage mit Wassergrenze, Mauer), Adam und Eva, der Baum des Lebens und der Baum der Erkenntnis, die Schlange und die vier Paradiesflüsse gehören.

Die bildliche Ausgestaltung der Paradiesdarstellung auf den *mappae mundi* korrespondiert mit den *imago mundi*-Beschreibungen, entwickelt aber auch differente und eigenständige Traditionen. Insbesondere die kulturgeographisch konzipierten T-O-Weltkarten erweitern das Bildprogramm. Abgebildet wird die bekannte und bewohnbare Welt (Ökumene) mit den drei Kontinenten Asien, Europa und Afrika in einer kreisförmigen Projektion. Entsprechend der Ostrichtung des Kartentyps sind die Erdteile in einem T-Schema angeordnet: Asien doppelt so groß wie Europa bzw. Afrika über dem T-Deckstrich, darunter Europa links und Afrika rechts vom T-Stamm. Die die Kontinente trennenden Wassergrenzen Don, Nil, Mittelmeer und das die bekannte Welt umfließende Wendelmeer (→ Meer; → Ränder der Erde) bilden die geographische Grundstruktur des T-O-Schemas ab. Ausgemalt und beschriftet wird das Schema zu einer räumlich-zeitlichen Synopse, die die Weltgeschichte, von oben nach unten, von der Vergangenheit bis zur Gegenwart, ins Bild setzt. In dieser christlichen und chronikal konzipierten Topographie bildet → Jerusalem als Ort der Zeitenwende, der Erlösung der Menschheit durch Christi Tod und Auferstehung den Kartenmittelpunkt. Das Paradies ist oben im Osten, als Beginn der Menschheitsgeschichte, durch die von oben nach unten verlaufende Zeitachse in Relation zu Jerusalem, dem historischen Ort und künftigen Paradies gesetzt. Die universal- und heilsgeschichtlichen Bezüge zwischen Paradies und Jerusalem sind über die Raumstruktur wie auch über die korrespondierende bildliche Ausgestaltung auf den Karten sichtbar gemacht (vgl. z. B. die kleinformatige *Londoner Psalterkarte*, 13. Jh.).

Die großformatige *Ebstorfer Weltkarte* (um 1300) konkretisiert das Paradies in seiner bildlichen Ausgestaltung als Ort mit Mauer und Pforte (→ Tor). Eingezeichnet sind im Paradies der Baum des Lebens und der Baum der Erkenntnis mit Schlange,

---

7 Siehe dazu die umfangreiche Studie von Scafi 2006.

eingerahmt von Adam und Eva, die beide einen Apfel essen, und die vier Paradiesflüsse. Begrenzt ist das Paradies durch eine rechteckige doppelte Rahmung, durch einen → Gebirgszug und durch eine Mauer mit Tor auf der linken Seite. Die viereckige Form des Paradieses entspricht formal-kompositorisch der Darstellung der Stadt Jerusalem, die zugleich den historischen Ort der Auferstehung Christi wie auch das Himmlische Jerusalem mit seinen zwölf Toren abbildet. Auffällig ist, dass die auf der Karte integrierten Textlegenden zum Paradies aus Isidors *Etymologiae* und aus der *Imago mundi* des Honorius Augustodunensis die Vorstellung von Feuerwand und Cherub als Wächter zitieren. Damit ist die Differenz von *scriptura* und *pictura* eine subtrahierende und addierende zugleich: Im Verhältnis zum Text fehlen Feuerwand und Cherub; demgegenüber sind im Bild Mauer und Tor ergänzt. Die bildliche Vorstellung einer Paradiesmauer mit Tor indiziert nicht nur eine Begrenzung (→ Grenze) mit Ausgang, sondern ebenso einen Eingang (s. dazu weiterführend Abschn. 3). Diese ab dem 13. Jh. auf den mittelalterlichen Weltkarten zu findende *bildliche* Vorstellung vom Tor in der Mauer ist weder durch die Schriften der Kirchenväter noch durch die Wissenstexte belegt oder autorisiert, aber bereits in der Erzählliteratur seit dem 12. Jh. tradiert.

2.4 Alexanderromane: vor dem Paradies

In den lateinischen und volkssprachlichen Alexanderdichtungen des Mittelalters ist das Paradies ein erreichbarer, aber auch durch Begrenzung unzugänglicher Ort, auf den Alexander als Erkunder und Eroberer der Welt Anspruch erhebt. Wenn auch die jeweiligen Erzählungen Alexanders *Suche nach dem Paradies* unterschiedlich ausgestalten, so ist allen die konkrete geographische Raumvorstellung vom Paradies und seinen Paradiesflüssen, die dort ihren Ursprung nehmen, inhärent und mit Alexanders Vorhaben, über den Wasserweg das Paradies zu erreichen, als Bewegung im Raum realisiert. Der gefahrvollen, doch an das Ziel führenden Schiffsreise steht am Ende der verweigerte Zutritt zum Paradies entgegen. Die Paradiesmauer hat zwar eine Öffnung (→ Fenster oder Tor), durch die Alexanders machtpolitischer Herrschaftsanspruch kommuniziert wird, durch die dann aber Alexander explizit in seiner Hybris und Sündhaftigkeit vor dem heiligen, von Gott geschützten Ort zurückgewiesen und zur Rück- bzw. Umkehr aufgefordert wird. Die Paradiesepisode ist auch der geographische End- bzw. Wendepunkt in Alexanders universalem Eroberungszug.[8]

In dem ältesten heute bekannten Text von Alexanders Weg zum Paradies, dem *Iter ad Paradisum* (12. Jh.), ist der von der Mauer umschlossene Paradies-Raum ausdrücklich nicht als → Stadt bezeichnet, sondern als der von Gott eingerichtete Ort, an dem die Seelen der Gerechten auf ihre Auferstehung warten. Das Paradies ist nicht

---

[8] Vgl. dazu weiterführend Unzeitig 2011a.

mit den gängigen Attributen als Garten Eden und Ort des Sündenfalls thematisiert, sondern als *lieu d'attente*.⁹ Alexander bleibt der Blick ins Paradies verwehrt. So auch im *Straßburger Alexander* (A. 13. Jh.): Nach einer gefährlichen Reise führt der Weg über den Euphrat, begleitet von Unwettern bis zu einer Edelsteinmauer mit einem Tor (SAlex_(L) 6395–6415), wo auch wiederum Abweisung und Mahnung zur Umkehr als Botschaft an Alexander ergehen (SAlex_(L) 6455–6498). Im *Straßburger Alexander* leben hinter der Mauer Engel und *gotis kint* (SAlex_(L) 6420–6421; 6463; 6549–6552). Im *Alexanderroman* des Ulrich von Etzenbach werden die bekannten Erzählbausteine von Paradiestopik und -suche in zwei Episoden benutzt. In der ersten Paradiesepisode (UvEtzAlex 24444–24577) gelangt Alexander durch Zufall zu *Gottes Garten*, begrenzt von einem Felsen mit einem Fenster. Der Ort ist als *locus amoenus* (→ Garten, → Heide, → Tal, → Wald) und → Einsiedlerklause beschrieben, bewohnt von Enoch und Elias, den von Gott – alttestamentlich verbürgt (Gen 5,21–24; 2 Kön 2,1–13) – der Erde entrückten Propheten. Gegenüber dem heiligen Rückzugsort und ihren Bewohnern wirkt Alexanders Weltherrschaftsanspruch auf den zu erobernden Ort unangemessen. In der zweiten Paradiesepisode (UvEtzAlex 25265–25440) versucht Alexander, der räumlichen Konkretion entsprechend, das Paradies im Osten über einen Fluss zu erreichen, doch ist das leer stehende Paradies durch eine tödliche Duftgrenze und durch eine unsichtbare Jenseitsbarriere geschützt, die das tatsächliche Sehen des Paradieses verhindern.

Die Alexandererzählungen[10] betonen die tatsächliche Präsenz des Paradieses in der Welt sowie seine Begrenzung (Mauer, Edelsteinmauer, Fels, Duftgrenze) und die gleichzeitig vorhandene Öffnung durch Fenster oder Tor. Thematisiert wird so die Wunschvorstellung vom erreichbaren Sehnsuchtsort, vom zu beherrschenden oder zu sehenden Raum; diesem steht aber entgegen die Verweigerung von Zutritt und Einblick in das Paradies als heiligen, von Gott geschützten Ort und als Zwischenort für die ‚Gotteskinder'. Der Blick des Eroberers bleibt ein diesseitiger.[11]

2.5 Visionsliteratur: Blick ins Paradies

Während Alexander kein Einblick in das Paradies gewährt wird, ist dieser den auserwählten Reisenden in der Visionsliteratur gestattet. Der prominenteste ist der heilige Brendan (Brandan). In der lateinischen Fassung der *Navigatio Sancti Brendani* (M. 10. Jh.) ist das Ziel der Meerfahrt die → Insel der Verheißung, die *terra repromissionis*

---

9 Vgl. zum Paradies als *lieu d'attente* auch Delumeau 1992, 37–57.
10 Vgl. z. B. auch SeifAlex, 6229–6374. Zur französischen Tradition der Alexanderdichtungen vgl. Wolfzettel 2008, 72–76.
11 Im Bildprogramm von Alexanders Aktionsraum auf den *mappae mundi* (vgl. *Ebstorfer Karte*; Karte des Andreas Walsperger) ist Alexander durch das Baumorakel in der Nähe des Paradieses präsent.

sanctorum. Nach einer siebenjährigen Fahrt erreicht Brandan mit seinen Gefährten die Paradiesinsel (Brandan_(Z) 146). Nebel bzw. Finsternis umgibt den Ort zunächst bei der Ankunft und im später erleuchteten Glanz zeigt sich ein weitläufiges Land des natürlichen Überflusses (Bäume mit Äpfeln und Früchten sowie Quellen). Ein Jüngling offenbart den Reisenden, dass sie das Ziel erreicht haben, und fordert sie auf, mit Edelsteinen und Früchten aus dem Land, das die künftige Wohnstätte der Christenmenschen ist, zurückzukehren.[12] Der zielgerichteten Suche entspricht in der *Reise*-Fassung (um 1150) von Brandans wundersamer Seefahrt die von Gott auferlegte Bußfahrt (BrandanReis 44–71; 1881–1910). Das Paradies ist eine Reisestation auf dem → Weg durch die Wunder der Schöpfung Gottes. Die durch Nebel zunächst kaum erkennbare Insel ist voller Überfluss: Gold und Edelsteine bedecken den Boden; in einer ersten → Burg befindet sich ein prächtig ausgestatteter und kunstvoll ausgestalteter → Saal, in dem aus einer Quelle vier Flüsse mit Wein, Milch, Öl und Honig entspringen (BrandanReis 456–498). Eine zweite Burg ist noch prächtiger, mit so hohen Mauern, dass die → Zinnen nicht zu erkennen sind. Bewacht werden die Burgtore von den Propheten Enoch und Elias und einem schönen Jüngling in rotem Gewand mit Schwert (BrandanReis 516–555). Die Paradiesikonographie des Irdischen Paradieses mit den vier Paradiesflüssen ist so verbunden mit den biblischen Bewohnern und Wächtern und mit einer angedeuteten Architektur, die auf das Himmlische Jerusalem verweist. Mit Referenz auf den Sündenfall und den Diebstahl des Apfels vom Baum ist die Erzählung vom Mönch, der ein kostbares Zaumzeug in der ersten Burg unerlaubt mitnimmt, in die Beschreibung des gleichermaßen natürlich ausgestatteten wie künstlich ausgestalteten Paradieses inseriert. Irdisches und himmlisches Paradies sind nicht deutlich zu unterscheiden.[13] Neben diesem Paradies gibt es eine zweite Paradiesinsel *bona terra*: Diese Paradiesbeschreibung steigert die Vorstellung an Üppigkeit von Flora und Fauna, stets vorhandenen Speisen, feinsten Wohlgerüchen, angenehmem Klima, von einem Reichtum an Edelsteinen. Heraus ragt die in den Lüften schwebende Burg mit architektonischer Extravaganz und materiellem und künstlerischem Luxus. In der kristallinen Mauer sind Tiere und Menschen wie lebend dargestellt. Das Burginnere ist als vornehme Wohnstatt eingerichtet. Kontrastiert wird die Herrlichkeit des glückseligen Ortes mit der anschließenden Begegnung der Reisenden mit seltsamen Mischwesen: Schweinsköpfige mit Hundeklauen und Kranichhälsen in seidenen Gewändern; es sind die von Gott verstoßenen Engel. Diese gleichermaßen natürliche wie auch künstliche bzw. künstlerische Idylle verweist auf

---

12 Vgl. zu den unterschiedlichen Auserzählungen in deutscher Volkssprache die Ausgabe *Sanct Brandans Meerfahrt* von Karl Zaenker (= Brandan_(Z)); die afrz. *Voyage de Saint Brandan* erweitert deutlich die lat. Fassung der Paradiesschilderung und fügt auch eine Himmelsvision ein, vgl. zu den afrz. Fassungen Wolfzettel 2008, 68–71.
13 Allerdings ist in den frühen Drucken diese Episode mit der Überschrift versehen: „Hie kom sand Brandon zů dem irdischem Paradeis" (Anton Sorg Druck 1476 Augsburg [BrandanFnhd_(F)]).

das Irdische Paradies wie auch auf das Himmlische Jerusalem, auch wenn die Vorstellung irritiert, dieses sei der Verbannungsort oder Wohnort der gestürzten Engel.[14]

Brandans Seefahrt ist in beiden Fassungen (*Navigatio-* und *Reise*-Fassung) wiederum – variiert in zahlreichen lateinischen und volksprachlichen Erzählungen – bis in das 16. Jh. präsent (wenn auch z. T. kritisch rezipiert), so wie auch die Brandan-Insel bis ins 17. Jh. kartographisch eingezeichnet ist, wenn auch geographisch unterschiedlich lokalisiert.[15]

Brandans Paradiesvisionen sind konkret erfahrene. Demgegenüber ist die Reise des Ritters Tundalus eine *peregrinatio animae*, die ihm während seines dreitägigen Scheintodes zuteilwird und auf der ein Engel die Seele durch die Stationen von → Hölle und Himmel führt. In dem von Alber verfassten mittelhochdeutschen Text *Tnugdalus* (12. Jh.), der der lateinischen *Visio Tnugdali* (1150–1160) folgt, soll das Sehen der Höllenqualen wie auch der himmlischen Jenseitsbereiche die Bekehrung des Ritters bewirken. Der Eintritt in den himmlischen Bereich ist durch eine Pforte markiert. Der Weg führt in Räume von strahlender Schönheit und Glückseligkeit, von einem Vorbereich, der die noch auf Gottes Gnade Wartenden zu dem Bereich der bereits Aufgenommenen führt, die nach dem Grad ihrer Vollkommenheit von einer silbernen Mauer, von einer goldenen und von einer Mauer aus Edelsteinen umgeben sind. Dieser letzte Bereich ist von den Engeln, den Propheten, den zwölf Aposteln, Märtyrern und Jungfrauen bewohnt, ebenso von demjenigen Heiligen, dem Paradiesvisionen zuteilwurden: Die Seele wird vom heiligen Brandan begrüßt und gesegnet für den weiteren Weg.[16] Mit dem Blick in diesen letzten Jenseitsbereich muss die Seele diesen verlassen, gleichwohl als Vorschau auf das Himmelreich und mit dem Wissen, dass es dort einen Platz für die Sündenfreien oder die reuigen Sünder geben kann. Die Jenseitsvision verbindet die Vorstellungen vom Paradiesgarten, von Mauer und Pforte sowie einer Himmelsstätte aus Edelsteinen gebaut, die das Himmlische Jerusalem, wie in der Offenbarung beschrieben, anzitiert (s. Abschn. 3).[17]

---

14 In den Paradiesvorstellungen der reichen *Brandan*-Überlieferung kommen sehr viele und unterschiedliche Einflüsse zusammen, die sich aus antiken, orientalischen, keltischen und christlich gelehrten Quellen speisen, siehe auch Grimm 1977, 105–106, vgl. auch Stark 1997, 535. Vgl. zur Deutung der Paradiesvorstellung ausführlich Strijbosch 1991, 58–62.
15 Meist liegt die Insel westlich im Atlantik, mit unterschiedlicher Lokalisierung, z. B. in der Nähe der Kanarischen Inseln (*Hereford Karte*; *Ebstorfer Weltkarte*), von Madeira oder den Azoren, ebenso im Nordatlantik oder in der Nähe Neufundlands. Vgl. auch Demmelhuber 1997, 68.
16 Als anwesend genannt ist auch der irische Heilige Patricius. Mit seinem Namen verbindet sich ein weiterer Visionstext, nämlich der lat. *Tractatus de Purgatorio S. Patricii* (12. Jh.) bzw. die anglonormannische Erzählung vom *Espurgatoire S. Patrice* (Marie de France, 1189), in der der Ritter Owein mit seinen leiblichen Augen die Hölle, das Fegefeuer und das Paradies sieht, vgl. auch Wolfzettel 2008, 71 f.
17 Dantes *Göttliche Komödie* verbindet in der Jenseitswanderung des Dichters, geführt von Vergil durch Hölle und Purgatorium und durch Beatrice zum Paradies auf dem Läuterungsberg, antike und biblische Vorstellung, weiterführend vgl. Wolfzettel 2008, 83–91.

2.6 Reiseliteratur: Kunstparadiese

In der Visionsliteratur ist dem Reisenden der Blick in die paradiesischen Jenseitsorte gestattet, die er als Augenzeuge und Berichtender beschreibbar macht. Anders muss notwendigerweise der (vorgeblich) real reisende Erzähler die Sehnsucht nach dem Paradies als erfahrbarem Ort und die Beschränkung seines Zugangs für Menschen thematisieren. In den Reisebeschreibungen des Jean de Mandeville (1356) ist die Paradiesbeschreibung in den Teil zur Orientfahrt eingebaut (in der Übersetzung von Michel Velser: JMandRV 165–167), aber nur durch Hörensagen bezeugt. Sie bestätigt die bekannten Paradiesmerkmale, wie die hohe Lage auf einem Berg im Osten, die vier Paradiesflüsse, die Feuerwand und Mauer. Unzugänglich sei der Ort über den Landweg durch die wilden Tiere, Wüsten und Berge, auf dem Wasserweg durch das hohe Gefälle der Flüsse. Mit Hinweis auf vergebliche Versuche „von grossenn herren" (JMandRV 167), dorthin zu gelangen, betont der Verfasser, dass das Paradies für die sterblichen Menschen verschlossen sei und allein mit Gottes Gnade erreichbar. Der Text verbindet so enzyklopädisches Wissen mit dem intertextuellen Verweis auf die Alexanderdichtung. Erzählt wird ersatzweise (JMandRV 158–159) von einem künstlichen, aber falschen Paradies (→ Ferne-Utopien), geschaffen von einem teuflischen Zauberer, um Reisende an diesen vermeintlich idyllischen, ummauerten Ort mit → Baumgarten, mit Quellen, aus denen Milch, Honig und Wein fließen, mit engelsgleichen, weiblichen Wesen und mit singenden Vögel zu locken.[18]

3 Narrative Funktionen: irdisches und himmlisches Paradies

Das Irdische Paradies ist in der mittelalterlichen christlichen Geographie als der durch den Sündenfall verlorene Garten Eden ein historischer und lokalisierbarer Ort. Diese räumliche Präsenz ist in den exegetischen und enzyklopädischen Wissenstexten bestätigt, in Handschrift und Druck illustriert und auf Karten visualisiert. Allerdings verbinden literarische wie auch bildliche Paradiesdarstellungen die Vorstellung vom verlorenen Paradies auch mit der eines künftigen Paradieses. Thematisiert werden die Sehnsucht nach dem unzugänglichen Ort und die Hoffnung auf eine Restituierung des verlorenen Ortes. Die Betonung der Begrenzung des paradiesischen Raumes wird ergänzt durch seine imaginierte mögliche Öffnung, durch die (nicht exegetisch autorisierten) beschriebenen Tore in der Mauer und durch die erzählten Zugangswege für den durch Gottes Gnade Zugelassenen. Diese künftigen, aber schon von Auserwählten bewohnten Jenseitsräume kombinieren Attribute des Paradieses als *locus amoenus* wie auch Vorstellungen vom Himmlischen Jerusalem, ohne dass sie in

---

[18] Siehe auch Cramer 1994, 90 f. mit dem Hinweis auf ein vergleichbares *Kunstparadies* in Marco Polos Reisebeschreibung.

einer theologischen, kirchlich autorisierten Auslegung eindeutig zu erschließen sind. Gemeinsam ist ihnen, Wunsch und Möglichkeit einer Grenzüberschreitung in einen paradiesischen Ort zu imaginieren. Das transitorische Wunschdenken lässt sich an der Ausgestaltung des Paradieses auf den spätmittelalterlichen Weltkarten ablesen. Der ummauerte Garten Eden transformiert sich zunehmend zu einem mit Stadtmauer umgebenen Raum und zu einem befestigten Burgraum (vgl. z. B. *Evesham-Weltkarte*; Karte des Andreas Walsperger). Elemente aus der Darstellung des Himmlischen Jerusalem als Stadt mit zwölf Toren bestimmen die Paradiesikonographie, sodass die Lektürerichtung auf den Karten nicht mehr nur von oben nach unten, vom Paradies auf Jerusalem verweist, sondern auch wiederum von unten nach oben auf das künftige Himmlische Jerusalem.[19] Während in der *Schedelschen Weltchronik* 1493 noch ausführlich alle gelehrten Meinungen zur Paradiesbeschreibung und -lokalisierung aufgeführt sind, ist in der *Cosmographei* des Sebastian Münster 1550 die Vorstellung von der geographischen Realität des Irdischen Paradieses ausdrücklich verneint.

> BibliaSacr, Brandan_(Z), BrandanFnhd_(F), BrandanReis, HonAugImag, IsidEtym_(L), JMandRV, Lucid, SAlex_(L), SeifAlex, ThvASumma, UvEtzAlex

> → Babylon, Jerusalem; → Burg, Schloss, Hof; → Ferne-Utopien; → Fluss, Quelle, Brunnen; → Garten, Baumgarten; → Gebirge, Berg, Tal; → Grenze; → Heide, Aue, *plaine*; → Himmel, Hölle; → Insel; → Klause, Einsiedelei, Einöde; → Meer, Ufer; → Ränder der Erde; → Saal; → Stadt, Markt, Platz; → Tor, Tür, Treppe, Fenster; → Turm, Zinne, Mauer; → Wald, Lichtung, Rodung, Baum; → Weg, Straße, Pfad; → Wüste, Wildnis, Einöde

---

19 Siehe Unzeitig 2011b, 26–29.

Gabriele Schichta
Kemenate, Gemach, Kammer

1 Begriffsbestimmung – 2 Merkmale der Darstellung – 3 Narrative Funktionen – 3.1 Die Kemenate als Ort der Handlung – 3.2 Symbolische Dimensionen

1 Begriffsbestimmung

Der auch im nhd. Sprachgebrauch noch gebräuchliche Begriff Kemenate für das heizbare Wohnzimmer auf → Burgen und insbesondere das Frauengemach[1] bezeichnet zunächst lediglich allgemein einen (mittels Kamin) beheizbaren Raum.[2] Aus mlat. (*camera*) *caminata* ‚mit Feuerstelle versehener Raum' erfolgte die Entlehnung ins Ahd. (ahd. *chemināta* f.) und Entwicklung zu mhd. *kem(e)nâte* (f.).[3] Über den etymologischen Zusammenhang von Kemenate und Kamin ergab sich in der älteren Forschung eine primäre Charakterisierung der Kemenate über das Merkmal der Beheizbarkeit, was u. a. insofern problematisch ist, als die Kemenate keineswegs unbedingt der einzige beheizbare Raum einer Burg sein musste. Aus bauhistorischer Sicht gestaltet sich der Versuch einer baulichen Definition und funktionalen Bestimmung der Kemenate auch deshalb als schwierig, da der real erhaltene Baubestand und die Bauformen üblicherweise kaum oder nur ansatzweise Rückschlüsse auf Raumfunktionen erlauben.[4] Seit dem 19. Jh. wurden deshalb immer wieder literarische Quellen zur Rekonstruktion der ‚Lebenswirklichkeit' auf hochmittelalterlichen Burgen beigezogen, weshalb sich die bis heute gängige Definition der Kemenate als beheizbares Frauengemach der Burg wesentlich aus der (selektiven) Lektüre volkssprachlicher Epik herleitet.[5] In der mittelalterlichen deutschsprachigen Erzählliteratur zeigt sich der Begriff *kemenâte* jedoch als Raumbezeichnung mit sehr breit gestreutem Bedeutungs- und Funktionenspektrum, das deutlich über eine Beschränkung auf Frauenwohnräume hinausreicht und nicht ausschließlich auf den räumlichen Kontext der Burg beschränkt bleibt.[6] Semantisch benachbarte mhd. Begriffe, die in den Texten

---

[1] Vgl. DWB 11, 528 f.
[2] Vgl. Binding 1991, 1101 f., Böhme et al. 2004, 168.
[3] Vgl. Kluge/Seebold 2011, 468, Pfeifer 1993 1, 648.
[4] Vgl. Meckseper 2005, 15–17.
[5] Vgl. Heyne 1899, 359 f., Schultz 1889 1, 101–107.
[6] In dem Umstand, dass man es beim Begriff Kemenate „mit einem recht schwach differenzierten semantischen Feld zu tun" hat, „dokumentieren sich historisch fremde Ordnungen des Wissens" und spezifische Kommunikationsformen, die noch kaum von körperlich-räumlichen Gegebenheiten entkoppelt erscheinen (Strohschneider 2000, 30–32).

auch als Synonyme für die Kemenate verwendet werden, sind *gadem* (n.),⁷ *gemach* (n.) und *slafgemach* (n.) bzw. *slafgadem* (n.), *palas* (m./n.),⁸ *gewelbe* (n.), *kamere* (f.), und *phiesel-(gadem* m./n.).⁹ Die Kemenate kann ein einzelner Wohnraum sein, aber auch ein Raum-Ensemble im Sinne eines herrschaftlichen Appartements bezeichnen (wobei dies sowohl durch den Singular als auch den Plural von *kemenâte[n]* ausgedrückt werden kann) sowie auch ein völlig eigenständiges Bauwerk meinen und gleichbedeutend mit *palas* (→ Saal) sein. Im diachronen Überblick lässt sich feststellen, dass das Wort *kemenâte* im Verlauf des 14. Jh. allmählich seltener wird, um schließlich in der fnhd. Literatur vollends vom Begriff *kamer* (f.) abgelöst zu werden.¹⁰

In der erzählenden Literatur des 12. und 13. Jh.s sind Burgen als repräsentative bauliche Manifestationen höfisch-adeliger Lebensformen von zentraler Bedeutung für die narrativen Raumstrukturen der Texte; entsprechend präsent ist die Kemenate als integrativer Teil dieses spezifisch höfischen Handlungsspielraums, wobei sich genreabhängig Unterschiede in Darstellung und Funktionalisierung feststellen lassen. Eine wichtige Rolle als Handlungsort spielt die Kemenate erwartungsgemäß in der Artus- und Gralsepik (Hartmanns von Aue *Erec* [um 1180] und *Iwein* [1180–1205], Wolframs von Eschenbach *Parzival* [1200–1210], Gottfrieds von Straßburg *Tristan* [um 1210], Wirnts von Gravenberg *Wigalois* [um 1220], *Garel von dem blühenden Tal* und *Tandareis und Flordibel* des Pleier [beide 1240–1270], *Prosa-Lancelot* [ab M. 13. Jh.], Heinrichs von Freiberg *Tristan* [1285–1290] und Konrads von Stoffeln *Gauriel von Muntabel* [2. H. 13. Jh.]), wo sich auch tendenziell die ausführlichsten Beschreibungen zu Lage und Ausstattungselementen finden. Ähnlich bedeutsam ist die Kemenate in den Antikenromanen (*Straßburger Alexander* des Pfaffen Lambrecht [A. 13. Jh.], Heinrichs von Veldeke *Eneasroman* [1170–1180], Rudolfs von Ems *Alexander* [zw. 1220 u. M. 1250er Jahre], Seifrits *Alexander* [1352]) sowie in den Minne- und Aventiureromanen des 13. Jh.s (Konrad Flecks *Flore und Blanscheflur* [um 1220], Konrads von Würzburg *Partonopier und Meliur* [1277]). Ebenfalls häufig, aber weitgehend ohne deskriptive

---

7 Auffallend ist das paarweise, gleichsetzende Vorkommen von *gaden* und *kemenaten* in der *Virginal* („und huoben sich vil balde dar / in gaden, in kemenâten", Virg_(Z) 135,2 f. und wortgleich 951,2 f.).
8 Mit einem Wortspiel erfolgt die Gleichsetzung von Palas und Kemenate in Hartmanns *Erec*: „alsô vuorte er si dan, / [...] / in ein sô schœne palas, / dô diu gotinne pallas / rîchsete hie en erde, / des genuocte si zir werde / ob si waere berâten / mit solher kemenâten" (Er_(C) 8198; 8202–8207).
9 In der mhd. Dichtung kommt zu den zahlreichen Textstellen, in denen die Kemenate explizit genannt und zum Teil auch beschrieben wird, noch eine Vielzahl an Handlungssequenzen, für die mit hoher Wahrscheinlichkeit die Kemenate als Schauplatz angenommen werden darf, obwohl der Begriff nicht fällt oder stattdessen andere Begriffe (s. o.) verwendet werden. Um der Kürze der Darstellung willen müssen diese Textstellen hier weitgehend unberücksichtigt bleiben.
10 Während in Herborts von Fritzlar *Liet von Troye* (1190–1217) acht Mal und in Konrads von Würzburg *Trojanerkrieg* (1280–1287) noch zehn Mal der Begriff Kemenate vorkommt, findet sich in Hans Mairs von Nördlingen *Buch von Troja* (1392) nur noch der Begriff Kammer (*camer*). Ein sehr spätes Beispiel für einen Text, in dem die Kemenate (zum Teil synonym verwendet mit *gewelbe*) noch vorkommt, ist Ulrich Füetrers *Lannzilet* (zw. 1473 u. 1487).

Elemente und in anderen Funktions- und Handlungszusammenhängen begegnet die Kemenate in der Heldenepik (*Nibelungenlied* [um 1200], *Kudrun* [M. 13. Jh.], *Wolfdietrich A, B, D* [um 1230], *Virginal* [zw. 1225 u. 1250]) und in der Brautwerbungs- und Herrschaftsepik (*König Rother* [12. Jh.], *Herzog Ernst B* [A. 13. Jh.]). In unterschiedlichen räumlichen und sozialen Kontexten findet sich die Kemenate schließlich in den kürzeren Verserzählungen des 13. und frühen 14. Jh.s (*Moriz von Craun* [A. 13. Jh.], Rudolfs von Ems *Der guote Gerhart* [zw. 1220 u. M. 1250er Jahre], Lamprechts von Regensburg *Tochter Syon* [um 1248], Konrads von Würzburg *Der Welt Lohn* [um 1260] und *Engelhard* [vor 1260], Ulrichs von Etzenbach *Wilhalm von Wenden* [zw. 1290 u. 1297], *Peter von Staufenberg* [1310]) und im Märe (Johannes' von Freiberg *Das Rädlein* [2. H. 13. Jh.], Pseudo-Konrads *Halbe Birne* [um 1300]). Ein lediglich punktuelles Vorkommen lässt sich in der lehrhaften Dichtung feststellen (Hugo von Trimberg, *Der Renner* [um 1300]), die zahlenmäßig meisten Belege für den Begriff Kemenate hingegen finden sich in der Historiographie (*Kaiserchronik* [M. 12. Jh.] und *Weltchronik* des Jans Enikel [2. H. 13. Jh.]).

2 Merkmale der Darstellung

Angesichts der sonst in mittelalterlichen Erzähltexten meist eher sparsam gehaltenen Beschreibung von Innenräumen wird die Kemenate hinsichtlich ihrer Größe, Lage und Ausstattung vergleichsweise genau charakterisiert und häufig als ‚groß' (Adj. *grôz, wît*: KvWPart 12632; 12709; PleierGar 2998 f.; JansWchr 5854; 18508) und ‚prächtig' (Adj. *rîch*: Virg_(Z) 545,11; *gebûwet schône und hêrlich*, HvFreibTr 2681) beschrieben. Hinsichtlich ihrer konkreten Verortung im räumlichen Arrangement der Texte lässt sich feststellen, dass Kemenaten keineswegs ausschließlich auf Burgen zu finden sind, sondern auch in städtischen Wohnhäusern (Rädlein 341–349; Renner 12879–12954), in → Klöstern (Renner 4161–4173; WolfdD_(AJ) V,120), auf → Schiffen (JansWchr 1969–2538; Tr_(R) 11536–11540; 12157–12163) oder in einem → Zelt (Virg_(Z) 126 f.). Die Kemenate kann ein freistehendes Gebäude bezeichnen (PleierGar 5828–5831; Tr_(R) 14431–14437[11]), sich im Palas oder Wohnturm der Burg befinden (Kudr_(BS) 391–394; HvFreibTr 2679–2682) und Teil eines Raum-Ensembles sein, das aus mehreren Kemenaten besteht (PleierTand 11261–13480). Ihre Qualität als Rückzugsort kann sich innerhalb der räumlichen Semantik durch Entlegenheit äußern, wenn sie etwa

---

11 Brangäne fordert Tristan auf, den Baumgarten zu betreten und erinnert ihn an das „bechelîn, / daz von dem brunnen dâ gât, / hin dâ diu kemenâte stât" (Tr_(R) 14432–14434). Dort hinein soll er einen Holzspan mit den Initialen T und I werfen, sodass dieser von dem Bächlein, das direkt an der Kemenatentüre vorbeifließt, zu Isolde und Brangäne getragen wird. Die Verse legen nahe, dass die *kemenâte* auch hier einen eigenständigen Kemenatenbau bzw. Palas meint (darauf deutet auch die Gleichsetzung von Kemenate und Palas an anderer Stelle hin, z. B. Tr_(R) 14296–14299).

im Obergeschoss nur über eine → Treppe erreichbar ist (HvFreibTr 5342–5349), sich am Ende eines langen Ganges befindet (Rädlein 341–349) oder gar an der äußersten Peripherie der Burganlage. Im *Wigalois* liegt eine der drei Burgen Morals so nahe an einem → See, dass die Wellen an die → Tür der Kemenate branden, wenn es windig ist: „disiu lac sô nâhen bî / dem sêwe daz er rehte vür / der vrouwen kemenâten tür / sluoc, als ez wint was" (Wig 5280–5283). Verstärkt als privater Rückzugsraum markiert erscheint die Kemenate zudem, wenn sie an einen → Garten[12] angrenzt (KvWEngelh_(G) 2927 f.; 2932–2937; Gauriel_(A) 3894–3904; Tr_(R) 14431–14437).

Als prominentes Ausstattungsmerkmal der Kemenate figuriert das Bett (Parz_(L) 240,24–28; 552,7–22; PleierTand 2624–2629; 8843–8850; KvWPart 1120–1190; Gauriel_(A) 168–196; UvZLanz_(H) 4146–4165), dem häufig lange ekphrastische Passagen gewidmet werden.[13] Wie das Bett als Ausstattungselement auf den Raum zurückwirkt, wird sichtbar in Wolframs *Parzival*: „dô vuorten si den jungen man / in eine kemenâten sân. / diu was wol gehêret, / mit einem bette gêret, / daz mich mîn armuot immer müet, / sît diu erde alsolhe rîcheit blüet" (Parz_(L) 242,25–30). Dass Betten jedoch eine Eigendynamik entwickeln und die Kemenate unversehens zu einem überaus gefährlichen Aufenthaltsort machen können, erweist sich an der *Lit marveile*-Episode im *Parzival* (Parz_(L) 566,11–573,27) und am mordenden Bett im *Prosa-Lancelot* (Lanc_I_(K) 607,10–608,9).

Hinsichtlich der weiteren materiellen Ausstattung der Kemenate wird in den Texten besonderes Augenmerk auf kostbare Textilien wie Wandbehänge, Teppiche und Kissen gelegt (Er_(C) 8591–8605; PleierTand 11261–11266; 11552–11556). Im *Eneasroman* wird aus der Perspektive der Besucher der Blick in die prachtvollen Kemenaten des Palastes von Laurentum gerichtet: „si sâgen die kemenâten / hêrlîchen berâten / mit sîdenen umbehangen / breiten unde langen / nûwe unde zierlîch. / nidene was der esterîch / mit tepichen gespreitet, / hêrlîche bereitet. / des jâhen diez gesâgen. / ûf den tepechen lâgen / die kolter von samîte / von phelle und von dimîte, / lieht unde maneger vare" (En_(EK) 12927–12939). Besondere Holzarten[14] spielen für die Charakterisierung der Kemenate ebenso eine Rolle (SeifAlex 4851 f.; SAlex_(K) 6094) wie die Kunstfertigkeit und Originalität von Ausstattung und Bauweise: Dies trifft in besonderem Maße auf die auf vier Rädern stehende und von sechsunddreißig Elefanten gezogene Kemenate der Candacis im *Straßburger Alexander* zu (SAlex_(K) 6100–6115).[15] Darüber hinaus werden häufig edelsteinbesetzte Gewölbedecken, Wände und

---

[12] Wesentliche strukturelle Überschneidungen zwischen Garten und Kemenate macht Ulrich Ernst im *Tristan* aus, wenn etwa Isolde den Baumgarten, in dem die heimlichen Liebestreffen mit Tristan stattfinden, durch das Aufstellen des Prunkbettes „kemenatisiert" (Ernst 2007, 179).
[13] Vgl. Lerchner 1993, 351–479.
[14] Vgl. Ohly 1971, 63–72.
[15] Vor allem die innovative Technik von Candacis' eigenem Entwurf bildet hierbei den Prestigewert (vgl. Haupt 1995, 133 f.). Als „virtuell" bezeichnet Carsten Morsch die Kemenaten der Candacis (Morsch 2011, 199–219).

Fußböden (ErnstB_(B) 2568–2576; Flore_(G) 4187–4191; Gauriel_(A) 168–172) erwähnt, die durch ihr Funkeln die Kemenate derart erhellen, dass zusätzliche Beleuchtung obsolet wird (SAlex_(K) 6079–6088; UvZLanz_(H) 4136–4145).[16] Während in den Texten einerseits auf Beleuchtung großen Wert gelegt wird, fallen andererseits Handlungssequenzen auf, in denen gerade die Dunkelheit in der Kemenate betont wird, wodurch sich ein bedeutsames Spannungsfeld zwischen Helligkeit/Sichtbarkeit einerseits und Dunkelheit/Verbergen andererseits auftut. Im *Moriz von Craun* wird das furiose Finale in der lediglich durch eine Kerze in einem Glas beleuchteten Kemenate wesentlich durch das schwache Licht beeinflusst (Craun 1511–1580). Im *Tristan* wird der heimliche Austausch von Isolde und Brangäne in der Hochzeitsnacht[17] durch eine geschickte Lichtregie in Markes Kemenate ermöglicht (Tr_(R) 12576–12674), und das Spiel mit Licht und Dunkel setzt sich fort in der Sequenz um Marjodo, der in Isoldes Kemenate lediglich Ohrenzeuge des Ehebruchs wird, weil Brangäne das Licht mit einem Schachbrett abgedunkelt hat (Tr_(R) 13505–13619).[18] Auch im *Nibelungenlied* findet Gunthers und Siegfrieds gemeinsamer Betrug an Brünhild in der Dunkelheit statt, nachdem Siegfried unter dem Schutz der Tarnkappe den *chinden* (hier: Pagen) die Lichter in den Händen löscht (NibA/B/C_(B) B651[654]). Auf die Gepflogenheit, dass Kammerdiener Lichter in die Kemenaten tragen, wird nicht nur im *Nibelungenlied* Bezug genommen (auf einem solchen Gang zu Kriemhilds Kemenate findet ein Kämmerer die davor liegende Leiche Siegfrieds, NibA/B/C_(B) B1003[1006]), sondern auch in Konrads von Würzburg *Partonopier und Meliur*: Unsichtbare Kammerdiener tragen Lichter vor Partonopier her und weisen ihm so den Weg in die Kemenate (KvWPart 1114–1123). Die dunkle Kemenate bietet in der Folge einen Schutzraum für die Liebesbeziehung der Protagonisten, der sich jedoch als fragil erweist und schließlich durch eine quasi gewaltsame Ausleuchtung zerstört wird. Eine enthüllende, bloßstellende Funktion kommt der Helligkeit auch im *Erec* zu, wenn die Sonne durch das → Fenster der Kemenate auf das im Bett liegende Paar scheint und dadurch die Problematik der gesellschaftsfernen Liebesbeziehung ans Licht bringt (Er_(C) 3016–3024).[19]

---

16 Auch in Konrads von Würzburg *Trojanerkrieg* wird Medeas Kemenate durch die Edelsteine auf dem darin befindlichen prächtigen Bettgestell stets taghell erleuchtet (KvWTroj_(K) 9018–9025). In Strickers *Daniel von dem Blühenden Tal* (1220–1250) wird von wundersamen ‚Leuchtvögeln' berichtet, die nachts die Kemenate so erhellen, als brenne eine Kerze darin, und dazu auch noch wunderschön singen (StrDan 565–574). In Albrechts *Jüngerem Titurel* werden ebenfalls edelsteinbeleuchtete Kemenaten beschrieben, die darüber hinaus sogar noch durch Lampen erhellt werden, welche an goldenen Ketten von den Gewölbedecken herabhängen (JTit 4469–4471; 6228–6230), sodass dort ein nachgerade verschwenderischer Überfluss an Licht herrscht.
17 In der Dunkelheit der Kemenate vollzieht auch Jakob in der Hochzeitsnacht die Ehe mit der falschen Braut (JansWchr 4679–4696).
18 Vgl. Baier 2005, 194–196.
19 Vgl. J.-D. Müller 2007, 293–296.

3 Narrative Funktionen

Die Kemenate erscheint in der erzählenden Literatur als Innenraum des Unverfügbaren und Uneinsehbaren, der wesentlich durch Geheimnisse charakterisiert wird (was sich in den Texten auch sprachlich durch die häufig beobachtbare Nähe zum Begriff *heimelîch* ausdrückt)[20] und somit einen Rückzugs-, Schutz- und Absenzraum gleichsam „im Rücken der höfischen Repräsentation" darstellt.[21] Im räumlichen Arrangement der Texte steht somit die Kemenate für einen Ort, der stark durch ‚Privatheit' gekennzeichnet und nur einem eingeschränkten Kreis zugänglich ist. Jene Figuren, die sich trotz Zugangsbeschränkungen in einer bestimmten Kemenate aufhalten dürfen, haben entweder nur temporär aufgrund situativer Erfordernisse Zutritt (beispielsweise Boten und Besucher, die empfangen werden, um über bestimmte Ereignisse Bericht zu erstatten)[22] oder sie stehen in einem besonderen Vertrauens- und Näheverhältnis zu den jeweiligen Bewohnern.[23] Ein solches Vertrauensverhältnis kann sich (auch) aus einer dienenden Funktion der Figur – etwa als Page oder Zofe – ergeben oder damit gekoppelt sein,[24] wie bei Tandareis und Flordibel, die von Jugend an in Artus' Kemenate höfisch erzogen werden: „Artûs, der künec êren rîch, / zôch disiu kint mit vlîze gar, / den knaben unt die maget klâr, / in sîner kemenâten. / vil werden dienst sie tâten, / der künegîn unt dem künege rîch / wâren sie heimelîch" (PleierTand 988–994).

Im *Tristan* Gottfrieds von Straßburg steht der Begriff Kemenate metonymisch für jene Personen, die diesem Raum bzw. Raumensemble zugeordnet sind, die also

---

[20] Vgl. Strohschneider 2000, 32. Darüber hinaus lässt sich beobachten, dass eine besondere Engführung von Kemenate und Heimlichkeit in solchen Handlungssequenzen erfolgt, die magische Praktiken und Arkanwissen thematisieren (RvEAlex 299–305; 785–792; JansWchr 26343–26368; WolfdB_(AJ) 639; WolfdD_(AJ) VI,108).
[21] Strohschneider 2000, 33.
[22] Kudr_(BS) 337; NibA/B/C_(B) B223(225); B555(558). Im *König Rother* geben die Ritter einander sprichwörtlich die Klinke in die Hand, um der Prinzessin in deren Kemenate einer nach dem anderen von Dietrichs/Rothers Vorzügen zu berichten (Roth_(B) 1909–1920).
[23] Eine Sonderstellung hat offensichtlich die Figur des Narren inne, die sich in bzw. in unmittelbarer Nähe der Kemenate aufhalten darf. In Heinrichs von Freiberg *Tristan*-Fortsetzung bietet die Narrenrolle Tristan und Isolde eine Möglichkeit unverdächtigen Zusammentreffens. Tristan schlägt als Narr Peilnetosi sein Nachtlager vor Isoldes Kemenate auf, singt dort, wird von ihr nachts eingelassen und begleitet sie auch außerhalb der Kemenate überall hin (HvFreibTr 5341–5470). Ähnlich verhält es sich in der *Halben Birne*, deren Protagonist ebenfalls als Narr verkleidet in die Kemenate der Prinzessin und in Folge in deren Bett gelangt (HBirne 254–394), vgl. dazu Bernuth 2009, 53–56. Eine weitere Figur, die quasi außerhalb der höfischen Gesellschaftsordnung steht und dennoch bedingt Zugang zur Kemenate erlangen kann, scheint der Bettler zu sein (etwa UvLFrd 1134).
[24] Die Engführung der Rollen von Zofe und Vertrauter/Freundin lässt sich an der Figur der Brangäne im *Tristan* beobachten, wo sich das Vertrauensverhältnis in räumlichen Kategorien manifestiert: Nach Isoldes Mordversuch wird Brangäne zu deren absoluter Vertrauten und ‚Komplizin', die über alles Bescheid weiß („ze kamere kunde niht gesîn / Brangaene enmüese ez wizzen", Tr_(R) 12956 f.).

darin wohnen, darüber verfügen und/oder sich üblicherweise dort aufhalten.²⁵ Den Umstand, dass der Zwerg Melot ein Vertrauter des Königs ist und auch in den Frauengemächern ein- und ausgeht, drückt Gottfried so aus: „daz [getwerc, G. Sch.] was dem künege heinlich / und ouch der kemenaten" (Tr_(R) 14250 f.). Dass die metonymische Verwendung der Raumbezeichnung hier auf der Assoziation von Kemenate und Frauenwohnraum beruht,²⁶ wird aus dem Kontext ersichtlich bzw. wird an späterer Stelle nochmals verdeutlichend ausformuliert: Tristan befolgt zunächst Markes Gebot, sich von allen Orten fernzuhalten, wo sich Damen ‚privat' aufhalten („Tristan meit iegelîche stat, / dâ der vrouwen heinlîche was. / kemenâten unde palas / dâ enkam er niemer în", Tr_(R) 14296–14299), und so sind für ihn später, als er in Markes Vertrauen rehabilitiert ist, Isolde und ihr privater Bereich wieder verfügbar: „si [= Isolde, G. Sch.] und diu kemenâte / dien wâren niwan als er gebôt" (Tr_(R) 15038 f.). Als Frauenwohnraum kommt der Kemenate eine – mehr oder weniger stark betonte – *huote*-Funktion zu, handelt es sich allerdings um einen Männerwohnraum, so stehen dort die Zugangsbeschränkungen unter anderen Vorzeichen. Die Kemenate Alexanders des Großen etwa ist ein Ort, an dem man den Herrscher nicht ohne Weiteres stören darf und zu dem nur eigens Berufene Zutritt haben, „wan ez geschaffen was alsô / daz nie man getorste dô / zuo dem künge hin gegân / swenn er heimlîche wolde hân, / wan der dar zuo geschicket was" (RvEAlex 18969–18973)."²⁷

Die Kemenate dient also in der erzählenden Literatur als Wohnraum sowohl für Männer (Roth_(B) 1543 f.; 2329–2334; JansWchr 2008; 2315; 2374; 17126; 26118) als auch für Frauen²⁸ (Er_(C) 9923–9928; SeifAlex 372–376; ErnstB_(B) 1020–1022; En_(EK) 1322–1325; Flore_(G) 504–513), darüber hinaus aber auch als gemeinsames eheliches Schlafgemach (PleierTand 1410–1421; Er_(C) 3016–3024) ebenso wie als Raum, in dem

---

25 Eine vergleichbare metonymische Verwendung erfährt im Nhd. der Begriff Frauenzimmer, wenn sich dessen Bedeutung von der ursprünglichen Bezeichnung eines Raumes, in dem sich Frauen aufhalten (später: ein Raumensemble im Sinne einer weiblichen Hofhaltung) auf die Bewohnerinnen solcher Räume ausweitet und schließlich, vom Raumbezug abgelöst, für ‚Frau' im Allgemeinen stehen kann; vgl. dazu Strohschneider 2000, 29.
26 Ähnlich im *König Rother*: Auf Herlints Einladung, die Prinzessin in deren Kemenate aufzusuchen, reagiert Dietrich/Rother zunächst ablehnend. Mit dem Hinweis „ich bin ouch zo kemenatin gegangen / hie vore, do daz mochte sin" (Roth_(B) 1968 f.) bringt er zum Ausdruck, dass er früher sehr wohl mit hohen Damen in höfischer Weise Kontakt hatte, sich jetzt als Vertriebener aber nicht in der Position sieht, der Prinzessin seine Aufwartung zu machen. Ein Blick auf die Sangspruchdichtung Walthers zeigt, dass der Begriff Kemenate in metonymischer Verwendung nicht notwendigerweise stets auf Frauen verweisen muss (vgl. Fn. 43).
27 Als ähnlich streng werden die Zutrittsregeln zu Holofernes' Kemenate in der *Jüngeren Judith* geschildert: Da niemand einfach klopfen oder gar hineingehen darf, versucht man zunächst, den König durch Lärm vor der Tür zu wecken, doch erst Holofernes' persönlicher Kämmerer Bagao findet letztlich dessen Leiche (JJud 1618–1637).
28 Mit der *Chambre des dames* im französischen höfischen Roman als Äquivalent der Kemenate in der Bedeutung ‚Frauenzimmer' beschäftigt sich Kroll 2005.

Säuglinge und Kleinkinder mit ihren Müttern (UvZLanz_(H) 86–93; WolfdA_(AJ) 73) oder Betreuerinnen bzw. Erzieherinnen wohnen (Kchr_(S) 12013–12067; 12092–12096) und als Ort, an dem die Geburt stattfindet (RvEAlex 1205–1210; „ze kemenâten gân" für ‚niederkommen', Kchr_(S) 4143 f.). Besonders im weiblichen Nutzungskontext steht die Kemenate häufig für ein Raum-Ensemble im Sinne einer weiblichen Hofhaltung bzw. einer dezidiert weiblichen Einfluss-Sphäre, die besonderen sozialen Regeln unterliegt, während die Kemenate als Männerwohnraum tendenziell weniger stark markiert und mehr auf ‚einfache' individuelle Wohn- und Rückzugsfunktionen reduziert erscheint. Als spezifisch weiblicher Kommunikationsraum wird die Kemenate beispielsweise in Gottfrieds *Tristan* thematisiert, wenn Isoldes Mutter in einem Streitgespräch dem Truchsessen, der nach dem Drachenkampf Anspruch auf Isolde erhebt, bescheinigt, dass seine Argumente klingen, als seien sie von Frauen in der Verborgenheit der Kemenate erdacht worden: „si habent dem gelîchen schîn, / als sî ze kemenâten sîn / in der vrouwen tougenheit bedâht" (Tr_(R) 9901–9903). Aus einem geschlechterspezifischen Blickwinkel betrachtet oszilliert die Kemenate in einem funktionellen Spannungsfeld zwischen Rückzugs- und Schutzraum einerseits und einem die Handlungsfreiheit einschränkenden ‚Zwangsraum' andererseits. Während in einigen Texten die Handlungsspielräume weiblicher Figuren innerhalb der von ihnen bewohnten und kontrollierten Raumensembles durchaus von Autonomie gekennzeichnet sein können (Kudr_(BS) 1618–1634; PleierTand 11261–13395; SAlex_(K) 5833–6236; SeifAlex 372–376; 7192–7232), stehen dem gegenüber Beispiele, in denen die Kemenate eher restriktiv wirkt – im Extremfall als Harem im Rahmen einer Orient-Handlung wie in Konrad Flecks *Flore und Blanscheflur* (Flore_(G) 4178–4199; 4295–4301) oder vor dem Hintergrund der feudaladeligen Geschlechterordnung des *Nibelungenliedes* als ‚Verwahrungsort' für Frauen, von wo man diese lediglich dann holen lässt, wenn sie gebraucht werden (NibA/B/C_(B) B131[133]–136[138]; B278[280]; B1646[1649]; B1684[1687]).[29] In der didaktischen Dichtung (bei Hugo von Trimberg im *mere von einer beslozzen frawn*, Renner 12879–12954) und in der Historiographie (in Jansen Enikels *Weltchronik*, JansWchr 20723–20750) wird die *huote*-Funktion der Kemenate vor dem Hintergrund der Ehethematik hinterfragt und problematisiert.

Die Bedeutung der Kemenate als literarischer Ort im narrativen Gefüge mittelalterlicher Erzählungen wird einerseits wesentlich geprägt von der ihr anhaftenden Qualität reduzierter (höfischer) Öffentlichkeit und andererseits von ihrem überaus breiten Spektrum verschiedener Raumfunktionen.[30] Die Kemenate dient der Aufbewahrung von persönlichen Gegenständen, Kleidung (UvEtzWh 757–788; Roth_(B) 1945–1948;

---

29 „[D]ie Kemenate erweist sich als ein ‚höfischer' Harem", formuliert in zugespitzter Weise Daniel Rocher (1991, 139).
30 Mögliche Interferenzen zwischen der Multifunktionalität der Kemenate und einer differenzierten Auffassung von adelig-höfischer Persönlichkeit zeigt Barbara Haupt am Beispiel des *Willehalm* (Haupt 1995, 142–144).

NibA/B/C_(B) B1650[1653]; Virg_(Z) 135) und Rüstungen (WolfdD_(AJ) VI,43; Wig 8370–8375), wird aber auch genutzt für die Ausübung manueller Tätigkeiten wie Nähen, Sticken, Spinnen und Weben (Flore_(G) 548–551; UvEtzWh 2459–2470; Wh_(S) 290,1–9), für Müßiggang und Lektüre (UvLFrd 1700; KvWWelt 52–61), das Schreiben von Briefen (JansWchr 22427–22429; En_(EK) 10785–10793[31]), das Einnehmen von Mahlzeiten (Parz_(L) 423; Wig 711), für die Körperpflege (JansWchr 18508–18511) oder als Krankenzimmer (JansWchr 14889–14982; RvEAlex 2679–2686; Wig 8380–8385; Wh_(S) 99,15–21; 278,16–26; Iw_(BLW) 5605–5616; Parz_(L) 240,23–30; 578,4–588,25). Als Wohnraum, der von Dienstpersonal gereinigt und beheizt werden muss und dessen Wärme und Behaglichkeit in scharfem Gegensatz zur Kälte und Unwirtlichkeit draußen steht, wird die Kemenate in der *Kudrun* charakterisiert (Kudr_(BS) 1020; 1191; 1275); im Kontext höfischer Gastfreundschaft wird sie Gästen als Quartier zur Verfügung gestellt (En_(EK) 566 f.; 638–640; 880–893; Er_(C) 8591–8612; Parz_(L) 242,22–26; 549,11; Tr_(R) 4063), sie kann aber auch die Funktion eines → Gefängnisses annehmen (RvEGer 1522–1708; PleierGar 5828–5837; Kchr_(S) 11623–11627) oder vom Rückzugsort zum selbstgewählten Gefängnis werden (KvWPart 9422–9994).

3.1 Die Kemenate als Ort der Handlung

Wenn sich in der Kemenate für den Fortgang der Handlung wesentliche Ereignisse zutragen, so bilden dabei Öffentlichkeit und Heimlichkeit weniger eine Dichotomie, sondern erscheinen vielmehr als perspektivenabhängiges Kipp-Phänomen, das die Zugänglichkeit von Kommunikationsräumen und die Kommunizierbarkeit von Wissen bestimmt.[32] Im *Guoten Gerhart* Rudolfs von Ems findet die Rahmenhandlung in Form einer Erzählsituation unter vier Augen in einer Kemenate der Bischofsresidenz zu Köln statt (RvEGer 872–1129; 6631–6740). Als Ort für vertrauliche Gespräche bietet die Kemenate nicht nur durch ihre eingeschränkte Öffentlichkeit die geeigneten Rahmenbedingungen (En_(EK) 1452–1457; 4947–4955; 9740–9747; RvEGer 3815–3822; Parz_(L) 192 f.; NibA/B/C_(B) B1397[1400];[33] B1410[1413]), sondern auch in baulicher Hinsicht die nötige Abgeschlossenheit (Kudr_(BS) 1330; 1618,1; 1623,1),[34] um Geheim-

---

31 Vgl. Kellermann 2005, 337 f. Zur Verschränkung von *minne*-Thematik und politischem Handeln am Schauplatz der Kemenate vgl. Haupt 1995, 139–142.
32 Vgl. Strohschneider 2000, 35.
33 Als Kriemhild nachts im Bett Etzel dazu bringt, die Burgunden an ihren Hof einzuladen, wird die Kemenate zwar nicht explizit genannt, ist aber als Schauplatz für diesen *pillow talk* (nach J. C. Frakes) anzunehmen. Zur Problematik der ‚verdoppelten' Heimlichkeit in dieser und weiteren von Nicht-Öffentlichkeit geprägten Szenen im *Nibelungenlied* vgl. J.-D. Müller 2007, 277–279. Zu den Bettgesprächen im *Parzival*, im *Nibelungenlied* und im *Tristan* vgl. Lerchner 1993, 379–384.
34 Für die *Kudrun* konstatiert Stefan Seeber eine besondere Störanfälligkeit geschlossener Innenräume, die sich erst gegen Ende der Handlung während Kudruns strategischer Aussöhnungsaktion auflöst (Seeber 2008, 125–146, hier: 144–146).

nisse sicher zu bewahren.³⁵ Diese (auch) akustisch nach außen abschirmende Funktion kann zurücktreten und zugunsten der narrativen Perspektivierung ins Gegenteil verkehrt werden: Im *Iwein* Hartmanns von Aue dringt Kalogrenants Erzählung des missglückten Brunnenabenteuers durch die Wand in die königliche Kemenate und veranlasst Ginover herauszukommen; die Raumstruktur wird hier narrativ eingesetzt, um zunächst die Szenerie zu beruhigen, den perspektivischen Fokus auf die kleine Erzählgruppe zu legen und schließlich den Veröffentlichungsprozess in Gang zu setzen (Iw_(BLW) 77–90).³⁶

Dass die Kemenate gerade durch ihre Situierung „im Rücken"³⁷ höfischer Repräsentation ein ambivalenter Ort ist, der leicht zum Schauplatz für Normverstöße und Störungen der Ordnung werden kann, zeigt sich oft dann, wenn es um Liebesbegegnungen und Sexualität geht. Neben positiv besetzten Liebesvereinigungen (Rädlein 394–500; RvEGer 5022–5065; Parz_(L) 642,1–644,11) und der Funktionalisierung als Schutzraum für die Liebe und Versteck für heimlich eingeschleuste (potenzielle) Liebespartner (Flore_(G) 5540–5953; PleierTand 11261–13524)³⁸ stehen problembehaftete und konflikträchtige Liebes- oder Ehebeziehungen, die sich in der Kemenate anbahnen und entwickeln. Als heimlicher Ort einer tabubelegten Liebesbeziehung, die für die Öffentlichkeit des Hofes unsichtbar bleiben muss, ist die Kemenate bedeutsam in Konrads von Würzburg *Partonopier und Meliur* (KvWPart 1123–2231; 7827–9119).³⁹ In Gottfrieds *Tristan* nimmt auf der Überfahrt nach Cornwall im ‚Zwischenraum'⁴⁰ von Isoldes Kielkemenate die fatale Liebesbeziehung von Tristan und Isolde ihren Ausgang und präfiguriert eine Abfolge weiterer Betrugs- und Ehebruchhandlungen, die sich auch, aber nicht ausschließlich, in Kemenaten (Tr_(R) 12576–12674; 13505–13619; 15128–15225) zutragen. Auch im *Nibelungenlied* vollzieht sich in der Kemenate ein wesentlicher Schritt in der Entwicklung des zentralen Konfliktes, als Brünhild sich Gunther in der Hochzeitsnacht verweigert (NibA/B/C_(B) B628[631]–640[643]) und daraufhin (nochmals) getäuscht und von Siegfried überwältigt wird (NibA/B/C_(B) B650 f.[653 f.]; B660[663]–674[677]). Dass die Kemenate vom Ort des

---

35 In diesem Zusammenhang fällt auf, dass die ‚Versperrbarkeit' der Kemenate häufig betont wird (z. B. En_(EK) 10783–10789; JJud 959–966; NibA/B/C_(B) B628[631]; Wh_(S) 147,25–148,2; HvFreibTr 680–682).
36 Vgl. Schanze 2010, 87–90.
37 Strohschneider 2000, 33.
38 Auch in der Lyrik, namentlich im Tagelied, spielt die Kemenate eine wichtige Rolle. Explizit als Versteck des Ritters, der von der Zofe (welche die Funktion des Wächters übernimmt) nicht rechtzeitig zum Abschied gemahnt wird, thematisiert wird sie bei Ulrich von Liechtenstein im Lied XL (DLd I,58,XL).
39 Eine prinzipiell ähnliche Funktion erfüllt die Kemenate für die Mahrtenverbindung im *Peter von Staufenberg* (Staufenb 541–552). Zur illegitim erscheinenden Heimlichkeit der Kemenate in Konrads *Partonopier und Meliur* vgl. J.-D. Müller 2007, 283–290, zur Verabsolutierung der *tougen minne* in der Dunkelheit der Kemenate vgl. Lerchner 1993, 395–399.
40 J.-D. Müller 2007, 301.

Brautlagers unversehens zum Ort der Gewalt werden kann, zeigt sich im *Herzog Ernst*, als der Plan, den König von Grippia in dessen Kemenate zu ermorden und die Prinzessin zu entführen (ErnstB_(B) 3344–3350) misslingt, stattdessen die Prinzessin von den Grippianern auf dem ursprünglich als Brautlager intendierten Prunkbett[41] getötet wird und die Szene in einem Gemetzel endet (ErnstB_(B) 3401–3451). Das Spektrum gewalttätiger Handlungen, die in der Kemenate stattfinden können, beschränkt sich jedoch nicht auf Mord (ErnstB_(B) 1278–1293; JansWchr 24552–24575) und Mordversuche (JansWchr 10109–10285; Wh_(S) 147,25–148,2), sondern reicht von Selbstmord (En_(EK) 2452–2459), körperlicher Gewalt (JansWchr 12809–12828; Kchr_(S) 15436–15445) und Kindesentführung (JansWchr 13591–13602; WolfdA_(AJ) 76–79) bis hin zur Drastik des Kindsmordes in der *Crescentia-Legende* (Kchr_(S) 12225–12277).

Finden in der Abgeschlossenheit der Kemenate Rechtshandlungen mit intendierter Öffentlichkeitswirksamkeit statt, so bedarf es einer anschließenden Veröffentlichung, um diese verbindlich zu machen.[42] Dies betrifft das Rat-Halten und das Führen geheimer Beratungsgespräche (*sundersprâchen*, z. B. Kudr_(BS) 1634,2) mit auserwählten Eingeweihten als Formen des Herrschaftshandelns[43] (Kchr_(S) 6640–6644; 12969–12978; ErnstB_(B) 1268–1279; RvEGer 5356–5360, Gauriel_(A) 886–892; Staufenb 643–648; Virg_(Z) 545) ebenso wie das Schmieden von Heiratsbündnissen (Kudr_(BS) 1618; 1630) und das Eingehen von Verlobungen: Im *König Rother* (Roth_(B) 1925–2316) wird in der Kemenatenszene eine auf gegenseitigem Einverständnis fußende Verlobungshandlung inszeniert, die mit der Rechtsfigur der Brautbeschuhung bereits jenen rechtswirksamen *consensus*-Gedanken aufruft, in dem sich das integrative Verständnis von Reichsherrschaft am Ende des Epos präfiguriert.[44]

3.2 Symbolische Dimensionen

Als gebauter Raum mit festen Begrenzungen steht die Kemenate für ein Innen, das mit einem wie auch immer gearteten Außen kontrastiert, und bietet somit die Möglichkeit, Konzepte von Innerlichkeit abstrahierend darzustellen. Heinrich von Freiberg konzipiert in seiner *Tristan*-Fortsetzung die Brautkemenate von Tristan und Isolde Weißhand als durchlässigen Raum, dessen bauliche → Grenzen von der Macht der *minne* überwunden werden, sobald Tristans Blick auf den Ring der blonden Isolde

---

[41] Lerchner 1993, 418 f.; gewissermaßen „pervertierte" (422) Hochzeitsbetten macht Lerchner auch im *Nibelungenlied* und im *Tristan* aus (Lerchner 1993, 421–423).
[42] Vgl. J.-D. Müller 2007, 272 f.
[43] Walther von der Vogelweide verwendet in L 55,IV den Begriff Kemenate metonymisch für den Reichsrat: „Des stênt die hôhen vor den kemenâten. / sô suln die niederen umbe daz rîche râten" (WvdVLLS IV,7 f.; Cormeau 1996, 183) und ist als Kritik an der Unordnung in der ständischen Struktur zu verstehen.
[44] Vgl. Schulz 2001, 73 f., 78–80, Haupt 1995, 135–139.

fällt: „ir beider vrouwe die Minne, / die vreche stürmerinne, / die quam dort her sturm-rûschende, / mit ir vlammen lûschende / und mit ir heizem viure / und vuorte die gehiure / Isôt, die blunden ûz Irlant, / durch der kemnâten ganze want / und legete sie gar snelle / rechte in die innern zelle, / die in Tristandes herzen was" (HvFreibTr 789–799). In der Benennung der „innern zelle" in Tristans Herzen klingt jene – auch in der Lyrik[45] häufig begegnende – Körpermetaphorik an, welche die Kemenate als einen Raum im ‚Gebäude' des menschlichen Körpers begreift.[46] In Lamprechts von Regensburg geistlicher Dichtung *Diu tohter von Syon* steht die Herzenskemenate im Kontext einer Hochzeitsmetaphorik, deren Bildlichkeit zisterziensischer Brautmystik verpflichtet ist. Die Tugenden führen die wahre *minne* – das ist die Gottes-*minne* – in die Kemenate (also: in das Herz) der Tochter von Syon, wo sie freudig empfangen wird (LvRegSyon 3216–3224).[47] Im Zuge der Hochzeit erfolgt eine umfassende Annäherung von → Himmel und Herzenskemenate: Die Türen stehen beiderseits weit offen, sodass eine Vereinigung möglich wird und die Bewohner beider Orte sich mischen können (LvRegSyon 4106–4118). Auch in der Didaktik findet sich die Metaphorik vom Körper als → Haus wieder, wobei die Augen für die Fenster stehen und sowohl Herz als auch Seele als Kemenate bezeichnet werden. Hugo von Trimberg warnt im *Renner* (Renner 18803–18816) vor den schädlichen Einflüssen von außen, die sich über die Augen Zugang zur Seele verschaffen, und entwirft so das Bild eines gefährdeten Innenraumes, das er durch ein Zitat aus dem Buch Hiob untermauert: Der Tod kommt durch des „houbtes vensterlîn" (Renner 18809) herein, und die Sinneseindrücke verhalten sich wie ungebetene Gäste in des „herzen kemenâten" (Renner 18813).

> Craun, En_(EK), Er_(C), ErnstB_(B), Flore_(G), Gauriel_(A), HBirne, HvFreibTr, Iw_(BLW), JansWchr, JJud, JTit, Kchr_(S), Kudr_(BS), KvWEngelh_(G), KvWPart, KvWTroj_(K), KvWWelt, Lanc_I_(K), LvRegSyon, NibA/B/C_(B), Parz_(L), PleierGar, PleierTand, Rädlein, Renner, Roth_(B), RvEAlex, RvEGer, SAlex_(K), SeifAlex, Staufenb, StrDan, Tr_(R), UvEtzWh, UvLFrd, UvZLanz_(H), Virg_(Z), Wh_(S),Wig, WolfdA_(AJ), WolfdB_(AJ), WolfdD_(AJ), WvdVLLS

> → Burg, Schloss, Hof; → Garten, Baumgarten; → Gefängnis, Orte der Gefangenschaft; → Grenze; → Hafen, Schiff; → Haus, Hütte; → Himmel, Hölle; → Kirche, Kathedrale, Münster, Kapelle, Kloster, Tempel; → Saal; → See, Teich, Pfütze; → Tor, Tür, Treppe, Fenster; → Zelt

---

45 In einem Mariengruß des späten 13./frühen 14. Jh.s wird der Bauch Mariens als „kevsche[] kemenate" bezeichnet (ML 481). Mit metaphorischen und allegorischen Zusammenhängen zwischen architektonischen Elementen der Burg und dem weiblichen Körper in unterschiedlichen Textsorten und Funktionszusammenhängen setzen sich Ricarda Bauschke (2006b) und Dorothea Klein (2006) auseinander.
46 Zur Metaphorik der Körper-Innenräume vgl. Schnyder 2003, 33–341.
47 Der Körper ist der *palas*, in dem sich des Herzens *kemenâte* befindet: „mit den brûtleichen wart sie [= diu wâre minne, G. Sch.] dâ / in daz palas gecondwieret" (LvRegSyon 3212 f.).

Britta Bußmann
Kirche, Kathedrale, Münster, Kapelle, Kloster, Tempel

1 Begriffsbestimmung – 2 Merkmale der Darstellung – 2.1 Christliche und nicht-christliche Sakralbauten – 2.2 Klöster – 3 Narrative Funktionen – 3.1 Kirchen, Tempel und Klöster als Handlungsorte – 3.1.1 Geschlossene und öffentliche Orte – 3.1.2 Orte für religiöse Handlungen – 3.2 Verbindung zur Figurendarstellung – 3.3 Kirchen, Tempel und Klöster als Wissens- und Seelenräume – 4 Transfiktionale Bezüge

1. Begriffsbestimmung

Das Lemma erfasst die literarischen Gestaltungen geistlicher Bauwerke. Prinzipiell sind dabei zwei Grundtypen zu unterscheiden. Einerseits gehören in diese Kategorie die Darstellungen solcher Architekturen, die der rituellen Ausübung eines Kultes durch eine Gemeinde dienen. Derartige „Stätte[n] der Gottesverehrung"[1] werden in der mhd. Literatur sowohl in christlichen wie in nicht-christlichen Erzählwelten zu Handlungsorten. Zur Bezeichnung dieser Bauten dienen primär die Begriffe *münster/munster* (n.), *kap[p]elle* (f.), *kirche* (f.), *goteshûs* (n.), *tempel* (n./m.) und *betehûs* (n.); seltener belegt sind *tuom* (m./n.) und *abgothûs* (n.).[2] Sie lassen sich grob der christlichen (*münster, kapelle, kirche, goteshûs, tuom*) bzw. der nicht-christlichen (*tempel, betehûs, abgothûs*)[3] Sphäre zuordnen, doch gibt dies lediglich den in der Tendenz dominierenden Wortgebrauch wieder. So wählen die Texte oft christlich geprägte und ihrem Publikum insofern vertrautere Bezeichnungen (vor allem *münster, kirche* oder *goteshûs*), um nicht-christliche Sakralarchitekturen zu benennen.[4] Umgekehrt ist

---

[1] Masser 1966, 9 schlägt dies in Ergänzung zu ‚Gotteshaus' als religiös neutralen Begriff vor; innerhalb des Lemmas wird zusätzlich zu diesen beiden Bezeichnungen der Terminus ‚Sakralbau' in diesem Sinn benutzt.
[2] Das mhd. Begriffsfeld zu christlichen Sakralbauten kennt noch eine Reihe weiterer Differenzierungen, doch werden diese im Sprachgebrauch der Erzähltexte nicht relevant. Zum Begriffsfeld vgl. Masser 1966.
[3] Innerhalb der nicht-christlichen Sphäre wird nicht weiter unterschieden. So existieren im Mhd. noch keine eigenen Begriffe für ‚Moschee' und ‚Synagoge'.
[4] Masser rechnet noch nicht mit dem bewussten Einsatz von Inkulturationstechniken, sondern führt die Umdeutung der christlichen Bezeichnungen primär auf einen Mangel an nicht-christlichen sakralen Ausdrücken zurück (vgl. Masser 1966, 41). – Konrad von Würzburg nutzt zudem *stift* in seiner allgemeinen Bedeutung von ‚Bau' als Bezeichnung für antike Tempel (etwa: KvWTroj_(K) 9300; 9645). Zum Bedeutungsumfang von *stift* siehe BMZ 2,2, 628b, Lexer 2, 1191.

mhd. *tempel* in religiöser Hinsicht offenbar immer schon mehrdeutig und kann sich, wohl in Analogie zu mlat. *templum*, gleichermaßen auf den Salomonischen Tempel in Jerusalem wie auf heidnische und christliche Gotteshäuser beziehen.[5] Die Gralsromane *Parzival*, *Jüngerer Titurel* und *Lohengrin* nutzen *tempel* sogar alternativlos als Bezeichnung für die Kirche des → Gralsbezirks. Für die mhd. Begriffsverwendung wichtiger als eine exakte Trennung zwischen den religiösen Bereichen scheint daher die Möglichkeit, zumindest für die christliche Sphäre Kirchentypen hinsichtlich ihrer Funktion, ihrer Stellung innerhalb der kirchlichen Hierarchie und ihrer Größe unterscheiden zu können. Vor allem *münster*, *kapelle* und *kirche* tragen derartige Implikationen in sich. In mhd. Texten meint *münster* neben Kloster-, Stifts- und Bischofskirchen jedwede große und prächtige Kirche,[6] *kapelle* dient als Benennung für Oratorien, Filialkirchen sowie kleinere oder in andere Architekturen (→ Burg) integrierte Kirchenbauten[7] und der Allgemeinbegriff *kirche* bezeichnet im Speziellen die örtliche Pfarr- oder Filialkirche.[8] Aus der gesellschaftlichen Situierung der Erzählwelten im höfischen (höfische Romane und Heldenepik) bzw. bürgerlich-bäuerlichen Umfeld (Mären) folgt deswegen ein gattungstypischer Gebrauch dieser drei Termini: In Mären dominiert *kirche* (im Sinn der Pfarr- oder Filialkirche), während in der höfischen Literatur die Begriffe *münster* und *kapelle* vorherrschen. *kirche* erscheint hier im Wechsel mit *goteshûs* vornehmlich in längeren Schilderungen, um andere, spezifischere Benennungen zu ersetzen.

Einbezogen werden andererseits die Beschreibungen oder Ausgestaltungen solcher Gebäude(komplexe), die als dem Einfluss der Außenwelt weitestgehend entzogene Wohn-, Kult- und Arbeitsstätten für religiöse Gemeinschaften angelegt worden sind.[9] Terminologisch trennt das Mhd. zwischen *convent* (m.; Nonn 388 jedoch „das konvent") oder *samenunge* (f.) als Bezeichnungen für die Gesamtheit der Mitglieder dieser Gemeinschaften (z. B. Mechth VII,36,16; Nonn 388; 421; ZwiMö 143) und *klôster* (n.) als Bezeichnung für die „klösterliche[ ] Niederlassung", d. h. für die räumlich-

---

[5] Vgl. DWB 21, 242–244. Zu mlat. *templum* vgl. Bauer 1973, 118. *betehûs* kann ebenfalls christliche Sakralbauten bezeichnen (Masser 1966, 105–108), doch wird diese Bedeutung im Corpus nicht realisiert.
[6] Ahd. *munistiri* (von lat. *monasterium* ‚Einsiedelei') bezeichnet zunächst die klösterliche Niederlassung oder auch die klösterliche Gemeinschaft, dann die Klosterkirche und geht dann auf andere Kirchen über. Vgl. Masser 1966, 70–83, Bauer 1973, 121–124, DWB 12, 2698 f. Der im Gegensatz zu *münster* eindeutiger auf die Bezeichnung von Bischofskirchen festgelegte Terminus *tuom* (Masser 1966, 53) findet sich im Textcorpus einzig im *Lohengrin*.
[7] Der Begriff leitet sich ab von mlat. *cap(p)ella* (von mlat. *ca[p]a* ‚Mantel'), der Bezeichnung für den Mantel des heiligen Martin. Diese bezieht sich zunächst allein auf das über der Mantelreliquie errichtete Oratorium, wurde dann aber auch auf andere Andachtsräume ohne Pfarrrechte übertragen. Vgl. Masser 1966, 109, Binding/Leuchtmann 1991, 931.
[8] Zum Bedeutungsumfang von *kirche* vgl. Masser 1966, 17–42.
[9] Vgl. Fischer 1990, 275.

architektonische Einheit.¹⁰ Nur gelegentlich wird *klôster* zur Beschreibung klosterähnlicher Gemeinschaften in nicht-christlichen Religionen herangezogen. Dass die Bearbeitung A der *Maria* des Priesters Wernher das Haus der jüdischen Tempeljungfrauen als „chloster" (Wernh A 1785) benennt, bleibt in dieser Fassung jedenfalls singulär und findet sich weder in der älteren Handschrift D noch in vergleichbaren Texten. Das *Marienleben* Wernhers des Schweizers spricht mit Blick auf die Unterbringung der Tempeljungfrauen vorsichtiger von „hus" und „wonunge / Ainer edelen sammnunge" (WernhMl 735; 737 f.).

Das Lemma verbindet damit zwei Typen von Orten, die durch ihre differierend geregelte Zugänglichkeit deutlich voneinander geschieden sind. Kirchen, Tempel und sonstige Stätten der Gottesverehrung sind im höchsten Maß öffentliche Orte, weil hier die gesamte Gemeinde zum Vollzug des Ritus zusammenkommt.¹¹ Klöster fungieren hingegen als exklusive Rückzugsorte, zu denen nur Initiierten in vollem Umfang Zutritt gewährt wird. Gegenüber der Außenwelt bleiben sie – wie es bereits die Etymologie des Begriffs *klôster* (von lat. *claustrum*, mlat. *clostrum* ,das Abgeschlossene') nahelegt¹² – verschlossen (→ Klause, → Wüste). Allen unter dem Lemma zusammengefassten Bautypen sind jedoch drei Aspekte gemeinsam: Kirchen, Tempel und Klöster sind jeweils von Menschenhand geschaffene, architektonisch ausgeformte Orte zum Dienst an einer göttlichen Entität durch eine unterschiedlich eng konturierte Gemeinschaft von Gläubigen.¹³

Der folgende Artikel wird die Behandlung von Kirchen, Tempeln und Klöstern anhand eines exemplarischen Querschnitts durch verschiedene Gattungen und Zeiten nachzeichnen. Einbezogen werden Artusromane (Hartmanns von Aue *Erec* [um 1180] und *Iwein* [1180–1205], Gottfrieds von Straßburg *Tristan* [um 1210], Wirnts von Gravenberg *Wigalois* [um 1220], Heinrichs von dem Türlin *Krone* [zw. 1215 u. 1230]), Minne- und Aventiureromane mit hauptsächlich christlich geprägten (Rudolfs von Ems *Willehalm von Orlens* [zw. 1230 u. 1240], *Mai und Beaflor* [1270/1280?]) und mit nicht-christlichen (Konrad Flecks *Flore und Blanscheflur* [um 1220], Johanns von Würzburg *Wilhelm von Österreich* [1314]) bzw. (spät-)antiken Handlungsorten (Heinrichs von Neustadt *Apollonius von Tyrland* [um 1300]), Antikenromane (Heinrichs von Veldeke *Eneasroman* [zw. 1170 u. 1180], Konrads von Würzburg *Trojanerkrieg* [1280er Jahre]), Legendenromane (Hartmanns von Aue *Gregorius* [zw. 1180 u. 1205]) und andere legendarische bzw. legendenhafte Texte (Priester Wernhers *Maria* [1172], Rudolfs von Ems *Der guote Gerhart* [zw. 1220 u. M. 1250er Jahre], Wernhers

---

10 Vgl. zur Definition von mhd. *klôster* Masser 1966, 130 (Zitat ebd.). Die Alternativbezeichnung *goteshûs* als Ersatz für *klôster* (Masser 1966, 71, 129 f., Bauer 1973, 119–121) ist in mhd. Erzähltexten wenig verbreitet, findet sich aber in der *Melusine* (TvRMel_(S) 91,27).
11 Vgl. Brückner 1993, 1373.
12 Vgl. zur Etymologie DWB 11, 1235, Brückner 1996, 6.
13 Der Bezug auf eine Gemeinschaft trennt Klöster von → Klausen und Einsiedeleien, den Rückzugsorten Einzelner.

des Schweizers *Marienleben* [1. H. 14. Jh.]), Gralsromane (Wolframs von Eschenbach *Parzival* [1200–1210], Albrechts *Jüngerer Titurel* [zw. 1260 u. 1270], *Lohengrin* [zw. 1283 u. 1289]), Prosaromane (*Prosa-Lancelot* [ab M. 13. Jh.], *Loher und Maller* [2. V. 15. Jh.], Thürings von Ringoltingen *Melusine* [1456]), das *Nibelungenlied* (um 1200) als Beispiel für einen heldenepischen Text sowie verschiedene Mären (*Der Sperber* [1. H. 13. Jh.], Niemands *Die drei Mönche zu Kolmar* [frühes 14. Jh.], Zwickauers *Des Mönches Not* [vor 1300/1325], Heinrich Kaufringers *Drei listige Frauen* [E. 14. Jh.], *Das Nonnenturnier* [vor 1430], Hans Rosenplüts *Der fünfmal getötete Pfarrer* [zw. 1426 u. 1460]) und Minnereden (*Das Kloster der Minne* [zw. 1331 u. 1350], *Das weltliche Klösterlein* [1472]). Vergleichend herangezogen werden zudem solche Texte, die das allegorische Potenzial von Kirchen- und Klosterdarstellungen aus geistlicher Perspektive ausloten und damit über die Konzeption der konkreten Orte, die in diesem Handbuch untersucht werden, hinausgehen (Mechthilds von Magdeburg *Das fließende Licht der Gottheit* [1250–1282], Hermanns von Sachsenheim *Der goldene Tempel* [1455] sowie die mnd. *Herzklosterallegorie* des Wolfenbütteler Cod. 367 Helmst. [Handschrift: 2. V. 15. Jh.]).

2 Merkmale der Darstellung

2.1 Christliche und nicht-christliche Sakralbauten

Mit Blick auf die verschiedenen Darstellungsmöglichkeiten von Sakralbauten in den mhd. Erzähltexten lassen sich prinzipiell drei Arten der Generierung dieser literarischen Orte unterscheiden: die Benennung, die Raumerzeugung durch Handlung und die Beschreibung. Dabei versteht sich diese im Folgenden weiter auszudifferenzierende Dreiteilung ausdrücklich als ein heuristisches Instrument, das Grundtypen aufzeigen soll, ohne den Anspruch zu erheben, alle Kombinationsmöglichkeiten dieser Grundtypen in ihrer konkreten textuellen Aktualisierung mit abzubilden.

Der erste Darstellungsmodus, die Benennung, führt Sakralbauten durch ihre Bezeichnung in die Erzählung ein. Dieses extrem ökonomische Verfahren der narrativen Erzeugung von Orten spiegelt den Umstand, dass Kirchen bzw. Tempel in der mittelalterlichen Literatur eher selten als zentrale Handlungsorte fungieren. Man findet es in allen Gattungen und durch alle Zeiten: „dô heten sie den wîgant / in ir templum getragen" (En_(E) 223,22 f.), „zuo der kirchen er gie" (Er_(L) 2490), „Dô gie ze einem münster vil manec rîcher kneht" (NibB_(S) 30,1), „Und also gingent sü in ein cappellen" (TvRMel_(S) 48,14). Hauptkennzeichen dieses Darstellungstyps ist seine visuelle Unbestimmtheit, die den Rezipienten ermächtigt, eine eigene Vorstellung zu entwickeln.[14] Zwar kann es durchaus vorkommen, dass der bloßen Benennung einige Beschreibungsdetails hinzugefügt werden. So ergänzt der wilde Mann, als er Kalogrenant von

---

[14] Vgl. Bußmann 2011, 116–118. Zum Konzept der visuellen Leerstelle siehe auch Glaser 2004, 264.

der Brunnen-*âventiure* berichtet, die Erwähnung der neben Laudines → Brunnen gelegenen „capelle", indem er sie zusätzlich als „schœne und aber cleine" (Iw_(BLW) 566 f.) klassifiziert. Derartige Angaben beschränken sich in der Regel auf Pauschalaussagen über Größe, Form oder ästhetische Qualität des Baus; die Entfaltung des Ortes als im Handlungsverlauf nutzbarer Raum mit einer inneren Ausdehnung spielt hingegen nur eine untergeordnete Rolle. Der gemeinte Ort bleibt daher immer nur ein Punkt. Solcherart eingeführt erscheinen Kirchen und Tempel in den Erzähltexten häufig als Ziel eines → Weges, der für einen bestimmten, oft religiösen Zweck zurückgelegt worden ist: „Deß morgens was ir erster ganck / In den tempel, do man sangk" (HvNstAp 19085 f.). Vielfach finden sich auch umschreibende Benennungen, die das Bauwerk mithilfe seiner Funktion definieren und letztlich auf diese reduzieren: „mit vrouwen Ênîten er kam / dâ er messe vernam" (Er_(L) 8636 f.). Außerdem können Sakralbauten innerhalb der städtischen Topographie zu Landmarken werden und dann zur Bestimmung der Lage anderer Architekturen dienen. Blanscheflurs Scheingrab (→ Grab) wird beispielsweise „vor eines münsters tür" (Flore_(S) 2049) errichtet.

Der zweite Darstellungsmodus, die Raumerzeugung durch Handlung, erfasst jene Fälle, in denen Kirchen und Tempel in ihren Bau- und Ausstattungsdetails durch die Aktionen der Figuren erschlossen werden.[15] Ausgangspunkt für diesen Darstellungstyp kann eine Schilderung des Bauäußeren sein, sodass die Raumerzeugung durch Handlung dann als Fortführung und Übersteigerung einer um Deskriptionsdetails erweiterten Benennung erscheint. Im *Apollonius von Tyrland* des Heinrich von Neustadt etwa wird der Venustempel in Crisa zunächst als „recht sinebel als ain kloß" und „ze massen groß" (HvNstAp 11796 f.) beschrieben, bevor die Schilderung in den Innenraum springt und hier einzelne Ausstattungsstücke hervorhebt. Dabei diktieren der Handlungsverlauf und seine Erfordernisse Auswahl und Reihenfolge der über den Ort zugänglichen Informationen. So kommen in Heinrichs *Apollonius* der Altar und das „maisterlich" (HvNstAp 11816) hergestellte Standbild der Venus in den Blick, weil Apollonius und seine Begleiter zunächst dem „vor dem altar" (HvNstAp 11800) betenden Priester ihre durch Sündenmale versehrten Hände (HvNstAp 11802) zeigen, bevor dieser sie „fur di gottin" (HvNstAp 11807) schickt, um von ihr Absolution zu erhalten. Gelegentlich können randständigere Elemente für die Handlung wichtig werden, wie etwa die „schrunde[ ]" (Iw_(BLW) 4020) in der Kapellentür, durch die Iwein und Lunete miteinander sprechen. In der Regel sind allerdings die liturgisch zentralen Ausstattungsteile relevant, d. h. der Altar (Wig 4392; RvEGer 295 f.; RvEWh 1809; KvWTroj_(K) 9637–9641; KaufDrei 453–485; RosPfarr 265–291), Reliquienbehälter (Wig 4393–4398), das Taufbecken (Parz_(L) 816,20–23) oder, wie im *Apollonius*, Heiligen- bzw. Götterstatuen (LuM 354,3–9). Wie deutlich ein durch Handlung erzeugter Sakralraum in seiner Ausdehnung erfahrbar wird, hängt davon ab, welche Wege die Protagonisten innerhalb des Tempels oder der Kirche zurücklegen. Im *Wilhelm von Orlens*

---

15 Reinle 1982, 260 bezeichnet diesen Darstellungstyp als „indirekte[ ] Baubeschreibung[ ]".

etwa durchschreitet der Bischof zur Begrüßung der Landesherrin Elye die gesamte Länge des Kirchenschiffs vom Altar bis zum Portal („do gie fúr / Der bischof fúr des múnsters túr / Von dem altare hin", RvEWh 1807–1809). Die Dimensionen des Raums zeigen sich auch dann, wenn er durch Menschen (Wig 4413–4426; MaiBea_(VP) 238,13) oder durch Klang erfüllt wird („Der stymme ward der tempel vol", HvNstAp 12127). In der *Krone* Heinrichs von dem Türlin etwa wird Gawein in der Kapelle der → Gralsburg mit einem an einer Kette aus dem Gewölbe herabfallenden („dorch das gewelbe zü tal", Krone 14665) Sarg aus Edelsteinen und einem lauten Knall konfrontiert, der „[v]on maure zü maure" (Krone 14691) schallt; als Reaktion auf den Spuk sieht er sich nach allen Seiten um (Krone 14679–14681).[16] Möglich ist zudem, dass durch Handlung konstituierte Orte in umfänglichere Landschaftsschilderungen eingebettet sind (KvWTroj_(K) 9598–9615); manche der dargestellten Kirchen und Tempel erhalten darüber hinaus durch den Bericht ihrer Gründung eine zeitliche Tiefendimension (RvEGer 77–222; KvWTroj_(K) 9626–9629).[17]

Der dritte und zugleich seltenste Darstellungsmodus von Kirchen und Tempeln ist die dem Geschehen äußerlich bleibende Beschreibung.[18] Im Fokus dieser Ekphrasen steht zumeist nicht die Wiedergabe konkreter baulicher Details oder architektonischer Strukturen und Dispositionen, sondern die Schilderung der für den Bau verwendeten Materialien sowie der Farb-, Glanz- und Lichteffekte.[19] Ein typisches Beispiel ist Konrads von Würzburg Beschreibung des Venustempels im *Trojanerkrieg* mit ihrer hyperbolischen Betonung der Lichtwirkung: Der Tempel „gleiz von liehten gimmen / gelîch der glanzen sunnen; / vil kerzen drinne brunnen / schôn unde wunneclîche" (KvWTroj_(K) 19478–19481). Konrad verweist zusätzlich auf den den

---

[16] Vgl. Glaser 2004, 264.
[17] Gründungsgeschichten finden sich z. T. auch bei den Darstellungen des Typs 1, etwa bei derjenigen des Junotempels im *Eneasroman* (En_(E) 27,28–28,3). Es ist nicht auszuschließen, dass dieser Verzeitlichung nach mittelalterlicher Perspektive ein visueller Effekt zukommt: Künstleranekdoten oder Berichte über Erlebnisse, die mit einem Werk zusammenhängen, werden in spätantiken Rhetoriken als Möglichkeit präsentiert, Anschaulichkeit zu erreichen – wahrscheinlich, weil sich durch die hergestellte Bindung mit dem Rezipienten die Präsenz des Geschilderten erhöht. Siehe Bußmann 2011, 98 f., Graf 1995, 148 f.
[18] Zur Poetik und Funktion mittelalterlicher Architekturbeschreibungen vgl. Matter 2012, Arnulf 2004, Wandhoff 2003 und Reinle 1982. Bis auf Wandhoff 2003 stützen sie sich überwiegend auf mittellateinisches Material; Matter (2012, 387) tut dies allerdings ausdrücklich mit dem Ziel, die „Traditionen, in denen die mittelhochdeutschen Texte stehen", aufzudecken.
[19] Vgl. Reinle 1982, 264. Reinle spricht deswegen mit Blick auf diesen Beschreibungstyp von „Architektur-Impressionen" (263) bzw. von einer „'impressionistische[n]' Raumauffassung" (265). Arnulf 2004, 31 setzt das Fehlen von Informationen über die Baudisposition mit einer fehlenden Anschaulichkeit gleich. So ausdrücklich wird man dies allerdings wohl nicht sagen können: Die Beschreibungen generieren durchaus einen starken visuellen Eindruck. Reinle 1982, 256 bescheinigt diesem Beschreibungstyp daher zu Recht einen Zeugniswert „für die Erlebnis- und Schauweise einer bestimmten Epoche".

Tempel erfüllenden Klang („gedœnes unde sanges vol / wart ez von hellen stimmen", KvWTroj_(K) 19476 f.) und die in ihm versammelte Menschenmenge („dar inne manic herze frô / was mit hôher wunne spil", KvWTroj_(K) 19538 f.), doch geht es ihm hierbei offenbar weniger um die Erfassung der räumlichen Ausdehnung als um die Erzeugung eines alle Sinne erfassenden Eindrucks von Pracht, zu dem die Musik und die kostbare Kleidung der Menschen ihren Teil beisteuern. Paris etwa trägt ein Gewand aus „ziclât [...], dar ûz man liuhten unde enbrehen / sach beide gimmen unde golt" (KvWTroj_(K) 19502–19505). Entscheidend ist demzufolge die Kreation eines Gesamtbildes, in das die den Tempel bevölkernden Menschen integriert sind.

Ebenso wird man die bei weitem längste Architekturbeschreibung der mhd. Erzählliteratur, die Ekphrase des Gralstempels in Albrechts *Jüngerem Titurel*, in diese Kategorie einordnen müssen.[20] Zwar verzichtet sie nicht gänzlich auf die Mitteilung architektonisch-struktureller Details, sondern schildert den Tempel als überkuppelten, durch einen Mittelturm überhöhten und mit 72 Chören umkränzten Rundbau (JTit 341,1 f.; 342,1; 430).[21] Charakteristisch ist jedoch auch hier die Konzentration auf die Ausstattung sowie auf die Material- und Glanzwirkung des Gold-, Edelstein- und Perlenschmucks („der steine brehen daz liehte golt enzunde, / da sin glast gab wider stoz. di koste rich der ougen vil verwunde", JTit 372,3 f.), wobei sich die ungewöhnliche Länge der Ekphrase primär aus der Vielzahl der aufgeführten Bauteile und Schmuckelemente erklärt. Vollständigkeit wird also durchaus suggeriert, innerhalb der *descriptio* jedoch zugleich als unmöglich zurückgewiesen: „So mangerhande geziere mocht ich mit sunder mære / geprůfen nicht wol schiere", JTit 415,1 f.). Freilich unterscheidet sich diese Schilderung in Teilen wesentlich von dem, was für die volkssprachliche Erzählliteratur üblich ist: Die Beschreibung nutzt vergleichsweise viel Fachvokabular (z. B. „rotunde", JTit 341,1; „kor", JTit 341,4; „swibogen", JTit 343,1; „pfiler", JTit 344,1), sie setzt den Tempel in Beziehung zu biblischen Architekturen wie dem Himmlischen Jerusalem (JTit 407) und dem Salomonischen Tempel (JTit 366 f.)[22] und springt durch den Wechsel zwischen Vorgangs- und Zustandspassiv (*wart/wurden* vs. *was/waren* und Partizip Präteritum) zwischen verschiedenen Zeitstufen, um aus der auktorialen Perspektive des Erzählers heraus den Gralstempel zugleich als fertigen, durch Autopsie erfahrbaren Bau wie während seiner Genese darstellen zu können.

---

20 Vgl. Lichtenberg 1931, 48–52. Vgl. zu dieser vielbesprochenen Ekphrase zuletzt Rupp 2013, Bußmann 2011, 213–253, Bußmann 2010, Schmid 2010, Bußmann 2005, Wandhoff 2003, 259–269, Brokmann 1999. Zu der seit Beginn des 19. Jh.s geführten Forschungsdebatte um den Sinn und die mögliche mimetische Abbildungsfunktion siehe die Literaturberichte bei Bußmann 2011, 30–57 sowie Brokmann 1999, 12–52.
21 Zur Diskussion um die Anzahl der Chöre – sie lautet in der Edition 22 (JTit 341,2) – vgl. Bußmann 2011, 40 f.
22 Vgl. Lichtenberg 1931, 52. Die Bezugnahme auf das Himmlische Jerusalem wird in der Ekphrase nur verklausuliert formuliert, jedoch in der sich anschließenden Exegese konkretisiert (JTit 517,1 f.). Diese greift zudem den Verweis auf den Salomonischen Tempel auf (JTit 537).

Hierdurch kommen sowohl die Baumeister („meister", JTit 333,1) als auch verschiedene Gruppen von Rezipienten (die Gralsritter, Parzival als potenzieller Betrachter und die durch den Erzähler angeleiteten textexternen Hörer) in den Blick. Anhand ihrer Sinneseindrücke spielt die *descriptio* unterschiedliche Reaktionsmöglichkeiten auf den Tempel durch: Während die Gralsritter die Pracht des Tempels als Hinweis auf die noch größere Herrlichkeit in Gottes Reich lesen („waz hastu dann zu himele, da iz sich hundert tusent valtet mere", JTit 407,4), würde Parzival sich von der Lebensechtheit eines skulptierten Engels täuschen lassen. Dieser nämlich ist „also lachebære, / daz noch ein Waleis tumbe gesworen het, daz er bi lachen wære" (JTit 344,3 f.).[23] Die *descriptio* wird zusätzlich mit einer Titurel in den Mund gelegten Exegese versehen (JTit 514–586), die Details der Baubeschreibung aufgreift und neue Informationen hinzufügt.[24] Diese Charakteristika, vor allem aber die Explikation des Bauvorgangs und die Ausdeutung, verbinden die Beschreibung des Gralstempels mit der Tradition religiös-erbaulicher Architekturschilderungen, wie sie in der Volkssprache etwa mit Hermanns von Sachsenheim *Goldenem Tempel* (insbes. HvSaGolT 182–1147) vorliegt, und verweist damit auf mögliche transfiktionale Bezugspunkte für die Gestaltung und die Funktion (s. Abschn. 4) der Gralstempels-Ekphrase.[25]

2.2 Klöster

Wenn Klöster oder Minneklöster in der mhd. Erzählliteratur zentrale Orte des Geschehens sind, werden sie gewöhnlich als Gegenorte zur profanen Welt entworfen. Zur Darstellung kommt daher vor allem die Andersartigkeit des für das Kloster konstitutiven sozialen Gefüges, d. h. der Gegensatz bzw. die auch metaphorisch zu verstehende Distanz zwischen Innen- und Außenraum.[26] Dies drückt sich häufig in der Einsamkeit der Lage aus: In Hartmanns *Gregorius* befindet sich das Kloster des Protagonisten auf einer → Insel mitten im → Meer (Greg 939–944), Mären oder Minneallegorien situieren Klöster oftmals im → Wald (ZwiMö 13; WKlö_(M) 38–45). Der Weg vom Kloster zur nächsten → Stadt (ZwiMö 69–74) oder zum Kloster hin (Greg 939–941; KldM 1–459; WKlö_(M) 17–43) kann zusätzlich beschrieben werden. Seine Länge verweist dabei selbst dann auf die zu überwindende Entfernung zwischen Kloster und Welt, wenn die Reise – wie es in Minneallegorien üblich ist – als ein „durch kurtzwil" (KldM 3) unternommener und insofern wenig strapaziöser Spaziergang inszeniert wird.[27]

---

[23] Vgl. Bußmann 2011, 231–238, Schmid 2010, 263–272, Bußmann 2005, 451–456.
[24] Vgl. Bußmann 2011, 244, Brokmann 1999, 225 f.
[25] Zur Vergleichbarkeit der beiden Beschreibungen siehe Blank 1975, insbes. 356–358.
[26] Zu derartigen binären Weltentwürfen vgl. grundsätzlich Lotman 1993, 311–329.
[27] Die Spaziergangseinleitung ist ein Gattungssignal der narrativen Minnereden (Achnitz 2006, 161 f., Blank 1970, 146–150).

Manche Klosterdarstellungen offerieren einen Gesamtüberblick über die Klosteranlage aus dem Mund des auktorialen Erzählers (Sperb 7–10), des Ichs (WKlö_(M) 44–55) oder einer Figur (KldM 261–264; 315–347). Primär werden aber jene baulichen Elemente erwähnt, die die Abgeschlossenheit des klösterlichen Lebens garantieren sollen und deswegen zur Kontaktaufnahme überwunden werde müssen, nämlich die Klostermauer (→ Mauer) (Sperb 77 f.) und die Klosterpforte (→ Tor) (WKlö_(M) 56–69). Im *Kloster der Minne* steht die Pforte als Zeichen der auf die *minne* ausgerichteten Ordnung des Klosters „offen" (KldM 459). Die Distanz zur Welt wird zudem durch die Andersartigkeit der klösterlichen Lebensumstände und die mangelnde Verfügungsgewalt über Alltagserfahrung akzentuiert: Bevor Gregorius das Kloster verlassen hat, hat er nur in seinen Träumen Ritterkämpfe bestritten (Greg 1566–1624). Den schon im Kindesalter in die klösterliche Obhut übergebenen Protagonisten der Mären fehlt jedes Wissen über ihre eigene Körperlichkeit und Sexualität (Sperb 27–74; ZwiMö 9–56).[28] Umgekehrt zeichnen sich die Insassen der Minneklöster gerade durch ihr exklusives Wissen über die *minne* aus, während der von außen kommende Protagonist unwissend ist und das Kloster als Beobachter und Lernender betritt: „ich bin her komen durch schowen" (KldM 730).[29]

Wird die Handlung in das Kloster hineingetragen, dann zeigt sich, dass sich das Kloster in verschiedene Bereiche mit unterschiedlich geregelter Zugänglichkeit untergliedert. Sie generieren eine je spezifische Form der Öffentlichkeit. Der eigenen Zelle als Ort der Intimität und Heimlichkeit (ZwiMö 311; KldM 1756–1841)[30] stehen Orte wie der Chor (Nonn 302; WKlö_(M) 203–211), der Kreuzgang (Nonn 301; WKlö_(M) 213) oder das Refektorium (WKlö_(M) 215) gegenüber, an denen alle Klosterangehörigen zusammenkommen. In den Darstellungen spiegelt sich die doppelte Auffassung des Klosters als konkreter Ort und als Gemeinschaft von Personen: Neben der Erwähnung einzelner Bauteile kann so auch die Nennung von Ämtern und Amtsträgern das Kloster erschließen. Während die Mären schlaglichtartig die Personen und Räume hervorheben, die sie für die Handlung direkt benötigen, gewähren die Minneallegorien einen systematischen, Vollständigkeit zumindest suggerierenden Überblick, da ihr primärer Erzählinhalt das Erkunden der gesamten Klosteranlage ist. Im *Kloster der Minne* und im *Weltlichen Klösterlein* ist die gewählte Form der Präsentation dabei auf die vom Erzähler eingenommene Pose als unwissendes Ich abgestimmt, indem sie als ein Rundgang durch das Kloster inszeniert wird, den immer wieder Fragen des Ichs und Erklärungen der Klosterinsassen unterbrechen.[31] In geistlichen Herzklos-

---

28 Im *Nonnenturnier* kann der Ritter das Kloster jedoch problemlos betreten und den *zagel* unter der Treppe verstecken (Nonn 244–247). Außerdem haben die Nonnen sexuelle Wünsche, die sie nur im Kloster nicht ausleben können. Sie sind also erfahrener als die jugendlichen Protagonisten der anderen Mären (Nonn 317–394).
29 Achnitz 2006, 178 unterstellt ihm „eine gewisse Neigung zum Voyeurismus".
30 Vgl. Achnitz 2006, 179.
31 Vgl. Achnitz 2006, 163.

ter-Allegorien hingegen, die als Ursprung des Motivs vom allegorischen Kloster anzusehen sind,[32] spricht in der Regel ein visionäres Ich, das oft in Listenform Ämter und Bauglieder aufzählt und sie selbständig einer Ausdeutung unterzieht: „Die eptischin ist die ware minne, die hat vil heliger sinne" (Mechth VII,36,10); „dat slaphus het *quies mentis,* / *disciplina* dar ynne meystersche is" (Klall 15 f., Herv. im Orig.).

3 Narrative Funktionen

3.1 Kirchen, Tempel und Klöster als Handlungsorte

Die Darstellungen von Kirchen, Tempeln und Klöstern können in der mhd. Erzählliteratur auf verschiedene Weise funktional sein. Sie sind dies zunächst immer dann, wenn sie als konkrete Orte in den Handlungsverlauf eingebunden sind und hier direkt zum Ort des Geschehens werden. Ansatzpunkt für ihre Verwendung in diesem Sinn ist dabei einerseits die Art und Weise, wie ihre Zugänglichkeit geregelt ist und wie die Figuren mit der Offenheit oder Geschlossenheit des Ortes umgehen, andererseits die der Realität entsprechende Funktion der Bauten als Ort für religiöse Handlungen.

3.1.1 Geschlossene und öffentliche Orte

Klöster werden als Handlungsorte üblicherweise dann relevant, wenn ihr Status als gegenüber der Außenwelt abgeschlossener Ort mit einer eigenen sozialen Ordnung in Gefahr gerät. Typisch für viele Märenhandlungen ist z. B. das Erzählmotiv der in das entsexualisierte Klosterleben plötzlich einbrechenden Sexualität: Die oft jungen und völlig unerfahrenen Protagonisten lernen außerhalb des Klosters die körperliche Liebe kennen (*Der Sperber*; *Des Mönches Not* des Zwickauers) oder werden sogar im Schutzraum des Klosters selbst mit ihr konfrontiert (*Das Nonnenturnier*). In parodierender Absicht ausgestaltet werden die daraus resultierenden Begierden (*Das Nonnenturnier*), aber auch die Missverständnisse (*Der Sperber*; *Des Mönches Not*) und Ängste: Der Mönch des Zwickauers fürchtet, durch den Beischlaf schwanger geworden zu sein (ZwiMö 256–270).[33] Der Einbruch der Außenwelt in den Innenraum des Klosters ist stets zeitlich begrenzt und kann letztlich eingehegt werden. Im *Sperber* und in *Des Mönchs Not* versöhnen sich die Protagonisten mit dem Abt bzw. der Äbtissin (Sperb 348–356; ZwiMö 519–538). Das *Nonnenturnier* endet mit dem Verschwinden des *zagels* (Nonn 573 f.).

Weniger spektakulär verlaufen die Grenzübertritte des Ichs in den Minneallegorien. Da das Ich als Beobachter zum Kloster kommt, beschädigt es die Ordnung nicht,

---

[32] Vgl. Blank 1970, 162–172, Achnitz 2006, 163–168.
[33] Vgl. Grubmüller 1996, 1011 f., 1333 f.

bleibt aber ein Fremder und kann nicht Teil des sozialen Gefüges werden. Ein möglicher Klostereintritt wird immer erst für die Zukunft erwogen: „Das es ein clôster wær für mich, / Darin ich sicher blîben wolt" (WKlö_(M) 416 f.).[34]

Wenn Kirchen und Tempel Handlungsorte sind, ist demgegenüber in der Regel ihre Zugänglichkeit und die mit ihr verbundene Vorstellung von Öffentlichkeit für den Ablauf der Ereignisse entscheidend.[35] Kirchen und Tempel sind wiederholt Orte der (ersten) Begegnung. Gregorius wird seiner Mutter bei ihrem Kirchgang vorgestellt, weil sie sich nur dann vor Fremden sehen lässt („den lie si sich niemer gesehen / ez enmöhte ze münster geschehen", Greg 1917 f.); Helena hört in Konrads *Trojanerkrieg* „von sage" von Paris' Eintreffen am Venustempel und begibt sich selbst dorthin, weil sie „die geste wolte sehen" (KvWTroj_(K) 19642; 19663). Der öffentliche Charakter von Sakralbauten und die daraus resultierende Sichtbarkeit der hier stattfindenden Ereignisse werden von den Figuren innerhalb der fiktiven Welt überdies ganz bewusst für öffentliche Mitteilungen genutzt. Nach dem heimlichen Beginn ihrer Liebe rät Rual Riwalin und Blanscheflur in Gottfrieds *Tristan* zur Heirat in der Kirche, „da ez pfaffen unde leien sehen" (Tr_(R) 1632). In Konrad Flecks *Flore und Blanscheflur* errichten Flores Eltern das Grabmal für Blanscheflur „vor eines münsters tür" (Flore_(S) 2049), weil es hier von allen („swer dar in gie oder für", Flore_(S) 2050) wahrgenommen werden kann, und im *Nibelungenlied* lassen Kriemhild und Brünhild ihren Streit planvoll vor den Kirchentoren eskalieren, um die anwesenden Höflinge zu Zeugen dafür zu machen, welche von ihnen den Vortritt erhält und damit ihren Vorrang demonstriert: „nu müezen hiute kiesen der beide künige man / op ich vor küniges wîbe zem munster turre gân" (NibB_(S) 824,3 f.).

3.1.2 Orte für religiöse Handlungen

Kirchen, Tempel und Klöster werden darüber hinaus im Kontext der Darstellung religiöser Praktiken zu Handlungsorten. Dies gilt bereits für die Literatur des 12. Jh.s, doch scheint das Interesse an der narrativen Ausstellung der Frömmigkeit der Figuren und an der Wiedergabe von Liturgie im 13. Jh. noch zuzunehmen. Zumindest bei einigen Texten korreliert dieses Interesse mit einer Tendenz zu einer generellen Verchristlichung der Erzählwelt: Im *Wigalois* Wirnts von Gravenberg etwa, in dem der Messbesuch des Titelhelden vor dem Kampf gegen Roaz ausführlich geschildert wird (Wig 4375–4430), ist der Gegner ein Teufelsbündler (Wig 7316–7327).[36] Dennoch bedeutet dies nicht, dass nicht-christliche Rituale in der mhd. Literatur generell abwertend beschrieben werden. Vielfach fassen die Texte sie als strukturelle Äquivalente zur

---

34 Vgl. auch KldM 1875–1894. Das Ich des *Klosters der Minne* hat sich dem Klostereintritt allerdings zuvor mit Hinweis auf seine Ungeeignetheit verweigert (KldM 1720–1724). Vgl. Achnitz 2006, 172–179.
35 Anders im *Iwein*: Hier fungiert die Kapelle am Zauberbrunnen als temporäres → Gefängnis für Lunete (Iw_(BLW) 4011–4017).
36 Vgl. Haug 1980, 211.

christlichen Liturgie auf und heben nur durch den Hinweis auf die fremden Götter die Andersheit des Berichteten hervor; so heißt es in Heinrichs von Neustadt *Apollonius*: „Des morgens was ir erster ganck / In den tempel, do man sangk. / Da datens alle ir gepett / Vor Astrot und vor Machmet" (HvNstAp 19085–19088).

Insgesamt kommen Kirchen, Tempel und Klöster im Verbund mit einer Vielzahl verschiedener religiöser Praktiken zur Darstellung. Die schöne Protagonistin in Niemands *Drei Mönche zu Kolmar* sucht beispielsweise gleich drei Klöster auf, um ihre Beichte abzulegen (Niemand 24–128). Isolde schwört in Gottfrieds *Tristan* ihren Reinigungseid in der Kirche (Tr_(R) 15651). Kirchen und Tempel werden von den Figuren betreten, um zu beten (etwa: Greg 1930; RvEGer 294–299), um durch ein Opfer die Hilfe der Götter zu erbitten (KvWTroj_(K) 19488–19491) oder um am Gottesdienst teilzunehmen (etwa: Er_(L) 2942–2946; NibB_(S) 1001 f.; Wig 4375–4430). Die Darstellung des Venustempels im Idealreich Crisa (→ Ferne-Utopien) ist in Heinrichs *Apollonius* in eine mehrstufige Tugendproben-Episode eingebettet: Apollonius geht daher immer wieder in den Tempel, um vor dem Standbild der Göttin seine Verfehlungen zu bekennen, ihre Vergebung zu erlangen und Bußaufgaben zu erhalten (HvNstAp 11743–13064). In Kirchen und Tempeln finden außerdem solche Gottesdienste statt, die als *rites de passage* direkt mit der Entwicklung des Helden oder der Heldin verknüpft sind, wie die Taufe (etwa: Parz_(L) 816,9–818,23; Tr_(R) 1955–2055; MaiBea_(VP) 6,15–7,4; RvEWh 2052–2056; WhvÖst 608–611), die Schwertleite (etwa: NibB_(S) 30 f.; Tr_(R) 5012–5052), die Hochzeit bzw. die Einsegnung nach der Vermählung (etwa: NibB_(S) 641 f.; HvNstAp 18385–18394; TvRMel_(VP) 50,35–51,26) und die Totenfeier für einen Verbündeten (En_(E) 223,22–27), den Ehemann (NibB_(S) 1059–1062) oder den Vater (RvEWh 1807–1928).

Wenn eine Märenhandlung den Protagonisten in die Kirche führt, zieht sie aus der Schilderung liturgischer Akte und ihrer Verkehrung komisches Potenzial: So hält in Heinrich Kaufringers *Drei listige Frauen* mit Meier Konrad ein falscher Pfarrer das Seelenamt für den nur vermeintlich toten Meier Bertram; das ohnehin schon gestörte Ritual wird vollends pervertiert, als der Wettstreit der Frauen mit der Kastration Meier Siegfrieds direkt am Altar seinen „radikalen Höhepunkt"[37] findet (KaufDrei 450–481). In Heinrich Rosenplüts Märe *Der fünfmal getötete Pfarrer* erschlägt die vom Küster und seiner Frau mit dem Messgewand bekleidete und über den Altar gebeugte Leiche des Pfarrers während der Frühmesse eine der anwesenden Gläubigen (RosPfarr 264–289).

3.2 Verbindung zur Figurendarstellung

Die Darstellungen von Kirchen, Tempeln und Klöstern können zudem Einfluss auf die Zeichnung der Figuren nehmen. Ganz direkt tun sie dies als Handlungsorte: Ihr

---

[37] Grubmüller 1996, 1295.

lebenslanger Klosteraufenthalt begründet beispielsweise die narrativ erforderliche sexuelle Naivität der Protagonisten im *Sperber* und in *Des Mönchs Not* (Sperb 27–74; ZwiMö 9–56).

Häufiger noch fungiert die Erwähnung von Kirchen, Tempeln oder Klöstern als Mittel der Sympathiesteuerung. Bereits in den Kurzbeschreibungen des *Erec* Hartmanns von Aue wird deutlich, dass der Kirchgang vor dem Turnier in Prurin (Er_(L) 2487–2492) oder der Messbesuch vor dem Kampf mit Mabonagrin (Er_(L) 8636–8645) die ethische Fundierung von Erecs Rittertum erweist. Die positive Signalwirkung dieses Verhaltens erhöht sich in Texten wie Wirnts *Wigalois*, in denen die demonstrative Ausstellung der Frömmigkeit des Helden ihren Widerhall darin findet, dass in ihrer stark verchristlichten Welt der Kampf gegen das Böse immer schon ein Glaubenskampf ist (s. Abschn. 3.1.2). Daneben können Stiftungen von Kirchen oder Klöstern (etwa: Greg 2731–2735; RvEGer 161–222; Loheng 7321–7330; TvRMel_(S) 55,17–19)[38] oder Klostereintritte (etwa: TvRMel_(S) 115,9–13) Anlass dafür sein, eine Figur positiv zu bewerten. Dies gilt grundsätzlich auch für nicht-christliche Figuren, so lange ihr religiös konformes Handeln den Normen der höfischen Welt nicht widerspricht. Dass Lucina in Heinrichs *Apollonius* nach dem vermeintlichen Tod ihres Mannes Apollonius als Priesterin in den Tempeldienst eintritt, um ihre „keusche" (HvNstAp 2795) zu bewahren, folgt üblichen, den Rezipienten vertrauten Wertmaßstäben. Lucina wird vom Erzähler ausdrücklich als „raine[s] weyb[ ]" (HvNstAp 2825) gelobt.

Wenn Figuren das Kloster verlassen oder Gewalt gegen Kirchen und Klöster verüben, dient dies umgekehrt oft der negativen Sympathiesteuerung. Viel diskutiert ist in der Forschung die Frage, ob Gregorius bereits durch seine Abkehr vom Klosterleben Schuld auf sich geladen hat.[39] Eindeutiger ist der Fall Geoffroys mit dem Zahn in der *Melusine* des Thüring von Ringoltingen. Nachdem er das Kloster Malliers aus Zorn über den Klostereintritt seines Bruders niedergebrannt hat, beurteilt er dies selbst als „grosse sünde und missetat" (TvRMel_(S) 89,8); für seinen Vater ist „das groß übel" (TvRMel_(S) 90,32) der Anlass, Melusines Geheimnis zu verraten (TvRMel_(S) 92,4–12). Obwohl Melusine Geoffroys Tat mit dem Hinweis auf die heimliche Sündhaftigkeit der Mönche rechtfertigt (TvRMel_(S) 94,4–11), bleibt die Irritation bestehen. Innerweltlich – und ebenso für die Rezipienten – wird sie erst mit der Neugründung des Klosters behoben, die von Geoffroys Untertanen als Anzeichen für einen innerlichen Wandel gedeutet wird: „der wolff ist zu einem hirten worden" (TvRMel_(S) 114,26).

---

38 Im *Guoten Gerhart* macht Kaiser Otte die positive Wirkung seiner Stiftung indes durch seine Ruhmsucht zunichte (RvEGer 447–566).
39 Dies wäre etwa die Position von Ernst 2002, 6–9. Einen Überblick über die Diskussion bietet Tomasek 1993, 33–37.

3.3 Kirchen, Tempel und Klöster als Wissens- und Seelenräume

Die narrative Generierung von Kirchen-, Tempel- oder Klosterbauten kann zudem dazu dienen, „auf einer übertragenen Ebene einem oder mehreren Wissensdiskursen Raum [zu] geben".[40] Das Wissen, das in den konkreten Orten der fiktiven Welt im Bildprogramm der Bauten (*Prosa-Lancelot II und III*; *Jüngerer Titurel*)[41] oder in der Lebensführung der Bewohner (*Kloster der Minne*)[42] materiell wird, wird dabei zugleich gespeichert wie ausgestellt, und ist für außertextuelle Rezipienten in der Beschreibung und für innertextuelle Rezipienten durch eigene Autopsie erfahrbar. Den Darstellungen eignet daher oft ein gewisser Appellcharakter, ist doch eine der an sie gerichteten Fragen immer schon, ob, wie und von wem das präsentierte Wissen in Handlung überführt werden kann. So ist das Kloster der Minne, wie Achnitz überzeugend nachgewiesen hat, gleichermaßen als Konstruktions- wie als Handlungsallegorie konzipiert. Der Rundgang durch die Klosteranlage vermittelt einerseits Wissen über das Wesen der *minne*, andererseits bildet er den letztlich scheiternden Versuch des Ichs ab, diese Prinzipien durch Nachvollzug zu internalisieren.[43] Im *Prosa-Lancelot* zeigt die Ausmalung der Stephanskirche in Camelot ein König Artus zuteil gewordenes Traumbild: Ein aus dem Leib des Königs gekrochener Drache zerstört das gesamte Land; die Tötung des Untiers bezahlt er mit dem eigenen Leben (Lanc_II_(K) 599,18–600,1). Die prophetische Qualität des Abgebildeten ist zunächst nur dem informierten Lancelot und den textexternen Rezipienten verständlich. Artus stiftet die Ausmalung als Memorialzeichen („ein gedechtniß zu haben", Lanc_II_(K) 600,1). Erst in der Stunde des Verrats identifiziert er Mordred als den Drachen und schwört, das Traumbild wahr zu machen: „Wann du must sterben von mynen henden" (Lanc_III_(K) 698,14 f.).[44] Der als Abbild des Kosmos errichtete Gralstempel des *Jüngeren Titurel* verweist zum einen in eschatologischer Vorausschau auf das Himmlische Jerusalem (JTit 517), zum anderen fungiert er als Modell für die Ausformung der Seele als Heimstatt Gottes: „Dem tempel gar geliche sol sich der mensche reinen. / er bedarf wol zierde riche, sint daz sich got dar inne wil gemeinen / des menschen sele zu werdem hus

---

[40] Rupp 2013, 205.
[41] Vgl. Rupp 2013, 205.
[42] Vgl. Achnitz 2006, 173 f. Dies gilt nicht im selben Maß für das *Weltliche Klösterlein*. Wie Blank anmerkt, beschränkt sich die Erzählung hier auf eine „parodistische[ ] Umkehrung des Klosterlebens bis in Einzelheiten hinein". Der Text gestaltet also nicht aus sich heraus „eine von der Minne her positiv gesetzte[ ] Ordnung, sondern [orientiert sich] ex negativo am Klosterideal, so daß der neue ‚Orden' aus der jeweiligen Umkehrung der Religiosen-Vorschriften besteht" (Blank 1970, 171 f.).
[43] Vgl. Achnitz 2006, 173–179. Positiver urteilt Schierling (1980, 161 f.): Sie sieht bereits das Schauen als Möglichkeit des Nachvollzugs. Achnitz 2006, 184–186 erwägt hingegen sogar, ob dem Text insgesamt eine kritische Funktion zukommt und er vor der *minne* warnen soll, weil sie nicht zum Seelenheil führt. Die Verweigerung des Ichs wäre dann positiv zu sehen.
[44] Vgl. Wandhoff 2003, 294 f.

genoze" (JTit 528,1–3). Die als wörtliche Rede Titurels in den Text inserierte Exegese wendet sich sowohl an die textinternen wie die textexternen Hörer. Ihre eigentliche Vollendung kann die Darstellung des Tempels mithin immer erst dann finden, wenn der Wissensraum im kontemplativen Nachvollzug durch die textexternen Rezipienten zu deren ganz persönlichem Seelentempel geworden ist.[45]

4 Transfiktionale Bezüge

Die Darstellungen von Kirchen, Tempeln und Klöstern partizipieren schließlich in verschiedener Form an literarischen Strategien, die eine transfiktionale Verweisfunktion der Texte etablieren. Der „semichronikale[ ]" *Lohengrin*, aber auch die schon ihrem Ursprung nach genealogisch-historiographisch konzipierte *Melusine* nutzen den Bericht über die Stiftungstätigkeit ihrer Figuren, um in der fiktiven Welt der Erzählung „‚Wirklichkeitseffekte' historisch-geographischer Art" zu setzen:[46] Melusine gründet das Kloster Malliers (Maillezais) (TvRMel_(S) 55,17–19), die Nachfahren des Kaisers Heinrich errichten die Klöster Wenthusen (Wendhusen), Northusen (Nordhausen) und Polet (Pöhlde) (Loheng 7321–7325). Die für die Rezipienten auch in ihrer realen Welt erfahrbaren Bauten werden damit gleichsam zu Landmarken und Zeugnissen der Echtheit des Erzählten.[47] Ähnlich agiert Albrecht im *Jüngeren Titurel*, wenn er den Gralstempel in das → Indien des Priester-Johannes-Briefes transferiert. Das gefälschte Dokument galt den Zeitgenossen als Tatsachenbericht über ein in der beschriebenen Form tatsächlich existierendes Land, die fiktive Welt des Grals verbindet sich demzufolge aus Sicht der mittelalterlichen Rezipienten mit der Realität, die dann wiederum die Wahrheit des fiktiven Weltentwurfs bestätigen kann.[48]

Eine transfiktionale Bedeutungsdimension ist dem Gralstempel indes ohnehin schon inhärent, da er ebenso wie andere der als Wissensräume konzipierten literarischen Orte eine hinter dem Text liegende Wissens- und Vorstellungstradition abbildet.[49] Während Minneallegorien wie *Das Kloster der Minne* – womöglich durchaus unter Rückgriff auf biblisches Wissen und die geistliche Tradition der Klosterallegorese – die höfische Konzeption der *minne* als ethisches Prinzip zur Darstellung bringen,[50] bietet die Gralstempel-Ekphrase kosmologisches, biblisches und bibelexegetisches Wissen dar.[51] In ihrer signifikanten Aktualisierung des Pauluswortes

---

[45] Vgl. Bußmann 2011, 238–250, Rupp 2013, 214–216. Zu dem hier aufscheinenden Zusammenhang von Memorialtechniken, Kontemplation und frommer Selbstbildung vgl. Carruthers 1993, insbes. 882.
[46] Herweg 2010, 209, 218.
[47] Zum Realitätseffekt von Namen siehe Herweg 2010, 138 f.
[48] Vgl. Herweg 2010, 108, Rupp 2013, 217 f. Siehe überdies Bußmann 2011, 253–258.
[49] Zum Verfahren der ‚Enzyklopädisierung' vgl. Herweg 2010, 220–237.
[50] Vgl. Achnitz 2006, 167–170, Blank 1970, 165–171, Schierling 1980, 115–150.
[51] Vgl. Rupp 2013, 214 f., Bußmann 2011, 238–247.

vom Menschen als Tempel Gottes (I Cor 3,16), die den Gralstempel als Idealbild der für Gott vorbereiteten Seele imaginiert, konkretisiert die Tempel-Exegese eine traditionelle Auslegungsrichtung architektonischer Allegorien und partizipiert so am religiösen Diskurs.[52] Die transfiktionale Dimension verstärkt sich durch die vom Text geforderte, auf die Übertragung der Baukontemplation in die reale religiöse Praxis der Hörer zielende Rezeptionsweise (s. Abschn. 3.3). Dies gilt umso mehr in jenen Handschriften des *Jüngeren Titurel*, in denen ein ebenfalls als Architekturallegorese gestaltetes Marienlob die Beschreibung und Exegese des Gralstempels ergänzt, da dieses als fromme Übung des Erzählers inszeniert wird und sich insofern direkt und ausschließlich an die textexternen Rezipienten richtet.[53]

> En_(E), Er_(L), Flore_(S), Greg, HvNstAp, HvSaGolT, Iw_(BLW), JTit, KaufDrei, KldM, Klall, Krone, KvWTroj_(K), Lanc_II_(K), Lanc_III_(K), Loheng, LuM, MaiBea_(VP), Mechth, NibB_(S), Niemand, Nonn, Parz_(L), RosPfarr, RvEGer, RvEWh, Sperb, Tr_(R), TvRMel_(S), Wernh, WernhMl, WhvÖst, Wig, WKlö_(M), ZwiMö

> → Burg, Schloss, Hof; → Ferne-Utopien; → Fluss, Quelle, Brunnen; → Gefängnis, Orte der Gefangenschaft; → Grab, Grabmal; → Gralsburg, Gralsbezirk; → Indien, Mirabilienorient; → Insel; → Klause, Einsiedelei, Einöde; → Meer, Ufer; → Stadt, Markt, Platz; → Tor, Tür, Treppe, Fenster; → Turm, Zinne, Mauer; → Wald, Lichtung, Rodung, Baum; → Weg, Straße, Pfad; → Wüste, Wildnis, Einöde

---

52 Vgl. Carruthers 1993, 890 f., Bußmann 2011, 242 f.
53 Vgl. Bußmann 2011, 250–253.

Gesine Mierke
Klause, Einsiedelei, Einöde

1 Begriffsbestimmung – 2 Merkmale der Darstellung – 3 Narrative Funktionen – 3.1 Legendarische Texte – 3.2 Höfischer Roman – 3.3 Minnereden

1. Begriffsbestimmung

Der gemeinsame semantische Konnex des Wortfeldes Klause, Einsiedelei, Einöde liegt in der einsamen Abkehr von der Welt, in Weltverzicht und Askese. Insbesondere das mhd. *klûse* (f., ahd. *chlūsa* f., mlat. *clusa, clausa* f.)[1] bezeichnet eine „verschlossene, schwer zugängliche, entlegene, enge behausung oder örtlichkeit überhaupt".[2] Im Neuhochdeutschen geht die religiöse Dimension der Klause zunehmend verloren. Das Wort Klause meint hier vor allem den abgeschlossenen, einsamen (Rückzugs-)Ort. Die Einsiedelei (f., belegt seit dem 17. Jh.[3]) hingegen, die zunächst die entlegene Behausung, Hütte, Höhle eines Weltflüchtigen meint, bezieht sich vor allem auf die Existenz einer Person in der entlegenen Einsamkeit, während die Klause auch die Klosterzelle einschließt.[4] Das Wort Einöde geht zurück auf mhd. *einœte* und ahd. *einōti* (beide f./n), und bezeichnet ursprünglich allein liegende Orte und Behausungen.[5]

Die *waste*/→ *wüeste* (f. ‚Wüste, Einöde') steht in engem semantischem Zusammenhang mit Klause und Einsiedelei, bezeichnet jedoch zunächst Gegenden und Räume, die abgelegen und unbewohnt, aber vor allem nicht kultiviert sind. In der Bibel gilt die Wüste als Ort der Prüfung durch Gott (Prüfung des Volkes Israel, Versuchung Jesu). In der Bibel und bei den Kirchenvätern noch üblicher Platz, um einsam zu leben, verliert die *waste*/*wüeste* als Ort der Kontemplation in der mittelalterlichen Literatur an Bedeutung bzw. wird sie durch die Waldwüste ersetzt.[6] Während Hieronymus etwa „auch in der wust vnter den wilden tieren ain ainsidel" (HL_II 2,8) war, bewohnen die mittelalterlichen Eremiten eher den wilden → Wald. Die Begriffe Klause und Einöde sowie das Konzept der Einsiedelei treffen sich in ihrer geistigen Entfernung zur Wirklichkeit und zum ‚realen' Geschehen und „öffnen ein Fenster in die Transzendenz".[7] Zudem bezeichnen sie unkultivierte, vom geordneten göttlichen *ordo* abgegrenzte Orte. Klause, Einsiedelei und Einöde ist jene

---

1 Vgl. DWB 11, 1035.
2 DWB 11, 1035.
3 Vgl. Kluge/Seebold 2011, 236.
4 Vgl. Grundmann 1963, 60–90.
5 Vgl. Kluge/Seebold 2011, 236, Lexer 1, 527.
6 Le Goff 1990b, 81.
7 Schulz 2012, 144.

Ambivalenz inhärent, die die absolute Erfahrung von Ödnis, Leere und Einsamkeit mit Heilserwartung und Erlösung verbindet. Das wüste, leere Land wird so zum geheiligten Ort.

Die Topik der Klause, der Einsiedelei und der Einöde lässt sich gattungsübergreifend ausmachen und wird aus den Eremitenviten in die legendarische und die höfisch-weltliche Literatur transformiert. Ihre historische Verortung ist eng mit der Entstehung der frühen christlichen Gemeinden im 3. und 4. Jh. verbunden.[8] Hier vollzieht der Anachoret (lat. *anachorita, eremita*) die *peregrinatio propter christum*. Er lebt abgeschieden von seiner Gemeinde in einer Zelle allein mit Gott oder im lockeren Verbund mit anderen Anachoreten und strebt nach geistiger Vervollkommnung. Im 4. Jh. gewinnt das Anachoretentum an Bedeutung und gilt für den Mönch als höchste Stufe der Vollendung. In der Folgezeit suchen viele Christen das einsame, bedürfnislose, asketische Leben und begeben sich in Wüsten oder Wälder bzw. an Orte, die der meditativen Versenkung zuträglich sind. Im 12. und 13. Jh. mag gerade die „instabilitas loci" als „bestimmende[s] Zeichen der Zeit"[9] und der höfischen Gesellschaft, die in ständiger Bewegung begriffen war,[10] die narrative Inszenierung von Einsiedeleien als Rückzugsort befördert haben. Hinzu kommt die zunehmende Verbreitung der Heiligenlegende auch in der Volkssprache. Vor diesem Hintergrund lassen sich Gattungsinterferenzen erklären, da die *vita solitaria* übergreifend als eine mögliche Lebensform beschrieben wird.

Klause, Einsiedelei und Einöde sind vor allem in legendarischen Texten (*Vitas patrum*, *Väterbuch* [um 1275], *Legenda aurea* [um 1063–1073], *Passional* [E. 13. Jh.], *Barlaam und Josaphat* [1. H. 13. Jh.], *Der Heiligen Leben* [nach 1384], *Engel und Waldbruder* [1. H. 14. Jh.]), im höfischen Roman (Hartmann von Aue *Iwein* [1180–1205], Wolfram von Eschenbach *Parzival* [1200–1210], Gottfried von Straßburg *Tristan* [um 1210], *Prosa-Lancelot* [ab M. 13. Jh.], Ulrich von Türheim *Rennewart* [nach 1243]) sowie in der sog. Spielmannsepik (*Salman und Morolf* [um 1150], *König Rother* [12. Jh.]), aber auch im spätmittelalterlichen Prosaroman (Elisabeth von Nassau-Saarbrücken *Loher und Maller* [nach 1425]) wesentliche Handlungsorte mit unterschiedlichen narrativen Funktionen. Raum und Figur sind eng aneinandergebunden, spannt doch die Bewegung der Figur im bzw. durch den Raum diesen auf.[11] Mithin kann die Perspektive wie etwa in den Minnereden allein auf die Funktion der Figur verengt werden.

---

8 Vgl. Frank 1980, 566.
9 Fromm 1984, 200.
10 Vgl. Ohly 1965, 176.
11 Vgl. für die Differenz zwischen Aggregat-, System-, Schwellen- und Bewegungsraum Schulz 2012, 293 f.

2 Merkmale der Darstellung

Den *Vitas patrum*[12] und dem *Väterbuch* zufolge leben christliche Einsiedler in der Wüste, auf einer entlegenen → Insel oder in einer einsamen Klause bzw. → Hütte (Antonius, Athanasius, Paulus, Malchus, Hilarion).[13] Im Zentrum der narrativen Inszenierung stehen die Beschreibung des → Weges, des Raumes und der Lebensbedingungen vor Ort. Für die Beschreibung der *klûse* etwa ist die Darstellung in *Engel und Waldbruder* paradigmatisch: „sîn klôse verr von liuten lac / wol vierzic mîle oder baz / in einem walt, der vinster was / dâ wildiu tier inne wâren" (EngWa 4–7). Folglich ist die Behausung schwer zu erreichen. Ihre abgeschiedene Lage wird über die unbestimmte Entfernung markiert und durch die Lage im Wald ausgedrückt, der symbolisch den Kontrast zur zivilisierten, höfischen Welt darstellt und ihr raumsemantisch gegenübersteht. Vor allem im höfischen Roman befinden sich Einsiedeleien *im wilden wald*. Sie liegen zumeist in nicht messbarer, aber ausreichender Entfernung – „niht ze verre" (Parz_(L) 448,22) – zum → Hof und tragen zum Teil Züge des *locus amoenus* (→ Garten, → Heide, → Tal, → Wald). Insbesondere der *Prosa-Lancelot*, dessen Handlung durch die Begegnungen der Figuren mit Einsiedlern strukturiert wird, bietet im Hinblick auf die Lage nahezu eine Typologie der Klausen. Die häufig namenlosen Eremiten leben „im walt" (Lanc_I_(K) 496,30) bzw. „in de[m] busch" (Lanc_I_(K) 488,32) auf einem schwer erklimmbaren steilen → Berg (Lanc_I_(K) 1020,11), im Roten Gebirge (Lanc_I_(K) 1186,21), auf einem Berg mit einer → Quelle (Lanc_I_(K) 1070,20 f.), in der Nähe einer → Kirche (Lanc_I_(K) 98,14).

Während in den geistlichen Texten (*Väterbuch*, *Der Heiligen Leben*) häufig genaue Angaben über die Aufenthaltsdauer des Eremiten in der Abgeschiedenheit gemacht werden – 17, 20, 30, 50, 60 Jahre leben sie von der Welt abgekehrt –, fehlen diese konkreten Angaben zumeist in den höfischen Romanen. Die Besuche der Ritter bei den Eremiten sind von unterschiedlicher Dauer. Sie reichen von einer flüchtigen Begegnung bis hin zu einer mehrwöchigen Unterweisung durch den Eremiten. Zum Teil sind den Einsiedlern Helfer, etwa Priester oder Messdiener, beigestellt (*Prosa-Lancelot*). Sie beherbergen aber auch Pilger, sind von Schülern umgeben, heilen Kranke und diskutieren theologische Fragen mit Gleichgesinnten.[14]

Augenfällig ist zudem, dass der Weg in die Klause in allen Gattungen vage und diffus bleibt; die Auffindung des geheiligten Ortes findet zufällig statt. Paulus etwa flüchtet auf einen felsigen Berg, an dessen Fuß sich ihm eine → Höhle offenbart, in die er sich ins Gebet versenkt zurückzieht; Ägidius lebt in einem wilden Wald „in

---

[12] Am Ende des 13. Jh.s wurde die Sammlung in die Volkssprache übertragen. Die einflussreichste deutsche Fassung des südwestdeutschen Raumes (Basel/St. Gallen) aus der ersten Hälfte des 14. Jh.s enthielt 30 Viten und 600 Exempla. Vgl. Klein 1984, 687.
[13] Vgl. Frenzel 1981.
[14] Vgl. Frenzel 1988, 127.

ain hol, do stund ain prunn pei" (HL_I 101,482); Antonius wird der Weg zu Paulus von verschiedenen Fabelwesen und Tieren gewiesen. Auch seine „cluse" liegt „in der wuste" (Vät 1904), „im walt" (Vät 1913), fernab von der Zivilisation in der Wildnis verborgen. Verborgen ist auch der Weg dorthin. Antonius sieht auf seinem Weg „wie ein tier wunderlich gestalt / lief da vur in durch den walt / obene vil nach als ein man, / unden als ein rech getan" (Vät 1933–1936). Er folgt dem Wesen, bis ein Wolf auftaucht, der ihm erneut den Weg weist, bis er schließlich zu Paulus' „hus" (Vät 1959) gelangt. Johannes Chrysostomos indes findet seine Behausung in der Nähe einer Quelle in einem Felsloch, dessen Boden er mit „ton, graß vnd rinten" (HL_II 82,436) bedeckt. Anastasia macht sich zu einem Einsiedler auf, der „in dem wald were, sieben mil von der stat" (An 339) lebt. Den Weg zu finden, ist abhängig vom Willen Gottes und geschieht folglich zufällig. Zum Teil weisen Tiere oder Mischwesen den Weg in die Einöde. Von Anastasia etwa heißt es: „Und als gott wolt, / da kam sy uff den weg" (An 340). Die Länge des Weges wird als Wanderung präsentiert, die durch verschiedene Landschaften führt und tagelang andauert. Da der Heilige „der Welt in der Fremde ein Fremder geworden ist",[15] erkennt man ihn nur schwer. Und so trägt auch die Inszenierung des Ortes dazu bei, ihn als Einsiedler wahrzunehmen. Die temporäre Unsichtbarkeit des Heiligen markiert seine Auserwähltheit und Nähe zur Transzendenz. Erst das Anerkennen seiner Heiligkeit in der Immanenz ermöglicht den Kontakt.[16]

Die Einsiedler bedürfen keiner Nahrung; sie ernähren sich meist von nur Wenigem, häufig von „krawt", „wurzcel", „lawb", „graß" (HL_II 82,436) und „wasser" (LuM 101,5), oder werden von Engeln und Tieren (Paulus) versorgt. Ihr wundersames Überleben (Rennew 3254) und ihr beharrlicher Verzicht deuten auf ihre Auserwähltheit. Abraham etwa lebt, 2000 Schritte von seinem Elternhaus entfernt, 50 Jahre in einer Zelle, deren Eingang er selbst verschloss. Nur durch eine kleine Öffnung werden ihm Speisen gereicht. Die Maßgabe, dass die Klause mit drei → Fenstern (für die Nahrungsaufnahme, das Sonnenlicht und das Gespräch mit Besuchern) ausgestattet sein solle,[17] findet auch Eingang in den höfischen Roman (Parz_(L) 437,19; Iw_(BLW) 3303). Komfortabler scheint in Wolframs von Eschenbach *Parzival* Trevrizents Klause in „Fontâne la salvâtsche" (Parz_(L) 456,2), besteht sie doch aus zwei Höhlen, von denen mindestens eine beheizbar war: „der wirt fuorte in in eine gruft, / dar selten kom des windes luft. / dâ lâgen glüendige koln" (Parz_(L) 459,5–7). Die Ausstattung der Zelle mit „alterstein" (Parz_(L) 459,23), Büchern und einem Reliquienkästchen lässt sie überdies als heiligen Ort erscheinen.

---

15 Strohschneider 2002, 131.
16 Vgl. Strohschneider 2002.
17 Vgl. Mulder-Bakker 1991, 1195.

3 Narrative Funktion

3.1 Legendarische Texte

Als literarischer Ort sind Klause und Einsiedelei gattungsübergreifend und diachron fassbar. Vor allem in legendarischen Texten ist das abgeschiedene Leben als vertiefte Auseinandersetzung mit Gott zu verstehen, da der Einsiedler sich besonderer Versuchungen aussetzt. Biblische Vorlagen bieten der Wüstenaufenthalt Johannes des Täufers und die dreifache Versuchung Jesu in der Wüste (Mk 12f.; Mt 4,1–11; Lk 4,1–13),[18] bei der er seine Nahrung fern von Gott suchen, Gott auf die Probe stellen und Gott abschwören soll. Diesen Verlockungen, die narrativer Kern der geistlichen Texte sind, müssen die Einsiedler standhalten.

Vor allem die an die *Vitas Patrum* angelehnte geistliche Dichtung in Vers und Prosa, die *Legenda aurea*, das *Passional* und *Der Heiligen Leben*, stellt im Sinne geistiger Erbauung das Leben der Väter, frühen Einsiedler (Paulus, Antonius, Cassian etc.) und Heiligen aus. Entsprechend sind zahlreiche Beschreibungen der Rückzugsorte zu finden. In der *Vita Johanni* (Vät 3391–3612) werden mit „wûste her und dar, clostern" und „clusen" (Vät 3400–3403) die Aufenthaltsorte der Einsiedler benannt. Paulus, der erste Einsiedler, verbrachte einige Zeit in einer *wustenunge* (Vät 1845*):* „uber die wilden heide / verre in die wuste" (Vät 1872f.) wanderte er und lebte fortan, von einem Raben ernährt, „in eime hole" (Vät 1877), Barlaam lebt „in der wüstenunge / von India" (RvEBarl 1628). Dem Erreichen der abgelegenen Orte geht die Weltflucht voraus. Es folgt die ziellose Bewegung an den → Rand der Welt zum *locus terribilis*:[19] auf einen Berg, auf einen Felsen (Gregorius), in eine Höhle (Maria Magdalena) oder in die Wüste (Paulus, Maria Aegyptiaca). Mit der dortigen Ankunft setzt die Negation der ausdifferenzierten Welt im Sinne der negativen Theologie ein, denn der Eremit will ununterscheidbarer Bestandteil der Natur sein. Wie der Ort, an dem er sich befindet, öd, leer und entlegen ist, will auch er sich von allem lösen, um die Wirklichkeit zu transzendieren. Die Einsiedelei bleibt zwar räumlich im Profanen verhaftet, jedoch konstituiert der Erzählprozess einen Raum, in den das Transzendente hineinwirkt. Die Abgrenzung vom Irdischen erfolgt durch den ‚Sprung' in den heiligen Raum. Der unbestimmte Weg markiert die Differenz und konstituiert die Heiligkeit des Ortes. Maria Magdalena etwa wird täglich sieben Mal von Engeln entrückt, deren Anblick sie am Leben hält. Auf diese Weise steht sie in direktem Kontakt mit dem Göttlichen. Gerade die Unbeschreibbarkeit des Weges verdeutlicht, dass der Weg in die Einsamkeit,[20] der Weg aus der Welt und die vollkommene Abkehr von allem

---

[18] Vgl. ausführlich Lindemann 2000a, 63–68.
[19] Mertens 1978, 50.
[20] Im *Heliand* (um 840) werden Wüste und Wald synonym verwendet. Über Jesu Aufenthalt in der Wüste heißt es: „Thô he im selbo giuuêt / aftar them dôpislea, drohtin the gôdo, / an êna uuôstunnea,

Sinnlichen mit dem schwer zu fassenden Weg in die Innerlichkeit, dem ekstatischen Aufstieg zu Gott, in Verbindung gebracht werden kann.[21] Um sich dem Göttlichen zu nähern, muss das Geschaffene transzendiert werden. Das Bild der Wüste etwa birgt die unauflösbare Paradoxie, dass das Göttliche nicht benenn- und beschreibbar ist. Erst durch die Negation dessen, was ist, vermag man sich ihm zu nähern.[22] In diesem Kontext wird die Wüste von den Mystikern aufgegriffen und zum Symbol christlicher Spiritualität.

Die Ambiguität von Klausen und Einsiedeleien – ihre Nähe zur Transzendenz einerseits und ihre Beschwernisse andererseits – zeigt sich auch darin, dass sie paradiesähnlich (→ Irdisches Paradies) beschrieben werden: Der Einsiedler lebt „um strengerer Askese und heiligmäßiger Nachfolge willen" mit den Tieren der Welt in der Natur in Einklang mit Gott.[23] Dennoch ist er gerade deshalb besonderen Gefahren wie der *acedia*[24] und verschiedenen körperlichen Bedrängnissen ausgesetzt.

Die Einsiedeleien sind tatsächliche Orte, die der Gotteserkenntnis dienen. Sie sind vom Außen abgegrenzte ‚Inseln', auf denen Transzendenz erfahrbar wird. Durch die Beschreibung des Ortes und die Handlung der Figuren im Raum erhalten sie ihre Tiefendimension. Bestimmte Merkmale wie die Abgeschlossenheit, die Enge, die begrenzte Nahrungsaufnahme, die Reduktion auf das Einfachste, die Negation des Weltlichen stilisieren sie zu heiligmäßigen Orten.

3.2 Höfischer Roman

In den höfischen Romanen liegen Einsiedeleien und Klausen außerhalb des geordneten höfischen Kosmos *im wilden wald*.[25] Sie gehören zu jenen Handlungsorten, an denen der Ritter Rast macht, geheilt wird oder Rat erhält (*Parzival*, *Iwein*, *Prosa-Lancelot*). Die Einsiedelei ist nicht mehr vorrangig Ort der Auseinandersetzung mit

---

uualdandes sunu; / uuas im thar an thero ênôdi erlo drohtin / lange huuîla [...] (Heliand_(B) 1024–1028). Und etwas später heißt es weiter: Thô forlêt he uualdes hleo, /ênôdies ard endi sôhte im eft erlo gemang, / mâri meginthiode endi manno drôm, geng im thô bi Iordanes stade [...]" (Heliand_(B) 1124–1127). Vgl. Stauffer 1958, 98.

21 Die Verknüpfung der Wüste mit dem asketischen Ideal lässt sich bis ins 3. Jh. zurückverfolgen. Insbesondere Origenes hat auf die spirituelle Nähe Gottes in der Wüste hingewiesen und die reine Luft, den offenen Himmel, das Fehlen von Ablenkung beschrieben (OrigHomLk 11; OrigHomEx. 3,3; OrigHomLev 1,1). Vgl. Lindemann 2000, 70 f.
22 Vgl. auch Keller 2010, 201.
23 Fromm 1984, 199.
24 *Acedia* meint nach mittelalterlichem Verständnis ‚Trägheit, Traurigkeit, Müßigkeit'. Sie zählt zu den sieben Hauptlastern und gehört zu den Gefahren, denen der einsame Mönch ausgesetzt ist. Als bekanntestes bildliches Beispiel der *acedia* gilt die Darstellung des Antonius Lukas Cranachs d. Ä. (1520/25). Vgl. Tracey 1997, 932 f.
25 Zur Semantik des Waldes vgl. Stauffer 1958, bes. 54–139.

Gott (*Parzival*), sondern der Klausner hat als Figur eine konkrete Funktion für den Protagonisten (*Prosa-Lancelot*). Im höfischen Roman sind es die Gespräche mit den Einsiedlern als die wichtigsten Nebenfiguren, die der Erkenntnis dienlich sind und das Seelenheil der Helden befördern. Als handlungsleitende Figur besitzt der Eremit „rein instrumentale Funktion".[26] Er taucht in der Funktion des Ratgebers an Scharnierstellen des Textes auf (Ägidius, *Prosa-Lancelot*)[27] und gibt den Protagonisten auf ihrer Suche nach *âventiure* Hinweise für ihr Fortkommen. Insbesondere im *Prosa-Lancelot* interpretieren die Einsiedler den Rittern die *âventiure*[28] und führen sie in die Grundprinzipien hermeneutischen Denkens ein.[29] Einsiedeleien und Klausen müssen als Orte nicht mehr geheiligt und ihre besondere Aura ausgestellt werden, denn sie gehen bereits als heilige Orte in die *âventiure*-Welt ein. Sie erscheinen wie Inseln außerhalb der höfischen Zivilisation. Von dort wird mit dem Blick von außen das Geschehen gelenkt. Im Zentrum steht nicht mehr der Raum, sondern stärker die Figur, die ihn bewohnt. Ihr Handeln lädt die *histoire* symbolisch auf.

Im *Parzival* Wolframs von Eschenbach spielen der Einsiedler Trevrizent und die Inkluse Sigune für den Erkenntnisweg des Protagonisten eine herausragende Rolle. Die verschiedenen Handlungsorte *Einöde, Artushof, Gralsburg, Einsiedelei* bilden ein komplexes Zusammenspiel. Aus der Abgeschiedenheit der „waste in Soltâne" (Parz_(L) 117,9) gelangt Parzival in die Artus- und Gralswelt und erhält von Sigune und Trevrizent wichtiges Handlungswissen. Seine Cousine Sigune etwa trifft Parzival bei ihrer dritten Begegnung in „ein klôsen niwes bûwes" (Parz_(L) 435,7). Sigune begrüßt ihn „mit süezen worten" und heißt ihn auf der Bank an der Wand „für daz venster" (Parz_(L) 438,18) Platz zu nehmen. Parzival nimmt den Ort wahr: „der helt sî frâgen began / umbe ir site und umb ir pflege, / ‚daz ir sô verre von dem wege, / sitzt in dirre wilde[']" (Parz_(L) 438,22–25). Die Klause liegt außerhalb der Zivilisation in unkultiviertem Gebiet: „niht bûwes umb iuch stêt" (Parz_(L) 438,28). Sigune klärt ihn über die Bedingungen des Einsiedlerdaseins auf: „dâ kumt mir vonme grâl / mîn spîs dâ her al sunder twâl" (Parz_(L) 438,29 f.). Die vier Sigune-Begegnungen sind sinnstiftend für den Weg Parzivals, denn er erfährt von ihr Wesentliches über seine Herkunft und Abstammung. Auch Trevrizent hält Wissen für den Protagonisten bereit. Durch seine religiösen Auslegungen erhält Parzival neue Orientierung in Heilsraum und -zeit[30] und irrt fortan nicht mehr ziel- und zeitlos durch die Gralswelt. Diese Initiation ist symbolisch auch an das Gewand, das er von Trevrizent erhält, geknüpft. Die

---

26 Fromm 1984, 199.
27 Vgl. auch Milis 1979, 52.
28 Unzeitig 1990, 100–103.
29 Fromm 1984, 204.
30 Vgl. Bumke 2004, 89 f., 200 f., Störmer-Caysa 2007, 115 f., Haferland 1994, 263–301.

Insularität der Klause wird durch ihre eigene Zeitlichkeit gestützt und so der Unterschied zur „Abenteuerzeit" deutlich.[31]

Gottfried von Straßburg greift im *Tristan* für die Beschreibung der → Minnegrotte die Topik der Eremitenviten auf.[32] Mehrfach wird der Aufenthaltsort Tristans und Isoldes als „wilde clûse" (Tr_(R) 16806) bezeichnet, die sich in der Wildnis befindet. Ihre Klause allerdings wird durch die *minne* zum *locus amoenus*, denn die Liebenden finden in dieser Umgebung Erfüllung. Entsprechend werden der Raum und seine Ausstattung in eine andere Richtung gedeutet. Die Tiere, welche die Liebenden umgeben, erscheinen als vergnügliche Begleiter, die Liebe ernährt Herz und Geist. Die personale Du-Beziehung rückt in den Mittelpunkt und transzendiert als eine weitere, wenn auch utopische, Lebensform die Wirklichkeit. Die Eremitentopik ist bewusst gewählt, um die notwendige Abgeschiedenheit dieser Existenz von der Gesellschaft auszustellen.

Im *Rennewart* Ulrichs von Türheim fungiert der Einsiedler nicht als handlungsmotivierende Figur, sondern Weltflucht und Moniage werden als Elemente des Erzählschlusses konstituiert und die Klause als heilsstiftender Ort inszeniert (vgl. *König Rother*).[33] Nach dem Tod Kyburgs, die bereits „in ein cluse bi der stat ze Fameruse" (Rennew 33643 f.) lebte, zieht sich auch Willehalm in die Einöde zurück: „abe manigen baum er zarte / mit wizen handen linden: / zu breiten langen rinden / kunde er ein hûtten machen / al umme von drin vachen, / daz der regen, wint noch sne / im nymmer dinne getœte we" (Rennew 34252–34258). Willehalm, der insbesondere am Schluss des Textes zum „Ritterheiligen" stilisiert wird,[34] widmet sich „in dieser wûste" (Rennew 35675) dem Dienst an Gott, muss sich des Teufels erwehren und baut schließlich ein → Kloster. In der sog. Spielmannsepik taucht die Klause in *Salman und Morolf* als Versteck der Königin Salme auf. Die Klause liegt weit über dem → Meer auf einem „wîzen steine" (SalMor 643,2).

Im Vergleich zwischen geistlich-legendarischer und höfisch-weltlicher Literatur finden in letzterer keine Umsemantisierungen, sondern handlungslogische Umfunktionalisierungen statt. Während die Klause etwa in den Eremitenviten als zentraler Handlungsort geheiligt wird, taucht sie als genuin heiliger Ort, aber als einer von vielen Handlungsorten, in der höfischen Literatur auf. Insbesondere in den Artusromanen wird der Einsiedler als Figur bedeutsam für den anschließenden Verlauf der Handlung. Die Erzählung tritt aus dem „Bewegungsrhythmus" und die Handlung wird in die Gotteszeit überführt.[35] In Texten wie dem *Rennewart* oder dem *König*

---

31 Der Begriff geht auf Michel Bachtin zurück und meint eine literarische Zeit, die unterschiedlich auf die Figuren wirkt und den Helden in der *âventiure* nicht verändert. Im Ritterroman, so Bachtin, herrscht „der eigentümliche Chronotopos dieses Romans: eine wunderbare Welt, in der die Zeit des Abenteuers herrscht" (Bachtin 2008, 82); dazu ausführlich Störmer-Caysa 2007, 80–84.
32 Vgl. Zettl 2007, 246.
33 Zur Programmatik des Schlusses vgl. Reuvekamp-Felber 2003, 241.
34 Strohschneider 1999, 35.
35 Fromm 1984, 199.

Rother ist die Klause, in die sich die Protagonisten zurückziehen, Ziel der Handlung: „nu volge mir, trut herre min, / unde ze wir hin zo walde! / swer genesen wolde, / der mochte dar gerne broder sin" (Roth_(FK) 5168–5171). Sie markiert – auch durch die Lage im Wald – die Überschreitung der raumsemantischen Grenze als endgültige Abwendung des Helden vom höfischen Kosmos.

Die Klause wird den Ausstattungselementen zufolge wie der antike *locus amoenus* oder das Paradies beschrieben (Bäume, Quelle, Tiere, Höhle, Speisungswunder etc.). Allerdings ist die Auslegung der Elemente – je nach Gattung – für den Aussagewert des Raumes entscheidend. Darin zeigt sich auch die symbolische Ambivalenz des Ortes: Seine Niedrigkeit macht ihn für den Einbruch des Transzendenten verfügbar. Als *locus terribilis* ist die Klause der Innerweltlichkeit verhaftet. Erst die Transzendierung kann ihre Bedeutung – bis zum *locus amoenus* – verkehren.

3.3 Minnereden

Auch in den Minnereden wird das Motiv der Weltflucht verschiedentlich aufgerufen (MinnerB_188; MinnerB_472; MinnerB_485; MinnerB_496; MinnerZ_62), oder es finden Gespräche mit Einsiedlern als Rat gebenden Figuren statt (MinnerB_217). Als Handlungsorte spielen Klausen eine untergeordnete Rolle (MinnerZ_62; MinnerB_472). Die Gespräche mit den Einsiedlern/Einsiedlerinnen, die zumeist über ihre eigene *minne*-Geschichte reflektieren (MinnerZ_62), sind von größerer Relevanz. Insbesondere in MinnerZ_62 enthüllt der Klausner dem Sprecher-Ich seine unglückliche Liebesgeschichte, die ihn zur Abkehr von der Welt und zum Leben in einer Klause, die sich nebst Kapelle in der Nähe eines Schlosses befindet, bewog. In der *Fehde zwischen Amor und Reden* (MinnerB_496) wird über verschiedene Formen der *minne* reflektiert. Dabei wird die Mittlerfunktion der Eremiten herausgestellt, durch die die Menschen an der Liebe der Engel teilhätten. In MinnerB_485 bittet der Sprecher die Geliebte um Behausung in ihres „hertzen clausen" (MinnerB_485 143).

> An, EngWa, Heliand_(B), HL_I, HL_II, Iw_(BLW), Lanc_I_(K), LuM, MinnerB_188, MinnerB_217, MinnerB_472, MinnerB_485, MinnerB_496, MinnerZ_62, OrigHomEx, OrigHomLk, OrigHomLev, Parz_(L), Rennew, Roth_(FK), RvEBarl, SalMor, Tr_(R), Vät
>
> → Burg, Schloss, Hof; → Fluss, Quelle, Brunnen; → Gebirge, Berg, Tal; → Haus, Hütte; → Heide, Aue, *plaine*; → Höhle, Grotte; → Insel; → Irdisches Paradies; → Kirche, Kathedrale, Münster, Kapelle, Kloster, Tempel; → Meer, Ufer; → Minnegrotte; → Ränder der Erde; → Tor, Tür, Treppe, Fenster; → Wald, Lichtung, Rodung, Baum; → Wüste, Wildnis, Einöde

Lina Herz
Küche

1 Begriffsbestimmung – 2 Merkmale der Darstellung – 3 Narrative Funktionen – 3.1 Die Küche als Gegenraum zur höfischen Welt – 3.2 Die Küche als Handlungsort

1 Begriffsbestimmung

Die Bezeichnung der Küche (lat. *culina*, vulgärlat. *coquîna*, ahd. *chúchīna, coquina, culina, popina, taberna*)[1] findet sich in der mhd. und fnhd. Literatur häufig in der Schreibung *kuche(n)* bzw. *c(h)vchen* oder *küche(n)* (f.) und erscheint als allgemeine Benennung des Ortes der Speisenherstellung recht konstant. Vermutlich aufgrund des notwendigen Bedarfs eines Küchenraums bei jedweder Form der Haus- und Hofhaltung kommt die Küche in einer Vielzahl von – zum Teil sehr unterschiedlichen – Texten vor. Dabei kann die Form der Erwähnung zwischen der bloßen Nennung einer Küche und einer ihr zukommenden Funktion von inhaltlichem und narrativem Gewicht für den jeweiligen Text erheblich schwanken.[2] Während sowohl die Anzahl des Küchenpersonals und die küchenhierarchische Struktur als auch die Lebensmittel und deren Zubereitungsweisen durch Haushalts- bzw. Kochbücher und Regesten von → Burgen und Höfen gut erschließbar sind, ist über die Küche und deren Ausstattung – wie es wohl generell für die Inneneinrichtung in mittelalterlichen Burganlagen gelten kann – wenig bekannt.[3] In der häufig im Erdgeschoss des Palas gelegenen Küche besteht der Herd aus einer zentralen offenen Feuerstelle, die groß genug ist, um dort ganze Schweine und Ochsen zu braten.[4] Manchmal wird wohl auch zum Kochen eine kaminartige Ofenanlage benutzt; solche Kamine sind beispielsweise in Wolframs von Eschenbach *Parzival* (Parz_(L) 230,6–14) beschrieben.[5] Weiterhin gehört zum festen Bestandteil einer Küche ein Wasserbecken, häufig mit einem direkt nach draußen führenden Abfluss, und ein Backplatz.[6]

Die Küche findet sich in fast allen epischen Erzählformen der mittelalterlichen Literatur. So wird sie nicht nur in Antikenromanen (*Alexander* des Pfaffen Lamprecht

---

[1] DWB 11, 2490.
[2] Im Vergleich zur Küche als einem literarischen Ort ist das nahstehende Thema Essen und Trinken in literarischen Texten des Mittelalters bereits grundlegend und auf breiter Basis bearbeitet worden. Vgl. dazu Bitsch et al. 1997, Schubert 2006, Anne Schulz 2011.
[3] Vgl. dazu zuletzt Losse 2013, 113–121.
[4] Vgl. dazu ausführlich Reitz 2004, 85.
[5] Vgl. Ebersold 1988, 29–30.
[6] Vgl. Reitz 2004, 85.

[um 1150] und *Alexander* des Ulrich von Etzenbach [letztes D. 13. Jh.]), Minne- und Aventiureromanen (*Herzog Ernst* [um 1180], *Wilhalm von Wenden* des Ulrich von Etzenbach [zw. 1290 u. 1297], *Die schöne Magelone* [M. 15. Jh.]) und Artus- und Gralsromanen (*Erec* [um 1180] und *Iwein* [1180–1205] des Hartmann von Aue, *Parzival* des Wolfram von Eschenbach [1200–1210], *Die Krone* des Heinrich von dem Türlin [zw. 1215 u. 1230], *Wigalois* des Wirnt von Gravenberg [um 1220], *Meleranz* des Pleier [1240–1270], *Prosa-Lancelot* [ab M. 13. Jh.]) erwähnt, sondern auch in heldenepischer Dichtung (*Nibelungenlied* [um 1200], *Willehalm* des Wolfram von Eschenbach [1210–1220], *Wolfdietrich* [13. Jh.], *Kudrun* [M. 13. Jh.]), kleinepischer Literatur (*Die unschuldige Mörderin* des Heinrich Kaufringer [um 1400], *Das weltliche Klösterlein* [um 1472]) und schwankhafter Großepik (*Bruder Rausch* [2. H. 14. Jh.], *Der Ring* des Heinrich Wittenwiler [um 1400]). Auch in chronikalischen (*Weltchronik* des Jans Enikel von Wien [2. H. 13. Jh.]), moraldidaktischen (*Der Renner* des Hugo von Trimberg [um 1300], *Helmbrecht* des Wernher der Gartenaere [1250–1280], *Das Narrenschiff* des Sebastian Brant [1494]) und mystischen Werken (*Von der Gnaden Überlast* [M. 14. Jh.], *Christus als Koch* [E. 14. Jh.]) wird die Küche thematisiert. Gerade bei der Küche als Handlungsraum erscheint es sinnvoll, den Blick auch auf die Schwellenzeit bzw. die beginnende Frühe Neuzeit zu richten, denn die Küche wird insbesondere in den Prosaromanen (*Herzog Herpin* der Elisabeth von Nassau-Saarbrücken [zw. 1450 u. 1490], *Ritter Galmy* [1539], *Von guten und bösen Nachbarn* [1556] und *Der Goldtfaden* [1557] des Jörg Wickram, *Geschichtklitterung* des Johann Fischart [1575]) und in der Spruchdichtung des Hans Sachs (M. 16. Jh.) sehr facettenreich beschrieben.

2 Merkmale der Darstellung

Auch bei der Vielzahl an Nachweisen ist die Küche in mittelalterlicher Literatur gleich welcher Gattung und zeitlicher Einordnung selten Ereignisraum oder Schauplatz einer Handlung.[7] Während sich zum Teil ausführliche Beschreibungen von Speisen oder ganzen (Fest-)Mahlzeiten (Helmbr 439–480; 863–890) finden,[8] wird die Küche kaum oder gar nicht dargestellt. Überwiegend wird die Küche anhand von Grundlagen der Haushaltsführung thematisiert, z. B. als Ort der Speisenherstellung in höfischem Umfeld – häufig im Zusammenhang mit einem opulenten Fest- oder Hochzeitsmahl – (VAlex_(L) 4044; UvEtzAlex 21503; ErnstB_(B) 3197; JansWchr 12963; 13050; 28569; Er_(C) 3088; Wig 8863; Helmbr 1548 u. 1563; UvEtzWh 1508; Ring_(WB) 5085; 5217; 5375), oder als Ort, an dem ständig offenes Feuer bereitgehalten wird (Lanc_II_(K) 174,11–17; KaufMörd_(S) 588).

---

7 Vgl. zum Ereignis- und Schauplatzbegriff ausführlich Dennerlein 2009, 109–132.
8 Vgl. dazu ausführlich Ehlert 2009, 6–11.

Mehrfach finden sich auch – gerade in Episoden der Artusromane – Darstellungen der Küche im freien Raum. Wenn der Held eine Zeit lang in der → Wildnis, → Klause oder bei der Jagd verbringt, übernimmt dort die Feuerstelle die Funktion des Küchenraumes (NibC_(H) 940,2; Iw_(BLW) 6538) und wird auch als solcher bezeichnet („Der hirß der floch alleß vor / vil recht gegen der *fewer stat*, / den Artus im berayten patt / den ymbis, der werde nam. / Vor dem wald uff den plan / was sin *kuchin* uff geschlagen [Hervorhebungen L. H.]", PleierMel 2042–2047). Dass diese Küche, deren genauere räumliche Beschreibung im → Wald oder Feld immer eine Leerstelle bleibt, nicht mit den Genüssen der höfischen Speisen vergleichbar, sondern vielmehr eine kalte („mîn küche riuchet selten", Parz_(L) 458,7) und einfache („dane was gesoten noch gebrâten, / unt ir küchen unberâten.", Parz_(L) 486,11 f.) ist, wird vor allem im *Parzival* Wolframs von Eschenbach ausgeführt.[9] Diese Wendung zur Beschreibung der kalten Küche findet sich ebenfalls in der *Kudrun* („er sach in dem wâge die râwen vische ie. / die kunde er gevâhen, möhte er ir iht geniezen. / sîn kuchen diu rouch selten; des mohte in alle tage dâ verdriezen", Kudr_(BS) 99,2–4). In der Geschichte Hagens wird sie zum Ausdruck höfischer Lebensumstände, die Hagen trotz seiner autodidaktischen Bemühungen um Jagd und Kampf im Zuge seiner männlichen Identitätsbildung in der Wildnis nicht beherrscht.[10] Die Frage, inwieweit das Parzivalzitat und der sich anschließende Nachsatz, der den Verdruss des Protagonisten beschreibt, in der *Kudrun* auch metaphorisch zu verstehen ist, soll hier nur angedeutet werden.[11]

Geradezu topisch erscheinen die Figuren des bösen Kochs oder des schalkhaften Küchenjungen, deren Schelte – die Wertung ihres moralischen und höfischen Verhaltens oder die Kritik ihres äußeren Erscheinungsbildes – häufig vorkommt (Herb 1580; Renner 639; Iw_(BLW) 4923; WKlö_(B) 340,6–32). Auch wenn die Küche in ihrer räumlichen Gestalt in diesen Konfigurationen nicht ins Geschehen rückt, wird über die darin Agierenden jedoch implizit die Küche thematisiert und als Raum hervorgebracht. Die stets männlichen Köche und Küchengehilfen prägen so den Handlungsraum Küche und das dortige Betätigungsfeld. Als einzige Ausnahme erweist sich die

---

9 Die ‚kalte Küche' bei Trevrizent steht dabei auch in starkem Kontrast zu den ausführlichen Beschreibungen von Essen und Trinken beim gemeinsamen Speisen der verschiedenen Liebespaare im *Parzival*. Vgl. zu den Liebesmahlen im *Parzival* Bleuler 2012, 153–155.
10 Vgl. Mc Connell 1988, 17, Schmitt 2002, 72 f. Dagegen J.-D. Müller 2004, 203–205, der Hagens höfische Ausbildung in seinen Kindertagen am Hofe aufzeigt und diese durch die Greifenentführung und die Zeit in der Wildnis lediglich unterbrochen sieht.
11 Die Vermutung, dass sich in der Frustration des Helden über seine nicht rauchende Küche auch eine gewisse sexuelle Unzufriedenheit ausdrückt, die als Zitat und somit auch in ihrer Steigerung als literarisches Spiel in der Episode um Hagens Mannwerdung inszeniert wird, scheint jedoch – insbesondere im Hinblick auf die poetische Machart des Hagenteils der *Kudrun* – nicht unwahrscheinlich, wenn dort bestimmte Muster immer wieder erzählt und geformt werden und andere Texte oder Motive aus eben jenen zitiert, poetisch um- oder neugestaltet, erweitert oder gesteigert werden. Schmitt 2002, 86–94 nennt dies die „intertextuelle Montage als Erzählprinzip" des Hagenteils der *Kudrun*.

Figur der bösen Haushälterin, die dem ihr Anvertrauten gutes Essen und vor allem Kraft gebendes Fleisch aus der Küche vorenthält und verweigert (EbnerGnadÜb 4–6). Akkumuliert und gesteigert wird das durchweg negative Bild des Kochs oder Küchenjungen beispielsweise in Kurzerzählungen wie *Bruder Rausch*, in der der Teufel selbst zunächst in der Rolle des Küchenjungen, dann in der des Kochs versucht, ein → Kloster in Lasterhaftigkeit und Sünde zu führen.[12] Der Koch als positive Figur lässt sich dementsprechend nur vereinzelt finden, so beispielsweise in der Figuration des klugen Knechts bzw. Kochs und seines tumben Herren (Garten 15,25 f.). Dem Küchenjungen kommt neben dem Koch meist eine eigene, häufig schalkhafte oder verräterische Rolle zu.[13] Neben dem verräterischen Küchenjungen (WickGalm 37,143–146)[14] birgt die Figur als solche bzw. auch andere küchennahe Berufsfelder – und dies gerade in den Prosaerzählungen der Frühen Neuzeit – das Potenzial, Aufstiegsgeschichten des Typs ‚Vom Küchenjungen zum König' (Wickrams *Goldtfaden*; *Huge Scheppel*) zu verhandeln.[15] Der Küchenraum selbst übernimmt auch in der Literatur der Frühen Neuzeit keine tragende Rolle, wenngleich aber andere bzw. neue semantische Dimensionen hinzukommen. Wenn der junge Lasaro, einer der Protagonisten in *Von guten und bösen Nachbarn* des Jörg Wickram beispielsweise auf seiner ersten Reise „die mŭterlich Kuchen" (WickNach 140,6) vermisst, steht sie nicht nur für die ihm bekannte und bevorzugte Speisenzubereitung und Ernährung, die hier bereits in weiblicher Hand liegt, sondern auch *pars pro toto* für Heim und Heimat.[16] Die weibliche Küchenführung wird darüber hinaus bei Hans Sachs thematisiert, wenn es beispielsweise in der Klage über die Hausmagd um das richtige Verhältnis von Ordnung und Sauberkeit in der Küche geht (SachsKlag 191–193).

Ein interessanter Aspekt zur räumlichen Dimension der Küche lässt sich auch in literarischen Texten der Frühen Neuzeit finden; dort dient beispielsweise die Küche nicht mehr ausschließlich als Ort zur Speisenherstellung, sondern fungiert gleichzeitig auch als Essplatz („Derwegen als er nach allem Vortheil nun gefrühstuckt, gieng er zur kirchen. Dan auf vollem Bauch steht wol volle Andacht, und auß der kuchen in die kirchen", FiGe 24,231–238).[17] All diese Beispiele zeigen aber, dass eine genauere Beschreibung des Küchenraumes fast immer eine Leerstelle bleibt.

---

12 Vgl. dazu Priebsch 1919 passim.
13 Die Ausweitung bzw. Umdeutung des Themenkreises um den bösen oder schalkhaften Küchenjungen hin zur lustigen Figur der Komödie wird sich erst in der neueren Literatur durchsetzen. Vgl. dazu Dorninger 1994, 623–638.
14 Im *Ritter Galmy* wird der Küchenjunge durch Geldversprechungen zum Verrat angestiftet.
15 Braun 2006, 308, Richter 2011, 164. Huge Scheppel ist zwar kein Küchenjunge, jedoch ausgebildeter Metzger, bevor er König von Frankreich wird. Haug 1989 passim, Stange 2010, 226–239.
16 Vgl. Mertens 2003 passim, vor allem: Wåghäll Nivre 2011, 205–207.
17 Vgl. insbesondere zur Speisekammer und Speisenlagerung in Fischarts *Geschichtklitterung* Rathman 2002, 148. Generell zu Außen- und Innenräumen in Fischarts *Geschichtklitterung* Stolz 2008, 439 f.

3 Narrative Funktionen

Selten scheint die Küche eine zustandsverändernde narrative Funktion zu übernehmen. Nur vereinzelt wird sie zum Handlungsort. Dabei wird sie häufig als Kontrastraum zur höfischen Welt und zum höfischen Gesellschaftsideal entworfen, der nicht nur eine Episode räumlich situiert, sondern auch als Gegenbild fungiert.

3.1 Die Küche als Gegenraum zur höfischen Welt

Darstellungen der Küche in der mittelalterlichen Literatur lassen erkennen, wie groß der Kontrast zwischen der höfisch-ritterlichen Welt und der nicht-adligen Arbeitswelt gewesen sein muss. Dies wird insbesondere bei der Gegenüberstellung von höfisch-ritterlichen Figuren und Küchenpersonal deutlich, etwa wenn die Kleidung der vier gefangenen Ritterssöhne in Hartmanns von Aue *Iwein* mit derjenigen eines Küchenjungen verglichen wird, die dem Stand der Gefangenen nicht angemessen sei („in wâren aller hande cleit / ze den zîten vremde, / niuwan diu boesten hemde / diu ie küchenkneht getruoc", Iw_(BLW) 4920–4923).[18]

Gesteigert wird dieser bloße – einzig auf die Differenz des sozialen Statusunterschieds abzielende – Vergleich im *Iwein* in Heinrichs von dem Türlin *Krone*, wenn der riesenhafte Galaas den zunächst unwilligen Gawein von einem Zweikampf überzeugen will, bzw. ihm unter Androhung von Küchenarbeit diesen Kampf geradezu abringt. Die Provokation des angedrohten lebenslangen, degradierenden Küchendienstes („So swert mir sam ein chneht / Jn die kuchen ze sölhem reht, / Daz ir da immer inne seit, / So laz ich diesen streit", Krone 9842–9845), die Galaas noch zwei weitere Male wiederholt (Krone 9851; 9868), lässt Gawein schließlich die ritterliche Auseinandersetzung vorziehen.[19] Diese in Aussicht gestellte Degradierung zum Küchenknecht gegenüber einem herausragenden Artusritter birgt aber auch komisches Potenzial, denn ‚Küchenhumor' gehört in Bezug auf die bewusste Kontrastierung zum höfischen Gesellschaftsideal (Krone s. o.), in Bezug auf die Unmäßigkeit beim Essen und Trinken (Parz_(L) 132; Wh_(S) 275) und in Bezug auf Verführung durch Schlemmereien (Küchenmeister Rumolt in: NibC_(H) 1493–1497) zu den traditionellen Formen der Komik.[20]

---

18 Auch in der französischen Vorlage des *Yvain* (CdTYv_(NH) 4120–4124) findet sich der Küchenjungenvergleich (*torchepot*). Vgl. zum literarischen Spiel und die höfische und soziale Identität in Bezug auf Kleidung: Kraß 2006 passim.
19 Vgl. Jillings 1980, 56–60, Felder 2006, 263. Zum Kampfzwang Gaweins insbesondere Zach 1990, 259.
20 Vgl. zum ‚Küchenhumor' Bumke 1986, 271. Grundlegend: Curtius 1993, 431–434.

Im *Herzog Herpin* wird eine besondere Küchenjungen-Episode erzählt, die gleichsam als bewusster Kontrast zum höfischen (Damen-)Leben – denn hier ist es die in Männerkleidung agierende Protagonistin Alheyt[21] – vor allem die harte körperliche Arbeit betont, die in der Küche zu leisten ist („Sij machte das füre vnd beryede die cappen vnd det darin, was man sy hieß. In der küchen gewan sy nye rüge oder rast, sy arbeit alle zijt mit grossem fliße", EliHer 80; „Sij kochete fleysch vnd erweÿß vnd horte die clage von den heyden", EliHer 85; „Sie gieng wider in die kuchenn, die heffen wolt sie wasschen, den brey wolt sie machen vnnd den sennff stossen", EliHer 100). Über die teilweise sehr detailreichen Arbeitsbeschreibungen lässt sich auch ein räumlicher Eindruck der Küche gewinnen. Hier werden etwa die warmen (*brey*) und kalten (*sennff*) Speisen zubereitet, und es wird der Abwasch gemacht, sodass unterschiedliche Handlungen der Figuren den Innenraum ansatzweise strukturieren. Das mag auch gelten, wenn die Darstellung eher auf die Vorbildlichkeit und den Fleiß der Heldin abzielt als auf die Schilderung ihres Arbeitsumfelds.

Weniger im Kontrast zur höfischen Welt, sondern vielmehr ihre Grenzen auslotend wird der Küchenraum im *Nibelungenlied* bei der Jagdepisode inszeniert. Während der Jagd hat Siegfried einen Bären gefangen, den er an der Leine führt und der sich in die „chuchen" (NibC_(H) 967,1) verirrt, dort chaotische Zustände hinterlässt und die „guote spise" (NibC_(H) 967,4) ruiniert, bevor Siegfried ihn letztlich tötet. Hier wird am Beispiel des Bären in der Küche komisch gebrochen, aber gleichsam spiegelnd Siegfrieds Schicksal – sein Scheitern als Heros am burgundischen Hof – vorweggenommen. Denn während er im Umgang mit dem Bären zwar seine übermenschliche und souverän eingesetzte Kraft demonstrieren kann, erscheint er zugleich selbst als „chaosstiftender, ungestümer Bär, der von einem Überlegenen ‚an der Leine geführt', losgelassen, getötet und wieder zum Hof transportiert werden wird".[22] Der Bär im Küchenraum weist hier auf die weitere Geschichte des Helden voraus, die Küche selbst wird so aber gleichzeitig auch zum semantischen Raum der Transgression der Grenze zwischen Höfischem und Heroischem.

Das wohl zentrale Beispiel der Küche als Gegenraum zur höfischen Welt verkörpert die Figur des Rennewart im *Willehalm* Wolframs. Denn Rennewart, der eigentlich Krieger mit adligem Stammbaum ist und auch als solcher vorgestellt wird (Wh_(S) 188), spielt als Küchenjunge, der eigentlich keiner ist, im Erzählgefüge eine zentrale Rolle. Aber auch hier ist die Küche nur punktuell und dann wiederum in komischer Brechung Handlungsort. Die Küche bleibt Rennewarts Rückzugsraum und Schlafplatz („sîn edelkeit des geruohte, / daz er die küchen suohte. / dâ leit er sich slâfen în", Wh_(S) 282,13–15), auch nachdem er bereits als vorbildlicher Ritter Ruhm und Ehre erlangt hat. Umso interessanter erscheint es, dass die Küche – wird sie doch

---

21 Vgl. dazu ausführlich von Bloh 2002, 507–509.
22 Gephart 2005, 87. Vgl. auch Haug 2001, 46 f., Anne Schulz 2011, 133–135. Zur Raumsemantik dieser Episode vor allem Fasbender 2007, 21.

einmal Schauplatz des Geschehens – gleich auch Zentrum eines (literarischen) Spiels wird. So wird erzählt, dass Rennewart, der sich in der Küche hingelegt hat, von einem Koch, der ihn vertreiben will, mit einem brennenden Holzscheit in der Hand unsanft geweckt wird, als er „verbrant iṁ s mundes ouch ein teil" (Wh_(S) 286,9). Daraufhin schnürt Rennewart dem Koch, „sam er waer ein schâf" (Wh_(S) 286,12), alle Gliedmaßen zusammen und wirft ihn „under einen kezzel in grôzen rôst" (Wh_(S) 286,15). Wiederum wird die Küche hier zum Ort derber Komik, wenn lakonisch kommentiert wird: „er [= Rennewart, L. H.] enhiez ûf in niht salzes holn, / er rach über in brende und koln" (Wh_(S) 286,17–18). Die sich an diese Episode anschließende intertextuelle Anspielung[23] auf Walthers von der Vogelweide vielbesprochenen Spießbratenspruch[24] (WvdVLLS 17,11) führt die in der genannten Küchenszene aufgezogene Verkehrung der Umstände durch Rennewarts noch ungezügeltes Verhalten gleichsam metapoetisch fort, wenn Wolfram die „minnesängerische[n] Konnotationen" Walthers mit der „Realistik der Küchenumgebung" und „Derbheit einer chanson-Szenerie" kontrastiert.[25]

3.2 Die Küche als Handlungsort

Wie bereits gezeigt wurde, ist die Küche nur selten Ort des Geschehens innerhalb einer mittelalterlichen Erzählung, häufiger übernimmt sie die Funktion der Kontrastfolie zum eigentlich verhandelten (höfischen) Gegenstand oder die der metaphorischen Spiegelung. Es lassen sich nur wenige Beispiele finden, in denen dem Küchenraum eine klare narrative Funktion zuzuweisen ist. So findet sich im *Herzog Herpin* beispielsweise eine Episode, die sowohl im Küchenraum selbst spielt als auch eine zentrale Funktion für den Handlungsverlauf übernimmt. Dort ist es Frolich, die Tochter des Königs von Zypern, die verzweifelt in die Küche läuft, um ihr Schicksal selbst in die Hand zu nehmen. Nach dem jähen Tod ihrer Mutter soll ihr Vater nur eine Frau heiraten, die der verstorbenen Mutter exakt gleicht. Da dies einzig auf die Tochter zutrifft, will der König schließlich die eigene Tochter heiraten. Um diesen Frevel unmöglich zu machen, „da gedachte sije, sie wolde sich also machen, das sij yrer müder nit anelich stünde vnd ging von stunt in die küchen. Durch die küchen lieff ein armen des meres. Frolich nam eyn messer in der küchen vnd hiewe ir selbes ein hant abe vnd nam die hant vnd warff sij in das mere. Von gotz verhenckenisse quam

---

23 „herre Vogelweide von brâten sanc: / dirre brâte was dicke und lanc – / ez hete sîn vrouwe dran genouc, / der er sô holdez herze ie trouc" (Wh_(S) 286,19–22). Der Frage, inwieweit es in dieser Anspielung auch um Walthers *vrouwe* geht, geht Haferland 2000, 355 nach. Bumke 1986, 363 verortet diese Anspielung im Bereich des Küchenhumors.
24 Zum Spießbratenspruch (Zweiter Philippston) und dem literarischen Spiel zwischen Wolfram und Walther zuletzt Ohlenroth 2009 passim. Vgl. grundlegend auch Heinzle 1991, 1013 f., Schweikle/Bauschke 2009, 359 f.
25 Kiening 1991, 110.

ein fiesch vnd erharschte die selbe hant vnd drug sij sijben gantze iar in syme libe" (EliHer 728). Das Erzählmotiv des ‚Mädchens ohne Hände'[26] wird hier verknüpft mit der ungewöhnlichen und für den Plot so funktionalen Architektur der Küche, durch die ein Gewässer führt (→ Fluss). Später wird ein Koch die Hand im Bauch des Fisches finden[27] und Frolich durch ein päpstliches Wunder wieder physisch vervollständigt. Die Küche wird hier also als Raum entworfen, der nur bedingt seiner herkömmlichen Funktion der Speisenzubereitung entspricht, sondern vielmehr nach der erzählerischen Notwendigkeit für die Folgehandlung – im wahrsten Sinne des Wortes – aufgebaut ist.

Dass eine ganze Erzählung in der Küche spielt und diese somit einmal wirklich zum Handlungsraum wird, kann als Einzelfall gelten. Eine solche Topographie entwirft die kurze Erzählung *Christus als Koch*. Dort sind es zwölf Klausnerinnen, die am Ostertag so mit der Messe und dem Auferstehungsereignis beschäftigt sind, dass sie jedwede Essensvorbereitung vergessen. So wird eine Jungfrau in die Küche geschickt, um etwas zuzubereiten. Dort trifft sie auf einen schönen jungen Mann „geschúrzt vnd berait, in aines kochs wýsz vnd gelichnúsz" (ChristKo 146,9–10). Dass es „der koch hýmelsrichs vnd ertrichs" (ChristKo 146,12), also Jesus Christus ist, erfährt die erschreckende Schwester nicht, denn er stellt sich ihr als „ain hergeladner" (ChristKo 147,3) vor. Seine „sůssen wort" (ChristKo 147,4) sind es, die sie „truncken von dem edlen cýpper win gŏtlicher liebin" (ChristKo 147,6) in Ohnmacht fallen lassen. So geht es allen weiteren Klausnerinnen auch, die der ersten in die Küche folgen und dahinsinken, während der junge Koch sich ihnen mit jeweils einer göttlichen Eigenschaft vorstellt und „in zů essen [gab] nach irs hertzen begird" (ChristKo 149,18). Es ist die Erzählung von der Speisung durch Worte. Die Küche wird zum Sinnbild des Ortes der Speisung der Seele, losgelöst von physisch-nutritiven Zusammenhängen, und somit gleichsam zum → Kirchenraum.

CdTYv_(NH), ChristKo, EbnerGnadÜb, EliHer, EliHu, Er_(C), ErnstB_(B), FiGe, Garten, Helmbr, Herb, Iw_(BLW), JansWchr, KaufMörd_(S), Krone, Kudr_(BS), Lanc_II_(K), NibC_(H), Parz_(L), PleierMel, Renner, Ring_(WB), SachsKlag, UvEtzAlex, UvEtzWh, VAlex_(L), Wh_(S), WickGalm, WickGold, WickNach, Wig, WKlö_(B), WvdVLLS

→ Burg, Schloss, Hof; → Fluss, Quelle, Brunnen; → Kirche, Kathedrale, Münster, Kapelle, Kloster, Tempel; → Klause, Einsiedelei, Einöde; → Wald, Lichtung, Rodung, Baum; → Wüste, Wildnis, Einöde

---

26 Vgl. Bennewitz 1996, 157–172, Kiening 2000 passim.
27 Der Inhalt eines Fischbauchs trägt auch in *Die schöne Magelone* zum inhaltlichen Fortgang der Erzählung selbst bei. Vgl. dazu Schulz 2000, 186–197.

Ralf Schlechtweg-Jahn
Land

1 Begriffsbestimmung – 2 Merkmale der Darstellung – 2.1 Land und Nicht-Land – 2.2 Land und Herrschaft – 2.3 Land, Ethnographie, Geographie – 2.4 Land und Transzendenz – 2.5 Land und Recht – 2.6 Land und Ökonomie – 3 Narrative und weitere Funktionen

1 Begriffsbestimmung

„9VND Gott sprach / Es samle sich das Wasser vnter dem Himel / an sondere Orter / das man das Trocken sehe / Vnd es geschach also. 10Vnd Gott nennet das trocken / Erde / vnd die samlung der Wasser nennet er / Meer. Vnd Gott sahe das es gut war" (Luther1545 Gen 1,9–10).

„28Vnd Gott segenet sie / vnd sprach zu jnen / Seid fruchtbar vnd mehret euch vnd füllet die Erden / vnd macht sie euch vnterthan. Vnd herrschet vber Fisch im Meer / vnd vber Vogel vnter dem Himel / vnd vber alles Thier das auff Erden kreucht" (Luther1545 Gen 1,28).

Mit der *Genesis*-Erzählung sind wesentliche Charakteristika mittelalterlicher Land-Auffassungen[1] angedeutet, indem es von Himmel und Wasser unterschieden und damit zugleich eng mit dem Wort Erde assoziiert wird. Dieses Land ist dem Menschen zur weiteren Nutzung überlassen, Land also durch eine Dialektik von göttlicher Gemachtheit und menschlicher Aneignung ausgezeichnet. Isidors Enzyklopädie nimmt diese Logik auf: „Hellas aber hat zwei Provinzen: Böotien und die Peloponnes. Böotien aber ist aus folgendem Grunde so benannt: Als Kadmos, der Sohn Agenors, seine Schwester Europa, die von Jupiter geraubt worden war, gemäß dem Befehl des Vaters suchte, sie aber nicht fand, entschied er sich aus Furcht vor dem Vater, nachdem er sein Herz gestärkt hatte, für die Verbannung. Denn als er zufällig eine Kuh erblickt hatte, folgte er deren Spur und erreichte den Ruheort, wo jene gelegen hatte, und so nannte er den Ort nach dem Rind (griech. βοῦς) Böotien. Dort gründete er auch die Stadt Theben" (IsidEtym_(M) 525). Diese Verbindung von Land und Herrschaft, Ort und Name erweist sich auch für die Auffassung von Land in der mittelalterlichen Literatur als typisch.

In seiner allgemeinsten Bedeutung meint *lant* (n.) im Mhd. soviel wie ‚Land, Erde, Gebiet' oder auch ‚Herkunftsland/Heimat': „vil schiere man im dô gewan / daz beste harnasch daz man vant / und daz schoenest ors über al daz lant" (Iw_(BLW) 3698–3700). Ganz ähnlich wird auch *erde* (f.) oder *ertrîche* (n.) als Verweis auf besiedeltes

---

[1] In einschlägigen Lexika, wie beispielsweise Brunner et al. 1972–1997, ist Land kein eigenständiges Lemma; wenn überhaupt, wird es thematisch unter ‚Nation' oder ‚Reich' abgehandelt; vgl. auch Knapp 1995. In der weitläufigen Diskussion zum Raum (*spatial turn*) spielt Land ebenfalls keine systematische Rolle; vgl. Aertsen/Speer 1998.

Land verwendet. In seiner wohl einfachsten Bedeutung ist Land der Boden, auf dem man steht oder auf den man im Turnier fällt: „vil schöne sazte mich sîn hant / hinder daz ors ûf daz lant" (Iw_(BLW) 743 f.); in vergleichbarer Verwendung auch *erde*: „jo solte mich die erde umbe dis mort niht entragen!" (EckenlE2 143,12 f.). Die Übergänge zwischen dem Land, seiner Bevölkerung und seinem Herrscher sind dabei durchaus fließend. So ist Alexander mitunter auch „der edel Macedô" (UvEtzAlex 4922), und *kriechen* kann sowohl das Land als auch seine Einwohner bezeichnen („dô er Kriechen rûmte", UvEtzAlex 4709 [vgl. auch SAlex_(K) 49–52], und „dô wart vil dicke ‚Macedô' / von den Kriechen geschrît", UvEtzAlex 7914 f.). In Hartmanns von Aue *Erec* heißt es: „in erkennet allez diz lant: / erst îdêrs fil niut genant" (Er_(C) 464 f.).

Die unmittelbare Verwendung von *lant* tritt aber deutlich zurück hinter eine Fülle von Komposita, deren Gruppierbarkeit die Struktur des Abschnitts 2 (Merkmale der Darstellung) bestimmt. Dazu gehören landschaftliche Komposita wie beispielsweise *lantschaft* (f.), *lantstraze* (f.) etc.; Komposita, die auf die Einwohner des Landes bezogen sind: *lantliut* (n.), *lantdiet* (n.), *lantvolc* (n.), *lantman* (m.), *lantgeselle* (m.) etc. Dazu kommen Bezeichnungen, die mit einer spezifischen Tätigkeit verbunden sind wie *lantpfaffe* (m.), *lantprediger* (m.), *lantstrîcher* (m.) etc. Die größte Gruppe von Komposita stellen rechtliche Bezeichnungen dar, wie beispielsweise *lantgerihte* (n.), *lantgeschrei* (n.), *lantdinc* (n.), *lantrihter* (m.), *lantkneht* (m.) etc., die jedoch in der mittelalterlichen Literatur eine nur untergeordnete Rolle spielen. Eng auf den Herrscher bezogen sind Bezeichnungen wie *eigenlant* (n.) oder *erbelant* (m.). Dazu gehören auch eine ganze Reihe von Komposita, die die Position des Herrschers mit Landbezug benennen, wie *lantherre/landesher* (m.), *lantgrave* (m.), *landes voget* (m.), *lantbarûn* (m.), *lantvürste* (m.) etc. Auch für Verbindung von Land und Gefolgsleuten gibt es Kombinationen, wie *lantmassenîe* (f.) oder *lantmenge* (f.). Eine ganze Reihe von Worten beziehen sich auf kriegerische Aktivitäten, wie *lantzuc* (m.), *lantreise* (f.), *lantstrît* (m.), *lantvehte* (f.), *lantschrîe* (f.) etc. Ökonomische Verwendungen des Wortes *lant* sind eher rar, wie beispielsweise *lantsidel* (m.), *lantgebûr* (m.), *lantgenôz* (m.) und von herrscherlichen schwer zu unterscheiden. In Hinsicht auf Natur gibt es einige wenige Komposita wie *lanttier* (n.) oder *lantvihe* (n.). Bezüge zwischen Land und Natur finden sich aber vor allem im Bereich des Wunderbaren, wo wunderbare Länder und ihre Bewohner – Tiere, Menschen, Mischwesen – eine spezifische Einheit bilden können.

Im Folgenden werden exemplarisch einige Merkmale und Funktionen der Verwendung von Land und seinen Komposita dargestellt; dabei wird auf die folgenden Textgruppen zurückgegriffen: Höfische Romane (Hartmann von Aue *Erec* [um 1180] und *Iwein* [1180–1205], Wolfram von Eschenbach *Parzival* [1200–1210], Gottfried von Straßburg *Tristan* [um 1210]), Heldenepik (*Nibelungenlied* [um 1200], Wolfram von Eschenbach *Willehalm* [1210–1220]), Antikenroman (*Straßburger Alexander* [A. 13. Jh.], Ulrich von Etzenbach *Alexander* [letztes D. 13. Jh.], Johann Hartlieb *Alexander* [um 1450], Heinrich von Veldeke *Eneasroman* [1170–1180]), Prosaroman (Elisabeth von Nassau-Saarbrücken *Loher und Maller* [1437]).

2 Merkmale der Darstellung

Wenn Störmer-Caysa schreibt: „Raum und Landschaft sind im mittelalterlichen Roman nicht ontologisch früher als der Held, nicht schon als vorhanden gedacht, ehe der Protagonist überhaupt auftaucht, sondern gleichrangig mit ihm und mit seiner Bewegung verwandlungsfähig",[2] grenzt sie diese Auffassung aus gutem Grund auf den höfischen Roman ein, in dem der Held auf *âventiure*-Fahrt so sehr im Mittelpunkt steht, dass der Raum, den er jeweils durchzieht, darauf zugeschnitten ist.[3] Länder allerdings können auch im höfischen Roman eine Eigenexistenz über den Aktionsraum des Helden hinaus führen; in den Antikenromanen beispielsweise rufen Ländernamen auch immer ein spezifisches Wissen auf, das an diese Länder gebunden ist, ein Länderwissen, das die Bewegung des Helden im Raum verfügbar macht, was aber nicht notwendig auf den Helden zugeschnitten ist. So ist → Indien bekanntlich das Land unermesslicher Reichtümer und wunderbarer Lebewesen, das vor allem von Alexander ‚entdeckt' und in Briefen mitgeteilt wird, was aber mit seiner Konstituierung als Weltreichherrscher nur bedingt in Zusammenhang gebracht werden kann.

In Bezug auf die räumliche Ordnung in der mittelalterlichen Literatur stellt *lant* aber nur eine mögliche Organisationsform dar, bei der die Unterscheidung zu räumlich begrenzteren Ortsformen häufig diffus ist. Die folgenden Beobachtungen beziehen sich weitgehend auf Textstellen, in denen explizit von Land die Rede ist; anders oder auch gar nicht benannte Raumformen (→ Burg, → Stadt, → Insel etc.) können aber durchaus ähnlich geschildert werden.

2.1 Land und Nicht-Land

Bereits die Bibel grenzt Land von → Meer und → Himmel ab (s. Abschn. 1). Damit kann Land grundsätzlich auch der gesamte Erdkreis sein und als solcher auch Gegenstand mittelalterlicher Kartographie. In der Literatur trifft man so eine umfassende Bedeutung von *lant* jedoch kaum an. Zwar wird Alexander Weltherrscher, aber seine Eroberungen greifen nie auf das Ganze aus, sondern setzen sich aus einer Kette isolierter Länder zusammen, die sowohl ihre Namen behalten als auch nach wie vor durch geographische Begrenzungen (→ Gebirge, → Flüsse) definiert sind. Nach Alexanders Tod zerfällt sein Reich auch sogleich wieder in seine Teilländer. Eine Ausnahme ist der Blick Alexanders auf die Erde beim Greifenflug: „niht mê wunder er vernam / wenn daz daz ertrîch ummegienc / wazzer und daz gar bevienc, / und daz der erde breite /

---

[2] Störmer-Caysa 2007, 238.
[3] Vgl. zum Chronotopos des Abenteuers Bachtin 2008.

ûf der wazzer geleite / swebt als ein cleiner huot" (UvEtzAlex 24716–24721). Einzelne Länder sind von oben jedoch nicht auszumachen.[4]

Zwei komplementäre Modi zur Identifikation eines Landes sind seine Bestimmung von der → Grenze oder vom Zentrum her. Vor allem in den Alexanderromanen sind Definitionen von der Grenze her wichtig, weil Eroberungen und Entdeckungen zumeist mit dem Überschreiten einer Grenze beginnen. Wenn Länder von ihren Grenzen her definiert werden, sind dies immer ‚natürliche' Grenzen – Flüsse und Gebirge zumeist, mitunter auch Meere –, nie jedoch politische Grenzlinien, wie sie uns ab der Frühen Neuzeit zunehmend geläufig sind.[5] Im höfischen Roman überwiegen dagegen eher diffuse Grenzen und Definitionen von den Zentren her, was der *âventiure* des Helden entgegenkommt. In dieser Hinsicht lässt sich Störmer-Caysas Beobachtung zur Raumgestaltung ausweiten: Das je konkrete Land ist in der mittelalterlichen Literatur keine irgendwie objektiv, von außen gegebene geographische oder politische Entität, sondern unterliegt den Anforderungen der Texte und Gattungen.

Im *Straßburger Alexander* ist die Bezeichnung *lant* konsequent an das Vorhandensein von Herrschaft gebunden. Paradigmatisch sei hier die Episode mit den Blumenmädchen genannt: „Dô wir fûren bî den mere, / dô reit ih ûzer dem here / mit drîn dûsint mannen. / dô hûbe wir unsih dannen / und wolden wundir besehen. / dô sâhe wir verre dannen stên / einen hêrlîchen walt. / daz wunder daz was manicfalt, / daz wir dâ vernâmen" (SAlex_(K) 5157–5165). Der Handlungsort wird als → Wald deutlich markiert und abgegrenzt, aber nicht als Land bezeichnet. Zu erobernde Herrschaften wie Persien sind hingegen stets Länder.

Im *Eneasroman* Heinrichs von Veldeke wird *lant* dagegen viel diffuser und häufig als Gegenbegriff zu Nicht-Land verwendet, z. B. als Gegensatz zu Meer (En_(EK) 3741–3744) oder auch zu Insel (En_(EK) 981). In der Unterweltfahrt betritt Eneas eine andere Welt, die von seinem toten Vater als Gegensatz zu *lant* verstanden wird: „Sun, ez is dir gût vernommen, / dorch daz ich her ûf bin komen / ûz der helle ûf daz lant" (En_(EK) 2551–2553). Als Eneas in der Unterwelt (→ Hölle) den Fluss Oblivio überqueren muss, heißt es jedoch: „doch quâmen sie ze lande / mit sorgen viel starken / und giengen ûz der barken" (En_(EK) 3146–3149). Hier meint Land einfach ‚Ufer, festes Land' im Gegensatz zu Fluss.

2.2 Land und Herrschaft

In der für die mittelalterliche Literatur wichtigsten Verwendung von *lant* und seinen Komposita sind Land und Herrschaft eng miteinander verbunden. In dieser Bedeutung sind *lant* und *rîche* häufig synonym. Mit *rîche* kann aber insbesondere das Römi-

---

4 Vgl. Kugler 2000.
5 Vgl. Schlechtweg-Jahn 2009.

sche Reich gemeint sein und damit als Bezeichnung für einen ganz besonderen Herrschaftsraum, den des vierten Weltreiches, dienen. In diesem Zusammenhang kann *rîche* auch auf die Person des Kaisers bezogen sein.

Zentral ist die in fast jedem höfischen Text zu findende Formel von der Herrschaft über *liute und lant*.[6] Die damit ausgesprochene Zusammengehörigkeit von Land, Herrscher und Vasallenschar gehört bereits bei Isidor zum Kernbestand der Definition von Land, die bis in die Frühe Neuzeit wirksam ist. So heißt es in Johann Hartliebs Schilderung der Diadochenkriege: „Da nun der weys Ptholomeus daz ersach vnd nichtt anders verstuendt, dann daz alle gotter zornig waren auff die kchriechen, er besamellt all sein machtt, weyb vnd kchindt vnd alles guett vnd fuer auf daz mer mitt in vnd daz ander volck vnd auch viech czoch auf dem lanndt vnd kerett gein norden vnd westen vnd woltt suechen ain lanndt, darynne er vnd die seinen wonen mochtten. Also kam er durch rawßen vnd lyttaw vnd durch prawßen, da vandt er gar ain schonn, weytt lanndt an daz mer stozzendt, daz hiess sachßen" (JohHartA 7434–7440). Das Land Sachsen ist als solches bereits gegeben und wird von Phtolomeus nur erobert und besiedelt: „Wie aber daz lanndt gwunn vnd es behieltt, daz stett geschriben in dem puech, daz da sagtt von vrsprung der sachßen" (JohHartA 7444 f.).[7] Regelrechte Kataloge von Herrscher- und Ländernamen finden sich in Wolframs von Eschenbach *Willehalm* (Wh_(S) 34–36). Der Landesname ist bei Wolfram für eine bestimmte Herrschaft nur ein Identifikationsmerkmal unter anderen: „dar zuo der wirt, sîn burc, sîn lant, / diu werden iu von mir genant" (Parz_(L) 241,2 f.).

Im Aventiureroman im engeren Sinne (*Erec, Iwein*) meint *lant* fast ausschließlich einen Herrschaftsbereich, der einen Namen hat und auf seinen Herrscher bezogen ist, aber keine konkrete Lage besitzt, weder in Bezug auf eine außerliterarische Landkarte noch auf eine erzählinterne, imaginierbare.[8] Selbst noch in unbekannten Ländern ist dabei die Zuordnung von Land und Herrscher zentral: „der wec in zehant truoc / in ein unkundez lant. / des herre was im unerkant" (Er_(C) 4277–4279).

Im *Tristan* Gottfrieds von Straßburg ist die Verbindung von Land und Herrscher detaillierter dargestellt.[9] So heißt es von Marke: „der haete dô ze sîner hant / Curnewal und Engelant. / Curnwal was aber sîn erbe dô" (Tr_(R) 425–427). Die Herrschaft über Curnwal ist ererbt, zum Herrscher über England hingegen wird Marke gewählt: „dô die daz lant besâzen / und ez under sich gemâzen, / dô wolten si alle künegelîn / und hêrren von in selben sîn: / diz wart ir aller ungewin" (Tr_(R) 437–441). In diesem Zusammenhang wird auch der Name England erklärt: „daz haete er sît des mâles, /

---

6 Vgl. zum historischen Kontext die ‚klassische' Darstellung bei Brunner 1965.
7 Zur Differenz von mittelalterlichen Herkommens- und frühneuzeitlichen bzw. modernen Ursprungsmythen vgl. Kugler 1995; zu Hartlieb vgl. Kugler 1995, 187.
8 Einige Orte sind in England zwar nachweisbar, stehen aber zum einen im Roman auf gleicher Ebene mit Phantasieländern und lassen sich zum anderen einander auch nicht sinnvoll zu einer Landkarte zusammenfügen (vgl. Störmer-Caysa 2007, 46 f.).
9 Vgl. bereits Hahn 1963, insb. 86–88.

daz die Sahsen von Gâles / die Britûne dâ vertriben / und sî dâ hêrren beliben, / von den ez ouch den namen verliez / daz lant, daz ê Britanje hiez, / und wart ouch iesâ dô genant / nâch den von Gâles Engelant" (Tr_(R) 429–436). Engelant bzw. Britanje haben ihren Namen also von ihren Bewohnern bzw. Eroberern, der Name des Landes wechselt mit ihnen. Im *Tristan* hat jedes Land seinen Platz auf einer durchaus nachvollziehbaren Landkarte, mitunter sogar eine historische und auch außerliterarisch[10] nachvollziehbare Geschichte.

Im *Nibelungenlied* wird die Bezeichnung *lant* sehr ausgiebig verwendet, um Herrschaftsbereiche zu bezeichnen: „da zen Burgonden so was ir lant genant" (NibA/B/C_(B) A5,3) oder „si frvmden starkiv wnder sit in ezelen lant" (NibA/B/C_(B) A5,4). Länder- und Herrschernamen sind dabei weitgehend austauschbar, Burgundenland oder Gunthers Land beispielsweise sind synonym. Man erfährt von diesen Ländern auch so gut wie nichts, weil das Geschehen auf die Herrschaftssitze konzentriert ist.

In einer Ergänzung zum *Straßburger Alexander* nach der Basler Handschrift gebietet Alexander nach der Herrschaftsübernahme über Makedonien: „Allexander zehant / sant boten in die lant. / er hies gebieten hervart" (SAlex_(K) B146–148); „über lant hies er gebieten / mit trô und ouch mit mieten, / das si im ze helfe kêmen" (SAlex_(K) B158–160).

Im *Alexander* Ulrichs von Etzenbach findet sich ebenfalls die übliche Assoziation von Herrschername, Land und häufig Burg oder Stadt (z. B. UvEtzAlex 4773 f.; 15745; 16882 etc.) als Herrschaftssitz. In diesem Zusammenhang dient die Bezeichnung *lant* auch als *pars pro toto*, wenn König Philipp von Makedonien beispielsweise bei der Geburt seines vermeintlichen Sohnes zu seiner Frau sagt: „vil sælic wîp, gehab dich wol. / du hâst daz lant allez vol / vröiden gemachet" (UvEtzAlex 1199–1201). Getrennt von der eigenen Herrschaft kann das *lant* von Alexander emotional beschworen werden: „ô mîn lant, veterlîchez lant, / wie mich dîn süeze hin wider mant! / jâ senet sich daz herze mîn / wider dâ ich geborn bin" (UvEtzAlex 4411–4414).

In Heinrichs von Veldeke *Eneasroman* wird von einer ungewöhnlichen Herrschaftsgründung durch Dido erzählt, die mithilfe des Kuhhauttricks (En_(EK) 305–347) das gesamte Land Libia umspannt. Dieses Land ist aber als solches bereits da und wird von ihr nur angeeignet; ihre erste Handlung ist der Bau der Burg bzw. Stadt Karthago.

Im Prosaroman *Loher und Maller* wird die enge Bindung von Herrscher, Land und Volk gelockert zugunsten von eher staatsähnlichen Verbänden, deren Herrschaft durch fortwährende, kriegerische Auseinandersetzungen oder päpstliche Ent-

---

10 Störmer-Caysa spricht von „phantastische[r] Geographie", die aber in gewisser Weise der historisch-politischen folgt (Störmer-Caysa 2007, 44). Zur theoretischen Diskussion der Kartierbarkeit von Literatur vgl. Benz 2013b am Beispiel von Jenseitsreisen und Piatti 2008, deren Begriffsglossar nur Landschaft, nicht Land verzeichnet.

scheidungen geregelt wird.[11] Zur Identifikation dieser Länder reichen Namen wie Frankreich, Lombardei, Konstantinopel, England etc. aus. Ihre geographische Lage wird nicht erklärt, Grenzen nicht weiter benannt oder hervorgehoben, weil offenbar beides als bereits vorhandenes Wissen beim Rezipienten unterstellt werden kann. Dass Länder als gegebene politische Identitäten verstanden werden, zeigt sich beim Versuch des Papstes, den Konflikt zwischen Loher und seinem Bruder Ludwig zu lösen, die beide als Söhne Karls des Großen einen Erbanspruch auf Frankreich erheben: „ir sint bede künig Karls süne [...]. Nü hant die Franczosen Ludwig zu künig erkoren vnd Lloher hat sins vetterlichs erbes nit als vil als eines sporen wert. Doch enist er kein bastart [...] mich dunket billich sind, das Ludwig künig blibe zu Franckrich vnd Lloher ein keyser zu Rome sij" (LuM 186). Dass der Papst als Stellvertreter Gottes diese Umverteilung von Herrschaft vornehmen muss, zeigt, wie sehr Land und Herrscher immer noch als Einheit gedacht werden, die nur durch die höchste Autorität neu geordnet werden kann. Zugleich deutet sich im *Loher und Maller* aber der Übergang zum frühmodernen, dynastischen Fürstenstaatensystem an, indem die Zuordnung von Dynastien und Ländern Folge rein innerweltlicher politischer, diplomatischer und militärischer Manöver ist.

2.3 Land, Ethnographie und Geographie

Vor allem die Alexanderromane sind bekannt für die zahlreichen Wunderorte, denen Alexander während seines Indienzuges begegnet. So heißt es im *Straßburger Alexander* vom Land der Occidraten: „Dô Darius was begraben / und Porus irslagen, / Alexander fûr in ein lant, / daz was Occidratis genant. / daz lant is von der sunnen warm. / daz lût dar inne daz is arm / und ne hât neheinen ubirmût. / vil mêzlîch ist ir gût. / si gânt nackit allizane / und hânt lutzil umbe und ane. / ir rîchtûm ist cleine" (SAlex_(K) 4762–4772). Zwar hat auch dieses Land mit Dindimus einen König, der jedoch mehr als ihr Sprecher auftritt. Im Vordergrund steht hingegen die ungewöhnliche Lebensweise der Bewohner dieses Landes; Ähnliches gilt auch für das Land der Amazonen. Alle diese Länder haben im *Straßburger Alexander* auffälligerweise keine eigenständigen Namen, sondern werden nur in Bezug auf ihre Bewohner benannt.

Anders bei Ulrich von Etzenbach, bei dem das Land der Amazonen den Namen „Amâzôn" (UvEtzAlex 17430 u. a.) trägt, wobei ihre Lebensweise als typische Landessitte beschrieben wird: „ein site die lant ouch niht verbirt: / waz dâ kinder inne wirt, / welch under in wirt ein kneht, / dem haben funden sie ein reht: / wann sô komet der tac, / daz man ez entwenen mac, / daz sendet man dann alzehant / sînem vater in der manne lant; / ist aber ez ein meidelîn, / sô muoz ez bî der muoter sîn"

---

[11] Vgl. Müller 1989, insbes. 220 f.; zum Prozess der Herausbildung nationaler Diskurse in der Frühen Neuzeit vgl. Münkler et al. 1998.

(UvEtzAlex 17441–17450). Es sind hier weniger die Amazonen, die das Land, als vielmehr das Land, das die Amazonen hervorbringt. Im Vergleich zum *Straßburger Alexander* wird die Bezeichnung *lant* bei Ulrich von Etzenbach ohnehin sehr viel offener gehandhabt.[12] So wird Libia nicht in Hinsicht auf seine herrschaftlichen, sondern auf seine geographischen Verhältnisse beschrieben, und ist dennoch ein *lant*: „Nû was er komen in daz lant, / dem nie frühte wart bekant / weder von touwe noch von regen; / man muoz noch bûwes dâ verphlegen. / Libiâ stæte von hitze brüet. / des landes dürre die lüfte müet. / er vant dâ boum, loup noch gras / noch wazzer, niwan sant dâ was" (UvEtzAlex 9785–9792).

Im *Eneasroman* ist das Land, in das die Götter Eneas schicken, zunächst recht unbestimmt: „zu Italjen in daz lant" (En_(EK) 1628). Die Herrschaft vor Ort erkundet Eneas erst nach der Landung: „Dô der hêre Enêas / alsô dare komen was / ze Itâljen in daz lant, / do frâgete her die her dâ vant / von dem lande mâre / und wer dâ kunich wâre" (En_(EK) 3845–3850). Eneas blickt dann von einem Berg auf das „gût lant" herab (En_(EK) 4041). Was allerdings *gut* an diesem *lant* ist, erfährt man gar nicht, weil sein Interesse dem Berg gilt, den Eneas als gut zu verteidigen einschätzt.

Im Prosaroman *Loher und Maller* wandert der Held im Bereich der Christenheit von Frankreich über die Lombardei nach Konstantinopel, später gehen die Fahrten auch nach Spanien und England. Diese Länder entsprechen natürlich nicht den heutigen Nationalstaaten, geben aber dennoch eine reale Landkarte europäischer Fürstenstaaten des 15. Jh.s wieder. Die Lage dieser Länder zueinander wird kaum näher beschrieben, versteht sich aber offenbar bereits von selbst. So heißt es bei Lohers Aufbruch von Paris: „Lloher vnd syn gesel Maller vnd syn ritter ritten uss Paris vnd nament kunig Karls golts vnd sylbers gnuog mit inn. Sy namen iren weg gein Llombardij, in wie manigen tagereysen, sage ich nit. In eyn stat, heisset Pauij, darinne fant er synen vettern [...]" (LuM 4).

2.4 Land und Transzendenz

In religiöser Hinsicht kann *lant* als Gegenbegriff zu *himel* dienen: „jâ ist gar in gotes hant / beidiu himel unde lant" (WelGa 6141). Alexander begegnet einigen Gegenden mit Transzendenzbezug, die bei Ulrich von Etzenbach gleichermaßen als Länder bezeichnet werden. So heißt es vom Land der Völker von Gog und Magog: „hêrre, als ich ez selber sach, / ein grôz gebirge umbegienc die lant: / Caspasis ist daz genant, / daz hât volkes vil verslozzen" (UvEtzAlex 20876–20879), und: „er wart des berihtet rehte, / daz sie wærn der zehen gesleht, / under in ein künic der hiez Gog / was, der ander hiez Magog, / daz die irn schepher verkurn / und die rehte ê verlurn, / als in die gap der süeze got, / und beten an die apgot" (UvEtzAlex 20901–20908). Von den

---

12 Vgl Zacher 2009, 28–97.

Bewohnern wird gesagt, „daz sie slangen unde kroten / æzen und under in die tôten" (UvEtzAlex 20912 f.). Die Beschreibung ist also wieder eher ethnographisch, jedoch ist der Umgang mit diesem Land ein anderer, weil Alexander dessen Völker in Gottes Auftrag und mit dessen Hilfe einmauert. Die transzendente Perspektive macht weder ein Erobern noch ein reines Entdecken und Beschreiben möglich.

2.5 Land und Recht

Die in den Wörterbüchern größte Gruppe von Komposita stellen *lant* in einen rechtlichen Zusammenhang, was jedoch in der mittelalterlichen Literatur nur eine geringe Rolle spielt. Eine Ausnahme stellt die *Mörin* des Hermann von Sachsenheim dar, in der der Held in das Land der Venus entführt wird, in dem der Koran als landeseigenes Gerichtsbuch gilt; so heißt es im Urteilsspruch: „Ob yeman sprech, die urtail lüg, / Der suoch und les das war decret. / So vint er wol, was Machmet seit / Und och Alkron das buoch so rain. / Darummb so sprech wir all gemain, / Daß diser man sye gancz verlorn, / By ayden, die wir hond gesworn / Dem hailigen rich in disem land" (HvSaMör_(S) 3626–3633). Mit dem realen Koran hat das natürlich nichts zu tun, aber dem Helden wird damit „nach landes recht" (HvSaMör_(S) 2322) der Prozess gemacht.

2.6 Land und Ökonomie

Auch ökonomische Verwendungen des Wortes *lant* sind im Hochmittelalter selten. In einer gewissen ökonomischen Bedeutung kann Land aber im Kriegsfall auftauchen: „mir hât der künec Clâmidê / und Kingrûn sîn seneschalt / verwüestet bürge unde lant" (Parz_(L) 194,14–16; analog En_(EK) 107). Die Schilderungen von bäuerlichem Landleben im *Armen Heinrich* Hartmanns von Aue und im *Meier Helmbrecht* des Wernher der Gartenaere kommen hingegen ohne die Bezeichnung *lant* daher, was ein Hinweis darauf sein kann, dass Land in der Adelsliteratur unter rein ökonomischen Gesichtspunkten noch kaum wahrgenommen wird. Im *Eneasroman* Heinrichs von Veldeke kommt Land aber zumindest einmal unter ebenso herrscherlichen wie ökonomischen Gesichtspunkten in den Blick, wenn König Latinus erwägt, Eneas Tuscane zu Lehen zu geben, ein Land, das bisher wenig Nutzen einbringt, aber „wirt es rehte erbouwen", dann sei es ein „gût lant, in dem korn obez unde wîn" wachsen würden (En_(EK) 8480–8492).

3 Narrative und weitere Funktionen

Die allgemeine narrative Funktion von *lant* liegt in der Abgrenzung von unterschiedlichen Handlungsräumen, die sich zunächst als Bewährungsräume für den Helden verstehen lassen, in denen sie mit Herausforderungen unterschiedlichster Art konfrontiert werden: mit Gewalt und Kampf gegen menschliche oder tierische Gegner; mit Problemen von Macht, Herrschaft und Politik in Auseinandersetzung mit anderen Herrschern; mit den Schwierigkeiten der Organisation des eigenen Vasallenverbandes; mit der Möglichkeit, als Entdecker und Ethnographen aufzutreten, was als eine Form der gelehrten, klassifizierenden und kontrollierten Neugierde rückgebunden sein kann an die außergewöhnlichen Fähigkeiten eines besonderen Herrschers.

Länder erlauben außerdem eine einfache, räumlich organisierte Unterscheidung von Eigenem und Fremdem, zu deren Markierung mitunter schon ein exotischer Ländername ausreicht. Die Bandbreite ist dabei groß und reicht von einer mehr oder weniger reinen Hintergrundkulisse, vor der der Held seine Fähigkeiten entfalten kann, bis hin zu ausführlichen ethnographischen Berichten, die dem Rezipienten komplexes Wissen über fremde Länder vermitteln.

Die ganz allgemeine Unterscheidung *lant* – nicht-*lant* bringt zumindest eine grundsätzliche Differenz ins Spiel, dass nämlich Herrschaft offenbar nur über *lant*, im allgemeinsten Sinne als fester Boden, gedacht werden kann. Das Meer, der Himmel oder auch die Unterwelt eröffnen dem Helden Möglichkeiten zur Bewährung, zur Selbstreflexion, zum Lernen, aber herrschen kann er dort nicht.

In den verschiedenen mittelalterlichen Texten und Gattungen wird *lant* jedoch auf durchaus unterschiedliche Weise funktionalisiert. So kann man die Unbestimmtheit im Umgang mit *lant* im *Eneasroman* darin begründet sehen, dass Land vor allem als Gegensatzbegriff zu Meer, Fluss oder auch Unterwelt verwendet wird, und die Herrschaft, die es zu erringen gilt, ist letztlich nicht die über ein *lant*, sondern über das *rîche*, also das römische Weltreich. Für *lant* bleiben da kaum positive Bestimmungen übrig. Im höfischen Roman und in der Heldenepik wird *lant* fast ausschließlich im Zusammenhang mit Herrschaft verwendet. In der Heldenepik fallen Land und Herrscher tendenziell derart zusammen, dass Land häufig gar keine benennbare Ausdehnung hat. In den höfischen Romanen ist *lant* ebenfalls auf ein Zentrum, den → Hof, hin ausgerichtet, der von einer Grundstruktur bestimmt ist, die auf der Unterscheidung von höfischem Hof und unhöfischer Umwelt beruht. Die Grenzen dieser Länder sind zumeist sehr unscharf, sodass die Helden jederzeit und an überraschenden Orten in den Bereich des Unhöfischen geraten können. Ganz im Gegensatz dazu sind die Ländergrenzen in den Alexanderromanen zumeist sehr scharf gezogen, was diese Länder als zu erobernde oder zu erforschende definiert. Die zumeist natürlichen Grenzen dieser Länder zeigen, dass *lant* grundsätzlich als gegeben angesehen wird; die konkrete Ausgestaltung von *lant* hingegen ist weitgehend abhängig von den Funktionen, die es für die Helden der unterschiedlichen Gattungen hat.

Die Differenz von Eigenem und Fremdem eröffnet auch die Option, in fremden Ländern in einem Ausmaß gewalttätig zu sein, das im eigenen verhängnisvoll wäre. So schlägt im *Nibelungenlied* schon Siegfrieds Brautwerbung in eine Herausforderung um, die Werbung in Isenstein ist durch Kampf geprägt und die Fahrt der Burgunden an Etzels Hof hat den Charakter eines Kriegszuges. Auch in den Alexanderromanen zieht das Betreten eines neuen Landes fast immer irgendeine Form der Gewalt nach sich. Damit verbunden ist auch das Motiv der *curiositas*, sofern andere Länder Besonderheiten aufweisen, die sie vom Eigenen, und damit Erwartbaren, unterscheiden.

Da Herrschaft im Mittelalter die Ausübung von personaler Macht bedeutet, hat *lant* in der mittelalterlichen Literatur auch immer einen mehr oder weniger vermittelten Bezug zur adligen Lebenswelt. Herrschaftskonflikte, wie sie beispielsweise im *Tristan* Gottfrieds von Straßburg geschildert werden, sind letztlich immer auf die Herrschaft über *lant und liute* bezogen. Entscheidend ist hier eine spezifisch personengebundene politische Geographie von konkurrierenden und verfeindeten Herrschaften, die nach Ländernamen unterschieden werden können. Darüber hinaus gibt es zwischen diesen Ländern, über die man jenseits ihrer politischen Verhältnisse ohnehin kaum etwas erfährt, meist keine markanten Unterschiede. Insofern dient *lant* auch dem literarischen Durchspielen solcher alltäglichen Konflikte, mit im fortschreitenden 13. Jh. zunehmender Tendenz.[13]

EckenlE2, En_(EK), Er_(C), HvSaMör_(S), IsidEtym_(M), Iw_(BLW), JohHartA, LuM, Luther1545, NibA/B/C_(B), Parz_(L), SAlex_(K), Tr_(R), UvEtzAlex, WelGa, Wh_(S)

→ Burg, Schloss, Hof; → Fluss, Quelle, Brunnen; → Gebirge, Berg, Tal; → Grenze; → Himmel, Hölle; → Indien, Mirabilienorient; → Insel; → Meer, Ufer; → Stadt, Markt, Platz; → Wald, Lichtung, Rodung, Baum

---

13 Vgl. Herweg 2010, 343–359 und passim.

Mathias Herweg
Magnetberg, Magnetstein

1 Begriffsbestimmung – 1.1 Herkunft und Traditionsbezüge – 1.2 Motivumfeld und -verbindungen – 2 Merkmale der Darstellung und Beschreibung – 3 Narrative Funktionen – 4 Fortwirken. Resümee

1 Begriffsbestimmung

Der Magnetberg steht paradigmatisch für die „Wechselwirkung von Sage und gelehrtem Wissen"[1] in vormoderner Literatur und für die Grenze, an die moderne Fiktionalitätsbegriffe hier rasch stoßen. Er ist einerseits ein Ort geglaubter Geographie, den die einschlägigen antiken und mittelalterlichen Quellen im fernen Nordwesten oder Südosten der Ökumene lokalisieren. Als solcher findet er sich in lateinischer und volkssprachiger Enzyklopädik und mitunter auf Weltkarten. Andererseits wird der Magnetberg zum Nucleus eines produktiven Motivkomplexes in Reise- und Abenteuererzählungen verschiedener Genres, Sprachen und Kulturen.[2]

In mhd. Texten trägt das Eiland unterschiedliche bedeutungsähnliche Namen: *magnes* (m.) oder *magnêt* (m., von griech. μάγνης f. oder λίθος μαγνήτης m., so in ErnstB_(BS) 3897; ErnstD 3212; 3249; JTit 6094; Reinfr 20999; Kudr_(BS) 1109; 1126; 1130, Pl.: *magnêten*), *aget-*, *age-*, *ait-* oder *acstein* (m., RvEWchr 1835; Reinfr 20995), oft auch nur *stein* (m., → [Fels-]Insel), wenn der Bezug durch den narrativ-ekphrastischen Kontext klar ist (BrandanReis 358 u. a.). Afrz. Epik kennt den Magnetberg als (*roche/pierre d'*) *aïmans/aïmant/aymans*, ähnlich Mandeville: *grant ylle* bzw. *grans roches de pierres d'aymant*.

Der Magnetberg begegnet als (meist unfreiwillige) Reisestation in fiktionaler und faktualer Reiseliteratur. Es handelt sich um Legenden (*Brandan* [md. um 1300]), Heldenepen (*Kudrun* [M. 13. Jh.]), Kreuzzugs- bzw. Abenteuerepen (*Herzog Ernst* [Fassungen ab 1170], afrz. Texte) und (spät)höfische Romane (*Reinfrit von Braunschweig* [nach 1291], *Jüngerer Titurel* [zw. 1260 u. 1273]), darüber hinaus um Reiseberichte (Mandeville [1356, dt. Michel Velser 1393–1398], Arnold von Harff [um 1500]), Enzyklopädien (dt. *Lucidarius* [wohl um 1190], Konrads von Megenberg *Buch der Natur* [um 1350]) und vereinzelte *mappae mundi*. Auch Spruchdichtung und Meistergesang kennen den Ort, bleiben hier aber unberücksichtigt.[3] In der Erzählliteratur zeigt sich eine ekphrastische und konzeptionelle Klimax: Das narrative Potenzial wächst proporti-

---
1 Lecouteux 1999, 24.
2 Vgl. Aarne/Thompson 1961, 322*: „Magnetic Mountain Pulls Everything to it... [Rescue by help of Giant bird...]".
3 Hierzu Siebert 1952; RSM lt. Registerbd. 15 (2002), 392, s. v. „Magnetberg".

onal zur semantischen Komplexität des Topos (gipfelnd im *Reinfrit*), Raum und Zeit treten dabei in enge Wechselbeziehungen.

Die Kenntnis des Erzählmotivs setzt die metaphorische Nutzung in minnelyrischem oder religiösem Kontext voraus: Die Minnedame als anziehend-verderbender *agetstein* begegnet etwa bei Neidhart und Reinmar von Brennenberg, *der sünden agestein* wird in Konrads von Würzburg *Goldener Schmiede* beklagt.[4]

1.1 Herkunft und Traditionsbezüge

Drei Traditionsstränge führen in unterschiedlichen Vermittlungs- und Mischungsgraden zum Magnetberg der mhd. Dichtung. Dabei ist nicht immer klar, ob nur auf das eisenanziehende Mineral[5] oder auf den konkreten Erzählort[6] angespielt wird. Hier geht es nur um letzteren.

1. Antike Geographie und Enzyklopädik wirkt, von Ptolemaios' *Geographia* und Plinius' *Naturalis historia* herkommend, über die westliche und arab. Geographie und Kartographie bis ins volkssprachige Mittelalter (Isidor von Sevilla, 7. Jh.; al-Idrisi und al-Qazwīnī, 12./13. Jh.).

2. Pseudo-aristotelische Mineralogie geht über arab. Vermittlung in das Fachschrifttum und die Enzyklopädik des lat. Mittelalters ein (Platearius' *Circa Instans*, 12. Jh.; Enzyklopädien des Bartholomäus Anglicus und Vincenz von Beauvais, 13. Jh.).

3. Über die Kulturkontakte der Kreuzzugszeit wird auch orientalisches Erzählgut (wie *König Saif*, *1001 Nacht*, *Sindbads Reisen*) im Westen wirksam.[7]

Plinius' *Naturgeschichte* (*Naturalis historia*) beschreibt zwei Berge mit magnetischen Eigenschaften am Indus, kennt aber noch keine Insel: „Duo sunt montes iuxta flumen Indum: alteri natura ut ferrum omne teneat, alteri ut respuat; itaque, si sint clavi in calciamento, vestigia evelli in altero non possint, in altero sisti" (PlinNat 2,211).[8] Bei Ptolemaios dagegen liegt der Magnetberg im Indischen Ozean in der Nähe von Taprobane (Sri Lanka/Ceylon); die Indienfahrer vermieden aus Furcht vor ihm, Eisen auf ihren → Schiffen zu führen. Diese Version geht in das eng mit der Alexandersage verbundene *Commonitorium Palladii* ein[9] und wird im lat. Europa bestimmend.

---

4 Vgl. Bartsch 1969, CLI f. (mit Nachweisen).
5 Vgl. die eingehenden Quellenstudien: Radl 1988, Stecher 1995.
6 Hierzu bes. Lecouteux 1984, Stecher 1995; zur Motivheuristik schon Bartsch 1969, CXLVII–CLX.
7 Vgl. zu den Quellensträngen Kirnbauer/Schubert 1957, 7 f. (veraltet), Lecouteux 1984, 36–44.
8 Übers. M. H.: „Am Fluss Indus gibt es zwei Berge, von denen der eine die Eigenschaft hat, alles Eisen anzuziehen, der andere, es abzustoßen. Wer Nägel in den Schuhsohlen trägt, kann deshalb auf dem einen die Füße nicht anheben, auf dem anderen nicht ruhig stehen."
9 Übers. bei Pfister 1978, 112–115, hier 113: „Auf jenen Inseln, die Maniolai heißen, ist der Magnetstein zu Hause, der das Eisen anzieht. […] Deshalb sind auch die Schiffe, die zu jener großen Insel [= Taprobane, M. H.] fahren, eigens mit hölzernen Pflöcken ganz ohne Eisen gebaut."

Aber auch indische und chinesische Quellen und der islamische Orient kennen den Magnetberg: Sindbads 6. Reise weist die typischen Magnetberg-Motive auf: unvermittelter Sog auf hoher See, Aufprall an einer mit Schiffswracks gesäumten Insel, Hungertod, Greifen, Fahrt durch einen unterirdischen → Fluss (ganz ähnlich *Herzog Ernst B*). In *1001 Nacht* enthält die *Geschichte des dritten Bettelmönchs* folgende Warnung des Kapitäns: „Morgen Abend werden wir zu einem Berge kommen aus schwarzem Stein, der heißt der Magnetberg; [...] Jeder Nagel des Schiffes wird zu dem hinfliegen und sich an ihn heften; denn Allah der Erhabene hat den Magnetstein mit einer geheimnisvollen Kraft begabt, so daß alles, was Eisen ist, auf ihn zufliegt. An diesem Berge hängt so viel Eisen, daß niemand es zu zählen vermag als Allah der Erhabene; denn es sind seit uralten Zeiten viele Schiffe an jenem Berge zerbrochen".[10] Der arab. Geograph Abū l-Fidā' (lat. Abulfeda, gest. 1331) erklärt dieses ‚Wunder' naturwissenschaftlich durch eine Magneterzgrube, die sich im Berginneren befindet.

Alle genannten Quellen eint ihr Schwanken zwischen Fiktion und Geographie, respektive Naturkunde. Dieses Schwanken sichert dem Magnetberg seine Koexistenz in narrativen und ‚fachwissenschaftlichen' Texten. Rudolf von Ems stellt in seiner *Weltchronik* um 1250 ganz im Sinne der Epiker fest, der „Acstein" sei ein „grôz hôchgebirge wît [nahe India, M. H.], / der zücket an sich zaller zît / daz îsen über des meres trân" (RvEWchr 1835–1838).

Legt die so umrissene Tradition eine Verortung im fernen Südosten der Ökumene nahe, d. h. bei den topischen Wundern Indiens, so weist die häufige Verbindung mit dem Lebermeer (s. Abschn. 1.2) andernorts nach Norden. Hier kennen noch spätmittelalterliche Kartographen den Ort, wobei neues Wissen um den magnetischen Nordpol allmählich die alte Überlieferung überlagert und ablöst.[11] Die *mappa mundi* des Andreas Walsperger (1448) notiert nordwestlich von Norwegen mitten im Meer: „In hoc mari magno non est nauigatio propter magnetes" (Übers. M. H.: „Auf diesem großen Meer fährt man nicht wegen der Magnete").[12] Und Johannes Ruysch vermerkt auf seiner schon dem Ptolemaios-Schema verpflichteten Karte (1507/08) an gleicher Stelle, hier beginne das „mare sucinum" (Bernsteinmeer, d. h. Lebermeer), in dem der Schiffskompass versage und Schiffe, die Eisen an sich hätten, nicht mehr umkehren könnten. Die Legende oberhalb des Nordpols nennt und lokalisiert auch den „lapis magnetis".[13]

---

10 Zit. nach Stecher 1995, 40 (Übers.: Enno Littmann); vgl. auch Lecouteux 1984, 46 f. mit weiteren orientalischen Belegen.
11 Vgl. Stecher 1995, 35 f., Oeser 2008, 11–19.
12 Zit. nach der Abb. bei Stecher 1995, 36.
13 Zit. nach dem Digitalisat: http://www.landkartenindex.de/historischelandkarten/wp-content/uploads/2014/07/1507-ruysch-1.jpg (10.04.2018); zur Karte: McGuirk 1989.

1.2 Motivumfeld und -verbindungen

Da es sich beim Magnetberg um einen *auch* kartographisch verbürgten Individualort handelt, empfiehlt sich ein Exkurs zu den räumlich und kategorial benachbarten Orten und Ortstypen.

Affine Motive: Die literarische Attraktivität des Magnetbergs gründet in seiner fachliterarisch verbürgten *proprietas*: Er ist nicht nur Reisestation und fernöstliches *mirabile*, sondern neben Seesturm oder Schiffbruch auch ein hochproduktiver ‚âventiure-Generator', der sukzessive zum Kern eines Motivpools wird, aus dem sich die Dichter je unterschiedlich bedienen:

1. Lebermeer (von mhd. *liberen*, ‚gerinnen'): Ursprünglich eigenständig, im Deutschen zuerst im *Merigarto* bezeugt, bilden Lebermeer und Magnetberg seit *Brandan*, *Herzog Ernst*, *Kudrun* und *Jüngerem Titurel* eine narrative und topographische Einheit. Der *Herzog Ernst* verortet den Magnetberg direkt „ûf dem lebermer" (ErnstB_(BS) 3934 f.). Ungünstige Strömungen, Treibeis oder Windflauten lassen Schiffe hier festsitzen und regelrechte Masten-Wälder bilden, wie sie ähnlich auch den Magnetberg säumen. Die Fachliteratur kennt das *mare coagulatum* (oder *concretum*) im nördlichen Eismeer.[14] In der Verbindung mit dem (meist) indischen Magnetberg legt es die Dichtung, explizit oder implizit, dagegen gern in den fernen Orient[15] (anders indes *Brandan*, *Kudrun*).

2. Greifen: Nicht nur, doch bevorzugt im Umfeld des Magnetbergs tauchen Greifen als Hüter reicher Goldminen (*Reinfrit*), als Helfer bei Flugexperimenten (Alexanderstoff) oder als Menschenräuber (*Kudrun*) auf. Ernst und Alexander zeigen in je eigener Weise, wie sich menschliche *list* (Klugheit) auch das Monströse untertan und zunutze machen kann.

3. Magie und Dämonenmacht: Neben den Greifen bieten (Wissen um) zauberkräftige Pflanzen (*Reinfrit*) oder überlistbare Geister (Virgil-Sage, *Reinfrit*) Rettung vom Magnetberg.[16]

4. Prachtbauten und technische Artefakte: Nicht immer ist der Magnetberg so naturbelassen wie im *Herzog Ernst*. Oft birgt er prächtige Bauten (arab. und afrz. Texte), Grabstätten und Rückzugsorte früherer Besucher (*Reinfrit*); unermessliche Schätze können in ihm liegen (Motiv des hohlen Berges in der *Kudrun*), paradiesischutopische oder dämonisch-dystopische Orte sein Umfeld markieren (*Brandan*, *Herzog*

---

[14] Vgl. Bartsch 1969, CXLV, Simek 1992, 89. So nach Plinius, Solinus und Isidor in Adams von Bremen *Gesta Hammaburgensis ecclesiae pontificum* und im ahd. *Merigarto* (11. Jh.).

[15] Dies tut recht früh auch der hebräische Reisebericht des Benjamin von Tudela (vor/um 1173), der die seit *Herzog Ernst B* mit dem Magnetberg verbundene Rettungsfabel (Einnähen in Tierhäute, Abtransport durch Greifen) mit dem fernöstlich gelegenen unentrinnbaren Meer von Nikpha verknüpft (engl. Übers.: http://www.gutenberg.org/files/14981/14981-h/14981-h.htm#bpage_66 [27.09.2017]).

[16] Einen Überblick über die in den mhd. Texten realisierten Rettungsvarianten bietet Stecher 1995, 15–23.

Ernst, Reinfrit; → Ferne-Utopien).[17] Wächterfiguren und Automaten sind mitunter in virtuose Architektur-Ekphrasen eingebettet (*Reinfrit*).

5. Sirenen: Schon in Homers *Odyssee* (Buch XII) präsent, betört das *merwunder* durch Schönheit und Gesang auch Reisende in der Nähe des Magnetbergs (*Brandan, Reinfrit, Tristan, Wartburgkrieg*). Brandan trifft unfreiwillig, Reinfrit bewusst und aus *curiositas* auf sie. Letzterer schützt sich durch die aus der *Odyssee* bekannte List. Gottfrieds *Tristan* nennt die Sirenen in einem Schönheitspreis auf Isolde zweimal in einem Atemzug mit dem Magnetberg: „Wem mag ich sî gelîchen / die schœnen, sælderîchen / wan den Syrênen eine, / die mit dem agesteine / die kiele ziehent ze sich?", und: „alsô zôch sî gedanken în / ûz maneges herzen arken, / als der agestein die barken / mit der Syrênen sange tuot" (Tr_(R) 8085–8089; 8108–8111): im Motivkontext ein mehr als ambiger Vergleich!

Teilkongruente Orte: 1. → Meer: Anthropologisch und mentalitätsgeschichtlich ist das Meer der Angstraum schlechthin.[18] Der Reisende erfährt auf hoher See die eigene Nichtigkeit im vollen Ausgeliefertsein an Naturgewalten und Tod. Die literarische Bewältigung dieser Ur-Situation reicht von Homer über die Bibel (*Jona*) und den hellenistischen Roman (Trennung des Protagonistenpaars durch Schiffbruch, Unwetter oder Piraten) bis zu den Reiseberichten des Spätmittelalters, die, wiewohl im Selbst- und Rezeptionsverständnis faktual, viel fiktives Überlieferungsgut integrieren. Andererseits liegen auch fremde Welten, Utopien, paradiesartige Orte im Meer oder jenseits desselben: Atlantis, die Satyrn- und die Brandan-Inseln, Taprobane, das indische Goldland Chrysa u. a. m. In volkssprachiger Erzählliteratur verbinden sich solcherart konträre Valenzen: Das Meer ist nicht nur Angstraum, sondern auch Ort des Rückzugs und der Bewährung; es birgt Idyllen wie Dystopien. Vor allem aber ist es ein Ort, der fast regelmäßig Anlass gibt zum Erzählen und dabei selbst Erzählinhalt wird, wobei vormodernes Seemannsgarn, empirisches Reise- und enzyklopädisches Buchwissen zusammenfließen.

2. → Berg:[19] Auch Gebirge sind Angst- und Schwellenräume. Sie verbinden Himmel und Erde (auf Bergen offenbart sich Gott den Patriarchen des Alten Testaments, erschauen Propheten die Zukunft, residiert das antike Pantheon), bilden für Reisende, Krieger, Liebende schwer überwindbare Barrieren und fast stets eine zivilisationsferne *terra incognita*.[20] Was den Blick zuerst verstellt, kann ihn aber zugleich, einmal bestiegen, zeitlich wie räumlich „schier grenzenlos erweitern":[21] Gipfel ziehen daher auch Neugierige an. Die Mythologie vieler Kulturen kennt hohe Berge, in denen Zwerge, Greifen oder Drachen großartige Schätze hüten. Weltkarten

---

17 Vgl. Lecouteux 1984, 62 f.
18 Vgl. Delumeau 1985, 49 f., 55 f.
19 Vgl. Ward 1979, 138–146.
20 Vgl. Lecouteux 2008, 109.
21 Röcke 2012, 56.

verzeichnen den goldreichen Kaukasus (vgl. auch *Reinfrit von Braunschweig*) und die Kaspischen Berge, in denen Alexander der Große die Endzeitvölker Gog und Magog eingesperrt hat und aus denen der Antichrist sie am Ende der Zeiten wieder befreit (Alexanderromane, Heinrichs *Apollonius*). Auch Berge sind dergestalt Zufluchts- und Schreckensorte, Horte von Reichtum und Pracht wie lebensfeindliche Ödnis. Der Magnetberg vereint fast alle der genannten Merkmale: In ihm lebt ein wundersames Volk und hortet immense Schätze (*Kudrun*), Greifen suchen auf ihm nach Nahrung (*Herzog Ernst*, *Jüngerer Titurel*, *Reinfrit von Braunschweig* usw.), Reisende erleben ihn als Todesgefahr, mitunter aber auch als neugierig erforschtes Faszinosum (*Reinfrit von Braunschweig*).

3. → Insel:[22] Das narrative Darstellungs- und Funktionsspektrum reicht von der Paradies- bis zur Toteninsel und ist damit ähnlich weit wie bei Berg und Meer.[23] Lage und Isolation schränken die Handlungsfähigkeit jedes (zeitweise) auf einer Insel Verweilenden ein: Keim aller Robinsonaden, deren Plotschema schon lange vor dem namengebenden Roman existiert (vgl. *Odyssee*, hellenistischer Roman). Es bedarf fremder Hilfe oder technischen Wissens und Geräts, um an- und wieder abzureisen. Andererseits bieten Inseln Schiffbrüchigen, Flüchtigen und Einsiedlern auch Zuflucht. Der Ort kann also je nach Erzählkontext und -funktion mit Rettung, Bewährung, Buße, Strafe oder Weltentrückung konnotiert und dementsprechend kontextualisiert sein. Die Vielfalt der von Brandan besuchten Inseln zeigt das Spektrum des Möglichen auf engstem Raum.

Im Magnetberg treten die negativen Semantiken von Meer, Insel und Berg kumulativ zusammen. Ähnlich unwirtlich wie das Felseneiland des Büßers in Hartmanns von Aue *Gregorius*, ist er indes kein Ort der Sühne und Vergebung, sondern gottferntödlicher oder, sofern er *curiositatis causa* aufgesucht wird, seelischer Gefahr.

2 Merkmale der Darstellung

In der intradiegetischen Wahrnehmung des Magnetbergs dominiert die Sicht vom Meer her, meist in Figurenrede (vgl. fassungsübergreifend im *Herzog Ernst*). Der Berg ist von „tunkeler" Farbe (ErnstB_(BS) 3957), mitunter auch leuchtend wie Feuer (*Herzog Ernst C* und *F*, s. u.; die konträren Angaben bewirken das Gleiche: eine Aura unausweichlicher Bedrohung). Die Schiffsleute kennen die Gefahr oder werden von einem Kundigen davon unterrichtet. Sie geraten meist ungewollt in sie, nur selten suchen sie sie bewusst und vorbereitet auf. Der Blick auf das felsige Ufer wird von Schiffsmasten und -wracks versperrt: Was aus der Ferne wie ein sicherer → Hafen aussieht, wird unversehens zum *locus horribilis*. Nach der Ankunft reihen sich v. a.

---

[22] Vgl. Brunner 1967, Horn 1993, 193–200.
[23] Vgl. Brunner 1967, 240.

im *Herzog Ernst* Bilder ästhetischen Grauens: verlassene Schiffsreste, die zwar den Aufprall mindern, aber das Leiden nur verlängern, besitzerlose Schätze, menschliche Überreste „vûl und alt" (ErnstB_(BS) 4028). Gegen Hunger und beutegierige Greifen wird Gott zur einzigen Hoffnung, der Gefolgsherr zum situativen Seelsorger. Der Berg liegt im Lebermeer und übt eine sich steigernde Sogwirkung aus. Als Ort „grôzer wunder" im Meer „ensît den bergen" des Kaukasus wird er im *Reinfrit* annonciert (Reinfr 18330–18333). Seine Höhe ist beträchtlich, wie einige Texte indirekt vermerken: Von einem „kreftigen berc" (ErnstB_(BS) 3895) ist die Rede, man sieht von seinem Gipfel gut 500 Meilen in die Ferne (Reinfr 21720–21722), die magnetische Kraft wirkt über 30 Meilen ins Meer (ErnstB_(BS) 3949). Ein „smaler stîc" (Reinfr 21131; → Weg) führt im *Reinfrit* zum Gipfel, den ein früherer Besucher in ein ausgedehntes Bollwerk mit eherner Umfassungsmauer und Wächterstatuen verwandelt hat. Reinfrit folgt dem Pfad aus Neugier (Reinfr 18330–18343 u. a.). Nähere Angaben zur Topographie fehlen.

Gattungsübergreifend ist die mhd. Beschreibungstradition den Vorgaben aus *Herzog Ernst B* verpflichtet. Dies gilt im Kern auch für die *Kudrun*, wo aber zusätzlich das Toponym „ze Gîvers" (Kudr_(BS) 564) und ein neues ekphrastisches Detail auftaucht: Der Berg, auch hier im Lebermeer gedacht („vinster mer", Kudr_(BS) 1126), ist hohl und beherbergt ein wunderbar reiches Volk. Unter distanznehmender Berufung auf „ein wazzermære" (Kudr_(BS) 1128) weiß Wate zu berichten: „dâ ze Gîvers in dem berge ein wîtez künicrîche erbouwen wære. / Dâ leben die liute schône; sô rîche sî ir lant, / dâ diu wazzer vliezen, dâ sî silberîn der sant: / dâ mite mûren si bürge. daz si dâ hânt für steine, / daz ist golt daz beste. jâ ist ir armout kleine" (Kudr_(BS) 1128 f.).

3 Narrative Funktionen in einschlägigen Stoffkreisen und Texten

In vier intertextuell verknüpften Stoffen und mehreren Einzeltexten entfaltet der Magnetberg ein je spezifisches narratives und sinnkonstituierendes Potenzial. Mal steht die versuchte Sabotage des göttlichen Heilsplans (Savilonmythe), mal deren Verhinderung und die *translatio artis magicae* (Virgiliussage), mal die providenziell schadlose Konfrontation mit tödlicher Gefahr (*Brandan*), mal die Peripetie einer abenteuerlich-exotischen Reisevita (*Herzog Ernst*, *Reinfrit von Braunschweig*) im Fokus. Der Ort hat dabei stets dystopischen Charakter, obschon Wissen und Gefahrenprophylaxe im Einzelfall die Not mindern können. Der Ort der Agonie unfreiwillig-unschuldiger oder der Ort der Sensationsgier freiwilliger Besucher kann sowohl intensive Gottesnähe als auch heilsvergessene Gottesferne indizieren. In einem Fall ist das Eiland auch nautische Hilfe: „Sô sî niht mohten der [= Sterne, M. H.] gesehen / weder grôz noch kleine, / nâ dem agesteine / und ouch der nâdel îsen / konden sî sich wîsen" (Reinfr 27224–27228).

3.1 Zabulon/Savilon (s. auch Abschn. 3.8)

Der absoluten und relativen Chronologie nach, in die sich die einschlägigen Stoffe stellen, ist Zabulon aus Griechenland der erste Magnetberg-Besucher.[24] Der Magier, Sohn eines Heiden und einer Jüdin, zieht sich rund 1200 Jahre vor Christi Geburt dorthin zurück, um eben diese Geburt, die er in den Sternen geschaut hatte, mittels technisch-magischer Vorkehrungen zu verhindern. Der Magnetberg hat hier also eine markant heilsgeschichtliche, ja heils-dystopische Semantik (vgl. im Kontext 3.8). Zabulon bleibt, durch seinen Zauber in einen Dämmerzustand zwischen Tod und Leben gebannt, bis zur christlichen Zeitenwende ungestört auf dem zur Festung ausgebauten Berg; dann verbindet sich seine Geschichte mit jener Virgils (hier nach *Reinfrit von Braunschweig* und *Wartburgkrieg/Zabulons Buch*).

3.2 Virgilius (s. auch Abschn. 3.8)

Mehrere divergierende Versionen koexistieren im Rahmen der ausgreifenden Überlieferung um den Zauberer Virgilius;[25] der Fortgang folgt der narrativ elaboriertesten von ihnen, die in Kombination aus Erzählerrede und Metadiegese der *Reinfrit von Braunschweig* bietet (Reinfr 21022-21713): Zur Zeit Kaiser Octavians erfährt Virgilius, ein junger, aus Mantua gebürtiger römischer Aristokrat, von der magischen Kunst Zabulons und begibt sich mit einer kleinen Gesellschaft auf Meerfahrt, um ihn und seine Bücher zu finden. Ziel ist der Magnetberg, wo Virgil mithilfe eines in ein Glas gesperrten Dämons die gefährlichen Befestigungen überwindet und bis zu dem untoten Zauberer gelangt. Er nimmt die Bücher an sich, schließt den Geist wieder ein und kehrt (auf je nach Fassung unterschiedliche Weise) nach Rom zurück, als Erbe von Zabulons Kunst eine *translatio artis magicae* vollziehend.[26] Die Funktion des Magnetbergs entspricht zunächst dem in Abschn. 3.1 Skizzierten (vgl. auch 3.8), nach Virgils Abreise hat das Eiland seine heilsdystopische Brisanz aber verloren.

---

24 Neben dem *Reinfrit von Braunschweig* und dem *Wartburgkrieg* kennen die Zabulon-Mythe u. a. auch Frauenlob, der *Göttweiger Trojanerkrieg* und die *Erweiterte Christherre-Chronik*; vgl. Siebert 1952 (mit Textnachw.), Kerth/Lienert 1998, 423–439 sowie Kästner/Schirok 2000, 132–138. Zabulons biblischer Namensgeber ist der zehnte Sohn Jakobs (Gen 30,20).
25 Zum Bild Vergils als Magier und zur Virgilsage vgl. Kern/Ebenbauer 2003, 662–669, und die Lemmata zu Virgil(ius) (bes. „Virgils Fahrt zum Magnetberg") im Verfasserlexikon. Die deutschsprachigen Texte zu Virgils Magnetbergfahrt versammelt Siebert 1952.
26 Vgl. zu diesem Aspekt Strohschneider 2006a, 39.

3.3 Brandan

Der erste Stoff, der alle wesentlichen Motive der späteren Magnetbergfabel enthält, aber noch kaum auserzählt, ist die Brandan-Legende (*Reise*-Fassung). Der irische Abt Brandan wirft in ungläubigem Zorn das Buch der Wunder Gottes ins Feuer. Zur Sühne muss er die Schöpfung mit eigenen Augen ‚erfahren' und niederschreiben, das zerstörte Buch also durch ‚Empirie' wiederherstellen. Zweimal passiert er dabei den Magnetberg: Zunächst treibt ihn ein Sturm von der Insel der Verdammten nordwärts ins Lebermeer, in dem die dort festsitzenden Schiffe einen Mastenwald bilden. Eine Stimme warnt vor der Weiterfahrt: „Ein stein liget darinne, / der betrubet manches menschen sinne: / swaz ysens da bi queme, / daz er al daz zu im neme, / ez muste ouch immer da bliben" (BrandanReis 305–309). Legendengemäß bewahrt günstiger Wind den Helden vor der Gefahr. So bleibt es bei dem Hinweis auf ein offenbar bekanntes Motiv, ohne dass dieses narrativ produktiv würde.

Bei der zweiten Magnetberg-Passage verhält es sich anders: Zwischen Paradies- und Teufelsinsel erblickt Brandan von neuem die immobilisierten Schiffe, nun sind aber aus einigen von ihnen Klagelaute zu hören, während die Besatzungen anderer schon Opfer der Greifen wurden (BrandanReis 629–633). Hier wird das zuvor blinde bzw. als ‚abgewiesene Alternative' genutzte Motiv zum echten Schau-Platz: Brandan beobachtet den Kampf zwischen Teufeln und dem Erzengel Michael um die Seelen der Toten. Er empfindet *compassio*, kann aber nicht eingreifen (die Rolle entspricht der Zwecklogik seiner Reise). Die Handlung wird ohne Figurenrede vermittelt. Das naturkundliche Phänomen des Magnetbergs ist nun heilsgeschichtlich funktionalisiert, wie in anderer Weise später im *Reinfrit*. Die Weiterfahrt führt, gleichfalls wie dort, zur Sirene.

3.4 Herzog Ernst

Den Gegenpol zum heilsgeschichtlichen Magnetberg-Konzept im Brandan[27] bildet der seit dem 12. Jh. in diversen dt. und lat. Versionen überlieferte *Herzog Ernst*-Stoff (im Folgenden nach der dt. Vulgatfassung *Herzog Ernst B*).[28] Infolge einer Intrige muss Ernst von Baiern, Stiefsohn des römisch-deutschen Kaisers, sein Herzogtum räumen und auf Pilgerfahrt gehen. Zwischen Byzanz und Jerusalem gerät er in einen Seesturm, der sein Schiff in den fernen Orient verschlägt. Nach der Flucht aus der Stadt der Kranichschnäbler, Grippia, und zwölftägiger entbehrungsreicher Fahrt zeichnet sich Land ab: Mäste und Segel verheißen einen Hafen, doch setzt zugleich ein gewal-

---

27 Zu Zusammenhängen beider Stoffe vgl. Beckers 1970.
28 Einen knappen Magnetberg-Vergleich verschiedener *Herzog Ernst*-Fassungen gibt Lecouteux 1984, 50–53; vgl. auch Bartsch 1969, Einleitung, I–LXXXV passim.

tiger Sog ein. Zu spät erkennt der Späher im Mastbaum die Gefahr: „Ich wil iuch, helde, wizzen lân / von des steines krefte / und von sîner meisterschefte / die er von sîner art hât. / swaz schiffe dar engegen gât / inner drîzic mîlen, / in vil kurzen wîlen / hât er sie zuo im gezogen. / daz ist wâr und niht gelogen. / habent sie et nietîsen, / diu darf dar nieman wîsen: / sie müezen âne ir danc dar gên. / diu schif diu wir dort sehen stên / vor dem tunkeln berge dort, / rehte vor des steines ort, / dâ müezen wir ersterben / und von hunger verderben: / des mugen wir kein wandel hân; / als alle die hânt getân / die ie gesigelten her" (ErnstB_(BS) 3944–3963).

Die aus der Ptolemaios-Tradition stammende kritische Rolle der Eisennägel begegnet hier im Deutschen zum ersten Mal. Dann geschieht ein vom Erzähler durch rationale Erklärung relativiertes Wunder: Obschon das Schiff ungebremst auf den Magnetberg aufprallt, kommt niemand zu Schaden, weil ein Saum verrottender Schiffe die Insel umgibt (Variation des Mastenwalds im Lebermeer). Zunächst begeistern sich Ernsts Leute an den herrenlosen Schätzen in den Wracks, nach und nach aber sterben fast alle an Hunger und werden von den Greifen geholt. Nur sechs überleben, bis Ernsts Vasall Wetzel die rettende Idee hat, man solle sich gegenseitig in Tierhäute einnähen und als vermeintliche Kadaver von den Greifen von der Insel fliegen lassen. Die Rettung, die dergestalt menschlicher *list* entspringt, ist für den Erzähler wie für den Helden ein göttlicher Gnadenakt: „Sît wart der herrren guot rât, / als got wolde und er gebôt" (ErnstB_(BS) 4332 f.).

Der in Prosafassungen noch über die Schwelle zum Buchdruck hinaus populäre *Herzog Ernst*-Stoff, daneben auch *Brandan*, hielten den Magnetberg als literarischen Topos lange präsent. Die verschiedenen *Herzog Ernst*-Fassungen setzen dabei unterschiedliche Akzente in Darstellung wie Kontextualisierung (v. a. Lage im und Bezug zum Lebermeer) und variieren entsprechend stark in Umfang, Detailliertheit, Vermittlungsweise (Anteil Erzählbericht/Figurenrede), Dichte der Wissensbezüge und religiöser Aufladung. *Herzog Ernst D* sentimentalisiert und verstärkt die religiöse Motivik (Gebete, Adelheids Albtraum, Tod des siebten Gefährten) und führt zugleich das *curiositas*-Motiv ein: Neben den Schätzen auf den Schiffswracks werden auch die Toten distanzlos bestaunt (ErnstD 3327–3330). Odos von Magdeburg *Herzog Ernst E*, ein lat. Epos in Vergil-Nachfolge, zeigt enzyklopädische Interessen: Der Erzähler erläutert kundig das Lebermeer und bemüht biblisch-antike Vergleiche. Am bemerkenswertesten verändert *Herzog Ernst F* (dt. Prosa), der lat. Prosafassung *Herzog Ernst C* folgend, das Tradierte: Hier ist die „höhi uferhöcht" im Meer zunächst gar keine Insel, vielmehr erklärt der kluge „schiffmaister" mit Verweis auf von seinen „eltern" (!) Gehörtes: „Der große berg den ir vermaint sehen, das sint eitel schiffe, die da von ungewitter und von craft des tobenden meres dahin getriben sind" (ErnstF 264 f.). Schiffsfriedhof und Mastenwald *säumen* demnach nicht, sie *sind* die Insel, von Wind und Strömung zusammengetrieben. Einen Namen hat der Ort nicht. Erst später, gelöst vom Topos Lebermeer und im Moment der akuten Gefahr direkt als Handlung erzählt, ergänzt bzw. korrigiert der Erzähler diese Beschreibung: „Die weil nahnet ir kiel und schiff ie lenger ie näher zuo des todes stat, und ward gar schier von dem magneten [...] gefangen und gehalten, wenn daselbst gieng des magneten schein und flammen auß dem waßer uf, davon ir altes schiff damiten enzwai prach und ran mit in auf das grieß, das vil sorglicher und schedlicher ist denn das waßer des mers" (ErnstF 266). Der Widerspruch zwischen der Figuren- und Erzählerrede resultiert aus dem singulären Versuch, die erst im *Ernst*-Stoff so eng zusammengeführten Motive Lebermeer und Magnetberg wieder zu sondern und narrativ je eigenständig anzureichern – so mit der eigenwilligen vulkanischen Aktivität des Bergs, die das Schreckensszenario verdoppelt und den Schiff-Bruch ganz buchstäblich fasst.

3.5 Der Herzog von Braunschweig

Der mhd. im *Reinfrit von Braunschweig*, frnhd. in Wyssenherres Gedicht *Von dem edeln hern von Brunsczwigk*, niederl. und tschechisch in sog. Volksbuchversionen, zudem in skand. Liedern bezeugte Erzählplot ist von der *Möringerballade* (im Rahmenteil) und vom *Herzog Ernst*-Stoff (im Reiseteil) inspiriert. Eine von diesen literarischen Vorbildern unabhängige, eigenständige Sage um Heinrich den Löwen bleibt demgegenüber spekulativ.[29] Meist wird der Herzog auf dem Weg ins Heilige Land durch einen Sturm ins Lebermeer verschlagen. Der Magnetberg ist teils explizit (wie im *Reinfrit von Braunschweig*), teils nur mehr in „undeutliche[r] Erinnerung" präsent.[30] Auch hier fungiert er als eines der gefährlichsten Abenteuer der Reise und als eine der brisantesten Bewährungsproben für den Helden.

3.6 Einzeltexte; faktuale Reiseberichte

Die *Kudrun* (M. 13. Jh.) kennt den Magnetberg unter dem singulären *nomen proprium* „(ze) Gîvers" in Verbindung mit dem Lebermeer, doch ohne Greifen (Kudr_(BS) 1106–1136). Die Gefahr ist bekannt, das Schiff, auf dem Hildes Heer zur Befreiung Kudruns nach „Ormanîe" aufbricht, entsprechend präpariert: „Ir anker die wâren von îsen niht geslagen, / von glocken spîse gozzen, sô wir hœren sagen. / von spânischem messe wâren sie gebunden, / daz den guoten helden die magnêten niht geschaden kunden" (Kudr_(BS) 1109). Südwinde treiben das Schiff kurz hinter dem Wülpensant zum „magnêten" im „vinster[en] mer" (Kudr_(BS) 1126). Der Berg ist hohl und beherbergt ein schatzhütendes Volk, wie Wate intradiegetisch vermerkt. Ein Westwind rettet die Lage. Ob auch schon in der zweiten Aventiure (Hagens Greifenentführung und

---

29 Vgl. Hoppe 1952 (veraltet und methodisch problematisch), Bartsch 1969, CIX–CXXX, Behr 1995.
30 So Bartsch 1969, CXIX zu Wyssenherre, CXXXVIII zur böhmischen Version. Letztere nennt den Magnetberg *Aktstein* und lässt die auf ihm Gestrandeten in der Hungersnot sich gegenseitig verspeisen. Sie steht insgesamt *Herzog Ernst B* näher als *Reinfrit von Braunschweig*.

Robinsonade) der Magnetberg Schauplatz ist, bleibt unklar. Das Geschehen selbst ist jedenfalls von *Herzog Ernst B* inspiriert: Ein Pilgerheer strandet und wird den Greifen zum Fraß (Kudr_(BS) 85 f.). Indes verläuft Hagens Rückkehr an Bord eines vorbeifahrenden Schiffes ohne Gefahren.

In Albrechts *Jüngerem Titurel* (JTit 1260–1275) ist der Magnetberg (wie im *Ernst*-Stoff) wieder Teil der Geographie des Fernorients: Die Gralssippe passiert ihn auf dem Weg nach → Indien „alzu nahen" (JTit 6094), aber schadlos, weil das Schiff kein Eisen enthält. Man landet sogar auf dem fatalen Eiland und findet bei den Schiffswracks Überlebende früherer Unglücke, die sich mühsam der Greifen erwehren. Sie erweisen sich als Muslime und werden getauft – ein singulärer Reflex wolframisch geprägten Religionsdiskurses im Magnetberg-Kontext. Danach werden die Reichtümer auf die eigenen Schiffe verladen und die Reise geht weiter. Das Lebermeer wird dabei auf wundersame Weise flüssig (JTit 6094–6108).

In diversen nichtfiktionalen Reiseberichten[31] beschränkt sich die Funktion des Magnetbergs wesentlich darauf, das mit ihm verbundene, als bekannt vorausgesetzte Toposwissen aufzurufen und eine Aura fernöstlicher Exotik und Gefahr zu evozieren. Im fiktiven, aber faktual rezipierten Reisebericht des Jean de Mandeville (1356) und in seinen deutschen Übertragungen (Otto von Diemeringen, Michel Velser) mutiert der Schiffsfriedhof um den Magnetberg vom metaphorischen zum tatsächlichen → Wald. Das voluminöse *Evagatorium in Terrae Sanctae, Arabiae et Egypti Peregrinationem* des Dominikaners Felix Fabri über eine reale Pilgerreise (1480, 1482/1483) nennt beiläufig auch den Magnetberg: „Am Ufer des Roten Meeres sahen wir auf unserer Seite den namhaftesten Hafen dieses Meeres, der [...] Thor genannt wird. In diesem Hafen [...] liegen immer zahlreiche große indische Schiffe. Diese sind jedoch so zusammengefügt und gezimmert, daß es nichts Eisernes an ihnen gibt; man wagt weder, eiserne Anker zu gebrauchen noch Ketten, Blechplatten, Nägel, Hämmer noch Beile, Äxte oder irgendein Werkzeug aus Eisen. Der Grund dafür liegt darin, daß es an der Küste des Indischen Ozeans Klippen und Berge aus Magnetstein gibt, und an diesen müssen die Schiffe vorbeifahren, die nach Arabien segeln wollen. Wenn also ein Schiff, das irgendwelche Eisenteile enthält, dorthin geriete, würden die Magneten wegen des Eisens sofort das Schiff anziehen, und somit müßte es auf die Klippen prallen und zerschellen" (FabrEv 179). Anders als Mandeville, der im Rahmen einer fingierten Reise Toposwissen tradiert, und anders als Fabri, der das Toposwissen als Erklärung für Wahrgenommenes nutzt, will ein dritter Reisender dem Ort selbst zumindest nahegekommen sein: Arnolds von Harff Bericht über eine 1496–1499 unternommene Pilgerreise fügt dem üblichen Reiseweg durch den östlichen Mittelmeerraum eine Sequenz ein, die über die arabische Halbinsel und Indien bis zu den Grenzen der Ökumene führt.[32] Darin werden allerlei literarische Exotica entfaltet,

---

31 Vgl. zu ihnen Lecouteux 1984, 44 f.
32 Zur zugrundeliegenden Werkkonzeption vgl. Brall-Tuchel/Reichert 2008, 18 f.

darunter die Magnetberge (Plural!), eingebettet in ein geographisch fixiertes, durch Zeit-, Orts- und Entfernungsangaben beglaubigtes Itinerar: „Item van Nubarta zo Argmento xiiij daichreyss, foeren wir suyden wartz lanxt vil inseln ind schoien van magneten bergen, dar vur wir vns gar neu moisten hoeden, wie wael vnse schijff geyn ijser an en hatte" (AvHarff_(G) 140). Der enzyklopädisch-literarischen Tradition folgend, liegt der Ort jenseits von Indien und Taprobane (die Insel wird unmittelbar davor genannt).

3.7 Afrz. Erzähltexte[33]

Der afrz. *Esclarmonde* (13. Jh.) zeigt Einflüsse des *Ernst*- und *Brandan*-Stoffs. Sein vor dem Kaiser fliehender Held wird auf See von Judas vor dem Magnetberg gewarnt und sitzt bald darauf an ihm fest. Alle außer ihm verhungern, während er sich von Greifen forttragen lässt. Ähnlich funktioniert der *aïmant* im Prosaroman *Huon de Bordeaux* und im *Charles le Chauve* (beide 15. Jh.). Letzterer lässt den Schützling einer Fee durch Sturm in den Bann des Magnetbergs geraten und durch die Fee von einem Zwerg gerettet werden. In *Ogier le Danois* (14. Jh.) sterben die Gefährten des Helden, er selbst entdeckt ein tagsüber unsichtbares, nächtens hell strahlendes Wunderschloss auf dem Berg, der hier Schreckensort und orientalisches Wunder zugleich ist (analog Grippia im *Herzog Ernst*). Im Prosaroman *Bérinus* (14. Jh.) schließlich berichtet ein intradiegetischer Erzähler als Überlebender von einer Inschrift, die erklärt, unter welchen Bedingungen man vom Magnetberg zurückkehren könne. Gemeinsam ist all diesen Texten ihr zwischen *Chanson de geste* (auf die die Stoffe zurückweisen) und Aventiure- bzw. Reiseroman (der Stil und Motivik bestimmt) oszillierender generisch-epistemischer Status.

Alle bis hierher genannten Stoffe und Einzeltexte bieten ein Repertoire von Motiven und Varianten, um an den Ort (bzw. in seine Sicht- oder Reichweite) zu gelangen und v. a. von ihm wieder lebend fortzukommen. Letzteres ist notwendige Voraussetzung für das Erzählen vom Magnetberg, also Legitimation der Dichtungen selbst, die ja meist explizit Quellennähe und Authentizität reklamieren. Zu den Gründen, den fernen und gefahrvollen Ort anzusteuern, gehören der Wunsch, etwas zu verbergen bzw. sicher aufzubewahren (Zabulon/Savilon-Tradition), etwas zu erwerben (Virgil-Tradition), oder die schiere Neugier (*Reinfrit von Braunschweig*). Requisiten der Rückkehr sind hybrid-monströse Wesen, die durch menschliche *list* unfreiwillig zu Helferfiguren werden (Greifen, Dämonen), der Schutz Gottes, überlegenes Wissen oder magische Kunst schon beim Schiffsbau.

---

[33] Hier bewusst knapp, vgl. ausführlicher Lecouteux 1984, 59–62.

3.8 Der Sonderfall *Reinfrit von Braunschweig*

Einen schon mehrfach erwähnten Sonderfall bildet der gewaltige Romantorso *Reinfrit von Braunschweig*, der dem Magnetberg-Topos in Zusammenführung fast aller genannten Stoffe und Motive das narrativ wie diskursiv komplexeste Profil verleiht.[34] Der anonyme Autor erhebt das Eiland zum Schauplatz einer als Buch im Buch vermittelten „mythische[n] Erzählung" vom Versuch, „den Gang der Heilsgeschichte zu unterbrechen".[35] Eine Art metaphysischer Wette zwischen Himmel und Hölle wird inszeniert, als deren Agenten Savilon und Virgilius (Letzterer in der dem Mittelalter geläufigen, von der 4. Ecloge angeregten Rolle Vergils als Magier und *vates Christi*) auftreten. Sie beide, später gefolgt von Ernst und Reinfrit, besuchen nacheinander den Magnetberg: Savilon baut ihn mit magischen Künsten zur Festung und → Einsiedelei aus, um Christi Menschwerdung zu verhindern. Virgilius zerstört das Bollwerk in unbewusster Mission, bestattet den Magier im Berg und hinterlässt an seinem → Grab einen Bericht über das Geschehen. Später dann spürt Reinfrit inmitten der museal gewordenen Ruinen den denkwürdigen, dergestalt literarisierten Ereignissen nach.

In bemerkenswerter Konsequenz projiziert dieser Plot, der drei Epochen und Lebensläufe durch gestufte Analepsen vergegenwärtigend verschränkt, eine symmetrisch um Christi Geburt gelagerte Geschichtsspekulation auf ein winziges Eiland am Rande der Ökumene (→ Ränder der Erde): Der Schreckensort literarischer Reisender ist hier zum Zentrum der Heilsgeschichte geworden. Hinzu tritt eine neue narrative Funktion. Schrecken und Zwang sind bei der Anreise durch Freiwilligkeit und Neugier („dur âventiure", Reinfr 21001) ersetzt. Reinfrit sichert sich den gefahrlosen Zugang durch ein Schiff, das weder Eisen enthält noch mit Eisen je in Berührung kam (Reinfr 20807; zu dieser Steigerung des Motivs der Eisenlosigkeit auch Reinfr 20750–20755). Überlegenes naturkundliches Wissen beim Bau des Schiffes setzt das destruktive Potenzial des Magnetbergs von vorneherein außer Kraft, die An- und Rückreise bedürfen daher keiner Magie oder Greifenhilfe und verlaufen problemlos.

Die dergestalt reduzierte Spannung ist durch die analeptische Savilon-Virgil-Handlung (als Buch im Buch) reichlich aufgewogen, und die tödliche Gefahr verschiebt sich auf die unmittelbar folgende Reiseepisode, Reinfrits Abstecher zur Sirene. Gerade der Verweis auf den früheren Besucher Herzog Ernst und das intertextuelle Spiel mit dem gesamten Motivpool des Magnetbergs entlarvt einen *curiositas*-geleiteten Helden, der für das eigentliche Heilsgeschehen, dessen Agent bezeichnenderweise nicht er, sondern Virgil ist, ganz blind bleibt. Dies schafft eine Frühform unzuverlässigen Erzählens, in dem enzyklopädische Digressionen das oberflächliche

---

[34] Vgl. Vögel 1990, 90–101, Strohschneider 2006a, Herweg 2010, 302–322, Röcke 2012. Die Bezüge zum *Ernst*-Stoff behandelt Bartsch 1969, CXXXV–CXXXVII.
[35] Strohschneider 2006a, 39.

Heldenlob des Erzählers konterkarieren: Die intertextuellen und Wissensexkurse liefern dem Hörer und Leser genau jene heilsgeschichtliche Lehre, die der intradiegetische Leser Reinfrit in seiner maßlosen Sensationslust ignoriert.[36]

4 Fortwirken. Resümee

Mit fortschreitender geographischer und wissenschaftlicher Welterschließung verschwindet der Magnetberg allmählich aus der ‚erfahrbaren' Welt und Reiseliteratur. Er verliert sein intertextuelles Appellpotenzial und wird zum nur mehr selten genutzten Märchenrequisit. In Goethes *Leiden des jungen Werthers* (1773/1774, Brief vom 26. Juli) präludiert er in dieser Form das Geschick des Protagonisten: „Meine Großmutter hatte ein Mährgen vom Magnetenberg. Die Schiffe, die zu nahe kamen, wurden auf einmal alles Eisenwerks beraubt, die Nägel flogen dem Berge zu, und die armen Elenden scheiterten zwischen den übereinander stürzenden Brettern" (JWGWerth 44). Nur mehr ein schwaches Echo der einstigen Signifikanz findet sich zuletzt noch in Michael Endes Kinderbuchklassiker *Jim Knopf und die Wilde 13* (1962), in dem elektromagnetische Phänomene das umliegende Meer zum Leuchten und Schiffe zum Bersten bringen. Die eingangs festgestellte Wechselwirkung von Sage und gelehrtem Wissen ist hier noch, oder wieder, präsent, freilich in deutlich anderer Weise als in der Vormoderne: Aus einer kartographisch verortbaren Dystopie ist eine technizistische Phantasmagorie geworden. Nur das Schwanken zwischen Faszination und Schrecken ist dem wundersamen Ort am Rande der erfahrbaren Welt bis heute geblieben.

> AvHarff_(G), BrandanReis, ErnstB_(BS), ErnstD, ErnstF, FabrEv, JTit, JWGWerth, Kudr_(BS), PlinNat, Reinfr, RvEWchr, Tr_(R)

> → Ferne-Utopien; → Fluss, Quelle, Brunnen; → Gebirge, Berg, Tal; → Grab, Grabmal; → Hafen, Schiff; → Indien, Mirabilienorient; → Insel; → Klause, Einsiedelei, Einöde; → Meer, Ufer; → Ränder der Erde; → Wald, Lichtung, Rodung, Baum; → Weg, Straße, Pfad

---

36 Vgl. Herweg 2010, 271–278, 302–315 passim.

Florian Schmid, Monika Hanauska
Meer, Ufer

1 Begriffsbestimmung – 2 Merkmale der Darstellung – 2.1 Das Meer – 2.2 Das Ufer – 3 Narrative Funktionen – 3.1 Das Meer als Grenze – 3.2 Das Meer als Ort des Übergangs – 3.3 Das Meer als Ort der Gefahr – 3.4 Das Meer als Ort des Schutzes – 3.5 Die Unterwasserwelt als Handlungsort – 3.6 Das Ufer als Kontaktzone

1 Begriffsbestimmung

Zur Bezeichnung des Meeres werden in der mhd. Erzählliteratur am häufigsten die Wörter *mer* (n., germ. **marja-* n., ahd. *mer*[i] m./n.)[1] sowie *sê* (m./f., got. *saiws* m., ahd. *sēo* m./f.) verwendet.[2] Neben *mer* und *sê* finden sich auch die Bezeichnungen *ünde* (f.), *welle* (f.), *wâc* (m.) und *vluot* (m./f.).

Das Ufer wird in den Texten in erster Linie mit *sant* (m.), *stat* (m./n.) oder *gestat* (n.) bezeichnet. Seltener findet das Wort *uover* (n., wgerm. **ōbera-* n.)[3] Verwendung, das erst über die Vermittlung des Mnd. in die obd. Literatursprache einging.[4] Mit dem Begriff *Ufer* wird der Küstenstreifen bezeichnet, der den Übergang vom Meer zum Landesinneren markiert.

Nach antiker und mittelalterlicher Weltsicht umfasst ein weltumspannendes Meer, das sog. Wendelmeer,[5] alle bekannten Teile der Ökumene.[6] Begriffe wie ahd. *merigarto*, mhd. *mergarte* (m.) für die bewohnte Welt im Sinne eines vom Meer umfriedeten Bereichs tragen dieser Tatsache Rechnung.[7]

Eine zentrale Rolle spielen die Orte Meer und Ufer in den Antikenromanen (*Vorauer Alexander* des Pfaffen Lambrecht [letztes V. 12. Jh.], Heinrichs von Veldeke *Eneasroman* [1170–1180], *Straßburger Alexander* [A. 13. Jh.], Konrads von Würzburg *Trojanerkrieg* [1280er Jahre], Ulrichs von Etzenbach *Alexander* [letztes D. 13 Jh.], *Basler Alexander* [E. 13. Jh.], Seifrits *Alexander* [um 1350] und Johannes Hartliebs *Alexander* [nach 1450]), in der Brautwerbungsepik (*Orendel* [um 1190], *König Rother*

---

[1] Vgl. Koch 1910, 14–16, Kluge/Seebold 2011, 611.
[2] Erst im Nhd. wird eine klare genusmarkierte Unterscheidung von See (m.) ‚Landsee' und See (f.) ‚Meer' vorgenommen. Im Mhd. stehen beide Genera ohne Bedeutungsdifferenzierung nebeneinander (vgl. DWB 15, 2808).
[3] Vgl. Kluge/Seebold 2011, 939.
[4] Vgl. DWB 23, 716.
[5] *wendelmer* ‚sich rings um die Welt windender Ozean', Lexer 3, 759.
[6] Vgl. von den Brincken 1992, 181.
[7] Vgl. Lexer 1, 2010.

[M. 12. Jh.], *Salman und Morolf* [2. H. 12. Jh.]) sowie *Münchner Oswald* [zw. 1220 u. 1240]) und in legendenhaften Erzählungen (*Navigatio Sancti Brandani* [10. Jh.], *Brandans Reise* [md. um 1300, vermutl. mit älteren Vorlagen], Hartmanns von Aue *Gregorius* [1180–1205], Rudolfs von Ems *Der guote Gerhart* [zw. 1220 u. M. 1250er Jahre]). Ein wesentliches Element bildet die Reise auf dem Meer in der Fürsten- und Herrschaftsepik[8] (*Herzog Ernst*-Stoff[9] in all seinen Bearbeitungen, hier v. a. *Herzog Ernst B* [A. 13. Jh.], *Reinfrit von Braunschweig* [nach 1291], Heinrichs von Neustadt *Apollonius von Tyrland* [um 1300], Johanns von Würzburg *Wilhelm von Österreich* [1314]) wie auch in den Minne- und Aventiureromanen (Konrad Flecks *Flore und Blanscheflur* [um 1220], Konrads von Würzburg *Partonopier und Meliur* [um 1277] oder *Die schöne Magelone* [um 1470]). Mehr oder weniger starke Bezüge zum Meer als literarischem Ort finden sich in der Heldenepik (*Nibelungenlied* [um 1200], *Kudrun* [M. 13. Jh.], *Ortnit* [1. H. 13. Jh.], *Wolfdietrich* [13. Jh.], *Walberan* [13. Jh.] und *Rabenschlacht* [letztes V. 13. Jh.]), in der Artus- und Gralsepik (Ulrichs von Zatzikhoven *Lanzelet* [um 1200], Wolframs von Eschenbach *Parzival* [1200–1210], Gottfrieds von Straßburg *Tristan* [um 1210], *Wigamur* [um 1250] und *Prosa-Lancelot* [ab M. 13. Jh.]) und im literarisierten Reisebericht des Jean de Mandeville (E. 14. Jh. ins Deutsche übers. von Michel Velser).

2 Merkmale der Darstellung

2.1 Das Meer

Das Meer als konkreter Ort wird gattungsübergreifend in der Literatur des Mittelalters relativ selten und wenig anschaulich dargestellt.[10] Generalisierend lässt sich jedoch feststellen, dass es als literarischer Ort über den Handlungsverlauf, über beschreibende Elemente in der Erzähler- und Figurenrede und durch seine → Grenzen konturiert wird. Als erfahrbarer Ort wird es in der Regel in den Fällen ausführlicher beschrieben, in denen die Protagonisten bei der Überfahrt einem Seesturm ausgesetzt

---

8 Vgl. Herweg 2010.
9 Vgl. Schmid 2015.
10 Dahingegen treten maritime Metaphern in der mittelalterlichen Literatur relativ häufig auf. So wird im *Trojanerkrieg* das Verhalten von Figuren im Schlachtgetümmel mit der Bewegung von Wellen verglichen: „daz nie die wellen ûf dem mer / gesluogen sô geswinde / ze stade vor dem winde, / sam si dô schuzzen an den strît" (KvWTroj_(K) 35960–35963; Wh_(S) 392,6–9). In moralisch-theologischen Kontexten dient das Meer häufig als Bildspender, um die maßlose Sündhaftigkeit der Welt bzw. des Menschen zu veranschaulichen. So heißt es im *Gregorius*, die Menschen seien versenkt „in den viel tiefen ünden / toetlîcher sünden" (Greg 2483 f.), während in der *Goldenen Schmiede* Konrads von Würzburg betont wird, dass allein die Gottesmutter Maria „den wellen ûf tobender sünden sewen" (KvWGS 1856) widerstehen könne. Für weitere Beispiele vgl. Koch 1910, 25–32.

sind:[11] „[D]o er [= Orendel, M. H./F. S.] daz wort ie vollen gesprach, / zu beden siden er do sach / die vil starken winde, / die gingen also [ge]swinde / durch des wilden meres flut: / do gewunnen sie unsanften mut. / die starken lunden uf dem mere / die slugen daz kreftige here / an den selben stunden / [die zwene und sibenzic kiele] zu des meres grunde. / Do genas nie keiner slahte man / wan der junge kunic lobesam" (Orend 461–472). Bei näherer Betrachtung sind im Einzelnen verschiedene Darstellungsweisen feststellbar, die das Meer als konkreten Ort kennzeichnen.

Vielfach findet sich in den Texten allein die Formel „über mer" (Greg 572; Parz_(L) 28,21; 31,16; 102,19; Walberan 1739) oder „über sê" (NibB_(S) 326,1; ErnstB_(BS) 2118), die eine große Distanz zwischen unterschiedlichen Orten ausdrückt. Zugleich rücken die Länder durch den nicht auserzählten Ort Meer im Erzählprozess dichter zusammen.[12] Mitunter werden zusätzliche Informationen in den Text inseriert, die die zeitliche Länge von Seereisen und damit indirekt die räumliche Weite des Meeres kennzeichnen (ErnstB_(BS) 2179: „drî mânet unde mêre"; Kudr_(SC) 286,2b: „ze sehs und drîzic tagen"; Roth_(B) 3640: „ses wochen"; Walberan 1946: „uncz in die dritten wochen"). Die in den Texten als notwendig inszenierte Seereise deckt sich in der Regel mit den realen geographischen Gegebenheiten.[13]

Das in den Texten beschriebene *mer* kann außertextlich meistens als das Mittelmeer identifiziert werden, mitunter wird aber auch auf die Nord- und bzw. oder Ostsee referiert (vgl. *Kudrun, Nibelungenlied, Tristan*). Als topographische Orientierungspunkte werden oftmals Städte genannt, die am Meer liegen (RvEGer 1273; 1277; Parz_(L) 16,25; 25,23; 41,8; Roth_(B) 1; 65; 183 f.), wobei das Hinterland kaum näher gekennzeichnet wird (RvEGer 1255–1269; Kudr_(SC) 108; 1545–1547). Durch die Nennung von Orts- und Volksnamen, die sowohl literarischen Traditionen entstammen als auch auf außertextliche Realia referieren können, wird auf textexternes Wissen verwiesen und entsprechende Raumvorstellungen auf Rezipientenseite evoziert.

Die meist knappe mittelalterliche Beschreibung des Meeres unterscheidet sich von der ausführlicheren in der antiken und altnordischen Literatur.[14] Diachrone Unterschiede der mittelalterlichen Darstellungen des Meeres sind kaum festzustellen. Das wenig ausgeprägte Interesse an einer umfassenden Darstellung des Meeres als literarischen Ort ist in der Forschung auf zweierlei Faktoren zurückgeführt worden: Zum einen ist dem Mittelalter die literarische Beschreibung von Landschaft weitgehend fremd,[15] zum anderen entwickelte sich die volkssprachliche Epik vornehmlich in Gebieten, die nicht direkt an einem Meer lagen.[16] Anstelle des Meeres wird in der

---

[11] Vgl. zum Motiv des Seesturms Fern 2012.
[12] Vgl. Schmid 2015, 109.
[13] Vgl. Schmid-Cadalbert 1985, 84, Stock 2002, 244.
[14] Vgl. Mollat du Jourdin 1993, 61–65.
[15] Vgl. Ritter 1980, Lobsien 1981, 19, Stierle 1989.
[16] Vgl. Koch 1910, 11, Kohnen 2011, 85 f.

mittelalterlichen Literatur vor allem das Schiffsdeck durch soziales und politisches Handeln der Figuren als Ort konstituiert (→ Schiff). Die textintern inszenierte Wahrnehmung und Beschreibung des Meeres vollzieht sich häufig während einer Seefahrt vom Deck eines Schiffes aus. In mittelalterlicher Literatur ist vor allem eine küstenorientierte Meereswahrnehmung zu beobachten, wenn z. B. Seeschlachten in Küstennähe stattfinden (Kudr_(SC) 498–520; Orend 381–498; KvWTroj_(K) 25104–26263).

Grundsätzlich spiegeln die Texte ein alltägliches Wissen über das Meer als Naturraum, als Reise- sowie als Transportweg für Waren (RvEGer 1286 f.) wider. Das Meer wird meist über seine unermessliche Weite (En_(EK) 153; 516; 2238; Flore_(S) 3330–3335; Greg 1823; ErnstB_(BS) 3853; Kudr_(SC) 1174; Roth_(B) 810; KvWTroj_(K) 13665; Wh_(S) 6212) und Tiefe (Greg 2483; Kudr_(SC) 750; 1127,3a; Orend 1290; KvWPart 14108; KvWTroj_(K) 8761; 14080; 38566; Wh_(S) 400,22) gekennzeichnet. Thematisiert werden auch der Wechsel der Gezeiten (Tr_(R) 217 f.), die das Meer als *strâm* erscheinen lassen (Orend 513; 2885; SalMor 48,3; 268,1; 303,5), die Wellenbewegungen (Greg 775; RvEGer 2452–2455; ErnstB_(BS) 3887; Tr_(R) 2430) und der Einfluss der Jahreszeiten, wenn z. B. schwimmende Eisschollen beschrieben werden (Kudr_(SC) 1219).

Teil der narrativen Gestaltung des Meeres ist auch das Wasser selbst, wenn etwa das Meer „vinster" ist (Kudr_(SC) 1126), die Wellen in der Sonne glitzern (Kudr_(SC) 449), sich vom Blut gefallener Krieger rot färben (VAlex_(L) 768 f.; En_(EK) 7442 f.; Kudr_(SC) 500; 869; KvWTroj_(K) 25414 f.), lärmen (Kudr_(SC) 109) oder sich die Wasseroberfläche nach einem Sturm glättet (En_(EK) 225).[17]

Auch durch seine Bewohner, die über und unter der Meeresoberfläche zu finden sind, wird das Meer narrativ gekennzeichnet. Hierzu zählen Kreaturen wie Ungeheuer, *merwîp* und *merwunder* (BrandanReis 227–245; MOsw_(C) 655–662; Wigam_(B) 318–350) oder Sirenen (Orend 90), die meist eine Bedrohung für die Seereisenden darstellen. Auf der sprachlichen Ebene ist dies häufig durch das attribuierende Adjektiv „wild" markiert (MOsw_(C) 655; Kudr_(SC) 109,4; KvWTroj_(K) 3752).[18]

Bei Seefahrten wird von äußeren Umständen, die die Reise über das Meer beeinträchtigen oder beschleunigen können, erzählt. Dazu zählen Wetter und Winde, denen die Protagonisten ausgesetzt sind (Kudr_(SC) 285; 846; 903 u. a.; Tr_(R) 2417; 11647; Greg 787; RvEGer 2604 f.; ErnstB_(BS) 3843; Walberan 1948), der Mangel an Nahrung (Greg 1812; ErnstB_(BS) 2184 f.; 4098–4113; Kudr_(SC) 1134,1 f.; Tr_(R) 2345) und die Eintönigkeit der Überfahrt, die die Bewegungsfreiheit der Reisenden einschränkt: „Dô der recken kiel gestuont, / sie tâten als noch liute tuont / die lange an einer stat hânt legen / und gerne barkens wolden phlegen: / dô sprungen die helde ziere / abe dem schiffe schiere" (ErnstB_(BS) 4043–4048). Die Seefahrer müssen, um sich auf dem Meer orientieren zu können, über Navigationskenntnisse und -fähigkeiten verfügen (En_(EK) 177–181; NibB_(S) 377–379; Tr_(R) 2356–2358; Kudr_(SC) 285;

---

17 Vgl. Kohnen 2011, 101.
18 Vgl. Koch 1910, 45–50.

599; 835). Grundsätzlich bleiben die Figuren dem Einfluss der Naturgewalten oder höherer Mächte wie dem christlichen Gott sowie antiken Gottheiten auf das Meer ausgeliefert (Greg 785 f.; Kudr_(SC) 1134; Tr_(R) 2406–2410; En_(EK) 170–176; 186–189; RvEGer 2550–2570).[19]

Die Darstellungsweise des Meeres kann einerseits neutral, andererseits durch negative und positive Bewertungen dieses Ortes in Erzähler- und Figurenrede geprägt sein: Häufig wird das Meer als bedrohlich dargestellt, was mit der im mittelalterlichen Denken fest verankerten Vorstellung des Meeres als Gefahrenraum zusammenhängen mag.[20] So bewirken in der *Kudrun* die außerordentliche Tiefe („dâ si mit tûsent seilen den grunt niht hieten vunden", Kudr_(SC) 1125,3) und die dunkle Färbung („vinster mer", Kudr_(SC) 1128,2b), dass die Seeleute wiederholt in Tränen ausbrechen (Kudr_(SC) 1125; 1127).[21]

In formelhafter Weise wird das Meer mit Adjektiven wie „wilde" (En_(EK) 7706; ErnstB_(BS) 2165; Kudr_(SC) 287,1b; Orend 84; OrtnAW 36,3; KvWPart 2989; Reinfr 21113; SalMor 3,3; Tr_(R) 2424; KvWTroj_(K) 1003), „tobende" (KvWPart 748; 5912), „freissam" (En_(EK) 2539; KvWTroj_(K) 25126) und „engestlîch" (KvWTroj_(K) 14101) gekennzeichnet, die selbst dann verwendet werden, wenn sich der Zusammenhang eigentlich verbietet (WolfdD_(K) 52,1: „sîn kiel gienc im ebene ûf dem wilden sê"; ErnstB_(BS) 3849; KvWPart 10588).[22] Im *Ortnit* wird von einer in strahlender Maisonne unternommenen Seefahrt über den *wilden sê* erzählt: „swenn uns der meie erschînet gegen den liehten tagen, / sô bite des dîne friunde, daz sie ir helden sagen, / daz sie sich bereiten, swie ez in dar nâch ergê, / daz wir mit vogelsange varn ûf den wilden sê" (OrtnAW 57,1–4).[23] Im *Tristan* Gottfrieds von Straßburg spiegelt die „tobende[] wilde[] sê" (Tr_(R) 11695)[24] wohl auch die Gefühlswelt Brangänes wider, als sie entdeckt, dass Isolde und Tristan versehentlich den Minnetrank konsumiert haben, obwohl das Schiff eigentlich ruhig im Hafen liegt. Dies zeigt den formelhaften und topischen Charakter derartiger Kennzeichnungen an.[25]

Die negative Konnotation des Meeres findet Widerhall in seiner narrativen Inszenierung als Ort der Versuchung (BrandanReis 665–670: *Syren*; KvWTroj_(K) 2668–2673;

---

19 Die Erzählungen von Menschen, die sich auf dem Meer in die Hände göttlicher Mächte begeben, finden sich seit der Antike in paganer wie christlicher Literatur (vgl. Börstinghaus 2010, Bettenworth 2011, 31–46; speziell zum Meeressturm vgl. Friedrich 1956, 77–89).
20 Zum Meer als Angstraum vgl. Delumeau 1985, 49: „Heimliche und offene Angst ist in Europa zu Beginn der Neuzeit allgegenwärtig. [...] Es gibt aber in der Welt von einst einen Raum, in dem der Historiker gewiß ist, der Angst unverhüllt zu begegnen. Dieser Raum ist das Meer." Vgl. Röcke 1988, 252, Gerndt 1999, 472.
21 Vgl. Kohnen 2011, 94.
22 Vgl. – auch für weitere Textstellen – Koch 1910, 33–38.
23 Vgl. hierzu auch Koch 1910, 33.
24 Dieselbe Formulierung findet sich im *Trojanerkrieg* (KvWTroj_(K) 236 u. a.).
25 Vgl. Koch 1910, 34.

3742–3749; Reinfr 22012–22039) sowie wirklicher und fiktiver Gefahren. Hierzu zählen die Brandung (Kudr_(SC) 85), hoher Wellengang (En_(EK) 219), Stürme (En_(EK) 176; 188 f.; Greg 818; 1840; ErnstB_(BS) 2136; Parz_(L) 16,20 f.), Flauten (KvWTroj_(K) 24005–24661), Meeresströmungen (ErnstB_(BS) 2145 u. a.), Entführungen (Kudr_(SC) 108; 445–449; Roth_(B) 2794–2891; Tr_(R) 2399–2479; Wigam_(B) 111–123), Schiffbruch[26] und Ertrinken (En_(EK) 197 f.; ErnstB_(BS) 2139–2141; Kudr_(SC) 86; 961) sowie der → Magnetberg.[27] Aber nicht nur Bedrohung, sondern auch Hilfe kann vom Meer aus kommen, etwa wenn Kudrun vom Wäschewaschen am Meer erlöst wird (Kudr_(SC) 1207–1261). Je nach Erzählzweck wird das Meer als Ort semantisch festgelegt. Dies erfolgt innerhalb eines Textes durchaus auch in unterschiedlicher Weise.[28]

2.2 Das Ufer

Das Ufer kann den Reisenden nach langer Seefahrt ein willkommener Gegenort sein, indem es (vermeintliche) Sicherheit und eine landschaftliche Abwechslung bietet, die während der Seereise fehlte. So erfreuen sich in der *Kudrun* die nach Ormanie kommenden Hegelinge an → Wald, → Berg und → Quellen, die der Küstenabschnitt aufweist, an dem sie landen: „Durch gemach si fuoren von schiffen ûf den sant. / guoter dinge genuoge hei waz man der dâ vant! / frische kalte brunnen die fluzzen in <dem> tanne / nider von dem berge. des freuten sich die wazzermüeden manne" (Kudr_(SC) 1143). Auch wird in den Texten die Ruhe betont, die das Ufer den Ankommenden nach der mühsamen Seereise bietet (En_(EK) 245–249; 3750–3754; Kudr_(SC) 847). Vom Ufer eröffnet sich ein erster Blick auf das Landesinnere (ErnstB_(BS) 2212–3350), wohingegen die Uferpartien selbst in den Texten nur selten detaillierter auserzählt werden. In der *Brandan*-Legende werden als herausragende Besonderheiten ein goldener Boden und edelsteinartiger Sand beschrieben (BrandanReis 459–464).

3 Narrative Funktionen

Das Meer ist in einigen Texten insofern als Handlungsort gekennzeichnet, als dort Geschehen stattfindet und ein Bedingungsrahmen für die Handlungen der Figuren im Text gestiftet wird.[29] Unterscheiden lässt sich dabei die Funktionalisierung des Meeres als Grenze und als Handlungsort auf, über oder unter der Wasseroberfläche. In seltenen Fällen sind die Grenzen die Wasseroberfläche und der Meeresboden,

---

26 Zum Motiv des Schiffbruchs vgl. Blumenberg 1997, 9–27.
27 Vgl. Schmid 2015, 114–118.
28 Vgl. Schmid 2015, 119.
29 Vgl. Hoffmann 1978, 55–108, Nünning 2009, 35–39.

meistens sind es die Uferregionen, die gattungsübergreifend selbst als Handlungsräume funktionalisiert werden.

Zu den Figuren wie Diplomaten, Händlern, Kreuzfahrern, Pilgern, Reisenden und Rittern, die das Meer befahren, steht dieser Ort häufig nur in schwacher Beziehung (s. Abschn. 3.2).

Bis auf wenige Ausnahmen wie die *Tristan*- und *Lanzelot*-Erzählungen (s. Abschn. 3.1) ist das Meer in der hochmittelalterlichen Artus- und Gralsliteratur nur von randständiger Bedeutung für die Haupthandlung,[30] ihre *âventiuren* sind bereits in den altfranzösischen Vorlagen auf dem Festland verortet. Topographisch und handlungslogisch elementar dagegen ist es in der Antiken-, Helden- und Brautwerbungsdichtung, deren Schauplätze sich von Skandinavien über das europäische Festland, den gesamten Mittelmeerraum bis nach → Indien erstrecken.[31]

Das Meer kann aus funktionaler Perspektive als natürliche und bzw. oder semantisch aufgeladene Grenze wie eine Barriere wirken (s. Abschn. 3.1).[32] Es kann aber auch den Übergang von einem Raum in den anderen ermöglichen und damit eine „maritime Kontaktzone[]" darstellen,[33] indem es einen sozialen, kulturellen und ökonomischen Austausch ermöglicht (s. Abschn. 3.2).

Symbolisch kann es als Ort der Herausforderung und Bewährung von einzelnen Figuren oder sozialen Verbänden (ErnstB_(BS) 2110–2119) gegen die Mächte des Schicksals gedeutet werden. Es lässt sich aber auch als freier Raum verstehen, in den man sich flüchten kann (ErnstB_(BS) 3831–3833). Damit kann das Meer in den literarischen Texten einerseits als Ort der Gefahr (s. Abschn. 3.3), andererseits als Ort des Schutzes (s. Abschn. 3.4) fungieren. Generell ist festzustellen, dass sich die genannten Funktionen nicht immer deutlich voneinander abgrenzen lassen, sodass je nach Erzähltext dem Meer ein breites Spektrum narrativer Funktionen zukommen kann. Darüber hinaus kann die Unterwasserwelt des Meeres als eigener Handlungsraum inszeniert werden (s. Abschn. 3.5). Das Ufer wird in den Texten meist als Ort der Begegnung funktionalisiert, an dem sowohl friedliche als auch kriegerische Zusammentreffen möglich sind (s. Abschn. 3.6).

---

30 Vgl. Classen 2003, 169–172. Zu diesem Ergebnis kommt auch Zajadacz in ihrer Untersuchung: „Artusepik ist [...] keine Seefahrtsliteratur. Wohl werden Ereignisse am und auf dem Meer geschildert, auch von dem Geschehen auf den Schiffen wird gesprochen. Doch das Meer selbst in seinen verschiedenen Erscheinungsformen ist niemals Hauptthema der Darstellung, sondern immer nur Szenerie, dichterisches Werkzeug zu irgendeinem Zweck" (Zajadacz 1979, 173).
31 Vgl. Kohnen 2011, 92.
32 Zum Konzept eines Grenzraumes s. Lotman 1973, bes. 341.
33 Klein/Mackenthun 2003, 2.

3.1 Das Meer als Grenze

Das Meer erweist sich in der fiktiven ebenso wie in der realen Welt als bedeutende natürliche Grenze, die den Raum teilt und Kontakt sowie Austausch zwischen Bewohnern verschiedener Erdteile erschwert, wenn nicht unmöglich macht:[34] So verhindert das Meer, dass Lanzelet in Ulrichs von Zatzikhoven Artusroman in Kontakt mit anderen Menschen treten kann, nachdem er als Kleinkind von einer Meerfee auf eine nur von Frauen bewohnte → Insel gebracht wurde (UvZLanz_(H) 180–199).

Zu unterscheiden ist, ob die durch das Meer markierte Grenze als unüberwindlich charakterisiert wird oder ob sie – wenngleich unter großen Gefahren – passierbar ist. Im *Reinfrit von Braunschweig* wird davon erzählt, dass das Meer für die von Alexander dem Großen eingeschlossenen Völker Gog und Magog eine unpassierbare Barriere darstellt, die sie daran hindert, ihrem Gefängnis zu entkommen (Reinfr 19551–19555). Im Reisebericht des Jean de Mandeville wird auf die Unmöglichkeit hingewiesen, diese Grenze zu überschreiten: „Nu sollent ir wissen das daz mer von Kaspilla stosset an das land da die in verschlossen sind. Nu mocht ainer sprechen: Wäre umb farend sie den nit wär sie gelust? Da wil ich uch antwúrten das daz selb mer gät uß den selben bergen und trifft an die grossen wůstin und die grossen wasser von Persya. Und wie wol sie uff dem selben mer komend, so wysten sie doch nit wä sie hin soltend, wan sie kain sprach nit kúnnend. Da von trurend sie nit her uß kommen" (JMandRV 152, 5–11).

Das Meer markiert in der mittelalterlichen Literatur häufig eine Grenze zwischen der bekannten und einer unbekannten Welt, die meist nicht willentlich von den Protagonisten überquert wird. Seestürme verschlagen die Figuren in vielen Fällen in Gegenden, über deren Lokalisierung kaum etwas bekannt ist und die durch eine wunderbare, die Maßstäbe des Bekannten sprengende Umwelt und Bevölkerung gekennzeichnet sind. In der *Brandan*-Legende (BrandanReis 62–68; 291–296; 1127–1134) ebenso wie im *Herzog Ernst B* (ErnstB_(BS) 2120–2206; 3848–3925), in Heinrichs von Neustadt *Apollonius von Tyrland* (HvNstAp 3133–3181), im *Guoten Gerhart* (RvEGer 1222–1230) Rudolfs von Ems und im *Reinfrit von Braunschweig* (Reinfr 20989–23211) bildet das Meer zwar eine Grenze zu den unbekannten Regionen, gleichzeitig ist es aber auch der einzige → Weg dorthin. Damit öffnet sich das Meer als Grenze zwischen zwei Orten zu einem Übergangsraum, der durchquert werden kann und selbst zu einem Handlungsraum wird (s. Abschn. 3.2): „Insofern haben Schiffsbesteigung und Seesturm liminalen Charakter, sie markieren die Schwelle, die den Auftakt zur Phase der abenteuerlichen Bewährung anzeigt" bzw. anzeigen kann.[35]

Der Meeresspiegel stellt eine weitere Form der Grenze dar, die die von Menschen bewohnbare Welt auf dem Land von der unter Wasser trennt. Diese horizontale Grenze zwischen einer Ober- und einer Unterwasserwelt wird in der mittelalterlichen

---

[34] Vgl. Schmid 2015, 109 f.
[35] Plotke 2011, 60 zum *Herzog Ernst B*.

Alexanderdichtung als Herausforderung gesehen, die es zu überwinden gilt, um auch den Meeresboden erforschen zu können (BAlex 4247–4280; UvEtzAlex 20841–20845; JohHartA 6887–6904). Dabei wird demonstriert, dass die Überwindung dieser Grenze nur durch technisches Rüstzeug möglich ist. Allerdings ist das Meer in diesen Grenzüberschreitungsepisoden in vielen Erzählungen nicht *per se* interessant, sondern vielmehr in seiner Eigenschaft als Grenze, die der Mensch kaum forschend überschreiten kann. Auch Alexander scheitert, weil die Luftversorgung seiner Taucherglocke unterbrochen wird.[36] Einzig in Seifrits Fassung gelingt es Alexander, längere Zeit auf dem Meeresboden zu verweilen und dort die Meereswelt zu erkunden (SeifAlex 6521–6533).

3.2 Das Meer als Ort des Übergangs

Das Meer wird über die Beschreibung von Felsen, Stränden und Inseln als Erzählraum inszeniert, dessen Funktion darin besteht, unterschiedliche Orte miteinander zu verbinden. Es ermöglicht die Begegnung von Figuren, die in der Regel unterschiedlich semantisierten Räumen zugeordnet sind. Dies wird insbesondere beim Brautwerbungsschema sichtbar: Häufig stammt etwa die Frau, um deren Hand geworben werden soll, aus einem anderen Kulturkreis, wie im *Nibelungenlied*, in dem Brünhilt als Königin von Isenstein durch ihr von üblichen weiblichen Verhaltensmustern abweichendes Auftreten gekennzeichnet wird (NibB_(S) 326 f.), oder im *Münchner Oswald*, in dem die Königstochter Pamige, um die der Missionar wirbt, Heidin ist (MOsw_(C) 63–70).[37] Auf diese Weise ermöglicht der Weg über das Meer Kontakte, die für die weitere Handlung bedeutsam werden.

Solange die Weiten des Meeres unerfahrbar bleiben, können in dieser *terra incognita*[38] der Zugang zum → Irdischen Paradies, wie es in der *Brandan*-Legende fassbar wird, oder das Ende der Welt (→ Ränder der Erde) gedacht werden. In einigen Fällen wie in den Fassungen der *Brandan*-Legende (Brandan_(Z) 19,11; BrandanReis 291–296; 1129–1134) oder im *Herzog Ernst* (ErnstB_(BS) 2120–2206) wird es den Protagonisten nur durch die unberechenbaren Naturgewalten ermöglicht, unbekannte Orte zu erreichen. In der mitteldeutschen *Reise*-Fassung der *Brandan*-Legende wird dies explizit hervorgehoben, als Brandan die paradiesische Insel *multum bona terra* erreicht:

---

36 Die Grenze zwischen Ober- und Unterwasserwelt wird auch in *Salman und Morolf* (SalMor 342–344), in der *Rabenschlacht* (Rab 912,6–973) sowie im *Münchener Oswald* (MOsw 654–768) überwunden (s. Abschn. 3.5).
37 Die entgegengesetzte Perspektive wird in *Salman und Morolf* eingenommen, wo der heidnische König Fore die Hand der zum Christentum konvertierten Gattin König Salmans zu erringen sucht (SalMor 21,3–25,4). Auch in diesem Fall dient das Meer der Abgrenzung zweier Kulturräume.
38 Sowohl das Meer selbst als auch das jenseits liegende Land kann als *terra incognita*, als unbekannte Welt, verstanden werden.

„daz heizet multum bona terra / und ist gelegen hirumme da, / daz ez den luten were unkunde, / und hetten sie die wilden unde / nicht so geslagen, / uns mochte niemant davon gesagen" (BrandanReis 1129–1134). Innerhalb der Erzählungen eignen sich diese Unwägbarkeiten einer Seereise in besonderer Weise, um Protagonisten von ihren ursprünglichen Plänen und Zielen abzubringen, Handlungen eine unvorhergesehene Wendung zu geben oder Figuren zu ihrer eigentlichen Bestimmung zu führen. Über das archetypische Motiv der Grenzüberschreitungen, des Irrens, des Verlassens und Ankommens ist die „Meerfahrt als symbolische[] [...] Lebensfahrt" semantisiert.[39]

Auch in Fällen, in denen Seereisen in ihrer räumlichen und zeitlichen Ausdehnung kaum gestaltet werden oder funktional als Grenze betrachtet werden können, wird das Meer als ein Ort des Übergangs inszeniert. Dieser ist „eng mit Prozessen der Veränderung und des Wandels verbunden", sodass „der Zwischenraum Meer mit einer eigenen Semantik besetzt wird".[40] Im *Tristan* Gottfrieds von Straßburg beeinflusst ein Sturm die Seefahrt mit den norwegischen Händlern, die Tristan entführten, und bringt das Schiff an das Ufer von Cornwall, wo Tristan auf seinen Onkel Marke trifft (Tr_(R) 2300–2481). Auch der Liebestrank, der die Weichen für den weiteren Handlungsverlauf stellt, wird von Tristan und Isolde auf dem Wasser eingenommen (Tr_(R) 11484–12547). In Hartmanns von Aue *Gregorius* wird der Protagonist als Kleinkind auf dem Meer ausgesetzt, um den Inzest seiner Eltern zu verbergen bzw. Gott das Schicksal des Jungen entscheiden zu lassen (Greg 738 f.). Er wird, indem die Seereise antizipiert wird, in einem sicheren, kleinen Kasten verstaut, sodass ihm „von regen noch von winde / noch von der ünden vreise / ûf der wazzerreise" etwas geschehe (Greg 774–776), und findet den Weg zum Abt, der ihn großzieht. Wenn er als Herangewachsener aus dem → Kloster aufbricht, schlägt das *sturmweter* sein Schiff an die Küste des → Landes seiner Mutter, in dem die Handlung fortgesetzt wird. Auch im Bereich der *wunder* lässt sich das Meer als Ort des Übergangs deuten, wenn Partonopier in Konrads von Würzburg *Partonopier und Meliur* an einem ihm unbekannten Strand ein menschenleeres Schiff vorfindet, auf dem er einschläft. Von Zauberhand geführt fährt das Schiff den Passagier über das Meer zu Meliur, die Partonopier später gesteht, für die Irrfahrt verantwortlich gewesen zu sein (KvWPart 667–673). Als ein Ort des Übergangs, über den Figuren zu ihrer eigentlichen Bestimmung geführt werden, spielt das Meer auch in denjenigen Fällen eine bedeutsame Rolle, in denen eine spätere Handlung vorbereitet wird. Im *König Rother* entwickelt der Titelheld auf der ersten Reise nach Konstantinopel die List, sich als Vertriebener namens Dietrich auszugeben (Roth_(B) 806–826).[41] Wenn die byzantinische Prinzessin auf der Seefahrt von Rother den Sohn Pippin empfängt (Roth_(B) 2943–2946), dann ändert sich

---

39 Haug 1970, 403.
40 Kohnen 2011, 90.
41 Vgl. Kohnen 2011, 88.

die „Identität der Prinzessin [...] auf dem Meer nicht nur in politischer und sozialer, sondern auch in familiärer Hinsicht".[42]

3.3 Das Meer als Ort der Gefahr

Aufgrund seiner Beschaffenheit, seiner unermesslichen Weite und Tiefe stellt das Meer einen Ort besonderer Gefährdung für Reisende dar. Als solcher wird es in vielen Texten auch inszeniert. Dabei spielen vor allem die Naturgewalten wie Stürme oder Windflauten, denen die Seefahrer schutzlos ausgesetzt sind, eine herausragende Rolle. Flauten als die Handlung retardierende Momente kennzeichnen das Meer als einen Ort des Ausgeliefertseins. Im *Trojanerkrieg* Konrads von Würzburg (KvWTroj_(K) 24005–24661) verhindert eine Flaute den Aufbruch der Griechen nach Troja, im *Herzog Ernst* (ErnstB_(BS) 2177–2190) wie auch im *Orendel* (Orend 371–394) wird die Überfahrt über das Meer durch eine mehrmonatige bzw. -jährige Flaute verzögert. Auch Stürmen stehen die Protagonisten meist machtlos gegenüber, und sie müssen akzeptieren, dass ihnen die Handlungsmöglichkeiten genommen sind. Dies hat in vielen Fällen zur Folge, dass sie durch Stürme in unbekannte Regionen verschlagen werden. Insofern berührt sich die Funktion des Meeres als Gefahrenort mit der des Übergangsortes. Die Meeresstürme, die eine Gefahr für das Leben der Reisenden darstellen, eröffnen somit den Zugang zu Orten, die auf anderem Weg kaum zu erreichen wären.

Zu den spezifischen Gefahren, die das Meer kennzeichnen, gehören Meereswesen wie riesige Fische (BrandanReis 1420–1426; WhvÖ 1168–1174), *merwîp* (MOsw_(C) 655–660; BrandanReis 227–240; Wigam_(B) 134; 168), Drachen (BrandanReis 146–151), aber auch Seeräuber (HvNstAp 15402–15416; Fort_(M) 498,1 f.; Magel_(M) 646,12–16). Das Meer wird zu einem besonderen Ort der Gefahr, weil die Möglichkeiten, diesen Bedrohungen zu entkommen, höchst eingeschränkt sind. Auf offener See kann man sich vor Angreifern nicht verbergen; auch eine Flucht wird durch die Abhängigkeit von günstigen Winden erschwert.

Das Meer selbst kann zur Gefahr werden, wenn es durch seine besondere Konsistenz die problemlose Überfahrt verhindert. Dies ist insbesondere beim Lebermeer (→ Magnetberg), aber auch beim sog. toten Meer der Fall. Letzteres birgt durch seine Untiefen große Gefahren:[43] „In der selben ynsel da ist ain tott mer. Und sie sprechent das es kain grund nit habe, und was in daz wassere kumpt, daz ist verlorn. In

---

[42] Kohnen 2011, 89.
[43] Anders wird das tote Meer im *Reinfrit von Braunschweig* gekennzeichnet: „sî wâren als ich hôrte jehen, / an dem tôten mer gesîn. / swaz man swaeres wirft dar în, / daz swebet obnan allel stunt / und vellet daz lîht an den grunt." (Reinfr 27066–27070). Vgl. zur narrativen Funktion Herweg 2010, 287–289.

dem wasser wachsent auch als grosso ror das sie sind trissig clauffter lang" (JMandRV 118, 3–5).

3.4 Das Meer als Ort des Schutzes

Die gleichen Eigenschaften, die das Meer zur Grenze bzw. zum Ort der Gefahr machen, können es aus anderer Perspektive auch als Ort des Schutzes erscheinen lassen. Dies wird insbesondere dann augenscheinlich, wenn das Meer strategisch genutzt wird, um Eindringlinge und Angreifer von einem Ort fernzuhalten. So werden → Städte und → Burgen am Meer situiert, um einen freien Blick auf Ankömmlinge zu erhalten und diesen den Zugang zur Stadt oder Burg zu erschweren (En_(EK) 393–399). Daher muss auch Alexander in der Vorauer Version des *Alexanderromans* des Pfaffen Lamprecht eine neue Taktik zur Eroberung von Tyrus wählen, nachdem er feststellt, dass es unmöglich ist, die Stadt von der Meeresseite aus einzunehmen: „Nû beviench Alexander die burch mit here / mit den scephen in dem mere [...] / Der wint tet in vil nôt, / daz sîner scephe ein hundert versunchen / unde sîne helde all ertrunchen. / Dô Alexander daz gesach, / daz ir alsô vil tôt lach, / des sturmes hiez er abe stân, / er tete die sceph wider in die habe gân" (VAlex_(L) 749–766).

Schutz vor Nachstellungen bietet in Ulrichs von Zatzikhoven *Lanzelet* das Meer in seiner Eigenschaft als Grenze dem Protagonisten, der als Säugling von einer Meerfee vor den wütenden Untertanen seines Vaters gerettet und auf eine abgelegene Insel im Meer gebracht wird. Die Befestigungsanlagen auf der Insel garantieren ebenso wie das Meer selbst die Sicherheit des Kindes, das von da an von der Meerfee aufgezogen wird (UvZLanz_(H) 209–221).

Auch für Herzog Ernst und seine Gefährten entfaltet das Meer eine schützende Funktion, als sie vor den zahlenmäßig überlegenen Grippianern fliehen müssen (ErnstB_(BS) 3829–3849; Fort_(M) 497,16–20).[44] In der *Rabenschlacht* wird Witege, der den Bruder Dietrichs von Bern getötet hat, von der *merminne* Wachhild, seiner Ahnmutter, auf den Grund des Meeres gebracht, um ihn vor Dietrichs Rache zu retten (Rab 964–966). Schutz im Meer sucht auch Morolf im Brautwerbungsepos *Salman und Morolf*. Er versteckt sich vor den Kriegsschiffen des sarazenischen Königs Fore (SalMor 342–344), indem er in einem aus Leder genähten Unterwasserboot zwei Wochen lang ausharrt, wobei er durch ein Schilfrohr atmet. Funktional dient diese Episode jedoch weniger dazu, das Meer als Ort zu kennzeichnen, sondern vielmehr um „die Figur

---

44 Die funktionale Ambivalenz des Meeres wird im *Herzog Ernst* paradigmatisch sichtbar: Ist es zuerst rettender Fluchtweg, wird es zur Todesfalle, treibt es doch das Schiff der Protagonisten auf den Magnetberg zu, von dem es nur für sechs der Reisegefährten Rettung gibt: „Der herzoge und die sîne, / die edelen pilgerîne, / kêrten dô erst in den tôt / sie muosen lîden grôze nôt / ôf des meres ünden" (ErnstB_(BS) 3883–3887). Vgl. Schmid 2015, 114.

Morolfs in ihren besonderen Fähigkeiten, ihrer außergewöhnlichen Abstammung und vielleicht auch in seiner düsteren Unheimlichkeit zu perspektivieren".[45]

3.5 Die Unterwasserwelt als Handlungsort

In einigen Texten wird das Meer unter der Wasseroberfläche als Lebensraum narrativ entwickelt. Eine Darstellung der spätmittelalterlichen Vorstellungen der Meeresbewohner mit 29 verschiedenen Wesen sowie 20 Fischarten findet sich im Abschnitt von den *meerwundern* im *Buch der Natur* (1349/1350) Konrads von Megenberg (BdN III,230–242).[46] Die Meeresbewohner zeichnen sich zum Teil als Schöpfungswunder aus, wenn z. B. auf dem Rücken eines Riesenfisches Bäume wachsen (BrandanReis 165–167; WhvÖst 1168–1174).[47]

In den Alexanderdichtungen wird die Meereswelt als ein Ort dargestellt, an dem *wunder* zu entdecken sind. Diese *wunder* werden intradiegetisch den Figuren wie auch den textexternen Rezipienten über den Augenzeugenbericht Alexanders, Quellenangaben durch den Erzähler und Abgrenzung zu anderen Versionen vermittelt und auf diese Weise authentifiziert. Die Tauchfahrt (s. Abschn. 3.1) wird mit Alexanders Neugierde begründet (UvEtzAlex 24181 f.),[48] ist aber auch christlich-religiös eingebettet oder als Treueprobe funktionalisiert. Die Welt, die sich Alexander unterhalb des Meeresspiegels offenbart, wird als Spiegelung der überirdischen Welt dargestellt. So findet Seifrits Alexander unter Wasser eine ähnliche Vegetation wie an Land vor: „do er cham in des meres grundt, / da wurden im vil wunder chundt. / er sach visch in maniger gestalt / und mer wunder manigvalt. / [...] er sach auch an dem grundt stan / pawmb da hiengen opphel an / und ander obs vil unmassen" (SeifAlex 6521–6533).

Tauchfahrten werden auch in den Brautwerbungserzählungen *Salman und Morolf* und *Münchner Oswald* beschrieben. In Letzterem findet sich eine Unterwasserwelt (MOsw_(C) 655–748), die gerade nicht durch die Eigenschaften des Wassers bestimmt ist. Eine räumliche Dimensionierung von oben und unten ergibt sich dadurch, dass die Figur des Raben, der die Botschaft der Brautwerbung König Oswalds an den Hof Arons überbringen soll, durch ein Meerweib von einem Felsen auf „des meres grunt" (MOsw_(C) 662) hinab gezogen wird. An keiner Stelle beeinflusst das Wasser die Bewegungen und Atmung des Raben. Diese Unterwasserwelt erscheint zwar als eine „durchaus höfisch-christliche" Parallelwelt,[49] entspricht aber nicht einem höfischen Ideal. In räumlicher Hinsicht lässt sich in diesen Texten zwar eine Vorstellung von

---

45 Kohnen 2011, 98.
46 Vgl. Luff/Steer 2003, 257–268.
47 Vgl. Otto 2001, 26–51.
48 Zur Tauchfahrt in den mhd. Alexanderdichtungen vgl. Huismann 1979, Lienert 2001b, 46 f., 64, 67.
49 Kohnen 2011, 99.

oben und unten ablesen wie auch die einer horizontalen Weite, aber Qualitäten des Wassers zwischen Wasseroberfläche und Meeresgrund sind nicht thematisiert.

Auch in der Dietrichepik und im späten Artusroman wird die Unterwasserwelt des Meeres zum Schauplatz der Handlung. Nachdem in der *Rabenschlacht* die *merminne* Wachhild Witege gerettet hat, befragt sie ihn am Meeresboden zu seiner Flucht vor Dietrich von Bern (Rab 969–974). Im *Wigamur* wird der Protagonist als Kind zweimal von Meeresbewohnern entführt; zunächst von dem *merwîp* Lespia in eine Felsengrotte am Meer (Wigam_(B) 111–121) und von dort von einem *merwunder* auf den Meeresgrund, wo Wigamur zum höfischen Ritter erzogen wird (Wigam_(B) 318–350).[50] Die *mer*-Wesen sind in der Regel äußerlich nicht weiter gekennzeichnet, beim *merwunder* im *Wigamur* ergibt sich ein Kontrast zwischen seinem hässlichen Äußeren und den von ihm vertretenen Normen und Werten, die sich in der höfischorientierten Erziehung des Königssohns äußern. Als Säugling wird auch Lanzelet im gleichnamigen Artusroman von einer *merminne* mitgenommen. Er wird im Feenreich zum Ritter ausgebildet, bevor er wieder zurück an Land geschickt wird, um seinen Namen zu erfahren (UvZLanz_(H) 180–348). In den genannten Artusromanen ist die Meereswelt positiv konnotiert und der höfischen Welt ähnlich, aber in Teilen als defizitär beschrieben.

Die in den Texten dargestellte Unterwasserwelt lässt sich systematisiert als Natur- (*Orendel*, *Brandan*-Legende) oder als Lebensraum (*Rabenschlacht*, *Münchner Oswald*, *Wigamur*) deuten, die ohne technische Hilfsmittel, jedoch nur mithilfe der *mer*-Wesen erreicht werden können, wie auch als Flucht- (*Salman und Morolf*) bzw. Entdeckungsraum (Alexanderdichtungen), für deren Erreichen Technik erforderlich ist. Die Unterwasserwelt ist in den Texten primär funktional bestimmt und dient zur Kennzeichnung von Figuren, Handlungsweisen und Geschehen.

3.6 Das Ufer als Kontaktzone

Das Ufer stellt in den mittelalterlichen Erzählungen einen Ort dar, an dem sich erste Begegnungen zwischen Seereisenden und den Bewohnern eines Landes vollziehen. Hier finden Begrüßung (Roth_(B) 827–831), aber auch Abschied statt (Tr_(R) 11480–

---

50 Gänzlich kann ihn das *merwunder* jedoch nicht zum Ritter ausbilden, was an seiner Bewaffnung mit Pfeil und Bogen deutlich wird, vgl. Busch 2009, ad 416 f. Im Verlauf des weiteren Geschehens steht Wigamur in der Menschenwelt oftmals als Tor dar und muss sich ritterlich bewähren. Seine ritterlich-höfische Ausbildung als Fürst wird erst durch Artus' Onkel Yttra und seinen eigenen Vater abgeschlossen (Wigam_(B) 4285–4323). Dass sich Wigamur bei seiner Ankunft auf dem Land noch in einer Übergangsphase befindet, wird auch durch seine Kleidung angezeigt: Von den ersten Menschen, die ihn sehen, wird sein weißes seidenes Hemd und sein roter seidener Rock als fremdartig wahrgenommen (Wigam_(B) 454 f.) und seine Hose sieht wie Fischhaut aus („vischin was sin beingewant", Wigam_(B) 432).

11535). Es dient dem bequemen Lagern nach einer Seefahrt (Kudr_(SC) 466 f.; En_(EK) 3747–3754) sowie als Schauplatz für Kämpfe (Kudr_(SC) 497–524; VAlex_(L) 851–862; SAlex_(L) 735–753) und Versöhnungen (Kudr_(SC) 1580–1584).

Der maritime Kontext beeinflusst in Szenen, die am Ufer spielen, auch die Perspektive der Figuren auf andere Figuren, die für Meeresbewohner gehalten werden: Der junge Hagen wird durch *vrouwen* auf der Greifeninsel aus der Ferne zunächst für ein „merwunder von dem sê" gehalten (Kudr_(SC) 75,3). Aber auch diese Damen werden wiederum selbst vom Schiff der Kreuzfahrer aus Salme als „wildiu merkint" gedeutet (Kudr_(SC) 109,4a; 112,3b).

Nicht nur über die Uferregion selbst, sondern auch über Blicke werden Land und Meer räumlich miteinander verbunden, wenn vom Land aus Schiffe (Kudr_(SC) 85; 108; 289 u. a.; Reinfr 21720–21729) oder von Schiffen aus Land erblickt wird (En_ (EK) 227 f.; Kudr_(SC) 749 f.; 1140 f.; ErnstB_(BS) 3892–3917). Dabei sind die Reaktionen unterschiedlich: Aus Angst vor einem fremden Schiff wird auf dem Land zur Verteidigung gerüstet (Greg 1847–1854) oder ein Schiff nähert sich dem Ufer nur vorsichtig (Kudr_(SC) 111); aber Ankömmlinge werden auch ohne Argwohn beobachtet (Kudr_(SC) 289; Roth_(B) 827–831). Nicht nur im *Tristan* ist das Fragen nach Neuigkeiten bei Ankömmlingen vom Meer als übliche Handlungsweise explizit thematisiert: „wan knehte und marnære, / die vorschen der mære / uf der brucke vor der schiftür" (Tr_(R) 8695–8697). Das Ufer stellt damit nicht nur auf der Ebene der sozialen Beziehungen der Figuren, sondern auch aus räumlicher Sicht das Verbindungsglied zwischen Meer und Festland dar.

> BAlex, BdN, Brandan_(Z), BrandanReis, En_(EK), ErnstB_(BS), Flore_(S), Fort_(M), Greg, HvNstAp, JMandRV, JohHartA, Kudr_(SC), KvWGS, KvWPart, KvWTroj_(K), Magel_(M), MOsw_(C), NibB_(S), Orend, OrtnAW, Parz_(L), Rab, Reinfr, Roth_(B), RvEGer, SAlex_(L), SalMor, SeifAlex, Tr_(R), UvEtzAlex, UvZLanz_(H), VAlex_(L), Walberan, Wh_(S), WhvÖst, Wigam_(B), WolfdD_(K)

> → Burg, Schloss, Hof; → Fluss, Quelle, Brunnen; → Gebirge, Berg, Tal; → Grenze; → Hafen, Schiff; → Indien, Mirabilienorient; → Insel; → Irdisches Paradies; → Kirche, Kathedrale, Münster, Kapelle, Kloster, Tempel; → Land; → Magnetberg, Magnetstein; → Ränder der Erde; → Stadt, Markt, Platz; → Wald, Lichtung, Rodung, Baum; → Weg, Straße, Pfad

Andreas Hammer
Minnegrotte

1 Begriffsbestimmung – 2 Merkmale der Darstellung – 3 Deutungsversuche und narrative Funktionen – 4 Verwandte Orte außerhalb der *Tristan*-Tradition – 4.1 Merkmale der Darstellung – 4.2 Narrative Funktionen

1 Begriffsbestimmung

Der Ausdruck Minnegrotte i. e. S. bezieht sich auf eine zentrale Episode im *Tristan*-Roman Gottfrieds von Straßburg (um 1210) und bezeichnet den Ort, an den sich Tristan und Isolde zurückziehen, um fern von → Hof und Gesellschaft ihre Liebe auszuleben. Unter Bezugnahme darauf hat sich der Begriff in der modernen Rezeption verselbständigt und bezeichnet im weiteren Sinne einen Ort glücklicher und ungestörter Liebeserfüllung (z. B. den Venusberg in der Tannhäuser-Ballade [um 1450/1500]). Derartige Räume werden für die mittelalterliche Literatur unter 4. abgehandelt, während der Hauptteil des Artikels nur die Minnegrotte bei Gottfried berücksichtigt.

Der Begriff Minnegrotte ist ein Kunstwort der späteren Rezeption, das sich bei Gottfried nicht findet; hier werden vielmehr unterschiedliche Bezeichnungen nebeneinander verwendet:[1] a) *hol* („in einem wilden berge ein hol", Tr_(R) 16684) zeigt im Gegensatz zu Eilharts *Tristrant*, dass die Protagonisten nicht im → Wald, sondern im geschützten Raum einer Höhle unterkommen; b) der frz. Begriff *fossiure* („la fossiure a la gent amant", Tr_(R) 16700) ist v. a. mit der Beschreibung der kunstvollen Innenarchitektur der Grotte verbunden und kommt in der Übersetzung dem Begriff Minnegrotte am nächsten; c) *hus* wiederum („der minnen hus", Tr_(R) 17029; → Haus) betont den Charakter eines Wohnorts nicht nur für die Liebenden, sondern für die Liebe schlechthin, die in Tristan und Isolde verkörpert ist (vgl. auch „herberge", Tr_(R) 16771; → Herberge); d) *cluse* (Tr_(R) 16806) verdeutlicht zuletzt den Rückzugsraum der Grotte und schafft Parallelen zum Aufenthaltsort für Eremiten (vgl. → Höhle, 3.1.2; → Klause). Allen Begrifflichkeiten sind somit ganz unterschiedliche Konnotationen und Bedeutungsebenen inhärent, welche die „kunstvolle[ ] Kombination des scheinbar Unvereinbaren"[2] und das Nebeneinander unterschiedlicher, ja diametraler Geltungsansprüche aufzeigen, die Gottfrieds Roman, besonders aber der Tristanliebe eigen ist, als deren Konvergenzpunkt die Minnegrotten-Episode verstanden werden kann. Parallel dazu kann der in den *Tristan*-Traditionen des Thomas von Britanje geschilderte Bildersaal gesehen werden: Auch hier handelt es sich um

---
1 Zu den vier Bezeichnungen der Minnegrotte vgl. Drecoll 2000, 227–244.
2 Müller 2003, 217.

eine (ursprünglich von einem Riesen bewachte) Höhle, in die Tristan täuschend echte Statuen von Isolde und anderen Figuren bringen lässt, um mit ihnen in einer Art Scheinrealität Umgang zu haben; der Bildersaal setzt damit einen Kontrapunkt der Liebe in Einsamkeit zur Zweisamkeit der Minnegrotte.[3] Die Episode ist jedoch in Gottfrieds Torso nicht enthalten; sie ist rekonstruierbar nur über die Fragmente von Thomas' Text und der davon abhängigen anord. *Tristrams Saga*.

2 Merkmale der Darstellung

Im Gegensatz zu den Fassungen von Eilhart und Berol, in denen das Liebespaar ein entbehrungsreiches Waldleben während seiner Verbannung führen muss, hat Gottfried einen regelrechten Lustort geschaffen, an den sich das Paar zurückzieht. Darstellung der Grotte und Struktur der ganzen Episode folgen einem strengen formalen Aufbau.[4] Für ein umfassendes Verständnis muss die Beschreibung ihrer Umgebung in die Betrachtung einbezogen werden: Die Höhle umgibt ein als *locus amoenus* (→ Garten, → Heide, → Tal, → Wald) gezeichnetes „wunnecliche[s] tal" (Tr_(R) 17353), in dem sich das Liebespaar hauptsächlich aufhält und das wiederum von einer fast undurchdringlichen „wüesten wilde" (Tr_(R) 17073; → Wüste) umgeben ist, welche die Abgeschiedenheit und Abgeschlossenheit der Grotte hervorhebt. Die eigentliche Höhle ist künstlich angelegt und von Riesen „gehouwen in den wilden berc" (Tr_(R) 16693) – allerdings eröffnet sich gerade kein archaisch-primitiver Höhlenraum, sondern eine vollendet artifizielle Architektur, die die auch hier angelegte Opposition von Kultur und Natur umkehrt: Die Höhle als außerzivilisatorischer Naturraum wird bereits durch die amoene Grottenumgebung von der sie umgebenden Wildnis abgesetzt und steht in ihrer künstlichen Architektur dem Naturraum diametral entgenen. Die Minnegrotte besitzt ein kuppelartiges Gewölbe, das mit einem reichverzierten und edelsteinbesetzten Schlussstein gekrönt ist.[5] Die Minnegrotte stellt sich auf diese Weise als ganz konkreter Ort dar, der eine zweifache Beschreibung erfährt: Zunächst nur kurz in seiner Grundstruktur (hohes Gewölbe mit Schlussstein, Marmorboden und Kristallbett, drei → Fenstern und → Türe, Tr_(R) 16703–16730), dann sehr differenziert mit einer ausführlichen Allegorese des Innenraums und Inventars (Tr_(R) 16923–17070). Es scheint, als werde auf diese Weise der Ort zunächst über die Außenperspektive beschrieben und danach über eine Innenperspektive ausgelegt, wobei die Beschreibung des Innenraums mit Wänden und Fußboden einsetzt, und hier wiederum zunächst mit deren Erstreckung in Höhe und Breite, sodass der Ort über seine

---

[3] Vgl. Mertens 1995, 41–51.
[4] Vgl. dazu Gruenter 1957, Kolb 1962.
[5] Kolb 1962, 231–232 weist darauf hin, dass die Beschreibungen eher auf einen senkrechten Einstieg in die Höhle hinweisen.

Außengrenzen erfassbar gemacht wird. Eine eherne Tür schließt den Eingang zu; drei Fenster oben an der Kuppel lassen Licht ins Innere, das mit grünem Marmorboden ausgekleidet ist. In der Mitte steht ein der Göttin Minne geweihtes Kristallbett: „ein bette in mitten inne was / gesniten schone und reine / uz cristallinem steine / hoch unde wit, wol uf erhaben, / alumbe ergraben mit buochstaben, / und seiten ouch die mære, / daz ez bemeinet wære / der gottinne Minne" (Tr_(R) 16716–16723).

Es gehört zur besonderen Eigenart der gottfriedschen Minnegrotte, dass diese vollendete Architektur in einem zweiten Schritt eine entsprechende Allegorese erfährt, welche die einzelnen Elemente des Baus in eine Auslegung bzgl. der ‚wahren minne' überführt: Die kreisrunde Form, „daz ist einvalte an minnen" (Tr_(R) 16932), da Liebe ohne Winkel sein sollte; ihre Höhe bedeutet „der hohe muot" (Tr_(R) 16939), der grüne Marmorboden Beständigkeit („stæte", Tr_(R) 16970), das Kristallbett ist wie die Liebe kristallklar usw. Eine besonders ausführliche Allegorese kommt der Tür mit ihrem fehlenden Schloss, der verborgenen Klinke und den Riegeln zu sowie den drei Fenstern, die für Güte, Demut und höfische Erziehung („zuht", Tr_(R) 17065) stehen. Auf diese Weise werden die konfundierenden Geltungsansprüche der Handlung mit einer zusätzlichen Bedeutungsebene aufgeladen, die nicht vollständig auf die Narration übertragbar, andererseits für das Verständnis der Episode aber essentiell ist. Die Opposition Kultur – Natur verwischt insofern, als dem grünen Marmorboden des Grotteninneren die gleiche Eigenschaft wie nachwachsendem Gras zugesprochen wird.[6] Ebenfalls eine allegorische Auslegung erfährt das Inventar des umgebenden *locus amoenus*. Auch in der Darstellung zeigt sich also eine Überlagerung unterschiedlicher Deutungs- und Sinnebenen, die aber nicht miteinander konkurrieren, sondern ein Nebeneinander und Zugleich anzeigen: Nicht Eindeutigkeit, sondern gezielte Mehrdeutigkeit wird auf diese Weise evoziert; selbst die Allegorese, so klar sie sein mag, gibt doch nur eine der vielen möglichen Auslegungen wieder.

3 Deutungsversuche und narrative Funktionen

Der Minnegrotte kommt ein zentraler Stellenwert innerhalb der Handlung des *Tristan*-Romans zu. Sie ist der einzige Ort des gesamten Romans, an dem Tristan und Isolde ungestört durch Dritte ihre illegitime Liebe ausleben können; Schlüsselwort hierfür ist die Formel „ein und ein" (Tr_(R) 16853). Die Ideallandschaft und das vollendete Tugendgebäude der Grotte sind Abbild ihrer *minne* und dabei zugleich ständig auf die höfische Ordnung rückbezogen; die ordnungszerstörende Liebe wird somit vom Hof ausgelagert, um zugleich diese Ordnung ins Konzept der Minnegrotte wiederum zu integrieren.

---

[6] Vgl. dazu Müller 2003, 220–223.

Die Deutungsansätze hierzu sind ebenso zahlreich wie konträr und können in ihrer Gesamtheit nicht aufgearbeitet werden. Die Extrempositionen reichen von einer Heiligung der Liebenden und einer Sakralisierung ihrer ins Mystische gesteigerten Liebe bis hin zu einer auf die bloße Ästhetik fokussierten Darstellung insbesondere des allegorischen Verweissystems.[7] An dieser Stelle sollen daher nur in Grundzügen die wichtigsten Überlegungen der Forschung skizziert werden:

Jahrzehntelang dominierte eine theologisch fundierte Sichtweise, die wesentlich von dem Gedanken inspiriert war, in Darstellung und Grottenallegorese eine Säkularisierung der tropologisch-mystischen Ausdeutung mittelalterlicher Kirchengebäude zu lesen.[8] Im Zuge einer derart religiösen Interpretation, die dann beispielsweise im Kristallbett Analogien zum Altar der → Kirche erkennt, wird die Tristanliebe als transzendente Macht gedeutet, die in der als Liebestempel stilisierten Minnegrotte ihre geradezu mystische Vereinigung finde.[9] Neben der für ein solches Verständnis zentralen Grottenallegorese kann auch die *paradisus*-Topik des Lustortes mit dem *locus amoenus* und der umgebenden → Wildnis entsprechend religiös konnotierte Deutungen forcieren, ergeben sich hier doch Parallelen zur Darstellungsweise von Eremitenviten, die durch das sog. Speisewunder (Tristan und Isolde leben buchstäblich nur von ‚Luft und Liebe') noch verstärkt werden: Dann allerdings wäre die Minnegrotte als Transformation der Einsiedlerhöhle zu sehen, in der nicht Askese und Entsagung vorherrschen, sondern Sinneslust und Liebeserfüllung, und in der sich das Liebespaar nicht Gott, sondern „der gottinne Minne" (Tr_(R) 16723) hingibt.[10] Zugleich aber kennzeichnen dieselben Merkmale auf Struktur- und Motivebene die Minnegrotte als → Anderswelt keltischer Erzähltraditionen und verstärken damit die mythischen Konzeptionen, die ihrer Raum- und Zeitkonzeption inhärent sind, zusätzlich.[11]

Neben einem religiös-mystischen Verständnis von Grotte und Tristanliebe sind auch literarische Bezugnahmen plausibel gemacht worden: So lassen sich Parallelen zu afrz. Minneallegorien nachweisen, die bis in Einzelheiten hinein ähnliche Beschreibungen derartiger Liebeshöhlen und ihrer umgebenden Landschaft zeigen.[12] Andere Interpretationen möchten Parallelen zu antiken oder biblischen Quellen nachweisen, die zwar für einzelne Motive z. T. überzeugend sein mögen, sich aber kaum in eine Gesamtdeutung eingliedern lassen. Als wenig zielführend haben sich auch psycho-

---

[7] Vgl. für die ältere Forschung Dietz 1974, 198–215; die wichtigsten Ansätze und deren aktuelle Diskussion fassen die Kommentare der Ausgaben von Krohn 2002 und zuletzt Haug/Scholz 2011b zusammen.
[8] Vgl. Ranke 1925.
[9] Beispielhaft dazu die Überlegungen von de Boor 1940.
[10] Vgl. Zettl 2007.
[11] Vgl. Hammer 2007a, 158–164.
[12] Vgl. Kolb 1962, der auch auf die direkte Übersetzung des afrz. *maison d'amor* mit Gottfrieds *der minnen hûs* hinweist.

analytische Ansätze erwiesen, auch wenn in einigen Darstellungselementen wie dem Zapfen des Türverschlusses eine unverhohlene Sexualmetaphorik liegt.

Angesichts der Vielzahl konkurrierender Interpretationen versuchen die neueren Ansätze, die Eigenständigkeit von Gottfrieds Minnegrotten-Darstellung zu betonen und dabei gerade das Nebeneinander konkurrierender Deutungsmöglichkeiten als ästhetisches und interpretatorisches Prinzip zu verstehen. Hierbei rücken verstärkt Fragen nach der räumlichen Konzeption ins Blickfeld, die in vielerlei Hinsicht Besonderheiten aufweist. Die vielfach konstatierte Ortlosigkeit der Minnegrotte und ihrer Umgebung schlicht als Utopie (auch im Sinne von Nicht-Ort, griech. οὐτόπος) zu bezeichnen,[13] greift jedoch zu kurz: Grotte und Umgebung zeichnen sich vielmehr durch eine mythische Zeitlosigkeit aus (Fehlen von Jahreszeiten, ewiger Frühling, immer gleicher, zyklischer Handlungsablauf etc.), zugleich wird die Entstehung der Höhle selbst in eine mythische Vorzeit zurückgeführt: Indem sie von heidnischen Riesen noch vor der eigentlichen Besiedelungsgeschichte Britanniens gebaut worden ist, leitet sie sich jenseits der höfischen Ordnung, ja von jenseits der Geschichte überhaupt her und „mythisiert mithin das sexuelle Begehren",[14] sodass auf paradoxe Weise „Jederzeitlichkeit und utopische Aufhebung von Zeit [...] zugleich gesetzt"[15] werden.

Damit hebt sich die Minnegrotte räumlich und zeitlich von der übrigen Außenwelt ab, sie bildet den heterotopen Raum eines „wunschleben[s]" (Tr_(R) 16846), dessen räumliche Gegebenheiten und Grenzen jedoch nur über Konzeptionen des mythischen Denkens erfassbar sind: Sie sind qualitativ aufgeladen, weniger konkret.[16] Die Strukturierung von Ordnung über räumliche Kategorien ist evident, da die Grotte und ihre Allegorese die Eigenschaften der wahren Tristan-*minne* abbilden, die in der höfischen Gesellschaft nicht ausgelebt werden kann, welche umgekehrt über räumliche Ordnungsmuster stets ebenfalls präsent gehalten wird, da das *locus-amoenus*-Inventar allegorisch auf die Hofgesellschaft abgebildet wird. Die Unerreichbarkeit des Ortes, die Überführung zeitlicher in räumliche Ordnungen sind weitere Kennzeichen mythischer Konzeptionen.[17]

Gerade darin aber zeigt sich die Komplexität, die in der Überlagerung unterschiedlicher literarischer Verfahren liegt. Kennzeichnend für Gottfried scheint gerade das synkretistische Übereinanderblenden unterschiedlicher Muster: *paradisus*- und *locus-amoenus*-Topik, höfische Gesellschaftsideale, allegorische und typologische

---

13 Vgl. Tomasek 1985, 152–180.
14 Müller 2002, 386. Zur Zeit in der Minnegrotte vgl. grundsätzlich ebd., 384–391, zur mythischen Vorzeit der Riesen vgl. ebd., 386.
15 Müller 2002, 387. Zur Kritik an der Utopie-These vgl. Müller 2002, 389–390, vorsichtiger Schausten 1999, 178–180.
16 Zum mythischen Raum- und Zeitverständnis der Minnegrotte vgl. Hammer 2007a, 152–158 unter Bezugnahme auf Ernst Cassirer 1975 und 1977. Zur Heterotopie vgl. Foucault 2006.
17 Vgl. Müller 2002, 389 u. 395–396.

Verweiszusammenhänge, andersweltliche Beschreibungsmuster und literarische *minne*-Konventionen. All diese, teils völlig unterschiedlichen Verweisungszusammenhänge beanspruchen je für sich durchaus Plausibilität, je nachdem, ob man religiöse, literarische oder mythische Aspekte in den Vordergrund stellt.

Dies aber hat Konsequenzen für die narrative Funktion der Minnegrotte innerhalb von Gottfrieds Werk, die zu einem regelrechten Konvergenzpunkt der Handlung wie auch des außerordentlichen Modells der Tristan-*minne* wird. Für Tristan und Isolde stellt die Minnegrotte einerseits einen Zufluchtsort dar, an den sie vor der Verbannung vom Hof fliehen können; es ist der einzige Ort, an dem sie ihrer Liebe als *wunschleben* ungestört und in völliger Zweisamkeit nachkommen dürfen, ohne Entdeckung von außen fürchten zu müssen. Damit steht die Minnegrotte dem Konzept der → Höhle insofern entgegen, als auch sie ein unzugänglicher und zivilisationsferner Raum ist, jedoch nur äußerlich mit Kennzeichen des Wilden behaftet, tatsächlich aber Zufluchtsstätte von vollendeter Architektur und perfekter, zeitlos-topischer Umgebung ist. Gerade die Gesellschaftsferne macht sie zum einzigen Raum, an dem sich die Liebe zwischen Tristan und Isolde frei entfalten kann. Sie ist zugleich der Grund, weshalb dieser Zustand nicht von Dauer sein kann: „sin hæten umbe ein bezzer leben / niht eine bone gegeben / wan eine umbe ir ere" (Tr_(R) 16875–16877).[18] Das *wunschleben* der Minnegrotte ist zu Ende, sobald mit Marke die Außenwelt dort eindringt; so gesehen kehren nicht Tristan und Isolde an den Hof zurück, sondern der Hof kommt vielmehr zu ihnen, hebt damit aber das *wunschleben* in der Minnegrotte auf. Zudem ist das Hofleben stets präsent,[19] während umgekehrt die Erfüllung der Liebe in der eigentlichen Darstellung des Grottenlebens erstaunlicherweise keinen Platz hat. Vielmehr wird die immergleiche Beschäftigung des Paares (Spaziergang, Jagd, das Singen von *senemaeren* usw.) in aller Ausführlichkeit geschildert, indessen die beiden nur ein einziges Mal auf dem Kristallbett im Grotteninneren gezeigt werden – aber als Inszenierung zum Zeitpunkt ihrer Entdeckung mit einem Schwert zwischen sich.

Die Minnegrotte spiegelt somit die Liebe zwischen Tristan und Isolde in räumlichen und allegorischen Kategorien wider und ist mindestens ebenso gegensätzlich und paradox wie diese: Ist ihre Liebe perfekt und zugleich illegitim, so lässt sich dies auf die Höhle übertragen, die von Riesen aus mythischer Vorzeit erbaut inmitten der Wildnis liegt und doch eine vollendete, kathedralenähnliche Architektur besitzt und zudem als Tugendallegorie ausgedeutet wird. Diese Ambivalenz setzt sich fort: Die Tristanliebe ist ideal und zugleich ordnungszersetzend, die Minnegrotte bietet dem Paar ebenso ambivalent ein *wunschleben* dar und ist doch zugleich Ort der Verbannung, aus dem sie bei nächster Gelegenheit wieder an den Hof zurückkehren. Damit

---

18 Zur Auslegung dieser umstrittenen Stelle vgl. Müller 2002, 392, der darin nicht allein das gesellschaftliche Ansehen, sondern eine „Metonymie für gesellschaftliche Ordnung überhaupt" erkennt.
19 Vgl. Müller 2003, 227.

erweist die Minnegrotte sich als Raum auf einer → Grenze, als ‚Zwischen-Raum', der den transgressiven Charakter der Tristan-*minne* bestätigt, was in der Synchronität von mythischem und realem Raum, dem Nebeneinander von Narration, Allegorie und Kommentar zum Ausdruck kommt.[20]

Die Artifizialität der Minnegrotten-Darstellung erfährt gerade dadurch ihren besonderen Eigenwert, dass die verschiedenen Auslegungen je für sich Gültigkeit beanspruchen können, selbst wenn oder gerade indem sie sich gegenseitig ausschließen. Erst auf diese Weise kann man sich dem eigentlichen Kern, der paradoxen Liebe zwischen Tristan und Isolde, annähern: Auch für sie gibt es letztlich keine alleingültige Deutung. Sie kann nirgends wirklich bestehen: in der Minnegrotte nur losgelöst von der übrigen Erzählwelt, ihrer Handlung (die in der Minnegrotte stillsteht) und ihrem Personal, am Markehof nur durch das paradigmatische Spiel von List und Intrige[21] – oder aber in den wahrhaft utopischen Entwürfen der Exkurse, die jedoch erst recht keinen eigenen, erzählten, sondern nur noch metaphorischen Raum beanspruchen können.

4 Verwandte Orte außerhalb der *Tristan*-Tradition

Darstellungen von Liebeshöhlen außerhalb der höfischen Tradition des *Tristan*-Stoffes sind in der mhd. Literatur selten. So findet zwar in Vergils *Aeneis* die Liebesvereinigung von Dido und Aeneas in einer Höhle statt. Dem folgt ebenso der afrz. *Roman d'Eneas*, während die mhd. Adaption Heinrichs von Veldeke das Paar stattdessen unter einem großen → Baum vor dem Gewitter Schutz suchen lässt; die Vereinigung geschieht hier unter dem Blätterdach und dem schützenden Mantel des Eneas. Möglicherweise hat Veldeke den Ort des Geschehens auch deshalb gegen seine Vorlage abgewandelt, um das Liebespaar – ganz anders als Tristan und Isolde bei Gottfried – nicht völlig der gesellschaftlichen Aufsicht zu entziehen, wie das in der Abgeschlossenheit einer Höhle der Fall gewesen wäre. Auf diese Weise bleibt der Liebesakt den Blicken entzogen, die Liebenden selbst aber sind für die Außenwelt weiterhin sichtbar.[22]

In einen anderen Kontext gehören Berichte über den Venusberg, in dessen Inneren die antike Liebesgöttin mit ihrem Gefolge Hof hält und sterbliche Menschen zu sich lockt. Eine Reihe kleinerer afrz. Erzählungen und Minneallegorien des 13. Jh.s berichten vom Besuch eines Ritters in der Behausung der als Amor oder Venus personifizierten Liebe (*maison d'amor*), die freilich kaum als Höhle dargestellt wird.[23]

---

20 Vgl. Müller 2003, 229 f., Hammer 2007a, 176–179.
21 Vgl. Warning 2003.
22 Vgl. Fasbender 2008, 341 f.
23 Vgl. Kolb 1962, 234, 237.

Offenbar in der mündlichen Sagenüberlieferung schon länger verbreitet, ist das Motiv des Venusberges zunächst in lateinischen Texten des 14./15. Jh.s zu finden, in der Volkssprache begegnet es in der italienischen und provenzalischen Überlieferung des 15. Jh.s und ist im deutschen Sprachraum dann v. a. über Reiseberichte fassbar (u. a. Felix Fabri, Bernhard von Breitenbach), denen es um eine Lokalisierung des → Berges geht. Dort wie auch im *Narrenschiff* Sebastian Brants wird eine explizite Verbindung mit der Figur des Sängers Tannhäuser hergestellt, die ebenfalls in der *Moerin* Hermanns von Sachsenheim thematisiert und in der sog. Tannhäuser-Ballade (nd. Fassung bereits im 15. Jh., frnhd. erst in Drucken A. des 16. Jh.s) literarisch greifbar wird, aber bereits früher entstanden sein dürfte.[24]

4.1 Merkmale der Darstellung

Motivgeschichtlich liegt dem im spätmittelalterlichen und frühneuzeitlichen Erzählgut bekannten Motiv des Venusbergs wohl das des italienischen Sibyllenberges von Norcia zugrunde, welches wiederum über französische und irisch-keltische Erzählungen vermittelt wurde.[25] Das Reich der Sibylle (welche mit der Jenseitsführerin aus Vergils *Aeneis* gleichgesetzt wird) weist in den Berichten paradiesähnliche, chronotopische Zustände auf: Über einen gefahrvollen, limitierten Zugang (der → Weg führt zunächst durchs → Gebirge in eine Höhle, von dort ins Berginnere, wo sich weitere Gefahren wie die Bedrohung durch Ungeheuer, eine → Brücke über Abgründe, eiserne oder kristallene → Tore u. Ä. auftun) gelangt der Protagonist in einen amoenen, mit Bildern geschmückten → Garten, der unabhängig von jahreszeitlichen Einflüssen stets fruchttragend ist. Nach der Version des Antonius de la Sale vergehen dem Protagonisten darin die Tage wie Stunden; nach einer Verweildauer von 330 Tagen ist jeder Besucher in der Lage, alle Sprachen der Welt zu sprechen. Im Reich der Sibylle verfügt jedermann über alle Sinnenfreuden, überall wimmelt es von schönen Frauen, es herrscht scheinbar endlose, ungetrübte Freude ohne Schmerz oder Krankheit. Allerdings verwandeln sich die Frauen jede Woche von Freitag bis Sonntag in Schlangen und Nattern und nach Ablauf einer bestimmten Frist ist die Rückkehr in die normale Welt den Besuchern verwehrt; die Eingangsbeschränkung wird zur Ausgangsbeschränkung.[26]

Darstellung und Motive weisen auch in anderen Versionen und verwandten Erzählungen etliche Parallelen zu Jenseitsreisen auf; das gilt sowohl für die Beschreibung des Zugangs als auch für die (oft nur scheinbaren) paradiesischen Zustände im Sibyl-

---

[24] Vgl. Petzoldt 2008, 917–921, Rüther 2010, 183-184, Barto 1916, 18–57.
[25] Vgl. Löhmann 1960, 250. Vgl. auch schon Barto 1916, 18–57.
[26] Vgl. Löhmann 1960, 226–229, der die Fassungen von Andrea da Barberino (um 1410) und Antonius de la Sale (Schilderung von 1420) vergleicht.

len- bzw. Venusberg. Die darin geschilderten ungezügelten Sinnesfreuden der (männlichen) Protagonisten mit zahllosen Jungfrauen, die den Ort bevölkern, weisen zudem Ähnlichkeit mit den Reisen in Anderswelten der irisch-keltischen Erzähltradition auf (vgl. *Tír na mBan*, das ‚Land der Frauen', als Bezeichnung für vergleichbare paradiesische Andersweltorte des altir. Erzählguts wie z. B. *Immram Brain*, dort jedoch meist auf → Inseln verortet). Im Zusammenspiel von mündlichen und schriftlichen Traditionen sind über verschiedene Vermittlungsstufen einige Motive und Erzählkerne im deutschen Erzählgut mit der Figur des Tannhäuser verbunden worden. Der Venusberg selbst ist in den überlieferten Versionen der *Tannhäuser*-Ballade nicht genauer beschrieben, auch die Sinnesfreuden darin werden z. B. in einem Gespräch mit Frau Venus nur angedeutet; das Motiv scheint als bekannt vorausgesetzt zu sein. Klar ist lediglich, dass sich das Reich der Frau Venus im Inneren eines Berges befindet. In *Der Tugenden Schatz*, einer Meister Altswert (2. H. 14. Jh.) zugeschriebenen Minnerede, macht sich der Dichter ebenfalls zum Wohnsitz der personifizierten Frau Venus und Frau Ehre auf, der als prachtvoller, unterirdischer Palast geschildert wird und möglicherweise viele Motive beinhaltet, die in den nur im Frnhd. greifbaren Versionen der *Tannhäuser*-Ballade vorausgesetzt werden (MATugS_(HK) 70–116).[27] Anspielungen auf das Motiv des Venusberges gibt es außerdem in einigen weiteren Minnereden, zumeist jedoch ohne weitergehende Beschreibungen.[28]

4.2 Narrative Funktionen

Die *Tannhäuser*-Ballade ist die prominenteste Literarisierung des Venusberg-Motivs, das neben Affinitäten zum keltisch-bretonischen Erzählgut zudem Bezüge zum Schema der ‚gestörten Mahrtenehe' aufweist, wo der Protagonist von einer Fee in ihr andersweltliches Reich gelockt wird, das bisweilen als Berg oder Höhle dargestellt ist; auch Tannhäuser bleibt am Ende auf ewig im Venusberg verschwunden.[29] Die mit dem Ort verbundenen Sinnesfreuden werden jedoch nicht explizit geschildert. Wesentliche Bedeutung kommt dem christlichen Kontext zu, in den der Venusberg-Tannhäuser-Komplex gestellt wird: Tannhäuser fürchtet Höllenstrafen durch den Aufenthalt im Venusberg und pilgert daher nach Rom, um bei Papst Urban IV. um Ablass zu bitten. Dieser wird ihm aber verweigert, weshalb sich Tannhäuser erneut, und diesmal für immer, in den Venusberg begibt. Zu spät bemerkt der Papst, dass Gott die Sünden verziehen hätte, und ist dadurch selbst der Verdammnis preisgegeben.

---

[27] Vgl. Klingner/Lieb 2013 zu B431.
[28] Vgl. Klingner/Lieb 2013 zu B465 (Hermann von Sachsenheim: *Der Spiegel Abenteuer*), B430 (*Der Kittel*), B445 (Hans Sachs: *Klage der Keuschheit*) sowie B466 (*Die Mörin*).
[29] Vgl. Petzoldt 2008, 925. Die verschiedenen Versionen der *Tannhäuser*-Ballade bei Barto 1916, 155–248.

Die *Tannhäuser*-Ballade in ihrer frühneuzeitlichen Form formuliert damit über das Motiv des Venusberges eine deutliche Papst- und Kirchenkritik im Spannungsfeld von Erotik und Buße.[30]

Auf der anderen Seite werden der Venusberg und die Vorgänge darin immer wieder dämonisiert und mit Zauberei in Verbindung gebracht. Das Motiv des Venusberges hat dann jedoch keine narrative Funktion mehr, sondern wird lediglich eingebunden in religiös motivierte Polemik.[31] Aus einer Minnegrotte, die der Liebeserfüllung Raum gibt, sowie den darin enthaltenen allegorischen Konnotationen wird so ein dämonisierter Raum des Zaubers; eine derartige Funktion wird auch in Gottfrieds *Tristan* kurz aufgerufen, wenn der Jäger Markes das schlafende Paar in der Minnegrotte entdeckt und zurückschreckt: Hier wird die aus keltischem Erzählgut gespeiste Struktur der Mahrtenehe (eine übernatürliche Frau entführt einen sterblichen Mann in die Anderswelt) anzitiert.[32] Dieses Erzählmuster wird jedoch sogleich wieder abgewiesen, da es sich bei Isolde nur scheinbar in den Augen des Jägers um eine „gotinne" (Tr_(R) 17470) handelt, tatsächlich aber das Paar anschließend umstandslos an den Markehof zurückkehrt.[33]

MATugS_(HK), Tr_(R)

→ Anderswelten; → Brücke; → Burg, Schloss, Hof; → Garten, Baumgarten; → Gebirge, Berg, Tal; → Grenze; → Haus, Hütte; → Heide, Aue, *plaine*; → Höhle, Grotte; → Insel; → Kirche, Kathedrale, Münster, Kapelle, Kloster, Tempel; → Klause, Einsiedelei, Einöde; → Tor, Tür, Treppe, Fenster; → Wald, Lichtung, Rodung, Baum; → Weg, Straße, Pfad; → Wirtshaus, Herberge; → Wüste, Wildnis, Einöde

---

30 Zur Stoff- und Motivgeschichte vgl. Wachinger 1996; wenig Neues bietet Rüther 2007, 234–244.
31 Vgl. Petzoldt 2008, 921–923, mit Nachweisen bei Hans Sachs, Geiler von Kaysersberg u. a.
32 Vgl. ausführlich Wawer 2000.
33 Vgl. Schulz 2003, 535–541.

Monika Hanauska
Ränder der Erde

1 Begriffsbestimmung – 2 Merkmale der Darstellung – 2.1 Lokalisierung – 2.2 Erreichbarkeit und Zugänglichkeit – 2.3 Umwelt und klimatische Bedingungen – 3 Narrative Funktionen – 3.1 Überschreitung der natürlichen Ordnung – 3.2 Kontrafaktur kultureller Ordnung – 3.3 Weltrand als epistemologische Randzone

1 Begriffsbestimmung

Bei der Beschreibung der äußeren Regionen der bewohnten Welt muss zunächst darauf hingewiesen werden, dass die Bezeichnung Ränder der Erde in den mhd. Texten selbst nicht auftritt. Im Gegensatz zum Nhd. weist das mhd. Substantiv *rant* (m.) eine sehr viel engere Bedeutung auf, da es lediglich die Einfassung eines Schildes bezeichnet.[1] Stattdessen finden die Syntagmen *der werlt ende* sowie *daz ort des ertrîches* oder seltener der *werlt endes zil* Verwendung. Dabei referieren die Begriffe *ende* (m./n., ahd. *enti* m./n., vgl. auch got. *antheis* m.),[2] *ort* (m./n.)[3] und *zil* (n.)[4] auf einen in äußerster Entfernung liegenden Punkt.

Der Ausdruck Ränder der Erde mitsamt seinen mhd. Entsprechungen kann insofern missverständlich sein, als ihm keinesfalls die Vorstellung einer scheibenförmigen Welt zugrunde liegt, sondern er zunächst lediglich auf Gegenden verweist, die weit entfernt vom Zentrum der bewohnten und bekannten Ökumene situiert sind. Dies wird auch in der gelehrten Literatur des Mittelalters deutlich, in der mit der lateinischen Wendung *fines terrae* in erster Linie die große räumliche Erstreckung bis zu jenen ‚Enden' bezeichnet wird.[5]

Die mittelalterliche Kosmographie geht überwiegend von einer kugelförmigen Erde aus,[6] deren Festland aus den drei Kontinenten Asien, Europa und Afrika sowie aus einem auf der Südhalbkugel liegenden Australkontinent besteht, die von einem weltumspannenden Ozean (→ Meer) umflossen ist. Diese nicht nur bei Isidor von

---

1 Vgl. Lexer 2, 342 sowie DWB 14, 82 f. Erst im Fnhd. erfährt der Begriff eine Bedeutungserweiterung hin zu ‚äußere Begrenzung einer Fläche'.
2 Vgl. Lexer 1, 459 sowie DWB 3, 447.
3 Vgl. Lexer 2, 269 sowie DWB 13, 1350–1353.
4 Vgl. DWB 31, 1049.
5 Vgl. von den Brincken 1992, 13.
6 Vgl. Simek 1988.

Sevilla verbreitete Lehrmeinung[7] findet sich auch in der volkssprachlichen didaktischen Literatur wieder, wenn es etwa im mhd. *Lucidarius* heißt: „Dise welt ist sinewel vnde ist vnbeflozen mit dem wendelmer. Da inne suebet die erde alse der duter in dem wisem des eiges" (Lucid I,44,17).

Die Idee eines von einem Weltmeer[8] umflossenen und dadurch umgrenzten Festlandes implizieren auch die ahd. bzw. frühmhd. Bezeichnungen *mitilgart* bzw. *mergarte* mit der Bedeutung ‚das vom Meer umschlossene, von Menschen bewohnte Land', die etwa im *Heliand* („middilgard", Heliand_(B) 4326), im *Muspilli* („mittilagart", Musp 54), im *Merigarto*, in der *Kaiserchronik* („meregarte", Merig_(V) 501; Kchr_(S) 6633) oder im *Annolied* („merigarte", Anno 26,11) gebräuchlich sind. Im Rahmen eines ethnozentrischen Weltbildes, in dem die eigene bewohnte Welt die Mitte bildet, fungiert der Ozean als Randzone, die durch ihre räumliche Entfernung von diesem Zentrum nur schwer erreichbar ist.[9]

Die Vorstellung von Randgebieten der Erde wird zudem durch die Klimazonenlehre in der Tradition des Macrobius befördert, nach der die Welt in fünf klimatisch unterschiedliche Bereiche gegliedert ist.[10] Der äußerste Norden und Süden sind durch extreme Kälte bzw. Hitze geprägt, wodurch diese Regionen unbewohnbar werden. Nur die drei mittleren Erdgegenden bieten ein für Menschen erträgliches Klima und sind daher bewohnt. Als Ränder der Erde sind damit auch die Übergangsbereiche zu den unwirtlichen Gebieten in der nördlichen bzw. südlichen Klimazone zu verstehen.[11] Diesen Regionen ist eine Geschichtslosigkeit inhärent: Während im Zentrum der Welt die (heils-)geschichtlich relevanten Ereignisse stattgefunden haben und noch stattfinden, bleibt der Grenzsaum, auch wenn hier Lebewesen zu finden sind, von der Geschichte weitgehend unberührt.[12] Dies manifestiert sich nicht zuletzt im Fehlen von durch die Bewohner des Erdrandes geschaffenen Artefakten und Monumenten.

Reflexe der in den gelehrten Diskursen verhandelten Theorien von der Gestalt der Welt, ihres Zentrums und ihrer Peripherie finden sich auch in der erzählenden Literatur des Mittelalters, wenngleich es sich keineswegs um eine detailgetreue Übernahme gelehrten Wissens handelt. Doch vor allem die Alexanderdichtung (*Vorauer Alexander* [um 1160], *Straßburger Alexander* [A. 13. Jh.], die Dichtungen Rudolfs von Ems [zw. 1220 und M. 1250er Jahre], Ulrichs von Etzenbach [letztes D. 13. Jh.], Seifrits [um 1350], der *Wernigeroder Alexander* [1397] sowie Johannes Hartliebs *Alexander*

---

[7] IsidEtym_(M) XIV,II,1; vgl. auch von den Brincken 1992, 181, die auf die antiken Vorbilder dieser kosmographischen Tradition verweist.
[8] Auch der Begriff *Wendelmeer* (‚sich rings um die Erde windendes Meer') für den Weltozean verweist auf die räumliche Vorstellung. Vgl. Lexer 3, 759.
[9] Vgl. K. Schulz 2008, 572.
[10] Vgl. Edson et al. 2005, 45–47.
[11] Vgl. Münkler 2007, 153.
[12] Vgl. Kugler 2000, 116.

[um 1450]), die Minne- und Aventiuredichtung (*Reinfrit von Braunschweig* [nach 1291], Heinrichs von Neustadt *Apollonius von Tyrland* [um 1300]), die Reiseliteratur (Marco Polo [1298/99, in dt. Übersetzung M. 14. Jh.], Odorico von Pordenone [1330, in dt. Übersetzung durch Konrad Steckel M. 14. Jh.], Jean de Mandeville [1356, in dt. Übersetzung durch Michel Velser 1393–1398]), Artus- und Gralsromane (Gottfrieds von Straßburg *Tristan* [um 1210], Albrechts *Jüngerer Titurel* [zw. 1260 u. 1273]), historio- und kosmographische Literatur (*Merigarto* [letztes V. 11. Jh.], *Annolied* [um 1080], Rudolfs von Ems *Weltchronik* [um 1250]) sowie der fnhd. Prosaroman (*Fortunatus* [1509], *Faustbuch* [1587]) rekurrieren explizit oder implizit auf auch in der gelehrten Literatur vermittelte geographische Annahmen.

Eine Bestandsaufnahme der in den Texten vorhandenen Beschreibungen der Ränder der Erde wird jedoch dadurch erschwert, dass eine explizite Benennung wie *der welt ende* o. Ä. nur in wenigen Texten erfolgt. Häufiger wird die Vorstellung von den Randzonen über Orte aufgerufen, die auch im gelehrten Diskurs in diesen peripheren Erdgegenden angesiedelt sind.[13] Es ist hierbei an Orte wie das → Irdische Paradies[14] und → Indien im Osten,[15] die Insel Thule[16] sowie das Land der Gog und Magog im Norden,[17] die Säulen des Herkules im Westen,[18] Afrika bzw. Libyen und Äthiopien im Süden[19] sowie das Wendelmeer[20] mit seiner Vielzahl an → Inseln zu denken. Aus diesem Grund erfolgt der Zugriff auf die das Lemma ausmachenden räumlichen Phänomene aus zweierlei Richtung: Zum einen werden die Textstellen herangezogen, in denen explizit die Ränder der Erde mit einem der oben genannten Begriffe erwähnt werden, zum anderen erfolgt die Beschreibung über die genannten Orte, die an den Welträndern lokalisiert sind.

2 Merkmale der Darstellung

Die literarische Darstellung der als Randbereiche der Ökumene verstandenen Orte ist häufig geprägt durch eine Gegenüberstellung von Zentrum und Peripherie, die auf den ersten Blick dichotom scheint. Diese scheinbare Dichotomie wird bei eingehenderer Betrachtung jedoch in den meisten Texten wieder aufgelöst.

Die Entlegenheit des Erdrandes prädestiniert ihn zu einem Ort der Exotik, an welchem Phänomene der Alterität verhandelt werden können und daher auch in den

---

13 Vgl. Herweg 2010, 263.
14 Vgl. von den Brincken 1992, 158.
15 Vgl. von den Brincken 1992, 162.
16 Vgl. Bremer 2008, 853.
17 Vgl. Dorninger 2008a, 276.
18 Vgl. Kugler 2000, 104.
19 Vgl. Kugler 2007, 195.
20 Vgl. Simek 1992, 34.

Texten – unter Rückgriff auf Topoi des gelehrten Wissens – Ausgestaltung finden.[21] Damit können die Ränder der Erde einerseits als Gegenräume gestaltet werden, in denen die Ordnungssysteme, die das Zentrum der bekannten Welt prägen, entweder suspendiert oder zumindest infrage gestellt sind (s. Abschn. 3.1 und 3.2; vgl. auch → Ferne-Utopien). Andererseits können sie aber auch als „epistemologische Randzonen"[22] gestaltet werden, an denen Unerwartetes und Wunderbares zu vermuten ist, das sich von räumlichen Gegebenheiten der eigenen Welt grundsätzlich unterscheidet (s. Abschn. 3.3).

2.1 Lokalisierung

Ein wesentlicher Bezugspunkt für die Lokalisierung der am Rand der Erde gedachten Orte ist das Wendelmeer, das als weltumspannender Ozean den äußeren Rahmen der Welt bildet. Dabei kann die Frage, was als Rand der Welt verstanden wird, aus zweierlei Perspektiven beantwortet werden: Zum einen kann es sich hierbei um Orte handeln, die an das Wendelmeer stoßen. In diesem Sinne stellt das Wendelmeer eine → Grenze dar, deren Überschreitung nicht möglich ist. Hier sind z. B. Indien (RvEWchr 1417–1435), das Kaukasus-Gebirge (Reinfr 18222–18333), Afrika (Lucid I,60,36) sowie die fiktiven Länder Crisa (HvNstAp 10934–10947) und Gramania (SeifAlex 6014–6931) situiert.[23]

Zum anderen kann aber auch das Wendelmeer selbst diese Randzone bilden, die bis zu einem gewissen Punkt be- und damit erfahrbar ist. Allerdings ist in den meisten Texten dieser Punkt, der meist gar nicht räumlich expliziert wird, nicht mehr überschreitbar und stellt damit doch eine klare Grenze dar. Von Hercules etwa wird im *Reinfrit von Braunschweig* berichtet, er habe sich so weit auf das Meer hinausgewagt, dass er weder Himmel noch Erde mehr erkennen konnte. Die Unwirtlichkeit der Gegend veranlasst ihn schließlich, kehrt zu machen und den Punkt als Ende der Welt zu markieren (Reinfr 21876–21911). Über diesen Punkt hinaus reist Hartliebs Alexander, muss jedoch letztlich erkennen, dass auch für ihn eine Weiterreise auf dem Meer nicht möglich ist (JohHartA 226). Dennoch bricht sich die Vorstellung, dass auf dem Weltmeer die kugelförmig gedachte Erde umrundbar sein muss, allmählich Bahn. So werden im Reisebericht des Jean de Mandeville Überlegungen dazu angestellt, dass

---

[21] Kugler 2000, 113–115 spricht in Zusammenhang mit der Alexanderdichtung von einem utopisch markierten Vorstellungshorizont, da in diesen peripheren geographischen Bereichen sowohl Schreckens- als auch Wunschorte imaginiert werden, die den Charakter negativer bzw. positiver Utopien haben.
[22] Dünne 2011, 267.
[23] Auch bei den im *Herzog Ernst* erwähnten Ländern Grippia (ErnstB_(BS) 2177–2206) und Arimaspi (ErnstB_(BS) 5338–5349), die über den Seeweg erreichbar sind, ist zu vermuten, dass sie sich am Wendelmeer befinden.

die Erde auf dem Schiff umfahrbar sein müsste, freilich ohne diese Gedankenspiele tatsächlich in die Tat umzusetzen (JMandRV 113–115).[24]

Daneben kann der Erdrand jedoch auch als breiter Saum beschrieben werden, dessen Erstreckung unbestimmt bleibt. So berichtet Rudolf von Ems in seiner *Weltchronik* von den Weiten des Nordens, die ohne Ende erscheinen: „nordent uber den wildin se / das groze lant ze Sweidin lit / und Norwege, das alse wit / ist, als wir dicke han virnomin / das im kan nieman zende komin" (RvEWchr 2431–2435).

Die Erde in ihrer gesamten Dimension und damit auch mit dem die Landmasse umgebenden Ozean ist nur aus der Vogelperspektive erkennbar. Dieser Anblick wird Alexander dem Großen sowie dem Schwarzkünstler Faust zuteil. Im Faustbuch stellt sich die Welt als einem Dotter inmitten des Eiweißes gleich dar (Faust_(FK) 25,59),[25] wohingegen die Alexanderdichtungen das Staunen über die Ausmaße des Weltmeeres in den Fokus stellen: „Da sach umb sich der her: / Daz ertrich dauchet in als klain / Gen dem waßer als ain / Bon gen ainem perge grözz. / Zu allen enden auch flozz / Daz waßer umb die erd, / Reht als ain zirckel weit / Hat ez die erd umb fangen" (GrAlex 5610–5617). Die Werke, in denen dieser Blick von oben auf die Erde inszeniert wird, heben jedoch die Rahmung des Festlandes durch das Wendelmeer hervor und suggerieren auf diese Weise eine Vorstellung von einer äußeren Umrandung der Welt (vgl. GrAlex 5614–5617; SeifAlex 6459–6462; JohHartA 226; Faust_(FK) 25,59).

2.2 Erreichbarkeit und Zugänglichkeit

Orte, die sich an den Rändern der Erde befinden, zeichnen sich meist über die weite Entfernung vom Zentrum der Ökumene hinaus auch durch ihre schwere Erreichbarkeit aus. So gelangt der gleichnamige Titelheld in Heinrichs von Neustadt *Apollonius von Tyrland* nur durch einen Seesturm und damit keineswegs intendiert an die → Mauern des Irdischen Paradieses, die einen Umkehrpunkt markieren, da eine Weiterfahrt ausgeschlossen ist (HvNstAp 14773–14895). Auch Brandan gelangt im fnhd. Druck der *Reise*-Fassung der *Brandan*-Legende nur durch Zufall an den Ort, von dem es heißt, „daz die welt do ein end het" (BrandanFnhd_(Sch) 191,9f.). Die Beschwerlichkeit des → Weges dorthin kann durch → Wüsten (Lucid I,52,20), wildes Getier (HvNstAp 109348f.), stürmische See (SeifAlex 226) oder gefährliche Meereswesen (SAlex_(L) 5050–5059), aber auch durch schlechte klimatische Verhältnisse und Sichtbedingungen (RvEWchr 2431–2442) erhöht werden. Nicht selten werden an den Randbereichen der Erde angesiedelte Orte als unzugänglich geschildert, durch

---

[24] Ähnlich auch bei Hartliebs Alexander: „ich fuor fürbas pis an das mer occean und wolt versuochen, ob ich alle welt auff dem mere mocht umbfaren. Da fand ich, das das selb mer so vinster und tunckel was, auch so gar ungestuem mit unden ware, da niemant ye da gefaren mocht" (JohHartA 226).
[25] Diese Vorstellung war bereits in der Antike bekannt (vgl. Simek 1992, 32f.).

natürliche wie auch durch künstliche Schranken von der Außenwelt abgeschlossen. An erster Stelle ist hier das Irdische Paradies zu nennen, das im äußersten Osten der Welt gedacht wird und einen unzugänglichen Ort *par excellence* darstellt. Eine in den Himmel aufragende Mauer aus Stein (SAlex_(L) 6395–6415; Reinfr 21848 f.; SeifAlex 6243–6250) oder aus Feuer (RvEWchr 1397–1399; Faust_(FK) 27,72) bildet die unüberwindliche Umfriedung und schützt das Innere nicht nur vor physischem Eindringen, sondern auch vor Einblicken. Von ähnlich undurchdringbarer Befestigung erscheint das am Nordrand der Welt situierte Land der Völker Gog und Magog, die von Alexander dem Großen in ein von hohen → Bergen[26] umgebenes Gebiet gesperrt werden. Zur Abriegelung baut Alexander eine Mauer mit einem (nahezu) unzerstörbaren Spezialkit („assyntiton", RvEAlex 16290; SeifAlex 4266–4287). Von Bergen umschlossen ist auch das Land Gramania, in das man nur über eine enge, gut bewachte → Straße einreisen kann, sodass „nyeman dar ein mit gewalt / chomen mocht" (SeifAlex 6916 f.). Die im Wendelmeer zu verortende *insula perdita* (Lucid I,61,39) wiederum weist Züge eines andersweltlichen Ortes (→ Anderswelten) auf, da sie sich einer Lokalisierung aufgrund ihrer geographische Unfestigkeit entzieht. Nur ausgewählten Personen wird der Zutritt zu ihr gewährt, sonst verschwindet sie immer wieder: „das lant ist allin lútin gar / virborgin vor, wand nieman dar / kunt, ez muoze von geschiht / irgan: man vindit andirs niht / wa dú isele si gelegin" (RvEWchr 3054–3058).

2.3 Umwelt und klimatische Bedingungen

Viele der am Erdrand situierten Orte zeichnen sich entweder durch ein extremes Klima oder aber durch eine außergewöhnliche Umwelt aus. In der Darstellung der Erdregionen schlägt sich auch eine mit der mittelalterlichen Klimazonenlehre einhergehende Bewertung nieder: Die Nord- und Südzonen werden aufgrund der hohen Kälte bzw. Hitze als unbewohnbar geschildert (Lucid I,47,18; Reinfr 18236–18240), gleichzeitig werden hier den Menschen bedrohende Erscheinungen angesiedelt.[27] Die im Osten gedachten Orte hingegen weisen nicht nur ein angenehmes, gemäßigtes Klima, sondern auch eine exotische, durchwegs positiv besetzte Umwelt auf:[28] „da ist alle weg meyen zeyt" (HvNstAp 10945), es herrschen paradiesische Zustände (RvEWchr

---

26 Die hier aufgerufenen Toponyme sind Kaukasus (RvEWchr 1422; RvEAlex 13577; UvEtzAlex 4521 f.), Kaspische Berge (RvEAlex 20818–20822; JohHartA 78 f.; HvNstAp 10951–10954) und Ubera Aquilonis (RvEAlex 17296–17318). Bisweilen findet eine Vermischung bzw. Gleichsetzung der Gog und Magog mit den sog. Roten Juden, den exilierten zehn Stämmen Israels, statt. Vgl. Dorninger 2008a, 284–287.
27 Vgl. Kugler 2007, 183 f.
28 Münkler 2007, 155 weist darauf hin, dass „[d]er Osten, an dessen äußerstem Ende der Herr einen Garten für den von ihm geschaffenen Menschen angepflanzt hatte, [...] als der Bereich des Lichts und der Wärme [galt]. Als Ort des Sonnenaufgangs war er zugleich Spender des Lebens wie des Heils und er war die Himmelsrichtung, aus der die Erlösung erwartet wurde."

3040–3047; JTit 4818), die Flora gedeiht das ganze Jahr über (HvNstAp 10946 f.) und bringt kostbare Nahrungs- und Genussmittel wie etwa Pfeffer (UvEtzAlex 23059; JTit 6157; 6161; Fort_(M) 491,26; 491,30 u. a.), Zucker (JTit 5220 f.; MarcoPolo 66), Ingwer (BdN 86; OdorPSteck 55) oder Palmwein (MarcoPolo 58) hervor. Gold, Silber und kostbare Gesteine gibt es im Überfluss (GrAlex 5470–5474; JMandRV 170 f.).

Der äußerste Norden wie auch der Süden werden nur selten Schauplatz der Handlung.[29] Explizite Erwähnung und Darstellung finden sie vor allem in der historiographischen und der didaktischen Literatur, wenn eine Gesamtschau der Erde gegeben wird. Die Schilderung dieser beiden Erdregionen weist durchaus Parallelen auf. So werden beide aufgrund der klimatischen Verhältnisse als wüst, leer und dem Menschen feindlich beschrieben.[30] Lediglich wilde Tiere können hier leben, im Norden kommt die ewige Finsternis hinzu (RvEWchr 2431–2442; MarcoPolo 75), im Süden bewirkt die übermäßige Hitze, dass das umgebende Meer siedet und dadurch zur tödlichen Gefahr wird (Lucid I,60,36; RvEWchr 2837–2842).

Der Westen bleibt ebenfalls weitgehend konturlos. In den deutschsprachigen narrativen Werken spielt er eine völlig untergeordnete Rolle.[31] Die im Westen verorteten Ränder der Welt sind im Ozean situiert, als sichtbares Zeichen hierfür dienen die Säulen des Herkules (Reinfr 21894–21911). Je weiter sich Reisende gen Westen auf das Meer hinauswagen, desto schwieriger wird die Weiterfahrt, da Nebel und Dunkelheit die Navigation erschweren. Das bisweilen im Westen verortete Lebermeer (Merig_(V) 10,26; → Magnetberg) wird aufgrund seiner schwerflüssigen Konsistenz zur tückischen Gefahr, macht es doch eine Rückkehr unmöglich.

3 Narrative Funktionen

Bereits die narrativen Mittel, mit denen Fernwelten an den Rändern der Erde konstruiert werden, machen deutlich, dass die Alteritätserfahrung eine zentrale Stellung einnimmt. Die große Entfernung zum Zentrum der bekannten Welt erweist sich

---

29 In Ulrich von Zatzikovens *Lanzelet* stammt die zu einem Drachen verwandelte Elidia aus Thule. Ihre Verwandlung ist einem Verstoß gegen die dort gültigen Gesellschaftsregeln (UvZLanz_(H) 7983–8021) geschuldet.
30 Bei Rudolf von Ems heißt es in der *Weltchronik* bezüglich des Nordens etwa: „ze ende ubir ellú disú lant / ist nordint von des fristes kraft / al dú erde umbuhaft: / wan nieman drinne mag gewesin / noh von vil grozim froste genesin, / des muoz da sin der bu virkorn: / von vroste ist das mer gefrorn / und das lant ist alse kalt / von grozer kelte manic falt / das ez oede alle frist / muoz sin und gar umbuhaft ist" (RvEWchr 2731–2741). Der Süden wird geschildert als „grozir witir lande vil / dú lere, wueste, umbuhaft / von grozir hitze ubirkraft / zallin zitin muozin sin" (RvEWchr 2832–2836).
31 Vgl. hierzu auch von den Brincken 1992, 164. Anders mag es im Bereich der irischen Erzählliteratur aussehen, die mit den Imrama durchaus Gattungen hervorgebracht hat, deren Schauplatz der westliche Ozean ist (vgl. Haug 2005, 40, von den Brincken 2000, 18).

hierbei insofern als vorteilhaft, als der Gestaltungsrahmen für das Wunderbare und Außergewöhnliche eine Erweiterung erfährt, indem der Anspruch auf empirische Überprüfbarkeit der hier lokalisierten Phänomene abnimmt.[32] Obgleich in der Regel die gelehrten kosmographischen Vorstellungen den epistemischen Rahmen bilden, entsteht durch die Distanz zwischen Zentrum und Peripherie ein Spielraum zur fiktionalen Ausgestaltung tradierter Topoi. Dies wiederum bietet die Gelegenheit, vor der Folie einer alteritären Umwelt die eigenen Konventionen und Usancen kritisch zu hinterfragen und hinsichtlich ihrer universellen Gültigkeit zu überprüfen.[33] Dabei hat insbesondere die Begegnung mit den Bewohnern der Randzonen Bedeutung, weil diese mit ihren Gesellschafts- und Lebensmodellen den Ausgangspunkt für die Infragestellung der eigenen Haltung bilden. Der längerfristige Aufenthalt an den Randbereichen der Erde und damit einhergehend der Kontakt mit den Wundervölkern kann daher bei den Reisenden einen liminalen Status befördern. Dies wird beispielsweise bei Herzog Ernst deutlich, der mehrere Jahre im Land der Arimaspi verbringt, deren Sprache erlernt (ErnstB_(BS) 4629–4631) und zur Befriedung des Landes beiträgt (ErnstB_(BS) 4667–5332). Dennoch bleibt diese Annäherung nur partiell, da Ernst schließlich die Ankunft von Händlern nutzt, um Arimaspi zu verlassen und seine ursprüngliche Mission einer Reise ins Heilige Land wiederaufzunehmen (ErnstB_(BS) 5386–5434).

3.1 Überschreitung der natürlichen Ordnung

In manchen Texten wird der Weltrand genutzt, um verblüffende Phänomene, die die gewohnte und damit als natürlich verstandene Ordnung überschreiten, zur Schau zu stellen. Hierunter fällt auch die Existenz hybrider oder physiognomisch abweichender Menschen, die die Vielfalt der göttlichen Schöpfung aufzeigen.[34] Die Ränder der Erde werden somit zum bevorzugten Ort für Naturwunder aller Art, die den im Zentrum beobachtbaren Lauf der Natur zu verkehren oder aber außer Kraft zu setzen scheinen: So beschreibt etwa Odorico von Pordenone das Negativwachstum bzw. Schrumpfen der Pygmäen zwar mit Erstaunen, aber ohne dies als unnatürlich zu kennzeichnen (OdorPSteck 95). Die Reisenden werden an den Randzonen der Welt mit den basalen

---

[32] Vgl. Dünne 2011, 259.
[33] Moser 2010, 58–61 führt aus, dass bereits in der antiken Literatur der Weltrand einen privilegierten Ort des Wissens und der Welterkenntnis darstellte.
[34] Vgl. Daston/Park 2002, 30. Hierzu zählen den Traditionen der gelehrten Literatur folgend Cynecophalen (UvEtzAlex 25091–25162; OdorPSteck 73), kopflosen Blemmiae (GestRom 175), einäugige Cyclopen (Anno 22,21–26; ErnstB_(BS) 4505–4521), einbeinigen Skiopeden (ErnstB_(BS) 4671; GestRom 175), Riesen (ErnstB_(BS) 5013–5017) und Pygmäen (ErnstB_(BS) 4928–4942; HvNstAp 10965–10975).

Aspekten der natürlichen Ordnung vertraut gemacht, die sich hier vor allem durch ihre Verkehrung und Neuzusammensetzung auszeichnen.[35]

3.2 Kontrafaktur kultureller Ordnung

In der Begegnung mit den verschiedenen Wundervölkern des Erdrandes liegt auch das Potenzial, eigene kulturelle Praktiken oder moralische Haltungen zu reflektieren. Dies ist insbesondere dann möglich, wenn die fremde Kultur ein positiv oder negativ konnotiertes Gegenmodell zur eigenen darstellt und damit deren Geltung infrage stellt. So wird seinem Reisebericht zufolge Odorico von Pordenone bei seiner Reise nach Südostasien mit einem Volk konfrontiert, das aufgrund des heißen Klimas keine Bekleidungspraxis kennt. Der vollständig bekleidete Odorico wird daher aufgrund seines Festhaltens an europäischen Kleidungssitten zur Zielscheibe des Spottes (OdorPSteck 65).[36]

Auch die Begegnung Alexanders des Großen mit den Occidraten auf seinem Eroberungsfeldzug mündet in die Aushandlung der Sinnhaftigkeit seines Machtstrebens, das vor der Folie der sich alles versagenden Occidraten in seiner Oberflächlichkeit und Nichtigkeit entlarvt wird. Alexander wird auf seine Rolle als sterblicher Mensch reduziert, der der Vergänglichkeit nichts entgegenzusetzen hat (SAlex_(L) 4394–4422).

Mit der Kontrafaktur kultureller Ordnung geht oftmals auch die Auflösung tradierter Oppositionen wie menschlich – tierisch (etwa im Kontakt mit Hybridwesen, die durchaus eine menschliche Kultur haben können),[37] weiblich – männlich (etwa bei den Amazonen und ihrer matriarchalischen Gesellschaftsstruktur)[38] oder moralisch – unmoralisch (etwa im Kontakt mit den Patrophagi, die ihre verstorbenen Verwandten verspeisen)[39] einher.

3.3 Weltrand als epistemologische Randzone

Der Weltrand, so unbestimmt er auch sein mag, kann eine Grenze markieren, die nicht überschreitbar ist. Damit eröffnet er einen Spielraum für Spekulationen über

---

35 Vgl. hierzu auch Moser 2010, 59.
36 In ähnlicher Form auch bei JMandRV 112.
37 Z. B. bei Mandeville: „Die lút in der selben ynsel, wib und man, hond alle hundes hôpter, und sie haissent sich dôrt Canafales, und ist beschaiden volck und wol verstandes" (JMandRV 121, 19–21).
38 Z. B. bei Marco Polo, der von einer im Ozean gelegenen Insel berichtet, die ausschließlich von Frauen bewohnt ist, und auf der die Gegenwart von Männern nur einmal im Jahr zum Zweck der Fortpflanzung geduldet wird (MarcoPolo 67 f.). Vgl. auch die Schilderung der Amazonen im *Straßburger Alexander* (SAlex_(L) 6022–6133).
39 Z. B. bei Odorico von Pordenone, bei dem diese Bestattungspraxis zum Gegenstand der Aushandlung moralisch richtigen und falschen Verhaltens wird (OdorPSteck 77–79).

die sich jenseits dieser Grenze befindlichen Gebiete und ihre Einwohner. So wird die Frage nach den Antipoden, den Bewohnern der südlichen Halbkugel, die auch in der gelehrten Literatur des Mittelalters kontrovers diskutiert wurde, in den narrativen Texten gestellt und mit unterschiedlich konkreten Antworten versehen. Während im *Lucidarius* die Antipoden ganz im Wortsinne diejenigen Menschen auf dem Australkontinent sind, die mit den Füßen nach oben und dem Kopf nach unten leben, formuliert die fnhd. Fassung der *Brandan*-Legende die Erwartung nach einer Welt „under der erden" (BrandanFnhd_(Sch) 191,11) weitläufiger aus: „sy [...] hoerten do nit verr grosses geprächt und wunderlich groß gedoen von lewtten und von vich: sy hoerten glocken lewtten, meß singen, vich außtreiben, tantzen, hoffiern, singen, wainen, klagen, lachen, pfeiffen, busunen, trumetten, pferd, küe verher schreien, sy hoerten maniger hand gedoen" (BrandanFnhd_(Sch) 189,5 f.). Die Existenz dieser Welt „under der erden" ist zwar akustisch wahrnehmbar, doch aufgrund der Unerreichbarkeit bleibt sie unkonturiert und eröffnet Raum zur Spekulation.

Auch Seifrit inszeniert in seinem *Alexander* mit dem unzugänglichen und unüberschreitbaren Kaukasus eine Randzone des Unbekannten, die den Raum zur imaginativen Füllung eröffnet: „was enhalb des gepirgs sey, / der warhait ist die welt frey, / payder alt und chindt, / die all hie disshalb sindt. / das guette warhait ist dar under / und grassew landt, das ist nit wunder" (SeifAlex 6129–6134).

Auf diese Weise bilden die Ränder der Erde einen nicht überschreitbaren Grenzraum, jenseits dessen neue Wunder zu erwarten sind, die über die in der gelehrten Literatur tradierten hinausgehen. So kann konstatiert werden, dass die „zunehmende räumliche Entfernung von der bekannten Welt [...] also nicht nur mit einer fortschreitenden Abstrahierung von einer nachvollziehbaren Raum- und Zeitorientierung [korrespondiert], sondern auch mit der Schaffung einer Art von epistemologischer Indifferenzzone".[40]

> Anno, BdN, BrandanFnhd_(Sch), ErnstB_(BS), Faust_(FK), Fort_(M), GestRom, GrAlex, Heliand_(B), HvNstAp, IsidEtym_(M), JMandRV, JohHartA, JTit, Kchr_(S), Lucid, MarcoPolo, Merig_(V), Musp, OdorPSteck, Reinfr, RvEAlex, RvEWchr, SAlex_(L), SeifAlex, UvEtzAlex, UvZLanz_(H)

> → Anderswelten; → Ferne-Utopien; → Grenze; → Indien, Mirabilienorient; → Insel; → Irdisches Paradies; → Meer, Ufer; → Gebirge, Berg, Tal; → Magnetberg, Magnetstein; → Turm, Zinne, Mauer; → Weg, Straße, Pfad; → Wüste, Wildnis, Einöde

---

40 Dünne 2011, 267.

Björn Reich
Saal

1 Begriffsbestimmung – 2 Merkmale der Darstellung – 2.1 Der Saal als visueller Wahrnehmungsraum – 2.2 Der Saal als auditiver Wahrnehmungsraum – 2.3 Der Saal als synästhetischer Wahrnehmungsraum – 3 Narrative Funktionen – 3.1 Der Saal als Mittelpunkt des höfischen Lebens – 3.2 Der Saal als Kampfplatz – 3.3 Der Saal als mentaler und cordialer Innenraum – 3.4 Der *himels sal* nebst einigen allegorischen und personifizierten Sälen

1 Begriffsbestimmung

Der mhd. Begriff *sal* (m.) findet sowohl für Säle als Teil eines größeren Gebäudes (etwa einer → Burg, eines Palastes) Verwendung als auch zur Bezeichnung einer eigenständig errichteten, nur einen einzigen Saal erhaltenden Halle. Häufig sind Doppelformel wie *kemenate unde sal* (En_(EK) 886; Herb 1622), *hof unde sal* (AristPhyll 516; Dietr 569) oder *palas unde sal* (NibAB_(BBW) 34,3). Die Stattlichkeit einer Burg wird nicht selten anhand der Anzahl der → Türme und Säle beschrieben, wobei häufig eine unspezifische Angabe wie z. B. *manige* (BrandanReis 1199; ErnstB_(B) 2550; KvWPart 968; KvWTroj_(K) 23313; 26414) erfolgt, bisweilen aber auch konkrete Zahlen genannt werden: „Man hiez in wesen meister vierzic türne guot / und sehs sale wîter", Kudr_(BS) 1542,1 f.).

Der Begriff *sal* lässt sich nicht exakt abgrenzen – vor allem dort, wo kein eigenständiges Gebäude gemeint ist, können *sal*, *palas* (m./n.) und selbst *hof* (m.) als Synonyme auftreten.[1] Daher taucht der Begriff – unabhängig von der literarischen Gattung – nicht bei allen Autoren auf: Bei Wolfram von Eschenbach etwa finden sich nur wenige Belege, obgleich es unzweifelhaft ist, dass zentrale Szenen des *Parzival* (Besuch auf der → Gralsburg) und des *Willehalm* (Hoftag in Munleun) in einem Saal stattfinden. Um der Fülle der Belege Herr zu werden, sind im Folgenden nur Textstellen berücksichtigt, in denen der Begriff *sal* explizit genannt wird.

Innerhalb der Burg steht der *sal*, der „zentrale[] Ort herrscherlicher Repräsentation",[2] dem privateren Raum der → Kemenate gegenüber.[3] Es findet sich jedoch auch „der kemenâten sal" (UvEtzAlex 24757). Eine klare Abgrenzung von privaten

---
1 Vgl. Piper 1905, 383.
2 Untermann 2009, 175. Vgl. Kerll 1909, 9.
3 Vgl. ausführlich Kerll 1909. Zum Verhältnis von privaten und öffentlichen Räumen vgl. Krause 2007, 152, Schmid/Schmid 2007, 10 sowie allgemein: Moos 1998, Rau/Schwerhoff 2004.

und öffentlichen Räumen ist nicht gegeben, die Übergänge verlaufen als „graduelle Abstufungen".[4]

Der *sal* ist vor allem in Texten, in denen es um herrscherliche Repräsentation geht, wichtig. Demzufolge liegt im Folgenden ein Schwerpunkt auf der Betrachtung höfischer Romane, wie z. B. der Artusromane. Zu nennen sind insbesondere die Werke des Pleier (Wirkungszeit 1240–1270), Ulrichs von Zatzikhoven *Lanzelet* (um 1200), Wirnts von Gravenberg *Wigalois* (um 1220), Heinrichs von dem Türlin *Krone* (zw. 1215 u. 1230), Strickers *Daniel von dem Blühenden Tal* (1. H. 13. Jh.) und Konrads von Stoffeln *Gauriel von Muntabel* (E. 13. Jh.). Als äußerst fruchtbar für die Betrachtung von Sälen erweist sich zudem der *Prosa-Lancelot* (ab M. 13. Jh.). Daneben werden weitere höfische Romane wie der Liebesroman – etwa Eilharts *Tristan* (um 1180), Konrads von Würzburg *Partonopier und Meliur* (nach 1250) und Johanns von Würzburg *Wilhelm von Österreich* (1314) – und der Antikenroman in Betracht gezogen, darunter etwa Konrads von Würzburg *Trojanerkrieg* (1280er Jahre), Ulrichs von Etzenbach *Alexander* (vor 1297) und Seifrits *Alexander* (1352). Besonders ausführliche Saalbeschreibungen finden sich im *Straßburger Alexander* (A. 13. Jh.) und in Herborts von Fritzlar *Liet von Troye* (zw. 1190 u. 1217). Daneben sind Säle vor allem in der Heldenepik präsent – wobei nicht nur an die Saalschlacht im *Nibelungenlied* (um 1200) zu denken ist, auch *Alpharts Tod* (um 1250), *Biterolf und Dietleib* (um 1260), der *Laurin* (M. 13. Jh.), die *Rabenschlacht* (letztes V. 13. Jh.), das *Eckenlied* (1. H. 13. Jh.), die *Virginal* (13. Jh.), die Rosengärten (13. Jh.) und die Wolfdietriche (13. Jh.) weisen charakteristische Saalszenen auf. Selbst in der überwiegend im Freien handelnden *Chanson de geste* (etwa in Strickers *Karl* [um 1220] und in Ulrichs von dem Türlin *Arabel* [um 1270]) sind Säle keine Seltenheit. Ein Blick auf kleinere Erzähltexte (etwa *Aristoteles und Phyllis* [zw. 1260 u. 1287], Meister Altswerts *Kittel* [2. H. 14. Jh.]), den Schwankroman (Strickers *Pfaffe Amis* [zw. 1220 u. 1250]), die Moraldidaxe (Hugos von Trimberg *Renner* [um 1300], Heinrichs von Mügeln *Der meide kranz* [um 1355], Meister Ingolds *Guldin Spil* [1432]), die Chronik (*Kaiserchronik* [Mitte 12. Jh.], Dalimils *Chronik* [bis 1314]) und die legendarische und geistliche Dichtung (*Ezzolied* [um 1060], *Annolied* [zw. 1077 u. 1081], Reinbots von Durne *Georg* [zw. 1231 u. 1256]) komplettieren den Befund, dass der *sal* letztlich keine gattungsspezifische Verwendungsweise erkennen lässt und überall präsent ist.

2 Merkmale der Darstellung

Der *sal* ist ein Innenraum – immer wieder werden daher das *dach* („von pfawen gevidere / was in dem sale obene daz dach", BrandanReis 495; Lanc_I_(K) 235,9), der *estrîch* (HvFreibTr 2757; ErnstD 2174; RvWKaufm 206) bzw. die *platten* (Lanc_III_(K)

---

[4] Krause 2007, 152.

382,8), die *porte* (JTit 6223,3; LaurinJV_(L) 1567) bzw. die *saltür* (Lanc_I_(K) 225,30; Lanc_II_(K) 150,25; SalMor 366,2), → Fenster (Herb 8777; Lanc_II_(K) 462,17; Tucher 298,28) und *wende* (Krone 20898; Klage_(L) 662; NibAB_(BBW) 1833,1; PleierGar 1917; Roth_(FK) 1151) erwähnt. Als begrenzter Raum hat der *sal* ein *ende* (Lanc_I_(K) 326,21; PleierGar 1918). Bisweilen fließt ein *brunne* oder *wac* (→ Fluss) durch den *sal* hindurch (SAlex_(K) 5913; JTit 6274).

Die Adjektive, die dem *sal* in den meisten Fällen zugeordnet werden, sind *künec-lîch* (Anno 42,2; BvRP 459,10; Dalimil_(H) 30,22; KvWTroj_(K) 13937; PulkChr 99,32 f.; HStAp_(G) 92r), *schoen* (BrandanReis 474; Krone 12986; Herb 1808; Renner 944; KvWPart 6925; KvWTurn 35; MvSLied 1,8,7; Lanc_I_(K) 169,33 u. a.; Lanc_II_(K) 67,24 u. a.; Wig 9780; WolfdB_(K) 255,3), *wünneclîch* (BrandanReis 882; Gauriel_(A) 4382,15; Krone 29628; KvWAlex 575; KvWPart 4797; KvWTroj_(K) 27695; Virg_(Z) 138,7; Wig 4296) und vor allem *wît* (Krone 29271; ErnstB_(B) 3219; RvDGeorg 3545; Kudr_(BS) 1145,3; KvWPart 8405; KvWSchwanr 329; NibAB_(BBW) 78,2; PleierGar 4750; PleierTand 7398; RosengD 627,4; TürlArabel 92,27; Virg_(Z) 189,2; Walberan 1201; WhvÖst 3857; Wig 9451; WolfdA_(K) 536,2). Daneben finden sich *ahtbaere* (TrMönch 592), *klein* (Lanc_II_(K) 3,1), *enge* (KvWTroj_(K) 31103), *grôz* (Lanc_I_(K) 12,13 u. a.; Lanc_II_(K) 151,1; Lanc_III_(K) 230,4), *hêrlîch* (Eilh_(L) 5287; ErnstB_(B) 2550; Lanc_I_(K) 351,26; Roth_(FK) 3840), *keiserlîch* (KvWTroj_(K) 17501; PulkChr 138,1), *lanc* (Krone 29271), *rîch* (Krone 29627; ErnstB_(B) 2815; RvDGeorg 3241; LaurinJV_(L) 1564), *wol getan* (NibAB_(BBW) 404,2) oder *wunderlîch* (KvWPart 832). Fast immer geht es um die Betonung von Pracht und Größe.[5]

Gelegentlich ist der *sal* in verschiedene Kammern unterteilt: „ir findet mich in der schönsten kamern die in dißem sal ist" (Lanc_I_(K) 350,11 f.). Er liegt häufig erhöht (Karlmeinet 53,22; Lanc_II_(K) 478,9; Soc 136,30),[6] sodass *stiegen* zu ihm hinaufführen (Krone 13054; NibAB_(BBW) 626,3); er kann unterkellert sein (Tucher 297,2); manchmal schließt sich ein → Garten an (ErnstD 2423). Sonst wird die architektonische Konstruktion von Sälen nur selten näher beschrieben; Beispiele finden sich etwa in der *Krone* („Der sâl ein gewelbe het, / Daz was sinewel und hôch", Krone 15722 f.) oder bei Herbort von Fritzlar, der „des sales swibogen" (Herb 11410; SAlex_(K) 5907) erwähnt – worunter Bauschke ein „von der Öffentlichkeit des Saales etwas abgetrenntes Seitenschiff" versteht.[7] In Tuchers *Baumeisterbuch* werden „seullen" (Tucher 298,24), im *Biterolf* „des sales eckstein" (BitD_(J) 9633 f.) genannt.

---

[5] „Seiner Bestimmung gemäß mußte der Saal groß und geräumig sein, und die Autoren werden nicht müde, an den von ihnen geschilderten Sälen diese Eigenart zu rühmen" (Kerll 1909, 12). Im Gegensatz zum ae. *Beowulf*, in dem die Erbauung der Heldenhalle Heorot geschildert wird, spielt die Höhe der Halle, das Hauptattribut Heorots, in der mhd. Literatur keine nennenswerte Rolle (vgl. Garner 2010, 162).
[6] Innerhalb von Palästen findet er sich meist im Obergeschoss (vgl. Untermann 2009, 175).
[7] Bauschke 2008, 12.

Im *Liet von Troye* findet sich (was selten ist) eine ausführliche Schilderung von der Erbauung eines *sals*, den Priamus neben dem Turm Ylion errichten lässt: „Do hiz er einen schonen sal / Bi dem turme wirken / [...] Er machte die steine slecht / Die fenster groß vnd wit / dar inne sule in alle sin (sit) / Grune rot wiz bla / Brun gel swartz gra / Daz gewot was reine / Mit dem helfenbeine / Vnderworcht vnd auch gevolt / Beide silber vnd golt / Da bi harte schone glas / Do der sal geworht was / Mit gezirde vnd mit gezinne / Vzzen vnd inne / Mit dem kalke man in bant / So man in schonest fant / Rechte wiz als der sne / Daz geworhte schein vber se / Als iz ein himel were" (Herb 1808 f.; 1812–1829). Von der Erwähnung statisch-funktionaler (wenngleich bereits repräsentativer) Elemente schreitet Herbort zu den Ornamenten fort und verleiht durch die Aufzählung der Farben, die im reinen Weiß kulminieren, der Beschreibung eine Dynamik, die in der Aufhebung der Raumgrenze (der *sal* ist innen und außen geschmückt) und der Überhöhung des politischen zum transzendenten Raum (*himel*) gipfelt.

Die Ausstattung des Saales ist meist zweckmäßig:[8] Es finden sich *benke* (SAlex_(K) 5903; Eilh_(L) 2049; KvWAlex 905; Tucher 298,25), *gesidele/sedel* (BrandanReis 491; ErnstB_(B) 3221; PleierGar 4574), *sessel* (ErnstD 2196), *stuole* (SalMor 15,2; Tr_(R) 10863; Virg_(Z) 558,5), eine *tavel* (Dietr 812; RvWKaufm 205; SAlex_(K) 5899; StrDan 94) oder einzelne *tische* (ErnstB_(B) 3218; HvFreibTr 2575; KvWPart 1083; KvWTroj_(K) 17544; PleierGar 9892; PleierMel 7819; Tr_(R) 16103; Tucher 298,28), selten ein *schranc* (Tucher 298,25); da der *sal* auch als Schlafplatz dient, ebenso Betten (Krone 14623, KvWPart 18021; Lanc_I_(K) 351,27; Lanc_II_(K) 211,23).

2.1 Der Saal als visueller Wahrnehmungsraum

Der *sal* kann zum Zentrum ausführlicher *descriptiones* werden.[9] Fußboden und Säulen sind häufig aus *marmelstein* (WolfdB_(K) 567,2).[10] Gold und/oder Silber (BrandanReis 477; MATugS_(HK) 86,32; HStAp_(G) 91v; SeifAlex 2487), Edelsteine und *kleineote* (SAlex_(K) 5944; Virg_(Z) 958,12) werden genannt, ebenso Wandgemälde, *sperlâchen* und Teppiche (KvWAlex 904; RvDGeorg 5318 f.; HvFreibTr 2522–2524; HStAp_(G) 91v; Walberan 1203).[11] Auch Gemälde und Wappen (Lanc_II_(K) 508,14) finden sich:[12] Im *Kittel* sind in einem *sal* die großen Helden des höfischen Romans, wie König Artus,

---

[8] Vgl. Kerll 1909, 54–73, Kluge-Pinsker 1998, 217–219.
[9] Das verstärkte Interesse an Visualität dürfte ein Grund sein, warum in der hochhöfischen Literatur „besonders ausführliche literarische Zeugnisse von Raumdekorationen entstanden" (Meier 2007, 255).
[10] Vgl. Kerll 1909, 16.
[11] Bei den Teppichen dürfte es sich in der Regel um Wandteppiche handeln. Der Teppich als dauerhafter (und nicht nur kurzzeitig ausgebreiteter) Bodenbelag beginnt sich erst im Laufe des 14. Jh.s durchzusetzen (vgl. Kerll 1909, 22, Kluge-Pinsker 1998, 216).
[12] Vgl. Kerll 1909, 39.

Wigalois, Wilhelm von Orlens oder Lanzelot abgebildet (MAKittel_(HK) 37,26–38,8); Terramer lässt in der *Arabel* Ulrichs von dem Türlin seine Taten an die Wände eines Saales malen: „swaz Terramer genvzze / der hervart hin ze Rvnzival, / daz heizze malen in den sal, / daz man die tat beschowe" (TürlArabel 124,20–24). Im Schwank von den unsichtbaren Bildern im *Pfaffen Amis* (StrAmis 496–798) hat Amis angeblich fünf Bildmotive aufgegriffen: Salomo, David und Absolom (StrAmis 648–654), Alexander (StrAmis 655–659), die Römer (StrAmis 660–662), den Turm zu Babel (StrAmis 663–666) sowie die Taten des Auftraggebers (StrAmis 667–677). Der Text bietet damit einen Einblick, welche verbildlichten Stoffe in herrscherlichen Sälen beliebt waren,[13] denn das „fingierte Programm [...] muß sich offensichtlich an geläufige Bildprogramme anlehnen, da das vermeintliche Erkennen ansonsten nicht funktionieren könnte".[14] Erhaltene Bildprogramme wie die auf Rodenegg oder Runkelstein bestätigen das.[15] Neben repräsentativ-politischer Funktion kann ein Bildprogramm auch didaktisch wirken. So rät etwa Meister Ingold in seinem *Guldin Spil*, ein Schicksalsrad als Mittel der Selbsterkenntnis an die Wände malen zu lassen (Ingold 13,1–16).

Insgesamt ist auffällig, was für eine große Bedeutung das Thema ‚Beleuchtung' bei der Schilderung von Sälen hat[16] – sie ist oft wichtiger als die Bildausstattung. Manchmal wird der Saal durch eine Vielzahl von Fenstern erhellt (Herb 4183; Lanc_II_(K) 462,18; Tr_(R) 11006–11008), häufiger finden sich Kerzen (Krone 29284; RvDGeorg 2694; KvWPart 1115; Lanc_II_(K) 228,10; SAlex_(K) 5975; UvZLanz_(H) 888) und Edelsteine, insbesondere der Karfunkel (BrandanReis 479; JTit 6223; Krone 15784 f.; MAKittel_(HK) 38,10–18; SAlex_(K) 5981). Auch ‚übernatürliche' Lichtquellen werden erwähnt (KvWSilv 1830 f.); in einigen Fällen bleiben sie unbestimmt (WolfdB_(K) 567,2). Erwähnenswert ist die Beleuchtung des *kuninginnen sal* (SAlex_(K) 5939) im *Straßburger Alexander*, wo Sonnenlicht durch ein goldenes Dach gebündelt auf einen goldenen Fluss im Inneren geleitet wird, sodass der Saal durch die Reflektion ‚aus sich selbst heraus' leuchtet (SAlex_(K) 5883–5925). Überhaupt scheint, da die Erwähnung von Fenstern häufig fehlt, der Eindruck des ‚aus sich selbst heraus Leuchtens' zentral für die Beschreibung eines Saales.[17]

---

13 „Erhalten haben sich aus dieser Zeit um und nach 1200 nur ganz wenige Wandmalereien" (Meier 2007, 255).
14 Meier 2007, 253.
15 Vgl. Haug et al. 1982, Schloß Runkelstein 2000, Schupp/Szklenar 1996 sowie allgemein Lutz 2002.
16 Vgl. Kerll 1909, 152–160.
17 Insgesamt scheint die Literatur bei der Schilderung der Saal-Beleuchtung auf ein historisches Problem zu reagieren: Da Fenster – einerseits um vor Geschossen zu schützen, andererseits um den Wärmeverlust gering zu halten – meist klein und schmal waren (Kerll 1909, 46, Kluge-Pinsker 1998, 213), war es in den Innenräumen dunkel. Im 12./13. Jh. ist ein verstärktes Bedürfnis nach Helligkeit erkennbar – ab dem 13. Jh. entstand eine „gesteigerte Nachfrage nach künstlichen Beleuchtungsmitteln" (Kluge-Pinsker 1998, 215), die Produktion von Kerzen und Kandelabern stieg enorm an. Der ‚helle' Saal der höfischen Literatur spiegelt damit ein wünschenswertes Ideal wider. Umso erstaunli-

2.2 Der Saal als auditiver Wahrnehmungsraum

„[D]er sal was schalles vol" (HvFreibTr 2946): Auch auditive Wahrnehmungen sind bei Sälen von großer Bedeutung. Das liegt nicht nur an den häufigen Reimwörtern *(er)hal* (Dietr 5802f.; Wig 9452) oder *schal* (AristPhyll 515; BitD_(J) 8668; Herb 10645; KvWTroj_(K) 5452 und 7994; NibAB_(BBW) 807,2; Rab 110,4; Wig 7865). Zunächst werden akustische Phänomene z. B. bei Musik im Rahmen von Festschilderungen (Dietr 5324 f.; RvWKaufm 199 f.; HStAp_(G) 95r) oder Kampfhandlungen (BitD_(J) 9136 f.; Kudr_(BS) 367,2) erwähnt. In einigen Fällen *erdiezet* oder erbebt der *sal* auch, wenn der Kampf außerhalb stattfindet (Herb 9776; NibAB_(BBW) 34,3). Da durch Wörter wie *erdôz* und *erhal* meist der Eindruck eines sehr lauten, hallenden Geräusches (Klage_(L) 918 f.; Kudr_(BS) 927,2 f.) entsteht, ruft diese akustische Raumkonstruktion den Eindruck eines geschlossenen und großen Gebäudes hervor.

Eine wichtige Rolle spielt die Schilderung akustischer Phänomene bei Botenszenen; hier gehen die Generierung eines Saals als ‚Hörsaal' und seine narrative Funktion ineinander über: Zunächst wird die anwesende Hofgesellschaft zur Ruhe gerufen (Tr_(R) 11221 f.) oder der Sprecher hebt die Stimme (Lanc_I_(K) 307,32–34): Die Nachricht soll von allen gehört werden (Lanc_I_(K) 231,1 f.). Auf die Botschaft reagiert die Hofgesellschaft selbst durch Lärm, wie z. B. *groß getone* (Lanc_III_(K) 500,15), *klagen* und *trûren* (SAlex_(K) 3391), *geriune* (SAlex_(K) 3161; Tr_(R) 11195 f.), Lachen (AltMutt 419; Lanc_II_(K) 396,19) oder Durcheinanderrufen (Lanc_I_(K) 587,9 f.; UFLan 293,1 f.). Umgekehrt kann eine Botschaft auch Schweigen auslösen (Lanc_II_(K) 9,25; Lanc_III_(K) 536,4 f.).

Gerade bei den Botenempfängen werden visuelle und akustische Schilderungen auch verknüpft, weil es bisweilen nicht nur darum geht, dass etwas von allen gehört wird, es werden zudem für alle sichtbare Handlungen vollzogen („das sahen alle die in dem sale waren" – Lanc_I_(K) 326,22 f.; vgl. Lanc_III_(K) 11,4); so ergeben sich komplexe auditiv-visuelle Verschränkungen.

---

cher ist, dass sich in den Texten keine Reflexion der Heizsituation findet. Schon ab dem 9. Jh. war die Unterbodenheizung auch in Privatgebäuden gebräuchlich, im 12. Jh. wird die Unterbodenwärmespeicherheizung neu entwickelt (vgl. Kluge-Pinsker 1998, 212). Der Aufschwung verläuft etwa parallel zur Beleuchtungsentwicklung (vgl. Untermann 2009, 175 f.). Da die Texte bei der Beschreibung von Sälen häufig eine synästhetische Schilderung (s. u.) anstreben, ist bemerkenswert, dass dabei Wärme (als taktiles Element) für die mittelalterlichen Autoren anscheinend keine Rolle spielt (im Gegensatz zum synästhetischen *locus amoenus* [→ Garten, → Heide, → Tal, → Wald], wo die Kühle eine nicht unbeträchtliche Rolle spielt – vgl. Reich 2015).

2.3 Der Saal als synästhetischer Wahrnehmungsraum

Neben den auditiven und visuellen Eindrücken werden bei der Beschreibung von Sälen auch andere Sinneswahrnehmungen angesprochen: So dient z. B. das Bestreuen eines Saales mit Blumen und Gras (Lanc_I_(K) 132,33; RvWKaufm 207; TürlArabel 228,22; Virg_(Z) 200,12 f.) dem Wohlgeruch:[18] „[...] Liljen unde rôsen rôt / Diese edele bluomen wâren, / Dar umbe, daz sie bâren / Dem sal einen edelen smac" (Krone 17415–17418); „Und als bald sie zu im kam, ward der sale gancz erfult mit gutem geruch als irdischen menschenherczen ye gedacht noch mocht gesagen" (Lanc_II_(K) 292,11 f.); wohingegen Krankheit und Verfall den abgeschlossenen Innenraum des Saales schnell mit Gestank erfüllen: „Er smackte so sere das nymant in dem sal mocht bliben" (Lanc_I_(K) 352,11); man könnte hier von einer olfaktorischen Raumkonstruktion sprechen.

Auch die in Sälen bisweilen anzutreffenden technisch-magischen Automaten und Apparate, wie z. B. das *gelückes rad* im *Wigalois* (Wig 1040–1052), das Wundertier in Candacias *kuniginnen sal* (SAlex_(K) 6001–6029), die mechanische Linde im *Wolfdietrich* (WolfdB_(K) 567 f.; WolfdD_(K) 1107–1109) oder die Isolde-Statue im *salle aux images* im *Tristan* des Thomas de Bretagne[19] sprechen in der Regel eine Vielzahl von Sinneswahrnehmungen an. Die synästhetische Schilderung von Sälen schafft das, was man in der Kunstgeschichte ‚immersive Räume' nennt;[20] die Saal-*descriptiones* dienen damit gemäß dem mittelalterlichen Ekphrasis-Konzept der Evidenzerzeugung.[21]

3 Narrative Funktionen

Die narrativen Funktionen der Darstellung von Sälen sind vielfältig. Das ergibt sich sicher aus der zentralen Position, die der Saal im öffentlichen Leben der Zeit spielt. Dort finden Säle in unterschiedlichster Weise Verwendung. Diener-Staeckling beschreibt am Beispiel des Ratssaals die multifunktionale Nutzungsweise der Säle,[22] – erst im 14./15. Jh. kommt es zu einer stärkeren „räumlichen Differenzierung".[23] Ähnlich dürfte der Befund für den adligen Rittersaal sein. Vor allem für das frühe und hohe Mittelalter tauchen Säle daher in unterschiedlichster Verwendungsweise auf: als

---

[18] „Der Beispiele für das Streuen von Blumen gibt es eine große Anzahl" (Kerll 1909, 20); in der afrz. Literatur werden neben Rosen und Lilien noch Gras, Schilf, Minze und Stroh erwähnt.
[19] Vgl. Mertens 1995, 41 f.
[20] Vgl. Kwastek 2005, Schmid/Schmid 2007, 14.
[21] Vgl. Meckseper 2002, 255, Reich 2011, 34–36 und 51–56, Webb 2009, 22, Wenzel 2006, 19, Wiesing 2005, 107.
[22] Vgl. Diener-Staeckling 2007, 178.
[23] Diener-Staeckling 2007, 178.

Empfangsort für Gäste oder Boten (VAlex_(K) 469), als Ort des höfischen Festes, als Schlafplatz (Iw_(BLW) 74 f.; Herb 1138; Kudr_(BS) 639,1; StrKarl 317), als Ort des Liebesvollzugs (DietrGlesse 96), als ‚Frauengefängnis' (→ Gefängnis; SchülerA 401), als Ort für Kranke (Lanc_II_(K) 234,13; HvFreibTr 2963), als Aufbahrungsort von Toten (Herb 9158), als Ort, an dem *urloup* genommen wird (BitD_(J) 3493), als kriegerischer Versammlungsort (Lanc_III_(K) 549,12) und als Kampfplatz (→ Turnierplatz, Schlachtfeld). Auch *âventiuren* (→ Weg) können innerhalb eines Saals stattfinden (Krone 22926 f.). Die Verwendung des Saals als Gerichtsort findet in der erzählenden Literatur erstaunlich selten explizite Erwähnung, das Kompositum *gerihtes sal* taucht hauptsächlich in Chroniken auf: „vnd was sytzen in seinem sall des richters stull" (PulkChr 123,32 f.; vgl. HagenChr_(G) 868). Dennoch kann in den meisten Fällen, wenn z. B. in der höfischen Literatur ein Urteil verkündet wird, davon ausgegangen werden, dass es in der Öffentlichkeit des → Hofes und damit wohl in einem *sal* stattfindet (es sei denn, die Hofgesellschaft ist unterwegs).

3.1 Der Saal und die Hofgesellschaft

Der Saal ist der Ort, an dem alle Einwohner einer Burg aufeinandertreffen, „junc unde alt" (Rab 110,5), „rîche und arm" (RvDGeorg 3331), Männer und Frauen.[24] Tiere sind in einem Saal zugelassen – etwa Hunde (KvF 277) oder Vögel (SeifAlex 7694 f.), die sogar in einem *sal* nisten können: „Die gelander und die nachtgal / Nisten beid in dem sal" (MAKittel_(HK) 20,30 f.). Auch beritten wird ein Saal bisweilen betreten (Herb 9835; Lanc_I_(K) 215,13 f.; Lanc_II_(K) 9,2; Lanc_III_(K) 1,3 f.), seltener finden sich Löwen oder Drachen (Lanc_II_(K) 631,21; Roth_(FK) 1150 f.; SeifAlex 497–500).

Im Rahmen von Festschilderungen findet ein Großteil des Programms innerhalb des Saals statt: Essen und Trinken (Dietr 811; DietrGlesse 534; ErnstB_(B) 3216–3219; Herb 7343; HvBDyocl 199,2; Kozz 233; KvWPart 1081; Lanc_I_(K) 51,8; PleierGar 9916; PleierMel 7835; PleierTand 8828; HStAp_(G) 91v; TrMönch 594), Tanz und *seitenspil* (Krone 29287; HJvBVinc V,3; KvWTroj_(K) 5451; Wig 9782). In Laurins *kúnig sal* (LaurinJV_(L) 1564) werden ritterliche Wurfspiele (LaurinJV_(L) 1637) und sogar Turniere (LaurinJV_(L) 1639–1641) ausgetragen.

Außenstehende, wie z. B. Boten, die unerwartet einen Saal betreten, bedrohen häufig die höfische *vreude*. Sie heben sich dann meist schon äußerlich von der Hofgesellschaft ab. Im *Garel* tritt ein Botenriese auf, Parzival kommt in Narrenkleidung an den Artushof, Willehalm trägt seine blutige Rüstung mitten in die Festgesellschaft zu Munleun und im mittelenglischen *Sir Gawain and the Green Knight* ist es ein Halbriese,

---

[24] Erstaunlich ist, dass die prekäre Sitzreihenfolge bei Tisch in den mhd. Texten kaum als Problem geschildert wird (vgl. Logemann 2007, 49, Schulman 2007, 216 f.).

der die Hofgesellschaft herausfordert (Gawein_(M) 135 f.). Doch natürlich spielen sich Botenempfänge nicht immer dramatisch ab – in vielen Fällen ist der *sal* einfach der Empfangsort für Nachrichten von außerhalb und bildet so die Schnittstelle zwischen Hof und *âventiure*-Welt.

Ungewöhnlich ist der ‚leere' Saal. So dient im *Tristrant* die mit dem Ort konnotierte Weite dazu, die Einsamkeit König Markes zu unterstreichen: „dô saz der koning mêre / in sîme sale aleine" (Eilh_(L) 1372 f.).

3.2 Der Saal als Kampfplatz

Häufig dient der *sal* als Versammlungsort der Helden (SalMor 24,2). Die Verse am Beginn der zweiten Strophe des *Eckenlied* „Es sasen held in ainem sal; / si rettont wunder ane zal" (EckenlE 2 2,1 f. – parodiert im Ring_(W) 5929 f.), zeigen, dass er Ort des Heldengesprächs ist; daneben dient er aber auch als Ort der Wappnung (Lanc_III_(K) 549,12). Zwar wird die Anwesenheit von Frauen dabei nicht grundsätzlich negiert, der narrative Fokus liegt aber auf den meist namentlich hervorgehobenen Helden. In *Alpharts Tod* (Alph_(M) 72–80) wird der Saal, in dem sich die Gefolgsleute Dietrichs vor ihrem Kriegszug gegen Ermenrich treffen, durch ihre ausführliche Nennung und Beschreibung zu einer ‚Hall of Fame'. Dennoch ist der *sal* ein tendenziell friedlicher Ort. Immer wieder wird gefordert, Waffen nicht mit in den Saal zu nehmen („man sol decheiniu wâfen tragen in den sal", NibAB_(BBW) 1745,2; vgl. WolfdA_(K) 141,4). Angriffe auf in einem Saal befindliche Personen wiegen besonders schwer, wenn z. B. im *Herzog Ernst B* vorgeschlagen wird: „daz wir slîchen hin ze tal / und zuo in springen in den sal / mit den swerten under sie. / ê sie sich dort oder hie / immer ze wer gerihtet hân" (ErnstB_(B) 3287–3291). Neben dem Verrat kann eine Gewalthandlung innerhalb eines Saals als Akt öffentlicher Provokation dienen, etwa wenn Hagen Ortlieb den Kopf abschlägt (NibAB_(BBW) 1961). Mehrfach wird in solchen Fällen das auf den *estrich* spritzende Blut (HvFreibTr 2756 f.) bzw. die Tatsache, dass der Saal von Blut gerötet sei (KvWHvK 156; Klage_(L) 821), erwähnt.

Wenn auch Kämpfe in Sälen nicht direkt selten sind, gibt es doch wenig Texte, die die Gegebenheiten des Raumes narrativ nutzen. Das besondere an einem Saalkampf besteht darin, dass er in einem begrenzten Innenraum stattfindet. Folglich werden die Wände des Saals hervorgehoben, besonders aber die Saaltür (→ Tür), die zum Dreh- und Angelpunkt einer möglichen Verteidigung werden kann. So etwa in der wohl ausführlichsten Schilderung einer Saalschlacht, im *Nibelungenlied*, wo die Tür von Volker und Hagen verteidigt wird: „der sal ist wol beslozzen […] von zweier helde handen dâ gênt wol tûsent rigel für" (NibAB_(BBW) 1979). Bisweilen wird eine komplexe Raumstruktur von innen und außen, aber auch von oben und unten entwickelt (Lanc_II_(K) 478,9; NibAB_(BBW) 2013). Kann die höhergelegene Position des Saals einerseits günstig sein für die Verteidigung, birgt sie andererseits Gefahren: Im *Prosa-Lancelot* stürzt ein Fürst aus dem Fenster eines Saals zu Tode: „sprang zu eim fenster uß und viel so hart uff ein muwer das er den halß zurbrach und starb alda inn sölcher wise" (Lanc_II_(K) 378,13 f.).

Fenster werden im Rahmen von Saalschlachten selten erwähnt. Der Innenraum schafft die beklemmende Atmosphäre abgeschlossener Unentrinnbarkeit: „da geschach yn ein wünderlich abenture das alle die düren an dem pallast und die fenster gingen zu, also das nymant kein hant daran det [...]. und von diesen dingen wurden sie all erschrekt" (Lanc_III_(K) 8,1–4); durch seine Abgeschlossenheit kann der *sal* auch zur Feuerfalle werden: „sô heiz' ich viern enden zünden an den sal" (NibAB_(BBW) 2109,2; vgl. Lanc_I_(K) 63,29–31).

Da der Saal Macht repräsentiert, steht seine Zerstörung für den Untergang eines Herrschers (Eracl_(M) 161; Kchr_(D) 346,10[25]); Alexander lässt den Saal des Xerxes bei der Zerstörung von dessen Palast hingegen ausdrücklich stehen (SAlex_(K) 3535–3545), was seine Nachfolge im Sinne des Modells der *translatio imperii* unterstreicht.

3.3 Der Saal als mentaler und cordialer Innenraum

Der Saal als Bilderraum wird bisweilen parallelisiert mit dem mentalen Innenraum der *imaginatio*/Einbildungskraft.[26] Diese Parallelisierung wird erstens durch die Doppeldeutigkeit des mhd. *bilde*-Begriffs forciert, der sich, wie das lat. *imago*, sowohl auf äußere Bilder als auch auf ‚innere Bilder'/*imagines* beziehen lässt,[27] sodass der *sal* als Bildersaal damit immer auch ein Imaginationsraum ist. Zweitens spielt die besondere Beleuchtung des Saales ‚aus sich selbst heraus' eine wichtige Rolle – da auch das Augeninnere oder die *imaginatio* als dunkler Raum, der durch das innere Augenfeuer erhellt wird, beschrieben wird.[28] Drittens lassen sich die zahlreichen epistemischen Eindrücke (akustisch, visuell, olfaktorisch) auf den *sensus communis*, das Sinnessammelbecken innerhalb der *imaginatio*,[29] beziehen. Eine solche synästhetische Bezugnahme spielt vor allem dort eine Rolle, wo mechanische Apparaturen auftauchen. In der Beschreibung von Candacias Palast im *Straßburger Alexander* werden die einzelnen Teile des Palastes mit den Hirnkammern des Drei-Ventrikel-Modells parallelisiert: „Alexanders Gang durch Candacias Palast läßt sich so verstehen als Passage durch den Wahrnehmungsapparat des Herrschers".[30] Dabei repräsentiert der

---

25 Vgl. Herweg 2006.
26 Vgl. Scheuer/Reich 2008.
27 Vgl. Reich 2011, 47, Schlüter/Hogrebe 1971, 915.
28 Vgl. Scheuer/Reich 2008, 106.
29 Vgl. Carruthers 1990, 52, Harvey 1975, 43, Lechtermann 2005, 54.
30 Scheuer/Reich 2008, 115.

kuninginnen sal eben den Bereich der *imaginatio*. Ein ähnlicher Imaginationsraum ist der Festsaal in Laurins Berghöhle (→ Höhle).[31]

Der *sal* kann nicht nur abbildlich für die vordere Hirnkammer stehen; als Begriff findet der Terminus *sal* auch für das Innere des Herzens Verwendung; es wird vom *hertzen sal* (WhvÖst 1873; UvEtzWh 883; VPul 131,12) oder „meins herczen freudensal" (MvSLied 7,2,7) gesprochen. Das Bild vom *sal* als das Innere der Seele führt dazu, dass etwa Hugo von Trimberg einen Fürsten ohne *êre* sprichwortartig mit einem „schoene sal mistes vol" (Renner 944) und eine unkeusche Frau als „[s]choener sal âne obedach" (Renner 12589) bezeichnen kann.

3.4 Der *himels sal* nebst einigen allegorischen und personifizierten Sälen

In Didaxe und geistlicher Dichtung taucht der Begriff des himmlischen Saals (*himels sal*, *himelischen sal*, BvRP 199,14; EngM 12,20; RvDGeorg 288; Kreutz 113,28; Martina 80; Meinr 20; MvSLied 1,31,1) auf, der auch als „der vil liehten engels sal" (KvWSilv 1437) oder als *vreuden sal* (JTit 5866,2; Martina 27) bezeichnet wird. Üblicherweise wird einer Person die Aufnahme in den *himels sal* (→ Himmel) in Aussicht gestellt oder Gott, die Heiligen oder die Jungfrau Maria werden als im *himels sal* wohnend angerufen (MvSLied 16,1,4). Auch der Himmelssaal ‚erklingt': „Got herre von himel, wie schillet / Mit êwigen fröuden denne dîn sal" (Renner 5870 f.). Analog zu Gott besitzt der Teufel einen Saal: „Da ist zevil der hitzin / Ungetempirt gar der luft / In siner kvnclichin kruft / Sin sal stat gar zetiefe / E ein man geriefe / Nach einem kvelen brvnnen / Der im dez wolde gunnin / Er were müede wordin / So starc ist da der ordin / Ich will mich dar niht begebin" (Martina 64–73).

Allegorisch findet sich bei Heinrich von Mügeln etwa der „sele sal" (HvMüMeid 99),[32] überhaupt besitzen auch allegorische Figuren häufig einen *sal*, wie etwa der *sal* der Natura (HvMüMeid 1253) oder „der êren sal" bei Walther (WvdVLLS 24,3). Allen diesen *sal*-Verwendungen ist gemein, dass sie auf die Vorstellung vom *sal* als Herrschaftsraum referieren. Daneben kann der *himelische sal* als naturkundlicher Begriff das Himmelsgewölbe meinen: „Die andern sterne haftent al / an dem himelischen sal" (WelGa 2347 f.).

Saal-Personifikationen sind eher selten. Im *Ezzolied* heißt es beim Tod Christi: „der sunne an erde nine scein, / der umbehanc zesleiz sich al, / sinen herren chlagete der sal, / div grebere taten sih uf, [...]" (SEzzo 266–269). Gemeint ist wohl der → Tempel in → Jerusalem, in dem nach Mt 27,51 der Vorhang im Tempel zerreißt und

---

31 Vgl. Reich 2013. Das Bildprogramm auf Burg Runkelstein bei Bozen legt nahe, dass versucht wurde, Räume auch außerhalb der Literatur als Räume ‚innerer Bilder' darzustellen (vgl. Reich 2012).
32 Vgl. Hasebrink et al. 2008b, XI.

sich die Felsen spalten. Auch im *Heiligen Georg* wird der Himmelssaal direkt angesprochen („du hôchgelopter küniges sal", RvDGeorg 2763).

> Alph_(M), AltMutt, Anno, AristPhyll, BitD_(J), BrandanReis, BvRP, Dalimil_(H), Dietr, DietrGlesse, EckenlE2, Eilh_(L), En_(EK), EngM, Eracl_(M), ErnstB_(B), ErnstD, Gauriel_(A), Gawein_(M), HagenChr_(G), Herb, HJvBVinc, HStAp_(G), HvBDyocl, HvFreibTr, HvMüMeid, Ingold, Iw_(BLW), JTit, Karlmeinet, Kchr_(D), Klage_(L), Kozz, Kreutz, Krone, Kudr_(BS), KvF, KvWAlex, KvWHvK, KvWPart, KvWSchwanr, KvWSilv, KvWTroj_(K), KvWTurn, Lanc_I_(K), Lanc_II_(K), Lanc_III_(K), LaurinJV_(L), MAKittel_(HK), Martina, MATugS_(HK), Meinr, MvSLied, NibAB_(BBW), PleierGar, PleierMel, PleierTand, PulkChr, Rab, Renner, Ring_(W), RosengD, Roth_(FK), RvWKaufm, SAlex_(K), SalMor, SchülerA, SeifAlex, SEzzo, Soc, StrAmis, StrDan, StrKarl, Tr_(R), TrMönch, Tucher, TürlArabel, UFLan, UvEtzAlex, UvEtzWh, UvZLanz_(H), VAlex_(K), Virg_(Z), VPul, Walberan, WelGa, WhvÖst, Wig, WolfdA_(K), WolfdB_(K), WolfdD_(K), WvdVLLS

> → Babylon, Jerusalem; → Burg, Schloss, Hof; → Fluss, Quelle, Brunnen; → Garten, Baumgarten; → Gefängnis, Orte der Gefangenschaft; → Gralsburg, Gralsbezirk; → Heide, Aue, *plaine*; → Himmel, Hölle; → Höhle, Grotte; → Kemenate, Gemach, Kammer; → Kirche, Kathedrale, Münster, Kapelle, Kloster, Tempel; → Tor, Tür, Treppe, Fenster ; → Turm, Zinne, Mauer; → Schlachtfeld, Turnierplatz; → Wald, Lichtung, Rodung, Baum; → Weg, Straße, Pfad

Silke Winst
Schlachtfeld, Turnierplatz

1 Begriffsbestimmung – 2 Merkmale der Darstellung – 2.1 Waffen, Kriegsparteien, Schlagabtausch: Zur Konstituierung des Schlachtfeldes im *Hildebrandslied* – 2.2 Spärliche topographische Angaben – 2.3 Architektonische Ränder und Wahrnehmung des Kampfplatzes – 2.4 Hergerichtete Plätze – 2.5 Truppenbewegungen und Einzelkämpfe – 2.6 Blutströme und Totenberge – 2.7 Kampfstätten als Licht- und Klangräume – 3 Narrative Funktionen – 3.1 Strategische Nutzung des Raumes in der Schlacht – 3.2 Räumliche Unbestimmtheit und Spezifik der Kämpfer – 3.3 Ein außergewöhnlicher Kampfplatz: *Der Rosengarten zu Worms*

1 Begriffsbestimmung

Das Schlachtfeld ist im Mhd. *diu walstat* (f.) oder *der wal* (m., auch: *daz wal*). Der Turnierplatz kann ebenfalls als *wal* bezeichnet werden. Darüber hinaus dienen Termini wie *velt* (n., auch: *gevilde* n.), *plan* (m./f., → *plaine*), *wise* (f.), → *heide* (f.) und *anger* (m.) zur Bezeichnung des Kampfplatzes sowohl in der Schlacht als auch beim Turnier. Wenn Kämpfe am Meeresstrand stattfinden (→ Meer), übernehmen *sant* (m.)[1] und *griez* (m./n.), in Konrads von Würzburg *Trojanerkrieg* auch *kis* (m./n., KvWTroj_(K) 26125), den Platz von *wise* und *gras* (n.). Weiter gehören *kreiz* (m.) und *rinc* (m.) zu den Begrifflichkeiten, die den Ort eines Kampfes, auch eines (gerichtlichen) Zweikampfes, bezeichnen. Diese Termini können sich auf den abgesteckten Kampfplatz beziehen, doch wird dieser auch *felt* (FrSchw 6087) genannt, während umgekehrt das Schlachtfeld mit dem *kraiß* (FrSchw 3859; 5915) oder der Turnierplatz mit dem *rinc* (Reinfr 1895) in Verbindung gebracht wird. Die Bezeichnung *rinc* bezieht sich zudem auf einen enger bestimmten Ort auf einem ausgedehnteren Schlachtfeld oder Turnierplatz, an dem eine Tjost oder ein Zweikampf innerhalb des größeren Kampfgeschehens ausgetragen wird (KvWPart 13666).

Etymologisch verwandt mit *wal* und *walstat* sind anord. *valr* (,die in der Schlacht Getöteten', ,die auf dem Schlachtfeld gebliebenen Toten') und ae. *wæl* (,die Schlacht', ,das Schlachtfeld'; ,die in der Schlacht Getöteten') bzw. me. *wal* (,die Schlacht'). Über die Begriffe *wal* und *walstat* wird der Ort, der damit bezeichnet wird, mit dem Bezug auf spezifisch kriegerische Aktivität – das Töten – erst hervorgebracht: Das Schlachtfeld existiert, wenn auf ihm gekämpft wird (und wenn es Tote gibt). Der Kampf als

---

[1] *Sant* bezieht sich gelegentlich auf den Kampfplatz, der nicht am Strand liegt, z. B. beim Buhurt (RvEWh 5792).

kulturelle Praxis wird derart buchstäblich verortet;[2] der Kampf und das Töten sind die Formen der Interaktion, die die Konstituierung dieses spezifischen Raumes bedingen.[3] Auch der Turnierplatz wird mit *wal* bezeichnet: Terminologisch wird in mittelalterlichen Texten nicht grundsätzlich zwischen kriegerischen Auseinandersetzungen und adliger Unterhaltung, zwischen regulierter und unregulierter Gewaltausübung differenziert.[4] Die Verbindung zwischen beiden Bereichen, die in der Terminologie zum Ausdruck kommt, wird in den literarischen Darstellungen ausgestaltet. In verschiedenen Texten werden Schlachten in der Form von Turnier oder Tjost ausgetragen (z. B. Lanc_I_(K) 198,3–199,19; 458,9–460,27) und Turniere können derart eskalieren, dass sie zu Schlachten werden (z. B. KvWPart 15116 f.; 15160 f.; 15936 f.).

Anders als *wal* oder *walstat* beziehen sich die Begriffe *velt*, *gevilde*, *wise*, *heide* und *plan* (sowie *sant* und *griez*) auf topographisch gegebene Örtlichkeiten, die erst sekundär für den Kampf genutzt werden. *Velt* oder *wise* rücken zwar meist erst in den literarischen Blick, wenn auf ihnen etwas geschieht, sie zum Ort von (Kampf-)Handlungen werden. Insofern werden auch sie erst durch den Vollzug von Handlungen hervorgebracht. Anders als *wal* und *walstat* aber verweisen diese Begriffe auf einen Raum, der potenziell der menschlichen Aktivität vorgängig ist und unabhängig von ihr besteht. Die Bezeichnung *kreiz* rekurriert dagegen auf die spezifische Zurichtung oder Konventionen, die einen Ort konstituieren. Die mhd. Bezeichnungen für einen Kampfplatz eröffnen mithin ein Spektrum verschiedener Möglichkeiten, auf Raum Bezug zu nehmen und Orte zu kennzeichnen, an denen gekämpft wird: von landschaftlichen Gegebenheiten (z. B. *wise*) über den tödlichen Kampf (*wal*) bis hin zu baulichen oder zeichenhaften Arrangements, in denen sich die rechtliche Rahmung von Kämpfen manifestiert (z. B. *kreiz*). Das Spektrum erstreckt sich von einem gegebenen Ort, der militärisch angeeignet wird, bis zur offenkundigen literarischen Herstellung von Raum über soziale Praxis und materielle „Ein- und Ausgrenzungen",[5] die in den Texten beschrieben werden.

Bei historischen Turnieren gibt es insbesondere bei Massenturnieren keine direkten → Grenzen der Kampfzone. Stattdessen findet der Kampf „auf offenem Gelände über große Distanzen" statt.[6] Das Kampfgebiet kann etwa „durch die Anbindung an zwei Städte" vage umrissen werden.[7] Allerdings gibt es umzäunte oder ausgewiesene Ruhezonen und Friedensbezirke, in die die Kämpfer sich zurückziehen können.[8] Im Laufe der Zeit werden Turnierfelder immer häufiger mit Palisaden,

---

2 Vgl. grundsätzlich Bachmann-Medick 2009, 289.
3 Vgl. Gerok-Reiter/Hammer 2015, 484.
4 Vgl. Meyer 1985, 504 sowie Friedrich 1999.
5 Bachmann-Medick 2009, 291.
6 Barber/Barker 2001, 22. Vgl. auch Barber/Barker 2001, 239. Vgl. zudem Czerwinski 1975, 92 f.
7 Barber/Barker 2001, 23.
8 Vgl. Barber/Barker 2001, 23.

Gräben oder anderweitigen Umzäunungen umgrenzt.[9] Weitere Formen des Turniers wie Tjost oder Übungsturnier sind durch wenige, aber spezifische Arrangements gekennzeichnet. So gibt es etwa ab dem 15. Jh. bei der Tjost eine Mittelplanke; beim Übungsturnier ist eine Quintanpuppe vonnöten, „eine hölzerne, auf einen Pfahl montierte Vorrichtung, auf die der Ritter mit seiner Lanze" zuhält.[10] Literarische Texte erzählen gelegentlich von ähnlichen Arrangements; diese bilden jedoch nur einen Bruchteil der Möglichkeiten, Kampfplätze narrativ zu konstituieren.

Gekämpft wird allenthalben in der mittelalterlichen Literatur. Insbesondere in Heldenepen und in höfischen Romanen, in Antikenromanen und Brautwerbungsepen, auch in Verserzählungen werden Schlachten geschlagen, Turniere ausgetragen[11] oder kriegerische Mischformen inszeniert, so etwa im *Rolandslied* (um 1172), im *Prosa-Lancelot* (ab M. 13. Jh.), im *Liet von Troye* Herborts von Fritzlar (um 1200), im *König Rother* (12. Jh.) und in Konrads von Würzburg *Engelhard* (vor 1260). Zudem erzählen viele Texte – wie etwa *Loher und Maller* (15. Jh.) – von gerichtlichen und außergerichtlichen Zweikämpfen. Zuweilen sind die Übergänge zwischen einzelnen kämpferischen Aktivitäten fließend, was sich in der bereits angedeuteten mehrfachen Anwendbarkeit der Begrifflichkeiten niederschlägt.

2 Merkmale der Darstellung

Der Kampfplatz wird mittels spärlicher topographischer Angaben (s. Abschn. 2.2) und architektonischer oder funktionaler Elemente (s. Abschn. 2.3 und 2.4) umrissen. Waffen und Sprache (s. Abschn. 2.1), wahrnehmungsbezogene Mittel wie Zuschauen (s. Abschn. 2.3), Entwürfe von Klang- und Lichträumen (s. Abschn. 2.7), Bewegungen im Raum (s. Abschn. 2.5) sowie konkrete Auswirkungen der Kampfhandlungen (Leichenberge, Blutströme; s. Abschn. 2.6) bringen nähere Bestimmungen der Kampfplätze hervor.

2.1 Waffen, Kriegsparteien, Schlagabtausch: Zur Konstituierung des Schlachtfeldes im *Hildebrandslied*

Bereits das *Hildebrandslied* – einer der ältesten deutschsprachigen Texte – verweist auf ein Schlachtfeld. Auf diesem stehen sich die Heere Dietrichs und seines Widersachers Otacher gegenüber. Im Mittelpunkt der erhaltenen Verse steht das Gespräch zwischen Hildebrand und Hadubrand, das „untar heriun tuem" (Hild 3) – zwischen

---

9 Vgl. Barber/Barker 2001, 239.
10 Barber/Barker 2001, 212.
11 Vgl. Jackson 1985.

zwei Heeren – stattfindet. Das Schlachtfeld wird nicht etwa über topographische Besonderheiten greifbar. Es fehlt jeglicher begriffliche Verweis auf *wal*, *velt*, *plan*, *wise* oder *heide*, der in vielen anderen Texten zu finden ist. Stattdessen ‚entsteht' das Schlachtfeld über die Erwähnung der beiden Heere, deren Anordnung den Rahmen für das Treffen der Protagonisten bildet, sowie über die Ausstattung, Aktivitäten und Gesprächsinhalte der Krieger. Dass es sich um ein Schlachtfeld handelt, wird – neben der Rahmung durch die Heere – durch Kriegsgewandung und Waffen von Vater und Sohn deutlich in Szene gesetzt: Beide tragen Rüstungen („saro", Hild 4) und Kampfgewänder („guđhamun", Hild 5), sie gürten ihre Schwerter („suert", Hild 5) über die Ringpanzer („hringa", Hild 6). Der Dialog richtet sich auf Identität und kriegerische Zugehörigkeit, wobei immer wieder auf Rüstungen (Hild 46; 56; 61; 62), Waffen (Hild 37; 40; 53; 54) und Heer(es-Abteilungen) (Hild 27; 51) Bezug genommen wird. Der sprachliche Schlagabtausch mündet schließlich in den Kampf zwischen Hildebrand und Hadubrand, wobei Eschenspeere, Schilde und Waffen der Kämpfenden erwähnt werden (Hild 63–68). Damit präsentiert dieser frühe heldenepische Text die Extremform einer literarischen Strategie, der viele spätere mittelalterliche Darstellungen von Kampfplätzen verpflichtet sind: Das Schlachtfeld wird nicht als solches beschrieben, sondern konstituiert sich erst im Kampf, in der Aufstellung und Beschreibung der Krieger sowie darüber, dass diese Krieger – und der Text – über das Kämpfen sprechen.

2.2 Spärliche topographische Angaben

Anders als das *Hildebrandslied* bezeichnen viele Texte – gattungsunabhängig – das Schlachtfeld oder den Turnierplatz als *velt* (z. B. Wig 11063), *wal* (z. B. Wig 11140) oder *plân* (z. B. KvWEngelh_(G) 2493), oft ohne weitere Angaben. Einige Texte enthalten vereinzelte, knappe Hinweise auf die topographische Beschaffenheit der Kampfplätze. Vor dem Zweikampf zwischen Turnus und Eneas im *Eneasroman* Heinrichs von Veldeke wird eine Wiese erwähnt, zu der die Kämpfenden und König Latinus sich begeben: „eyne schone wisen breit, / Lanc unde grune" (En_(SF) 11612f.). Im *Prosa-Lancelot* ist eine der Wiesen, auf der ein Turnier stattfindet, „groß und lang" (Lanc_I_(K) 613,27). Der Zweikampf zwischen Lancelot und Meleagant findet auf einem *felt* statt, dieses „was wit und schön" (Lanc_I_(K) 633,15).[12] Beim Turnier im *Engelhard* Konrads von Würzburg reitet der Protagonist „ûf den grüenen plân"

---

12 Ruberg hat darauf hingewiesen, dass im *Prosa-Lancelot* Wiesen und Ebenen „Ort[e] der Minnebegegnung und Turnier- oder Kampfplatz" (Ruberg 1965, 62) sind. Doch „[n]ur in der zweiten Eigenschaft werden sie durch Adjektive wie *groß*, *lang*, *wit* und in erster Linie *schön* näher bezeichnet, nicht, wie man erwarten sollte, als Hintergrund für das Zusammentreffen der Liebenden" (Ruberg 1965, 62).

(KvWEngelh_(G) 2527). Der *kis* in Konrads *Trojanerkrieg* wird ebenfalls durch ein Adjektiv näher bestimmt: Das heiße Blut fließt „ûf herten kis" (KvWTroj_(K) 26125).[13]

Im *Turnier von Nantes* wird der Turnierplatz vergleichsweise detailliert beschrieben: „dô was der plân betouwet / von des meien süezekeit, / gras unde bluomen an geleit / het er nâch wünniclicher art" (KvWTurn 110–113). Damit verweist der Turnierplatz auf den *locus amoenus* (→ Garten; → Heide; → Tal; → Wald) der höfischen Erzähltradition. Andere Texte erwähnen Blumen und Gras, die zerstampft werden oder sich vom Blut rot färben (KvWEngelh_(G) 2592f., ähnlich Reinfr 1732f. und KvWPart 15920f.).

Auch Tiere können den Kampfplatz näher charakterisieren: Insbesondere in Texten, die heldenepischem Erzählen verpflichtet sind, warten zuweilen Tiere auf dem Schlachtfeld darauf, der Leiber der Getöteten habhaft zu werden: „Die raben und die gyer, / die wartent ane zal [...] Si wartent fast der toten" (Rab 526,1–5). In *Loher und Maller* werden die Leichen der Andersgläubigen von Wölfen und Hunden gefressen: „Der heyden tote cörper wurden gessen von wolffen, hunden vnd anders von maniger handen wilden tierrem" (LuM 184,22–24). Diese Form der Darstellung steht in der Tradition der sog. *Beasts of Battle* – der Tiere des Schlachtfeldes –, die insbesondere für die altenglische Literatur beschrieben worden ist.[14]

2.3 Architektonische Ränder und Wahrnehmung des Kampfes

In einigen Texten grenzen → (Stadt-)Mauern oder → Burgen an das Schlachtfeld oder den Turnierplatz. Diese architektonischen Elemente dienen nicht nur der Begrenzung von Kampfplätzen, sondern auch als Orte, von denen aus die Kämpfe beobachtet werden: Die Wahrnehmung des Kampfes bildet in vielen Texten ein konstitutives Element der Darstellung von Kampfplätzen. Damen und nicht teilnehmende Herren schauen von → Türmen und → Zinnen oder aus → Fenstern auf das Kampfgeschehen hinab. In Konrads von Würzburg *Partonopier und Meliur* beobachten Meliur und ihre Räte von einem Turm aus das Turnier: „si [= die Kämpfer, S. W.] wancten her, si wancten hin / biz ir gedrenge sich gezôch / für den schœnen turn vil hôch, / dâ Meliûr daz reine wîp / und der siben künege lîp / durch schouwen sâzen inne" (KvWPart 15442–15447).[15] Das *schouwen* ist maßgeblich, da der beste Turnierteilnehmer – und künftige Ehemann Meliurs – ermittelt werden soll. Im *Liet von Troye* Herborts von Fritzlar ist es kein Turnier, sondern eine Schlacht, die von den Damen mitverfolgt wird: „Den frauwen was zv den zinnen gach / Vnd sahen irn frunden nach / Vz den

---

[13] Zur Semantik des Blutes in Konrads *Trojanerkrieg* vgl. Gebert 2013, 249–253.
[14] Vgl. etwa Honegger 1998. Terada 2000, 628–632 liefert Beispiele auch aus deutschsprachigen Texten.
[15] Vgl. auch KvWPart 13458–13465; 13492f.

fenstern vber al / Sie clummen oben vf den sal / Da sie die fenster funden / Da sie sazzen vnd stunden" (Herb 6245–6250).¹⁶ Dass der Kampf von Zuschauerinnen wahrgenommen wird, konstituiert den Ort des Kampfes und das Kampfgeschehen in diesen Texten mit. In Herborts Text rücken Zeigegesten der Damen die Kämpfer ins Zentrum der Aufmerksamkeit: „Sie zeigeten mit den fingern dar / da sie sahen in die schar / Ir man vnd ir amis" (Herb 6253–6255). Im *Prosa-Lancelot* fordert die Burgherrin, vor deren Burg die erste Schlacht am Sachsenfels stattfindet, dass der Kampf ausschließlich unter dem Burgturm ausgetragen wird (Lanc_I_(K) 458,32–459,1),¹⁷ wohl damit sie das Kampfgeschehen besser betrachten kann, auch wenn dies nicht explizit gesagt wird.

2.4 Hergerichtete Plätze

Neben knappen topographischen Angaben und architektonischen Rändern von Kampfplätzen nehmen einige Texte Bezug darauf, dass der Ort, an dem ein Kampf ausgetragen wird, auf spezifische Weise hergerichtet wird. Im *Friedrich von Schwaben* wird vor dem Zweikampf zwischen Friedrich und Arminolt von Norwegen vor den Stadtmauern der Kampfplatz abgesteckt oder umgrenzt: „ain ring beraitet ward [...] das si zuosamen möchten kommen" (FrSchw 2159–2161).¹⁸ Wie dies genau geschieht bzw. wodurch der Rand dieses Platzes („deß kraises ende", FrSchw 2187) kenntlich gemacht wird, geht aus dem Text nicht hervor. Auf einen hergerichteten Platz, auf dem ein gerichtlicher Zweikampf ausgetragen wird, rekurriert auch eine Stelle in *Loher und Maller*: Loher wirft Hernas Schwert über „dye riegel" (LuM 138,8 f.), also über die Querbretter, die den Kampfplatz eingrenzen. Im *Iwein* Hartmanns von Aue wird der Platz, auf dem Iwein und Gawein den Gerichtskampf gegeneinander austragen, als „rinc" (Iw_(BLW) 6907) bezeichnet. Hier wird die Größe der Kampfzone mit einem Längenmaß – dem Rosslauf – angegeben: Der „kreiz [...] was wol rosseloufes wît" (Iw_(BLW) 6986 f.). Wodurch der *rinc* oder *kreiz* abgegrenzt ist, wird nicht erzählt.

Auch bei Schlachten können bestimmte räumliche Arrangements greifen. Am Ende von *Loher und Maller* findet eine große Schlacht zwischen Franzosen und andersgläubigen Invasoren statt. Zu Beginn des Kampfgeschehens, nachdem die

---

16 Bei Zitaten aus Herborts *Liet von Troye* habe ich die Abkürzungen, die sich in der Textausgabe befinden, stillschweigend aufgelöst. – Zu den Schlachtdarstellungen in Herborts Text im Vergleich zu seiner französischen Vorlage vgl. Schmid 1998.
17 Obwohl es sich um eine Schlacht innerhalb eines Krieges handelt, wird der Begriff *thurnei* benutzt.
18 Ähnlich Wig 3006 f. Im *Eneasroman* Heinrichs von Veldeke lässt König Latinus vor dem Zweikampf zwischen Turnus und Eneas „[d]en kreiz bereyten" (En_(SF) 11647). Da Latinus unmittelbar darauf einen „teppet" (En_(SF) 11648) und eine Seidendecke ausbreiten lässt, auf denen die Götterbilder platziert werden, besteht die Möglichkeit, dass mit dem *kreiz* nicht (primär) der Kampfplatz gemeint ist.

Bogen- oder Armbrust-Schützen mit dem Schießen begonnen haben, werden Seile durchschnitten, die die beiden Heere voneinander trennen: „da würden die seyle zwuschen den heren alle zerhauwen" (LuM 402,2f.). In Rudolfs von Ems *Willehalm von Orlens* übernimmt eine Landschaftsformation eine ähnliche, trennende Funktion: Ein Hügel befindet sich auf dem *plan*, auf dem die Schlacht stattfindet. Willehalms und Jofrits Truppen lagern auf den gegenüberliegenden Seiten der Erhebung und können einander nicht sehen. In der Spitze des Hügels steckt eine Lanze mit einem roten Banner, die den Krieg ankündigt.[19]

Spezifische Herrichtungen bestimmen auch Turnierplätze: Friedensbezirke und Ruhezonen, in die die Kämpfer sich zurückziehen können, strukturieren den Kampfplatz. So treiben Willehalm und seine Männer die gegnerische Schar „gen ir fride" (RvEWh 6633) oder „[i]n ir vride biz übers velt / Vil nach unz an ir zelt" (RvEWh 7791f.).[20] Dieser ‚inneren' Strukturierung in Friedens- und Kampfzonen steht der Umstand gegenüber, dass es bei Massenturnieren keine eigentlichen Grenzen des Turnierplatzes gibt, sondern diese etwa durch den Verweis auf zwei → Städte näher bestimmt werden:[21] Eines der Turniere, an denen Willehalm teilnimmt, findet zwischen *Reschun und Kurnoy* (RvEWh 7971) statt.

Andere Turnierfelder verfügen über spezifische Eingrenzungen wie Palisaden, Gräben oder anderweitige Einzäunungen.[22] Im *Prosa-Lancelot* reitet der Protagonist beim Turnier von Pomiglei in die Umgrenzung, innerhalb derer das Turnier stattfindet: „Allso ranthe Lanntzelot inn die litzen oder zyll, da der tornier gehallten wardt" (Lanc_II_(KS) 460,26f.). Der gerichtliche Zweikampf, den Gawan für Manasses bestreitet, wird auf einem Platz ausgetragen, der von einem tiefen Graben umgeben ist (Lanc_I_(K) 415,19–22). Im *Willehalm von Orlens* wird ein Graben erwähnt, der den Turnier-*plan* begrenzt und an dem ein *palas* für die zuschauenden Damen aufgerichtet worden ist: „Den [vrŏwen] ist gemachet ain palas [...] An den graben gen dem plan / Da der turnay sol ergan, / Dar ab die werden vrŏwan / Die riter mugen schŏwen" (RvEWh 7115–7120). Neben den oben beschriebenen architektonischen Rändern der Kampfplätze, die sich aus Stadtmauern, Türmen oder Burgfenstern zusammensetzen, existiert also eine spezifische Kampfplatz-Architektur, die einzig angefertigt ist, um das Geschehen auf dem Platz verfolgen zu können. Auch hier stehen Architektur und Wahrnehmung in engem Bezug zueinander. Beim Turnier von Pomiglei im *Prosa-Lancelot* begeben sich Ginover und ihre Damen auf „ain gerüst, so vor Pommegly gemacht unnd zugerüst was" (Lanc_II_(KS) 456,33f.). Diese

---

19 „Ze maze hoh ain bergelin / Was alda gestraht al dur den plan, / Da sach man das sper uf stan. / Swer es wolte nemen war, / Der sach drabe wol baide schar, / Si sahent aber an ander niht" (RvEWh 736–741).
20 Vgl. auch Krone 18530 oder KvWEngelh_(G) 2765.
21 Vgl. Barber/Barker 2001, 22f. u. 239 sowie Czerwinski 1975, 92f.
22 Vgl. auch Barber/Barker 2001, 239.

Galerie oder Tribüne wird auch als „brittsche[]" (Lanc_II_(KS) 458,2) oder „lotsche[]" (Lanc_II_(KS) 16,16) bezeichnet. Beim Gerichtskampf Lancelots für Ginover gibt es ebenfalls eine Art Podest oder Erhöhung: „Da lag die falsche konigin zu allerforderst off der loien und sah dar" (Lanc_I_(K) 528,12 f.).

Wenige, aber spezifische Arrangements kennzeichnen Tjost und Übungsturnier: In *Loher und Maller* findet sich bei einem Turnier, das König Orscher von Konstantinopel ausrichten lässt, eine Vorrichtung, an der die Kämpfenden ihre Geschicklichkeit und Durchschlagskraft beweisen sollen: „Vor dem pallas wolte er vff richten sechs bretter vff sechs stangen. Wer die bretter nyeder steche, dem wôlt er ein ros geben als gût als hundert marck" (LuM 25,15–17). Sowohl bei diesem Turnier als auch bei einem späteren erwähnt der Text *die ban(e)*, auf der die Turnierteilnehmer agieren: „Lloher vnd Maller stochen den gantzen dag wol vnd hylden die bane" (LuM 70,7 f.). Ob diese Bahn durch eine Mittelplanke konstituiert wird,[23] ist unsicher; gleich im Anschluss heißt es: „Sy machent alleyn den andern alle die bane zu enge" (LuM 70,11 f.). Dies könnte sich ebenso gut auf den Turnierplatz als Ganzes beziehen.

2.5 Truppenbewegungen und Einzelkämpfe

Viel mehr als an der topographischen Beschaffenheit der Orte sind die Texte an der Bewegung der Kämpfer, an der Aufteilung und Anordnung der Kriegsscharen sowie an der Inszenierung von Einzelkämpfen, auch innerhalb einer Schlacht oder eines Massenturniers, interessiert. Im *Willehalm von Orlens* jagen die gegnerischen Gruppen im Turnier von Komarzi hin und her und verändern ihre Position zueinander: „Diu rotte waich. man sach sie jagen / Ie naher mit gedrange, / Das wichen wert unlange / E die flúhtigen kerten / Und die jagenden lerten / Wichen wider úbers velt" (RvEWh 6706–6711). Die Bewegung der Ritter konstituiert den Kampfplatz;[24] der Kampfplatz erscheint als „Bewegungsraum".[25] Zudem ist „[ü]ber die Bewegung [...] der Raum unauflösbar mit Leiblichkeit verbunden".[26] Leiblichkeit wird an dieser Stelle auch über den Schlagabtausch der Gegner in den Blick genommen, wenn der Text berichtet, dass „[r]itter vil gevellet" (RvEWh 6701) und „[s]warzer búlan vil geslagen [wart]" (RvEWh 6705).

Im *Reinfrit von Braunschweig* sind die beiden aufeinanderfolgenden Turniertage in Dänemark durch unterschiedliche Fokussierung von Einzel- und Massenkampf gekennzeichnet: Während die Kampfhandlungen des ersten Tages in stark formalisierte Einzeltjosten zerlegt sind (Reinfr 876–910; 1002–1097), gehen die Einzel-

---

23 Vgl. Barber/Barker 2001, 212.
24 Vgl. Gerok-Reiter/Hammer 2015, 490.
25 Ruberg 1965, 96.
26 Gerok-Reiter/Hammer 2015, 490.

kämpfe am zweiten Tag in einen Kampf Reinfrits gegen eine unbestimmte Masse von Gegnern über (Reinfr z. B. 1826–1831). Im *Nibelungenlied* wird der Sachsenkrieg narrativ ebenfalls in zwei Abschnitte geteilt: Zunächst treten Siegfried und Liudegast im Zweikampf gegeneinander an, danach treffen die Heere aufeinander (NibAB_(BBW) 182–189; 196–219).

Die Aufteilung und Anordnung von Heeresabteilungen wird in *Loher und Maller* vielfach thematisiert. Detailliert legt der Text immer wieder dar, welcher der adligen Herren eine solche Abteilung (*stri[j]t*) anführt, z. B.: „Vnd Lloher gab im [= Isenbart, S. W.] den ersten strijt, den andern strijt gab er Mallern, den dryten Gynnemer, den vierden dem hertzogen von Calaber, den funfften dem künig von Cecilien, den sehsten dem fürsten von Tarante. Der hertzog {von} Beyern fürt den sybenden, den achten der graffe von Dennemarck, den nünden der graff von Sarbrucken, den zenden fürt Lloher selber. Marphone bestalt ouch sunderlich wol zehen grosser strijte in syme here" (LuM 241,33–242,8). Für eine vorangehende Schlacht war auf analoge Weise aufgelistet worden, wer auf der Gegenseite die militärischen Einheiten anführt (LuM 215,9–24). In der Schlacht vor Lengers treffen die beiden Heere abermals aufeinander. Die kriegerischen Handlungen beziehen sich oft auf die Figuren, die in den Auflistungen vorkommen. So beschreibt der Text nach der eben zitierten Namensliste, wie Marphone den Anführer der ersten gegnerischen Truppe, Sanß von Orliens (der in LuM 215,9 erwähnt wurde), im Kampf besiegt und wie Isenbart Sanß daraufhin gefangen nimmt. Bei der Beschreibung von Truppenbewegungen werden die Positionen der Truppenverbände aufeinander bezogen: „Dye Kriechissen vnd die Römer [...] folgenten ouch Marphone alle nach. Isenbart hielte sich alles by Marphone. Lloher vnd Maller strijten alles den Franczosen vff den ruck, das die Franczosen nyergen gewencken kunden" (LuM 244,15–19). Diese Truppenbewegungen werden wiederum von Einzelkämpfen abgelöst, an die sich erneut Truppenbewegungen anschließen, bis die Schlacht endet.

Der *Prosa-Lancelot* berichtet von Mannschaftsstärken, die im Krieg Galahots gegen Artus bedeutsam sind: Während Galahot über hunderttausend Berittene verfügt, kann Artus nur siebentausend Kämpfer vorweisen. Galahot lässt zunächst zehntausend seiner Männer gegen Artus antreten. Allerdings „jagten die siebentusent die zehentusent von dem felde mit gewalt" (Lanc_I_(K) 237,9), worauf Galahot zwanzigtausend Ritter nachschickt. Der Text entwirft eine Masse von Kämpfern, die sich gegeneinander stellen: „Sie kerten allesamen die roß wiedder umb und vergaterten an des konig Artus lúten, und die andern vergaterten noch ritterlicher an yne. Min herre Gawan det sin volck alles by einander halten, wann er die andern forcht, wann ir so vil was" (Lanc_I_(K) 237,16–19). Insgesamt bringen die Bewegung von Truppeneinheiten sowie die Fokussierung auf Einzelkämpfe Schlachtfeld und Turnierplatz hervor: Die Texte erzählen von einem Bewegungsraum, in dem einzelne oder viele agieren, sich voneinander weg oder aufeinander zu bewegen und im Kampf aufeinanderprallen.

2.6 Blutströme und Totenberge

Dass Blut auf den Kampfplatz fließt, wird in vielen Texten erwähnt.[27] So artet das Turnier in Konrads *Partonopier und Meliur* derart aus, dass kübelweise Blut fließt (KvWPart 16176 f.). In einer der zahlreichen Schlachten in *Loher und Maller* fließt ein Bach von Blut (LuM 241,19–21): Die Aktion der Kämpfenden konstituiert nicht nur den Raum, sondern aus der Aktion der Kämpfenden entsteht mit dem Bach ein konkretes Raum-Element. In Texten, in denen ein Kampf am Meeresufer stattfindet, färbt sich das Meer rot, etwa in der *Kudrun*: „Als si daz stat erwurben, man sach des meres fluot / von den, die dâ sturben, gevar als daz bluot / bî in allenthalben in rôter varwe vliezen / so wîte, daz es niemen mit einem sper wol möhte überschiezen" (Kudr_(BS) 869). Auch in Konrads *Trojanerkrieg* färbt sich das Meer rot: „daz mer alsam ein lösche rot / wart von bluote bî dem stade / wan dâ geschach mortgrimmer schade / ze bêden sîten ûf dem wal" (KvWTroj_(K) 25414–25417). Im selben Abschnitt werden auch die toten Menschen und Pferde erwähnt, die überall liegen: „Dâ lac an allen enden / ross unde liute ein wunder tôt" (KvWTroj_(K) 25424 f.).

Im *Rolandslied* überflutet das Blut das Schlachtfeld, als Roland in Kampfeswut gerät: „daz plůt uon manne uerhe / fulte uelt unde graben. / niemen nemachte den wec gehaben: / si wuten in dem blůte unz an die chnie" (Rol 4148–4151). In diesem Zusammenhang beschreibt der Text auch die Berge von Toten, die Roland produziert: „di toten lagen in allenthalben sin / sam die hohen perge" (Rol 4146 f.). Ein konkretes Raum-Element (→ Berg) wird bei diesem Vergleich herangezogen. Immer wieder wird Blut erwähnt (Rol 4335; 4480 f.); am Ende der Schlacht ertrinken Blumen, → Flüsse schwellen an (Rol 8589–8592).[28] Im *Willehalm* watet Willehalms Pferd durch Blut (Wh_(S) 56,14), Blumen und Gras werden rot (Wh_(S) 384,8 f.), das Schlachtfeld wird nass (Wh_(S) 398,16 f.).[29] In der *Rabenschlacht* äußert Wolfhart den Wunsch, „daz daz gevilde werde vol / von manigem edelen toten" (Rab 515,4 f.), zudem möchte er einen „pach von dem blůte" (Rab 516,5; ähnlich 527) erzeugen. Dieser Wunsch wird wenig später erfüllt: „Daz breite gevilde / allez vol von toten lach" (Rab 599,1 f.); „Daz breite velt, daz wart rot, / owe, uber al von blůte" (Rab 668,4 f.). Auf die vielen Toten und das alles bedeckende Blut wird in Variationen immer wieder Bezug genommen (Rab 743 f.; 749; 752; 756; 775 f.; 815–818; 867).[30] Hier wird der oben bereits erwähnte Zusammenhang greifbar, dass das Schlachtfeld von den Getöteten konstituiert wird.

---

[27] Vgl. Bode 1909, 219–253.
[28] Zum Blutvergießen im *Rolandslied* vgl. Przybilski 2007 bzw. zu Blut auf dem Schlachtfeld Schwab 1998.
[29] Zur Konstituierung des Schlachtfeldes in Wolframs *Willehalm* in Zusammenhang mit Bewegung vgl. Lechtermann 2014.
[30] Blut, das wie eine Flut über das Schlachtfeld fließt, listet Terada als vierten „schematisierten bzw. formelhaften" (Terada 2000, 633) Ausdruck zur Schlachtbeschreibung in der *Rabenschlacht* auf.

2.7 Kampfstätten als Licht- und Klangräume

In vielen Texten sind Kampfplätze durch ungeheuren Lärm und/oder durch gleißendes Licht, das von Waffen und Rüstungen ausgeht, gekennzeichnet. Im Kampf von König Rothers Männern gegen Ymelot und Constantin leuchtet das Gold auf dem Schild des Riesen Witold: „Vere luchte ime daz golt. / Von des scildis rande" (Roth_(FK) 4220 f.). Dass dieses Leuchten konstitutiv für den Kampf ist, zeigt eine andere Stelle, an der der Kampf vermieden werden soll: Das Leuchten von Witolds Brustharnisch veranlasst Lupold zu der Bemerkung, die Riesen sollten dafür sorgen, dass ihre glänzenden Rüstungen nicht so weithin sichtbar leuchten: „Vsen den halspergin liecht. / Nv ne kumit vz der dicke niet. / Daz sie icht zo verre schinin" (Roth_(FK) 2707–2709). Glanz geht auch von den Rüstungen und Waffen der Turnierteilnehmer in Rudolfs *Willehalm von Orlens* aus. Als Willehalm in Komarzi eintrifft, sieht er „verre glizzen den glast / Gen im durch das gevilde her, / Liehte schilde, glânzú sper [...] Vil liehter helme silber wis" (RvEWh 5978–5982). In Konrads *Partonopier und Meliur* geht ein strahlender Glanz vom Protagonisten und den anderen Turnierteilnehmern aus: Ihre Gewänder geben „wunneclichen schîn" (KvWPart 14168), „daz golt und daz gesteine, / daz silber und das stahelwerc / mit glanze dô tal unde berc / sêr unde vaste erlûhten" (KvWPart 14170–14173). Partonopiers weißer Schild leuchtet in besonderem Maße: „der blanke schilt von silber wîz / gleiz alsam ein spiegelglas" (KvWPart 15788 f.). Im Krieg Frankreichs gegen nordische Sarazenen – so die Bezeichnungskonvention des Textes – leuchtet die Rüstung des norwegischen Königs so sehr, dass „daz ouge mohte niht / ir glesten wol gelîden" (KvWPart 5146 f.). Auch in Wolframs *Willehalm* ist der Glanz der gegnerischen Ausrüstung ein Problem: „maneger slahte sunder gliz / die kristen müete dicke" (Wh_(S) 398,10 f.), da sie in der Sonne störend glitzert.[31] Ein Leuchten kann auch von feurigen Funken hervorgebracht werden, die durch das Aufeinanderschlagen von Eisen oder Stahl entstehen. Funken schlagen auch aus Steinen, die mit stählernen Waffen oder Hufeisen in Kontakt kommen: „man sach dô ûfe fliegen hô / von herten steinen fiures glanz" (KvWEngelh_(G) 2594 f.).

Neben der visuellen Überladung durch Glanz, die einen „Lichtraum" hervorbringt,[32] gibt es eine Hyperbolik des Auditiven. In Wolframs *Willehalm* ist die Seite der Andersgläubigen „mit krache" (Wh_(S) 400,20) zu hören, der von Trommeln und Posaunen herrührt: „von dem biben und von dem schallen / möhte daz tiefe mer erwallen" (Wh_(S) 400,21 f.). Im *Parzival* produzieren Posaunen und Trommeln ein Dröhnen wie von Donner (Parz_(L) 379,11–15). Im *Rolandslied* ist der „her scal" (Rol 3533) so mächtig, dass die Vögel tot vom Himmel fallen (Rol 3536–3539). Später werden sechzigtausend Hörner geblasen, sodass die → Berge erbeben („daz di berge uber al / erchlungen unt erbibeten, / sam si alle lebeten", Rol 6680–6682). Auch in der *Raben-*

---

[31] Zur Ambivalenz von Glanz im *Willehalm* Wolframs von Eschenbach vgl. Klein 2014, 141–163.
[32] Ruberg 1965, 87.

schlacht geschieht alles „mit schalle" (Rab 502,5), der immer weiter anschwillt: „Beide berge unde tal / diezen began. / Harte michel was der schal [...] Man hort da michel chrachen, / do sich diu her begunden ouf machen" (Rab 558). Das Dröhnen legt sich über den Raum und kennzeichnet den Ort des Zusammenstoßes zweier Heere. Wenn von Vögeln, Bergen und dem Meer erzählt wird, die vom Getöse affiziert werden, oder der Lärm mit Donner verglichen wird, dann wird das Schlachtfeld auf verschiedene Weise in Bezug zu Landschaft und Natur gesetzt: Die Musikinstrumente imitieren den Donner; Vögel werden vernichtet, Berge und Meer in Bewegung gesetzt. Der Kampfplatz wird als „Klangraum" inszeniert, dessen auditiver Macht nicht zu entkommen ist.[33] Der landschaftliche Raum, der der Schlacht vorgängig ist (Berge, Täler), wird über den Kampflärm verändert und dem Kampfplatz einverleibt.

3 Narrative Funktionen

3.1 Strategische Nutzung des Raumes in der Schlacht

Auf spezifischere Weise erscheint das Schlachtfeld als Handlungsort, wenn einige Texte Schlachtbeschreibungen mit der „taktische[n] Ausnutzung des Geländes" verknüpfen,[34] bei der sich die Kämpfenden den Raum aneignen und gelegentlich verändern. Die strategische Nutzung des Raumes generiert signifikante Handlungsabläufe. So wird in der *Rabenschlacht* erzählt, dass Dietrichs Heer sich während der Nacht fortbewegt und sich dann in einem → Tal verbirgt: „Si leiten sich nider in ein tal, / da chund si gesehen niemen" (Rab 585,4 f.). Am Morgen verlässt das Heer die „hůte" (Rab 586,4) und schlägt zu.

Im *Prosa-Lancelot* wird mehrfach auf das Gelände und seine strategische Nutzung Bezug genommen. So wird Artus' Heer von Galahots Truppen bis an einen Fluss zurückgedrängt, wo aufgrund der räumlichen Einengung die Kampfhandlungen an Dramatik zunehmen, bis das Heer schließlich über den Fluss getrieben wird (Lanc_I_(K) 237,31–35). Der Kampf der Heere von Claudas und Lambegus wird in einer Stadt – und um sie herum – ausgetragen. Claudas' Gegner sammeln sich in zwei Abteilungen (*patellen*): „Eyne reyt ußwendig der stat umb, und verritten Claudas den weg gein dem pallast; wann der pallast was ußwendig der stat gelegen in eyner großen wießen uff einer rifier, der groß und schone was. Sie bestunden Claudas in dem weg, ein patelle fornen zu und die ander hinden zu" (Lanc_I_(K) 76,25–28).

---

[33] Ruberg 1965, 41, vgl. auch 85 f. Gerok-Reiter/Hammer haben für Gottfrieds *Tristan* erläutert, wie das Burginnere durch ein Hörnerkonzert und nicht durch architektonische Beschreibung hervorgebracht wird, wie „der Raum durch den Klang [...] gleichsam von innen heraus modelliert" (Gerok-Reiter/Hammer 2015, 502) wird.
[34] Ruberg 1965, 41.

Auch in *Loher und Maller* wird der Raum taktisch genutzt. So wird etwa erzählt, dass ihre Gegner die Franzosen auf ein Gewässer zu drängen und damit den Bewegungsspielraum einengen, wobei Himmelsrichtung und Tageszeit günstig für die gegnerische Seite sind: „Marphone vnd syn geselleschafft triben die Franczosen hinder sich alle zu dem wasser zů vnd namen ouch das vorteyl, das die sunne den Franczosen vnder ougen schein" (LuM 244,23–26). Loher nutzt die räumlichen Gegebenheiten zur Verteidigung: „Damit riten sye gemeinlich vber das wasser vff den hübel vnd machten einen güten graben hynder sich, das yn nyeman vff den rücke mochte" (LuM 238,26–28). In all diesen Fällen treten landschaftliche sowie bauliche Marken, die den Raum organisieren, ins Blickfeld und werden für den Fortgang der Kampfhandlungen dienstbar gemacht. Im letzten Beispiel werden die vorgefundenen räumlichen Gegebenheiten von Loher verändert und für seine Zwecke verbessert, indem er einen Graben anlegen lässt.

3.2 Räumliche Unbestimmtheit und Spezifik der Kämpfer

Die nur knappe Bestimmung des Raumes kann mit der näheren Kennzeichnung der kämpfenden Protagonisten einhergehen und damit eine weitere narrative Funktion übernehmen. Wie bereits erwähnt, wird in Konrads *Engelhard* beschrieben, dass die auf dem Turnierplatz wachsenden Blumen von den Kämpfenden zertreten werden (s. Abschn. 2.2). Außerdem werden Kriegsausrüstung und Blumen miteinander verglichen: „ir wâpen und der bluomen schîn, / diu wâren maneger leie" (KvWEngelh_(G) 2664 f.). Damit endet eine nähere Beschreibung des Turnierplatzes; stattdessen sind nun auf Engelhards „wâpenroc" (KvWEngelh_(G) 2530) und „covertiure" (KvWEngelh_(G) 2528) Tiere, goldene Blätter und Vögel zu bewundern. Tiere und Pflanzen werden damit aus Landschaft und Natur abgezogen und an die ritterliche Gewandung geheftet, wo sie nunmehr Schönheit und Prunk des Kämpfers bedingen. Das Turnier-„velt" (KvWEngelh_(G) 2477) ist grün, auf Gewandung und Wappendecke gibt es ebenfalls ein *velt*, dieses ist blau wie Lapislazuli (KvWEngelh_(G) 2540), ein weiteres „velt in rôten schîne bran" (KvWEngelh_(G) 2545), und zwar „durchliuhtic als ein rôsen blat" (KvWEngelh_(G) 2544). Das grüne Turnierfeld steht den roten und blauen Feldern der ritterlichen Ausstattung gegenüber. Schließlich wird Engelhard beim Kämpfen einem Adler, einem Löwen und einem Bären gleichgesetzt (KvWEngelh_(G) 2742; 2748; 2853),[35] sodass der Protagonist – als überlegenes Raubtier – nun selbst ‚Natur' (nämlich *manheit* und seine eigene ‚Herrschaftsnatur') verkörpert,[36] während

---

[35] Vgl. Klinger/Winst 2003, 283.
[36] Vgl. zum Feudaladel, der sich als überlegenes Raubtier versteht, Friedrich 2009, 227. Vgl. zu mittelalterlichen Bedeutungen von ‚Natur' Friedrich 2003 und Grubmüller 1999. Nur an dieser Stelle bezie-

die Natur auf dem Platz, auf dem das Turnier stattfindet, ein unbestimmter grüner Hintergrund bleibt, vor dem dieser narrative Vorgang abläuft.

Ähnlich verfährt Konrad im *Turnier von Nantes*. Dort ist nicht etwa der „grüene[] plân" (KvWTurn 249) mit „vil manic lilje [geströuwet]" (KvWTurn 672), sondern der lapislazuli-blaue Schild des Grafen von Arteis. Auch in Konrads *Partonopier und Meliur* kennzeichnen Farbenpracht und Blumen die Rüstungen und Wappen der Kämpfer (z. B. KvWPart 13540; 13544 f.; 15292 f.). Hier mischen sich Farben des Turnierfeldes und der Glanz der Sonne unter die Darstellung der bunten Rüstungen: „dar under sach man glesten / die rôsen und der bluomen schîn. / ouch hete sich gemischet drîn / der sunnen blic rein unde glanz" (KvWPart 15510–15513). Die Zusammenschau von in der Landschaft vorgefundenen und fabrizierten Farben sowie vom Leuchten der Rüstungen und der Sonne ergibt ein prächtiges Gesamtbild, in dem sich Natur und Kämpfer gegenseitig durchdringen.

3.3 Ein außergewöhnlicher Kampfplatz: *Der Rosengarten zu Worms*

Dass ein Kampfplatz eine mit Blumen bewachsene Wiese sein kann, die während des Kämpfens in Mitleidenschaft gezogen wird, wurde bereits erwähnt. Einen besonderen Fall einer solchen Kampfzone entwerfen die verschiedenen Bearbeitungen des *Rosengarten zu Worms*: In einem „rôsengarten" (RosengA_(H) 92,1) werden die Einzelkämpfe zwischen den Gefolgsleuten Kriemhilds (bzw. ihres Vaters Gibich) und Dietrichs von Bern ausgetragen. Der *Rosengarten A* inszeniert auf spezifische Weise Kriemhilds → Garten als paradoxen Ort: Der Garten ist mit Rosen bepflanzt, als Abgrenzung dient ein seidener Faden. „Si hête einen anger mit rôsen wol gekleit, / der was einer mîlen lanc und einer halben breit. / darumbe gienc ein mûre von einem vaden sîdîn" (RosengA_(H) 5,1–3). Der Ort erscheint als genau markierter höfisch zugerichteter Naturraum mit ganz genauen Abmessungen.[37] Der seidene Faden mit der Funktion einer Mauer zeigt, dass spezifische – höfische wie literarische – Konventionen gelten, die den Ort mitkonstituieren, die nicht auf gängige Anordnungen von Kampfstätten rekurrieren, sondern „komplexe kulturelle Ordnungsmuster" verhandeln.[38] Der Rosengarten erscheint als Friedensraum, in dessen seidener Begrenzung sich gleichzeitig Kulturiertheit und die Fragilität dieses kulturierten Raumes manifestieren. Im Text scheint klar zu sein, dass ein Garten mit einer seidenen Mauer nicht

---

he ich mich auf ‚Natur' als ‚angeborene Standesart' (Friedrich 2003, 76); ansonsten benutze ich Natur als Synonym für Landschaft oder Umwelt.
37 Im *Rosengarten D* werden die höfische Zurichtung des Ortes, seine Pracht und Einzigartigkeit weiter vorangetrieben: Dort gibt es neben den Rosen eine mit kostbaren Stoffen behangene Linde mit Sitzmöglichkeiten für die Damen sowie Singvögel-Automaten (RosengD 28–34).
38 Friedrich 2005, 127.

nur Bewunderung, sondern auch Angriffslust auslösen muss: Deshalb wird er von zwölf Kriegern bewacht (RosengA_(H) 6–9).

Die Angriffslust wird überraschenderweise nicht von außen an die Anlage herangetragen, sondern von Kriemhild – im *Rosengarten A* Eignerin des Gartens – provoziert.[39] Sie fordert Dietrich von Bern und elf seiner Männer zum Kampf im Rosengarten und stellt für den Sieger eines jeden Zweikampfes Rosenkranz, Umarmung und Kuss in Aussicht. Diese Art von Lohn verweist auf höfische Kampfspiele, doch Dietrichs Befürchtungen um Leib und Leben sowie sein sechzigtausend Mann starkes Heer zeigen das Ausmaß der Bedrohung. Die meisten der späteren Zweikämpfe enden entsprechend mit dem Tod eines der Kämpfer. Der Text verknüpft höfische Kulturiertheit des Ortes mit tödlichem Gefecht, den Friedensbezirk mit Gewaltbegehren, die für einen Garten geltenden Verhaltensregularien mit Todesgefahr.

Bei der Darstellung der zwölf Kämpfe im Rosengarten spielt der Text mit der Opposition von Blutrünstigkeit und höfischer Verfeinerung. Dass der Rosengarten der Kampfplatz ist, wird immer wieder in Erinnerung gerufen, indem die Zweikämpfe umrahmt werden von den leicht variierenden Formulierungen wie „[d]ô spranc in den garten" (RosengA_(H) z. B. 199,1) und „dô gienc ûz dem garten" (RosengA_(H) z. B. 204,3), an die sich der Name des jeweiligen Kämpfers anschließt.[40] In den einzelnen Kämpfen werden Gewalthandeln und Rosen miteinander verknüpft: So fallen Wolfhart und später Studenfuchs nach einem ungeheuren Schlag ihrer Gegner „in die rôsen" (RosengA_(H) 199,4; 253,4). Asprians „rôsenvarwes bluot" (RosengA_(H) 242,2) lässt den „anger" (RosengA_(H) 242,3) nass werden. Gleich darauf wird Witege von Kriemhild „ein rôsenkrenzelîn" (RosengA_(H) 243,2) überreicht, sodass die Bedeutung der Rosen den Bewuchs des Kampfplatzes, die Farbe des Blutes sowie höfischen Lohn umfasst.

Im Kampfverlauf werden die Rosen „gar tiefe in den plân" (RosengA_(H) 255,4) getreten, sodass das rote Blut, das auf den Boden fließt, schließlich den Platz der Rosen zu übernehmen scheint. Die Substitution der Rosen durch Blut wird weiter vor-

---

39 Darin unterscheidet sich dieser Rosengarten vom Kampfplatz im *Laurin*: Hier gibt es weder Beschützer des Gartens noch eine direkte Herausforderung. Die Beschaffenheit des Rosengartens, der nur von einem seidenen Faden bzw. goldenen Gürtel begrenzt wird, zieht es mit quasi magischer Unumgänglichkeit nach sich, dass Dietrich und seine Männer die Grenze zertreten und die Blumen abschlagen. Trotz aller darstellerischen Ähnlichkeiten funktionieren die Kampfplätze im *Rosengarten* und im *Laurin* grundsätzlich anders, da im *Laurin* eine mythische Qualität sowohl des Gartens als auch des Eigners dominiert, die auch in den anschließenden Kämpfen deutlich hervortritt, wenn Laurin auf einem rehgroßen Pferd reitet oder über übernatürliche Utensilien verfügt. Zwar verfügt auch Siegfried im *Rosengarten zu Worms* über überlegene Körperqualitäten (er ist „hürnîn", RosengA_(H) 333,1) und Waffen (RosengA_(H) 329–332), diese bilden jedoch lediglich den Kulminationspunkt der zwölf Kämpfe, und zeigen nicht die grundsätzlich magisch-mythische Qualität von Ort und Kampf; anders Rettelbach 2001, 93.
40 Zu weiteren wiederkehrenden und variierenden Formeln vgl. Rettelbach 2001, 94.

angetrieben, als Dietrich konstatiert: „der anger ist bekleidet mit iuwer beider [= Walthers vom Wasgenstein und Dietleibs, S. W.] bluot" (RosengA_(H) 277,3). Er greift damit die wiederkehrende Formulierung auf: „Si heget einen anger mit rôsen wol bekleit" (RosengA_(H) 47,1), wodurch Rosen und Blut als Äquivalente gesetzt werden. Auch Kriemhild, die Initiatorin der blutigen Kämpfe,[41] kommt nicht davon, ohne dass ihr Blut fließt: Der Mönch Ilsan reibt seinen Bart so kräftig an ihrem Gesicht, „daz der küneginne darnâch ran daz rôte bluot" (RosengA_(H) 376,2). Schließlich müssen auch die Mönche bluten, als Ilsan zu ihnen zurückkehrt und ihnen die gewonnenen Rosenkränze in die Köpfe hineindrückt.[42] Dass die Rosen mit Dornen ausgestattet sind und blutende Wunden erzeugen, macht die Ambiguität des Rosengartens ein weiteres Mal deutlich.

Der Rosengarten als kulturierter Kampfort zeigt sowohl die kulturelle Konstituierung von (Kampf-)Raum als auch den Kampf als kulturelle Technik der Selbstverschwendung und Selbstinszenierung gewaltsamer Herrschaftlichkeit. Die Opposition zwischen Kulturraum und Gewaltausübung ist nur vordergründig; der Text bindet diese Kategorien eng aneinander. Dass Rosen und Blut aufeinander verweisen, erzeugt eine spezifische Ästhetik der Gewalt,[43] die liebliche Natur und beschädigte Körper aufeinander bezieht und einander durchdringen lässt. Die Ästhetisierung der Gewalt geht mit der negativen Bewertung der Kämpfe einher.[44] Am Ende der Zweikämpfe wird wiederholt der Kummer um die Getöteten formuliert. So klagt Gibich: „sô wê mir dirre nôt! / wie ligent mîne recken in dem garten tôt!" (RosengA_(H) 213,1 f.). Zudem schätzt Hagen Kriemhilds Verhalten am Ende des *Rosengarten D* als *mort* ein: „den mort hât gebrûwen Kriemhilt diu künegin" (RosengD 604,4). Dieser Ambivalenz der Wertung der Gewalt – als Mittel zum Machterwerb und als Auslöser von Trauer – entspricht die Unbestimmtheit der Kampfform, die im Rosengarten zum Tragen kommt: Der Kampf bis zum Tode und Dietrichs Heer im Hintergrund verweisen auf kriegsähnliche Zustände bzw. Zweikämpfe vor dem Hintergrund einer (möglichen) Schlacht. Die Rosen und der Lohn, der jedem Sieger zuteilwird, rekurrieren dagegen auf einen höfischen Kontext, auf eine Form des Turniers, das hier ausgetragen wird.[45] Die Unbestimmtheit und Ambivalenz des Rosengartens als Kampfplatz kennzeichnet diesen Textentwurf ebenso wie eine ‚Schönheit' der Gewalt, die auf der Verknüpfung von Rosen und Blut, Garten und Kampfstätte beruht, und damit auf einer spezifischen räumlichen Konstellation.

---

[41] Zu Kriemhild, die Selbstmächtigkeit und Exorbitanz verkörpert und damit Eigenschaften des Heros an sich bindet, vgl. Klinger 2010.
[42] Zur Wahrnehmung Ilsans vgl. Hammer 2008.
[43] Vgl. dazu auch Klinger 2010.
[44] Vgl. dazu auch Rettelbach 2001, 96–104.
[45] Zu einer Sonderform städtischer Turniere, die ‚Rosengärten' genannt wurden, vgl. Simon 1989.

En_(SF), FrSchw, Herb, Hild, Iw_(BLW), Krone, Kudr_(BS), KvWEngelh_(G), KvWPart, KvWTroj_(K), KvWTurn, Lanc_I_(K), Lanc_II_(KS), LuM, NibAB_(BBW), Parz_(L), Rab, Reinfr, Rol, RosengA_(H), RosengD, Roth_(FK), RvEWh, Wh_(S), Wig

→ Burg, Schloss, Hof; → Fluss, Quelle, Brunnen; → Garten, Baumgarten; → Gebirge, Berg, Tal; → Grenze; → Heide, Aue, *plaine*; → Meer, Ufer; → Stadt, Markt, Platz; → Tor, Tür, Treppe, Fenster; → Turm, Zinne, Mauer; → Wald, Lichtung, Rodung, Baum

Justin Vollmann
See, Teich, Pfütze

1 Begriffsbestimmung – 2 Merkmale der Darstellung – 3 Narrative Funktionen – 3.1 Erquickung, Heilung, Unschädlichmachung – 3.2 Schwellen- und Abschottungsraum – 3.3 Unentrinnbarkeitsphantasma, Unheimlichkeit, Sexualität, Gewalt – 3.4 Teich und Pfütze als Orte von Unreinheit, Laster, Schande – 3.5 Vereiste Seen als Erziehungsmittel und Motiv der Klugheitslehre

1 Begriffsbestimmung

Das in der Regel tiefe, schwer zu überquerende Großgewässer wird bereits im Mhd. als *sê* (m./f., germ. **saiwi-*, got. *saiws*, ahd. *sē[o]*, nhd. See)[1] bezeichnet (zur Schwierigkeit der Abgrenzung gegenüber dem → Meer vgl. dort Abschn. 1). Die Bezeichnung *lac* (m., lat. *lacus*)[2] wird vom mhd. *Prosa-Lancelot* als Lehnwort aus der afrz. Vorlage übernommen, hat sich aber im deutschen Sprachraum sonst nicht durchgesetzt. Das tendenziell flachere, oft künstlich angelegte und zum Fischfang genutzte Kleingewässer kann ebenfalls als *sê*, spezifischer aber auch als *tîch* (m., Herkunft unklar, nhd. Teich)[3] bzw. *wî(w)aere* (m., Nebenformen *wî[w]er*, *wîher*, *wîger*, lat. *vīvārium* n. ‚Fischbehälter', ahd. *wī[w]āri*, nhd. Weiher)[4] bezeichnet werden. Spärlich belegt ist das Wort *tümpfel* (m., ahd. *tumpfilo*, vgl. nhd. Tümpel),[5] als dessen Bedeutung „tiefe stelle im fliessenden oder stehenden wasser", aber auch „lache, pfütze" angegeben wird.[6] Für die meist temporären Kleinstgewässer kennt schon das Mhd. die Bezeichnungen *lache* (f., entweder aus lat. *lacus* m. ‚Trog', ‚See' oder aus germ. **lek-a-* ‚undicht sein, tropfen' [vgl. nhd. Leck], ahd. *lah[ha]*, nhd. Lache)[7] und *pfütze* (f., lat. *puteus* m. ‚Brunnen', regional auch ‚Lache', ahd. *puzza, pfuzza*, nhd. Pfütze).[8] Überschneidungen ergeben sich außerdem zu *pfuol* (m., wgerm. **pōla-* ‚Sumpf', ‚Morast', ahd. *pfuol*, nhd. Pfuhl),[9] das „im eigentlichen sinne eine größere tiefere pfütze" bezeichnet.[10]

---

1 Vgl. Kluge/Seebold 2011, 838.
2 Vgl. Gammilscheg 1969, 554.
3 Vgl. Kluge/Seebold 2011, 911. Zum synonymen Gebrauch von *sê* und *tîch* vgl. DWB 9, 2811.
4 Vgl. Kluge/Seebold 2011, 978.
5 Vgl. Kluge/Seebold 2011, 935.
6 Lexer 2, 1567. Eine Suche in der MHDBDB (27.05.2015) ergab keinen Treffer. Auch die Wörterbücher führen nur vergleichsweise abgelegene Textstellen an.
7 Vgl. Kluge/Seebold 2011, 554.
8 Vgl. Kluge/Seebold 2011, 701.
9 Vgl. Kluge/Seebold 2011, 701.
10 DWB 13, 1804.

Nur in den wenigsten Fällen weisen die literarisch erwähnten Seen eine realgeographische Referenz auf.[11] Gattungsmäßig zeichnet sich ein gewisser Schwerpunkt im Bereich der *Matière de Bretagne* (etwa Hartmanns von Aue *Erec* [um 1180], Ulrichs von Zatzikhoven *Lanzelet* [um 1200], Wolframs von Eschenbach *Parzival* [1200–1210], Heinrichs von dem Türlin *Die Krone* [zw. 1215 u. 1230], Wirnts von Gravenberg *Wigalois* [um 1220], Strickers *Daniel von dem Blühenden Tal* [1220–1250], *Prosa-Lancelot* [ab M. 13. Jh.]), aber auch in Teilen der Heldenepik ab (insbes. *Wolfdietrich* [13. Jh.]). Dies gilt vor allem für die größeren, oft mythisch grundierten Seen (s. Abschn. 3.1–3.3). Diffuser ist das Bild im Bereich der teich- und pfützenartigen Gewässer mit meist moralisch-religiöser Konnotation (s. Abschn. 3.4). Einen Spezialfall stellen die in visionären und allegorischen Kontexten situierten Feuer-, Eis- und Blutseen (s. Abschn. 2; insbes. *Visio Tnugdali* [um 1250]) sowie die punktuell im Antikenroman und in der Fabeldichtung begegnenden vereisten Seen (s. Abschn. 3.5; die Alexanderromane Rudolfs von Ems [zw. 1220 u. M. 1250er Jahre] und Ulrichs von Etzenbach [letztes D. 13. Jh.] sowie Heinrichs *Reinhart Fuchs* [E. 12. Jh.]) dar.

2 Merkmale der Darstellung

Anders als Quellen und Bäche sind Seen weder obligatorischer noch fakultativer Bestandteil des *locus amoenus* (→ Garten, → Heide, → Tal, → Wald).[12] Dafür werden sie gerne mit → Bergen und Felsen sowie mit Mooren kombiniert.[13] Auch finden sich stehende Gewässer häufig im Kontext der Jagd.[14] Meist werden die Seen lediglich erwähnt, zusätzliche Details beschränken sich in der Regel auf das handlungslogisch Notwendigste. So können Seen als *tief* (KvWTroj_(K) 6105; 6112; WhvÖst 1190; WolfdB_(AJ) 649,1; 725,2; 726,1), *grôz* (Lanc_I_(K) 6,30; 143,23; WolfdB_(AJ) 388,2) bzw. *michel* (UvZLanz_(H) 7048), *breit* (Krone 17324; TundA 142,739), *wît* (WhvÖst 1190) und *lanc* (TundA 142,739), aber auch als *wilt* (WolfdB_(AJ) 639,3; WolfdD_(K) 617,2) bzw. *kreftec* (TundA 142,738) charakterisiert werden. Konkrete Maßangaben bleiben

---

11 Ausnahmen sind der Gardasee (OrtnAW 88; WolfdA_(AJ) 523 f.; WolfdB_(AJ) 722; WolfdC_(AJ) 8,6; WolfdD_(K) 1764) und der Bodensee (Loheng 3336; Ring_(W) 7767) sowie – im Rahmen bildlicher Vergleiche – der Bodensee (Wh_(S) 377, 5) und der Chiemsee (RvDGeorg 1722).
12 Vgl. Curtius 1993, bes. 82.
13 Vgl. Abschn. 3.2.
14 So meidet z. B. der jagende König Gramoflanz bei Wolfram weder „tîch" noch „bach" (Parz_(L) 721,25), und speziell die Jagd auf Enten, Rebhühner und Reiher wird in Seifrits *Alexander* ausdrücklich „pey den seen und pey teichen" (SeifAlex 7994) lokalisiert.

die Ausnahme.[15] Ebenfalls nur ausnahmsweise wird das Rauschen des Wassers erwähnt.[16]

Drei Seen stechen indessen durch umfängliche und über das handlungstechnisch Notwendige weit hinausgehende Beschreibungen besonders hervor. Diese Beschreibungen können in einem ebenso vorläufigen wie anachronistischen Zugriff als 1. höfisch-realistisch, 2. unheimlich-mysteriös und 3. stimmungsvoll-romantisch bezeichnet werden:

1. Eine Passage, die auch das Interesse der Geschichtswissenschaft geweckt hat,[17] ist die ausführliche Beschreibung des Jagdschlosses (→ Burg) Penefrec bzw. seiner Lage im *Erec* Hartmanns von Aue, die keine Entsprechung bei Chrétien hat. Das Schloss liegt in der Mitte eines Sees, der die besten nur erdenklichen Fische liefert (Er_(L) 7124–7129). Um den See herum befindet sich ein nach außen hin durch eine → Mauer abgeschlossener Wald, in dem es in separaten Bereichen Rotwild, Schwarzwild und Kleinwild zu jagen gibt (Er_(L) 7130–7148). Als höfisches Spektakel wird regelmäßig das Rotwild auf den See zugetrieben und dort von den Hunden eingeholt (Er_(L) 7163–7173). Man vermutet, „daß Hartmann von tatsächlichen Einrichtungen dieser Art oder von Beschreibungen solcher Einrichtungen inspiriert wurde".[18]

2. Unheimlich ist der im *Lanzelet* Ulrichs von Zatzikhoven begegnende ‚Vernebelte See' („Genibelte[] Sê", UvZLanz_(H) 6991; 7158): Als Lanzelet und die Seinen kurz vor Tagesanbruch ans → Ufer gelangen, ist der Nebel so dicht, dass sie die auf dem See gelegene → Burg des Zauberers Malduc trotz Mondschein kaum ausmachen können (UvZLanz_(H) 7584–7593). Vom Ufer des Sees zur Burg führt eine → Brücke, die aber von niemandem wahrgenommen werden kann, sofern Malduc es nicht gebietet (UvZLanz_(H) 7163–7165). Aus dem See rinnt ein fischreicher → Fluss (UvZLanz_(H) 7046–7055), über den die Brücke ‚Zum Stiebenden Steg' („ze dem Stiebendem Stege", UvZLanz_(H) 7146) führt. Der Fluss fließt durch das ‚Schreiende Moor' („Schrîende Mos", UvZLanz_(H) 7041; 7058), durch dessen Aktivitäten er so erhitzt wird, dass er für Mensch und Tier lebensgefährlich ist (UvZLanz_(H) 7056–7070).

3. Das Adjektiv ‚romantisch' verwendet schon Max Wehrli im Zusammenhang mit Wirnt von Gravenberg,[19] dem noch Max Wennerhold die Fähigkeit zuspricht, „Stimmung und Atmosphäre zu evozieren [...] – am augenfälligsten und beeindruckendsten wohl in der nächtlichen Szene am See [Wig] 5280 ff."[20] Insbesondere arbeitet Wehrli das Zusammenspiel von mondhelller Nacht, glänzender Wasseroberfläche, bewusst-

---

15 Lanc_I_(K) 213,6: sieben Fuß weit (von einer Pfütze); UvEtzAlex 21530: eine halbe Meile breit; UvEtzAlex 21585 f.: eine Meile breit und drei Meilen lang.
16 Vgl. „Den Gartsê hôrte er diezen, vinster was diu naht", WolfdA_(AJ) 524,1.
17 Vgl. Hauck 1963, 62 f.
18 Bumke 2006, 57.
19 Vgl. Wehrli 1969, 227, mit Verweis auf „Nacht und Mondschein".
20 Wennerhold 2005, 127.

los daliegendem Helden, dessen Rüstung im Mondlicht glänzt, und Damen, die einen Mondspaziergang machen, heraus.[21]

Als Sonderbereich seien hier wegen des Übergewichts des Erzählinteresses an der Darstellung auch die Feuer-, Eis- und Blutseen der visionären und allegorischen Tradition angeführt. Bekannt ist der Eissee im 32. Gesang von Dantes *Göttlicher Komödie*. Aber schon die *Visio Tnugdali* kennt zwei markante Seen: Zunächst muss Tnugdals Seele auf einer schmalen, mit Nägeln beschlagenen Brücke eine gestohlene Kuh über einen von Ungeheuern bevölkerten feurigen See treiben (TundM 19,5–23,4); später begegnet sie einem Ungeheuer, das auf einem eisigen See die Seelen der Sünder peinigt (TundM 17,15–30,13).[22]

Ähnlich bildkräftig sind jene stehenden „Gewässer", die mit Blut gefüllt sind. Zu erinnern ist hier zunächst an Pfuhle (Kchr_(S) 411,24; ferner Herb 6464 f.), Pfützen (KvWTroj_(K) 35712) und Lachen (Rol 4649 f.; JTit 3662,4b) aus Blut im Kontext des Kampfs. Ganze Seen aus Blut begegnen im Kontext der Allegorie. So sitzt in der Traumerzählung, die Johann von Konstanz in seine *Minnelehre* einschaltet, Cupido auf einer goldenen Säule am brennenden Ufer eines blutgefüllten Sees (JvKMinn 171–281). Letzterer bedeutet einerseits das vom *minne*-Feuer umschlossene Herz des Liebenden (JvKMinn 502–511), gleichzeitig stammt das Blut von den durch Ehebruch geforderten Liebestoten (JvKMinn 572–589). Ähnlich wird in der Traumerzählung, die Heinrich Wittenwiler den Arzt Chrippenchra in seinen für Mätzli Rüerenzumph verfassten Liebesbrief einbauen lässt, Venus mit einem Bach aus Blut in Verbindung gebracht (Ring_(W) 2305; 2447–2450), während die Kirche, in welcher sich Maria mit dem Kind befindet, inmitten eines Sees aus Blut und Honig steht (Ring_(W) 2370), der auf das in Süßigkeit verwandelte Blut und die Tränen des Neuen Testaments verweist (Ring_(W) 2515–2522).

3 Narrative Funktionen

Wie wichtig das Motiv des Sees im narrativen Kontext sein kann, zeigt sich bei Lancelot, dessen schon bei Chrétien und Ulrich von Zatzikhoven begegnender Herkunftsname *de(l) Lac* (CdTLanc 3676; UvZLanz_(H) 5092 u. a.) auf eine Affinität zu Seen hindeutet.[23] Erst für den *Prosa-Lancelot* gilt freilich die Feststellung Uwe Rubergs, dass „[n]eben dem Artushof [...] der See ein zweites Zentrum des Buches" ist.[24] Mehr noch: Wie eine große epische Klammer hält das Motiv des Sees die gesamte Roman-

---

21 Vgl. Wehrli 1969, 228.
22 In Albers *Tnugdalus* ist beide Male von einem „sê" (TundA 738; 1016 u. a.), in *Tondolus der Ritter* von einem „pfutz" (Tond 328; 559 u. a.) die Rede.
23 Zur Art des Gewässers im *Lanzelet* vgl. Kragl 2006, 1080 (Kommentar zu UvZLanz_(H) 169).
24 Ruberg 1965, 57.

trilogie zusammen. Im Dianensee (Lanc_I_(K) 6,31 f.) wächst zu Beginn der junge Lancelot unter der Obhut der Dame vom See heran (Lanc_I_(K) 34,6–42,9).[25] Und in einen See befiehlt am Ende der sterbende König Artus sein Schwert Escalibur zu werfen (Lanc_III_(K) 764,10–766,13). Leben und Tod, Werden und Vergehen, Weiblichkeit und Ambiguität – damit sind zentrale Aspekte der Symbolik des Wassers benannt, die auch in den konkreten narrativen Einbettungen des Motivs immer wieder aufscheinen.

3.1 Erquickung, Heilung, Unschädlichmachung

Obwohl grundsätzlich Ambivalenzen zu verzeichnen sind, überwiegen meist positive Aspekte: Gleich zu Beginn der Orientabenteuer gelangen Alexander und sein durstiges Heer in Ulrichs von Etzenbach *Alexander* an ein Wasser, das sich jedoch als bitter und ungenießbar erweist. Wenig später lagern sie an einem süßen Wasser, das nun freilich von diversen wilden Tieren heimgesucht wird. In der *Historia de preliis* handelt es sich zumindest beim zweiten,[26] bei Ulrich von Etzenbach bei beiden Gewässern um einen See (UvEtzAlex 21522; 21585 u. a.). Die erquickende Wirkung des Sees bzw. stehenden Gewässers spielt auch im Kontext des Drachenkampfmotivs eine Rolle, und auch hier sind gewisse Ambivalenzen zu verzeichnen. So steht im *Tristan* die Kühle der *lache* (verstanden als Tümpel,[27] Wasserlache[28] oder Quelltopf[29]), in die der vom Drachenkampf ermattete Held sich sinken lässt, positiv der lebensbedrohlichen Hitze gegenüber (Tr_(R) 9071–9084), birgt aber, wie insbesondere die Fortsetzung Heinrichs von Freiberg expliziert, auch die Gefahr des Ertrinkens (HvFreibTr 1065–1068). Diese Ambivalenz klingt auch im *Wigalois* Wirnts von Gravenberg an, wenn die Fischersfrau den ohnmächtigen Helden zunächst im See ertränken will (Wig 5383–5386), bevor sie ihm wenig später Wasser einflößt, um ihn zu retten (Wig 5454–5457). Wirkungsvoll ist der Gegensatz zwischen dem lebensbedrohlichen Feuer des Drachen und dem – hier nun vollständig positiv konnotierten – Wasser des Sees in den Hauptversionen B und D des *Wolfdietrich* in Szene gesetzt (WolfdB_(AJ) 722–729; WolfdD_(K) 1764–1775).

Die erquickende, ja heilende Kraft des Wassers tritt auch im *Parzival* Wolframs von Eschenbach zutage. Eine wichtige Rolle spielt zunächst der in unmittelbarer Nähe zur Gralsburg gelegene See Brumbane.[30] Auch dieser ist nicht frei von Ambi-

---

25 Der See ist allerdings nur vorgespiegelt, vgl. Lanc_I_(K) 21,8 f.
26 Vgl. den lat. Paralleltext in Kinzels Ausgabe des *Straßburger Alexander* (SAlex_(K) 292–294).
27 Übers. Krohn 1980.
28 Übers. Haug/Scholz 2011a.
29 So Hammer 2007a, 106, Fn. 216. Hammer fasst darunter „den Erosionstrichter des aus einem Felsen strömenden Gewässers, der oftmals ein kleines Becken mit ruhigem Wasser bildet".
30 Zur Topographie des *Parzival* vgl. Spiewok 1996.

valenzen, hat hier doch einst Parzivals Erzfeind Lähelin in einem Akt der Tötung und des Leichenraubs das Gralspferd Gringuljete an sich gebracht (Parz_(L) 261,27–30; 340,1–6; 473,22–30). Vor allem trifft Parzival hier aber zum ersten Mal den angelnden Gralskönig Anfortas (Parz_(L) 225,1–226,9; vgl. auch 491,1–30) – „eine Art Vorspiel für die folgende Hauptszene, das Gastmahl auf der [→] Gralsburg".[31] Auffällig sind die Unterschiede zu Chrétien: Stellt bei diesem der – nicht auf einem See, sondern auf einem Fluss getätigte – „Angelsport" als „einzig noch mögliche[s] Jagdvergnügen" einen Selbstzweck dar,[32] so „schließt sich des Fischerkönigs Aufenthalt auf dem Wasser" bei Wolfram „der Reihe von Maßnahmen an, die das Leiden heilen, wenigstens lindern oder auch nur den schlechten Geruch der Wunde vertreiben sollten".[33]

Bezogen auf das metonymisch mit Anfortas verbundene Gralsschwert[34] spielt die Heilkraft des Wassers auch im Fall der Quelle Lac eine Rolle (Parz_(L) 253,30–254,14; 434,28 f.), deren Name immerhin noch die Erinnerung daran wachhält, dass es sich in der chrétienschen Vorlage um einen See handelt (CdTPerc 3673–3685).[35] Nicht weit ist es von hier zu einem verbreiteten Motiv, das Schwert und See besonders eng zusammenrückt. Wie am Ende des *Prosa-Lancelot* das Schwert des sterbenden Königs Artus (s. Abschn. 3) wird in dem provenzalischen Versbruchstück *Ronsasvals* das Schwert des toten Helden Roland in einem See versenkt.[36] Am Ende der altschwedischen Fassung der *Thidrekssaga* versenkt Dietrich das Schwert Mimung, mit welchem der von ihm getötete Witeke einst seinen (Dietrichs) Bruder getötet hat, in einem See in Schwaben (Thid 462). Ähnlich wird in der nordischen Version der Hildebrandsage ein unheilbeladenes Schwert in einem See versenkt.[37] Ein eigenwilliger Reflex auf die betreffende Erzähltradition scheint vorzuliegen, wenn der Stricker seinen Helden im *Daniel von dem Blühenden Tal* ein medusenartiges Haupt, dessen Anblick tödlich wirkt, in einem als „sê" (StrDan 2203; 2278) bezeichneten Gewässer versenken lässt, das in der Forschung überwiegend als See, nicht etwa als Meer betrachtet wird.[38]

---

31 Gnädinger 1978, 128.
32 Gnädinger 1978, 131. Vgl. bes. CdTPerc 3521–3524.
33 Gnädinger 1978, 136 f. Vgl. Parz_(L) 491,6 f.
34 Zu den metonymischen Kontexten des Gralsschwerts vgl. Stolz 2016, 276–286.
35 Freilich wird das Schwert bei Chrétien nicht durch die Heilkraft des Wassers, sondern durch den Schmied Triboet wieder ganz gemacht. Bei Wolfram könnte das Motiv des Jungbrunnens (Zajadacz 1979, 64) oder auch das Sakrament der Taufe (Tax 2006, 284) im Hintergrund stehen.
36 Vgl. Wais 1976, bes. 31.
37 Vgl. de Boor 1923/1926, hier bes. 1923, 160, 166 f., 170, 180.
38 Vgl. Rosenhagen 1890, 79, Lecouteux 1977, 273, Bleumer 2013, 196. Zur Schwierigkeit der Übersetzung Resler 2003, 400. Im *Garel* des Pleiers wird ein vergleichbares Haupt eindeutig im Meer versenkt (PleierGar 9238–9283).

3.2 Schwellen- und Abschottungsraum

In einigen Fällen scheint ein Muster durch, bei dem die potenzielle Heilkraft nicht dem Wasser selbst, sondern einer feenartigen Frauengestalt zugeschrieben wird, deren Reich sich inmitten eines – oft nur mit übermenschlicher Hilfe zu überquerenden – Sees befindet. Dies gilt etwa für die zweite Guivreiz-Episode von Hartmanns *Erec*: Der Held muss „den See überqueren, um geheilt zu werden, er trifft im Haus ‚Penefrec' arzneikundige Frauen – so wie Artus auf Avalon die Feen".[39] Der betreffende Mythos ist im *Erec* in Form des von der Fee Morgana hergestellten Wundpflasters präsent, mit dessen Hilfe Erec zunächst von Ginover (Er_(L) 5132–5246) und dann – in Erweiterung der chrétienschen Vorlage – von Guivreiz' Schwestern geheilt wird (Er_(L) 7225–7231). Dennoch ist der Mythos hier weitgehend höfisch überformt: Der See ist gerade nicht in erster Linie eine Schwelle zur → Anderswelt (von seiner Überquerung durch Erec wird nicht einmal explizit berichtet), sondern ein profaner[40] Fischteich – und damit Teil jenes „fisherman's and huntsman's dream",[41] den Silvia Ranawake überzeugend als positives Gegenstück zu Erecs *verligen* in Karnant gedeutet hat.

Deutlich als Schwellenraum ist hingegen der See konzipiert, in welchem sich die Burg des Zauberers Malduc im *Lanzelet* Ulrichs von Zatzikhoven (UvZLanz_(H) 7158–7162) befindet. Ein erstes Mal begeben sich Artus und drei seiner Ritter zum Ufer des Sees, um Malducs Hilfe bei der Rückgewinnung Ginovers zu erwirken (UvZLanz_(H) 6975–7168). Die Kommunikation läuft über Malducs Tochter, die Helden selbst müssen den See nicht überqueren (UvZLanz_(H) 7169–7311). Ein zweites Mal begibt sich Lanzelet mit hundert Rittern zum See, um Walwein und Erec, die Malduc sich als Lohn für die erfolgreiche Rückgewinnung Ginovers ausbedungen hatte, zu befreien (UvZLanz_(H) 7496–7593). Diesmal müssen sie den See durchschwimmen, wobei sie von einem mehr als turmhohen Ritter beschützt werden, der die Fluten mühelos durchwatet (UvZLanz_(H) 7594–7619). Nachdem sie die Gefangenen befreit, Malduc und die Seinen getötet und die Burg niedergebrannt haben, weist ihnen die Tochter Malducs den → Weg zurück über die Brücke, sie selbst wird in die Artusgesellschaft integriert (UvZLanz_(H) 7620–7681). Ähnlich wie Guivreiz' Schwestern wird interessanterweise auch Malducs Tochter mit der Fee Morgana in Verbindung gebracht (UvZLanz_(H) 7180–7187), und sehr viel klarer als im *Erec* scheinen hier nun in der Tat auch mythische Strukturen greifbar.[42] Weit entfernt von einem gemütlichen Fischteich ist der See des *Lanzelet* ganz deutlich als Schwellenraum konzipiert, der

---

[39] Zajadacz 1979, 60 f. Dazu kritisch Scholz 2004, 893.
[40] Zum für das Mythische konstitutiven Grundgegensatz heilig/profan vgl. Cassirer 2002, 87–97, bes. 89.
[41] Ranawake 1988, 107.
[42] Zur entsprechenden Forschungsdiskussion vgl. Kragl 2006, 938–955, speziell zu der in Frage stehenden Episode 1231–1234 (Kommentar zu UvZLanz_(H) 6725–7425).

aber dann durch die Hilfe der Tochter Malducs in einen vergleichsweise unproblematischen Transitraum verwandelt wird.[43]

Eher auf der Seite des Mythischen stehen auch diverse vom Helden zu überwindende Seen, die in der *Krone* Heinrichs von dem Türlin begegnen. Besonders eng sind die Episoden um Gaweins Besuch bei Frau Saelde und um seinen Besuch der Jungfraueninsel (Krone 15649–15930; vgl. auch schon 15343–15381; 17312–17502) miteinander verbunden: „Beide Male überquert Gawein einen See mit einem magischen Hilfsmittel (Zauberknäuel bzw. schwimmender Rasen), er gelangt zu einer mächtigen Dame, die ihm außernatürliche Hilfe zuteil werden läßt – Saelde die Ewigkeitsgarantie für das Artusreich, Levenet ewige Jugend."[44] Ferner wird bereits der morastige Fluss, über den Gawein – hier mithilfe einer unbekannten Substanz, die das flüssige Wasser fest werden lässt – ins Gralsreich gelangt, an einer Stelle als „sê" (Krone 14410–14567, hier 14564) bezeichnet,[45] und auch zum Auftakt der zweiten Gralsfahrt müssen Gawein und seine Gefährten einen See durchschwimmen, wobei es diesmal eine Welle ist, die die entscheidende Hilfe bringt (Krone 28279–28330).

Auch abseits des hier skizzierten Handlungsmusters können Seen der territorialen Abschottung dienen, wobei sich insbesondere die Kombination mit Felsen und Bergen als wirkungsvoll erweist. So ist das Land Korntin in Wirnts von Gravenberg *Wigalois* von einem Moor und einem See umgeben und nur über zwei von hohen Felsen umschlossene Durchgänge erreichbar (Wig 4323 f.). Die Burg des Heidenkönigs Agrant liegt im *Wilhelm von Österreich* auf einem Berg, der von einem See umschlossen ist (WhvÖst 1190–1199). Das Land der Königin vom brennenden See liegt in einem brennenden, nur im feuerresistenten Schiff eines riesenhaften Fährmanns passierbaren See, der von einem hohen → Gebirge umgeben ist (KvBS 1992–1997; 2185–2191). Eine technisierte Variante liefert der Stricker, in dessen *Daniel* der enge Bergdurchgang, der ins Land zur Grüenen Ouwe führt, nicht nur durch einen als Falltor fungierenden Felsen, sondern auch durch einen Flutmechanismus gesichert ist. Letzterer verdankt sich einem künstlich in den Berg gegrabenen See, in dem sich das Wasser bei geöffnetem Falltor sammelt, um bei geschlossenem Falltor auszuströmen (StrDan 2499–2516).

3.3 Unentrinnbarkeitsphantasma, Unheimlichkeit, Sexualität, Gewalt

Wie eine Negativversion der oben angeführten Episode aus dem *Lanzelet*, an deren Ende die Tochter des Zauberers Malduc die Helden auf einer Brücke über den See führt, liest sich eine Episode, die in sämtlichen Versionen des äußerst variant über-

---

43 Vgl. Lorenz 2009, 146–154, bes. 153.
44 Felder 2006, 474.
45 Vgl. dazu J. Keller 1997, 109 mit Fn. 172, der auf Wolframs See Brumbane verweist.

lieferten *Wolfdietrich* enthalten ist. Der Held gelangt zur Burg eines Heiden, der schon viele Christen getötet hat. Er widersteht den Verführungskünsten der schönen Heidentochter und tötet den Burgherrn beim Messerwerfen. Als er wieder aufbrechen will, hat die Heidentochter um die Burg herum einen See gezaubert (WolfdB_(AJ) 639–641; WolfdD_(K) 1091; WolfdK_(AJ) 284). Gemeinsam mit der Heidentochter reitet Wolfdietrich über eine (gläserne) Brücke, die sich jedoch unterwegs verengt bzw. zerbricht, sodass Wolfdietrich weder vor noch zurückkann (WolfdB_(AJ) 642f.; WolfdD_(K) 1265–1269; WolfdK_(AJ) 285f.). Im Vertrauen auf Gott springt er in den See, der in den Hauptversionen B und D im selben Augenblick verschwunden ist (WolfdB_(AJ) 647–649; WolfdD_(K) 1272). In der Fassung des *Dresdener Heldenbuchs* dagegen muss Wolfdietrich den See durchschwimmen (WolfdK_(AJ) 287). Die Heidentochter indessen verwandelt sich in allen drei Versionen in eine Elster bzw. Krähe und fliegt davon (WolfdB_(AJ) 644; WolfdD_(K) 1277–1279; WolfdK_(AJ) 286).

Die scheinbare Ausweglosigkeit aus dem durch den See umschlossenen Gebiet spielt auch in einer Episode des *Prosa-Lancelot* eine Rolle: Im Zuge eines Doppelabenteuers befreit der frisch zum Ritter geschlagene Lancelot ein auf einer Wiese inmitten eines Sees („lack", Lanc_I_(K) 143,23 u. a.) gefangenes Fräulein aus der Gewalt zweier Ritter, die sie jede Nacht mit sich fortzuführen pflegen. Eine ähnliche Episode, in der der Held eine wehklagende Jungfrau aus der Gewalt zweier Riesen befreit, die im Begriff sind, sie zu vergewaltigen, lässt Wirnt von Gravenberg ebenfalls an einem See spielen (Wig 2043; 2067), der hier freilich als bloße Kulisse fungiert (vgl. auch Drachenkampfepisode: Wig 4867–4870). Eine ähnlich lose Verknüpfung des – gewissermaßen als Unheimlichkeitsmarker fungierenden – Sees mit dem Thema der sexuellen bzw. sexuell motivierten Gewalt (hier: Entführung) begegnet auch in einer Episode des *Wolfdietrich* (WolfdB_(AJ) 388; WolfdD_(K) 617).

3.4 Teich und Pfütze als Orte von Unreinheit, Laster, Schande

Besondere Beachtung verdient eine Episode, die das Motiv der Jagd auf wirkungsvolle Art und Weise mit dem Motiv des Sturzes in ein stehendes Gewässer verbindet. Im 8. Buch des *Parzival* trifft der des Mordes bezichtigte Held Gawan auf den Sohn seines angeblichen Opfers, König Vergulaht, der ihn zunächst der liebevollen Pflege seiner Schwester Antikonie anempfiehlt, sich dann freilich wenig später an die Spitze des den Helden bedrängenden Pöbels stellt und so den Gerichtsfrieden bricht, den der Landgraf Kingrimursel dem Helden zugesichert hatte. Schon bei Chrétien wird die entsprechende Episode durch eine erfolglose Jagd eingeleitet (CdTPerc 5659–5702), die Wolfram nun aber entscheidend umgestaltet (Parz_(L) 399,27–401,4). Erstens ist bei ihm nicht Gawan, sondern Vergulaht der erfolglose Jäger. Und zweitens besteht der Misserfolg bei Wolfram nicht im Verfehlen der Beute, sondern in dem Umstand, dass Vergulaht bei dem Versuch, seine Jagdfalken zu retten, in einen sumpfigen Teich („muorigen tîch", Parz_(L) 400,20) fällt.

Antizipiert die erfolglose Jagd des Helden bei Chrétien sehr deutlich „seine[] Rolle des verhinderten Liebhabers",[46] so ist die Symbolik bei Wolfram vielschichtiger. Wie Rüdiger Schnell anhand der Vogelsymbolik gezeigt hat, wird Gawan hier vom Jäger zum Gejagten, wobei Antikonie als Köder und König Vergulaht als Jäger zweiter Ordnung fungiert.[47] Der entscheidende Punkt: Während Chrétiens König die ganze Zeit über „vollkommen korrekt" handelt,[48] macht sich Vergulaht bei seiner Jagd auf Gawan eindeutig schuldig, und genau darauf scheinen Wolframs Änderungen in der einleitenden Jagdszene abzuzielen. Hier geht es nicht um einen Frauenjäger, der seine Beute verfehlt, sondern „um einen König, der alles verliert: Kleidung, Pferd und guten Ruf".[49] Eine entscheidende Rolle spielt dabei der sumpfige Teich, in den Vergulaht ausdrücklich deswegen fällt, weil er „unrehten furt" (Parz_(L) 400,22) gesucht hat.[50]

Eine Anspielung auf Vergulahts erfolglose Jagd liegt möglicherweise vor, wenn Albrecht im *Jüngeren Titurel* bereits den Vater Vergulahts, König Kingrisin, in einem erdigen Pfuhl („in tiefer molten pfuole", JTit 2871,2b) landen lässt.[51] Und nicht alle kommen so glimpflich davon wie Vergulaht und Kingrisin. Porus verliert im *Alexander* Rudolfs von Ems unzählige Männer in „phützen" (RvEAlex 19644) und Sümpfen. Der heilige Georg wird im gleichnamigen Text Reinbots von Durne geviertelt und in einen „pfuol" (RvDGeorg 4713; 4730) bzw. eine „pfütze" (RvDGeorg 4727) geworfen. Meleagants Schwester wirft im *Prosa-Lancelot* den Kopf ihres von Lancelot getöteten Verleumders in einen von Schlangen und Gewürm bevölkerten „pfuol" (Lanc_I_(K) 627,3) im Wald. In Strickers *Karl* stürzen die Christen die heidnischen Götterbilder von ihrem Thron und ertränken sie in den „pfuolen" (StrKarl 832; ähnlich 4266 f.). Gedanklich nicht mehr weit ist es von hier aus zum „pfuol" der → Hölle, wie er etwa in Wirnts *Wigalois* begegnet (Wig 3998).

Insbesondere der *Prosa-Lancelot* weist mehrere stehende Gewässer auf, in die der Held Lancelot gestürzt wird bzw. zu stürzen droht. Als Befreier der Burg Dolorose Garde muss er über einen stinkenden „pfucz" (Lanc_I_(K) 213,5 u. a.) springen und einen teuflischen Mann besiegen, den er kurzerhand hineinstößt. Als Karrenritter wird er durch eine List Meleagants in einer „dieffen putz" (Lanc_II_(K) 4,8)[52] gefangen gesetzt. Im Vorfeld des Turniers zu Camelot droht er in einem durch Gewürm und Schlangen vergifteten „pfucz" (Lanc_II_(K) 371,25) zu verschmachten, bis ihn die Tochter seines Peinigers erlöst. Als Büßer schließlich wird ihm in einer Traumvision

---

[46] Olef-Krafft 1991, 611 im Kommentar zum *Perceval*.
[47] Vgl. Schnell 1974.
[48] Bumke 2004, 86.
[49] So, allerdings mit Fragezeichen, Nellmann 1994, 644.
[50] Vordergründig ist damit eine im ontologischen Sinne falsche, d. h. nur scheinbar vorhandene Furt gemeint, doch ist der moralische Hintersinn kaum zu überhören.
[51] Der Kontext ist hier allerdings nicht derjenige der Jagd, sondern des Turniers.
[52] So in der von Kluge herangezogenen Hs. k. In Hs. a ist dagegen von einer *grubenn* die Rede, vgl. Lanc_II_(KS) 428,16.

damit gedroht, in den „dieffen pfucz" (Lanc_III_(K) 193,5) gestürzt zu werden, der wenig später auf die Hölle gedeutet wird (Lanc_III_(K) 197,6 f.).

Metaphorisch begegnen z. B. der „pfuol" der Schanden (KvWPart 8480; Reinfr 4358), des Unglaubens (KvWSilv 2079), der Sünden (Loheng 3629) oder des Banns (Loheng 7465). Wolfram vergleicht den zum Küchenjungen degradierten Rennewart mit Gold, das in einen „pfuol" (Wh_(S) 188,21) gefallen ist. Mit den Schweinen, die „der vil trüeben lachen" (Wig 80) geneigter sind als dem Gold, setzt Wirnt von Gravenberg die unwürdigen Rezipienten gleich. Und in einer Mini-Allegorie wird in Strickers *Daniel* die personifizierte *Vröude* durch die Ankunft des Riesenvaters von ihrem Thron gestoßen und fällt in einen „pfuol" (StrDan 6890).

Nur teilweise in das Gras der Reue, überwiegend dagegen in den Dornbusch des Hochmuts, die Quelle der Habgier und die *lache* der übrigen Hauptsünden (Renner 57; 130) fallen in der einleitenden Allegorie des *Renners* Hugos von Trimberg die Birnen (= erwachsenen Menschen). Immer wieder kommt Hugo im Verlauf seiner Behandlung der Hauptsünden auf das Bild der *lache* zurück, in die der Sünder bzw. die sündige Seele fällt.[53] In der dritten Distinktion führt er außerdem die Beispielgeschichte vom Betrunkenen an, der in eine tiefe „pfützen" (Renner 10243) fällt, sich dabei aber im Bett einer gewissen Liutgart wähnt.

Bei alldem wundert es nicht, wenn in der *Arabel* Ulrichs von dem Türlin das paradiesische ‚Blumenland' Tschampfluors zunächst einmal *ex negativo* dadurch charakterisiert wird, dass es weder *lachen* noch Sümpfe aufweise (TürlArabel 63,20), oder wenn im *Jüngeren Titurel* das Reiten durch tiefe *lacken* als erstes von mehreren Elementen begegnet, die das Irregehen Tschinotulanders bei der Verfolgung des Bracken indizieren (JTit 1290,2b). Ins Lustvoll-Frivole gewendet erscheint die Negativität des kleinen stehenden Gewässers in der von Gottfried von Straßburg nicht mehr ausgeführten Episode vom ‚kühnen Wasser', welches der hineinreitenden Isolde Weißhand laut eigener Aussage weiter die Schenkel emporspritzt, als Tristan sich je vorgewagt habe.[54]

3.5 Vereiste Seen als Erziehungsmittel und Motiv der Klugheitslehre

Vereiste Seen begegnen auch als Mittel der Didaxe. Schon bei Statius gehört es zum Erziehungsprogramm des Kentauren Chiron, seinen Schützling Achill über die mit

---

53 Nachweise bei de la Cuadra 1999, 55–57.
54 Eilhart bezeichnet das betreffende Gewässer als „einen gereinetin pfûl" (Eilh_(L) 6151; „einen in Folge von Regen entstandenen Pful"; vgl. Lichtenstein im Kommentar zu Eilh_(L) 462), bei Thomas von der Bretagne ist es ein „petit cros en euvier" (TdATr, Fragment Turin I,215), bei Ulrich von Türheim ganz entsprechend ein mit Wasser gefülltes „hol" (UvTürhTr 397 f.), bei Heinrich von Freiberg dagegen ein aus einer Quelle rinnendes „wazzer" bzw. „wezzerlîn" (HvFreibTr 3757–3759).

einer ersten Eisschicht überzogenen Flüsse eilen zu lassen (StatAchill II,117 f.). Konrad von Würzburg überbietet Statius nicht nur „dahingehend, dass die Eisdecke so dünn ist, daß man ein Haar hindurch erkennen kann, daß Achill sich nicht einmal den Fuß naßmachen darf und daß ihm nicht nur die Leistung als solche, sondern auch Furchtlosigkeit abverlangt wird":[55] Er ersetzt darüber hinaus die Flüsse durch einen tiefen See (KvWTroj_(K) 6105; vgl. 6112).

Ein zugefrorener Teich bzw. Weiher („tîch", ReinFu 722; 727 f.; „wîger", Fragment S₂) begegnet im Fischfangabenteuer des *Reinhart Fuchs* (ReinFu 727–822). Beteiligt sind erstens Reinhart Fuchs, der vorgibt, in dem zugefrorenen Teich gebe es Aale zu fangen, die seine Mitbrüder dort ausgesetzt hätten; zweitens der gutgläubige ‚Fischer' Wolf Isengrin, der seinen Schwanz samt einem daran befestigten Eimer so lange in ein Loch im Eis hält, bis er eingefroren ist; drittens der auf der Jagd befindliche Ritter Birtin, der bei dem Versuch, Isengrin zu erschlagen, auf dem Eis ausrutscht und Isengrin den eingefrorenen Schwanz abschlägt.

CdTLanc, CdTPerc, Eilh_(L), Er_(L), Herb, HvFreibTr, JTit, JvKMinn, Kchr_(S), Krone, KvBS, KvWPart, KvWSilv, KvWTroj_(K), Lanc_I_(K), Lanc_II_(K), Lanc_II_(KS), Lanc_III_(K), Loheng, OrtnAW, Parz_(L), PleierGar, Reinfr, ReinFu, Renner, Ring_(W), Rol, RvDGeorg, RvEAlex, SAlex_(K), SeifAlex, StatAchill, StrDan, StrKarl, TdATr, Thid, Tond, Tr_(R), TundA, TundM, TürlArabel, UvEtzAlex, UvTürhTr, UvZLanz_(H), Wh_(S), WhvÖst, Wig, WolfdA_(AJ), WolfdB_(AJ), WolfdC_(AJ), WolfdD_(K), WolfdK_(AJ)

→ Anderswelten; → Brücke; → Burg, Schloss, Hof; → Fluss, Quelle, Brunnen; → Garten, Baumgarten; → Gebirge, Berg, Tal; → Gralsburg, Gralsbezirk; → Heide, Aue, *plaine*; → Himmel, Hölle; → Meer, Ufer; → Turm, Zinne, Mauer; → Wald, Lichtung, Rodung, Baum; → Weg, Straße, Pfad

---

[55] Lienert 1996, 53.

Silvan Wagner
Spur, Fährte

1 Begriffsbestimmung – 2 Merkmale der Darstellung – 3 Narrative und symbolische Funktionen – 3.1 Virtuelle Evidenz und Verknüpfung von Zeiten und Orten: untrügliche Zeichen – 3.1.1 Untrügliche geistliche Zeichen als Mittler zwischen Immanenz und Transzendenz – 3.1.2 Untrügliche weltliche Zeichen als Mittler zwischen Vergangenheit, Gegenwart und Zukunft – 3.2 Unverfügbarkeit, List und Betrug: trügerische Zeichen – 3.2.1 Unverfügbarkeit des Heiligen – 3.2.2 List und Betrug durch Manipulation der Spur

1 Begriffsbestimmung

Um eine Spur oder Fährte im Sinne eines bleibenden, physischen Abdrucks eines ruhenden oder sich fortbewegenden Körpers zu bezeichnen, verwendet die mittelhochdeutsche Epik eine vergleichsweise große Menge an Begriffen: Am häufigsten vertreten sind *spor* (n., wobei auch *diu spor* aus dem Pl. gebildet werden kann[1] und im Mhd. feminine Formen entwickelt, idg. *sp[h]er[ə]- n., germ *spura- n., ahd. *spor* n.)[2] und *slage* (f., idg. *sélkô, *slékô [Verb], got. *slahs* f., ahd. *slaga* f.)[3] – dies vor allem aber in der kontrahierten Form *slâ* – und ihre zahlreichen Varianten (*spür, spur, gespür, gespor, vuozspor, slâge, slâwe, vuozslac*); daneben können auch *leis* (*leise, leist* f., idg. *leis-, gt. *laists*, ahd. *uuagan-leisa*),[4] *slich* (m., ahd. *slih*),[5] *sloufe* (*slouwe* f., ahd. *slauf, slouph*),[6] *trit* (*vuoztrit* m., im Ahd. nur als Verb *tretan*),[7] *vart* (f., ahd. *fart* f.),[8] *stapfe* (*vuoztapfe* f., ahd. *staph* m.)[9] und *ganc* (m., ahd. *gang* m.)[10] die Spur bzw. Fährte bezeichnen.

Das Begriffsfeld ist im Mittelhochdeutschen geradezu ein Paradigma für narrative Raumgenese, auch wenn es bislang in der Forschung weitgehend marginal behandelt wurde: Die ältesten Belege entstammen der Jägersprache und implizieren damit das Skript, der Spur bis zum Zusammentreffen mit dem Verursacher nachzuspüren.[11]

---

1 Vgl. Lexer 2, 1106.
2 Vgl. Pfeifer 2011, 1336.
3 Vgl. DWB 15, 314, 346.
4 Vgl. Pfeifer 2011, 455, DWB 12, 559, 713.
5 Vgl. Pfeifer 2011, 1210.
6 Vgl. DWB 15, 512.
7 Vgl. DWB 22, 660, Kluge/Seebold 2011, 929.
8 Vgl. Kluge/Seebold 2011, 273.
9 Vgl. DWB 17, 857.
10 Vgl. Kluge/Seebold 2011, 331.
11 Vgl. DWB 17, 235, 12, 559, Pfeifer 2011, 1336.

Diese Etymologie ist ein erster Hinweis auf die grundlegende semantische Varianz des Begriffsfeldes Spur zwischen substantivischer und prädikativer Funktion: Die mhd. Begrifflichkeiten für Spur bezeichnen zum Großteil sowohl die Handlung, die die Spur erzeugt, als auch (als Verbalsubstantiv) das Ergebnis dieser Handlung: *Slage* etwa bezeichnet zunächst das Werkzeug des Schlagens, dann den Schlag selbst und erst in dieser Folge den Abdruck des (Huf-)Schlags, der im Plural zur Fährte wird;[12] *slich* bezeichnet mit dem schleichenden Gang und dem Schleichweg ebenfalls Handlung und Ergebnis;[13] die Bedeutung von *sloufe* ist das Ergebnis des Verbs *sloufen* ‚(hindurch-)schlüpfen',[14] ebenso wie *spur* das Ergebnis des germ. Verbs **spur-na-* ‚treten' ist;[15] heute noch evident sind *trit*, *vart*, *stapfe* und *ganc*. Selbst die Anschlusshandlung – das Nachspüren der Spur durch einen Verfolger – kann mit derselben Wurzel bezeichnet sein (*spor* etwa korrespondiert mit dem Verb *spürn*, das die Bedeutungen ‚nachgehen', ‚aufsuchen', ‚spüren' und ‚wahrnehmen' trägt).[16] Diese Verschränkung von Verlauf und Ort, von Zeit und Raum im Phänomen der Spur ist dem mhd. Diskurs weitaus bewusster als dem neuzeitlichen und steht in engster Verbindung mit Narrativität: Die Spur verbindet stets je zwei unterschiedliche Zeit-[17] und Raumpunkte miteinander und erfordert die Verfolgung der Spur als Handlungsverlauf beliebiger Dauer und Erstreckung. Der Verursacher der Spur teilt nicht mehr das Hier und Jetzt des Verfolgers, und trotzdem besteht eine mittelbare Verbindung zwischen Verfolger und Verursacher: In der Zukunft (und am Ende der Spur) werden sich beide im künftigen Hier und Jetzt treffen. Die Spur als konkreter Ort eröffnet immer auch einen virtuellen Raum, der Realität zu werden verspricht. In der Spur ist der Verursacher damit paradoxerweise anwesend und abwesend zugleich, was die Spur zu einem Zeichen bzw. einer Zeichenkette macht.[18] Die Spur ist insofern ein Paradigma für narrative Raumgenese, als sie als literarischer Ort zugleich Bewegung, Handlung und Interaktion erzwingt, wodurch der erzählte Raum grundsätzlich erst entsteht.[19]

Die Bestimmung der Spur zwischen Ort und Raumgenerator, die Virtualität des über die Spur erzeugten Raumes und nicht zuletzt die problematische Forschungslage bringen es mit sich, dass es schwerfällt, Erzählgattungen zu bestimmen, in denen sie eine herausragende Rolle spielt. Sicherlich prominent kann die Spur in den Themenbereichen *âventiure* (→ Weg) und *minne* den erzählten Raum bestimmen, wie Hadamars von Laber *Die Jagd* (ca. 1330–1350), Wolframs von Eschenbach *Titurel*

---

[12] Vgl. Lexer 2, 956.
[13] Vgl. Lexer 2, 973.
[14] Vgl. Lexer 2, 986.
[15] Vgl. Kluge/Seebold 2011, 873.
[16] Vgl. Lexer 2, 1106, Krämer 2007, 13 f.
[17] Vgl. Krämer 2007, 17.
[18] Vgl. Thiering 2012, ausführlich Krämer 2007.
[19] Zur Abhängigkeit des erzählten Raumes in der Epik des Mittelalters von Bewegung und Interaktion vgl. grundlegend Hahn 1963 (Bewegung) bzw. Schröder 1972 (Handlung).

(nach 1217) und Gottfrieds von Straßburg *Tristan* (um 1210) zeigen. Darüber hinaus sollen im Folgenden induktive Stichproben des Gebrauchs von Spur/Fährte noch in der Predigtliteratur (Priester Konrad, 12. Jh.), Naturkunde (*Physiologus*, ca. 150–170, in der mhd. Fassung um 1200), Sittenlehre (*Der welsche Gast*, um 1215), Kleinepik (Stricker, 1. H. 13. Jh.), Artusroman (*Erec*, ca. 1180–1190, *Parzival*, ca. 1200–1210), Heldenepos (*Nibelungenlied*, um 1200) und Chronik (*Weltchronik* des Jans Enikel, 2. H. 13. Jh.) ausgeführt werden.

2 Merkmale der Darstellung

Der literarische Einsatz des Ortes Spur bzw. Fährte erfordert notwendigerweise mindestens zwei Personen bzw. Parteien, nämlich Verursacher und Verfolger/Leser. Erst im Zusammenwirken von beiden Aktanten entsteht die Spur/Fährte, die für ihre literarische Existenz nicht nur ihre physische Form, sondern auch ihren interpretierenden und agierenden Beobachter benötigt. Die Konstruktion des Ortes Spur bzw. Fährte bedarf darüber hinaus in der mittelhochdeutschen Literatur keiner anderen Mittel als der Nennung des jeweiligen Begriffs. Schilderungen der Form des Ortes (etwa Beschreibung der Spur) oder seiner räumlichen Organisation (etwa Richtungsveränderungen der Fährte) sind äußerst selten.[20] Gründe dafür sind, dass sich die mittelalterliche Literatur bei der expliziten Schilderung des erzählten Raumes grundsätzlich zurückhält,[21] dass die Spur bzw. Fährte keinerlei Gestalt an sich besitzt, sondern ausschließlich vom Verursacher geprägt wird, und schließlich dass die literarische Funktion von Spur/Fährte nicht in der spezifischen Gestalt des Ortes, sondern in ihrer Mittlerschaft zwischen Ort, Raum und Zeit liegt (s. Abschn. 1; s. Abschn. 3): Spur/Fährte ist eine Engführung des Orts des Spurenlesens, des Raums zwischen Spur und Verursacher und der Zeit zwischen dem Jetzt des Verfolgens und dem zukünftigen Einholen.

Gehäuft allerdings wird die Fährte (angelehnt am ursprünglichen Sitz im Leben: der Jagd) als blutig beschrieben; so jagt der Bracke im *Titurel* „ûf rôtvarwer verte nâch wundem tiere" (Tit 132,2), und auch im Bereich der *âventiure* wird der Topos von der blutfarbenen Fährte regelmäßig verwendet („blanke bluomen und daz grüene gras / wurden rot von siner sla", Wh_(S) 384,9; vgl. auch 56,14 f; 439,6; 466,3; KvWPart 10753–10755; 11043; KvWTroj_(K) 34509; PleierGar 16588; JTit 1289,2; NibAB_(BBW)

---

20 Vgl. etwa Krone 9166–9170: „Als er daz spor ersach, / Zuo im selb er ofte sprach: / ,Waz hat getreten ditz spor, / Daz ez so hoh scheinet enbor / Vnd doch also lanch ist?'"
21 Damit ist nicht gemeint – wie in der Forschung vor dem *spatial turn* oft angenommen wurde –, dass die mittelhochdeutsche Literatur an Raum nicht interessiert sei. Doch die explizite Schilderung in Form einer detaillierten, handlungsenthobenen Beschreibung eines Gegenstandes ist in der mittelalterlichen Literatur als Ekphrasis gefasst und wird solchermaßen als rhetorisches Stilmittel weitaus spezifischer und entsprechend seltener eingesetzt, als dies in der neuzeitlichen Literatur der Fall ist.

921; Tr_(M) 16091–16094; Jagd 268). Entsprechend der Verwendung vornehmlich in den Bereichen Jagd und *âventiure* ist grundsätzlich der → Wald der Großraum, in dem der Ort Spur/Fährte situiert wird. Um den Ort zu konstruieren, wird am häufigsten (jenseits von Gattungsgrenzen) formuliert, dass der Verfolger *in* bzw. *ûf die slâ* des Verfolgten tritt, (nach-)kommt bzw. (nach-)reitet („‚[j]â' sprach si ‚nu gêt mir vor, / sô trit ich eben in iuwer spor!'", Renner 5741 f.; „[d]ie von Merkanîe sach man komen. / die zogten nâch ûf sîne slâ", PleierGar 10829 f.), wodurch sowohl das minimale Personal Verursacher/Verfolger als auch das Handlungsskript des Verfolgens bereits impliziert sind (s. Abschn. 1).

3 Narrative und symbolische Funktionen

Sowohl die narrative als auch die symbolische Funktion der Spur bzw. Fährte in der mittelalterlichen Epik, die im Folgenden skizziert werden sollen, rekurrieren auf den raum-zeit-dynamischen Grundcharakter des Topos: Verknüpfung unterschiedlicher Orte und Zeiten über die Handlungsskripte Lesen bzw. Verfolgen. Bereits vor jeder weiteren und genaueren narrativen oder symbolischen Funktionalisierung ist die Spur/Fährte ein Zeichen, in dem paradoxerweise Bezeichnendes (die Verursachung der Spur in der Vergangenheit im Hier) und Bezeichnetes (der Verursacher der Spur in der Gegenwart, jedoch im Dort) zusammenfallen. Signifikant für eine mittelalterliche Verwendung ist, dass dieses Zeichen in den meisten Fällen untrüglich und überaus deutlich ist: Wie bereits ausgeführt (s. Abschn. 1), leitet sich *slage* vom Hammerschlag ab, später vom Hufschlag des Pferdes, wobei beide Varianten überaus deutliche Abdrücke einer großen Kraft hinterlassen.[22] Entsprechend verschiebt sich der Schwerpunkt beim literarischen Einsatz von Spur/Fährte im Mittelalter im Vergleich zum modernen: Die Spur ist in mittelalterlicher Literatur in erster Linie kein Zeichen, dessen adäquates Lesen grundsätzlich infrage steht (wie dies etwa in den modernen Gattungen Kriminalroman oder Western der Fall ist), sondern untrüglicher Verweis auf eine ehemalige Evidenz, die künftig (an einem anderen Ort, am Ende der Fährte) wieder sein wird.[23] Beispielhaft für diese Untrüglichkeit der Spur (die im Folgenden zuerst behandelt werden soll) ist eine Verfolgung in Strickers *Daniel von dem Blühenden Tal*, die lediglich durch die Nacht aufgrund des fehlenden Tageslichts unterbrochen wird, am beginnenden Morgen aber völlig problemlos fortgesetzt werden kann: „Des âbendes dô ez naht wart / und er der slâ niht mêre sach, / des muose er schaffen sîn gemach. / [...] Des morgens vil fruo / reit er sîner slâ zuo / und reit dem huofslage

---

22 Vgl. etwa Parz_(L) 379,20: „manec orses vuoz die slâge bôt".
23 Damit entpuppen sich die Ausführungen von Krämer 2007, 17 als stark an der Neuzeit orientiert: „Vieldeutigkeit der Spur ist konstitutiv, also unhintergehbar. Etwas, das nur eine (Be-)Deutung hat und haben kann, ist keine Spur, vielmehr ein Anzeichen."

nâch" (StrDan 1018–1025). In dieser Evidenz wird die Spur/Fährte dem → Weg ähnlich (mit dem sie sich ja auch einige Bezeichnungen teilt), allerdings mit dem Unterschied, dass die Spur/Fährte stets Verfolgung impliziert.

3.1 Virtuelle Evidenz und Verknüpfung von Zeiten und Orten: untrügliche Zeichen

3.1.1 Untrügliche geistliche Zeichen als Mittler zwischen Immanenz und Transzendenz

Ein äußerst wichtiges Paradigma der Spur für das gesamte Mittelalter stellt die Fußspur Jesu Christi dar, die legendarisch bei seiner Himmelfahrt zurückgeblieben ist. Im Bildprogramm der *Biblia Pauperum* etwa wird die Himmelfahrt topisch dadurch dargestellt, dass der barfüßige Christus über einem Felsen (→ Berg) schwebt, der deutlich seine Fußabdrücke zurückbehält.[24] Auch die begleitenden Bildmotive – Henochs und Elijas Entrückung – setzen die Vermittlung von Immanenz und Transzendenz dominant. In der *Biblia Pauperum* des *Codex Palatinus latinus 871* der *Bibliotheca Apostolica Vaticana* beispielsweise ist diese Verbindung zwischen Immanenz und Transzendenz dadurch in Szene gesetzt, dass Henoch von einer Hand aus einer Wolke am Kopf ergriffen wird und Elijas, der bereits auf seinem flammenden Himmelswagen fährt, von seinem Sohn Elischa, der noch auf der Erde steht, am Saum seines Mantels berührt wird. An der Stelle dieser direkten, leiblichen Verbindungen zwischen Immanenz und Transzendenz steht im zentralen Bildmotiv der Himmelfahrt die zurückbleibende Fußspur Christi im Fels (BibP_(W) 18v). In einer Predigt des Priesters Konrad Ende des 12. Jh.s wird diese Fußspur Christi darüber hinaus zu einem Mittler zwischen Vergangenheit und Gegenwart der Christenheit: „die chuesten och do alle mit ir vil haizen zæhern an diu suezen spor des heiligen Christes paidiu vor vrueden unde och vor jamer; da mit cherten ouch si do wider zuo Jerusalem als er in geboten het unde warten da sins heiligen geistes. nu sult och ir tuon als die sæligen liute hiut da taten, die da warn da únser herre hiute hinz himel da fuor: wan do si sin niht mere gesehen noch gehaben moehten, do chusten si mit vil haizen zæhern an siniu fuozspor; alsam sult och ir hiute die fueze siner heiligen barmunge mit iuwern vil haizen zæhern besuoche" (PKaP 108,1–9). Diese realräumliche Spur und der Aufruf zum realräumlichen Aufsuchen des Zeichens und Nachfolgen der bisherigen Pilger kann auch im übertragenen Sinn verstanden werden als ethisch-moralische Nachfolge im virtuellen Raum des Lebenswegs (hier in einer anonymen Predigt des

---

[24] Dass diese Erzeugung einer Trittspur – ähnlich wie der Hammerschlag – eine gewaltige Kraft impliziert, führt etwa die *Legenda aurea* aus: „Tertio propter suae potestatis ostensionem, quia si statim resurrexisset, non videretur potestatem habere ponendi animan suam sicut resurgendi", LA_(G) 236; Übs.: „Das dritte Stück ist, wie Christus gen Himmel fuhr. Da merken wir zum ersten, daß er auffuhr mit großer Gewalt, da er auffuhr von seinen eigenen Kräften" (LA_(B) 366).

14. Jh.s.): „Won disiu mônschen die hant ir fleisch und ir bluot verzert und versweint in dem liden und leben Christi dem si also adenlich hant nach gevolget dur alles sin leben in liden in miden in swigen in gedultikeit in senftmuetikeit. und in diemuetikeit und recht alle sin fuostapfen" (AP_(WR) 68,329–334). Im übertragenen Sinn wird die Spur/Fährte Christi zu einem virtuellen Ort nicht nur der Begegnung von Immanenz und Transzendenz, sondern auch von Vergangenheit (*memoria*), Gegenwart (religiöse Praxis) und Zukunft (Heilsgeschichte).

Darauf aufbauend, entwickelt sich im Mittelalter eine breite religiöse und magische Praxis in Bezug auf Fußspuren im Besonderen und Nachfolge im Allgemeinen,[25] die sich nicht nur auf Christus bezieht,[26] sondern auch auf den Teufel und die Heiligen. Literarisch schlägt sich dies nieder etwa in der Warnung davor, „in des tievels spor" zu treten (Renner 21738), oder aber in der Empfehlung, der Spur Marias zu folgen (StrKl 2,21,27).

Doch kann nicht nur die Immanenz den Spuren der Transzendenz folgen, sondern auch umgekehrt: Christus ist auch der „jeger, dem alle spor vnuerborgen sint" (JvTAck_(G) 40,16), was *mutatis mutandis* auch für den Tod gelten kann: „dô begunde sich der tôt / nâhen ûf sîn spor; / swâ der kunic gie vor, / dâ sleich er im nâch" (Ottok 38721–38724).

3.1.2 Untrügliche weltliche Zeichen als Mittler zwischen Vergangenheit, Gegenwart und Zukunft

Die Bedeutung der Spur/Fährte für die Begegnung und Interaktion zwischen Immanenz und Transzendenz formt eine Verwendungsweise des Begriffs, auf die *mutatis mutandis* auch die laikalen Texte – allen voran die höfische Epik – zugreifen können: Spur/Fährte ist auch hier der Ort einer paradoxen Engführung unterschiedlicher Orte und Zeiten, freilich ohne dass diese Spannungen sich immer in der Heilsgeschichte auflösen würden. Stattdessen verknüpft Spur/Fährte in laikaler Literatur vornehmlich immanente Zeiten und Räume und kann in diesem Zuge auch wichtige strukturelle Funktionen einnehmen.

Ein Übergangsphänomen von klerikaler zu laikaler Verwendung ist sicherlich die Anwendung des Zusammenhangs von Spur/Fährte und Nachfolge auf zentrale höfische Abstrakta; Castor und Pollux etwa „fuoren ûf der êren spor" (KvWTroj_(K) 11461), was durch die Semantik der Nachfolge eine Bestimmung des gesamten Lebensweges bedeutet, die in der Erzählung Gegenwart und Zukunft einer Figur engführt und gegen-

---

[25] Stemplinger 2000, Daxelmüller 1977.
[26] Man denke hier an die Praktiken der Pilgerreise (vgl. dazu AvHarff_(BTR) 202 f.), des Kreuzwegs oder auch des Kreuzzugs. Literarische Niederschläge finden sich etwa in Vät 40498; Renner 19077 f.; Ottok 44642 f.; 52296 f.; 53479 f.

wärtiges sowie zukünftiges Handeln determiniert.[27] Diese Räumlichkeit ist zunächst aufgehoben im virtuellen Raum des Lebensweges, kann sich aber auch – vor allem über die Semantik der Jagd – mehr oder weniger stark auf den normalen erzählten Raum beziehen. Beliebt ist diese Engführung von tatsächlicher und virtueller Bewegung über die Spur/Fährte vor allem in allegorischen Erzählungen; so erzählt der Stricker etwa von einem Jäger, dessen Hunde auch den vorsichtigsten Hirsch verfolgen und stellen: „swie kleine er [= der Hirsch, S. W.] machete sine trit, / sînen wolden niht vermissen. / in iagten die gewissen, / untz er den lip und daz leben / umbe sinen tot muste geben" (StrKl 1,7,12–16). In der Auslegung bestimmt der Erzähler den Hirsch als êre und die Hunde als diejenigen, „die ere vahent / und ir immer nach gahent" (StrKl 1,7,785 f.). Die Jagd der Hunde auf der Spur des Hirsches wird damit allegorisiert als Jagd höfischer Menschen nach der Ehre. Über den Topos der Spur wird so eine konkrete Bewegung durch den Raum der Erzählung lesbar als eine virtuelle Bewegung durch den Raum ethischer Orientierung des implizierten Publikums.

Die umfangreiche Minneallegorese *Die Jagd* Hadamars von Laber setzt diese Engführung von konkreter und virtueller Bewegung absolut: Die Handlung des gesamten Textes beschränkt sich auf eine Jagd, die parallel zur Erzählung als Allegorie der *minne* ausgedeutet wird, ohne dass buchstäbliche und allegorische Ebene eindeutig zu trennen wären. Dabei ist der gesamte Raum der Erzählung im Topos Spur/Fährte aufgehoben, da der Jäger (bzw. der Minneritter) mit seinen Hunden (bzw. höfischen Tugenden) durchweg die Spur des Wildes (die Minnedame) verfolgt, ohne jemals ans Ziel zu gelangen: „Die spur mit meisterschefte / was mir unnôt ze sehen. / Ez trat mit solcher krefte / daz ich mŭz von ganzer wârheit iehen, / ob durch tagalt ein keiser iagen wolte / nâch spur der wirde zeichen, daz er die fart verslahen nimmer solte" (Jagd 64).[28] Die Funktion der Spur für die literarische Inszenierung von hoher *minne* wird hier überdeutlich: Der Minneritter kommt niemals ans Ziel, und dennoch ist dieses über die paradoxe Struktur der Spur stets präsent. Da er auf buchstäblicher Ebene seinen Hunden, auf allegorischer Ebene seinen Tugenden folgt, ist zudem der Aspekt der Nachfolge verdoppelt: Zum einen ist die Spur final auf das Ziel (Minnelohn) ausgerichtet, zum anderen ist sie als die dauerhafte Orientierung des virtuellen Lebensweges an den Tugenden lesbar.

---

[27] Neben *êre* kann man auch der Spur von *âventiure* (WhvÖst 1122), *minne* (WhvÖst 15528), *triuwe* (Burkart von Hohenfels: DLd I,6,IX,5,2), *sælde* (KvHeimHinv 813), *tugent* (Renner 20308), *pflihte* (KvWTroj_(K) 3571), aber auch *schande* (UFLan 81,4), *sünde* (MvSLied 5,7,4), *hazz* (Ottok 93112), *jâmer* und *leide* (KvWPart 9042), *sorge* (KvWTroj_(K) 15684), *noete* (KvWTroj_(K) 34781) folgen.

[28] Knapp 20 % aller Strophen des Gedichts bezeichnen die Spur: Jagd 7; 8; 9; 17; 20; 25; 29; 37; 40; 42; 44; 48; 50; 51; 52; 53; 55; 58; 59; 60; 64; 68; 72; 74; 75; 76; 78; 79; 82; 83; 88; 90; 92; 95; 96; 102; 103; 104; 109; 110; 117; 124; 126; 132; 133; 150; 155; 156; 179; 181; 183; 185; 188; 193; 200; 202; 203; 220; 221; 240; 241; 255; 256; 257; 258; 261; 266; 268; 272; 286; 288; 289; 291; 297; 305; 312; 320; 335; 338; 340; 387; 390; 405; 418; 425; 427; 438; 444; 447; 449; 541; 452; 453; 454; 457; 466; 478; 485; 489; 490; 497; 506; 510; 512; 535; 536; 542; 559; 564.

Die Funktionalisierung der Spur/Fährte als Engführung von Räumen und Zeiten ist aber nicht auf das Thema *minne* beschränkt, sondern kann auch dafür genutzt werden, in der Erzählung die raumzeitliche Organisation des Erzählens zu gestalten und zu reflektieren. Der erste Handlungsteil des *Erec* Hartmanns von Aue etwa ist räumlich grundsätzlich von Spuren und deren Verfolgung bestimmt: Zum einen handelt es sich dabei um die Verfolgung des weißen Hirsches durch Artus, zum anderen um die Verfolgung von Iders durch Erec. Während der Beginn der Hirschjagd (und damit eine hochwahrscheinliche Inszenierung der Spur des Hirsches) verloren gegangen ist, konstruiert der Roman explizit die Spur Iders, der Erec nach dem Geißelschlag folgt: „dô er in begunde gâhen nâ, / dô kam er rehte ûf ir slâ / von den im schade was geschehen. / vil schiere begunde er si ane sehen. / zuo in enwas im niht ze gâch: / er reit in alsô verre nâch / daz er si sach und si in niht. / Er tete als dem dâ leit geschiht: / der vlîzet dicke sich dar zuo / wie erz mit vuoge widertuo" (Er_(C) 160–169). Im Sehen, aber Nicht-gesehen-Werden und in der angepassten Geschwindigkeit schlägt sich die raumzeitliche Spannung der Spur nieder, in Verbindung mit dem Ziel zu stehen, aber noch nicht dort zu sein; und das Ziel – die Rache an Iders – liefert der Erzähler ebenfalls explizit mit, wodurch der Vorverweis auf die kommende Handlung am Ende der Spur erfolgt und in der Spur Geißelschlag und Rache (Sperberkampf mit Bestrafung Maliclisiers) enggeführt werden. Nach dem Sperberkampf bricht die Iders-Gruppe zum Artushof (→ Hof) auf, eine entgegengesetzte Bewegung auf der Spur, die mit der entsprechenden Rückkehr der Artusgesellschaft von der erfolgreichen Jagd nach Karadigan verschränkt wird (Er_(C) 1095–1106) – eine für die Handlung eigentlich irrelevante Bewegung, die aber mit Anfang und Ende der beiden Spuren zentrale Handlungselemente wieder in Erinnerung ruft und auf kunstvolle Art und Weise miteinander räumlich verbindet. Besonders deutlich wird der Spur-Charakter der Reise der Iders-Gruppe zum Artushof (deren Weg wiederum Erec und Enite nachvollziehen werden) bei deren Ankunft: Ginover liest die Ankommenden als Zeichenreihe und knüpft dabei sowohl inhaltlich als auch strukturell an die erste Begegnung mit Iders (Er_(C) 5–17) – an den Anfang der Spur – an: „ez ist benamen der man, / als ich verre kiesen kan / und als mir mîn gemüete seit, / dem Êrec dô nâch reit. / nû sehet, ir sint drîe: daz getwerc und sîn âmîe / rîtent mit im dort her. / ez ist nieman wan er. / jâ vert er sam er rîte / ûzer einem strîte. / ez mac iu dâ bî sîn erkant, / im ist der schilt unz an die hant / vil nâch verhouwen gar, / sîn harnasch aller bluotvar. / ich wil iu zewâre sagen, / er hât Êrecken erslagen / und ist durch ruom her komen / daz er den sige hât genomen. / oder er hât den ritter gesant / sigelôsen in diz lant / durch unsers hoves êre: / des selbes gedinge ich sêre'" (Er_(C) 1172–1193). Auch wenn sich die ‚Spur' Iders' hier zum Teil als trügerische Spur erweist (s. Abschn. 3.2), so sind doch über die beiden Spuren Iders' und des weißen Hirsches, die an ihren Enden parallel geführt werden (Artus kommt von der Hirschjagd nach Karadigan, direkt danach wird die Ankunft Iders' in Karadigan erzählt), alle Handlungsorte des ersten Handlungsteiles (mit Ausnahme von Karnant) miteinander verknüpft: Der erzählte Raum keimt aus dem Ort der Spur.

Der zweite Handlungsteil des *Erec* ist zwar grundsätzlich bezüglich der Richtung und des Ziels als offener Weg der *âventiure* konzipiert, doch taucht auch hier eine Spur an prominenter Stelle auf, nämlich im Zuge der sog. Zwischeneinkehr am Artushof: Der auf seinem *âventiure*-Weg reisende Erec trifft in einem Wald auf Keie, der nahe des ebenfalls im Wald campierenden Artuslagers unterwegs ist. Keie möchte den unerkannten Erec ins Artuslager führen, um dort zu behaupten, dass er den kampfgezeichneten Ritter besiegt habe. Erec aber schlägt die hinterlistige Einladung aus und besiegt Keie im anschließenden Kampf. Der muss geschlagen zum Artushof zurückkehren und erzählt dort von seinem wenig rühmlichen Erlebnis. Artus befiehlt nun Gawan und Keie, Erec an den Hof zu holen, und beide Ritter reiten an die Stelle, an der Keie Erec verlassen hatte: „Gâweinen brâhte Keiin / rehte des endes hin / dâ er in lâzen hâte. / vil wunderlîchen drâte / îlten si im beide nâ, / allez ûf sîner slâ" (Er_(C) 4890–4895). Da Erec auf die Anfrage Gawans hin die Einladung zum Artushof ausschlägt, greift Gawan zu einer List: Er bittet Keie, König Artus auszurichten, mit seinem ganzen Lager schnell dorthin umzuziehen, wo Erec zusammen mit ihm den Wald verlassen wird – die Spur Erecs wird zum vorhersehbaren und planbaren Weg, der vom Artushof abgepasst werden kann: „‚sage im [= Artus, S. W.], welle er in gesehen, / das müeze alsô geschehen / als ich dir wol gesagen kan. / heiz inz rûmen von dan / dâ er lît in dem walde, / und daz er sich balde / vür mache ûf den wec / dâ der ritter Êrec / jenhalm ûz rîten sol'" (Er_(C) 5000–5008). Artus folgt dem Rat (Er_(C) 5018–5025) und kann so Erec gegen dessen Willen als Gast aufnehmen. Gesäumt wird diese auffällige Rauminszenierung von zahlreichen ebenso ungewöhnlichen Binnenverweisen der Figuren auf künftiges oder vergangenes Geschehen (Er_(C) 4790–4800; 4839–4845; 4890–4892; 4932–4948; 5005–5012). Damit aber wird die Linearität von erzähltem Raum und erzählter Zeit, die den *Erec* grundsätzlich prägt, zwischenzeitig aufgehoben bzw. als durch das Erzählen erst erzeugt beobachtbar; ein Resultat ist, dass die Figur Erec widersprüchlich codiert bzw. in eine vergangene und eine zukünftige Existenz aufgespalten wird: Erec ist nämlich artuswürdig (aus Perspektive des Artushofes, Er_(C) 4861–4863, und dort, wo er hingehen wird: in der Erzählzukunft), und er ist es zugleich nicht (aus seiner Perspektive, Er_(C) 4960–4983, und dort, wo er herkommt: in der Erzählvergangenheit). Über das Nachreiten der Spur Erecs und über das Abpassen seines Weges wird so die Mitte des Romans mit seinem Anfang und Ende enggeführt. Die Spur des Helden im erzählten Raum wird damit für einen Moment lesbar als Fortgang der Geschichte selbst, und dieser kann eben auch vorausgegriffen werden, wie es der Artushof ganz buchstäblich-räumlich tut.

Ähnliche Engführungen von Raum und Zeit der Erzählung über die Spur finden sich auch etwa im *Parzival* und im *Nibelungenlied*: In der Blutstropfenszene des *Parzival* z. B. wird der zur Maienzeit gefallene Schnee zunächst selbst zur Spur, die Räume und Zeiten engführt: „von snêwe was ein niwe leis / des nahtes vast ûf in gesnît. / ez enwas iedoch niht snêwes zît" (Parz_(L) 281,12–14). Das unzeitgemäße Schneien hinterlässt hier keinen Abdruck, sondern den Schnee selbst als Spur, dessen Zeichencharakter zunächst für den Rezipienten einsehbar ist; erst in einem zweiten Schritt wird die Spur aus Schnee zu einem Ort, in den wiederum Spuren eingeschrieben werden können: Parzival, der selbst auf dem Schnee eine Spur hinterlässt (Parz_(L) 282,5–13), sieht, wie drei Blutstropfen einer Gans, die von einem Falken verwundet wird, in den Schnee fallen – wieder ist der Topos der Spur situiert im Bereich der Jagd und symbolisiert im Bereich *minne*, denn „Artûs der meienbære man" (Parz_(L) 281,16) hat den Falken auf einer Beizjagd verloren. Parzival versinkt daraufhin völlig in Gedanken an die geliebte Condwiramurs, deren Gesicht er aus der blutigen Spur liest (Parz_(L) 282,24–283,9) und mit der er erst am Ende des Romans wieder zusammenkommen wird. Die Engführung unterschiedlicher Zeiten in der Spur des Schnees kommentiert auch der Erzähler: „diz maere ist hie vast undersniten, / ez parrieret sich mit snêwes siten" (Parz_(L) 281,21 f.).

Bei der Jagdszene im *Nibelungenlied*, die dem Mord an Siegfried vorausgeht, verfolgt und stellt dieser ein Jungschwein, einen Löwen, Wisent, Elch, Auerochsen und Hirsche; doch nur die letzte Beute, ein Wildschwein, ist dezidiert mit dem Begriff der Fährte verknüpft: „Einen eber grôzen den vant der spürhunt. / als er begunde vliehen, dô kom an der stunt / des selben gejeides meister er bestuont in ûf der slâ. / daz swîn vil zornecliche lief an den küenen helt sâ" (NibAB_(BBW) 938). Symbolisch knüpft der so vergleichsweise ausführlich gestaltete Kampf mit dem Wildschwein zum einen an den Ebertraum Kriemhilds an, den sie vor der Jagd Siegfried erzählt, um ihn vor Hagen zu warnen und von der verhängnisvollen Jagd abzuhalten („,lât iuwer jagen sîn. / mir troumte hînte leide, wie iuch zwei wildiu swîn / jageten über heide, dâ wurden bluomen rôt'", NibAB_(BBW) 921); zum anderen nimmt Siegfried im „Tod der Tiere [...] den späteren Burgunderuntergang vorweg".[29] Auch hier also markiert die Spur innerhalb der erzählten Welt eine Engführung von Erzählvergangenheit und -zukunft auf konzeptioneller Ebene: Im Skript der Spur – Zeichen, Verfolgung und (blutige) Interaktion – bekommt der Ablauf des Erzählens einen Ort innerhalb der Erzählung.

Grundsätzlich auf diese autopoietische Pointe ausgerichtet ist das zweite *Titurel*-Fragment: Der Minneritter Schionatulander liegt gemeinsam mit seiner Dame Sigune am Waldrand, als ein Hund „ûf rôtvarwer vert nâch wundem tiere" (Tit 132,2) vorbeijagt. Schionatulander verfolgt den Bracken auf seiner Spur (Tit 137,1) und bringt ihn Sigune, die damit beginnt, die Geschichte von Clauditte und Ehkunaht zu lesen, die auf dem Brackenseil eingeschrieben ist. Der Hund aber kann entwischen und Sigune schickt Schionatulander hinterher, um den Hund und vor allem die Geschichte einzuholen. Der Name des Hundes – Gardeviaz – wird mit „Hüete der verte" (Tit 143,4) übersetzt und der Zusammenhang zwischen Jagdhund und Fährte ausführlich diskutiert (Tit 144; 145; 151; 153; 156; 158; 168). Bei der Verfolgung der Spur des Hundes wird Schionatulander schließlich selbst zu einer blutigen Spur, die mit derjenigen des vom Hund verfolgten Wildes verglichen wird: „Im wurden diu blôzen bein zerkratzet von

---

29 Ehrismann 2002, 102.

den brâmen: / die sînen blanken füeze an dem loufe ouch von stiften ein teil wunden nâmen. / man kôs in baz, dann ê daz [erschozen] tier, wunde" (Tit 161,1–3). Doch auch Sigunes Körper ist gezeichnet, da ihr das Brackenseil die Hand verletzt hatte, als der Hund floh – und so lesen sich die beiden Minnenden gegenseitig als blutige Spur: „Si kôs im vil wunden an beinen unde an füezen: / si klagt in, er klaget ouch si. nu wil sich diz mære geunsüezen, / dô diu herzogîn begunde sprechen / hinze im nâch der schrifte am seil: diu flust muoz nu vil sper zerbrechen" (Tit 163). Der Erzähler greift nicht nur hier der Erzählung vor, sondern durchsetzt den gesamten Text mit zahlreichen Vorausverweisen auf den *Titurel* selbst und auch auf den *Parzival*; in der Spur des Bracken fallen damit nicht nur Vergangenheit, Gegenwart und Zukunft der Erzählung zusammen: Da die auf dem Brackenseil eingeschriebene, vergangene Geschichte „ein Sinnbild für die Geschichte von Sigune und Schionatulander" ist,[30] diese Geschichte aber wiederum durch die Verfolgung des Hundes bestimmt ist, vollzieht sich die Geschichte, indem das Personal paradoxerweise ihr selbst hinterhereilt. Die Spur des Hundes wird damit mit dem Fortgang der Geschichte autopoietisch enggeführt und das Verfolgen und Einholen des Hundes auf buchstäblicher Ebene ist zugleich die Nachfolge des Weges von Clauditte und Ehkunacht auf übertragener Ebene.

3.2 Unverfügbarkeit, List und Betrug: trügerische Zeichen

3.2.1 Unverfügbarkeit des Heiligen

Nicht immer ist die Spur/Fährte einfach und eindeutig zu lesen. Wieder speist sich die auch weltlich verwandte (s. Abschn. 3.2.2) Topik der nicht lesbaren oder falsch gelesenen Spur aus dem geistlichen Bereich, im Speziellen aus der Unverfügbarkeit des Heiligen. Im *Physiologus* etwa wird das Verwischen der eigenen Spur als erste Eigenart des Löwen vorgestellt, die allegorisch als Verbergen der Gottheit Christi in Jesus ausgedeutet wird: „[S]o er in dem gebirge get ode in dem tieffin walde stet, / so in die jegere danne jagent, ob im ze der nasen der stanch chumet, / so vertiliget er daz spor mit dem zagele, daz man in iht vahe an dem gejagede" (AdtPhys 4,2–4). Im *Welschen Gast* wird dieser Topos aufgenommen, jedoch verwendet als Weisung an den Sünder, seine Sünde abzustreifen – dabei fungiert implizit entweder Christus oder der Teufel/Tod als Jäger (s. Abschn. 3.1.1): „swer wider got getân hât, / sol bî dem lewen bilde nemen. / [...] der lewe enphindet wol, swenn man in jagen sol, / so verstrîchet er dan sîn spor gar / mit dem zagel, daz ist wâr. / dâ mit wil er daz erwinnen / daz in nien müge der jeger vinden. / alsam ein herre tuon sol. er sol abe strîchen harte wol / sîn sünde, daz ist mîn rât, / mit bîchte und mit guottât" (WelGa 12956–12968). Wie die Gottheit Christi für den Menschen verborgen ist, so ist der sündlose Mensch für Satan

---

[30] Bumke 1997, 252.

verborgen: Das Heilige (im Sinne von transzendenter Göttlichkeit bzw. immanenter Gottzugehörigkeit) ist in beiden Fällen unverfügbar und kann nicht durch eine Spur bzw. Fährte verfolgt werden.

3.2.2 List und Betrug durch Manipulation der Spur

Ohne den heilsgeschichtlichen Kontext wird das Verwischen der eigenen Spur freilich zur Lüge, wie dies idealtypisch *Der Renner* ausführt: „Des diebes tât ich etswâ vinde, / Der lügener gêt mir lange vor / Der wol kan bergen sîne spor" (Renner 15348–15350). Über weite Strecken setzt der *Tristan*-Roman diese Form des Topos dominant: So kommt Isolde Tristan bei dessen zweiter Irlandfahrt, auf der er sich (wie schon auf der ersten) als Spielmann Tantris ausgibt, buchstäblich auf die Spur, als sie die Silben des Decknamens untersucht: „nu begundes an in beiden / die sillaben scheiden / und sazte nach alse vor / und kam rehte ûf des namen spor. / si vant ir ursuoche dar an: / vür sich sô las si Tristan, / her wider sô las si Tantris" (Tr_(M) 10115–10121). Initiiert wurde diese sprachliche Spurensuche durch eine ganz physische Spurensicherung bzw. Beweisführung: Als Tristan Morolt, den Bruder Isoldes, erschlug, blieb ein Splitter seines Schwertes in der Kopfwunde zurück, den Isolde mit einer Zange aus der Leiche entfernt – wobei ein Vorverweis auf die Entdeckung von Tristans wahrer Identität erfolgt (Tr_(M) 7188–7199; 7054–7064); und unmittelbar vor der Verfolgung der Namensspur fügt Isolde das aufbewahrte Schwertstück in das Schwert Tristans ein: „nu fuogte diu lucke / und daz vertâne stucke, / und wâren alse einbære, / als obe ez ein dinc wære, / als ouch gewesen wâren / innerhalp zwein jâren" (Tr_(M) 10085–10090). Die Spur, der Isolde in Form der Schwertscharte (vgl. die ursprüngliche Bedeutung von Spur, s. Abschn. 1) bzw. des Namens nachgeht, verbindet also auch hier zwei unterschiedliche Zeitpunkte und Orte miteinander; darüber hinaus aber erfolgt wieder eine Verknüpfung von Lesen der Spur und Lesen des Erzähltextes, der vor diesem Hintergrund als fragwürdige und nur mit gleichsam detektivischem Impetus[31] lesbare Spur erscheint. Die zahlreichen Wortspiele und auch das durchgehende, rätselhafte Akrostichon des *Tristan* korrespondieren bestens mit diesem autopoietischen Spurbegriff.

Überhaupt ist der zweite Handlungsteil des *Tristan* ab dem Zaubertrank grundsätzlich von fragwürdigen Spuren und deren ebenso fragwürdigem Lesen bestimmt: Zahlreiche Indizien weisen auf den Ehebruch zwischen Tristan und Isolde hin, dessen Aufdeckung aber immer wieder verhindert werden kann. Der Edelmann Marjodo etwa schleicht eines Nachts Tristan nach, als dieser seinerseits zu Isolde schleicht (was

---

[31] Die Bezeichnung ist freilich ahistorisch-retrospektiv, doch kann man auch in mittelalterlicher Literatur die Anfänge einer Lust an der Entschlüsselung einer – dann notwendigerweise fragwürdigen – Spur beobachten (vgl. auch die Schilderung der Aschespur in der Arche Noa bei Jans Enikel, s. u.). Ein Indiz dafür ist auch die Darlegung Isoldes ihrer Mutter gegenüber, wie sie die Namenstäuschung „Tantris" erkennen konnte, Tr_(M) 10603–10629.

wiederum als „strîchweide", Tr_(M) 13491, also als Jagdgang, semantisiert wird): „er sleich vil lîse hin zer tür / unde wartete dervür / und sach Tristandes spor dervor. / hie mite sô volgete er dem spor / hin durch ein boumgertelîn. / ouch leitete in des mânen schîn / über snê und über gras, dâ er vor hin gegangen was, / unz an der kemenâten tür" (Tr_(M) 13565–13573). Marjodo beobachtet das Liebespaar und erzählt Marke davon – was aber nur der Beginn ist von zahlreichen Listen und Gegenlisten, um den Ehebruch tatsächlich an die Öffentlichkeit zu bringen.[32] Entscheidend für die Funktionalisierung der Spur ist aber, dass neben Erzählerverweisen (Tr_(M) 13494–13500) auf die Zukunft der Handlung mit dieser Jagd auf den Jäger auch ein prophetischer Traum verknüpft ist, der wiederum im Jagdbereich situiert ist und eine ganz konkrete Verknüpfung mit einer zukünftigen Szene darstellt: Marjodo träumt von einem Eber, der ungehindert das Bett Markes besudelt. Mit diesem Traum korrespondiert der sog. Bettsprung Tristans, der etwa 2000 Verse später die Handlungskette von List und Gegenlist vorerst abschließt: Melot, der Zwerg Marjodos, verstreut vor dem Bett Isoldes Mehl mit der Absicht, Tristans Untreue durch die darin zurückgelassenen Spuren zu beweisen. Isolde bemerkt aber die List und unterrichtet Tristan davon, der mit einem weiten Sprung über das Mehl hinweg das Bett Isoldes erreicht, ohne im Mehl Spuren zu hinterlassen. Allerdings bricht dabei seine Ader vom vorausgegangenen Aderlass auf, er besudelt das Ehebett Markes überall – hier findet der vorausgegangene Ebertraum Marjodos seine Erfüllung, und der Jagdtopos der Spur erfährt eine buchstäbliche Ausgestaltung – und springt wieder über das Mehl hinweg, ohne dort eine Spur zu hinterlassen. Marke versucht nun die Spuren zu lesen und kommt zu einem widersprüchlichen Ergebnis: „ern weste, waz er wolde / oder wes er wænen solde. / er hete ze den stunden / an sînem bette funden / diu schuldigen minnen spor und vant dekeinez dervor. hie mite was ime diu wârheit / beidiu geheizen unde verseit" (Tr_(M) 15255–15260).[33] In der Spur Tristans liegt also auch hier wieder nicht nur intradiegetisch eine Verbindung zweier Orte vor, sondern auch metadiegetisch

---

[32] Vgl. Tr_(M) 17128; 17346; 17429; 17461; 17521–17534; 17641–17657.

[33] Das Motiv der trügerischen *minne*-Spur findet sich ganz ähnlich ausgeführt auch in der *Weltchronik* des Jans Enikel (JansWchr 1821–2539): Noah gibt auf der Arche die Weisung völliger sexueller Enthaltsamkeit, deren Übertretung mit dem Tod bestraft werden soll. Um die Einhaltung des Gesetzes überprüfen zu können, verstreut er Asche auf dem Boden vor den Einzelquartieren. Der Teufel, der mit auf die Arche gekommen ist, überredet nun einen seiner Söhne, seiner Ehefrau beizuwohnen und trägt ihn über die Asche in das Bett seiner Frau, ohne eine Spur zu hinterlassen. Am nächsten Morgen allerdings verweigert er diesen Dienst, sodass der Sohn Noahs zurück in sein Quartier gehen muss, wobei er in der Asche eine Spur zurücklässt. Diese liest Noah und vermutet die Ehefrau im Zimmer seines Sohnes, kann diese dort aber nicht finden. Noah weiß nun einerseits, dass der Beischlaf stattgefunden hat (insofern ist die Spur untrüglich und wird von niemandem in Frage gestellt), andererseits weiß er nicht wie (wodurch die Spur trügerisch wird). Bei der anschließenden Verhandlung des Falls gewährt er seinem Sohn und dessen Frau schließlich völlige Straffreiheit, wenn er über den Sachverhalt aufgeklärt würde, was schließlich auch erfolgt. Damit endet die zunächst moralische Episode als gleichsam detektivische Unterhaltung der Erklärung einer trügerischen Spur.

die Engführung zweier Szenen und damit zweier Zeitpunkte der Erzählung. Neben dieser für den Ort Spur/Fährte typischen Funktion der Engführung von Räumen und Zeiten ist die Spur im *Tristan* auch grundsätzlich bestimmt von der (wie gezeigt ebenfalls typischen) Funktion, buchstäbliche und übertragene Bedeutungen zugleich zu repräsentieren; und so ist jede Spur im *Tristan* nicht nur im buchstäblichen Sinne die Möglichkeit, eine konkrete Person zu verfolgen oder einen konkreten Sachverhalt aufzudecken, sondern auch im übertragenen Sinne die Inszenierung eines *minne*-Begriffs, der zwischen Öffentlichkeit und Heimlichkeit oszilliert. Am deutlichsten kommt diese übertragene Lesart der Spur im sog. *huote*-Exkurs zum Tragen: „diu gerne dâ nâch sinne, / daz si al diu werlde minne, / diu minne sich selben vor, / zeige al der werlde ir minnen spor: / sint ez durnehte minnen trite, / al diu werlt diu minnet mite" (Tr_(M) 18049–18054).

AdtPhys, AP_(WR), AvHarff_(BTR), BibP_(W), DLd, Er_(C), Jagd, JansWchr, JTit, JvTAck_(G), Krone, KvHeimHinv, KvWPart, KvWTroj_(K), LA_(B), LA_(G), MvSLied, NibAB_(BBW), Ottok, Parz_(L), PKaP, PleierGar, Renner, StrDan, StrKl, Tit, Tr_(M), UFLan, Vät, WelGa, Wh_(S), WhvÖst

→ Burg, Schloss, Hof; → Gebirge, Berg, Tal; → Wald, Lichtung, Rodung, Baum; → Weg, Straße, Pfad

Nikolaus Ruge
Stadt, Markt, Platz

1 Begriffsbestimmung – 2 Merkmale der Darstellung – 2.1 Die Stadt als Topos und Allegorie – 2.2 Kaufleute in erzählten Stadträumen – 2.3 Stadträume in Wunderwelten – 2.4 Adelige Lebenswelt in der Stadt: Kampf, Fest, *minne* – 2.5 Die Stadt als Frömmigkeitsraum – 3 Narrative Funktionen – 3.1 Textimmanent-strukturelle Funktionen – 3.2 Pragmatische Funktionen

1 Begriffsbestimmung

Die Entwicklung städtischer Siedlungsformen im mittelalterlichen Europa[1] und die Herausbildung sprachlicher Konzepte, um darauf in Erzähltexten zu rekurrieren,[2] stehen in einem Wechselverhältnis, das eine Besprechung beider Aspekte nötig macht. Die geschichtswissenschaftliche Literatur zur Städtebildung ist unüberschaubar[3] und kann nur in zentralen Wegmarken, mit Blick auf die Verhältnisse im deutschsprachigen Raum und ohne Diskussion der forschungsgeschichtlich wirkmächtigen Paradigmen[4] resümiert werden.[5] Den phänomenologischen Kern mittelalterlicher urbaner Siedlungen in Europa bilden die Abgrenzung nach außen durch eine → Mauer und die funktionale Ausrichtung um einen zentral gelegenen Markt (mhd. *market* m., später auch *platz* m. [HvNstAp 15864]) herum.[6] Solange weltliche Herrscher Reisekönige sind, ist der prototypische städtische Herrscher der Bischof.

Die Befestigung städtischer Siedlungen erklärt sich für römische Gründungen dadurch, dass alte *castra* unter den Bedingungen des Frühmittelalters leichter zu verteidigen waren als der offene Städtetyp, der bis ins 3. Jh. im Imperium vor-

---

1 Vgl. nach wie vor Ennen 1987.
2 Im Mhd. durch die Lexeme *burc* (f.) und *stat* (f.) bzw. *burcstat* (f.), *bercstat* (f.), *houbetstat* (f.), *stift* (m., n.), *veste* (f.) und *wîch* (m.). Die Identifizierung einzelner städtischer Siedlungen erfolgt über die jeweiligen Toponyme, wobei letztere oft durch das Appellativum in appositiver Funktion („Graharz die stat", Parz_(L) 177,10) oder als Nukleus eines Präpositionalattributs („dise stat ze Rome", Kchr_(S) 150,32) präzisiert werden. Detoponymische Bildungen zu Städtenamen sind selten („Grâharzoys", Tit 84,3).
3 Die Bibliographie zur deutschen historischen Städteforschung (1986–1996) verzeichnet 24.000 Titel, die Datenbankfortsetzung ca. 150.000: http://www.uni-muenster.de/Staedtegeschichte/OPAC/istg.cgi (02.12.2017).
4 Vgl. die jüngeren Überblicke bei Heit 2004, Dilcher 2004, Irsigler 2010 sowie Pitz 1995.
5 Vgl. die Synthesen bei Pitz 1995, Sprandel 1993, Junk 1995 sowie Irsigler 2006 und Groten 2013.
6 Kein genuin städtischer Ort ist der *anger*, worauf die metonymische Verwendung für Natur im Minnesang und die in der Epik dominanten Gebrauchstypen → Schlachtfeld und ‚(dörflicher) Versammlungsort' (→ Dorf) hindeuten (vgl. MWB 1, 316, 7–64).

herrscht.[7] Dies hat insofern Konsequenzen für das Begriffsinventar, als alt- und frühmittelhochdeutsche Texte urbane Siedlungen mit dem Ausdruck *burg* bzw. *burc* (f.) bezeichnen, dessen Etymologie zwar nicht geklärt ist,[8] in jedem Fall aber den Festungscharakter der Siedlung unterstreicht. Ab der 2. Hälfte des 12. Jh.s erscheint zunehmend der Ausdruck *stat* (f.). Der Erstbeleg (Anno 110) greift eine in ahd. *stedi* (f.) angelegte Verwendungsweise ‚Handelsplatz' auf, zunächst *totum pro parte* als ‚Stadtbevölkerung'; im 12. Jh. ergibt sich zusehends eine Verengung auf ‚Bürgerstadt'.

Gleichzeitig engt sich das Verwendungsspektrum von mhd. *burc* auf Fälle ein, in denen befestigte Adelsburgen bezeichnet werden.[9] Idealtypisch sind die Verhältnisse der Übergangszeit des 12./13. Jh.s in Hartmanns *Iwein* nachvollziehbar: Vor Lunete und dem Protagonisten erscheinen eine „besunder" gelegene „burc, / und ein market darunder" (Iw_(BLW) 6085 f.), Letzterer wird im Anschluss als *stat* (Iw_(BLW) 6121) bezeichnet, das kein Hyperonym zu *burc* und *market* sein kann, da Iwein an der *stat* vorbeigeritten ist, „dô er den burc wec gevienc" (Iw_(BLW) 6128).

Konstitutiv sind städtische Sujets nur für wenige mittelalterliche epische Gattungen, namentlich für die Stadtchronistik (*Annolied* [um 1080], *Reimchronik der Stadt Köln* Gottfrieds Hagen [um 1270], *Weverslaicht* [vor 1396], *Dat Nuwe Boych* [1396/1398]) und die meist in andere Genres wie Geschichtsdichtung (*Kaiserchronik* [M. 12. Jh.], Rudolfs von Ems *Weltchronik* [um 1250; mit dem *Lob der rheinischen Städte* (A. 13. Jh.)], Jans' von Wien *Fürstenbuch* [nach 1277]) oder Antikenroman (*Vorauer Alexander* [letztes V. 12. Jh.], Heinrichs von Veldeke *Eneasroman* [1170–1180], Konrads von Würzburg *Trojanerkrieg* [1280er Jahre]) integrierten *laudes urbium*.[10] Ähnliches gilt für volkssprachliche Fassungen der Beschreibung des Himmlischen → Jerusalem (Offb 21,2–27), die als Ganztexte v. a. im Frühmittelhochdeutschen entstehen (*Himmel und Hölle* [A. 12. Jh.], *Beschreibung des Himmlischen Jerusalem* [um 1140]), während das Sujet als Inserat in nahezu allen großepischen Gattungen bis ins Spätmittelalter auftritt (hier sind insbes. berücksichtigt: Hartmanns von Aue *Erec* [um 1180] und *Iwein* [1180–1205], Gottfrieds von Straßburg *Tristan* [um 1210], Wolframs von Eschenbach *Parzival* [1200–1210] und *Willehalm* [1210–1220], Rudolfs von Ems *Der guote Gerhart* [1. H. 13. Jh.], *Prosa-Lancelot* [ab M. 13. Jh.], *Herzog Ernst B* [A. 13. Jh.], Heinrichs von Neustadt *Apollonius von Tyrland* [frühes 14. Jh.], *Nibelungenlied* [um 1200] und *Kudrun* [M. 13. Jh.]).[11] Ansonsten sind Stadt und Markt(-platz) in allen epischen Gattungen der

---

7 Vgl. Ennen 1987, 44.
8 Vgl. Kluge/Seebold 2011, 163, Schlesinger 1969, 95 f.
9 Ambivalenzen bleiben im Bereich der Wortbildung etwa bei *bürgetor* (n., vgl. MWB 1, 1133, 41–1134, 8), *burcgrâve* (m., vgl. MWB 1, 1126, 5–29, DRW 2, 623–625, WMU 1, 314 f. sowie Schulze 1983) oder *burgære* (m., vgl. Pfütze 1958, Schlesinger 1969, Peters 1983, 50 f.).
10 Vgl. umfassend Kugler 1986.
11 Vgl. Rüth 1992, Huschenbett 1998.

mittelalterlichen deutschen Literatur vertreten, obwohl sich Andeutungen finden, die auf eine partielle Unvereinbarkeit urbaner Sujets mit höfischer Literatur hinweisen.[12]

2 Merkmale der Darstellung

Die literaturgeschichtliche Analyse urbaner Räume sieht sich für den deutschsprachigen Raum zwischen 1050 und 1350 mit einer doppelten Unschärfe konfrontiert. Zum einen unterliegt die als Stadt bezeichnete Realität im fraglichen Zeitraum Veränderungen, deren oben resümierte Konsequenzen für die Begriffsbildung schwer für die Textanalyse zu operationalisieren sind. Zum anderen entspricht der Heterogenität auf der Ebene der Fakten auf der Ebene der Diegese eine starke Tendenz zur Orientierung an stofflichen und erzählerischen Traditionen, Konventionen und Topoi, die im Zuge der Textproduktion und -rezeption in Wechselwirkung mit urbanen Realitäten stehen.

2.1 Die Stadt als Topos und Allegorie

Die zentralen kulturellen Speicher, aus denen mittelalterliche Erzählliteratur ihre stadtbezogenen Muster entlehnt, sind die antike und christliche Überlieferung. Die klassische Regelpoetik kennt ein veritables Raumschema, das bei der Städtebeschreibung abzuarbeiten war, und konstituiert entsprechend einen transfiktionalen Stadtraum: „Von ihrer Lage ausgehend erwähnte man zuerst Klimavorteile, Produkte und ähnliches, dann gab man die Einwohner, den Gründer, die Regierung, die Geschichte der Stadt, Wissenschaft und Literatur an, zählte bestimmte Feste auf und teilte schließlich die hauptsächlichen Gebäude mit".[13] Im Sinne einer angenommenen Kontinuität antiker Rhetorikschemata im europäischen Mittelalter[14] hat die ältere Forschung die einschlägigen Stadtbeschreibungen oft als Überformung der zeitgenössischen städtischen Wirklichkeit gelesen, was sich exemplarisch an den mittelalterlichen Fassungen der Karthago-Beschreibung aus Vergils *Aeneis* nachvollziehen lässt.

Der *Eneasroman* Heinrichs von Veldeke berichtet, dass der Protagonist, nachdem er zum Zeugen der Zerstörung seiner Heimatstadt geworden ist (En_(EK) 62 f.), nach siebenjähriger Irrfahrt in „Libîâ" landet (En_(EK) 228) und dort „eine grôze borch [...] / vast unde wolgetân. / daz was Kartâgô" (En_(EK) 285–287) erblickt, deren

---

12 Die maßgebliche Studie zu Raum und Zeit im höfischen Roman (Störmer-Caysa 2007) erwähnt kaum städtische Schauplätze (die Cité Gaste des *Bel Inconnu* [177] und Wolframs Schampfanzun [166]). Janko 1994, 11 formuliert gar apodiktisch, „die Stadt" sei „für den Ritter, und auch für seine Dichter kein Thema"; differenzierter Wenzel 2008, 27.
13 Rüth 1992, 153.
14 Vgl. Curtius 1993, 166 f. und Kugler 1986, 26–32. Die mittelalterliche Vermittlung erfolgt über Quintilian (QuinIns_(R) III,7,26 f.) und Priscian (PriPr 556 f.).

Gründung durch Dido bei aller *brevitas*-Topik (En_(EK) 354–356) mit diversen topographisch-architektonischen Details berichtet wird. Anstatt darin den Abklatsch der antiken Konvention zu sehen,[15] haben neuere Arbeiten die Profilierung der Burgstadt im *Roman d'Eneas* und *Eneasroman* herausgestellt.[16]

Antikes Erbe ist v. a. aber der Modus der mittelalterlichen Stadtbeschreibung, die nicht neutral-verbuchend, sondern expressiv markiert realisiert wird – Darstellungsmittel und Erzählfunktion sind hier kaum zu trennen. Entsprechend sind Karthagos Türme nicht einfach vorhanden, sondern „veste [...] unde hô" (En_(EK) 340), die Stadtmauer ist „schône" (En_(EK) 341), die Stadt als Ganzes „mâre" (En_(EK) 355; 437), ihre Lage „aller slahte gûte" (En_(EK) 385) und ihre Bewehrung „sô vast, / daz si niene vorhte ein bast / allez erdische here" (En_(EK) 397–399).

Strukturell analog schwankt die christliche Tradition der Stadtbeschreibung zwischen Toposhaftigkeit und Faktualität, wie sich exemplarisch am Binom des himmlischen und irdischen Jerusalem zeigen lässt. Ausgangspunkt ist die Jerusalem-Vision der Offenbarung (Offb 21,2–27). Seit dem 11. Jh. modellieren die Texte das Jenseits zunehmend nach dem Muster der Himmelsstadt (→ Himmel, Hölle) der Apokalypse. So nimmt *Himmel und Hölle* Bezug auf Offb 21,23: „Diu himilisge gotesburg diu nebedarf des sunnen noh des manskimen da ze liehtenne" (Himmel 1 f.). Entsprechendes gilt für die viereckige Anlage der Stadt (Offb 21,16; Himmel 9), während die Deutung von Offb 21,18–21 die Kenntnis von Apokalypse-Kommentaren voraussetzt:[17] „Diu burg ist gestiftet mit aller tiuride meist ediler geistgimmon, der himelmeregriezzon" (Himmel 5 f.). Keinen Niederschlag findet die reiche Zahlensymbolik der Apokalypse, wodurch sich das kurze Prosastück von zwei wenig jüngeren Reimfassungen unterscheidet. *Daz himelrîhe* kombiniert die Übertragung des Apokalypsetexts mit exegetischen Quellen, verzichtet aber auf eigenständige Allegorese.[18] Diese zu liefern ist erklärte Absicht des Verfassers der *Beschreibung des Himmlischen Jerusalem*: „Nu sule wir beginnen / mit tifen gesinnen / ein rede duten jouch besten / von dere himeliscen Jerusalem" (HimmlJer 1–4).

Neben der symbolischen Auffassung als Himmelsstadt sind seit der Antike auch Beschreibungen des irdischen Jerusalem überliefert, in der deutschsprachigen Literatur vollständig zuerst in Rudolfs von Ems *Weltchronik*. Der Abschnitt über die Herrschaft Salomos bietet sowohl Passagen zur Stadtbefestigung (RvEWchr 32091–32103) als auch zu städtischen Bauwerken (RvEWchr 33018–33038), die im Wesentlichen die von der antiken Regelpoetik geforderten Elemente einer *laus urbis* enthalten, also die „rincmure [...] mit hohin túrnin groz" (RvEWchr 33023 f.), „wege [...] gût" (RvEWchr 33036) etc. Bemerkenswert an Rudolfs Text ist die Bewahrung von Erzählelementen,

---

15 Vgl. Schieb 1952.
16 Vgl. Kugler 1986, 38–57.
17 Vgl. McLintock 1983, 21.
18 Vgl. Freytag 1983, 19.

die auf das Himmlische Jerusalem verweisen (etwa RvEWchr 33033). Eine zweite Verknüpfungsleistung liegt in der Erwähnung von Jerusalems diabolischer Schwester, der Hure → Babylon (Offb 17 u. a.), die gleichwohl eine Beschreibung nach allen Regeln der *laudes urbium* erhält (RvEWchr 3634-3651). Durch den Hinweis auf rege Handelsaktivitäten (RvEWchr 3656–3662) setzt sich die Beschreibung aber vom Burgstadt-Typus ab, um im Modus des Städtelobs zu schließen: „dekein veste ir gelichete / an hohir wer, an richeit" (RvEWchr 3663 f.).

Nach Vers 2248 der *Weltchronik* beginnt das sogenannte *Lob der rheinischen Städte*, der früheste deutschsprachige Ganztext einer *laus urbis*. Quantitativ wie qualitativ sticht der Basel gewidmete Abschnitt (RvEWchr 2258–2292) heraus, der sich noch enger als Rudolfs Babylon-*descriptio* an die rhetorischen Konventionen hält. Am Anfang steht ein Lobpreis („darnah bi des Rines vlůt / so lit ein veste ummazen gůt, / Basel dú vil werde, / das niendir uf der erde / bedarf bezzer veste sin", RvEWchr 2258–2262), dem Angaben zur fruchtbaren und klimatisch vorteilhaften Lage der Stadt folgen. Sodann werden Befestigungsanlagen (RvEWchr 2268–2272), stadtsässige Ritterschaft (RvEWchr 2273–2280) sowie der Reliquienschatz (RvEWchr 2281–2295) gerühmt. Es ist also das traditionelle Bild einer Burgstadt und ihrer adeligen und klerikalen Führungsschichten, das der Autor hier – wohl im Namen seines Auftraggebers, der im Umkreis der „fúnfzic rittir odir mer" (RvEWchr 2276) vorstellbar ist[19] – propagiert. Dazu passt, dass er zwischen Speyer und Straßburg die → Burg Drivels (RvEWchr 2334) auflistet.

Der in der *Weltchronik* angelegte Kurzschluss von Topos und Geschichte wird in der 2. Hälfte des 13. Jh.s weiterentwickelt und in Heinrichs von Neustadt *Apollonius von Tyrland* zu einem „synkretistisch-metahistorischen" Romankonzept ausgebaut.[20] Die alttestamentarische Metropole Babylon erscheint als „di wuste Wabilonia" (HvNstAp 8077), zu deren Auskundschaftung Nemrod seinen Gefangenen Apollonius ausgesandt hat. Dieser findet bei seiner Ankunft das „purgtor" (HvNstAp 8179) unbewacht. Es folgt eine knappe Belobigung architektonischer Details (HvNstAp 8185–8193), allein, alles ist verlassen, die Flora ist auf dem Vormarsch (HvNstAp 8196 f.). Auf der Suche nach Einwohnern gerät Apollonius in einen geräumigen „palaß" (HvNstAp 8222) mit einer üppig bestückten Schatzkammer. Spirituelles Gegenstück der *civitas terrena* Babylon ist Jerusalem, das entsprechend als Geburtsort Christi (HvNstAp 14835 f.), als eine Art → Irdisches Paradies (HvNstAp 14892 f.) und als Konversionsort des heidnischen Protagonisten eingeführt wird, während Rom, wo Apollonius nach der Übergabe Jerusalems (HvNstAp 20535–20544) schließlich zum Kaiser gekrönt wird (HvNstAp 20557), die diesseitig-machtpolitische Antithese bildet. Bereits die Wiedergabe und Deutung von Nebukadnezars Traum (HvNstAp 19–86) legt nahe, dass die Abfolge der drei Städte-Topoi *pars pro toto* im Sinne mittelalterli-

---

[19] Vgl. Meyer-Hofmann 1973, 31.
[20] Herweg 2010, 174.

cher Geschichtsteleologien zu verstehen ist, wobei das Telos solcher Konstruktionen immer auf der universalgeschichtlichen Ebene angesiedelt bleibt. Ältere Bestimmungen der narrativen Funktion des Romans und seiner Städtedarstellung als „Unterhaltung städtisch-bürgerlicher Kreise" erscheinen damit obsolet.[21]

2.2 Kaufleute in erzählten Stadträumen

Die prominente Rolle von Handel und Gewerbe bei der Profilierung der hochmittelalterlichen Bürgerstadt hat v. a. die ältere Forschung dazu verleitet, kaufmännisch-patrizische Sujets der epischen Literatur als Repräsentationen eines bürgerlichen Geists[22] oder bürgerlicher Mentalitäten[23] aufzufassen[24] und dabei zu übersehen, dass bis ins Hochmittelalter grundsätzliche Reserven gegenüber dem Kaufmannsberuf bestehen.[25] Die Verwechslung Gaweins mit einem Kaufmann kann im Universum des höfischen Romans nur als Vorwurf gewertet werden (Parz_(L) 352,20–22), für Tristan gibt es keine bessere Strategie zur Camouflage seiner höfischen Identität als das Kaufmannskostüm (Tr_(BG) 773–789), am griffigsten formuliert Hugo von Trimberg: „Bürger, würger, wuocherêr / Machent armer liute biutel lêr" (Renner 4709 f.). Grundlage solcher Vorbehalte ist einerseits die neutestamentliche Verdammung der Händler in der Tempelreinigungsepisode (Mt 21,12–16), andererseits sind es Reste archaischer Ökonomiekonzepte, die sich etwa in der Heldenepik (Kudr_(BS) 253,1–3) neben einer Kaufmannsfiktion finden, die durch Situierung in „der stete" (Kudr_(BS) 293,1) plausibilisiert wird.

Die meistkommentierte Fassung des Modells ‚bürgerlicher Kaufmann als besserer Adeliger' liefert *Der guote Gerhart*, dessen Selbstbild städtische Herkunft und merkantile Profession verknüpft: „ich bin genant / von Kölne Gêrhart, daz ist mîn name. / ich muoz daz sprechen sunder schame / daz ich ein koufman bin genant" (RvEGer 5502–5505). Obgleich die Titelfigur Anklänge an den historischen Kölner Bürger Gerhard Unmaze zeigt,[26] erweist sich die narrative Funktion des Textes weniger als standesidentifikatorisch denn als exemplarisch-didaktisch.[27] Der bürgerliche Protagonist agiert nach den Imperativen des Tugendadels, während der geburtsadelige Kaiser Otto sich dem Vorwurf der strategisch kalkulierenden Leistungsfrömmigkeit ausgesetzt sieht: „Nû solt dû ze lône hân, / sît dû ez hâst durch ruom getân, / der welte lobelîchen prîs" (RvEGer 537–539). Die Antinomie adelig-ritterlich vs. bürgerlich-kauf-

---

21 Ochsenbein 1981, 841.
22 Vgl. etwa Sengle 1950 zu *Der guote Gerhart*.
23 Vgl. Egyptien 1987 zum *Pfaffen Amis* und zum *Apollonius von Tyrland*.
24 Ein kritisches Resümee solcher Ansätze bei Peters 1983, 22–36.
25 Vgl. Kartschoke 1995, 666–670, Ruh 1980, 319 f.
26 Vgl. Zöller 1993.
27 Vgl. Ruh 1980.

männisch erscheint in dieser Konstellation nicht als soziale Realität, sondern als literarisches Schema.[28]

2.3 Stadträume in Wunderwelten

Mittelalterliche Erzählungen situieren urbane Zentren oft in Räumen, die außerhalb der durch den narrativen Primärrahmen konstituierten Welt zu verorten sind und durch rhetorische Mittel (Hyperbel) oder Signale auf der Handlungsebene (Grenzüberschreitungen, Kontrastierung von Eigenem und Fremdem, explizite Deklaration als *wunder* etc.) als exotisch, jenseitig etc. erkennbar werden. Der folgende Abschnitt beschränkt sich auf orientalische Wunder- (→ Indien) und keltische → Anderswelten, was aber nicht im Sinne der These von Jacques Le Goff verstanden werden soll, die das Wunderbare als vorchristliches Substrat betrachtet[29] und demnach weder Wundererzählungen vom irdischen Jerusalem (s. Abschn. 3.2) noch Synkretismen, wie sie etwa in der Vorgeschichte der Elisabeth-Vita zu beobachten sind (s. Abschn. 2.5), erfassen kann.[30]

Der *Apollonius von Tyrland* des Heinrich von Neustadt liefert eine Reihe von Städtebeschreibungen, die die topischen *laudes* (s. Abschn. 2.1) um exotische Details ergänzen. So wird Tharsis als gut befestigte Hafen- und Handelsstadt (→ Hafen) beschrieben (HvNstAp 1025–1110), zu deren Sehenswürdigkeiten der „sarck" (HvNstAp 1094) der Göttin Diana sowie ein Machmett geweihter „tempell" (HvNstAp 1097 f.) zählen, aber auch als Ort, wo Apollonius seine Tochter Tarsia zurücklässt, die dann zur Prostitution gezwungen wird (HvNstAp 15543–15548). Nach Ninive gelangt Apollonius auf einem *panthier* und trifft auf ein *kint*, das ihn über die Residenz des Herrschers unterrichtet: „Sichst du, da die türne sint, / Da ist er inne alle zeit. / Sein purgk ist schon und weyt" (HvNstAp 10313–10315), was auch für Ausdehnung der *stat* gilt: „ir umbe gangk / der muß sein in sechs tagen" (HvNstAp 10363 f.). Das von Pygmäen bewohnte, an Indien und das *Cleber mer* angrenzende Land Crisia zählt „dreyssig stete" (HvNstAp 10942), darunter „Crisande" (HvNstAp 11075), das Apollonius und seine Reisegefährten nach vier Tagesreisen erreichen. Hier mischt der Erzähler Versatzstücke einer Bürgerstadt mit exotischen Accessoires: Die „purger" (HvNstAp 11063) organisieren einen Empfang im „ratthauß" (HvNstAp 11065), wozu die → Straßen der Stadt mit Gold geschmückt werden. Es folgt eine hyperbolische Detailbeschreibung (HvNstAp 11073–11101): hohe Mauer, Burggraben, 300 marmorne, oktogonale → Türme mit Goldschmuck, 24 *purgtor* (→ Tor), lange und breite Straßen,

---

[28] Vgl. Peters 1983, 47.
[29] Vgl. Le Goff 1990a.
[30] Vgl. Eming 1996, 18 f.

ein prächtiger *palaß* sowie *ain prunne* (→ Brunnen), dessen Konstruktion „wol tausent march von golde" (HvNstAp 11099) gekostet hat.

Der mächtige Handelsplatz Castelgunt, den der Protagonist des *Guoten Gerhart* Rudolfs von Ems an der nordafrikanischen Küste erblickt, erweist sich trotz der Tatsache, dass zahlreiche Lastkamele die Straßenbenutzung erschweren (RvEGer 1294 f.), als zivilisierte Metropole, deren Größe es mit Köln aufnehmen kann (RvEGer 1277), wo „koufschatz von der heidenschaft" (RvEGer 1287) umgeschlagen und „ein market jæriclich" (RvEGer 1371) abgehalten wird. Andersgläubigkeit verhindert nicht Courtoisie von Seiten der „burger" (RvEGer 1321), denen der frankophone (RvEGer 1351–1362) „burggrâve" (RvEGer 1452) Stranmur in nichts nachsteht.

Neben harmonisierenden Entwürfen werden in Städten bedrohliche Anderswelt-Szenarien angesiedelt, etwa im *Herzog Ernst B*. Mit der Kreuznahme (ErnstB_(B) 1853) und dem Aufbruch „in die burc ze Jêrusalêm" (ErnstB_(B) 1925) stellt der Text die anschließende Passage eines *wunder*-Universums mit den urbanen Fixpunkten Grippia und Arimaspi unter christliche Vorzeichen. Die Kreuzfahrer erblicken „ein vil hêrlîchez lant / daz was Grippîâ genant" (ErnstB_(B) 2205 f.), gehen von Bord und sehen „ein hêrlîche burc stân / [...] umbevân / mit einer guoten miure" (ErnstB_(B) 2213–2215). *En passant* erwähnt der Erzähler, der seinen Figuren gleich einem „Okular"[31] durch die Stadt folgt, „wunderlîche liute" (ErnstB_(B) 2248), die die Burgstadt bewohnen, sich aber nicht zeigen. Aus Neugier (ErnstB_(B) 2486 f.) für die prächtige Architektur[32] kehrt Ernst mit Wetzel noch einmal in die Stadt zurück.[33] Besondere Approbation erhält ein „vil rîchez palas" und insbesondere dessen → Kemenate (ErnstB_(B) 2563–2640), Einrichtungen öffentlicher Hygiene wie „ein schœne bat" (ErnstB_(B) 2662) und die funktionierende städtische Kanalisation sind Anlass einer regelrechten Immersion der Protagonisten (ErnstB_(B) 2702–2746). Umso größer ist der Kontrast, als sich „aller bürge ein krône" (ErnstB_(B) 2790) bei Rückkehr der Kranichmenschen als Teil einer feindlichen Anderswelt erweist, aus der die „kristen" (ErnstB_(B) 3716) nur unter großen Verlusten fliehen können.

Unsicherheit besteht hinsichtlich der Möglichkeit urbaner Anderswelten in Texten der *Matière de Bretagne*, weichen die deutschen Adaptationen hier doch bisweilen von ihren Quellen ab, etwa bei der Episode der Burg zum Schlimmen Abenteuer. Im *Chevalier au Lion* heißt es nur lapidar: „il aprochierent / Le chastel de Pesme Aventure" (CdTYv_(H) 5104 f.; „[s]ie näherten sich der Burg vom Schlimmen Abenteuer", ebd.) und „[e]l chastel vienent cheminant", (CdTYv_(H) 5108; „[s]ie waren auf

---

[31] Morsch 2003, 117.
[32] Bowden 2012, 23 deutet die Omnipräsenz von „edelem gesteine" (ErnstB_(B) 2237) als Anspielung auf das Himmlische Jerusalem (Offb 21,19 f.; s. Abschn. 2.2), verweist aber auf den menschengemachten Charakter der Stadt.
[33] Für Lazda-Cazers 2004, 89–91 eine symbolische Vergewaltigung der Weiblichkeit repräsentierenden Stadt.

dem Weg zur Burg", ebd.). Entsprechend hat man im *chastel* den unter dem Einfluss bretonischer Märchenmotive zugespitzten Reflex der *gynécées* vermutet,[34] landadeliger Arbeitshäuser, die am Ende des 12. Jh.s angesichts der Konkurrenz städtischer Handwerker verschwinden. Hartmann ist auskunftsfreudiger und schildert im *Iwein* eine städtische Topographie: Die „burc stuont besunder / und ein market darunder" (Iw_(BLW) 6085 f.), wenig freundlich ist der Empfang von Seiten derer, „die in den strâzen / stuonden oder sâzen" (Iw_(BLW) 6089 f.), Aufklärung über die von der *burc* ausgehende Todesgefahr erfolgt schließlich durch eine „vrouwe [...] / diu was ûz der stat geborn" (Iw_(BLW) 6125 f.).

2.4 Adelige Lebenswelt in der Stadt: Kampf, Fest, *minne*

Im Zuge der Erzählung von Kriegen kommen in höfischen Epen jeglicher stofflicher Provenienz Schilderungen belagerter Städte vor, deren urbaner Charakter aber kaum herausgestellt wird. Im *Prosa-Lancelot* hat dies zur Folge, dass die Stadt König Bans anders als seine Festung namenlos bleibt: „[...] und namen im die statt und alles syn lant, biß an ein burgk, die hieß Trebe" (Lanc_I_(K) 2,24 f.). Ähnlich verfährt Wolfram am Ende des Berichts von der Belagerung Oranges im *Willehalm*. Ein letzter Sturmangriff der Belagerer hat verheerende Folgen: „vor viuwer man noch wîp genas / der getouften in der ûzeren stat" (Wh_(S) 223,18 f.). Giburc und ihr Heer ziehen sich in die Stadtburg Glorjet zurück, als Willehalms Entsatzheer eintrifft. Aufgrund der Zerstörungen herrscht dieser aber nicht länger über eine „stat" (Wh_(S) 95,17; 98,29; 99,6), sondern über „Oransche, dise burc" (Wh_(S) 231,15).[35]

Im *Parzival* liefert Wolfram Ansätze zur Beschreibung des belagerten Pelrapeire. Die vom Aushungern bedrohte Stadt ist ganz auf Verteidigung ausgerichtet, auch bürgerliche Institutionen haben ihre Mitglieder zum Kriegsdienst verpflichtet: „dâ stuont ouch manec koufman / mit hâschen und mit gabilôt / als in ir meisterschaft gebôt" (Parz_(L) 183,16–18).[36] Makrostrukturell erweist sich die Passage als Doppelung einer Episode aus dem 2. Buch: Kanvoleiz ist bei Gahmurets Ankunft bis in seine Architektur hinein durch die Vorbereitungen zu einem Turnier (→ Turnierplatz) geprägt, zu dem die verwitwete Königin Herzeloyde geladen hat. Entsprechend muss Gahmurets Knappe auf der Suche nach „herberge [...] in der stat" (Parz_(L) 60,2) feststellen, dass

---

34 Vgl. Frappier 1969, 125 f.
35 Die folgenden Okkurrenzen von „stat" (Wh_(S) 244,26; 245,2; 246) beziehen sich auf die zerstörte äußere Stadt. Als Reflex des *Willehalm* hat man die Belagerung von Namur in Wirnts *Wigalois* (Wig 10730–11237) gesehen (Schröder 1986, 246), ebenso diverse Passagen beim Pleier (Details bei Meyer 1865 und Steinmeyer 1887).
36 Unklar ist, ob sich *meisterschaft* auf den Magistrat oder die Zunftmeister bezieht (vgl. Martin 1903b, 179).

Letztere dem Turnier quasi inkorporiert ist: „sîn ouge ninder hûs dâ sach, / schilde wærn sîn ander dach" (Parz_(L) 60,5 f.).

Dass in der Residenzstadt des *Nibelungenlieds* diplomatische Missionen, festliche Empfänge, repräsentative Messfeiern und Totenklagen angesiedelt sind, kann nicht weiter erstaunen. Begrifflich differenziert der Text deutlich zwischen den Bewohnern des befestigten Bezirks (*burc*) und der Bevölkerung der *stat*, behält diese Trennung aber nur in Episoden der *vröude* bei. So feiert der → Hof die Ankunft der Xantener Gäste in der 13. Aventiure auf dem „palas" (NibAB_(BBW) 798,1), während sich „ze Wormez in der stat [...] [da]z gesinde" (NibAB_(BBW) 800,1 f.) vergnügt. Der Erzähler will die *milte* der Fürsten betonen, unterstreicht dadurch aber die soziale Konnotation der räumlichen Differenzierung: „Dar ûze unt ouch dar inne spîsen man si lie" (NibAB_(BBW) 801,1 f.). Anders nach Siegfrieds Ermordung: Kriemhilds Totenklage erfüllt nicht nur „palas unde sal", sondern „ouch die stat ze Wormze" (NibAB_(BBW) 1025,3 f.), die edelen „burgære" (NibAB_(BBW) 1036,4) kommen herbeigeeilt, ihre „wîp [...] weinten mit den vrouwen" (NibAB_(BBW) 1037,4).

Gefährdet erscheint das höfische *minne*-Ideal in städtischem Ambiente. In der schwankhaften Kleinepik wird das Motiv der tödlichen außergesellschaftlichen *minne* auf die Spitze getrieben, wenn im *Schüler von Paris B* die Liaison eines Grafensohns und einer Bürgerstochter mit dem Tod des adeligen Philosophiestudenten „von übriger liebe" (SchülerB 237), dem öffentlichen Liebestod des Mädchens und der gemeinsamen Bestattung endet. Eine Steigerung erfährt die tödliche Mesalliance in der *Frauentreue*: Ein Ritter wirbt so lange um eine verheiratete Bürgersfrau, bis er in einem Zweikampf tödlich verletzt wird, so „daz si im mit triuwen galt, / der ir ze dienst het gezalt / lîp, herze, sinne unde muot" (Frauentr 11–13). Das Totenopfer, das die Frau ihrem in der → Kirche aufgebahrten Prätendenten bringt, besteht in einer dreifachen Entblößung, bevor sie tot zu Boden sinkt (Frauentr 336–373); der Widerspruch zwischen kollektiver *triuwe* des höfischen *minne*-Kodex' und individueller *triuwe* zu ihrem Ehemann wird im Tod aufgelöst.[37]

Schließlich ist die Stadt bereits im frühen höfischen Roman der Ort, wo die Gefährdung der materiellen Grundlagen höfischer Repräsentation manifest wird, wenn auch als erzählerischer Kunstgriff: Enites Herkunft aus einem am Fuß der Burg Tulmein in einem „market" (Er_(L) 223) gelegenen verfallenen „gemiure" (Er_(L) 252) unterstreicht in Hartmanns *Erec* den Grad ihres Aufstiegs an der Seite des Protagonisten.[38] Greifbarer wird die Abhängigkeit des alten Adels von bürgerlicher Liquidität in einer Szene aus Jans' von Wien *Fürstenbuch*, die Friedrich den Streitbaren mit reichen

---

37 Vgl. Grubmüller 2006, 165.
38 Die soziale Distanz ist bei Chrétien weniger ausgeprägt (vgl. Bumke 2006, 25), wird aber terminologisch präziser gefasst. Erscheint Koralus' „gebaerde [...] einem edeln manne gelîch" (Er_(L) 288 f.), ist Enides Vater bei Chrétien „vavasor" (CdTEr_(F) 375). Die Schilderung des Fests in der Siedlung ist bei Chrétien ausführlicher, die Unterscheidung *market* vs. *hûs/burc* fehlt aber (durchweg *chastel*).

Bürgern und einem freigebigen „hern" (JansFb 2261) konfrontiert (JansFb 2179–2290). Die satirische Gestaltung eines potenziellen Konfliktherds zwischen Adel und Patriziat muss dabei nicht im Widerspruch zur vermuteten Situierung Jans' im Wiener Ritterbürgertum stehen.[39]

2.5 Die Stadt als Frömmigkeitsraum

Wesentliche Innovationsfaktoren der neuen Frömmigkeit des 13. Jh.s sind ihre partiell weibliche Trägerschicht und ihre städtische Verortung.[40] Idealtypisch repräsentieren diese Züge die Vita Elisabeths von Thüringen.[41] Das zwischen den Polen Burg und Stadt („uffez hus zu Wartberc / Daz ober Isenache lit", Elis 2614 f.) angesiedelte Grundgerüst der Handlung begünstigt eine Präsenz des Urbanen. Diese setzt mit der vom höfischen Wartburgkrieg-Komplex durchzogenen Vorgeschichte ein, als „meister Clinsor" (Elis 201) sich nach dem „abentimez" (Elis 239) vor die Tür seiner Eisenacher Herberge begibt und aus der „sterren louf" (Elis 242) die Geburt Elisabeths herausliest, womit das Modell der *imitatio Christi* aufgerufen wird.[42] Eine positive Wertung erhält der urbane Raum im eigentlichen Vitentext, als Elisabeth den Hof flieht, um die *imitatio* in der Stadt zu praktizieren. Als sie einem Bettler, den sie am Fuß der zur Wartburg hinaufführenden → Treppe auffindet, ihren Mantel schenkt, ist die höfische Gesellschaft irritiert, kann aber nicht verhindern, dass die Heilsbewegung von oben nach unten, von der Burg in die Stadt verläuft, wo Elisabeth ein Spital stiftet: „Nu was ein hoher abeganc, / Swere weizgot unde lanc / Von der burge hin zu dal, / Da man zu der stede sal, / Di an des berges fuze lit" (Elis 3505–3509). Nachdem sie „dirre werlte uberbraht, / ungedruwe unde ungeslaht" (Elis 6612 f.) aus Eisenach „gein Marcburg" (Elis 6623) zu ihrem Beichtvater Konrad vertrieben hat, muss sie zunächst feststellen, „daz si vor vientlicher diet / [...] mochte niet / [...] bliben in der selben stede" (Elis 6627–6630). Das Intermezzo „in eime dorfe" (Elis 6633) bleibt ephemer, die Integration Elisabeths in die städtische Gemeinschaft Marburgs erfolgt erneut durch eine Spitalstiftung (Elis 6662 f.).

---

39 Vgl. Brunner 1950. Knapp 1999b, 248 zufolge präsentiert die Darstellung der Herrschaft Friedrichs „ein unentwirrbares Knäuel von ‚Dichtung' und ‚Wahrheit'", was eine Bestimmung der narrativen Funktion der Szene erschwert.
40 Vgl. zu letzterem Aspekt Keller 2007, 19 f.
41 Vgl. zur deutschsprachigen Überlieferung Honemann 2007.
42 Vgl. Wachinger 2004, 22.

3 Narrative Funktionen

Zu unterscheiden sind textimmanent-strukturelle von pragmatischen Funktionen, wobei Letztere v. a. durch explizite Zeugnisse der Texte selbst oder im Wandel der Erzählpragmatik greifbar werden. Nicht sauber zu trennen sind beide Funktionssphären, wenn an der Textkonstitution Beteiligte die Schwelle zur Diegese überschreiten. So finden sich bei Konrad von Würzburg und Heinrich von Neustadt Erwähnungen (adeliger) städtischer Mäzene, die jedoch i. d. R. auf der Ebene des Paratexts verbleiben.[43] Selbst wenn der *Trojanerkrieg* die Stadtbevölkerung Trojas in auffälliger Weise als „künige rîche, / margrâven unde herzogen" (KvWTroj_(K) 17424 f.) nobilitiert,[44] gilt also: Konrads „Troja ist nicht Basel"[45] (zu einer ähnlichen Problematik s. Abschn. 2.1). Ansätze einer Integration städtischen Mäzenatentums finden sich hingegen im *Nibelungenlied*, dessen Erzähler den Bischofssitz Passau – wohl als Hommage an Wolfger von Erla[46] – als Ort höfischer Repräsentation zeichnet. Dabei wirkt die Ankunft Kriemhilds harmonisierend auf die eigentlich konfligierenden Interessen von „recken" (NibAB_(BBW) 1297,1), „burgæren" (NibAB_(BBW) 1298,2) bzw. „koufliuten" (NibAB_(BBW) 1298,4) und Klerus, was aber nichts an der sofortigen Weiterreise der Burgunden ins Verderben ändert.

3.1 Textimmanent-strukturelle Funktionen

In Antikenroman und Artusepik können sich Städte als regelrechte Fixpunkte transfiktionaler Bezüge erweisen, die den Erzähler zu Korrekturen handlungspragmatischer Kurzschlüsse zwingen. So verurteilt dieser im *Vorauer Alexander* Belagerung und Vernichtung der Stadt Tyrus als „grôz unreht" (VAlex_(L) 940), um sogleich unter Berufung auf die Apollonius-Tradition ihren Wiederaufbau zu konstatieren: „Die stifte sît ter chunich Apollonius, / den Antioch uber mere jagete, / wande er ime sagete / daz rêtsce an einem brieve, / daz er mit sîner tohter sliefe" (VAlex_(L) 997–1001). Daran lässt sich die Situierung einer Exorzismus-Bitte anschließen, die eine Einwohnerin von Tyrus ihrer vom Teufel besessenen Tochter wegen an Jesus gerichtet habe (Mt 15,21–28): „Tyre is noch diu selbe stat, / dâ daz heiden wîb unseren hêren pat, / daz er ir tohter erlôste / von dem ubelen geiste, der sie nôte" (VAlex_(L) 1003–1005). Die temporale Lesart von *noch* situiert die Erzählzeit in der Heilsgeschichte und folgt einer

---

[43] KvWPart 183–215 (vgl. Schröder 1917, 104–108); KvWSilv 80–92 (vgl. Schröder 1917, 97–101); KvWAlex 69 f. (vgl. Schröder 1917, 101 f.); KvWTroj_(K) 246 f. (vgl. Schröder 1917, 108 f.). – HvNstAp 20603 f. (vgl. Ebenbauer 1986, 339); HvNstAp 20611 f. (vgl. Strobl 1875, V, Ebenbauer 1986, 343, Fn. 123); HvNstAp 18052 (vgl. Achnitz 2002, 410); HvNstAp 329 (vgl. Ebenbauer 1986, 338).
[44] Vgl. Kugler 1986, 133.
[45] Lienert 1996, 324.
[46] Vgl. Nolte 2013, 400–405.

allgemeinen Tendenz der Städtedarstellung im *Vorauer Alexander* (etwa VAlex_(L) 1380), nämlich der Profilierung des Protagonisten als *instrumentum Dei*.

In Wolframs *Parzival* spiegelt die städtische Topographie den transfiktionalen Charakter arthurischer Genealogie. Im Vorfeld des Turniers von Kanvoleiz schlägt Gahmuret sein → Zelt im Stadtbereich auf (Parz_(L) 61,13–15), wo Herzeloydes Verbündete lagern, darunter mehrere Angehörige der Vätergeneration der *Matière de Bretagne* (Uterpendragon, Lot, Riwalin, Morholt – allein Lac lagert auf der falschen Seite [Parz_(L) 73,21–23])[47] sowie zukünftiges Romanpersonal (Gurnemanz, Lähelin, Brandelidelin), wodurch die Romanhandlung zugleich vorausgedeutet wird und „größere ‚historische' Tiefe" erhält.[48]

Werden konstitutive Elemente der höfischen Adelskultur (Turnier, Kreuzzug) auf städtische Schauplätze verlagert, stellt sich bisweilen ein parodistischer Effekt ein. Mag man die Lokalisierung der *Nonnenturnier*-Travestie in einer „stat [...] die ist genant Saraphat" (Nonn 277 f.) noch als exotisches Beiwerk abtun,[49] legt der authentische Werktitel *wienner mervart* als intendierte Erzählfunktion eine Kreuzzugsparodie auf Kosten von Wiener Patriziern nahe,[50] zumal der Freudenleere die Deutung ihres Rausches als Reise „vber mer" (Freudenl 172) konsequent und sprachlich kunstvoll verdichtet ausbaut[51] und bis zum ernüchterten Erwachen durchhält: „Iz was des marners gebot / Vnd niht gar ein kindes ſpot" (Freudenl 588 f.).

Mit der Niederlage auf Alischanz verliert Wolframs *Willehalm* seine soziale Identität. Bei ihrer schrittweisen Rekonstruktion im Zuge der Orange-Handlung (Wh_(S) Buch II–VI)[52] spielen Städte als Bezugsrahmen dann eine variable Rolle – welche Details jeweils zu ihrer Beschreibung herangezogen werden, bestimmt sich maßgeblich aus der sozialen Identifikationsfunktion. Von den Mauern der belagerten Festung Orange (Wh_(S) 97,15–99,3) herab hält Giburc den in Arofels Insignien gekleideten Willehalm für einen Heiden (Wh_(S) 89,12), sein ihr gegenüber geleistetes Askeseversprechen (Wh_(S) 105,7–12) bedingt, dass er in Orlens Quartier „vor dem graben in ein hiuselîn" (Wh_(S) 112,9) nimmt, was ihn – nur deswegen findet dieses Detail Erwähnung – in den Augen des Stadtrichters als zollpflichtigen Kaufmann ausweist

---

47 Vgl. Brunner 1983, 62 f.
48 Nellmann 1994, 491.
49 Die Ansicht Strohschneiders 1987, 163, Fn. 28, das Toponym verweise auf kanaanitische „phallische Stierkulte", scheint kaum mit dem Wissensstand eines Laienpublikums des 15. Jh.s in Deckung zu bringen.
50 Während Albertsen 1969 die *laudatio temporis acti* des Prologs ernst nimmt, plädiert Knapp 1999a, 69 eher für eine Lesart des Texts als Unterhaltungsliteratur.
51 Anfangs noch „verre von der ſtat" (Freudenl 257) beginnt der kalauernde „win [...] vaſte toben" (Freudenl 341), worauf die trunken Kreuzfahrer sich sorgen, erst den halben Weg nach „brandeîz" (Freudenl 360; Brandeis [Böhmen] oder Brindisi) zurückgelegt zu haben.
52 Vgl. A. Schulz 2008, 125–138.

(Wh_(S) 113,15–17).⁵³ Diesen Irrtum müssen Richter und Bürgerwehr mit einem Gemetzel büßen, bevor Willehalms Bruder Ernalt für Aufklärung sorgt (Wh_(S) 115,25–116,1). Als Willehalm in der königlichen Residenz Munleun ein Entsatzheer rekrutieren will, wird ihm aufgrund seines unzivilisierten Äußeren der Zutritt zum Hof verwehrt (Wh_(S) 128,18 f.). Als Katalysator der höfischen Integration erweist sich der Kaufmann Wimar,⁵⁴ der einerseits Willehalms asketische Imperative⁵⁵ mit den Forderungen der höfischen Gesellschaft vereinbar macht (*milte* eines Nichtadeligen abzulehnen ist kein Verstoß gegen deren Normen), andererseits die Verkennung Willehalms in Orlens positiv spiegelt, erweist sich der Kaufmann doch als Adeliger: „der was von ritters art erborn" (Wh_(S) 131,1). Damit bereitet der Erzähler die Korrektur der Fehlidentifikation und den Wiedereinsatz des Rechts (Wh_(S) 209,17–19) bei der erneuten Passage von Orlens vor. Bei der Rückkehr nach Orange wird das Bild der befestigten Stadt im Sinne der Identifikationsfunktion fokussiert: Die äußere Stadt ist durch die abgezogenen Belagerer verheert (Wh_(S) 223,18 f.), die dadurch bedingte Annäherung des Protagonistenpaars auf Rufweite erlaubt das Erkennen Willehalms: „von sîner stimme wart in kunt / daz der rehte wirt was komen" (Wh_(S) 228,22 f.). Der vermeintliche Heide und Kaufmann wird auf städtischer Bühne von Giburc als Befreier gepriesen (Wh_(S) 233,1–3). In Willehalms folgender Ertüchtigungsrede lässt der Erzähler seine Figur gleichwohl daran erinnern, dass die Verbindung Giburc/Willehalm durch eine auf städtischem Boden (in Nîmes) angesiedelte, gänzlich unasketische Kaufmannslist zustande gekommen war (Wh_(S) 298,14–16).

3.2 Pragmatische Funktionen

Die narrative Funktion von Beschreibungen des irdischen Jerusalem – Vorführung von Verfahren zur Ermittlung von Heilsgewissheit – ändert sich gegenüber der symbolischen Auffassung Jerusalems als Himmelsstadt (s. Abschn. 2.1) nur hinsichtlich der Konkretisierung dieser Verfahren (*militia Christi* statt Andacht). Als exemplarisch kann hier die Behandlung der Stadt in der *Kaiserchronik* gelten. Erwähnung finden über den Text verstreut „gruntveste" (Kchr_(S) 1091), „mûre" (Kchr_(S) 7217), „daz hailige grab" (Kchr_(S) 11160), „burgetore" (Kchr_(S) 16696) und „turne" (Kchr_(S) 16704). Solche Details dienen der heilsgeschichtlichen Perspektivierung einzelner

---

53 Zur Kaufmannsrolle in der mittelhochdeutschen Epik s. Abschn. 2.2; zur verdichtenden Funktion merkantiler Erzählelemente im *Willehalm* vgl. Kiening 1991, 124–130.
54 Ein Reflex der Wimar-Episode findet sich beim Pleier (vgl. Seidl 1909, 62 f., Kern 1981, 21). In Poitiers wird der Protagonist durch den Kaufmann Todila gesundgepflegt (PleierTand 4406–4877). Kern 1981, 21 vermutet darüber hinaus, dass der im *Meleranz*-Epilog erwähnte „Wîmar" (PleierMel 12775) kein historischer Gönnername (so Meyer 1885, 501–503 und neuerdings Achnitz 2012, 283 f.), sondern Wolfram-Anspielung sei.
55 Vgl. Bumke 1959, 111, dagegen Heinzle 1991, 931 f.

Passagen des Chroniktexts, wie sich an der Eraclius-Episode (Kchr_(S) 11302–11352) zeigen lässt, einem der zahlreichen für die Textstruktur der *Kaiserchronik* charakteristischen legendarischen Inserate. Eraclius schickt sich mit seinem Gefolge an, zur Restitution des heiligen Kreuzes Jerusalem wie Jesus am Palmsonntag (Kchr_(S) 11331) durch die „liehte[n] porte" (Kchr_(S) 11320) zu betreten. Noch deutlicher wäre die Propagierung der *imitatio Christi*, wenn mit dem „templum" (Kchr_(S) 11315) die Grabeskirche (und nicht der Felsendom oder der Salomotempel) gemeint sein sollte, wird Erstere doch an anderer Stelle (Kchr_(S) 16619 f.) als Ziel des Kreuzfahrers Gottfried von Bouillon genannt und dadurch im Sinne eines pragmatisch-propagandistischen Erzählens mit religiös-politischen Interessen des 12. Jh.s verknüpft.

Dass die narrative Funktion der Elisabeth-Legende (s. Abschn. 2.5) in einem an ein städtisches Publikum gerichteten „Aufruf zur imitatio" zu suchen sein dürfte,[56] macht ein spätmittelalterliches Rezeptionszeugnis plausibel. Das Kolophon einer Prosa-Vita (Bamberg, Staatsbibliothek, Msc. Hist. 148 [früher E.VII.58], 2. H. 14. Jh.) belegt nicht nur das gendertopographische Anknüpfungspotenzial des Elisabeth-Stoffs, sondern stellt zudem einen Kausalnexus zwischen dem Rezeptionsort (das städtische Frauenkloster St. Katharinen in Nürnberg) und dem Wechsel Latein/Volkssprache her.[57]

Auch für eine Reihe (stadt-)chronikalischer Texte lässt sich – hier am Beispiel Kölns – ein gewisses Spektrum an Aufzeichnungsinteressen und intendierten Textfunktionen wahrscheinlich machen. So gehen der Entstehung des *Annolieds* unmittelbar Konflikte zwischen Stadt und geistlichem Stadtherren voraus, hinsichtlich der Aufzeichnungsmotivation hat man an städtische Interessengruppen gedacht, konkret an eine Rehabilitierung Annos mit Blick auf seine zukünftige Kanonisierung.[58] Die Geschichtskonzeption spiegelt sich in einer stadtzentrierten[59] triadischen Gliederung wider.[60] Einer heilsgeschichtlichen Exposition, die mit der Schöpfung einsetzt und mit einem Köln-Preis schließt („Koln ist der hêristen burge ein. / sent Anno brâht ir êre wole heim", Anno 7,11 f.), folgt ein weltchronikalischer Abriss, der von „der burge aneginne" (Anno 8,2) bis zur Ordination Annos in Köln (Anno 33,10) reicht, Weltgeschichte also als Geschichte urbaner Zentren erzählt. Daran schließt sich die Vita des Bischofs mit den konventionellen hagiographischen Ingredienzien an (Anno 38,10–39,8; 44,12; 46,1–48,14). Heils- und Profangeschichte laufen in der Konzeption des *Annolieds* in die unter Annos Episkopat herrschende „sêliclîche [...] kolnischi werlt" (Anno 35,17) zusammen.

---

56 Ruhrberg 1995, 149.
57 Vgl. Ruge 2010, 55 f.
58 Vgl. Herweg 2002, 358–364, 485–511.
59 Vgl. Kugler 1986, 88.
60 Strukturvorbilder für die Vermischung geistlicher und weltlicher Genres hat Knab 1962, 75–111 in der zeitgenössischen Chronistik, in der raumzeitlich benachbarten Hagiographie, v. a. aber in der rheinisch-lothringischen Lokalgeschichtsschreibung ausgemacht.

Mit dem Einsatz der Kölner Stadtchronistik i. e. S. erfolgt ein Perspektiv- und Funktionswandel. Der Fokus richtet sich auf die urbane Zeitgeschichte, Orientierungspunkt ist kein zu kanonisierendes Individuum, sondern das Kollektiv „Coelne die hilge ſtat" (HagenChr_(GRW) 1254), deren Konsekration als universeller Begründungsakt städtischer Autonomie präsentiert wird: „da enſolde neyman weſen weder, / noch der hoe noch der neder. / da enboven wart geſprochen / der ſtede vryheit unzebrochen" (HagenChr_(GRW) 74–77). Diese Programmverse erweisen sich allerdings wie die Epilogaufforderung an die Kölner, die Gottesmutter Maria um „eyn hertze, wil ind einen moit" (HagenChr_(GRW) 5972) zu bitten, als Äußerungen eines Partikularinteressen verpflichteten Autors, macht sich der seit 1271 als Stadtschreiber bezeugte Gottfried Hagen bei der epischen Repräsentation der Konflikte zwischen Erzbischöfen und Stadt, Patriziat und Zünften doch weitgehend den Standpunkt des Geschlechts der Overstolzen zu eigen. Konsequent ersetzt die Kölner Stadthistoriographie des 14. Jh.s die universalistische Rhetorik durch tagespolitische Propaganda. Der restaurativpatrizische Standpunkt der *Weverslaicht*[61] wird im *Nuwen Boych* – wohl im Auftrag des Kölner Rats[62] – als Usurpation urbaner Identität gebrandmarkt, wenn „van den ghenen die sych noement van den geslechten bynnen Coelne" (NBoych 58r,5) die Rede ist. Identität als Kölner erwirbt man folglich nicht qua Geburt, sondern durch Vermeidung von „grosen vnuerwynlichen schaden cost krut vnd veetschaf" (NBoych 58v,8 f.).

Eine Öffnung der epischen Repräsentation städtischer Räume für Andersweltliches lässt sich schließlich für die Reiseliteratur des Spätmittelalters konstatieren. So pendelt Velsers Mandeville-Übersetzung zwischen der pragmatisch-faktualen Orientierung eines Pilgerführers (→ [Pilger-]Weg) „von der wegen die da mût hond die land ze sûchend" (JMandRV 3,25 f.) und der Durchsetzung des Texts mit Elementen des Wunderbaren. Die Beschreibung des „grossen Babilony" (JMandRV 27,1–28,18) mit seiner „zwayhundert cubity" (JMandRV 27,24) hohen und „funfftzig cubit" (JMandRV 27,25) breiten Stadtmauer vermittelt zwar durch präzise Zahlenangaben den Eindruck von Faktualität, schaltet jedoch einer empirischen Verifikation der *facta* eine aus der Welt der Monstra schöpfende Reserve vor: „Es ist aber lang zitt daz nieman hin dar zů komen, wann es als wûst ist und vol von tracken und von schlangen und gifftigen wúrmen umb und umb die statt" (JMandRV 27,11–13). Diese Tendenz gewinnt im zweiten Textteil (ab JMandRV 93) die Oberhand, wobei sich zwischen Passagen über Wundertiere, Menschenfresser und Zwerge vergleichsweise nüchterne Beschreibungen von Städten wie Hangzhou (JMandRV 126,4–127,12) finden, die auf knappste Angaben zu Etymologie und wenige Basisdaten (Umfang, Einwohnerzahl, Anzahl der Stadttore) beschränkt sind. Gegenüber der Referenzpassage der mitteldeutschen Marco-Polo-Übersetzung (MarcoPolo 44,15–47,6) fehlen zahlreiche ethnographische

---

61 Vgl. Hanauska 2014, 197–212.
62 Vgl. Peters 1983, 240.

Details zu Handwerk, Handel, öffentlicher Ordnung, Verkehrsanbindung, Architektur und Religion, was sich dahingehend verallgemeinern lässt, dass hier die „Divergenz zwischen P[olo]s Anspruch auf empirische Wahrhaftigkeit und dem zunehmenden Bedürfnis nach fiktionaler Alterität" zutage tritt,[63] das Mandeville und seine Bearbeiter zu befriedigen suchen.

> Anno, CdTEr_(F), CdTYv_(H), Elis, En_(EK), Er_(L), ErnstB_(B), Frauentr, Freudenl, HagenChr_(GRW), Himmel, HimmlJer, HvNstAp, Iw_(BLW), JansFb, JMandRV, Kchr_(S), Kudr_(BS), KvWAlex, KvWPart, KvWSilv, KvWTroj_(K), Lanc_I_(K), MarcoPolo, NBoych, NibAB_(BBW), Nonn, Parz_(L), PleierMel, PleierTand, PriPr, QuinIns_(R), Renner, RvEGer, RvEWchr, SchülerB, Tit, Tr_(BG), VAlex_(L), Wh_(S), Wig

> → Anderswelten; → Babylon, Jerusalem; → Burg, Schloss, Hof; → Dorf, Acker, Gehöft, Meierei; → Fluss, Quelle, Brunnen; → Hafen, Schiff; → Himmel, Hölle; → Indien, Mirabilienorient; → Irdisches Paradies; → Kemenate, Gemach, Kammer; → Kirche, Kathedrale, Münster, Kapelle, Kloster, Tempel; → Tor, Tür, Treppe, Fenster; → Turm, Zinne, Mauer; → Schlachtfeld, Turnierplatz; → Weg, Straße, Pfad; → Zelt

---

63 Bremer 1989, 774.

Pia Selmayr
Tor, Tür, Treppe, Fenster

1 Begriffsbestimmung – 1.1 Tor/Tür – 1.2 Treppe – 1.3 Fenster – 2 Merkmale der Darstellung – 3 Narrative und weitere Funktionen – 3.1 Tor/Tür – 3.2 Treppe – 3.3 Fenster – 3.3.1 Wahrnehmungsfunktion – 3.3.2 Innen und außen – 3.3.3 Fenster als Rückzugsort

1 Begriffsbestimmung

1.1 Tor/Tür

Die mhd. Begriffe *tor* (n., ahd. *tor*, got. *daúr*) bzw. *tür* (f., ahd. *turi*, idg. **dhur*) stehen allgemein für eine Öffnung in Mauern und Wänden, bestehend aus einer Umrahmung und möglicherweise einem Verschluss, die dem Eingang und Durchgang dient.[1] Beide Begriffe beschreiben eine Öffnung, die sowohl als verschließende als auch als durchschreitbare gestaltet sein kann. Bei kleineren Bauwerken spricht man von einer Tür als Eingang zum → Haus oder zwischen einzelnen Räumen, bei repräsentativen und monumentalen Bauwerken von einem Tor, das die → Stadt vom → Land, die → Burg vom → Wald abschirmt.[2] Die Begriffe *tür* und *tor* können auch ohne semantische Bedeutungsdifferenzierung stehen. Die Kopplung von beiden Begrifflichkeiten kann einen verstärkenden Charakter haben (KvHeimUrst 118,92: „tür unt tôr wart ûf getân"). Verbunden mit diesen Begrifflichkeiten ist auch das sie verschließende Element, der Schlüssel oder das Schloss. Tür und Tor zählen funktionell, baukünstlerisch und symbolisch seit den ältesten Zeiten zu den wichtigsten Elementen der Architektur und nehmen auch in der Literatur wichtige Rollen ein.[3] Im folgenden Artikel werden die Orte Tür bzw. Tor anhand eines breiten Spektrums an Gattungen behandelt, um Gemeinsamkeiten, aber auch Unterschiede in der Darstellung herausarbeiten zu können. Viele Bezüge finden sich in höfischen Romanen (Hartmanns von Aue *Iwein* [um 1200], Ulrichs von Zatzikhoven *Lanzelet* [um 1200], Wolframs von Eschenbach *Parzival* [zw. 1200 u. 1210], Gottfrieds von Straßburg *Tristan* [um 1210]), in Antikenromanen (Straßburger *Alexander* [A. 13. Jh.], Heinrichs von Veldeke *Eneasroman* [zw. 1170 u. 1180]), im Minneroman (Konrads von Würzburg *Engelhard* [vor 1260]), der religiösen Versnovelle (Hartmann von Aue *Der arme Heinrich* [E. 12. Jh.]) und in der Hel-

---

1 Vgl. BMZ 3, 49a–49b, Reinle 1997, 1096, Bies 2010, 1020, Selbmann 2010, 15–16.
2 Vgl. Reinle 1997, 1096, Schich 1997, 28.
3 Vgl. Reinle 1997, 1096.

denepik (*Nibelungenlied* [um 1200]). Das Fehlen bzw. das Zumauern einer Tür wird in Strickers Märe *Die eingemauerte Frau* (1. H. 13. Jh.) besonders betont.

1.2 Treppe

Der Begriff Treppe umfasst die in einer räumlichen Umgebung eingelassene Möglichkeit, hinauf- wie auch hinabsteigen zu können und somit zwischen Orten unterschiedlicher Höhe einen Übergang zu ermöglichen. Neben mhd. *trappe* (auch *treppe*, beide m./f.),[4] finden sich die Begriffe *grêde* (f.), *stege* (f.) und *stiege* (f.) in den mittelalterlichen Texten. Nur in sehr wenigen mittelalterlichen Werken ist die Treppe ein herausgehobenes Motiv. Eine wichtige Rolle nimmt sie in der Heiligenlegende *Alexius* von Konrad von Würzburg (1275) und in dem anonymen Märe *Das Nonnenturnier* (zw. 1430 u. 1435) ein.

1.3 Fenster

Im Gegensatz zum Begriff Treppe ist der Begriff *venster* (n.) in der mhd. Literatur weit verbreitet und umfasst ein breites Spektrum an unterschiedlichen Funktionen verbunden mit Sehen und Sichtbarkeit. Im Nhd. wird mit Fenster eine Öffnung in einer → Mauer zum Einlassen von Luft und Licht beschrieben, das unter anderem dazu dient, um hindurchzusehen.[5] Der mhd. Ausdruck *venster* hat eine breitere Semantik und kann auch ‚Öffnung der Laube', ‚Galerie-Öffnung' oder ‚Arkadenbogen' bedeuten.[6] Im textlichen Zusammenhang ist nicht immer klar, welche architektonische Form damit bezeichnet wird. Signifikant ist aber die Funktion des Motivs Fenster: Durch Fenster oder Arkaden werden Rahmen gebildet, die die Aufmerksamkeit der Figuren wie auch der Rezipienten auf das Umrahmte richten.[7] Sie können als Barriere, Portal, Mittler und Rahmen dienen, als Metapher für Visionen wie auch Erkenntnisse und als Ort des Zugangs, der liminalen Begrenzung und Transgression.[8] Gattungsübergreifend dient das Fenster der Aufmerksamkeitslenkung und stellt ein wesentliches Element in der Erzählung dar. Im höfischen Roman (Hartmanns von Aue *Erec* [um 1180] und *Iwein*, Wolframs von Eschenbach *Parzival*, Gottfrieds von Straßburg *Tristan*), im Antikenromanen (Heinrichs von Veldeke *Eneasroman* [zw. 1170 u. 1188] und Konrads von Würzburg *Trojanerkrieg* [1280er Jahre]) und im Prosaroman (*Prosa-*

---

4 Vgl. BMZ 3, 84a–84b.
5 Vgl. Jackson 2008, 45, Binding/Stephan 1989, 350.
6 Vgl. Jackson 2008, 45.
7 Vgl. Selbmann 2010, 23.
8 Vgl. Frakes 2000, 85.

Lancelot [ab M. 13. Jh.]) wird das *venster* als Motiv aufgegriffen, ebenso in der Heldendichtung (*Nibelungenlied* und Wolframs von Eschenbach *Willehalm* [zw. 1210 u. 1220]) sowie im Versepos (Albrechts *Jüngerer Titurel* [zw. 1260 u. 1273]).

2 Merkmale der Darstellung

Tür wie auch Tor können als einfaches Element eines Bauwerks nur erwähnt sein (etwa UvEtzAlex 20581), es gibt aber auch Fälle, in denen die bauliche Substanz besonders hervorgehoben wird (UvZLanz_(H) 3604–3628). Im *Jüngeren Titurel* sind die Tore edel verziert: „die porten waren riche von luter rotem golde, / gestein so kosteliche dar uf verwieret" (JTit 388,1 f.). Handelt es sich um ein kostbares Bauwerk, spiegelt sich dies auch in Tür/Tor wider („Vier thürn dar jnn lagen, / Die groszer höhe pflagen, / Vnd bi iglichem ein palasz", Krone 14580–14582).

Die Grenze zwischen Ein- und Ausgang kann offen stehen (Krone 14584–14589) oder absolut gesetzt sein (Parz_(L) 182,7–16; NibAB_(BBW) 1979,2–3; StrAmis 618 f.; StrDan 2221; 2561; Kudr_(BS) 779,4). Tür/Tor können aber auch als Hindernis gestaltet sein, das den Zugang zwar verzögert, aber schließlich doch gewährt (AHeinr 1257–1280). Die Tür kann nicht nur durch das Öffnen Eintritt gewähren, ein Loch in ihr kann Einblick bieten und damit einer Türöffnung gleichkommen. In Thürings von Ringoltingen *Melusine* kann Reymundt mithilfe seines Schwerts ein Loch in die Tür schnitzen. Dieses ermöglicht ihm, die Verwandlung der Melusine im → Bad zu beobachten (TvRMel_(R) 70–73).

Zwischen der einen und der anderen Türschwelle gibt es keine große Entfernung und nur einen kleinen bzw. minimalen Höhenunterschied.[9] Obwohl der Zwischenraum nicht groß ist, kann die Türschwelle auch als Handlungsraum fungieren, wenn beispielsweise der Leichnam Siegfrieds vor Kriemhilds → Kemenate abgelegt wird (NibAB_(BBW) 1003–1005).

Tür und Tor bezeichnen nicht immer eine einfache Schwelle, sondern können in Erzählungen auch als Grenzraum aufgegriffen werden sowie als verschlossene oder abwesende → Grenze. In Hartmanns *Iwein* ist der Protagonist zwischen zwei Toren gefangen (Iw_(BLW) 1127–1129), nur Lunete kann ihm eine weitere, zuvor nicht sichtbare Tür öffnen (Iw_(BLW) 1145–1151). In dem Stricker-Märe *Die eingemauerte Frau* fehlt eine Tür (StrEF_(E) 35–38). Auch der Türverschluss kann explizite Erwähnung finden, wie die „êrîniû tür" (Tr_(R) 16729) in Gottfrieds *Tristan* (→ Minnegrotte) und ihr ausgeklügelter Schließmechanismus.[10] Zwei Riegel aus Elfenbein und Zedern-

---

9 Vgl. Jackson 2008, 49.
10 Zur ausführlichen Interpretation des Schließmechanismus siehe Nellmann 1999. In der altnordischen Saga ist die Grotte unverschlossen, Marke und der Jäger können sie betreten.

holz, Materialien des Hoheliedes, indizieren die Reinheit und beschützen das Haus der *minne* vor Betrug und Gewalt.

Treppen finden weniger oft als *tür* und *tor* explizite Erwähnung innerhalb mittelalterlicher Erzählungen. Sie können als *sinwel* beschrieben (Parz_(L) 589,1–4) oder aus leuchtendem Kristall gefertigt sein (JTit 6236,1). Im *Jüngeren Titurel* sind die *greden* schmückende Elemente, die zu den Toren führen: „greden lobeliche zierten furstenlich al dise porten" (JTit 387,4). In Wolframs *Parzival* führen viele Stufen hinauf zum Palas (Parz_(L) 186,15 f.), im *Iwein* ist es eine *stiege*, die hinab zum → Baumgarten führt (Iw_(BLW) 6434–6436). Im *Nibelungenlied* werden die Gefallenen des Saalkampfes auf Befehl Giselhers die Treppen hinabgestoßen, um so den noch lebendigen Kämpfern nicht im Weg zu liegen (NibAB_(BBW) 2013). Treppen fungieren also als Verbindung, aber auch als Grenze zwischen zwei Räumen, die sich auf unterschiedlichen Wahrnehmungsebenen befinden (Wh_(S) 139,19–25; Er_(M) 8198–8202). Auch Gegenstände können durch Stufen auf einen erhöhten Sitz gebracht werden (Parz_(L) 816,21–23: „der toufnapf was ein rubbîn, / von jaspes ein grêde sinwel, / dar ûf er stuont").

Fenster können in ihrer rein künstlerischen Gestaltung in eine Erzählung eingefügt sein (SAlex_(L) 5436–5442; Parz_(L) 589). So heißt es über die *venster* im Palast der Frau Saelde in der *Krone*: „Sie waren mit swiebogen / Al vmb glich usz gezogen / Von einem grawen jochand, / Dar zü simszer vnd wand. / Darüber von topazien stiesz, / Deswâr, ein vil richer schiesz; / Darvnder hatt ein granat / Begriffen die Ondern stat" (Krone 15765–15772). An der Kostbarkeit ihrer Ausgestaltung lässt sich die Pracht des gesamten Bauwerks erkennen. Die bauliche Beschreibung kann auch in eine symbolische Deutung übertragen werden. So ist das → Grabmal der Camilla in Veldekes *Eneasroman* mit besonderen Edelsteinen ausgestattet (En_(EK) 9469–9473) und wird unter anderem dadurch als anmaßende, selbstgebaute Himmelsstadt gekennzeichnet.[11] Als Sinnbild stehen die Fenster hier für die rein irdisch verhaftete Lust und Kostbarkeit.[12] In Gottfrieds *Tristan* stehen die kunstvoll gestalteten Fenster der Minnegrotte für *güete*, *diemüete* und *zuht* (Tr_(R) 16725; 17133; 17058–17070).

Oft wird der Standort am Fenster erwähnt, der den Figuren als Aussichts- und Beobachtungspunkt hinein wie hinaus dient (NibAB_(BBW) 243; KvWTroj_(K) 7312–7315; Parz_(L) 37,10; 182,15). Die Funktion von Fenstern ist eine zweifache: Zum einen kann das Licht, das durch das Fenster von außen in das Innere dringt, als Motiv fruchtbar gemacht werden (En_(EK) 9469–9473; KvWTroj_(K) 17508–17511; 8900–8905),[13] zum anderen kommt es zu einem gerahmten bzw. fokussierten Blick.[14] Dieser dient

---

11 Vgl. Wandhoff 2003, 99.
12 Vgl. Jackson 2008, 47.
13 Vor allem in den Tageliedern Wolframs von Eschenbach wird der Lichteinfall durch das Fenster und damit verbunden der anbrechende Tag thematisiert und zu einem lyrischen Motiv stilisiert.
14 Vgl. Kellermann 2005, 326 f.

als Mittel der Steigerung der Intensität des Sehens.[15] Sehen und Sichtbarkeit werden in Bezug auf Fenster in den mhd. Texten auf kunstvolle Art und Weise miteinander verschränkt. Fenster werden dadurch zu Schaltstellen von Gegensätzen: Wissen und Nicht-Wissen, Sehen und Gesehen-Werden, Subjekt und Objekt, Sicherheit und Ausgesetzt-Sein, Macht und Schwäche können am Fenster als Ort der Gegensätzlichkeit verhandelt werden.[16]

Zumeist sehen Frauen aus dem Fenster (Krone 20359–20365; 28408–28414; Parz_(L) 37,10–11; 61,3–7) und beobachten das ritterliche Treiben.[17] Sie partizipieren an den zeremoniellen und militärischen Räumen des Mannes und setzen durch ihre Beobachtung einen besonderen Ansporn (NibAB_(BBW) 131–134; 810,1–3). Sie haben dabei in geschützter Sicherheit den Überblick über den Einzug fremder Ritter in die Stadt und auf die Kampfhandlung (Parz_(L) 182,17 f.). Für Männer liegt der Reiz in der Umkehrung. Sie werfen den Blick von außen in den Innenraum, in die Burg und auf die Frau.[18] In Heinrichs von Veldeke *Eneasroman* sitzt Lavinia am Fenster, erblickt von dort Eneas und verfällt sofort in große Liebe zu ihm (En_(EK) 10020–10039). Umgekehrt entbrennt in Eneas, der in das Fenster zu Lavinia blickt, ebenfalls die Kraft der *minne* (En_(EK) 10976–10979: „her reit dem venster nâher bî, / da diu junkfrouwe inne lach. / ir antluze er besach, / daz alsô minneclîch was"). Ähnlich findet sich dieses Motiv auch in Ulrichs von Etzenbach *Alexander* (UvEtzAlex 23464–23470).

3 Narrative und weitere Funktionen

Tor, Tür, Treppe und Fenster verfügen über ein breites narratives Funktionsspektrum, stehen aber nur selten im Mittelpunkt mittelalterlicher Erzählungen. In der fiktionalen wie auch in der realen Welt fungieren sie als Abgrenzung. Der Erzähler konturiert damit den Raum, den er für die Erzählung als Handlungsraum erschaffen will. Die in diesem Artikel behandelten Begriffe bezeichnen Orte der Begegnung und Kommunikation von Figuren mit- und untereinander. Sie sind nicht nur Abgrenzungs-, sondern auch Verbindungsstellen von innen und außen, nah und fern, Zentrum und Peripherie. Innerhalb der Texte dienen sie dem zweifachen Blick, dem von außen nach innen, wie auch dem von innen nach außen (Er_(M) 6657). Beide Perspektiven werden im Narrativ umgesetzt und ausgestaltet.

---

15 Vgl. Frühsorge 1983, 350.
16 Vgl. Jackson 2008, 50.
17 Vgl. Frakes 2000, 91.
18 Vgl. Kellermann 2005, 333.

3.1 Tor/Tür

Tor und Tür markieren Grenzen zwischen einem Sicherheit gewährenden Innenraum und einem potenziell gefährlichen und angsterzeugenden Außenraum, oft zwischen Eigenem und Fremdem, Gewohntem und Ungewohntem, Höfischem und Nicht-Höfischem sowie Heiligem und Profanem (UvZLanz_(H) 3604–3628; En_(EK) 2912–2932; SAlex_(L) 6597–7010; Wig 4609–4657).[19] Die Kämpfe finden zumeist vor dem Burgtor statt (StrDan 1617–1620; Iw_(BLW) 5850 f.; Greg 2150–2164). Die höfische Gemeinschaft sieht vom gesicherten Innenraum die Kämpfe vor dem Tor (PleierMel 5130–5134). Die Transgression in das Innere kann von den Figuren bewusst (Iw_(BLW) 280–316) oder unbewusst vollzogen werden.[20] Das Durchschreiten einer Tür oder eines Tors kann auch den Übergang in eine andere Ordnung bedeuten (beispielsweise von der öffentlich-gesellschaftlichen in die geistliche Ordnung, etwa NibAB_(BBW) 786). Dieser kann mit einem Ritus verbunden sein, wie der Ein- und Ausgang in die Unterwelt in Heinrichs von Veldeke *Eneasroman* (En_(EK) 2841–2934).[21]

Das Motiv des Tors wird in der mittelalterlichen Literatur häufig verwendet, um die Grenzziehung zwischen einem Außen und einem Innen zu markieren (verwiesen sei nur auf Krone 9567; 10906; 12464 f.). Doch nicht nur für Festungsbauten stellt es den Ein- und Ausgang dar, sondern auch für Bauwerke anderer Art. Der Baumgarten in Hartmanns von Aue *Erec* ist nicht nur mit einer undurchdringbaren Wolke umgeben, sondern wird auch durch ein *verholnes bürgetor* abgegrenzt. König Ivreins führt Erec und Enite hindurch bis zu einer weiteren Abgrenzung, bestehend aus Eichenpfählen mit den aufgespießten Köpfen der zuvor besiegten Gegner (Er_(M) 8751–8758).

Das Tor als Ort der Begegnung und der ersten Kommunikation von Fremden findet sich in vielen mittelalterlichen Erzählungen (StrDan 1513–1519). Im *Iwein* Hartmanns von Aue erzählt der Ritter Iwein: „sus reit ich gein dem burgetor: / dâ stuont ein rîter vor. / er het, den ich dâ stênde vant, / einen mûzzerhabech ûf sîner hant" (Iw_(BLW) 281–284). Die Stellung vor dem Burgtor dient dem Burgherrn als Aus- und Weitblick über das außerhalb Liegende (vgl. auch Krone 28880–28883). Am Tor bittet Iwein um Einlass. Sobald er durch dieses tritt, wird er von vielen Knappen höfisch begrüßt (Iw_(BLW) 300–309). Das Motiv der Einlassbitte am Burgtor findet sich in zahlreichen mittelalterlichen Texten (Parz_(L) 182,11–15; Krone 9567; StrDan 2020–

---

[19] Vgl. Bies 2010, 1021.
[20] „Der Held weiß, wenn er eine Grenze zur Anderwelt überwinden muß, üblicherweise, daß er jetzt das Reich der vertrauten Handlungsmuster hinter sich gelassen hat; und wenn er es einmal nicht weiß, wie es in Ulrichs ‚Lanzelet' dem Helden bei Mabuz geschieht, dann hat es damit eine besondere Bewandtnis, über die zumindest der Hörer oder Leser unterrichtet wird, so daß er eine solche Begebenheit als Ausnahme liest" (Störmer-Caysa 2007, 209 f.).
[21] Ausführlicher zu den sogenannten Übergangsriten bei van Gennep 2005 und Turner 2005. Das Motiv des Tors als ritueller Ort des Ein- und Ausgangs ist aus der Heilsgeschichte bekannt, beispielsweise die *porta Ezechiel*.

2024; ErnstB_(B) 3670–3675; PleierGar 11157–11160). Ist die Identität des Ankömmlings am Burgtor nicht bekannt, so kann der Einlass verweigert werden, wie in Wolframs *Willehalm*: Giburc erkennt ihren eigenen Mann aufgrund der heidnischen Rüstung nicht und weist ihn am Tor und damit am Außenraum ab (Wh_(S) 89,4–27).

Tore können auch mit einem Torwächter versehen sein (Krone 14605–14608). Der Kampf mit dem Torwächter kann eine *âventiure* darstellen, die mit großer Gefahr verbunden ist. Das Durchschreiten des Tores wird damit zusätzlich erschwert und der Eintritt so als ruhmreiche Tat gekennzeichnet. Wigalois muss gegen die feuerwerfende Kreatur Marrien antreten und diese besiegen, um Eingang in die Burg von Roaz zu finden (Wig 6888–7080). Roaz, der im Bund mit dem Teufel steht, und seine gut gesicherte Burg markieren durch den teuflischen Wächter und den durch ihn erschwerten Eintritt den Höhepunkt der zahlreichen *âventiuren* im *Wigalois*.

Im Gegensatz dazu wird das nicht bewachte Burgtor im *Herzog Ernst B* im Narrativ besonders akzentuiert (ErnstB_(B) 2356–2362). Da der Durchgang durch nichts gehindert wird, stürmen die Helden freudig ins Innere.

Im *Nibelungenlied* wird vor dem Tor zum → Münster der Streit der Königinnen ausgetragen. Vor aller Öffentlichkeit, gut hör- und sichtbar, streiten Brünhild und Kriemhild um den Vorrang ihrer Männer. Als Beweis der Unterlegenheit Brünhilds werden nicht nur Ring und Gürtel als Zeichen vorgezeigt, auch der Gang durch das Tor des Münsters soll vor aller Augen die Vorrangstellung Kriemhilds sichtbar machen und ihre Überlegenheit bestätigen (NibAB_(BBW) 843).

Dass mit dem Durchgang auch eine Wesensveränderung verbunden sein kann, zeigt sich an Ulrichs von Zatzikhoven *Lanzelet*. Hier muss der Protagonist durch ein Burgtor mit *drî swibôgen* reiten, um nach Schadil li Mort zu gelangen. Sobald er die nicht sichtbare Grenze mit dem letzten *swibôgen* überschritten hat, tritt ein Umkehrzauber ein, der aus tapferen Helden maßlose Feiglinge macht und umgekehrt. Während die Grenze zwischen zwei Räumen durch das *burctor* gekennzeichnet ist, muss ähnlich einem Ritus der gesamte Durchgang durch die Toranlage vollzogen werden, damit der Zauber seine Wirkung entfalten kann (UvZLanz_(H) 3601–3695).

Türen werden dann im Narrativ besonders hervorgehoben, wenn sie nicht vorhanden sind. Fehlende Türen und das damit verbundene Eingeschlossen-Sein sind verknüpft mit der Darstellung von gesellschaftlicher Ab- und innerlicher Einkehr.[22] So wird die Frau in dem Stricker-Märe *Die eingemauerte Frau* zuvorderst von ihrem Mann als Strafe für ihre *unzuht* eingemauert: „dô hiez er mûren ein gaden, / daz wart gemacht âne tür" (StrEF_(E) 36 f.). Die Bereitschaft zur Buße setzt nach und nach ein durch die damit verbundene Exklusion sowohl aus der ehelichen Gemeinschaft als auch aus der öffentlichen Gesellschaft. Am Ende des Märe wird die Frau als Heilige und Büßerin öffentlich gelobt. Die eingemauerte Sigune in Wolframs *Parzival* ist ebenfalls aus der Gesellschaft durch ihr Inklusentum (→ Klause) exkludiert. Dieses

---

22 Das Inklusentum war im Mittelalter weit verbreitet, vgl. Wynn 2002b, 221.

ist jedoch freiwillig und selbst gewählt, um sich ihrem verstorbenen Geliebten und damit ihrer Trauer vollkommen hinwenden zu können. Die sie umschließende Mauer wird erst nach ihrem Tod aufgebrochen und der Zugang ermöglicht (Parz_(L) 804). Sigune wird als kontrastives Gegen- und Leitbild zu Parzival dargestellt, statisch in einer Reihe von bewegungslosen Tableaus, herausgelöst aus dem Geschehensablauf und erstarrt zu religiösen Gebärden von großer Intensität.[23]

In Gottfrieds *Tristan* ist zwar eine Tür zur Minnegrotte vorhanden (Tr_(R) 16985–17057), der Eingang ist aber den wahrhaft Liebenden vorbehalten: „wan swer zer Minnen tür în gât, / den man von innen niht în lât, / daz enist der minnen niht gezalt, / wan daz ist dâ der Minnen tor, / diu êrîne tür vor, / die nieman kann gewinnen, / ern gewinnen sî mit minnen" (Tr_(R) 17001–17008). Die Tür wird allegorisch als Treue gedeutet. Sicherheitsvorkehrungen von außen wie die Institution der *huote* werden zurückgewiesen, denn Betrug und Zwang können keinesfalls zum Lager der kristallenen *minne* führen.[24]

Die Tür kann unter Bewachung stehen und der Ein- wie Ausgang reglementiert werden (StrAmis 567–570). So fungiert Dankwart als Türwächter in der 33. Aventiure des *Nibelungenliedes* und verhindert, dass die Hunnen aus dem Festsaal heraustreten (NibAB_(BBW) 1957,1–2; 1979,3). Der Saal wird durch die Abriegelung und die Kampfhandlungen davor wie auch darin zu einem abgegrenzten Kampfraum, indem nicht mehr die höfischen, sondern nur noch die heroischen Regeln und Normen Geltung beanspruchen.

Steht eine Tür offen, kann dies in der Erzählung nicht nur freien Zugang bedeuten, sondern auch den Eintritt in eine neue *âventiure* (Parz_(L) 566,5–10). In Konrads von Würzburg *Engelhard* ist es gerade die durch Unachtsamkeit offen stehende Tür, die das heimliche Stelldichein der Liebenden offenbart (KvWEngelh_(G) 3232–3240). Diese Tat ermöglicht den Eingang zum Baumgarten und einen ungehinderten Blick auf das Liebesgeschehen. Im späteren Verlauf nimmt Engelhard in seiner Verteidigungsrede wieder Bezug auf die von ihm offen gelassene Tür und versucht anhand dieses Indizes, seine Unschuld zu beteuern: „wer solte lâzen eine tür / unbeslozzen an der zît / swenn er bî liebe tougen lît / ûf den lîp und ûf sîn leben?" (KvWEngelh_(G) 3952–3955).

Geht es um den Zugang zu einem geheimen Raum bzw. zu einem Versteck, kann das mhd. Diminutiv *türlîn*[25] benutzt werden (Tr_(R) 9479–9500). So sucht Keie hinter einem *türlîn* ein Versteck, um nicht gefunden zu werden (Krone 3046–3050).

Türen und Tore sind seit dem Alten Testament auch Orte, an denen Gericht gehalten wurde, und damit Wahrheit und Recht offenbar werden.[26] Diese Funktion findet

---

23 Vgl. Fuchs-Jolie 2003, 7.
24 Vgl. Huber 2001, 106.
25 Vgl. BMZ 3, 50a–50b.
26 Vgl. Carlen 1998, 390, Schempf, 2012, 837.

sich auch in mittelalterlichen Erzählungen wieder (etwa NibAB_(BBW) 14. Aventiure). Die Tür bzw. das Tor sind zudem Symbol des Geheimen.[27] Eine nicht verschlossene Tür kann Geheimnisse offenbaren (Tr_(R) 13508–13510; KvWEngelh_(G) 3232–3240).

3.2 Treppe

Treppen können die Funktion von Grenzen bzw. Abgrenzungen in mittelalterlichen Erzählungen einnehmen und als Ort der Begrüßung, Verabschiedung (Dietr 4904– 4908; 5294–5299; Parz_(L) 794,1–9) und des kurzzeitigen Verweilens zur Rast (Wig 7133–7135; Kudr_(BS) 26,1) fungieren. Die *stiege* kann auch zum Kampfort werden wie im *Nibelungenlied*. Dancwart und Volker wehren dort vor dem hunnischen Festsaal (→ Saal) die feindlichen Angreifer ab: „Swelher durch sîn ellen im für die stiegen spranc, / der sluoc er eteslîchem sô swæren swertes swanc, / daz si durch die vorhte ûf hôher muosen stân" (NibAB_(BBW) 1950,1–3). An eine Treppe kann zudem die Kampfrüstung angelehnt oder das Pferd angebunden sein (Parz_(L) 246,27–29).

Die Treppe ist ein Ort, auf und an dem Figurenhandlung stattfindet. Die narrative Ausgestaltung ist dabei zweigeteilt: Auf der Treppe begegnet man sich auf Augenhöhe im Rahmen höfischer Normen. Unter der Treppe kann der Ort der Schande und der Scham sein. So findet der heilige Asket Alexius unerkannt und als ein „vil armer bilgerîn" (KvWAlex 569) im Haus seines Vaters Zuflucht. Sich selbst kasteiend und fastend verbringt er seine Tage unter der Treppe (KvWAlex 686–695).[28] Als Mechanismus der Heiligung fungiert hier die Selbststigmatisierung. Der Aufenthaltsort des beschmutzten Heiligen unter der Treppe des Vaterhauses wird zur ikonischen Anschauungsform: Es ist die forcierte Aneignung des Verächtlichen, die dieses freiwillige Verhalten umwertet und zu einem Heiligenbeweis ‚erhöht'.[29] Unter der Treppe stirbt Alexius letztlich auch, er entfernt sich in den Raum der Heiligkeit.[30]

Im Profanen wird der Sitz unter der Treppe als Ort der Scham und Schande in dem Märe *Das Nonnenturnier* als Motiv ausgestellt. Nachdem der namenlose Ritter sich von seinem *zagel* körperlich getrennt hat, teilt er ihm mit: „ich wil dich in ein klonster tragen / und wil mich dein erlaßen / und under ein stiegen stoßen. / da mustu fürbaß greißen" (Nonn 208–211). Unter diesem „stieg" (Nonn 247) harrt der *zagel* so lange aus, bis er die Schmach nicht mehr erträgt und sich im Kreuzgang seinem Schicksal stellen will (Nonn 299–306).

Die Treppe kann symbolisch auch für die Verbindung zwischen Himmel und Erde, für den himmlischen Wohnort Gottes und seine irdischen Erscheinungsstätten

---

27 Vgl. Rohmer 2012, 448.
28 Vgl. Strohschneider 2002, 132.
29 Vgl. Strohschneider 2002, 133, Lipp 1985, 125 f.
30 Vgl. Strohschneider 2002, 134.

stehen.³¹ Im *Welschen Gast* beschreibt Thomasin von Zerklaere den Bau zweier Treppen. Es hängt von der aktiven Entscheidung jedes Einzelnen ab, ob er mit der gewählten Treppe den Weg des Himmels oder den Weg der Hölle (→ Himmel, Hölle) beschreitet.³² Mit der Entscheidung für den Himmelsweg ist auch der Bau der Tugendtreppe verbunden – die Voraussetzung dafür sind „staete" (WelGa 5822) und „reiner muot" (WelGa 5842).

In Herborts von Fritzlar *Liet von Troye* findet der Ort *grede* metaphorische Verwendung: „hier muoz ich dise rede lan / Vn an die alde grede gan" (Herb 17802f.). Hier ist nicht die Treppe als räumlicher Aufstiegspunkt gemeint, sondern als ‚Erzählleiter'. Der Erzähler kehrt zur *alden grede* zurück, also zu einem Punkt der Erzählung, den er zuvor für einen Exkurs verlassen hatte.

3.3 Fenster

Auch das Fenster markiert eine Position auf der Grenze. Es stellt ein Dazwischen dar, das Kommunikation ermöglicht, sei es durch Worte oder Blicke. So kann sich Alexander durch ein *vensterlin* unterhalten, das in das Tor eingebaut ist (UvEtzAlex 24493–24574). Die kleine Öffnung ermöglicht es ihm, sein Gegenüber zu sehen und direkt anzusprechen. Sobald die Unterhaltung beendet ist, wird das *vensterlin* geschlossen und das Tor als Grenze wieder absolut gesetzt. Ein unmittelbarer Kontakt zwischen Innenraum und Außenraum gibt es nur in seltenen Fällen, so in Hartmanns *Iwein*, wo das Fenster als Übergabeort von Dingen dient (Iw_(BLW) 3303–3305).

Mit Fenstern als Medien optisch-transzendenter Kommunikation werden Blicke gerahmt und zugleich Trennungen zwischen außen und innen markiert. Sie regeln dadurch die Verbindung kategorial getrennter Welten.³³ Der Unterschied zu Tor und Tür ist die vertikale Entfernung bzw. der Höhenunterschied von Fenster und Erdboden. Die Schwelle soll nicht überschritten werden, sondern hat die Funktionen von Vermittlung und Interaktion auf der Ebene des Visuellen. Der Fensterblick ist nicht begrenzt und kann eine große Reichweite haben.

3.3.1 Wahrnehmungsfunktion

Fenster ermöglichen Einblick, Ausblick und Durchblick in, aus und auf unterschiedlich gesehene Wirklichkeiten.³⁴ Das Fenster bzw. die Stellung am Fenster vermittelt Wahrnehmungen und zugleich auch die Ergebnisse dieser Sinneswahrnehmungen (En_(EK) 10937–109343; 11556–11562; UvEtzAlex 14551–14557). So blicken Siegfried

---

31 Vgl. Schanze 2009, 207.
32 Siehe dazu Gen 28,11. Vgl. zum literarischen Motiv Schanze 2009, 216.
33 Vgl. Selbmann 2010, 11.
34 Vgl. Selbmann 2010, 23.

und Gunther bei ihrer Ankunft in Isenstein in die Fenster der Burg und sehen „vil manege scœne meit" (NibAB_(BBW) 389,3). Siegfried fordert Gunther dazu auf, sich das schönste Mädchen auszusuchen, dieser antwortet ihm: „Sô sihe ich ir eine in jedem venster stân / in snêwîzer wæte, diu ist sô wolgetân; / die welent mîniu ougen durch ir scœnen lîp" (NibAB_(BBW) 392,1–3). Gunther hat sich die Schönste erwählt, die von Siegfried sogleich als Brünhild identifiziert wird. Brünhild blickt ihrerseits ebenfalls aus dem Fenster und sieht dabei den von Siegfried an Gunther geleisteten Steigbügeldienst (NibAB_(BBW) 398). Obwohl sie die ganze Szenerie genau beobachtet hat, identifiziert sie dennoch bei der Begrüßung nicht Gunther, sondern Siegfried als den Besten. Die Männer sind sich des Blicks aus dem Fenster bewusst und versuchen, die Wahrnehmung zu manipulieren.[35] Sehen und Wissen, Erkennen und Verstehen treten hier auseinander, ja werden sogar gegeneinander ausgespielt und erzeugen ein Machtgefälle.[36]

Zu Anfang des *Nibelungenlieds*, als Siegfried am Hof in Worms ankommt, identifiziert ihn Hagen, indem er aus dem Fenster blickt und den burgundischen Königen sein Wissen über den Unbekannten preisgibt (NibAB_(BBW) 84). Hier korrespondieren Sehen und Wissen: Hagen weiß, was andere nicht wissen.[37] Er ist das beobachtende Subjekt, das aus dem Fenster nach unten auf Siegfried als beobachtetes Objekt schaut, ohne dass dieser bemerkt, dass er beobachtet wird.[38] Interessant ist dabei, dass hier nicht nur das Sehen Wissen konstituiert, sondern Hagens Wissen schon das Sehen bestimmt. Durch seine Kenntnis der Jugendgeschichte Siegfrieds kann er den Helden aus Xanten erkennen. Auch die Verbindung von Wissen und Macht kann an dieser Szene gezeigt werden. Hagen als einzig Kundigem obliegt es in dieser Situation vom Fenster aus zu bestimmen, wie mit dem Aggressor umgegangen wird.

Eine Verbindung von Sehen, Wissen und Macht findet sich auch in Gottfrieds von Straßburg *Tristan*: „nu Marke der kam hin zer tür. / er lie si stân und kêrte vür / und ûzen an dem steine / und an des steines cleine / dâ nam er manege kêre / nâch des jegeres lêre / und vant ouch er ein vensterlîn. / er lie sîn ouge dar în / nâch liebe und nâch leide" (Tr_(R) 17491–17499). Marke sieht durch das Fenster herab auf das Bett der Liebenden. Wo Schlafende unwissentlich aus einer solchen Höhe und aus einer solchen Perspektive beobachtet werden, sind sie normalerweise die Unterlegenen, ist der voyeuristische Beobachter das souveräne Subjekt.[39] Hier werden jedoch die gewöhnlichen Machtverhältnisse auf den Kopf gestellt: Marke wird sehend getäuscht

---

35 Vgl. Frakes 2000, 92.
36 „Sichtbarkeit ist immanente Norm der nibelungischen Welt; wo sie manipuliert oder verfälscht wird, sammeln sich im ersten Teil die Konflikte an, die sich im zweiten entladen" (Müller 1998, 273 f.).
37 Vgl. Jackson 2008, 51.
38 Vgl. Jackson 2008, 53.
39 Vgl. Jackson 2008, 54.

und glaubt wieder an die Treue Tristans und Isoldes. Diese Fensterschau ermöglicht den beiden Ehebrechern die Rückkehr an den Hof.

3.3.2 Innen und außen

Fenster können eine Beziehung zwischen innen und außen, Gesellschaft und Gemeinschaft, Anwesenheit und Abwesenheit herstellen. So kann das Licht, das durch das *vensterglas* dringt, nicht nur Lichtquelle sein, sondern auch den Außenraum im Inneren präsent machen. In Hartmanns *Erec* dringt der *sunnen schîn* durch das Fenster und ermöglicht den Liebenden, die innig zur Mittagsstunde beisammen liegen, den Blick aufeinander (Er_(M) 3012–3022). Der Lichtstrahl hat eine bestimmte Funktion: Erec und Enite können einander sehen und wahrnehmen. Dieser Anblick erinnert Enite aber an die Gerüchte, die außerhalb des Liebesraumes über das Paar kursieren. Sie rückt in Folge *vil gâhes* von ihrem Geliebten ab und seufzt laut. Es ist das Fenster, das den Lichtstrahl einlässt und die Sichtbarmachung der Verfehlung des Paares ermöglicht. Dadurch kommt es zu der Erkenntnis, die die Handlung neu in Gang bringt. Es betont zudem die gegenseitige Vernarrtheit der Liebenden, das Vermeiden dessen, was draußen liegt, das Verbleiben im Häuslichen, jene Beschäftigung mit sich selbst, die den Hof und die Ehe in die Krise versetzt.[40]

Das Fenster als Vermittlungsinstanz von innen und außen wird als Motiv auch in Strickers Märe *Die eingemauerte Frau* aufgegriffen (StrEF_(E) 35–39). Die Eingemauerte erhält durch dieses Nahrung gereicht und kann mit der Außenwelt kommunizieren. Das Fenster ist auch der Ort, an dem die Ehefrau ihre Verfehlungen zugibt und als Bekehrte von ihrem Mann wie auch ihren Verwandten wahrgenommen wird (StrEF_(E) 201–209). Der Akt der Beichte, sowohl vor der Familie als vor dem Pfarrer, geschieht am Fenster. Dieses wird hier zur Instanz, an der Wahrheit und Buße wahrgenommen werden.

In dem anonym überlieferten Märe *Der Schüler von Paris (B)* ermöglicht das Fenster die Annäherung des Schülers an die im Verborgenen gehaltene, schöne *juncfrouwe*. Aus Furcht um seine Tochter sperrt der Vater sie in einen hohen → Turm, „daz si nicht gieng hinuz / in der sunnen blichen" (SchülerB 62f.). Einen Zugang zum schönen Mädchen findet der Schüler im Fenster: „vor einem venster, da si saz / er war die blicke baz und baz, unz er ir forme uzgenam, / daz sinem herzen wol gezam" (SchülerB 69–72). Sein Blick trifft auf das Interesse des Mädchens. Von Fenster zu Fenster entwickelt sich die *minne* zwischen den beiden. Die Grenze zwischen außen und innen, Gesellschaft und Gemeinschaft wird aufgelöst und die Unnahbare dadurch scheinbar erreichbar.

Fenster können nicht nur in ihrer praktischen Wahrnehmungsfunktion in die Literatur eingebaut sein, sondern sie können auch übertragene Bedeutungen haben,

---

40 Vgl. Jackson 2008, 48.

etwa wenn die Augen als Einfallstor der Gefühle beispielsweise „venster der ougen" (Tr_(R) 8126) genannt werden.[41]

3.3.3 Fenster als Rückzugsort

Neben der Funktion, eine Grenze zwischen innen und außen oder zwischen zwei zumeist unterschiedlich großen Räumen zu markieren, kann ein Fenster auch selbst einen Raum bilden: Innerhalb der Privatsphäre des Zimmers oder Saales bieten Fensternischen, die die dicken Mauern einer Burg entstehen lassen, einen kleinen intimen Raum, der mit Bänken oder gar Betten versehen sein kann (En_(EK) 10840–10845; 10936–10937; 10976–10977; Parz_(L) 565,15–18; Wh_(S) 234,30–235,1; UvEtzAlex 23510–23513).[42] Dieser Ort dient vornehmlich dem Rückzug aus der Gesellschaft und dem Nachdenken. Figuren kehren sich dem Fenster als Ort zu, um sich von ihrer Umgebung abzugrenzen. Damit wird nicht nur der figürliche, sondern auch der erzählerische Blick vom aktuellen Geschehen abgewendet (UvEtzAlex 23449–23455; Krone 10181–10185; 13002–13006).

Dietrich kommt am Fenster nach den blutigen Kämpfen im Festsaal zur Ruhe und denkt über den Tod seines Freundes Rüdiger nach: „vil harte senelîche er in ein venster saz" (NibAB_(BBW) 2247,2). Dieses Motiv findet sich auch im *Prosa-Lancelot*, als Lyonel sich ans *venster* zurückzieht (Lanc_I_(K) 156,13–16). Die Fensternische kann auch als Ort zur Rekonvaleszenz genutzt werden (Parz_(L) 19,26–29).[43]

Zumeist dient das Fenster auch als Ort der weiblichen Liebessehnsucht. Weitverbreitet ist das Motiv der Frau, die in Sehnsucht allein aus dem Fenster in die Welt schaut (En_(EK) 10823–10827; Lanc_I_(K) 610,5–8; Tit 117–119; UvEtzAlex 24751–24755). Auch die Erfüllung der Liebe kann sich am Fenster abspielen: „diu künegin in dem venster lac, / diu der gesellekeite phlac" (Wh_(S) 243,17–18).

AHeinr, Dietr, En_(EK), Er_(M), ErnstB_(B), Greg, Herb, Iw_(BLW), JTit, Krone, Kudr_(BS), KvHeimUrst, KvWAlex, KvWEngelh_(G), KvWTroj_(K), Lanc_I_(K), NibAB_(BBW), Nonn, Parz_(L), PleierGar, PleierMel, SAlex_(L), SchülerB, StrAmis, StrDan, StrEF_(E), Tit, Tr_(R), TvRMel_(R), UvEtzAlex, UvZLanz_(H), WelGa, Wh_(S), Wig

→ Bad; → Burg, Schloss, Hof; → Garten, Baumgarten; → Grab, Grabmal; → Grenze; → Haus, Hütte; → Himmel, Hölle; → Kemenate, Gemach, Kammer; → Kirche, Kathedrale, Münster, Kapelle, Kloster, Tempel; → Klause, Einsiedelei, Einöde; → Land; → Minnegrotte; → Saal; → Stadt, Markt, Platz; → Turm, Zinne, Mauer; → Wald, Lichtung, Rodung, Baum

---

41 Zum Motiv der Augen als Einfallstor der Gefühle siehe Kellner 1997, 37 f.
42 Vgl. Jackson 2008, 56, Selbmann 2010, 29.
43 Vgl. Frakes 2000, 95.

Christian Schneider
Turm, Zinne, Mauer

1 Begriffsbestimmung – 2 Merkmale der Darstellung – 2.1 Türme – 2.2 Zinnen – 2.3 Mauern – 3 Narrative Funktionen – 3.1 Turm, Zinne, Mauer als Grenzorte – 3.2 Turm, Zinne, Mauer als Handlungsorte – 3.2.1 Kampfschauplatz – 3.2.2 Kommunikationsraum – 3.2.3 Gefängnis, Versteck, Rückzugs- und Verwahrort – 3.2.4 Die Zinne als Ort der Frau – 3.3 Turm, Zinne, Mauer als Schauräume – 3.4 Turm, Zinne, Mauer als (Re-)Präsentationsorte – 3.5 Weitere Funktionen – 3.5.1 Orte des Wächters – 3.5.2 Mauern als Schrift- und Bildträger – 3.6 Figurative Bedeutungen – 3.6.1 Turm – 3.6.2 Zinne – 3.6.3 Mauer

1 Begriffsbestimmung

Turm, Zinne und Mauer sind architektonische Konstruktionen oder, im Fall der Zinne, Elemente solcher Konstruktionen, die in mittelalterlichen Erzählungen im wörtlichen oder übertragenen Sinn der Darstellung von Verhältnissen der Befestigung, der Erhebung, der Ein- und Ausgrenzung sowie der Um- und Übersicht dienen. Besonders im Zusammenhang mit der Demarkation sozialer Handlungs- und Lebensräume in der erzählten Welt, wie etwa einer → Burg oder → Stadt, und der Darstellung entsprechender Innen-Außen-Verhältnisse spielen Turm, Zinne und Mauer eine wichtige Rolle. In der Regel werden damit künstliche, also von Menschenhand geschaffene Bauwerke bezeichnet. Aber auch für in der Natur vorgefundene turm- oder mauerartige Formationen aus Stein können die entsprechenden Begriffe verwendet werden (UvZLanz_(K) 7122–7127).

Das Wort Turm ist seit dem 9. Jh. belegt (ahd. *turri* n., *turra* f., mhd. *turn, dur[e]n, tor[e]n, torm, dorn* m.; pl. *turne, durne, türne, törme*).[1] Die alt- und mittelhochdeutsche Form geht auf lat. *turris* zurück. Das mhd. hinzutretende *-n* könnte als Entlehnung aus afrz. *torz* zu erklären sein, für das eine Variante **torn* anzusetzen ist, die wohl auf die Diminutivform afrz. *tournelle* (f.) zurückgeht.[2] Ebenfalls aus dem Lateinischen leitet sich das mhd. Wort für ‚Mauer' *mûr(e)* ab, entlehnt aus lat. *mūrus* (m.). Die ahd. Variante *mūra* ist bereits seit dem 8. Jh. nachweisbar.[3] Erst seit dem 11. Jh. belegt ist dagegen das mhd. *zinne* (f.), ahd. *zinna* (f.) (Weiterbildung mit *n* oder *j* aus germ. **tenda-* m., ‚Spitze', anord. *tindr* m. ‚Spitze', ‚Hacke'), das den mit Einschnitten versehenen obersten Teil einer Wehrmauer bezeichnet.[4]

---

1 Vgl. Kluge/Seebold 2011, 936, Lexer 2, 1582f.
2 Vgl. Baist 1894, 280.
3 Vgl. Kluge/Seebold 2011, 608.
4 Vgl. Kluge/Seebold 2011, 1012.

Während für den Turm als Bauwerk kennzeichnend ist, dass seine Höhe seinen Durchmesser deutlich übersteigt, tritt bei der Mauer neben die in den mittelalterlichen Texten ebenfalls verschiedentlich betonte vertikale Erhebung die Dimension der horizontalen Erstreckung. Von der Wand unterscheidet die Mauer, dass sie eine aus natürlichen oder künstlichen Steinen aufgebaute, massive Konstruktion ist, während die Wand „aus einem konstruktiven Gerüst (zumeist Fachwerk) und Gefachen besteht, die mit flexiblem Material (Holz, Flechtwerk oder auch Mauerwerk) gefüllt sind".[5]

Der Artikel stellt die Orte Turm, Zinne und Mauer im Verbund dar. Dem entspricht, dass Türme, Zinnen und Mauern in der mittelalterlichen Erzählliteratur oft in einem Atemzug genannt werden, insbesondere wenn es sich bei ihnen um Bestandteile einer Befestigungsanlage, wie einer Burg oder Stadt, handelt. Dabei kann die Zinne *pars pro toto* für Mauer stehen. Neben ihrer Bedeutung für die Burg- oder Stadtbefestigung ist von Mauern auch in Bezug auf Sakralbauten, wie → Klöstern, oder die Einhegung sonstiger zugangsbeschränkter Räume, etwa → Gärten, die Rede (KvWEngelh_(G) 2934 f.). Kirchtürme hingegen werden relativ selten erwähnt (als Ausnahme z. B. NibA/B/C_(B) B808,2). Darüber hinaus erscheinen alle drei hier behandelten Begriffe in verschiedenen Zusammenhängen in metaphorischer, allegorischer oder symbolischer Bedeutung. Im Hinblick auf die Darstellungscharakteristik der drei Orte sowie ihre narrative Funktionalität zeigen sich in den Texten interessante Gemeinsamkeiten, aber auch Unterschiede. Diese sollen im Folgenden an Beispielen aus verschiedenen Gattungszusammenhängen im weiteren Sinne narrativer Literatur des Mittelalters dargestellt werden. Berücksichtigt werden unter anderem die Historiographie (*Annolied* [um 1080], *Kaiserchronik* [um 1150], Jans' von Wien *Weltchronik* [2. H. 13 Jh.]); die Geschichtsepik in Gestalt des Antikenromans (*Vorauer Alexander* [letztes V. 12. Jh.], *Straßburger Alexander* [A. 13. Jh.], Rudolfs von Ems *Alexander* [1. H. 13. Jh.], Ulrichs von Etzenbach *Alexander* [letztes D. 13. Jh.], Seifrits *Alexander* [1352], Heinrichs von Veldeke *Eneasroman* [zw. 1170 u. 1188], Konrads von Würzburg *Trojanerkrieg* [1281–1287]) und der *Chanson de geste*-Adaptation (Wolframs von Eschenbach *Willehalm* [zw. 1210 u. 1220]); die Heldenepik (*Nibelungenlied* [um 1200], *Klage* [um 1200?], *Dietrichs Flucht*, *Laurin*, *Der Rosengarten zu Worms* [alle 2. H. 13. Jh.], *Biterolf und Dietleib* [M. 13. Jh.], *Ortnit* [1. H. 13. Jh.], *Wolfdietrich* in mehreren Fassungen [älteste um 1230], *Kudrun* [M. 13. Jh.]); die Artus-, Grals- und Tristanepik (Hartmanns von Aue *Erec* [um 1180], Ulrichs von Zatzikhoven *Lanzelet* [um 1200], Wolframs *Parzival* [um 1200/1210], Wirnts von Gravenberg *Wigalois* [um 1220], des Strickers *Daniel von dem Blühenden Tal* [zw. 1220 u. 1250], *Die Krone* Heinrichs von dem Türlin [zw. 1215 u. 1230], Konrads von Stoffeln *Gauriel von Muntabel* [um 1250], *Garel von dem blühenden Tal* und *Tandareis* des Pleier [zw. 1240 u. 1270], Albrechts *Jüngerer Titurel* [zw. 1260 u. 1273], der mittelhochdeutsche *Prosa-Lancelot* [ab M. 13. Jh.], Eilharts *Tristrant* [um 1180], Ulrichs von Türheim *Tristan*-Fortsetzung [vor 1243]); ferner Liebes- und Aben-

---

5 Binding 1993, 406.

teuerromane (Konrad Flecks *Flore und Blanscheflur* [um 1220], Konrads von Würzburg *Partonopier und Meliur* [1277?], *Reinfrit von Braunschweig* [nach 1291], Johanns von Würzburg *Wilhelm von Österreich* [1314]), legendarische oder legendenhafte Dichtungen (*Münchner Oswald*, *Salman und Morolf* [beide wohl 2. H. 12. Jh.], Rudolfs von Ems *Barlaam und Josaphat* [zw. 1220 u. 1250], die *Georgslegende* Reinbots von Durne [um 1240], die *Visio Tnugdali* in der Übersetzung D [vor 1441]) sowie Kleinepik (Stricker [zw. 1220 u. 1250]) und Novellensammlungen (Hans' von Bühel *Dyocletianus Leben* [1412]). Darüber hinaus erfasst der Artikel in Schlaglichtern auch das Auftreten der Orte Turm, Zinne und Mauer in deutschen religiösen Texten des Mittelalters, wie Predigten oder mystischem Schrifttum (Mechthilds von Magdeburg *Fließendes Licht der Gottheit* [nach 1250]).

2 Merkmale der Darstellung

Türme, Zinnen und Mauern treten in der mittelalterlichen Erzählliteratur überwiegend als konkrete, im Raum der erzählten Welt ‚real' vorfindliche Orte in Erscheinung. Als solche kommt ihnen eine bestimmte Materialität zu. Die folgenden Ausführungen gelten der Darstellung dieser Materialität: Wie sehen Türme, Zinnen oder Mauern in den Texten aus, aus welchen Materialien bestehen sie?

2.1 Türme

Kennzeichnend für den Turm ist in formaler Hinsicht seine aufstrebende Form. Türme können frei stehen oder Teile eines größeren baulichen Komplexes sein, wie insbesondere einer Mauer- oder Toranlage.[6] In mittelalterlichen Erzähltexten gehören Türme zum festen Repertoire der Darstellung einer Burg-, Stadt- oder sonstigen Befestigungsanlage. Nicht selten betonen die Erzähler die Anzahl der Türme (z. B. En_(EK) 372–377: „an Kartagînê der grôzen / stunden torne hundert. / swen sô des wundert, / wil her ez versûchen, / her kome zû den bûchen / diu dâ heizent Êneide", Kudr_(BS) 138,4). Die Zahl ihrer Türme ist Ausweis der Macht und des herrschaftlichen Aussehens einer Burg oder Stadt. Seiner formalen Charakteristik entsprechend, wird oft auch die Höhe eines Turmes betont (z. B. UvEtzAlex 5965; RvEBarl 12402; En_(EK) 13300). Der Turm erscheint dann als erhabener Ort, der von weither sichtbar ist und von dem aus weithin gesehen werden kann.

Oft werden Türme als äußerst prachtvolle Bauwerke beschrieben und die Exklusivität ihrer Materialien geschildert. Die deutschsprachige Erzählliteratur kennt dafür zahlreiche Beispiele. Türme können aus Marmor gefertigt sein (KvWTroj_(K) 17454;

---

6 Vgl. Becker 2010, 1055; zu unterschiedlichen Bautypen, v. a. im Kirchenbau, siehe Binding 1997.

Minneb 118 f.), sie können aus Gold (RvEBarl 12402 f.) oder vergoldet sein (VAlex_(K) 714 f.); goldene Turmhauben krönen sie (Er_(L) 7865 f.). Sie können durchschimmernd und „lauter" (UvEtzAlex 25387 f.) wie Kristall, mit Edelsteinen verziert sein (JTit 430,3; KvWPart 807–815). Manchmal tragen sie Bilder oder Skulpturen (HvBDyocl 4065–4069) oder auch ein gewaltiges Signalhorn (JTit 3455,2). In der Traumvision des Alanus in Heinrichs von Neustadt religiösem Gedicht *Von Gottes Zukunft* geht von einem lasurblauen Turm ein süßer Duft aus (HvNstGZ 140–143).

In der Regel handelt es sich bei den Türmen der mittelalterlichen Erzählliteratur um immobile Anlagen – Burgtürme, Stadttürme oder freistehende Türme. Daneben wird das Wort aber auch für mobile Türme verwendet, nämlich für die Belagerungstürme, die als bewegliches Gerät bei der Erstürmung einer befestigten Anlage zum Einsatz kommen. Solche Türme sind aus Holz gefertigt (RvEAlex 8940 f.; SeifAlex 6717).

2.2 Zinnen

Als zahnförmige Aufsätze auf einer Brustwehr stellen Zinnen den oberen Abschluss eines Turmes oder einer Mauer dar. Für beide Bauwerke kann die Zinne daher in metonymischer Verwendung stehen. Diese wird am deutlichsten in der mit topischer Regelmäßigkeit wiederkehrenden Wendung ‚von den Zinnen gehen' (SAlex_(K) 1371; UvEtzAlex 9504; En_(EK) 6903; MOsw_(C) 2502), wenn tatsächlich gemeint ist, die (Verteidigungs-)Stellung auf einer Mauer oder einem Turm zu verlassen, zu kapitulieren. Wo in den Texten Türme oder Mauern genannt werden, muss man sie sich regelmäßig von Zinnen bekrönt vorstellen. Sie sind aber nicht nur wehrhafte Bauelemente, sondern zugleich Bedeutungsträger und herrschaftliche Symbole. Dem entspricht, dass sie oft reich geschmückt sind (z. B. Gauriel_(K) 3503–3506: „man [sach] die zinne / glîzen unde schînen / von liehten rubînen, / karfunkel unt jochande"; JansWchr 21996–21998: „an ieslîcher zinne / lac edelz gestein, / dâ diu sunne an schein"; JTit 4465,3 f.). Regelmäßig wird beschrieben, wie Zinnen „leuchten" (WolfdB_(AJ) 538,2: „die zinnen ûf der mûre die lûhten als der tac"; KvWTroj_(K) 39243–39245); wie die Türme sind Zinnen dann Ausweis der Pracht und des weithin sichtbaren Glanzes einer Burg oder Stadt.

2.3 Mauern

Auch die Mauer ist nahezu selbstverständlicher Teil der Wehrbefestigung einer Burg- oder Stadtanlage.[7] Mauern werden daher regelmäßig in einem Atemzug mit Türmen

---

7 Zu Mauer und Stadtmauer historisch siehe Binding 1993, Werkmüller 1990.

und Zinnen genannt (z. B. WhvÖst 8812). Hinzu tritt oft die Erwähnung eines (Burg-) Grabens. Topisch erscheinen Wendungen, die die Höhe einer Mauer der Tiefe ihres Grabens kontrastierend gegenüberstellen und auf diese Weise die Wehrhaftigkeit einer Burg oder Stadt unterstreichen (SeifAlex 6186: „der graben was tieff, die mawr hoch").

Noch vielfältiger – und exklusiver – als bei den Türmen, die die mittelalterliche Erzählliteratur zieren, ist die Bandbreite der Materialien, die mit Mauern in Verbindung gebracht werden. Grundsätzlich bestehen sie aus Stein. Gelegentlich wird der Eindruck ihrer Wehrhaftigkeit und Massivität durch die Erwähnung von Eisenspangen gesteigert, die die Steinquader, aus denen die Mauer aufgebaut ist, einfassen (VAlex_(K) 705–708). Manche Mauern werden als glatt und glänzend wie Glas beschrieben (Krone 12947 f.). Zahlreich sind aber auch Beispiele außerordentlich kostbarer Mauern: Am häufigsten erscheinen Mauern aus Marmor (Krone 20123–20125; ErnstB_(B) 2217; PleierGar 2721). Es gibt aber auch solche, die aus Elfenbein bestehen (SeifAlex 7205), die mit Gold verkleidet oder sogar ganz aus Gold (UvZLanz_(K) 4110 f.) und/oder mit Edelsteinen besetzt sind (Wig 7276). Mauern können bemalt sein, sie können in allen Farben glänzen und leuchten. Als ein besonderer Fall der Mauerbemalung darf ihre Verwendung als Bild- oder Schriftträger betrachtet werden, worauf weiter unten näher eingegangen wird. In Heinrichs von Veldeke *Eneasroman* sind die Mauern der → Hölle, denen sich Eneas auf seinem Gang in die Unterwelt nähert, aus Eisen und glühen von Feuer (En_(EK) 3358 f.). Eine unter Materialitätsgesichtspunkten besonders exquisite Serie von Mauern spielt in *Tundalus der Ritter* eine Rolle: Hier führt ein Engel den Helden in einer Jenseitsvision zu drei Mauern, die die verschiedenen Himmelsregionen gliedern und denen in steigernder Anordnung die Qualitäten ‚Silber', ‚Gold' und ‚Edelstein' zugewiesen werden (Tond 1034–1220).

Bemerkenswert sind schließlich Mauern, deren Materialität in einem Spannungsverhältnis zu ihrer Funktion und Wirkung steht: Mauern etwa, die durchsichtig sind wie Glas (Wig 4604–4606), oder in der aventiurehaften Dietrichepik jene *mûre*, die Laurin um seinen Rosengarten gespannt hat und die aus nichts weiter als einem seidenen Faden besteht (LaurinA 69 f.: „daz diu mûre solde sîn, / daz ist ein vadem sîdîn"), aufgrund ihres wehrhaften Besitzers aber alle Eigenschaften einer nahezu unüberschreitbaren → Grenze in sich vereint. Dasselbe Motiv findet sich im *Rosengarten zu Worms*: Hier besitzt Kriemhild in Worms einen prächtigen Rosengarten, „darumbe gât ein mûre, ein vadem sîdîn" (RosengA_(H) 47,3; → Schlachtfeld).

3 Narrative Funktionen

3.1 Turm, Zinne, Mauer als Grenzorte

Eine wesentliche Eigenschaft der hier behandelten Orte besteht darin, dass sie aufgrund ihrer spezifischen formalen Charakteristik geeignet sind, die erzählte Welt räumlich zu strukturieren. Sie teilen den Raum der erzählten Welt in die Bereiche von

Oben und Unten, Hoch und Tief, Innen und Außen. Sie tun dies durch ihre horizontale Erhebung und vertikale Erstreckung sowie durch ihre materielle Beschaffenheit, die regelmäßig darauf gerichtet ist, Zugänglichkeit zu regulieren, zu limitieren oder sogar ganz zu verhindern. Selbst dort, wo die Materialität des Objekts nicht geeignet erscheint, diese Funktion zu erfüllen – wie im Fall des seidenen Fadens, der einen Rosengarten begrenzt –, geht es um die Repräsentation von Undurchdringlichkeit oder zumindest erschwerter Zugänglichkeit.

Beim Turm ist die vertikale Strukturierung von besonderer Bedeutung, das heißt die Raumgliederung entlang der Koordinaten von Oben und Unten beziehungsweise Hoch und Tief. Dieselbe Raumsemantik wird regelmäßig mit der Zinne verbunden. Wie der Turm ist die Zinne ein erhabener Ort. Auch sie dient in der mittelalterlichen Erzählliteratur dazu, den Raum der dargestellten Welt in die Bereiche von Oben und Unten zu teilen. Als raumstrukturierendes Element kann sie dazu eingesetzt werden, Hierarchien, Personenverhältnisse, Figurenfunktionen und/oder -zuschreibungen zu verstärken. Über der Zinne ist nur noch der Himmel. Wer über sie hinausgeht, verlässt den Raum des Höfischen, wie etwa in Heinrichs von Morungen Lied *Ich waene, nieman lebe*, wo die venusgleiche *vrouwe* das Sänger-Ich in seiner Imagination mit ihrer weißen Hand „hôh al über die zinnen" (MF 138,32) hinwegzuführen vermag. Insofern Türme, Zinnen und Mauern den Raum der dargestellten Welt in die Bereiche von Oben und Unten strukturieren, lassen sie sich im Sinne einer Raumsemantik, wie sie etwa Jurij M. Lotman entfaltet hat,[8] als topologische Räume interpretieren. Sie markieren tatsächliche oder symbolische Grenzen im Raum der erzählten Welt.

Mehr noch als bei Türmen spielt bei Zinnen und Mauern diese Funktion der Grenzziehung eine Rolle. Indem Mauern Grenzen im Raum der erzählten Welt bezeichnen, dienen sie nicht nur der literarischen Konstruktion von Räumen, in dem Sinne, dass sie die von ihnen bezeichneten und umschlossenen Orte allererst hervorbringen. Sie konstituieren darüber hinaus Innenräume, die von Außenräumen abgetrennt werden: „diu mure scheidet daz der halp unde dise halp ist" (AP_(WR) 54,127 f.; vgl. auch RvEAlex 3486–3488; Dietr 6895–6897). Wie schon angedeutet, ist Kennzeichen der Mauer dabei ihre potenzielle Impenetrabilität, wofür ein prominentes Beispiel die Mauer darstellt, die in den Alexanderdichtungen oder auch der Brandanlegende das → Irdische Paradies umgibt.[9] Umso bedeutsamer sind vor diesem Hintergrund Textpassagen, in denen dieses Grundverständnis dessen, was Mauern darstellen, zum Gegenstand des Spiels mit den Möglichkeiten der Transgression und Überschreitung wird. In diesen Zusammenhang gehören nicht nur Mauern, die qua ihrer Materialität einen Zwischenstatus zwischen Durch- und Undurchdringlichkeit einnehmen (gläserne Mauern, ‚Fadenmauern' – siehe oben –, aber auch die silberne Mauer

---

8 Vgl. Lotman 1993, 311–328.
9 Einzelheiten und Belege zur Paradiesgestaltung in der Alexanderdichtung bei Unzeitig 2011a; zu *Brandan* siehe z. B. Stark 1997.

ohne Eingang in Tond 1038). Hierher gehört ebenso die Geschichte von *Pyramus und Thisbe*, die ihren tragischen Anfang mit der Möglichkeit der Kommunikation der beiden jungen Liebenden durch einen Riss in der sie sonst trennenden Mauer nimmt (Pyramus 88–90).

Die Funktion von Türmen, Zinnen und Mauern, Grenzen zu markieren und Grenzräume in der erzählten Welt abzustecken, macht sie regelmäßig zu Orten, an denen Handlung in Gang gesetzt wird oder sich verdichtet, an denen im Sinne von Lotmans topologischem Ansatz Grenzüberschreitung stattfindet und damit Zustandsveränderung beziehungsweise Ereignishaftigkeit dargestellt wird, die als wichtiges Bestimmungsmerkmal von Narrativität begriffen werden kann.[10]

3.2 Turm, Zinne, Mauer als Handlungsorte

Im Hinblick auf die damit angesprochene Bedeutung der drei Orte als Handlungsräume lassen sich vier Funktionen hervorheben, die ihnen vorzüglich zukommen: Turm, Zinne, Mauer als Schauplatz von Kampfhandlungen, als Räume der Kommunikation, als → Orte der Gefangenschaft, des Verstecks, des Rückzugs und der Verwahrung sowie die Mauer – und mehr noch die Zinne – als Ort der Frau.

3.2.1 Kampfschauplatz

Insofern Türme, Zinnen und Mauern räumliche Grenzen in der erzählten Welt markieren und – damit einhergehend – in ihrer baulichen Charakteristik auf Wehrhaftigkeit ausgerichtet sind, stellen sie regelmäßig neuralgische Punkte dar, an denen sich Leben und Tod entscheiden. In der mittelalterlichen Erzählliteratur sind die drei Orte, rein quantitativ betrachtet, in diesem Sinne zunächst Schauplätze von Kampfhandlungen und kriegerischen Auseinandersetzungen. Türme und Mauern werden belagert, verteidigt, ,gebrochen' (SAlex_(K) 1350; UvEtzAlex 3799); sie werden niedergelegt, von ihnen wird geschossen und geworfen, Menschen stürzen sich oder werden von Türmen und Mauern hinunter in den Tod gestürzt (ErnstB_(B) 1542; Kchr_(S) 15650; UvEtzAlex 11679 f.). Dasselbe gilt für die Zinne: Auch die Zinnen sind oft ein umkämpfter Ort; sie werden berannt, beschossen, bieten Schutz und werden geschützt (En_(EK) 6843–6863; KvWTroj_(K) 45539 f.; UvEtzAlex 3669 f.). Wolfram von Eschenbach lässt in seinem *Willehalm* die Zinnen in solchem Zusammenhang zum Schauplatz einer Art Marionettentheater werden, indem Gyburc die schon getöteten Bürger von Orange in voller Rüstung in den Zinnen platzieren lässt, um den Eindruck

---

[10] Dass die Vermittlung von Zustandsveränderung ein wesentliches Merkmal für Narrativität darstellt, ist nicht unumstritten (kritisch etwa Stanzel 1995, Fludernik 1996), die Mehrzahl der Erzählforscher dürfte dem aber zustimmen; vgl. zur Diskussion Aumüller 2012, 149 f., 154–156.

der Wehrhaftigkeit ihrer Stadt zu steigern (Wh_(S) 230,6–10). Darüber hinaus erscheinen Türme und Mauern im Kontext von Kampfhandlungen wiederholt als Klang- und Resonanzräume: Sie ‚hallen wider' von Schlachtenlärm (z. B. NibA/B/C_(B) B2036,3; B2232,2; KlageB 2149–2151; KlageC 2255–2257).

3.2.2 Kommunikationsraum

Als materiell vorfindliche Grenzen im Raum der erzählten Welt, die einen Außen- von einem Innenraum abtrennen, konstituieren Turm, Zinne und Mauer wichtige Räume der verbalen Kommunikation. Von ihnen wird herab, zu ihnen wird hinauf gesprochen oder gerufen (Turm: UvEtzAlex 22902–22904; Zinne: BitD_(J) 12341–12343; Kudr_(BS) 1223,4: „ez kumt uns niht vergebene, siht si uns mit iu sprechen ab der zinne"; Reinfr 18819 f.; SalMor 339,1–5; Mauer: OrtnAW 267,1–268,3; WolfdA_(AJ) 534,1). Sie können Orte feindseliger Kommunikation, aber auch der friedlichen Kontaktaufnahme, der Begegnung und des Austauschs sein. Bemerkenswert ist, dass zwar auch Türme Orte der verbalen, ‚grenzüberschreitenden' Nahkommunikation sein können (etwa UvEtzAlex 22902–22904; Lanc_I_(K) 8,35; Parz_(L) 411,17 f.), dass sie in dieser Funktion aber seltener vorkommen als Zinnen. Das mag damit zu tun haben, dass Türme in den Texten, anders als Mauer und Zinne, weniger stark der topologischen Markierung von Grenzen dienen. Sie erscheinen insgesamt eher als Raumelemente der erzählten Welt, die von außen – und oft von ferne – wahrgenommen werden oder die Innenräume bereitstellen, in denen Handlung stattfindet.

3.2.3 Gefängnis, Versteck, Rückzugs- und Verwahrort

Sowohl Türme als auch Mauern kommen in mittelalterlichen Erzählungen als Orte des Verstecks und der Zuflucht vor. In Türmen und hinter Mauern wird Schutz gesucht und gefunden. Umgekehrt stellen sie Orte der Gefangenschaft und des Freiheitsentzugs dar (StrDan 1947–1949; 4830 f.; UvEtzAlex 21178–21180; Lanc_I_(K) 22,14–17). Mauern ‚ummauern'. In einer kurzen Verserzählung des Strickers, *Die eingemauerte Frau*, lässt ein Ritter seine Frau, als sie ihm den schuldigen Gehorsam verweigert, zur Strafe und Belehrung in ein „gadem" einmauern, das keine Tür, nur ein → Fenster hat (StrEF_(F) 36–39).[11] In Konrads von Würzburg *Trojanerkrieg* wird die Seherin Kassandra in einem Turm weggeschlossen, als sie Trojas Untergang prophezeit, andernfalls „waere in zageheit vil grôz / diu ritterschaft von ir bekomen" (KvWTroj_(K) 39024 f.). Ein buchstäblicher Todesturm ist der Turm Malmort im *Tandareis*, in den der Herzog Kandaljon jeden werfen lässt, den er im Kampf besiegt, um ihn dort verhungern und verdursten zu lassen (PleierTand 10755–10784 u. a.). In der Crescentia-Episode der *Kaiserchronik* entzieht sich Crescentia (vorübergehend) den Nachstellungen ihres

---

11 Vgl. Gephart 2006.

Schwagers, indem sie ihn überlistet und in einen eigens zu diesem Zweck errichteten Turm einschließt, bis ihr Gatte zurückkehrt (Kchr_(S) 11515–11654).¹²

Insgesamt lässt sich feststellen, dass Türme und Mauern vorzugsweise der Isolierung weiblicher Protagonisten dienen. Wie in manchen Märchen und Sagen sind es in mittelalterlichen Erzählungen oft der Ehemann oder die Eltern, die eine (junge) Frau in einen Turm oder hinter Mauern sperren, um sie auf diese Weise von etwas abzuhalten oder zu etwas zu zwingen.¹³ In Konrad Flecks *Flore und Blanscheflur* zum Beispiel lässt der Amiral Blanscheflur in → Babylon in einen Turm einschließen, damit sie binnen Jahresfrist ihren Geliebten Flore vergesse und ihr Herz ihm zuwende (Flore_(S) 1690–1725).¹⁴ In Erzählungen, die dem Brautwerbungsschema folgen,¹⁵ tritt der Brautvater als Gegeninstanz auf, die die einzige Tochter keinesfalls verheiratet sehen und daher vor den Augen potenzieller Bewerber verbergen möchte. Türme und Mauern unterstreichen dabei gelegentlich die bipolare Raumstruktur des Schemas: Sie bilden in der erzählten Welt manifeste Grenzen, die den Bereich des Brautvaters von dem des Brautwerbers absetzen. In diesem Sinne lässt etwa im *Wolfdietrich B* der König Walgunt seine Tochter Hiltburc, die bis an sein Lebensende ‚allen Männern versagt' sein soll, in einen Turm wegschließen (WolfdB_(AJ) 18,1–4). Um seiner Frau den Kontakt mit anderen Männern unmöglich zu machen und sie vom Ehebruch abzuhalten, hält auch Nampotanis (bei Eilhart: Nampetenis) in den sogenannten Rückkehrabenteuern der *Tristan*-Überlieferung seine schöne Frau Kassie (bei Eilhart: Gariole) hinter „hôher mûre drîe" verschlossen (UvTürhTr 2882–2884; vgl. Eilh_(L) 7889–7895, wo statt von drei Mauern von einer hohen Burgmauer und drei tiefen Gräben die Rede ist; vgl. aus der französischen Literatur auch den Typus der *mal mariée* wie in dem *Lai Guigemar* der Marie de France).

Die Grenze ist hier fließend zu solchen Beispielen, in denen ein Turm oder der von einer Mauer umgrenzte Bezirk zum Ort des Rückzugs für ein Liebespaar werden, zu einer mehr oder weniger selbstgewählten Isolation von der Gesellschaft hinein in einen Raum, der ganz der Liebesbeziehung zugedacht ist (vgl. auch die → Minnegrotte im *Tristan* Gottfrieds von Straßburg).¹⁶ Aus der französischen Literatur wären dafür etwa die unterirdischen Turmräume zu nennen, in denen im *Cligès* Chrétiens de Troyes der Titelheld seine Geliebte Fenice in Sicherheit bringt. In der *Joie de la curt*-Episode des *Erec*-Romans wird jener Baumgarten, in den sich Mabonagrin und seine *amie* zurückgezogen haben, als ein abgeschlossener, quasiparadiesischer Ort der absoluten Liebe dargestellt – und problematisiert. Bei Hartmann ist er zwar ausdrück-

---

12 Siehe zur Episode Bornholdt 2000.
13 Zu Beispielen aus Märchen und Sagenerzählungen vgl. Becker 2010, 1056.
14 Zum Turm des Amirals in *Flore und Blanscheflur* siehe Meckseper 1988.
15 Zum Brautwerbungsschema als ‚Sujet' und seiner bipolaren Raumstruktur siehe Schulz 2012, 193–204.
16 Vgl. Cormier 1990.

lich weder von einer Mauer noch von einem Graben eingefasst, aber auf wunderbare Weise doch nur an einer ganz versteckten Stelle zugänglich (Er_(L) 8698–8714) und so als umgrenzter Ort markiert.

In all diesen Fällen birgt die räumliche Isolierung der Protagonistin oder des/der Protagonisten in Türmen oder hinter Mauern dem jeweiligen Erzählschema gemäß die Herausforderung zur Transgression der Grenze, die regelmäßig eintritt und auf diese Weise Handlung in Gang setzt oder am Laufen hält. Türme und Mauern dienen aber nicht nur der Be- und Verwahrung von Personen, sondern auch dazu, materielle Güter und Werte zu lagern und vor unerwünschtem Zugriff zu schützen (z. B. der Schatzturm des Kaisers Octavianus in Hans' von Bühel *Dyocletianus Leben*; Türme voll Gold und/oder Silber in Loheng 3535; NibA/B/C_(B) B1792,2; PleierTand 7566 f. u. a.).

3.2.4 Die Zinne als Ort der Frau

In der mittelalterlichen Erzählliteratur tritt die Zinne vor allem als der Ort in Erscheinung, an dem Frauen sich aufhalten. Viel häufiger als Männer sind es Frauen, die auf die Zinnen gehen, in den Zinnen sitzen oder stehen, von den Zinnen herabsehen oder in ihnen gesehen werden (u. a. UvEtzAlex 9428; JansWchr 6383 f.; 16781; JTit 800,1; KlageB 2813–2815; KlageC 2919–2921; Kudr_(BS) 1400,4; 1440,3 f.; UvZLanz_(K) 1441; NibA/B/C_(B) B506,1; MOsw_(C) 2032 f.; 2485 f.; Lanc_II_(K) 561,20 f.; SalMor 299,2; WolfdB_(AJ) 97,1–4). Von den Zinnen aus beobachten Frauen das Kampf- oder Turniergeschehen vor den Mauern, das Kommen und Gehen ihrer Ritter, oder sie bieten sich in den Zinnen sitzend als Bild der Schönheit dar, das die jeweilige mentale und physische Verfassung der männlichen Protagonisten – Zorn, (Kampfes-)Wut, Trauer, Schmerz, Liebe – zu steigern vermag (z. B. Helena in den Zinnen von Troja: KvWTroj_(K) 34004–34033; 39242–39247; 39274 f.; Aglye in WhvÖst 8336 f.). Das Lexem *zinne* geht hier eine nahezu topische Verbindung mit einer bestimmten Geschlechterrolle und -zuschreibung ein; weder für die Begriffe Turm noch Mauer lässt sich etwas Vergleichbares beobachten. Die Zinnen erscheinen so vorzüglich als Raum der höfischen Dame: als der äußerste Ort, an den Frauen gehen können, ohne den geschützten Raum von Burg, Hof oder Stadt zu verlassen. Es scheint, als ob sie oft auch nicht darüber hinaus könnten, als ob die Zinne eine sichtbare Grenze von ‚magischer' Unüberschreitbarkeit ist. Sie erscheint insofern auch als Raum der Passivität: Frauen können ‚nur' an die Zinnen gehen, „dur warten und dur schouwen" (KvWTroj_(K) 33936).

3.3 Turm, Zinne, Mauer als Schauräume

Für Fragen der Platzierung der Wahrnehmungsinstanz im Raum der erzählten Welt sind die drei hier behandelten Orte besonders wichtig. Der Begriff der Perzeption ist dabei in narratologischer Hinsicht von dem der Fokalisierung – der genetteschen

Frage also ‚Wer sieht?' – zu unterscheiden. Die Wahl eines bestimmten Standpunktes in der erzählten Welt, von dem aus wahrgenommen wird, angezeigt zum Beispiel durch Verben der Wahrnehmung oder deiktische Raumreferenzen, wie ‚hier', ‚da', ‚oben', ‚unten', ‚dorthin', ‚nach oben', ‚hinauf' etc.,[17] sagt noch nicht notwendig etwas über die Informations- und Wissensverteilung auf der Ebene des *discours* aus. Wenn gesagt wird, dass von einer Mauer oder Zinne etwas beobachtet wird, ist damit zwar der Ort bestimmt, an dem sich die Wahrnehmungsinstanz befindet, trotzdem können dann Dinge wiedergegeben werden, die von der betreffenden Person tatsächlich nicht wahrgenommen oder gewusst werden können. Aufgrund ihrer räumlich erhabenen Position sowie ihrer lebensweltlichen Funktion sind Turm, Zinne und Mauer bevorzugt Orte der Um- und der Übersicht. Wenngleich sich diese Funktion für alle drei Orte nachweisen lässt, ist auffällig, dass Türme zur Lokalisierung der Wahrnehmungsinstanz in der erzählten Welt seltener genutzt werden als Mauern und Zinnen. Häufiger treten sie als Bauwerke auf, die gesehen werden, von den Figuren und durch deren Augen auch vom Rezipienten; sie ‚leuchten entgegen', wie es im *Parzival* heißt (Parz_(L) 350,19–21), oder sie sind Orte, in oder auf denen Handlung stattfindet. Demgegenüber sind die Stellen, in denen Zinne und Mauer als Ausgangspunkte der Wahrnehmung genannt werden, äußerst zahlreich.

Von Zinnen und Mauern aus wird der Raum außerhalb der Burg oder Stadt in Augenschein genommen (RvEAlex 16419 f.; KvWPart 13638–13641; KvWTroj_(K) 11920 f.; Wig 4297 f.), wird beobachtet, wer kommt, wer geht. Von den Zinnen und Mauern wird Turnieren und Kämpfen zugesehen. Vor ihnen liegt der Raum der *âventiure*. Wenn in diesem Zusammenhang die Begriffe Zinne und Fenster in einem Atemzug genannt werden (z. B. Kudr_(BS) 373,4: „ez erhal ir durch daz venster dâ si was gesezzen an der zinne"), dann meint *venster* das ‚Zinnenfenster', das heißt die Lücken zwischen den Zinnen.

3.4 Turm, Zinne, Mauer als (Re-)Präsentationsorte

Aufgrund ihrer baulichen Beschaffenheit sind Turm, Zinne und Mauer aber nicht nur Orte, von denen aus der Raum der erzählten Welt wahrgenommen wird, sondern die umgekehrt selbst Orte der gesteigerten Sicht- und Wahrnehmbarkeit sind. Entsprechend werden sie in der mittelalterlichen Erzählliteratur häufig zu Orten der Präsentation und Repräsentation, des Zeigens und Ausstellens, der Ostentation und Demonstration. Fahnen und Banner werden auf Türmen gehisst oder von Zinnen und Mauern gehängt (BitD_(J) 1540 f.; 1557–1561; JTit 3391,1; Kudr_(BS) 792,3 f.; UvEtzAlex 3375–3377). Kreuze werden auf ihnen platziert (RvEBarl 13503–13505), Schilde an Zinnen und Mauern befestigt (Wig 7136–7138; 7141 f.), Kronen und Kerzen auf sie

---

[17] Siehe dazu Dennerlein 2009, 75–84.

gestellt (Lanc_I_(K) 487,3–6). Im *Prosa-Lancelot* wird eine kupferne Ritter-Statue auf einer Mauer platziert (Lanc_I_(K) 155,25 f.). In Hans' von Bühel *Dyocletianus Leben* ist ein Turm der Ort, auf dem Virgilius bewegliche Statuen anbringen lässt (HvBDyocl 4064–4079). In einer anderen Vergilsage, die Jans von Wien ausführlich erzählt, wird dem ebenso liebeshungrigen wie aufdringlichen Virgilius eine Lehre erteilt, indem die Frau seiner Begierde ihm anbietet, ihn nachts in einem Korb zu ihrem Turm heraufzuziehen, ihn dann aber auf halber Höhe hängenlässt und, so ‚ausgestellt', dem allgemeinen Gespött preisgibt (JansWchr 23779–23950).

Häufig auch werden Türme und mehr noch Zinnen oder Mauern zu Orten der Inszenierung von Gewalt und Abschreckung, indem auf oder an ihnen die Köpfe Enthaupteter ausgestellt werden (Lanc_I_(K) 165,9; JJud 1572 f.; OrtnAW 19,1–3; Lanc_I_(K) 165,9; 214,5 f.; WolfdD_(AJ) 418,1–3). In all diesen Fällen fungieren Turm, Zinne und Mauer als Orte der symbolischen Inszenierung, der ostentativen Geste und der Ausstellung von Zeichen (im weitesten Sinne). Sie dienen der symbolischen Vergegenwärtigung von Macht. Daneben finden sich vereinzelt auch Beispiele, in denen die Zeichen von flüchtigerer Natur sind, wie etwa Lautsignale (JTit 3405,1–4; PleierTand 8963 f.). In systematischer Hinsicht gehört in den Zusammenhang der (Re-)Präsentationsfunktion von Turm, Zinne und Mauer in der mittelalterlichen Literatur auch die Verwendung der Mauer als Schrift- und/oder Bildträger (s. Abschn. 3.5.2).

3.5 Weitere Funktionen

In diesem Abschnitt werden weitere wichtige Darstellungszusammenhänge genannt, in denen Turm, Zinne und Mauer in der mittelalterlichen Literatur auftreten. Sie sind an die schon genannten Funktionen anschließbar und überschneiden sich mit ihnen, sind aber zugleich so markant, dass sie in je eigenen Abschnitten kurz vorgestellt werden sollen.

3.5.1 Orte des Wächters

Vor allem die Zinne, aber auch, wenngleich seltener, der Turm und die Mauer treten in mittelalterlichen Texten als die Orte hervor, an dem der oder die Wächter einer Burg oder Stadt ihr Amt verrichten (Turm: Flore_(S) 4278 f.; JTit 3455,1–4; WolfdB_(AJ) 143,1; 156,1 f.; Mauer: OrtnAW 290,2). Topisch ist die Verbindung von Amt und Funktion des Wächters mit der Zinne, und entsprechend zahlreich sind die Belegstellen. Naturgemäß hat diese Verbindung damit zu tun, dass der Zinnenkranz einer Turm- oder Maueranlage der höchste Punkt eines zu schützenden Raumes ist, ein Punkt, von dem aus potenzielle Gefahren als Erstes entdeckt werden können.

Wichtig ist die Zinne als Raum des Wächters vor allem in der mittelalterlichen Liebeslyrik. An oder von der Zinne singt der Wächter sein ‚Tagelied', das heißt die Weise, die das Heraufkommen des Tages ankündigt, das für die Liebenden nach der gemeinsam verbrachten Nacht Signal der Trennung und/oder einer möglichen Gefahr sein kann; der Wächter kann dabei Verbündeter der Liebenden sein, wie in Wolframs Tagelied *Von der zinnen* (DLd I,69,5; vgl. auch Burggraf von Lienz: DLd I,36,1). Aber nicht notwendig ist das Vorkommen des Wächters auf der Zinne an eine Liebessituation gebunden. Die Zinne ist das natürliche Habitat des Wächters. In erzählenden Texten figuriert er demgemäß regelmäßig als (Tor-)Hüter, Aufpasser und Warner (JJud 1479–1490; Wig 3705–3707; WolfdA_(AJ) 387,1–3), gelegentlich auch als Vertrauter der Protagonisten (WolfdB_(AJ) 111,1–118,2). Darüber hinaus ist der Wächter auf der Mauer auch in allegorisch-mariologischem Zusammenhang in der Bedeutung ‚himmlischer Wächter' oder ‚Engel' belegt (AP_(WR) 32,4–18).

3.5.2 Mauern als Schrift- und Bildträger

Eine Besonderheit im Hinblick auf die narrativen Funktionen, die Mauern in mittelalterlichen Erzähltexten einnehmen können, ist ihr Gebrauch als Schrift- und/oder Bildträger. Diese Verwendungsweise gehört in den Zusammenhang der Mauer als Ort der (Re-)Präsentation und des Zeigens. Die Darstellung von Mauern als Schriftträgern in der Literatur des Mittelalters mag auf alttestamentliches Vorbild zurückgehen, insbesondere auf die unheilverkündende Warnung Gottes, die im Buch *Daniel* dem König Belšazar als geisterhafte Schrift und sprichwörtliches Menetekel an der Wand erscheint (Dan 5,1–30). Reinbot von Durne lässt in seiner Legende vom heiligen Georg den Protagonisten diese Geschichte dem heidnischen Herrscher Dacian erzählen (RvDGeorg 5959–5294). Aber auch in nicht-religiösen Erzähltexten werden wiederholt sowohl Schrift- als auch Bildzeichen auf oder an Mauern angebracht (z. B. Götterdarstellungen in Priamus' Palas in KvWTroj_(K) 17645–17653). Es finden sich auch Beispiele für größere Text- oder Bildzusammenhänge und ganze Erzählungen oder *âventiuren*, die – sei es als Schrifttext (Schriftbänder am Gralstempel: JTit 575–580; warnender Text auf einer Kapellenmauer, der nach bestandener *âventiure* getilgt wird: Lanc_II_(K) 313,3–7; 369,2–9; Grabinschrift an einer Marmorwand für den alten König Lancelot: Lanc_II_(K) 524,9–15), als Symbolfolge (z. B. drei Mal 45 Ringe an einer Kapellenmauer: Lanc_I_(K) 507,11–15) oder auch als Bilderserie (KvWPart 858–861: „mit lâsûr und mit golde / was vil an dem gemiure / der alten âventiure / gemâlet harte reine") – auf Mauern appliziert werden.

3.6 Figurative Bedeutungen

Die mittelalterliche Literatur kennt Turm, Zinne und Mauer auch in verschiedenen figurativen Zusammenhängen – sei es, dass die Begriffe dabei ausschließlich in übertragenem Sinne zu verstehen sind, sei es, dass es sich zwar um konkrete Orte im Raum der erzählten Welt handelt, denen aber vor allem symbolische oder allegorische Bedeutung zukommt. Unter Gattungsgesichtspunkten sind es dabei überwiegend geistliche Texte, in denen von Turm, Zinne und Mauer in übertragenem Sinne die Rede ist.

3.6.1 Turm

In negativer theologischer Bedeutung erscheint der Turmbau zu Babel (→ Babylon, Jerusalem) (z. B. Anno 10,79; JansWchr 3289–3294), der als Anmaßung gegenüber Gott gedeutet und mit der babylonischen Sprachverwirrung verbunden wird (JansWchr 27357–27376).[18] In positiver Bedeutung tritt der Turm unter anderem in marienallegorischen Kontexten auf. Dort erscheint er in einer Reihe mit weiteren Architekturmetaphern, wie der Mauer, und kann die Demut und die „heilige Seele" (AP_(WR) 8,24 f.; 25,11) Marias bezeichnen. Weitere Bedeutungen sind Beständigkeit und Stärke (JvTAck_(J) 15,13 f.: „meiner sterke turn"). Eine ausdifferenzierte Turmallegorie findet sich in Heinrichs von Neustadt religiösem Gedicht *Gottes Zukunft* (allegorischer Turm der Natur: HvNstGZ 193–208), und auch Hans' von Bühel *Dyocletianus Leben* kennt eine allegorische Turmdeutung (HvBDyocl 4377–4381). Neben der materiellen Beschaffenheit, die Türmen als massiven steinernen Bauwerken zukommt, wird ihre Höhe zum Ausgangspunkt metaphorischer Bedeutungszuschreibung: So kann der Turm als Metapher für überragende Körpergröße verwendet werden (PleierTand 6211–6213), während bei Reinbot von Durne ein bis in den Äther geführter Turm als hyperbolischer Ausdruck der Unmöglichkeit genannt wird (RvDGeorg 758 f.).

3.6.2 Zinne

Selten ist die Zinne in im weiteren Sinne narrativen Texten in metaphorischer Bedeutung belegt. Bei Mechthild von Magdeburg figuriert sie zusammen mit dem Turm im Rahmen der allegorischen Auslegung einer kostbaren Krone: „Die crone hat oben an iren zinnen vil manigen edeln túren stein, das sint die, die nu von hinnan zuo dem himmelriche gevaren sint" (Mechth 116,64–66).

3.6.3 Mauer

Die Mauer tritt in religiösem Zusammenhang als metaphorische Umschreibung für den keuschen Leib Marias – die „mure der magitheit" – auf oder kann sogar allgemein allegorisch für Maria stehen (AP_(WR) 8,26; 25,8 f.; 32,14 f.). Mechthild von Magdeburg entwirft im *Fließenden Licht der Gottheit* die Vorstellung einer Mauer aus Stahl, die bis in die Wolken reicht und der personifizierten Seele doch nicht hinreichend Schutz vor den Anfeindungen des Teufels zu bieten vermag (Mechth 263,43–45). Auch in weltlicher Dichtung wird das metaphorisch-symbolische Bedeutungspotenzial des Lexems

---

18 Vgl. zum Turm von Babel Albrecht 1999, Sals/Przybilski 2008; zur Symbolbildung insbes. seit Luther und der Literatur des Barock Niefanger 2012.

ausgemünzt. Die belegten Verwendungsweisen schließen dabei überwiegend an die mit Mauern assoziierte Qualität des Schutzes und der sicheren Verwahrung an, zum Beispiel im *Jüngeren Titurel* (JTit 198,3: „daz si den Cristen wern ein veste mure") oder im *Prosa-Lancelot* (Lancelot als Sicherheit gewährende Mauer: Lanc_I_(K) 581,29 f.). Komplementär zu Gebrauchsweisen, die auf die Eigenschaft von Mauern abheben, potenziell undurchdringlich zu sein, stehen solche, die diese Eigenschaft zum metaphorisch-hyperbolischen Ausdruck von Wirkungsintensität oder ‚Durchschlagskraft' nutzen: der Liebe etwa, die „durch tausend Mauern" (StrFE 325–328) geht.[19]

> Anno, AP_(WR), BitD_(J), Dietr, DLd, Eilh_(L), En_(EK), Er_(L), ErnstB_(B), Flore_(S), Gauriel_(K), HvBDyocl, HvNstGZ, JansWchr, JJud, JTit, JvTAck_(J), Kchr_(S), KlageB, KlageC, Krone, Kudr_(BS), KvWEngelh_(G), KvWPart, KvWTroj_(K), Lanc_I_(K), Lanc_II_(K), LaurinA, Loheng, Mechth, MF, Minneb, MOsw_(C), NibA/B/C_(B), OrtnAW, Parz_(L), PleierGar, PleierTand, Pyramus, Reinfr, RosengA_(H), RvDGeorg, RvEAlex, RvEBarl, SAlex_(K), SalMor, SeifAlex, StrDan, StrEF_(F), StrFE, Tond, UvEtzAlex, UvTürhTr, UvZLanz_(K), VAlex_(K), Wh_(S), WhvÖst, Wig, WolfdA_(AJ), WolfdB_(AJ), WolfdD_(AJ)

> → Babylon, Jerusalem; → Burg, Schloss, Hof; → Garten, Baumgarten; → Gefängnis, Orte der Gefangenschaft; → Grenze; → Himmel, Hölle; → Irdisches Paradies; → Kirche, Kathedrale, Münster, Kapelle, Kloster, Tempel; → Minnegrotte; → Schlachtfeld, Turnierplatz; → Stadt, Markt, Platz; → Tor, Tür, Treppe, Fenster

---

19 Zu symbolischen Bedeutungen der Mauer in der Literatur der Neuzeit siehe Stockhorst 2012.

Anna-Lena Liebermann
Wald, Lichtung, Rodung, Baum

1 Begriffsbestimmung – 2 Merkmale der Darstellung – 3 Narrative Funktionen – 3.1 Lichtung und Rodung – 3.2 Der *locus amoenus* – 3.3 Der Baum – 3.4 Der Wald als Ort der *âventiure* – 3.5 Der Wald als Zufluchtsort – 3.5.1 Der Wald als Ort für Liebende – 3.5.2 Der Wald als Ort für ‚Verrückte' – 3.6 Der Wald als Ort für Einsiedler und Büßende – 3.7 Der Wald als Ort des Kampfes – 3.8 Der Wald als Ort des Übergangs

1 Begriffsbestimmung

Zur Bezeichnung des Waldes in der mittelalterlichen Erzählliteratur werden die Begriffe *forest* (n., aus ahd. *forst*, mhd. *forst, vorst* m.),[1] *holz* (aus germ. **hulta-* n., ahd. *holz*, mhd. holz n., Ausgangsbedeutung: ‚Gesamtheit der zu schlagenden Schösslinge des Niederwaldbaums'[2]), *tan* (mhd. *tan[n]* m., mnd. *dan, denne* für ‚Niederung', ‚Waldtal') oder *walt* (aus germ. **walÞu-* m., ahd. *wald*, mhd. *walt* m.)[3] verwendet. Eine wichtige Unterscheidung ist zwischen Naturwald und Forst zu treffen. Die Herkunft des Begriffs Forst ist bis heute nicht eindeutig geklärt. Nach Trier[4] meint der Begriff das ‚Gehegte' (vgl. ‚First', ursprünglich Zaun zum Schutz von Weide und Vieh[5]). Im *Dictionnaire des étymologies obscures*[6] hingegen wird der Begriff von lat. *foris* (‚draußen') abgeleitet, was die Bannidee miteinschließt und den geschützten bzw. gehegten Wald meint.[7] Forst umschreibt folglich den bewirtschafteten Wald und steht im Gegensatz zu dem der Natur überlassenen ‚wilden' Wald.

Holz ist im Mittelalter der wichtigste Bau- und Brennstoff, was eine intensive Waldnutzung bedingt;[8] daneben ist der Wald Lebensmittellieferant und Jagdrevier.[9] Auch als idealer Ort für klösterliche Abgeschiedenheit und Autarkie wird er genutzt: Waldgebiete wie die Ardennen, die Vogesen oder der Odenwald werden im Frühmittelalter zu regelrechten Klosterlandschaften.[10] Der Wald hat hier und sonst neben der wirtschaftlich-topographischen Bedeutung auch eine Schutzfunktion: Er ist Rück-

---

[1] Vgl. Kluge/Seebold 2011, 311.
[2] Vgl. Trier 1952, 43–51.
[3] Vgl. Kluge/Seebold 2011, 423, 906, 968.
[4] Vgl. Trier 1954, 456–476.
[5] Vgl. Böckelmann 1986, 20.
[6] Vgl. Guiraude 1982, 294.
[7] Vgl. Rubner/von Gadow 2008, 1631.
[8] Vgl. Vavra 2008, 4.
[9] Vgl. Keller 2008a, 928 f.
[10] Vgl. Vavra 2008, 3.

zugs- und Zufluchtsort für Eremiten, Besiegte, Abenteurer, Flüchtige, Räuber und Mörder kurz: Außenseiter jeder Façon.[11] Diese Funktionen sind in mittelalterlicher Historiographie und Erzählliteratur gleichermaßen belegt und bilden eine Konstante bis weit in die vorindustrielle Neuzeit.

In der Literatur dominieren drei Funktionstypen des Waldes, die freilich oft ineinander übergehen: der *wilde*[12] Wald der *âventiure*, der Jagdwald des Königs und seines Hofes, der Wald als Zuflucht für (freiwillige oder unfreiwillige) Weltflüchtige. Vor allem im ersten Fall wird der Ort mitunter Metapher für innere Zustände und Befindlichkeiten: Der durch den Wald irrende Held durchlebt eine Phase innerer Verirrung, Desorientierung und Desintegration.

Da Wälder in fast jeder mittelalterlichen Erzählung vorkommen, empfiehlt es sich hier, ein exemplarisch begrenztes Textfeld zu fokussieren. Eine zentrale Rolle spielt der Wald in der höfischen Literatur, einerseits in den Artus- und Gralsromanen (Hartmanns von Aue *Erec* [ca. 1180] und *Iwein* [um 1200], Wolframs von Eschenbach *Parzival* [ca. 1200–1210], Ulrichs von Zatzikhoven *Lanzelet* [ca. 1200], Heinrichs von dem Türlin *Krone* [zw. 1215 u. 1230], *Prosa-Lancelot* [ab M. 13. Jh.], Albrechts *Jüngerer Titurel* [zw. 1260 u. 1273], *Meleranz* des Pleier [1240–1270], *Rappoltsteiner Parzifal* [1331–1336] von Claus Wisse und Philipp Colin) sowie in den Tristandichtungen Eilharts von Oberg (um 1180) und Gottfrieds von Straßburg (um 1210). Zu nennen sind weiter die Heldendichtung (*Nibelungenlied* [um 1200] und *Kudrun* [M. 13. Jh.]; innerhalb der Dietrichepik *Eckenlied* [ca. 1225], *Virginal* [2. V. 13. Jh.], *Dietrichs Flucht* [4. V. 13. Jh.], *Wolfdietrich A, B* und *D* [älteste Fassungen um 1230], *Ortnit* [in der 1. H. des 13. Jh.s in die Dietrichsage eingebunden] sowie *Jüngerer Sigenot* [um 1300]), die Rolandsdichtungen (*Rolandslied* [ca. 1172] des Pfaffen Konrad und Strickers *Karl der Große* [um 1220]). In der Antikendichtung spielt der Wald in Heinrichs von Veldeke *Eneasroman* (zw. 1170 u. 1180) und im *Straßburger Alexander* (A. 13. Jh.) eine Rolle. Überdies sind im Fortgang berücksichtigt: der *Heliand* (ca. 830), *Herzog Ernst B* (A. 13. Jh.), Hartmanns von Aue *Gregorius* (1180–1205), Wernhers der Gartenaere *Meier Helmbrecht* (zw. 1250 u. 1280), *Der Busant* (14. Jh.) sowie didaktische Dichtungen (*Der welsche Gast* Thomasins von Zerklaere [1215], Hugos von Trimberg *Renner* [beendet um 1300]).

2 Merkmale der Darstellung

Differenzierte Grenzbeschreibungen (→ Grenze) des Waldes bleiben in der mittelalterlichen Erzählliteratur meist aus. Selten weisen ein sich lichtender Wald und Lich-

---

11 Vgl. Le Goff 1990b, 88.
12 Das mhd. *wilde/wilt* meint hier den Gegensatz zum Zahmen: das Ungezähmte, nicht Kultivierte (vgl. Nolte 1997, 41).

tungen auf den Waldrand hin („nu wart der walt gemenget, / hie ein schache, dort ein velt", Parz_(L) 398,18 f.). Häufig werden Wälder als ausgedehnt dargestellt, sodass mit ihrer Beschreibung große Distanzen zwischen Orten erfasst werden können („der walt was lang unde wît", Parz_(L) 398,10). Dabei werden die Adjektive *grôz*, *lanc*, *wît* oder *breit* verwendet, wobei exakte Entfernungsangaben ausbleiben. Als Elemente der Binnenstrukturierung dienen Rodungen und Lichtungen, → Wege bzw. Weglosigkeit sowie geschaffene Orte wie → Klausen, → Burgen oder Schlösser. Für den wegelosen Wald wird häufig das Adjektiv *rûh* verwendet („durch rûhen walt âne wec", Er_(C) 5313), das ihn als wild oder verwildert und uneben beschreibt, als einen Bereich, in dem Orientierung wie Fortbewegung erschwert sind. Konträr dazu wird zuweilen eine Fülle an begehbaren Pfaden beschrieben, die dem Helden eine Vielfalt an Möglichkeiten bietet („ze Breziljân in den walt, / dâ wârn die wege mannecvalt", Iw_(BLW) 263 f.).

Der beschriebene Wald kann in seltenen Fällen durch Realnamen identifiziert werden. So spielt der Ardennenwald[13] eine vergleichsweise bedeutende Rolle; doch verliert der Name im Zuge der Integration in die Erzählwelt fast regelhaft seine referenzielle Funktion (s. auch unten zu Brocéliande) und wird zum literarischen, oft auch selbstreferenziellen Motiv. Ähnlich kennt die *Kudrun* den Westerwald,[14] während im Gegenzug der bulgarische Wald im *Herzog Ernst* noch Teil eines realistischen, in der Kreuzzugsära auch empirisch erfahrenen Reiseweges entlang der Donau von Bayern nach Konstantinopel ist.[15] Durch solche Namen können beim Rezipienten Raumvorstellungen aufgerufen werden, die auf textexternem Wissen basieren.

Die Beschreibungen des Waldes sind weitgehend konsistent. Neben neutralen Bestimmungen wie *grôz* (Parz_(L) 534,12; ErnstB_(B) 4488; SAlex_(L) 5087; Krone 14234), *kreftig* (Er_(C) 3114; ErnstB 4936; PleierMel 331), *lanc unde wît/breit* (Parz_(L) 398,10; SAlex_(L) 5180) stehen negative Attribute: *vinster* (En_(EK) 2951; UvEtzAlex 6017; ErnstD 44,4; Renner 6801; UvEtzWh 5833), *wild* (Er_(C) 5319; Iw_(BLW) 969; UvZLanz_(H) 677; EckenlE2 227,6; KvWPart 1387; PleierMel 1041; Kudr_(BS) 38,2; Tr_(R) 15965), *ungevüege* (KvWPart 19368), *tief* (NibAB_(BBW) 926,1; Helmbr 1873), *wüest* (KvWPart 561), *ungehiure* (KvWPart 561). Durch seine Ordnungs-, Zeit- und Weglosigkeit[16] ist der Wald aber auch Raum der Utopie, wie am eindrücklichsten der Gralswald (→ Gralsburg, Gralsbezirk) bezeugt. Niemand, der ihn sucht, kann ihn

---

13 In der deutschsprachigen Literatur kommt der Ardennenwald im *Partonopier und Meliur* des Konrad von Würzburg als Wald, in dem sich der junge Partonopier während der Eberjagd verirrt, vor (KvWPart 319). In den frz. *Chansons de gestes* ist der Ardennenwald der Verbanntenwald (*Renaut de Montauban*), wobei es keine genauen Schilderungen des Waldes in den Texten gibt, er findet bloße Erwähnung oder floskelartige Beschreibungen (vgl. Stauffer 1958, 33, 92).
14 „frouwe, man sol wenden dâ zem Westerwalt" (Kudr_(BS) 945,2).
15 Vgl. ErnstB_(B) 2033.
16 Beispiele hierfür: Parzival überlässt aufgrund des vollkommenen Fehlens von Wegen die Navigation seinem Pferd (Parz_(L) 179,30–180,18), auch Erec wird von seinem Pferd durch dichtes und wege-

finden, er offenbart sich nur dem „unwizzende[n]" (Parz_(L) 250,29).[17] An explizit positiven Attributen für den Wald begegnen u. a. *schoen* (Er_(C) 4629 [Einfügung 8]; UvZLanz_(H) 332; SAlex_(L) 5066; KvWPart 2587), *grüen* (NibAB_(BBW) 928,1; UvZLanz_(H) 9050; SAlex_(L) 5334; PleierMel 2055), *hêrlîch* (SAlex_(L) 5163) oder *edel* (SAlex_(L) 5193).

Oft wird der Wald mit Unwetter in Verbindung gebracht: Sowohl Dido im *Eneasroman* als auch Karados im *Rappoltsteiner Parzifal* geraten beim Jagen im Wald in ein solches („die winde waren vile grôz. / vile starke ez nider gôz / hagel unde regen naz", En_(EK) 1819–1821; „ein ungewittere uf der stat / kam unde ein gros regen darnoch", ParzRapp 157,44 f.). Bäume bieten Schutz und dienen häufig als Unterstand.

Ein weiterer Darstellungsmodus in höfischer Literatur ist die Verklärung des Walds zum *locus amoenus* (s. Abschn. 3.2). In Ulrichs von Zatzikhoven *Lanzelet* weist *Behforet* (schöner Wald) paradiesische Züge auf („mit allen guoten dingen / was der walt vollekomen", UvZLanz_(H) 4012–4014; gesamte Beschreibung des Waldes: UvZLanz_(H) 3988–4014). Wirnt von Gravenberg und Heinrich von dem Türlin verwenden Vogelgesang zur Idealisierung des Waldes („ein walt in dâ nâhen lac, / dar inne manic nahtegal / uobte ir wünniclîchen schal", Wig 3484–3486; „Bisz er begreiff einen walt, / Der wol nach freuden was gestalt / Von blůmen vnd von grůnem cle, / Dar vnder auch nach freuden schre / Manig vögelin vnd sang", Krone 17510–17514). Auch die Heldenepik kennt idealisierende Züge („er horte in dem walde von vogele sůessen bracht", WolfdA_(AJ) 579). In der *Virginal* erscheint der Mensch in dem von Tieren und besonders Vögeln erfüllten Wald sogar als Störenfried („ir slege die vogel stôrten", Virg_(Z) 60,6; 104,6).[18] Nachgerade paradiesische Züge weist der Wald auf, in dem die Blumenmädchen im *Straßburger Alexander* leben: Er wird als „hêrlîche", (SAlex_(L) 5163) beschrieben, als erfüllt mit „scône stimme" und „sûzesten sanc" (SAlex_(L) 5168–5170), er bietet Bäume, Blumen und Gras, Kräuter und → Quellen. In dieser Ideallandschaft leben die Mädchen, die aus rot-weißen Blumen erwachsen. Sie sind vollkommen, höfisch und kultiviert. Die Dauer dieser → (Ferne-)Utopie währt jedoch nur einen Sommer. In den hier beschriebenen *locus amoenus* ist mit den tadellos höfischen Sitten der Mädchen eine Kultiviertheit eingezogen, die der Ordnung der Natur folgend indes rasch wieder zerfällt.

Eine Darstellung des Waldes als Jagdwald für die höfische Gesellschaft lässt sich ebenfalls in mittelhochdeutscher Literatur finden (KvWPart 322–331). Dabei erscheint der Wald nicht kulturfern, unheimlich oder von fremden Mächten besetzt, sondern vertraut und erfahrbar. Eine ausführliche Jagdschilderung in der mittelhochdeutschen Literatur bietet v. a. das *Nibelungenlied* („tiefen walt", NibAB_(BBW) 926; „grüenen

---

loses Gestrüpp geführt (Er_(C) 5576–5585) und im *Rappoltsteiner Parzifal* durchreist Parzifal im Wald unterschiedliche Zeitstufen seiner Entwicklung (ParzRapp 322,28–506,13; vgl. Däumer 2010b, 292).
17 Vgl. Schnyder 2008, 126 f.
18 Vgl. Billen 1965, 127–131.

walt", NibAB_(BBW) 928; 926–962), andere Erzähltexte beschränken sich auf kurze Erwähnungen.[19] Die Beschreibung des Jagdwaldes unterscheidet sich stark von den Beschreibungen des *âventiure*-Waldes oder des Kampfwaldes. Die Jagd dient dem Zeitvertreib („Dô riten si von dannen in einen tiefen walt / durch kurzewîle willen", NibAB_(BBW) 926,1 f.). Zur Orientierung werden Jagdhunde eingesetzt („daz er die verte erkenne der tiere durch den tan", NibAB_(BBW) 932,3). Die Darstellung baut hier nicht auf der Beschreibung der Flora auf, sondern auf der der Fauna. Viele Tierarten werden aufgezählt, die auf der Jagd erlegt werden („halpswuol", NibAB_(BBW) 935,3; „lewe", NibAB_(BBW) 935,4; „wîsent" und „elch", NibAB_(BBW) 937,1; „ûr" und „schelch", NibAB_(BBW) 937,2; „hirz" und „hinde", NibAB_(BBW) 937,4; „eber", NibAB_(BBW) 938,1; „ber", NibAB_(BBW) 946,4).

3 Narrative Funktionen

In der höfischen Literatur schlägt sich eine Trennung in Kultur und Natur, also in kultivierten → Hof und unkultivierten Wald, nieder, wobei sich der wilde Wald als Topos für das Andere etabliert, das am Hof keinen Platz hat.[20] Dieser Topos beinhaltet Vorstellungen eines undurchdringlichen, unbekannten und gefährlichen Raums (→ Wüste, Wildnis). Doch kann ein undurchdringlicher Ort auch Schutzraum sein, Sicherheit fernab des Hofes und des höfischen Blickfeldes bieten. Meist wird der Wald als Ort dargestellt, in dem *âventiuren* bestanden und Kämpfe ausgefochten werden oder der als Rückzugsort gewählt wird: Er ist Ort, an dem Handlung stattfindet.

3.1 Lichtung und Rodung

Mitten im Wald finden sich Stellen, an denen sich der Raum für Handlung öffnet: Rodungen (*geriute* n.) bzw. Lichtungen (*plân* m./f.), wobei erstere von Menschen geschaffene, letztere naturgegebene Orte des Waldes sind. Meist werden sie mit den Adjektiven *breit* (Parz_(L) 61,16; 399,25; AHeinr 1443; Greg 2802; Iw_(BLW) 401; JTit 4735,3; Rennew 35514) oder *wît* (Virg_(Z) 60,4) beschrieben, seltener als *schoen* (Lanc_I_(K) 17,10) bezeichnet. Ein weiteres Merkmal der Darstellung ist die Menschenleere des Ortes (AHeinr 260; Iw_(BLW) 402; 3287; PleierMel 4272 f.). Rodungen und Lichtungen werden infolgedessen häufig genutzt, um Begegnungen stattfinden zu lassen: Kalogrenant trifft in Hartmanns von Aue *Iwein* auf den Waldmenschen an einer gerodeten Stelle („in dem walde verborgen / ein breitez geriute / âne die liute", Iw_(BLW) 401 f.) und auch Iwein begegnet dem Einsiedler, der ihn später verpflegt,

---

[19] Zu anderen Beispielen vgl. Stauffer 1958, 164–177, Billen 1965, 133.
[20] Vgl. Suter 2012, 471. Vgl. zur Gegensätzlichkeit dieser beiden Räume auch Wenzel 1986.

erstmals auf einer Rodung („er lief umb einen mitten tac / an ein niuweriute. / dane vander niht mê liute / niuwan einigen man", Iw_(BLW) 3284–3287). Pleiers gleichnamiger Protagonist trifft im *Meleranz* auf einer Rodung einen Mann und eine Frau („Gen dem aubent, do der jung man / ⟨kam⟩ geritten uff ain gerüwt, / da vannd er niht lüt, / nieman, wann ain man unnd ain wib", PleierMel 4270–4273), und Hildebrand kämpft in der *Virginal* auf einer Rodung gegen einen Heiden („an ein geriute, daz was wît", Virg_(Z) 60,4). In Wolframs von Eschenbach *Parzival* lässt Herzeloyde von ihren Begleitern einen Teil des Waldes roden, um dort, mitten im Wald, ihren Sohn fern aller ritterlichen Gesellschaft aufzuziehen („liute, die bî ir dâ sint, / müezen bûwen und riuten", Parz_(L) 117,16 f.). Auch die Episode von den drei Blutstropfen im Schnee im *Parzival* findet auf einer Lichtung statt („ouch begunde liuhten sich der walt, / wan daz ein rone was gevalt / ûf einem plân, zuo dem er sleich", Parz_(L) 282,9–11).

3.2 Der *locus amoenus*

Der *locus amoenus* ist *die* Ideallandschaft der Dichtung, in seiner Minimalform bestehend aus Baum (meist einer Linde), Quelle oder Bach und Wiese (→ Heide, Aue). Dazu können sich Blumen, Vogelgesang und Windhauch gesellen. Die Tradition des *locus amoenus* beginnt schon bei Homer. Curtius beschreibt die Konstellation des Idylls inmitten des wilden Waldes als „Kontrastharmonie".[21] Solche Orte finden sich in höfischen Romanen wie in der Heldenepik, dazu (hier nicht einbezogen) in der Lyrik und Novellistik. Parzivals Mutter erschafft einen paradiesähnlichen *locus amoenus*, an dem sie ihren Sohn fernab des ritterlichen Lebens aufzieht: Soltane. Auf gerodetem Land entsteht so ein separierter kleiner Waldstaat, der eigenen Regeln folgt und den die Gründerin streng kontrolliert.[22] Die Beschreibung charakterisiert ihn als *locus amoenus*: Durch eine Wiese fließt ein Bach, in dem sich Parzival wäscht, Vogelgesang dringt aus den Bäumen (Parz_(L) 118,12–16; 129,5–11). Doch das Idyll ist ein Schein-Idyll, aus dem Parzival ausbricht. Gottfried von Straßburg beschreibt die Landschaft um die → Minnegrotte als *locus amoenus*. Der wilde Wald wird an dieser Stelle zur lichten Ideallandschaft, ausgestattet mit einer Quelle, drei Linden, Schatten spendenden Bäumen, grünem Gras, Blumen und Vogelgesang. Die beschriebene landschaftliche Schönheit wird hier von den Figuren bewusst erlebt (Tr_(R) 16754–16757), sie bleibt nicht nur Szenerie. Allerdings gewinnt sie noch keinen Eigenwert, sondern spiegelt das Innere der Figuren wider.[23] Über die höfische Epik gelangt der *locus amoenus* auch in die Heldenepik. Es lassen sich hier mit Billen drei fortschreitende

---

[21] Vgl. Curtius 1993, 209. Zum *locus amoenus* insgesamt vgl. 202–209.
[22] Vgl. Schnyder 2008, 126.
[23] Vgl. Billen 1965, 33 f.

Gestaltungsstufen feststellen, die den Ort sukzessive funktionalisieren:[24] Beim statischen *locus amoenus* (WolfdA_(AJ) 466,3–467,1 und WolfdB_(AJ) 425) werden einzelne Elemente additiv um die zentrale Linde herum aufgebaut. In der zweiten Stufe wird dieser statische *locus amoenus* (OrtnAW 83 f.) aufgelöst, die markierenden Elemente werden durch menschliche Wahrnehmung eingebracht. Der ‚ruinöse' *locus amoenus* schließlich (NibAB_(BBW) 969–979; WolfdD_(AJ) IV,1–3; EckenlE2 151) erfüllt nur noch eine funktionale Rolle, die üblichen Versatzstücke (Baum, Quelle usw.) finden erst Erwähnung, wenn die Handlung es erfordert. Die Identifizierung als *locus amoenus*-Reminiszenz obliegt dem Rezipienten.[25] Mit diesem Wandel geht (nach Billen) ein sukzessives Eindringen von Momenten aus der Alltagswelt in die Beschreibung des *locus amoenus* einher, während Isidor von Sevilla und seine Adepten (wie Hrabanus Maurus) die Nicht-Nutzbarkeit und Nicht-Nutzung als geradezu konstitutiv für den *locus amoenus* bestimmten („Amoena loca [sunt] [...], quasi amunia, hoc est sine fructu, nullus fructus exsolvitur", IsidEtym_(L) XIV,VIII,33; „Amoena loca [sind] [...] ohne Früchte, woher kein Gewinn gemacht wird", IsidEtym_(M) XIV,VIII,33). In höfischer und heroischer Epik aber können die Äste des Baumes dem Abreiben des Pferdes, das Wasser des Baches dem Durstlöschen, das Gras als Futterquelle dienen („Der este er von dem baume brach / Vnd begie sinen maul wol, / Als man müden roszen tün sal, / Mit wůschen vnd mit strichen, / Das yme gar můste entwichen / Diu mùde vnd bereit wart, / Als ob er vil lang were gespart; / Vnd liesz jne trincken dar nach", Krone 12822–12829; „swie halt ez mir ergê, / got hât mînem rosse weide alhie beschert: / mir ist vil deste sanfte daz ez sich ernert", WolfdA_(AJ) 467,3). Als Ergänzung dieses Wandels findet man den *locus amoenus* auch zuweilen in lokale und temporale Relationen eingebettet („Dô kam er in ein ouwe neben dem Gartesê", OrtnAW 88,1; „die naht het er gewachet", OrtnAW 88,4; „ich bin nâch âventiure geriten diese naht", OrtnAW 99,1; „[d]es selben tages früeje", WolfdD_(AJ) IV,1).[26]

3.3 Der Baum

Der Baum dient in mittelhochdeutscher Literatur oft der Markierung eines konkreten Ortes. So wird ab etwa 1250 die Linde immer häufiger als minimales Mittel eingesetzt, um einem Schauplatz Landschaftscharakter zu verleihen, wobei es offensichtlich reicht, allein den Namen des jeweiligen Baumes zu nennen, um beim Rezipienten vorkodierte Vorstellungen hervorzurufen. Eine Besonderheit, durch die sich der Baum von den anderen hier behandelten Orten unterscheidet, ist das Fehlen von Außengrenzen. Vielmehr eröffnet sich ein Ort um den Baum herum. Schon in der

---

24 Vgl. Billen 1965, 53 f.
25 Vgl. Billen 1965, 53 f.
26 Vgl. Billen 1965, 35–55.

spätantiken rhetorischen Formenlehre war der Baum feste stilistische Kulisse. In der mittelalterlichen Rhetorik ordnet man den verschiedenen Ständen und Stilen Bäume zu: dem *stilus humilis*, dem schlichten Stil für Erzählungen, die von Hirten handeln, ist die Buche zugeordnet, dem *stilus mediocris*, dem mittleren Stil der Bauernerzählungen, der Obstbaum, und dem *stilus gravis*, in dem über den Krieger geschrieben wird, Lorbeer und Zeder.[27] In der höfischen Epik nutzt nahezu jeder Dichter den Topos und stellt Ritter und Könige in Verbindung mit Zedern oder Lorbeerbäumen dar (Krone 15810; KvWPart 322; 11091). Im *Rolandslied* des Pfaffen Konrad, im *Karl* des Stricker und schon in der altfranzösischen *Chanson* sind Lorbeer und Zeder durch Pinie und Ölbaum ersetzt (Rol 398; 1920; 2178; 2413; 2773; 2918; StrKarl 972; 2479). Häufig tritt auch die Linde an die Stelle des Ölbaums, so im *Nibelungenlied*, in dem der Baum indes nur noch als Requisit fungiert („Dô si wolden dannen zuo der linden breit", NibAB_(BBW) 972,1; „den starken gêr er leinte an der linden ast", NibAB_(BBW) 977,3). Sonst wird die Linde erwähnt, wo sie sich mit Geschehen verbindet. An oder unter ihr finden Begegnungen statt, sodass Billen von der „Begegnungs-Linde" spricht.[28] Im *Wolfdietrich* hat sie sogar handlungsauslösende Funktion: Wer unter ihr steht, muss mit Ortnit kämpfen („Umb der selben linden was ez alsô getân, / daz nieman durch kurzwîle getorst dar under gân, / er enwær durch strîtes willen komen in daz lant", WolfdB_(AJ) 351,1–3).[29]

Besonders weit verbreitet ist die Vorstellung des Baums als Wohnort von Feen, Zwergen oder anderen Jenseitigen („der goukelboum ist das, / do sich die feinen sammet gefinet", ParzRapp 621,5 f.). Bäume dienen dem Schutz vor Unwettern (En_(EK) 1827–1829; ParzRapp 157,46–158,3), hohle Bäume als Rückzugsort oder Schutzort Verfolgter.

3.4 Der Wald als Ort der *âventiure*

Auf den Wald als Ort der *âventiure* weist bereits Curtius hin.[30] In der *Krone* wird ein Wald sogar dementsprechend benannt: „wald Auenturos" (Krone 13932). Ein *âventiure*-suchender Held reitet gezielt in den Wald, um diese zu finden („ze walde nâch âventiure reit", Er_(C) 7399; oder auch Iw_(BLW) 261–263). Die sogenannte *wilde* wird hierbei zum Kontrastbegriff zur *werlt*: Der die *wilde* Aufsuchende verlässt die *werlt*.[31] Der Wald ist Raum des Unheimlichen und Wunderbaren.[32] Häufig zeichnet

---

27 Vgl. Curtius 1993, 207, Fn. 3.
28 Vgl. Billen 1965, 26.
29 Vgl. Billen 1965, 15–27.
30 Vgl. Curtius 1993, 207 f.
31 Vgl. Schmid-Cadalbert 1989, 27 f.
32 Vgl. Billen 1965, 126.

er sich durch Zeitlosigkeit oder ein verändertes Zeitempfinden aus.[33] Er dient als Aufenthaltsort für Riesen und Zwerge, Drachen und Löwen, Räuber und Fischer, Einsiedler und fremde Gestalten und bietet somit den idealen Ort für die *âventiure*. Der junge Partonopier verirrt sich in Konrads von Würzburg *Partonopier und Meliur* im Wald voller „würme, aspis, cocodrille" und „basiliske" (KvWPart 530–537),[34] im *Prosa-Lancelot* kommt der Protagonist „geritten inn den walt, den man hiesse den Serpentinenwalt. Es was gar ein freißlicher forst von wilder abenthuren" (Lanc_I_(K) 39,25 f.). In einem solchen Wald sind die höfischen Gesetze außer Kraft gesetzt, er hat seine eigenen Regeln, bildet eine Gegenwelt zum Hof und, sobald beide Welten in Kontakt miteinander kommen, oft auch eine Bedrohung. Andererseits definiert sich der Hof durch seine Negation, braucht er die Gegenwelt zur Selbstlegitimation und Selbstreflexion.[35] Thomasin von Zerklaere markiert im *Welschen Gast* diesen Zusammenhang: „Swer niht merket daz er siht, / ern bezzert sich dâ von niht. / im möchte sîn alsô maere / daz er dâ ze holze waere / sô dâ ze hove" (WelGa 349–353); der Hof ist dabei als vorbildlich und erstrebenswert vorausgesetzt, der Wald dagegen als seine negativ-kreatürliche Gegenwelt.[36] Als gegensätzlich zum Hof erscheint auch das Chaos des Waldes, das im Kontrast zur „architektonischen Ordnung der Burg" gesehen werden kann.[37] Als Parzival die → Türme der Burg seines Lehrers Gurnemanz erblickt, hält er sie für ausgesäte Bäume: „den tumben dûhte sêre, / wie der türne wüehse mêre: / der stuont dâ vil ûf eime hûs. / dô wânde er si saet Artûs" (Parz_(L) 161,25–28). Ein Wald, auf den die höfische Erzählliteratur nahezu europaweit immer wieder zurückgreift, ist der Wald von Brocéliande („Brizljân", Parz_(L) 129,6; PleierMel 321; 4223; „Breziljân", Iw_(BLW) 263; 925; „Beoceliande", Lanc_II_(K) 403,2; „Brezilian", Krone 3233; 5639; „Prizzilian", PleierGar 10; 19413; „Precilje", JTit 1742,4; 1782,2; 1976,1; 2070,1; 5068,2; „Preziljân", TürlWil 74,21).[38] Die altfranzösische Literatur führt ihn als Welt des Zaubers und der *âventiure* ein, Hartmann von Aue übernimmt ihn im *Iwein* als Ort, in dem Laudines Zauberquelle steht, ins Deutsche. Wolfram von Eschenbach lässt seinen noch *tumben* Helden Parzival in den Wald Brizljan ausreiten, um dort seine ersten Abenteuer zu bestehen, wobei auffällt, dass Parzival in diesem

---

33 Vgl. Böckelmann 1986, 28.
34 Das Motiv des Verirrens im Wald ist kein seltenes: „Ainem weg er nauch rait, / der wyst in in den wald dan / so verr, das der jung man / wol weßt, daz er irre rayt" (PleierMel 334–337); „daz irre wilde pfat" (KvWPart 554). In der Episode im *Rappoltsteiner Parzifal* um die Herrin mit dem Schachbrett (ParzRapp 322,28–506,13) verirrt sich Parzifal mehrfach auf der Suche nach der gestohlenen Bracke und dem gestohlenen Hirschkopf. Eingebettet ist dies alles in die Suche nach der Gralsburg. Das Motiv des Verirrens im Wald ist in diesem Teil besonders dicht (vgl. Däumer 2010b, 287–303).
35 Vgl. Schnyder 2008, 124 f.
36 Vgl. Wenzel 1986, 279.
37 Schnyder 2008, 125.
38 Vgl. Stauffer 1958, 39 und 45–53.

Wald nichts eigentlich Wunderbares widerfährt. Wolfram geht es offenbar darum, den Helden in eine literarische Raum-Tradition einzubetten.³⁹

Wald kann als Raum der Alteritätserfahrung für den Helden dienen, indem er diesen mit dem Anderen konfrontiert.⁴⁰ Der Wald wird als Ort dargestellt, in dem sich der Weg des Helden vom Identitätsverlust als Folge von *ordo*-Verstößen über ein bewährungsreiches Dasein bis hin zur Wiederherstellung von Identität und Status vollzieht.⁴¹ Die Bewohner des Waldes haben in der Regel wenig Höfisches an sich, die Kategorien der *zuht* und der *mâze* gelten nicht mehr, die Körper der Waldbewohner zeichnen sich durch Unförmigkeit aus (Riesen: „er ist ussermosen ein starc gebur, / groser danne kein creatur", ParzRapp 354,40 f.; Zwerge: „er was ein vil kurzer man, / mir ensî gelogen dar an, / vil nâ getwerges genôz, / wan daz im harte grôz / wâren arme unde bein", Er_(C) 4282–4286; Waldmenschen: „sîn menneschlîch bilde / was anders harte wilde", Iw_(BLW) 425 f.; 418–470). Aber auch diese Wesen halten sich nicht hauptsächlich im Wald auf, sie suchen Zuflucht auf Lichtungen, in → Höhlen oder versteckten Burgen („‚ein rise' sprach sü, ‚hie herre ist, / der böse und unselig ist gar. / er tet den turn machen har: harin kumet kein biderman, / er muoze den lip verlorn han'", ParzRapp 354,10–14). Als Raum der *âventiure* ist der Wald der ideale Ort für zufällige und unvorhergesehene Begegnungen, wobei diese selbst dann auf Lichtungen oder Wegen stattfinden und nicht im undurchdringlichen Dickicht des Waldes selbst.⁴² Handlung findet folglich immer innerhalb eines gewissen Koordinatensystems statt. Wird ein Dickicht ohne Wege, Wegkreuze oder andere Zeichen von Zivilisation beschrieben, dann um beim Hörer das ziellose Irren des Helden (Parz_(L) 179,30–180,18), seine Unfähigkeit, den Weg selbst zu wählen (Er_(C) 5576–5585) oder auch das „Ende der Welt" (Tr_(R)2500–2513; → Ränder der Erde) zu beschwören.⁴³ Wird der Wald zum Lebensraum einer Figur des Hofes, so übernimmt diese häufig die Verhaltensweisen der im Wald Lebenden: Parzival trägt Bauernkleidung („ribbalîn", Parz_(L) 156,25 f.; 164,6 f.), selbst unter der höfischen Rüstung, Iwein wird wahnsinnig und lebt wie ein Tier („er brach sîne site und sîne zuht / und zarte abe sîn gewant, / daz er wart blôz sam ein hant", Iw_(BLW) 3234–3236) und Helmbrecht lebt als Geächteter im Wald („sît er sich hât verkrochen / in disen walt sô tiefen", Helmbr 1872 f.). So indiziert der Wald auch Zustände innerer Entfremdung, des Status- oder Selbstverlustes der ihm ausgelieferten Figuren.⁴⁴

---

39 Vgl. Trînca 2008, 13.
40 Vgl. Schulz 2003, 516.
41 Plasa 2008b, 589.
42 Erecs Kampf bei Hartmann von Aue gegen Cadocs Entführer (Riesen) findet für den höfischen Roman unüblicherweise im Wald statt; er wird dazu genutzt, Erecs Wendigkeit mit Schwert und Schild selbst im Wald darzustellen.
43 Vgl. Schnyder 2008, 124–132.
44 Vgl. Wenzel 1986, 282 f.

3.5 Der Wald als Ort der Zuflucht und des Schutzes sowie der Verbannung und Rechtlosigkeit

Der Wald kann als Zufluchtsort für Ausgestoßene dienen. Er bietet Schutz fernab der Gesellschaft. Verbannte, Vertriebene oder Verstoßene suchen den Wald auf, um der Gesellschaft zu entfliehen. Der *waltman* selbst lebt wie die wilden Tiere und sieht auch so aus (so der „walttôr" im *Iwein*: Iw_(BLW) 440). Aber auch Sieche, Mörder oder Rechtlose fliehen aus demselben Grund in den Wald, sie scheuen, wenn auch aus unterschiedlichen Gründen, die Gesellschaft.[45] Signifikant sind Formeln wie „rouber, diebe und waltmörder" (Renner 7396), oder „morder sint in welden" (Renner 22730).[46] Als Ort des Unerkannt-Bleibens eignet sich der Wald als Schauplatz von Untaten. In Gottfrieds *Tristan* wird Brangäne, die Dienerin Isoldes, von Auftragsmördern begleitet, von ihrer Herrin in den Wald geschickt. Als Beweis ihres Todes sollen die Mörder Brangäne die Zunge herausschneiden, hierzu führen sie Brangäne ins Dickicht des Waldes (Tr_(R) 12723–12871).

Aber Verborgenheit impliziert als weitere Funktion eben auch Sicherheit und Schutz (PleierMel 4262–4265; Dietr 5765–5773). Im *Herzog Ernst* bewahrt der Wald Ernst und seine sechs Begleiter vor Greifen, nachdem die Elterntiere die Reisenden als Futter für ihre Jungen entführten („sie sniten sich ûz unde stigen / abe dem steine in den walt, / dâ den helden vil balt / die grîfen mohten niht geschaden", ErnstB_(B) 4292–4295; „under dicke boume sie sich zugen", ErnstB_(B) 4301). Im Wald finden die Pygmäen Schutz vor den Kranichen („sie muosen in starken walden sîn / dâ sich diu kleinen liutelîn / den vogelen kûme erwerten", ErnstB_(B) 4907–4909), Ernst und seine Begleiter Schutz vor den Riesen („wir suln in den walt gân. / aldâ suln wir bestân: / dâ mugen wir den lîp behalden", ErnstB_(B) 5193–5195). Im Kampf mit den Riesen nutzt Ernst den Wald sogar als Schild, da die mächtigen Gegner nicht durch ihn dringen können („der herzoge entweich hinder sich / under die boume mit sîner schar: / dâ wâren sie sicher gar", ErnstB_(B) 5208–5210).

3.5.1 Der Wald als Ort für Liebende
Als Zufluchtsort dient der Wald Tristan und Isolde (beginnend mit Tr_(R) 16679), die vom Hof in den Wald fliehen. Inmitten des Waldes finden sie eine Höhle, einen Ort, an dem sie ihre illegitime Liebe gefahrlos leben können. Das Waldleben ermöglicht ihnen sogar eine Steigerung und Verabsolutierung ihrer Liebe.[47] Die Protagonisten und ihre partiell außerhöfische und in diesem Sinne transgressive *minne* werden durch das Leben im Wald an einen a-zivilisatorischen, liminalen Naturzustand angeglichen.[48]

---

45 Vgl. Schmid-Cadalbert 1989, 34. Siehe auch Keller 2008a, 938.
46 Vgl. Hiestand 1991, 45.
47 Vgl. Wenzel 1986, 287.
48 Vgl. Schulz 2003, 515.

Die → Minnegrotte selbst befindet sich an einem *hortus conclusus*, umschlossen von einem *locus amoenus*, mitten im wilden Wald, den man durchdringen muss (Tr_(R) 16679–16688; 16765–16770). Gottfried kehrt hier die üblichen Konnotationen und Wertzuschreibungen von Natur und Kultur um: Die höfische Welt erscheint als feindlich, die Wildnis hingegen als freundlich. Die Grotte wird den Liebenden entfernt von der Zivilisation selbst zum Hof.[49] Sie ist damit dem höfischen Leben nicht einfach entgegengesetzt, sondern erhält auch dessen Züge. Für die Liebenden realisiert sich hier die höchste Erfüllung: Sie leben ein „wunschlebene" (Tr_(R) 16846). Dagegen zeichnet Eilhart von Oberg in seiner Tristan-Version das Waldleben des Paares als Zeit der Entbehrung, in der primitivste Mittel das schiere Überleben sichern.

3.5.2 Der Wald als Ort für ‚Verrückte'

Der Wald bietet aber auch Raum für jene, die als verrückt gelten. So wird er zum Lebensraum Iweins, der nach seiner Verfehlung und deren Erkennen nackt in den Wald läuft und fortan ein animalisches Dasein fristet (Iw_(BLW) 3231–3236; 3348).[50] Im Wald ist Iwein völlig von der Gesellschaft geschieden und gerät erst wieder in deren Blick, als er geheilt an den Hof zurückkehrt. Folglich ist seine höfische Existenz für die Dauer seines Waldlebens suspendiert, der Wald wird zum Ort des Selbstverlusts. Prekär gestaltet sich das Entkommen aus dem wilden Wald, ist der Betroffene erst einmal selbst zum *wilden* geworden; hier bedarf es der Hilfe Dritter. Bei Chrétien de Troyes und bei Hartmann von Aue verliert Yvain/Iwein den Verstand aufgrund des Verlustes der Geliebten. Diese Ursache haben auch die Selbstentfremdung und der Wahnsinn des Königssohns von England im *Busant*. Er trifft sich heimlich mit seiner Geliebten, der Tochter des Königs von Frankreich, an einem *locus amoenus*, als ein *busant* ihnen einen Ring raubt (Bussard 562). Bei der Verfolgung des Vogels verirrt sich der junge Mann im Wald. Dieser, zunächst als lieblicher Ort beschrieben, wandelt sich nun zur Wildnis, in der der Trauernde zum wilden Mann wird.[51] Auch Lancelot wird aufgrund einer unglücklichen Liebe (zur Königin Ginevra) wahnsinnig; er läuft nackt in den Wald („Und des erschrack Lancelot so sere das er nacket dannen lieff in synem / hemde und wart des gebots halben unsinnig", Lanc_II_(K) 227,22 f.) und fristet ähnlich wie Iwein ein tierähnliches Leben. Es lässt sich festhalten, dass das mit Wahnsinn verbundene Leben im Wald stets mit Verlust von Besitz, *êre* und Identität einhergeht: Die Betroffenen leben in ihrer bloßen Kreatürlichkeit.

---

49 Vgl. Schmid-Cadalbert 1989, 38 f. Siehe hierzu auch Cole 1995, 2–6.
50 Iwein ist nackt, seine Haut wird schwarz; er ernährt sich von Tieren, die er eigenhändig erlegt. Er erlebt eine Rückentwicklung in einen primitiven Naturzustand (vgl. Le Goff 1990b, 93).
51 Vgl. Schmid-Cadalbert 1989, 43 f.

3.6 Der Wald als Ort für Einsiedler und Büßende

Eremiten, die es in den Wald zieht, um dort in einer → Einsiedelei ein weltfernes Leben zu führen, stehen in der Tradition Christi und Johannes' des Täufers, die es in die Einsamkeit der Wüste zog, um Gott näher zu sein. Der Wald übernimmt die Funktion des *eremus*, der Einöde bzw. der Wüste, also des Ortes der Einsamkeit in Regionen, in denen es keine Wüsten gibt.[52] Im *Heliand* wird der Wald ausdrücklich mit der Wüste gleichgesetzt, wenn Christi Verlassen der Wüste wie folgt beschrieben wird: „Thô forlêt he uualdes hlêo, / ênôdies ard endi sôhte im eft erlo gemang" (Heliand_(B) 1124 f.; „Er verließ des Waldes Hülle, / Der Einöde Raum und suchte der Menschen Umgang", Heliand_(S) 53). Auch die höfische Literatur des Mittelalters kennt Eremiten wie Gregorius, Trevrizent oder als weibliches Pendant Sigune, die ein Leben in völliger Weltabgewandtheit führen, um zu trauern, zu büßen und/oder das Heil zu erlangen. Als Helfer stehen sie dann Figuren zur Seite, die selbst (zeitweise) außerhalb der Gesellschaft leben und ihren Rat suchen.

3.7 Der Wald als Ort des Kampfes

Kampfbeschreibungen fordern Räume, in denen der Kampf sich vollzieht (→ Schlachtfeld). Im höfischen Roman sind dies oft Lichtungen oder der Waldrand, die Heldenepik kennt Wege, auch das Dickicht des Waldes selbst zum Kampfraum zu machen. Im *Eckenlied* veranstaltet der titelgebende Held ungeheuren Aufruhr, wenn er sich durch den Wald bewegt: Äste schlagen auf seinen Helm wie Glockenschläge („den heln man horte månicvalt / wider us dem wald erclingen, / reht alsam ain glogge wär erschalt", EckenlE2 36,9–11), die gesamte Rüstung lärmt (EckenlE2 36,12–37,2) und reflektiert die Sonne, was das Dickicht erhellt. Im Kampf werden die Funken der Schwerter zu Feuer entfacht (EckenlE2 106,9–13). Der ganze Wald gerät durch den donnergleichen Lärm (EckenlE2 105,6–9) in Aufruhr, Vögel und andere Tiere schrecken auf. Die Präsenz des Riesen Ecke wird erzählerisch sowohl akustisch als auch über die künstliche Beleuchtung hergestellt. Wo im höfischen Roman die Lichtung den Kampf erst ermöglicht, ist es in der Heldenepik der Kampf, der den Wald lichtet.[53] Der Wald dient in der Heldenepik der Inszenierung von Helden und Riesen, indem er sehr eindrucksvoll die physischen Gegebenheiten der Heroen verdeutlicht. Sie reißen Bäume mit bloßer Hand aus oder mähen sie wie Grashalme nieder („er zart die bom, das si sich kluben", EckenlE2 184,11); Sigenots Atem beugt die Äste („Wann der ris den âtem liez od zôch / So volgeten im die este / Al in den boumen hôch", JSigen 60,11 f.). Im Vergleich mit den Riesen erscheint der Wald in der Heldenepik nahezu klein und zerbrechlich –

---

52 Weiterführend hierzu siehe Böckelmann 1986, 22 und Le Goff 1990b, 81–97.
53 Vgl. Schnyder 2008, 133 f.

ganz im Kontrast zur Kindheit einiger Helden in einem urwaldartigen Ambiente (so bei Hagen in der *Kudrun*: Kudr_(BS) 72; z. T. bei Siegfried[54] und Wolfdietrich: WolfdA_(AJ) 116–120).

3.8 Der Wald als Ort des Übergangs

Der Wald fungiert auch als Übergangs- und Schwellenort. Am prominentesten steht dafür jener Wald, der den Eingang zur Unterwelt (→ Hölle) im *Eneasroman* markiert. Er ist als schauriger Ort beschrieben, an dem Frauen und Männer weinend an einem brennenden → Fluss auf und nieder laufen, unter Eiseskälte leiden und von Tieren gequält werden („ir ungemach was vile grôz / in dem vinstern walde", En_(EK) 2950 f.). Schwellenort ist der Wald aber auch, wo der Mensch versucht, ihn in seinen Lebensbereich zu integrieren, wo er in ihm jagt oder rodet. Vor allem der Waldrand markiert den Übergang zwischen bekannter und anderer Welt (→ Anderswelten).[55] Schmid-Cadalbert stellt Fälle dieser Art heraus: In Hartmanns von Aue *Gregorius* gestaltet sich der Weg des Protagonisten zum Fischer als hindernisreiche Raumschwelle („daz man in danne müeste / suochen in der wüeste. / sus begunden si gâhen, / dâ si daz gebirge sâhen, / in die wilde zuo dem sê. / Der zwîvel tet in harte wê / daz sî niht wizzen kunden / wâ sî den guoten funden. / Dô wîste si diu wilde / ze walde von gevilde. / sus vuor diu wegelôse diet, / als in ir gemüete riet, / irre unz an den dritten tac", Greg 3221–3233); die Minnegrotte Tristans und Isoldes liegt an einem *hortus conclusus*, an den man nur gelangen kann, wenn man die umliegende *wilde* überwindet. Weltflüchtige wie Einsiedler und Büßende finden ebenfalls in der Einsamkeit Zuflucht, die jedoch ebenfalls jenseits der Schwelle liegt.[56] Die häufig synonyme Bezeichnung *wilde* betont die Barriere: „Sus kêrten sî driu under in / allez gegen der wilde hin / über walt und über heide / vil nâch zwô tageweide", Tr_(R) 16679–16682; „von disem berge und disem hol / sô was ein tageweide wol / velse âne gevilde / und wüeste unde wilde. / dar enwas dekein gelegenheit / an wegen noch stîgen hin geleit", Tr_(R) 16761–16766).

---

[54] Siegfrieds Kindheit im Wald findet ausschließlich Erwähnung in der altnordischen *Thidrekssaga* und im späten *Hürnen Seyfried* (16. Jh.).
[55] Vgl. Billen 1965, 127.
[56] Vgl. Schmid-Cadalbert 1989, 37–46.

AHeinr, Bussard, Dietr, EckenlE2, En_(EK), Er_(C), ErnstB_(B), ErnstD, Greg, Heliand_(B), Heliand_(S), Helmbr, IsidEtym_(L), IsidEtym_(M), Iw_(BLW), JSigen, JTit, Krone, Kudr_(BS), KvWPart, Lanc_I_(K), Lanc_II_(K), NibAB_(BBW), OrtnAW, Parz_(L), ParzRapp, PleierGar, PleierMel, Renner, Rennew, Rol, SAlex_(L), StrKarl, Tr_(R), TürlWil, UvEtzAlex, UvEtzWh, UvZLanz_(H), Virg_(Z), WelGa, Wig, WolfdA_(AJ), WolfdB_(AJ), WolfdD_(AJ)

→ Anderswelten; → Burg, Schloss, Hof; → Fluss, Quelle, Brunnen; → Garten, Baumgarten; → Ferne-Utopien; → Gralsburg, Gralsbezirk; → Grenze; → Heide, Aue, *plaine*; → Himmel, Hölle; → Höhle, Grotte; → Klause, Einsiedelei, Einöde; → Minnegrotte; → Ränder der Erde; → Turm, Zinne, Mauer; → Schlachtfeld, Turnierplatz; → Weg, Straße, Pfad; → Wüste, Wildnis, Einöde

Tilo Renz*
Weg, Straße, Pfad

1 Begriffsbestimmung – 2 Merkmale der Darstellung – 2.1 Grenzen – 2.1.1 Breite – 2.1.2 Länge – 2.2 Verlauf – 2.3 Ränder der Wegsamkeit – 3 Narrative Funktionen – 3.1 Wege der *âventiure* – 3.2 Itinerare: Wege in die ferne Fremde – 3.3 Figurative Bedeutungen von Wegen

1 Begriffsbestimmung

Die Begriffe Weg und Straße bezeichnen im Mittelalter einen „aus dem bewohnten, bewirtschafteten oder ungenutzten Land herausgegrenzten Bodenstreifen, der als Verkehrsraum reserviert und von der Allgemeinheit zu gleichem Recht benutzt wird".[1] Geschaffen wird der Weg also durch Abgrenzung (→ Grenze) vom → Land, das ihn umgibt. In literarischen Texten wird deutlich, dass diese Unterscheidung nicht notwendig durch bauliche Befestigung des Weges erreicht wird: Damit ein Weg als solcher erkennbar und zudem minimal befestigt ist, genügt es, dass er zuvor (mindestens einmal) begangen oder befahren wurde (s. Abschn. 2). Jedes weitere Begehen dient nicht nur der Fortbewegung, sondern bewirkt auch, dass der Weg als solcher erhalten bleibt. Wege sind offensichtlich gemachte Orte, sie sind dies aber nicht zwangsläufig im Sinne handwerklicher Konstruktion, sondern zuallererst im Sinne der iterativen Logik ihrer Nutzung.

Mhd. Worte für Wege sind zahlreich. Sie sind weniger ausdifferenziert als ihre nhd. Entsprechungen und können füreinander eintreten. Das beschriebene Wechselverhältnis von Befestigung und wiederholtem Begehen des Weges zeigt sich bereits in der grundlegenden Semantik der Worte, die Wege bezeichnen: Neben die Bedeutung des konkreten Ortes, des Bodenstreifens, tritt stets die Bedeutung der Bewegung auf oder entlang desselben. Das wird z. B. in der Wendung *under wegen* deutlich (etwa Iw_(M) 2187; 6045; Tr_(R) 7456; 8719; UvZLanz_(K) 2815). Im Folgenden geht es um die mhd. Weg-Worte, die zuallererst den konkreten Ort bezeichnen. Worte, bei denen dagegen die Semantik der Bewegung im Vordergrund steht, werden nicht berücksichtigt (etwa *ganc* m., *geverte* n., *louf* m., *sint* m., *vart* f., *vuore* f.). Ferner werden nur Landwege behandelt; für Wege zu Wasser vgl. die Einträge → Meer und → Fluss. Ange-

---

* Der Verfasser dankt Christoph Roth (Heidelberg) für Materialien und Gliederungsansätze, die er zu diesem Artikel zur Verfügung gestellt hat.
1 Szabó 1997, 220. Zur Situation der historischen Straßen und Wege seit dem hohen Mittelalter vgl. Denecke 1992.

sichts der Fülle des Materials orientiert sich der Artikel an der bisherigen Forschung[2] und konzentriert sich auf den höfischen Roman (insbes. auf Hartmanns von Aue *Erec* [um 1180; neben Fragmenten des 13. und 14. Jh.s vollständig überliefert im *Ambraser Heldenbuch* (um 1510)] und *Iwein* [um 1200], Gottfrieds von Straßburg *Tristan* [um 1210] sowie Wolframs von Eschenbach *Parzival* [1200–1210]). Beobachtungen zu anderen Texten und Textgruppen ergänzen die Ausführungen.

Mhd. *wec* (m., ahd. *weg* m., aus germ. **wega-* m., auch in ae. *weg*, afries. *wei*; möglicherweise lautlich vergleichbar mit lat. *via* f.)[3] wird in der Bedeutung von ‚Weg' im Allgemeinen verwendet, schließt also auch die im Nhd. spezifische Wegform Straße ein.[4] *Wec* kann auch die Bewegung einer Figur meinen und für Bewegungen mit speziellen Funktionen, etwa *âventiure* (s. Abschn. 3.1), ‚Pilgerfahrt' (s. Abschn. 3.2) oder ‚Kreuzfahrt', stehen.[5] Das Wort kann ferner im bildlichen Sinne verwendet werden (s. Abschn. 3.3). Das Nebeneinander von wörtlicher und übertragener Bedeutung gilt für alle Begriffe des Wortfelds. Die uneigentliche Semantik schwingt bspw. mit in der Rede vom Weg einer Figur (*sîn wec*, etwa Er_(S) 4834; 5488; Tr_(R) 8934; 16688; StrDan 4266; KvWTroj_(K) 28153; KvWPart 13068; 13125). Sehr oft ist die übertragene Bedeutung auf innere Zustände oder Veränderungen von Figuren bezogen (s. Abschn. 3.1 u. 3.3).[6] Aufgrund etymologischer Verwandtschaft wird die Graphemkombination *wec* im Mhd. auch als Adverb zur Markierung einer Bewegung der Trennung und Entfernung in der Bedeutung ‚weg', ‚fort' verwendet.[7]

Mhd. *strâze* (f., von ahd. *strāza* f.) wird früh aus dem Lat. (*strata* f.) entlehnt.[8] Wie *wec* kann das Wort Wege aller Art bezeichnen und ebenso im eigentlichen und im figuralen Sinne („der saelden straze", Greg 63; 87; „diner wishait strazzen", WhvÖst 10450) verwendet werden. Mit der historischen Entwicklung zur Moderne hat sich eine Bedeutungsverengung vollzogen:[9] Im Mhd. zeichnet sich die moderne Semantik von *strâze* als ‚befestigter' oder ‚breiter Weg'[10] bereits ab (etwa Parz_(L) 724,6; Wig 6251; MaiBea_(KMF) 8274; Reinfr 1806; 19272; WolfdB_(AJ) 841,3), der Begriff kann aber auch den ‚engen' (Wig 9017) oder ‚ungebahnten Weg' meinen („unerbûwen strâze", Er_(S) 5314; „an ungebanten strâzen", Parz_(L) 127,15).

---

[2] Grundlegend immer noch Trachsler 1979; vgl. außerdem Hahn 1963, Harms 1970, Brinker-von der Heyde 2003, Störmer-Caysa 2007, Däumer et al. 2010b.
[3] Vgl. BMZ 3, 636–639, Kluge/Seebold 2011, 975.
[4] Vgl. Lexer 3, 719 f., DWB 19, 882–906.
[5] Vgl. Lexer 3, 719 f.
[6] Vgl. Trachsler 1979, 3 u. 177.
[7] Vgl. Lexer 3, 719 f. Hier deutet sich bereits an, dass der Ausgangspunkt eines Weges in der Regel klarer lokalisiert ist als sein Endpunkt.
[8] Vgl. Lexer 2, 1226 f.
[9] Vgl. Trachsler 1979, 18–20.
[10] Vgl. DWB 19, 882.

Mhd. *ban* f./m. bezeichnet den Weg im Sinne eines ‚freien, zum Gehen oder Fahren geebneten Raums'.[11] Daher ist das Wort auch mit Adjektiven wie *eben* oder *getriben* verbunden (etwa Er_(S) 8707; EckenlE2 41,2). Zudem kann *ban* die Bedeutung einer konkreten ‚Wegstrecke' annehmen, auf der eine Figur unterwegs ist (Tr_(R) 17490; s. Abschn. 2.1.1).

Mhd. *stîc* (m. und *stîge* f., von ahd. *stīg*, *stīc* m.) und *phat* (m./n., von ahd. *p[h]ad, fad* m.) liegen mit der Bedeutung ‚Pfad', ‚Steig', ‚Fußweg' im eigentlichen und übertragenen Sinn nah beieinander.[12] Sie werden häufig mit den Adjektiven *smal* und *eng* verbunden (s. Abschn. 2.1.1) und dem topographischen Bereich des → Waldes zugeordnet (für *stîc*: NibB_(S) 911,3; Krone 70; für *phat*: Wig 4989). Daher sind die Worte gelegentlich von *strâze* unterschieden (zu *stîge*: Virg_(Z) 910,5), können aber auch im Sinne des mhd. weiten semantischen Spektrums von *strâze* diesem Begriff (MOsw_(C) 1793; KvWTroj_(K) 30811) sowie dem Begriff *wec* (NibB_(S) 1591,3; KvWTroj_(K) 47436; HvNstAp 8147 f.) äquivalent verwendet werden. Insbesondere *phat* wird für den Weg verwendet, den sich ein Kämpfender bahnt (s. Abschn. 2.3);[13] dieser Weg wird von einer Figur zum ersten Mal beschritten und somit von ihr geschaffen.

2 Merkmale der Darstellung

Der Weg ist „kein Ort des Bleibens",[14] sondern er dient der Bewegung. Im sprachlichen Ausdruck der mhd. Texte wird das besonders deutlich, wenn es heißt, dass Figuren sich *ûf dem wec* befinden – nicht etwa ‚darin' (griech. ἐν ὁδῷ, lat. *in via/m*) – oder dass der Weg die Figuren ‚trägt' (vgl. etwa Iw_(M) 5576; Greg 2969; 3214; s. Abschn. 3.1). Als Ort der Bewegung in diesem Sinne stellt der Weg Verbindungen zwischen anderen konkreten Orten her. Durch die Verknüpfung von Orten entlang seines Verlaufs konstituiert der Weg ein räumliches Ensemble, das oftmals nicht größer zu sein scheint als ein schmaler Streifen.[15] Es kann als Landschaft in einer reduzierten Form

---

[11] Vgl. Lexer 1, 119 f., BMZ 1, 83.
[12] Vgl. Lexer 2, 1185, BMZ 2,2, 631 f.
[13] Vgl. Lexer 2, 230 f.
[14] Als „kein Ort des Bleibens" beschreibt Brinker-von der Heyde (2003, 203) – im Anschluss an die Begriffe *demeure* und *chevauchée* bei Zumthor (1993) – das Phänomen des „Zwischenraums". Wege lassen sich diesem Begriff zweifellos zuordnen. Wie Zwischenräume zeichnet auch sie die Variabilität in Größe und Ausdehnung aus (vgl. Brinker 2003, 210; s. Abschn. 2.1.1 u. 2.1.2). Im Folgenden wird aber noch deutlich werden, dass sich Wege nicht allein als durchquerte Räume bestimmen lassen (vgl. Brinker 2003, 207), sondern dass sie auch Verbindungen zum *locus*-Begriff der aristotelischen Tradition aufweisen.
[15] Vgl. Röth 1959, 211, Hahn 1963, 46. Der Zone ist auch eine zeitliche Dimension eigen, denn sie scheint wieder zu verschwinden, wenn die Figur, an deren Weg sie erschienen ist, weiterzieht (vgl. Röth 1959, 211–213, Störmer-Caysa 2007, 75).

bezeichnet werden, wenn man die Unterschiede zur modernen ästhetischen Konnotation des Begriffs präsent hält.[16] Sowohl die Bewegung als auch die Verknüpfung von Orten, die sich aus jener ergibt, implizieren die Perspektive einer wahrnehmenden Instanz, in der Regel einer Figur der Erzählung. Deutlicher als bei vielen anderen konkreten Orten tritt so hervor, dass für den Weg die Charakterisierung durch Bewegung zentral ist und dass Figurenwahrnehmung und der zeitbasierte Prozess des Erzählens seine Hervorbringung beeinflussen.[17] Der Weg ist stets durch Bewegung mitbestimmt.

Zugleich wird der Weg in volkssprachlichen literarischen Texten des Mittelalters auch als Ort akzentuiert, der der Bewegung von Figuren vorauszugehen scheint.[18] Es finden sich durchaus Hinweise auf die kontinuierliche Ausdehnung und auf die Begrenzungen von Wegen, sodass Korrespondenzen mit dem *locus*-Begriff der aristotelischen Tradition sichtbar werden.[19] Durch die Bewegung von Figuren *auf* dem Weg werden Orte miteinander verbunden. Schon mit dieser Redeweise ist eine materielle Verknüpfung der Stationen angesprochen, die der Bewegung *zugrunde* liegt. Außerdem tritt der Weg in seiner konkreten räumlichen Gestaltung nicht hinter den Orten, die er verbindet, zurück, sondern wird in den einzelnen Texten auch selbst auf unterschiedliche Weise konturiert. In Bezug auf die Breite eines Weges ist von seinen äußeren Grenzen die Rede (schmal vs. breit), außerdem kann seine Länge anhand gesetzter Endpunkte bestimmt werden. Insbesondere weil diese vorläufig sein können, sind Grenzen des Weges nicht durchweg klar fixiert. Randbereiche des ‚Wegsamen' zeichnen sich ab. Dass der Weg in mhd. Erzähltexten Merkmale eines Ortes aufweist, der in besonderem Maße durch Bewegung beeinflusst ist, und dass er zugleich als *locus* in der aristotelischen Tradition fassbar wird, erscheint als diejenige Besonderheit seiner Darstellung, die dem eingangs angesprochenen strukturellen Charakteristikum der Konstitution des Weges im Mittelalter durch vorausgehendes Begehen oder Befahren Ausdruck verleiht.

---

16 Gruenter hat darauf aufmerksam gemacht, dass sich eine ästhetische Dimension des Begriffs Landschaft erst im 15. Jh. herausbildet; die Landschaft mittelalterlicher Erzähltexte ist dagegen vor allem eine ‚politische' und geographische (vgl. Gruenter 1953, 110 u. 112 f.). Dazu kann ergänzt werden, dass es insbes. mit dem *locus amoenus* durchaus schon im Hochmittelalter Orte gibt, deren ästhetische Dimension von Interesse ist (vgl. Glaser 2004, 41).
17 Störmer-Caysa vertritt pointiert die These, der Weg ergebe sich im arthurischen Erzählen aus der Bewegung des Helden, vgl. Störmer-Caysa 2007, 65, 69. Sie wird vorbereitet bei Röth (1959, 210 f., im Sinne von: die Landschaft entsteht gleichzeitig mit der Handlung), angedeutet bei Gruenter (1962, 249), und ausdrücklich bei Hahn (1963, 45–50) formuliert. Nach Hahn ergibt sich der Zusammenhang der einzelnen Teile eines räumlichen Ensembles aus „fortschreitenden Aktionsketten" (Hahn 1963, 46). Ähnlich argumentieren z. B. auch Däumer et al. (2010b, 9–11), indem sie im Anschluss an de Certeaus Unterscheidung von *lieu* und *espace* (1988, 217–220) die Raumkonstitution durch Handlung hervorheben.
18 Dass räumliche Konstellationen, die aus der Bewegung von Figuren entstehen, und solche, die mit mehr oder weniger deutlichen Grenzziehungen operieren, in mhd. Texten häufig nebeneinander bestehen, haben Gerok-Reiter/Hammer (2015, 498 f.) herausgestellt.
19 Vgl. die Einleitung in dieses Handbuch.

2.1 Grenzen

2.1.1 Breite

Der Blick auf das Wortfeld hat gezeigt, dass Weg-Worte u. a. anhand der horizontalen Erstreckung unterschieden werden. Die Begrenzung in der Breite ist für die Differenzierung verschiedener Arten von Wegen bedeutsam. Im *Parzival* Wolframs von Eschenbach etwa werden *phat* und *wec* voneinander abgegrenzt (Parz_(L) 511,21): Orgeluse weist Gawan einen schmalen „pfat" – es ist ausdrücklich kein „wec" –, auf dem er zu ihrem Pferd gelangen und die Probe seiner Ritterschaft beginnen soll. Außerdem werden Wege häufig anhand von Adjektiv-Spezifikationen als breit oder schmal ausgewiesen.

Breite Straßen sind in Texten verschiedener Zeiten und unterschiedlicher Gattungen vielfach belegt.[20] Von großen Straßen ist besonders häufig im *Prosa-Lancelot* die Rede (Lanc_I_(K) 219,29; 359,11; 554,15; 563,26; Lanc_II_(K) 145,20; 670,25 f.); die Unterscheidung breiter von schmalen Wegformen strukturiert hier das Geschehen.[21] Zwar können auch Wege breit sein,[22] doch überwiegen schmale oder enge Wege.[23] Auch Begriffe für schmale Wege, also *phat* und *stîc*, werden häufig gebraucht.[24] Sie werden ihrerseits mit den Adjektiven *eng*[25] und *smal*[26] verbunden. Schmalen Wegen kommt in mhd. Erzähltexten besondere Bedeutung zu, denn im Sinne der iterativen Logik der Erhaltung von Wegen werden sie wenig benutzt. Sie führen somit in abgelegenes Gelände.

Einen möglichen Hintergrund der Hochschätzung dieser Wege liefert die Bergpredigt, nach der der schmale Weg, der nur von wenigen begangen werde, der richtige sei und zum ewigen Leben führe: „Intrate per angustam portam quia lata porta et spatiosa via quae ducit ad perditionem et multi sunt qui intrant per eam" (BibliaSacr

---

[20] Etwa En_(EK) 712; Tr_(R) 2577–2579; UvZLanz_(K) 3535; MaiBea_(KMF) 8274; KvWPart 20884; KvWEngelh_(G) 392; WolfdB_(AJ) 841,3.
[21] Vgl. Harms 1970, 255–264.
[22] Etwa Wig 4549; WhvÖst 6188; 7853.
[23] Für schmale Wege: Krone 2171; Parz_(L) 249,7; 514,25; für enge Wege: En_(EK) 11943; Iw_(M) 1077; Tr_(R) 390–392; TundA 644–646; Krone 9792; UvZLanz_(K) 1414; UvEtzAlex 6015; Virg_(Z) 441,3; WolfdA_(AJ) 517,2.
[24] Vgl. exemplarisch für *stîc*: Er_(S) 8883; Greg 2771; 3234; Iw_(M) 266; 274; 599; 927; 971; Parz_(L) 120,14; Wig 3881; 4867; 6543; Krone 12772; 12776; 12834; PleierMel 263; KvWPart 567; Reinfr 239; 13966; 21131; 23930; NibB_(S) 911,3; 1591,3; 1794,1; Virg_(Z) 58,2; 449,7; WolfdB_(AJ) 423,2; 455,2; 486,2; SAlex_(L) 6242; RvEAlex 13554; UvEtzAlex 16522; KvWTroj_(K) 16531. Trachslers Einschätzung, dass die Begriffe im Artusroman – mit Ausnahme von *Parzival* und *Wigalois* – wenig verbreitet seien, bestätigt der umfangreiche Befund zu dieser Gattung (und über sie hinaus) nicht (vgl. Trachsler 1979, 76).
[25] Für *stîc*: Iw_(M) 927 f.; 971; RvEBarl 5390; 5394; für *phat*: Erec 8713; BitD_(J) 11342; StrKarl 1484; Roth_(B) 3692; OrtnAW 89,4.
[26] Für *stîc*: SAlex_(L) 6242; Helmbr 1426.

Mt 7,13).²⁷ Diese Vorstellung findet bspw. in legendarisches Erzählen Eingang. Dem *Gregorius* Hartmanns von Aue zufolge ist „der sælden strâze / [...] beide rûch und enge" (Greg 79–96, hier 87–89). Enge Wege sind in mhd. Erzähltexten aber oftmals auch verbunden mit der Darstellung konkreter Orte fernab des Hofes, die nicht notwendig mit Gottesferne parallelisiert werden. So führen schmale Pfade in den Wald und in Gegenden, in denen staunenswerte Objekte angetroffen werden können (z. B. in den Wald von Breziljan [etwa Iw_(M) 266; 274; 599; 927; 971]) oder die Vorstellungen von einer → Anderswelt anklingen lassen (z. B. Mabonagrins Garten [„engez phat", Er_(S) 8713; „stîc [...] / der was grasic und niht breit", Er_(S) 8883 f.]).²⁸ Pfade zu begehen ist mit großer Mühe verbunden, die den Reisenden wiederum auszeichnet. Außerdem sind Pfade – ähnlich wie → Spuren – vom Verschwinden bedroht, und Reisende begeben sich auf ihnen in die Nähe zur Weglosigkeit (s. Abschn. 2.3).²⁹

Die Unterscheidung zwischen schmalen und breiten Wegen, die auf einer Vorstellung von der horizontalen Erstreckung eines jeweiligen Weges und diesbezüglichen Grenzen basiert, ist also fest etabliert. Abzweigungen bilden den Übergang von breiten Wegen zu schmalen – und umgekehrt. Gelegentlich wird die etablierte Differenz auch für die Darstellung der Transformation eines Weges eingesetzt. Was als breiter, gut begehbarer Weg beginnt, kann zu einem schmalen Pfad werden: „der wec wart smal der ê was breit" (PleierMel 338) heißt es über den, der Meleranz im gleichnamigen Text des Pleier in den Wald von Breziljan führt.

2.1.2 Länge

Auch in der Länge ist die Ausdehnung eines Weges in der Regel begrenzt. Diese Grenze ist jedoch weniger stabil als die der Weges-Breite. Die Länge eines Weges wird zwischen dem oftmals nur durch den narrativen Zusammenhang gegebenen Ausgangspunkt und dem Zielpunkt bestimmt. Das Ziel ist geographisch recht genau umrissen. Hartmanns von Aue *Erec* z. B. bietet das Spektrum der Möglichkeiten: Es kann sich um eine Region oder ein Land handeln (Er_(S) 7907–7910), um einen Wald (Er_(S) 6134) oder → Baumgarten (Er_(S) 8896–8900), um den → Hof (Er_(S) 4833–4836), um ein Gebäude (Er_(S) 252; 3477 f.), eine → Kemenate (Er_(S) 9925 f.) oder den freien Raum außerhalb eines Bauwerks (Er_(S) 6639 f.); es kann sich aber auch um einen geographischen Zielpunkt handeln, der nicht genau situiert ist (Er_(S) 4277 f.). Darüber hinaus kann der Weg einen beweglichen Zielpunkt haben: Das ist beim Zusammentreffen mit anderen Figuren der Fall (etwa bei den Begegnungen zwischen

---

27 „Geht hinein durch die enge Pforte. Denn die Pforte ist weit und der Weg ist breit, der zur Verdammnis führt, und viele sind's, die auf ihm hineingehen" (Luther2016 Mt 7,13). Zum Motiv des beschwerlichen Weges zur Seligkeit vgl. Hahn 1963, 122–124.
28 Vgl. Trachsler 1979, 75–77.
29 Vgl. Trachsler 1979, 75.

Keie und Erec [Er_(S) 4629²⁵–4629³⁰] oder Erec und Guivreiz [Er_(S) 6862–6867]; vgl. außerdem die Wiederbegegnung von Gawan und Parzival [Parz_(L) 678,18–690,2)]).

Als Maß der Entfernung dienen neben Distanzen, insbes. der *mîle* (f., von lat. *mil[l]ia [passuum]*;[30] etwa: „niuwan siben mîle", Er_(S) 1093[31]), vor allem zeitliche Einheiten, besonders die Vorstellung der Tagesreise (insbes. *tageweide* f., aber auch *tagereise* f. oder *tagevart* f.[32]) oder Angaben zur Zahl der Tage („und reit gegen im drî tage", Er_(S) 2896) oder zu den Abschnitten eines Tages, die für das Zurücklegen einer Strecke notwendig waren.[33] Dass die Entfernung in ihrer Prozessualität als zeitlicher Verlauf verstanden wird, zeigen auch die Längenmaße *raste* (f., wörtl. ‚Ruhe', ‚Rast'; übertragen: Wegmaß von etwa einer Stunde[34]) und *rosselouf* (m., wörtl. ‚Wegstrecke, die ein Pferd in einer Stunde zurücklegen kann', Längenmaß von etwa einem Sechzehntel einer französischen Meile[35]).

Lange und kurze Wege werden unterschieden (*lanc* [En_(EK) 12855; SAlex_(L) 4444; Wigam_(B) 5386; 5537; NibB_(S) 736,4] oder *verre* [AHeinr 1053; Rennew 34414; Lanc_I_(K) 95,25; 153,26; 196,33 u. a.; JTit 2675,4; NibB_(S) 1249,3; NibC_(H) 1677,1]; sowie *kurz* [Parz_(L) 725,22; Wh_(S) 59,26; PleierMel 11189]). Häufig wird dabei markiert, dass die Charakterisierung auf der Grundlage der Wahrnehmung einer Figur erfolgt („der wec dûhte si vil lanc", Er_(S) 6639; vgl. auch Herb 6870; Parz_(L) 339,24; Krone 3114; 3284). Auch wenn Reisende zurückzulegende Wege als lang einschätzen, erreichen sie ihre Ziele am Ende. Einzig in der Reiseliteratur erscheinen Wege bisweilen so weit, dass sie Reisende davon abhalten aufzubrechen. Bei Jean de Mandeville liegt das Reich des Priesterkönigs Johannes so fern und der Weg dorthin wartet mit so vielen Gefahren auf, dass die Mehrzahl der Kaufleute nicht die Mühe auf sich nimmt, dorthin zu reisen (JMandRV 154,10–13). Die Länge des Weges markiert hier nicht nur die abseitige Lage des Ortes; die Weges-Länge ist vielmehr als spezifische Form einer räumlichen Grenze zu verstehen (vgl. auch → Indien, Abschn. 2.1), die prinzipiell überwindbar ist, im Einzelfall die Reise aber doch verhindern kann.

Den Grenzen des Weges kommt auch in anderen Gattungen, denen das verbreitete und variantenreiche Erzählmuster der Reise eignet, wie etwa dem höfischen Roman, besondere Aufmerksamkeit zu. Im arthurischen Erzählen wird der Weg nicht als kontinuierliche räumliche Einheit dargestellt, die von einem bestimmten Punkt

---

[30] Vgl. Lexer 1, 2138 f.
[31] Weitere Angaben der Länge von Wegstrecken, nicht notwendig verbunden mit dem Begriff Weg: Er_(S) 2035; Iw_(M) 278; 554; 2959; 3435; Parz_(L) 491,24; Tr_(R) 2758; 7419; Krone 11230; 21312; En_(EK) 9356; RvEAlex 5688; ErnstB_(BS) 5672; Kudr_(SC) 556,4; 903,4.
[32] Vgl. bereits Tatian 12,3; sowie SAlex_(L) 2510; Greg 3765; Tr_(R) 16682; 16762; UvZLanz_(K) 1370; 7061; NibB_(S) 705,1; Kudr_(SC) 599,1; 613,2.
[33] Vgl. Brinker 2005, 207. Zur engen Verbindung von Raum und Zeit insbes. im vormodernen Erzählen vgl. Bachtin 2008, 180–196.
[34] Vgl. Lexer 2, 344–346.
[35] Vgl. Lexer 2, 498–500. Vgl. auch Witthöft 1993, 471 f.

ausgeht und an einem solchen, etwa dem Artushof, ihr Ende, und das heißt – im Sinne des *locus*-Begriffs der aristotelischen Tradition – die Grenze ihrer räumlichen Erstreckung findet. Vielmehr ist der Weg, der den Handlungsverlauf des jeweiligen Romans insgesamt strukturiert, unterteilt in einzelne Wegstrecken (bspw. Iw_(M) 5145–5147; 5576 f.; Er_(S) 250–256; 7798–7800; einen Rekurs auf dieses Muster des höfischen Romans bietet StrAmis[36] 497; 808; 912; 1597; 1603). Stationen-Einteilungen weisen auch andere Textgruppen auf, die von Reisen erzählen, etwa Antiken- oder Liebes- und Abenteuerromane.[37] Insbesondere diese Texte handeln dabei oftmals nicht ausdrücklich von *wec* oder *strâze*.[38]

Schon zu Beginn des *Iwein* Hartmanns von Aue ist im Bericht des Artusritters Kalogrenant über den Zauberbrunnen von einem engen „stîc" (Iw_(M) 266 f.) die Rede, der den Ritter ins Dickicht des Waldes von Brezilian führt. Diesem Pfad folgend findet Kalogrenant schließlich am Abend – seine Position wird zeitlich statt räumlich lokalisiert – einen weiteren „stîc" (Iw_(M) 274), der es ihm erlaubt, die → Wildnis wieder zu verlassen und schließlich zu einer → Burg (Iw_(M) 276; 279) zu gelangen. An einen Weg schließt der nächste an. Der erste Weg endet nicht an einem bestimmten geographischen Punkt, sondern setzt sich in einem weiteren fort, der schließlich zu einer Zwischenstation der Erzählung führt. Diese Wegform hängt mit einer gattungsspezifischen Besonderheit zusammen: mit der Suche nach *âventiure* (Iw_(M) 261; 371 f.), also nach einer Begegnung, mit deren Hilfe Kalogrenant Ritterlichkeit unter Beweis stellen möchte (s. Abschn. 3.1). In der *âventiure* hat die Bewegung ein Fernziel, das nicht primär geographisch bestimmt ist. Um dieses Ziel zu erreichen, begibt sich Kalogrenant in den Wald, findet dort „wege manecvalt" (Iw_(M) 264) und entscheidet sich kurzerhand für einen von ihnen. Im Zuge des Erzählens von *âventiure* ist damit der Weg als Element des Raums eng mit der Wahrnehmung und dem Erleben einer Figur verknüpft.

---

[36] Vgl. Cramer 1974.
[37] Angesichts der Aufteilung von Reisen in Wegstrecken, die Gattungen mit Erzählmuster der Reise verbindet, werden deren Unterschiede hinsichtlich raumbezogener Merkmale hier nicht weiter ausgeführt; hingewiesen sei nur auf den wohl bedeutendsten: Im arthurischen Erzählen führen Wege in der Regel an nahegelegene Orte (Burgen, Wälder etc.), während Antiken- oder Liebes- und Abenteuerromane von Reisen in ferne Gegenden berichten.
[38] Für die Beschreibung einer Wegstation in einem Artusroman, die ohne die Nennung von *wec* oder *strâze* auskommt, vgl. etwa Iw_(M) 3923–3926. Für Wegstationen im *Tristan*, einem höfischen Roman, der nicht dem Artuskreis zugehört und in dem neben zahlreichen Seereisen auch einige Wege an Land zurückgelegt werden Tr_(R) 2553–2581; 2722–2731; 3080; 5324–5338; 8929–8940; 15963–15969; 16090–16094; 16679–16682; 18828. Für Wegstationen im Liebes- und Abenteuerroman sei hier auf das frühe Beispiel *Herzog Ernst* verwiesen: ErnstB_(BS) 2010 f.; 2034–2036; 2037–2039; 2126–2128; 2204–2206; 3891–3895; 4480 f.; 4850 f.; 4928–4930; 5442 f.; 5642–5645; 5662–5665; 5794 f.; für die Bedeutung von Wegstationen im Antikenroman kann exemplarisch der *Straßburger Alexander* stehen: SAlex_(L) 4312–4315; 4445–4448; 4478–4484; 4614–4616; 4909 f.; 4961–4963; 5023–5026; 5040–5045; 5386–5388; 6166–6168; 6280–6283; 6395–6403; 6571 f.

Für den Weg bedeutet das, dass er „in Einzelstrecken aufgeteilt [wird], die jeweils durch eine bestimmte Lokalität (Berg, Wald, See, Feld) markiert werden".[39] Mit dem Fortschreiten der Narration setzt sich aus diesen Etappen der Weg zusammen, den eine Figur zurücklegt. Durch Bewegung zwischen den Stationen werden Orte, an denen Handlung stattfindet, voneinander getrennt und zugleich miteinander verbunden.[40] Für die Gestalt des Weges ist damit das Nebeneinander von Auflösung in einzelne Wegstrecken und Zusammenfügung zu einem kontinuierlichen Wegganzen charakteristisch. Die Wegstrecken haben ihre Grenze in einem Endpunkt, der nicht notwendig von vornherein feststeht und an den Figuren, im Sinne der *âventiure*-Suche, unvermittelt gelangen können. Indem eine Figur erneut aufbricht, wird der Weg fortgesetzt und über die jeweilige Station hinaus verlängert. Mit Blick auf einzelne Wegstrecken ergibt sich so wiederholt die Verschiebung ihrer Grenze. Bis zum Abschluss der erzählten Reise ‚dehnt' sich die Erstreckung des konkreten *locus* Weg in der Länge immer weiter aus. Offenkundig trägt die Bewegung der Figuren in der erzählten Welt des Artusromans maßgeblich dazu bei, den Weg – hinsichtlich seiner Länge – zu konstituieren.[41]

Veränderungen der Länge von Wegen ergeben sich nicht nur aus diesem grundlegenden Merkmal der Ergänzung von Wegstrecken im Fortgang der Erzählung. Sie können auch nach Maßgabe einzelner Erzählsequenzen erfolgen. In der *Krone* Heinrichs von dem Türlin etwa kommt Gawein im Wald Aventuros vom Weg ab und verliert seine Begleiter (Krone 13935–13957; 13962f.). Als er kurz darauf unweit einen Kampf hört (Krone 13964–13969), reitet er auf diesen zu. Der Kampf aber scheint sich immer weiter zu entfernen (Krone 13977f.); der Raum zwischen Gawein und dem Kampfgetöse dehnt sich aus.[42] Im Folgenden wird der Protagonist den Szenen der ersten Wunderkette ansichtig, zu denen auch der Ort der Schlacht gehört (beginnend mit Krone 13980). Die Sequenz ist durchgehend aus der Perspektive Gaweins erzählt.[43]

In Wirnts von Gravenberg *Wigalois* wird eine Dehnung des Weges ausdrücklich als staunenswert markiert und damit als Teil des zugleich wissensvermittelnden und literarischen Darstellungsmodus des Wunderbaren bestimmt.[44] Vom Artushof aus erreichen die Ritter Gawein und Joram dessen Reich in etwas mehr als zwölf Tagen (Wig 648–659). Als Gawein nach einiger Zeit Jorams Reich wieder verlässt und dabei

---

39 Gruenter 1962, 249, der den formalen Besonderheiten der narrativen Konstitution von Wegen allerdings nicht weiter nachgeht, sondern ihre Funktionalität betrachtet.
40 Vgl. Schröder 1972, 180; er stellt für den *Iwein* die Kontinuität des Handlungsraumes heraus (vgl. Schröder 1972, 183).
41 Da der Weg im Artusroman von der Bewegung von Figuren der erzählten Welt nicht unberührt bleibt, lässt er sich kaum mit Fischers (2008, 171) Verständnis von Orten in Einklang bringen.
42 Vgl. Brinker 2005, 204.
43 Vgl. Glaser 2004, 108.
44 Vgl. Eming 1999, 133–237.

einen Gürtel, ein Objekt mit magischer Wirkmacht, vergisst, benötigt er für den Weg ein halbes Jahr: „ich wil iu ein wunder sagen: / daz er dar reit in zwelf tagen, / daz reit er wider ein halbez jâr" (Wig 1128–1130).[45] Ausdrücklich wird darauf hingewiesen, dass an diesem Punkt der erzählten Welt nicht gilt, was im Raum alltäglicher Erfahrung erwartbar wäre.

Schließlich können nicht nur Zaubermittel oder besondere Wahrnehmungsformen von Figuren mit einer Veränderung der Länge von Wegen in Verbindung stehen. Der Eindruck der Variabilität von Wegeslängen kann auch durch Modifikationen entstehen, die allein auf der Ebene der narrativen Vermittlung liegen. Insbesondere kann er aus dem Umfang von Erzählsequenzen resultieren.[46] So wird Kalogrenants Weg zur Gewitterquelle in Hartmanns *Iwein* ausführlich erzählt (Iw_(M) 259–602), während der Weg des Titelhelden beim Versuch, selbst dorthin zu gelangen, nur in knappen Versen geschildert wird (Iw_(M) 967–991).

2.2 Verlauf

Welchen Verlauf ein Weg zwischen Ausgangs- und Zielpunkt – wie vorläufig dieser auch sein mag – nimmt, ist in den einzelnen Texten sehr unterschiedlich: Wege können gerade oder verschlungen sein, bergauf oder bergab, nach rechts oder links führen. Nicht nur von weiten, sondern auch von ebenen (*eben, sleht*) Straßen ist bspw. im *Parzival* und *Jüngeren Titurel* die Rede (Parz_(L) 601,9; JTit 4968,1).[47] Der gerade Weg kann zudem mit dem Adjektiv *rihte* (oder dem Substantiv *gerihte* f., HvNstAp 441 f. u. a.) ausgedrückt werden. Der Verlauf von Wegen ist enger als andere ihrer formalen Eigenschaften mit semantischen Implikationen verbunden; diese können aber auch hinter konkreten Richtungsangaben zurücktreten.

Nachdem der junge Protagonist in Gottfrieds von Straßburg *Tristan* entführt und in Cornwall ausgesetzt worden ist und sich hilflos und angstvoll einen Weg durch Wildnis und → Gebirge gesucht hat, gelangt er auf „einen waltstîc âne slihte" (Tr_(R) 2572). Der verschlungene Pfad ist durch Abweichungen vom direkten Weg und somit als Umweg gekennzeichnet. In der biblischen Semantik stellt er eine Gefährdung dar: Formuliert wird diese z. B. in der Mahnung Gottes an die Israeliten, weder links noch rechts vom geraden Weg abzugehen (Dtn 5,32 f.). In der volkssprachlichen Literatur des Mittelalters kann der verschlungene Pfad jedoch auch Erfahrungen mit sich bringen, die Ausweitung oder Wandel der Identität einer Figur bedeuten. So ist die Episode über Tristans Weg durch die Wildnis zu verstehen: Der verschlungene Waldweg führt den bis dahin kindlichen Helden aus dem Gebirge wieder heraus und

---

45 Vgl. Brinker 2005, 205 f.
46 Vgl. Brinker 2005, 211.
47 Vgl. außerdem RvEGer 2635–2639; KvWTroj_(K) 9906; KvHeimUrst 126,63; Jagd 241; 261; 349.

zurück ins Tal; er bringt ihn sodann in Kontakt mit anderen Figuren und führt schließlich dazu, dass Tristan sich neu zu entwerfen beginnt – zunächst als Kaufmannssohn, langfristig als Heldenfigur eigenen Rechts.[48]

Wege, die aufwärts oder abwärts führen, besitzen – bei grundsätzlich positiver Wertung des Weges nach oben im theologischen Kontext – in literarischen Texten weite semantische Spielräume.[49] Der erwähnte verschlungene Pfad Tristans durchs Gebirge führt zunächst aufwärts (Tr_(R) 2569), dann hinab (Tr_(R) 2574); erst das Hinabsteigen ermöglicht es Tristan, in die menschliche Gemeinschaft zurückfinden. In diesem Sinne markiert im *Meleranz* des Pleier der Weg auf einen hohen Berg den äußersten Punkt von *ungeverte* (s. auch Abschn. 2.3) und Verirren (PleierMel 357–367). Auch die schmalen Wege („stîge" und „pfade", Tr_(R) 17084; 17087), auf denen Tristan und Isolde zur → Minnegrotte gelangen, führen hinauf und hinab (Tr_(R) 17084); hier charakterisiert die Wegführung den Schutzort in konkret räumlicher Hinsicht: Sie unterstreicht, wie abgelegen die Minnegrotte situiert ist. Das Auf und Ab im Verlauf von Parzivals Weg nach Pelrapeire (Parz_(L) 180,19; 180,24) kann auf den Protagonisten bezogen werden und für dessen ziellose Fahrt stehen.

Auch von Wendungen nach rechts oder links wird erzählt. Die literaturwissenschaftliche Forschung zur höfischen Literatur identifiziert im Anschluss an eine Deutung Erich Auerbachs den rechten Weg oftmals als den moralisch und theologisch richtigen.[50] Die biblische Referenz für diese Einschätzung ist Mt 7,13 (s. Abschn. 2.1); dabei muss freilich der schmale und daher richtige Weg zum jenseitigen Paradies im Sinne einer konkreten Richtungsangabe als der ‚rechte Weg' im Unterschied zu einem Weg, der nach links führt, verstanden werden. In der biblischen Tradition werden beide Richtungen entweder anhand einer Wertskala auf einander bezogen (etwa Gen 48,17–19; Apg 2,33), im Sinne der Unterscheidung zwischen einer guten rechten und einer weniger guten linken Seite, oder einander antithetisch gegenübergestellt (Mt 25,33).[51] Der rechte Weg wird dabei mit weiteren Eigenschaften verbunden: Er ist schmal, schwer begehbar, steil und steinig.[52]

Der Literatur scheinen auch in diesem Fall die biblischen Deutungsmuster ein Spielfeld zu eröffnen.[53] Zu Beginn der Brandigan-Episode, der letzten Station der Protagonisten in Hartmanns *Erec*, nehmen die Figuren nicht den Weg nach rechts, der sie zum Artushof bringen würde, an welchen sie eigentlich gelangen möchten:

---

[48] Vgl. Gerok-Reiter 2009, 123–131; zur rollenhaften Identität Tristans vgl. Schmitz 1988, 222–227.
[49] Vgl. Störmer-Caysa 2007, 58–63.
[50] Vgl. Auerbach 2001 [1946], 125; zur Rezeption von Auerbachs These vgl. Störmer-Caysa 2007, 54, Fn. 60 sowie Schmid 2011, 123.
[51] Vgl. Nilgen 1995, 518. Für Anschlüsse der christlichen Liturgie bei der Bewertung von rechts und links an die antike Semantik vgl. Nussbaum 1962; dort auch Hinweise auf Texte der christlichen Tradition, die eine klare Wertung von rechts und links in Zweifel ziehen (vgl. Nussbaum 1962, 158 f.).
[52] Vgl. Deitmaring 1969, 287, Harms 1970, 264.
[53] Vgl. Störmer-Caysa 2007, 54.

„die rehten strâze si vermiten" (Er_(S) 7816). Für Erec erweist sich diese ‚falsche' Richtung jedoch als die richtige (Er_(S) 8521–8526), denn sie ermöglicht ihm, in bis dahin nicht gekanntem Maße Ruhm zu erlangen (Er_(S) 8534–8562); in Bezug auf die Ehre – und nicht nur in diesem Sinne (s. Abschn. 3.3) – markiert der Ort eine Veränderung des Protagonisten.[54] Der Text sagt ausdrücklich, dass Erec an dieser Stelle an „eine[r] wegescheide" steht (Er_(S) 7813). Es handelt sich damit um eine der wenigen Passagen der mhd. Literatur, welche die Situation einer Figur am Scheideweg explizit macht.[55]

Mit einer Kombination unterschiedlicher Richtungsangaben, die kaum in einer kohärenten symbolischen Deutung aufgehen,[56] beginnt auch Hartmanns *Iwein*. Kalogrenant wendet sich auf dem Weg zur Gewitter-Quelle im Wald von Breziljan zunächst nach rechts (Iw_(M) 265) und gelangt dadurch in unwegsames Gelände. Der Waldmensch, auf den er wenig später trifft, weist ihm „einen stîc ze der winstern hant" (Iw_(M) 599),[57] der ihn direkt zur Pracht des Brunnens und damit zum Abenteuer führt. Die anschließende kurze Schilderung von Iweins Weg dorthin kommt ganz ohne Richtungsangaben aus.

Offenbar nehmen die Wegrichtungen rechts und links im arthurischen Erzählen Formen und Bedeutungen an, die nicht von der theologischen Symbolik abhängig sind. Rechts und links werden im Sinne konkreter Ortsangaben verwendet, die sich erkennbar aus der Wahrnehmung der erzählten Figuren ergeben.[58] Damit wird in diesen Erzählformen die symbolische Bedeutung für den Verlauf von Wegen, die mit der biblischen Tradition gegeben ist, zwar aufgegriffen, zugleich aber modifiziert und nach Maßgabe des jeweiligen Textes verändert.[59] Eine große Bandbreite der Formen, mithin der Bedeutungen erzählter Wegrichtungen eröffnet sich. Dabei erweist sich erneut eine enge Verknüpfung von Weg und Figur.

---

[54] Vgl. Trachsler 1979, 208, Bumke 2006, 65.
[55] Das Motiv der zwei Wege versucht Siefken 1967 bei Hartmann, insbes. in seinem *Gregorius*, nachzuweisen. Zur Rekonstruktion des Motivs in mittelalterlichen Erzähltexten vgl. Harms 1970, insbes. 35–49. Außer im *Erec* finden sich Scheidewege in der Bibeldichtung (im frühmhd. *Himmlischen Jerusalem* [vgl. Harms 1970, 221 f.] und im *Prosa-Lancelot* [vgl. Harms 1970, 251–255]).
[56] Probleme einer solchen Deutung benennt bereits Siefken 1967, 13 f.; vgl. auch Trachsler 1979, 218 f., Schmid 2011, 123–126.
[57] Möglicherweise hat Hartmann die Richtungsangabe ‚rechts' der chrétienschen Vorlage gezielt – mit warnender Funktion – verändert; diese Richtungsangabe überliefern alle Handschriften des hartmannschen Textes (vgl. Störmer-Caysa 2007, 54).
[58] Vgl. Schmid 2011, 129, 134–136. Dazu bereits Harms' Ausführungen zum *Prosa-Lancelot*: Harms 1970, 265.
[59] Schmid 2011, passim.

2.3 Ränder der Wegsamkeit

Wege sind in der Regel außerhalb von Hof oder → Stadt situiert und führen in oder durch Gebiete, die nicht besiedelt sind.[60] Dieses grundlegende räumliche Merkmal von Wegen, in Bezug auf bevölkerte Orte der erzählten Welt einen Grenzbereich zu markieren, tritt hervor, wenn Wege nur mit Mühe begangen oder befahren werden können oder wenn sie sich im unwegsamen Gelände, dem *ungeverte*, verlieren. In mhd. Texten wird auch dann auf den Begriff des Weges Bezug genommen, wenn er den Figuren unbekannt ist, wenn er schwer begehbar oder versperrt ist oder wenn er ins ‚Unbetretene' und somit ‚Ungespurte' führt. Grenz-Formen des Weges sind von unterschiedlicher Gestalt.

Unbekannte Wege sind einzelnen Figuren oder Figurengruppen nicht vertraut; dennoch unterstellen die Texte, dass sie räumlich konturiert sind: Meleranz' Frage nach dem Artushof – „der wec" dorthin sei ihm „unbekant" (PleierMel 1938; ähnlich WolfdA_(AJ) 506,4; Virg_(Z) 701,2) – steht exemplarisch für die Unwissenheit einer einzelnen Figur.[61] Parzival erfährt am See Brumbane vom vornehmen Fischer, wie er zur → Gralsburg kommt, und er wird vor „unkunde[n] wege[n]" gewarnt (Parz_(L) 226,6), die ihn unterwegs fehlleiten können. Wege, von denen eine große Zahl von Figuren keine Kenntnis hat, gelten als verborgen: So gelangen Unterhändler Partonopiers und Meliurs am Lager der Sarazenen vorbei auf einem „wec verholne" zurück in die Burg Mabriul (KvWPart 19369). Herzeloyde führt Gahmuret zum Vollzug der Ehe auf „heinlîche wege" (Parz_(L) 100,2). Diese Wege sind den Angehörigen des Hofes nicht nur unbekannt, sondern sie verbergen auch, was auf ihnen im Einzelnen geschieht.

Ebenfalls räumlich klar bestimmt, aber doch nicht betretbar, sind versperrte Wege: Etwa durch eine Figur (der Zwerg im *Erec* [Er_(S) 52]) oder durch eine Barriere, die Teil des Naturraums ist. Solche Hindernisse bilden insbesondere → Flüsse wie der Strage (SAlex_(L) 2570–2578, der nachts gefriert und dann überquert werden kann) oder der Ganges (HvNstAp 9920–9935, der ebenfalls schließlich überquert wird: HvNstAp 10270–10285) oder der steinerne Fluss (Krone 7976; JMandRV 155,18) sowie Gebirge wie der Kaukasus (Reinfr 18222–18240).

Wege können aber auch unscharfe Konturen besitzen und dennoch den Figuren erlauben, sich auf ihnen fortzubewegen. Sie können von Vegetation überwuchert sein (s. u. zum *ungeverte*), unter Schnee verschwinden (Kchr_(S) 16996 f.; Parz_(L) 282,5 f.) oder im Zuge von Kämpfen mit Blut bedeckt sein (Rol 4150 f.). Gelegentlich wird nicht weiter spezifiziert, warum ein Weg unbefestigt und kaum begehbar ist: Erec trennt sich nach der ersten Einkehr am Artushof auf der Suche nach *âventiure* zeitweise von Enite und bewegt sich auf „unerbûwen strâze" durch einen Wald (Er_(S) 5314).

---

[60] Ausnahmen sind z. B. ErnstB_(BS) 2684–2691; 3610; 3616; HvNstAp beginnend mit 11065.
[61] Figuren, die den einzuschlagenden Weg nicht kennen, können auch als *wegelôs* bezeichnet werden (etwa Tr_(R) 17533).

Wigalois kommt auf dem Weg nach Glois von der *strâze* ab und gerät auf einen „ungebant[en]" *stîc* (Wig 6258). Da der Weg in vielen Beispielen der mhd. Literatur dem unwegsamen Gelände entgegensteht, erscheint ein unwegsamer oder unbefestigter Weg als Irritation.

Tristans bereits erwähnter Weg durchs Gebirge, nachdem er in Cornwall ausgesetzt worden ist, zeigt, wie mit Weglosigkeit umgegangen werden kann: „ern [= Tristan, T. R.] haete weder wec noch pfat, / wan alse er selbe getrat" (Tr_(R) 2563 f.). Im Sinne der eingangs beschriebenen iterativen Logik der Erhaltung von Wegen und der Nachträglichkeit, die dem Begehen eines Weges damit zukommt, wird hier der Prozess der Herstellung eines Weges beschrieben, der seiner eigentlichen Konstitution im Zuge der wiederholten Nutzung vorausgeht (so auch die klitischen Formen „wegeter" und „stegeter", Tr_(R) 2565 f.). In der individuellen ‚Bahnung' zeigt sich die Nähe des Weges zur Spur. Dass Figuren einen Weg selbst schaffen, wird besonders im Zuge von Schlachtschilderungen (→ Schlachtfeld) in erkennbar figurativer Weise beschrieben (Tr_(R) 2563 f.; Wig 10786 f.; StrKarl 5170; StrDan 3603; 3666; RvEAlex 7469–7471; Rennew 7768 f.; WolfdA_(AJ) 339,1; Loheng 5417). Nach dem Gang eines Kämpfenden durch die Reihen seiner Gegner verschwindet ein solcher ‚Weg' in der Regel wieder. ‚Schneisen' durch das Schlachtfeld sind ephemer, und sie bleiben ‚auf der Schwelle' zu Wegen im eingangs beschriebenen materiellen Sinne. Diese und ähnliche narrative Konstellationen machen zum Thema, dass Wege nicht stets gegeben sind und wie sie in der erzählten Welt hergestellt werden.

Unwegsames Gelände kann als *ungeverte* (n.) gelten. Das Wort zeigt noch in der negativen Bezugnahme die Nähe zum Weg an. Der Begriff *ungeverte* bezeichnet, dass eine Figur eine Reise als beschwerlich wahrnimmt, sowie die ‚unwegsame Gegend' selbst und damit ‚Unwegsamkeit' als Eigenschaft eines Ortes.[62] Im Zuge der Schilderung von Kalogrenants Ritt in den Wald von Breziljan wird zunächst nur das spezifische Gebiet zwischen Artushof und der Burg eines fremden Herrschers *ungeverte* genannt. Anschließend ist von den Mühen des Durchquerens die Rede (Iw_(M) 271 f.), sodass beide semantischen Dimensionen auch hier verbunden sind. Anschaulich beschrieben wird das *ungeverte* in der *Krone*: Es bezeichnet den Weg um einen steilen Berg herum, der von dichtem Wald nahezu verdeckt und durch anhaltenden Regen glatt und rutschig ist (Krone 6782–6819). Als Gebirge respektive Wald wird das *ungeverte* auch im *Meleranz* (PleierMel 359) sowie im *Titurel* und *Jüngerem Titurel* anschaulich gemacht (Tit 160,3; JTit 1207,3).

In Gottfrieds *Tristan* bildet das *ungeverte* eine Übergangszone zwischen der höfischen Sphäre und Orten, die der ritterlichen Bewährung oder dem Rückzug dienen: etwa zwischen dem Hof in Cornwall und dem Drachen, den Tristan besiegen muss, um Isolde für Marke zu gewinnen (Tr_(R) 8945), oder zwischen dem Marke-Hof und der Minnegrotte (Tr_(R) 16765 f.; 17337). Damit weist das *ungeverte* große Nähe zur

---

62 Vgl. Lexer 2, 1879.

Wildnis auf (hier: *wilde* und *wüeste*, Tr_(R) 8936; 16764) und kann wie diese als ausgedehnte Raumzone grundsätzlich durchquert werden.[63]

Statt umfangreiche, unwegsame Zonen mehr oder weniger deutlich zu konturieren, arbeiten andere Texte räumliche Dynamiken und Übergänge zwischen wegsamen und unwegsamen Bereichen heraus. In Wolframs *Parzival* etwa findet sich der Protagonist unmittelbar vor der berühmten Szene, in der die Blutstropfen einer verwundeten Gans den Schnee zeichnen, im *ungeverte* wieder (Parz_(L) 282,6): Nächtlicher Schneefall hat den Lauf seines Weges unsichtbar gemacht (Parz_(L) 282,5). In Anwesenheit des Protagonisten – und ohne dass dieser sich bewegt – verwandelt sich der Weg zum Unwegsamen.[64] In ähnlicher Weise verliert Parzival später die Spur Cundries an das *ungeverte* (Parz_(L) 442,27–29);[65] das Unwegsame scheint hier aktiv den vorgefundenen Weg zu tilgen („daz ungeverte [...] undervienc", Parz_(L) 442,28). Dynamik zwischen Wegsamkeit und *ungeverte* wird ferner deutlich, wenn sich Parzival im Zuge des Kampfgeschehens unmittelbar vor der Stadt Pelrapeire „anz ungeverte" begibt (Parz_(L) 208,2), also in der Nähe besiedelten Gebiets in die Wegelosigkeit gelangt. Diese Dynamik zeigt sich außerdem, wenn das Pferd eines Gegners bei einer Tjost im Wald einen Abhang hinab zu Tode stürzt und im *ungeverte* zu liegen kommt (Parz_(L) 445,6); auch hier findet sich das Weglose in der Nähe des Wegsamen und markiert die äußerste Tiefe des Waldes, der Wildnis.[66] *Ungeverte* ist in den genannten Passagen aus dem *Parzival* – und im Unterschied zu den Beispielen aus dem *Tristan* – weniger eine Zone außerhalb des bevölkerten höfischen oder städtischen Bereichs, als vielmehr eine kleine räumliche Einheit, die sowohl in der Nähe eines Hofes als auch in der Wildnis plötzlich erscheinen kann.

Außer im höfischen Roman wird der Begriff *ungeverte* insbesondere im Alexanderroman verwendet. Im *Alexander* des Ulrich von Etzenbach ist das Wort auf ganz unterschiedliche Regionen bezogen, in denen Alexander unterwegs ist (das Reich des Darius, der ferne Osten), und meint schwer begehbare Passagen entlang der Route (UvEtzAlex 6014; 15591; 21316).

Von Gegenden, die nicht am Weg liegen, ist selten auch dann die Rede, wenn sie nicht *ungeverte* genannt werden. Dabei geht es um kurzzeitiges Abweichen vom Weg ebenso wie um Gebiete, die sich weit entfernt vom Wegsamen befinden. Als Parzival bspw. zum zweiten Mal auf Sigune trifft, findet er sie außerhalb vertrauter Formen von Wegsamkeit: „verre von dem wege" (Parz_(L) 438,24). Dieses ‚Andere des

---

[63] Im *Tristan* deutet sich allerdings an, dass es auch Formen des Unwegsamen gibt, die nicht durchschritten werden können: Tr_(R) 16767–16779.
[64] Vgl. Glaser 2004, 146–150. Die Wandelbarkeit der Landschaften, in denen das Geschehen im *Parzival* situiert ist, stellt bereits Wynn 1961, 395 heraus.
[65] Vgl. Glaser 2004, 155 f.
[66] Schauplatz des IX. Buches sind Wildnis und wegloser Wald, vgl. Trachsler 1979, 172. Nach Glaser (2004, 141 f.) zeichnet die Raumpoetik des *Parzival* grundsätzlich aus, dass Ortsangaben konkret zu sein scheinen, präzise räumliche Vorstellungen aber immer wieder unterminiert werden.

Weges' wird genauer situiert in einem Wald, in dem sich der Held „über ronen âne strâzen" (Parz_(L) 436,26) fortbewegt. Im *Erec* führt Guivreiz Enite und Erec „ûz dem wege" (Er_(S) 7034), nachdem der Protagonist im Kampf mit ihm verwundet worden ist. Abseits der Wegsamkeit soll Erec genesen (Er_(S) 7039). Der Ort wird nicht nur über das Fehlen von Wegen bestimmt, sondern zudem positiv beschrieben als „wiseflecken" (Er_(S) 7036; → Heide, → Wald).

3 Narrative Funktionen

Während die Formen des Wegs unter anderem durch die Bewegung von Figuren und durch ihre Wahrnehmung bestimmt sind – in Abschn. 2 ist diese Dimension mehrfach angesprochen worden –, gilt auch umgekehrt, dass der Weg genutzt wird, um Figuren zu charakterisieren und ihre Veränderungen sichtbar zu machen: Dies tritt als zentrale Funktion von Weg-Darstellungen hervor (s. Abschn. 3.1). Eine weitere Funktion ist die Beschreibung fremder Orte, die über Wege aufgesucht werden (s. Abschn. 3.2). Hinzu tritt die unterschiedliche figurative Inanspruchnahme des Begriffs (s. Abschn. 3.3).

3.1 Wege der *âventiure*

Der für das volkssprachliche höfische Erzählen des 12. und 13. Jh.s zentrale mhd. Begriff *âventiure* (f.), der vermutlich um 1150 aus afrz. *avanture* (f.), im Sinne von ‚was geschehen soll',[67] entlehnt worden ist, wird im Erzählprozess räumlich realisiert: in Form von Stationen, die am Weg einer Figur liegen. Im engeren Sinne meint der Begriff im höfischen Roman des deutschen Sprachraums den Einzelkampf zwischen zwei Rittern und die Wiedergabe dieses Geschehens.[68] Er ist auf diese Bedeutung aber nicht eingeschränkt, sondern schließt im weiteren Sinne u. a. auch die Begegnung mit Elementen des Wunderbaren, wie magischen Objekten oder Orten mit konzeptioneller Nähe zur Anderswelt, ein.[69] Zeitgleich, vielleicht schon früher, und mit

---

[67] Vgl. Kasten/Mertens 1980, 1289; zur Semantik des afrz. Begriffs *aventure* vgl. auch Green 1978, 84–87. Nach Green ist das Wort sowohl von lat. *advenire*, ‚ankommen', ‚herankommen', ‚sich nähern' abgeleitet, als auch *evenire, eventus* m., im Sinne von ‚Ende', ‚Ziel', ‚Ereignis', ‚Zufall'. In diesem Sinne hat auch Lebsanft neben der ‚ritterlichen Bewährungsprobe' vor allem ‚Ereignis' und ‚Zufall' als zentrale Bedeutungen des afrz. Wortes ausgemacht (vgl. Lebsanft 2006). Die Ableitung von der christlichen Bedeutung ‚Erscheinen' im Sinne einer Epiphanie schätzt er als weniger wahrscheinlich ein (vgl. Lebsanft 2006, 316).
[68] Vgl. Green 1978, 84 u. 97 f., Wegera 2002, 236.
[69] Vgl. Green 1978, 100–103, Eming 2015b, 70–77. Für die semantische Weite schon der für die Artusliteratur zentralen Bedeutung des ritterlichen Zweikampfs argumentiert auch Wegera 2002, 236–238.

etwas anderer Bedeutung wird der Begriff auch in anderen Textformen verwendet.[70] Später erscheint er auch in Antikenromanen (insbes. den Alexanderromanen, etwa bei Rudolf von Ems und Ulrich von Etzenbach) und in *Chansons de geste* respektive heldenepischen Texten (als Erzählabschnitt, aber auch als Element der Erzählung: NibC_(H) 343,4; als Begriff (LaurinA 34; 836 u. a.) und Strukturmerkmal in den sog. aventiurehaften Dietrichepen). Die folgenden Ausführungen konzentrieren sich auf die Artusepik und liefern einzelne Hinweise auf andere Gattungen.

In Hartmanns *Iwein*-Roman stellt ein monströses Wesen, der *waltman* (Iw_(M) 598), dem Artusritter Kalogrenant die Frage nach der *âventiure*: „âventiure? waz ist daz?" (Iw_(M) 527). Der Gefragte antwortet, es handele sich um die kämpferische Auseinandersetzung zweier ebenbürtig bewaffneter Ritter, die dazu diene, den Ruhm des Siegers zu steigern (Iw_(M) 528–537). Diese Antwort ist, gemessen an den Begegnungen, die Figuren im weiteren Verlauf des Textes zum Selbstweis nutzen, in verschiedener Hinsicht unterkomplex (bspw. kämpfen hier Ritter nicht nur gegen Ritter, und Ehre wird nicht nur durch den Nachweis von Waffenfähigkeit erworben).[71] Außerdem mögen die Einbettung in Figurenrede und die frühe Position innerhalb des Textes anzeigen, dass diese Erläuterung des Konzepts nur vorläufig sein kann. Vermutlich geht es weniger darum, geltendes Wissen von ritterlichem Verhalten explizit zu machen und zu vermitteln, als vielmehr darum, die Aufmerksamkeit der Rezipienten auf das Problem zu lenken, wie der Begriff *âventiure* bestimmt werden kann.[72]

Nichtsdestoweniger ist Kalogrenants Antwort für die Bestimmung sowohl des Verhältnisses von Weg und *âventiure* als auch der Funktionen des Weges aufschlussreich. Ziel von *âventiure* ist nach Kalogrenant der Gewinn von Ansehen (Iw_(M) 534). Dieser Aspekt bezieht zum einen den Sozialverband mit ein, der Ansehen verleiht („sô hât man mich vür einen man", Iw_(M) 536), und stellt zum anderen die Vermitteltheit der Taten des überlegenen Ritters als Erzählung heraus, die notwendig ist, um seinen Ruhm zu verbreiten. Dass der Begriff *âventiure* das Erzählen des Ereignisses einschließt, ist für seine Konzeption zentral und tritt auch in anderen Zusammenhängen hervor (etwa Er_(S) 185; 281; 743; 2239; 2897; 3111; 7835; Parz_(L) 453,8; 158,13; 789,18; ErnstB_(BS) 3891; 4813; zum Weg als figurativer Bezeichnung des Erzählens

---

[70] Als früheste Belege gelten *Graf Rudolf*, Eilharts von Oberge *Tristrant* sowie *Herzog Ernst* (vgl. Green 1978, 83), die älteste überlieferte Handschrift (*Graf Rudolf*) mit diesem Begriff stammt aus dem 1. V. des 13. Jh.s (vgl. Wegera 2002, 231). Während im *Tristrant* und *Graf Rudolf* ‚ritterliches Zusammentreffen' und ‚Glück' gemeint sind, bezieht sich der Begriff im *Herzog Ernst* auf die Quelle der Erzählung (ErnstB_(BS) 3891; 4813).

[71] Die Deutung dieser Explikation ist umstritten. Für ein wörtliches Verständnis vgl. Fischer 1983, 21 sowie Eming 2015b, 62 f., mit Blick auf die historische Entwicklung von *âventiure* zum modernen Begriff des Abenteuers. Dagegen hat etwa Bleumer anhand des *Iwein* (Bleumer 2006, 356–358) und anderer Texte für die strukturelle Offenheit des Begriffs *âventiure* im mhd. höfischen Roman argumentiert.

[72] Vgl. Bleumer 2006, 358 u. 366.

s. Abschn. 3.3).[73] In der narrativen Konstellation zu Beginn des *Iwein* sind Sozialbezug und Narrativität der *âventiure* miteinander verwoben: Kalogrenants Antwort auf die Frage des Waldhüters nach dem Wesen der *âventiure* ist innerhalb der Diegese Teil seiner Erzählung am Artushof über das selbst erlebte Abenteuer; Kalogrenants Zuhörer sind damit auch als Sozialverband angesprochen, der Ansehen verleihen kann.

Um Voraussetzungen für den Gewinn von Ansehen zu schaffen, reite der Ritter umher, so Kalogrenant weiter, auf der Suche nach einem Gegner im Zweikampf („daz ich suochende rîte", Iw_(M) 531). Dem Weg kommt – auf der Figurenebene – die Funktion zu, Begegnungen dieser Art zu ermöglichen. Er wird von Figuren absichtsvoll beschritten: Sein Ziel ist (in der Regel) nicht geographisch lokalisiert, aber durch die Begegnung klar bestimmt. Auf poetologischer Ebene gefasst, wäre damit der Weg das erzähltechnische Mittel, Stationen, die der Figurencharakterisierung dienen, miteinander zu verknüpfen.[74]

Die narrative Funktionalität des Weges für die *âventiure* stellt sich jedoch in verschiedener Hinsicht komplexer dar. So führt der Weg nicht nur zur *âventiure* im Sinne kämpferischer Auseinandersetzung, sondern er kann selbst Teil des Abenteuers sein und Figuren damit unmittelbar charakterisieren. Im *Iwein* gehen der ‚eigentlichen' *âventiure* am Zauberbrunnen verschiedene Begegnungen voraus (Kampf zwischen Wisenten und Auerochsen [Iw_(M) 409–411]; Zusammentreffen mit dem Hüter der Waldtiere [Iw_(M) 418–599; 979–988]), die ihrerseits Kalogrenant und darauf den Protagonisten charakterisieren.[75] Das geschieht etwa, indem Kalogrenant angesichts des Kampfes der wilden Tiere seiner Furcht Ausdruck verleiht („mir vil leide", Iw_(M) 403) oder indem Iwein über den Platz des Waldmenschen in der Schöpfung reflektiert (Iw_(M) 983–987). Später geht der Kampf am Zauberbrunnen in eine Verfolgung über, die Iwein zur Burg des Brunnenherrn Askalon führt (Iw_(M) 1051–1074). Die Wegstrecken zum Brunnen hin und von diesem weg sind eng mit dem dortigen Geschehen verbunden. Sie bereiten das Brunnenabenteuer nicht nur vor und nach, sondern gehören ihm zu.

Die enge Verbindung von Weg und *âventiure* tritt auch in Hartmanns *Erec* im Zuge der zweiten Begegnung des Protagonisten mit dem irischen König Guivreiz hervor. Erec ist entschlossen, sich dem Heer, das er in der Ferne hört, im Kampf zu stellen (Er_(S) 6879–6886). Beide Parteien treffen sich auf dem Weg und kämpfen dortselbst miteinander: „in den wec hielt er [= Erec, T. R.]. / [...] er [= Guivreiz, T. R.] sach in halten in den wec. / nû bereite sich Êrec / ie mitten ze wer / [...] dô wart ein rîchiu tjost

---

73 Zur Narrativität als Teil von *âventiure* vgl. Green 1978, 109–124, Schnyder 2002, 258–260 u. passim, Schnyder 2006, 369 f.; zum wechselseitigen In-einander-Umschlagen von *âventiure* als Handlung und als Erzählung vgl. Strohschneider 2006b.
74 Vgl. Trachsler 1979, 140; vgl. auch Gruenter 1962, 249, Schröder 1972, 174.
75 Vgl. Trachsler 1979, 145.

getân" (Er_(S) 6892–6913). „Weg, Begegnung und Kampf erweisen sich als Elemente des einen, umfassenden Phänomens ‚aventiure'".[76] Zeigt sich der Weg selbst als der *âventiure* zugehörig, so folgt daraus, dass auch die unterschiedlich gestaltete Form eines jeweiligen Wegs für das Verständnis der entsprechenden Figur bedeutsam ist. Es steht zu vermuten, dass „Wegformen und -situationen [...] der Situation des Protagonisten" entsprechen.[77] Dieser Konnex muss im Einzelfall untersucht werden, um die Funktion des Wegs im Zuge von *âventiure* zu erfassen.

Dass Figuren nicht nur durch Stationen und Ziel ihres Weges, sondern auch durch dessen spezifische formale Eigenschaften charakterisiert werden, wird anhand der Parallelführung der Wege Parzivals und Gawans in Wolframs *Parzival* besonders deutlich. Gawan ist stets auf klar akzentuierten Wegen oder ausgebauten Straßen unterwegs,[78] während Parzival wiederholt beschwerlich auf unbefestigten Bahnen an der Grenze zum Unwegsamen fortkommt (s. Abschn. 2.3).[79] Die Formen seiner Wege scheinen die Momente der Anstrengung und der fehlenden Sinnhaftigkeit in Kämpfen und Begegnungen, die am Weg liegen,[80] zu verstärken und vermögen damit wie diese Distanz zu Parzivals Vorstellung von Ritterlichkeit zu erzeugen.

Außerdem können Wege Figuren charakterisieren, indem sie ein eigenes Handlungspotenzial entwickeln. Wie schon angesprochen, beschreiten Figuren, die *âventiure* suchen, Wege nicht, um ein konkretes örtliches Ziel zu erreichen. Sie bedienen sich ihrer damit nicht vollständig zweckgerichtet. Darüber hinaus überlassen Figuren den Wegen zuweilen auch, sie zur *âventiure* zu führen. Diese Handlungsmacht des Weges drückt sich in der Formulierung *der wec truoc in* aus (etwa Er_(S) 6133 f.; Iw_(M) 5576; 5780 f.; UvZLanz_(K) 3535).[81] Der in dieser Weise aktive Weg schränkt die Handlungsfähigkeit des Ritters ein und charakterisiert die jeweilige Figur in diesem Sinne. Hierin kann ein Hinweis auf eine letztlich göttliche Lenkung zum Ausdruck kommen; diese kann aber nicht generell gelten, sondern ist für den jeweiligen Text, die jeweilige Textpassage je unterschiedlich.[82] Möglicherweise ist die ‚aktive' Straße im übertragenen Sinne auch Ausdruck der Vorstellung eines aktiven Menschen.[83]

---

76 Trachsler 1979, 144.
77 Trachsler 1979, 82.
78 Nur einmal bewegt sich Gawein auf einem *phat* (Parz_(L) 511,21); s. Abschn. 2.1.1.
79 Vgl. Mohr 1958, 4, Harms 1970, 246–249, Trachsler 1979, 78 f.
80 Vgl. Gerok-Reiter 2006, 139–145.
81 Vgl. Trachsler 1979, 112–114, mit Verweisen auf Positionen der älteren Forschung (u. a. mit einer Auseinandersetzung mit Schröders – in der Abstraktion ihrer Formulierung kaum zurückzuweisender – Position, letztlich bestimme nicht der Weg, sondern der Handlungsverlauf die Fahrt des Ritters [vgl. Trachsler 1979, 113; Schröder 1972, 174]). Neben *tragen* wird die aktive Rolle des Weges auch durch das Verb *wîsen* ausgedrückt (etwa Er_(S) 3113; 5289).
82 Vgl. Trachsler 1979, 118. Eine göttliche Lenkung des Wegs des Protagonisten wird bspw. in der *Joie de la curt*-Episode des *Erec* konstatiert (Er_(S) 8521–8530). Vgl. zur Stelle auch Schnyder 2002, 262 f.
83 So argumentieren Hahn 1963, 102, Schröder 1972, 174.

Da das Ziel der *âventiure* in der Regel nicht räumlich bestimmt ist, werden Wege selten als Abwege charakterisiert. Der Begriff Irrweg (*irrewec, abewec*), also eine Wegform, für die das Fehlleiten Reisender charakteristisch ist, ist in der mhd. arthurischen Literatur kaum belegt.[84] Das hängt vermutlich mit der Konzeption des *âventiure*-Weges zusammen: Er ist von vornherein nicht auf einen eindeutig situierten Endpunkt ausgerichtet,[85] sondern sein Ziel liegt „i[m] Offene[n]".[86] Konkrete Wege unterschiedlichster Art können dem Ruhm- oder Tugenderwerb im Sinne der *âventiure* dienen; sie erfahren daher im Einzelnen keine klare Wertung.[87] Dieser Einschätzung entspricht auch der bereits beschriebene Befund, dass literarische Texte (insbes. der Artusliteratur) mit der Wendung des rechten Weges eher spielen, als sie in ein festes Bedeutungsgefüge zu zwingen (s. Abschn. 2.2).

Von der Handlung des Sich-Verirrens oder Fehlgehens wird aber durchaus erzählt. Dass Figuren an einen Ort gelangen, an dem sie erkennen, vom zunächst absichtsvoll eingeschlagenen Weg abgewichen zu sein oder vorübergehend nicht zu wissen, wohin sie sich wenden müssen, dient ihrer Charakterisierung. Die Wertung als ‚Irrweg' ist weniger von Eigenschaften eines konkreten Ortes als vielmehr von der Beobachterperspektive und vom Zeitpunkt der Beobachtung abhängig.[88] Bei der Weiterreise Erecs und Enites aus Limors droht der Protagonist in dunkler Nacht und auf unbekanntem Weg in die Irre zu gehen (Er_(S) 6738).[89] Die Situation wird jedoch sogleich aufgelöst, indem Enite beide auf eine bekannte *strâze* führt (Er_(S) 6745–6749). Auch Tristans bereits angesprochener Weg durch die Wildnis in Cornwall (s. Abschn. 2.2) trägt Züge des Verirrens; hier steht die mit dem ‚Wegverlust' verbundene Furcht, den Menschen in Zukunft fern bleiben zu müssen, im Vordergrund (Tr_(R) 2482–2584). Unmittelbar im Anschluss an den Weg durch die Wildnis erzählt Tristan zwei Pilgern die Geschichte seines angeblichen Schicksals und gibt dabei vor, sich auf der Jagd verirrt zu haben („wan âne stîc verreit ich mich, / unz daz ich gar ver-

---

[84] So liefern Abfragen der Begriffe *irrewec* oder *abewec* in der MHDBDB keine Ergebnisse (URL: http://mhdbdb.sbg.ac.at:8000/mhdbdb/App?action=TextQueryModule [24.05.2017]); vgl. außerdem Trachsler 1979, 57–59 u. 178, Hammer 2010, 306.

[85] Das Abweichen vom eingeschlagenen Weg bedeutet, dass ein Ziel des Weges mehr oder weniger klar festgelegt worden ist. Damit weicht die Form der Charakterisierung von Figuren durch den Irrweg vom oben formulierten weiten Verständnis der *âventiure* ab, wonach deren Ziel lediglich in der Ermöglichung von Begegnungen besteht.

[86] Trachsler 1979, 176.

[87] Vgl. Trachsler 1979, 57. Dass der Irrweg in der religiösen Literatur – in der Mystik ebenso wie im legendarischen Erzählen – stärker, aber nicht durchweg wertend konzipiert ist, hat Volfing 2010b gezeigt. Für Mären und Novellen hat Witthöft 2010 den zwar wertenden, aber doch spielerischen Umgang mit dem Verhältnis von Verirren im Raum und der Erkenntnisfähigkeit von Figuren herausgearbeitet.

[88] Vgl. Däumer et al. 2010b, 7.

[89] Angekündigt wird die Gefahr des Verirrens bereits bei der ersten Begegnung mit Guivreiz: Er_(S) 4623 f.; später ist es Guivreiz selbst, der sich im Weg irrt (Er_(S) 7905).

irret wart", Tr_(R) 2704 f.). Der Protagonist spielt mit der eigenen Identität und setzt eine fingierte Situation der Orientierungslosigkeit, die der zuvor erlebten ähnlich ist, gezielt ein, um sich in eine Gruppe einzuführen.[90] Fingieren des Verirrens zeigt an, dass Tristan einen Statuswechsel vollzogen hat, der mit dem Weg durch die Wildnis als konkrete Passage dargestellt worden ist.[91] Im *Jüngeren Titurel* verirren sich Sigune und Tschinotulander vor dessen letztem Abenteuer im Wald (JTit 5070); nachdem sie dort ruhig und keusch die Nacht verbracht haben (JTit 5074 f.), reisen sie anderntags weiter und treffen erneut auf einen Gegner (JTit 5076). Abseits des Weges findet das Paar einen Ort für Vertrautheit; zugleich weist der Verlust des Weges auf Tschinotulanders Tod im folgenden Kampf voraus.[92] Damit markieren ‚Irrwege' Situationen zwischen aventiurehaften Begegnungen und dienen häufig dazu, innere Veränderungen von Figuren zu charakterisieren; sie markieren ihre Krisen, ‚Durchbrüche' oder Neuanfänge, können aber auch ihren Tod präfigurieren.

Die unterschiedlichen Formen des Weges als eines konkreten Ortes können im höfischen Roman also dazu dienen, Figuren zu charakterisieren und ihnen in einem gewissen Maße Veränderungen zuzuschreiben (s. dazu auch Abschn. 3.3). Texte oder Textgruppen jedoch, die zeitgleich oder später entstehen und formale Ähnlichkeiten mit dem Erzählmuster des *âventiure*-Wegs aufweisen, verbinden damit häufig andere Funktionen. Die Versnovelle *Meier Helmbrecht* (1240er–1270er Jahre) etwa, in der sich ein Bauernsohn den Statuswechsel zum Ritterstand anmaßt, bringt mit dem Erzählen vom Weg der Hauptfigur nicht ihren Ehrgewinn zum Ausdruck, sondern nimmt Straßen und Wege aus der Perspektive des vermeintlichen Ritters als Orte seines Alltags sowie aus der Perspektive seiner Opfer in den Blick. Dabei tritt die Bedeutung der Sicherheit von Straßen und Wegen für Handel und Kommunikation nichtritterlicher Figuren hervor (Helmbr 1919–1922). Auch Liebes- und Abenteuerromane, die besonders im späten Mittelalter verbreitet sind, erzählen zwar von Wegen, die befahren werden, und weisen aventiurehafte Ereignisse in Serie auf, stellen aber nicht den wiederholten Selbsterweis eines Protagonisten und seine Integration in die Gemeinschaft ins Zentrum, sondern die persönliche Bindung der Liebenden und ihre Prüfung.[93] Auch auf den Wandel der Figuren scheinen sie nicht angelegt zu sein. Reisen und Trennung der Protagonisten werden häufig mit dem von Michail Bachtin am hellenistischen Roman entwickelten Begriff der „Abenteuerzeit" in Verbindung gebracht,[94] wonach Herausforderungen auf dem Weg gerade nicht die physische oder psychische Konstitution der Figuren beeinflussen.[95] Jüngere Forschungsarbei-

---

[90] Vgl. auch Tristans Ankunft in Irland (Tr_(R) 7408–7617; insbes. 7602).
[91] Vgl. Hammer 2010, 315.
[92] Vgl. Trachsler 1979, 176.
[93] Vgl. Röcke 1984, 398.
[94] Bachtin 2008, 10; vgl. Bachorski 1993, insbes. 64–66.
[95] Vgl. Bachtin 2008, 9–36.

ten weisen jedoch auch hier auf Ansätze von Veränderungen hin, die u. a. die Figuren betreffen.[96]

3.2 Itinerare: Wege in die ferne Fremde

Im Sinne der vorgestellten Merkmale der Darstellung sind Wege nicht nur auf die Figuren bezogen, mit deren Bewegung sie im Erzählprozess entstehen, sondern als konkrete Orte erstrecken sie sich auch zwischen mehr oder weniger klar bestimmten Punkten im Raum und verbinden diese. Damit geht einher, dass neben den Reisenden auch Stationen charakterisiert werden, an denen Wege entlang führen. Eine weitere Funktion von Wegen ist es also, Informationen über unvertraute Länder, Regionen und Städte zu vermitteln. Während die Charakterisierung reisender Figuren auf den Begriff der *âventiure* und somit auf Literaturformen verweist, die im Hochmittelalter entstehen, eröffnet die seit der Antike immer wieder aktualisierte Tradition erzählter Wege den Blick auch auf fremde Orte und auf deren Charakterisierung.

Dabei treten Textgruppen hervor, deren Reiseziele nicht im relativen Nahraum der höfischen Romane liegen, sondern die von Reisen in die Ferne handeln: etwa Pilgerberichte nach Palästina (traditionsbildend das *Itinerarium Burdigalense* [1. H. 4. Jh.] sowie die Berichte der Egeria [um 400], des Wilhelm von Boldensele und Ludolf von Sudheim [beide 1. H. 14. Jh.]) oder Berichte von Reisen, die über Jerusalem hinaus in den fernen Osten führen.[97] Von Letzterem ist sowohl in Reiseberichten die Rede (insbes. seit den Expeditionen der Franziskaner Johannes von Plano Carpini und Wilhelm von Rubruk zu den Mongolen um die Mitte des 13. Jh.s;[98] → Indien) als auch in Erzählformen, die an antike Traditionen anknüpfen (insbes. Alexanderromane),[99] und in solchen, die das Reisenarrativ variantenreich immer wieder durchspielen (Liebes- und Abenteuerromane).[100]

Hoch- und spätmittelalterliche Erzählungen von Reisen in die Ferne gehören somit verschiedenen Textgruppen an und können ganz unterschiedlich gestaltet sein. Viele von ihnen stehen in der Tradition des Itinerars, einer Reisebeschreibung, die Stationen aneinanderfügt, indem sie sie entlang des Wegs eines reisenden Ich

---

96 Vgl. Eming 2006, 14, 100 u. passim, Schulz 2000, 75. Dass Veränderungen, die mit Abenteuerserien einhergehen, anstelle der Figuren auch die Vorstellungen von Gemeinschaft betreffen können, beschreibt Herweg (2010, 160–179) für Heinrichs *Apollonius*-Roman.
97 Bis ins 16. Jh. sind beide Textgruppen kaum zu unterscheiden (vgl. Huschenbett 1995, 258 f.); nach Zumthor setzen Differenzierungstendenzen um die Mitte des 14. Jh.s ein (vgl. Zumthor 1994, 811). Zur spezifischen Erzählweise vgl. Richard 1985, 46–50, Wolf 2012, VI.
98 Vgl. Münkler 2000, 20–49.
99 Vgl. Lienert 2001b, 26–71.
100 Vgl. Bachorski 1993, Eming 2006.

präsentiert.[101] Dabei werden Informationen zu Lage und Ausdehnung der besuchten Stätten sowie zu ihren naturräumlichen Besonderheiten vermittelt, außerdem ist von den Herrschaftsverhältnissen die Rede und von den Gebräuchen der Bewohner, insbesondere von ihren religiösen Praktiken.[102] Die Informationen können zum einen handlungsleitende Funktion haben. Pilgerberichte können z. B. als Reisemanual gestaltet sein. Für Berichte über Reisen in den fernen Osten kann Ähnliches gelten: Sie beschreiben Mongolen und andere Völker und können Hinweise geben, wie der christliche Erdkreis mit ihnen umgehen sollte (JohPlan Prol.,19–23). Zum anderen dienen Reiseschilderungen der religiösen Erbauung, der Vergegenwärtigung und dem Nachvollzug biblischen Geschehens. Biblische Stätten und Ereignisse werden in konkrete räumliche Kontexte eingebettet. Als Erfahrung einer reisenden Figur präsentiert, werden sie den Rezipienten des Textes anschaulich und nachvollziehbar gemacht (Egeria etwa steigt auf den Sinai und liest dort die entsprechende Bibelstelle [Eger 3,1–8; Ex 34]). Schließlich dient die Schilderung von Orten, Lebewesen und Gemeinschaften, die den Rezipienten unvertraut sind, der Unterhaltung sowie der Vermittlung von Wissen über Fremdes, das sich nicht notwendig in konkrete Handlungszusammenhänge einbinden lässt.

Unterschiedliche Funktionen werden häufig miteinander verknüpft. Das zeigt etwa der Reisebericht des Jean de Mandeville, der an eine Reise nach Palästina eine Reise ins ferne Indien anschließt und in beiden Teilen vermutlich durchweg tradierte Informationen kompiliert. Der Bericht über das Heilige Land soll Freude und Vergnügen („wolnuste und frôd", JMandRV 3,9) bereiten – was neben religiöser Erbauung auch das Interesse am Unbekannten meinen kann. Denn im Anschluss an diese Passage ist von den fernen Regionen die Rede (von „manig wunderlich land, manig wunderlich ynsel und manig wunderlich kúngrich", JMandRV 3,15 f.), über die Mandevilles Bericht außerdem informieren wird. Darauf wechselt der Erzähler zur Jerusalem-Reise zurück und kündigt nach Art eines Reisemanuals an, über Routen zu

---

101 Störmer-Caysa hat auch den höfischen Roman in die Tradition der Itinerare gestellt (vgl. Störmer-Caysa 2007, 64 f.). Ob hierin allerdings nicht nur eine Gruppe von Referenztexten unter anderen zu sehen ist, sondern eine Tradition, die so machtvoll ist, selbst mittelalterliche Alltagserfahrung zu bestimmen, gilt es genauer zu erörtern. Neben dem Itinerar bildet bspw. die Kosmographie einen weiteren Anknüpfungspunkt für die Ordnung von Reiseerzählungen (vgl. Richard 1985, 46) – anders als das Itinerar zeigt die Karte alternative Wege auf.

102 Die Reihenfolge der Merkmale variiert in den einzelnen Texten; zudem präsentieren sie in der Regel eine Auswahl. Um welche Merkmale es geht, lässt sich beispielhaft an den Themen ablesen, nach denen Johannes von Plano Carpini seinen Bericht ordnet; er berichtet: 1. vom Land (oder Landstrich); 2. von den Menschen; 3. von ihren (religiösen) Gebräuchen; 4. von ihren Sitten; 5. von ihrer Herrschaftsform; 6. von ihren Kriegen; 7. von den Ländern, die sie sich unterworfen haben; 8. davon, wie man gegen sie Krieg führen soll; 9. über den Weg dorthin, den Hof des Herrschers und die dort anwesenden Personen (JohPlan I,1,4–9). Johannes schreibt allerdings kein Itinerar; vielmehr strukturiert diese thematische Gliederung seinen Text.

informieren, die man dorthin nehmen müsse („wil in sagen welchen weg sie ziehen súllend", JMandRV 3,27).

Von Bedeutung für die Charakterisierung der wissensvermittelnden Funktion von Itineraren ist der Status des jeweiligen Wissens. Nicht nur Mandevilles Kompilation, sondern auch zahlreiche weitere Reiseerzählungen entnehmen ihre Informationen anderen Texten: der Bibel, antiken Autoritäten (etwa Plinius, Solinus, Herodot, dem *Physiologus* sowie den Alexanderromanen), mittelalterlichen Enzyklopädien (besonders Isidors von Sevilla *Etymologiae*, Vinzenz' von Beauvais *Speculum naturale* und *historiale*). Die Texte verbinden Wissen, das tradiert ist und dadurch Geltung besitzt, mit der Erzählperspektive eines wahrnehmenden Subjekts. Diese Darstellungsform kann Beobachtungen aufnehmen, die vor Ort gemacht wurden – eine Korrespondenz ist hier jedoch nicht zwingend. Im Bericht der Egeria etwa erscheint die Erzählinstanz transpersonal und an eigenen Beobachtungen wenig interessiert.[103] Stattdessen tritt der Bezug auf tradiertes Wissen (insbes. auf die Bibel [neben der Sinai-Besteigung z. B. auch der Dornbusch: Eger 5,2], aber auch auf Kartographie) hervor.[104] Das Interesse an Stationen, die am Weg liegen, richtet sich auf theologisch relevante Ereignisse oder Personen; sie werden durch das Erzählen einer Berichterstatterin, die vor Ort anwesend ist, präsent gemacht.[105] Tradiertes und Erfahrenes können aber auch anders gewichtet werden als in diesem frühen Beispiel.[106] Texten, die vom Abschreiten eines Weges erzählen, kann die Funktion zukommen, unter Berufung auf Augenzeugenschaft überlieferte Informationen im Einzelfall zu korrigieren.[107] Wilhelm von Rubruk z. B. widerspricht der Meinung Isidors von Sevilla, dass es sich beim so genannten Kaspischen Meer um einen Teil des weltumspannenden Ozeans handele; Wilhelm beschreibt es stattdessen als Gewässer, das an allen vier Seiten von Bergen begrenzt ist (WhRub XVIII,5).

3.3 Figurative Bedeutungen von Wegen

Figurative Verwendungen des Begriffs sind vielfältig. Insbesondere kann das Wort im Sinne des nhd. Kompositums Lebensweg[108] auf die Identität einer Figur und auf ihre Veränderungen bezogen werden. Die Verknüpfung der Bedeutungsfelder ‚Weg' und

---

103 Vgl. Campbell 1988, 20 f.
104 Vgl. Campbell 1988, 27 f.
105 Vgl. Westra 1995, 95. Durch die Verortung biblischer Personen und Ereignisse in der durchreisten Landschaft kommt es zudem zu einer Verschränkung von Zeitschichten (vgl. Campbell 1988, 19).
106 Hippler 1987, 110 macht bei Pilgerberichten des 13. und 14. Jh.s, etwa bei Magister Thietmar und Ricoldo da Monte Croce, eigenständige Erfahrungen aus.
107 Im Einzelfall sind Kritik und Korrektur des Tradierten auf der Grundlage von Augenzeugenschaft möglich, vgl. Münkler 2000, 274 f., 277.
108 Vgl. DWB 12, 457.

‚Leben' kennt bereits die Bibel (etwa Spr 2,19; 5,6; 6,23; 15,24). In mhd. geistlichen Texten wird sie bisweilen explizit gemacht (HvNstGZ 7186), vielfach bleibt sie aber implizit. Daher kann mit der wörtlichen Bedeutung – also mit dem Weg als einem konkreten Ort – eine übertragene mit angesprochen werden (s. Abschn. 1).[109]

Thomasin von Zerklaere handelt im *Welschen Gast* im Kontext von Ausführungen über die Unbeständigkeit des Menschen von unterschiedlichen Wegen, die der Einzelne erprobe und die ihn in Schande und in die Nähe des Todes brächten, bevor er durch die Mühen der Buße *heim* finde (WelGa 2232–2248). Der explizite Bezug auf eine abstrakte Vorstellung des Lebens fehlt zwar, die übertragene Bedeutung tritt aber klar hervor (insbes. „der bœse wec und der unreht", WelGa 2239). Außerdem ist der tugendhafte Weg des Lebens hier zugleich ein Weg zu Gott.[110]

Die Verbindung von Weg und Leben findet sich auch im höfischen Roman: Als Enite in Hartmanns *Erec* in Limors den vermeintlichen Tod des Protagonisten beklagt, bittet sie Gott, „daz sich sô iht scheide / unser lîp mit zwein wegen" (Er_(S) 5837 f.). Weg meint hier sowohl den Fortgang von Enites Leben als auch Erecs Übergang in den Tod.[111] Auch in dieser Textgruppe sind Verwendungen des Begriffs Weg, welche die figurative Bedeutung des Lebens aufrufen, oftmals mit Wertvorstellungen, insbesondere mit tugendhaftem Verhalten verknüpft.[112] Tugendhaftes Verhalten kann auf den Weg zur *saelde* führen, dem höchsten irdischen Glück, welchem zugleich eine metaphysische Dimension eigen ist.[113] In der Eröffnung von Wolframs *Parzival* bittet Gahmuret, bevor er von seinem Besitz auszieht, Gott möge ihm für den Lebensabschnitt, der vor ihm liegt, „der sælden wege" weisen (Parz_(L) 8,16). Glücklicher Zielpunkt ist für Gahmuret, eine Frau zu gewinnen, der er sich „wirdec" erweisen und der er „mit rehten triwen" dienen wolle (Parz_(L) 8,13; 8,15). Im legendarischen Erzählen tritt die Verbindung von „der sælden strâze" (Greg 63; vgl. auch 87) mit der Orientierung an gottgefälligem Verhalten deutlich hervor („diu gotes kint mêren", Greg 61). Gelegentlich wird auch im Artusroman eine explizite Verbindung zwischen Weg und Gott bzw. seinen Geboten hergestellt („nu kêre wir alle von dem wege / sîner gebot", Wig 10256 f. – hier allerdings in der Negation).

---

109 Nach Trachsler wird der Begriff Weg im Artusroman vor allem im wörtlichen Sinn verwendet (vgl. Trachsler 1979, 94). Wagner hat jedoch in seinem Beitrag zur ‚Wegform' → Spur die Verbindung unterschiedlicher Verweisdimensionen aufgezeigt (dort insbes. Abschn. 3.2.2).
110 Zur geistlichen Bildlichkeit des beschwerlichen Weges zur Seligkeit vgl. Hahn 1963, 122–124.
111 Für eine ähnliche Bewegung der Seele ins Jenseits vgl. Anno 44,7–12; ErnstB_(BS) 3576; Parz_(L) 128,26; Rennew 22989.
112 Zur figurativen Verbindung von Weg und Tugend vgl. Tr_(R) 37 f.
113 Deutlich wird der Zusammenhang zwischen tugendhaftem Verhalten und dem glückvollen Zustand der *saelde* im *Iwein*: „daz got unser herre / im sælde unde êre bære / der barmherze wære" (Iw_(M) 4854–4856). Saelde ist hier „göttliches Geschenk", „Ansehen vor Gott" und „Voraussetzungen für den Erwerb von *êre*" (Cramer 1966, 45).

Mit Blick auf die figurative Rede vom Lebensweg verändert sich auch die Konzeption des Wegs als *âventiure* (s. Abschn. 3.1). Während die oben genannten Beispiele zeigen, dass im Zuge der *âventiure* die Bewertung einzelner Wegstrecken in den Hintergrund tritt, richtet die Lebensweg-Metapher die Aufmerksamkeit auf fortgesetzte Tugendhaftigkeit des ‚Reisenden'. Verbindungen des Lebenswegs mit der *âventiure* machen deutlich, dass auch auf *âventiure*-Wegen neben der *êre* im Sinne ritterlichen Ruhms häufig weitere Tugenden erworben werden.[114] Das zeigt bspw. in Hartmanns *Erec* der Aufbruch Erecs und Enites, nachdem sie sich einander bis zum *verligen* hingegeben haben. Angehörige des Hofes beschreiben das Fehlverhalten des Paars mit wertenden Begriffen („des [= durch die ununterbrochene Gemeinschaft mit der Ehefrau, T. R.] verdirbet unser herre", Er_(S) 2998), und Enite nimmt das eigene Verhalten als schuldhaft wahr (Er_(S) 3008). Als Erec durch Enite vom Gerede des Hofes hört, beschließt er aufzubrechen, ohne dies näher zu begründen. Sein Ziel sei die Suche nach *âventiure* (Er_(S) 3111; 5292). Diese dient aber weniger dem Nachweis der ruhmsteigernden Kampffähigkeit des Ritters als der Leidensfähigkeit des Paares („herzeleit", Er_(S) 3125; „riuwe", Er_(S) 3142; vgl. auch 3280–3283; 3295 f.; 4273–4276; 4362–4365), und der Verteidigung ihrer Ehre (Er_(S) 4232–4235; 4407 f.). Im Zuge der unterschiedlichen Begegnungen der folgenden *âventiuren* stellt Erec nicht nur Kampffähigkeit unter Beweis, sondern zeigt auch andere Tugenden: Er schont bspw. Keie und kommt einer Frau zu Hilfe (Er_(S) 4720–4733; 5300; ähnlich die Anteilnahme an den Frauen auf Brandigan: 8334 f.; 8356–8358). Angesichts der Herausforderung in Brandigan beschreibt Erec den insgesamt zurückgelegten Weg als für ihn bestimmt: „ich weste wol, der selbe wec / gienge in der werlde eteswâ, / rehte enweste ich aber wâ, / wan daz ich suochende reit / in grôzer ungewisheit, / unz daz ich in nû vunden hân. / got hât wol ze mir getân, / daz er mich hât gewîset her, / dâ ich nâch mînes herzen ger / vinde gar ein wunschspil" (Er_(S) 8521–8530). An diesem Punkt des Weges ergibt sich der Eindruck einer göttlichen Lenkung (Er_(S) 8527). Der Protagonist thematisiert zwar allein den Ruhm, den er an dieser letzten Station erwerben möchte (Er_(S) 8540–8562). Der Durchgang durch die einzelnen Abenteuer zeigt jedoch, dass er daneben zahlreiche weitere Tugenden unter Beweis gestellt hat.

Nah an der figurativen Bedeutung des Weges im Sinne tugendhaften Verhaltens ist auch die Rede vom Weg der *minne*. Im Zuge der Beschreibung anderer Tugenden und insbesondere richtiger Verhaltensweisen bei der *minne* ist im *Trojanerkrieg* Konrads von Würzburg von der „rehte[n] minne strâze" die Rede (KvWTroj_(K) 45738). Ähnliche Wendungen finden sich auch im *Jüngeren Titurel* (JTit 1903,3) und im *Reinfrit von Braunschweig* (Reinfr 10813).

Zur Metapher für die Geschichte der Menschheit wird der Weg in Rudolfs von Ems *Weltchronik*, die in Adaptation des augustinischen Konzepts der zwei Staaten die Geschichte der *Gotis stat*, v. a. die Geschichte des Volkes Israel, als „der rehten mere

---

[114] Vgl. Hinweise auf ethische Dimensionen der *âventiure* bei Green 1978, 84.

rehtiu ban" qualifiziert (RvEWchr 3103). Die kurz erzählten Geschichten der Weltreiche bilden demgegenüber die „biwege" oder den „nebinganc" (RvEWchr 3114 [außerdem: 3782]; 3117).[115] Der Wechsel vom Weg zum ‚Beiweg' ist narrativ deutlich markiert, etwa in der Einleitung des Passus über Troja und Rom (RvEWchr 26379–26390).

Wege treten in Rudolfs *Weltchronik* nicht nur figurativ für die Geschichte ein, sondern auch für die erzählte Geschichte. Vielleicht aufgrund vielfältiger Verbindungen zwischen Weg und *âventiure*, ihre narrative Dimension eingeschlossen, ist auch in höfischen Romanen bildlich vom Weg *als* Erzählung die Rede. In Gottfrieds *Tristan* folgt auf die Beschreibung der Inspiration aus göttlichen Sphären (der Gabe „des wâren Êlicônes", Tr_(R) 4897) das Bild von der *rede* als Weg, der gereinigt und gepflegt werde und nur aus schmuck- und wonnevollen Blumen bestehe (Tr_(R) 4915–4921). In diesem Sinne erscheint der Weg auch in den Programmstrophen des *Jüngeren Titurel* (JTit 19 f.): Der Erzähler will dem Vorwurf begegnen, mit seinem Werk – gemeint ist wohl in camouflierter Autoridentität der *Titurel* Wolframs – die ‚Wege' der Erzählung vor dem Leser verborgen und ihm die Brücken abgebrochen zu haben; nunmehr will er alle Wege freiräumen und begradigen.

Im Prolog des *Liet von Troye* Herborts von Fritzlar ist vom Weg der Erzählung die Rede, um den Traditionsbezug der Dichtung zu thematisieren (Herb 1–98). Pointiert zum Bild der Räder an einem Wagen, die für verschiedene Stränge der Überlieferung eines Textes stehen, hebt die Passage auf das Verhältnis von vorgefundenem, vielleicht befestigtem Weg und – erneut der bereits angesprochene Widerspruch – ungebahnten Passagen eines Weges ab (Herb 85–87). Letztere will der Erzähler befahren. Auch wenn seine Dichtung damit für sich in Anspruch nimmt, den Vorgaben der Tradition zu folgen, spielt sie doch mit der Möglichkeit, sich auf Pfaden zu bewegen, die lange nicht betreten wurden, oder einen vorgefundenen Weg durch das Abweichen vom bekannten Verlauf zu verändern. Die Denkfigur, dass der Weg nicht nur vorgefunden, sondern durch Begehen oder Befahren auch aktualisiert und damit letztlich sowohl erhalten wird als auch erweitert werden kann, macht es möglich, eigenen Akzenten der dichterischen Formgebung sprachlichen Ausdruck zu verleihen und sie poetologisch zu reflektieren.[116]

---

115 Vgl. Herweg 2016, 155 f.
116 Vgl. Lieb 2005, 373.

AHeinr, Anno, BibliaSacr, BitD_(J), EckenlE2, Eger, En_(EK), Er_(S), ErnstB_(BS), Greg, Helmbr, Herb, HvNstAp, HvNstGZ, Iw_(M), Jagd, JMandRV, JohPlan_(S), JTit, Kchr_(S), Krone, Kudr_(SC), KvHeimUrst, KvWEngelh_(G), KvWPart, KvWTroj_(K), Lanc_I_(K), Lanc_II_(K), LaurinA, Loheng, Luther2016, MaiBea_(KMF), MOsw_(C), NibB_(S), NibC_(H), OrtnAW, Parz_(L), PleierMel, Reinfr, Rennew, Rol, Roth_(B), RvEAlex, RvEBarl, RvEGer, RvEWchr, SAlex_(L), StrAmis, StrDan, StrKarl, Tatian, Tit, Tr_(R), TundA, UvEtzAlex, UvZLanz_(K), Virg_(Z), WelGa, Wh_(S), WhRub, WhvÖst, Wig, Wigam_(B), WolfdA_(AJ), WolfdB_(AJ)

→ Anderswelten; → Burg, Schloss, Hof; → Fluss, Quelle, Brunnen; → Garten, Baumgarten; → Gebirge, Berg, Tal; → Gralsburg, Gralsbezirk; → Grenze; → Heide, Aue, *plaine*; → Indien, Mirabilienorient; → Kemenate, Gemach, Kammer; → Land; → Meer, Ufer; → Minnegrotte; → Schlachtfeld, Turnierplatz; → Spur, Fährte; → Stadt, Markt, Platz; → Wald, Lichtung, Rodung, Baum; → Wüste, Wildnis, Einöde

Friedrich Michael Dimpel, Saskia Gall
Wirtshaus, Herberge

1 Begriffsbestimmung – 2 Merkmale der Darstellung – 2.1 Überwiegend okkasionelle oder ‚private' Beherbergung – 2.2 Eher konventionelle bzw. regelmäßige Beherbergung – 3 Narrative und symbolische Funktionen

1 Begriffsbestimmung

Die Bedeutung vor allem von Wirts- bzw. Gasthaus und Herberge ist eng mit der Realgeschichte des Gastrechts verknüpft: Im germanischen Gastrecht ist der Gast positiv konnotiert, und auch aus christlicher Perspektive wird der Gast im Sinne des Gebots der Nächstenliebe freundlich empfangen. Im antiken Rom dagegen dominiert das Misstrauen gegenüber Fremden.[1] Mit der Kommerzialisierung von Wirts- bzw. Gasthäusern wird die Aufnahme von Gästen zunehmend verteufelt; es entsteht unter anderem die Vorstellung vom Höllenwirtshaus (vgl. *hellewirt* ‚Teufel').[2] Der Unterschied zwischen den Begriffen Gasthaus und Wirtshaus ist marginal, weshalb sie im vorliegenden Artikel gleichbedeutend verwendet werden (vgl. die Semantik von mhd. *wirt* [m.]: Neben ‚Ehemann' und ‚Haus-' bzw. ‚Burgherr' bezeichnet der Begriff auch den ‚Inhaber eines Wirtshauses', den ‚Gastwirt'[3]).

Der Begriff *herberge* (f.) setzt sich aus den Begriffen *her* (n.) für ‚(Kriegs-)Heer', ‚Schar', ‚Menge', ‚Volk' und *berc* (m./n.), *berge* (f.) für ‚Umschließung', ‚Verbergung' bzw. *bergen* im Sinne von ‚(ver-)bergen', ‚in Sicherheit bringen' zusammen, ist also zuerst ein militärischer Ausdruck für ‚Heerlager'. Die Semantik ‚Haus zum Übernachten' tritt erst später hinzu.[4]

Eine unterschiedliche Bedeutung bei Römern und Germanen hat der Begriff *gast* (m.). Die lat. Form *hostis* stammt vom indoeuropäischen Begriff *(g)hostis* für ‚Fremdling' (urgerm. *gastis*) und bezeichnet einen ‚Ausländer' oder ‚(Staats-)Feind'. Dies steht im Gegensatz zur deutschen Bedeutung von *gast*. Sie ist „über das ahd. Fremdling zu mhd. Fremder, fremder Krieger, Gast eher neutral mit zunehmend positiven Tendenzen zu bewerten".[5]

---

1 Vgl. Peyer 1987, 13–25.
2 Vgl. z. B. *Des Teufels Netz*: Der Wirt gehört zum „röubig gesind" (Netz 1279) und duldet Unfug und Gotteslästerung in seinen Räumen. Sein Wirtshaus wird vom Erzähler entsprechend „des tüfels capell" (Netz 12801) genannt. Der Begriff des *hellewirts* ist bis ins 16. und 17. Jh. belegt (vgl. Grimm 1968, 837).
3 Vgl. Lexer 3, 932–934.
4 Vgl. Kaemena 1999, 26.
5 Kaemena 1999, 26. Zum Begriff vgl. auch Schuler 1979, 15–20.

https://doi.org/10.1515/9783050093918-042

In der Antike werden bereits verschiedene Formen von Gasthäusern mit unterschiedlichen Bezeichnungen versehen (etwa *stabuli, cauponae, popinae, tabernae, hospitii*).[6] Für das Mittelalter ist die Unterscheidung von kommerzieller und privater Beherbergung zentral.[7] In der germanischen Tradition ist Gastfreundschaft eine sittliche Verpflichtung, für die es ab der Zeit Karls des Großen Belege gibt;[8] im Weiteren wird das christliche Konzept der Nächstenliebe wichtig.[9] Historische Entwicklungen (Bevölkerungsvermehrung, Kreuzzüge, Aufschwung von Städtewesen, Verkehr, Handel und Geldwirtschaft) begünstigen die Verbreitung der kommerziellen Gastlichkeit.[10] Die weiterbestehenden alten Formen der Gastfreundschaft werden immer mehr zu einer Besonderheit vornehmer Kreise.[11] Inwieweit man tatsächlich von einer Verschiebung von privaten zu gewerblichen Formen sprechen kann,[12] oder ob frühe schriftliche Belege für gewerbliche Formen deshalb selten sind, weil schriftsprachliche Zeugnisse vorwiegend das Handeln von Adeligen und Mönchen dokumentieren, kann hier nicht entschieden werden.

Auch in literarischen Quellen sind zahlreiche Belege für Gastlichkeit beim Adel zu finden – etwa im höfischen Roman und in der Heldenepik (vgl. etwa Siegfrieds Empfang in Worms im *Nibelungenlied*). Dagegen sind literarische Belege für eine kommerzielle Beherbergung oder Bewirtung im 12. und 13. Jh. seltener anzutreffen. Dies dürfte primär in Zusammenhang mit dem Literaturbetrieb stehen: Roman und Epos wurden meist für adelige Auftraggeber produziert; bei den Protagonisten handelt es sich um Ritter, die eine Unterkunft bei anderen Adeligen im Regelfall bevorzugen. Mit der Zunahme von Erzählungen, die von nicht-adeligen Figuren handeln, kommen auch nicht-personengebundene oder kommerzielle Bewirtungsformen häufiger in den Fokus – etwa in der Schwank- und Märendichtung. Eine Absage an das *caritas*- oder *milte*-Motiv findet sich jedoch bereits im *Parzival* nach der ersten Sigune-Stelle: Ein „arger wirt" (Parz_(L) 142,15), ein „vischære" (Parz_(L) 142,17), entgegnet auf Parzivals Bitte um Nahrung: „in gæbe ein halbez brôt / iu niht ze drîzec jâren. / swer

---

6 Vgl. Kaemena 1999, 17, Peyer 1987, 14–16.
7 Vgl. Schumacher 2009, 106 f.
8 Vgl. Kaemena 1999, 21.
9 Vgl. Kaemena 1999, 21. Vgl. weiterhin auch bereits Curtius 1875, 205 f. sowie Ohler 1986, 113, mit dem Hinweis auf den Gedanken in der *Odyssee*, der Fremde könnte ein Gott sein; ähnlich in Mt 10,40: „Wer Euch aufnimmt, nimmt mich auf." Zur Gastlichkeit bei Homer vgl. auch Czapla 2009, passim.
10 Vgl. Kaemena 1999, 21; sowie auch Peyer 1987, 17 f. Aufgrund der Vielfältigkeit der Erscheinungsform Gasthaus im Spätmittelalter definiert Peyer Gasthaus als „Haus, das fremden Gästen für befristete Beherbergung und Verpflegung gegen Entgelt stets offenstand. Es mußte alle aufnehmen, die es zu fassen vermochte, die nicht von Rechts wegen ausgeschlossen waren und die den Anordnungen des Wirtes Folge leisteten, gleichgültig ob es nun Taverne, Herberge, offenbares Gasthaus oder anders genannt wurde." Das Gasthaus ist „in seinem Wesen und seiner historischen Entwicklung" sowohl mit Tavernen als auch mit gewöhnlichen Privathäusern verwandt (Peyer 1987, 220).
11 Vgl. Peyer 1987, 17 f.
12 Vgl. Kaemena 1999, 22, Peyer 1987, 17 u. 281.

mîner milte wâren / vergebene wil, der sûmet sich. / ine sorge umb niemen danne um mich, / dar nâch um mîniu kindelîn. / iren komt tâlanc dâ her în. / het ir phenninge oder phant, / ich behielt iuch al zehant" (Parz_(L) 142,22–30). Erst Jeschutes Spange verhilft Parzival zur Beherbergung und Bewirtung.

Die Themen Bewirtung und Beherbergung sind in allen Gattungen zu greifen. Zentrale Beispiele in diesem Artikel sind die Artusromane *Erec* von Hartmann von Aue (um 1180) und *Lanzelet* von Ulrich von Zatzikhoven (um 1200), die Mären *Gänslein* (2. H. 13. Jh.), das *Studentenabenteuer A* (2. H. 13. Jh.) und die *Frauentreue* (E. 13./ A. 14. Jh.) sowie der Prosaroman *Fortunatus* (1509).

2 Merkmale der Darstellung

Die Existenz von Herbergen ist die Grundlage des Reisens insbesondere für Personen, die keinen Tross samt → Zelt und Vorräten mitführen können. Die Herberge bedient vitale Bedürfnisse wie Schutz vor den Elementen, Menschen und Tieren, sie bietet Regenerationsmöglichkeit[13] und Ernährung. Die Frage, ob eine Herberge auffindbar ist, ist vielfach mit Sorgen verbunden; ein zentrales Narrativ stellt die Herbergssuche von Maria und Joseph dar (Lk 2,1–7). Die Existenz von Herbergen wird in Texten häufig als Selbstverständlichkeit vorausgesetzt; so bereits im *Alten Testament* bei der ersten Rückreise von Josefs Brüdern, bei der die Herberge *en passant* erwähnt wird (Gen 42,27).[14] Da es sich bei Beherbergung und Bewirtung um eine universelle menschliche Erfahrung handelt, ist die Darstellung der Herberge oft nicht ausgestaltet; Raum und Situation können mit wenigen Worten aufgerufen werden.

In der Regel situiert die Perspektivenführung den Fokus auf Seite des Herbergssuchenden; die Bitte um Einlass kann am Beginn der Raumkonstitution stehen. Die Raumwahrnehmung des Gastes kann mit der Transgression der → Türschwelle einhergehen; allerdings fallen viele Vorgänge auch in Ellipsen.

2.1 Überwiegend okkasionelle oder ‚private' Beherbergung

Der Befund der elliptischen Darstellung lässt sich anhand Kalogrenants Bericht im *Iwein* über die Einkehr in einer namenlosen → Burg illustrieren, die gleichsam als

---

[13] Drastisch ist eine erholungsbedürftige Enite in Szene gesetzt: „vrouwe Ênîte was vil vrô / der ruowe der si dô bekam / dô man ir diu ros benam. / ir was als der sêle / der von michæele / wirt der hellewîze rât, / diu lange dâ gebûwen hât" (Er_(C) 3647–3653).
[14] *Altes* und *Neues Testament* enthalten zahlreiche Beispiele für Gastlichkeit; vgl. die Umschau bei Schuler 1979, 33–39. In Mt 21,31–46 wird beim Jüngsten Gericht die Gastlichkeit zu den guten Werken gezählt.

ein Basisskript für die Beherbergung von *âventiure*-Rittern angesehen werden kann: Kalogrenant wird vor der Burg begrüßt, er tritt in die Burg (Iw_(BLW) 313) und wird von der schönen Tochter entwaffnet und in ein „scharlaches mäntelîn" (Iw_(BLW) 326) gekleidet. Das Gespräch auf „gras" (Iw_(BLW) 334) ist vermutlich im Burghof lokalisiert, ein Ortswechsel findet statt, als ein Bote zu Tisch ruft. Trotz Superlativ in Sachen Ehrerbietung (Iw_(BLW) 355 f.) und breitem Bericht zum Gespräch mit dem Burgherrn werden keine weiteren Details zum Ort erwähnt. Zur „slâfennes zît" (Iw_(BLW) 383) wird nicht gesagt, wo geschlafen wird (auch keine räumlichen Details auf Kalogrenants Rückweg: Iw_(BLW) 785–794 und bei Iweins Hinweg: Iw_(BLW) 976–979). Die Beherbergung bleibt Zwischenstation ohne wesentlichen Einfluss auf die Handlung, die Raumdarstellung mutet wie eine Schwundstufe an. Sie zeigt – dies im Vorgriff auf Abschn. 3 (Funktionen) – jedoch die räumliche Distanz zum Artushof sowie den Status von Gastgeber und Gast an. Der Wandel von Kalogrenants Gestimmtheit beim Rückweg ist zwar nicht ursächlich mit der Herberge verbunden. Auf der Darstellungsebene wird der Wandel jedoch anhand der Wiederbegegnung mit dem Burgpersonal und dessen konstanter Haltung sichtbar gemacht.

Während das schöne-Tochter-Motiv hier nur die potenzielle *prîs*-Würdigkeit der *âventiure* aufruft, ist die Beherbergung im höfischen Roman häufig mit einer besonderen Situation (*costume*) und mit der Hand der Tochter des *wirtes* verknüpft. Bemerkenswert ist die serielle Ausführung des Motivs im *Lanzelet*. Die Unterkunftnahme bei Galagandreiz kann auch die Sorgen, eine geeignete Unterkunft zu finden, illustrieren: Der Burgherr „vert dem man übel mite" (UvZLanz_(K) 724); sonst ist jedoch keine Herberge erreichbar (UvZLanz_(K) 712–721). Zur Burg erhält man weitere Informationen („michel und hô", UvZLanz_(K) 765); die Burg enthält ein weiteres *hûs*, in dem die Tochter residiert (UvZLanz_(K) 803), auf das üppige Mahl (Unsagbarkeitstopos UvZLanz_(K) 826) folgt eine Bewirtung mit Wein in der Schlafkammer[15] der drei Gäste (UvZLanz_(K) 831–835), danach schleicht die minnedurstige Tochter herbei, mit der nur Lanzelet zu schlafen wagt. Am Morgen besiegt er Galagandreiz und avanciert so zum Landesherren; ähnliches geschieht auch bei Ade und in Pluris.

Zu weiteren Aspekten der Raumdarstellung bei der Beherbergung von Rittern sei auf den Artikel → Haus, Hütte mit Beispielen zu Koralus im *Erec*, Plippalinot im *Parzival* sowie zu Wimar im *Willehalm* verwiesen. Eine private Beherbergung findet man nicht nur beim Adel; jedes Haus kann als Herberge dienen. Ob der Gast eingelassen wird, ist auch kontingenten Momenten unterworfen: Im *Fahrenden Schüler* (Rosenplüt) wird der Student von der Bäuerin nicht eingelassen, da sie mit dem Pfaffen schlafen will; der arglose Bauer lässt den Studenten später mit Rekurs auf christliche Wertmaßstäbe ein („das tu ich durch got, / dorumb das ich oft prich sein gepot", RosSch 69 f.).

---

[15] Auch in der → Gralsburg wird Parzival ein prachtvoller eigener Raum zur Verfügung gestellt (Parz_(L) 242,25–246,27).

Im Übergangsbereich von okkasioneller zu kommerzieller Beherbergung ist das *Studentenabenteuer A* angesiedelt.[16] Das Haus wird nicht gewählt, weil man es als Herberge goutiert, sondern weil eine hübsche Mutter mit ihrer Tochter dort zu Hause ist.[17] Der *wirt* wird bei Ankunft der Studenten vor die Tür geholt. Während er das Muster der Gastfreundschaft bedient („beidiu brôt unde wîn / daz muoz iu wesen undertân / und swaz ich gemaches hân", StudA 154–157), unterbreiten die solventen Studenten ein materielles Angebot: „erloubet uns hinne ze sîn, / beidiu brôt unde wîn / und swaz man darzuo haben sol. / daz gewinnen wir harte wol" (StudA 161–164) – nicht ohne den gabentheoretischen Hintergedanken, Mahl und Wein gegen ein Beilager zu tauschen. Die Darstellung ist detailreich, allerdings sind zahlreiche Raumelemente handlungsfunktional; es geht hier offenbar nicht um Realitätseffekte und nicht darum, den Raum möglichst genau zu beschreiben. Zunächst befinden sich die Studenten vermutlich[18] in der → Küche, wo die Tochter einen Psalter liest; die Mutter schickt sie mit den Studenten hinaus „under die louben vür die tür [...] dâ irrent iuch die liute nicht / noch der rouch und ist dâ liht" (StudA 201–204). Die Laube wird zum Ort der *minne*-Genese. Zur Nacht wird ins Zimmer der Familie noch ein Bett gestellt. Die räumliche Konstellation der Betten ist konstitutiv für die Verwechslungen; der Standort der Betten wird benannt (StudA 309–311); differenziert wird zwischen dem Schlafraum und dem Raum, in dem man Wein trinkt.

Ob man von einer Differenzierung der räumlichen Darstellung von ‚privaten' Herbergen im höfischen Roman zur Darstellung im Märe insofern sprechen kann, als dass im höfischen Roman als Herberge tendenziell ein Raum oder wenige Räume innerhalb einer Burg infrage kommen, während die Herberge im Märe verschiedene Lebensbereiche umfasst (Küche, Laube, Zimmer der Familie), wäre in weiteren Studien noch zu untersuchen.

2.2 Eher kommerzielle bzw. regelmäßige Beherbergung

Im höfischen Roman finden sich Berichte über eine kommerzielle Beherbergung selten – so etwa im *Erec* Hartmanns. Erec bezeichnet sich nach der Räuber-*âventiure* als „unhovebære" (Er_(C) 3636); er lehnt deshalb die Beherbergung beim Grafen ab und fragt nach dem „tiuristen wirte" (Er_(C) 3645). Erec und Enite können in dem Gasthaus ein Bad nehmen, das Haus verfügt offenbar über eine größere Gaststube:

---

[16] Zur Problematik, private von regelmäßiger Beherbergung abzugrenzen, vgl. auch Schumacher 2009, 112 (mit Hinweis auf den Fischer in Hartmanns *Gregorius*): „Kommen zahlkräftige Gäste, dann wird wohl jedes Haus zum Gasthaus."
[17] Der Vorsatz der Studenten, „rîten alles hinden nâch / und merken wâ si inne sî / und herbergen dâ oder dâbî" (StudA 140–142), unterstellt, dass man problemlos fast überall Herberge findet.
[18] In StudA 204 wird „rouch" erwähnt – eine naheliegende Quelle dafür wäre der Herd, auch die Betriebsamkeit („irrent [...] liute", StudA 203) nährt diese Vermutung.

Der Graf kommt in Begleitung von vier Rittern und setzt sich an Enites Tisch abseits von Erec (Er_(C) 3730–3752). Der Schlafraum ist so groß, dass man zwei Betten getrennt aufstellen kann (Er_(C) 3949 f.). Von einer Aushandlung einer monetären Bezahlung für die Beherbergung vorab ist keine Rede. Erec bezahlt den Wirt mit sieben Pferden (Er_(C) 4007–4015); in Tulmein wird erwähnt, dass alle Betten im Ort belegt sind und dass Erec kein Geld mit sich führt (Er_(C) 238).

Durch die großen Küchen, durch das häufig im → Kloster verrichtete Bierbrauen sowie aufgrund des *caritas*-Motivs sind Klöster prädisponiert für Bewirtung und Beherbergung.[19] Am Beginn des *Gänslein* wird ein Kloster erwähnt, das wiederum aus zwei separaten räumlichen Bereichen besteht: aus dem abgeschlossenen Bereich der Mönche, den „selten ieman fremder sach" (Gänslein 16),[20] und aus einem semantisch eher weltoffenen Bereich, der einen Beherbergungsbetrieb enthält („ir gasthûs und ir spitâl / heten niht gasatztiu mâl, / wan zuo welhen zîten der man / geriten ode gende kan, / der vant daz ezzen ie bereit. / minneclich und unverseit / gap man swaz si mohten hân. / also solten noch diu klôster stân", Gänslein 5–12). Der Abt nimmt mit einem unerfahrenen Mönch an einem dritten Ort (beim „meier") Quartier, um geschäftliche Angelegenheiten zu regeln (Gänslein 180). Der Willkommensgruß und die vorige Bewusstseinsdarstellung deuten darauf hin, dass der Abt dort schon öfters logiert hat (Gänslein 58–64). Die Tochter des Wirts, die über ein eigenes „gemach" (Gänslein 175) verfügt, kann es im großen Schlafraum einrichten, dass das Bett des Mönchs „von den andern verre" (Gänslein 119) steht, um in der Nacht dort Wärme zu finden (Gänslein 140–145).

Im *Fortunatus* sind zahlreiche Szenen in Gasthäusern angesiedelt; dabei spielt das monetäre Element eine große Rolle. Zunächst sind die „hoffstuben" ein Ort, an dem Fortunatus mittels Wein und „anderm gůttem geschleck" (Fort_(M) 397,25 f.) dazu verleitet wird, auf eine Intrige hereinzufallen, die mit Fortunatus' Flucht aus dem Dienst des Grafen endet. In den Wirtshäusern von London verschwendet Fortunatus seinen Besitz restlos mit „leüchten frawen" (Fort_(M) 406,10). Hier muss der Titelheld erst lernen, dass die Londoner Wirte und Damen ihre Gastfreundschaft ausschließlich kommerziell verstehen. Während er in London stets spendabel war, muss er sich verspotten lassen, als er trotz leeren Beutels auf ein Entgegenkommen hofft: „Do mainten sy ire bůlen solten sy noch einlassen vnnd frölich mit yn sein wie vor [...] sy beschlussen die thüre vor yn tzu / vnd spotten ir zu den fenstern auß / vnd sprachen </> wenn ir mer gelt haben so mügend ir wol widerkomen" (Fort_(M) 407,4–9). Nachdem er sein Zaubermittel erhalten hat, bezahlt er in Nantis den Wirt reichlich im Voraus; dieser „fieng an fortunatum in eeren tzu haben" (Fort_(M) 438,16 f.). In der Wirtsstube darf er nun „bey andern herren vnnd edelleüten" (Fort_(M) 439,2) sitzen; hier lernt er den verarmten Edelmann Lüpoldus kennen. Der räumlich markierte

---

19 Grundlegend zur Gastlichkeit im Kloster Schuler 1979. Vgl. weiterhin Ohler 1986, 116–127.
20 Zum Streben der Mönche nach Abgeschlossenheit vgl. Schuler 1979, 29 f.

soziale Aufstieg an den Tisch der Edelleute öffnet ihm die Tür zu einem kompetenten adeligen Reisebegleiter, dessen Wissen dazu beiträgt, dass Fortunatus künftig problematisches Verhalten wie beim Waldgrafen vermeiden kann.

Während im Weiteren Gasthäuser insofern positiv konnotiert sind, als sie die umfangreiche Reisetätigkeit allererst möglich machen und als Fortunatus dank des *seckel* jeden verfügbaren Luxus bezahlen kann, kommt der Aspekt der Unsicherheit ebenfalls ausführlich zur Darstellung: In Konstantinopel „fand er ainen wirt / der was ain dieb" (Fort_(M) 450,13). Der Wirt „hett ainen haimlichen eingang in fortunatus kamer / da die grösser betstatt stůnd an ainer hültzin wand / darauß er ain breet nemen vnd wider zutůn mocht / das es niemand mercket" (Fort_(M) 450,20–23). In einer Nacht stiehlt der Wirt das Geld aus Beuteln der schlafenden Gäste; später sabotiert der Wirt die Kerzen, die man aus Sicherheitsgründen aufgestellt hat; dennoch bemerkt Lüpoldus den Einbrecher und tötet ihn in Notwehr. Fortunatus' Ängste thematisieren, dass Reisende in einem fremden Herrschaftsbereich meist kaum Gerechtigkeit erwarten können (Fort_(M) 459,31–460,1).

Sowohl die Darstellung der eher ‚privaten' als auch der kommerziellen Beherbergung kann also mit dem Aspekt der Sicherheit und zugleich auch mit dem Aspekt der Gefahr oder anderen Herausforderungen bis hin zum erotischen Abenteuer einhergehen. Es finden sich vielfältige Formen der Darstellung: Im Märe wird häufig darauf verzichtet, räumliche Details zu erwähnen, die nicht unmittelbar handlungsfunktional sind, während etwa die Erwähnung der Möglichkeit zum Bad im *Erec* auf mittelbarer Ebene zum Bild von Enites Strapazen beiträgt.

3 Narrative und symbolische Funktionen

Im *Fortunatus* wird die Herberge zum Symbol des Unterwegs-Seins und des Reisens bis zur Rückkehr des Protagonisten nach Zypern; dass er sich nach der Begabung die besten Gasthäuser leisten kann, zeigt seinen Status an: Der Rückschlag – die Verbannung aus London – ist mehr als überwunden. Dennoch bleibt – wie in der Konstantinopel-Episode zu sehen – das Gasthaus auch ein Ort der Unsicherheit, wenn ein diebischer Wirt trotz erhöhter Wachsamkeit nachts ins Zimmer eindringen kann. Einige zentrale Diskurse des Textes (keine Rechtssicherheit, Gefahr durch Diebe) sind metonymisch an den Ort gekoppelt. Dennoch bleibt das Reisen nach einem Zwischenspiel im heimischen Zypern erstrebenswert – nach zwölf Jahren bricht er zu einer zweiten Weltreise auf – eine *âventiure*-Fahrt des ‚kleinen Mannes'.

Im höfischen Roman ist das Unterwegssein konstitutives Element ritterlicher Betätigung, sodass oft die Notwendigkeit besteht, bei einer *âventiure*-Fahrt Herberge zu nehmen. Nach Lotmans Raumsemantik[21] kann die Herberge zur Außenwelt

---

21 Vgl. Lotman 1981, 175–204, Lotman 1973, 347–358.

gezählt werden, in der Gefahren lauern, obschon sie Sicherheit und Schutz bieten sollte. Häufig ist mit der Unterkunft eine situative Besonderheit (*costume*) verbunden, die in *âventiure* überführt werden kann und die zugleich neben großem Risiko auch die Chance bietet, *prîs* zu erringen. Lanzelet muss etwa bei der Herbergssuche gegen Galagandreiz und gegen Linier kämpfen und erhält jeweils die Tochter bzw. Adoptivtochter als Lohn.

Ähnlich wie das Haus kann die Herberge ambig semantisiert werden – etwa als Ruhepol (vgl. oben etwa Kalogrenants Einkehr) oder als Raum der *âventiure*. Die semantischen Potenziale von Ort und Hausherr können miteinander interagieren; semantische Merkmale, die dem Hausherrn zugeschrieben sind, können auch auf den Ort übertragen werden, und umgekehrt.[22] Die Arme Herberge im *Erec* dient u. a. dazu, in Kontrast zu Koralus' Armut dessen edle Gesinnung zu demonstrieren.

Eine Bewirtung kann Funktionen für die Ebene der erzählten Welt realisieren: Laudine beginnt Iwein zu lieben, als Artus als Gast die Ehre des Quellenreichs steigert („alrêst liebet ir der man", Iw_(BLW) 2674). Daneben können daran auch Rezeptionssteuerungssignale gekoppelt sein, die über die Ebene der erzählten Welt hinausgehen, etwa in Hinblick auf Didaxe oder auf eine Reflexion hinsichtlich der Kongruenz von mentaler Einstellung und Handlungen des Gastgebers.[23]

Zudem kann die Darstellung auch ein literarischer Raum dafür sein, Konzepte wie Gastfreundschaft und Interaktionsmuster im Kontext der Beherbergung zu hinterfragen, zu konterkarieren oder zu unterlaufen; etwa dann, wenn das Gastrecht missbraucht wird. Im *Fortunatus* findet man etwa die Furcht vor Zechprellerei: „So ließ er nichts in der herberg / dass geuiel dem wirdt nit / wann er yn nit kennet / vnd forcht er ritt vnbezalt hynweg / als ym vormals offt beschehen was / vnd noch auff sollichen hochzeiten beschicht" (Fort_(M) 438,4–7). Der Fischer in Hartmanns *Gregorius* fürchtet gar Raubmord: „sô ich hinte entslief und mîn wîp, / daz dû uns beiden den lîp / næmest umbe unser guot" (Greg 2793–2795).

Auch im Märe wird die Herberge häufig zum Raum der *âventiure*. Im *Gänslein* verlässt der junge Mönch, der einen tendenziell statischen Figurentypus repräsentiert, erstmals das Kloster: eine Transgression in die Außenwelt,[24] die schließlich in das Beilager mündet. Das Unterkunftsmotiv wird – da dabei das Zubettgehen ohnehin Thema ist – im Schwank- und Märenbereich häufig in das Beilager-Motiv überführt.

Dagegen sei mit der *Frauentreue* abschließend ein Beispiel dafür angeführt, dass eine Unterkunft eminent textspezifisch semantisiert sein kann: Der Text generiert eine

---

[22] Vgl. zu Mechanismen der Wertungsübertragung Dimpel 2014.
[23] Vgl. die Belehrung bzw. kritische Reflexion des Erzählers bei der Bewirtung des Artus durch Iwein: „Der gast wirt schiere gewar, / enist er niht ein tôre gar, / wie in der wirt meinet; / wander im wol bescheinet / an etelîcher swære, / ist er im unmære: / und geherberget ein man / dâ ims der wirt wol gan, / dem gezimt deste baz / sîn schimpf unde sîn maz. / Ouch enwirt diu wirtschaft nimmer guot / âne willigen muot", Iw_(BLW) 2683–2694.
[24] Vgl. Lotman 1981, 175–204, Lotman 1973, 347–358.

symmetrische Raumstruktur: → Kirche – Herberge-1 – Kampfplatz (→ Turnierplatz, Schlachtfeld) – Herberge-2 – Schlafzimmer der Dame (→ Kemenate) – Herberge-3 – Kirche. Herberge-1 ist zunächst der Ort, der dem Ritter als Operationsbasis für sein ‚Stalking' dient. In der mittleren Station (Herberge-2) findet nach der Verwundung im Kampf ein langes Gespräch des bettlägerigen Ritters mit der Dame statt, der auf Heilung durch Liebe hofft; die Herberge des Ritters ist eigentlich ein unzulässiger Ort für die verheiratete Dame. Dennoch heilt sie ihn auf Bitte ihres Ehemanns; die Logik, dass Beistand am Krankenbett in ein Beilager mündet (vgl. die Blanscheflur-Szene im *Tristan*), wird abgewiesen. Herberge-3 wird schließlich zum Raum des Todes: Nach seinem nächtlichen Vergewaltigungsversuch im Schlafzimmer der Dame (ein unzulässiger Ort für den Ritter) bringt die Dame seine Leiche zurück in die Herberge.

Er_(C), Fort_(M), Gänslein, Greg, Iw_(BLW), Netz, Parz_(L), RosSch, StudA, UvZLanz_(K)

→ Burg, Schloss, Hof; → Gralsburg, Gralsbezirk; → Haus, Hütte; → Kemenate, Gemach, Kammer; → Kirche, Kathedrale, Münster, Kapelle, Kloster, Tempel; → Küche; → Schlachtfeld, Turnierplatz; → Tor, Tür, Treppe, Fenster; → Zelt

Johannes Traulsen
Wüste, Wildnis, Einöde

1 Begriffsbestimmung – 2 Merkmale der Darstellung – 2.1 Stein- und Sandwüsten – 2.2 Waldwüsten – 3 Narrative Funktionen – 3.1 Wüste als Rückzugsort – 3.2 Wüste als Prüfungs- und Konversionsort – 3.3 Wüste als Fremde und Gegenort – 3.4 Wüste als metaphorischer Raum

1 Begriffsbestimmung

Für die europäischen Kulturen der Vormoderne liegen Wüsten an den Rändern der bekannten Welt (→ Ränder der Erde).[1] Aus Reiseberichten und antiken Quellen weiß man um den Wüstengürtel, der sich von Nordafrika über die Arabische Halbinsel bis nach Persien zieht. Doch weisen die Landschaften innerhalb dieses Gürtels sehr unterschiedliche Eigenschaften auf und nicht alle seine Teile sind gleichermaßen bekannt. Von Ägypten und Palästina künden zahlreiche Reiseberichte, doch von den großen Wüsten des Mittleren und Fernen Ostens weiß man kaum mehr, als dass sie existieren. Afrika gilt, jenseits des Nils und des schmalen Küstenstreifens am Mittelmeer, als Refugium fremder Völker und Tiere oder wegen der Hitze als völlig unbewohnbar.[2] Die Natur setzt der Durchdringung Grenzen: Westlich des Nils und im südlichen Arabien liegen lebensfeindliche Sandwüsten, hingegen ist die Landschaft in Palästina und Syrien von Steinwüsten geprägt, die zu bestimmten Jahreszeiten von Nomaden durchzogen werden können.

Im deutschsprachigen Mittelalter sind die Vorstellungen von der Wüste nicht durch Eigenschaften wie Trockenheit und Vegetationslosigkeit bestimmt.[3] Aus den literarischen Zeugnissen geht vielmehr hervor, dass die Wüste einen Topos der Undurchdringlichkeit, Unkultivierbarkeit und Leere darstellt.[4] So gibt es im Mhd. kein Wort, mit dem ausschließlich die Wüsten Afrikas und des Nahen Ostens bezeichnet werden. Das mhd. *wüeste, wuoste, wüestunge* (f., ahd. *wuostī*) trägt die Bedeutung des Adjektivs *wüeste, wuoste* (ahd. *wuostī*), von dem es abgeleitet ist. Entsprechende Wörter existieren nur in den westgermanischen Sprachen (wgerm. *wōsti*) und bedeuten, wie noch die nhd. Entsprechung wüst, ‚unbebaut, leer' und ‚öde'.[5] Dem entspricht im Lateinischen *vastus*, woraus wahrscheinlich das mhd. *waste* (f.)

---

1 Zur allgemeinen Einführung vgl. Thums 2012.
2 Vgl. Simek 1992, 83–87.
3 Die moderne Definition bestimmt Wüsten als Gebiete mit sehr geringer oder fehlender Vegetation. Vgl. dazu den umfassenden Artikel von Morel 2007.
4 Vgl. Keller 2010, 191.
5 Vgl. Kluge/Seebold 2011, 998. Vgl. auch die umfassende Studie von Mentrup 1963.

als Parallelform zu *wüeste* abgeleitet ist. Das nhd. Substantiv Wüste, mit dem sehr vegetationsarme Landschaften bezeichnet werden, ist semantisch gegenüber der mhd. *wüeste* deutlich verengt. *Wüeste* kann auch ganz allgemein den → Wald und die Wildnis bezeichnen und wird synonym mit *wiltnisse*[6] (f./n.) verwendet. Das ebenfalls synonym gebrauchte mhd. Wort *einœte, einōte* (f./n., → Klause) entspringt einer germ. Bildung, die etwa im Gotischen aus *ein-* (im Sinne von ‚allein') und dem Suffix **ōdja-* besteht. Es bezeichnet abseits liegende oder verlassene Behausungen.[7]

Die Angehörigen der zentraleuropäischen Kulturen des Mittelalters sind nur selten mit Trockenwüsten konfrontiert.[8] Gleichzeitig rezipieren sie aber Literatur, die solche Wüsten darstellt. Besonders in der Bibel, aber auch in einigen nichtchristlichen antiken Texten ist die Wüste der Ort, an dem sich die Handlung ereignet und dem eine theologische und symbolische Schlüsselrolle zukommt.[9] In den deutschen Bibelglossen steht *wüeste* für die lateinischen Bezeichnungen *desertum, solitudo, vastitas* und *eremus*. Vor allem dem Begriff *eremus* sind immer schon Bezüge zur Heilsgeschichte und zur christlich-asketischen Tradition eingeschrieben.[10] Das wichtigste semantische Merkmal ist dabei das exkludierende Moment, das sich aus der Unwegsamkeit der Wüste ergibt. Im Transfer von der Antike zum Mittelalter und aus dem Mittelmeerraum nach Zentraleuropa wird die Wüste entsprechend als Ort der Exklusion rezipiert, als „Topos der Unwegsamkeit. Deshalb werden im Mittelalter zwei Naturräume in Verbindung gebracht, die auf den ersten Blick nicht unähnlicher sein könnten: die (leere) Wüste und der (dichte) Wald".[11] So können die frühmittelalterlichen deutschen Bibelbearbeiter problemlos „in eremi uastitate" mit „in des ualdes uuuasti" (Steinm 1,469)[12] übersetzen und das berühmte Zitat Johannes' des Täufers lautet im *Evangelienbuch* Otfrids von Weißenburg „Ih bin wúastwaldes stimma rúafentes" (Otfrid I,27,41; Übers. J. T.: „Ich bin die Stimme des durch die Waldwildnis Rufenden").

Zweifellos ist die *uuuasti* ein unwegsames, einsames Gebiet, doch ihre spezifischen geographischen Eigenschaften sind in den älteren Sprachstufen des Deutschen nicht festgelegt.[13] Der Transfer des Motivs der Wüste in den deutschen Sprachraum bringt

---

6 Das unter Umständen sogar eine Wurzel mit dem Wort Wald teilt; vgl. Kluge/Seebold 2011, 988.
7 Der Begriff hat ursprünglich nichts mit dem Adjektiv öde (got. *auþja-*) zu tun, sondern wird in mittelhochdeutscher Zeit formal an dieses angeglichen; vgl. dazu Kluge/Seebold 2011, 236.
8 Eine Ausnahme bilden die Jerusalempilger und Kreuzfahrer.
9 So auch Le Goff 1990b, 86.
10 Vgl. Lindemann 2000b, 89–91.
11 Keller 2010, 192.
12 Der ahd. Begriff *wald* kann nicht nur eine mit Bäumen bestandene Fläche, sondern auch die → Heide oder das offene → Land bezeichnen.
13 Keller 2008b, 998 verweist darauf, dass mit dieser Bestimmung der Wüste als Leere immer zugleich auch eine emotionale Konnotation (Einsamkeit, Langeweile, Isolation, Abstumpfung) einhergeht.

eine semantische Erweiterung mit sich: Der in der antiken Literatur geformte Exklusions- und Heilsort Wüste kann sich nun auch in den Wäldern Zentraleuropas realisieren.

Diesen Vorüberlegungen entsprechend widmen sich die folgenden Ausführungen nicht nur Wüsten im Sinne des nhd. Begriffs. Sie können aber auch nicht alles in den Blick nehmen, was in der mhd. Literatur *wüeste*, *wiltnis* oder *einœte* heißt, denn das wäre praktisch alles außerhalb von → Hof und → Stadt.[14] Im Fokus stehen vielmehr unkultivierte Räume, die in ihrer Funktion als Orte der Exklusion handlungsbildend sind. Dabei rücken drei literarische Typen in den Mittelpunkt: Verarbeitungen biblischer Wüstendarstellungen (*Heliand* [um 830], *Vorauer Bücher Mosis* [zw. 1130 u. 1140]), legendarische Erzählungen von heiligen Einsiedlern (*Vitaspatrum* [lat. 4.–7. Jh.] sowie mhd. Übersetzungen im *Väterbuch* [um 1280] und in den *Alemannischen Vitaspatrum* [14. Jh.], Jacobus' de Voragine *Legenda aurea* [vor 1267], *Passional* [E. 13. Jh.], Hartmanns von Aue *Gregorius* [1180–1205], Rudolfs von Ems *Barlaam und Josaphat* [zw. 1220 u. M. 1250er Jahre], Konrads von Würzburg *Pantaleon* [13. Jh.]) und Reiseberichte, die Wüstendurchquerungen thematisieren (etwa die *Reisen* des Jean de Mandeville in der Übersetzung Michel Velsers [um 1390]). Außerdem werden Erzählungen über Alexander den Großen (*Annolied* [um 1180], Johann Hartliebs *Alexander* [um 1450]) und Texte der *Matière de Bretagne* (Wolframs von Eschenbach *Parzival* [1200–1210], Gottfrieds von Straßburg *Tristan* [um 1210]) in die Betrachtungen einbezogen.

2 Merkmale der Darstellung

Durch die prinzipielle Offenheit des Begriffs *wüeste* in der mittelalterlichen Literatur sind die ihm zugeordneten Merkmale vielfältig. Fast immer erscheinen *wüesten* allerdings als pfadlos und nur unter Mühen zu bereisen. Häufig stehen *wüesten* zudem in einem dichotomen Verhältnis zu bewohnten Orten.

2.1 Stein- und Sandwüsten

Die sogenannten *Vitaspatrum*[15] berichten von den ‚Wüstenvätern', den christlichen Eremiten in Ägypten und dem Nahen Osten. Wenngleich in diesen Regionen tatsächlich ein Wüstenklima herrscht, ist auch hier die Darstellung häufig auf die Unweg-

---

14 So geht etwa die größer angelegte Studie von Lindemann 2000a, 101 vor. Lindemann bringt den aus der geistlichen Literatur entlehnten Begriff Waldwüste für den Wald in der arthurischen Literatur in Anschlag. Davon abweichend ergeben sich, so sollen die folgenden Ausführungen zeigen, auch für die höfische Literatur differenziertere Analysemöglichkeiten, wenn nicht jeder Wald gleich als Wüste verstanden wird.
15 Mit den *Vitaspatrum* und der *Legenda aurea* werden hier zwei lateinische Texte in die Überlegungen einbezogen, von denen angenommen werden darf, dass sie im Mittelalter weit verbreitet und be-

samkeit konzentriert. So liegt der Ort, an dem die → Klause Johannes' des Einsiedlers steht, zwar in der Wüste, wird aber vor allem als unzugänglich charakterisiert: „Ascensus ad eum difficilis, aditus monasterii eius obstructus et clausus, ita ut a quadragesimo aetatis anno usque ad nonagesimum [...] monasterium eius nullus intraverit" (RufHist 248,5–9; Übers. J. T.: „Der Aufstieg zu ihm war schwierig, der Zugang zu seiner Wohnung war versperrt und unzugänglich, so dass vom vierzigsten bis zum neunzigsten Jahr seiner Lebenszeit [...] niemand seine Zelle betrat"). Das Merkmal der Vegetationsarmut wird vor allem im Mangel an Nahrung und Wasser erkennbar. Im *Väterbuch*, der ersten deutschen Übertragung der *Vitaspatrum*, finden die Reisenden auf ihrem Weg durch die Wüste nichts, „daz man ezzen mohte / oder daz zu trinckene tohte" (Vät 11315 f.). Auch hier wird jedoch betont, dass die Reise über „vil hohen ungebanten stic" (Vät 3428) und „ubir gebirge und uber tal" (Vät 3433) führt.

Eine Wüstenreise durch die Sandwüsten Nordwestafrikas beschreibt der *Alexander* Rudolfs von Ems. Es ist eine der wenigen Stellen in der mittelhochdeutschen Literatur, in der die *wüeste* durch Hitze und Sand gekennzeichnet ist: „in dem sande wuot diu schar, / als man sî sæhe in wazzer sîn. / öl wazzer unde wîn / began von hitze wallen / ûf den soumen allen, / von der hitze was daz her / vil bî verzagt und âne wer, / sie wânden alle wesen tôt" (RvEAlex 10478–10485). Anders als in den *Vitaspatrum* stellt die Wüste nicht das Reiseziel, sondern einen Landstrich dar, der zu durchreisen ist, ehe das eigentliche Ziel erreicht werden kann.

Noch konkreter sind die Wüstendarstellungen in Mandevilles spätmittelalterlichem Reisebericht. Er stellt etwa ein syrisches Wüstengebiet dar und gibt dabei Auskunft über dessen Bodenbeschaffenheit („da ist gar vil sand", JMandRV 23,3), die Ausdehnung („wol acht tagwaid", JMandRV 23,4) und die Reisebedingungen („Man vindet aber dennoch all tag herberg", JMandRV 23,4). Selbst über die „wůstin" (JMandRV 167,1), die das → Irdische Paradies umgibt, kann trotz ihrer Undurchdringlichkeit ausgesagt werden, dass sie voller wilder Tiere, → Berge und Geröll ist. Die Genauigkeit der Landschaftsdarstellung bei Mandeville ist eine wesentliche Differenz zur hochmittelalterlichen Literatur, in der die Wüste weniger konkret gestaltet ist.

2.2 Waldwüsten

Besonders im französischen Raum entstand in Folge der Wüstenväter eine eigene Eremitenkultur, die sich unmittelbar auf die ägyptischen Einsiedler bezog, aber den Wald als ihre Wüste ansah.[16] Zentrale Figuren dieser Bewegung waren der heilige

---

kannt waren. Der Begriff *Vitaspatrum* ist im Mittelalter in dieser Form geläufig. In späteren Editionen wurde er allerdings häufig durch *Vitae patrum* ersetzt.
16 Vgl. Le Goff 1990b, 89.

Bernhard von Tiron, Robert von Abrissel und Vitaly von Savigny.[17] Doch bereits in den europäischen Übertragungen der Wüstenväterlegenden waren die Wüsten teilweise zu Wäldern geworden. So lebt Paulus eremita in der *Legenda aurea* zwar in „eremum vastissimum" (LA_(G) 94), doch als der heilige Antonius ihn besucht, führt sein Weg „per silvas" (LA_(G) 95) zu Paulus. Von den lateinischen und französischen Legenden gehen wichtige Impulse für die literarische Gestaltung der *wüeste* in der mittelhochdeutschen Literatur aus. Sie finden ihren Niederschlag zum Beispiel im *Gregorius* Hartmanns von Aue. Nachdem sich Gregorius seiner Sünde bewusst geworden ist, zieht er in die „wilde" (Greg 2764), die aus „walt unde bruoch" (Greg 2768) besteht. Er fragt nach einer „stat in dirre wüeste" (Greg 2959) und stellt sich darunter einen „wilden stein oder ein hol" (Greg 2973) vor. Schließlich wird er auf einen Felsen im Wasser gebracht. Der Ort von Gregorius' Buße ist damit eng begrenzt, wird jedoch durch die Insellage (→ Insel) und die umgebende Wildnis als Teil einer größeren *wüeste* dargestellt.

Ebenfalls als Walderemit erscheint Trevrizent, der Onkel des Protagonisten in Wolframs von Eschenbach *Parzival*. In der Wildnis „Fontân la salvâtsche" (Parz_(L) 452,13) lebt er als Einsiedler. Der Ort ist Teil der die → Gralsburg umgebenden ungebahnten „waste" (Parz_(L) 250,5), und Parzival erreicht ihn nur, indem er seinem Pferd die Wahl des → Weges überlässt.

3 Narrative Funktionen

3.1 Wüste als Rückzugsraum

Für Flüchtende hat die Wüste einen ambivalenten Status. Zwar schützt sie vor Nachstellungen, stellt aber selbst wiederum eine Bedrohung dar. Paradigmatisch wird die Wüste als Rückzugsort in der alttestamentlichen Flucht aus Ägypten und der vierzigjährigen Wüstenwanderung der Israeliten dargestellt. Dabei schwingen immer zugleich die Gefahr des Todes und die Heilserwartung mit, die sich nach dem Durchschreiten der Wüste in der Ankunft im gelobten Land realisiert. Die legendarische Literatur greift diese Bestimmung der Wüste als Rückzugsraum und Heilsverheißung vielfach auf. So können sich die Christen in Konrads von Würzburg *Pantaleon* – anders als der Protagonist der Legende – den Nachstellungen des römischen Kaisers Maximian durch Flucht entziehen, denn „si burgen sich durch guoten vride / in welden unde in wüesten" (KvWPant 96 f.). Die erzwungene Exklusion kann, wie die Eremitenlegenden zeigen, zur Konstitution neuer (christlicher) Gemeinschaften in der *wüeste* führen, deren asketische Ideale in engem Zusammenhang mit der Umgebung stehen.

---

17 Vgl. Mattejiet 1997, 1945.

Die Legende von *Barlaam und Josaphat* Rudolfs von Ems arbeitet an dem Gegenüber von Askese in der Wüste und außerhalb von ihr. Die *wüeste* ist zwar für den Eremiten Barlaam der Ort, an dem er sich vor Nachstellungen verbirgt und an dem er als Eremit lebt, doch der Königssohn Josaphat vollzieht den Wandel vom Prinzen zum Asketen, während er am Hof lebt (RvEBarl 7453). Durch die Dissoziierung von Konversion und Rückzug wird in *Barlaam und Josaphat* deutlich, dass es nicht allein auf den physischen Gang in die Wüste ankommt, sondern zugleich immer auch eine innere Bewegung mitgedacht ist. Diese Verbindung unterscheidet die Inszenierungen der *wüeste* als Exklusionsraum von solchen Darstellungen, in denen sie Ort zufälliger Begegnungen[18] und Umgebung für *âventiuren* (→ Weg) ist.

Im *Parzival* Wolframs von Eschenbach wird neben der Wohnstatt Trevrizents noch ein zweiter Ort als *waste* bezeichnet. Herzeloyde flieht „ûz ir lande in einen walt, / zer waste in Soltâne" (Parz_(L) 117,8 f.), um Parzival davor zu bewahren, wie sein Vater im Kampf getötet zu werden. Der vorangehende Erzählerkommentar hebt den Rückzug in die *waste* über die pragmatische Erklärung hinaus, indem er ein weiteres Motiv Herzeloydes einführt: „Die [armuot, J. T.] dolte ein wîp [= Herzeloyde] durch triuwe: / des wart ir gâbe niuwe / ze himel mit endelôser gebe" (Parz_(L) 116,19–21). Damit ist der Rückzug in den Wald von Soltane nicht mehr nur ein Versuch, Parzival von seinem ererbten Stand fernzuhalten. Vielmehr bemüht sich Herzeloyde, ein neues Lebensmodell in der *waste* zu etablieren, das an monastischen Idealen und auf das Jenseits hin orientiert ist.

3.2 Wüste als Prüfungs- und Konversionsort

Die paradigmatische Vorlage für Darstellungen der Wüste als Ort der Prüfung bildet die Versuchung Christi, die in der mittelalterlichen Literatur vielfach bearbeitet und wiedererzählt wurde.[19] So berichtet zum Beispiel der *Altsächsische Heliand* davon, wie Christus sich „an ena uuôstunnea" (Heliand_(B) 1026) zurückzieht und „uuas [...] thar an thero ênôdi erlo drohtin lange huuîla" (Heliand_(B) 1028 f.; Übers. J. T.: „er, der Herr der Männer, war dort eine lange Zeit in dieser Einöde"). Nach vierzigtägigem Fasten wird er vom Teufel versucht, doch er widersteht den Verlockungen. An diese biblischen Darstellungen schließt auch die mittelalterliche Predigtliteratur an.[20]

---

[18] Vgl. Schnyder 2010, 174.
[19] Aber auch alttestamentliche Stoffe wurden als Prüfungserzählungen gedeutet. Besonders einflussreich war die Auslegung der biblischen Wüste durch Augustinus. Er führt etwa in den Homilien zum 1. Johannesbrief aus, die Wüstenwanderung habe, obwohl die zurückgelegte Strecke nur kurz sei, so lange gedauert, weil Gott die Israeliten habe prüfen wollen. Vgl. dazu Lindemann 2000b, 95 f.
[20] Vgl. z. B. DP 2,82. Die entsprechende Predigt geht von Christus in der Wüste aus und befasst sich dann mit dem Fasten.

Für die monastische Literatur stellt zusätzlich die Vita des heiligen Antonius eine Schlüsselerzählung dar. Hier manifestiert sich der Prüfungscharakter vor allem in den Teufelsheeren, welche die Wüste bevölkern und Antonius angreifen. Der Teufel, fürchtend, dass Antonius „en bilde anderen lútn gebe in die wůsti ze varne" (AlVit 15,6),[21] attackiert den Einsiedler mehrfach heftig. Als Antonius endgültig eine Zelle in der Wüste bezogen hat, reklamieren die Teufel den Ort für sich: „Antoni was hast du hie in vnser gewalt ze schaffene? Wir haben die wůst vnz har gehebt" (AlVit 17,39–18,9). Im Fall von Antonius vollzieht sich durch das Beharren in der Wüste die endgültige Transformation zur Leitfigur der eremitischen Bewegung.

Im *Gregorius* erfolgt der Rückzug unmittelbar, nachdem der Protagonist von seiner Ehefrau erfahren hat, dass diese seine Mutter und er damit des Inzests schuldig ist. Dabei ist Gregorius' Handeln scharf gegen das seiner Mutter abgegrenzt, die er zwar anweist, sie solle sich „an spîsę und an gewande" (Greg 2709) beschränken, dabei aber am Ort bleiben und ihren Herrscherinnenpflichten nachkommen. Er selbst „gertę in sînem muote / daz in got der guote / sandę in eine wüeste" (Greg 2744–2746). Die *wüeste*, in die Gregorius sich zurückzieht, ist dabei der Felsen, auf dem er die folgenden siebzehn Jahre verbringt. Die Felsinsel teilt mit der Wüste in Bibelepik und *Vitaspatrum* nicht nur die Kargheit und das Fehlen von Gesellschaft und Nahrung. Sie stellt zudem einen Ort dar, an dem Gregorius vor Versuchungen geschützt durch Buße und Askese seine Wandlung vom Sünder zum Heiligen vollziehen kann.

3.3 Wüste als Fremde und Gegenort

In der Legendendichtung erscheint die Wüste nicht nur als positiv konnotierter Rückzugsort, sondern auch als bedrohliche Umgebung. Ausgehend von der Schutzlosigkeit des Menschen in der Wüste wird die Manifestation des Göttlichen als Beistand in der Not inszeniert. So ist in der Legende vom heiligen Valentianus die Wüste Ort der Verbannung, an dem der Heilige nur mit göttlicher Hilfe überleben kann (PassIII_(K) 38867–38869).

Die Gefahr ist auch ein zentrales Moment der Wüstendarstellungen in den Alexanderdichtungen. Im *Annolied* wird bereits auf die Reise Alexanders durch die Wüste in → Indien und seine Begegnung mit den sprechenden → Bäumen dort (Anno 14,7 f.) verwiesen. In der spätmittelalterlichen Alexanderbearbeitung Johann Hartliebs konkretisiert sich, was das *Annolied* nur andeutet: In der von schrecklichen Wesen bewohnten Wüste liegt der Ort, an dem Sonnen- und Mondbaum Alexander seine Todesumstände vorhersagen. Für den Zug in die Wüste sind umfangreiche Vorbereitungen und „dreyßig tawßentt außgeleßner man vnd heldt" (JohHartA 6245) samt

---

[21] Die *Antoniusvita* wird hier in der Prosaform der sogenannten *Alemannischen Vitaspatrum* des 14. Jh.s wiedergegeben.

den entsprechenden Reittieren vonnöten. Das Heer wird gebraucht, weil in der Wüste „maniger hanndt wuerm und ander frayßeamer thyer" (JohHartA 6251) zu bezwingen sind. In der weltlichen Logik der Alexanderdichtung erscheint die Wüste nicht vornehmlich als Ort der Kontemplation, sondern als Ort des Kampfes. Gleichzeitig klingt jedoch auch hier das mit der Wüste verbundene asketische Ideal an, denn Alexander entäußert sich zu Beginn der Reise seines weltlichen Besitzes. Er beschließt, „alles goldt vnd silber, auch alle kunigcleiche czier" (JohHartA 6241f.) zurückzulassen und an Schmuck nur mitzunehmen, was er den Göttern opfern will. Der Ort, an dem die beiden heiligen Bäume stehen, ist scharf gegenüber den Schrecken der Wüste abgegrenzt. Es handelt sich um einen Wald, der die Besucher mit Freude erfüllt und in dem keinerlei wilde Tiere leben. Doch ist dieser Ort eben nur um den Preis der Wüstendurchquerung zu erreichen, und so verbinden sich auch hier Drohung und Verheißung.

In Gottfrieds von Straßburg *Tristan* erscheint die *wüeste* an zwei Schlüsselstellen der Handlung ebenfalls als Gegenort. Erstens wird Brangäne von den Schergen Isoldes in die „wüeste" (Tr_(H) 12769) verbracht. Sie soll dort umgebracht werden, weil Isolde befürchtet, ihre Dienerin könne sich mit Marke verbinden und sich gegen sie wenden. Die *wüeste* ist als rechtsfreier Raum dargestellt, in dem Isolde die problematische Beseitigung vollziehen lassen kann. Dass die *wüeste* der höfischen Kontrolle entzogen ist, wendet sich jedoch auch gegen die Königin, weil sich die beauftragten Knechte dort dem Befehl ihrer Herrin widersetzen, indem sie den Mord an Brangäne unterlassen. Die Abwesenheit höfischer Ordnungsmuster in der Wüste greift die Minnegrottenepisode (→ Minnegrotte) wieder auf. Auch die → Höhle, in die Tristan und Isolde sich auf der Flucht vor Marke und dessen Hofstaat zurückziehen, liegt in einer Landschaft, die als „velse âne gevilde / und wüeste unde wilde" (Tr_(H) 16763f.) beschrieben wird. Sie erstreckt sich eine Tagesreise weit um die Grotte und es führen keine Wege hindurch (Tr_(H) 16766).[22] Wie die Eremiten[23] vermögen es Tristan und Isolde darin, sich ein neues gemeinschaftliches Leben zu schaffen, wenngleich dieses nur von begrenzter Dauer ist.[24]

3.4 Wüste als metaphorischer Raum

Die Wüste ist nicht nur eine Landschaft, sondern vielfach symbolisch aufgeladen und zur Metapher verdichtet. So legt etwa Origenes den Weg der Israeliten durch die Wüste

---

[22] Vgl. zu diesem Aspekt auch den Kommentar von Walter Haug in Tr_(H) 2,644.
[23] Die Verbindung der Minnegrottenepisode mit Eremitenviten entwickelt auch Zettl 2007.
[24] In Eilharts *Tristrant* sind gegenüber dem gottfriedschen Text die Entbehrungen während des Waldlebens stärker betont (etwa Eilh_(L) 4546–4580). Der Begriff *wüeste* taucht bei Eilhart aber nicht auf.

als Aufstieg zur Vollkommenheit aus[25] und Augustinus erscheint die Wüste einerseits als Analogie zur Welt, andererseits als Ort des Rückzugs und der Gottesbegegnung.[26]

In der mittelhochdeutschen Bibelepik ergibt sich das Wüstenbild durch die Übertragung aus dem lateinischen Bibeltext in die jeweilige volkssprachliche Form. Da jedoch die deutschen Texte die Bibel nicht übersetzen oder paraphrasieren, sondern in neue Formen gießen (Evangelienharmonien) und ergänzen, ist die Wüste häufig mehr als nur Ort der Handlung. So sind die literarischen Neukonstruktionen in der Volkssprache immer auch von späteren Auslegungen beeinflusst. Die *Vorauer Bücher Mosis* paraphrasieren zwar die Flucht der Israeliten in die Wüste, die Speisung mit Himmelsbrot und das aus dem Felsen geschlagene Wasser, doch wird unmittelbar im Anschluss daran die Paraphrase zum Gegenstand allegorischer Ausdeutung. In der „einoten" (Diem 50,5) droht das Vertrauen auf Gott verloren zu gehen. Das Himmelsbrot stellt den Leib Christi dar, der die Gläubigen ernährt. Der Durst der Israeliten „bezeichenet unser herte" (Diem 50,20) und der Beichtvater „leitet uns uon deme steine / di trahene also reine" (Diem 50,27 f.).[27] Sichtlich ist die Wüste hier nicht nur eine geographische Formation und Ort der Manifestation des Heiligen. Vielmehr symbolisiert sie den Zustand der Verworfenheit, in dem der Mensch der göttlichen Gnade bedarf.

Die spätmittelalterliche Mystik steht zwar in der Tradition der durch Askese und Meditation bestimmten Wüstendarstellungen, doch vollzieht sie endgültig den kategorialen Schritt von der konkreten Wüstenvorstellung zur Metapher. Die Wüste erscheint als Gottesbild, der Gang in die Wüste als innere Bewegung, als Abkehr von der Äußerlichkeit und eine Hinwendung zu Innerlichkeit und Erfahrung. Damit jedoch ist die Wüste in der Mystik bereits kein Ort mehr im Sinne des Handbuches.[28]

AlVit, Anno, Diem, DP, Eilh_(L), Greg, Heliand_(B), JMandRV, JohHartA, KvWPant, LA_(G), Otfrid, Parz_(L), PassIII_(K), RufHist, RvEAlex, RvEBarl, Steinm, Tr_(H), Vät

→ Burg, Schloss, Hof; → Gebirge, Berg, Tal; → Gralsburg, Gralsbezirk; → Heide, Aue, *plaine*; → Höhle, Grotte; → Insel; → Irdisches Paradies; → Klause, Einsiedelei, Einöde; → Land; → Minnegrotte; → Ränder der Erde; → Stadt, Markt, Platz; → Wald, Lichtung, Rodung, Baum; → Weg, Straße, Pfad

---

25 Vgl. Lindemann 2000a, 70 f.
26 Vgl. Lindemann 2000a, 77 f., 87 f.
27 Ebenfalls ein Gedanke, der schon bei Augustinus existiert, vgl. Lindemann 2000b, 96.
28 Es sei hier nur noch auf die Ausführungen von Asmuth 2000 und Keller 2010 verwiesen, die sich umfassend mit der Wüste in der Mystik beschäftigen.

Christoph Schanze
Zelt

1 Begriffsbestimmung – 2 Merkmale der Darstellung – 2.1 Zelte als Kulisse – 2.2 Zeltbeschreibungen – 3 Narrative Funktionen – 3.1 Herrschaftszelte – 3.2 *Minne-* und Frauenzelte – 3.3 Wolframs *Parzival* als ‚Zelt-Roman' – 3.4 Resümee der narrativen Funktionen

1 Begriffsbestimmung

In der mhd. Erzählliteratur begegnen im Wesentlichen drei Ausdrücke für nhd. Zelt. Die unmittelbare Entsprechung ist mhd./ahd. *gezelt/gizelt* (selten als Kurzform *zelt*). Die Etymologie ist unsicher,[1] vielleicht geht das Substantiv (n.) auf eine aus dem Romanischen (frührom. **tenda* [lat. *tendita pellis* ‚aufgespannte Haut'; lat. *tentorium*]) übernommene germ. Wurzel **telda-* (ae. *teldan* ‚bedecken') zurück.[2]

Daneben steht synonym häufig *pavelûn/pavilûn* (kontrahiert auch *poulûn*, beides n.) oder *pavelûne/pavilûne* (f.) bzw. verschiedene Verschreibungen,[3] wobei *gezelt* und *pavelûn* oftmals auch innerhalb eines Textes nebeneinander vorkommen. Das Wort ist aus afrz. *paveillon/pavillon* entlehnt, das wiederum auf lat. *papilio* ‚Schmetterling' zurückgeht (mlat. auch ‚Zelt'/‚Soldatenzelt', da die am Eingang hochgeklappten Ecken an Schmetterlingsflügel erinnern).[4] Der Begriff, der mehrfach aus dem Frz. ins Dt. entlehnt wurde,[5] begegnet v. a. im höfischen Roman, was angesichts von dessen engem Bezug zu den französischen Vorlagen nicht verwundert.[6] In der Heldenepik ist *pavelûn/e* nicht belegt.

---

1 Vgl. Pfeifer 1993 2, 1600.
2 Vgl. Kluge/Seebold 2011, 1006, DWB 31, 610 f.
3 Die Erstbelege für *pavelûne* (f.) finden sich in Hartmanns von Aue *Erec* (Er_(L) 4629.21: normalisiert „poulûne" [Sg.], im Wolfenbütteler Fragment „paulun"; Er_(L) 5038: normalisiert „poulûne" [Pl.], in der Ambraser Handschrift „pauiln"; Er_(L) 8902 und 8919: normalisiert „pavelûne" [Sg.], in der Ambraser Handschrift „Pauilun" [hier mask.?] bzw. „Paviulune").
4 Vgl. Pfeifer 1993 2, 984.
5 Vgl. Pfeifer 1993 2, 984. – Nhd. Pavillon bezeichnet als spätere Entlehnung ein freistehendes, leicht gebautes, offenes Gebäude, das zwar auch aus Zeltstoff bestehen kann, aber nicht mehr mit Zelt synonym ist wie im Mhd.
6 Im *Willehalm* Wolframs von Eschenbach treten vier weitere französische Lehnwörter für Zelt auf (immer als Vierergruppe und gemeinsam mit *gezelt*, mit Ausnahme von *preymerun*, das Wh_(L) 245,14 allein steht): *preimerûn/preymerûn* (n.), *ekub*, *treif* (n.) und *tulant* (z. B. „man sah dâ rîlîch ûf geslagen / anz velt, dâ der berc erwant, / treif unt tulant, / ekub unde preymerûn", Wh_(L) 197,8–11); *ekub* stammt ursprünglich aus dem Arabischen, Wolfram hat es aber offensichtlich ebenfalls aus dem Afrz. übernommen (vgl. Tazi 1998, 49, 166, 182, 188). Welche Zelttypen Wolfram hier unterschieden wissen will, ist undeutlich: „*treif* (aus afrz. *tref*) scheint ein geräumigeres, *ekub* (aus afrz. *aucube*) ein kleines,

Deutlich seltener steht für Zelt *hütte* (f., ahd. *hutta*; die vermutlich zugrundeliegende idg. Wurzel *[s]keut- bedeutet ,bedecken', ,verhüllen'). Wird das Wort gebraucht, dann meist in der Doppelformel *hütten und gezelt*, die in allen Gattungen begegnet; gelegentlich findet sich die Kombination *poulûne und hütten*. *Hütte* (→ Haus, Hütte) kann auch alleine stehen, wenngleich nur selten.

Ob zwischen *gezelt*, *pavelûn* und *hütte* semantische Unterschiede bestehen, ist schwer zu entscheiden. *Gezelt* und *pavelûn* scheinen im Mhd. synonym gebraucht zu werden als Bezeichnung für große, rechteckige Kriegs- und Prunkzelte, die bei Heerlagern, Turnieren und sonstigen Reisen benutzt wurden.[7] Mit *hütte* könnte ein kleineres (Seiden-)Zelt[8] im Gegensatz zu den großen Zelten (*gezelt*, *pavilûn*) gemeint sein, was die genannten Doppelformeln erklären würde. Allerdings kann auch *gezelt* das Epitheton *sîdin* tragen,[9] zudem gibt es explizit ,kleine' *gezelte*.[10] Mit Blick auf die narrative Raumkonstituierung ist bemerkenswert, dass der Pl. *snüere* (zu *zeltsnuor*) *pars pro toto* für das gesamte Zelt stehen kann (s. Abschn. 2.2).

Zelte sind als Handlungsorte ubiquitär in der mhd. Erzählliteratur.[11] Sie werden in sämtlichen Texttypen erwähnt, ohne dass sich eindeutige gattungsmäßige Schwerpunkte in der Thematisierung und narrativen Ausgestaltung des Zelts als literarischen Orts ausmachen ließen. Eine zentrale Rolle spielen Zelte im höfischen Roman, ausgehend vom Antikenroman (Heinrichs von Veldeke *Eneasroman* [zw. 1170 u. 1180]) über die *Chanson de geste* (Wolframs von Eschenbach *Willehalm* [zw. 1210 u. 1220], Ulrichs von dem Türlin *Willehalm* bzw. *Arabel* [um 1270]) bis hin zum Artusroman, dem einige der wichtigsten Zeltbeschreibungen entstammen (Hartmanns von

---

primitives Zelt zu bezeichnen; die Herleitung und die genaue Bedeutung der nur im Wh. belegten Bezeichnungen *tulant* und *preimerûn* sind dagegen unklar" (Heinzle 1991, Kommentar 971); Schultz 1889 2, 249 vermutet, dass Wolfram mit *preymerun* das Zelt des Heerführers bezeichnet; zu weiteren Erklärungsversuchen vgl. auch Schultz 1889 2, 253 f. – Eine fünfte französische Lehnbezeichnung für Zelt findet sich im *Wigamur*: „sie rihten ûf die tentûr" (Wigam_(B) 4811). Das ansonsten im Mhd. nicht belegte Wort dürfte von afrz. *tentoire* (zu lat. *tentorium*) abgeleitet sein; Busch 195 (Kommentar z. St.) vermutet, „dass es sich um einen Ausdruck für eine Ansammlung von Zelten handelt".
7 Vgl. Schultz 1889 2, 249, der allerdings später vermutet, dass *gezelt* der „allgemeine Gattungsbegriff" ist (ebd. 253).
8 Vgl. das Epitheton *sîdin hütten*, z. B. im *Nibelungenlied* („dâ stuonden sîden hütten | und manec rîch gezelt", NibAB_(BBW) 594,3) oder im *Wilhelm von Österreich* („dar in manic rich gezelt wart / zerspant und huetten sidin", WhvÖst 2274 f.). – Bumke 1986, 170 gibt als Bedeutung für *hütte* „die kleineren dachförmigen Zelte der Dienerschaft und der einfachen Krieger" an. Einen Unterschied in Form und Größe vermutet auch DWB 10, 1995. Schultz 1889 2, 254: „Das Treif möchte ich mit dem deutschen Worte Hütte für gleichbedeutend halten".
9 Z. B. Parz_(N) 710,19–21: „bêde ir muoter und ir ane / die maget fuorten sunder dane / in ein wênc gezelt sîdîn."
10 Z. B. Parz_(N) 711,14 („vor dem kleinn gezelde") oder Parz_(N) 710,21 (siehe vorherige Fußnote) oder auch das *Reisebuch der Familie Rieter* („ein cleins gezeltlein, ein pablion genant", Rieter 86).
11 Im Folgenden werden lediglich die Texte aufgeführt, die in diesem Artikel thematisiert werden.

Aue *Erec* und *Iwein* [zw. 1180 u. 1205], Ulrichs von Zatzikhoven *Lanzelet* [um 1200], Wolframs von Eschenbach *Parzival* und *Titurel* [1200–1210 bzw. nach 1217], Wirnts von Gravenberg *Wigalois* [um 1220], *Wigamur* [um 1250], des Pleiers *Meleranz* [M. 13. Jh.], Albrechts *Jüngerer Titurel* [1260–1273]; auch in den Tristanromanen begegnen häufig Zelte und Zeltbeschreibungen, etwa in Gottfrieds von Straßburg *Tristan* [um 1210]). Die Heldenepik kennt ebenfalls Zelte, obgleich hier seltener ausführliche Beschreibungen erscheinen (*Nibelungenlied* [um 1200], *Ortnit* [nach 1230], *Kudrun* [M. 13. Jh.]; historische Dietrichepik: *Alpharts Tod* [um 1250/1280?]; aventiurehafte Dietrichepik: *Virginal* [M. 13. Jh.]). Ähnlich verhält es sich mit der Brautwerbungs- bzw. ‚Spielmannsepik' und dem Minne- und Aventiureroman, die aber auch ausführlichere Zeltbeschreibungen kennen (Bertholds von Holle *Demantin* [vor 1260] und *Crane* [um 1260], Heinrichs von Neustadt *Apollonius von Tyrland* [um 1300], Johanns von Würzburg *Wilhelm von Österreich* [1314]). Gleiches gilt für legendenhafte Erzählungen, die teils Elemente des Minne- und Aventiureromans aufweisen. Nur selten finden sich Zelte in kürzeren Verserzählungen (eine Ausnahme ist der *Moriz von Craun* [1. H. 13. Jh.]). Zu nennen sind schließlich die Chronistik, die Reiseliteratur (*Reisebuch der Familie Rieter* [15. Jh.]) und der Prosaroman, wo Zelte allerdings nur noch vereinzelt begegnen. Einen Sonderfall bildet die Gattung der Minnereden, in der häufig ausführlich beschriebene Zelte als Handlungsort dienen, meist für Minnegespräche.[12]

Die überaus häufigen Erwähnungen oder Beschreibungen von Zelten in der mhd. Erzählliteratur dürften ein Reflex auf die Alltagspraxis des „Wohnen[s] im Zelt"[13] auf Reisen und im Krieg sein:[14] „Wenn [...] die Dichter in ihren Beschreibungen auch noch etwas übertreiben, im Grunde haben sie [...] wirklich Vorhandenes geschildert".[15]

2 Merkmale der Darstellung

Grundsätzlich lassen sich zwei Formen des Vorkommens von Zelten in mhd. Erzähltexten unterscheiden, wobei die Übergänge zwischen den beiden Kategorien fließend sind: Zelte als Kulisse (s. Abschn. 2.1) und Zeltbeschreibungen (s. Abschn. 2.2).

---

12 Vgl. dazu Klingner 2013 (v. a. 230–237) sowie die im Register verzeichneten Belegstellen zu Zelt bei Klingner/Lieb 2013.
13 Balzer 1992.
14 Vgl. Schultz 1889 2, 248–254, v. a. 247 f., Bumke 1986, 168–171, Balzer 1992, Böcker 2005, Stock 2008, 69 f.
15 Schultz 1889 2, 249.

2.1 Zelte als Kulisse

Oft dienen einzelne oder mehrere Zelte als Staffage: Sie werden als Orte erwähnt, an denen das Geschehen stattfindet (darin, davor oder daneben), ohne dass das Zelt an sich in seiner Materialität als Handlungsraum von Relevanz wäre. Es fungiert als Kulisse. Wahrgenommen wird es entweder aus Sicht des Erzählers oder einer Figur, aber näher beschrieben wird es nicht; allenfalls die Schönheit des Zelts wird genannt. Solche Erwähnungen von Zelten begegnen in beinahe allen mhd. Erzähltexten (s. Abschn. 1). Eine kleine Auswahl kann das Spektrum aufzeigen: Als Iwein und Gawein in Hartmanns von Aue zweitem Artusroman von ihrer Turnierfahrt zurückkehren (kurz vor Lunetes Auftritt), erwähnt der Erzähler, dass die beiden Ritter vor Karidol ihre Zelte aufgeschlagen haben: „dô sluogen si ûf ir gezelt / vür die burc an daz velt" (Iw_(M) 3067 f.). In der 30. Aventiure der *Kudrun* dient ein prächtiges Zeltlager als Kulisse für die finale Versöhnung: „man sach vor Matelâne / hütten und ouch gezelt / von golde gezieret; / manic selde rîche / hêten si dâ funden. / dar inne phlac man ir vlîzlîche" (Kudr_(SC) 1592,2–4). Heinrich von Veldeke erwähnt in seinem *Eneasroman* das Zeltlager, mit dem Turnus die Festung des Eneas belagert: „do gesach her [= Turnus, C. S.] an dem velde / manech gezelt wol getân, / dâ bî manege hutten stân / allenthalben in dem lande" (En_(EK) 6508–6511).[16]

2.2 Zeltbeschreibungen

Bei Zeltbeschreibungen, die fast nur in der höfischen Literatur begegnen, wird ein einzelnes Zelt oder seltener eine Ansammlung von Zelten als Kulisse oder Handlungsort nicht nur erwähnt, sondern erfährt eine ausführliche *descriptio*.[17] Das sind diejenigen Zelt-Stellen, die im Rahmen dieses Artikels von besonderem Interesse sind, weil sich hier zeigt, wie Zelte als (Handlungs-)Raum narrativ konstruiert und dadurch zugleich mit Bedeutung aufgeladen werden (s. Abschn. 3). Als Beispiel bietet sich das Zelt des Eneas bei der Belagerung von Laurentum im *Eneasroman* Heinrichs von Veldeke an, weil es der erste Fall einer ausführlichen Zelt-*descriptio* im mhd. höfischen Roman ist und als Vorbild für viele spätere Zeltbeschreibungen diente. Das *gezelt* des Eneas ist „wît unde hô" (En_(EK) 9209) und „geworht mit sinne" (En_(EK) 9212). Befestigt ist es an einer hohen Zeltstange (En_(EK) 9221: „ûf einen vile hôhen mast") mit einer goldenen Spitze, auf der „ein guldîn are" (En_(EK) 9225) sitzt.

---

[16] Ein Zelt dieses Heerlagers wird während des nächtlichen Überfalls der Trojaner Euryalus und Nisus auf des Turnus Heer zum Handlungsort, allerdings ohne dass es als solcher von größerer narrativer Relevanz wäre (En_(EK) 6679–6688).
[17] Ausführliche Zeltbeschreibungen außerhalb der höfischen Literatur finden sich z. B. in der *Virginal* (Virg_(Z) 123–127), im *Ortnit* und in *Alpharts Tod*.

Gehalten wird es von sehr festen „snûre[n]" (En_(EK) 9222). Das Material des Zeltes ist „zweier vare, / zweier hande samît" (En_(EK) 9226 f.). Insgesamt wirkt es äußerst massiv: „als ez ein turn wâre" (En_(EK) 9215), „als ein mûre" (En_(EK) 9233; 9260), wie „ein borch" (En_(EK) 9263). Zwei Dinge sind hier bemerkenswert:

1.) Die Raumkonstitution erfolgt durch die *descriptio*: Indem die einzelnen Bestandteile des Zeltes genannt und beschrieben werden,[18] wird der Raum, den das Zelt umschließt (und der zum Handlungsraum werden kann),[19] narrativ generiert; das Zelt wird gewissermaßen in der Beschreibung aufgespannt.[20] Das ist auch bei allen anderen ausführlicheren Zeltbeschreibungen zu beobachten, etwa im Fall von Mabonagrins Zelt in Hartmanns *Erec* (Er_(L) 8901–8925)[21] oder bei dem Zelt, das Lanzelet bei Ulrich als Geschenk der Meerfee erhält (UvZLanz_(K) 4758–4911).[22] Die Beschreibungen sind oft ausladend und beinhalten weitere Zelt-Elemente wie das Dach bzw. die Kuppel (*huot*: UvZLanz_(K) 4805; Parz_(N) 729,1; Craun 774), die Seitenwände (*winde*: UvZLanz_(K) 4808; Parz_(N) 729,1 u. a.; Tit 157,4; Craun 774), deren Nähte teils mit Borten belegt sind (Parz_(N) 129,23; HvNstAp 3953; PleierMel 10389; Wigam_(B) 2414–2419), die Stangen (*zeltstangen*: Wh_(L) 234,8; Tit 155,1), die Spitze („einen grôten guldîn clôt / men ûf dem pâwelûne vant", Crane 1278 f.; „[a]uff dem gezelde stund ein knuff", HvNstAp 3956), die oft mit einem Wappentier verziert sind (siehe Fn. 21 und 22; „trache", Parz_(N) 278,14 f.; „obendin" [?], HvNstAp 3957), und den Zelteingang (UvZLanz_(K) 4846–4859; TürlArabel 298,28). Auch Zubehör wird gelegentlich erwähnt, etwa ein lederner Überzug, der die nicht wetterfesten Schmuck-Seitenwände bei Regen schützt (Parz_(N) 129,18; Wig 10848–10850). Eine wichtige Rolle bei den Beschreibungen spielen die Zeltschnüre (*snüere* oder *seile*), die fast immer genannt werden,[23] einerseits als schmückendes, andererseits als raumkonstituierendes Element: Der Pl. *snüere* kann *pars pro toto* für das gesamte Zelt

---

18 Die Beschreibung erfolgt in einer Kombination aus Nah- und Fernsicht, da im Anschluss an die eigentliche *descriptio* die Wirkung des Zelts auf die belagerten Latiner beschrieben wird (s. Abschn. 3).
19 Das Eneas-Zelt bleibt zunächst Kulisse; man erhält keine Innensicht, und es ist an dieser Stelle auch nicht Handlungsraum (später allerdings schon, s. Abschn. 3.2).
20 Der Prozess des Aufschlagens von Zelten wird häufig erwähnt, z. B. in Wolframs *Parzival* (Parz_(N) 668,18–21: „bî Artûs sunder ûf ein gras / wart daz gezelt ûf geslagen. / manec zelt, hôrt ich sagen, / sluoc man drumbe an wîten rinc").
21 Die Beschreibung des Mabonagrin-Zelts ist deutlich der des Eneas-Zelts bei Heinrich von Veldeke verpflichtet: Es ist wie dieses aus zweifarbigem Samt (Er_(L) 8905 f.) und von einem goldenen Adler gekrönt. Hartmann überbietet sein Vorbild durch mit Frauen, Männern und lebendig wirkenden Tieren bemalte Zeltwände (Er_(L) 8907–8914) und fünffarbige Zeltschnüre (Er_(L) 8921–8925).
22 Auch die Beschreibung des Lanzelet-Zelts orientiert sich an Heinrich von Veldeke bzw. Hartmann (UvZLanz_(K) 4778–4805: ein goldener Adler als Spitze, der lebendig wirkt und singen kann; UvZLanz_(K) 4808–4845: vier verschiedene Zeltwände mit Abbildungen), ist aber viel ausführlicher.
23 Gelegentlich werden sie spezifiziert als speziell für die Seitenwände vorgesehene Halteschnüre (*wintseile*: Parz_(N) 278,16; UvZLanz_(K) 4874), die mittels in den Boden getriebener Pflöcke (UvZLanz_(K) 4872: *stecken*) gespannt werden.

oder mehrere Zelte stehen[24] oder auch einen Hof (*rinc*) markieren, der mit Schnüren um das Zelt herum aufgespannt wird und so den vom Zelt gebildeten Raum erweitert (Parz_(N) 284,21 f.; 756,7; 756,13; Virg_(Z) 126,1; Deman 1161).[25]

2.) Die zweite Auffälligkeit an der Beschreibung von Eneas' Zelt ist, dass dieses den Eindruck eines festen Gebäudes bzw. einer → Burg (En_(EK) 9263) erweckt: Es ist weithin sichtbar auf einem Hügel platziert und wirkt – wohl aufgrund seiner Größe – wie ein → Turm (En_(EK) 9215); zudem macht es einen ausgesprochen stabilen, gemauerten Eindruck (En_(EK) 9232). Der Text spielt hier mit dem Unterschied zwischen der tatsächlichen feinen Stofflichkeit eines Zelts und der zwar narrativ evozierten, aber dennoch nur behaupteten ‚massiven' optischen Wirkung. Dieser Gegensatz scheint einer der zentralen Aspekte des Ortes Zelt zu sein, denn das Motiv des Zelts als einer „mobile[n] Burg" begegnet häufig:[26] Von Isenharts Zelt in Wolframs *Parzival* (s. Abschn. 3.3) heißt es: „daz als ein palas / dort stêt [...]" (Parz_(N) 27,16 f.); im *Wigamur* gibt es ein Zelt, das wie ein Palas zwölf prachtvolle Gemächer enthält (Wigam_(B) 2424 f.) und über 200 Personen Platz bietet (Wigam_(B) 2420 f.). Wie eine große Festung wirkt auch die Zeltstadt Tasme im *Jüngeren Titurel* (JTit 4463–4471); sie hat „palas, turne, mur mit allen zinnen" (JTit 4465,3). Weit übertroffen werden diese Beispiele von einem in der *Virginal* beschriebenen Zelt (Virg_(Z) 123–27), das vier Türme (Virg_(Z) 125,2) und wie gemauert wirkende Wände (Virg_(Z) 126,8) hat, „kemenâten" und „ein marstal wît" (Virg_(Z) 127,3 f.) beinhaltet und sogar eine „kappelle" (Virg_(Z) 127,5), von der es heißt, sie sei „als ein münster" (Virg_(Z) 127,9) und habe „türne hôch / mit golde wol gezieret, / dar in vil heller glocken klanc" (Virg_(Z) 127,9–11). Konkurrenz kann diesem Exemplar allenfalls Agrants Prunkzelt im *Wilhelm von Österreich* machen, das ebenfalls vier schöne Türme (WhvÖst 15423) und insgesamt „aht porten" (WhvÖst 15426) hat, die „gesimset und gestainet" (WhvÖst 15427) sind.

3 Narrative Funktionen

In der narrativen Funktionalisierung von ausführlichen Zeltbeschreibungen sind grundsätzlich zwei Tendenzen zu beobachten, die allerdings wiederum nicht scharf getrennt werden können: Unterscheiden lassen sich das an einem bestimmten Ort aufgeschlagene Zelt als Handlungsraum und das Zelt als Zeichen bzw. komplexes

---

24 Vgl. Lexer 2, 1045, Stock 2008, 70. Beispiele: Parz_(N) 284,21 f. („tavelrunder ist geschant: / iu ist durch die snüere alhie gerant"); Wh_(L) 436,12 („manc sîdîn gezeltsnuor / wart ûf der slâ enzwei getrett"); Tr_(R) 5578–5580 („dâ jagete banier und banier / schaden und ungevüere / durch die hütesnüere"); Alph_(LM) 718 f. („Myt yren dyffen wonde kamen sye gerant, / vor des gezeldes snure erbeysten sye uff das lant").
25 So auch schon im *Eneasroman*, allerdings ohne Benennung der *snüere*: „einen hof vile wît / slûch man umbe daz gezelt / und bevienk ein michel velt" (En_(EK) 9228–9230).
26 Bumke 1986, 169.

Symbol, wobei auch immer wieder zeichenhaft funktionalisierte Zelte begegnen, die zugleich als Handlungsraum dienen.[27]

Als Beispiel für ein Zelt, das als Handlungsraum keine wesentliche Rolle für die Erzählung spielt, aber zeichenhaft auf etwas anderes verweist, kann das Prunkzelt im *Moriz von Craun* dienen. Der Titelheld soll für seine Minnedame ein Turnier veranstalten und nutzt jede Gelegenheit, um sie und ihren Hofstaat zu beeindrucken: Für die Anreise dient ihm ein auf einem Wagen befestigtes → Schiff (Beschreibung: Craun 627–740); auf dem → Turnierplatz lässt er ein äußerst prachtvolles „gezelt" (Craun 766) aufschlagen,[28] das der Erzähler ausführlich und hyperbolisch schildert (Craun 764–810): Es ist „harte guot" (Craun 773), die „winde" und der „huot" (Craun 774) tragen die Wappen des Besitzers, es ist mit „harte guoten snüeren" (Craun 778) auf der Wiese befestigt, der „knoph" (Craun 780) ist ein Spiegel; der Innenraum ist mit bestickten Decken (Craun 781–784) sowie einem großen Weinbecken (Craun790–794) ausgestattet und bei Nacht mit zahlreichen Kerzen hell erleuchtet (Craun 801–806). Alles ist auf möglichst große Prachtentfaltung ausgerichtet und dient der Nobilitierung seines Besitzers: „sîn herberge die stuont schône / von rehte. ob er eine krône / trüege dar ze lande, / ez wære âne schande" (Craun 807–810). Moriz drückt durch die Größe und Kostbarkeit des Zelts seinen gesellschaftlichen Anspruch aus: „Die äußere und innere Pracht des Zeltes ist auch die äußere und innere Pracht seines Besitzers".[29] Das Zelt wird aber im weiteren Verlauf der Erzählung nicht zum Handlungsraum, es bleibt auf seine repräsentative Zeichenhaftigkeit beschränkt.

3.1 Herrschaftszelte

Mit diesem Beispiel ist der erste von zwei grundsätzlichen Funktionstypen von Zelten benannt:[30] das Herrschaftszelt, ein „Zelt, das Herrschaft oder einen Anspruch auf Herrschaft oder Dominanz jenseits der festen Burg ausdrückt".[31] Der ‚Urtyp' dafür ist das Eneas-Zelt bei Heinrich von Veldeke, andere prominente Beispiele finden sich

---

[27] Zum Problem der analytischen Trennung zwischen Zeichen und Handlungsraum vgl. Stock 2008, 69 und passim.

[28] Dem Schiff und dem Zelt tritt als dritter zentraler Gegenstand höfischer Prachtentfaltung das ebenfalls ausführlich beschriebene Liebesbett der Gräfin Beamunt zur Seite (Craun 1110–1172), womit der *Moriz von Craun* eine auffällige Dichte an Ding-Symbolen aufweist, von denen allerdings nur zwei – das Schiff und das Bett – Handlungsfunktion haben.

[29] Fischer 2006, 139; vgl. dazu auch Klingner 2013, 226 f.

[30] Vgl. zu diesen beiden Funktionstypen Stock 2008 sowie Klingner 2013, 226–228. Auch hier gibt es wieder viele Überschneidungen, sodass eine trennscharfe Abgrenzung der beiden Typen unmöglich ist (s. Abschn. 3), vgl. Klingner 2013, 228.

[31] Stock 2008, 69. Vgl. zum Folgenden auch Stock 2008, 70 f.

in Gottfrieds *Tristan* (Gandin-Zelt, Tr_(R) 13055–13450),³² in Wolframs *Parzival* (das Isenhart-Zelt im ersten Buch), im *Willehalm* (Wh_(L) 16,1–21: die Beschreibung des muslimischen Zeltlagers verdeutlicht die Überlegenheit der Angreifer), im *Wilhelm von Österreich* Johanns von Würzburg (Agrants Prunkzelt, WhvÖst 15413–15476) oder auch in der Alexanderepik³³ und in der Heldenepik (etwa im *Nibelungenlied*, weitere Beispiele s. Abschn. 2.2).

Das Eneas-Zelt dient der Machtdemonstration und ausdrücklich nicht Kriegszwecken: „daz wart dorch hêrschaft getân, / dorch rîchtûm und wolstân. [...] ezne was niht dorch were" (En_(EK) 9231–9235). Es erfüllt seinen Zweck voll und ganz. Als die belagerten Latiner das Zelt am Morgen nach dem nächtlichen Aufbau (En_(EK) 9205; 9239 f.) erblicken, erschrecken sie: „vil starke ervorhte ez [= das Zelt, C. S.] diu diet" (En_(EK) 9264; ähnlich 9270 f.); die Einwohner von Laurentum denken aufgrund dieses Anblicks, „daz Ênêas der mâre / ein freislich man wâre / sînen vîanden" (En_(EK) 9255–9257). Sie trauen ihm „gotes kraht" (En_(EK) 9267) zu, weil er – vermeintlich – über Nacht eine ganze Burg errichten kann. Die unmittelbare Folge dieses Schocks ist die Bitte um Waffenstillstand, der Eneas auch stattgibt (En_(EK) 9272–9283). Das Zelt zeigt also Wirkung.³⁴

3.2 *Minne*- und Frauenzelte

Als Ding-Symbol trägt das Eneas-Zelt allerdings noch eine weitere Bedeutung. Eneas hat es nämlich als *minne*-Geschenk von Dido erhalten:³⁵ „daz hete im frouwe Dîdô / gegeben dorch minne" (En_(EK) 9210 f.). Es erinnert damit – als „Karthago en miniature"³⁶ – an Eneas' Co-Regentschaft über Karthago, aber auch an die Instabilität von Didos Herrschaft sowie an Eneas als Heimat- und Herrschaftslosen,³⁷ allerdings ohne dass diese Bedeutungsebenen an der Textoberfläche aktualisiert werden würden. Durch den Hinweis auf Dido rückt aber der Status des Zelts als eines *minne*-Zelts in den Fokus. Dazu passt, dass das Dido-Zelt der Ort ist, an dem Eneas *minne*-

---

32 Zum Gandin-Zelt als Herrschaftszelt vgl. Stock 2008, 74: „Der Raum des Zeltes vertritt Gandins Eigenraum, vertritt sein Recht auf Isolde, vertritt letztlich Irland und steht damit in einer vor allem den ersten Teil des *Tristan* prägenden Reihe irischer Anspruchsdemonstrationen in Cornwall."
33 Vgl. für den Bereich des Afrz. allgemein Friede 2003, 82–114, zum *Roman d'Alexandre* v. a. 107–114; zu den afrz. Antikenromanen vgl. auch Baumgartner 1988.
34 Heinrich von Veldeke ändert seine Vorlage, den anonymen afrz. *Roman d'Eneas*, hier entscheidend ab: Im *Roman* nutzt Eneas den bereits geschlossenen Waffenstillstand, um sein Zelt zu errichten.
35 Auch hier nutzt Heinrich von Veldeke eine minimale Abänderung seiner Vorlage für eine deutliche Bedeutungsverschiebung: Im *Roman d'Eneas* hat Eneas das Zelt nämlich von einem Griechen vor Troja erbeutet.
36 Oswald 2004, 224.
37 Vgl. dazu Oswald 2004, 223–225.

Qualen erdulden muss (En_(EK) 10991–11367), nachdem zwischen ihm und Lavinia die *minne* erwacht ist.[38] Es scheint, als ob dem Zelt die leidbringenden Aspekte der *minne* inhärent wären (auch wenn es Eneas gelingt, in der ‚richtigen‘ *minne*-Beziehung mit Lavinia dieses aus der Dido-Geschichte ererbte ‚Problem‘ zu überwinden).

Mit dem Verweis auf die *minne*-Thematik ist der zweite Funktionstyp von Zelten benannt: das *minne*-Zelt (bzw. das Frauen- und *minne*-Zelt),[39] das einen primär, aber nicht ausschließlich weiblich semantisierten Innenraum darstellt,[40] der – ähnlich wie die → Kemenate – noch mehr als die eher männlich konnotierten Herrschaftszelte einen „Innenraum der höfischen Kultur" abgrenzt, der ein „Raum der regulierten Interaktion zwischen Ritter und Dame" ist.[41] Wenn als Beispiele hier neben dem Lanzelet-Zelt[42] nochmals das mit *minne*-Semantik überformte Herrschaftszelt des Eneas sowie das Gandin-Zelt in der ‚Rotte und Harfe'-Episode in Gottfrieds *Tristan*[43] angeführt wird, zeigt dies deutlich, wie schwierig es ist, die beiden Zelttypen zu unterscheiden.

Ein prominentes *minne*-Zelt findet sich in Hartmanns *Erec*: das bereits erwähnte Zelt, in dem Erec in der *Joie de la curt-âventiure* die Minnedame Mabonagrins antrifft. Es dürfte eines der frühesten Beispiele und daher modellbildend sein. Das Zelt und teils auch sein Innenraum sind Handlungsort (für das kurze Gespräch zwischen Erec und Mabonagrins Dame [Er_(L) 8958–8989], das jäh von dem wutschnaubend her-

---

38 Der Text expliziert zwar nicht, dass Eneas seine *minne*-Qualen in diesem Zelt erleidet, aus dem Handlungskontext ist das aber klar ersichtlich, zumal kurz zuvor darauf hingewiesen wird, dass das Zelt Eneas' Aufenthaltsort während der Belagerung, während der Kriegshandlungen und mithin auch während des Erwachens der *minne* zwischen ihm und Lavinia ist: Nach der ersten Begegnung mit Lavinia zieht sich Eneas nämlich genau dorthin zurück („dô reit der hêre Ênêas / ze sîme gezelde hin wider", En_(EK) 10394 f.). Auch später ist das Zelt als sein Aufenthaltsort benannt: Nach seiner Verwundung durch einen Pfeil wird Eneas in sein Zelt gebracht („si brahten in vil schiere / von dem strîte uber daz velt / und leiten in in sîn gezelt", En_(EK) 11890–11892).
39 Vgl. dazu Kaiser 1983, Stock 2008, 72–78, Klingner 2013, 227 f.
40 Bei Stock 2008, 72–74 und Klingner 2013, 227 f. wird nicht deutlich, dass es auch ‚männliche' *minne*-Zelte gibt.
41 Beide Zitate Klingner 2013, 227.
42 Das Zelt, das die Meerfee Lanzelet schickt, ist nicht nur Zeichen seiner Herkunft (und damit Auszeichnung), sondern als *minne*-Zelt auch Ausweis der ‚reinen' Liebe zwischen Lanzelet und Iblis: „di giengen dar în, des sît gewis, / und sâhen in daz spiegelglas. / daz under in niht valsches was, / des muosen si von schulden jehen. / wan er kunde niht ersehen / wan der vrouwen bilde. / Iblis diu milde, / ich weiz, ir rehte alsam geschach, / daz si ir selben niht ersach / niht wan ir gesellen" (UvZLanz_(K) 4914–4923). Das wird nicht zuletzt durch seine magischen Eigenschaften bewirkt: Das Zelt weckt Freude (UvZLanz_(K) 4767–4771 und 4832–4837); „In ditz gezelt moht nieman gân, / der guoten liuten lotter truoc" (UvZLanz_(K) 4860 f.); trotz seiner Größe kann es zusammengeschnürt von einer einzelnen „juncvrouwe" (UvZLanz_(K) 4901) ohne Hilfe transportiert werden (UvZLanz_(K) 4896–4911).
43 Für das Gandin-Zelt gilt der Status eines *minne*-Zelts allerdings nur unter gewissermaßen verkehrten Vorzeichen: Der „Zeltinnenraum als Ort der Minne [wird] travestiert" (Stock 2008, 74).

beireitenden Herrn des → Baumgartens unterbrochen wird [Er_(L) 8990–9026], und wohl auch für das Trostgespräch zwischen Enite und Mabonagrins Dame nach dem Zweikampf [beginnend mit Er_(L) 9669]). Wichtiger ist aber seine Zeichenfunktion: Es signalisiert durch seine prachtvolle Ausstattung „êre und gevüere" (Er_(L) 8920), zeichnet also seine Besitzerin aus. Das Arrangement der schönen Frau im Zelt lässt das Ensemble für Erec zu einem „Memorialbild der Minne" werden:[44] Erec decodiert die Semantik des Zelts richtig und erinnert sich an seine Frau Enite, deren Schönheit die der fremden Dame übertrifft (Er_(L) 8926–8936). Durch den bereits angesprochenen intertextuellen Verweis auf das Dido-Zelt im *Eneasroman*, der durch die Erwähnung des Betts, auf dem Mabonagrins Dame sitzt, noch verstärkt wird,[45] erhält das Baumgarten-Zelt aber eine weitere Bedeutungsebene: Die entscheidende Pointe ist, dass der Erzähler mittels des Zelts die gesellschaftsfeindliche Dido-Liebe auf das Baumgarten-Paar überträgt, sodass von Anfang an klar ist, dass diese Art von Liebe überwunden werden muss.

Erwähnenswert ist schließlich das Zelt, in dem Sigune und Schionatulander im *Titurel* in einer Waldidylle ihre Liebe leben, bevor der Bracke mit seinem Seil das Paar auf den *âventiure*-Weg (→ Weg) und Schionatulander in den Tod schickt.[46] Die wenigen Strophen des zweiten Fragments zeigen, dass der Erzählraum um das Zelt als höfischen Raum innerhalb der → Wildnis des → Waldes organisiert ist. Durch den Bracken, der bei seiner Flucht das Zelt beschädigt (Tit 160–163), wird die Spannung zwischen der domestizierten *wildekeit* der *minne*, die der Bracke zu repräsentieren scheint, und dem höfisierten Innenraum des *minne*-Zelts manifest: „Minne erscheint hier v.a. als kulturgefährdende, kaum zivilisierbare Kraft",[47] das Zelt steht damit für die prekäre Verbindung von *minne*, ritterlicher Existenz und Tod.[48]

3.3 Wolframs *Parzival* als ‚Zelt-Roman'

In Wolframs *Parzival* spielen verschiedene Zelte, die teils auch an mehreren Stellen (und Orten) des Romans begegnen, eine wichtige Rolle. Deshalb sei ihre Funktionalisierung eigens skizziert.

Das erste auffällige Zelt begegnet in der Elternvorgeschichte.[49] Es gehörte dem orientalischen König Isenhart, der im *minne*-Dienst für Belakane sein Leben ließ;

---

44 Klingner 2013, 228.
45 Die knappe Bettbeschreibung im *Erec* (Er_(L) 8954–8957) kann ebenfalls als Bezugnahme auf den *Eneasroman* aufgefasst werden, vgl. die ausführliche Beschreibung des Ruhelagers, das Dido Eneas bereiten lässt (En_(EK) 1264–1292) – ein Vorzeichen ihrer auch körperlich vollzogenen Liebe?
46 Vgl. dazu Stock 2008, 74–76.
47 Stock 2008, 76.
48 Vgl. Stock 2008, 75.
49 Zum Folgenden ausführlich Stock 2008, 78–85.

während des ersten Treffens zwischen Belakane und Gahmuret steht es als „Memorialzeichen" für seinen Vorbesitzer vor Belakanes Festung,[50] aufgestellt von den nach Rache dürstenden Belagerern. Damit ist es sowohl *minne*- als auch Herrschaftszelt: Es steht für die *minne* zwischen Isenhart und Belakane, aber auch für den Vergeltungsanspruch der Angreifer. Nachdem Gahmuret die Belagerer besiegt hat, geht es in seinen Besitz über; bei seiner Abreise macht sich Gahmuret das Zelt selbst zum Abschiedsgeschenk („daz velt herberge stuont al blôz, / wan ein gezelt, daz was vil grôz. / daz hiez der künec ze schiffe tragn", Parz_(N) 54,11–13). Beim Turnier in Kanvoleis unterstreicht Gahmuret mit dem Zelt seinen Anspruch auf den Sieg; fast die gesamte Handlung des zweiten Buches spielt sich im oder um das Zelt ab. Auch hier changiert es zwischen Herrschafts- und *minne*-Zelt, zudem weist es, indem es die Erinnerung an Isenharts Tod präsent hält, auf mit Tod und Sterben verbundene Probleme der eigentlichen Haupthandlung voraus:[51] „Aus dem Zelt heraus [...] ziehen sich Linien weit in den Roman hinein",[52] das Zelt ist also durch eine Verbindung von „Zeichen und Handlungsraum" geprägt.[53] Zusammen mit Gahmuret wird es aus der Erzählwelt verabschiedet.[54]

Es ist sicher kein Zufall, dass zu Beginn der eigentlichen Parzival-Handlung ein weiteres Zelt eine wichtige Rolle spielt, nämlich das *minne*-Zelt von Orilus und Jeschute, das einen höfisch-erotischen Raum von der umgebenden Natur abgrenzt (Parz_(N) 129,18–130,25).[55] Dieser wird für Parzival bei seinem ersten Eintritt in eine höfisierte Sphäre zu einem Handlungsraum, der seine mangelhafte höfische Bildung erweist[56] und damit den Auftakt zu einer ganzen Reihe ähnlicher Situationen bildet. Für den zum Zelt zurückkehrenden Orilus wird der von Parzival geschändete höfische Raum („der snüere ein teil was ûz getret", Parz_(N) 133,1) zum Zeichen, allerdings zu einem Zeichen, das er teils missversteht: „Orilus deutet die Zeichen der Verletzungen des Raumes richtig und falsch zugleich: richtig als Zeichen eines Eindringen in seinen Raum, falsch als Zeichen des Ehebruchs".[57] Wenn lange Zeit später die Versöhnung von Jeschute und Orilus ebenfalls in diesem Zelt vollzogen wird (Parz_(N) 271,25–272,27), so ist erst dann die ‚Wunde', die Parzival dem Zelt als einem *minne*-Zelt zugefügt hatte, geheilt, wodurch dieses Zelt zu einem wichtigen ‚Ort' auf Parzivals Entwicklungsweg wird.

---

[50] Stock 2008, 79.
[51] Zum Zelt als einem Raum der Trauer, der für Gahmuret zugleich den Übergang von Belakane zu Herzeloyde im Sinne eines *rite de passage* eröffnet, vgl. Eming 2005, 111–119.
[52] Stock 2008, 83; vgl. dazu Stock 2008, 82–84.
[53] Stock 2008, 83.
[54] Zum Weiterleben des Isenhart-Zelts im *Jüngeren Titurel* (es ist das *minne*-Zelt von Sigune und Tschinotulander!) vgl. Stock 2008, 84 f.
[55] Vgl. dazu Kaiser 1983, 84 f. und Stock 2008, 72.
[56] Vgl. Klingner 2013, 227 f.
[57] Stock 2008, 73.

Gleiches gilt für ein weiteres, diesmal direkt auf Parzival bezogenes Zelt: das Zelt am → Fluss Plimizol, in dem Parzival im 16. Buch Condwiramurs und mit ihr seine Söhne wiedersieht und in dem *minne*, Ehe und genealogisches Fortbestehen zusammengeführt werden (Parz_(N) 799,16–802,10); „die Liebe von Parzival und Condwiramurs hat im Zelt ihren Raum der Präsenz und Erfüllung".[58] Das Zelt steht nämlich an genau der Stelle, an der Parzival im 6. Buch in der Blutstropfenszene in die Erinnerung an seine Ehefrau versunken war, worauf der Erzähler ausdrücklich hinweist: „gezucte im ie bluot unde snê / gesellechaft an witzen ê / (ûf der selben owe erz ligen vant), / für solhen kumber gap nu pfant / Condwîr âmûrs: diu hetez dâ" (Parz_(N) 802,1–5).

3.4 Resümee der narrativen Funktionen

Die Beispiele zeigen, dass Zelte, die über eine zeichenhafte Funktion hinaus zum Handlungsraum werden, v. a. im höfischen Roman Räume höfischer Interaktion und/oder Kommunikation sind, die außerhalb der eigentlichen höfischen Sphäre angesiedelt sind. In der unzivilisierten, außerhöfischen Wildnis stellen sie für die dort agierenden höfischen Figuren (Ritter, Damen, Bediensteten) im Sinne einer Heterotopie einen höfischen Raum zur Verfügung, wobei der Zelt-Innenraum zwar als Schutzraum semantisiert, oftmals aber als prekär und verletzlich ausgewiesen wird. Zwischen den beiden Grundtypen des Herrschafts- und des Frauen- bzw. *minne*-Zelts zeigen sich sowohl in der narrativen Funktionalisierung als auch in der Semantisierung insgesamt zahlreiche Interferenzen, Überschneidungen und Verschiebungen. Es scheint, als hätte genau dieses polysemische Potenzial den Reiz ausgemacht, von und mit Zelten zu erzählen.

Erwähnt sei abschließend, dass durch Zelte auch metapoetische Aspekte verhandelt werden können,[59] wie sie bereits im Verweis des Mabonagrin-Zelts auf die Dido-Eneas-*minne* thematisiert wurden; etwa, wenn im *Wigalois* Elamies von Tyrus Cousine, die Tochter des persischen Königs, in ihrem Zelt sitzt und sich dort vorlesen lässt: „ein schœniu maget" (Wig 2713) trägt vor – und zwar ausgerechnet von Eneas, seiner Flucht aus Troja, seiner Irrfahrt und davon, „wie in vrouwe Dîdô enpfie / und wiez im dar nâch ergie" (Wig 2720 f.), also aus einem (oder dem?) *Eneas*-Roman. Sollte die Stelle auf den *Eneasroman* Heinrichs von Veldeke und die Episode um die Tyrerin Dido anspielen, was ziemlich wahrscheinlich ist, würde der Erzähler mit diesem intertextuellen Verweis deutlich machen, dass Elamie von Tyrus (!), für die Wigalois hier einen Schönheitspreis gewonnen hat, Wigalois' Dido und mithin die falsche Partnerin ist. Wigalois scheint diesen Wink zu verstehen: Er lehnt Elamies

---

58 Stock 2008, 77.
59 Vgl. dazu auch Klingner 2013, 229 f.

Angebot, als Belohnung für seinen Dienst mit in ihr Reich zu kommen (Wig 3197–3207), ab und brüskiert sie damit (Wig 3208–3250). Über diese konkrete ‚Handlungsfunktion' hinaus wäre hier metapoetisch auf genau den Text Bezug genommen, der für die mhd. höfische Epik im Gesamten, aber auch für das Zelt als Topos des höfischen Erzählens eine wichtige, wenn nicht die zentrale Rolle spielt.

> Alph_(LM), Crane, Craun, Deman, En_(EK), Er_(L), HvNstAp, Iw_(M), JTit, Kudr_(SC), Parz_(N), PleierMel, Rieter, Tit, Tr_(R), TürlArabel, UvZLanz_(K), Virg_(Z), Wh_(L), WhvÖst, Wig, Wigam_(B)

> → Burg, Schloss, Hof; → Fluss, Quelle, Brunnen; → Garten, Baumgarten; → Hafen, Schiff; → Haus, Hütte; → Kemenate, Gemach, Kammer; → Schlachtfeld, Turnierplatz; → Turm, Zinne, Mauer; → Wald, Lichtung, Rodung, Baum; → Weg, Straße, Pfad; → Wüste, Wildnis, Einöde

Abkürzungen

A.	Anfang
Abschn.	Abschnitt
ae.	altenglisch
afries.	altfriesisch
afrz.	altfranzösisch
ahd.	althochdeutsch
anord.	altnordisch
aprov.	altprovenzalisch
as.	altsächsisch
D.	Drittel
dt.	deutsch
E.	Ende
f.	femininum
Fn.	Fußnote
fnhd.	frühneuhochdeutsch
fmhd.	frühmittelhochdeutsch
frührom.	frühromanisch
frz.	französisch
germ.	germanisch
got.	gotisch
griech.	griechisch
H.	Hälfte
hd.	hochdeutsch
idg.	indogermanisch
ital.	italienisch
Jh.	Jahrhundert
lat.	lateinisch
m.	masculinum
me.	mittelenglisch
mhd.	mittelhochdeutsch
mlat.	mittellateinisch
mnd.	mittelniederdeutsch
n.	neutrum
nd.	niederdeutsch
nhd.	neuhochdeutsch
nt.	neutestamentlich
pers.	persisch
pl.	pluralis
poln.	polnisch
schwed.	schwedisch
tschech.	tschechisch
urgerm.	urgermanisch
V.	Viertel
vulgärlat.	vulgärlateinisch
wgerm.	westgermanisch
zw.	zwischen

Primärliteratur, zugleich Verzeichnis der Siglen

Sigle	Text/Ausgabe
Abrogans	Abrogans. In: Die althochdeutschen Glossen. Bd. 1. Glossen zu Biblischen Schriften. Ges. u. bearb. von Elias Steinmeyer u. Eduard Sievers. Berlin 1879. 1–270.
ACapAmor	Andreas Capellanus: De amore. Hg. von Ernst Trojel. 2. Aufl. Berlin 1972.
AdamA	Adam und Eva [Adams Klage A]. In: Gesammtabenteuer. Bd. 1. Hg. von Friedrich Heinrich von der Hagen. Nachdruck der Ausg. Stuttgart u. a. 1850. Darmstadt 1961. 1–16.
AdtGen	Genesis und Exodus nach der Milstäter Handschrift. Bd. 1. Einleitung und Text. Hg. von Joseph Diemer. Wien 1862.
AdtPhys	Der altdeutsche Physiologus der Millstätter Reimfassung und der Wiener Prosa. Hg. von Friedrich Maurer. Tübingen 1967.
Aeneis_(B)	Vergil: Aeneis. Lateinisch/Deutsch. Übers. u. hg. von Edith u. Gerhard Binder. Stuttgart 2008.
Aeneis_(F)	P. Vergilius Maro: Aeneis. Lateinisch/Deutsch. Aus dem Lateinischen übertragen u. hg. von Gerhard Fink. Düsseldorf 2005.
AHeinr	Hartmann von Aue: Der arme Heinrich. Hg. von Hermann Paul. 17., durchges. Aufl. bes. von Kurt Gärtner. Tübingen 2001.
AlbVeg	Albertus Magnus: De Vegetabilibus. Hg. von Ernst Meyer u. Carl Jessen. Nachdruck der Ausg. Berlin 1867. Frankfurt a. M. 1982.
AlInDist	Alanus ab Insulis: Distinctiones. In: Patrologia Latina. Bd. 210. Hg. von Jacques Paul Migne. Paris 1855.
Alph_(LM)	Alpharts Tod. Dietrich und Wenezlan. Hg. von Elisabeth Lienert u. Viola Meyer. Tübingen 2007. 11–77.
Alph_(M)	Alpharts Tod. In: Deutsches Heldenbuch. 2. Teil. Alpharts Tod, Dietrichs Flucht, Rabenschlacht. Hg. von Ernst Martin. Nachdruck der Ausg. Berlin 1866. Hildesheim 1975. 3–54.
AltMutt	Die alte Mutter und Kaiser Friedrich. In: Gesammtabenteuer. Bd. 1. Hg. von Friedrich Heinrich von der Hagen. Nachdruck der Ausg. Stuttgart u. a. 1850. Darmstadt 1961. 85–100.
Alv	Alvíssmál. In: Edda. Die Lieder des Codex Regius nebst verwandten Denkmälern. Bd. 1. Text. Hg. von Gustav Neckel. 5., verb. Aufl. von Hans Kuhn. Heidelberg 1983. 124–129.
AlVit	Williams, Ulla: Die Alemannischen Vitaspatrum. Untersuchung und Edition. Tübingen 1996.
An	Das Buch von der heiligen Anastasia. In: Deutsche Volksbücher aus einer Zürcher Handschrift des fünfzehnten Jahrhunderts (Abdruck von Zürich, Zentralbibl., Cod. Car. C 28). Hg. von Albert Bachmann u. Samuel Singer. Tübingen 1889. 337–344.
AndrC	Johann Valentin Andreae: Christianopolis 1619. Originaltext und Übertragung nach D. S. Georgi 1741. Eingel. u. hg. von Richard van Dülmen. Stuttgart 1982.
Aneg	Das Anegenge. Hg. von Dietrich Neuschäfer. München 1969.
Anno	Das Annolied. Mittelhochdeutsch und Neuhochdeutsch. Hg. von Eberhard Nellmann. 5. Aufl. Stuttgart 1999.

Sigle	Text/Ausgabe
AP_(S)	Altdeutsche Predigten. Bd. 1. Hg. von Anton E. Schönbach. Nachdruck der Ausg. Graz 1886. Darmstadt 1964.
AP_(WR)	Altdeutsche Predigten und Gebete aus Handschriften. Gesammelt und zur Herausgabe vorbereitet von Wilhelm Wackernagel. Hg. mit einem Vorw. von M. Rieger. Basel 1876.
AppRi	Jacob Appet: Der Ritter unter dem Zuber. In: Novellistik des Mittelalters. Märendichtung. Hg. von Klaus Grubmüller. Frankfurt a. M. 1996. 544–565.
AristCatBoeth	Aristoteles Latinus. Bd. 1,1–5. Categoriae vel Predicamenta. Translatio Boethii. Editio Composita. Translatio Guillelmi de Moebeka. Hg. von Laurentius Minio-Paluello. Leiden 1961.
AristKat	Aristoteles: Die Kategorien. Griechisch/Deutsch. Übers. u. hg. von Ingo W. Rath. Stuttgart 2012.
AristMet	Aristotle: The Metaphysics. 2 Bde. Übers. von Hugh Tredennick. London u. a. 1933 u. 1935. (The Loeb Classical Library. Bde. 271 und 287. Aristotle in twenty-three Volumes. Bd. 17 und 18)
AristPhyll	Aristoteles und Phyllis. In: Novellistik des Mittelalters. Märendichtung. Hg. von Klaus Grubmüller. Frankfurt a. M. 1996. 492–523.
AristPhys	Aristoteles' Physik. Vorlesung über Natur. Erster Halbband. Bücher I–IV. Griechisch/Deutsch. Hg. von Hans Günter Zekl. Hamburg 1987.
ÄSigen	Älterer Sigenot. In: Deutsches Heldenbuch. 5. Teil. Dietrichs Abenteuer von Albrecht von Kemenaten. Nebst den Bruchstücken von Dietrich und Wenezlan. Hg. von Julius Zupitza. Nachdruck der Ausg. Berlin 1870. Dublin u. a. 1968. 207–215.
ATF	Augustin Tünger: Facetia 32. In: Ders.: Facetiae. Hg. von Adelbert von Keller. Tübingen 1873. 119 f.
AugCiv	Aurelius Augustinus: Der Gottesstaat. De Civitate Dei. In deutscher Sprache von Carl Johann Perl. 2 Bde. Paderborn 1979.
AugConf	Augustinus. Confessiones. Hg. von Pius Knöll. CSEL 33. Prag u. a. 1896. 1–388.
AvaLJ	Das Leben Jesu. In: Die Dichtungen der Frau Ava. Hg. von Friedrich Maurer. Tübingen 1966. 11–57.
AvHarff_(BTR)	Arnold von Harff: Rom – Jerusalem – Santiago. Das Pilgertagebuch des Ritters Arnold von Harff (1496–1498). Hg. von Helmut Brall-Tuchel u. Volker Reichert. Köln u. a. 2009.
AvHarff_(G)	Die Pilgerfahrt des Ritters Arnold von Harff von Cöln durch Italien, Syrien, Aegypten, Arabien, Aethiopien, Nubien, Palästina, die Türkei, Frankreich und Spanien, wie er sie in den Jahren 1496 bis 1499 vollendet, beschrieben und durch Zeichnungen erläutert hat. Hg. von Everhard von Groote. Nachdruck der Ausg. 1860. Hildesheim 2004.
BaconNA	Nova Atlantis fragmentorum alterum. Per Franciscium Baconim, Baronem de Verulamio, Vice-Comitem S. Albani. In: Francisci Baconi, Baroni de Verulamio, Vice-Comitis Sancti Albani, operum moralium et civilium tomus. London 1638. 351–386.
BAlex	Die Basler Bearbeitung von ‚Lamprechts Alexander'. Hg. von Richard Maria Werner. Tübingen 1881.
Barl	Barlaam et Iosaphat. Versión vulgata latina con la traducción castellana de Juan de Arce Solorcena (1608). Hg. von Óscar de la Cruz Palma. Madrid 2001.

Sigle	Text/Ausgabe
BdN	Konrad von Megenberg: Das Buch der Natur. Die erste Naturgeschichte in deutscher Sprache. Hg. von Franz Pfeiffer. Nachdruck der Ausg. Stuttgart 1861. Hildesheim 1994.
Bdr	Baldrs Draumar. In: Edda. Die Lieder des Codex Regius nebst verwandten Denkmälern. Bd. 1. Text. Hg. von Gustav Neckel. 5., verb. Aufl. von Hans Kuhn. Heidelberg 1983. 277–279.
Beheim	Die Gedichte des Michel Beheim. Bd. 3/1. Hg. von Hans Gille u. Ingeborg Spriewald. Berlin 1971.
BenVoy	Benedeit: Le voyage de Saint Brendan. Hg. von Ernstpeter Ruhe. München 1977.
Beo	Beowulf. With the Finnesburg Fragment. Hg. von Christopher L. Wrenn u. Whitney F. Bolton. 4. Aufl. Exeter 1988.
BibliaSacr	Biblia sacra iuxta Vulgatam Versionem. Hg. von Robertus Weber u. Roger Gryson. 5. Aufl. Stuttgart 2007.
BibP_(W)	Biblia Pauperum. Armenbibel. Hg. von Christoph Wetzel. Stuttgart u. a. 1995.
BitD_(J)	Biterolf und Dietleib. In: Deutsches Heldenbuch. 1. Teil. Hg. von Oskar Jänicke. Nachdruck der Ausg. Berlin 1866. Berlin u. a. 1963. 1–197.
BitD_(Sch)	Biterolf und Dietleib. Neu hg. u. eingel. von André Schnyder. Bern u. a. 1980.
BoccDec	Giovanni Boccaccio: Das Decameron. Vollständige Ausgabe in der Übertragung von Karl Witte, durchges. von Helmut Bode. München 1979.
BösAd	Die böse Adelheid. In: Novellistik des Mittelalters. Märendichtung. Hg. von Klaus Grubmüller. Frankfurt a. M. 1996. 209–219.
Brandan_(Z)	Sanct Brandan. Ein lateinischer Text und seine drei deutschen Übertragungen aus dem 15. Jahrhundert. Hg. von Karl A. Zaenker. Stuttgart 1987.
BrandanFnhd_(F)	Sankt Brandan. Zwei frühneuhochdeutsche Prosafassungen. Der erste Augsburger Druck von Anton Sorg (um 1476) und ‚Die Brandan-Legende' aus Gabriel Rollenhagens ‚Vier Büchern Indianischer Reisen'. Hg. von Rolf D. Fay. Stuttgart 1985.
BrandanFnhd_(Sch)	Von sand Brandon. Ein hübsch lesen, was er wunders auf dem mör erfaren hat. In: Sanct Brandan. Ein lateinischer und drei deutsche Texte. Hg. von Carl Schröder. Erlangen 1871. 163–196.
BrandanReis	Brandan. Die mitteldeutsche ‚Reise'-Fassung. Hg. von Reinhard Hahn u. Christoph Fasbender. Heidelberg 2002.
BrendNav	Navigatio sancti Brendani abbatis. From Early Latin Manuscripts. Hg. von Carl Selmer. Notre Dame (Indiana) 1959.
BriefPJ_(Z)	Zarncke, Friedrich: Der Priester Johannes. In: Abhandlungen der philologisch-historischen Classe der Königl. Sächsischen Gesellschaft der Wissenschaften. Bd. 7 (1879). 827–1030; Bd. 8 (1883). 1–186.
Buhl	Die Buhlschaft auf dem Baume. In: Novellistik des Mittelalters. Märendichtung. Hg. von Klaus Grubmüller. 2. Aufl. Berlin 2014. 244–259.
Bussard	Der Busant (Magelona). In: Gesammtabenteuer. Bd. 1. Hg. von Friedrich Heinrich von der Hagen. Nachdruck der Ausg. Stuttgart u. a. 1850. Darmstadt 1961. 331–366.
BvRP	Berthold von Regensburg: Vollständige Ausgabe seiner Predigten. Bd. 1. Hg. von Franz Pfeiffer. Wien 1862.
CampCS	Tommaso Campanella: La città del Sole. Civitas solis, Edizione complanare del manoscritto della prima redazione italiana (1602) e dell'ultima edizione a stampa (1637). Hg., übers. u. komm. von Tonino Tornitore. Mailand 1998.

Sigle	Text/Ausgabe
CarmBur_(B)	Carmina Burana. Hg. von Bernhard Bischoff, Alfons Hilka, Otto Schumann u. Günther Bernt. 2. Aufl. München 1983.
CarmBur_(FKB)	Carmina Burana. Die Lieder der Benediktbeurer Handschrift. Zweisprachige Ausgabe. Vollständige Ausgabe des Originaltextes nach der von B. Bischoff abgeschlossenen kritischen Ausgabe von A. Hilka und O. Schumann, Heidelberg 1930–1970. Übers. der lat. Texte von Carl Fischer, der mhd. Texte von Hugo Kuhn. Anm. u. Nachw. von Günter Bernt. 5., rev. Aufl. Frankfurt a. M. 1991.
CarmBur_(HS)	Carmina Burana. Bd. 1. Mit Benutzung der Vorarbeiten Wilhelm Meyers kritisch hg. von Alfons Hilka u. Otto Schumann. Heidelberg 1930.
CdTEr_(F)	Chrétien de Troyes: Erec et Enide. Hg. u. übs. von Jean-Marie Fritz, nach BN fr. 1376. In: Chrétien de Troyes. Romans suivis de Chansons, avec, en appendice, Philomena. Hg. von Michel Zink. Paris 1994. 55–283.
CdTEr_(G)	Chrétien de Troyes: Erec et Enide. Erec und Enide. Altfranzösisch/Deutsch. Übers. u. hg. von Albert Gier. Stuttgart 1987.
CdTLanc	Chrétien de Troyes: Lancelot ou le Chevalier de la Charrette. Hg. u. übers. von Helga Jauss-Meyer. München 1974.
CdTPerc	Chrétien de Troyes: Le Roman de Perceval ou Le Conte du Graal. Der Percevalroman oder Die Erzählung vom Gral. Altfranzösisch/Deutsch. Übers. u. hg. von Felicitas Olef-Krafft. Stuttgart 1991.
CdTYv_(H)	Chrétien de Troyes: Le Chevalier au Lion (Yvain). Hg. u. übers. von David F. Hult, nach BN fr. 1433. In: Chrétien de Troyes. Romans suivis de Chansons, avec, en appendice, Philomena. Hg. von Michel Zink. Paris 1994. 705–936.
CdTYv_(NH)	Chrestien de Troyes: Yvain. Übers. u. eingel. von Ilse Nolting-Hauff. München 1962.
ChristKo	Christus der geistliche Koch. In: Texte aus der deutschen Mystik des 14. und 15. Jahrhunderts. Hg. von Adolf Spamer. Jena 1912. 146–149.
ColHyp	Francesco Colonna: Hypnerotomachia Poliphili. Hg. von Marco Ariani u. Mino Gabriele. Mailand 1998.
CoudMel	Coudrette: Le Roman de Mélusine ou Histoire de Lusignan. Édition avec Introduction, Notes et Glossaire par Eleanor Roach. Paris 1982.
Crane	Berthold von Holle: Crane. In: Berthold von Holle. Hg. von Karl Bartsch. Nachdruck der Ausg. Nürnberg1858. Osnabrück 1967. 17–188.
Craun	Mauritius von Craûn. Hg. von Heimo Reinitzer. Tübingen 2000.
Dalimil_(H)	Dalimils Chronik von Böhmen. Hg. von Venceslav Hanka. Stuttgart 1859.
Daniel	Die poetische Bearbeitung des Buches Daniel. Aus der Stuttgarter Handschrift. Hg. von Arthur Hübner. Berlin 1911.
Deman	Berthold von Holle: Demantin. Hg. von Karl Bartsch. Tübingen 1875.
Diem	Deutsche Gedichte des elften und zwölften Jahrhunderts. Hg. von Joseph Diemer. Nachdruck der Ausg. Wien 1849. Darmstadt 1964.
Dietr	Dietrichs Flucht. Textgeschichtliche Ausgabe. Hg. von Elisabeth Lienert u. Gertrud Beck. Tübingen 2003.
DietrGlesse	Dietrich von der Glesse: Der Gürtel. In: Gesammtabenteuer. Bd. 1. Hg. von Friedrich Heinrich von der Hagen. Nachdruck der Ausg. Stuttgart u. a. 1850. Darmstadt 1961. 448–478.
DLd	Deutsche Liederdichter des 13. Jahrhunderts. 2 Bde. Bd. 1. Text. Hg. von Carl von Kraus. 2., durchges. Aufl. Tübingen 1978.
DP	Deutsche Predigten des XIII. Jahrhunderts. 2 Bde. Hg. von Franz Karl Grieshaber. Stuttgart 1844–1846.

Sigle	Text/Ausgabe
EAirt	Eachtra Airt meic Cuind ocus Tochmarc Delbchaime ingine Morgain. The Adventures of Art son of Conn, and the Courtship of Delbchaem. Hg. u. übers. von Richard Irvine Best. In: Ériu 3 (1907). 149–173.
EbnerGnadÜb	Der Nonne von Engelthal [Christine Ebner] Büchlein ‚Von der genaden uberlast'. Hg. von Karl Schröder. Tübingen 1871.
EckenlE2	Das Eckenlied. Sämtliche Fassungen. Hg. von Francis B. Brévart. Teil 1. Einleitung. Die altbezeugten Versionen E1, E2 und Strophe 8–13 von E4. Tübingen 1999.
ECon	Echtra Condla. Hg. von Hans P. A. Oskamp. In: Études Celtiques 14 (1974). 207–228.
ECorm	Echtra Cormaic i Tír Tairngiri. The Irish ordeals, Cormac's adventure in the Land of Promise, and the decision as to Cormac's sword. Hg. u. übers. von Whitley Stokes. In: Irische Texte mit Wörterbuch. 4 Bde. Hg. von Ernst Windisch und Whitley Stokes. Bd. 3.1. Leipzig 1891. 183–221.
Eger	Egeria: Itinerarium. Reisebericht. Mit Auszügen aus Petrus Diaconus: De locis sanctis. Die heiligen Stätten. Übers. u. eingel. von Georg Röwekamp unter Mitarb. von Dietmar Thönnes. Freiburg i. Br. u. a. 1995.
Eilh_(B)	Eilhart von Oberg: Tristrant. Synoptischer Druck der ergänzten Fragmente mit der gesamten Parallelüberlieferung. Hg. von Hadumod Bußmann. Tübingen 1969.
Eilh_(L)	Eilhart von Oberge. Hg. von Franz Lichtenstein. Straßburg u. a. 1877.
ELaeg	Echtra Laegaire meic Crimthainn (co Mag Mell). Laegaire mac Crimthann's visit to fairyland. Hg. u. übers. von Tom Peete Cross. In: Modern Philology 13.12 (1916). 731–739.
EliHer	Herzog Herpin. Kritische Edition eines spätmittelalterlichen Prosaepos. Hg. von Bernd Bastert. Unter Mitarbeit von Bianca Häberlein, Lina Herz u. Rabea Kohnen. Berlin 2014.
EliHu	Der Huge Scheppel der Gräfin Elisabeth von Nassau-Saarbrücken nach der Handschrift der Hamburger Stadtbibliothek mit einer Einleitung von Hermann Urtel. Hamburg 1905.
Elis	Das Leben der heiligen Elisabeth vom Verfasser der Erlösung. Hg. von Max Rieger. Stuttgart 1868.
ElsLA	Die Elsässische Legenda Aurea. Bd. 1. Das Normalcorpus. Hg. von Ulla Williams u. Werner Williams-Krapp. Tübingen 1980.
Eluc	Elucidation. In: Christian von Troyes, Der Percevalroman (Li Contes del Gral). Hg. von Alfons Hilka. Halle (Saale) 1932. 417–429.
En_(E)	Heinrich von Veldeke: Êneide. Hg. von Ludwig Ettmüller. Leipzig 1852. 17–354.
En_(EK)	Heinrich von Veldeke: Eneasroman. Mittelhochdeutsch/Neuhochdeutsch. Nach dem Text von Ludwig Ettmüller. Übers., Komm. u. Nachw. von Dieter Kartschoke. Stuttgart 1997.
En_(SF)	Henric van Veldeken: Eneide. Bd. 1. Einleitung [und] Text. Hg. von Gabriele Schieb u. Theodor Frings. Berlin 1964.
EngM	Von dem Engel Michahel. In: Erzählungen aus altdeutschen Handschriften. Hg. von Adelbert Keller. Stuttgart 1855. 12 f.
EngWa	Die Legende vom Engel und Waldbruder. XII. Mittheilungen aus altdeutschen Handschriften von Anton E. Schönbach. In: Sitzungsberichte der philosophisch-historischen Classe der kaiserlichen Akademie der Wissenschaften. Bd. 143. Wien 1901. 1–63.

Sigle	Text/Ausgabe
Er_(C)	Hartmann von Aue: Erec. Mittelhochdeutscher Text und Übertragung von Thomas Cramer. Frankfurt a. M. 1972.
Er_(L)	Hartmann von Aue: Erec. Hg. von Albert Leitzmann. Fortgef. von Ludwig Wolff. 7. Aufl. bes. von Kurt Gärtner. Tübingen 2006.
Er_(M)	Hartmann von Aue: Erec. Mittelhochdeutsch/Neuhochdeutsch. Hg., übers. u. komm. von Volker Mertens. Stuttgart 2008.
Er_(S)	Hartmann von Aue: Erec. Text und Kommentar. Hg. von Manfred Günter Scholz, übers. von Susanne Held. Frankfurt a. M. 2007.
Eracl_(F)	Otte: Eraclius. Hg. von Winfried Frey. Göppingen 1983.
Eracl_(M)	Eraclius. Deutsches und französisches Gedicht des zwölften Jahrhunderts (jenes von Otte, dieses von Gautier von Arras) nach ihren je beiden einzigen Handschriften, nebst mittelhochdeutschen, griechischen, lateinischen Anhängen und geschichtlicher Untersuchung. Hg. von Hans Ferdinand Massmann. Quedlinburg 1842.
Erl	Die Erlösung. Eine geistliche Dichtung des 14. Jahrhunderts. Hg. von Friedrich Maurer. Leipzig 1934.
ErmNig	Ermoldus Nigellus: Carmen in honorem Ludovici. In: Monumenta Germaniae Historica. Scriptores Bd. 2. Hannover 1829. 467–516, hier 505 f. http://www.mgh.de/dmgh/resolving/MGH_SS_2_S._505 (12.12.2017)
ErnstB_(B)	Herzog Ernst. Die älteste Überarbeitung des niederrheinischen Gedichtes. In: Herzog Ernst. Hg. von Karl Bartsch. Nachdruck der Ausg. Wien 1869. Hildesheim 1969. 13–186.
ErnstB_(BS)	Herzog Ernst. Ein mittelalterliches Abenteuerbuch. In der mittelhochdt. Fassung B nach der Ausgabe von Karl Bartsch mit den Bruchstücken der Fassung A. Hg. von Bernhard Sowinski. 3. Aufl. Stuttgart 2003.
ErnstD	Herzog Ernst D (wahrscheinlich von Ulrich von Etzenbach). Hg. von Hans-Friedrich Rosenfeld. Tübingen 1991.
ErnstF	Herzog Ernst. Das deutsche Volksbuch [Fassung F]. Hg. von Karl Bartsch. Nachdruck der Ausg. Wien 1869. Hildesheim 1969. 227–308.
Exod	Genesis und Exodus nach der Milstäter Handschrift. Bd. 1. Einleitung und Text. Hg. von Joseph Diemer. Wien 1862.
Eyrb	Eyrbyggja saga. Hg. von Hugo Gering. Halle (Saale) 1897.
FabrEv	Felix Fabri: Galeere und Karawane. Pilgerreise ins Heilige Land, zum Sinai und nach Ägypten 1483. Bearbeitet u. mit einem Nachwort versehen von Herbert Wiegandt. Stuttgart u. a. 1996.
Faust_(FK)	Historia von D. Johann Fausten. Kritische Ausgabe. Hg. von Stephan Füssel und Hans Joachim Kreutzer. Stuttgart 2006.
Faust_(M)	Faustbuch. In: Romane des 15. und 16. Jahrhunderts. Hg. von Jan-Dirk Müller. Frankfurt a. M. 1990. 829–986.
FiGe	Johann Fischart: Geschichtklitterung (Gargantua). Hg. von Ute Nyssen. Nachwort von Hugo Sommerhalder. Darmstadt 1963.
Flore_(G)	Konrad Fleck: Flore und Blanscheflur. In: ‚Tristan und Isolde' und ‚Flore und Blanscheflur'. Bd. 2. Hg. von Wolfgang Golther. Stuttgart 1890. 233–470.
Flore_(S)	Flore und Blanscheflur. Eine Erzählung von Konrad Fleck. Hg. von Emil Sommer. Quedlinburg u. a. 1846.
Fort_(M)	Fortunatus. In: Romane des 15. und 16. Jahrhunderts. Nach den Erstdrucken mit sämtlichen Holzschnitten. Hg. von Jan-Dirk Müller. Frankfurt a. M. 1990. 383–585.

Sigle	Text/Ausgabe
Fort_(R)	Fortunatus. Hg. von Hans-Gert Roloff. Bibliographie von Jörg Jungmayr. Studienausg. nach der Ed. princeps von 1509. Stuttgart 1996.
Frauentr	Die Frauentreue. In: Novellistik des Mittelalters. Märendichtung. Hg. von Klaus Grubmüller. Frankfurt a. M. 1996. 470–491.
Freudenl	Die Wiener Meerfahrt. Hg. von Richard Newald. Heidelberg 1930.
FrSchw	Friedrich von Schwaben. Aus der Stuttgarter Handschrift. Hg. von Max Hermann Jellinek. Berlin 1904.
Gänslein	Das Gänslein. In: Novellistik des Mittelalters. Märendichtung. Hg. von Klaus Grubmüller. Frankfurt a. M. 1996. 648–665.
Garten	Jakob Frey: Gartengesellschaft (1556). Hg. von Johannes Bolte. Tübingen 1996.
Gauriel_(A)	Der Ritter mit dem Bock. Konrads von Stoffeln ‚Gauriel von Muntabel'. Hg. von Wolfgang Achnitz. Tübingen 1997.
Gauriel_(K)	Konrad von Stoffeln: Gauriel von Muntabel. Eine höfische Erzählung aus dem 13. Jahrhunderte. Hg. von Ferdinand Khull. Graz 1885.
Gawein_(M)	Sir Gawain and the Green Knight. Hg. von Manfred Markus. Stuttgart 1998.
GestRom	Gesta Romanorum. Das ist ‚Der Rœmer Tat'. Hg. von Adelbert Keller. Quedlinburg u. a. 1841.
Goldem	Goldemar von Albrecht von Kemenaten. Hg. von Moritz Haupt. In: ZfdA 6 (1848). 520–529.
Grae	Graelent. In: The Lays of ‚Desiré', ‚Graelent' and ‚Melion'. Edition of the Texts with an Introduction. Hg. von Margaret E. Grimes. New York 1928. 76–101.
GrAlex	Der Große Alexander. Aus der Wernigeroder Handschrift. Hg. von Gustav Guth. Berlin 1908.
Greg	Hartmann von Aue: Gregorius. Hg. von Hermann Paul. Neu bearb. von Burghart Wachinger. 15., durchges. und erw. Aufl. Tübingen 2004.
Grett	Grettis saga Ásmundarsonar. Hg. von Richard C. Boer. Halle (Saale) 1900.
Grm	Grímnismál. In: Edda. Die Lieder des Codex Regius nebst verwandten Denkmälern. Bd. 1. Text. Hg. von Gustav Neckel. 5., verb. Aufl. von Hans Kuhn. Heidelberg 1983. 57–68.
GrRud	Graf Rudolf. Hg. von Peter Felix Ganz. Berlin 1964.
GTroj	Der Göttweiger Trojanerkrieg. Hg. von Alfred Koppitz. Berlin 1926.
GuilRos	Der Rosenroman. Hg. u. übers. von Karl August Ott. München 1976.
GuthA	Guthlac. In: Anglo-Saxon Poetic Records. A Collective Edition. Bd. 3. The Exeter Book. Hg. von George Philip Krapp und Elliot van Kirk Dobbie. London 1936. 49–88.
GvJudenb	Gundacker von Judenburg: Christi Hort. Aus der Wiener Handschrift. Hg. von J. Jaksche. Berlin 1910.
GvTOt	Gervasius von Tilbury: Otia imperialia. In einer Auswahl neu hg. u. mit Anmerkungen begleitet von Felix Liebrecht. Hannover 1856.
HagenChr_(G)	Des Meisters Godefrit Hagen, der Zeit Stadtschreibers, Reimchronik der Stadt Cöln aus dem dreizehnten Jahrhundert. Mit Anmerkungen und Wörterbuch nach der einzigen alten Handschrift zum erstenmale vollständig. Hg. von Everhard von Groote. Nachdruck der Ausg. Köln 1834. Walluf 1972.
HagenChr_(GRW)	Gottfried Hagen: Reimchronik der Stadt Köln. Hg. von Kurt Gärtner, Andrea Rapp u. Désirée Welter unter Mitarbeit von Manfred Groten. Düsseldorf 2008.
Häslein	Das Häslein. In: Novellistik des Mittelalters. Märendichtung. Hg. von Klaus Grubmüller. Frankfurt a. M. 1996. 590–617.

Sigle	Text/Ausgabe
HBirne	Konrad von Würzburg (?): Die halbe Birne. In: Novellistik des Mittelalters. Märendichtung. Hg. von Klaus Grubmüller. Frankfurt a. M. 1996. 178–207.
HeidinB	Die Heidin. Fassung B. In: Novellistik des Mittelalters. Märendichtung. Hg. von Klaus Grubmüller. Frankfurt a. M. 1996. 365–469.
Helbl	Seifried Helbling. Hg. u. erklärt von Joseph Seemüller. Nachdruck der Ausg. Halle (Saale) 1886. Hildesheim u. a. 1987.
Heliand_(B)	Heliand. In: Heliand und Genesis. Hg. von Otto Behagel. 10., überarb. Aufl. Tübingen 1984.
Heliand_(S)	Heliand. Christi Leben und Lehre. Nach dem Altsächsischen von Karl Simrock. Elberfeld 1856.
Helmbr	Wernher der Gartenære: Helmbrecht. Hg. von Friedrich Panzer u. Kurt Ruh. 10. Aufl. bes. von Hans-Joachim Ziegeler. Tübingen 1993.
Herb	Herbort's von Fritslâr liet von Troye. Hg. von Georg Karl Frommann. Nachdruck der Ausg. Quedlinburg 1837. Amsterdam 1966.
HerHist	Herodot: Historien. Bücher I–IX. Zweisprachige Ausgabe Griechisch/Deutsch in zwei Bänden. Hg. u. übers. von Josef Feix. Düsseldorf 2001.
Herv	Hervarar saga ok Heiðreks. Hg. von Gabriel Turville-Petre. Exeter 2014.
Hild	Hildebrandslied. In: Die kleineren althochdeutschen Sprachdenkmäler. Hg. von Elias von Steinmeyer. Berlin 1916. 1–15.
Himmel	Himmel und Hölle. In: Denkmäler deutscher Prosa des 11. und 12. Jahrhunderts. A. Text. Hg. von Friedrich Wilhelm. Nachdruck der Ausg. München 1914. München 1960. 31–33.
Himmelr	Vom Himmelreich. In: Die religiösen Dichtungen des 11. und 12. Jahrhunderts. Bd. 1. Hg. von Friedrich Maurer. Tübingen 1964. 365–395.
HimmlJer	Die Beschreibung des himmlischen Jerusalem. In: Kleinere deutsche Gedichte des 11. und 12. Jahrhunderts. Bd. 1. Hg. von Werner Schröder. Tübingen 1972. 96–111.
HJvBVinc	Heinrich Julius von Braunschweig: Vincentio Ladislao. In: Die Schauspiele des Heinrich Julius von Braunschweig. Hg. von Wilhelm Ludwig Holland. Stuttgart 1855.
HL_I	Der Heiligen Leben. Bd. 1. Der Sommerteil. Hg. von Margit Brand, Kristina Freienhagen-Baumgardt, Ruth Meyer u. Werner Williams-Krapp. Tübingen 1996.
HL_II	Der Heiligen Leben. Bd. 2. Der Winterteil. Hg. von Margit Brand, Bettina Jung u. Werner Williams-Krapp. Tübingen 2004.
Hochzeit	Die Hochzeit. In: Kleinere deutsche Gedichte des 11. und 12. Jahrhunderts. Bd. 2. Nach der Auswahl von Albert Waag neu hg. von Werner Schröder. Tübingen 1972. 136–170.
HonAugImag	Honorius Augustodunensis: Imago mundi. Hg. von Valerie Irene Jane Flint. In: Archives d'histoire doctrinale et littéraire du moyen âge 57 (1982/83). 7–153.
HStAp_(G)	Heinrich Steinhöwel: Apollonius von Tyrus. Der Druck des Johannes Bämler. Augsburg 1476. Digitale Edition von Angus Graham: https://www.hs-augsburg.de/~harsch/germanica/Chronologie/15Jh/Steinhoewel/ste_apol.html (12.12.2017)
HStAp_(T)	Heinrich Steinhöwel: Apollonius. Hg. von Tina Terrahe. Berlin u. a. 2013.
HugoMi	Hugo von St. Viktor: Miscellanea. In: Patrologia Latina. Bd. 177. Hg. von Jacques Paul Migne. Paris 1854. 469–900.
HürnSey	Das Lied vom Hürnen Seyfrid. Hg. von K. C. King. Manchester 1958.

Sigle	Text/Ausgabe
HvBDyocl	Hans von Bühel: Dyocletianus Leben. Hg. von Adelbert von Keller. Quedlinburg u. a. 1841.
HvBKön	Hans von Buehel: Des Buehelers Königstochter von Frankreich mit Erzählungen ähnlichen Inhalts verglichen u. hg. von J. F. L. Theod. Merzdorf. Oldenburg 1867.
HvFreibTr	Heinrich von Freiberg: Tristan. In: Heinrich von Freiberg. Mit Einleitungen über Stil, Sprache, Metrik, Quellen und die Persönlichkeit des Dichters. 2. Teil. Texte. Hg. von Alois Bernt. Nachdruck der Ausg. Halle (Saale) 1906. Hildesheim u. a. 1978. 1–211.
HvHAp	Heinrich von Hesler: Die Apokalypse. Hg. von Karl Helm. 2., unveränd. Aufl. Nachdruck der Ausg. Berlin 1907. Hildesheim 2005.
HvHNic	Heinrich von Hesler: Das Evangelium Nicodemi. Hg. von Karl Helm. Tübingen 1902.
HvMüMeid	Heinrich von Mügeln: Der meide kranz. In: Die kleineren Dichtungen Heinrichs von Mügeln. Hg. von Karl Stackmann. Berlin 2003.
HvNstAp	Heinrich von Neustadt: Apollonius von Tyrland. In: Heinrichs von Neustadt ‚Apollonius von Tyrland' nach der Gothaer Handschrift, ‚Gottes Zukunft' und ‚Visio Philiberti' nach der Heidelberger Handschrift. Hg. von Samuel Singer. Nachdruck der Ausg. Berlin 1906. Dublin u. a. 1967. 3–328.
HvNstGZ	Heinrich von Neustadt: Gottes Zukunft. In: Heinrichs von Neustadt ‚Apollonius von Tyrland' nach der Gothaer Handschrift, ‚Gottes Zukunft' und ‚Visio Philiberti' nach der Heidelberger Handschrift. Hg. von Samuel Singer. Nachdruck der Ausg. Berlin 1906. Dublin u. a. 1967. 329–452.
HvSaGolT	Hermann von Sachsenheim: Der Goldene Tempel. In: Hermann von Sachsensheim. Hg. von Ernst Martin. Stuttgart u. a. 1878. 232–271.
HvSaMör_(S)	Hermann von Sachsenheim: Die Mörin. Nach der Handschrift ÖNB 2946 hg. u. komm. von Horst Dieter Schlosser. Wiesbaden 1974.
HvVServ	Die epischen Werke des Henric van Veldeken. Bd. 1. Sente Servas. Sanctus Servatius. Hg. von Theodor Frings u. Gabriele Schieb. Halle (Saale) 1956.
ImBr	Imram Brain mac Febal. The Voyage of Bran son of Febal to the Land of the Living. Hg. u. übers. von Kuno Meyer u. Alfred Nutt. 2 Bde. London 1895–1897.
ImMD	Imram curaig Máele Dúin. In: Oskamp, Hans P. A.: The Voyage of Máel Dúin. A Study in Early Irish Voyage Literature. Groningen 1970.
Ingold	Meister Ingold: Das Goldene Spiel. Hg. von Edward Schröder. Straßburg 1882.
IsidEtym_(L)	Isidori Hispalensis Episcopi. Etymologiarvm sive originvm. Libri XX. Hg. von Wallace Martin Lindsay. 2 Bde. Oxford 1988.
IsidEtym_(M)	Die Enzyklopädie des Isidor von Sevilla. Übers. u. mit Anmerkungen versehen von Lenelotte Möller. Wiesbaden 2008.
Iw_(BLW)	Iwein. Eine Erzählung von Hartmann von Aue. Hg. von Georg Friedrich Benecke, Karl Lachmann u. Ludwig Wolff. 4. Aufl. Berlin u. a. 2001.
Iw_(M)	Hartmann von Aue: Iwein. In: Hartmann von Aue: Gregorius – Der arme Heinrich – Iwein. Hg. u. übers. von Volker Mertens. Frankfurt a. M. 2004. 317–767.
Jagd	Hadamar von Laber: Die Jagd. Hg. von J. A. Schmeller. Stuttgart 1830.
JansFb	Jansen Enikels Fürstenbuch. In: Jansen Enikels Werke. Hg. von Philipp Strauch. Nachdruck der Ausg. Hannover u. a. 1891–1900. München 1980. 597–679.
JansWchr	Jansen Enikels Weltchronik. In: Jansen Enikels Werke. Hg. von Philipp Strauch. Nachdruck der Ausg. Hannover u. a. 1891–1900. München 1980. 1–596.
JdAMel	Jean d'Arras: Mélusine. Roman du XIVe siècle. Hg. von Louis Stouff. Dijon 1932.

Sigle	Text/Ausgabe
JJud	Die jüngere Judith aus der Vorauer Handschrift. Hg. von Hiltgunt Monecke. Tübingen 1964.
JMandRV	Sir John Mandevilles Reisebeschreibung. In deutscher Übersetzung von Michel Velser. Nach der Stuttgarter Papierhandschrift Cod. HB V 86. Hg. von Eric John Morrall. Berlin 1974.
JohHartA	Johann Hartliebs Alexander. Hg. von Reinhard Pawis. München u. a. 1991.
JohPlan	Giovanni di Pian di Carpine: Storia dei Mongoli. Hg. von Ernesto Menestò. Spoleto 1989.
JSchiltbReis	Reisen Johannes Schiltberger aus München in Europa, Asia und Afrika von 1334 bis 1427. Hg. von Karl Friedrich Neumann. München 1859.
JSigen	Der jüngere Sigenot. Nach sämtlichen Handschriften und Drucken. Hg. von August Clemens Schoener. Heidelberg 1928.
JTit	Albrechts von Scharfenberg Jüngerer Titurel. 5 Bde. Hg. von Werner Wolf [Bd. 1–2,2] u. Kurt Nyholm [Bd. 3,1–3,2]. Berlin 1955–1992.
JvKMinn	Johann von Konstanz: Die Minnelehre. Hg. von Dietrich Huschenbett. Wiesbaden 2002.
JvTAck_(G)	Johann von Tepl: Der Ackermann und der Tod. Hg. von Felix Genzmer. Stuttgart 1984.
JvTAck_(J)	Johannes von Tepl: Der Ackermann aus Böhmen. Bd. 1. Hg. von Günther Jungbluth. Heidelberg 1969.
JWGWerth	Johann Wolfgang von Goethe: Die Leiden des jungen Werthers. Sämtliche Dichtungen. Mit einem Nachwort von Dieter Borchmeyer. Komm. von Peter Huber. Düsseldorf u. a. 2004.
Karlmeinet	Karl Meinet. Hg. von Adelbert von Keller. Stuttgart 1858.
KaufBürg	Heinrich Kaufringer: Bürgermeister und Königssohn. In: Heinrich Kaufringer, Werke. Hg. von Paul Sappler. Tübingen 1972. 41–52.
KaufChor	Heinrich Kaufringer: Chorherr und Schusterin. In: Heinrich Kaufringer, Werke. Hg. von Paul Sappler. Tübingen 1972. 105–111.
KaufDrei	Heinrich Kaufringer: Drei listige Frauen. In: Novellistik des Mittelalters. Märendichtung. Hg. von Klaus Grubmüller. Frankfurt a. M. 1996. 840–871.
KaufFeig	Heinrich Kaufringer: Der feige Ehemann. In: Novellistik des Mittelalters. Märendichtung. Hg. von Klaus Grubmüller. Frankfurt a. M. 1996. 720–737.
KaufMörd_(G)	Heinrich Kaufringer: Die unschuldige Mörderin. In: Novellistik des Mittelalters. Märendichtung. Hg. von Klaus Grubmüller. Frankfurt a. M. 1996. 798–839.
KaufMörd_(S)	Heinrich Kaufringer: Die unschuldige Mörderin. In: Heinrich Kaufringer, Werke. Hg. von Paul Sappler. Tübingen 1972. 154–172.
Kchr_(D)	Die Kaiserchronik nach der ältesten Handschrift des Stiftes Vorau. Hg. von Joseph Diemer. Wien 1849.
Kchr_(S)	Die Kaiserchronik eines Regensburger Geistlichen. Hg. von Edward Schröder. Nachdruck der Ausg. Hannover 1892. München 1984.
KGSH	Karl der Große und die schottischen Heiligen. Nach der Handschrift Harley 3971 der Britischen Bibliothek London. Hg. von Frank Shaw. Berlin 1981.
Klage_(L)	Der Nibelunge Noth und Die Klage. Hg. von Karl Lachmann. 6. Aufl. Berlin 1960.
KlageB	Die Nibelungenklage. Synoptische Ausgabe aller vier Fassungen. Hg. von Joachim Bumke. Berlin u. a. 1999.
KlageC	Die Nibelungenklage. Synoptische Ausgabe aller vier Fassungen. Hg. von Joachim Bumke. Berlin u. a. 1999.

Sigle	Text/Ausgabe
Klall	Klosterallegorie. Hg. von Karl Bartsch. In: Jahrbuch des Vereins für Niederdeutsche Sprachforschung/Niederdeutsches Jahrbuch 11 (1885). 128–133.
KldM	Das Kloster der Minne. In: Schierling, Maria: Das Kloster der Minne. Edition und Untersuchung. Anhang. Vier weitere Minnereden der Donaueschinger Liedersaal-Handschrift. Göppingen 1980. 5–71.
Kozz	Der kozze. In: Gesammtabenteuer. Bd. 3. Hg. von Friedrich Heinrich von der Hagen. Nachdruck der Ausg. Stuttgart u. a. 1850. Darmstadt 1961. 386–399.
Kreutz	Das Heilig Kreutz Spil. In: Fastnachtspiele aus dem 15. Jahrhundert. Nachlese. Hg. von Adelbert von Keller. Stuttgart 1858. 54–129.
Kreuzf	Die Kreuzfahrt des Landgrafen Ludwigs des Frommen von Thüringen. Hg. von Hans Naumann. Nachdruck der Ausg. Berlin 1923. München 1993.
Krone	Heinrich von dem Türlin: Die Krone (Verse 1–12281). Nach der Handschrift 2779 der Österreichischen Nationalbibliothek nach Vorarbeiten von Alfred Ebenbauer, Klaus Zatloukal und Horst P. Pütz hg. von Fritz Peter Knapp und Manuela Niesner. Tübingen 2000. – Die Krone (Verse 12282–30042). Nach der Handschrift Cod. Pal. germ. 374 der Universitätsbibliothek Heidelberg nach Vorarbeiten von Fritz Peter Knapp und Klaus Zatloukal hg. von Alfred Ebenbauer und Florian Kragl. Tübingen 2005.
Kudr_(BS)	Kudrun. Nach der Ausgabe von Karl Bartsch. Hg. von Karl Stackmann. Tübingen 2000.
Kudr_(SC)	Kudrun. Hg. von Uta Störmer-Caysa. Stuttgart 2010.
KvBS	Die Königin vom Brennenden See. Hg. von Paul Sappler. In: Wolfram-Studien 4 (1977). 173–270.
KvF	Die Königin von Frankreich. In: Gesammtabenteuer. Bd. 1. Hg. von Friedrich Heinrich von der Hagen. Nachdruck der Ausg. Stuttgart u. a. 1850. Darmstadt 1961. 169–188.
KvFuss	Konrad von Fussesbrunnen: Die Kindheit Jesu. Hg. von Hans Fromm u. Klaus Grubmüller. Berlin u. a. 1973.
KvHeimHinv	Konrad von Heimesfurt: Unser vrouwen hinvart. In: Konrad von Heimesfurt: ‚Unser vrouwen hinvart' und ‚Diu urstende'. Hg. von Kurt Gärtner u. Werner J. Hoffmann. Tübingen 1989. 1–52.
KvHeimUrst	Konrad von Heimesfurt: Diu urstende. In: Konrad von Heimesfurt: ‚Unser vrouwen hinvart' und ‚Diu urstende'. Hg. von Kurt Gärtner und Werner J. Hoffmann. Tübingen 1989. 53–129.
KvWAlex	[Konrad von Würzburg: Alexius] Konrad von Würzburg: Die Legenden. Bd. 2. Hg. von Paul Gereke. Halle (Saale) 1926.
KvWEngelh_(G)	Konrad von Würzburg: Engelhard. Hg. von Ingo Reiffenstein. 3., neubearb. Aufl. der Ausgabe von Paul Gereke. Tübingen 1982.
KvWEngelh_(H)	Konrad von Würzburg: Engelhard. Hg. von Moriz Haupt. 2. Aufl. bes. von Eugen Joseph. Leipzig 1890.
KvWGS	Die Goldene Schmiede des Konrad von Würzburg. Hg. von Edward Schröder. Göttingen 1926.
KvWHvK	Konrad von Würzburg: Heinrich von Kempten. In: Kleinere Dichtungen Konrads von Würzburg. Bd. 1. Der Welt Lohn. Das Herzmaere. Heinrich von Kempten. Hg. von Edward Schröder. Mit einem Nachwort von Ludwig Wolff. 10. Aufl. Dublin u. a. 1970. 41–68.
KvWKD_32	Konrad von Würzburg: Spruch 32. In: Kleinere Dichtungen Konrads von Würzburg. Bd. 3. Hg. von Edward Schröder. 4. Aufl. Dublin u. a. 1970. 54–68.

Sigle	Text/Ausgabe
KvWPant	Konrad von Würzburg: Pantaleon. Hg. von Winfried Woesler. 2. Aufl. Tübingen 1974.
KvWPart	Konrad von Würzburg: Partonopier und Meliur. In: Konrads von Würzburg Partonopier und Meliur – Turnei von Nantheiz – Sant Nicolaus – Lieder und Sprüche. Aus dem Nachlasse von Franz Pfeiffer und Franz Roth. Hg. von Karl Bartsch. Wien 1871. 1–312.
KvWSchwanr	Konrad von Würzburg: Der Schwanritter. In: Kleinere Dichtungen Konrads von Würzburg. Bd. 2. Der Schwanritter. Das Turnier von Nantes. Hg. von Edward Schröder. Mit einem Nachwort von Ludwig Wolff. 4. Aufl. Dublin u. a. 1968. 1–41.
KvWTroj_(K)	Konrad von Würzburg: Der Trojanische Krieg. Hg. von Adelbert von Keller. Nachdruck der Ausg. Stuttgart 1858. Amsterdam 1965.
KvWTroj_(T)	Konrad von Würzburg: Der Trojanerkrieg und die anonyme Trojanerkriegs-Fortsetzung. Hg. von Heinz Thoelen. Wiesbaden 2015.
KvWTurn	Konrad von Würzburg: Das Turnier von Nantes. In: Kleinere Dichtungen Konrads von Würzburg. Bd. 2. Der Schwanritter. Das Turnier von Nantes. Hg. von Edward Schröder. Mit einem Nachwort von Ludwig Wolff. 4. Aufl. Dublin u. a. 1968. 42–75.
KvWWelt	Konrad von Würzburg: Der Welt Lohn. In: Kleinere Dichtungen Konrads von Würzburg. Bd. 1. Der Welt Lohn. Das Herzmaere. Heinrich von Kempten. Hg. von Edward Schröder. Mit einem Nachwort von Ludwig Wolff. 10. Aufl. Dublin u. a. 1970. 1–11.
LA_(B)	Die Legenda aurea des Jacobus de Voragine. Aus dem Lateinischen übers. von Richard Benz. 9. Aufl. Heidelberg 1979.
LA_(G)	Jacobi a Voragine: Legenda aurea. Vulgo historia lombardica dicta. Hg. von Johann Georg Theodor Graesse. Leipzig 1890.
Lanc_I_(K)	Lancelot. Nach der Heidelberger Pergamenthandschrift Pal. Germ. 147. Bd. 1. Hg. von Reinhold Kluge. Berlin 1948.
Lanc_I_(KS)	Lancelot und Ginover I. Prosalancelot. Bd. 1. Nach der Heidelberger Handschrift Cod. Pal. germ. 147. Hg. von Reinhold Kluge, ergänzt durch die Handschrift Ms. allem. 8017-8020 der Bibliothèque de l'Arsenal Paris. Übers., komm. u. hg. von Hans-Hugo Steinhoff. Frankfurt a. M. 1995.
Lanc_II_(K)	Lancelot. Nach der Kölner Papierhandschrift W. f° 46* Blankenheim und der Heidelberger Pergamenthandschrift Pal. Germ. 147. Bd. 2. Hg. von Reinhold Kluge. Berlin 1963. 133–829.
Lanc_II_(KS)	Lancelot und Ginover II. Prosalancelot. Bd. 2. Nach der Heidelberger Handschrift Cod. Pal. germ. 147. Hg. von Reinhold Kluge, ergänzt durch die Handschrift Ms. allem. 8017-8020 der Bibliothèque de l'Arsenal Paris. Übers., komm. u. hg. von Hans-Hugo Steinhoff. Frankfurt a. M. 1995.
Lanc_III_(K)	Lancelot. Nach der Heidelberger Handschrift Cod. Pal. germ. 147. Bd. 3. Hg. von Reinhold Kluge. Berlin 1974.
Lanc_III_(KS)	Lancelot und der Gral I. Prosalancelot. Bd. 3. Nach der Heidelberger Handschrift Cod. Pal. germ. 147. Hg. von Reinhold Kluge, ergänzt durch die Handschrift Ms. allem. 8017-8020 der Bibliothèque de l'Arsenal Paris. Übers., komm. u. hg. von Hans-Hugo Steinhoff. Frankfurt a. M. 2003.
Lanc_V_(KS)	Die Suche nach dem Gral. Der Tod des Königs Artus. Prosalancelot. Bd. 5. Nach der Heidelberger Handschrift Cod. Pal. germ. 147, hg. von Reinhold Kluge. Übers., komm. u. hg. von Hans-Hugo Steinhoff. Frankfurt a. M. 2004.

Sigle	Text/Ausgabe
LaurinA	Laurin und der kleine Rosengarten. Hg. von Georg Holz. Halle (Saale) 1897. 1–59.
LaurinÄV_(L)	Laurin. Ältere Vulgatversion. Teilbd. 1. Hg. von Elisabeth Lienert, Sonja Kehrt u. Esther Vollmer-Eicken. Berlin u. a. 2011. 4–152.
LaurinJV_(L)	Laurin. Jüngere Vulgatversion. Teilbd. 2. Hg. von Elisabeth Lienert, Sonja Kehrt u. Esther Vollmer-Eicken. Berlin u. a. 2011. 255–423.
LBarl	Der Laubacher Barlaam. Eine Dichtung des Bischofs Otto II. von Freising (1184–1220). Hg. von Adolf Perdisch. Nachdruck der Ausg. Tübingen 1913. Hildesheim u. a. 1979.
Lib	Die Regensburger Schottenlegende. Untersuchung und Textausgabe. Libellus de fundacione ecclesie Consecrati Petri. Hg. von Pádraig Breatnach. München 1977.
Lid	Lidia. In: Lateinische Comediae des 12. Jahrhunderts. Hg. von Joachim Suchomski. Darmstadt 1979. 205–235.
LobSal	Lob Salomons. In: Kleinere deutsche Gedichte des 11. und 12. Jahrhunderts. Bd. 2. Nach der Auswahl von Albert Waag neu hg. von Werner Schröder. Tübingen 1972. 43–55.
Loheng	Lohengrin. Edition und Untersuchungen. Hg. von Thomas Cramer. München 1971.
Lucid	Der deutsche Lucidarius. Bd. 1. Kritischer Text nach den Handschriften. Hg. von Dagmar Gottschall u. Georg Steer. Tübingen 1994.
LuM	Loher und Maller. Kritische Edition eines spätmittelalterlichen Prosaepos. Hg. von Ute von Bloh unter Mitarbeit von Silke Winst. Berlin 2013.
Luther1545	Martin Luther: Die gantze Heilige Schrifft Deudsch. 2 Bde. Hg. von Lothar Volz unter Mitarbeit von Heinz Blanke, Textredaktion Friedrich Kur. München 1972.
Luther2016	Die Bibel. Nach Martin Luthers Übersetzung. Lutherbibel. Revidiert 2017. Mit Apokryphen. Hg. von der Evangelischen Kirche in Deutschland. Stuttgart 2016.
LvRegSyon	Lamprecht von Regensburg: Diu tohter von Syon. In: Lamprecht von Regensburg, ‚Sanct Francisken Leben‘ und ‚Tochter Syon‘. Hg. von Karl Weinhold. Paderborn 1880. 261–544.
Magel_(D)	Die schöne Magelone. Hystoria von dem edeln ritter Peter von Provenz und der schoensten Magelona, des Königs von Naples tochter. Älteste Bearbeitung nach der Handschrift der preuß. Staatsbibliothek Germ. 4° 1579. Hg. von Hermann Degering. Berlin 1922.
Magel_(M)	Magelone. In: Müller, Jan-Dirk (Hg.): Romane des 15. und 16. Jahrhunderts. Nach den Erstdrucken mit sämtlichen Holzschnitten. Frankfurt a. M. 1990. 587–677.
MaiBea_(KMF)	Mai und Beaflor. Minneroman des 13. Jahrhunderts. Hg. von Christian Kiening u. Katharina Mertens Fleury. Zürich 2008.
MaiBea_(VP)	Mai und Beaflor. Eine Erzählung aus dem dreizehnten Jahrhundert. Hg. von A. W. Vollmer u. Franz Pfeiffer. Nachdruck der Ausg. Leipzig 1848. Hildesheim 1974.
MAKittel_(HK)	Meister Altswert: Der Kittel. In: Meister Altswert. Hg. von Wilhelm Holland u. Adelbert Keller. Stuttgart 1850. 11–69.
MapNug	Walter Map: De nugis curialium. Hg. von Montague Rhodes James. Oxford 1914.
MarcoPolo	Der mitteldeutsche Marco Polo. Nach der Admonter Handschrift. Hg. von Horst von Tscharner. Berlin 1935.
Martina	Hugo von Langenstein: Martina. Hg. von Adelbert von Keller. Nachdruck der Ausg. Stuttgart 1856. Hildesheim u. a. 1978.

Sigle	Text/Ausgabe
MATugS_(HK)	Meister Altswert: Der Tugend Schatz. In: Meister Altswert. Hg. von Wilhelm Holland u. Adelbert Keller. Stuttgart 1850. 70–116.
MdFGuig	Marie de France: Guigemar. In: Les lais de Marie de France. Hg. von Jean Rychner. Paris 1966. 5–32.
MdFLanv	Marie de France: Lanval. In: Les lais de Marie de France. Hg. von Jean Rychner. Paris 1966. 72–92.
Mechth	Mechthild von Magdeburg: Das fließende Licht der Gottheit. Nach der Einsiedler Handschrift in kritischem Vergleich mit der gesamten Überlieferung. Bd. 1. Text, bes. von Gisela Vollmann-Profe. Hg. von Hans Neumann. München u. a. 1990.
Meinr	Ein geistliches Spiel von S. Meinrads Leben und Sterben. Hg. von P. Gall Morel. Stuttgart 1863.
Merfart	Transkription von Balthasar Sprengers Merfart. In: Borowka-Clausberg, Beate: Balthasar Sprenger und der frühneuzeitliche Reisebericht. München 1999. 197–214.
Merig_(BH)	Merigarto. In: Althochdeutsches Lesebuch. Hg. von Wilhelm Braune u. bearb. von Karl Helm. 17. Aufl. Tübingen 1994. 140–142.
Merig_(V)	Merigarto. Eine philologisch-historische Monographie. Hg. von Norbert Theodor Joseph Voorwinden. Leiden 1973.
MF	Des Minnesangs Frühling. Bd. 1. Texte. Bearb. von Hugo Moser u. Helmut Tervooren. 38. Aufl. Stuttgart 1988.
Minneb	Die Minneburg. Nach der Heidelberger Pergamenthandschrift (cpg 455) unter Heranziehung der Kölner Handschrift und der Donaueschinger und Prager Fragmente. Hg. von Hans Pyritz. Berlin 1950.
MinnerB_188	Minnerede B 188. In: *mine sinne di sint mine*. Zürcher Liebesbriefe aus der Zeit des Minnesangs. Bearb. von Max Schiendorfer. Zollikon 1988. 29–32, 42–46.
MinnerB_217	Minnerede B 217. In: Mittelhochdeutsche Minnereden und Minneallegorien der Prager Handschrift R VI Fc 26. Bd. 4. ‚Der schwierige Liebesbrief', ‚Der Rat der Einsiedlerin'. Zwei mhd. Minnereden. Edition, Übersetzung und Wörterbuch. Hg., übers. u. unters. von Michael Mareiner. Bern u. a. 1999. 306–329.
MinnerB_472	Minnerede B 472. In: Hagen, Friedrich Heinrich von der: Klagegedicht auf Herzog Johannes von Brabant aus der Würzburger Handschrift. In: Germania 3 (1839). 116–129.
MinnerB_485	Minnerede B 485. In: Liederbuch der Clara Hätzlerin. Hg. von Carl Haltaus. Quedlinburg u. a. 1840. 180–182, Nr. II 25.
MinnerB_496	Minnerede B 496. In: Mhd. Minnereden II. Die Heidelberger Handschriften 313 und 355; die Berliner Handschrift Ms. germ. fol. 922. Auf Grund der Vorarbeit von Wilhelm Brauns. Hg. von Gerhard Thiele. Berlin 1938. 130–135, Nr. 26.
MinnerZ_62	Minnerede Z 62. In: Deutsche Volksbücher aus einer Zürcher Handschrift des fünfzehnten Jahrhunderts (Abdruck von Zürich, Zentralbibl., Cod. Car. C 28). Hg. von Albert Bachmann u. Samuel Singer. Tübingen 1889. 339.
ML	Marienlieder. Hg. von Karl Weigand. In: ZfdA 6 (1848). 478–484.
MorusU	Thomas More: Utopia. Hg. von E. Surtz u. J. H. Hexter. 2. Aufl. London 1993. (The Complete Works of St. Thomas More. Bd. 4)
MorusUdt	Thomas Morus: Utopia. In: Der utopische Staat. Übers. von Klaus J. Heinisch. Reinbek bei Hamburg 2008. 7–110.
MOsw_(B)	Der Münchener Oswald. Hg. von Georg Baesecke. Hildesheim u. a. 1977.
MOsw_(C)	Der Münchner Oswald. Mit einem Anhang. Die ostschwäbische Prosabearbeitung des 15. Jahrhunderts. Hg. von Michael Curschmann. Tübingen 1974.

Sigle	Text/Ausgabe
Musp	Muspilli. In: Althochdeutsches Lesebuch. Hg. von Wilhelm Braune und Ernst A. Ebbinghaus. 17. Aufl. Tübingen 1994. 86–89.
MvSLied	Die geistlichen Lieder des Mönchs von Salzburg. Hg. von Franz Viktor Spechtler. Berlin u. a. 1972.
NachA	Die Nachtigall (A). In: Gesammtabenteuer. Bd. 2. Hg. von Friedrich Heinrich von der Hagen. Nachdruck der Ausg. Stuttgart u. a. 1850. Darmstadt 1961. 73–82.
NBoych	Dat Nuwe Boych – Das neue Buch. Digitale Neuedition, elektronische Publikation und Informationsnetzwerk einer Kölner Stadtchronik aus dem 14. Jahrhundert. Hg. von Natalia Filatkina und Monika Hanauska. Trier 2012. http://www.neuesbuch.uni-trier.de (12.12.2017)
Netz	Des Teufels Netz. Hg. von Karl August Barack. Stuttgart 1863.
NibA/B/C_(B)	Das Nibelungenlied. Paralleldruck der Handschriften A, B und C nebst Lesarten der übrigen Handschriften. Hg. von Michael S. Batts. Tübingen 1971.
NibAB_(BBW)	Das Nibelungenlied. Nach der Ausgabe von Karl Bartsch. Hg. von Helmut de Boor. 22., revidierte u. von Roswitha Wisniewski ergänzte Aufl. Mannheim 1988. Wiesbaden 1996.
NibB_(S)	Das Nibelungenlied. Mittelhochdeutsch/Neuhochdeutsch. Nach der Handschrift B. Hg. von Ursula Schulze. Stuttgart 2011.
NibC_(H)	Das Nibelungenlied nach der Handschrift C. Hg. von Ursula Hennig. Tübingen 1977.
Niemand	Niemand: Die drei Mönche zu Kolmar. In: Novellistik des Mittelalters. Märendichtung. Hg. von Klaus Grubmüller. Frankfurt a. M. 1996. 874–897.
Njála	Brennu-Njáls saga (Njála). Hg. von Finnur Jónsson. Halle (Saale) 1908.
Nonn	Das Nonnenturnier. In: Novellistik des Mittelalters. Märendichtung. Hg. von Klaus Grubmüller. Frankfurt a. M. 1996. 944–977.
NotkPs	Die Schriften Notkers und seiner Schule. Bd. 2. Hg. von Paul Piper. Freiburg i. Br. 1883.
OdorP	Odoricus de Portu Naonis: Relatio. In: Sinica Franciscana. Bd. 1. Itinera et relationes fratrum minorum saeculi XIII et XIV. Hg. von P. Anastasius van den Wyngaert. Florenz 1929. 379–495.
OdorPSteck	Konrad Steckels deutsche Übertragung der Reise nach China des Odoricus Pordenone. Hg. von Gilbert Strasmann. Berlin 1968.
OrdVit	Ordericus Vitalis: Historia ecclesiastica. (Orderici Vitalis angligenae, coenobii Uticensis monachi, Historiae ecclesiasticae libri tredecim.) Hg. von Auguste le Prévost. 5 Bde. Paris. 1838–1855.
Orend	Orendel. Ein deutsches Spielmannsgedicht. Hg. von Arnold Erich Berger. Nachdruck der Ausg. Bonn 1888. Berlin u. a. 1974.
Orfeo	Sir Orfeo. Hg. von Alan Joseph Bliss. 2. Aufl. Oxford 1966.
OrigHomEx	Origines: Homiliae in Exodum. In: Patrologia Graeca. Bd. 12. Hg. von Jacques Paul Migne. Paris 1862. 297–394.
OrigHomLev	Origines: Homiliae in Leviticum. In: Patrologia Graeca. Bd. 12. Hg. von Jacques Paul Migne. Paris 1862. 405–572.
OrigHomLK	Origines: Homiliae in Lucam. In: Patrologia Graeca. Bd. 13. Hg. von Jacques Paul Migne. Paris 1862. 1800–1900.
OrtnA	Otnit. In: Otnit – Wolf Dietrich. Frühneuhochdeutsch/Neuhochdeutsch. Hg. u. übers. von Stephan Fuchs-Jolie, Victor Millet u. Dietmar Peschel. Stuttgart 2013. 7–291.

Sigle	Text/Ausgabe
OrtnAW	Ortnit. Bearbeitet von Arthur Amelung. In: Deutsches Heldenbuch. 3. Teil. Ortnit und die Wolfdietriche. Hg. von Arthur Amelung u. Oskar Jänicke. Nachdruck der Ausg. Berlin 1871. Dublin u. a. 1968. 1–77.
Otfrid	Otfrid von Weißenburg: Evangelienbuch. Hg. von Otto Erdmann. 6. Aufl. Tübingen 1973.
Ottok	Ottokars österreichische Reimchronik. Nach den Abschriften Franz Lichtensteins. 2 Bde. Hg. von Joseph Seemüller. Nachdruck der Ausg. Hannover 1890–1893. München 1980.
OvidM	Ovid. Metamorphosen. In deutsche Hexameter übertragen und mit dem lateinischen Text hg. von Erich Rösch. München 1968.
OvWLied_(K)	Oswald von Wolkenstein: 75. Wol auff, wol an. In: Die Lieder Oswalds von Wolkenstein. Hg. von Karl Kurt Klein. Tübingen 1962. 200–202.
OvWLied_(MK)	Die Lieder Oswalds von Wolkenstein. Hg. von Hugo Moser u. Karl Kurt Klein. 2., neubearb. u. erw. Aufl. Tübingen 1975.
OvWLied_(MWW)	Die Lieder Oswalds von Wolkenstein. Unter Mitwirkung von Walter Wei u. Notburga Wolf hg. von Karl Kurt Klein. Musikanhang von Walter Salmen. 3., neubearb. u. erweit. Aufl. Hg. von Hans Moser, Norbert R. Wolf u. Notburga Wolf. Tübingen 1987.
Parz_(L)	Wolfram von Eschenbach: Parzival. Studienausgabe. Mittelhochdeutscher Text nach der 6. Ausgabe von Karl Lachmann. Hg. von Bernd Schirok. Berlin u. a. 1999.
Parz_(N)	Wolfram von Eschenbach: Parzival. Nach der Ausgabe Karl Lachmanns revidiert u. kommentiert von Eberhard Nellmann. Übertragen von Dieter Kühn. 2 Bde. Frankfurt a. M. 1994.
ParzRapp	‚Parzifal' von Claus Wisse und Philipp Colin (1331–1336). Eine Ergänzung der Dichtung Wolframs von Eschenbach. Hg. von Karl Schorbach. Nachdruck der Ausg. Straßburg und London 1888. Berlin u. a. 1974.
PassI/II_(H)	Das alte Passional [Buch 1 und 2]. Hg. von Karl August Hahn. Frankfurt a. M. 1845.
PassI/II_(HSW)	Passional. Bd. 1. Marienleben, Bd. 2. Apostellegenden. Hg. von Annegret Haase, Martin J. Schubert u. Jürgen Wolf. Berlin 2013.
PassIII_(K)	Das Passional [Buch 3]. Eine Legenden-Sammlung des dreizehnten Jahrhunderts. Hg. von Friedrich Karl Köpke. Nachruck der Ausg. Quedlinburg u. a. 1852. Amsterdam 1966.
PercConte	Perceval Le Gallois ou le conte du graal. III–IV. Hg. von Charles Potvin. Nachdr. der Ausg. Mons 1866/1868. Genf 1977.
Phys	Der Physiologus. Hg. von Otto Seel. 2. Aufl. Stuttgart 1967.
PKaP	Priester Konrad: Altdeutsche Predigten. Bd. 3. Texte. Hg. von Anton E. Schönbach. Graz 1891.
PleierGar	Garel von dem blüenden Tal. Ein höfischer Roman aus dem Artussagenkreis von dem Pleier. Hg. von Michael Walz. Freiburg i. Br. 1892.
PleierMel	Meleranz von dem Pleier. Hg. von Karl Bartsch. Nachdruck der Ausg. Stuttgart 1861. Hildesheim u. a. 1974.
PleierTand	Tandareis und Flordibel. Ein höfischer Roman von dem Pleiaere. Hg. von Ferdinand Khull. Graz 1885.
PlinNat	Plinius Secundus d. Ä.: Naturkunde. Lateinisch/Deutsch. 37 Bde. [= C. Plinii Secundi naturalis historiae libri 37]. Hg. u. übers. von Roderich König in Zusammenarbeit mit Gerhard Winkler. Darmstadt 1973–1994.

Sigle	Text/Ausgabe
PonSid	Pontus und Sidonia. In der Verdeutschung eines Ungenannten aus dem 15. Jahrhundert. Hg. von Karin Schneider. Berlin 1961.
PrAnn	[Preiddeu Annwn] Higley, Sarah: The Spoils of Annwn. Taliesin and Material Poetry. In: Klar, Kathryn A., Eve E. Sweetser und Clair Thomas (Hg.): A Celtic Florilegium. Studies in Memory of Brendan O Hehir. Lawrence (Massachusetts) 1996. 50–53.
PriPr	Praeexercitamina Prisciani grammatici ex Hermogene versa. In: Rhetores latini inores. Ex codicibus maximam partem primum adhibitis. Hg. von Carl Halm. Leipzig 1863. 551–560.
PulkChr	Pulkava Chronik. Transkript von Vlastimil Brom nach handschriftlichen Faksimila (Cgm 1112, BSB München) [Nachweise erfolgen anhand der MHDBDB: http://mhdbdb.sbg.ac.at/mhdbdb/App?action=TextInfoEdit&text=PUC (09.12.2017)].
PurgSP	Tractatus de Purgatorio Sancti Patricii. In: The Espurgatoire Saint Patriz of Marie de France, with a Text of the Latin Original. Hg. von Thomas Atkinson Jenkins. Chicago 1903. 9–71, 78–95.
PuV	Paris und Vienna. Eine niederdeutsche Fassung vom Jahre 1488. Hg. von Axel Mante. Lund 1965.
Pwyll	Pwyll Pendefig Dyfed. In: Pedeir Keinc y Mabinogi. Hg. von Gan Ifor Williams u. Allan o Lyfr Gwyn Rhydderch. 2. Aufl. Caerdydd 1951. 1–27.
Pyramus	Pyramus und Thisbe. In: Novellistik des Mittelalters. Märendichtung. Hg. von Klaus Grubmüller. Frankfurt a. M. 1996. 336–363.
QuinIns_(R)	Quintillian: Ausbildung des Redners. Buch I–VI. Hg. u. übers. von Helmut Rahn. Darmstadt 1972.
Rab	Rabenschlacht. Textgeschichtliche Ausgabe. Hg. von Elisabeth Lienert u. Dorit Wolter. Tübingen 2006.
Rädlein	Johannes von Freiberg: Das Rädlein. In: Novellistik des Mittelalters. Märendichtung. Hg. von Klaus Grubmüller. Frankfurt a. M. 1996. 618–647.
RdEn	Le Roman d'Eneas. Text nach der Ausg. von Salverda de Grave. Übers. u. eingel. von Monica Schöler-Beinhauer. München 1972.
Reinfr	Reinfrid von Braunschweig. Hg. von Karl Bartsch. Tübingen 1871.
ReinFu	Der Reinhart Fuchs des Elsässers Heinrich. Hg. von Klaus Düwel unter Mitarbeit von Katharina von Goetz, Frank Henrichvark u. Sigrid Krause. Tübingen 1984.
Renner	Der Renner von Hugo von Trimberg. 4 Bde. Hg. von Gustav Ehrismann. Nachdruck der Ausg. Tübingen 1908–1911. Berlin 1970.
Rennew	Ulrich von Türheim: Rennewart. Aus der Berliner und Heidelberger Handschrift. Hg. von Alfred Hübner. Nachdruck der Ausg. Berlin 1938. Berlin u. a. 1964.
Rieter	Das Reisebuch der Familie Rieter. Hg. von Reinhold Röhricht u. Heinrich Meisner. Stuttgart 1884.
Ring_(R)	Wittenwiler, Heinrich: Der Ring. Text – Übersetzung – Kommentar. Nach der Münchener Handschrift hg., übers. u. erläutert von Werner Röcke unter Mitarbeit von Annika Goldenbaum. Mit einem Abdruck des Textes nach Edmund Wießner. Berlin u. a. 2012.
Ring_(W)	Wittenwiler, Heinrich: Der Ring. Hg. von Edmund Wießner. Leipzig 1931.
Ring_(WB)	Wittenwiler, Heinrich: Der Ring. Frühneuhochdeutsch/Neuhochdeutsch. Nach dem Text von Edmund Wießner ins Neuhochdeutsche übers. u. hg. von Horst Brunner. Stuttgart 2003.

Sigle	Text/Ausgabe
RobGraal	Robert de Boron: Le roman du Saint-Graal. Übers. u. eingel. von Monica Schöler-Beinhauer. München 1981.
Rol	Das Rolandslied des Pfaffen Konrad. Hg. von Carl Wesle. 3., durchges. Aufl. bes. von Peter Wapnewski. Tübingen 1985.
Rosend	Der Rosendorn (I, II). In: Deutsche Märendichtung des 15. Jahrhunderts. Hg. von Hanns Fischer. München 1966. Anhang 4. 444–461.
RosengA_(H)	Die Gedichte vom Rosengarten zu Worms. Mit Unterstützung der königlichen sächsischen Gesellschaft der Wissenschaften hg. von Georg Holz. Halle (Saale) 1893. 1–67.
RosengA_(LKN)	Rosengarten A. In: Rosengarten. Bd. 1. Hg. von Elisabeth Lienert, Sonja Kerth u. Svenja Nierentz. Berlin u. a. 2015. 4–176.
RosengD	Rosengarten D (II). In: Die Gedichte vom Rosengarten zu Worms. Hg. von Georg Holz. Mit Unterstützung der königlichen sächsischen Gesellschaft der Wissenschaften. Nachdruck der Ausg. Halle (Saale) 1893. Hildesheim u. a. 1982. 69–166.
RosKne	Hans Rosenplüt: Der Knecht im Garten. In: Deutsche Märendichtung des 15. Jahrhunderts. Hg. von Hanns Fischer. München 1966. Nr. 19. 178–187.
RosPfarr	Hans Rosenplüt: Der fünfmal getötete Pfarrer. In: Novellistik des Mittelalters. Märendichtung. Hg. von Klaus Grubmüller. Frankfurt a. M. 1996. 898–915.
RosSch	Hans Rosenplüt: Der fahrende Schüler. In: Novellistik des Mittelalters. Märendichtung. Hg. von Klaus Grubmüller. Frankfurt a. M. 1996. 916–927.
Roth_(B)	König Rother. Hg. von Ingrid Bennewitz. Stuttgart 2000.
Roth_(FK)	König Rother. Hg. von Theodor Frings u. Joachim Kuhnt. Bonn u. a. 1922.
RufHist	Tyrannius Rufinus: Historia monachorum sive de Vita Sanctorum Patrum (Editio critica). Hg. von Eva Schulz-Flügel. Berlin u. a. 1990.
RvDGeorg	Der heilige Georg Reinbots von Durne. Nach sämtlichen Handschriften. Hg. von Carl von Kraus. Heidelberg 1907.
RvEAlex	Rudolf von Ems: Alexander. Ein höfischer Versroman des 13. Jahrhunderts. 2 Bde. Hg. von Victor Junk. Nachdruck der Ausg. Leipzig 1928–1929. Darmstadt 1970.
RvEBarl	Rudolf von Ems: Barlaam und Josaphat. Hg. von Franz Pfeiffer. Nachdruck der Ausg. Leipzig u. a. 1843. Berlin 1965.
RvEGer	Rudolf von Ems: Der guote Gêrhart. Hg. von John A. Asher. 3., durchges. Aufl. Tübingen 1989.
RvEWchr	Rudolf von Ems: Weltchronik. Aus der Wernigeroder Handschrift. Hg. von Gustav Ehrismann. Nachdruck der Ausg. Berlin 1915. Dublin u. a. 1967.
RvEWh	Rudolf von Ems: Willehalm von Orlens. Hg. von Victor Junk. Nachdruck der Ausg. Berlin 1905. Dublin u. a. 1967.
RvWKaufm	Ruprecht von Würzburg: Zwei Kaufmänner und die treue Hausfrau. In: Gesammtabenteuer. Bd. 3. Hg. von Friedrich Heinrich von der Hagen. Nachdruck der Ausg. Stuttgart u. a. 1850. Darmstadt 1961. 351–382.
SachsBiB	Hans Sachs: 474. Der Buhler im Bad. In: Ders.: Sämtliche Fabeln und Schwänke. Bd. 4. Hg. von Edmund Goetze u. Karl Drescher. Halle (Saale) 1900. 352 f.
SachsBk	Hans Sachs: 142. Der Badeknecht. In: Ders.: Sämtliche Fabeln und Schwänke. Bd. 3. Hg. von Edmund Goetze u. Karl Drescher. Halle (Saale) 1900. 291–293.
SachsHöll	Hans Sachs: 65. Das Höllenbad. In: Ders.: Sämtliche Fabeln und Schwänke. Bd. 3. Hg. von Edmund Goetze u. Karl Drescher. Halle (Saale) 1900. 192–204.

Sigle	Text/Ausgabe
SachsKlag	Hans Sachs: Klage der Keuschheit. In: Ders.: Werke. Bd. 5. Hg. von Adelbert von Keller. Hildesheim 1964. 191–193.
SachsLör	Hans Sachs: 87. Das Lörles-Bad. In: Ders.: Sämtliche Fabeln und Schwänke. Bd. 3. Hg. von Edmund Goetze u. Karl Drescher. Halle (Saale) 1900. 193–195.
SachsschöB	Hans Sachs: 81. Das schöne Bad. In: Ders.: Sämtliche Fabeln und Schwänke. Bd. 3. Hg. von Edmund Goetze u. Karl Drescher. Halle (Saale) 1900. 242–244.
SachsStrat	Hans Sachs: 317. Drei Schwänke des Harfenschlägers Stratonicus. In: Ders.: Sämtliche Fabeln und Schwänke. Bd. 3. Hg. von Edmund Goetze u. Karl Drescher. Halle (Saale) 1900. 402–407.
SächsWchr	Sächsische Weltchronik und Fortsetzungen der Sächsischen Weltchronik. Hg. von Ludwig Weiland. Nachdruck der Ausg. Hannover 1877. München 1980. 1–279 [Sächsische Weltchronik], 323–336 [Erste Bairische Fortsetzung], 336–340 [Zweite Bairische Fortsetzung], 349–351 [Fortsetzung des Deutschen Martin von Troppau].
SAlex_(K)	Lamprechts Alexander [Straßburger Alexander]. Nach den drei Texten mit dem Fragment des Alberic von Besançon und den lateinischen Quellen. Hg. von Karl Kinzel. Halle (Saale) 1884.
SAlex_(L)	Straßburger Alexander. In: Pfaffe Lambrecht: Alexanderroman. Mittelhochdeutsch/Neuhochdeutsch. Hg., übers. u. komm. von Elisabeth Lienert. Stuttgart 2007. 156–553.
SalMor	Salman und Morolf. Hg. von Alfred Karnein. Tübingen 1979.
SAP_(S)	Schönbach, Anton E.: Studien zur Geschichte der altdeutschen Predigt. Bd. 4. Wien 1905.
Schrätel	Schrätel und Wasserbär. In: Novellistik des Mittelalters. Märendichtung. Hg. von Klaus Grubmüller. Frankfurt a. M. 1996. 698–717.
SchülerA	Der Schüler zu Paris. In: Gesammtabenteuer. Bd. 1. Hg. von Friedrich Heinrich von der Hagen. Nachdruck der Ausg. Stuttgart u. a. 1850. Darmstadt 1961. 277–311.
SchülerB	SchülerB: Der Schüler von Paris. In: Novellistik des Mittelalters. Märendichtung. Hg. von Klaus Grubmüller. Frankfurt a. M. 1996. 296–335.
Segremors_(MB)	Segremors. In: Mittelhochdeutsche Übungsstücke. Hg. von Heinrich Meyer-Benfey. 2. Aufl. Halle (Saale) 1920. 166–180.
SeiArd	Merlin und Seifrid de Ardemont von Albrecht von Scharfenberg. In der Bearb. Ulrich Füetrers hg. von Friedrich Panzer. Tübingen 1902.
SeifAlex	Seifrits Alexander. Aus der Straßburger Handschrift. Hg. von Paul Gereke. Berlin 1932.
SergCon	Serglige Con Culainn. Hg. von Myles Dillon. Dublin 1953.
Serv	Sante Servatien Leben. In: Wilhelm, Friedrich: Sanct Servatius oder wie das erste Reis in deutscher Zunge geimpft wurde. Ein Beitrag zur Kenntnis des religiösen und literarischen Lebens in Deutschland im elften und zwölften Jahrhundert. München 1910. 149–269.
SEzzo	Ezzos cantilena de miraculis Christi (Handschrift S). In: Kleinere deutsche Gedichte des 11. und 12. Jahrhunderts. Bd. 1. Hg. von Werner Schröder. Tübingen 1972. 10–12.
SHort	Der Saelden Hort. Alemannisches Gedicht vom Leben Jesu, Johannes des Täufers und der Magdalena. Aus der Wiener und Karlsruher Handschrift. Hg. von Heinrich Adrian. Berlin 1927.

Sigle	Text/Ausgabe
Sibille	Der Roman von der Königin Sibille in drei Prosafassungen des 14. und 15. Jahrhunderts. Hg. von Hermann Tiemann. Hamburg 1977.
Soc	Von dem Ritter Sociabilis. In: Erzählungen aus altdeutschen Handschriften. Hg. von Adelbert Keller. Stuttgart 1855. 132–149.
SpecEccl	Speculum ecclesiae. Eine frühmittelhochdeutsche Predigtsammlung (Cgm. 39). Hg. von Gert Mellbourn. Lund u. a. 1944.
SpecVir	Speculum Virginum. Hg. von Jutta Seyfarth. Turnhout 1990.
Sperb	Der Sperber. In: Novellistik des Mittelalters. Märendichtung. Hg. von Klaus Grubmüller. Frankfurt a. M. 1996. 568–589.
StatAchill	Statius: Achilleidos. In: Statius. With an English Translation by John Henry Mozley. Bd. 2. London 1961. 507–595.
Staufenb	Der Ritter von Staufenberg. Hg. von Eckhard Grunewald. Tübingen 1979.
Steinm	Die althochdeutschen Glossen. Ges. u. bearb. von Elias Steinmeyer und Eduard Sievers. Berlin 1879.
StrAmis	Der Stricker: Pfaffe Amis. Hg. von Kin'ichi Kamihara. Göppingen 1978.
StrDan	Der Stricker: Daniel von dem Blühenden Tal. Hg. von Michael Resler. 2., neubearb. Aufl. Tübingen 1995.
StrEF_(E)	Der Stricker: Die eingemauerte Frau. In: Der Stricker: Erzählungen, Fabeln, Reden. Hg., übers. u. komm. von Otfrid Ehrismann. 2., überarb. Aufl. Stuttgart 2011. 95–116.
StrEF_(F)	Der Stricker: Die eingemauerte Frau. In: Der Stricker: Verserzählungen I. Hg. von Hanns Fischer. 2. Aufl. Tübingen 1967. 50–65.
StrEF_(J)	Der Stricker: Die eingemauerte Frau. In: Der Stricker: Verserzählungen I. Hg. von Hanns Fischer. 4. Aufl. bes. von Johannes Janota. Tübingen 1979. 50–65.
StrEhe	Der Stricker: Der begrabene Ehemann. In: Novellistik des Mittelalters. Märendichtung. Hg. von Klaus Grubmüller. Frankfurt a. M. 1996. 30–43.
StrFE	Hofmann, Klaus: Strickers Frauenehre. Überlieferung, Textkritik, Edition, literaturgeschichtliche Einordnung. Marburg 1976.
StrGeist	Der Stricker: Nr. 11. Vom Heiligen Geist. In: Die Kleindichtung des Strickers. Gesamtausgabe in 5 Bden. Bd. 2. Hg. von Wolfgang Wilfried Moelleken, Gayle Agler-Beck u. Robert E. Lewis. Göppingen 1974. 10–49.
StrKarl	Der Stricker: Karl der Große. Hg. von Karl Bartsch. Nachdruck der Ausg. Quedlinburg u. a. 1857. Berlin 1965.
StrKl	Der Stricker: Die Kleindichtung des Strickers. Gesamtausgabe in 5 Bden. Hg. von Wolfgang Wilfried Moelleken, Gayle Agler-Beck u. Robert E. Lewis. 5 Bde. Göppingen 1974–1978.
StrKn	Der Stricker: Der kluge Knecht. In: Novellistik des Mittelalters. Märendichtung. Hg. von Klaus Grubmüller. Frankfurt a. M. 1996. 10–29.
StrKö_(E)	Der Stricker: Der arme und der reiche König. In: Der Stricker: Erzählungen, Fabeln, Reden. Hg., übers. u. komm. von Otfrid Ehrismann. Stuttgart 2001. 164–174.
StrKö_(G)	Der Stricker: Der arme und der reiche König. In: Novellistik des Mittelalters. Märendichtung. Hg. von Klaus Grubmüller. Frankfurt a. M. 1996. 71–81.
StrNB	Der Stricker: Der nackte Bote. In: Ders.: Verserzählungen. Hg. von Hanns Fischer. Tübingen 1979. 110–126.
StrWeid	Der Stricker: Der Weidemann. In: Die Kleindichtungen des Strickers. Gesamtausgabe in 5 Bden. Bd. 1. Hg. von Wolfgang Wilfried Moelleken, Gayle Agler-Beck u. Robert E. Lewis. Göppingen 1973. 143–148.

Sigle	Text/Ausgabe
StrWoG	Der Stricker: Der Wolf und die Gänse. In: Die Kleindichtung des Strickers. Gesamtausgabe in 5 Bden. Bd. 1. Hg. von Wolfgang Wilfried Moelleken, Gayle Agler-Beck u. Robert E. Lewis. Göppingen 1973. 28–35.
StrWuch	Der Stricker: Der Wucherer. In: Die Kleindichtung des Strickers. Gesamtausgabe in 5 Bden. Bd. 4. Hg. von Wolfgang Wilfried Moelleken, Gayle Agler-Beck u. Robert E. Lewis. Göppingen 1977. 318–328.
StrWuW	Der Stricker: Der Wolf und das Weib. In: Die Kleindichtung des Strickers. Gesamtausgabe in 5 Bden. Bd. 3. Hg. von Wolfgang Wilfried Moelleken, Gayle Agler-Beck u. Robert E. Lewis. 1975. 24–27.
StudA	Wilhelm Stehmann: Die mittelhochdeutsche Novelle vom Studentenabenteuer. Berlin 1909.
Tatian	Tatian. Lateinisch und altdeutsch. Hg. von Eduard Sievers. 2. Aufl. Paderborn 1960.
TdATr	Thomas d'Angleterre: Tristan et Yseut. Altfranzösisch/Neuhochdeutsch von Anne Berthelot, Danielle Buschinger u. Wolfgang Spiewok. Greifswald 1994.
Thid	Thidrekssaga: Die Geschichte Thidreks von Bern. Übertragen von Fine Erichsen. Darmstadt 1967.
ThvASumma	Thomas von Aquin: Summa Theologica. Vollständige, ungekürzte deutsch-lateinische Ausgabe. Hg. von P. Heinrich Maria Christmann O. P. München u. a. 1941.
Tit	Wolfram von Eschenbach: Titurel. In: Wolfram von Eschenbach. Hg. von Karl Lachmann. Nachdruck der Ausg. Berlin u. a. 1926. Berlin 1965. 389–420.
Tond	Tondolus der Ritter. Die von J. und C. Hist gedruckte Fassung. Hg. von Nigel F. Palmer. München 1980.
Tr_(BG)	Gottfried von Straßburg: Tristan. Nach der Ausg. von Reinhold Bechstein. Hg. von Peter Ganz. Wiesbaden 1978.
Tr_(H)	Gottfried von Straßburg: Tristan und Isold. Mit dem Text des Thomas hg., übers. u. komm. von Walter Haug. 2 Bde. Berlin 2011.
Tr_(M)	Gottfried von Straßburg: Tristan. Hg. von Karl Marold. Unveränd. 4. Abdruck nach dem 3. mit einem auf Grund von F. Rankes Kollationen verb. Apparat bes. von Werner Schröder. Berlin u. a. 1977.
Tr_(R)	Gottfried von Straßburg: Tristan und Isold. Hg. von Friedrich Ranke. Text. 15., unveränd. Aufl. Dublin u. a. 1978.
TrMönch	Tristan als Mönch. Hg. von Betty C. Bushey. Göppingen 1974.
Trob	Mittelalterliche Lyrik Frankreichs I. Lieder der Trobadors. Hg. von Dietmar Rieger. Stuttgart 1989.
TrudHL	Das St. Trudperter Hohelied. Eine Lehre der liebenden Gotteserkenntnis. Hg. von Friedrich Ohly. Frankfurt a. M. 1998.
Tucher	Tucher, Endres: Baumeisterbuch der Stadt Nürnberg 1464–1475. Hg. von Matthias Lexer. Stuttgart 1862.
TundA	Albers Tundalus. In: Visio Tnugdali. Lateinisch und altdeutsch. Hg. von Albrecht Wagner. Erlangen 1882. 121–186.
TundM	Visio Tnugdali des Marcus. In: Visio Tnugdali. Lateinisch und altdeutsch. Hg. von Albrecht Wagner. Erlangen 1882. 3–56.
TürlArabel	Ulrich von dem Türlin: Arabel. Die ursprüngliche Fassung und ihre Bearbeitung. Hg. von Werner Schröder. Stuttgart u. a. 1999.
TürlWil	Ulrich von dem Türlin: Willehalm. Ein Rittergedicht aus der zweiten Hälfte des dreizehnten Jahrhunderts. Hg. von Samuel Singer. Prag 1893.

Sigle	Text/Ausgabe
TvRMel_(M)	Thüring von Ringoltingen: Melusine. In: Romane des 15. und 16. Jahrhunderts nach den Erstdrucken mit sämtlichen Holzschnitten. Hg. von Jan-Dirk Müller. Frankfurt a. M. 1990. 9–176.
TvRMel_(R)	Thüring von Ringoltingen: Melusine. In der Fassung des Buchs der Liebe (1587). Hg. von Hans-Gert Roloff. Stuttgart 2014.
TvRMel_(S)	Thüring von Ringoltingen: Melusine. Nach den Handschriften kritisch hg. von Karin Schneider. Berlin 1958.
TvRMel_(SR)	Thüring von Ringoltingen: Melusine. Nach dem Erstdruck Basel, Richel um 1473/74. Hg. von André Schnyder u. Ursula Rautenbach. Wiesbaden 2006.
UFLan	Ulrich Füetrer: Lannzilet. Aus dem ‚Buch der Abenteuer', Str. 1–1122. Hg. von Karl-Eckhard Lenk. Tübingen 1989.
UFTroj	Ulrich Füetrer: Der Trojanerkrieg aus dem Buch der Abenteuer. Hg. von Edward G. Fichtner. München 1968.
Ul	Ein kurtzweilig Lesen von Dil Ulenspiegel. Hg. von Wolfgang Lindow. Stuttgart 2001.
UvEtzAlex	Ulrich von Eschenbach [Etzenbach]: Alexander. Hg. von Wendelin Toischer. Nachdruck der Ausg. Tübingen 1888. Hildesheim u. a. 1974.
UvEtzAlexAnh	Ulrich von Etzenbach: Alexander-Anhang. In: Ulrich von Eschenbach [Etzenbach]: Alexander. Hg. von Wendelin Toischer. Nachdruck der Ausg. Tübingen 1888. Hildesheim u. a. 1974. 745–802.
UvEtzWh	Ulrich von Etzenbach: Wilhalm von Wenden. Text, Übersetzung, Kommentar. Hg. von Mathias Herweg. Berlin u. a. 2017.
UvLFrd	Ulrich's von Liechtenstein Frauendienst. Hg. von Reinhold Bechstein. 2 Bde. Leipzig 1888.
UvTürhTr	Ulrich von Türheim: Tristan. Hg. von Thomas Kerth. Tübingen 1979.
UvZLanz_(H)	Lanzelet. Eine Erzählung von Ulrich von Zatzikhoven. Hg. von Karl August Hahn. Nachdruck der Ausg. Frankfurt a. M. 1845. Berlin 1965.
UvZLanz_(K)	Ulrich von Zatzikhoven: Lanzelet. Text – Übersetzung – Kommentar. Studienausgabe. Hg. von Florian Kragl. Berlin u. a. 2009.
VAlex_(K)	Vorauer Alexander. In: Lamprechts Alexander. Nach den drei Texten mit dem Fragment des Alberic von Besançon und den lateinischen Quellen. Hg. von Karl Kinzel. Halle (Saale) 1884. 25–172.
VAlex_(L)	Vorauer Alexander. In: Pfaffe Lambrecht: Alexanderroman. Hg. von Elisabeth Lienert. Stuttgart 2007. 54–153.
Vät	Das Väterbuch. Aus der Leipziger, Hildesheimer und Straßburger Handschrift. Hg. von Karl Reissenberger. 2., unveränd. Aufl. Berlin 1967.
Virg_(St)	Dietrichs erste Ausfahrt. Hg. von Franz Stark. Stuttgart 1860.
Virg_(Z)	Virginal. In: Deutsches Heldenbuch. 5. Teil. Dietrichs Abenteuer von Albrecht von Kemenaten. Nebst den Bruchstücken von Dietrich und Wenezlan. Hg. von Julius Zupitza. Nachdruck der Ausg. Berlin 1870. Dublin u. a. 1968. 1–200.
VisioPauli	Die Visio Pauli. Wege und Wandlungen einer orientalischen Apokryphe im lateinischen Mittelalter und Einschluss der alttschechischen und deutschsprachigen Textzeugen. Hg. von Lenka Jiroušková. Leiden 2006.
Vm	Vafþrúðnismál. In: Edda. Die Lieder des Codex Regius nebst verwandten Denkmälern. Bd. 1. Text. Hg. von Gustav Neckel. 5., verb. Aufl. von Hans Kuhn. Heidelberg 1983. 45–55.
VPul	Vastnachtspil von Pulschaft. In: Fastnachtspiele aus dem 15. Jahrhundert. Bd. 1. Hg. von Adelbert von Keller. Stuttgart 1853.

Sigle	Text/Ausgabe
Vsp	Völuspá. In: Edda. Die Lieder des Codex Regius nebst verwandten Denkmälern. Bd. 1. Text. Hg. von Gustav Neckel. 5., verb. Aufl. von Hans Kuhn. Heidelberg 1983. 1–16.
VSünd	Vorauer Sündenklage. In: Kleinere deutsche Gedichte des 11. und 12. Jahrhunderts. Bd. 1. Nach der Auswahl von Albert Waag neu hg. von Werner Schröder. 2 Bde. Tübingen 1972. 193–222.
Walberan	Laurin K II [Walberan-Fortsetzung]. In: Laurin und der kleine Rosengarten. Hg. von Georg Holz. Halle (Saale) 1897. 59–95.
Waldis	Burkhard Waldis: Esopus. 2 Bde. Hg. von Ludger Lieb. Berlin u. a. 2011.
WelGa	Der Wälsche Gast des Thomasin von Zirclaria. Hg. von Heinrich Rückert. Nachdruck der Ausg. Quedlinburg 1852. Berlin 1965.
Wartb_(S)	Der Wartburgkrieg. Hg. von Karl Simrock. Stuttgart 1858.
Wenzl	Bruchstücke von Dietrich und Wenezlan. In: Deutsches Heldenbuch. 5. Teil. Dietrichs Abenteuer von Albrecht von Kemenaten. Nebst den Bruchstücken von Dietrich und Wenezlan. Hg. von Julius Zupitza. Nachdruck der Ausg. Berlin 1870. Dublin u. a. 1968. 265–274.
Wernh	Priester Wernher: Maria. Bruchstücke und Umarbeitungen. Hg. von Carl Wesle. 2. Aufl. bes. durch Hans Fromm. Tübingen 1969.
WernhMl	Das Marienleben des Schweizers Wernher. Aus der Heidelberger Handschrift. Hg. von Max Päpke. Zu Ende geführt von Arthur Hübner. Nachdruck der Ausg. Berlin 1920. Dublin u. a. 1967.
WGen	Die frühmittelhochdeutsche Wiener Genesis. Kritische Ausgabe mit einem einleitenden Kommentar zur Überlieferung. Hg. von Kathryn Smits. Berlin 1972.
Wh_(L)	Wolfram von Eschenbach: Willehalm. In: Wolfram von Eschenbach. Hg. von Karl Lachmann. Nachdruck der Ausg. Berlin u. a. 1926. 6. Ausg. Berlin 1965. 421–640.
Wh_(S)	Wolfram von Eschenbach: Willehalm. Hg. von Werner Schröder. Berlin u. a. 1978.
WhRub	Wilhelm von Rubruk: Itinerarium Wilhelmi de Rubruc. In: Sinica Franciscana. Bd. 1. Itinera et relationes fratrum minorum saeculi XIII et XIV. Hg. von P. Anastasius van den Wyngaert. Florenz 1929. 164–332.
WhvÖst	Johanns von Würzburg ‚Wilhelm von Österreich'. Aus der Gothaer Handschrift. Hg. von Ernst Regel. Nachdruck der Ausg. Berlin 1906. Dublin u. a. 1970.
WickGalm	Georg Wickram: Ritter Galmy. Hg. von Hans-Gert Roloff. Berlin u. a. 1967. (Sämtliche Werke. Bd. 1)
WickGold	Georg Wickram: Der Goldtfaden. Hg. von Hans-Gert Roloff. Berlin u. a. 1968. (Sämtliche Werke. Bd. 5)
WickNach	Georg Wickram: Von guten und bösen Nachbarn. Hg. von Hans-Gert Roloff. Berlin u. a. 1969. (Sämtliche Werke. Bd. 4)
WickP	Georg Wickram: Der irr reitende Pilger. Hg. von Hans-Gert Roloff. Berlin u. a. 1972. (Sämtliche Werke. Bd. 6)
WickRoll	Georg Wickram: Das Rollwagenbüchlin. Text nach der Ausgabe von Johannes Bolte. Stuttgart 1968.
Wig	Wirnt von Gravenberc: Wigalois, der Ritter mit dem Rade. Bd. 1. Text. Hg. von Johannes Marie Neele Kapteyn. Bonn 1926.
Wigam_(B)	Wigamur. Kritische Edition – Übersetzung – Kommentar. Hg. von Nathanael Busch. Berlin u. a. 2009.
Wigam_(K)	Wigamur. In: Mittelhochdeutsches Übungsbuch. Hg. von Carl von Kraus. 2., verm. u. geänderte Aufl. Heidelberg 1926. 109–161.

Sigle	Text/Ausgabe
Wildon	Herrand von Wildonie: Vier Erzählungen. Hg. von Hanns Fischer. 3., durchges. Aufl. hg. von Paul Sappler. Tübingen 1984.
WKlö_(B)	Das weltlich Klösterlein. In: Zimmersche Chronik. Bd. 4. Hg. von Karl A. Burack. Tübingen 1869.
WKlö_(M)	Das weltliche Klösterlein. In: Matthaei, Kurt: Das ‚weltliche Klösterlein' und die deutsche Minne-Allegorie. Marburg 1907. 75–81.
WndD	Der Wunderer. Hg. von Florian Kragl. Berlin u. a. 2015.
WNotkPs	Die Schriften Notkers und seiner Schule. Bd. 3. Hg. von Paul Piper. Freiburg i. Br. 1883.
WolfdA_(AJ)	Wolfdietrich A. In: Deutsches Heldenbuch. 3. Teil. Ortnit und die Wolfdietriche. Hg. von Arthur Amelung u. Oskar Jänicke. Nachdruck der Ausg. Berlin 1871. Dublin u. a. 1968. 79–152.
WolfdA_(FJMP)	Otnit – Wolf Dietrich. Frühneuhochdeutsch/Neuhochdeutsch. Hg. u. übers. von Stephan Fuchs-Jolie, Victor Millet u. Dietmar Peschel. Stuttgart 2013. 293–611.
WolfdA_(K)	Ortnit und Wolfdietrich A. Hg. von Walter Kofler. Stuttgart 2009. 105–168.
WolfdB_(AJ)	Wolfdietrich B. In: Deutsches Heldenbuch. 3. Teil. Ortnit und die Wolfdietriche. Hg. von Arthur Amelung u. Oskar Jänicke. Nachdruck der Ausg. Berlin 1871. Dublin u. a. 1968. 165–301.
WolfdB_(K)	Wolfdietrich B. Hg. von Walter Kofler. Paralleledition der Redaktionen B/K und H, Abdruck von Wien, Österr. Nationalbibl., Cod. 2947, Heidelberg, Universitätsbibl., Cpg 109, Berlin, Staatsbibl., mgq 761. Stuttgart 2008.
WolfdC_(AJ)	Wolfdietrich C. In: Deutsches Heldenbuch. 4. Teil. Ortnit und die Wolfdietriche. Hg. von Arthur Amelung u. Oskar Jänicke. Nachdruck der Ausg. Berlin 1873. Dublin u. a. 1968. 13–22, 137–139.
WolfdD_(AJ)	Wolfdietrich C und D. In: Deutsches Heldenbuch. 4. Teil. Ortnit und die Wolfdietriche. Hg. von Arthur Amelung u. Oskar Jänicke. Nachdruck der Ausg. Berlin 1873. Dublin u. a. 1968. 11–236.
WolfdD_(K)	Wolfdietrich D. In: Ortnit und Wolfdietrich D. Kritischer Text nach Ms. Carm 2 der Stadt- und Universitätsbibliothek Frankfurt a. M. Hg. von Walter Kofler. Stuttgart 2001. 117–399.
WolfdK_(AJ)	Wolfdietrich K. In: Deutsches Heldenbuch. 3. Teil. Ortnit und die Wolfdietriche. Hg. von Arthur Amelung u. Oskar Jänicke. Nachdruck der Ausg. Berlin 1871. Dublin u. a. 1968. 153–163.
WvdVLLS	Walther von der Vogelweide. Leich, Lieder, Sangsprüche. 14., völlig neu bearb. Aufl. der Ausgabe Karl Lachmanns mit Beiträgen von Thomas Bein u. Horst Brunner. Hg. von Christoph Cormeau. Berlin u. a. 1996.
Yng	Ynglinga Saga. In: Snorri Sturluson: Heimskringla. Nóregs konunga sǫgur. Hg. von Finnur Jónsson. Kopenhagen 1911. 4–35.
ZwiMö	Der Zwickauer: Des Mönches Not. In: Novellistik des Mittelalters. Märendichtung. Hg. von Klaus Grubmüller. Frankfurt a. M. 1996. 666–695.

Sekundärliteratur

ABäG = Amsterdamer Beiträge zur älteren Germanistik.
Achnitz, Wolfgang: Babylon und Jerusalem. Sinnkonstituierung im ‚Reinfried von Braunschweig' und im ‚Apollonius von Tyrland' Heinrichs von Neustadt. Tübingen 2002.
Achnitz, Wolfgang: *De monte feneris agitur hic*. Liebe als symbolischer Code und als Affekt im ‚Kloster der Minne'. In: Bauschke, Ricarda (Hg.): Die Burg im Minnesang und als Allegorie im deutschen Mittelalter. Frankfurt a. M. 2006. 161–186.
Achnitz, Wolfgang: Deutschsprachige Artusdichtung des Mittelalters. Eine Einführung. Berlin u. a. 2012.
Aertsen, Jan A.: Einleitung. In: Ders. und Andreas Speer (Hg.): Raum und Raumvorstellungen im Mittelalter. Berlin u. a. 1998. xi–xvi.
Aertsen, Jan A. und Andreas Speer (Hg.): Raum und Raumvorstellungen im Mittelalter. Berlin u. a. 1998.
Akbari, Suzanne Conklin: Idols in the East. European Representations of Islam and the Orient. 1100–1450. Ithaca u. a. 2009.
Albertsen, Leif Ludwig: Die Moralphilosophie in der Wiener Meerfahrt. In: ZfdA 98.1 (1969). 64–80.
Albrecht, Stephan: Der Turm zu Babel als bildlicher Mythos. Malerei, Graphik, Architektur. In: Renger, Johannes (Hg.): Babylon. Focus mesopotamischer Geschichte, Wiege früher Gelehrsamkeit, Mythos in der Moderne. Saarbrücken 1999. 553–574.
Ammann, Adolf N.: Tannhäuser im Venusberg. Zürich 1964.
Andersen, Peter: Die Wohnung in den deutschen Alexanderdichtungen als Spiegelbild verschiedenartiger Welten und Weltauffassungen. In: Études médiévales 6 (2004). 111–121.
Anz, Thomas: Raum als Metapher. Anmerkungen zum *topographical turn* in den Kulturwissenschaften. In: literaturkritik.de 2 (2008) [http://www.literaturkritik.de/public/rezension.php?rez_id=11620 (09.12.2017)].
Appelbaum, Robert: Anti-geography. In: Early Modern Literary Studies 4.2 Special Issue 3 (1998) [http://purl.oclc.org/emls/04-2/appeanti.htm (09.12.2017)].
Arentzen, Jörg-Geerd: *Imago mundi cartographica*. Studien zur Bildlichkeit mittelalterlicher Welt- und Ökumenekarten unter besonderer Berücksichtigung des Zusammenwirkens von Text und Bild. Münster 1984.
Arnulf, Arwed: Architektur- und Kunstbeschreibungen von der Antike bis zum 16. Jahrhundert. München u. a. 2004.
Asmuth, Christoph: ... *sô wonete der mensche in der wüestunge* ... Meister Eckharts philosophischer Begriff der Wüste. In: Lindemann, Uwe und Monika Schmitz-Emans (Hg.): Was ist eine Wüste? Interdisziplinäre Annäherungen an einen interkulturellen Topos. Würzburg 2000. 115–126.
Assmann, Aleida: Erinnerungsräume. Formen und Wandlungen des kulturellen Gedächtnisses. München 1999.
Auerbach, Erich: Mimesis. Dargestellte Wirklichkeit in der abendländischen Literatur, 10. Aufl. Tübingen u. a. 2001.
Augé, Marc: Orte und Nicht-Orte. Vorüberlegungen zu einer Ethnologie der Einsamkeit. Übers. von Michael Bischoff. Frankfurt a. M. 1994.
Augustin, Anja: *norden, suden, osten, wester* (Wolfram von Eschenbach, ‚Willehalm' 28,13). Länder und Bewohner der Heidenwelt in deutschen Romanen und Epen des Mittelalters. ‚Rolandslied', ‚Herzog Ernst', ‚Parzival', ‚Willehalm', ‚Reinfried von Braunschweig', ‚Wilhelm von Österreich'. Diss. Würzburg 2014 [urn:nbn:de:bvb:20-opus-109142 (09.12.2017)].
Aumüller, Matthias: Literaturwissenschaftliche Erzählbegriffe. In: Ders. (Hg.): Narrativität als Begriff. Analysen und Anwendungsbeispiele zwischen philologischer und anthropologischer Orientierung. Berlin u. a. 2012. 141–168.

Bachmann-Medick, Doris: *Spatial Turn*. In: Dies.: *Cultural Turns* Neuorientierungen in den Kulturwissenschaften. 3., neu bearb. Aufl. Reinbek bei Hamburg 2009. 284–328.

Bachorski, Hans Jürgen: *grosse ungelücke und vnsälige widerwertigkeit und doch ein guotes seliges ende*. Narrative Strukturen und ideologische Probleme des Liebes- und Abenteuerromans in Spätmittelalter und Früher Neuzeit. In: Berger, Günter und Stephan Kohl (Hg.): Fremderfahrung in Texten des Spätmittelalters und der frühen Neuzeit. Trier 1993. 59–86.

Bachtin, Michail M.: Chronotopos. Aus dem Russischen v. Michael Dewey. Frankfurt a. M. 2008.

Baier, Sebastian: Heimliche Bettgeschichte. Intime Räume in Gottfrieds ‚Tristan'. In: Vavra, Elisabeth (Hg.): Virtuelle Räume. Raumwahrnehmung und Raumvorstellungen im Mittelalter. Berlin 2005. 189–202.

Baisch, Martin und Matthias Meyer: Zirkulierende Körper. Tod und Bewegung im ‚Prosa-Lancelot'. In: Wolfzettel, Friedrich (Hg.): Körperkonzepte im arturischen Roman. Tübingen 2007. 383–404.

Baist, G. Fustagno: Thurm. In: Zeitschrift für romanische Philologie 18 (1894). 280.

Balzer, Manfred: ... *et apostolicus repetit quoque castra suorum*. Vom Wohnen im Zelt im Mittelalter. In: Frühmittelalterliche Studien 26 (1992). 208–229.

Barber, Richard: The Grail Temple in ‚Der jüngere Titurel'. In: Arthurian Literature 20 (2003). 85–102.

Barber, Richard und Juliet Barker: Die Geschichte des Turniers. Düsseldorf u. a. 2001.

Barto, Philip Stephan: Tannhäuser and the Mountain of Venus. A Study in the Legend of the Germanic Paradise. New York 1916.

Bartsch, Karl: Die Eigennamen in Wolframs ‚Parzival' und ‚Titurel'. In: Germania, Supplement 2 (1875). 114–159.

Bartsch, Karl: Einleitung. In: Ders. (Hg.): Herzog Ernst. Nachdruck der Ausg. Wien 1869. Hildesheim 1969. I–CLXXII.

Battles, Paul: Dwarfs in Germanic Literature. Deutsche Mythologie or Grimm's Myths? In: Shippey, Tom (Hg.): The Shadow-Walkers. Jacob Grimm's Mythology of the Monstrous. Turnhout 2005. 29–82.

Bauckham, Richard: The Apocalypse of Peter. An Account of Research. In: Haase, Wolfgang und Hildegard Temporini (Hg.): Aufstieg und Niedergang der römischen Welt. Geschichte und Kultur Roms im Spiegel der neueren Forschung. Bd. II,25,6. Berlin u. a. 1988. 4712–4750.

Bauer, Gerhard: *Claustrum animae*. Untersuchungen zur Geschichte der Metapher vom Herzen als Kloster. Bd. 1: Entstehungsgeschichte. München 1973.

Baum, Wilhelm: Die Erweiterung des europäischen Weltbildes durch Kontakte mit dem Orient, Indien und China vom 12.–15. Jahrhundert. In: Jahrbuch der Oswald von Wolkenstein-Gesellschaft 12 (2000). 423–437.

Baumgartner, Emmanuèle: Peinture et écriture. La description de la tente dans les romans antiques au XIIe siècle. In: Buschinger, Danielle (Hg.): Sammlung – Deutung – Wertung. Ergebnisse, Probleme, Tendenzen und Perspektiven philologischer Arbeit. Festschrift Wolfgang Spiewok. Amiens 1988. 3–11.

Baumgärtner, Ingrid: Erzählungen kartieren. Jerusalem in mittelalterlichen Kartenräumen. In: Glauch, Sonja, Susanne Köbele und Uta Störmer-Caysa (Hg.): Projektion – Reflexion – Ferne. Räumliche Vorstellungen und Denkfiguren im Mittelalter. Berlin u. a. 2011. 193–223.

Baumgärtner, Ingrid, Paul-Gerhard Klumbies und Franziska Sick (Hg.): Raumkonzepte. Disziplinäre Zugänge. Göttingen 2009.

Bauschke, Ricarda (Hg.): Die Burg im Minnesang und als Allegorie im deutschen Mittelalter. Frankfurt a. M. 2006a.

Bauschke, Ricarda: Burgen und ihr metaphorischer Spielraum in der höfischen Lyrik des 12. und 13. Jahrhunderts. In: Bauschke, Ricarda (Hg.): Die Burg im Minnesang und als Allegorie im deutschen Mittelalter. Frankfurt a. M. 2006b. 11–40.

Bauschke, Ricarda: Räume der Liebe – Orte des Krieges. Zur Topographie von Innen und Außen in Herborts von Fritzlar ‚Liet von Troye'. In: Hasebrink, Burkhard, Hans-Jochen Schiewer, Almut

Suerbaum und Annette Volfing (Hg.): Innenräume in der Literatur des deutschen Mittelalters. XIX. Anglo-German Colloquium Oxford 2005. Tübingen 2008. 1–22.

Beck, Hartmut: Raum und Bewegung. Untersuchungen zu Richtungskonstruktion und vorgestellter Bewegung in der Sprache Wolframs von Eschenbach. Erlangen 1994.

Becker, Carl Heinrich: Das ägyptische Babylon. In: Der Islam. Zeitschrift für ältere Geschichte und Kultur des islamischen Orients 8 (1918). 36 f.

Becker, Erika: Art. Turm. In: EM. Bd. 13. Berlin u. a. 2010. 1055–1058.

Beckers, Hartmut: ‚Brandan' und ‚Herzog Ernst'. Eine Untersuchung ihres Verhältnisses anhand der Motivparallelen. In: Leuvense Bijdragen 59 (1970). 41–55.

Behr, Hans-Joachim: Die Welt, die Liebe und Braunschweig. Überlegungen zum Verständnis des ‚Reinfried von Braunschweig'. In: Carolo-Wilhelmina. Mitteilungen der TU Braunschweig 30.1 (1995). 114–123.

Behr, Hans-Joachim: Löwenritter und Teufelsbündler – ein Braunschweiger Herzog auf Abwegen. Überlegungen zur Lokalisierung von Michel Wyssenherres Dichtung. In: Fifteenth-Century Studies 24 (1998). 7–25.

Behr, Hans-Joachim: Art. Spielmannsdichtung. In: Weimar, Klaus (Hg.): Reallexikon der deutschen Literaturwissenschaft. Bd. 3. 3. neu bearb. Aufl. Berlin u. a. 2003. 474–476.

Bendix, Regina: Art. Höhle. In: EM. Bd. 6. Berlin u. a. 1990. 1168–1173.

Bennewitz, Ingrid: Mädchen ohne Hände. Der Vater-Tochter-Inzest in der mittelhochdeutschen und frühneuhochdeutschen Erzählliteratur. In: Gärtner, Kurt, Ingrid Kasten und Frank Shaw (Hg.): Spannungen und Konflikte menschlichen Zusammenlebens in der deutschen Literatur des Mittelalters. Bristoler Colloquium 1993. Tübingen 1996. 157–172.

Benz, Maximilian: [Rez.] Katrin Dennerlein. Narratologie des Raumes. Berlin u. a. 2009. In: ZfGerm 22.3 (2012). 711–714.

Benz, Maximilian: Gesicht und Schrift. Die Erzählung von Jenseitsreisen in Antike und Mittelalter. Berlin u. a. 2013a.

Benz, Maximilian: Kritik der Karte. Mapping als literaturwissenschaftliches Verfahren. In: Picker, Marion, Véronique Maleval und Florent Gabaude (Hg.): Die Zukunft der Kartographie. Neue und nicht so neue epistemologische Krisen. Bielefeld 2013b. 199–218.

Benz, Maximilian und Katrin Dennerlein (Hg.): Literarische Räume der Herkunft. Fallstudien zu einer historischen Narratologie. Berlin u. a. 2016.

Bernuth, Ruth von: Wunder, Spott und Prophetie. Natürliche Narrheiten in den ‚Historien von Claus Narren'. Tübingen 2009.

Berstorff, Wiebke von: Art. Fluss. In: Butzer, Günter und Joachim Jacob (Hg.): Metzler Lexikon literarischer Symbole. 2., erw. Aufl. Stuttgart u. a. 2012. 128 f.

Berzeviczy, Klára, Zsuzsa Bognar und Péter Lökös (Hg.): Gelebte Milieus und virtuelle Räume. Der Raum in der Literatur- und Kulturwissenschaft. Berlin 2009.

Bettenworth, Anja: Der Sturm des Lebens. Unwetterbeschreibungen bei Ovid (‚Tristia' 1,2 und 1,4) und Hildebert von Lavardin (‚Carmina minora' 22). In: Das Mittelalter 16.1 (2011). 31–46.

Beyer, Paul Gerhardt: Die mitteldeutschen Segremorsfragmente. Untersuchung und Ausgabe. Diss. masch. Marburg 1909.

Bhabha Homi K.: Wie das Neue in die Welt kommt. Postmoderner Raum, postkoloniale Zeiten und die Prozesse kultureller Übersetzung. In: Ders.: Die Verortung der Kultur. Mit einem Vorwort von Elisabeth Bronfen. Dt. Übers. von Michael Schiffmann und Jürgen Freudl. Tübingen 2000. 317–352.

Bies, Werner: Art. Schwan. In: EM. Bd. 12. Berlin u. a. 2007. 291–296.

Bies, Werner: Art. Tür. In: EM. Bd. 13. Berlin u. a. 2010. 1020–1024.

Billen, Josef: Baum, Anger, Wald und Garten in der mittelhochdeutschen Heldenepik. Diss. masch. Münster 1965.

Billig, Volkmar: Inseln. Geschichte einer Faszination. Berlin 2010.
Binding, Günther: Art. Kemenate. In: LexMA. Bd. 5. München u. a. 1991. 1101 f.
Binding, Günther: Art. Mauer, Mauerwerk. In: LexMA. Bd. 6. München 1993. 406–408.
Binding, Günther: Art. Turm. In: LexMA. Bd. 8. München 1997. 1111–1113.
Binding, Günther und Horst Leuchtmann: Art. Kapelle. In: LexMA. Bd. 5. München u. a. 1991. 931 f.
Binding, Günther und Christine Stephan: Art. Fenster. In: LexMA. Bd. 4. München 1989. 350–354.
Birkhan, Helmut: Kelten. Versuch einer Gesamtdarstellung ihrer Kultur. Wien 1997.
Bitch, Irmgard, Trude Ehlert und Xenja von Ertzdorff (Hg.): Essen und Trinken im Mittelalter. Mit Rezepten aus mittelalterlichen Kochbüchern. Wiesbaden 1997.
Bitel, Lisa M.: Land of Women. Tales of Sex and Gender from Early Ireland. Ithaca (New York) u. a. 1996.
Blamires, David M.: Herzog Ernst and the Otherworld Voyage. A Comparative Study. Manchester 1979.
Blank, Walter: Die deutsche Minneallegorie. Gestaltung und Funktion einer spätmittelalterlichen Dichtungsform. Stuttgart 1970.
Blank, Walter: Kultische Ästhetisierung. Zu Hermanns von Sachsenheim Architektur-Allegorese im ‚Goldenen Tempel'. In: Fromm, Hans, Wolfgang Harms und Uwe Ruberg (Hg.): *Verbum et signum*. Bd. 1. Beiträge zur mediävistischen Bedeutungsforschung. München 1975. 355–383.
Bleuler, Anna Kathrin: Einverleiben von Liebesgaben. Nahrungs- und Minnehandeln in der Literatur des Mittelalters dargestellt am Beispiel des ‚Parzival'. In: Egidi, Margreth, Ludger Lieb und Mireille Schnyder (Hg.): Liebesgaben. Kommunikative, performative und poetologische Dimensionen in der Literatur des Mittelalters und der Frühen Neuzeit. Berlin 2012. 141–161.
Bleumer, Hartmut: Die ‚Crône' Heinrichs von dem Türlin. Form-Erfahrung und Konzeption eines späten Artusromans. Tübingen 1997.
Bleumer, Hartmut: Im Feld der *âventiure*. Zum begrifflichen Wert der Feldmetapher am Beispiel einer poetischen Leitvokabel. In: Dicke, Gerd, Manfred Eikelmann und Burkhard Hasebrink (Hg.): Im Wortfeld des Textes. Worthistorische Beiträge zu den Bezeichnungen von Rede und Schrift im Mittelalter. Berlin u. a. 2006, S. 347–367.
Bleumer, Hartmut: Im Netz des Strickers. Immersion und Narration im ‚Daniel von dem Blühenden Tal'. In: Baisch, Martin, Andreas Degen und Jana Lüdtke (Hg.): Wie gebannt. Ästhetische Verfahren der affektiven Bindung von Aufmerksamkeit. Freiburg i. Br. u. a. 2013. 179–210.
Bloch, R. Howard: The Anonymous Marie de France. Chicago u. a. 2003.
Bloh, Ute von: Gefährliche Maskeraden. Das Spiel mit der Status- und Geschlechtsidentität (‚Herzog Herpin', ‚Königin Sibille', ‚Loher und Maller', ‚Huge Scheppel'). In: Haubrichs, Wolfgang und Hans-Walter Hermann (Hg.): Zwischen Deutschland und Frankreich. Elisabeth von Lothringen, Gräfin von Nassau-Saarbrücken. St. Ingbert 2002. 495–515.
Blumenberg, Hans: Höhlenausgänge. Frankfurt a. M. 1989.
Blumenberg, Hans: Schiffbruch mit Zuschauer. Paradigma einer Daseinsmetapher. Frankfurt a. M. 1997.
BMZ = Benecke, Georg Friedrich, Wilhelm Müller und Friedrich Zarncke: Mittelhochdeutsches Wörterbuch. 3 Bde. Nachdruck der Ausg. Leipzig 1854–1866. Stuttgart 1990.
Bochsler, Katharina: *Ich han da inne ungehôrtú ding gesehen*. Die Jenseitsvisionen Mechthilds von Magdeburg in der Tradition der mittelalterlichen Visionsliteratur. Bern u. a. 1997.
Böckelmann, Frank: Das Andere des Waldes im Mittelalter. In: Tumult 8 (1986). 18–32.
Böcker, Dagmar: Zelte. In: Paravincini, Werner (Hg.): Höfe und Residenzen im spätmittelalterlichen Reich. Bilder und Begriffe. Teilbd. 1. Begriffe. Bearb. von Jan Hirschbiegel und Jörg Wettlaufer. Ostfildern 2005. 150–152.
Bode, Friedrich: Die Kamphesschilderungen [sic] in den mittelhochdeutschen Epen. Greifswald 1909.
Böhme, Horst Wolfgang, Reinhard Friedrich und Barbara Schock-Werner (Hg.): Wörterbuch der Burgen, Schlösser und Festungen. Stuttgart 2004.

Böhme, Hartmut (Hg.): Topographien der Literatur. Deutsche Literatur im internationalen Kontext. Stuttgart u. a. 2005a.

Böhme, Hartmut: Einleitung: Raum – Bewegung – Topographie. In: Ders. (Hg.): Topographien der Literatur. Deutsche Literatur im transnationalen Kontext. Stuttgart 2005b. IX–XXIII.

Bornholdt, Claudia: Tricked into the Tower. The ‚Crescentia‘ Tower Episode the ‚Kaiserchronik‘ as Proto-*Märe*. In: Journal of English and Germanic Philology 99.3 (2000). 395–411.

Börner, Klaus H.: Auf der Suche nach dem irdischen Paradies. Zur Ikonographie der geographischen Utopie. Frankfurt a. M. 1984.

Borowka-Clausberg, Beate: Balthasar Sprenger und der frühneuzeitliche Reisebericht. München 1999.

Börstinghaus, Jens: Sturmfahrt und Schiffbruch. Zur lukanischen Verwendung eines literarischen Topos in Apostelgeschichte 27,1–28,6. Tübingen 2010.

Bös, Gunther: *Curiositas*. Die Rezeption eines antiken Begriffs durch christliche Autoren bis Thomas von Aquin. Paderborn u. a. 1995.

Bowden, Sarah: A False Dawn. The Grippia Episode in Three Versions of ‚Herzog Ernst'. In: Oxford German Studies 41.1 (2012). 15–31.

Braches, Hulda H.: Jenseitsmotive und ihre Verritterlichung in der deutschen Dichtung des Hochmittelalters. Assen 1961.

Brall-Tuchel, Helmut: Die Heerscharen des Antichrist. Gog und Magog in der deutschen Literatur des Mittelalters. In: Haupt, Barbara (Hg.): Endzeitvorstellungen. Düsseldorf 2011. 197–228.

Brall-Tuchel, Helmut und Folker Reichert: Rom, Jerusalem, Santiago. Das Pilgertagebuch des Ritters Arnold von Harff (1496–1498). Nach dem Text der Ausgabe von Eberhard von Groote übers., kommentiert und eingeleitet. 2., durchges. Aufl. Köln u. a. 2008.

Braudel, Fernand: Das Mittelmeer und die mediterrane Welt in der Epoche Philipps II. 3 Bde. Frankfurt a. M. 1990.

Braun, Manuel: Karriere statt Erbfolge. Zur Umbesetzung der Enface in Georg Wickrams ‚Goldtfaden' und ‚Knabenspiegel'. In: ZfGerm N. F. 16.2 (2006). 296–313.

Braunagel, Robert: Wolframs Sigune. Eine vergleichende Betrachtung der Sigune-Figur und ihrer Ausarbeitung im ‚Parzival' und ‚Titurel' des Wolfram von Eschenbach. Göppingen 1999.

Braungart, Wolfgang: Die Kunst der Utopie. Vom Späthumanismus zur frühen Aufklärung. Stuttgart 1989.

Brednich, Ralf Wilhelm: Art. Gefangenschaft. In: EM. Bd. 5. Berlin u. a. 1987. 833–846.

Bremer, Donatella: Thule. In: Müller, Ulrich und Werner Wunderlich (Hg.): Burgen, Länder, Orte. Konstanz 2008. 847–862.

Bremer, Ernst: Art. Polo, Marco. In: VL. Bd. 7. Berlin u. a. 1989. 771–775.

Brincken, Anna-Dorothea von den: Presbyter Johannes, Dominus Dominantium. Ein Wunsch-Weltbild des 12. Jahrhunderts. In: Legner, Anton (Hg.): *Ornamenta Ecclesiae*. Kunst und Künstler der Romanik. Katalog zur Ausstellung des Schnütgen-Museums. Bd. 1. Köln 1985. 83–97.

Brincken, Anna-Dorothea von den: *Fines terrae*. Die Enden der Erde und der vierte Kontinent auf mittelalterlichen Weltkarten. Hannover 1992.

Brincken, Anna-Dorothea von den: Das Weltbild des irischen Seefahrer-Heiligen Brendan in der Sicht der 12. Jahrhunderts. In: Cartographica Helvetica. Fachzeitschrift für Kartengeschichte 21 (2000). 17–21.

Brincken, Anna-Dorothea von den und Thomas Szabó (Hg.): Studien zur Universalkartographie des Mittelalters. Göttingen 2008.

Brinker-von der Heyde, Claudia: *Hie ist diu aventiure geholt!* Die Jenseitsreise im ‚Wigalois' des Wirnt von Grafenberg. Kreuzzugspropaganda und unterhaltsame Glaubenslehre? In: Dies., Urs Herzog, Niklaus Largier und Paul Michel (Hg.): *Contemplata aliis tradere*. Studien zum Verhältnis von Literatur und Spiritualität. Festschrift Alois M. Haas. Bern u. a. 1995. 87–110.

Brinker-von der Heyde, Claudia: Phantastische Architektur bei Heinrich von dem Türlin. Das Schloß der Frau Sælde als Schlüssel zum Verständnis des Romans. In: Runa. Revista Portugesa de Estudos Germanísticos 25 (1996). 109–118.
Brinker-von der Heyde, Claudia: Ortswechsel. Norm und Verkehrung bei Raumzuordnungen in mittelalterlicher Epik. In: Hubrath, Margarete (Hg.): Geschlechter-Räume. Konstruktionen von *gender* in Geschichte, Literatur und Alltag. Köln u. a. 2001. 23–36.
Brinker-von der Heyde, Claudia: Zwischenräume. Zur Konstruktion und Funktion des handlungslosen Raums. In: Vavra, Elisabeth (Hg.): Virtuelle Räume. Raumwahrnehmung und Raumvorstellung im Mittelalter. Akten des 10. Symposiums des Mediävistenverbandes, Krems, 24.–26. März 2003. Berlin 2005. 203–214.
Brinkmann, Hennig: Mittelalterliche Hermeneutik. Tübingen 1980.
Brokmann, Steffen: Die Beschreibung des Graltempels in Albrechts ‚Jüngerem Titurel'. Diss. masch. Bochum 1999 [http://www-brs.ub.ruhr-uni-bochum.de/netahtml/HSS/Diss/BrokmannSteffen/diss.pdf (09.12.2017)].
Bromwich, Rachel: Celtic Elements in Arthurian Romance. A General Survey. In: Grout, P. B., R. A. Lodge, C. E. Pickford und E. K. C. Varty (Hg.): The Legend of Arthur in the Middle Ages. Woodbridge 1983. 41–55.
Brown, Arthur: The Origin of the Grails Legend. Nachdruck der Ausg. Cambridge (Massachusetts) 1943. New York 1966.
Brown, Elizabeth: Death and the Human Body in the Later Middle Ages: The Legislation of Boniface VIII on the Division of the Corpse. In: Viator 12 (1981). 221–270.
Brückner, Annemarie: Art. Kirche. In: EM. Bd. 7. Berlin u. a. 1993. 1373–1378.
Brückner, Annemarie: Art. Kloster. In: EM. Bd. 8. Berlin u. a. 1996. 6–12.
Brüggen, Elke und Franz-Josef Holznagel: Sehen und Sichtbarkeit im ‚Nibelungenlied'. In: Bauschke, Ricarda, Sebastian Coxon und Martin H. Jones (Hg.): Sehen und Sichtbarkeit in der Literatur des deutschen Mittelalters. XXI. Anglo-German Colloquium London 2009. Berlin 2011. 78–95.
Brunner, Horst: Die poetische Insel. Inseln und Inselvorstellungen in der deutschen Literatur. Stuttgart 1967.
Brunner, Horst: *Artus der wise höfsche man*. Zur immanenten Historizität der Ritterwelt im ‚Parzival' Wolframs von Eschenbach. In: Peschel, Dietmar (Hg.): Germanistik in Erlangen. Erlangen 1983. 61–73.
Brunner, Horst: Der König der Kranichschnäbler. Literarische Quellen und Parallelen zu einer Episode des ‚Herzog Ernst'. In: Ders. (Hg.): Annäherungen. Studien zur deutschen Literatur des Mittelalters und der Frühen Neuzeit. Berlin 2008. 21–37.
Brunner, Karl: Das Paradies ist ein Baumgarten. In: Jaritz, Gerhard (Hg.): Kontraste im Alltag des Mittelalters. Wien 2000. 25–33.
Brunner, Otto: Das Wiener Bürgertum in Jans Enikels Fürstenbuch. In: Mitteilungen des Instituts für österreichische Geschichtsforschung 58 (1950). 550–574.
Brunner, Otto: Land und Herrschaft. Grundfragen der territorialen Verfassungsgeschichte Österreichs im Mittelalter. 5. Aufl. Wien 1965.
Brunner, Otto, Werner Conze und Reinhart Koselleck (Hg.): Geschichtliche Grundbegriffe. Historisches Lexikon zur politisch-sozialen Sprache in Deutschland. 8 Bde. Stuttgart 1972–1997.
Bühler, Theodor: Art. Gartenrecht. In: HRG. Bd. 1. 2. Aufl. Berlin 2008. 1934 f.
Bumke, Joachim: Wolframs ‚Willehalm'. Studien zur Epenstruktur und zum Heiligkeitsbegriff der ausgehenden Blütezeit. Heidelberg 1959.
Bumke, Joachim: Höfische Kultur. Literatur und Gesellschaft im hohen Mittelalter. München 1986.
Bumke, Joachim: Geschichte der deutschen Literatur im hohen Mittelalter. München 1990.
Bumke, Joachim: Wolfram von Eschenbach. 8., völlig neu bearb. Aufl. Stuttgart u. a. 2004.
Bumke, Joachim: Der ‚Erec' Hartmanns von Aue. Eine Einführung. Berlin 2006.

Busch, Nathanael (Hg.): ‚Wigamur'. Kritische Edition – Übersetzung – Kommentar. Berlin u. a. 2009.
Buschinger, Danielle und Wolfgang Spiewok (Hg.): Die Geographie in der mittelalterlichen Epik. Greifswald 1996.
Bußmann, Britta: *Mit tugent und kunst.* Wiedererzählen, Weitererzählen und Beschreiben in Albrechts ‚Jüngerem Titurel'. In: Bußmann, Britta, Albrecht Hausmann, Annelie Kreft und Cornelia Logemann (Hg.): Übertragungen. Formen und Konzepte von Reproduktion in Mittelalter und Früher Neuzeit. Berlin u. a. 2005. 437–461.
Bußmann, Britta: *ûzen unde innen.* Zur Funktion allegorischer Beschreibungen in Albrechts ‚Jüngerem Titurel' und Gottfrieds ‚Tristan'. In: Baisch, Martin, Johannes Keller, Florian Kragl und Matthias Meyer (Hg.): Der ‚Jüngere Titurel' zwischen Didaxe und Verwilderung. Neue Beiträge zu einem schwierigen Werk. Göttingen 2010. 33–65.
Bußmann, Britta: Wiedererzählen, Weitererzählen und Beschreiben. Der ‚Jüngere Titurel' als ekphrastischer Roman. Heidelberg 2011.
Bynum, Caroline: Warum das ganze Theater mit dem Körper? Die Sicht einer Mediävistin. In: Historische Anthropologie 4.1 (1996). 1–33.
Campbell, Mary B.: The Witness and the Other World. Exotic European Travel Writing. 400–1600. Ithaca (New York) 1988.
Campitelli, Alberta und Alessandro Cremona (Hg.): Die Villen und Gärten Roms. München 2012.
Carey, John: Time, Space, and the Otherworld. In: Proceedings of the Harvard Celtic Colloquium 7 (1987). 1–27.
Carey, John: Time, Memory, and the Boyne Necropolis. In: Proceedings of the Harvard Celtic Colloquium 10 (1990). 24–36.
Carey, John: The Irish ‚Otherworld'. Hiberno-Latin Perspectives. In: Éigse 25 (1991). 154–159.
Carlen, Louis: Art. Tür. In: HRG. Bd. 5. Berlin 1998. 389–391.
Carruthers, Mary J.: The Book of Memory. A Study of Memory in Medieval Culture. Cambridge 1990.
Carruthers, Mary J.: The Poet as Master Builder. Composition and Locational Memory in the Middle Ages. In: New Literary History 24.3 (1993). 881–904.
Cary, George: The Medieval Alexander. Hg. von David J. Ross. Cambridge 1956.
Cassirer, Ernst: Philosophie der symbolischen Formen. Zweiter Teil. Das mythische Denken. 2. Aufl. Oxford 1954.
Cassirer, Ernst: Mythischer, ästhetischer und theoretischer Raum. In: Ritter, Alexander (Hg.): Landschaft und Raum in der Erzählkunst. Darmstadt 1975. 17–35.
Cassirer, Ernst: Philosophie der symbolischen Formen. Bd. 2. Das mythische Denken. 7. Aufl. Darmstadt 1977.
Cassirer, Ernst: Philosophie der symbolischen Formen. Zweiter Teil. Das mythische Denken. Text und Anmerkungen bearb. von Claus Rosenkranz. Gesammelte Werke. Hamburger Ausgabe. Bd. 12. Hg. von Birgit Recki. Hamburg 2002.
Cescutti, Eva: Ein verschlossener Garten, ein versiegelter Brunnen. Begehren, Körper, Text – und das Lebensmodell Kloster. In: Kraß, Andreas und Alexandra Tischel (Hg.): Bündnis und Begehren. Ein Symposion über die Liebe. Berlin 2002. 87–102.
Chadwick, Nora K.: Norse Ghosts (A Study in the ‚Draugr' and the ‚Haugbúi'). In: Folklore 57 (1946). 50–65, 106–127.
Christiansen, Reidar T.: The Dead and the Living. In: Studia Norvegica 2 (1946). 3–96.
Classen, Albrecht: Kulturelle und religiöse Kontakte zwischen dem christlichen Europa und dem buddhistischen Indien im Mittelalter. Rudolfs von Ems ‚Baarlam und Josaphat' im europäischen Kontext. In: Fabula 41 (2000). 203–228.
Classen, Albrecht: Storms, Sea Crossings, the Challenges of Nature, and the Transformation of the Protagonist in Medieval and Renaissance Literature. In: Neohelicon 30.2 (2003). 168–182.

Classen, Albrecht: Indien. Imagination und Erfahrungswelt in Antike und Mittelalter. In: Müller, Ulrich und Werner Wunderlich (Hg.): Burgen, Länder, Orte. Konstanz 2008a. 359–372.
Classen, Albrecht: Der Mythos vom Rhein. Geschichte, Kultur, Literatur und Ideologie. Die Rolle eines europäischen Flusses vom Mittelalter bis in die Gegenwart. In: Müller, Ulrich und Werner Wunderlich (Hg.): Burgen, Länder, Orte. Konstanz 2008b. 711–725.
Classen, Albrecht: The Symbolic and Metaphorical Role of Ships in Medieval German Literature. A Maritime Vehicle That Transforms the Protagonist. In: Mediaevum 25 (2012). 15–33.
Cole, William: Purgatory vs. Eden. Béroul's Forest and Gottfried's Cave. In: The Germanic Review 70 (1995). 2–8.
Cordoni de Gmeinbauer, Constanza: ‚Barlaam und Josaphat' in der europäischen Literatur des Mittelalters. Darstellung der Stofftraditionen – Bibliographie – Studien. Berlin u. a. 2014.
Cormier, Raymond J.: Eilhart's Seminal Tower of Pleasure. In: Fifteenth Century Studies 17.1 (1990). 57–66.
Coxon, Sebastian: Keller, Schlafkammer, Badewanne. Innenräume und komische Räumlichkeit bei Heinrich Kaufringer. In: Hasebrink, Burkhard, Hans-Jochen Schiewer, Almut Suerbaum und Annette Volfing (Hg.): Innenräume in der Literatur des deutschen Mittelalters. XIX. Anglo-German Colloquium Oxford 2005. Tübingen 2008. 179–196.
Cramer, Thomas: *sælde* und *êre* in Hartmanns ‚Iwein'. In: Euphorion 60 (1966). 30–47.
Cramer, Thomas: Normenkonflikte im ‚Pfaffen Amis' und im ‚Willehalm von Wenden'. Überlegungen zur Entwicklung des Bürgertums im Spätmittelalter. In: ZfdPh 93 (1974). 124–140.
Cramer, Thomas: Art. Lohengrin. In: VL. Bd. 5. Berlin u. a. 1985. 899–904.
Cramer, Thomas: ‚Iter ad Paradisum'. In: Wenzel, Horst, Friedrich Kittler und Manfred Schneider (Hg.): Gutenberg und die Neue Welt. München 1994. 89–104.
Cremona, Alessandro: Die typologischen und literarischen Modelle des Gartens im 15. Jahrhundert. In: Campitelli, Alberta und Alessandro Cremona (Hg.): Die Villen und Gärten Roms. München 2012. 27–32.
Curtius, Ernst Robert: Die Gastfreundschaft. In: Altertum und Gegenwart. Gesammelte Reden und Vorträge. Bd. 1. Berlin 1875. In: Deutsches Textarchiv. 203–218 [http://www.deutsches-textarchiv.de/curtius_alterthum01_1875 (09.12.2017)].
Curtius, Ernst Robert: Europäische Literatur und lateinisches Mittelalter. 11. Aufl. Tübingen u. a. 1993.
Czapla, Beate: Narratologie versus Soziologie. Zur Betrachtung von Gastgebern, Gästen und Erzählern im homerischen Epos. In: Friedrich, Peter und Rolf Parr (Hg.): Gastlichkeit. Erkundungen einer Schwellensituation. Heidelberg 2009. 185–213.
Czerwinski, Peter: Die Schlacht- und Turnierdarstellungen in den deutschen höfischen Romanen des 12. und 13. Jahrhunderts. Zur literarischen Verarbeitung militärischer Formen des adligen Gewaltmonopols. Berlin 1975.
Czerwinski, Peter: Gegenwärtigkeit. Simultane Räume und zyklische Zeiten, Formen von Regeneration und Genealogie im Mittelalter. Exempel einer Geschichte der Wahrnehmung. München 1993.
Daemmrich, Horst S. und Ingrid G. Daemmrich: Begrenzung – Freiheit. In: Dies. (Hg.): Themen und Motive in der Literatur. Ein Handbuch. Tübingen u. a. 1995. 68–72.
Daftary, Farhad: The Assassin Legends. Myths of the Isma'ilis. London u. a. 2011.
Dallapiazza, Michael: Wolfram von Eschenbach, ‚Parzival'. Berlin 2009.
Daston, Lorraine und Katharine Park: Wonders and the Order of Nature. 1150–1750. New York 1998.
Daston, Lorraine und Katharine Park: Wunder und die Ordnung der Natur. 1150–1750. Frankfurt a. M. 2002.
Däumer, Matthias: Burg Wildenberg. Von der Reaktualisierung eines Unorts. In: Ders., Annette Gerok-Reiter und Friedemann Kreuder (Hg.): Unorte. Spielarten einer verlorenen Verortung. Bielefeld 2010a. 231–262.

Däumer, Matthias: *Errari non potest*. Betrachtung der Wegesymbolik in der zweiten Fortsetzung von Chrétiens Conte du Graal. In: Ders., Christian Riedel und Christine Waldschmidt (Hg.): Irrwege. Zu Ästhetik und Hermeneutik des Fehlgehens. Heidelberg 2010b. 287–303.

Däumer, Matthias: Truchsess Keie. Vom Mythos eines Lästermauls. In: Ders., Cora Dietl und Friedrich Wolfzettel (Hg.): Artusroman und Mythos. Berlin 2011. 69–108.

Däumer, Matthias: Die Paradoxie der unerlösten Erlösung. Überlegungen zu Wolframs Neutralen Engeln. In: Burrichter, Brigitte, Matthias Däumer, Cora Dietl, Christoph Schanze und Friedrich Wolfzettel (Hg.): Aktuelle Tendenzen der Artusforschung. Berlin u. a. 2013a. 225–239.

Däumer, Matthias: Stimme im Raum und Bühne im Kopf. Über das performative Potenzial der höfischen Artusromane. Bielefeld 2013b.

Däumer, Matthias, Annette Gerok-Reiter und Friedemann Kreuder (Hg.): Unorte. Spielarten einer verlorenen Verortung. Bielefeld 2010a.

Däumer, Matthias, Annette Gerok-Reiter und Friedemann Kreuder: Das Konzept des Unorts. In: Dies. (Hg.): Unorte. Spielarten einer verlorenen Verortung. Bielefeld 2010b. 9–27.

Daxelmüller, Christoph: Art. Fußspuren. In: EM. Bd. 5. Berlin u. a. 1987. 610–622.

de Boor, Helmut: Die nordische und deutsche Hildebrandsage. In: ZfdPh 49 (1923). 149–181.

de Boor, Helmut: Die nordische und deutsche Hildebrandsage. In: ZfdPh 50 (1926). 175–210.

de Boor, Helmut: Die Grundauffassung von Gottfrieds Tristan. In: DVjs 18.3 (1940). 262–306.

de Boor, Helmut: Die deutsche Literatur im späten Mittelalter. Erster Teil. 1250–1350. 5. Aufl. Neu bearb. von Johannes Janota. München 1997.

de Certeau, Michel: Kunst des Handelns. Übers. von Ronald Voullié. Berlin 1988.

de la Cuadra, Inés: Der ‚Renner' Hugos von Trimberg. Allegorische Denkformen und literarische Traditionen. Hildesheim u. a. 1999.

Deinert, Wilhelm: Ritter und Kosmos im ‚Parzival'. Eine Untersuchung der Sternkunde Wolframs von Eschenbach. München 1960.

Deitmaring, Ursula: Die Bedeutung von Rechts und Links in theologischen und literarischen Texten bis um 1200. In: ZfdA 98.4 (1969). 265–292.

Delumeau, Jean: Angst im Abendland. Die Geschichte kollektiver Ängste im Europa des 14. bis 18. Jahrhunderts. Reinbek bei Hamburg 1985.

Delumeau, Jean: Une histoire du paradis. Le jardin des délices. Paris 1992.

Delumeau, Jean: History of Paradise. The Garden of Eden in Myth and Tradition. Translated by Matthew O'Connell. New York 1995.

Deluz, Christiane: Le livre de Jehan de Mandeville. Une ‚géographie' au XIVe siècle. Louvain-La-Neuve 1988.

Deluz, Christiane: Introduction. In: Dies. (Hg.): Jean de Mandeville, ‚Le Livre des Merveiles du Monde'. Paris 2000. 5–85.

Demmelhuber, Simon: Vom Phantom der Empirie und empirischen Phantomen. Überlegungen zur mittelhochdeutschen Legende von Sankt Brandan. In: Harms, Wolfgang und C. Stephen Jaeger in Verbindung mit Alexandra Stein (Hg.): Fremdes wahrnehmen – fremdes Wahrnehmen. Studien zur Geschichte der Wahrnehmung und zur Begegnung von Kulturen in Mittelalter und früher Neuzeit. Stuttgart u. a. 1997. 49–71.

Denecke, Dietrich: Straßen, Reiserouten und Routenbücher (Itinerare) im späten Mittelalter und in der Frühen Neuzeit. In: Ertzdorff, Xenja von und Dieter Neukirch (Hg.): Reisen und Reiseliteratur im Mittelalter und in der Frühen Neuzeit. Amsterdam u. a. 1992. 227–253.

Dennerlein, Katrin: Narratologie des Raumes. Berlin u. a. 2009.

Dharampal-Frick, Gita: Die Faszination des Exotischen. Deutsche Indien-Berichte der Frühen Neuzeit (1500–1750). In: Bitterli, Urs und Eberhard Schmitt (Hg.): Die Kenntnis beider ‚Indien' im frühneuzeitlichen Europa. Akten der Zweiten Sektion des 37. Deutschen Historikertages in Bamberg 1988. München 1991. 93–128.

Dick, Ernst S.: Fels und Quelle. Ein Landschaftsmodell des höfischen Epos. In: Wolfram-Studien 6 (1980). 167–180.
Dicke, Gerd: Das belauschte Stelldichein. Eine Stoffgeschichte. In: Huber, Christoph und Victor Millet (Hg.): Der ‚Tristan' Gottfrieds von Straßburg. Symposium Santiago de Compostela 5.–8. April 2000. Tübingen 2002. 198–220.
Dicke, Gerd und Klaus Grubmüller (Hg.): Die Fabeln des Mittelalters und der frühen Neuzeit. Ein Katalog der deutschen Versionen und ihrer lateinischen Entsprechungen. München 1987.
Diener-Staeckling, Antje: *Erstlich sollen die Herren sich uffm Rathhaus samlen*. Das mittelalterliche Rathaus als Spiegel städtischer Machtverhältnisse. In: Staubach, Nikolaus und Vera Johanterwage (Hg.): Außen und Innen. Räume und ihre Symbolik im Mittelalter. Frankfurt a. M. 2007. 177–192.
Dietl, Cora: *Du bist der aventüre fruht*. Fiktionalität im ‚Wilhelm von Österreich' Johanns von Würzburg. In: Mertens, Volker und Friedrich Wolfzettel (Hg.): Fiktionalität im Artusroman. Tübingen 1993. 171–184.
Dietl, Cora: Der Mont Saint Michel. Der Berg des Erzengels zwischen Himmel und Erde, zwischen verschiedenen Kulturen und Zeiten. In: Müller, Ulrich und Werner Wunderlich (Hg.): Burgen, Länder, Orte. Konstanz 2008. 601–614.
Dietz, Reiner: Der ‚Tristan' Gottfrieds von Straßburg. Göppingen 1974.
Dilcher, Gerhard: Einheit und Vielheit in Geschichte und Begriff der europäischen Stadt. In: Johanek, Peter und Franz-Joseph Post (Hg.): Vielerlei Städte. Der Stadtbegriff. Köln u. a. 2004. 13–30.
Dimpel, Friedrich Michael: Fort mit dem Zaubergürtel! Entzauberte Räume im ‚Wigalois' des Wirnt von Gravenberg. In: Glauch, Sonja, Susanne Köbele und Uta Störmer-Caysa (Hg.): Projektion – Reflexion – Ferne. Räumliche Vorstellungen und Denkfiguren im Mittelalter. Festschrift für Hartmut Kugler. Berlin u. a. 2011. 13–37.
Dimpel, Friedrich Michael: Wertungsübertragung und Kontiguität. Mit zwei Beispielen zur Wertung des Frageversäumnisses im ‚Parzival'. In: Journal of Literary Theory 8.2 (2014). 343–367.
Dimpel, Friedrich Michael: Sympathie trotz *ordo*-widrigem Handeln? Engagement und Distanz im ‚Fortunatus'. In: Dimpel, Friedrich Michael und Hans Rudolf Velten (Hg.): Techniken der Sympathiesteuerung in Erzähltexten der Vormoderne – Potentiale und Probleme. Heidelberg 2016. 227–259.
Dinzelbacher, Peter: Die Jenseitsbrücke im Mittelalter. Wien 1973.
Dinzelbacher, Peter: Vision und Visionsliteratur im Mittelalter. Stuttgart 1981.
Dinzelbacher, Peter: Jenseitsvisionen – Jenseitsreisen. In: Mertens, Volker und Ulrich Müller (Hg.): Epische Stoffe des Mittelalters. Stuttgart 1984. 61–80.
Dod, Bernard G.: Aristoteles latinus. In: Kretzmann, Norman, Anthony Kenny und Jan Pinborg (Hg.): The Cambridge History of Later Medieval Philosophy. From the Rediscovery of Aristotle to the Desintegration of Scholasticism. 1100–1600, Cambridge u. a. 1982. 45–79.
Doren, Alfred: Wunschräume und Wunschzeiten. In: Vorträge der Bibliothek Warburg (1924/25). 158–205.
Dorninger, Maria E.: Der Küchenjunge Leon. Eine Gestalt Franz Grillparzers in ihrem figuralen Umfeld. In: Csobádi, Peter (Hg.): Die lustige Person auf der Bühne. Anif 1994. 623–638.
Dorninger, Maria E.: The Alps in Middle High German Epics. Aspects of Their Description in ‚King Laurin' and ‚Virginal'. In: Hartmann, Sieglinde (Hg.): Fauna and Flora in the Middle Ages. Studies of the Medieval Environment and Its Impact on the Human Mind. Papers Delivered at the International Medieval Congress. Leeds, in 2000, 2001 and 2002. Frankfurt a. M. 2007. 267–290.
Dorninger, Maria E.: Gog und Magog. In: Müller, Ulrich und Werner Wunderlich (Hg.): Burgen, Länder, Orte. Konstanz 2008a. 275–288.
Dorninger, Maria E.: Der Untersberg. In: Müller, Ulrich und Werner Wunderlich (Hg.): Burgen, Länder, Orte. Konstanz 2008b. 893–906.

Dorninger, Maria E.: Probleme der Interpretation. Das Turnierschiff im ‚Mauritius von Craûn'. In: Jefferis, Sibylle (Hg.): Earthly and Spiritual Pleasures in Medieval Life, Literature, Art, and Music. In Memory of Ulrich Müller I. Göppingen 2014. 83–136.

Drecoll, Uta: Tod in der Liebe – Liebe im Tod. Untersuchungen zu Wolframs ‚Titurel' und Gottfrieds ‚Tristan' in Wort und Bild. Frankfurt a. M. u. a. 2000.

DRW = Deutsches Rechtswörterbuch. Hg. von der Heidelberger Akademie der Wissenschaften. 13 Bde. ff. Stuttgart u. a. 1914 ff.

Dumville, David N.: Echtrae and Immram. Some Problems of Definition. In: Eriu 27 (1976). 73–94.

Dünne, Jörg: Die kartographische Imagination. Erinnern, Erzählen und Fingieren in der Frühen Neuzeit. Paderborn 2011.

Düwel, Klaus: Wilde Natur – höfische Kultur. In: Schubert, Ernst und Bernd Herrmann (Hg.): Von der Angst zur Ausbeutung. Umwelterfahrung zwischen Mittelalter und Neuzeit. Frankfurt a. M. 1994. 137–156.

Dux, Günter: Die Zeit in der Geschichte. Ihre Entwicklungslogik vom Mythos zur Weltzeit. Mit kulturvergleichenden Untersuchungen in Brasilien, Indien und Deutschland. Frankfurt a. M. 1998.

DVjs = Deutsche Vierteljahrsschrift für Literaturwissenschaft und Geistesgeschichte.

DWB = Grimm, Jacob und Wilhelm Grimm (Hg.): Deutsches Wörterbuch. 16 Bde. in 32 Teilbden. Leipzig 1854–1961. Quellenverzeichnis Leipzig 1971.

Ebenbauer, Alfred: Der ‚Apollonius von Tyrland' des Heinrich von Neustadt und die bürgerliche Literatur im spätmittelalterlichen Wien. In: Zeman, Herbert (Hg.): Die österreichische Literatur. Ihr Profil von den Anfängen im Mittelalter bis ins 18. Jahrhundert. Unter Mitwirkung von Fritz Peter Knapp (Mittelalter). Teil 1. Graz 1986. 311–347.

Ebenbauer, Alfred: *Tuonouwe*. Die Donau in der mittelhochdeutschen Literatur. In: Pfau, Christine und Kristýna Slámová (Hg.): Deutsche Literatur und Sprache im Donauraum. Olomouc 2006. 11–38.

Ebersold, Günther: Wildenberg und Munsalvaesche. Auf den Spuren eines Symbols. Frankfurt a. M. 1988.

Eder, Daniel: Der Natureingang im Minnesang. Studien zur Register- und Kulturpoetik der höfischen Liebeskanzone. Tübingen 2016.

Edson, Evelyn, Emilie Savage-Smith und Anna-Dorothea von den Brincken (Hg.): Der mittelalterliche Kosmos. Karten der christlichen und islamischen Welt. Darmstadt 2005.

Egeler, Matthias: Avalon, 66° Nord. Zu Frühgeschichte und Rezeption eines Mythos. Berlin u. a. 2015.

Egidi, Margreth: Grenzüberschreitungen. Strukturen des Übergangs im ‚Wilhelm von Österreich'. In: Brunner, Horst (Hg.): Würzburg, der Große Löwenhof und die deutsche Literatur des Spätmittelalters. Wiesbaden 2004. 89–102.

Egidi, Margreth: „Innenräume" des Liebesdiskurses. Spiegelungen des Innen am Beispiel der Gartenmotivik in Minnereden. In: Hasebrink, Burkhard, Hans-Jochen Schiewer, Almut Suerbaum und Annette Volfing (Hg.): Innenräume in der Literatur des deutschen Mittelalters. XIX. Anglo-German Colloquium Oxford 2005. Tübingen 2008. 147–156.

Egyptien, Jürgen: Höfisierter Text und Verstädterung der Sprache. Städtische Wahrnehmung als Palimpsest spätmittelalterlicher Versromane. Würzburg 1987.

Ehbrecht, Wilfried, Brigitte Schröder und Heinz Stoob (Hg.): Bibliographie zur deutschen historischen Städteforschung. Teil 2. Bearb. v. Schröder, Brigitte und Heinz Stoob. Köln u. a. 1996.

Ehlert, Trude: Deutschsprachige Alexanderdichtung des Mittelalters. Zum Verhältnis von Literatur und Geschichte. Frankfurt a. M. u. a. 1989.

Ehlert, Trude: Zur Semantisierung von Essen und Trinken in Werhers des Gartenære ‚Helmbrecht'. In: ZfdA 138.1 (2009). 1–16.

Ehrismann, Otfrid: ‚Nibelungenlied'. Epoche – Werk – Wirkung. 2. Aufl. München 2002.

Ehrismann, Otfrid: Art. Schwan(en)ritter. In: EM. Bd. 12. Berlin u. a. 2007. 296–307.
Eliade, Mircea: Das Heilige und das Profane. Vom Wesen des Religiösen. Hamburg 1957.
Eliade, Mircea: Das Mysterium der Wiedergeburt. Versuch über einige Initiationstypen. Übers. von Eva Moldenhauer. Frankfurt a. M. 1988.
Eliot, T[homas] S[tearns]: The waste land/Das wüste Land. In: T[homas] S[tearns] Eliot: Gesammelte Gedichte. Englisch und Deutsch. Nachdruck der Ausg. 1922. Frankfurt a. M. 1988. 83–127.
Ellis Davidson, Hilda R.: The Road to Hel. A Study of the Conception of the Dead in Old Norse Literature. New York 1968.
Ellmers, Detlev: Flussübergänge. In: RGA. Bd. 9. Berlin u. a. 1995. 284–287.
EM = Brednich, Rolf Wilhelm und Kurt Ranke (Hg.): Enzyklopädie des Märchens. Handwörterbuch zur historischen und vergleichenden Erzählforschung. 15 Bde. ff. Berlin u. a. 1977 ff.
Eming, Jutta: Funktionswandel des Wunderbaren. Studien zum ‚Bel Inconnu', zum ‚Wigalois' und zum ‚Wigoleis vom Rade'. Trier 1999.
Eming, Jutta: ‚Trauern helfen'. Subjektivität und historische Emotionalität in der Episode um Gahmurets Zelt. In: Baisch, Martin, Jutta Eming, Hendrikje Haufe und Andrea Sieber (Hg.): Inszenierungen von Subjektivität in der Literatur des Mittelalters. Königstein 2005. 107–121.
Eming, Jutta: Emotion und Expression. Untersuchungen zu deutschen und französischen Liebes- und Abenteuerromanen des 12.–16. Jahrhunderts. Berlin 2006.
Eming, Jutta: Neugier als Emotion. Beobachtungen an literarischen Texten des Mittelalters. In: Baisch, Martin und Elke Koch (Hg.): Neugier und Tabu. Regeln und Mythen des Wissens. Freiburg i. Br. u. a. 2010. 107–130.
Eming, Jutta: Luxurierung und Auratisierung von Wissen im ‚Straßburger Alexander'. In: Dies., Gaby Pailer, Franziska Schößler und Johannes Traulsen (Hg.): Fremde – Luxus – Räume. Konzeptionen von Luxus in Vormoderne und Moderne. Berlin 2015a. 63–83.
Eming, Jutta: Sirenenlust, Brunnenguss, Teufelsflug. Zur Historizität des literarischen Abenteuers. In: Hannig, Nicolai und Hiram Kümper (Hg.): Abenteuer. Zur Geschichte eines paradoxen Bedürfnisses. Paderborn 2015b. 53–82.
Engelen, Ulrich: Die Edelsteine in der deutschen Dichtung des 12. und 13. Jahrhunderts. Münster 1978.
Englisch, Brigitte: Weltflüsse. In: Müller, Ulrich und Werner Wunderlich (Hg.): Burgen, Länder, Orte. Konstanz 2008. 981–996.
Ennen, Edith: Die europäische Stadt des Mittelalters. 4., verb. Aufl. Göttingen 1987.
Erben, Johannes: Zu Rudolfs ‚Barlaam und Josaphat'. In: Ders. und Eugen Thurnher (Hg.): Germanistische Studien. Innsbruck 1969. 33–39.
Erler, Adalbert und Ruth Schmidt-Wiegand: Art. Rodung. In: HRG. Bd. 4. Berlin 1990. 1096–1098.
Ernst, Ulrich: Gottfried von Straßburg in komparatistischer Sicht. Form und Funktion der Allegorese im Tristanepos. In: Euphorion 70 (1976). 1–72.
Ernst, Ulrich: Der ‚Gregorius' Hartmanns von Aue. Theologische Grundlagen – legendarische Strukturen – Überlieferung im geistlichen Schrifttum. Köln u. a. 2002.
Ernst, Ulrich: *Mirabilia mechanica*. Technische Phantasmen im Antiken- und Artusroman des Mittelalters. In: Wolfzettel, Friedrich (Hg.): Das Wunderbare in der arthurischen Literatur. Probleme und Perspektiven. Tübingen 2003. 45–77.
Ernst, Ulrich: Virtuelle Gärten in der mittelalterlichen Literatur. Anschauungsmodelle und symbolische Projektionen. In: Vavra, Elisabeth (Hg.): Imaginäre Räume. Sektion B des internationalen Kongresses „Virtuelle Räume. Raumwahrnehmung und Raumvorstellung im Mittelalter", Krems a. d. D., 24.–26. März 2003. Wien 2007. 155–190.
Ertzdorff, Xenja von: Marco Polos ‚Beschreibung der Welt' im 14. und 15. Jahrhundert in Deutschland. In: Dies.: Spiel der Interpretation. Gesammelte Aufsätze zur Literatur des Mittelalters und der Frühen Neuzeit. Göppingen 1996. 491–505.

Fasbender, Christoph: Siegfrieds Wald-Tod. Versuch über die Semantik von Räumen im ‚Nibelungenlied'. In: Staubach, Nikolaus und Vera Johanterwage (Hg.): Außen und Innen. Räume und ihre Symbolik im Mittelalter. Frankfurt a. M. 2007. 13–24.

Fasbender, Christoph: Höhlen. Einstiege in mythische und mythisierende Geographien mittelalterlicher Literatur. In: Müller, Ulrich und Werner Wunderlich (Hg.): Burgen, Länder, Orte. Konstanz 2008. 333–348.

Felder, Gudrun: Kommentar zur ‚Crône' Heinrichs von dem Türlin. Berlin u. a. 2006.

Fern, Carola Susanne: Seesturm im Mittelalter. Ein literarisches Motiv im Spannungsfeld zwischen Topik, Erfahrungswissen und Naturkunde. Diss. masch. Frankfurt a. M. 2012.

Filatkina, Natalia und Martin Przybilski (Hg.): Orte – Ordnungen – Oszillationen. Raumerschaffung durch Wissen und räumliche Strukturen von Wissen. Wiesbaden 2011.

Fischer, Hubertus: Ehre, Hof und Abenteuer in Hartmanns ‚Iwein'. Vorarbeiten zu einer historischen Poetik des höfischen Epos. München 1983.

Fischer, Hubertus: Ritter, Schiff und Dame. ‚Mauritius von Craûn'. Text und Kontext. Heidelberg 2006.

Fischer, Hubertus: Tod unter Heiden. Gahmuret und Vivianz. In: Knaeble, Susanne, Silvan Wagner und Viola Wittmann (Hg.): Gott und Tod. Tod und Sterben in der höfischen Kultur des Mittelalters. Münster 2011. 135–147.

Fischer, Katrin: Wege zu einer Narratologie des Raumes. In: Lambauer, Daniel, Marie Isabel Schlinzig, Abigail Dunn (Hg.): From Magic Columns to Cyberspace. Time and Space in German Literature, Art, and Theory. München 2008. 159–177.

Fischer, Rainald: Art. Kloster/Klosteranlage. In: Müller, Gerhard, Horst Balz und Gerhard Krause (Hg.): Theologische Realenzyklopädie. Bd. 19. Berlin u. a. 1990. 275–281.

Fisher, Celia: Blumen der Renaissance. Symbolik und Bedeutung. München u. a. 2011.

Flood, John L.: Glastonbury und Avalon oder König Artus. Tot oder lebendig? In: Müller, Ulrich und Werner Wunderlich (Hg.): Burgen, Länder, Orte. Konstanz 2008. 259–273.

Fludernik, Monika: Towards a „Natural" Narratology. London 1996.

Form, Katharina: Ausweg statt Irrweg – Die zentrale Bedeutung von Gewässern als Fluchtmöglichkeit in römischer Epik und ‚Nibelungenlied'. In: Däumer, Matthias, Maren Lickhardt, Christian Riedel und Christine Waldschmidt (Hg.): Irrwege. Zur Ästhetik und Hermeneutik des Fehlgehens. Heidelberg 2010. 163–186.

Foucault, Michel: Überwachen und Strafen. Frankfurt a. M. 1994.

Foucault, Michel: Andere Räume. In: Barck, Karlheinz, Peter Gente, Heidi Paris und Stefan Richter (Hg.): Aisthesis. Wahrnehmung heute oder Perspektiven einer anderen Ästhetik. 6., durchges. Aufl. Leipzig 1998. 34–46.

Foucault, Michel: Von anderen Räumen (1967/1984). In: Ders.: Schriften in vier Bänden. Dits et Ecrits. Bd. 4. 1980–1988. Hg. von Daniel Defert und François Ewald unter Mitarbeit von Jacques Lagrange. Aus dem Französischen von Michael Bischoff, Ulrike Bokelmann, Horst Brühmann, Hans-Dieter Gondek, Hermann Kocyba und Jürgen Schröder. Frankfurt a. M. 2005. 931–942.

Foucault, Michel: Von anderen Räumen. Übers. von Michael Bischoff. In: Dünne, Jörg und Stephan Günzel (Hg.): Raumtheorie. Grundlagen aus Philosophie und Kulturwissenschaften. Frankfurt a. M. 2006. 317–329.

Frakes, Jerold C.: The Female Gaze and the Liminal Window in Medieval Epic. In: Grotans, Anna, Heinrich Beck und Anton Schwob (Hg.): *De Consolatione Philologiae*. Festschrift Evelyn S. Firchow. Göppingen 2000. 85–100.

Frank, Karl Suso: Art. Anachoreten. In: LexMA. Bd. 1. Stuttgart 1980. 566–567.

Frappier, Jean: Étude sur ‚Yvain ou le Chevalier au lion' de Chrétien de Troyes. Paris 1969.

Frenzel, Elisabeth: Art. Einsiedler. In: EM. Bd. 3. Berlin u. a. 1981. 1280–1290.

Frenzel, Elisabeth: Motive der Weltliteratur. 3., überarb. u. erw. Aufl. Stuttgart 1988.
Freytag, Wiebke: Art. Alber. In: VL. Bd. 1. Berlin u. a. 1978. 108–111.
Freytag, Wiebke: Art. ‚Daz himelrîche'. In: VL. Bd. 4. Berlin u. a. 1983. 18–21.
Friede, Susanne: Die Wahrnehmung des Wunderbaren. Der ‚Roman d'Alexandre' im Kontext der französischen Literatur des 12. Jahrhunderts. Tübingen 2003.
Friedman, John Block: The Monstrous Races in Medieval Art and Thought. Syracuse (New York) 2000.
Friedrich, Udo: Überwindung der Natur. Zum Verhältnis von Natur und Kultur im ‚Strassburger Alexander'. In: Harms, Wolfgang und C. Stephen Jaeger in Verbindung mit Alexandra Stein (Hg.): Fremdes wahrnehmen – fremdes Wahrnehmen. Studien zur Geschichte der Wahrnehmung und zur Begegnung von Kulturen in Mittelalter und früher Neuzeit. Stuttgart u. a. 1997. 119–136.
Friedrich, Udo: Die Zähmung des Heros. Der Diskurs der Gewalt und Gewaltregulierung im 12. Jahrhundert. In: Müller, Jan-Dirk und Horst Wenzel (Hg.): Mittelalter. Neue Wege durch einen alten Kontinent. Stuttgart 1999. 149–179.
Friedrich, Udo: Die Ordnung der Natur. Funktionsrahmen der Natur in der volkssprachlichen Literatur des Mittelalters. In: Dilg, Peter (Hg.): Natur im Mittelalter. Konzeptionen – Erfahrungen – Wirkungen. Akten des 9. Symposiums des Mediävistenverbandes, Marburg, 14.–17. März 2001. Berlin 2003. 70–83.
Friedrich, Udo: Die „symbolische Ordnung" des Zweikampfs im Mittelalter. In: Braun, Manuel und Cornelia Herberichs (Hg.): Gewalt im Mittelalter. München 2005. 123–158.
Friedrich, Udo: Menschentier und Tiermensch. Diskurse der Grenzziehung und Grenzüberschreitung im Mittelalter. Göttingen 2009.
Friedrich, Udo und Bruno Quast: Mediävistische Mythosforschung. In: Dies. (Hg.): Präsenz des Mythos. Konfigurationen einer Denkform in Mittelalter und Früher Neuzeit. Berlin u. a. 2004. IX–XXXVII.
Friedrich, Wolf-H.: Episches Unwetter. In: Erbse, Hartmut (Hg.): Festschrift Bruno Snell. Zum 60. Geburtstag am 18. Juni 1956 von Freunden und Schülern überreicht. München 1956. 77–87.
Frohne, Bianca: Leben mit *krankhait*. Der gebrechliche Körper in der häuslichen Überlieferung des 15. und 16. Jahrhunderts. Affalterbach 2014.
Fromm, Hans: Lancelot und die Einsiedler. In: Grubmüller, Klaus, Ruth Schmidt-Wiegand und Klaus Speckenbach (Hg.): Geistliche Denkformen in der Literatur des Mittelalters. München 1984. 198–209.
Fromm, Hans: Die Unterwelt des Eneas. Topographie und Seelenvorstellung. In: Grenzmann, Ludger, Hubert Herkommer und Dieter Wuttke (Hg.): Philologie als Kulturwissenschaft. Studien zur Literatur und Geschichte des Mittelalters. Festschrift Karl Stackmann. Göttingen 1987. 71–89.
Frühe, Ursula: Das Paradies ein Garten – der Garten ein Paradies. Studien zur Literatur des Mittelalters unter Berücksichtigung der bildenden Kunst und Architektur. Frankfurt a. M. 2002.
Frühsorge, Gotthardt: Fenster. Augenblicke der Aufklärung über Leben und Arbeit. Zur Funktionsgeschichte eines literarischen Motivs. In: Euphorion 77 (1983). 346–358.
Fuchs-Jolie, Stephan: Eine Einführung. In: Brackert, Helmut und Stephan Fuchs-Jolie (Hg.): Wolfram von Eschenbach, ‚Titurel'. Berlin u. a. 2003. 3–24.
Fuchs-Jolie, Stephan: Finalitätsbewältigung? Peter von Staufenberg, Undine und die prekären Erzählregeln des Feenmärchens. In: Haferland, Harald und Matthias Meyer (Hg.): Historische Narratologie – Mediävistische Perspektiven. Berlin u. a. 2010. 99–117.
Fuchs-Jolie, Stephan: *staintwant*. König Ortnits Tod und die heterotope Ordnung der Dinge. In: Glauch, Sonja, Susanne Köbele und Uta Störmer-Caysa (Hg.): Projektion – Reflexion – Ferne. Räumliche Vorstellungen und Denkfiguren im Mittelalter. Berlin u. a. 2011. 39–59.
Fürbeth, Frank: Badenfahrten im 15. Jahrhundert. Die Wiederentdeckung der Natur als kulturelles Ereignis. In: Robertshaw, Alan und Gerhard Wolf (Hg.): Natur und Kultur in der deutschen Literatur des Mittelalters. Tübingen 1999. 267–278.

Fürbeth, Frank: Heilquellen in der deutschen Wissensliteratur des Spätmittelalters. Zur Genese und Funktion eines Paradigmas der Wissensvermittlung am Beispiel des ‚Tractatus de balneis naturalibus' von Felix Hemmerli und seiner Rezeption. Mit einer Edition des Textes und seiner frühneuhochdeutschen Übersetzung. Wiesbaden 2004.

Garber, Klaus: Der *locus amoenus* und der *locus terribilis*. Bild und Funktion der Natur in der deutschen Landleben- und Schäferdichtung des 17. Jahrhunderts. Köln u. a. 1974.

Garner, Lori Ann: Returning to Heorot. Beowulf's Famed Hall and its Modern Incarnations. In: Parergon 27 (2010). 157–181.

Gebert, Bent: Mythos als Wissensform. Epistemik und Poetik des ‚Trojanerkriegs' Konrads von Würzburg. Berlin u. a. 2013.

Genette, Gérard: Die Erzählung. Aus dem Französischen von Andreas Knop, mit einem Nachwort hg. von Jochen Vogt. München 1998.

Gephart, Irmgard: Der Zorn der Nibelungen. Rivalität und Rache im ‚Nibelungenlied'. Köln 2005.

Gephart, Irmgard: Das Gehäuse des Selbstzwangs. Zu Strickers Kurzerzählung von der ‚Eingemauerten Frau'. In: ABäG 61 (2006). 169–182.

Gerndt, Helge: Art. Meer. In: EM. Bd. 9. Berlin u. a. 1999. 472–478.

Gerok-Reiter, Annette: Die Hölle auf Erden. Überlegungen zum Verhältnis von Weltlichem und Geistlichem in Wolframs ‚Willehalm'. In: Huber, Christoph, Burghart Wachinger und Hans-Joachim Ziegeler (Hg.): Geistliches in weltlicher und Weltliches in geistlicher Literatur des Mittelalters. Tübingen 2000. 171–194.

Gerok-Reiter, Annette: Individualität. Studien zu einem umstrittenen Phänomen mittelhochdeutscher Epik. Tübingen u. a. 2006.

Gerok-Reiter, Annette: Kindheitstopoi in Gottfrieds ‚Tristan'. Anspielungen, Überlagerungen, Subversionen. In: Elm, Dorothee, Thorsten Fitzon, Kathrin Liess und Sandra Linden (Hg.): Alterstopoi. Das Wissen von den Lebensaltern in Literatur, Kunst und Theologie, Berlin u. a. 2009. 113–136.

Gerok-Reiter, Annette und Franziska Hammer: *Spatial Turn*/Raumforschung. In: Ackermann, Christiane und Michael Egerding (Hg.): Literatur- und Kulturtheorien in der Germanistischen Mediävistik. Ein Handbuch. Berlin 2015. 481–516.

Giloy-Hirtz, Petra: Der imaginierte Hof. In: Müller, Jan-Dirk und Gert Kaiser (Hg.): Höfische Literatur, Hofgesellschaft, höfische Lebensformen um 1200. Düsseldorf 1986. 253–275.

Glaser, Andrea: Der Held und sein Raum. Die Konstruktion der erzählten Welt im mittelhochdeutschen Artusroman des 12. und 13. Jahrhunderts. Frankfurt a. M. u. a. 2004.

Glauch, Sonja, Susanne Köbele und Uta Störmer-Caysa (Hg.): Projektion – Reflexion – Ferne. Räumliche Vorstellungen und Denkfiguren im Mittelalter. Berlin u. a. 2011.

Gleeson, Patrick: Constructing Kingship in Early Medieval Ireland. Power, Place and Ideology. In: Medieval Archaeology 56 (2012). 1–33.

Glier, Ingeborg: Allegorien. In: Mertens, Volker und Ulrich Müller (Hg.): Epische Stoffe des Mittelalters. Stuttgart 1984. 205–228.

Gnädinger, Louise: *Rois Peschiere*/Anfortas. Der Fischerkönig in Chrestiens und Wolframs Graldichtung. In: Güntert, Georges, Marc-René Jung, Kurt Ringger (Hg.): *Orbis mediaevalis*. Mélanges de langue et de littérature médiévales. Festschrift Reto Raduolf Bezzola. Bern 1978. 127–148.

Goebel, Ulrich, Anja Lobenstein-Reichmann und Oskar Reichmann (Hg.): Frühneuhochdeutsches Wörterbuch. 13 Bde. Berlin u. a. 1989 ff.

Goerlitz, Uta: ... *Ob sye heiden synt ader cristen* ... Figurationen von Kreuzzug und Heidenkampf in deutschen und lateinischen ‚Herzog Ernst'-Fassungen des Hoch- und Spätmittelalters (HE B, C und F). In: Dies. und Wolfgang Haubrichs (Hg.): Integration oder Desintegration? Heiden und Christen im Mittelalter. Stuttgart 2009. 65–104.

Goetz, Hans-Werner: Das Geschichtsbild Ottos von Freising. Ein Beitrag zur historischen Vorstellungswelt und zur Geschichte des 12. Jahrhunderts. Köln 1984.

Goller, Detlef und Heike Link: Das Land Indien im ‚Herzog Ernst B' und im ‚Jüngeren Titurel'. In: Eckel, Winfried, Carola Hilmes und Werner Nell (Hg.): Projektionen – Imaginationen – Erfahrungen. Indienbilder der europäischen Literatur. Remscheid 2008. 51–70.

Gottschall, Dagmar: Das ‚Elucidarium' des Honorius Augustodunensis. Untersuchungen zu seiner Überlieferungs- und Rezeptionsgeschichte im deutschsprachigen Raum mit Ausgabe der niederdeutschen Übersetzung. Tübingen 1992.

Grabar, Oleg: Jerusalem. In: Strayer, Joseph R. (Hg.): Dictionary of the Middle Ages. Bd. 7. New York 1986. 58–61.

Graf, Fritz: Ekphrasis. Die Entstehung der Gattung in der Antike. In: Boehm, Gottfried und Helmut Pfotenhauer (Hg.): Beschreibungskunst – Kunstbeschreibung. Ekphrasis von der Antike bis zur Gegenwart. München 1995. 143–155.

Gragnolati, Manuele: Experiencing the Afterlife. Soul and Body in Dante and Medieval Culture. Notre Dame (Indiana) 2005.

Gammilscheg, Ernst: Etymologisches Wörterbuch der französischen Sprache. 2., vollst. neu bearb. Aufl. Heidelberg 1969.

Grau, Oliver: Virtual Art. From Illusion to Immersion. Cambridge (Massachusetts) 2003.

Green, Dennis H.: The Concept of *aventiure* in ‚Parzival'. In: Ders. und Leslie Peter Johnson: Approaches to Wolfram von Eschenbach. Bern u. a. 1978. 83–161.

Green, Miranda: Animals in Celtic Life and Myth. London 1992.

Green, Thomas: An Alternative Interpretation of ‚Preideu Annwfyn', Lines 23–28. In: Studia Celtica 43 (2009). 207–213.

Gregor, Helmut: Das Indienbild des Abendlandes bis zum Ende des 13. Jahrhunderts. Wien 1964.

Gretz, Daniela: Art. Wasser. In: Butzer, Günter und Joachim Jacob (Hg.): Metzler Lexikon literarischer Symbole. 2., erw. Aufl. Stuttgart u. a. 2012. 475 f.

Grimm, Jacob: Deutsche Grenzalterthümer. In: Ders.: Kleine Schriften. Bd. 2. Berlin 1865. 30–74.

Grimm, Jacob: Deutsche Mythologie. Bd. 2. Graz 1968.

Grimm, Reinhold R.: *Paradisus coelestis. Paradisus terrestris.* Zur Auslegungsgeschichte des Paradieses im Abendland bis um 1200. München 1977.

Grimm, Reinhold R.: Das Paradies im Westen. In: Wehle, Winfried (Hg.): Das Columbus-Projekt. Die Entdeckung Amerikas aus dem Weltbild des Mittelalters. München 1995. 73–113.

Gröning, Gert und Uwe Schneider: Die Heide in Park und Garten. Zur Geschichte und Bedeutung des Heidemotivs in der Gartenkultur. Worms 1999.

Grosse, Max: Die Ekphrasis im altfranzösischen Antikenroman. Magie und Darstellung statt Kunst und Beschreibung. In: Ratkowitsch, Christine (Hg.): Die poetische Ekphrasis von Kunstwerken. Eine literarische Tradition der Grossdichtung in Antike, Mittelalter und früher Neuzeit. Wien 2006. 97–132.

Grübel, Isabel und Dietz-Rüdiger Moser: Art. Hölle. In: EM. Bd. 6. Berlin u. a. 1990. 1187–1191.

Grubmüller, Klaus: Kommentar. In: Ders. (Hg.): Novellistik des Mittelalters. Märendichtung. Frankfurt a. M. 1996. 1003–1348.

Grubmüller, Klaus: *Natûre ist der ander got.* Zur Bedeutung von *natûre* im Mittelalter. In: Robertshaw, Alan und Gerhard Wolf (Hg.): Natur und Kultur in der deutschen Literatur des Mittelalters. Colloquium Exeter 1997. Tübingen 1999. 3–17.

Grubmüller, Klaus: Die Ordnung, der Witz und das Chaos. Eine Geschichte der europäischen Novellistik im Mittelalter: Fabliau – Märe – Novelle. Tübingen 2006.

Gruenter, Rainer: Landschaft. Bemerkungen zur Wortbedeutung und zur Bedeutungsgeschichte. In: Germanisch-Romanische Monatsschrift 34 (1953). 110–120.

Gruenter, Rainer: Bauformen der Waldleben-Episode in Gotfrieds ‚Tristan und Isold'. In: Alewyn, Richard, Hans-Egon Hass und Clemens Heselhaus (Hg.): Gestaltprobleme der Dichtung. Festschrift Günther Müller. Bonn 1957. 21–48.

Gruenter, Rainer: Das *wunnecliche tal*. In: Euphorion 55 (1961). 341–404.
Gruenter, Rainer: Zum Problem der Landschaftsdarstellung im höfischen Versroman. In: Euphorion 56 (1962). 248–278.
Grundmann, Herbert: Deutsche Eremiten, Einsiedler und Klausner im Hochmittelalter (10.–12. Jahrhundert). In: Archiv für Kulturgeschichte 45 (1963). 60–90.
Guiraud, Pierre: Histoire et structure du lexique français. Bd. 1. Dictionnaire des étymologies obscures. Paris 1982.
Guirk, Donald L.: Ruysch World Map. Census and Commentary. In: Imago Mundi 41 (1989). 133–141.
Haag, Herbert, Joe. H. Kirchberger, Dorothee Sölle und Caroline H. Ebertshäuser (Hg.): Maria. Die Gottesmutter in Glauben, Brauchtum und Kunst. Freiburg i. Br. u. a. 2004.
Haas, Alois M.: Todesbilder im Mittelalter. Fakten und Hinweise in der deutschen Literatur. Darmstadt 1989.
Haferland, Harald: Parzivals Pfingsten. Heilsgeschichte im ‚Parzival' Wolframs von Eschenbach. In: Euphorion 88 (1994). 263–301.
Haferland, Harald: Hohe Minne. Zur Beschreibung der Minnekanzone. Berlin 2000.
Haferland, Harald: Verschiebung, Verdichtung, Vertretung. Kultur und Kognition im Mittelalter. In: IASL 33.2 (2009). 52–101.
Haferland, Harald und Armin Schulz: Metonymisches Erzählen. In: DVjs 84.1 (2010). 3–43.
Hahn, Ingrid: Raum und Landschaft in Gottfrieds ‚Tristan'. Ein Beitrag zur Werkdeutung. München 1964.
Hahn, Reinhard und Christoph Fasbender: Kommentar. In: Dies. (Hg.): ‚Brandan'. Die mitteldeutsche ‚Reise'-Fassung. Heidelberg 2002. 89–231.
Hähnel, Joachim: Stube. Wort- und sachgeschichtliche Beiträge zur historischen Hausforschung. Münster 1975.
Hall, Alaric: Constructing Anglo-Saxon Sanctity. Tradition, Innovation and Saint Guthlac. In: Higgs Strickland, Debra (Hg.): Images of Sanctity. Essays in Honour of Gary Dickson. Leiden 2007. 207–235.
Hallet, Wolfgang und Birgit Neumann (Hg.): Raum und Bewegung in der Literatur. Die Literaturwissenschaften und der *Spatial Turn*. Bielefeld 2009a.
Hallet, Wolfgang und Birgit Neumann: Raum und Bewegung in der Literatur: Zur Einführung. In: Dies. (Hg.): Raum und Bewegung in der Literatur. Die Literaturwissenschaften und der *Spacial Turn*. Bielefeld 2009b. 11–32.
Hamm, Joachim: Camillas Grabmal. Zur Poetik der *dilatatio materiae* im deutschen Eneasroman. In: Literaturwissenschaftliches Jahrbuch 45 (2004). 29–56.
Hamm, Joachim: Die Poetik des Übergangs. Erzählen von der Unterwelt im ‚Eneasroman' Heinrichs von Veldeke. In: Ders. und Jörg Robert (Hg.): Unterwelten. Modelle und Transformationen. Würzburg 2014. 99–122.
Hamm, Marlies: Der deutsche ‚Lucidarius'. Bd. 3. Kommentar. Tübingen 2002.
Hammer, Andreas: Tradierung und Transformation. Mythische Erzählelemente im ‚Tristan' Gottfrieds von Straßburg und im ‚Iwein' Hartmanns von Aue. Stuttgart 2007a.
Hammer, Andreas: St. Brandan und das *ander paradîse*. In: Starkey, Kathryn und Horst Wenzel (Hg.) in Zusammenarbeit mit Wolfgang Harms, C. Stephen Jaeger, Peter Strohschneider und Carsten Morsch: Imagination und Deixis. Studien zur Wahrnehmung im Mittelalter. Stuttgart 2007b. 153–176.
Hammer, Andreas: Held in Mönchskleidern oder Mönch im Heldenkostüm? Zur Wahrnehmung Ilsans im ‚Rosengarten zu Worms'. In: ZfdPh 127 (2008). 35–49.
Hammer, Andreas: Erzählen vom Heiligen. Narrative Inszenierung von Heiligkeit im Passional. Berlin u. a. 2015.
Hammer, Franziska: Das Spiel mit dem Irrweg. Poetologische Strategien in Gottfrieds ‚Tristan'. In: Däumer, Matthias, Maren Lickhardt, Christian Riedel und Christine Waldschmidt (Hg.): Irrwege. Zur Ästhetik und Hermeneutik des Fehlgehens. Heidelberg 2010. 305–320.

Hammer, Franziska: *wer oder wannen ist diz kint, des site sô rehte schoene sint?* Die räumliche Multiplikation der Herkunft im höfischen Roman am Beispiel von Wolframs von Eschenbach ‚Parzival' und Gottfrieds von Straßburg ‚Tristan'. In: Benz, Maximilian und Katrin Dennerlein (Hg.): Literarische Räume der Herkunft. Fallstudien zu einer historischen Narratologie. Berlin u. a. 2016. 147–185.
Hammerstein, Reinhold: Macht und Klang. Tönende Automaten als Realität und Fiktion in der alten und mittelalterlichen Welt. Tübingen 1986.
Hanauska, Monika: *Historia dye ist ein gezuyge der zijt* … Untersuchungen zur pragmatischen Formelhaftigkeit in der volkssprachigen Kölner Stadthistoriographie des Spätmittelalters. Heidelberg 2014.
Hannick, Christian, Volker Mertens, Hans-Peter Naumann, František Svejkovský und Konrad Vollmann: Art. Brautwerberepos, Brautwerbungsmotiv. In: LexMA. Bd. 2. München u. a. 1983. 592–595.
Harf-Lancner, Laurence: Les fées au moyen âge. Morgane et Mélusine. La naissance des fées. Genf u. a. 1984.
Harms, Wolfgang: *Homo viator in bivio*. Studien zur Bildlichkeit des Weges. München 1970.
Hartmann, Heiko: Gahmuret und Herzeloyde. Kommentar zum zweiten Buch des ‚Parzival' Wolframs von Eschenbach. Herne 2000.
Hartmann, Heiko: Gahmurets Epitaph (Pz. 107,29 ff.). In: ABäG 61 (2006). 127–149.
Hartmann, Heiko: Utopias/Utopian Thought. In: Classen, Albrecht (Hg.): Handbook of Medieval Studies. Bd. 2. Berlin u. a. 2010. 1400–1408.
Harvey, E. Ruth: The Inward Wits. Psychological Theory in the Middle Ages and the Renaissance. London 1975.
Hasebrink, Burkhard, Hans-Jochen Schiewer, Almut Suerbaum und Annette Volfing (Hg.): Innenräume in der Literatur des deutschen Mittelalters. XIX. Anglo-German Colloquium Oxford 2005. Tübingen 2008a.
Hasebrink, Burkhard, Hans-Jochen Schiewer, Almut Suerbaum und Annette Volfing: Einleitung. In: Dies. (Hg.): Innenräume in der Literatur des deutschen Mittelalters. XIX. Anglo-German Colloquium Oxford 2005. Tübingen 2008b. XI–XXI.
Haß, Petra: Der *locus amoenus* in der antiken Literatur. Zu Theorie und Geschichte eines literarischen Motivs. Bamberg 1998.
Hassauer, Friederike: Volkssprachliche Reiseliteratur. Faszination des Reisens und räumlicher *ordo*. In: Gumbrecht, Hans Ulrich, Ursula Link-Heer und Peter Spangenberg (Hg.): La littérature historiographique des origines à 1500. Heidelberg 1986. 259–283.
Haubrichs, Wolfgang: *Memoria* und Transfiguration. Die Erzählung des Meisterknappen vom Tode Gahmurets (,Parzival' 105,1–108,30). In: Haferland, Harald und Michael Mecklenburg (Hg.): Erzählungen in Erzählungen. Phänomene der Narration in Mittelalter und Früher Neuzeit. München 1996. 125–154.
Hauck, Karl: Tiergärten im Pfalzbereich. In: Deutsche Königspfalzen. Beiträge zu ihrer historischen und archäologischen Erforschung. Bd. 1. Göttingen 1963. 30–74.
Haug, Walter: Vom Imram zur *Aventiure*-Fahrt. Zur Frage der Vorgeschichte der hochhöfischen Epenstruktur. In: Wolfram-Studien 1 (1970). 264–298.
Haug, Walter: „Das Land, von welchem niemand wiederkehrt". Mythos, Fiktion und Wahrheit in Chrétiens ‚Chevalier de la Charette', im ‚Lanzelet' Ulrichs von Zatzikhoven und im ‚Lancelot'-Prosaroman. Tübingen 1978.
Haug, Walter: Paradigmatische Poesie. Der spätere deutsche Artusroman auf dem Weg zu einer „nachklassischen" Ästhetik. In: DVjs 54.2 (1980). 204–231.
Haug, Walter: Crétiens de Troyes ‚Erec'-Prolog und das arthurische Strukturmodell. In: Ders.: Literaturtheorie im deutschen Mittelalter. Darmstadt 1985. 91–106.

Haug, Walter: Der sexbesessene Metzger auf dem Lilienthron. In: Wolfram-Studien 11 (1989). 185–205.
Haug, Walter: Literaturtheorie im deutschen Mittelalter. Von den Anfängen bis zum Ende des 13. Jahrhunderts. 2., überarb. und erw. Aufl. Darmstadt 1992.
Haug, Walter: Hat das ‚Nibelungenlied' eine Konzeption? In: Greenfield, John Thomas (Hg.): Das ‚Nibelungenlied'. Porto 2001. 27–49.
Haug, Walter: ‚Brandans Meerfahrt' und das Buch der Wunder Gottes. In: Rimpau, Laetitia und Peter Ihring (Hg.): Raumerfahrung – Raumerfindung. Erzählte Welten des Mittelalters zwischen Orient und Okzident. Berlin 2005. 37–55.
Haug, Walter, Joachim Heinzle, Dietrich Huschenbett und Norbert H. Ott (Hg.): Runkelstein. Die Wandmalereien des Sommerhauses. Wiesbaden 1982.
Haug, Walter und Manfred Günter Scholz (Hg. u. Übers.): Gottfried von Straßburg, ‚Tristan und Isold'. Mit dem Text des Thomas. Bd. 1. Text und Übersetzung. Berlin 2011a.
Haug, Walter und Manfred Günter Scholz (Hg. u. Übers.): Gottfried von Straßburg, ‚Tristan und Isold'. Mit dem Text des Thomas. Bd. 2. Thomas, ‚Tristran et Ysolt', Kommentar. Berlin 2011b.
Haupt, Barbara: Alexander, die Blumenmädchen und Eneas. In: ZfdPh 112 (1993). 1–36.
Haupt, Barbara: Die Kemenate der hochmittelalterlichen Burg im Spiegel der zeitgenössischen (volkssprachlichen) Literatur. In: Busse, Wilhelm (Hg.): Burg und Schloss als Lebensorte in Mittelalter und Renaissance. Düsseldorf 1995. 129–145.
Haustein, Jens: Die Höllenfahrtsszene in der ‚Erlösung'. Zur Umsetzung typologischer Geschichtsauffassung in literarische Struktur. In: Baufeld, Christa (Hg.): Die Funktion außer- und innerliterarischer Faktoren für die Entstehung deutscher Literatur des Mittelalters und der Neuzeit. Tagung Greifswald, 18.9.–20.9.1992. Göppingen 1994. 77–90.
Haycock, Marged: Literary Criticism in Welsh before c. 1300. In: Minnis, Alastair J. und Ian Johnson (Hg.): The Cambridge History of Literary Criticism. Bd. 2. The Middle Ages. Cambridge 2005. 333–344.
Haycock, Marged: ‚Preiddeu Annwn' and the Figure of Taliesin. In: Studia Celtica 18/19 (1983/84). 52–78.
HdA = Bächthold-Stäubli, Hanns (Hg.) unter Mitw. von Eduard Hoffmann-Krayer: Handwörterbuch des deutschen Aberglaubens. 10 Bde. Unveränderter Nachdruck der Ausgabe Berlin u. a. 1927–1942. Berlin u. a. 2000.
Hegel, Georg Wilhelm Friedrich: Vorlesungen über die Philosophie der Geschichte. Frankfurt a. M. 1986.
Heimann, Heinz-Dieter: Der Wald in der städtischen Kulturentfaltung und Landschaftswahrnehmung. In: Zimmermann, Albert und Andreas Speer (Hg.): Mensch und Natur im Mittelalter. Bd. 2. Berlin u. a. 1994. 866–881.
Heinzle, Joachim: Art. ‚Laurin'. In: VL. Bd. 5. Berlin u. a. 1985. 625–630.
Heinzle, Joachim: Stellenkommentar. In: Ders. (Hg.): Wolfram von Eschenbach, ‚Willehalm'. Nach der Handschrift 857 der Stiftsbibliothek St. Gallen. Mhd. Text, Übersetzung, Kommentar. Mit den Miniaturen aus der Wolfenbütteler Handschrift und einem Aufsatz von Peter und Dorothea Diemer. Frankfurt a. M. 1991. 813–1029.
Heinzle, Joachim: Art. ‚Rosengarten zu Worms'. In: VL. Bd. 8. Berlin u. a. 1992. 187–192.
Heit, Alfred: Vielfalt der Erscheinung – Einheit des Begriffs? Die Stadtdefinition in der deutschsprachigen Stadtgeschichtsforschung seit dem 18. Jahrhundert. In: Johanek, Peter und Franz-Joseph Post (Hg.): Vielerlei Städte. Der Stadtbegriff. Köln u. a. 2004. 1–12.
Henkel, Nikolaus: Die Stellung der Inschriften des deutschen Sprachraums in der Entwicklung volkssprachiger Schriftlichkeit. In: Neumüllers-Klauser, Renate (Hg.): Vom Quellenwert der Inschriften. Vorträge und Berichte der Fachtagung Esslingen 1990. Heidelberg 1992. 161–187.
Hennebo, Dieter: Gärten des Mittelalters. Zürich 1987.

Herweg, Mathias: ‚Ludwigslied', ‚De Heinrico', ‚Annolied'. Die deutschen Zeitdichtungen des frühen Mittelalters im Spiegel ihrer wissenschaftlichen Rezeption und Erforschung. Wiesbaden 2002.

Herweg, Mathias: Der Kosmos als Innenraum. Ein persischer Thronsaal und seine Rezeption im Mittelalter. In: DVjs 80 (2006). 3–54.

Herweg, Mathias: Wege zur Verbindlichkeit. Studien zum deutschen Roman um 1300. Wiesbaden 2010.

Herweg, Mathias: Zwischen Handlungspragmatik, Gegenwartserfahrung und literarischer Tradition. Bilder der „nahen Heidenwelt" im späten deutschen Versroman. In: Boll, Katharina und Katrin Wenig (Hg.): *kunst* und *saelde*. Festschrift für Trude Ehlert. Würzburg 2011. 87–114.

Herweg, Mathias: „Verwildeter Roman" und enzyklopädisches Erzählen als Perspektiven vormoderner Gattungstransformation. Ein Votum. In: Löser, Freimut, Klaus Wolf, Robert Steinke und Klaus Vogelgsang (Hg.): Neuere Aspekte germanistischer Spätmittelalterforschung. Wiesbaden 2012. 77–90.

Herweg, Mathias: Imaginärer Schreckensort im „fernen Osten". Der Magnetberg. In: Meier, Frank und Ralf H. Schneider (Hg.): Erinnerungsorte – Erinnerungsbrüche. Mittelalterliche Orte, die Geschichte mach(t)en. Ostfildern 2013. 274–283.

Herweg, Mathias: Fiktionalität und enzyklopädisches Schreiben. Versuch einer Standortbestimmung. In: Schütte, Merle Marie und Kristine Rzehak (Hg.): Zwischen Fakten und Fiktionen. Literatur und Geschichtsschreibung in der Vormoderne. Würzburg 2014. 197–209.

Herweg, Mathias: Erzählen unter Wahrheitsgarantie. Deutsche Weltchroniken des 13. Jahrhunderts. In: Ott, Norbert und Gerhard Wolf (Hg.): Handbuch Chroniken des Mittelalters. Berlin u. a. 2016. 145–179.

Herzog, David: Art. Gefangenschaft. In: RGA. Bd. 10. Berlin u. a. 1998. 521–517.

Heyne, Moriz: Das deutsche Wohnungswesen von den ältesten geschichtlichen Zeiten bis zum 16. Jahrhundert. Leipzig 1899.

Higley, Sarah: The Spoils of Annwn. Taliesin and Material Poetry. In: Klar, Kathryn A., Eve E. Sweetser und Claire Thomas (Hg.): A Celtic Florilegium. Studies in Memory of Brendan O Hehir. Lawrence (Massachusetts) 1996. 43–53.

Himmelfarb, Martha: Tours of Hell. An Apocalyptic Form in Jewish and Christian Literature. Philadelphia (Pennsylvania) 1983.

Hinz, Hermann, Volker Schmidtchen, Adolf Reinle, Louis Carlen, Dirk Kocks, Wolfgang Brückner, Hansgerd Hellenkemper, Klaus Wessel, Barbara Finster und Klaus Kreiser: Art. Brunnen. In: LexMA. Bd. 2. München u. a. 1983. 764–784.

Hippler, Christiane: Die Reise nach Jerusalem. Untersuchungen zu den Quellen, zum Inhalt und zur literarischen Struktur der Pilgerberichte des Spätmittelalters. Frankfurt a. M. 1987.

Höffe, Otfried: Aristoteles. 3. Aufl. München 2006.

Hoffmann, Gerhart: Raum, Situation, erzählte Wirklichkeit. Stuttgart 1978.

Hoffmann, Ulrich: Arbeit an der Literatur. Zur Mythizität der Artusromane Hartmanns von Aue. Berlin 2012.

Hoffstätter, Walther und Ulrich Peters (Hg.): Sachwörterbuch der Deutschkunde. 2 Bde. Leipzig u. a. 1930.

Höhler, Gertrud: Der Kampf im Garten. Studien zur Brandigan-Episode in Hartmanns ‚Erec'. In: Euphorion 68 (1974). 371–419.

Hölscher, Lucian: Art. Utopie. In: Brunner, Otto, Werner Conze und Reinhart Koselleck (Hg.): Geschichtliche Grundbegriffe. Historisches Lexikon zur politisch-sozialen Sprache in Deutschland. Bd. 6. Stuttgart 1990. 733–788.

Honegger, Thomas: Form and Function. The Beasts of Battle Revisited. In: English Studies 79.4 (1998). 289–298.

Honemann, Volker: Die ‚Vita Sanctae Elisabeth' des Dietrich von Apolda und die deutschsprachigen ‚Elisabethleben' des Mittelalters. In: Blume, Dieter und Matthias Werner (Hg.): Elisabeth von Thüringen – eine europäische Heilige. Aufsätze. Petersberg 2007. 421–430.

Honold, Alexander: Vom Rhein zur Donau und zurück. Die Bedeutung der deutschen Ströme in der Wiederentdeckung und Mythisierung des Nibelungenstoffes. In: Gallé, Volker (Hg.): Schätze der Erinnerung. Geschichte, Mythos und Literatur in der Überlieferung des ‚Nibelungenliedes'. Worms 2009. 117–145.

Hoppe, Karl: Die Sage von Heinrich dem Löwen. Ihr Ursprung, ihre Entwicklung und ihre Überlieferung. Bremen-Horn 1952.

Horchler, Michael: Wolfram von Eschenbach und der Jakobsweg. Eine Untersuchung zu Detailrealismen im ‚Parzival'. Göppingen 2004.

Horn, Katalin: Art. Insel. In: EM. Bd. 7. Berlin u. a. 1993. 193–200.

Horn, Katalin: Symbolische Räume im Märchen. In: Michel, Paul (Hg.): Symbolik von Ort und Raum. Bern u. a. 1997. 335–350.

HRG = Cordes, Albrecht, Hans-Peter Haferkamp, Heiner Lück, Dieter Werkmüller und Christa Bertelsmeier-Kirst (Hg.): Handwörterbuch zur deutschen Rechtsgeschichte. 4 Bde. ff. 2. völlig überarb. und erw. Aufl. Berlin 2004 ff.

HRG = Stammler, Wolfgang (Begr.), Adalbert Erler und Albert Cordes (Hg.): Handwörterbuch zur deutschen Rechtsgeschichte. 5. Bde. Berlin 1971–1998.

Huber, Christoph: Gottfried von Straßburg, ‚Tristan'. 2., verb. Aufl. Berlin 2001.

Huber, Christoph: Mythisches erzählen. Narration und Rationalisierung im Schema der „gestörten Mahrtenehe" (besonders im ‚Ritter von Staufenberg' und bei Walter Map). In: Friedrich, Udo und Bruno Quast (Hg.): Präsenz des Mythos. Konfigurationen einer Denkform in Mittelalter und Früher Neuzeit. Berlin u. a. 2004. 247–273.

Huber, Martin, Christine Lubkoll, Steffen Martus und Yvonne Wübben (Hg.): Literarische Räume. Architekturen – Ordnungen – Medien, Berlin 2012.

Hübner, Gert: Erzählform im höfischen Roman. Studien zur Fokalisierung im ‚Eneas', im ‚Iwein' und im ‚Tristan'. Tübingen 2003.

Hubrath, Margarete: Der Kyffhäuser. In: Müller, Ulrich und Werner Wunderlich (Hg.): Burgen, Länder, Orte. Konstanz 2008. 451–464.

Hugues, Micheline: Émergence de l'utopie. In: Thomasset, Claude und Danièle James-Raoul (Hg.): En quête d'Utopies. Paris 2005. 375–393.

Huismann, Jan: Alexanders Rettung von dem Meeresboden. In: Schützeichel, Rudolf (Hg.): Studien zu deutschen Literatur des Mittelalters. Bonn 1979. 121–148.

Huschenbett, Dietrich: Johann von Würzburg ‚Wilhelm von Österreich'. In: Brunner, Horst (Hg.): Interpretationen. Mittelhochdeutsche Romane und Heldenepen. Stuttgart 1993. 412–435.

Huschenbett, Dietrich: Fremderfahrung in Versroman, Pilgerbericht und Prosaroman des späten Mittelalters und der Frühen Neuzeit. In: Fuchs, Anne und Theo Harden (Hg.): Reisen im Diskurs. Modelle der literarischen Fremderfahrung von den Pilgerberichten bis zur Postmoderne. Heidelberg 1995. 243–265.

Huschenbett, Dietrich: Jerusalem-Fahrten in der deutschen Literatur des Mittelalters. In: Das Mittelalter 3.2 (1998). 141–160.

Huss, Werner: Geschichte der Karthager. München 1985.

IASL = Internationales Archiv für Sozialgeschichte der deutschen Literatur.

Irsigler, Franz: Was machte eine mittelalterliche Stadt zur Stadt? In: Henn, Volker, Rudolf Holbach, Michel Pauly und Wolfgang Schmid (Hg.): *Miscellanea* Franz Irsigler. Festgabe zum 65. Geburtstag. Trier 2006. 469–486.

Irsigler, Franz: Annäherungen an den Stadtbegriff. In: Opll, Ferdinand und Christoph Sonnlechner (Hg.): Europäische Städte im Mittelalter. Innsbruck u. a. 2010. 15–30.

Jackson, Timothy R.: Zwischen Innenraum und Außenraum. Das Motiv des Fensters in der Literatur des deutschen Mittelalters. In: Hasebrink, Burkhard, Hans-Jochen Schiewer, Almut Suerbaum und Annette Volfing (Hg.): Innenräume in der Literatur des deutschen Mittelalters. XIX. Anglo-German Colloquium Oxford 2005. Tübingen 2008. 45–65.

Jackson, William Henry: Das Turnier in der deutschen Dichtung des Mittelalters. In: Fleckenstein, Josef (Hg.): Das ritterliche Turnier im Mittelalter. Göttingen 1985. 257–295.

Jacobs, Jef: Der ‚Descensus ad inferos' als Bericht und Exempel in frühmittelhochdeutscher Dichtung. In: ABäG 26 (1987). 17–34.

Jänecke, Ulrich: Gastaufnahme in der mittelhochdeutschen Dichtung um 1200. Diss. masch. Bochum 1980.

Janko, Anton: Die Stadt in der höfischen Dichtung. In: Acta Neophilologica 27 (1994). 7–16.

Jannidis, Fotis: Figur und Person. Beitrag zu einer historischen Narratologie. Berlin u. a. 2004.

Jillings, Lewis: ‚Diu Crône' of Heinrich von dem Türlîn. The Attempted Emancipation of Secular Narrativ. Göppingen 1980.

Jiroušková, Lenka: Die ‚Visio Pauli'. Wege und Wandlungen einer orientalischen Apokryphe im lateinischen Mittelalter unter Einschluss der alttschechischen und deutschsprachigen Textzeugen. Leiden u. a. 2006.

Johns, Andreas: Art. Wasser. In: EM. Bd. 14. Berlin u. a. 2012. 500–509.

Jones, Martin H.: Dead Bodies in Wolfram von Eschenbach's, ‚Willehalm'. In: Müller, Ulrich, Franz Hundsnurscher und Cornelius Sommer (Hg.): *Vir ingenio mirandus*. Studies Presented to John L. Flood. Bd. 1. Göppingen 2003. 71–89.

Junk, Heinz-K.: Art. Platz. In: LexMA. Bd. 7. München 1995. 16.

Junk, Victor: Gralsage und Graldichtung des Mittelalters. Wien 1911.

Kaemena, Bettina: Studien zum Wirtshaus in der deutschen Literatur. Frankfurt a. M. 1999.

Kaiser, Gert: Liebe außerhalb der Gesellschaft. Zu einer Lebensform der höfischen Liebe. In: Krohn, Rüdiger (Hg.): Liebe als Literatur. Aufsätze zur erotischen Dichtung in Deutschland. München 1983. 79–97.

Kanerva, Kirsi: Messages from the Otherworld. The Roles of the Dead in Medieval Iceland. In: Jacobsen, Michael Hviid (Hg.): Deconstructing Death. Changing Cultures of Death, Dying, Bereavement and Care in the Nordic Countries. Odense 2013. 111–130.

Kaplony, Andreas: Jerusalem. In: Cancik, Hubert (Hg.): Der Neue Pauly. Enzyklopädie der Antike. Bd. 1. Stuttgart 1999. 722–749.

Karpenstein-Eßbach, Christa: Einschluss und Imagination. Über den literarischen Umgang mit Gefangenen. Tübingen 1985.

Kartschoke, Dieter: Der Kaufmann und sein Gewissen. In: DVjs 69.4 (1995). 666–691.

Kasten, Ingrid und Volker Mertens: Art. Aventure (âventiure). In: LexMA. Bd. 1. München u. a. 1980. 1289 f.

Kästner, Hannes: ‚Fortunatus' – *Peregrinator mundi*. Welterfahrung und Selbsterkenntnis im ersten deutschen Prosaroman der Neuzeit. Freiburg i. Br. 1990.

Kästner, Hannes: Garten-Bilder, Illustration und narrative Visualisierung in Georg Wickrams ‚Der irr reitende Pilger' (1555). In: Müller, Maria und Michael Mecklenburg (Hg.): Vergessene Texte – Verstellte Blicke. Neue Perspektiven der Wickram-Forschung. Frankfurt a. M. 2007. 215–228.

Kästner, Hannes und Bernd Schirok: *Ine kann decheinen buochstap. / Dâ nement genuoge ir urhap*. Wolfram von Eschenbach und ‚die Bücher'. In: Ehrenfeuchter, Martin und Thomas Ehlen (Hg.): *Als das wissend die meister wol*. Beiträge zur Darstellung und Vermittlung von Wissen in Fachliteratur und Dichtung des Mittelalters und der frühen Neuzeit. Walter Blank zum 65. Geburtstag. Frankfurt a. M. u. a. 2000. 61–152.

Keckeis, Silke Christine: Hinter den sieben Bergen. Ein Grimmscher Mythos von althergebrachter Symbolik. In: Müller, Ulrich und Werner Wunderlich (Hg.): Burgen, Länder, Orte. Konstanz 2008. 307–316.

Keller, Hagen: Das frühe 13. Jahrhundert. Spannungen, Umbrüche und Neuorientierungen im Lebensumfeld Elisabeths von Thüringen. In: Blume, Dieter und Matthias Werner (Hg.): Elisabeth von Thüringen – eine europäische Heilige. Aufsätze. Petersberg 2007. 15–26.

Keller, Hildegard Elisabeth: *înluogen*. Blicke in symbolische Räume an Beispielen aus der mystischen Literatur des 12. bis 14. Jahrhundert. In: Michel, Paul (Hg.): Symbolik von Ort und Raum. Bern u. a. 1997. 353–376.

Keller, Hildegard Elisabeth: Wald, Wälder. Streifzüge durch einen Topos. In: Müller, Ulrich und Werner Wunderlich (Hg.): Burgen, Länder, Orte. Konstanz 2008a. 927–941.

Keller, Hildegard Elisabeth: Wüste. Portrait eines Nicht-Ortes. In: Müller, Ulrich und Werner Wunderlich (Hg.): Burgen, Länder, Orte. Konstanz 2008b. 997–1007.

Keller, Hildegard Elisabeth: Wüste. Kleiner Rundgang durch einen Topos der Askese. In: Röcke, Werner und Julia Weitbrecht (Hg.): Askese und Identität in Spätantike, Mittelalter und Früher Neuzeit. Berlin u. a. 2010. 191–206.

Keller, Johannes: ‚Diu Crône' Heinrichs von dem Türlin. Wunderketten, Gral und Tod. Bern u. a. 1997.

Kellermann, Karina: Entblößungen. Die poetologische Funktion des Körpers in Tugendproben der Artusepik. In: Dies. (Hg.): Der Körper. Realpräsenz und symbolische Ordnung. Berlin 2003. 102–117.

Kellermann, Karina: Der Blick aus dem Fenster. Visuelle *Âventiuren* in den Außenraum. In: Vavra, Elisabeth (Hg.): Virtuelle Räume. Raumwahrnehmung und Raumvorstellungen im Mittelalter. Berlin 2005. 325–341.

Kellner, Beate: Gewalt und Minne. Zu Wahrnehmung, Köperkonzept und Ich-Rolle im Liedcorpus Heinrichs von Morungen. In: PBB 119.1 (1997). 33–66.

Kerll, Adolf: Saal und Kemenate der altfranzösischen Ritterburg, zumeist nach dichterischen Quellen. Göttingen 1909.

Kern, Manfred und Alfred Ebenbauer (Hg.): Lexikon der antiken Gestalten in den deutschen Texten des Mittelalters. Berlin 2003.

Kern, Peter: Der Gang durch die Unterwelt in Vergils ‚Aeneis', im ‚Roman d'Eneas' und in Veldekes ‚Eneasroman'. In: Boll, Katharina und Katrin Wenig (Hg.): *kunst* und *saelde*. Festschrift Trude Ehlert. Würzburg 2011. 115–130.

Kerth, Sonja und Elisabeth Lienert: Die Sabilon-Erzählung der ‚Erweiterten Christherre-Chronik' und der ‚Weltchronik' Heinrichs von München. In: Brunner, Horst (Hg.): Studien zur ‚Weltchronik' Heinrichs von München. Bd. 1. Überlieferung, Forschungsbericht, Untersuchungen, Texte. Wiesbaden 1998. 421–475.

Khanmohamadi, Shirin A.: In Light of Another's Word. European Ethnography in the Middle Ages. Philadelphia (Pennsylvania) 2014.

Kiehnle, Catharina, Tilman Frasch, Annemarie Schimmel und Klaus Koschorke: Art. Indien. In: Betz, Dieter (Hg.): Religion in Geschichte und Gegenwart. Handwörterbuch für Theologie und Religionswissenschaft. Bd. 4. 4. Aufl. Tübingen 2000. 89–97.

Kiening, Christian: Reflexion – Narration. Wege zum ‚Willehalm' Wolframs von Eschenbach. Tübingen 1991.

Kiening, Christian: *Wer aigen mein die welt ...* Weltentwürfe und Sinnprobleme deutscher Minne- und Abenteuerromane des 14. Jahrhunderts. In: Heinzle, Joachim (Hg.): Literarische Interessenbildung im Mittelalter. DFG-Symposion 1991. Stuttgart u. a. 1993. 474–494.

Kiening, Christian: Genealogie-Mirakel. Erzählungen vom ‚Mädchen ohne Hände'; mit Edition zweier deutscher Prosafassungen. In: Huber, Christoph (Hg.): Geistliches in weltlicher und Weltliches in geistlicher Literatur des Mittelalters. Tübingen 2000. 237–272.

Kiening, Christian: Zeitenraum und *mise en abyme*. Zum „Kern" der Melusinengeschichte. In: DVjs 79.1 (2005). 3–28.
Kindl, Ulrike: Die umstrittenen Rosen. Laurins Rosengarten zwischen mittelalterlicher Spielmannsepik und deutsch-ladinischer Volkserzählung. In: Tuczay, Christa, Ulrike Hirhager und Karin Lichtblau (Hg.): *Ir sult sprechen willekomen*. Grenzenlose Mediävistik. Festschrift für Helmut Birkhan. Bern u. a. 1998. 577–579.
Kirnbauer, Franz und Karl Leopold Schubert: Die Sage vom Magnetberg. Wien 1957.
Klein, Bernhard und Gesa Mackenthun: Einleitung. In: Dies. (Hg.): Das Meer als kulturelle Kontaktzone. Räume, Reisen, Repräsentationen. Konstanz 2003. 1–16.
Klein, Dorothea: Geschlecht und Gewalt. Zur Konstitution von Männlichkeit im ‚Erec' Hartmanns von Aue. In: Meyer, Matthias und Hans-Jochen Schiewer (Hg.): Literarische Leben. Rollenentwürfe in der Literatur des Hoch- und Spätmittelalters. Festschrift für Volker Mertens zum 65. Geburtstag. Tübingen 2002. 433–463.
Klein, Dorothea: Allegorische Burgen. Variationen eines Bildthemas. In: Bauschke, Ricarda (Hg.): Die Burg im Minnesang und als Allegorie im deutschen Mittelalter. Frankfurt a. M. 2006. 113–137.
Klein, Dorothea: Amoene Orte. Zum produktiven Umgang mit einem Topos in mittelhochdeutscher Dichtung. In: Glauch, Sonja, Susanne Köbele und Uta Störmer-Caysa (Hg.): Projektion – Reflexion – Ferne. Räumliche Vorstellungen und Denkfiguren im Mittelalter. Berlin u. a. 2011. 61–84.
Klein, Klaus: Frühchristliche Eremiten im Spätmittelalter und in der Reformationszeit. Zu Überlieferung und Rezeption der deutschen ‚Vitaspatrum'-Prosa. In: Grenzmann, Ludger (Hg.): Literatur und Laienbildung im Spätmittelalter und in der Reformationszeit. Symposion Wolfenbüttel 1981. Stuttgart 1984. 686–695.
Klein, Mareike: Die Farben der Herrschaft: Imagination, Semantik und Poetologie in heldenepischen Texten des deutschen Mittelalters. Berlin 2014.
Klingenberg, Heinz: *Si las Isot, si las Tristan*. Das Kreuz im ‚Tristan' Gottfrieds von Straßburg. In: Ebenbauer, Alfred, Fritz Peter Knapp und Peter Krämer (Hg.): Strukturen und Interpretationen. Studien zur deutschen Philologie. Gewidmet Blanka Horacek zum 60. Geburtstag. Wien u. a. 1974. 145–161.
Klinger, Judith: Der missratene Ritter. Konzeptionen von Identität im Prosa-Lancelot. München 2001.
Klinger, Judith: Gespenstische Verwandtschaft. ‚Melusine' oder die unleserliche Natur des adligen Geschlechts. In: Eming, Jutta, Claudia Jarzebowski und Claudia Ulbrich (Hg.): Historische Inzestdiskurse – Interdisziplinäre Zugänge. Königstein i. T. 2003. 46–85.
Klinger, Judith: Kriemhilds Rosen. Aushandlungen von Gewalt und Geschlecht im ‚Rosengarten zu Worms'. In: Keller, Johannes (Hg.): Heldinnen. 10. Pöchlarner Heldenliedgespräch. Wien 2010. 71–92.
Klinger, Judith und Silke Winst: Zweierlei *minne stricke*. Zur Ausdifferenzierung von Männlichkeit im ‚Engelhard' Konrads von Würzburg. In: Baisch, Martin, Hendrikje Haufe, Michael Mecklenburg, Matthias Meyer und Andrea Sieber (Hg.): *Aventiuren* des Geschlechts. Modelle von Männlichkeit in der Literatur des 13. Jahrhunderts. Göttingen 2003. 259–289.
Klingner, Jacob: Zelte der *Minne*. Beobachtungen zu einem Handlungsort der mittelhochdeutschen Minnereden. In: Fasbender, Christoph und Gesine Mierke (Hg.): Wissenspaläste. Räume des Wissens in der Vormoderne. Würzburg 2013. 225–239.
Klingner, Jacob und Ludger Lieb: Flucht aus der Burg. Überlegungen zur Spannung zwischen institutionellem Raum und kommunikativer Offenheit in den Minnereden. In: Bauschke, Ricarda (Hg.): Die Burg im Minnesang und als Allegorie im deutschen Mittelalter. Frankfurt a. M. 2006. 139–160.
Klingner, Jacob und Ludger Lieb (Hg.): Handbuch Minnereden. 2 Bde. Berlin u. a. 2013.
Kluckert, Ehrenfried: Gartenkunst in Europa. Von der Antike bis zur Gegenwart. Köln 2000.

Kluge, Friedrich (Begr.) und Elmar Seebold (Bearb.): Etymologisches Wörterbuch der deutschen Sprache. 25., durchges. u. erw. Aufl. Berlin u. a. 2011.

Kluge-Pinsker, Antje: Wohnen im hohen Mittelalter (10.–12. Jahrhundert, mit Ausblick in das 13. Jahrhundert). In: Dirlmeier, Ulf (Hg.): Geschichte des Wohnens. Bd. 2. 500–1800. Hausen – Wohnen – Residieren. Stuttgart 1998. 85–227.

Knab, Doris: Das ‚Annolied'. Probleme seiner literarischen Einordnung. Tübingen 1962.

Knapp, Fritz Peter: Was heißt und zu welchem Ende schreibt man regionale Literaturgeschichte? Das Beispiel der mittelalterlichen österreichischen Länder. In: Kugler, Hartmut (Hg.): Interregionalität der deutschen Literatur im europäischen Mittelalter. Berlin u. a. 1995. 11–21.

Knapp, Fritz Peter: ‚Die Wiener Meerfahrt' von dem Freudenleeren. Eine böhmische Satire auf das Wiener Ritterbürgertum. In: Keck, Anna und Theodor Nolte (Hg.): *Ze hove und an der strâzen*. Die deutsche Literatur des Mittelalters und ihr „Sitz im Leben". Festschrift für Volker Schupp zum 65. Geburtstag. Stuttgart 1999a. 61–70.

Knapp, Fritz Peter: Die Literatur des Spätmittelalters in den Ländern Österreich, Steiermark, Kärnten, Salzburg und Tirol von 1273 bis 1439. 1. Halbbd. Die Literatur in der Zeit der frühen Habsburger bis zum Tod Albrechts II. 1358. Graz 1999b. 234–263.

Knefelkamp, Ulrich: Die Suche nach dem Reich des Priesterkönigs Johannes, dargestellt anhand von Reiseberichten und anderen ethnographischen Quellen des 12. bis 17. Jahrhunderts. Gelsenkirchen 1986.

Knefelkamp, Ulrich: Art. Indien. In: LexMA. Bd. 5. München u. a. 1991. 404 f.

Koch, Elke: Gog und Magog. Von Ein- und Ausschlüssen im kulturellen Imaginären. In: Kasten, Ingrid und Laura Auteri (Hg.): Transkulturalität und Translation. Deutsche Literatur des Mittelalters im europäischen Kontext. Berlin u. a. 2017. 85–100.

Koch, Joseph: Das Meer in der mittelhochdeutschen Epik. Münster 1910.

Köbler, Gerhard: Art. Haus. In: HRG. Bd. 2. 2. Aufl. Berlin 2009. 788–791.

Köhler, Ines: Art. Grenze. In: EM. Bd. 6. Berlin u. a. 1999. 134–142.

Kohnen, Rabea: *uber des wilden meres fluot*. Thalassographie und Meereslandschaft in den mittelhochdeutschen Brautwerbungserzählungen. In: Das Mittelalter 16.1 (2011). 85–103.

Kolb, Herbert: *Der Minnen hus*. Zur Allegorie der Minnegrotte in Gottfrieds ‚Tristan'. In: Euphorion 56 (1962). 229–247.

Koller, Erwin, Werner Wegstein und Norbert Richard Wolf: Neuhochdeutscher Index zum mittelhochdeutschen Wortschatz. Stuttgart 1990.

Kragl, Florian (Hg.): Ulrich von Zatzikhoven, ‚Lanzelet'. Bd. 2. Forschungsbericht und Kommentar. Berlin u. a. 2006.

Kragl, Florian: Wie man in Furten ertrinkt und warum Herzen süß schmecken. Überlegungen zur Historizität der Metaphernpraxis am Beispiel von ‚Herzmaere' und ‚Parzival'. In: Euphorion 102 (2008). 289–329.

Kragl, Florian: Schneeritt und Schwanennachen. Zur Dramaturgie der ‚Krone' Heinrichs von dem Türlin. In: Kern, Manfred (Hg.): Imaginative Theatralität. Heidelberg 2013. 161–182.

Krämer, Sybille: Was also ist eine Spur? Und worin besteht ihre epistemologische Rolle? Eine Bestandsaufnahme. In: Krämer, Sybille, Werner Kogge und Gernot Grube (Hg.): Spur. Spurenlesen als Orientierungstechnik und Wissenskunst. Frankfurt a. M. 2007. 11–33.

Kraß, Andreas: Geschriebene Kleider. Höfische Identität als literarisches Spiel. Tübingen 2006.

Krause, Burkhardt: *er enphienc diu lant unt ouch die magt*. Die Frau, der Leib und das Land. Herrschaft und *body politic* im Mittelalter. In: Ders. und Ulrich Scheck (Hg.): Verleiblichungen. Literatur- und kulturgeschichtliche Studien über Strategien, Formen und Funktionen der Verleiblichung in Texten von der Frühzeit bis zum Cyberspace. St. Ingbert 1996. 31–82.

Krause, Ingmar: Der falsche Platz? Beratung, Versammlung und Raumkonstruktion in der altfranzösischen ‚Chanson de Roland'. In: Staubach, Nikolaus und Vera Johanterwage (Hg.): Außen und Innen. Räume und ihre Symbolik im Mittelalter. Frankfurt a. M. 2007. 151–176.

Krohn, Rüdiger (Hg.): Gottfried von Straßburg, ‚Tristan'. Nach dem Text von F. Ranke, neu hg., ins Neuhochdeutsche übers., mit einem Stellenkommentar und einem Nachwort. Bd. 1. Text. Mittelhochdeutsch/Neuhochdeutsch. Verse 1–9982. Stuttgart 1980.

Krohn, Rüdiger (Hg.): Gottfried von Straßburg, ‚Tristan'. Nach dem Text von F. Ranke, neu hg., ins Neuhochdeutsche übers., mit einem Stellenkommentar und einem Nachwort. Bd. 3. Kommentar, Nachwort und Register. 6. Aufl. Stuttgart 2002.

Krohn, Rüdiger: *ein boumgart umb das hus lac*. Höfische Natur als Schonraum der Liebe in der deutschen Literatur des Mittelalters. In: Müller, Ulrich und Werner Wunderlich (Hg.): Burgen, Länder, Orte. Konstanz 2008. 91–108.

Kroll, Renate: Weibliche Weltaneignung im Mittelalter. Zur Raumerfahrung innerhalb und außerhalb des ‚Frauenzimmers'. In: Rimpau, Laetitia und Peter Ihring (Hg.): Raumerfahrung – Raumerfindung. Erzählte Welten des Mittelalters zwischen Orient und Okzident. Berlin 2005. 149–162.

Krüger, Reinhard: Sivrit als Seefahrer. Konjekturen zum impliziten Raumbegriff des ‚Nibelungenliedes'. In: Greenfield, John Thomas (Hg.): Das ‚Nibelungenlied'. Actas do Simpósio Internacional 27 de Outubro de 2000. Porto 2001. 115–144.

Kugler, Hartmut: Die Vorstellung der Stadt in der Literatur des deutschen Mittelalters. München 1986.

Kugler, Hartmut: Zur literarischen Geographie des fernen Ostens im ‚Parzival' und ‚Jüngeren Titurel'. In: Dinckelacker, Wolfgang (Hg.): *Ja muz ich sunder riuwe sin*. Festschrift für Karl Stackmann. Göttingen 1990. 107–147.

Kugler, Hartmut: Das Eigene aus der Fremde. Über Herkunftssagen der Franken, Sachsen und Bayern. In: Ders. (Hg.): Interregionalität der deutschen Literatur im europäischen Mittelalter. Berlin u. a. 1995. 175–193.

Kugler, Hartmut: *Imago mundi*. Kartographische Skizze und literarische Beschreibung. In: Harms, Wolfgang und Jan-Dirk Müller in Verbindung mit Susanne Köbele und Bruno Quast (Hg.): Mediävistische Komparatistik. Festschrift für Franz Josef Worstbrock zum 60. Geburtstag. Stuttgart u. a. 1999. 77–93.

Kugler, Hartmut: Der Alexanderroman und die literarische Universalgeographie. In: Schöning, Udo (Hg.): Internationalität nationaler Literaturen. Beiträge zum ersten Symposium des Göttinger Sonderforschungsbereichs 529. Göttingen 2000. 102–120.

Kugler, Hartmut: Nicht nach Jerusalem. Das Heilige Land als Leerstelle in der mittelhochdeutschen Epik der Kreuzfahrerzeit. In: Bauer, Dieter, Klaus Herbers und Nikolas Jaspert (Hg.): Jerusalem im Hoch- und Spätmittelalter. Konflikte und Konfliktbewältigung – Vorstellungen und Vergegenwärtigungen. Frankfurt a. M. 2001. 407–422.

Kugler, Hartmut: Himmelsrichtungen und Erdregionen auf mittelalterlichen Weltkarten. In: Glauser, Jürg und Christian Kiening (Hg.): Text – Bild – Karte. Kartographien der Vormoderne. Freiburg i. Br. 2007. 175–199.

Kugler, Hartmut, Sonja Glauch und Antje Willing (Hg.): Die Ebstorfer Weltkarte. Kommentierte Neuausgabe in zwei Bänden. Bd. 1. Atlas. Bd. 2. Untersuchungen und Kommentar. Berlin 2007.

Kuhn, Hugo: ‚Erec'. In: Ders. (Hg.): Dichtung und Welt im Mittelalter. Stuttgart 1959. 133–150.

Kühnel, Jürgen: Zur Struktur des ‚Herzog Ernst'. In: Euphorion 73.3 (1979). 248–271.

Kulke, Hermann: Indische Geschichte bis 1750. München 2005.

Kundert, Ursula und Ralf Elger (Hg.): Ausmessen – Darstellen – Inszenieren. Raumkonzepte und die Wiedergabe von Räumen in Mittelalter und früher Neuzeit. Zürich 2007.

Kuon, Peter: Utopischer Entwurf und fiktionale Vermittlung. Studien zum Gattungswandel der literarischen Utopie zwischen Humanismus und Frühaufklärung. Heidelberg 1986.

Küster, Hansjörg: Geschichte der Landschaft in Europa. Von der Eiszeit bis zur Gegenwart. 4., vollständig überarb. und akt. Aufl. München 2010.

Küsters, Urban: Der verschlossene Garten. Volkssprachliche Hohelied-Auslegung und monastische Lebensform im 12. Jahrhundert. Düsseldorf 1985.

Küsters, Urban: Maria Magdalena und die Legitimität der Trauer. Zu den mittelhochdeutschen Magdalenenklagen. In: Brinker-von der Heyde, Claudia, Urs Herzog, Niklaus Largier und Paul Michel (Hg.): *Contemplata aliis tradere*. Studien zum Verhältnis von Literatur und Spiritualität. Bern u. a. 1995. 175–216.

Küsters, Urban: Marken der Gewissheit. Urkundlichkeit und Zeichenwahrnehmung in mittelalterlicher Literatur. Düsseldorf 2012.

Kwastek, Katja: Raum im Bild – Traum im Raum. Gemalte Räume und gemalte Träume in der italienischen Malerei des Tre- und Quattrocento. In: Vavra, Elisabteh (Hg.): Virtuelle Räume. Raumwahrnehmung und Raumvorstellung im Mittelalter. Berlin 2005. 149–172.

Laude, Corinna: *in al der wirde, als er in vant, / malet in ivol des meisters hant. / ez geschach gar heimelîche*. Kunstdiskurse deutschsprachiger Alexanderromane. In: Bürkle, Susanne und Ursula Peters (Hg.): Interartifizialität. Die Diskussion der Künste in der mittelalterlichen Literatur. Berlin 2009. 163–186.

Lawn, Elizabeth: „Gefangenschaft". Aspekte und Symbol sozialer Bindung im Mittelalter – dargestellt an chronikalischen und poetischen Quellen. Frankfurt a. M. 1977.

Lawn-Thum, Elizabeth: Gefangenschaft. In: Dinzelbacher, Peter (Hg.): Sachwörterbuch der Mediävistik. Stuttgart 1992. 282 f.

Lazda-Cazers, Rasma: Hybridity and Liminality in ‚Herzog Ernst B'. In: Daphnis 33 (2004). 79–96.

LCI = Kirschbaum, Engelbert und Wolfgang Braunfels (Hg.): Lexikon der Christlichen Ikonographie. 8 Bde. Rom 1968–1976.

Le Goff, Jacques: The Medieval West and the Indian Ocean. An Oneiric Horizon. In: Ders.: Time, Work, and Culture in the Middle Ages. Transl. by Arthur Goldhammer. Chicago u. a. 1980: 189–200.

Le Goff, Jacques: Das Wunderbare im mittelalterlichen Abendland. In: Ders.: Phantasie und Realität des Mittelalters. Aus dem Französischen von Rita Höner. Stuttgart 1990a. 39–63.

Le Goff, Jacques: Die Waldwüste im mittelalterlichen Abendland. In: Ders.: Phantasie und Realität des Mittelalters. Aus dem Französischen von Rita Höner. Stuttgart 1990b. 81–97.

Lechtermann, Christina: Berührt werden. Narrative Strategien der Präsenz in der höfischen Literatur um 1200. Berlin 2005.

Lechtermann, Christina: Topography, Tide and the (Re)turn of the Hero. Battleground and Combat Movement in Wolfram's ‚Willehalm'. In: Stock, Markus (Hg.): Spatial Practices. Medieval – Modern. Göttingen 2014. 89–122.

Lechtermann, Christina und Carsten Morsch: Auf spiegelglattem Estrich – Irritation in literarischer Raumerfahrung. In: Sprache und Literatur 35.2 (2004). 64–87.

Lecouteux, Claude: Das bauchlose Ungeheuer. Des Strickers ‚Daniel vom blühenden Tal', 1879 ff. In: Euphorion 71 (1977). 272–276.

Lecouteux, Claude: Kleine Beiträge zum ‚Herzog Ernst'. In: ZfdA 110.3 (1981). 210–221.

Lecouteux, Claude: Les monstres dans la litterature allemande du moyen âge. Contribution à l'étude du merveilleux médiéval. 3 Bde. Göppingen 1982.

Lecouteux, Claude: Die Sage vom Magnetberg. In: Fabula 25.1–2 (1984). 35–65.

Lecouteux, Claude: Geschichte der Gespenster und Wiedergänger im Mittelalter. Köln u. a. 1987.

Lecouteux, Claude: Art. Magnetberg. In: EM. Bd. 9. Berlin u. a. 1999. 24–27.

Lecouteux, Claude: Eine Welt im Abseits. Zur niederen Mythologie und Glaubenswelt im Mittelalter. Dettelbach 2000.

Lecouteux, Claude: Der Berg. Sein mythischer Aspekt im Mittelalter. In: Müller, Ulrich und Werner Wunderlich (Hg.): Burgen, Länder, Orte. Konstanz 2008. 109–120.

Lerchner, Karin: *Lectulus floridus*. Zur Bedeutung des Bettes in der mittelalterlichen Literatur und Handschriftenillustration des Mittelalters. Köln 1993.
Lexer, Matthias: Mittelhochdeutsches Handwörterbuch. 3 Bde. Nachdruck der Ausg. Leipzig 1872–1878. Stuttgart 1992.
LexMA = Auty, Robert, Robert-Henri Bautier und Norbert Angermann (Hg.): Lexikon des Mittelalters. 10 Bde. München u. a. 1980–1999.
Lichtblau, Karin: *Locus amoenus*. Der „liebliche Ort" – ein Topos in der Literatur des Mittelalters. In: Müller, Ulrich und Werner Wunderlich (Hg.): Burgen, Länder, Orte. Konstanz 2008. 497–510.
Lichtenberg, Heinrich: Die Architekturdarstellungen in der mittelhochdeutschen Dichtung. Münster 1931.
Lieb, Ludger: Die Potenz des Stoffes. Eine kleine Metaphysik des „Wiedererzählens". In: Bumke, Joachim und Ursula Peters (Hg.): Retextualisierung in der mittelalterlichen Literatur. Berlin 2005. 356–379.
Liebertz-Grün, Ursula: *Minne*. Ambivalenzen, Intertextualität, Satire. In: Linden, Sandra und Christopher Young (Hg.): Ulrich von Liechtenstein. Leben – Zeit – Werk – Forschung. Berlin u. a. 2010. 135–161.
Lieberwirth, Rolf: Art. Gefangene, Gefängnis. In: HRG. Bd. 1. 2. Aufl. Berlin 2008. 1987–1990.
Lienert, Elisabeth: Geschichte und Erzählen. Studien zu Konrads von Würzburg ‚Trojanerkrieg'. Wiesbaden 1996.
Lienert, Elisabeth: Raumstrukturen im ‚Nibelungenlied'. In: Zatloukal, Klaus (Hg.): Heldendichtung in Österreich – Österreich in der Heldendichtung. 4. Pöchlarner Heldenliedgespräch. Wien 1997. 103–122.
Lienert, Elisabeth: Der Körper des Kriegers. Erzählen von Helden in der ‚Nibelungenklage'. In: ZfdA 130.2 (2001a). 127–142.
Lienert, Elisabeth: Deutsche Antikenromane des Mittelalters. Berlin 2001b.
Lienert, Elisabeth: Geschlecht und Gewalt im ‚Nibelungenlied'. In: ZfdA 132.1 (2003). 3–23.
Lienert, Elisabeth: Stellenkommentar. In: Dies. (Hg.): Pfaffe Lambrecht, ‚Alexanderroman'. Stuttgart 2007. 555–634.
LiLi = Zeitschrift für Linguistik und Literaturwissenschaft.
Lindemann, Uwe: Die Wüste. *Terra incognita*, Erlebnis, Symbol. Eine Genealogie der abendländischen Wüstenvorstellungen in der Literatur von der Antike bis zur Gegenwart. Heidelberg 2000a.
Lindemann, Uwe: Passende Wüste für Fata Morgana gesucht. Zur Etymologie und Begriffsgeschichte der fünf lateinischen Wörter für Wüste. In: Ders. und Monika Schmitz-Emans (Hg.): Was ist eine Wüste? Interdisziplinäre Annäherung an einen interkulturellen Topos. Würzburg 2000b. 87–99.
Lipp, Wolfgang: Stigma und Charisma. Über soziales Grenzverhalten. Berlin 1985.
Lobsien, Eckhard: Landschaft in Texten. Zu Geschichte und Phänomenologie der literarischen Beschreibung. Stuttgart 1981.
Locher, Hubert, Regine Prange und Arwed Arnulf: Kunstliteratur in Antike und Mittelalter. Eine kommentierte Anthologie. Darmstadt 2008.
Löffler, Christa-Maria: The Voyage to the Otherworld Island in Early Irish Literature. 2 Bde. Salzburg 1983.
Logemann, Cornelia: Des Königs neue Räume. Genealogie und Zeremoniell in den ‚Grandes Chroniques de France' des 14. Jahrhunderts. In: Kundert, Ursula, Barbara Schmid und Regula Schmid (Hg.): Ausmessen – Darstellen – Inszenieren. Raumkonzepte und die Wiedergabe von Räumen in Mittelalter und früher Neuzeit. Zürich 2007. 41–72.
Löhmann, Otto: Entstehung der Tannhäusersage. In: Fabula 3 (1960). 224–253.
Loleit, Simone: Wahrheit, Lüge, Fiktion. Das Bad in der deutschsprachigen Literatur des 16. Jahrhunderts. Bielefeld 2008.

Loomis, Roger Sherman: The Spoils of Annwn. An Early Welsh Poem. In: Ders. (Hg.): Wales and the Arthurian Legend. Cardiff 1956. 131–178.
Loomis, Roger Sherman: The Grail. From Celtic Myth to Christian Symbol. Cardiff 1963.
Lopez, Donald S. Jr. und Peggy McCracken: In Search of the Christian Buddha. How an Asian Sage Became a Christian Saint. New York 2014.
Lorenz, Kai Tino: Raumstrukturen einer epischen Welt. Zur Konstruktion des epischen Raumes in Ulrichs von Zatzikhoven ‚Lanzelet'. Göppingen 2009.
Losse, Michael: Das Burgenbuch. Darmstadt 2013.
Lotman, Jurij M.: Die Struktur des künstlerischen Textes. Hg. mit einem Nachwort und einem Register von Rainer Grübel. 2. Aufl. Frankfurt a. M. 1973.
Lotman, Jurij M.: Die Entstehung des Sujets – typologisch gesehen. In: Lotmann, Jurij M. (Hg.): Kunst als Sprache. Untersuchungen zum Zeichencharakter von Literatur und Kunst. Stuttgart 1981. 175–204.
Lotman, Jurij M.: Die Struktur literarischer Texte. 4., unveränd. Aufl. Übersetzt von Rolf-Dietrich Keil. München 1993.
Lüers, Grete: Die Sprache der deutschen Mystik des Mittelalters im Werke der Mechthild von Magdeburg. München 1926.
Luff, Robert und Georg Steer (Hg.): Konrad von Megenberg, Das ‚Buch der Natur'. Bd. 2. Kritischer Text nach den Handschriften. Tübingen 2003.
Lugowski, Clemens: Die Form der Individualität im Roman. Frankfurt a. M. 1994.
Lundt, Bea: Art. Wassergeister. In: EM. Bd. 14. Berlin u. a. 2012. 519–526.
Lutz, Eckart Conrad, Johanna Thali und René Wetzel (Hg.): Literatur und Wandmalerei. Bd. 1. Erscheinungsformen höfischer Kultur und ihre Träger im Mittelalter. Freiburger Colloquium 1998. Tübingen 2002.
MacKillop, James: Dictionary of Celtic Mythology. Oxford 1998.
Maczewski, Johannes: Wolframs Erzähltechnik im ersten Munsalvaesche-Abschnitt des ‚Parzival'. In: Seminar 20 (1984). 1–26.
Marin, Louis: Utopiques. Jeux d'espaces. Paris 1973.
Martin, Alfred: Deutsches Badewesen in vergangenen Tagen. Jena 1906.
Martin, Alfred: Art. Bad, baden. In: HdA. Bd. 1. Berlin u. a. 1987. 796–850.
Martin, Ernst: Rede zur Feier des Geburtstags seiner Majestät des Kaisers am 27. Januar 1903. Straßburg 1903a.
Martin, Ernst: Wolframs von Eschenbach ‚Parzival' und ‚Titurel'. Hg. u. erklärt von Ernst Martin. Zweiter Teil. Kommentar. Halle (Saale) 1903b.
Marzolph, Ulrich: Art. ‚Sindbad der Seefahrer'. In: EM. Bd. 12. Berlin u. a. 2007. 698–707.
Marzolph, Ulrich: Art. ‚Tausendundeine Nacht'. In: EM. Bd. 13. Berlin u. a. 2010. 288–302.
Maschke, Erich: Die Brücke im Mittelalter. In: Historische Zeitschrift 224 (1977). 265–292.
Maschke, Erich: Art. Die Brücke im europäischen Mittelalter. In: LexMA. Bd. 2. München u. a. 1999. 724–730.
Masser, Achim: Die Bezeichnungen für das christliche Gotteshaus in der deutschen Sprache des Mittelalters. Mit einem Anhang. Die Bezeichnungen für die Sakristei. Berlin 1966.
Masser, Achim und Max Siller (Hg.): Das ‚Evangelium Nicodemi' in spätmittelalterlicher deutscher Prosa. Texte. Heidelberg 1987.
Matt, Peter von: Liebesverrat. Die Treulosen in der Literatur. München 1991.
Mattejiet, Ulrich: Art. Wald, B. Literarische und kunstgeschichtliche Bedeutung. In: LexMA. Bd. 8. München 1997. 1944–1946.
Matter, Stefan: Zur Poetik mittelalterlicher Architekturbeschreibungen. In: Mittellateinisches Jahrbuch 47.3 (2012). 387–413.
McConnell, Winder: The Epic of ‚Kudrun'. A Critical Commentary. Göppingen 1988.

McLelland, Nicola: *Seht ir dort jene hohe lin*? Der unerreichbare Innenraum in Ulrichs von Liechtenstein ‚Frauendienst' (ca. 1255). In: Hasebrink, Burkhard, Hans-Jochen Schiewer, Almut Suerbaum und Annette Volfing (Hg.): Innenräume in der Literatur des deutschen Mittelalters. XIX. Anglo-German Colloquium Oxford 2005. Tübingen 2008. 87–100.

McLintock, David R.: Art. ‚Himmel und Hölle'. In: VL. Bd. 4. Berlin u. a. 1983. 21–24.

Meckseper, Cord: Der Turm des Emirs in ‚Floire und Blancheflor'. Eine Studie zum Burgenbau in Frankreich. In: Much, Franz J. (Hg.): Baukunst des Mittelalters in Europa. Hans Erich Kubach zum 75. Geburtstag. Stuttgart 1988. 665–680.

Meckseper, Cord: Wandmalerei im funktionalen Zusammenhang ihres architektonisch-räumlichen Orts. In: Lutz, Eckart Conrad, Johanna Thali und René Wetzel (Hg.): Literatur und Wandmalerei. Bd. 1. Erscheinungsformen höfischer Kultur und ihre Träger im Mittelalter. Freiburger Colloquium 1998. Tübingen 2002. 255–281.

Meckseper, Cord: Die Kemenate – ein „Weiberhaus". Wiedereinführung eines aufgegebenen Begriffs. In: Interdisziplinäre Studien zur europäischen Burgenforschung. Festschrift für Horst Wolfgang Böhme zum 65. Geburtstag, Teil 2. Braubach 2005. 15–20.

Meier, Christel: Argumentationsformen kritischer Reflexion zwischen Naturwissenschaft und Allegorese. In: Frühmittelalterliche Studien 12 (1978). 116–159.

Meier, Christel: Art. ‚Das Himmlische Jerusalem'. In: VL. Bd. 4. Berlin u. a. 1983. 36–41.

Meier, Hans-Rudolf: Funktion und Fiktion von Raumdekorationen. Zur Raumsymbolik im mittelalterlichen Profanbau. In: Staubach, Nikolaus und Vera Johanterwage (Hg.): Außen und Innen. Räume und ihre Symbolik im Mittelalter. Frankfurt a. M. 2007. 251–264.

Meier-Staubach, Christel: *Gemma spiritalis*. Methode und Gebrauch der Edelsteinallegorese vom frühen Christentum bis ins 18. Jahrhundert. München 1977.

Meinel, Gertraud: Art. Garten, Gärtner. In: EM. Bd. 5. Berlin u. a. 1987. 699–711.

Mentrup, Wolfgang: Studien zum deutschen Wort Wüste. Diss. masch. Münster 1963.

Mertens Fleury, Katharina: Zeigen und Bezeichnen. Zugänge zu allegorischem Erzählen im Mittelalter. Würzburg 2014.

Mertens, Volker: Gregorius Eremita. Eine Lebensform des Adels bei Hartmann von Aue in ihrer Problematik und ihrer Wandlung in der Rezeption. München 1978.

Mertens, Volker: Melusinen, Undinen. Variationen des Mythos vom 12. bis zum 20. Jahrhundert. In: Janota, Johannes, Paul Sappler und Frieder Schanze (Hg.): Festschrift Walter Haug und Burghart Wachinger. Bd. 1. Tübingen 1992. 201–231.

Mertens, Volker: Bildersaal – Minnegrotte – Liebestrank. Zu Symbol, Allegorie und Mythos im ‚Tristanroman'. In: PBB 117.1 (1995). 40–64.

Mertens, Volker: Literatur oder Lebenswelt? Leufried, Lasarus & Co. Höfische und stadtbürgerliche Männer im ‚Goldfaden' und im ‚Nachbaurn'-Roman. In: Miedema, Nine (Hg.): Literatur – Geschichte – Literaturgeschichte. Frankfurt a. M. 2003. 295–313.

Mertens, Volker: Der deutsche Artusroman. Stuttgart 2007.

Merveldt, Nikola von: Translatio und Memoria. Zur Poetik der Memoria des ‚Prosa-Lancelot'. Frankfurt a. M. u. a. 2004.

Meyer, Elard Hugo: Ueber ‚Tandarois und Flordibel'. Ein Artusgedicht des Pleiers. In: ZfdA 12 (1865). 470–514.

Meyer, Matthias: Die Verfügbarkeit der Fiktion. Interpretationen und poetologische Untersuchungen zum Artusroman und zur aventiurehaften Dietrichepik des 13. Jahrhunderts. Heidelberg 1994.

Meyer, Werner: Turniergesellschaften. Bemerkungen zur sozialgeschichtlichen Bedeutung der Turniere im Spätmittelalter. In: Fleckenstein, Josef (Hg.): Das ritterliche Turnier im Mittelalter. Göttingen 1985. 500–512.

Meyer-Hofmann, Werner: Das ‚Lob der rheinischen Städte'. Ein Preisgedicht auf Basel aus dem 13. Jahrhundert. In: Basler Zeitschrift für Geschichte und Altertumskunde 73 (1973). 23–35.
MHDBDB = Mittelhochdeutsche Begriffsdatenbank. Middle-High German Conceptual Database an der Universität Salzburg [http://mhdbdb.sbg.ac.at (09.12.2017)].
Michel, Paul (Hg.): Symbolik von Ort und Raum. Bern u. a. 1997.
Michelet, Fabienne L.: The Centres of ‚Beowulf'. A Complex Spatial Organisation. In: Dies. (Hg.): Creation, Migration, and Conquest. Imaginary Geography and Sense of Space in Old English Literature. Oxford 2006. 74–114.
Mierke, Gesine und Christoph Fasbender (Hg.): Wissenspaläste. Räume des Wissens in der Vormoderne. Würzburg 2013.
Milis, Ludo: Ermites et chanoines réguliers au XIIe siècle. In: Cahiers de Civilisation médiévale 22 (1979). 39–80.
Mittman, Asa Simon: Maps and Monsters in Medieval England. New York 2006.
Moenninghoff, Burkhard: Art. Baum. In: Butzer, Günter und Joachim Jacob (Hg.): Metzler Lexikon literarischer Symbole. 2. Aufl. Stuttgart 2012. 41–43.
Mohr, Wolfgang: Parzival und Gawan. In: Euphorion 2 (1958). 1–22.
Mollat du Jourdin, Michel: Europa und das Meer. München 1993.
Moos, Peter von: Das Öffentliche und das Private im Mittelalter. In: Melville, Gert und Peter von Moos (Hg.): Das Öffentliche und das Private in der Vormoderne. Köln u. a. 1998. 3–83.
Morel, Alain: Comprendre les déserts. In: Doucey, Bruno (Hg.): Le livre des déserts. Itinéres scientifiques, littéraires et spirituels. Lonrai 2007. 1–160.
Morsch, Carsten: Lektüre als teilnehmende Beobachtung. Die Restitution der Ordnung durch Fremderfahrung im ‚Herzog Ernst (B)'. In: Harms, Wolfgang, C. Stephen Jaeger und Horst Wenzel (Hg.): Ordnung und Unordnung in der Literatur des Mittelalters. Stuttgart 2003. 109–128.
Morsch, Carsten: Blickwendungen. Virtuelle Räume und Wahrnehmungserfahrungen in höfischen Erzählungen um 1200. Berlin 2011.
Moser, Christian: Der Weltrand als mythopoetischer Reflexionsraum. Epische Passagen an die Grenzen der Erde von ‚Gilgamesch' bis zu Mary Shelleys ‚Frankenstein'. In: Geulen, Eva (Hg.): Grenzen im Raum – Grenzen in der Literatur. Berlin 2010. 51–74.
Moser-Rath, Elfriede: Art. Gast. In: EM. Bd. 5. Berlin u. a. 718–727.
Mühlherr, Anna: ‚Melusine' und ‚Fortunatus'. Verrätselter und verweigerter Sinn. Tübingen 1993.
Mühlherr, Anna: Nicht mit rechten Dingen, nicht mit dem rechten Ding, nicht am rechten Ort. Zur *tarnkappe* und zum *hort* im ‚Nibelungenlied'. In: PBB 131.3 (2009). 461–492.
Mulder-Bakker, Anneke Baitske: Art. Klause. In: LexMA. Bd. 5. Stuttgart 1991. 1195.
Müller, Götz: Art. Neugierde I. In: Ritter, Joachim und Karlfried Gründer (Hg.): Historisches Wörterbuch der Philosophie. Bd. 6. Basel u. a. 1984. 732–736.
Müller, Jan-Dirk: Späte *Chanson de geste*-Rezeption und Landesgeschichte. Zu den Übersetzungen der Elisabeth von Nassau-Saarbrücken. In: Heinzle, Joachim (Hg.): *Chanson de geste* in Deutschland. Colloquium 1988. Berlin 1989. 206–226.
Müller, Jan-Dirk: Spielregeln für den Untergang. Die Welt des ‚Nibelungenliedes'. Tübingen 1998.
Müller, Jan-Dirk: Zeit im ‚Tristan'. In: Huber, Christoph und Victor Millet (Hg.): Der ‚Tristan' Gottfrieds von Straßburg. Tübingen 2002. 379–397.
Müller, Jan-Dirk: Gottfried von Straßburg: ‚Tristan'. Transgression und Ökonomie. In: Neumann, Gerhard und Rainer Warning (Hg.): Transgressionen. Freiburg i. Br. 2003. 213–242.
Müller, Jan-Dirk: Verabschiedung des Mythos. Zur Hagen-Episode der ‚Kudrun'. In: Friedrich Udo und Bruno Quast (Hg.): Präsenz des Mythos. Konfigurationen einer Denkform in Mittelalter und Früher Neuzeit. Berlin u. a. 2004. 197–218.
Müller, Jan-Dirk: Das ‚Nibelungenlied'. 2., neu bearb. Aufl. Berlin 2005.
Müller, Jan-Dirk: Höfische Kompromisse. Acht Kapitel zur höfischen Epik. Tübingen 2007.

Müller, Jan-Dirk: Das ‚Nibelungenlied'. 3., neu bearb. und erw. Aufl. Berlin 2009.
Müller, Maria E.: Die Leiche im Keller. Zum Chronotopos des Hauses in der Erzählliteratur der Frühen Neuzeit. In: Brinker-von der Heyde, Claudia und Helmut Scheuer (Hg.): Familienmuster – Musterfamilien. Zur Konstruktion von Familie in der Literatur. Frankfurt a. M. 2004. 51–89.
Müller, Stephan: Minnesang im Himmelreich? Über Örtlichkeiten literarischer Kommunikation an den Grenzen des Höfischen beim Kürenberger, in der ‚Kudrun', im ‚Dukus Horant' und im ‚himelrîche'. In: Kellner, Beate, Ludger Lieb und Peter Strohschneider (Hg.): Literarische Kommunikation und soziale Interaktion. Studien zur Institutionalität mittelalterlicher Literatur. Frankfurt a. M. u. a. 2001. 51–71.
Müller, Ulrich: Räume der Erinnerung und der Liebe. Tristans Höhle, Lancelots Turm und das Schloss des burgundischen Adligen Roger de Bussy-Rabutin (1618–1693). In: Vavra, Elisabeth (Hg.): Imaginäre Räume. Sektion B des internationalen Kongresses „Virtuelle Räume. Raumwahrnehmung und Raumvorstellung im Mittelalter", Krems a. d. D., 24.–26. März 2003. Wien 2007. 207–231.
Müller, Ulrich: Burg. In: Müller, Ulrich und Werner Wunderlich (Hg.): Burgen, Länder, Orte. Konstanz 2008a. 143–159.
Müller, Ulrich: Die Gralsburg. Munsalvaesche, Wildenburg, Montsalvat. In: Müller, Ulrich und Werner Wunderlich (Hg.): Burgen, Länder, Orte. Konstanz 2008b. 289–306.
Müller, Ulrich: Der Hohenstaufen. „Aller schwäb'schen Berge schönster". In: Müller, Ulrich und Werner Wunderlich (Hg.): Burgen, Länder, Orte. Konstanz 2008c. 317–332.
Müller, Ulrich und Werner Wunderlich (Hg.): Burgen, Länder, Orte. Konstanz 2008.
Müller-Bergström, Walther: Art. Grenze, Rain; Grenzstein. In: HdA. Bd. 3. Berlin u. a. 2000. 1137–1157.
Mulligan, Amy C.: Playing for Power. Macha Mongrúad's Sovereign Performance. In: Sheehan, Sarah und Ann Dooley (Hg.): Constructing Gender in Medieval Ireland. New York 2013. 75–94.
Münkler, Herfried, Hans Grünberger und Kathrin Mayer: Nationenbildung. Die Nationalisierung Europas im Diskurs humanistischer Intellektueller. Italien und Deutschland. Berlin 1998.
Münkler, Marina: Erfahrung des Fremden. Die Beschreibung Ostasiens in den Augenzeugenberichten des 13. und 14. Jahrhunderts. Berlin 2000.
Münkler, Marina: *Monstra* und *mappae mundi*. Die monströsen Völker des Erdrands auf mittelalterlichen Weltkarten. In: Glauser, Jürg und Christian Kiening (Hg.): Text, Bild, Karte. Kartographien der Vormoderne. Freiburg i. Br. 2007. 149–173.
Münkler, Marina: Die Wörter und die Fremden. Die monströsen Völker und ihre Lesarten im Mittelalter. In: Borgolte, Michael, Juliane Schiel, Bernd Schneidmüller und Anette Seitz (Hg.): Hybride Kulturen im mittelalterlichen Europa. Vorträge und Workshops einer internationalen Frühlingsschule. Berlin 2010. 27–50.
Münkler, Marina und Werner Röcke: Der *ordo*-Gedanke und die Hermeneutik der Fremde im Mittelalter. Die Auseinandersetzung mit den monströsen Völkern des Erdrandes. In: Münkler, Herfried (Hg.): Die Herausforderung durch das Fremde. Berlin 1998. 701–766.
MWB = Mittelhochdeutsches Wörterbuch. Gärtner, Kurt, Klaus Grubmüller und Karl Stackmann (Hg.): Mittelhochdeutsches Wörterbuch. Im Auftrag der Akademie der Wissenschaften und der Literatur Mainz und der Akademie der Wissenschaften zu Göttingen. Stuttgart 2006 ff.
Nancy, Jean-Luc: Am Grund der Bilder. Übers. von Emmanuel Alloa. Zürich u. a. 2006.
Nellmann, Eberhard (Hg.): Wolfram von Eschenbach, ‚Parzival'. Übertragen von Dieter Kühn. Nach der Ausgabe Karl Lachmanns revid. und komm. Bd. 2. Kommentar. Frankfurt a. M. 1994.
Nellmann, Eberhard: Der Türverschluß der Minnegrotte (‚Tristan' 16989–17061). In: Keck, Anna und Theodor Nolte (Hg.): *Ze hove und an der strâzen*. Die deutsche Literatur des Mittelalters und ihr „Sitz im Leben". Festschrift für Volker Schupp zum 65. Geburtstag. Stuttgart 1999. 305–310.

Neuber, Wolfgang: Zur Gattungspoetik des Reiseberichts. Skizze einer historischen Grundlegung im Horizont von Rhetorik und Topik. In: Brenner, Peter J. (Hg.): Der Reisebericht. Die Entwicklung einer Gattung in der deutschen Literatur. Frankfurt a. M. 1989. 50–67.

Neuber, Wolfgang: Exotismus als topologisches Modell. Zur räumlichen Fremdheitskonstruktion an der Schwelle vom Mittelalter zur Frühen Neuzeit. In: Rehberg, Karl-Siegbert, Walter Schmitz und Peter Strohschneider (Hg.): Mobilität – Raum – Kultur. Erfahrungswandel vom Mittelalter bis zur Gegenwart. Dresden 2005. 133–150.

Neudeck, Otto: Erzählen von Kaiser Otto. Zur Fiktionalisierung von Geschichte in mittelhochdeutscher Literatur. Köln u. a. 2003.

Neumann, Helga: *Ein gar wunderlich dinkch vnd vngelawblichß, vnd ist doch war*. Das Schreckliche Tal in Reiseberichten des späten Mittelalters. In: ZfGerm N. F. 6.1 (1996). 35–46.

Neumann, Helga: Reden über Gott und die Welt. ‚Brandans Meerfahrt' – Diskursdifferenzierung im 15. Jh. In: Müller, Jan-Dirk und Horst Wenzel (Hg.): Mittelalter. Neue Wege durch einen alten Kontinent. Stuttgart u. a. 1999. 181–196.

Nichols, Andrew G.: Introduction. In: Ctesias. On India and Fragments of his Minor Works. Intr., Transl. and Comm. by Andrew Nichols. London 2011. 11–46.

Niefanger, Dirk: Art. Turm/Leuchtturm. In: Butzer, Günter und Joachim Jacob (Hg.): Metzler Lexikon literarischer Symbole. 2., erw. Aufl. Stuttgart u. a. 2012. 45.

Nilgen, Ursula: Art. Rechts und Links. In: LexMA. Bd. 7. München 1995. 518.

Nipperdey, Thomas: Die Funktion der Utopie im politischen Denken der Neuzeit. In: Archiv für Kulturgeschichte 44.3 (1962). 357–378.

Nolte, Theodor: *Wilde und zam*. Wildnis und Wildheit in der deutschen Literatur des Hochmittelalters. In: Ecker, Hans-Peter (Hg.): Methodisch reflektiertes Interpretieren. Festschrift für Hartmut Laufhütte. Passau 1997. 39–60.

Nolte, Theodor: Passau. In: Schubert, Martin (Hg.): Schreiborte des deutschen Mittelalters. Skriptorien – Werke – Mäzene. Berlin u. a. 2013. 399–424.

North, Richard: Morgan le Fay and the Fairy Mound in ‚Sir Gawain and the Green Knight'. In: Olsen, Karin E. und Jan R. Veenstra (Hg.): Airy Nothings. Imagining the Otherworld of Faerie from the Middle Ages to the Age of Reason. Essays in Honour of Alasdair A. MacDonald. Leiden u. a. 2014. 75–98.

Nünning, Ansgar: Formen und Funktionen literarischer Raumdarstellung. In: Hallet, Wolfgang und Birgit Neumann (Hg.): Raum und Bewegung in der Literatur. Die Literaturwissenschaften und der *Spatial Turn*. Bielefeld 2009. 33–52.

Nussbaum, Otto: Die Bewertung von rechts und links in der römischen Liturgie. In: Jahrbuch für Antike und Christentum 5 (1962). 158–171.

Ó Cathasaigh, Tomás: The Semantics of *síd*. In: Éigse 17 (1977/78). 137–155.

Ó Riain-Raedel, Dagmar: Untersuchungen zur mythischen Struktur der mittelhochdeutschen Artusepen. Ulrich von Zatzikhoven, ‚Lanzelet', Hartmann von Aue ‚Erec' und ‚Iwein'. Berlin 1978.

Ochsenbein, Peter: Art. Heinrich von Neustadt. In: VL. Bd. 3. Berlin u. a. 1981. 838–845.

Oeser, Erhard: Die Jagd zum Nordpol. Tragik und Wahnsinn der Polarforscher. Darmstadt 2008.

Oexle, Otto Gerhard: Utopisches Denken im Mittelalter. Pierre Dubois. In: Historische Zeitschrift 224 (1977). 293–339.

Oexle, Otto Gerhard: Die Gegenwart der Toten. In: Braet, Herman und Werner Verbeke (Hg.): Death in the Middle Ages. Leuven 1983. 17–77.

Oexle, Otto Gerhard: Wunschräume und Wunschzeiten. Entstehung und Funktion des utopischen Denkens im Mittelalter, Früher Neuzeit und Moderne. In: Calließ, Jörg (Hg.): Die Wahrheit des Nirgendwo. Zur Geschichte und Zukunft des utopischen Denkens. Rehburg-Loccum 1994. 33–83.

Oexle, Otto Gerhard: Art. Utopie. In: LexMA Bd. 8. München 1997. 1345–1348.

Ohlenroth, Derk: Die „Köche" in Walthers ,Spießbratenspruch' (L. 17,11). Zum performativen Rahmen einer politischen Warnung. In: Ackermann, Christiane und Ulrich Barton (Hg.): „Texte zum Sprechen bringen". Philologie und Interpretation. Festschrift für Paul Sappler. Tübingen 2009. 49–64.

Ohler, Norbert: Reisen im Mittelalter. München u. a. 1986.

Ohly, Friedrich: Die Suche in Dichtungen des Mittelalters. In: ZfdA 94.3 (1965). 171–184.

Ohly, Friedrich: Vom Geistigen Sinn des Wortes im Mittelalter. Darmstadt 1966.

Ohly, Friedrich: Hölzer, die nicht brennen. In: ZfdA 100.1/2 (1971). 63–72.

Ohly, Friedrich: Bemerkungen eines Philologen zur Memoria. In: Schmid, Karl und Joachim Wollasch (Hg.): *Memoria*. Der geschichtliche Zeugniswert des liturgischen Gedenkens im Mittelalter. München 1984. 9–68.

Ohly, Friedrich: Das ,St. Trudperter Hohelied'. Eine Lehre der liebenden Gotteserkenntnis. Frankfurt a. M. 1998.

Okken, Lambertus: Schiffe und Häfen in drei Episoden von Gottfrieds ,Tristan'-Roman. In: McDonald, William Cecil (Hg.): *Spectrum Medii Aevi*. Essays in Early German Literature in Honor of George Fenwick Jones. Göppingen 1983. 429–444.

Okken, Lambertus: Kommentar zum ,Tristan'-Roman Gottfrieds von Straßburg. Bd. 1. Amsterdam 1984.

Olsen, Karin E.: Female Voices from the Otherworld. The Role of Women in the Early Irish Echtrai. In: Olsen, Karin E. und Jan R. Veenstra (Hg.): Airy Nothings. Imagining the Otherworld of Faerie from the Middle Ages to the Age of Reason. Essays in Honour of Alasdair A. MacDonald. Leiden u. a. 2014. 57–74.

Oort, Johannes van: ,De civitate Dei' (Über die Gottesstadt). In: Drecoll, Volker H. (Hg.): Augustin-Handbuch. Tübingen 2007. 347–362.

Orlandi, Giovanni: Art. ,Navigatio' sancti Brendani. In: LexMA. Bd. 6. München 1993. 1063–1066.

Oswald, Marion: Gabe und Gewalt. Studien zur Logik und Poetik der Gabe in der frühhöfischen Erzählliteratur. Göttingen 2004.

Ott, Norbert Hennebo, Dieter Vogellehner, Carolina Cupane und Thomas Leisten: Art. Garten. In: LexMA. Bd. 4. München 1989. 1121–1126.

Ottmann, Henning: Geschichte des politischen Denkens. Das Mittelalter. Bd. 2.2. Stuttgart 2004.

Otto, Beate: Unterwasser-Literatur. Von Wasserfrauen und Wassermännern. Würzburg 2001.

Palmer, Nigel F.: ,Visio Tnugdali'. The German and Dutch Translations and Their Circulation in the Later Middle Ages. München 1982.

Palmer, Nigel F.: Art. ,Tundalus'. In: VL. Bd. 9. Berlin u. a. 1995. 1142–1146.

Panzer, Friedrich: Einleitung. In: Ders. (Hg.): ,Merlin' und ,Seifrid de Ardemont' von Albrecht von Scharfenberg. In der Bearbeitung Ulrich Füetrers. Tübingen 1902. VII–CXXXIII.

Panzer, Friedrich: Der Weg der Nibelungen. In: Erbe der Vergangenheit. Germanistische Beiträge. Festgabe für Karl Helm zum 80. Geburtstage 19. Mai 1951. Tübingen 1951. 83–107.

Parr, Rolf: Liminale und andere Übergänge. Theoretische Modellierungen von Grenzzonen, Normalitätsspektren, Schwellen, Übergängen und Zwischenräumen in Literatur- und Kulturwissenschaft. In: Geisenhanslüke, Achim und Georg Mein (Hg.): Schriftkultur und Schwellenkunde. Bielefeld 2008. 11–63.

Pastré, Jean-Marc: Le Jardin dans les fabliaux allemands. In: Presses universitaire de Provence (Hg.): Vergers et jardins dans l'univers médiéval. Aix-en-Provence 1990. 253–263.

Patch, Howard Rollin: Some Elements in Medieval Descriptions of the Otherworld. In: Publications of the Modern Language Association 33 (1918). 601–643.

Patch, Howard Rollin: The Other World According to Descriptions in Medieval Literature. Cambridge (Massachusetts) 1950.

Patrzek, Nikolaus: Das Brunnenmotiv in der deutschen Literatur des Mittelalters. Diss. masch. Würzburg 1956.

PBB = Beiträge zur Geschichte der deutschen Sprache und Literatur.
Pelliot, Paul: Notes on Marco Polo. 3 Bde. Paris 1959, 1963 und 1973.
Peters, Ursula: Stadt, „Bürgertum" und Literatur im 13. Jahrhundert. Probleme einer sozialgeschichtlichen Deutung des ‚Pfaffen Âmis'. In: LiLi 7 (1977). 109–126.
Peters, Ursula: Literatur in der Stadt. Studien zu den Voraussetzungen und kulturellen Organisationsformen städtischer Literatur im 13. und 14. Jahrhundert. Tübingen 1983.
Pethes, Nicolas: Mnemotop. In: Dünne Jörg (Hg.): Handbuch Literatur und Raum. Berlin 2005. 196–204.
Petzoldt, Leander: Venusberg. In: Müller, Ulrich und Werner Wunderlich (Hg.): Burgen, Länder, Orte. Konstanz 2008. 917–926.
Peyer, Hans Conrad: Gastfreundschaft, Taverne und Gasthaus im Mittelalter. München u. a. 1983.
Peyer, Hans Conrad: Von der Gastfreundschaft zum Gasthaus. Studien zur Gastlichkeit im Mittelalter. Hannover 1987.
Pfeifer, Wolfgang: Etymologisches Wörterbuch des Deutschen. 2 Bde. 2. Aufl. Berlin 1993.
Pfeifer, Wolfgang: Etymologisches Wörterbuch des Deutschen. Berlin 2011.
Pfeil, Brigitte: Die ‚Visio des Tnugdalus' Albers von Windberg. Literatur- und Frömmigkeitsgeschichte im ausgehenden 12. Jahrhundert. Mit einer Edition der lateinischen ‚Visio Tnugdali' aus Clm 22254. Bern u. a. 1999.
Pfister, Friedrich: Der ‚Alexanderroman'. Mit einer Auswahl aus den verwandten Texten. Meisenheim u. a. 1978.
Pfütze, Max: „Burg" und „Stadt" in der deutschen Literatur des Mittelalters. Die Entwicklung im mittelfrk. Sprachgebiet vom ‚Annolied' bis zu Gotfrid Hagens ‚Reimchronik' (ca. 1100–1300). In: PBB 80 (1958). 272–320.
Phillips, Kim M.: Before Orientalism. Asian Peoples and Cultures in European Travel Writing. 1245–1510. Philadelphia (Pennsylvania) 2014.
Piatti, Barbara: Die Geographie der Literatur. Schauplätze, Handlungsräume, Raumphantasien. Göttingen 2008.
Pietrzik, Dominik: Die ‚Brandan'-Legende. Ausgewählte Motive in der frühneuhochdeutschen sogenannten ‚Reise'-Version. Diss. masch. Frankfurt a. M. 1999.
Piper, Otto: Burgenkunde. Bauwesen und Geschichte der Burg zunächst innerhalb des deutschen Sprachgebietes. 2. Aufl. München u. a. 1905.
Pitz, Ernst: Art. Stadt. B. Deutschland. In: LexMA. Bd. 7. München 1995. 2174–2178.
Plasa, Stefan: Brünhilds Island. Der Mythos neu erzählt. In: Müller, Ulrich und Werner Wunderlich (Hg.): Burgen, Länder, Orte. Konstanz 2008a. 121–142.
Plasa, Stefan: Minnegrotte und Wald von Morrois. In: Müller, Ulrich und Werner Wunderlich (Hg.): Burgen, Länder, Orte. Konstanz 2008b. 587–599.
Plotke, Seraina: Kulturgeographische Begegnungsmodelle. Reise-Narrative und Verhandlungsräume im ‚König Rother' und im ‚Herzog Ernst B'. In: Honold, Alexander (Hg.): Ost-Westliche Kulturtransfers. Orient – Amerika. Bielefeld 2011. 51–73.
Poser, Thomas, Dagmar Schlüter und Julia Zimmermann: Migration und literarische Inszenierung. Zwischen interkultureller Abschottung und transkultureller Verflechtung. In: Borgolte, Michael, Julia Dücker, Marcel Müllerburg, Paul Predatsch, Bernd Schneidmüller (Hg.): Europa im Geflecht der Welt. Mittelalterliche Migration in globalen Bezügen. Berlin 2012. 87–100.
Prager, Debra N.: Orienting the Self. The German Literary Encounter With the Eastern Other. Rochester (New York) 2014.
Priebsch, Robert (Hg.): ‚Bruder Rausch'. Facsimile-Ausgabe des ältesten niederdeutschen Druckes <A> nebst den Holzschnitten des niederländischen Druckes <I> vom Jahre 1596. Eingel. und mit einer Bibliogr. vers. Zwickau 1919.
Propp, Vladimir: Morphologie des Märchens. Hg. von Karl Eimermacher. 2. Aufl. Frankfurt a. M. 1982.

Przybilski, Martin: „Ein Leib wie ein Fels" oder: Von der Schönheit des Blutvergießens. Gewalt und Ästhetik im ‚Rolandslied' des Pfaffen Konrad. In: Euphorion 101 (2007). 255–272.

Pütz, Horst: ‚Iwein' – zwischen Waldschrat und Waldtor. Aspekte einer Deutung aus mittelalterlicher Sicht. In: Ders. (Hg.): *in tiutscher zungen rehtiu kunst*. Festgabe für Heinz-Günter Schmitz zum 65. Geburtstag. Frankfurt a. M. 2003. 27–37.

Quast, Bruno: Das Höfische und das Wilde. Zur Repräsentation kultureller Differenz in Hartmanns ‚Iwein'. In: Kellner, Beate, Ludger Lieb und Peter Strohschneider (Hg.): Literarische Kommunikation und soziale Interaktion. Studien zur Institutionalität mittelalterlicher Literatur. Frankfurt a. M. 2001. 111–128.

Quast, Bruno: Vom Kult zur Kunst. Öffnungen des rituellen Textes in Mittelalter und Früher Neuzeit. Tübingen u. a. 2005.

Quenstedt, Falk: Übung und *gewonhaitt* – Transformierbarkeit von Körper und Geist in der Brahmanenepisode von Johann Hartliebs ‚Alexander' (1450). In: Renger, Almut-Barbara und Alexandra Stellmacher (Hg.): Übungswissen in Religion und Philosophie. Produktion, Weitergabe, Wandel. Berlin u. a. 2018. 259–273.

Rader, Olaf B.: Grab und Herrschaft. Politischer Totenkult von Alexander dem Großen bis Lenin. München 2003.

Radl, Albert: Der Magnetstein in der Antike. Quellen und Zusammenhänge, Stuttgart u. a. 1988.

Ranawake, Silvia: Erec's *verligen* and the Sin of Sloth. In: McFarland, Timothy und Silvia Ranawake (Hg.): Hartmann von Aue. Changing Perspectives. London Hartmann Symposium 1985. Göppingen 1988. 93–115.

Ranke, Friedrich: Die Allegorie der Minnegrotte in Gottfrieds ‚Tristan'. In: Schriften der Königsberger Gelehrten Gesellschaft. Geisteswissenschaftliche Klasse 2 (1925). 21–39.

Ranke, Friedrich: Die Allegorie der Minnegrotte in Gottfrieds ‚Tristan'. In: Wolf, Alois (Hg.): Gottfried von Strassburg. Darmstadt 1973. 1–24.

Rathjen, Hans-Wilhelm: Die Höllenvorstellungen in der mittelhochdeutschen Literatur. Diss. masch. Freiburg i. Br. 1956.

Rathman, Thomas: *Was entweder ins Glaß gehort oder auf den Teller*. Formen der Kellerhaltung in Fischarts ‚Geschichtklitterung'. In: Jäger, Hans Wolf, Holger Böning und Gert Sautermeister (Hg.): Genußmittel und Literatur. Bremen 2002. 139–150.

Rau, Susanne und Gerd Schwerhoff: Öffentliche Räume in der Frühen Neuzeit. Überlegungen zu Leitbegriffen und Themen eines Forschungsfeldes. In: Dies. (Hg.): Zwischen Gotteshaus und Taverne. Öffentliche Räume in Spätmittelalter und Früher Neuzeit. Köln 2004. 11–52.

Rausch, Hans-Henning: Methoden und Bedeutung naturkundlicher Rezeption und Kompilation im ‚Jüngeren Titurel'. Frankfurt a. M. 1977.

Rees, Alwyn und Brinley Rees: Celtic Heritage. Ancient Tradition in Ireland and Wales. London 1961.

Reich, Björn: Name und *maere*. Eigennamen als narrative Zentren mittelalterlicher Epik. Mit exemplarischen Einzeluntersuchungen zum ‚Meleranz' des Pleier, ‚Göttweiger Trojanerkrieg' und ‚Wolfdietrich D'. Heidelberg 2011.

Reich, Björn: Runkelstein – Streifzüge durch ein mittelalterliches Gehirn. In: Locher, Elmar und Hans Jürgen Scheuer (Hg.): Archäologie der Phantasie. Vom „Imaginationsraum Südtirol" zur *longue durée* einer „Kultur der Phantasmen" und ihrer Wiederkehr in der Kunst der Gegenwart. Bozen 2012. 57–73.

Reich, Björn: Der Herr der Bilder. Vorstellungslenkung und Perspektivierung im ‚Laurin'. In: ZfGerm N. F. 23.3 (2013). 487–498.

Reich, Björn: Zur Taktilität des Schattens. In: LiLi 45.1 (2015). 147–167.

Reichert, Folker: Erläuterungen. In: Ders. (Hg.): Die Reise des seligen Odorich von Pordenone nach Indien und China (1314/18–1330). Übs., eingel. und erl. Heidelberg 1987. 131–145.

Reichert, Folker: Begegnungen mit China. Die Entdeckung Ostasiens im Mittelalter. Sigmaringen 1992.

Reichert, Folker: Mythische Inseln. In: Müller, Ulrich und Werner Wunderlich (Hg.): Burgen, Länder, Orte. Konstanz 2008. 639–657.
Reinitzer, Heimo: ‚Mauritius von Craûn'. Kommentar. Stuttgart 1999.
Reinle, Adolf: Mittelalterliche Architekturschilderung. In: Braegger, Carlpeter (Hg.): Architektur und Sprache. Gedenkschrift für Richard Zürcher. München 1982. 255–278.
Reinle, Adolf: Art. Tür. In: LexMA. Bd. 8. München 1997. 1096 f.
Reitz, Manfred: Das Leben auf der Burg. Alltag, Fehden, Turniere. Ostfildern 2004.
Renz, Tilo: Das Priesterkönigreich des Johannes. In: Meier, Frank und Ralf H. Schneider (Hg.): Erinnerungsorte – Erinnerungsbrüche. Mittelalterliche Orte, die Geschichte mach(t)en. Ostfildern 2013a. 239–256.
Renz, Tilo: Utopische Elemente der mittelalterlichen Reiseliteratur. In: Das Mittelalter 18.2 (2013b). 129–152.
Reske, Hans-Friedrich: *Jerusalem caelestis*. Bildformeln und Gestaltungsmuster. Darbietungsformen eines christlichen Zentralgedankens in der deutschen geistlichen Dichtung des 11. und 12. Jahrhunderts. Mit besonderer Berücksichtigung des ‚Himmlischen Jerusalem' und der ‚Hochzeit' (V. 379–508). Göppingen 1973.
Resler, Michael (Hg. u. Übers.): German Romance. Bd. 1. ‚Daniel von dem Blühenden Tal'. Cambridge 2003.
Rettelbach, Johannes: Zur Semantik des Kämpfens im ‚Rosengarten zur Worms'. In: Fürnkäs, Josef, Masato Izumi und Ralf Schnell (Hg.): Zwischenzeiten – Zwischenwelten. Festschrift für Kozo Hirao. Frankfurt a. M. u. a. 2001. 91–104.
Reuvekamp-Felber, Timo: Volkssprache zwischen Stift und Hof. Hofgeistliche in Literatur und Gesellschaft des 12. und 13. Jahrhunderts. Köln 2003.
RGA = Hoops, Johannes und Heinrich Beck (Hg.): Reallexikon der germanischen Altertumskunde. 2., völlig neu bearb. und stark erw. Aufl. 37 Bde. Berlin u. a. 1973–2008.
Rheinfelder, Hans und Felix Karlinger: Art. Gral. In: Hofer, Josef und Karl Rahner (Hg.): Lexikon für Theologie und Kirche. Bd. 4. Freiburg i. Br. 1960. 1160 f.
Richard, Jean: Les récits de voyages et de pèlerinages. Turnhout 1985.
Richter, Julia: Genealogie und sozialer Aufstieg in Georg Wickrams ‚Goldtfaden'. In: Kellner, Beate, Jan-Dirk Müller und Peter Strohschneider (Hg.): Erzählen und Episteme. Literatur im 16. Jahrhundert. Berlin 2011. 157–175.
Ridder, Klaus: Jean de Mandevilles ‚Reisen'. Studien zur Überlieferungsgeschichte der deutschen Übersetzung des Otto von Diemeringen. München u. a. 1991.
Ridder, Klaus: Mittelhochdeutsche Minne- und Aventiureromane. Fiktion, Geschichte und literarische Tradition im späthöfischen Roman. ‚Reinfried von Braunschweig', ‚Wilhelm von Österreich', ‚Friedrich von Schwaben'. Berlin u. a. 1998.
Rimpau, Laetitia und Peter Ihring (Hg.): Raumerfahrung – Raumerfindung. Erzählte Welten des Mittelalters zwischen Orient und Okzident. Berlin 2005.
Ritter, Joachim: Landschaft. Zur Funktion des Ästhetischen in der modernen Gesellschaft. In: Ders. (Hg.): Subjektivität. Sechs Aufsätze. Frankfurt a. M. 1980. 141–190.
Robert, Jörg: Fortunatus im Purgatorium. Literarische Höhlenforschung als Paradigma der Moderne. In: Hamm, Joachim und Jörg Robert (Hg.): Unterwelten. Modelle und Transformationen. Würzburg 2014. 183–209.
Robertshaw, Alan: Zur Bedeutung von Burgen für Oswald von Wolkenstein und seine Lyrik. In: Bauschke, Ricarda (Hg.): Die Burg im Minnesang und als Allegorie im deutschen Mittelalter. Frankfurt a. M. 2006. 93–112.
Rocher, Daniel: *kemenâte*. Frauengesellschaft und Frauenrolle im ‚Nibelungenlied'. In: Buschinger, Danielle (Hg.): La ‚Chanson des Nibelungen' hier et aujourd'hui. Amiens 1991. 137–143.

Röcke, Werner: Höfische und unhöfische Minne- und Abenteuerromane. In: Mertens, Volker und Ulrich Müller (Hg.): Epische Stoffe des Mittelalters. Stuttgart 1984. 395–423.

Röcke, Werner: Die Wahrheit der Wunder. Abenteuer der Erfahrung und des Erzählens im ‚Brandan'- und ‚Apollonius'-Roman. In: Cramer, Thomas (Hg.): Wege in die Neuzeit. München 1988. 252–269.

Röcke, Werner: Die nackten Weisen der fremden Welt. Bilder einer utopischen Gesellschaft in Johann Hartliebs ‚Alexander'-Roman. In: ZfGerm N. F. 6.1 (1996a). 21–34.

Röcke, Werner: Lektüren des Wunderbaren. Die Verschriftlichung fremder Welten und *abenthewer* im ‚Reinfried von Braunschweig'. In: Haferland, Harald und Michael Mecklenburg (Hg.): Erzählungen in Erzählungen. Phänomene der Narration in Mittelalter und Früher Neuzeit. München 1996b. 285–301.

Röcke, Werner: Überwältigung. „Eroberungssucht", Legitimation von Herrschaft und lineares Erzählen in Wirnts von Gravenberg ‚Wigalois'. In: Hahn, Alois, Gert Melville und Werner Röcke (Hg.): Norm und Krise von Kommunikation. Inszenierungen literarischer und sozialer Interaktion im Mittelalter. Münster 2007. 225–250.

Röcke, Werner: Die Historisierung des Berges. Perspektiven der Welt- und Heilsgeschichte aus der Innenwelt des Magnetbergs (‚Reinfried von Braunschweig'). In: Goumegou, Susann (Hg.): Über Berge. Topographien der Überschreitung. Berlin 2012. 56–62.

Rohmer, Ernst: Art. Tür. In: Butzer, Günter und Joachim Jacob (Hg.): Metzler Lexikon literarischer Symbole. 2., erw. Aufl. Stuttgart u. a. 2012. 448 f.

Rollason, David W.: Art. Cuthbert. In: LexMA. Bd. 3. München u. a. 1986. 397.

Rösener, Werner et al.: Art. Dorf. In: LexMA. Bd. 3. München u. a. 1986. 1266–1312.

Rosenhagen, Gustav: Untersuchungen über ‚Daniel vom Blühenden Tal' vom Stricker. Diss. masch. Kiel 1890.

Rösli, Lukas: Topographien der eddischen Mythen. Eine Untersuchung zu den Raumnarrativen und den narrativen Räumen in der ‚Lieder-Edda' und der ‚Prosa-Edda'. Tübingen 2015.

Röth, Diether: Dargestellte Wirklichkeit im frühneuhochdeutschen Prosaroman. Die Natur und ihre Verwendung im epischen Gefüge. Diss. Göttingen 1959.

Rozenski, Steven: *Von Aller Bilden Bildlosekeit*. The Trouble with Images of Heaven in the Works of Henry Suso. In: Muessig, Carolyn und Ad Putter (Hg.): Envisaging Heaven in the Middle Ages. London u. a. 2007. 108–119.

RSM = Brunner, Horst und Burghart Wachinger (Hg.): Repertorium der Sangsprüche und Meisterlieder des 12. bis 18. Jahrhunderts. 16 Bde. Tübingen 1986–2009.

Ruberg, Uwe: Raum und Zeit im ‚Prosa-Lancelot'. München 1965.

Ruberg, Uwe: „Wörtlich verstandene" und „realisierte" Metaphern in deutscher erzählender Dichtung von Veldeke bis Wickram. In: Rücker, Helmut und Kurt Otto Seidel (Hg.): Sagen mit Sinne. Festschrift für Marie-Luise Dittrich zum 65. Geburtstag. Göppingen 1976. 205–220.

Ruberg, Uwe: „Lancelot malt sein Gefängnis aus". Bildkunstwerke als kollektive und individuelle Memorialzeichen in den ‚Aeneas'-, ‚Lancelot'- und ‚Tristan'-Romanen. In: Peil, Dietmar, Michael Schilling und Peter Strohschneider (Hg.) in Verbindung mit Wolfgang Frühwald: Erkennen und Erinnern in Kunst und Literatur. Kolloquium Regensburg, 4.–7.1.1996. Tübingen 1998. 181–194.

Rubner, Heinrich und Friederike von Gadow: Art. Forst, Forstrecht. In: HRG. Bd. 1. 2. Aufl. Berlin 2008. 1630–1638.

Ruge, Nikolaus: Asketische Repräsentation und Lektüre. Von der ‚Vita S. Elyzabeth' zum ‚Bihtebuoch'. In: Das Mittelalter 15.1 (2010). 52–65.

Ruh, Kurt: Versuch einer Begriffsbestimmung von „städtischer Literatur" im deutschen Spätmittelalter. In: Fleckenstein, Joseph und Karl Stackmann (Hg.): Über Bürger, Stadt und städtische Literatur. Berichte über Kolloquien der Kommission zur Erforschung der Kultur des Spätmittelalters 1975–1977. Göttingen 1980. 311–328.

Ruh, Kurt: Art. ‚Rosengarten von dem Leiden Jesu Christi'. In: VL. Bd. 8. Berlin u. a. 1992. 185–187.
Ruhrberg, Christine: Der literarische Körper der Heiligen. Leben und Viten der Christina von Stommeln (1242–1312). Tübingen u. a. 1995.
Rupp, Michael: Erfahrungsräume des Wissens. Raumbeschreibung und Wissensdiskurse in Gottfrieds von Straßburg ‚Tristan' und im ‚Jüngeren Titurel' Albrechts. In: Mierke, Gesine und Christoph Fasbender (Hg.): Wissenspaläste. Räume des Wissens in der Vormoderne. Würzburg 2013. 205–222.
Rüth, Jutta: Jerusalem und das Heilige Land in der deutschen Versepik des Mittelalters (1150–1453). Göppingen 1992.
Rüther, Hanno: Der Mythos von den Minnesängern. Die Entstehung der ‚Moringer'-, ‚Tannhäuser'- und ‚Bremberger'-Ballade. Köln 2007.
Rüther, Hanno: Art. Tannhäuser. In: EM. Bd. 13. Berlin u. a. 2010. 182–186.
Saage, Richard: Politische Utopien der Neuzeit. Darmstadt 1991.
Said, Edward W.: Orientalism. London 1978.
Sals, Ulrike und Martin Przybilski: Bayblon – Die ewige Stadt. In: Müller, Ulrich und Werner Wunderlich (Hg.): Burgen, Länder, Orte. Konstanz 2008. 75–89.
San Marte [= Schulz, Albert]: Kommentare. In: ‚Parcival'. Ein Rittergedicht. Übers. von San Marte. Magdeburg 1836.
Sandkühler, Konrad: Anmerkungen. In: Robert de Boron. ‚Die Geschichte des heiligen Gral'. Übers. von Konrad Sandkühler. Stuttgart 1957. 83–107.
Sasse, Sylvia: Poetischer Raum. Chronotopos und Geopolitik. In: Günzel, Stephan (Hg.) unter Mitarbeit von Franziska Kümmerling: Raum. Ein interdisziplinäres Handbuch. Stuttgart u. a. 2010. 294–308.
Scafi, Allesandro: Mapping Paradise. A History of Heaven on Earth. London 2006.
Schanze, Christoph: Himmelsleitern. Von Jakobs Traum zum ‚Welschen Gast'. In: Lähnemann, Henrike und Sandra Linden (Hg.): Dichtung und Didaxe. Lehrhaftes Sprechen in der deutschen Literatur des Mittelalters. Berlin u. a. 2009. 205–222.
Schanze, Christoph: Die Konstruktion höfischer Öffentlichkeit im ‚Welschen Gast' Thomasins von Zerklaere und ihre Funktionalisierung in Wirnts von Gravenberg ‚Wigalois'. In: Däumer, Matthias, Cora Dietl und Friedrich Wolfzettel (Hg.): Artushof und Artusliteratur. Berlin u. a. 2010. 61–90.
Schanze, Frieder: Art. ‚Virgils Fahrt zum Magnetberg'. In: VL. Bd. 10. Berlin u. a. 1999. 377–379.
Schausten, Monika: Erzählwelten der ‚Tristangeschichte' im hohen Mittelalter. Untersuchungen zu den deutschsprachigen Tristanfassungen des 12. und 13. Jahrhunderts. München 1999.
Schausten, Monika: Suche nach Identität. Das „Eigene" und das „Andere" in Romanen des Spätmittelalters und der Frühen Neuzeit. Köln u. a. 2006.
Schein, Sylvia und Jonathan Riley-Smith: Art. Jerusalem. In: LexMA. Bd. 5. München 1991. 351–359.
Schempf, Herbert: Art. Haustür. In: HRG. Bd. 2. 2. Aufl. Berlin 2012. 837 f.
Schenk, Peter: Ein Idyll im Garten. Beobachtungen zur Szenerie in Erasmus' ‚Antibarbarorum liber'. In: Mittellateinisches Jahrbuch 38.2 (2003). 411–437.
Scheuer, Hans-Jürgen: Cerebrale Räume. Internalisierte Topographie in Literatur und Kartographie des 12./13. Jahrhunderts (Hereford-Karte, ‚Straßburger Alexander'). In: Böhme, Hartmut (Hg.): Topographien der Literatur. Deutsche Literatur im transnationalen Kontext. Stuttgart 2005. 12–36.
Scheuer, Hans Jürgen und Björn Reich: Die Realität der inneren Bilder. Candacias Palast und das Bildprogramm auf Burg Runkelstein als Modelle mittelalterlicher Imagination. In: Hasebrink, Burkhard, Hans-Jochen Schiewer, Almut Suerbaum und Annette Volfing (Hg.): Innenräume in der Literatur des deutschen Mittelalters. XIX. Anglo-German Colloquium Oxford 2005. Tübingen 2008. 101–124.

Schich, Winfrid: Art. Stadttor. In: LexMA. Bd. 8. München 1997. 27 f.
Schieb, Gabriele: Rechtswörter und Rechtsvorstellungen bei Heinrich von Veldeke. In: PBB 77 (1955). 159–197.
Schieb, Gabriele: Veldekes Grabmalbeschreibungen. In: PBB 87 (1965). 201–243.
Schierling, Maria: ‚Das Kloster der Minne'. Edition und Untersuchung. Im Anhang vier weitere Minnereden der Donaueschinger Liedersaal-Handschrift. Göppingen 1980.
Schild, Wolfgang: Art. Gefängnis. In: LexMA. Bd. 4. München u. a. 1989. 1168 f.
Schildt, Bernd: Art. Dorf. In: HRG. Bd. 1. 2. Aufl. Berlin 2008. 1120–1132.
Schindler, Andrea: *von kristen und von haiden*. Die Ordnung der Welt in Johanns von Würzburg ‚Wilhelm von Österreich'. In: Karg, Ina (Hg.): Europäisches Erbe des Mittelalters. Kulturelle Integration und Sinnvermittlung einst und jetzt. Ausgewählte Beiträge der Sektion II „Europäisches Erbe" des Deutschen Germanistentages 2010 in Freiburg i. Br. Göttingen 2011. 95–111.
Schirok, Bernd: Die Inszenierung von Munsalvaesche. Parzivals erster Besuch auf der Gralburg. In: Literaturwissenschaftliches Jahrbuch 46 (2005). 39–78.
Schlechtweg-Jahn, Ralf: Hybride Machtgrenzen in deutschsprachigen Alexanderromanen. In: Mölk, Ulrich (Hg.): Herrschaft, Ideologie und Geschichtskonzeption in Alexanderdichtungen des Mittelalters. Göttingen 2002. 267–289.
Schlechtweg-Jahn, Ralf: Macht und Gewalt im deutschsprachigen Alexanderroman. Trier 2006.
Schlechtweg-Jahn, Ralf: Natur- und Kulturbilder zwischen Epochenbruch und Umbesetzung. In: Klinger, Judith und Gerhard Wolf: Gedächtnis und kultureller Wandel. Erinnerndes Schreiben – Perspektiven und Kontroversen. Berlin u. a. 2009. 167–185.
Schlesinger, Walter: Stadt und Burg im Lichte der Wortgeschichte. In: Haase, Carl (Hg.): Die Stadt des Mittelalters. Bd. 1. Begriff, Entstehung und Ausbreitung. Darmstadt 1969. 95–121.
Schloß Runkelstein. Die Bilderburg, hg. von der Stadt Bozen unter Mitwirkung des Südtiroler Kulturinstituts. Bozen 2000.
Schlüter, Dietrich und Wolfram Hogrebe: Art. Bild. In: Ritter, Joachim, Karlsfried Gründer und Gottfried Gabriel (Hg.): Historisches Wörterbuch für Philosophie. Bd. 1. Basel u. a. 1971. 913–919.
Schlüter, Wolfgang: Nachwort. In: Ders. (Hg.): Brendans Inseln. ‚Navigatio Sancti Brendani Abbatis'. Wien 1997. 97–107.
Schmid, Barbara und Regula Schmid: Die Allgegenwart des Raumes in den Kulturwissenschaften und die Ordnung der Dinge. In: Kundert, Ursula, Barbara Schmid und Regula Schmid (Hg.): Ausmessen – Darstellen – Inszenieren. Raumkonzepte und die Wiedergabe von Räumen in Mittelalter und früher Neuzeit. Zürich 2007. 9–22.
Schmid, Elisabeth: Priester Johann oder die Aneignung des Fremden. In: Peschel, Dietmar (Hg.): Germanistik in Erlangen. Erlangen 1983. 75–93.
Schmid, Elisabeth: Benoît de Saint-Maure und Herbort von Fritslar auf dem Schlachtfeld. Zwei Stichproben aus dem Trojanischen Krieg. In: Kasten, Ingrid und Werner Paravicini (Hg.): Kultureller Austausch und Literaturgeschichte im Mittelalter. Sigmaringen 1998. 175–184.
Schmid, Elisabeth: Die Überbietung der Natur durch die Kunst. Ein Spaziergang durch den Gralstempel. In: Baisch, Martin, Johannes Keller, Florian Kragl und Matthias Meyer (Hg.): Der ‚Jüngere Titurel' zwischen Didaxe und Verwilderung. Neue Beiträge zu einem schwierigen Werk. Göttingen 2010. 257–272.
Schmid, Elisabeth: Lechts und rinks ... Kulturelle Semantik von Naturtatsachen im höfischen Roman. In: Glauch, Sonja, Susanne Köbele und Uta Störmer-Caysa (Hg.): Projektion – Reflexion – Ferne. Räumliche Vorstellungen und Denkfiguren im Mittelalter, Berlin u. a. 2011. 121–136.
Schmid, Florian: Sehen – Deuten – Erkennen. Wahrnehmungsprozesse im maritimen Kontext im ‚Herzog Ernst B'. In: Javor Briški, Marija und Irena Samide (Hg.): The Meeting of the Waters. Fluide Räume in Literatur und Kultur. München 2015. 104–120.

Schmid-Cadalbert, Christan: Der ‚Ortnit AW' als Brautwerbungsdichtung. Ein Beitrag zum Verständnis mittelhochdeutscher Schemaliteratur. Bern 1985.
Schmid-Cadalbert, Christian: Der wilde Wald. Zur Darstellung und Funktion eines Raums in der mhd. Literatur. In: Schnell, Rüdiger (Hg.): *Gotes und der werlde hulde*. Literatur in Mittelalter und Neuzeit. Bern u. a. 1989. 24–47.
Schmidtke, Dietrich: Art. ‚Berliner Rosengärtlein'. In: VL. Bd. 1. Berlin u. a. 1978. 731f.
Schmidtke, Dietrich: Studien zur dingallegorischen Erbauungsliteratur des Spätmittelalters. Am Beispiel der Garten-Allegorese. Tübingen 1982.
Schmidtke, Dietrich: Art. ‚Rosengärtlein des Herzens'. In: VL. Bd. 8. Berlin u. a. 1992. 192f.
Schmieder, Felicitas: Europa und die Fremden. Die Mongolen im Urteil des Abendlandes vom 13. bis in das 15. Jahrhundert. Sigmaringen 1994.
Schmitt, Kerstin: Poetik der Montage. Figurenkonzeption und Intertextualität in der ‚Kudrun'. Berlin 2002.
Schmitz, Klaus Jörg: Zu Ort und Zeit der Entstehung des ‚Engelhard' Konrads von Würzburg. In: Jahrbuch der Oswald-von-Wolkenstein-Gesellschaft 5 (1988/89). 309–318.
Schmitz, Silvia: Reisende Helden. Zu Hans Staden, ‚Erec' und ‚Tristan'. In: Cramer, Thomas (Hg.): Wege in die Neuzeit. München 1988. 198–228.
Schnall, Uwe et al.: Art. Hafen. In: LexMA Bd. 4. München u. a. 1989. 1825–1835.
Schnall, Uwe und Georgios Makris: Art. Schiff, -bau, -stypen. In: LexMA Bd. 7. München 1995. 1456–1464.
Schneider, Almut: Chiffren des Selbst. Narrative Spiegelungen der Identitätsproblematik in Johanns von Würzburg ‚Wilhelm von Österreich' und in Heinrichs von Neustadt ‚Apollonius von Tyrland'. Göttingen 2004.
Schnell, Rüdiger: Vogeljagd und Liebe im 8. Buch von Wolframs ‚Parzival'. In: PBB 96 (1974). 246–269.
Schnyder, Mireille: Räume der Kontingenz. In: Herberichs, Cornelia und Susanne Reichlin (Hg.): Kein Zufall. Konzeptionen von Kontingenz in der mittelalterlichen Literatur. Göttingen 2010. 174–185.
Schnyder, Mireille: *Âventiure? waz ist daz?* Zum Begriff des Abenteuers in der deutschen Literatur des Mittelalters. In: Euphorion 96 (2002). 257–272.
Schnyder, Mireille: Topographie des Schweigens. Untersuchungen zum deutschen höfischen Roman um 1200. Göttingen 2003.
Schnyder, Mireille: Sieben Thesen zum Begriff der *âventiure*. In: Dicke, Gerd, Manfred Eikelmann und Burkhard Hasebrink (Hg.): Im Wortfeld des Textes. Worthistorische Beiträge zu den Bezeichnungen von Rede und Schrift im Mittelalter. Berlin u. a. 2006. 369–375.
Schnyder, Mireille: Der Wald in der höfischen Literatur. Raum des Mythos und des Erzählens. In: Das Mittelalter 13.2 (2008). 122–135.
Schnyder, Mireille: *Das ander paradîse*. Künstliche Paradiese in der Literatur des Mittelalters. In: Benthien, Claudia, Manuela Gerlof und Stefanie Wenner (Hg.): Paradies. Topografien der Sehnsucht. Köln u. a. 2010. 63–75.
Schnyder, Mireille: Überlegungen zu einer Poetik des Staunens im Mittelalter. In: Baisch, Martin, Andreas Degen und Jana Lüdtke (Hg.): Wie gebannt. Ästhetische Verfahren der affektiven Bindung von Aufmerksamkeit. Freiburg i. Br. u. a. 2013. 95–114.
Scholz, Manfred Günter: Kommentar. In: Ders. (Hg.) und Susanne Held (Übers.): Hartmann von Aue, ‚Erec'. Frankfurt a. M. 2004. 567–999.
Schönbeck, Gerhard: Der *locus amoenus* von Homer bis Horaz. Heidelberg 1962.
Schotte, Manuela: Christen, Heiden und der Gral. Die Heidendarstellung als Instrument der Rezeptionslenkung in den mittelhochdeutschen Gralromanen des 13. Jahrhunderts. Frankfurt a. M. u. a. 2009.

Schröder, Edward: Studien zu Konrad von Würzburg IV/V. In: Nachrichten von der Königlichen Gesellschaft der Wissenschaften zu Göttingen, philologisch-historische Klasse. Göttingen 1917. 96–129.
Schröder, Joachim: Zu Darstellung und Funktion der Schauplätze in den Artusromanen Hartmanns von Aue. Göppingen 1972.
Schröder, Werner: Der synkretistische Roman des Wirnt von Gravenberg. Unerledigte Fragen an den ‚Wigalois'. In: Euphorion 80 (1986). 235–277.
Schubert, Ernst: Essen und Trinken im Mittelalter. Darmstadt 2006.
Schuler, Thomas: Ungleiche Gastlichkeit. Das karolingische Benediktinerkloster, seine Gäste und die christlich-monastische Norm. Diss. masch. Bielefeld 1979.
Schulman, Jana K.: „A Guest is in the Hall". Women, Feasts, and Violence in Icelandic Epic. In: Poor, Sara S. und Jana K. Schulman (Hg.): Women and Medieval Epic. Gender, Genre, and the Limits of Epic Masculinity. New York 2007. 209–233.
Schultz, Alwin: Das höfische Leben zur Zeit der Minnesinger. 2 Bde. 2. verb. und verm. Aufl. Leipzig 1889.
Schulz, Anne: Essen und Trinken im Mittelalter (1000–1300). Literarische, kunsthistorische und archäologische Quellen. Berlin u. a. 2011.
Schulz, Armin: Poetik des Hybriden. Schema, Variation und intertextuelle Kombinatorik in der Minne- und Aventiureepik. ‚Wilhelm von Orlens' – ‚Partonopier und Meliur' – ‚Wilhelm von Österreich' – ‚Die schöne Magelone'. Berlin 2000.
Schulz, Armin: *in dem wilden wald*. Außerhöfische Sonderräume, Liminalität und mythisierendes Erzählen in den ‚Tristan'-Dichtungen. Eilhart – Beroul – Gottfried. In: DVjs 77.4 (2003). 515–547.
Schulz, Armin: Spaltungsphantasmen. Erzählen von der „gestörten Mahrtenehe". In: Haubrichs, Wolfgang, Eckart Conrad Lutz, Klaus Ridder (Hg.): Erzähltechnik und Erzählstrategien in der deutschen Literatur des Mittelalters. Saarbrücker Kolloquium 2002. Berlin 2004. 233–262.
Schulz, Armin: Schwieriges Erkennen. Personenidentifizierung in der mittelhochdeutschen Epik. Tübingen 2008.
Schulz, Armin: Kontingenz im mittelhochdeutschen Liebes- und Abenteuerroman. In: Herberichs, Cornelia und Susanne Reichlin (Hg.): Kein Zufall. Konzeptionen von Kontingenz in der mittelalterlichen Literatur. Göttingen 2010. 206–225.
Schulz, Armin: Das Nicht-Höfische als Dämonisches. Die Gegenwelt Korntin im ‚Wigalois'. In: Wolfzettel, Friedrich, Cora Dietl und Matthias Däumer (Hg.): Artusroman und Mythos. Berlin u. a. 2011. 391–407.
Schulz, Armin: Erzähltheorie in mediävistischer Perspektive. Hg. von Manuel Braun, Alexandra Dunkel und Jan-Dirk Müller. Berlin u. a. 2012.
Schulz, Katja: Midgard, Utgard und Asgard. In: Müller, Ulrich und Werner Wunderlich (Hg.): Burgen, Länder, Orte. Konstanz 2008. 571–585.
Schulz, Monika: *Iz ne wart nie urowe baz geschot*. Bemerkungen zur Kemenatenszene im ‚König Rother'. In: Kellner, Beate, Ludger Lieb und Peter Strohschneider (Hg.): Literarische Kommunikation und soziale Interaktion. Studien zur Institutionalität mittelalterlicher Literatur. Frankfurt a. M. u. a. 2001. 73–88.
Schulze, Hans K.: Art. Burggraf, -schaft. In: LexMA. Bd. 2. München u. a. 1983. 1048–1050.
Schulze, Ursula: Das ‚Nibelungenlied'. Stuttgart 1997.
Schulze-Belli, Paola: Garten Eden. In: Müller, Ulrich und Werner Wunderlich (Hg.): Burgen, Länder, Orte. Konstanz 2008. 245–258.
Schulz-Grobert, Jürgen: *Von quâdrestein geworhte …* Bautechnische ‚Detailrealismen' in Architekturphantasien der höfischen Epik? In: ZfdA 129.3 (2000). 275–295.
Schumacher, Meinolf: Noch ein Höhlengleichnis. Zu einem metaphorischen Argument bei Gregor dem Großen. In: Literaturwissenschaftliches Jahrbuch 31 (1990). 53–68.

Schumacher, Meinolf: Gast, Wirt und Wirtin. Konstellationen von Gastlichkeit in der Literatur des Mittelalters. In: Friedrich, Peter und Rolf Parr (Hg.): Gastlichkeit. Erkundungen einer Schwellensituation. Heidelberg 2009. 105–116.

Schupp, Volker und Hans Szklenar: Ywain auf Schloß Rodenegg. Eine Bildergeschichte nach dem ‚Iwein' Hartmanns von Aue. Sigmaringen 1996.

Schützeichel, Rudolf: Althochdeutsches Wörterbuch. 4., überarb. und erg. Aufl. Tübingen 1989.

Schwab, Ute: Archaische Kampfformeln im ‚Rolandslied' und anderswo. In: ABäG 50 (1998). 73–93.

Schweikle, Günther und Ricarda Bauschke-Hartung: Kommentar. In: Dies. (Hg.): Walther von der Vogelweide. Bd. 1. Spruchlyrik. 3. verb. u. erw. Aufl. Stuttgart 2009. 333–510.

Schweizer, Stefan: Die Erfindung der Gartenkunst. Gattungsautonomie-Diskursgeschichte-Kunstwerkanspruch. München 2013.

Schwob, Anton und Ute Monika Schwob: Zur Wahrnehmung des Kerkers in mittelalterliche Texten und Bildern. In: Marci-Boehncke, Gudrun und Jörg Riecke (Hg.): Von Mythen und Mären – Mittelalterliche Kulturgeschichte im Spiegel einer Wissenschaftler-Biographie. Festschrift Otfrid Ehrismann zum 65. Geburtstag. Hildesheim u. a. 2006. 582–602.

Schwob, Ute Monika: Gefängnis, Kerker, Verlies. In: Müller, Ulrich und Werner Wunderlich (Hg.): Burgen, Länder, Orte. Konstanz 2008. 227–244.

Scott, Margaret: Late Gothic Europe. 1400–1500. London u. a. 1980.

Seeber, Stefan: *Vor dem holen steine erstuonden aber diu sunderbaren maere* (84,4). Zu den Raumstrukturen der ‚Kudrun'. In: Hasebrink, Burkhard, Hans-Jochen Schiewer, Almut Suerbaum und Annette Volfing (Hg.): Innenräume in der Literatur des deutschen Mittelalters. XIX. Anglo-German Colloquium Oxford 2005. Tübingen 2008. 125–146.

Seibt, Ferdinand: Utopie im Mittelalter. In: Historische Zeitschrift 208 (1969). 555–591.

Seibt, Ferdinand: Utopica. Modelle totaler Sozialplanung. Düsseldorf 1972.

Selbmann, Rolf: Eine Kulturgeschichte des Fensters von der Antike bis zur Moderne. Berlin 2010.

Semmler, Josef (Hg.): Der Wald in Mittelalter und Renaissance. Düsseldorf 1991.

Semple, Sarah: A Fear of the Past. The Place of the Prehistoric Burial Mound in the Ideology of Middle and Later Anglo-Saxon England. In: World Archaeology 30 (1998/99). 109–126.

Sengle, Friedrich: Die Patrizierdichtung ‚Der gute Gerhard'. In: DVjs 24.1 (1950). 53–82.

Siebert, Johannes: Virgils Fahrt zum Agetstein. In: PBB 74 (1952). 193–225.

Siefken, Hinrich: *Der sælden strâze*. Zum Motiv der zwei Wege bei Hartmann von Aue. In: Euphorion 61 (1967). 1–21.

Sieg, Fabian: Art. Heide. In: Butzer, Günter und Joachim Jacob (Hg.): Metzler Lexikon literarischer Symbole. 2., erw. Aufl. Stuttgart u. a. 2012. 177–179.

Siewers, Alfred: Desert Islands. Europe's Atlantic Archipelago as Ascetic Landscape. In: Hudson, Benjamin (Hg.): Studies in the Medieval Atlantic. New York 2012. 35–63.

Simek, Rudolf: Die Kugelform der Erde im mittelhochdeutschen Schrifttum. In: Archiv für Kulturgeschichte 70.2 (1988). 361–373.

Simek, Rudolf: Erde und Kosmos im Mittelalter. Das Weltbild des Kolumbus. München 1992.

Simmerding, Franz X.: Grenzzeichen, Grenzsteinsetzer und Grenzfrevler. München 1997.

Simon, Eckehard: Rosengartenspiele. Zu Schauspiel und Turnier im Spätmittelalter. In: Poag, James und Thomas Fox (Hg.): Entzauberung der Welt. Tübingen 1989. 197–209.

Simon, Ralf: Einführung in die strukturalistische Poetik des mittelalterlichen Romans. Analysen zu deutschen Romanen der *matière de Bretagne*. Würzburg 1990.

Sims-Williams, Patrick: Some Celtic Otherworld Terms. In: Matonis, Ann T. E. und Daniel F. Mela (Hg.): Celtic Language, Celtic Culture. A Festschrift for Eric P. Hamp. Van Nuys (Kalifornien) 1990. 57–84.

Slenczka, Alwine: Mittelhochdeutsche Verserzählungen mit Gästen aus Himmel und Hölle. Münster u. a. 2004.

Smits, Kathryn: *als viur in dem brunnen*. Überlegungen zu ‚Parzival' 2,1–4, 63,13–64,12 und 112,21–30. In: ZfdPh 115.1 (1996). 26–41.

Speckenbach, Klaus: Traum-Reisen in eine jenseitige Welt. In: Huschenbett, Dietrich und John Margetts (Hg.): Reisen und Welterfahrung in der deutschen Literatur des Mittelalters. Vorträge des XI. anglo-deutschen Colloquiums, 11.–15. September 1989, Universität Liverpool. Würzburg 1991. 125–140.

Spiewok, Wolfgang: Die Vergewaltigung in der deutschen Literatur des Mittelalters. In: Buschinger, Danielle und Wolfgang Spiewok (Hg.): Sexuelle Perversionen im Mittelalter. XXIX. Jahrestagung des Arbeitskreises Deutsche Literatur des Mittelalters. Greifswald 1994. 193–206.

Spiewok, Wolfgang: Reale und fiktionale Geographie im ‚Parzival' Wolframs von Eschenbach. In: Buschinger, Danielle und Wolfgang Spiewok (Hg.): Die Geographie in der mittelalterlichen Epik. La géographie dans les textes narratives médiévaux. Actes du Colloque du Centre d'Etudes Médiévales de l'université de Picardie Jules Verne, Saint-Valéry-sur-Somme, 28–31 mars 1996. Greifswald 1996. 139–151.

Sprandel, Rolf: Art. Markt. I. Westlicher Bereich. In: LexMA. Bd. 6. München 1993. 308–311.

Stange, Carmen: Aufsteiger und Bankrotteure. Herkunft, Leistung und Glück im ‚Hug Schapler' und im ‚Fortunatus'. In: Drittenbass, Catherine und André Schnyder (Hg.): ‚Eulenspiegel' trifft ‚Melusine'. Der frühneuhochdeutsche Prosaroman im Licht neuer Forschung und Methoden. Amsterdam u. a. 2010. 217–255.

Stanzel, Franz Karl: Theorie des Erzählens. 6. Aufl. Göttingen 1995.

Stark, Brigitte: *Terra repromissionis Sanctorum*. Die Reise des Heiligen Brandan zum irdischen Paradies. In: Aertsen, Jan A. und Andreas Speer (Hg.): Raum und Raumvorstellungen im Mittelalter. Berlin u. a. 1997. 525–539.

Staubach, Nikolaus und Vera Johanterwage (Hg.): Außen und Innen. Räume und ihre Symbolik im Mittelalter. Frankfurt a. M. u. a. 2007.

Stauffer, Marianne: Der Wald. Zur Darstellung und Deutung der Natur im Mittelalter. Zürich 1958.

Stecher, Gudrun Theresia: Magnetismus im Mittelalter. Von den Fähigkeiten und der Verwendung des Magneten in Dichtung, Alltag und Wissenschaft. Göppingen 1995.

Steidl, Nicole: Marco Polos ‚Heydnische Chronik'. Die mitteldeutsche Bearbeitung des ‚Divisament dou monde' nach der Admonter Handschrift Cod. 504. Aachen 2010.

Steinicke, Marion: Apokalyptische Heerscharen und Gottesknechte. Wundervölker des Ostens in abendländischer Tradition vom Untergang der Antike bis zur Entdeckung Amerikas. Diss. masch. Berlin 2005.

Steinmeyer, Elias von: [Rez.] ‚Tandareis und Flordibel'. Ein höfischer Roman von dem Pleiaere. Herausgegeben von Ferdinand Khull. Graz 1885. In: Göttingische gelehrte Anzeigen 21 (1887). 785–811.

Stemplinger, E.: Art. Fußspur. In: HdA. Bd. 3. Berlin u. a. 2000. 240–243.

Stierle, Karlheinz: Die Entdeckung der Landschaft in Literatur und Malerei der italienischen Renaissance. In: Weber, Heinz-Dieter (Hg.): Vom Wandel des neuzeitlichen Naturbegriffs. Konstanz 1989. 33–52.

Stock, Markus: Kombinationssinn. Narrative Strukturexperimente im ‚Straßburger Alexander', im ‚Herzog Ernst B' und im ‚König Rother'. Tübingen 2002.

Stock, Markus: Das Zelt als Zeichen und Handlungsraum in der höfischen deutschen Epik. Mit einer Studie zu Isenharts Zelt in Wolframs ‚Parzival'. In: Hasebrink, Burkhard, Hans-Jochen Schiewer, Almut Suerbaum und Annette Volfing (Hg.): Innenräume in der Literatur des deutschen Mittelalters. XIX. Anglo-German Colloquium Oxford 2005. Tübingen 2008. 67–85.

Stock, Markus und Nicola Vöhringer (Hg.): Spatial Practices. Medieval – Modern. Göttingen 2014.

Stockhammer, Robert: Kartierung der Erde. Macht und Lust in Karten und Literatur. München 2007.

Stockhorst, Stefanie: Art. Mauer. In: Butzer, Günter und Joachim Jacob (Hg.): Metzler Lexikon literarischer Symbole. 2., erw. Aufl. Stuttgart u. a. 2012. 266.
Stoltmann, Dagmar: Jerusalem. Auf die Erde geholter Himmel? In: Müller, Ulrich und Werner Wunderlich (Hg.): Burgen, Länder, Orte. Konstanz 2008. 373–388.
Stolz, Michael: Weltinnenräume. Literarische Erkundungen zwischen Spätmittelalter und früher Neuzeit (am Beispiel des ‚Fortunatus'-Romans und der ‚Geschichtklitterung' von Johann Fischart). In: Hasebrink, Burkhard, Hans-Jochen Schiewer, Almut Suerbaum und Annette Volfing (Hg.): Innenräume in der Literatur des deutschen Mittelalters. XIX. Anglo-German Colloquium Oxford 2005. Tübingen 2008. 427–455.
Stolz, Michael: Dingwiederholungen in Wolframs ‚Parzival'. In: Mühlherr, Anna, Heike Sahm, Monika Schausten und Bruno Quast (Hg.): Dingkulturen. Objekte in Literatur, Kunst und Gesellschaft der Vormoderne. Berlin u. a. 2016. 267–293.
Stoob, Heinz in Verbindung mit Wilfried Ehbrecht und Brigitte Schröder (Hg.): Bibliographie zur deutschen historischen Städteforschung. Teil 1. Bearb. v. Schröder, Brigitte und Heinz Stoob. Köln u. a. 1986.
Störmer-Caysa, Uta: Liebesfreude, Tod und andere Nebenfiguren. Probleme mit dem allegorischen Verständnis der ‚Krone' Heinrichs von dem Türlin. In: Löser, Freimut und Ralf G. Päsler (Hg.): Vom vielfachen Schriftsinn im Mittelalter. Hamburg 2005. 521–541.
Störmer-Caysa, Uta: Grundstrukturen mittelalterlicher Erzählungen. Raum und Zeit im höfischen Roman. Berlin u. a. 2007.
Störmer-Caysa, Uta: Wege und Irrwege, Wissen und heroische Geographie in der ‚Kudrun' – Kleine Studie über das Entstehen von Plausibilität in der Heldendichtung. In: Däumer, Matthias, Maren Lickhardt, Christian Riedel und Christine Waldschmidt (Hg.): Irrwege. Zur Ästhetik und Hermeneutik des Fehlgehens. Heidelberg 2010. 93–111.
Störmer-Caysa, Uta: Was soll die ‚Elucidation' im ‚Rappoltsteiner Parzifal'? Mutmaßungen über Handlungslogik und Verknüpfungstechnik. In: Klein, Dorothea (Hg.): Vom Verstehen deutscher Texte des Mittelalters aus der europäischen Kultur. Würzburg 2011. 411–425.
Strickhausen, Gerd: Burgen der Ludowinger in Thüringen, Hessen und Rheinland. Darmstadt 1998.
Stridde, Christine: Verbalpräsenz und göttlicher Sprechakt. Zur Pragmatik spiritueller Kommunikation *zwischen* ‚St. Trudperter Hohelied' und Mechthilds von Magdeburg ‚Das Fließende Licht der Gottheit'. Stuttgart 2009.
Strijbosch, Clara: Himmel, Höllen und Paradiese in Sanct Brandans ‚Reise'. In: ZfdPh 118.1 (1999). 50–68.
Strijbosch, Clara: The Seafaring Saint. Sources and Analogues of the Twelfth Century ‚Voyage of Saint Brendan'. Dublin 2000.
Strobl, Joseph (Hg.): Heinrich von Neustadt, ‚Apollonius'. ‚Von Gotes Zuokunft'. Im Auszuge mit Einleitung, Anmerkungen und Glossar. Wien 1875.
Strohschneider, Peter: ‚Der tûrney von dem czers'. Versuch über ein priapeiisches Märe. In: Ashcroft, Jeffrey, Dietrich Huschenbett und William Henry Jackson (Hg.): Liebe in der deutschen Literatur des Mittelalters. St. Andrews Colloquium 1985. Tübingen 1987. 149–173.
Strohschneider, Peter: Ur-sprünge. Körper, Gewalt und Schrift im ‚Schwanritter' Konrads von Würzburg. In: Wenzel, Horst (Hg.): Gespräche – Boten – Briefe. Körpergedächtnis und Schriftgedächtnis im Mittelalter. München 1997. 127–153.
Strohschneider, Peter: Art. Ulrich von Türheim. In: VL. Bd. 10. Berlin u. a. 1999. 28–39.
Strohschneider, Peter: Kemenate. Geheimnisse höfischer Frauenräume bei Ulrich von dem Türlin und Konrad von Würzburg. In: Hirschbiegel, Jan und Werner Paravicini (Hg.): Das Frauenzimmer. Die Frau bei Hofe in Spätmittelalter und Früher Neuzeit. 6. Symposion der Residenzen-Kommission der Akademie der Wissenschaften Göttingen. Stuttgart 2000. 29–45.

Strohschneider, Peter: Textheiligung. Geltungsstrategien legendarischen Erzählens im Mittelalter am Beispiel von Konrads von Würzburg ‚Alexius'. In: Melville, Gert und Hans Vorländer (Hg.): Geltungsgeschichten. Über Stabilisierung und Legitimierung institutioneller Ordnungen. Köln 2002. 109–147.

Strohschneider, Peter: Reden und Schreiben. Interpretationen zu Konrad von Heimesfurt im Problemfeld vormoderner Textualität. In: ZfdPh 124 (2005). 309–344.

Strohschneider, Peter: Sternenschrift. Textkonzepte höfischen Erzählens. In: Wolfram-Studien 19 (2006a). 33–58.

Strohschneider, Peter: *âventiure*-Erzählen und *âventiure*-Handeln. Eine Modellskizze. In: Dicke, Gerd, Manfred Eikelmann und Burkhard Hasebrink (Hg.): Im Wortfeld des Textes. Worthistorische Beiträge zu den Bezeichnungen von Rede und Schrift im Mittelalter. Berlin u. a. 2006b. 377–383.

Strohschneider, Peter: Höfische Textgeschichten. Über Selbstentwürfe vormoderner Literatur. Heidelberg 2014.

Strohschneider, Peter und Herfried Vögel: Flußübergänge. Zur Konzeption des ‚Straßburger Alexander'. In: ZfdA 118.2 (1989). 85–108.

Struve, Karen: Zur Aktualität von Homi K. Bhabha. Einleitung in sein Werk. Wiesbaden 2013.

Studt, Birgit: Die Badenfahrt. Ein neues Muster der Badepraxis und Badegeselligkeit im deutschen Spätmittelalter. In: Matheus, Michael (Hg.): Badeorte und Bäderreisen in Antike, Mittelalter und Neuzeit. Stuttgart 2001. 33–52.

Stürner, Wolfgang: Gebhardt. Handbuch der Deutschen Geschichte. 13. Jahrhundert. 1198–1273. Stuttgart 2007.

Sullivan, Joseph: The Merchant's Residence and Garden as *locus amoenus* in the Yiddish ‚Dukus Horant'. In: Busby, Keith (Hg.): Courtly Arts and the Art of Courtliness. Cambridge 2006. 651–664.

Suter, Robert: Art. Wald. In: Butzer, Günter und Joachim Jacob (Hg.): Metzler Lexikon literarischer Symbole. 2., erw. Aufl. Stuttgart 2012. 470 f.

Szabó, Thomas: Art. Straße. I. Westlicher Bereich. In: LexMA. Bd. 8. München 1997. 220–224.

Szklenar, Hans: Studien zum Bild des Orients in vorhöfischen deutschen Epen. Göttingen 1966.

Tandecki, Daniela: Der Garten als Symbol und Refugium göttlicher und menschlicher Liebe. Versuche der Vollendung einer Tradition in den Gärten und der Lyrik Europas im 16. und 17. Jahrhundert. In: Arcadia 22 (1987). 113–141.

Tax, Petrus W.: Nochmals zu Parzivals zwei Schwertern. Ein nachdenklicher und narrativ-kombinatorischer Versuch über Schwerter und Kampfstrategien, Segen und Impotenzen in Wolframs ‚Parzival'. In: ZfdA 135.3 (2006). 275–308.

Tazi, Raja: Arabismen im Deutschen. Lexikalische Transferenzen vom Arabischen ins Deutsche. Berlin 1998.

Terada, Tatsuo: Literarische Darstellungen eskalierender Schlachten im Mittelalter. Ein Ansatz zum Ost-West-Vergleich. In: Marci-Boehnke, Gudrun und Jörg Riecke (Hg.): Von Mythen und Mären. Hildesheim 2006. 626–643.

Thiering, Martin: Art. Spur. In: Günzel, Stephan (Hg.): Lexikon der Raumphilosophie. Darmstadt 2012. 385 f.

Thompson, Stith: Motif-Index of Folk-Literature. A Classification of Narrative Elements in Folktales, Ballads, Myths, Fables, Medieval Romances, Exempla, Fabliaux, Jest-Books, and Local Legends. Revised and Enlarged Edition. Bloomington 1955–1958.

Thompson, Tok: The Irish *Sí* Tradition. Connections between the Disciplines, and What's in a Word? In: Journal of Archaeological Method and Theory 11.4 (2004). 335–368.

Thornton, Alison: Weltgeschichte und Heilsgeschichte in Albrechts von Scharfenberg ‚Jüngerem Titurel'. Göppingen 1977.

Thoss, Dagmar: Studien zum *locus amoenus* im Mittelalter. Wien u. a. 1972.
Thums, Barbara: Art. Wüste. In: Butzer, Günter und Joachim Jacob (Hg.): Metzler Lexikon literarischer Symbole. 2., erw. Aufl. Stuttgart u. a. 2012. 490 f.
Titzmann, Michael: Strukturale Textanalyse. Theorie und Praxis der Interpretation. München 1977.
Todorov, Tzvetan: Die Eroberung Amerikas. Das Problem des Anderen. Aus d. Franz. von Wilfried Böhringer. Frankfurt a. M. 1985.
Tomasch, Sylvia und Sealy Gilles (Hg.): Text and Territory. Geographical Imagination in the European Middle Ages. Philadelphia 1998.
Tomasek, Tomas: Die Utopie im ‚Tristan' Gotfrids von Straßburg. Tübingen 1985.
Tomasek, Tomas: Verantwortlichkeit und Schuld des Gregorius. Ein motiv- und strukturorientierter Beitrag zur Klärung eines alten Forschungsproblems im ‚Gregorius' Hartmanns von Aue. In: Literaturwissenschaftliches Jahrbuch 34 (1993). 33–47.
Tomasek, Tomas: Die Welt der Blumenmädchen im ‚Straßburger Alexander'. Ein literarischer utopischer „Diskurs" aus dem Mittelalter. In: Heßelmann, Peter, Michael Huesmann und Hans-Joachim Jacob (Hg.): Das Schöne soll sein. Aisthesis in der deutschen Literatur. Festschrift für Wolfgang F. Bender. Bielefeld 2001a. 43–55.
Tomasek, Tomas: Wolfram im Schwitzbad. In: Peters, Robert, Horst P. Pütz und Ulrich Weber (Hg.): *Vulpis Adolatio*. Festschrift für Hubertus Menke zum 60. Geburtstag. Heidelberg 2001b. 879–891.
Tomasek, Tomas: Zur Poetik des Utopischen im Hoch- und Spätmittelalter. In: Jahrbuch der Oswald von Wolkenstein Gesellschaft 13 (2001/02). 179–193.
Tomasek, Tomas und H. G. Walther: *Gens consilio et sciencia caret ita, ut non eos racionabiles extimem*. Überlegenheitsgefühl als Grundlage politischer Konzepte und literarischer Strategien der Abendländer bei der Auseinandersetzung mit der Welt des Orients. In: Engels, Odilo und Peter Schreiner (Hg.): Die Begegnung des Westens mit dem Osten. Kongreßakten des 4. Symposions des Mediävistenverbandes. Sigmaringen 1993. 241–272.
Tracey, Martin J.: Art. Trägheit. In: LexMA. Bd. 8. München 1997. 932–933.
Trachsler, Ernst: Der Weg im mittelhochdeutschen Artusroman. Bonn 1979.
Traulsen, Johannes: Diesseitige und jenseitige *rîchheit* in Rudolfs von Ems ‚Barlaam und Josaphat'. In: Eming, Jutta, Gaby Pailer, Franziska Schößler und Johannes Traulsen (Hg.): Fremde – Luxus – Räume. Konzeptionen von Luxus in Vormoderne und Moderne. Berlin 2015. 43–62.
Trier, Jost: Holz. Etymologien aus dem Niederwald. Münster u. a. 1952.
Trînca, Beatrice: Ausritt in den Wunderwald. Parzivals literarisches Abenteuer in Brizljân. In: Kritische Ausgabe 12 (2008). 11–13.
Tubach, F. C.: The *locus amoenus* in the ‚Tristan' of Gottfried von Strassburg. In: Neophilologus 43 (1959). 37–42.
Tuchen, Birgit: Öffentliche Badhäuser in Deutschland und der Schweiz im Mittelalter und der frühen Neuzeit. Petersberg 2003.
Turner, Victor: Liminal to Liminoid, in Play, Flow, and Ritual. An Essay in Comparative Symbology. In: Rice University Studies 60.3 (1974). 53–94.
Turner, Victor: Das Ritual. Struktur und Anti-Struktur. Frankfurt a. M. 2005.
Unger, Helga: ‚Geistlicher Herzen Bavngart'. Ein mittelhochdeutsches Buch religiöser Unterweisung aus dem Augsburger Franziskanerkreis des 13. Jahrhunderts. Untersuchungen und Text. München 1969.
Ungruh, Christine: Paradies und *vera icon*. Kriterien für die Bildkomposition der Ebstorfer Weltkarte. In: Kruppa, Nathalie und Jürgen Wilke (Hg.): Kloster und Bildung im Mittelalter. Göttingen 2006. 301–329.
Untermann, Matthias: Handbuch der mittelalterlichen Architektur. Darmstadt 2009.

Unzeitig, Monika: Jungfrauen und Einsiedler. Studien zur Organisation der Aventiurewelt im ‚Prosalancelot'. Heidelberg 1990.
Unzeitig, Monika: Alexander auf dem Weg zum Paradies. In: Boll, Katharina, Silvia Ledemann und Katrin Wenig (Hg.): *kunst* und *saelde*. Festschrift für Trude Ehlert. Würzburg 2011a. 149–159.
Unzeitig, Monika: Mauer und Pforte. Wege ins Paradies in mittelalterlicher Literatur und Kartographie. In: Literaturwissenschaftliches Jahrbuch 52 (2011b). 9–29.
Valette, Jean-René: La poétique du merveilleux dans le ‚Lancelot en prose'. Paris 1998.
Van Gennep, Arnold: Übergangsriten. Übers. von Klaus Schomburg und Sylvia M. Schomburg-Scherff. Frankfurt a. M. 2005.
Van Steenberghen, Fernand: Art. Aristoteles. IV. Lateinisches Mittelalter. In: LexMA. Bd. 1. München u. a. 1980. 936–939.
Vavra, Elisabeth (Hg.): Virtuelle Räume. Raumwahrnehmung und Raumvorstellungen im Mittelalter. Berlin 2005.
Vavra, Elisabeth (Hg.): Imaginäre Räume. Sektion B des Internationalen Kongresses ‚Virtuelle Räume'. Raumwahrnehmung und Raumvorstellung im Mittelalter. Krems an der Donau. 24. bis 26. März 2003. Wien 2007.
Vavra, Elisabeth (Hg.): Der Wald im Mittelalter. Funktion – Nutzung – Deutung. Einführung. In: Das Mittelalter 13.2 (2008). 3–7.
Velten, Hans Rudolf: Sprache und Raum. Anmerkungen zur Baumgartenszene in Gottfrieds ‚Tristan'. In: ZfdPh 133.1 (2014). 23–47.
Vercelloni, Matteo und Virgilio Vercelloni (Hg.): Inventing the Garden. Los Angeles 2010.
VL = Wachinger, Burghart, Gundolf Keil, Kurt Ruh, Werner Schröder und Franz Josef Worstbrock: Die deutsche Literatur des Mittelalters. Verfasserlexikon. 2., völlig neu bearb. Aufl. Berlin 1978–2008.
Vögel, Herfried: Naturkundliches im ‚Reinfried von Braunschweig'. Zur Funktion naturkundlicher Kenntnisse in deutscher Erzähldichtung des Mittelalters. Frankfurt a. M. u. a. 1990.
Volfing, Annette: Die Burgen Ulrichs von Liechtenstein und seine Tagelieder. In: Bauschke, Ricarda (Hg.): Die Burg im Minnesang und als Allegorie im deutschen Mittelalter. Frankfurt a. M. 2006. 63–73.
Volfing, Annette: Orientalism in the ‚Straßburger Alexander'. In: Medium Aevum 79.2 (2010a). 278–299.
Volfing, Annette: Irrwege in der mittelhochdeutschen religiösen Literatur. In: Däumer, Matthias, Maren Lickhardt, Christian Riedel und Christine Waldschmidt (Hg.): Irrwege. Zur Ästhetik und Hermeneutik des Fehlgehens. Heidelberg 2010b. 271–285.
Vollmann, Justin: Das Ideal des irrenden Lesers. Ein Wegweiser durch die ‚Krone' Heinrichs von dem Türlin. Tübingen u. a. 2008.
Wachinger, Burghart: Vom Tannhäuser zur ‚Tannhäuser'-Ballade. In: ZfdA 125.2 (1996). 125–141.
Wachinger, Burghart: Der Sängerstreit auf der Wartburg. Von der Manesseschen Handschrift bis zu Moritz von Schwind. Berlin 2004.
Wade, James: Fairies in Medieval Romance. Basingstoke 2011.
Wåghäll Nivre, Elisabeth: *Sie weren lieber daheim in iren heusern gewesen*. Heimat und Heimkehr in einigen frühneuzeitlichen Prosaromanen. In: Unzeitig, Monika (Hg.): Grenzen überschreiten – transitorische Identitäten. Beiträge zu Phänomenen räumlicher, kultureller und ästhetischer Grenzüberschreitung in Texten vom Mittelalter bis zur Moderne. Bremen 2011. 193–208.
Wagner, Bettina: Die ‚Epistola presbiteri Johannis'. Lateinisch und deutsch. Überlieferung, Textgeschichte, Rezeption und Übertragungen im Mittelalter. Mit bisher unedierten Texten. Tübingen 2000.

Wagner, Kirsten: *Topographical Turn*. In: Günzel, Stephan (Hg.) unter Mitarbeit von Franziska Kümmerling: Raum. Ein interdisziplinäres Handbuch. Stuttgart u. a. 2010. 100–109.

Wagner, Silvan: Gottesbilder in höfischen Mären des Hochmittelalters. Höfische Paradoxie und religiöse Kontingenzbewältigung durch die Grammatik des christlichen Glaubens. Frankfurt a. M. 2009.

Wagner, Silvan: Christen, Juden, Heiden. Aus- und Eingrenzungen des religiös Anderen in Reden des Strickers. In: Oschema, Klaus, Ludger Lieb und Johannes Heil (Hg.): Abrahams Erbe. Konkurrenz, Konflikt und Koexistenz der Religionen im europäischen Mittelalter. Berlin u. a. 2015a. 497–508.

Wagner, Silvan: Erzählen im Raum. Die Erzeugung virtueller Räume im Erzählakt höfischer Epik. Berlin u. a. 2015b.

Wais, Kurt: Über themengeschichtliche Zusammenhänge des versenkten Schwertes von Roland, Arthur, Starkad und anderen. In: Germanisch-Romanische Monatsschrift 57 = N. F. 26 (1976). 25–53.

Waltenberger, Michael: Das große Herz der Erzählung. Studien zur Narration und Interdiskursivität im ‚Prosa-Lancelot'. Frankfurt a. M. 1999.

Walter, Rainer: Der doppelte Paradiestext auf der Ebstorfer Weltkarte. In: Kruppa, Nathalie und Jürgen Wilke (Hg.): Kloster und Bildung im Mittelalter. Göttingen 2006. 331–343.

Wandhoff, Haiko: Ekphrasis. Kunstbeschreibungen und virtuelle Räume in der Literatur des Mittelalters. Berlin u. a. 2003.

Wandhoff, Haiko: *sie kusten sich wol tusent stunt*. Schrift, Bild und Animation des toten Körpers in Grabmalbeschreibungen des hohen Mittelalters. In: Eiden, Patrick (Hg.): Totenkulte. Kulturelle und literarische Grenzgänge zwischen Leben und Tod. Frankfurt a. M. u. a. 2006. 53–79.

Ward, Donald: Art. Baum. In: EM. Bd. 1. Berlin u. a. 1977. 1366–1374.

Ward, Donald: Art. Berg. In: EM. Bd. 2. Berlin u. a. 1979. 138–146.

Warning, Rainer: Die narrative Lust an der List. Norm und Transgression im ‚Tristan'. In: Neumann, Gerhard und Rainer Warning (Hg.): Transgressionen. Freiburg i. Br. 2003. 175–212.

Wawer, Anne: Tabuisierte Liebe. Mythische Erzählschemata in Konrads von Würzburg ‚Partonopier und Meliur' und im ‚Friedrich von Schwaben'. Köln u. a. 2000.

Webb, Ruth: Ekphrasis, Imagination and Persuasion in Ancient Rhetorical Theory and Practice. Ashgate 2009.

Wegera, Klaus-Peter: *mich enhabe diu âventiure betrogen*. Ein Beitrag zur Wort- und Begriffsgeschichte von *âventiure* im Mittelhochdeutschen. In: Ágel, Vilmos, Andreas Gardt, Ulrike Haß-Zumkehr und Thorsten Roelcke (Hg.): Das Wort. Seine strukturelle und kulturelle Dimension. Festschrift für Oskar Reichmann zum 65. Geburtstag, Tübingen 2002. 229–244.

Wehrli, Max: ‚Wigalois'. In: Der Deutschunterricht 17 (1965). 18–35.

Wehrli, Max: ‚Wigalois'. In: Ders.: Formen mittelalterlichen Erzählens. Aufsätze. Zürich 1969. 223–241.

Wehrli, Max: Geschichte der deutschen Literatur vom frühen Mittelalter bis zum Ende des 16. Jahrhunderts. 2. Aufl. Stuttgart 1984.

Weigand, Hermann J.: Die epischen Zeitverhältnisse in den Graldichtungen Crestiens und Wolframs. In: Publications of the Modern Language Association 53.4 (1938). 917–950.

Weitbrecht, Julia: Aus der Welt. Reise und Heiligung in Legenden und Jenseitsreisen der Spätantike und des Mittelalters. Heidelberg 2011.

Weitemeier, Bernd: ‚Visiones Georgii'. Untersuchung mit synoptischer Edition der Übersetzung und Redaktion C. Berlin 2006.

Weitzel, Jürgen: Art. Gast, -recht, -gericht. In: LexMA. Bd. 4. München u. a. 1989. 1130 f.

Wennerhold, Markus: Späte mittelhochdeutsche Artusromane. ‚Lanzelet', ‚Wigalois', ‚Daniel von dem Blühenden Tal', ‚Diu Crône'. Bilanz der Forschung 1960–2000. Würzburg 2005.

Wenskus, Otto und Lorraine Daston: Art. Paradoxographoi. In: Cancik, Hubert, Helmuth Schneider und Manfred Landfester (Hg.): Der Neue Pauly. Enzyklopädie der Antike. Bd. 9. Stuttgart 2000. 309–314.

Wenzel, Franziska: *hof, burc* und *stat*. Identitätskonstruktionen und literarische Stadtentwürfe als Repräsentationen des Anderen. In: Oberste, Jörg (Hg.): Repräsentationen der mittelalterlichen Stadt. Regensburg 2008. 24–43.

Wenzel, Horst: *Ze hove* und *ze holze, offenlîch* und *tougen*. Zur Darstellung und Deutung des Unhöfischen in der höfischen Epik und im ‚Nibelungenlied'. In: Kaiser, Gerd und Jan-Dirk Müller (Hg.): Höfische Literatur, Hofgesellschaft, höfische Lebensformen um 1200. Düsseldorf 1986. 277–299.

Wenzel, Horst: Gottfried von Straßburg. In: Liebertz-Grün, Ursula (Hg.): Deutsche Literatur: Eine Sozialgeschichte. Bd. 1. Aus der Mündlichkeit in die Schriftlichkeit. Höfische und andere Literatur. Hamburg 1988a. 250–263.

Wenzel, Horst: Höfische Repräsentation. Zu den Anfängen der Höflichkeit im Mittelalter. In: Soeffner, Hans Georg (Hg.): Kultur und Alltag. Göttingen 1988b. 105–119.

Wenzel, Horst: Wahrnehmung und Deixis. Zur Poetik der Sichtbarkeit in der höfischen Literatur. In: Wenzel, Horst und C. Stephen Jaeger (Hg.): Visualisierungsstrategien in mittelalterlichen Bildern und Texten. Berlin 2006. 17–43.

Werkmüller, Dieter: Art. Stadtmauer. In: HRG. Bd. 4. Berlin 1990. 1857–1861.

Wessel, Franziska: Probleme der Metaphorik und die Minnemetaphorik in Gottfrieds von Straßburg ‚Tristan und Isolde'. München 1984.

Weston, Jessie Laidlay: From Ritual to Romance. London 1920.

Westra, Haijo Jan: The Pilgrim Egeria's Concept of Place. In: Mittellateinisches Jahrbuch 30.1 (1995). 93–100.

Wiedenmann, Reinold: Montségur. In: Müller, Ulrich und Werner Wunderlich (Hg.): Burgen, Länder, Orte. Konstanz 2008. 601–614.

Wiesing, Lambert: Artifizielle Präsenz. Studien zur Philosophie des Bildes. Frankfurt a. M. 2005.

Wiesinger, Peter: Die Funktion der Burg und der Stadt in der mittelhochdeutschen Epik um 1200. Eine sprachliche und literarische Studie zu Hartmann von Aue, Wolfram von Eschenbach und Gottfried von Straßburg. In: Patze, Hans (Hg.): Die Burgen im deutschen Sprachraum. Ihre rechts- und verfassungsgeschichtliche Bedeutung. Sigmaringen 1976. 211–264.

Wiest-Kellner, Ursula: Art. Liminalität. In: Nünning, Ansgar (Hg.): Metzler Lexikon Literatur- und Kulturtheorie. Ansätze – Personen – Grundbegriffe. 4. Aufl., Stuttgart u. a. 2008. 423 f.

Wilkens, Anna E., Patrick Ramponi und Helge Wendt (Hg.): Inseln und Archipele. Kulturelle Figuren des Insularen zwischen Isolation und Entgrenzung. Bielefeld 2011.

Wimmer, Clemens Alexander: Geschichte der Gartentheorie. Darmstadt 1989.

Winst, Silke: Körper und Identität. Geschlechtsspezifische Codierungen von Nacktheit im höfischen Roman um 1200. In: Biessenecker, Stefan (Hg.): *Und sie erkannten, dass sie nackt waren*. Nacktheit im Mittelalter. Bamberg 2008. 337–354.

Winston-Allen, Anne: *Minne* in Spiritual Gardens of the Fifteenth Century. In: Classen, Albrecht (Hg.): Canon and Canon Transgressions in Medieval German Literature. Göppingen 1993. 153–162.

Winston-Allen, Anne: Gardens of Heavenly and Earthly Delight. Medieval Gardens of the Imagination. In: Neuphilologische Mitteilungen 99.1 (1998). 83–92.

Witthöft, Christiane: Der Weg in die Irre. Raum und Identität im ‚Studentenabenteuer B' (Rüdeger von Munre, ‚Irregang und Girregar') und in Boccaccios ‚Decameron'. In: Däumer, Matthias, Maren Lickhardt, Christian Riedel und Christine Waldschmidt (Hg.): Irrwege. Zur Ästhetik und Hermeneutik des Fehlgehens. Heidelberg 2010. 187–212.

Witthöft, Christiane: Der Schatten im Spiegel des Brunnens. Phänomene der Immersion in mittelalterlichen Tierepen (‚Reinhart Fuchs'). In: LiLi 167 (2012). 124–146.

Witthöft, Christiane: Finalität. Grabinschriften in der Untergangserzählung des ‚Prosalancelot'.
    In: Friedrich, Udo, Andreas Hammer und Christiane Witthöft (Hg.): Anfang und Ende. Formen
    narrativer Zeitmodellierung in der Vormoderne. Berlin 2014. 243–265.
Witthöft, Harald: Art. Meile. In: LexMA. Bd. 6. München 1993. 471 f.
Wittkower, Rudolf: Die Wunder des Ostens. Ein Beitrag zur Geschichte der Ungeheuer. In:
    Ders. (Hg.): Allegorie und der Wandel der Symbole in Antike und Renaissance. Köln 2002.
    87–150.
Wittmann-Klemm, Dorothee: Art. ‚Rappoltsteiner Parzival'. In: VL. Bd. 7. Berlin u. a. 1989.
    993–999.
WMU = Kirschstein, Bettina, Ursula Schulze (Hg.), Sybille Ohly und Peter Schmitt (Bearb.):
    Wörterbuch der mittelhochdeutschen Urkundensprache. Auf der Grundlage des ‚Corpus der
    altdeutschen Originalurkunden bis zum Jahr 1300'. 3 Bde. Berlin 1986–2010.
Wolf, Gerhard: Ein Kranz aus dem Garten des Gramoflanz. Grenzen und Grenzüberschreitung
    zwischen Mythos und Literatur in der Gauvain/Gawan-Handlung des ‚Perceval'/,Parzival'.
    Reale, literarische und symbolische Grenzen. In: Knefelkamp, Ulrich und Kristian
    Bosselmann-Cyran (Hg.): Grenze und Grenzüberschreitung im Mittelalter. 11. Symposium des
    Mediävistenverbandes vom 14.–17. März 2005 in Frankfurt a. d. O. Berlin 2007. 21–37.
Wolfzettel, Friedrich: Der Körper der Fee. Melusine und der Trifunktionalismus. In: Ridder, Klaus
    und Otto Langer (Hg.): Körperinszenierungen in mittelalterlicher Literatur. Kolloquium am
    Zentrum für Interdisziplinäre Forschung der Universität Bielefeld. 18. bis 20. März 1999. Berlin
    2002. 353–383.
Wolfzettel, Friedrich (Hg.): Das Wunderbare in der arthurischen Literatur. Probleme und
    Perspektiven. Tübingen 2003.
Wolfzettel, Friedrich: Bilder des Irdischen Paradieses im (französischen) Mittelalter und bei Dante.
    In: Dante Jahrbuch 83 (2008). 63–91.
Wooding, Jonathan M.: Introduction. In: Ders. (Hg.): The Otherworld Voyage in Early Irish Literature.
    An Anthology of Criticism. Dublin 2000. xi–xxviii.
Worstbrock, Franz Josef: Der Tod des Hercules. In: Haferland, Harald und Michael Mecklenburg
    (Hg.): Erzählungen in Erzählungen. Phänomene der Narration in Mittelalter und Früher Neuzeit.
    München 1996. 273–284.
Wunderlich, Werner: Ekphrasis und Narratio. Die Grabmalerei des Apelles und ihre „Weiberlisten"
    in Walters von Châtillon und Ulrichs von Etzenbach Alexanderepen. In: Haferland, Harald
    und Michael Mecklenburg (Hg.): Erzählungen in Erzählungen. Phänomene der Narration in
    Mittelalter und Früher Neuzeit. München 1996. 259–271.
Wynn, Marianne: Scenery and Chivalrous Journeys in Wolfram's ‚Parzival'. In: Speculum 36 (1961).
    393–423.
Wynn, Marianne: Parzival and Gâwân. Hero and Counterpart. In: Groos, Arthur und Norris J. Lacy
    (Hg.): ‚Perceval'/,Parzival'. A Casebook. New York u. a. 2002a. 175–198.
Wynn, Marianne: Wolfram's ‚Parzival'. On the Genesis of Its Poetry. Frankfurt a. M. 2002b.
Wyss, Ulrich: Wunderketten in der ‚Crône'. In: Krämer, Peter (Hg.): Die mittelalterliche Literatur in
    Kärnten. Vorträge des Symposions in St. Georgen/Längsee. Wien 1981. 269–291.
Zach, Christine: Die Erzählmotive der ‚Crône' Heinrichs von dem Türlin und ihre altfranzösischen
    Quellen. Passau 1990.
Zacher, Angelika: Grenzwissen – Wissensgrenzen. Raumstruktur und Wissensorganisation im
    Alexanderroman Ulrichs von Etzenbach. Stuttgart 2009.
Zaganelli, Gioa: L'Oriente incognito medievale. Enciclopedie, romanzi di Alessandro, teratologie.
    Soveria Mannelli 1997.
Zajadacz, Franziska: Motivgeschichtliche Untersuchungen zur Artusepik. Szenen an und auf dem
    Meer. Göppingen 1979.

Zatloukal, Klaus: *India* – Ein idealer Staat im ‚Jüngeren Titurel'. In: Ebenbauer, Alfred, Fritz Peter Knapp, Peter Krämer und Klaus Zatloukal (Hg.): Strukturen und Interpretationen. Festschrift für Blanka Horacek. Wien 1974. 401–445.

Zatloukal, Klaus: *Salvaterre*. Studien zu Sinn und Funktion des Gralsbereiches im ‚Jüngeren Titurel'. Wien 1978.

Zeranska-Kominek, Slawomira: Musik im Garten der Liebe. In: Minazzi, Vera und Cesarino Ruini (Hg.): *Musica*. Geistliche und weltliche Musik des Mittelalters. Freiburg i. Br. 2011. 178–181.

Zettl, Evamaria: *In dirre wilden cluse*. Gottfrieds von Straßburg Minnegrotten-Episode und die Eremitenlegende. In: Archiv für das Studium der neueren Sprachen und Literaturen 244.2 (2007). 241–259.

ZfdA = Zeitschrift für deutsches Altertum und deutsche Literatur.

ZfdPh = Zeitschrift für deutsche Philologie.

ZfGerm N. F. = Zeitschrift für Germanistik, Neue Folge.

Zimmermann, Julia: Anderwelt – mythischer Raum – Heterotopie. Zum Raum des Zwerges in der mittelhochdeutschen Heldenepik. In: Keller, Johannes und Florian Kragl (Hg.): Heldenzeiten – Heldenräume. Wann und wo spielen Heldendichtung und Heldensage? 9. Pöchlarner Heldenliedgespräch. Wien 2007. 195–219.

Zimmermann, Julia: Im Zwielicht von Fiktion und Wirklichkeit. Zur Rezeption des Presbyterbriefs in Albrechts ‚Jüngerem Titurel'. In: Keller, Johannes und Florian Kragl (Hg.): Mythos – Sage – Erzählung. Gedenkschrift für Alfred Ebenbauer. Göttingen 2009. 547–566.

Zöller, Sonja: Kaiser, Kaufmann und die Macht des Geldes. Gerhard Unmaze von Köln als Finanzier der Reichspolitik und der ‚Gute Gerhard' des Rudolf von Ems. München 1993.

Zumthor, Paul: La mesure du monde. Représentation de l'espace au Moyen Âge. Paris 1993.

Zumthor, Paul: The Medieval Travel Narrative. In: New Literary History 25.4 (1994). 809–824.

Register der zitierten Primärliteratur

Sigle	zitiert in
Abrogans	Babylon (47)
ACapAmor	Garten (169)
AdamA	Grenze (231)
AdtGen	Babylon (47)
AdtPhys	Burg (114), Spur (498)
Aeneis_(B)	Grenze (233)
Aeneis_(F)	Höhle (294)
AHeinr	Tor (521), Wald (551), Weg (568)
AlbVeg	Garten (165)
AlnDist	Babylon (45, 63)
Alph_(LM)	Zelt (613)
Alph_(M)	Heide (263, 269), Saal (455)
AltMutt	Saal (452)
Alv	Anderswelten (27)
AlVit	Wüste (605)
An	Klause (372)
AndrC	Ferne-Utopien (140, 142)
Aneg	Himmel (279)
Anno	Babylon (48, 56), Indien (301), Ränder der Erde (438, 444), Saal (449), Stadt (503, 516), Turm (545), Weg (586), Wüste (605)
AP_(S)	Babylon (46)
AP_(WR)	Spur (493), Turm (537, 544, 545)
AppRi	Fluss (156)
AristCatBoeth	Einleitung (3)
AristKat	Einleitung (3)
AristMet	Ferne-Utopien (143)
AristPhyll	Fluss (154), Garten (165, 166, 176), Saal (447, 452)
AristPhys	Einleitung (2, 3, 4)
ÄSigen	Anderswelten (27), Gefängnis (195, 196)
ATF	Bad (66)
AugCiv	Babylon (44)
AugConf	Garten (176)
AvaLJ	Himmel (279)
AvHarff_(BTR)	Spur (493)
AvHarff_(G)	Indien (300, 301, 303, 304, 305, 306), Magnetberg (409)
BaconNA	Ferne-Utopien (136, 140, 142)
BAlex	Burg (109), Gebirge (188), Indien (308), Meer (420)
Barl	Himmel (278)
BdN	Indien (300, 301, 304), Insel (320), Meer (424), Ränder der Erde (443)
Bdr	Anderswelten (18)
Beheim	Höhle (288, 294)
BenVoy	Anderswelten (20)
Beo	Anderswelten (18, 19, 25, 26)
BibliaSacr	Irdisches Paradies (332), Weg (566)

Sigle	zitiert in
BibP_(W)	Spur (492)
BitD_(J)	Babylon (46), Brücke (85), Saal (449, 452, 454), Turm (539, 542), Weg (566)
BitD_(Sch)	Bad (65, 67, 68), Fluss (154)
BoccDec	Garten (165, 175)
BösAd	Dorf (123)
Brandan_(Z)	Grenze (231), Irdisches Paradies (337), Meer (420)
BrandanFnhd_(F)	Irdisches Paradies (337)
BrandanFnhd_(Sch)	Ränder der Erde (441, 446)
BrandanReis	Anderswelten (21, 22), Burg (104, 105, 106, 115, 117), Ferne-Utopien (131, 134, 141, 142), Gebirge (180), Himmel (271, 277), Insel (320, 321), Irdisches Paradies (337), Magnetberg (397, 405), Meer (415, 416, 417, 419, 420, 421, 422, 424), Saal (447, 448, 449, 450, 451)
BrendNav	Anderswelten (21, 22, 23)
BriefPJ_(Z)	Babylon (55, 61), Indien (299)
Buhl	Garten (173)
Bussard	Wald (558)
BvRP	Saal (449, 457)
CampCS	Ferne-Utopien (140, 142)
CarmBur_(B)	Garten (169)
CarmBur_(FKB)	Burg (116), Heide (268)
CarmBur_(HS)	Babylon (46)
CdTEr_(F)	Stadt (511)
CdTEr_(G)	Insel (323)
CdTLanc	Anderswelten (33), Brücke (96), See (479)
CdTPerc	Anderswelten (34), Gralsburg (212), See (481, 484)
CdTYv_(H)	Stadt (509)
CdTYv_(NH)	Insel (322), Küche (382)
ChristKo	Küche (385)
ColHyp	Garten (176)
CoudMel	Anderswelten (30)
Crane	Zelt (612)
Craun	Burg (105, 106, 113), Garten (166, 170), Hafen (243, 246), Kemenate (345), Zelt (612, 614)
Dalimil_(H)	Saal (449)
Daniel	Garten (173)
Deman	Zelt (613)
Diem	Wüste (607)
Dietr	Anderswelten (27), Gefängnis (192, 196), Heide (263, 264, 266, 269), Saal (447, 450, 452, 454), Tor (527), Turm (537), Wald (557)
DietrGlesse	Saal (454)
DLd	Babylon (46), Kemenate (350), Spur (494), Turm (544)
DP	Wüste (604)
EAirt	Anderswelten (23, 24)
EbnerGnadÜb	Küche (381)
EckenlE2	Anderswelten (27), Burg (104, 109), Gebirge (181, 182, 186), Land (387), Saal (455), Wald (549, 553, 559), Weg (563)
ECon	Anderswelten (20, 21)
ECorm	Anderswelten (23, 24)

Sigle	zitiert in
Eger	Weg (584, 585)
Eilh_(B)	Hafen (248)
Eilh_(L)	Garten (173), Saal (449, 450, 455), See (486), Turm (540), Wüste (606)
ELaeg	Anderswelten (23, 24)
EliHer	Babylon (52, 61), Küche (383, 385)
EliHu	Küche (381)
Elis	Stadt (512)
ElsLA	Gefängnis (194), Hafen (247)
Eluc	Gralsburg (218, 220)
En_(E)	Burg (102, 103, 104, 109, 111, 112, 113), Gebirge (181, 184), Grab (202, 203, 204, 207), Grenze (227, 229, 233, 234), Kirche (356, 358, 364)
En_(EK)	Brücke (79, 80, 86, 87), Dorf (125), Gefängnis (198), Himmel (280), Höhle (288, 294), Kemenate (344, 347, 349, 350, 351), Land (389, 391, 393, 394), Meer (415, 416, 417, 423, 426), Saal (447), Stadt (504, 505), Tor (522, 523, 524, 528, 531), Turm (534, 535, 536, 538), Wald (549, 550, 554, 560), Weg (566, 567, 568), Zelt (611, 612, 613, 615, 616, 617)
En_(SF)	Schlachtfeld (462, 464)
EngM	Saal (457)
EngWa	Klause (371)
Er_(C)	Anderswelten (34, 35), Bad (65, 66, 68), Burg (101, 102, 103, 104, 105, 106, 107, 109, 113), Gefängnis (195), Grenze (235), Haus (251, 252, 258, 259), Kemenate (342, 344, 345, 347, 349), Küche (379), Land (387, 390), Spur (495, 496), Wald (549, 550, 554, 556), Wirtshaus (592, 594, 595)
Er_(L)	Garten (165, 166, 170, 171), Insel (323, 324), Kirche (356, 357, 364, 365), See (478, 482), Stadt (511), Turm (535, 541), Zelt (608, 612, 616, 617)
Er_(M)	Tor (522, 523, 524, 530)
Er_(S)	Fluss (149, 152), Gebirge (184), Heide (263, 264, 266, 269), Himmel (273), Weg (563, 566, 567, 569, 573, 574, 577, 578, 579, 580, 581, 586, 587)
Eracl_(F)	Babylon (48), Fluss (160)
Eracl_(M)	Saal (456)
Erl	Himmel (279)
ErmNig	Burg (102)
ErnstB_(B)	Babylon (53, 57, 58), Bad (66, 67, 71), Brücke (86, 87), Burg (104, 105, 106, 117, 118), Dorf (125), Fluss (149, 152, 153, 154, 161), Garten (165, 166, 168), Gebirge (181, 183), Gefängnis (197), Haus (260), Indien (297, 301, 303, 306, 308, 309, 311, 312, 314), Kemenate (345, 347, 351), Küche (379), Saal (447, 449, 450, 454, 455), Stadt (509), Tor (525), Turm (536, 538), Wald (549, 557)
ErnstB_(BS)	Einleitung (5), Ferne-Utopien (133, 136, 141, 142, 143), Magnetberg (397, 400, 402, 403, 406), Meer (414, 415, 416, 417, 418, 419, 420, 422, 423, 426), Ränder der Erde (440, 444), Weg (568, 569, 574, 578, 586)
ErnstD	Hafen (243), Magnetberg (397, 406), Saal (448, 449, 450), Wald (549)
ErnstF	Magnetberg (406, 407)
Exod	Babylon (47)
Eyrb	Anderswelten (26)
FabrEv	Magnetberg (408)
Faust_(FK)	Ränder der Erde (441, 442)

Sigle	zitiert in
Faust_(M)	Fluss (150)
FiGe	Küche (381)
Flore_(G)	Brücke (85), Insel (324), Kemenate (345, 347, 348, 349, 350)
Flore_(S)	Garten (165, 166, 169, 174, 175), Gefängnis (192, 193), Grab (201, 202, 203, 204, 206), Hafen (243, 244), Kirche (357, 363), Meer (415), Turm (540, 543)
Fort_(M)	Haus (253, 254, 256), Meer (422, 423), Ränder der Erde (443), Wirtshaus (595, 596, 597)
Fort_(R)	Grab (208), Höhle (295), Indien (299, 305, 310, 314)
Frauentr	Stadt (511)
Freudenl	Stadt (514)
FrSchw	Anderswelten (27, 28, 29, 31, 32), Bad (70), Gebirge (181, 182, 187), Schlachtfeld (459, 464)
Gänslein	Wirtshaus (595)
Garten	Küche (381)
Gauriel_(A)	Anderswelten (33), Bad (66, 67, 68), Brücke (85), Burg (105, 112), Kemenate (344, 345, 351), Saal (449)
Gauriel_(K)	Turm (535)
Gawein_(M)	Saal (455)
GestRom	Ränder der Erde (444)
Goldem	Anderswelten (27, 28)
Grae	Anderswelten (31)
GrAlex	Ränder der Erde (441, 443)
Greg	Gebirge (188), Grenze (227, 231), Hafen (247), Insel (320), Kirche (360, 361, 363, 364, 365), Meer (413, 414, 415, 416, 417, 421, 426), Tor (524), Wald (551, 560), Weg (563, 564, 566, 567, 568, 586), Wirtshaus (597), Wüste (603, 605)
Grett	Anderswelten (26)
Grm	Anderswelten (18)
GrRud	Babylon (53)
GTroj	Burg (104, 105)
GuilRos	Garten (165, 166, 169)
GuthA	Anderswelten (25)
GvJudenb	Himmel (279)
GvTOt	Anderswelten (30)
HagenChr_(G)	Saal (454)
HagenChr_(GRW)	Stadt (517)
Häslein	Dorf (123, 124)
HBirne	Kemenate (346)
HeidinB	Fluss (156)
Helbl	Bad (66, 67, 68)
Heliand_(B)	Klause (374), Ränder der Erde (438), Wald (559), Wüste (604)
Heliand_(S)	Wald (559)
Helmbr	Burg (101, 109), Fluss (150), Küche (379), Wald (549, 556), Weg (566, 582)
Herb	Dorf (124), Grab (202, 204), Hafen (243), Küche (380), Saal (447, 449, 450, 451, 452, 454), Schlachtfeld (464), See (479), Tor (528), Weg (568, 588)
HerHist	Indien (299)
Herv	Anderswelten (26)
Hild	Schlachtfeld (461, 462)

Sigle	zitiert in
Himmel	Himmel (282), Stadt (505)
Himmelr	Himmel (282)
HimmlJer	Babylon (47), Himmel (282), Stadt (505)
HJvBVinc	Saal (454)
HL_I	Klause (372)
HL_II	Klause (369, 372)
Hochzeit	Babylon (48)
HonAugImag	Irdisches Paradies (333)
HStAp_(G)	Saal (449, 450, 452, 454)
HStAp_(T)	Bad (66, 67)
HugoMi	Garten (167)
HürnSey	Gefängnis (192, 194), Höhle (291)
HvBDyocl	Saal (454), Turm (535, 543, 545)
HvBKön	Insel (319)
HvFreibTr	Anderswelten (36, 39), Fluss (149, 162), Heide (264, 270), Kemenate (343, 344, 346, 350, 352), Saal (448, 450, 452, 454, 455, 458), See (480, 486, 487)
HvHAp	Babylon (48)
HvHNic	Himmel (279)
HvMüMeid	Saal (457)
HvNstAp	Babylon (50, 60), Burg (105, 106), Ferne-Utopien (133, 135, 141, 142), Gebirge (183, 188), Gefängnis (197), Grab (202, 204, 206), Hafen (243), Indien (297, 298, 303, 304, 306, 307), Insel (326, 327), Kirche (357, 358, 364, 365), Meer (419, 422), Ränder der Erde (440, 441, 442, 443, 444), Stadt (502, 506, 508, 509, 513), Weg (564, 571, 574), Zelt (612)
HvNstGZ	Babylon (48), Garten (165), Himmel (278), Turm (535, 545), Weg (586)
HvSaGolT	Kirche (360)
HvSaMör_(S)	Land (394)
HvVServ	Himmel (277)
ImBr	Anderswelten (17, 21, 22, 23)
ImMD	Anderswelten (20, 21, 22, 23)
Ingold	Saal (451)
IsidEtym_(L)	Indien (300), Irdisches Paradies (333), Wald (553)
IsidEtym_(M)	Land (386), Ränder der Erde (438), Wald (553)
Iw_(BLW)	Einleitung (7), Anderswelten (34, 37), Bad (66, 69), Brücke (85), Burg (103, 104, 105, 109, 110, 113, 114, 117), Fluss (160), Garten (165, 166, 168, 169, 170), Gebirge (184), Gefängnis (191, 192, 196, 197), Grenze (227, 231, 234, 235), Haus (253), Insel (322), Kemenate (349, 350), Kirche (357, 363), Klause (372), Küche (380, 382), Land (386, 387), Saal (454), Schlachtfeld (464), Stadt (503, 510), Tor (521, 522, 524, 528), Wald (549, 551, 552, 554, 555, 556, 557, 558), Wirtshaus (593, 597)
Iw_(M)	Weg (562, 564, 566, 567, 568, 569, 571, 573, 575, 578, 579, 580, 586), Zelt (611)
Jagd	Spur (491, 494), Weg (571)
JansFb	Gefängnis (192), Stadt (512)
JansWchr	Burg (109), Heide (263, 264, 266), Kemenate (343, 345, 346, 347, 348, 349, 351), Küche (379), Spur (500), Turm (535, 541, 543, 545)
JdAMel	Anderswelten (30, 31)

Sigle	zitiert in
JJud	Kemenate (347, 350), Turm (543, 544)
JMandRV	Ferne-Utopien (132, 133, 138, 139, 141, 142), Indien (297, 299, 301, 303, 304, 305, 306, 307, 308, 310, 314), Irdisches Paradies (339), Meer (419, 423), Ränder der Erde (441, 443, 445), Stadt (517), Weg (568, 574, 584, 585), Wüste (602)
JohHartA	Burg (105, 106, 115), Ferne-Utopien (132, 133, 135, 141), Indien (298, 301, 306, 313), Land (390), Meer (420), Ränder der Erde (440, 441, 442), Wüste (605, 606)
JohPlan	Weg (584)
JSchiltbReis	Babylon (60)
JSigen	Gebirge (182, 183, 186, 187), Gefängnis (194, 195), Höhle (287), Wald (559)
JTit	Babylon (52, 58), Brücke (86, 98), Gebirge (183), Gralsburg (210, 214, 215, 216, 217), Indien (298, 299, 303, 304, 305, 306, 307, 308, 311, 313), Kemenate (345), Kirche (359, 360, 367), Magnetberg (397, 408), Ränder der Erde (443), Saal (449, 451, 457), See (479, 485, 486), Spur (490), Tor (521, 522), Turm (535, 541, 542, 543, 544, 546), Wald (551, 555), Weg (568, 571, 575, 582, 587, 588), Zelt (613)
JvKMinn	See (479)
JvTAck_(G)	Spur (493)
JvTAck_(J)	Turm (545)
JWGWerth	Magnetberg (411)
Karlmeinet	Saal (449)
KaufBürg	Bad (65)
KaufChor	Bad (65, 73)
KaufDrei	Dorf (122, 123), Kirche (357, 364)
KaufFeig	Haus (257)
KaufMörd_(G)	Fluss (160)
KaufMörd_(S)	Küche (379)
Kchr_(D)	Saal (456)
Kchr_(S)	Babylon (49), Burg (107), Gefängnis (192), Hafen (246), Indien (301), Insel (319), Kemenate (348, 349, 351), Ränder der Erde (438), See (479), Stadt (502, 515, 516), Turm (538, 540), Weg (574)
KGSH	Fluss (161)
Klage_(L)	Saal (449, 452, 455)
KlageB	Fluss (154), Gebirge (188), Turm (539, 541)
KlageC	Grab (201), Turm (539, 541)
Klall	Kirche (362)
KldM	Kirche (360, 361, 363, 366)
Kozz	Saal (454)
Kreutz	Saal (457)
Kreuzf	Babylon (49)
Krone	Anderswelten (33, 34, 36, 39), Bad (65, 68), Brücke (77, 79, 80, 83, 85, 89, 91, 92, 97), Burg (101, 102, 103, 104, 105, 106, 109, 110, 111, 114, 116), Dorf (125), Fluss (161), Gebirge (181, 182, 185, 186, 187), Gefängnis (193, 194, 198), Gralsburg (215, 218, 219), Heide (263, 264, 267, 268), Höhle (287, 290, 291), Kirche (358), Küche (382), Saal (449, 450, 451, 453, 454), Schlachtfeld (465), See (477, 483), Spur (490), Tor (521, 522, 523, 524, 525, 526, 531), Turm (536), Wald (549, 550, 553, 554, 555), Weg (564, 566, 567, 568, 570, 574, 575)

Sigle	zitiert in
Kudr_(BS)	Bad (68), Burg (101, 103, 105, 106, 108, 109, 111, 113, 114, 116), Hafen (242, 243, 244), Haus (259, 260), Insel (328, 329), Kemenate (343, 346, 348, 349, 351), Küche (380), Magnetberg (397, 403, 407, 408), Saal (447, 449, 452, 454), Schlachtfeld (468), Stadt (507), Tor (521, 527), Turm (534, 539, 541, 542), Wald (549, 560)
Kudr_(SC)	Meer (414, 415, 416, 417, 426), Weg (567, 568), Zelt (611)
KvBS	See (483)
KvF	Saal (454)
KvFuss	Höhle (293)
KvHeimHinv	Spur (494)
KvHeimUrst	Garten (173), Himmel (279), Tor (519), Weg (571)
KvWAlex	Saal (499, 450), Stadt (513), Tor (527)
KvWEngelh_(G)	Garten (166, 174), Heide (264), Kemenate (344), Schlachtfeld (462, 463, 465, 469, 471), Tor (526, 527), Turm (533), Weg (566)
KvWEngelh_(H)	Insel (325)
KvWGS	Meer (413)
KvWHvK	Bad (65, 66, 71), Dorf (126), Saal (455)
KvWKD_32	Bad (66)
KvWPant	Wüste (603)
KvWPart	Anderswelten (31, 32), Brücke (78, 79, 80, 84, 86, 87), Dorf (125, 126), Garten (174), Gebirge (184), Hafen (243), Heide (263, 264, 268, 269), Insel (326), Kemenate (343, 344, 345, 349, 350), Meer (415, 416, 421), Saal (447, 449, 450, 451, 454), Schlachtfeld (459, 460, 463, 468, 469, 472), See (486), Spur (490, 494), Stadt (513), Turm (535, 542, 544), Wald (549, 550, 554, 555), Weg (563, 566, 574)
KvWSchwanr	Dorf (125), Saal (449)
KvWSilv	Bad (73), Saal (451, 457), See (486), Stadt (513)
KvWTroj_(K)	Bad (67, 71), Brücke (78), Burg (114), Dorf (125), Fluss (161), Gefängnis (192), Grab (207), Heide (263, 264, 266), Kemenate (345), Kirche (353, 357, 358, 359, 363, 364), Meer (413, 415, 416, 417, 422), Saal (447, 449, 450, 452, 454), Schlachtfeld (459, 463, 468), See (477, 479, 487), Spur (490, 493, 494), Stadt (513), Tor (522), Turm (534, 535, 538, 539, 541, 542, 544), Weg (563, 564, 566, 571, 587)
KvWTroj_(T)	Insel (323, 325)
KvWTurn	Saal (449), Schlachtfeld (463, 472)
KvWWelt	Kemenate (349)
LA_(B)	Spur (492)
LA_(G)	Spur (492), Wüste (603)
Lanc_I_(K)	Anderswelten (32, 33), Brücke (78, 79, 81, 82, 85, 86, 87, 88, 90, 96), Fluss (149), Gebirge (181, 184), Grab (204), Gralsburg (221), Kemenate (344), Klause (371), Saal (448, 449, 450, 452, 453, 454, 456), Schlachtfeld (460, 462, 464, 465, 466, 467, 470), See (477, 480, 484, 485), Stadt (510), Tor (531), Turm (539, 543, 544, 546), Wald (551, 555), Weg (566, 568)
Lanc_I_(KS)	Bad (66, 69), Grenze (238)
Lanc_II_(KS)	Schlachtfeld (465, 466), See (485)

Sigle	zitiert in
Lanc_II_(K)	Brücke (85), Fluss (151), Gefängnis (192, 193, 194, 198), Grab (204, 206), Gralsburg (221, 222, 223), Kirche (366), Küche (379), Saal (449, 450, 451, 452, 453, 454, 455, 456), See (485), Turm (541, 544), Wald (555, 558), Weg (566)
Lanc_II_(KS)	Schlachtfeld (465), See (485)
Lanc_III_(K)	Anderswelten (36), Babylon (57), Gralsburg (222), Kirche (366), Saal (448, 449, 452, 454, 455, 456), See (480, 486)
Lanc_III_(KS)	Gralsburg (221, 222)
Lanc_V_(KS)	Grab (204)
LaurinA	Anderswelten (27, 28, 29), Garten (166, 172), Gebirge (186, 187), Höhle (288), Turm (536), Weg (578)
LaurinÄV_(L)	Gefängnis (192, 194, 195)
LaurinJV_(L)	Höhle (288), Saal (449, 454)
LBarl	Himmel (278)
Lib	Fluss (161)
Lid	Garten (173)
LobSal	Babylon (47)
Loheng	Babylon (52), Gralsburg (216), Kirche (365, 367), See (477, 486), Turm (541), Weg (575)
Lucid	Babylon (46), Gebirge (180, 188), Himmel (271, 280, 282), Indien (300, 303, 304, 306, 308), Insel (318), Irdisches Paradies (333), Ränder der Erde (438, 440, 441, 442, 443)
LuM	Gebirge (184), Kirche (357), Klause (372), Land (392, 393), Schlachtfeld (463, 464, 465, 466, 467, 468, 471)
Luther1545	Land (386)
Luther2016	Weg (567)
LvRegSyon	Kemenate (352)
Magel_(D)	Babylon (54)
Magel_(M)	Meer (422)
MaiBea_(KMF)	Bad (66, 67, 68), Grab (204), Weg (563, 566)
MaiBea_(VP)	Garten (166), Kirche (358, 364)
MAKittel_(HK)	Saal (451, 454)
MapNug	Anderswelten (26)
MarcoPolo	Ferne-Utopien (136, 137, 141, 142), Indien (298, 305, 306, 307), Ränder der Erde (443, 445), Stadt (517)
Martina	Himmel (277), Saal (457)
MATugS_(HK)	Minnegrotte (435), Saal (450)
MdFGuig	Anderswelten (31)
MdFLanv	Anderswelten (30, 31)
Mechth	Garten (167, 168), Himmel (282, 283), Kirche (354, 362), Turm (545)
Meinr	Saal (457)
Merfart	Indien (303, 304)
Merig_(BH)	Insel (328)
Merig_(V)	Ränder der Erde (438, 443)
MF	Babylon (56), Turm (537)
Minneb	Burg (103, 106, 111, 117), Grab (204), Turm (535)
MinnerB_188	Klause (377)
MinnerB_217	Klause (377)

Sigle	zitiert in
MinnerB_472	Klause (377)
MinnerB_485	Klause (377)
MinnerB_496	Klause (377)
MinnerZ_62	Klause (377)
ML	Babylon (52)
MorusU	Ferne-Utopien (132, 133, 139, 140, 142, 144, 145)
MorusUdt	Ferne-Utopien (140, 145)
MOsw_(B)	Burg (104, 105)
MOsw_(C)	Gefängnis (192), Meer (415, 420, 422, 424), Turm (535, 541), Weg (564)
Musp	Ränder der Erde (438)
MvSLied	Saal (449, 457), Spur (494)
NachA	Garten (166, 175)
NBoych	Stadt (517)
Netz	Wirtshaus (590)
NibA/B/C_(B)	Kemenate (345, 346, 348, 349, 350), Land (391), Turm (533, 539, 541)
NibAB_(BBW)	Anderswelten (27, 28, 31), Brücke (81), Burg (105, 108, 109, 112), Fluss (149, 150, 151, 153, 154, 157, 158, 159, 160), Garten (166), Gebirge (183, 185), Gefängnis (192), Grab (201), Grenze (234, 238, 239), Hafen (243, 244, 246), Haus (250), Höhle (291), Indien (298), Insel (328), Saal (447, 449, 452, 455, 456), Schlachtfeld (467), Spur (490, 497), Stadt (511, 513), Tor (521, 522, 523, 524, 525, 526, 527, 529, 531), Wald (549, 550, 551, 553, 554), Zelt (609)
NibB_(S)	Kirche (356, 363, 364), Meer (414, 415, 420), Weg (564, 566, 568)
NibC_(H)	Burg (108, 109, 112, 113), Dorf (122), Küche (380, 382, 383), Weg (568, 578)
Niemand	Fluss (160), Haus (256, 257), Kirche (364)
Njála	Anderswelten (26)
Nonn	Kirche (354, 361, 362), Stadt (514), Tor (527)
NotkPs	Babylon (47)
OdorP	Ferne-Utopien (137)
OdorPSteck	Ferne-Utopien (137, 141, 142), Ränder der Erde (443, 444, 445)
OrdVit	Anderswelten (26)
Orend	Babylon (52, 53), Burg (103, 106, 111), Gefängnis (197), Meer (414, 415, 416, 422)
Orfeo	Anderswelten (25)
OrigHomEx	Klause (374)
OrigHomLev	Klause (374)
OrigHomLK	Klause (374)
OrtnA	Höhle (290, 291)
OrtnAW	Anderswelten (27, 28), Brücke (87), Burg (114), Fluss (151), Garten (166), Gebirge (183, 185), Hafen (243), Meer (416), See (477), Turm (539, 543), Wald (553), Weg (566)
Otfrid	Babylon (47, 55), Dorf (124), Wüste (600)
Ottok	Brücke (78, 87), Gefängnis (192), Heide (264, 269), Spur (493, 494)
OvidM	Garten (169)
OvWLied_(K)	Bad (64)
OvWLied_(MK)	Burg (110)
OvWLied_(MWW)	Haus (250)

Sigle	zitiert in
Parz_(L)	Anderswelten (34, 35, 36), Babylon (51, 57), Bad (66, 67, 68), Brücke (79, 80, 88, 89, 97), Burg (102, 103, 104, 105, 106, 108, 109, 110, 111, 113, 117), Fluss (153, 158, 162), Garten (169, 171), Gebirge (181), Gefängnis (191, 193, 196, 198), Grab (201, 202, 203, 204, 205), Gralsburg (209, 210, 213, 214, 216), Grenze (227, 236), Hafen (244), Haus (252, 254, 259), Heide (263, 264, 269), Indien (298, 299, 311), Kemenate (344, 349, 350), Kirche (357, 364), Klause (371, 372, 375), Küche (378, 380, 382), Land (390, 394), Meer (414, 417), Schlachtfeld (469), See (477, 481, 484, 485), Spur (491, 496, 497), Stadt (502, 507, 510, 511, 514), Tor (521, 522, 523, 524, 526, 527, 531), Turm (539, 542), Wald (549, 550, 551, 552, 555, 556), Weg (563, 566, 568, 571, 572, 574, 576, 578, 580, 586), Wirtshaus (591, 592, 593), Wüste (603, 604)
Parz_(N)	Zelt (609, 612, 613, 618, 619)
ParzRapp	Wald (550, 554, 555, 556)
PassI/II_(H)	Insel (320)
PassI/II_(HSW)	Höhle (293)
PassIII_(K)	Himmel (276), Höhle (292), Wüste (605)
PercConte	Gralsburg (218)
Phys	Burg (114)
PKaP	Haus (250), Spur (492)
PleierGar	Brücke (85, 86), Garten (166), Heide (263, 264, 269), Kemenate (343, 349), Saal (449, 450, 454), See (481), Spur (490, 491), Tor (525), Turm (536), Wald (555)
PleierMel	Bad (66, 67, 68, 70), Burg (103, 104, 106, 108, 109, 113), Heide (263, 264, 266, 267), Küche (380), Saal (450, 454), Stadt (515), Tor (524), Wald (549, 550, 551, 552, 555, 557), Weg (566, 567, 568, 572, 574, 575), Zelt (612)
PleierTand	Bad (66, 67, 68), Brücke (78), Burg (113), Haus (254), Heide (263, 264, 267), Kemenate (343, 344, 346, 347, 348, 350), Saal (449, 454), Stadt (515), Turm (539, 541, 543, 545)
PlinNat	Magnetberg (398)
PonSid	Babylon (54)
PrAnn	Anderswelten (17)
PriPr	Stadt (504)
PulkChr	Brücke (78, 79, 81), Saal (449, 454)
PurgSP	Anderswelten (15)
PuV	Gefängnis (194)
Pwyll	Anderswelten (24, 38)
Pyramus	Turm (538)
QuinIns_(R)	Stadt (504)
Rab	Heide (263, 264, 269), Meer (420, 423, 425), Saal (452, 454), Schlachtfeld (463, 468, 470)
Rädlein	Kemenate (343, 344, 350)
RdEn	Grenze (228), Höhle (294)
Reinfr	Anderswelten (26, 27), Babylon (54, 59), Brücke (80, 86), Burg (105, 106, 111), Ferne-Utopien (132, 135, 141), Gebirge (183), Grab (203), Hafen (244), Heide (263, 264, 269), Indien (298, 299, 300, 301, 303, 304, 305, 306, 311, 312), Insel (326, 327) Magnetberg (397, 403, 404, 410), Meer (417, 419, 422, 426), Ränder der Erde (440, 442, 443), Schlachtfeld (459, 463, 466, 467), See (486), Turm (539), Weg (563, 566, 574, 587)

Sigle	zitiert in
ReinFu	Dorf (122, 124), Fluss (162), Gefängnis (198), See (487)
Renner	Fluss (150), Heide (264), Kemenate (343, 348, 352), Küche (380), Saal (449, 457), See (486), Spur (491, 493, 494, 499), Stadt (507), Wald (549, 557)
Rennew	Brücke (79, 80), Dorf (125), Hafen (241), Klause (372, 376), Wald (551), Weg (568, 575, 586)
Rieter	Zelt (609)
Ring_(R)	Dorf (126, 127), Heide (264)
Ring_(W)	Saal (445), See (477, 479)
Ring_(WB)	Bad (65, 66, 67), Fluss (160), Küche (379)
RobGraal	Gralsburg (221)
Rol	Babylon (52, 56), Brücke (86, 87), Dorf (125), Garten (168, 169), Gebirge (182, 184), Grenze (227), Schlachtfeld (468, 469), See (479), Wald (554), Weg (574)
Rosend	Garten (175)
RosengA_(H)	Garten (172), Grenze (236, 238), Schlachtfeld (472, 473, 474), Turm (536)
RosengA_(LKN)	Gefängnis (192)
RosengD	Saal (449), Schlachtfeld (472, 474)
RosKne	Garten (175)
RosPfarr	Dorf (122, 123), Kirche (357, 364)
RosSch	Dorf (123), Wirtshaus (593)
Roth_(B)	Babylon (52), Burg (101, 105, 108, 114), Gefängnis (192), Kemenate (346, 347, 348, 351), Meer (414, 415, 417, 421, 425, 426), Weg (566)
Roth_(FK)	Klause (377), Saal (449, 454), Schlachtfeld (469)
RufHist	Wüste (602)
RvDGeorg	Gefängnis (193), Grab (202), Himmel (271), Saal (449, 450, 451, 454, 457, 458), See (477, 485), Turm (544, 545)
RvEAlex	Babylon (49, 50), Brücke (81, 83, 87, 89), Gebirge (188), Gefängnis (194), Grab (201), Indien (300), Kemenate (346, 347, 348, 349), Ränder der Erde (442), See (485), Turm (535, 537, 542), Weg (566, 567, 575), Wüste (602)
RvEBarl	Babylon (48), Gefängnis (193), Grab (201), Haus (250), Himmel (278), Klause (373), Turm (534, 535, 542), Weg (566), Wüste (604)
RvEGer	Gebirge (182, 184), Gefängnis (193), Hafen (244), Kemenate (349, 350, 351), Kirche (357, 358, 364, 365), Meer (414, 415, 416, 419), Stadt (507, 509), Weg (571)
RvEWchr	Babylon (49), Bad (66, 70), Fluss (151), Gebirge (188), Indien (300, 301, 303), Magnetberg (397, 399), Ränder der Erde (440, 441, 442, 443), Stadt (505, 506), Weg (588)
RvEWh	Babylon (59), Kirche (357, 358, 364), Schlachtfeld (459, 465, 466, 469)
RvWKaufm	Saal (448, 450, 452, 453)
SachsBk	Bad (66, 72)
SachsHöll	Bad (66, 67)
SachsKlag	Küche (381)
SachsLör	Bad (66, 67)
SachsSchöB	Bad (66)
SachsStrat	Bad (66, 67)
SächsWchr	Burg (107)

Sigle	zitiert in
SAlex_(K)	Anderswelten (15), Ferne-Utopien (131, 132, 135, 141, 144), Garten (166), Grab (201, 204, 205), Hafen (243, 246, 247), Indien (298, 301, 303, 304, 308, 309, 310, 312, 313), Kemenate (344, 345, 348), Land (387, 389, 391, 392), Saal (449, 450, 451, 452, 453, 456), See (480), Turm (535, 538)
SAlex_(L)	Einleitung (5), Babylon (49, 50), Brücke (89), Burg (102, 103, 104, 106, 107, 112, 113, 114, 115, 117), Fluss (149, 154, 155, 156, 157), Grenze (232, 233), Irdisches Paradies (336), Meer (426), Ränder der Erde (441, 442, 445), Tor (522, 524), Wald (549, 550), Weg (566, 568, 569, 574)
SalMor	Anderswelten (27, 28), Gefängnis (196, 197), Klause (376), Meer (415, 416, 420, 423), Saal (449, 450, 455), Turm (539, 541)
SAP_(S)	Babylon (46)
SBdEW	Himmel (283)
Schrätel	Dorf (123)
SchülerA	Saal (454)
SchülerB	Stadt (511), Tor (530)
Segremors_(MB)	Insel (324)
SeiArd	Gebirge (181, 186)
SeifAlex	Grab (201), Heide (264), Irdisches Paradies (336), Kemenate (344, 347, 348), Meer (424), Ränder der Erde (440, 441, 442, 446), Saal (450, 454), See (477), Turm (535, 536)
SergCon	Anderswelten (23, 24)
Serv	Himmel (271)
SEzzo	Saal (457)
SHort	Burg (102, 103, 105, 106, 107, 111, 117), Fluss (152, 160), Garten (165)
Sibille	Gebirge (182)
Soc	Saal (449)
SpecEccl	Burg (117)
SpecVir	Garten (167)
Sperb	Kirche (361, 362, 365)
StatAchill	See (487)
Staufenb	Anderswelten (30, 32), Dorf (122), Kemenate (350, 351)
Steinm	Wüste (600)
StrAmis	Bad (66, 67, 72), Burg (103, 115), Saal (451), Tor (521, 526), Weg (569)
StrDan	Bad (66), Burg (102, 107, 109), Garten (166), Gebirge (181, 185), Gefängnis (194), Heide (269), Kemenate (345), Saal (450), See (481, 483, 486), Spur (492), Tor (521, 524), Turm (539), Weg (563, 575)
StrEF_(E)	Tor (521, 525, 530)
StrEF_(F)	Turm (539)
StrEF_(J)	Gefängnis (193, 195)
StrEhe	Dorf (123)
StrFE	Turm (546)
StrGeist	Grab (204)
StrKarl	Babylon (52), Brücke (87), Saal (454), See (485), Wald (554), Weg (566, 575)
StrKl	Spur (493, 494)
StrKn	Dorf (123)
StrKö_(E)	Grenze (237)
StrKö_(G)	Fluss (156)
StrNB	Bad (66, 67, 70)

Sigle	zitiert in
StrWeid	Dorf (124)
StrWoG	Dorf (124)
StrWuch	Dorf (124)
StrWuW	Dorf (124)
StudA	Wirtshaus (594)
Tatian	Babylon (47), Weg (568)
TdATr	See (486)
Thid	See (481)
ThvASumma	Irdisches Paradies (332)
Tit	Spur (490, 497, 498), Stadt (502), Tor (531), Weg (575), Zelt (612, 617)
Tond	See (479), Turm (536, 538)
Tr_(BG)	Stadt (507)
Tr_(H)	Wüste (606)
Tr_(M)	Hafen (242, 243, 244, 246), Heide (264, 266, 267), Spur (491, 499, 500, 501)
Tr_(R)	Einleitung (5), Anderswelten (36), Babylon (62), Bad (71), Brücke (80, 85, 91), Burg (104, 105, 112, 113), Fluss (151, 155, 160, 161), Garten (165, 166, 173, 174), Gebirge (182, 185), Grenze (230, 235), Indien (298), Insel (324), Kemenate (343, 344, 345, 346, 347, 348, 349, 350), Kirche (363, 364), Klause (376), Land (390, 391), Magnetberg (401), Meer (415, 416, 417, 421, 425, 426), Minnegrotte (427, 428, 429, 431, 432, 436), Saal (450, 451, 452), See (480), Tor (521, 522, 526, 527, 529, 531), Wald (549, 552, 556, 557, 558, 560), Weg (562, 563, 566, 567, 568, 569, 571, 572, 574, 575, 576, 581, 582, 586, 588), Zelt (613, 615)
TrMönch	Saal (449, 454)
Trob	Garten (169)
TrudHL	Garten (167)
Tucher	Saal (449, 450)
TundA	Brücke (94, 95), Himmel (276, 277), See (477, 479), Weg (566)
TundM	Anderswelten (34), See (479)
TürlArabel	Gefängnis (192, 194), Saal (449, 451, 453, 458), See (486), Zelt (612)
TürlWil	Wald (555)
TvRMel_(M)	Bad (66, 69, 70), Fluss (159), Grenze (229), Haus (254), Höhle (295)
TvRMel_(R)	Gebirge (187), Grab (208), Tor (521)
TvRMel_(S)	Anderswelten (30, 31, 32, 37), Babylon (55), Kirche (355, 356, 364, 365, 367)
TvRMel_(SR)	Gefängnis (195)
UFLan	Saal (452), Spur (494)
UFTroj	Babylon (51)
Ul	Grenze (237, 238)
UvEtzAlex	Brücke (80, 83, 87, 89), Burg (105), Dorf (125, 126), Fluss (149), Gebirge (188), Grab (201, 202, 203, 204, 207), Hafen (241), Heide (263, 264, 267, 269), Indien (297, 298, 300, 301, 303, 304, 306, 308), Irdisches Paradies (336), Küche (379), Land (387, 389, 391, 392, 393, 394), Meer (420, 424), Ränder der Erde (442, 443, 444), Saal (447), See (477, 480), Tor (521, 523, 528, 531), Turm (534, 535, 538, 539, 541, 542), Wald (549), Weg (566, 576)
UvEtzAlexAnh	Hafen (241), Heide (264, 269)

Sigle	zitiert in
UvEtzWh	Babylon (54), Heide (264, 266), Kemenate (348, 349), Küche (379), Saal (457), Wald (549)
UvLFrd	Bad (66, 67), Burg (109, 110, 116), Dorf (125), Gefängnis (193, 198), Kemenate (346, 349)
UvTürhTr	Grab (202), Hafen (248), See (486), Turm (540)
UvZLanz_(H)	Anderswelten (32, 33, 34), Bad (68), Brücke (83), Burg (102, 104, 105, 106, 109, 110, 112, 113), Fluss (146, 152, 159), Gebirge (183), Gefängnis (193, 198), Insel (322), Kemenate (344, 345, 348), Meer (419, 423, 425), Ränder der Erde (443), Saal (451), See (477, 478, 479, 482), Tor (521, 524, 525), Wald (549, 550)
UvZLanz_(K)	Dorf (125), Turm (532, 536, 541), Weg (562, 566, 568, 580), Wirtshaus (593), Zelt (612, 616)
VAlex_(K)	Saal (454), Turm (535, 536)
VAlex_(L)	Babylon (49), Fluss (156), Küche (379), Meer (415, 423, 426), Stadt (513, 514)
Vät	Höhle (292), Klause (372, 373), Spur (493), Wüste (602)
Virg_(St)	Gebirge (186)
Virg_(Z)	Anderswelten (27, 28), Brücke (78, 80, 83, 85), Burg (103, 104, 105, 106, 107, 110), Dorf (124), Fluss (151), Gefängnis (193, 196, 198), Höhle (286, 287), Kemenate (342, 343, 349, 351), Saal (449, 450, 453), Wald (550, 551, 552), Weg (564, 566, 574), Zelt (611, 613)
VisioPauli	Himmel (275)
Vm	Anderswelten (18)
VPul	Saal (457)
Vsp	Anderswelten (18, 27)
VSünd	Babylon (48)
Walberan	Anderswelten (29), Meer (413, 414, 415), Saal (449, 450)
Waldis	Höhle (286)
WelGa	Bad (66, 67, 72), Land (393), Saal (457), Spur (498), Tor (528), Wald (555), Weg (586)
Wartb_(S)	Anderswelten (26)
Wenzl	Brücke (83)
Wernh	Höhle (293), Kirche (355)
WernhMl	Kirche (355)
WGen	Garten (165)
Wh_(L)	Grab (202, 203, 204, 205, 207), Zelt (608, 612, 613, 615)
Wh_(S)	Bad (67), Brücke (87), Burg (111, 113, 115), Hafen (241), Haus (253), Kemenate (349, 350, 351), Küche (382, 383, 384), Land (390), Meer (413, 415), Schlachtfeld (468, 469), See (477, 486), Spur (490), Stadt (510, 514, 515), Tor (522, 525, 531), Turm (539), Weg (568)
WhRub	Weg (585)
WhvÖst	Babylon (54), Dorf (125), Fluss (154), Indien (301, 302, 306, 307, 308, 309, 312), Kirche (364), Meer (424), Saal (449, 457), See (477, 483), Spur (494), Turm (536, 541), Weg (563, 566), Zelt (609, 613, 615)
WickGalm	Küche (381)
WickGold	Küche (381)
WickNach	Küche (381)
WickP	Garten (166, 176, 177)

Sigle	zitiert in
WickRoll	Bad (68)
Wig	Anderswelten (33, 34), Bad (68), Brücke (85, 92), Burg (101, 102, 103, 104, 105, 106, 107, 108, 109, 110, 113, 117), Fluss (156, 158), Garten (166), Gebirge (185, 187), Gefängnis (194), Grab (202, 204, 205), Haus (253), Himmel (281), Höhle (290), Indien (298), Kemenate (344, 349), Kirche (357, 358, 363, 364), Küche (379), Saal (449, 452, 453, 454), Schlachtfeld (462, 464), See (478, 480, 483, 484, 485, 486), Stadt (510), Tor (524, 525, 527), Turm (536, 542, 544), Wald (550), Weg (563, 564, 566, 570, 571, 575, 586), Zelt (612, 619, 620)
Wigam_(B)	Bad (66, 67, 68, 69), Brücke (86), Burg (104, 109, 111), Insel (322), Meer (415, 417, 422, 425), Weg (568), Zelt (609, 612, 613)
Wigam_(K)	Fluss (160)
Wildon	Bad (66, 67, 71)
WKlö_(B)	Küche (380)
WKlö_(M)	Kirche (360, 361, 363)
WndD	Brücke (80, 86)
WNotkPs	Babylon (47)
WolfdA_(AJ)	Brücke (86, 87), Garten (166), Kemenate (348, 351), See (477), Turm (539, 544), Wald (550, 553, 560), Weg (566, 574, 575)
WolfdA_(FJMP)	Dorf (126), Höhle (291)
WolfdA_(K)	Saal (449, 455)
WolfdB_(AJ)	Anderswelten (27, 28), Brücke (79, 82), Burg (108, 109, 114), Höhle (286), Kemenate (346), See (477, 480, 484), Turm (535, 540, 541, 543, 544), Wald (553, 554), Weg (563, 566)
WolfdB_(K)	Saal (449, 450, 451, 453)
WolfdC_(AJ)	See (477)
WolfdD_(AJ)	Brücke (79, 82), Burg (106), Kemenate (343, 346, 349), Turm (543), Wald (553)
WolfdD_(K)	Gefängnis (193, 194), Meer (416), Saal (453), See (477, 480, 484)
WolfdK_(AJ)	See (484)
WvdVLLS	Babylon (46), Fluss (150, 161), Gebirge (182), Haus (250), Heide (263), Kemenate (351), Küche (384), Saal (457)
Yng	Anderswelten (26)
ZwiMö	Dorf (123), Kirche (354, 360, 361, 362, 365)

www.ingramcontent.com/pod-product-compliance
Lightning Source LLC
Chambersburg PA
CBHW060407300426
44111CB00018B/2846